ROLLING STONES
une biographie

DU MÊME AUTEUR

Aux éditions Fayard
Tous les mots sont adultes, méthode pour l'atelier d'écriture, 2000.

Aux éditions Verdier
L'Enterrement, récit, 1992.
Temps Machine, récit, 1993.
C'était toute une vie, récit, 1995.
Prison, récit, 1997.
Paysage Fer, récit, 2000.
Mécanique, récit, 2001.
Quatre avec le mort, théâtre, 2002.

Aux éditions de Minuit
Sortie d'usine, roman, 1982.
Limite, roman, 1985.
Le Crime de Buzon, roman, 1986.
Décor Ciment, roman, 1988.
La Folie Rabelais, essai, 1990.
Calvaire des chiens, roman, 1990.
Un fait divers, roman, 1994.
Parking, 1996.
Impatience, 1998.

Aux éditions Les Solitaires intempestifs
Pour Koltès, essai, 2000.

Aux éditions Flohic
Dehors est la ville, essai sur Edward Hopper, 1998.

site internet de l'auteur : www.remue.net

François Bon

Rolling Stones
une biographie

Fayard

© Librairie Arthème Fayard, 2002.

Les annales humaines se composent de beaucoup de fables mêlées à quelques vérités : quiconque est voué à l'avenir a au fond de sa vie un roman, pour donner naissance à la légende, mirage de l'histoire.

François-René de Chateaubriand,
Vie de Rancé.

Darling, this thing is bigger than both of us.
Keith Richards, à Mick Jagger

Introduction

Préalable : de la biographie et du roman considérés comme un

Où on verra parmi d'autres faits minuscules une guitare volée à Keith Richards passer aux mains de Jimi Hendrix débutant, Brian Jones racheter d'occasion sa première Rolls-Royce à George Harrison, Mick Jagger faire ses premières prestations de gymnaste à dix ans pour la télévision anglaise dominicale naissante. On les verra grandir, apprendre et puis se brouiller et s'insulter, mais pour chaque nom propre ici retranscrit (huit cents, mille, mille deux cents ?) la tâche d'en résumer au moins le portrait : cette biographie ne pouvait être qu'excessive. Il y aura des morts, et surtout cette mutation sourde et profuse, où eux furent symboles, nous agents, et beaucoup d'ombre tout le reste.

Ce qui nous intéresse ici est tout entier sur la place publique, mais dans ses franges futiles, magazines, photographies, grands concerts, et ne fait pas archive. Leurs propres versions de ce qui fut leur histoire sont contradictoires et oublieuses, et eux-mêmes, désormais, substituent à leur histoire ce qui en a été déjà reproduit dans les livres. Ce qui nous intéresse est pourtant cette peau vivante des hommes, la suite de représentations qu'ils ont pu dresser à mesure d'eux-mêmes et de leur histoire pour l'orienter et la conduire, dans un tel incroyable grand écart du destin personnel, quand ils ont à peine trente ans. Pour ce qu'on peut à distance en saisir, traiter de comment ils s'affrontent eux-mêmes : les archives proposent des séries de lieux, de chiffres et des faits, le roman va devoir inventer sans attendre. Pourtant, si le roman croyait un seul instant en lui-même, il perdrait aussitôt les faits, les hommes, et sa mesure du juste. Il sera fort s'il accepte de n'être tout d'abord, même en gardant ses outils et ses techniques, qu'à l'épreuve sûre de cette part déjà vérifiable des faits et des chiffres.

Voici donc une stricte biographie des Rolling Stones, une histoire de leur fortune et de leurs peines, sur fond d'un morceau d'histoire du monde qui forcément est le nôtre, puisqu'ils courent encore et heureusement. On y aura des surprises : tant d'événements croisés qui seront marqués dans les livres d'histoire, mais auront peu influencé leur vie à eux. Une bonne part de leur légende s'est établie au dehors sur une trouble réputation d'outrances sexuelles et d'atteintes délibérées à la morale ordinaire, il faut en établir le relevé et la mesure, dans une mutation du monde qui nous concerne de toute façon plus qu'eux. La biographie doit sans cesse partir de l'ombre, traverser la maigre partie publique, et revenir à l'ombre : elle s'accepte comme roman de cette ombre, qui ne contient pas forcément ce qu'on y projetait d'avance, de révélation trop annoncée, de scandales trop fabriqués autour de musiciens fatigués parfois par trop de bruit, tellement d'alcool et l'excitation artificielle des poudres. Et passent pourtant auprès, ou dans le cœur incandescent du livre, les visages de Marianne Faithfull (ballet pour magazine d'un couple presque adolescent encore, deux silhouettes à qui tout aurait réussi, et tout cela n'aura duré que deux ans : sur fond d'abîme, auquel un seul échappe), et la silhouette d'Anita Pallenberg qui se croit sorcière pour de vrai et se comporte vis-à-vis d'eux en conséquence, en aura trois dans son lit, jusqu'au cortège parfois incongru des figures de second plan mais qui un moment déterminent tout un virage, comme le mariage de Bill Wyman, jeune cinquantenaire, avec cette Mandy de seize ans qui l'accompagne depuis trois ans. Et autour d'eux, ce ballet d'ombres folles, dangereuses.

On verra Meredith Hunter se faire assassiner au couteau à trois mètres des musiciens de vingt-six ans, lors d'un concert gratuit à Altamont. On verra Gram Parsons, l'ami de Keith Richards, s'abrutir avec lui à l'héroïne sur la Côte d'Azur et puis finir brûlé dans le désert d'Arizona, on verra Bill Wyman, le bassiste, se reconvertir dans les restaurants et photographier son ami et voisin, le vieux Chagall, on croisera Balthus, Andy Warhol et Brigitte Bardot, la princesse Margaret d'Angleterre et son frère Charles comme l'abject meurtrier de Sharon Tate ou d'obscurs trafiquants d'héroïne à s'injecter dans les veines : et la biographie entreprise pourrait être bien plus excessive.

Biographie est un mot d'usage récent, mais désignant un genre littéraire ancien. De la vieille tradition des récits de vie est née une forme littéraire qu'on doit questionner en tant que telle. Les outils de représentation sont les mêmes que ceux de la fiction – c'est leur statut vis-à-vis du réel qui change, et cette tradition a un fondement : l'histoire n'existe pas si nous n'en tenons pas le récit, si nous ne venons pas la constituer telle, et la biographie permet de tenir ce récit même quand la connaissance de cette histoire est partielle, lacunaire. En nous saisissant de l'histoire, c'est une autre lecture qui se crée : partir du comportement d'un individu ou d'un groupe restreint d'hommes pour avoir une indication sur le mouvement général de forces opaques, comment elles traversent les perceptions au présent d'un monde en bascule. La difficulté, pour une biographie au présent, c'est de ne pouvoir gommer la figure advenue, encore au futur pour l'instant qu'on décrit : il faut rebrousser chemin depuis ce qu'on sait pour tenter de retrouver ce qui, à chaque instant, est indéterminé, tient du hasard et informe le destin. C'est dans ce mouvement de repousser du bras ce qu'on sait du futur, pour essayer d'y voir dans l'opacité brute du présent, qu'on peut peut-être en apprendre un peu sur soi-même, puisque de ce temps nous relevions aussi. Mouvement par quoi on rebrousse chemin dans des représentations qui ignorent leur propre futur : la biographie est exercice aussi sauvage que le roman, dont elle absorbe et la technique et la puissance de mythe. On veut forcer le chemin des contes et légendes en notre époque même, et quand on essayait soi-même de négocier d'un futur évidemment plus humble ou plus étroit.

On témoignera des farces de cabinet dans leur premier gourbi londonien d'Edith Grove comme des amours adultères à Marbella, mais on verra évoluer les techniques d'enregistrement et de concert, et comment lentement les chansons se construisent et s'inventent. On les verra essorer et recracher leurs compagnons de rencontre, Bobby Keyes, Mick Taylor, Ry Cooder et bien d'autres, financiers compris. On les suivra depuis le premier bus Volkswagen jusqu'aux Ferrari décapotables ou l'ultime bicyclette à paraître simple et on essaiera d'en tenir le registre, on habitera avec eux des chambres minables du début aux îles privées et aux possessions murées. On considérera leurs habitudes privées et la machine économique, parfois erratique, qui les sous-tend, on verra brièvement ou on nommera les parents, les compagnes et les enfants... La biographie est ce biais opaque de soubresauts très sourds, à longue période d'oscillation, mais qui déplacent la nappe des équilibres fragiles du monde et ceux des langues qui s'y parlent, cela alors nous atteignant au plus précieux : ceux dont on dresse l'histoire en étant parfois les jouets autant que nous-mêmes. Voire peut-être, si favorisés que de loin ils puissent paraître, le payant plus cher que nous-mêmes, heurtant avec bien plus d'inertie les mêmes murs rugueux du temps. C'est ce que leurs excès nous offrent et rendent pour nous-mêmes visible, et la raison de raconter ces excès.

Il n'y a jamais eu d'hésitation quant au choix de ce qui serait le vecteur de ce travail sur une biographie de sa propre époque : avoir été, adolescent, spectateur direct et engagé de ce que déplaçait des perceptions sociales l'irruption des Rolling Stones pour s'appuyer, en route, sur ses propres représentations d'alors, requérir y compris cette naïveté de gosse pour examiner comment cette naïveté fut aussi construite et utilisée.

Aussi, plus que pour les Beatles, qui se sont séparés trop tôt, on dispose pour les Rolling Stones d'une considérable masse accumulée de témoignages, qui ne sont apparus qu'en léger décalage avec la période qu'ils décrivent : mais témoignages partiels, dispersés et éclatés, et trop souvent pris aux pièges de fausses lumières, pour conforter la légende plutôt que l'autopsier. Dans cette masse biographique, beaucoup de témoignages du second cercle, qui n'avaient jamais été collationnés, ramenés vers le centre muet où les éléments sont communs à tous, et les événements publics déjà répertoriés. On s'est attaché ici à la parole que ses protagonistes ont tenue sur les événements qu'ils ont traversés, et à la représentation qu'ils s'en constituaient, dans le moment même où il leur fallait décider ou faire : l'histoire de ces représentations est parfois aussi importante que leur histoire même.

Alors voilà ces années de rencontres montées dans d'obscurs bars de villes étrangères, devant un regard surpris que vous en sachiez autant sur ce détail des jours d'il y a trente ans et plus, ou par le biais de l'écran d'ordinateur et du courrier électronique qui fait réellement toile, des témoignages directs vous parviennent, parfois de proches dont jamais on n'aurait soupçonné qu'ici ils vous croisent (celui qui vient vous dire, parce qu'on lui a parlé par hasard de l'entreprise, que lorsqu'il eut dix-neuf ans il a fait tout un été le palefrenier chez Charlie Watts dans les Cévennes et vous en dit le détail, la Citroën SM et le beau-frère, au temps d'*Exile On Main Street*). Ou combien d'autres avec lesquels on découvre avoir partagé anonymement le temps d'un concert : à Paris, dans cette halle qu'en 1976 on appelait encore «les Abattoirs», quand aucun de nous, qui dansions étourdis de bruit, ne savait que Richards, héroïnomane comme sa compagne Anita Pallenberg, venait d'apprendre l'après-midi même, par téléphone, la mort de Tara Jo Jo Gunne, leur bébé de dix semaines, et lui jouait quand même. Tara Jo Jo Gunne après bien d'autres : mort par l'eau, comme Brian Jones en 1968, mort par le fer, comme Meredith Hunter à Altamont, ou par le feu consumant dans le désert le cadavre de Gram Parsons, ou rien, le cœur qui lâche comme Ian Stewart en 1983 après vingt et un ans de loyaux services, sur scène et à côté – la forme biographie, c'est l'inventaire de ce qui ne peut être refait, voyage sur la tombe des morts...

L'autobiographie de Bill Wyman, parue en 1989, m'a dissuadé un temps d'un projet déjà sur le gril. Mais Bill Wyman puisait lui aussi dans les paroles déjà répertoriées de l'histoire collective, et les hiérarchies internes au groupe, à mesure qu'elles se renforcent, éloignent Wyman du centre. *Stone Alone*, pour témoignage privilégié qu'il soit, avec la fiabilité de notes prises au jour le jour dans la chronologie serrée des événements, ne s'élève pas au-dessus de son propre matériau : la place restait libre pour un examen de la légende. Il avait paru déjà, en 1983, quatre biographies générales, trois compilations d'articles et d'interviews, plus cette incroyable recension au jour le jour, sur vingt-cinq ans, de tout ce qui concerne publiquement le groupe. Il n'y avait qu'à puiser, jusqu'à l'étouffement ou soudain tout trouver si fade, dans cette masse considérable de sources : interviews des Rolling Stones eux-mêmes et de ceux qui les ont croisés, photographies par centaines, comptes rendus de presse et de tribunaux, où se sont fournis une quarantaine de livres chacun évidemment partiel, mais apportant sur telle période ou tel point son éclairage précis et unique. La forme biographie, c'est se contraindre à une suite de figures obligées, les mêmes pour chaque biographe. C'est la posture de récit : comment on raconte et la présence qu'on en restitue, avec quelle justesse, qui est l'invention. Le défi du biographe alors autant dans ce qu'il élimine et laisse de côté que dans ce qu'il grossit pour en faire événement de transition ou de bascule : eux-mêmes, les Stones, lorsqu'ils témoignent, devenant romanciers de leur propre histoire.

Pouvaient-ils, les Rolling Stones, aider à l'enquête plus qu'ils ne l'ont déjà fait, si souvent, si longtemps ? Dans le paysage souvent contrarié que ces récits dessinent, les quelque trois mille photographies qu'on collationne, la réécoute en détail des enregistrements non autorisés (disques pirates ou *bootlegs*) où le travail de studio, la genèse des morceaux et l'ambiance des concerts est mieux audible que sur les disques officiels et souvent vieillit moins, aura fourni plus que ce qu'ils auraient eux-mêmes à dire, et qu'après si longtemps peut-être, simplement, ils ne savent plus. Il y a aussi quelques films, *Gimme Shelter*, *One + One*, *Hail! Hail! Rock'n'Roll*, *25 × 5*, on les passe et repasse d'affilée dix fois s'il faut, pour ce passage de trois secondes, l'expression d'un regard si elle vous enseigne, ou telle façon de poser son bras ou faire la grimace. Et même l'explosion d'Internet a contribué à l'enquête, par l'efficacité des moteurs de recherche, une fois qu'on sait le nom de la microsociété de droits d'auteur constituée au Lichtenstein ou le nom de telle assistante personnelle d'un des grands chefs, vous apportant au matin sur votre écran réponse à un courrier déposé à leur intention, ou vous permettant de joindre Carlo Little, batteur du groupe lors de sa formation, ou telle des Ronettes qui les accompagnait dans leur première tournée, ou Giorgio Gomelsky qui les lança et qu'ils trahirent, jusqu'aux menus du restaurant Sticky Fingers où Bill Wyman a placé son argent, et visiter depuis sa chambre les spécifications techniques des guitares Fender ou Gibson, ou reconstruire ce qu'étaient la Humber ou Ford Zephyr qui furent leurs choix en matière de voitures quand la toute première fois ils s'en offrirent, cette année 1964 où soi-même on découvrait l'Ami 6.

On s'est pris à rêver ainsi à la construction d'une véritable biographie, avec ses condensations de temps, le choix des points d'appui, les repères géographiques qui la sous-tendent, au nom même de ce qui lui résistait, restait inaccessible à l'enquête : ces rêves manipulés, dont les systèmes de production économique ou symbolique se sont établis pour eux en cours de route, mais ont pris pour la totalité du monde validité démultipliée et affadissante, abrutissante. Il fallait, sans garder distance, interroger cette machine à abrutir : elle n'était pas si parfaite en leur temps qu'elle l'est maintenant devenue, sous trop de surfaces réfléchissantes. On aurait voulu rebâtir ainsi une illusion en relief, lorsque pour eux et par eux elle s'est construite à mesure, par ce brouillard de points luminescents qu'on va suivre. Le roman, c'est le livre que constituent à distance cette masse considérable de faits publics mineurs, de photographies de hasard, quand peut-être ce qui aurait compté à dire et à photographier n'a pas été sauvé, et qu'eux-mêmes désormais se protègent bien trop pour avoir seulement désir de démêler ou comprendre : payés très cher, ils ont aussi payé très cher.

Réflexions pour ce que cela dessine en creux de l'époque dont aujourd'hui nous héritons, traversée trop vite, sans possible distance : jeu qui fut de longtemps celui des deux langues en sœurs agressives, et part organique de leur histoire à chacune, si imbriquées jusque dans leur inimitié (qu'on relise les passages en français de Shakespeare). Le français a longtemps eu la part trop belle dans le partage symbolique du monde, on en paye aujourd'hui rançon ; et l'esprit anglais reste peut-être le secret majeur vers quoi il fallait cheminer pour atteindre les Stones. Alors on est à Dartford, tout un après-midi dans la gare, et au soir on mange debout des *fish and chips* graisseux pour savoir, comme on pourra le lendemain contempler à Henley, à côté de Ron Wood qui a accepté la rencontre, les régates prestigieuses et codées. A saisir comment l'autre langue raconte leur histoire, manière encore d'interroger la sienne, susceptible ou non de rendre compte d'une histoire qui la concerne évidemment aussi. Manière de retourner vers l'autre langue les contenus par quoi elle nous arrive par tout haut-parleur de supermarché ou les fonds radiophoniques des taxis et des boutiques, continuant à trente-cinq ans de distance d'égrener ces rengaines comme d'en avoir fait valeur patrimoniale et consensuelle – il n'y a qu'à faire la liste des titres des Beatles dont n'importe lequel d'entre nous se souvient, et jusqu'à combien ils montent : dans cette amplification brusque de l'uniformisation du monde, à nous d'en investir les arcanes encore vaguement grondants. Et tant pis si, pour seul outil, nos fascinations de gosse, dans cette impression d'un monde qui accède soudainement à la couleur (objets, vêtements, et tout simplement l'irruption de la quadrichromie). Qu'ils nous conviennent ou pas, le temps est venu d'aborder les symboles mouvants qui ont modelé notre présent et y procéder sans aide ni appui, fabriqués que nous sommes nous-mêmes par les illusions où il nous induit – qui de nous n'aura pas su, un temps, tirer fièrement trois accords d'une guitare en mauvais bois ? Avec dix ans de moins qu'eux, c'est sa propre adolescence que forcément on parcourt : alors c'est le propre roman de son temps qu'on se lance à écrire, et pas d'autre justification à se saisir des Rolling Stones que l'incarnation évidemment principale qu'ils en furent.

Merci donc à cet outil indispensable qu'est l'autobiographie parue en 1989 de Bill Wyman, *Stone Alone*, même si le livre perd son intérêt après 1967. Merci à Barbara Charone qui produisit dès 1979 le premier livre sur Keith Richards, document vivant, quoique imprécis, sur le groupe hors scène. Merci au premier biographe des Rolling Stones Philip Norman en 1982 (cette année-là, et avec ce livre, je commençais une collection systématique de cette documentation qui se révélera, à l'usage, d'autant plus précieuse que chacun de ces livres aura une durée de vie plus que brève, sera rarement réédité). Merci à Massimo Bonanno qui eut patience de dresser jour après jour, de 1963 à 1995, la chronique de tous les faits et gestes du groupe ayant eu trace publique. Merci à Martin Elliott qui rassemble et commente par ordre chronologique toutes les séances d'enregistrement du groupe : document très technique qui constamment est resté sur la table de travail. Merci au journaliste David Dalton qui produit en 1981, puis renouvelle en 1984, complétée et augmentée, une compilation de toutes les coupures de presse et interviews qui démultiplie notre perception de l'époque. Merci enfin à tous ces témoins mineurs qui, ayant croisé pour quelques jours ou quelques mois le cercle clos des Rolling Stones, ne gâchent pas l'occasion d'en faire trace : James Phelge le colocataire des débuts affamés d'Edith Grove, Tony Sanchez le pourvoyeur d'héroïne, Stanley Booth le journaliste embarqué dans la tournée de 1969 comme Robert Greenfield dans celle de 1972. On a pu s'appuyer ainsi pour chaque période sur un témoin privilégié, quand aucun d'entre eux n'était en situation de positionner son travail vis-à-vis d'un ensemble. Pour établir ces recoupements, on s'est servi aussi de ce qui traverse des Rolling Stones les écrits biographiques ou autobiographiques sur ou de Eric Clapton, Jimmy Page, John Lennon, Gram Parsons, Marianne Faithfull, Pete Townshend, Bob Dylan et d'autres. Parmi les films, surtout les Maysles Brothers (*Gimme Shelter*, 1970) et Jean-Luc Godard (*One + One*, 1968), qui mènent dans l'intérieur même du cercle clos, avant la masse de témoignages filmiques plus contingents, comme *Cocksucker's Blues* (Robert Frank, 1972), ainsi que la compilation établie par le groupe : *25 x 5*, plus les documents filmés du concert de Hyde Park en 1960 ou de Richards offrant à Chuck Berry celui de ses soixante ans dans *Hail! Hail! Rock'n'Roll*. La principale matière de ce livre sera leur propre parole, collationnée dans la presse (dès 1971, l'entretien de Keith Richards pour le magazine américain de référence *Rolling Stone*, pillé ensuite par tous les biographes, y compris Bill Wyman), à comparer avec les biographies pas toujours préoccupées de collationner leurs sources avec l'ensemble des autres (on trouve parfois des écarts d'un an pour tel événement de Victor Bockris à Christopher Sandford, de Bonanno à Norman). On a tenté ici une mise en relief par superposition et confrontation à laquelle il n'avait pas auparavant été procédé, sur des questions qui nous concernent évidemment, puisqu'elles construisaient à mesure notre identité malléable. J'ai tenu à garder à la surface de ce texte l'interprétation originelle des acteurs eux-mêmes, dans leurs nuances de langue et de voix, partout où je les cite, faisant suivre par commodité d'un sur-titrage en forme de traduction, et le lecteur pourra éventuellement se dispenser de l'une ou de l'autre.

Parce qu'il s'agit de défendre notre propre territoire de langue et, si on a dette envers les sources principales, de garder vis-à-vis d'elles distance : la réflexion sur les biographies accumulées sera une réflexion sur comment l'autre langue traite et analyse un statut dominant dont les Beatles, les Stones et les autres ont contribué à déplacer l'équilibre. On s'est contraint pour cela même à n'utiliser que des sources anglophones, sauf exceptions inédites en français. Pour chacune de ces références, compilations sur cassettes vidéo, officielles ou pirates, archives d'émissions radio ou télévisées, j'indiquerai la source, qui est commune à l'ensemble des biographies compilées et n'appartient en propre à aucune. Mais, dans les livres aussi, le matériau directement pris à la source part toujours de l'oral (Ron Wood qui légende ses croquis du groupe sur le vif, ou Keith Richards commentant à vingt ans de distance les photographies du défunt mais inséparable Michael Cooper, quand personne d'autre ne se serait amusé à photographier des gamins équipés de guitares électriques écumant en Combi Volkswagen les salles d'arrière-ville), avec ce paradoxe que les intéressés eux-mêmes remplacent progressivement, à partir des années 90 surtout, le témoignage par l'autocitation : la perception qu'ils ont de leur propre biographie devenant celle même que le monde a lentement déposée à leurs pieds. *Do you agree with the fact that your history has been written without you, and yourself taking this public story as a definitive tale, wiping out your own memory*? Question qu'à chacun d'eux on a posée depuis un exemple concret le concernant, et dont ils nous ont laissé libre d'interpréter l'absence de réponse. *Yeah, why not,* vous dira Wood, *Hu-Humm...* contourne Jagger comme s'il n'y avait jamais pensé mais qu'il y découvrait quelque chose, *N A (no answer),* vous fera savoir Richards, et vous trouvez cela un matin à six heures affiché sur votre messagerie Internet avec ses initiales en bas.

Tout au long de ces années de travail, c'est la question que sempiternellement on me posait : « Et les avez-vous rencontrés ? » Non, l'enquête du biographe est en amont du regard qu'ils ont sur leur propre histoire, même si cette enquête inclut évidemment, parmi l'ensemble des faits, ce qu'ils peuvent, pour vous ou vos prédécesseurs, y ajouter ou en commenter. C'est la chose commune sur quoi il s'agit d'enquêter, au travers des confrontations de hasard et destin dans les machines sociales, économiques, et l'amplitude esthétique qu'il leur est donné individuellement d'affronter. *When you eventually think of your own story, not as told by others, but as a personal tale, which single word fits first : legend, fate, chance?* Wood laisse en blanc, *work,* prétend Mick Jagger, *music,* vous transmet Richards : dont acte. Il fallait les rencontrer, savoir le dessin des épaules et du cou, imaginer le poids du corps si on les soulevait, sentir la façon dont se pose une main dans la vôtre, voire avoir mémoire de l'haleine et de ces cernes ou ces rides près de la bouche et des yeux, de l'inflexion des voix mais dans le doute de ce qu'ils pourraient eux-mêmes ajouter à tant de mots déjà dits, depuis si longtemps, sous un regard public trop intéressé. On est à Paris à deux mètres de Bill Wyman qui parle, on est reçu chez Mick Jagger et on marche avec lui sous les arbres et qu'importe s'il évite les questions trop précises, ou bien on convoque ses vingt ans quand dans la foule pressée des premiers rangs de concert on essaye de déchiffrer l'impossible rapport entre l'immobilité raide des doigts de Richards sur son manche et l'incroyable volume de son qui vous rend sourd et fait trembler sous vous le sol, et voilà que via son assistant Jane Rose, attentionnée et attentive, on a réponse directe à son message. Mais ce qu'on rencontre lorsqu'on est face à face avec eux, bouche, regard, parole, corps et cervelle, c'est une expérience étrange qui ne renseigne pas forcément l'enquête elle-même, n'était indispensable plutôt que pour en rendre physique et matérielle la limite et l'inconnaissable : au bout de la biographie, le mystère vivant qu'ils demeurent, et tant mieux. Secret nécessaire de l'être humain, qui fait le fond du geste littéraire, pour le dessiner à distance, mais l'affirmer comme ultime. Qu'on déborde, qu'on passe au-delà de l'anonymat d'où pour eux on sort, et la réponse viendrait vite : *You cunt... On l'a* évitée. Keith Richards, ces jours où je termine mon livre, est encore capable, dans la nuit de New York, parce qu'un gamin qui l'a reconnu lui a tendu sa Fender à signer, de dire à son chauffeur de foncer, et, quand le gamin les rattrape en courant et tape à la vitre du prochain feu rouge, de se marrer cyniquement au fond : *Tore down W. 56th Street... I knocked on the window and yelled : Please give me my guitar back !.. Keith was laughing. The driver told me to go fuck myself and buy a new guitar, and drove off again* : « C'était en bas de la 56 Ouest, j'ai cogné à la vitre et je criais : Eh, rends-moi ma guitare... Lui il se marrait, le chauffeur m'a dit d'aller me faire enculer et de m'en racheter une neuve, et il a redémarré... »

On a l'amour des biographies pour leur qualité même de fiction toujours à reprendre, la part plus intime qu'on se fait du visage du monde, et pour ce qu'une biographie contraint de révéler de soi-même qui l'écrit, c'est à une réflexion sur l'art littéraire appliqué à notre présent qu'on aurait voulu se livrer, dans le paradoxe d'avoir à parler de ce qui ne passe pas d'abord par la langue : une vie de musiciens. Au bout du compte, on décortique, on met à nu et parfois ce n'est pas beau, mais quand même : hommage.

Comme un roman.

Et première apparition de Keith Richards, Ruffec 1967

Il s'agit d'examiner la mécanique d'un étroit groupe d'individualités, dans des conditions de hasard et d'histoire qui nous enseignent sur notre individualité propre, prise aux mêmes hasards et à la même histoire, mais où légende et symboles ne sont pas venus cristalliser comme sur Mick Jagger, Keith Richards et ce qu'ils initièrent sous le nom de Rolling Stones.

Le terme de mécanique appliqué à la machine humaine lorsqu'elle mêle d'extrêmes situations personnelles à des points de crête où se jouent dans les mains de quelques hommes le virage presque entier du monde revient à Saint-Simon dans son démêlage noir de l'agonie du grand siècle. Son fils était marquis de Ruffec, où lui-même dormit en se rendant à son ambassade d'Espagne. À Ruffec aussi, sur la côte d'Angoulême (du temps que c'était encore à la littérature de compter pour le mythe), que Lucien de Rubempré attendit sa Bargeton, et que le 6 mars 1967 j'ai pour la première fois croisé Keith Richards face à face.

Venir aider à la pompe Nationale 10 en découvrait un détail auquel une ville comme Ruffec n'avait pu préparer : haltes obscènes de véhicules fatigués de trop de route, se débondant d'une charge humaine occupée seulement de son hygiène et passant hagarde parmi les volucompteurs tandis qu'on s'occupait du pare-brise. Bien avant le temps des quatre voies et des rubans à péage la Nationale étanchait seule le train régulier des Pegaso d'Espagne qui, dans un ultime grondement de freins, s'arrêtaient reprendre juste ce qu'il fallait de gas-oil pour tenir jusqu'à la frontière.

Première saison de la piste juste bitumée sur les champs, des minibus allemands repeints à fleurs chaque fois imprévisibles dans ce qui en sortirait par la porte latérale, mes quatorze ans d'ici deux mois et l'âge d'or des guitares déjà commencé : jusqu'à Civray nous savions ce qu'elles ébauchaient de sauvage, où toute métamorphose semblait possible. En auto-stop nous irions certainement bien par-delà la Charente, nos rêves ne tiraient plus vers Paris préfecture centrale de France et ce qu'on se rentre dans la tête à cet âge vous poursuit pour toujours : et tant pis si les bornes en étaient étroites. Il nous reste, quatre décennies plus tard, ce cri électrique encore tout neuf d'instruments laqués rouges sur tempo binaire, les guitares aux larges micros inox qui vinrent jusqu'à Civray ces années-là frayer entre deux accordéons à boutons dans la symétrique vitrine du coiffeur Barré.

Lequel nous faisait encore d'emblée la nuque en dégradé et proposait pour les oreilles qu'elles soient dégagées (dans le nombre limité des figures, la mode s'en est à nouveau saisie depuis), des gars aux cheveux trop longs et marqués tels comment en revenir aujourd'hui à ce sentiment d'un événement qui bousculait l'ordre établi plus que tout le reste. Tout comme à l'électroménager Chauveau juste en face de l'église entre les aspirateurs à chariot et la fortune qui commençait d'y faire le groupe Philips par l'équipement en voie d'être généralisé de machines à laver et réfrigérateurs, le petit coin de pochettes de disques où l'apparition de titres en anglais nous fut d'afficher enfin ce qu'obscurément nous attendions pour appartenance, ce coup de talon qu'on donne au fond de l'eau pour remonter, figure qu'en mathématique au lycée de Civray nous apprenions comme dite de rebroussement, le blond à la mèche et le bassiste qui ne riait jamais nous vengeaient d'avance de ce qui aujourd'hui nous paraît (formes rondes des meubles, pneus minces des voitures et le gros hublot gris des téléviseurs en noir et blanc) plutôt la fin en bascule de très longues survivances qu'il aurait peut-être fait bon sauver.

De Led Zeppelin ou des Beatles, l'histoire en retiendrait peut-être d'autres avant les Rolling Stones, si le nœud symbolique valait à proportion de l'invention musicale. Mais, exhibant fièrement, comme si cela nous relevait de nos défauts personnels, ses oreilles décollées et son reste d'acné *red nose and pimples*, Keith Richards fut l'un des nôtres vraiment, tout droit sorti de Lizant ou Savigné entre Civray et Ruffec, une épine dans le monde réglé, même si le jeu en était tout aussi vieux.

D'où ils venaient et comment ils s'étaient mis ensemble alors nous n'en savions rien, cela nous aurait même semblé détail de peu. Ces dix ans qui nous séparaient d'eux ne nous étaient pas non plus visibles : grands frères ils étaient, monolithe unique face à l'âge hérité. Ce début mars 1967 le ciel gris sur la route luisante, tandis que dans un éblouissement de bruit les semi-remorques arrêtaient leurs géantes inscriptions espagnoles, la Bentley S3 Continental bleu nuit dont j'ai gardé en tête même l'immatriculation JLP 400D avec ses doubles phares horizontaux sur profilé inox, les clignotants verticaux et le jeu d'antibrouillards symétriques aurait été à Ruffec l'événement de notre journée même sans deux des Rolling Stones dedans.

J'avais déjà sans doute bien trop de Keith Richards dans la tête (cette chanson où il est question d'une fille arc-en-ciel, *She's A Rainbow*), comme un monde dont la première qualité était de ne rien avoir de communiquant avec celui-ci directement sous nos pieds. Nous savions jusqu'aux caractéristiques les plus techniques de leurs instruments inaccessibles : modèles acoustiques Guild J 200 ou Gibson J 45, et les électriques Les Paul Standard ou Gibson SG à double pointe ou ES 335 comme Chuck Berry autant que les marques automobiles qui fournissaient à nos rêves de garçons. Ce n'est d'ailleurs pas moi qui ai servi l'essence : les hiérarchies de service valent comme partout, même sur une piste d'essence en plein champ, dans les collines douces de Charente. Le chauffeur (Tom Keylock, j'apprendrai plus tard son nom) tendant la clé pour le plein, les portes arrière qui s'ouvrent et qu'ils étaient au moins quatre encore là-dedans, une fille invraisemblable et une autre dont je ne me souviens pas de grand-chose, sauf qu'elle accompagna la première aux toilettes qui sentaient encore le plâtre : même une Bentley ne fournit pas à tout.

Lui enfin, oreilles décollées et qu'il n'y avait aucun doute possible, et sa voix lorsqu'il lança au chauffeur trois mots incompréhensibles à mon anglais de collège (notre professeur René Ricateau nous faisait pourtant chanter jusqu'au gala Ufolea de Poitiers *Go Down Moses* qu'il accompagnait à la mandoline en indiquant la mesure de son pied en chaussures cirées) : ce rauque, la marque affichée d'arrogance légitime et tout un rêve rebelle comme s'il les portait partout avec lui, le mal bâti qui se promenait pieds nus dans la voiture de luxe. Et, s'apercevant que je le reconnaissais, apparemment fier aussi de ça, mais discrètement, si loin de son terrain de chasse, débarquant au hasard dans cette campagne où le maïs déjà poussait sa tête, et, sans rien savoir de Lucien de Rubempré, agenouillé un instant pour attacher ses sandales il authentifia brusquement et pour moi seul le bref partage d'un clin d'œil ébauché (*grin*) : j'avais quatorze ans et lui vingt-quatre, frères nous serions pour toujours.

Les sandales étaient rattachées, il tourna le dos pour trois pas sous le ciel, sur la piste de bitume à l'auvent de tôle gaufrée profilé au-dessus des volucompteurs jaunes de la Shell. Le maïs, perçant derrière, me semble violet dans le souvenir. Catégorie peu nombreuse d'hommes dont on saisit qu'ils perçoivent comme la totalité de ce qui les entoure, prenant le temps de cette vague grimace, *grin* : la lèvre tirée côté gauche en guise de sourire et un petit coup de menton et de paupière comme une approbation globale au môme qui le regarde de l'arrière de sa pompe à essence, près de Ruffec, ville dont il ne saura jamais le nom et qu'on y vend ses disques. Bouffées de temps dont tout le reste semble s'être retiré, qui font qu'on parcourt en un instant toute une boucle de vie. Et j'ai bien reconnu aussi le petit blond un peu bouffi, renfoncé dans le cuir de la voiture, mais celui-là ce n'était pas le genre à baisser les yeux sur la terre à Ruffec.

J'aurais voulu en faire beaucoup mais ils n'ont rien demandé d'autre. Le type qui conduisait (un bandeau de tissu roulé noué sur le front pour retenir les cheveux) semblait une interface obligatoire entre ce monde-ci et le leur, duquel notre vie régulière aurait été peu perceptible, séparée par du verre. Keylock régla avec des billets, Keith là-bas dans le champ pissait sur le maïs (lui, Keith Richards, qui ne fréquenta qu'une fois le travail salarié, vers ses dix-sept ans, le temps d'un stage de Noël aux postes anglaises), et les deux filles, l'ordinaire et l'invraisemblable, remontaient dans l'habitacle et y réarrangeaient sur le siège de cuir des fourrures à odeur d'église. Devant, par terre, il y avait des bouteilles, la plupart vides, et une guitare sortie de sa boîte. Évidemment, dans cette condition où j'étais, qu'on regarde. Le blond avait mis ses pieds sur le dossier de devant et lui ne regardait rien.

La musique qui les enveloppa quand le chauffeur reprit sa place ne ressemblait pourtant à rien que je connusse, leur univers trouait le nôtre comme par une bulle étanche : tambours de Joujouka. Ils allaient au

Maroc en chercher la source, qu'ils mettraient à la mode. Nous n'avions plus devant nous, Francis le pompiste en titre, qui nous illustrait sur trois départements dans les courses cyclistes du dimanche (c'est à lui et lui seul qu'était revenue la tâche de verser le plein de super), que les vitres teintées de la Bentley qui les avait absorbés. Les portes fermées on n'entendait même plus la musique forte comme au bal où ils se vautraient, mais rien pour moi jamais plus et sur aucune traverse ne fut pareil.

Archéologie musicale : du côté de Dartford

Gare de Dartford, juin 1960

Gare de Dartford, près de Londres, au sud-est, en juin 1960 mais peu importe le jour. Il fait beau, non pas de ce beau temps si surprenant parfois à Londres, de ciel bleu et de vent marin, mais de ce temps ordinaire à la ville, le ciel un peu gris et cet air immobile des gares par quoi on dirait que tout résonne un peu plus. Et bien certainement les vieux trains hâtivement lancés juste après guerre pour ce trafic matin et soir de ceux qui travaillent, quelques centaines de tonnes d'acier brinquebalant aux aménagements sommaires, des banquettes encore de bois avec un peu de moleskine, des vitres tremblantes dans l'armature grise. La gare est dans une courbe, avec sur le quai un bâtiment sous auvent, à toit métallique et pendillons de bois sur le tour, avec non pas ce qu'on nomme maintenant passage souterrain, mais une lourde passerelle couverte enjambant la voie, et des bancs de bois avec accoudoirs en fer forgé à volutes.

Dans le compartiment moitié vide (l'heure des adultes qui vont au travail est passée) se retrouvent face à face, et ce hasard a déjà été partout noté comme pierre première de la légende à construire, deux garçons maigres qui s'ignorent.

Ils se connaissent, parce qu'ils se sont croisés deux ans à l'école primaire, mais c'est loin. L'un a déménagé, ils ne se sont plus vus, et ne se fréquentent pas. Dans une banlieue comme Dartford, quand on a le même âge on continue pourtant de se reconnaître, on se salue de loin et ça va : les traditions anglaises de ce respect poli et qui affecte l'indifférence passent d'âge en âge. Celui d'entre eux qui est habillé avec un peu d'affectation mode, chaussures à bout pointu sur chaussettes roses, sait que l'autre, en tenue plus réglementaire d'une école de commerce dans la capitale au bout de la ligne, l'été précédent, vendait des ice-creams sur un tricycle, et même se souvient de lui en avoir acheté un cornet, *outside the public library* ₄,₁₃ : «en face de la bibliothèque municipale», précise-t-il. Images qui restent comme cela pour toujours liées à un endroit fixe, précis, quand plus tard l'errance en tant d'endroits similaires du monde va précisément vous émousser cette reconnaissance spatiale (cette anecdote de Keith Richards en octobre 1978, prenant un taxi à l'aéroport de Roissy et incapable de donner sa propre adresse à Paris, contraint d'arrêter la voiture pour téléphoner à New York au bureau des Rolling Stones qu'on la lui redise). Mais ces deux-là manifesteraient plutôt déjà, chacun vis-à-vis de l'autre, ce qui les sépare. D'un côté, chaussures à bout pointu sur chaussettes roses, le fils unique d'un contremaître à l'usine électrique, élevé dans un pavillon étroit aux cloisons minces, déjà relégué du lycée vers ce qu'on nommerait ici, aujourd'hui chez nous, le lycée professionnel deux stations plus loin, la Sidcup Art School, où on n'apprend pas grand-chose, sinon à jouer de la guitare dans les toilettes et, de l'autre côté, l'ex-vendeur d'ice-creams, le fils d'un prof de gym à qui après le lycée on paye l'école de commerce. Reste qu'ils ont le même âge, que chacun pourrait dire l'état civil de l'autre (même si on ne salue pas en utilisant quelque chose comme *Hi, Mick* ou *Hi, Keith*, mais qu'on grogne seulement un *Hi, man* auquel le second va répondre en commençant pareil), et reste que le fils du prof de gym porte ce jour-là sous son bras une pile de ces objets aujourd'hui disparus et qui représentaient un progrès technique considérable : les disques microsillons non pas de vinyle encore mais d'épaisse matière rigide et noire, bien avant l'âge des photos sur les pochettes alors de papier marron imprimé, et qu'on passait à trente-trois tours sous l'aiguille pas encore saphir d'appareils respectables et volumineux, à bras de Bakélite claire, et amplifiés avec une de ces lampes qui chauffaient beaucoup, ballonnées et transparentes, qu'on apercevait par ses grilles dans le ventre de l'appareil, pour la lumière jaune et variable qu'elles émettaient dedans. Et donc :

Hi man, I say. Where ya going? And under his arm, he's got Chuck Berry and Little Walter, Muddy Waters. You're into Chuck Berry, man, really? ₄,₁₇ : «Salut mec, tu vas où? Et sous son bras je vois du Chuck Berry, du Little Walter, du Muddy Waters. T'es dans Chuck Berry, mec, vraiment?»

Les disques à l'époque ne se prêtent pas, et celui qui en est propriétaire en tire pour lui-même une considération dont le bénéfice est qu'on l'exploite directement : invité par son copain dans le pavillon étroit, en l'absence du contremaître, la mère de Keith Richards prépare du thé à

ARCHÉOLOGIE MUSICALE : DU CÔTÉ DE DARTFORD   25

Mick Jagger son invité, et on pose les microsillons noirs sur l'appareil du salon, la mère est repartie dans la cuisine, on ne parle pas beaucoup. On affecte de fumer déjà et on partage donc, après le thé, le paquet de cigarettes, tandis que, puisque Chuck Berry chante, il n'y a qu'à se taire. Peut-être, chez lui, Michael Philip Jagger n'oserait pas pousser le bouton de volume du gros appareil aussi fort que Richards le fait, supposant donc que sa mère est d'accord (peut-être d'ailleurs qu'elle les a laissés, contente que son fils pour une fois socialise – apprenons ce mot de leur langue – et qu'elle a opportunément trouvé un prétexte pour aller, trois maisons plus loin, visiter la sœur de Bert). Ils ne causeront pas beaucoup, ce ne sera pas le genre de Richards, pendant longtemps, mais à se poser ainsi ensemble on partage quelque chose d'évident, comme l'identité commune qu'on voudrait manifester au-dehors, où l'un apporte ses disques, l'autre sa manière sociale d'être. Peut-être ou sans doute, à la fin, lui montre-t-il, mais sans en jouer, ou juste trois accords comme ça, l'air de rien et comme si ça lui était facile, la guitare dont il est si fier. Ainsi commence, cet après-midi de juin 1960, à Dartford au sud-est de Londres, l'aventure des Rolling Stones.

Où l'on présente Auguste Theodore Dupree

Même à vouloir examiner au microscope comment en trente ans s'est déplacé à notre détriment l'équilibre des langues et comment l'anglais véhiculaire a pu se servir des amplificateurs du *pop* pour tout rabaisser à sa sauce, on croisera souvent ici la langue française, et eux-mêmes dans nos villes. Mais, tout d'abord, dans la généalogie de Keith Richards dont le grand-père était Dupré, vieux nom si répandu encore, et dont l'exode des huguenots après l'édit de Nantes peupla aussi bien l'Allemagne du Nord que les îles Anglo-Normandes ou la Belgique.

Au temps d'Auguste Theodore dit Gus, les Dupré s'étaient phonétiquement anglicisés en Dupree, mais restaient encore entre les deux langues. Dupree, donc, le nom de jeune fille de Doris, la mère de Keith dont le fils aîné Marlon, à cette heure versé dans la mode (directeur artistique d'un magazine dont son père est bien sûr actionnaire), est époux d'une Lucie de la Falaise, nièce d'une ancienne égérie des débuts d'Yves Saint Laurent, Loulou de la Falaise, pour une juste circularité.

Domination de la langue anglaise comme une nappe tirée d'un seul côté de la table : qu'on aille dans n'importe quel supermarché et c'est, chaque demi-heure, à nouveau une rengaine des Rolling Stones, des Beatles ou d'Eric Clapton qui sert de fond aux haut-parleurs, comme dans n'importe quel bar diffusant une radio neutre en sourdine reviennent Michael Jackson, Madonna et tous ceux dont on ne sait pas les noms. Ce matraquage internationalement égalitaire, sa disproportion, suffirait à justifier qu'on entreprenne ici l'examen de la constitution progressive de ses rouages : et sans cet homme dont l'enfance fut bilingue et anglo-normande, Auguste Theodore Dupree par anglicisation de Dupré, il n'y aurait pas eu, jamais, de Rolling Stones.

Pourtant, des trente livres que j'ai devant moi, consacrés à Keith Richards et son groupe, aucune image, aucun portrait de Gus Dupree et son violon : les albums photos du cercle familial, il en existe certainement, ont été bien protégés, par l'ampleur même du phénomène cristallisé sur Jagger, Richards et les autres. Et quand le vieil homme décède, le petit-fils achève son long enfoncement dans la drogue, il ne tient pas, semble-t-il, à revisiter par la pensée cette période de son histoire familiale. Six au moins de ces livres ont bénéficié du témoignage direct de la mère de Keith Richards, Doris, fille de Theodore Auguste Dupree, mais Doris, qui tient de son père le goût de la musique américaine et des chansons populaires, n'a pas été mêlée à ce que le grand-père a voulu transmettre à son petit-fils. Et Doris, si elle répond aux interviews, parle toujours sous contrôle : jamais par exemple n'évoquant pourquoi et comment elle a eu la charge d'élever Dandelion, qu'elle rebaptise Angela, fille de Keith et Anita Pallenberg à l'épicentre de leur période de consommation effrénée d'héroïne. On vous racontera seulement que Keith Richards, fin des années 70, pendant les séances d'enregistrement aux studios Pathé Marconi à Paris, réserve parfois une suite au Ritz quand Doris lui amène Angela pour un dimanche. On nous dit seulement que Dandelion, rebaptisée Angela, a parlé tard, s'intéresse beaucoup aux chevaux et que, là où habite avec elle Doris, dans une maison offerte par Keith, on a veillé à la proximité d'un centre équestre (Keith en est actionnaire aussi). De Dandelion rebaptisée Angela, une seule photographie parmi les milliers accessibles des Rolling Stones et leurs familles : la petite Dandelion est avec son frère aîné Marlon, et ressemble plus qu'étonnamment à son père enfant, les mêmes yeux noirs sous le même front – mais Keith Richards veillera toujours à maintenir vive sa relation avec la petite fille élevée par sa mère, et offrir à ses enfants une discrétion protégée. Il semble que le grand-père Gus, dont nous ne saurons pas le visage, ait disparu de l'univers du petit-fils dans l'étourdissement du début des Stones, et qu'il était trop tard quand Keith s'est réveillé pour comprendre ce qu'il lui devait. En tout cas, la première des deux filles de Keith et de Patti Hansen aura pour premier prénom Theodora et comme second prénom Dupree : on peut être Keith Richards, et sur ces élémentaires choses humaines payer sa dette au vieux Gus, quitte à ce prénom étrange de Theodora Dupree donné à une jeune Américaine d'aujourd'hui.

Mais que le grand-père Auguste Theodore Dupree, appelé simplement Gus, eut sept filles, dont Doris, et pas de garçons, n'est pas un fait neutre. On sait aussi de lui que, pour les nourrir, il travaillait dans une usine de tissu à la coupe et rapportait dans ses poches des chutes multicolores pour le petit-fils encore unique. Que Gus, dès les années 30 de ce siècle (celui qui vient de finir), tenait le samedi soir dans un orchestre de bal, selon les besoins de la formation ou du morceau, les parties de violon, saxophone ou guitare, mais personne, ni le petit-fils, n'a pris la peine de s'enquérir où il avait appris et comment. Gus a subi, pendant la guerre de Quatorze, le fameux gaz moutarde, ses poumons malades le contraignent à délaisser le saxophone pour le violon, dans lequel on ne souffle pas. Pas d'affiche ni d'enregistrement, pas de témoignage direct dans les livres de l'hagiographie.

Dès la guerre et après, c'est dans les bases américaines que le grand-père Gus produit sa variété dansante. Le répertoire doit plaire au client, les standards populaires américains rentrent dans les doigts. Au violon, il pratique l'usage rythmique des appuis sur double-cordes (*double breaks*), avec assez de réputation pour jouer un jour en duo avec Yehudi Menuhin, ce qui établira pour toujours le violoniste classique dans le panthéon musical du petit-fils rocker. Puis vient un temps où Gus décroche. Quand on se retrouve le dimanche chez les grands-parents, au milieu des six tantes, on n'évoque peut-être pas chaque fois les sorties nocturnes du grand-père, son étui à violon sous le bras : à qui élève sept enfants dans la guerre, il doit bien y avoir un jardin secret qui ne se résume pas au supplément de ressources que lui procurent ses cachets, même s'ils ne sont pas négligeables. Pour le vieil homme, l'étui noir du violon et du saxophone c'est la porte que sur les sept filles on referme, le dehors qu'on retrouve et ne plus penser au recommencement usant des jours. Il peut suffire d'une bourrade au petit-fils pour lui faire passer que c'est ça aussi, ou que c'est cela d'abord, la musique. Est-ce un lapsus ou une vieille plaisanterie de famille : Keith parle de la Seven Sisters Road, mais elle ne figure sur aucun plan de Londres. Il y a, dans le quartier Battersea, à côté de Clapham Junction, près de la Tamise au sud-ouest, une Sisters Avenue : déformation ou jeu de mots volontaire ?

Keith Richards évoquera toujours ses sorties avec son grand-père, pendant que Doris et ses sœurs parlent avec leur mère, sous prétexte de promener le chien : le grand-père et le petit-fils grimpant dans un autobus pour Piccadilly, puis s'enfonçant dans les rues populeuses d'entre

Charing Cross et Trafalgar, où sont aujourd'hui encore les boutiques de bouquinistes (pour qui veut compléter sa collection de ce qui concerne les Rolling Stones) et les luthiers, dont l'ami de Gus, un nommé Ivor Mairant. On se retrouve dans la boutique, *guitar shop*, du vieux copain de Gus. Les deux hommes ont à remuer des choses qui les concernent, on assoit le gosse sur un tabouret, on le fournit de biscuits et d'une tasse de thé, on l'oublie. Lui se souviendra de l'odeur de la colle qui chauffe doucement au bain-marie, des violons dépareillés ou carrément ouverts, et que le copain du grand-père réassemble. Il y a des instruments par terre, aux murs, démontés ou prêts à jouer. On les touche, on les soupèse, on les essaie. Le grand-père est fier de montrer l'alphabet élémentaire des accords qui font danser, avec pour le copain des allusions que l'enfant ne doit pas comprendre, sauf que c'est important puisque le vieux luthier en tablier, les mains à nouveau occupées à recoller un manche ou revernir une table, en rigole dans sa moustache. Les mots qu'ils emploient ne sont plus ceux de la maison : le mot *band*, le mot *gig*, feront partie de cet alphabet élémentaire, cette fois de langage, par quoi la vie de Keith Richards ne sera pas une rupture, mais une continuité. Il dit même, bien plus tard : *the story of my life ever since* [14, 10] : « l'histoire de ma vie depuis ce moment-là », comme si tout avait commencé là pour ne jamais finir, par la musique ainsi vue de l'intérieur. C'est ici, dans la boutique de Charing Cross, que le grand-père lui met l'instrument sur les genoux et lui place les doigts pour les premiers accords : *mi, do, sol, la* mineur (ah, la magie des mineurs), *ré, la* dans cet ordre, puis le doigt qu'on rajoute pour les septièmes, et les barrés qui font si mal à l'index... Keith se souvient du premier morceau que lui apprit son grand-père, qui s'appelait *Malaguena*, avec la phrase de Gus qui allait avec : *If you're going to play the guitar, you've got to learn this one. If you play that, you can play* [14, 10] : « Si tu veux jouer de la guitare, tu dois apprendre ce truc-là. Si tu sais jouer ça, tu peux jouer. » Du vieux luthier au prénom d'ivoire on ne saura pas plus, il passera ici comme un de ces brefs rêves à la Dickens, tendus chez lui l'espace de dix lignes comme un intérieur ouvert qui est tout un monde, et pour Gus et Keith lui-même ce mot *mate*, copain, collègue, et peut-être l'association à la musique d'un sentiment de fête du samedi soir ou de transgression, les deux vieux un peu pompette, et peut-être même une lampée de bière autorisée sur le soir au gamin, ce qui autorisera le petit-fils à dire plus tard *I always drank hard*, avoir toujours beaucoup bu. Il a neuf ans ou dix, il prend à nouveau le bus ou le métro londonien en tenant d'une main la main du grand-père et de l'autre la laisse du chien, et puis on se retrouve Seven Sisters Road ou ce qu'on surnomme comme ça, entre la mère et les tantes. Quand on remise la laisse du chien, le grand-père met un doigt sur sa bouche : on ne parle pas à la maison de leurs équipées d'hommes. Ensuite, en changeant à Victoria Station, la mère et le fils en ont pour une bonne demi-heure pour revenir au lointain Dartford, sans trop parler chacun, trop de Londres encore dans la tête, et les architectures de brique et de fer, avec les restes de bombardement, les chantiers de reconstruction, défilant devant la vitre au bruit du train, et rien de tout cela ne sera évoqué devant le père, le sombre Bert Richards.

Parmi les jugements à l'emporte-pièce du petit-fils sur son grand-père, une phrase plutôt longue pour quelqu'un qui n'aime pas les superlatifs, même si c'est pour donner au vieux un nom d'oiseau, *He was a complete freak, the funkiest old coot* (qui traduira?). Ainsi cette phrase de Doris, *Keith went up and strummed the strings. He loved that b-b-broom sound of the guitar* [16,17], « Keith arrivait et grattait sur ces cordes, il aimait ce son de la guitare, b-b-broom », doit être complétée par cette anecdote dite par le petit-fils : chez le grand-père, les instruments sont rangés. Mais quand lui, Keith, est amené par sa mère, on met la guitare en évidence, fragile et brillante, tout en disant qu'on n'y doit pas toucher, même pas y rêver. *When I'd go to visit him, he had a piano and on top of it was this guitar. It was only a few years ago, in talking to one of my aunts, that I found out the guitar was only there when he knew I was going to come and visit : the minute I left it was back in its case. But now you can see what a canny character he was* [29,59] : « Quand je venais le voir, il y avait, sur le piano, cette guitare. C'est seulement il y a quelque temps, en parlant à une de mes tantes, que j'ai découvert que la guitare était là juste quand il savait que j'allais venir. La minute d'après que j'étais parti, elle était de retour dans l'étui. C'est à ça qu'on peut voir le genre de filou que c'était. »

Précisément parce qu'on a envie que ce soit cela qu'il prenne au sérieux, la guitare. Cela ne réussira que trop : cinquante ans plus tard, rien d'autre ne l'aura vraiment intéressé jamais, Keith.

De Bert et Doris Richards, Roy Rogers et les alléluias

On est le 18 décembre 1943 quand naît à Dartford, dans un établissement qui s'appelle le Livingstone Hospital, Keith Richards. Le 26 juillet de cette année, au même Livingstone Hospital de Dartford près de Londres au sud-est, est déjà né Michael Philip Jagger. Le nom de l'hôpital, qui n'a aucune incidence sur le destin de milliers d'autres nourrissons banlieusards, sera chaque fois relevé dans les biographies, dont celle-ci.

Doris tient de son enfance parmi ses sœurs un peu de la fantaisie de Gus : elle aime chanter et danser. Dans les heures vides de la maison, le matin, qui devraient être réservées au ménage (du moins selon Bert Richards, le taciturne), elle laisse la radio dévider les chansons américaines qui ont sa préférence et qu'elle chante. Souvent, pour tourner sur le carrelage de l'étroit salon, au son de la radio poussée à fond, elle prend son gosse dans les bras : il s'en souviendra.

Bert Richards, époux de Doris Dupree, est un homme qui parle peu, ne montre guère : *He wasn't cold, he just wasn't demonstrative* [16,18], dit son fils : « Pas froid, seulement pas démonstratif. » Lui aussi issu de famille nombreuse, ils se sont rencontrés dans l'association religieuse où ils sont tous deux volontaires. La guerre approche, on les marie vite. Bert, ouvrier électricien, entre à la General Electric dans une affectation civile, et pour être plus près de l'usine du Bedfordshire, lui et Doris s'installent à Dartford. Cette nuit même du 18 décembre 1943, des bombes tombent tout près du Livingstone Hospital. Plus tard, c'est l'usine qui est bombardée, et Bert est blessé à la jambe. Il est à l'hôpital à Mansfield, sa femme et l'enfant le rejoignent, c'est là qu'ils demeureront jusqu'à la fin de la guerre. Quand ils reviennent, leur maison de Dartford a été soufflée par une explosion.

Bert est contremaître chez Osram, qui fabrique des ampoules électriques. Il se lève pour l'usine à cinq heures le matin, est rarement revenu avant six heures le soir. Il mange, puis va au lit. Pour Keith, les héros de la journée prennent toute la place, en particulier Roy Rogers. C'est l'âge où facilement on s'imagine en cow-boy, qu'on plante une tente d'Indien sur l'herbe devant le pavillon du lotissement aux maisons identiques et jointives pour que votre maman vous photographie en tenue. Keith n'aime pas le football, mais maintenant chante lui aussi sur la radio toujours allumée.

L'été, la famille part au bord de la mer, dans le Devon. On a une photo de lui gamin, devant ces caravanes en tôle gaufrée peintes en blanc, hissées sur deux roues minces : déguisé en Indien, avec l'arc et les plumes. Comme il chante juste, il grimpe les échelons des chorales religieuses. Ils sont trois seulement, pour leur timbre de soprano, à être sélectionnés pour chanter à l'abbaye de Westminster, en surplis blanc : *Only three of us, in our white surplices, used to be good enough to do the allelujahs* [1,37] : « Rien que trois d'entre nous, dans notre surplis blanc, qui étaient assez bons pour faire les alléluias. » C'est l'époque des déplacements en car, des rencontres entre écoles, des concours de chorales et des premiers applaudissements sous les lumières, du goût qu'enfant on peut en prendre jusque dans le célèbre Royal Albert Hall : *I think that was my first taste of show business* : « Mon premier avant-goût du show-business. » École rude, la polyphonie, mais ce qui est formé de l'oreille est définitif. Sauf que, quand à treize ans vient la mue des garçons, on vous remplace par des plus jeunes. *Yob*, un mot comme on dirait loubard, mais qui garde cette nuance de mépris qu'on appliquerait à soi-même, comme dans notre *jobard*, Keith Richards ne le revendique qu'en rapport à ce rejet, qui inclut pêle-mêle, dans le traitement privilégié qu'on vous réserve avant de vous renvoyer sans remerciement, les voyages en autocar, le mystère des concerts dans les cathédrales et le goûter qui suit, la fierté des surplis blancs et ces applaudissements : *I think that was when I stopped being a good boy and started to be a yob* [1, 37] : « C'est là, je crois, que j'ai arrêté d'être un bon petit gars pour devenir une teigne. » Mais Keith, à mesure qu'il rejoindra son personnage de mauvais Stone, aimera ainsi à se noircir.

Son destin rétrospectif de mauvais garçon, des centaines de gloses en feront avec générosité cadeau à Keith, mais plus tard, quand lui-même aura endossé l'habit du révolté. Le seul témoignage qu'ait laissé Keith Richards d'avoir croisé la dureté de ces quartiers ouvriers, c'est qu'entre l'école et la boulangerie où travaille Doris il doit passer à vélo dans une rue où d'autres gamins l'embêtent ou le bizutent. Il a dix ans, par là, et c'est un jeu de cache-cache. Il prend un autre itinéraire pour les éviter, mais les autres le cherchent et il n'y a pas tant d'itinéraires que ça. Alors un jour il paraît qu'il s'enroule au poignet la vieille chaîne de vélo qu'il a dans la sacoche et passe en plein milieu des caïds, sur les conseils précise-t-il d'un de ses copains qui s'appelle Spike : parce qu'après ils vous respectent, on n'est plus jamais embêté, *hassled* [16, 24]. Mais l'enfance est faite au moins une fois de ces moments où on a eu peur, de la vengeance qu'on veut en avoir et de la rage par quoi on surmonte. Rien en fait qu'aucun gamin n'affronte un jour ou l'autre, dans tout pays, à cet âge. Keith Richards, enfant de chœur et fils unique choyé, n'a rien eu de l'enfance délaissée ou rebelle qu'on lui a plus tard voulue, et tant mieux.

On est en 1956, juste au bon moment pour qu'à l'éviction de la chorale corresponde l'apparition d'Elvis Presley. Cela vient à Keith par un de ses cousins germains, Kay, dont on n'a pas d'autre trace. C'est lui qui fait écouter l'album à l'adolescent, et Richards répétera encore des années plus tard, quand il aura les moyens techniques de l'apprendre, le mystère qu'est pour lui le solo de guitare de Scotty Moore dans *I'm Left, You're Right, She's Gone* d'Elvis Presley dans les enregistrements Sun Studio : *I could never work out how he played it, and I still can't. It's such a wonderful thing that I almost don't want to know* [1, 38] : « Jamais réussi à piger comment il jouait ça, même maintenant. Une telle merveille, ce truc, que je préfère même plutôt ne rien en savoir. » N'importe quelle boutique de guitare vend aujourd'hui cassettes vidéo de démonstration, transcriptions sur tablatures avec images fixes des positions de doigts, de tous guitaristes rock conséquents, dont Keith Richards, mais il n'est pas sûr que la facilité d'apprendre, plutôt que s'obstiner lentement à copier au note à note les disques maternels, mène plus loin ou même plus vite à ce mystère, qu'on soit ou ne soit pas musicien précède tout acquis.

Doris fait des heures dans la boulangerie du quartier et dispose ainsi d'argent personnel. C'est à ses frais, et non sur les bulletins de paye de Bert chez Osram, qu'elle a équipé la maison de son premier phonographe, un soixante-dix huit tours à pavillon, dont il faut changer l'aiguille tous les six disques. Elle y écoute Stéphane Grappelli, le violoniste de jazz que révère le vieux Gus, et puis ce que demande le petit-fils : Cliff Richard, Ricky Nelson. Est-ce par hasard que, des deux musiciens que cite Keith Richards adulte comme ses révélations d'enfance, du premier il copiera d'enlever le « s » terminal de son nom pour ses premières années de Rolling Stones, et que Ricky soit le surnom qu'il se soit choisi à la Sidcup Art School ? Il demande à sa mère l'achat d'une guitare, et il n'y a pas de trace que le vieux Gus s'en soit mêlé. Il s'agit d'une guitare dite espagnole, payée sept livres à crédit à cette « coopérative » de Dartford qui leur fournit tout, mais c'est assez pour un rêve d'enfant qui prend corps, odeur de vernis, toucher rude des cordes tendues, l'objet magique entrevu chez Ivor Mairant lui appartient désormais. Reste aussi, et c'est ça Keith Richards, qu'une fois les sept livres dépensées il en demande encore autant à sa mère parce que, pour apprendre à jouer de la guitare, il faut aussi un électrophone qui ne bousille pas les disques trente-trois tours vinyles nouvellement apparus : logique, non ? Alors on retourne dès le premier jour du mois, la paye de la boulangerie juste tombée, à la coopérative de Dartford pour choisir, sans le père. Sa mère se rappellera que le gamin maigre n'a confié à personne de porter, tout le chemin du retour, l'encombrant carton. Avec en prime de l'électrophone neuf au gros bras blanc fragile où on enquille religieusement la minuscule aiguille. Ils n'ont ce soir-là qu'un seul disque, une imitation de Ricky Nelson, et il n'y a plus qu'à s'asseoir devant et essayer de tout refaire, avec pour seul viatique l'oreille formée aux polyphonies religieuses de l'enfant de chœur.

Le grand-père, en lui expliquant les accords de *Malaguena*, lui a légué quelques axiomes, comme celui-ci où Keith mêle le tu du grand-père au je qui émerge : *If you're taught, it inhibits you and you play like you're taught and I want to play as I feel,* [16,22] : « Si on t'apprend, ça va t'inhiber, tu joueras comme on t'a appris, et moi je veux jouer comme je le sens. »

Nous avons tous disposé au même âge d'une de ces guitares criardes à pas cher. Lui, qu'on surnomme à Dartford Ricky, immédiatement s'y obstine. La marche des chansons et leur harmonie au note à note, et à quel moment changer le battement qu'on a sur les six cordes. C'est longtemps faux et trop raide, mais il continue. L'image qui en reste, c'est d'avoir choisi pour cela la dernière marche de l'escalier qui mène aux deux chambres du premier étage du pavillon ouvrier aux parois minces, parce que cela résonne mieux : et ça rentre, on demandera bientôt à la maman de refaire un crédit pour un instrument un peu mieux sortable et un peu moins criard, et puis électrique ce serait, pour le symbole plus que pour le bruit, encore bien mieux, la mère met un peu de temps mais n'a jamais rien refusé à son fils de ce qui le ramène plus près du clan Dupree (les tantes là-bas à Londres) que du clan Richards (les tantes ici à Dartford). *Yob* ou pas, Keith s'enferme à la maison et passe ses heures sur son manche, tant que le père n'y est pas. À quatorze ans, sans jamais avoir joué avec personne, il a sa guitare électrique pour les rêves, et ce qui lui passe par la tête pendant qu'il s'applique et déchiffre, il ne l'a jamais dit à personne.

Premier portrait partiel de Michael Philip Jagger

Au cœur du dispositif qu'on va suivre, Mick Jagger est celui qui a appris le plus systématiquement, très tôt, que ce qu'il laisse saisir de lui-même le contourne comme un galet lisse : au centre de tout et insaisissable.

Sur Mick Jagger, qu'on appelait enfant Mike et qui n'aimait pas le vulgaire Mick, la plus grande quantité de livres et interviews, mais aussi le même échec à le cerner près, tout ce qui tient à lui-même ayant été si tôt contrôlé et serré. Les miroirs qu'il déploie sont polis, les temps assignés aux rencontres et aux questions bien définis. S'il ne contourne rien, il a toujours la repartie prête pour tirer à côté, et vous renvoyer à vos moutons avec un petit sourire qui prouve qu'il a très bien compris, et qu'il ne vous en veut pas : lui, au-dedans, joue avec plus fauve. Une de ses stratégies, la plus continue, pour tous ceux qui l'approchent, a été de leur prouver sans jamais de cesse qu'il ne leur appartenait pas, qu'il avait droit d'insulte, excès et licenciement pour ceux qu'il paye, ou d'éviction pour celles qu'il butine (*I'm a king bee, baby...*) : l'homme, pour juxtaposer librement ses vies parallèles, n'a pas permis à quiconque d'en témoigner globalement.

Lui seul, quitte à s'évanouir parfois de fatigue ou d'excès, a maintenu ensemble les fils complexes de ce qu'il organise concernant son groupe, son paraître, sa vie privée affichée et ses vies secrètes. Au moins pourra-t-on en formuler les éclats et faces, l'histoire : mais il y faudra parfois des attaques chimiques plus corrosives que pour ses camarades. À une torsion de phrase, à la superposition de deux formulations, à un fait une fois plus à côté de ce qu'on attendait de lui, cette disproportion entre un individu et ce qu'il induit pourra quand même se complexifier assez pour l'examen, lui qui un temps aimait de ses amis qu'ils le surnomment *Prince of darkness* et dispose, par une étrange capacité mimétique, d'assez de visages, d'accents et de voix pour se présenter tout aussi bien à vous si simple et direct, souriant et poli, sans frime (c'est ainsi qu'on le présente, même ici à Tours où j'écris dans son plus immédiat voisinage) – mais impénétrable la cuirasse de si longtemps revêtue pour trop de décisions à prendre seul, si lentement faite à votre corps dans tant de passes difficiles qu'elle en est devenue l'être même.

Gardons cette idée que tout ça n'est pas forcément si arrogant ni orgueilleux, et a été une des conditions nécessaires de la marche en avant sauvage qu'on va suivre, qu'il peut même vous le confirmer d'un bon sourire, de celui qui a pigé que vous compreniez au moins ça, mais ne vous aidera pas plus avant, puisque pourquoi ? Rétrospectivement, chaque décision de Mick Jagger pourra ainsi paraître savamment pensée, parfois cyniquement assumée : un des secrets en est dans cette vie invisible, les intermittences où on est séparé complètement des voyeurs, du groupe, des affaires. On disparaît du monde et du temps, on est à Central Park tranquillement à promener sa petite-fille ou bien dans son jardin de Touraine à parler météo avec son partenaire de tennis rémunéré à l'heure, et la décision qu'on prend au retour, sur la base d'une intuition très fine, mais qui bénéficie aussi d'indicateurs tous poussés à l'extrême par la vie qu'on mène, est chaque fois peut-être restée décision intuitive, en dehors des modes communs d'organisation intérieure de la pensée. Et chaque fois qu'il ne maîtrise plus, qu'il s'énerve ou qu'il bute sur sa propre fatigue, il aura le réflexe du pas de côté, et aller se refaire là où on ne saura qu'après qu'il était.

À nous de le prendre aux éclats, aux frontières, aux limites, par diffraction, comme on fait de ces spectres venus de galaxies non autrement observables. La musique fait émerger de vous le monstre qu'on porte, et parce que c'est là aussi votre meilleur, ce qui vous permet de vous croire artiste, on s'applique à cet écart. Vous seul peut-être savez la négation de vous-même que vous impose celui qui s'exhibe et qui danse, mais pas d'autre choix que de l'accepter comme aussi votre identité sociale. Parmi

ARCHÉOLOGIE MUSICALE : DU CÔTÉ DE DARTFORD

vingt déclarations de cet ordre, tout au long d'une carrière où se montrer en scène est le fil principal, en 1970 : *I get a strange feeling on stage. I feel all the energy coming from the audience. I feel quite violent sometimes. I quite often want to smash up the microphone or something. I don't feel the same person on stage as I am normally* [27, 41] : « J'ai une drôle d'impression, en scène. De ressentir toute l'énergie qui monte des gens. Je me sens même violent, des fois. On voudrait écraser le micro, ou quelque chose. Je ne suis pas le même sur scène que normalement. » Et c'est sur celui-ci pourtant qu'il s'applique progressivement à construire son personnage public. En 1976 : *When I go on the road I just go crazy. I become a total monster. I don't recognize anybody, I don't even see them* [21, 175] : « Quand on part en tournée je deviens comme fou. Totalement monstre. Je ne reconnais personne, à peine même si je les vois. »

Monstre, quasi étymologiquement celui qui se montre, il le voit faire et le voit agir, et une vie se construit à refaire l'identité civile de l'étrange corps maigre, mais noué au fer, qu'on lui connaît même maintenant à soixante ans, pour accepter l'excès de l'autre, celui de l'intérieur, qui chante et qui danse, et que dès les premiers mois on vous a renvoyé à la figure comme néfaste à la paix du monde. Peut-être qu'au terme de tout se formulerait ainsi le secret de Mick Jagger : qu'il n'y a pas de secret.

Dans notre entretien chez lui à Fourchette, où mon anglais bancal ne semblait pas le gêner (après tout, il me recevait d'abord comme indigène...) : *Your own story, Mick, as a permanent and impredictible run, but a race or chase of permanent growing weight, and always impredictible ? – Sure, man... – Anyway so, without any possibility for you to think about yourself otherwise than in retrospect, always in retrospect, from the true beginnings ? – Sure, man...* Bon, il était d'accord avec moi, mais ça me menait où ? Pour le biographe, face à l'énigme, parfois pas d'autre indice qu'une certaine manière sur les photos, à trente ans de distance, de reproduire même manière de tenir la main dans la poche, l'art suprême aussi d'un détachement. L'art de défense de Mick Jagger, inventé à son corps défendant dès la primeur des Stones, a été de ne jamais rien dénier qu'on dise sur lui-même : alors, allez l'attraper...

Do you agree, Mick, that our french word détachement *doesn't have his exact translation in your language, same matching idea, and that's part of your secret?* Réponse monosyllabique murmurée, air de vague surprise. Canonner plus fort : *Do you eventually consider this art of a distance as typically english legacy and part of your real treasure?* Pas de réponse, mais léger sourire. D'où ce tee-shirt que Keith Richards est si fier d'arborer sous ses mauvaises dents lors de la tournée de 1972, avec une énorme inscription : *Who the fuck is Mick Jagger* : « Qui c'est

bordel ce Jagger ? », et moi soudain, en l'absence de son jumeau négatif, c'est cette photo-là, le tee-shirt avec l'inscription et Keith prenant la pose, qui me revenait en tête.
Lui semblait apprécier le silence, l'air. Le plus précieux peut-être qu'il me donnait étant ces deux rides près de la bouche, et cette manière anguleuse de l'oreille sans lobe de se joindre à la tête taillée à la serpe, avec cette peau blême et trop grumeleuse mais l'impression de ressort tendu et d'énergie toute contenue, puis ce regard toujours trop à côté de vous pour qu'on le fixe. *Do you eventually think of you, Mick, as a considerable joke, a forty years trick applied to the too much serious world ?* Haussement d'épaule, mais sans animosité, plutôt l'idée qu'on l'amuse, que le jeu ne lui déplaît pas, qu'il teste.
On se lève et on repart sous les arbres, jusqu'à la petite route qui borde la Cisse. *I like so much these old numbers, Mick,* Bright Light Big City *or this other one,* Mona, *such a fantastic work you've done...* Dans mon anglais de cuisine, comme à dire qu'on accepte la non-réponse, mais que les positions de chacun restent fixes, que son propre travail on le fera, quoi que lui en pense, et précisément sur ces options-là. Avec une monstrueuse faute de grammaire, mais c'est comme ça que ça m'est sorti, j'étais un peu tendu : *So much years of we all, spent following your records and words, or simply this performing joy and excitement, the real quality of the music, as a true part of our identity : our own identity built through your own figure...* Peut-être là qu'il a marmonné quelque chose du genre *Never had to deal with that,* et puis, très ironique, avec cette manière d'afficher qu'on parle français comme pour vous dire que ce qu'il y a dessous jamais on ne le saura : *Pour le meilleur et pour le pire, vous avez le... proverbe, non ?,* c'est qu'au moins il avait compris ce que j'avais voulu dire, mais Mick n'a jamais manqué d'une intelligence au moins intuitive qui va bien avec sa manière de porter les hanches en avant, et les yeux brusquement comme pour vous repousser à deux kilomètres. Un type (Matt Anderson, je crois) lui faisait signe là-bas, il était temps que je parte – période où il enregistrait à Amboise, chez lui, les *roughs* de ce qui deviendrait *Goddess In The Doorway* : mais il n'y en avait pas, cette fois-là, de déesse dans l'allée. Juste son discret break Mercedes à côté de ma vieille Citroën verte. *Bon courage,* en bon français, il a conclu, sa main brièvement sur mon avant-bras, avec un petit serrement, *so on...* Il m'avait regardé en face et souri, j'avais déjà cela, cet assentiment. *Hi...*
Et donc bien plus tôt, juste une maison avec un petit jardin et des arbres (*We went through a Tarzan period when the boys would swing from branche to branche, giving out loud cries and screams,* dit la

mère, ₄, ₁₁ : « Une période où ça jouait à Tarzan, et les garçons se balançaient dans les arbres, en criant et en hurlant », mais à part ces *loud cries and screams* qui seront le bruit de fond du groupe, pour l'instant quelques cris d'enfants dans les arbres, rien qui influe sur l'histoire ultérieure), tout cela rigidement tenu parce que c'est l'Angleterre et que c'est l'époque, une affectation rigide à ce que rien ne dépasse au regard des autres pavillons du voisinage. Deux fils dont la mère est née Eva Scutts en Australie, une fille active et volontaire, la première à relancer, avec sa propre mère, les chansons qu'on chante ensemble en famille. Elle, qui a ces lèvres bien marquées qu'elle léguera à ses deux fils, et deviendront l'emblème diamanté de l'aîné. La famille Scutts revient d'Australie s'établir à Dartford dès la fin de la Première Guerre mondiale, c'est en Angleterre qu'Eva est élevée, mais le souvenir de l'autre île, au bout du monde, demeure, et on garde lien avec la famille de là-bas. Un premier travail de coiffeuse, plus tard de représentation auprès des salons de coiffure pour des cosmétiques, cela explique peut-être aussi cette volonté d'être comme tout le monde et seulement cela. Elle rencontrera à Dartford son futur, Basil Joe Jagger, un type pas très grand mais étrangement dégingandé comme la plupart des profs de gym, qui vient d'y obtenir son premier poste et restera toute sa vie comme insatiable d'activités complémentaires, toutes liées au sport (il sera bientôt entraîneur, puis délaissera l'enseignement pour des missions de conseiller technique) : univers qu'il rêvera transmissible au fils aîné, c'est le lot et la faiblesse de bien des pères.

Alors, non pas dès l'intrusion de la télévision, mais maintenant en 1957 qu'elle se répand très vite, Joe Jagger est assez débrouillard pour prendre en charge, chaque dimanche matin, une émission de culture physique où on enseigne aussi les loisirs sportifs (ils sont combien comme lui, profs de gym dans la grande couronne londonienne ? Mais un seul pour l'idée de la promouvoir à la télévision naissante : et jamais quelqu'un pour poser la question à Jagger fils, quand il en était temps). Ce qui amorce l'énigme ultérieure, c'est qu'il embarque son fils dans l'aventure. Valeur symbolique du poste de télévision, rareté encore de ses possesseurs, prouesse technologique de l'invention, chaque dimanche, c'est le Mick de quatorze ans qui paraît sur les écrans d'Angleterre, accomplissant les mouvements décrits, montant une tente canadienne ou faisant avec papa une démonstration de varappe qui circulera bien plus tard en bande vidéo : il en est fier, l'adolescent, peut-être même en tire-t-il une posture intérieure qui lui servira de modèle. Et puis ces petits compléments permettent d'améliorer la vie : Mick et son frère restent à l'école à Dartford, mais la maison qu'achètent les Jagger est sur la commune voisine, Wilmington, et il y a et jardin et trois chambres, des arbres fruitiers : un autre voisinage que chez les Richards. On s'offre quelques luxes : vacances en Espagne, un tour sur la Côte d'Azur, et cela complète une enfance.

À l'école tout va bien, Mick n'est pas forcément brillant, mais agréable, dit-on. On a évidemment soigneusement consigné dans l'hagiographie les témoignages de ses instituteurs et professeurs qui en disent la même chose : en fait bien peu. D'ailleurs, certains l'auraient à peine remarqué, ont eu du mal plus tard à remettre une figure sur la légende éclose. *You couldn't help being aware of Mick because he seemed alive where the others would just sink down in their chairs. He questionned authority, he ask'd why, which was unusual then* $_{27,\,9}$: «On ne pouvait pas s'empêcher de remarquer Mick, parce qu'il semblait toujours tellement éveillé, alors que les autres s'étaient effondrés sur leurs chaises. Et il questionnait l'autorité, il voulait le pourquoi, à l'époque ce n'était pas très commun», témoignage de Ian Harris, professeur à Dartford). Attestée ensuite, une crise adolescente violente et précoce. Moment de repli, où on n'accomplit plus du travail scolaire que le minimum pour éviter que tout s'interrompe : rien que d'ordinaire, encore.

La mère se souvient d'épisodes qui sont le lot de toutes les familles, lorsque l'enfant qu'on élève manifeste une part de lui-même inatteignable, même dans une manifestation provisoire, et d'intérêt quasi nul, si on admet que chaque enfant passe un jour par là, mais allez savoir pourquoi dans la tête d'une mère c'est cela qui reste : *He was a good boy most of the time. Except for one period when he was about four. Then he had a phase of hitting people for no reason at all. I remember once on holiday we were walking along a beach one day when Mick knocked down every single sandcastle we came across. Even ones that other little boys were still building. I gave him a spanking* $_{4,\,11}$: «La plupart du temps un bon gosse. Sauf un temps, quand il avait quatre ans. Une phase où il tapait sur les gens sans raison du tout. Je me souviens une fois de vacances, on marchait sur la plage, et Mick fichait en l'air tous les châteaux de sable qu'on voyait. Même ceux que les autres gosses étaient encore en train de bâtir. Je lui ai mis une fessée.» Et pan la fessée, *spanking*, appliquée à la star future en train de shooter dans les châteaux de sable de ses congénères (quel enfant de cet âge, heureusement, n'en fait pas autant un jour, ne serait-il pas fils d'une ancienne coiffeuse née en Australie ?). Un bon gosse la plupart du temps, *most of the time*, et le rêve qu'on se fait pourtant que le fils échapperait à l'ordinaire, même si on ne sait pas trop comment, et que n'y réussissent pas tous ceux pour qui leur mère en a eu cette souterraine annonce : *Quite honestly, I expec-*

ted Mick to become a politician. He was a leader even when he was at school ₄,₁₁ : « De bonne foi, j'aurais pensé que Mick deviendrait politicien, c'était lui le chef, même quand il allait à l'école. » Alors, évidemment, la passion adolescente pour la chanson et les amitiés genre Keith Richards, ça ne passera pas trop à la maison, ni les études commencées puis avortées à l'école de commerce. On ne s'en consolera que plus tard : *Mick's studies are coming in useful, now that they are making money* ₄,₁₁ : « Ça a fini par lui être utile, ses études, maintenant qu'ils font de l'argent. » Qu'on est toujours ainsi pour sa mère une satisfaction jamais complète, quelque chose avec quoi l'autoconsolation doit bien composer, qui ne vous empêche pas de penser qu'il y aurait certainement eu pour le destin du fils chéri une voie moyenne bien préférable.

Le père s'est donné une nouvelle mission : un sport américain inconnu en Europe à expliquer, promouvoir et développer. Le sport inconnu s'appelle le basket-ball. Au lycée, on crée une équipe, et Jagger fils en est forcément. Commentaire des enseignants : il n'y a que son basket qui l'intéressait. À la maison, pas question de suspendre entraînement avec haltères et courses, sous la direction du père. En 1962, l'année où se lanceront les Rolling Stones, Jagger père publiera le premier livre anglais de référence sur son sport. Ainsi, pour l'enfant, le premier schéma transmis d'une célébrité même si toute relative, mais par quoi l'individu se hisse hors de ce qui tisse à Dartford l'égalité raide de tous costumes, visages, pavillons. Et au passage quelques symboles qui vont s'incruster : c'est un sport qui vient d'Amérique, et par la passion du père c'est l'Amérique que le gamin prend avec lui.

Bien sûr que le fiston en rajoute un peu dans l'appropriation du mythe. Au lycée, il néglige l'uniforme de rigueur et affecte de porter ses chaussures de basket en cours : personne d'autre que lui n'a des chaussures de basket, l'hagiographie y verra quelque signe prémonitoire. L'Amérique vient par sa musique, c'est l'époque des chansons populaires qu'on rythme en grattant sur les planches à laver (*washboard*), les doigts protégés par des dés à coudre, en improvisant une basse avec un manche de bois et une corde fixée sur le fond d'une bassine. C'est l'irruption de rythmes, le *skiffle*, et bien sûr, quand on est de l'aristocratie du basket-ball, on ne condescend pas aux engouements trop larges, c'est une des rares choses qu'il dira explicitement : *When I was thirteen or fourteen, I became interested in blues firstly when I found out that it as much as existed. It was never played on the radio and, if it was, it was only by accident. Things that were hits in America, but never over there* ₂₇,₁₁ : « C'est quand j'ai eu treize ou quatorze ans, je me suis intéressé d'abord au blues, dès que je me suis aperçu que ça existait. On ne passait jamais ça à la radio, ou alors par hasard. C'étaient des hits en Amérique, et rien du tout ici. » À la maison, on n'a toujours pas d'électrophone, mais date de ce temps le très bref intérêt de Michael Philip Jagger pour le jazz, et sa longue passion pour la musique noire de Chicago, le *rhythm'n'blues*.

De la musique qui enfant a ses faveurs, Jagger dira plus tard, avec naïveté peut-être, mais sans provocation, aussi parce qu'il n'y avait pas chez lui le gramophone qui faisait le luxe des Richards, que ses meilleurs souvenirs allaient aux grandes fanfares qui défilent, et leur son de cuivres et tambours qui fait vibrer l'air, reste hypnotique même sur la membrane approximative des gros appareils radio de l'immédiat après-guerre : *I used to like marching bands. The military bands of different regiments that I heard on the radio when I was a small child. But I never went to any music or dance or plays. The pantomime was the only large show I was ever taken to. I loved it* $_{14,\,10}$: « Ce que j'aimais c'est les fanfares, les fanfares des régiments que j'entendais à la radio quand j'étais gosse. On ne m'emmenait jamais pour de la musique, ni de la danse ou du théâtre ; le spectacle de Noël, c'est le seul grand spectacle où on m'emmenait, et j'aimais ça. »

L'énigme commence là : alors que la guitare devient la symbolique majeure d'une génération, l'image de référence de la rébellion, si Jagger se lance dès à présent dans la formation tout aussi symbolique de groupes avec son seul copain, son voisin Dick Taylor, Taylor apprendra la guitare et lui pas, il se contentera de chanter, et n'a jamais envisagé quoi que ce soit d'autre que paraître avec son corps et chanter, alors même que les modèles principaux étaient tous instrumentistes. Mais c'est tout un pays qui s'ébroue, et bien d'autres de Dartford en même temps font de même.

Ainsi, parce que deux guitaristes de dix-sept ans, anonymes, ont formé ce qu'ils appellent leur groupe, un David Soames associé à un Mick Turner : ils n'ont pas de chanteur, Jagger leur propose d'être celui-là. Ils essayent, mais eux trouvent qu'il chante d'une façon trop étrange, à moins qu'on n'ose pas lui dire qu'il est trop petit et trop maigre, et que se dandiner comme il fait ne rajoute rien, en tout cas il n'y a pas de suite. Sauf d'apprendre, à ces expériences qui comptent le plus, que l'échec est possible, vous guette tout auprès. La revanche, c'est l'association avec ce copain de Dartford qui habite son quartier et fréquentera l'année suivante le même lycée que Keith Richards, Dick Taylor. À Woolwich, la banlieue d'à côté, on ira voir ensemble Buddy Holly et ses Crickets à l'Odeon Theatre : pourquoi n'en pas faire autant ? Jagger et Taylor forment un premier groupe à eux deux, d'autres défilent, mais c'est un groupe parce que ça a un nom, on a même commencé par là :

ARCHÉOLOGIE MUSICALE : DU CÔTÉ DE DARTFORD 41

Little Boy Blue and the Blue Boys, et cette première aventure de Mick Jagger en musique restera comme n'ayant eu de public, tout du long de sa carrière, qu'un seul auditeur, la mère de Dick Taylor, chez qui cela se passait : *It was lovely but so loud! I didn't dream they were serious* $_{27,9}$: « C'était gentil, mais bien trop fort : jamais je n'aurais pensé qu'ils faisaient ça sérieusement. » Commentaire acide de Dick Taylor, confirmé par Jagger : si sa mère à lui, Dick Taylor, les accueille dans son salon des quartiers pauvres, Joe et Eva n'aimaient pas ce bruit chez eux, ni cet engouement onéreux de l'adolescent pour ces disques nègres qu'il fait venir d'Amérique. De toute la carrière de Little Boy Blue, Dick Taylor sera entré deux fois chez les Jagger.

L'école reste la façade, sinon la priorité. Mick y réussit assez pour prétendre intégrer la réputée London School of Economics, quand bien même son père aurait rêvé pour lui d'un engagement plus près de ses passions propres : *I would have prefered him to become a sportsman, but Mick set off right from the start to be independent* $_{27,9}$: « J'aurais quand même préféré qu'il aille vers le sport, mais Mick dès le début s'est arrangé pour être indépendant. » Tant pis donc pour Joe Jagger, dont le fils n'avait pas physique de basketteur. C'est l'été, et pour payer les disques avec un peu d'argent de poche, Mick Jagger est sur un tricycle à pédales avec devant le guidon une volumineuse caisse de métal rouge remplie de pains de glace, un ice-cream géant naïvement peint sur l'avant et peut-être au-dessus de la tête ce genre d'ombrelle au nom d'une marque comme Miko, devant la bibliothèque municipale son ancien copain d'école primaire lui a donné une pièce de cinq pences et s'en va en mangeant son esquimau, l'événement n'est d'importance ni pour l'un ni pour l'autre. Il semble que le problème important de Mick cet été-ci soit sa mauvaise peau, et l'acné.

Alors aucun doute que lorsque Richards aborde Jagger ce matin dans le train, le second dispose d'une supériorité écrasante : son groupe existe, et il est chanteur de fait. Peut-être a-t-il cette intuition, en acceptant d'aller *jouer* (c'est l'expression anglaise : *to play a record*) ses disques de Chuck Berry chez le fils du contremaître, élève de la Sidcup Art School, qu'il a, lui le chanteur de Little Boy Blue, quelque chose à apprendre. La musique noire, dans leur pays là-bas, c'est des types du genre Richards, voire pis, qui l'ont inventée.

Et cela d'autant plus qu'à la Sidcup Art School, il en traînait bien d'autres, des guitares, il s'en formait, des groupes, mais que Richards était trop timide d'une part, trop peu expérimenté, de l'autre, pour s'affirmer parmi eux. À preuve qu'il connaît Dick Taylor, mais n'oserait pas jouer avec lui. Il est un des suiveurs, un de ceux qui écoutent. Il apporte avec lui sa guitare, mais d'autres que lui ont des guitares, et c'est pour apprendre, à deux ou trois, comme on pouvait, chacun mimant les autres, et pour ça on s'enferme paraît-il dans les toilettes, tant pis pour les examens qui approchent, tant pis si on redouble, pourvu qu'on porte fièrement ses chaussettes roses.

Little Boy Blue and the Blues Boy

The one that's still very clear in my head is La Bamba, a favourite record of Mick's. He got all the words off the record, pseudo spanish – words that sounded like spanish, but weren't real words at all [2, 118] : « Celle qui reste le plus nettement dans ma tête c'est *La Bamba*, un des disques préférés de Mick. Il avait repris tous les mots du disque, en pseudo-espagnol : des mots qui sonnaient comme de l'espagnol, mais en fait ce n'était pas des vrais mots, pas du tout. » Dans les souvenirs de Dick Taylor, *La Bamba* est l'emblème : la chanson qui reste parmi toutes celles qu'on sait faire. Et pour nous, la posture du chanteur en herbe occupé à recopier phonétiquement les paroles qu'il faut bien apprendre, quand bien même les mots n'en voudraient rien dire (les rassemblait-il dans un cahier, ou sur des feuilles détachées enfermées dans une chemise cartonnée : oui, cela, ces questions précises, qu'il aurait fallu lui poser à Fourchette…).

Richards, dit Ricky, traîne son temps dans ces classes dites d'art, réservées à ceux qui ne savent pas faire autre chose. Mais l'époque est fertile en métiers émergents, et pourquoi pas. L'homme qui compte alors est Brian Keogh, qui leur enseigne le labo photo, le graphisme et l'art publicitaire, mais les impressionne d'abord à cause de sa cravate ficelle et d'une veste moutarde audacieuse : un artiste. *I can still do in the darkroom and do the shit, matter of exposures and lenght of times of development. You learn certain things and you apply them to other part of your life as you go along* [15, 18] : « Je peux encore entrer dans une chambre noire et faire le boulot, les diaphragmes d'exposition et les temps de développement. Tu apprends certaines choses que tu peux appliquer à d'autres parts de ta vie à mesure que tu avances. » La mémoire s'enracine à ces points fixes de l'adolescence, qui servent ensuite longtemps de repère.

Après la tasse de thé chez les Richards en écoutant Chuck Berry, il était de politesse que Jagger propose à Richards de venir les entendre jouer, lui et Dick Taylor, puisqu'ils ont déjà un groupe, comme Nero and the Gladiators ou Johnny Kid and the Pirates qui font les tubes d'alors.

Ce qui n'était pas prévu, c'est que le timide de Dartford, qui n'ose pas encore sortir sa guitare devant les gros bras de la Sidcup Art School, connaisse par cœur toutes les introductions et solos de Chuck Berry et les leur montre. Ce jour-là on entonne ensemble le classique *Johnny B. Goode* : un peu pour faire plaisir à l'invité, l'admettre à figurer une fois dans le groupe. Mais il revient. Maintenant, il est là tout le temps. On a besoin d'admirateurs, on l'accepte. Puis on s'habitue. Et aussi à ce qu'il joue. Enfin, à ce qu'il élise Jagger comme son modèle et sa lumière. Amitié d'adolescence sur quoi, au présent même, les deux protagonistes ne s'expliquent pas. Un qui parle et l'autre pas, un qui a une guitare et l'autre qui vient se mettre en avant pour chanter. Ils se voient maintenant tous les jours, un qui va devant et l'autre suit, mais pour celui qui est devant aussi c'est plus facile à deux.

Maintenant l'ombre mutique, le gamin du quartier d'à côté, qui a les oreilles décollées et n'était pas de la formation initiale des Little Boy Blue and the Blue Boys, amène chaque fois avec lui sa guitare, même pour être le second de Dick Taylor, guitariste en chef et fondateur du groupe. Richards devra longtemps passer second, de Dick Taylor, de Brian Jones, de Mick Jagger, et ça enracine quelques excès ultérieurs, et bien plus tard le choix pour les Rolling Stones d'un guitariste, Ron Wood, dont on soit enfin sûr que ce soit lui le bis. Et puis, raconte Dick Taylor, Keith n'est pas *flash*. Il faut du temps à Richards pour se mettre dans un morceau, pour trouver les bascules et le ton. Quand les autres en apprennent un nouveau, Richards peine et prend du retard. On ne se moque peut-être pas, on n'en pense pas moins : on s'énerve un peu, certainement, et on le lui fait sentir. Mais le lendemain, quand il revient de chez lui, le morceau il le sait et le jouerait trois heures, toujours le même. Eux voudraient enchaîner, s'essayer à un autre, mais lui, oreilles décollées et sa guitare trop grosse commandée à la coopérative de Dartford, il les oblige à reprendre celui de la veille comme à vouloir leur prouver que cette fois les accords il les connaît, au point même d'en avoir oublié tout le reste de leur répertoire. Alors souvent on en a marre, de ce type qui n'est pas *flash* et n'arrive pas à suivre. Richards parfois joue faux et ne s'en aperçoit pas, d'autres fois son manche grince et ses accords sont trop raides. Simplement, quand Richards est enfin en place et juste, le morceau devient inamovible, on peut monter le son, et Jagger prétendre à toutes les grimaces.

D'autres fois, on le lui concède, on passe l'après-midi sur les mêmes accords d'une chanson de deux minutes et demie : ils découvriront seulement cinq ans plus tard que c'est ainsi que font les professionnels. Et Jagger, trop petit pour faire basketteur, qui n'a pas les poumons et le ventre des grands Noirs de Chicago qu'il imite, déjà se donne des artifices, ouvrant la bouche un peu grand, avec cette drôle de figure qu'il a, d'un nez qui prend toute la place et les oreilles sans lobes, à l'âge où encore on n'aime pas trop se regarder soi-même, pour mimer ces voix noires sans consonnes, où on dit *ya* pour *you* : *how're ya* pour *how are you*... Et ce qu'ils apprendront en souffrant ces après-midi de Dartford, plutôt que de se faire plaisir à des filages de tout ce qu'on sait à moitié, comme tous leurs copains qui jouent dans les fêtes d'école avec du beau matériel rutilant, ce sera leur vocabulaire pour quarante ans : quand Keith produira le concert d'hommage aux soixante ans de Chuck Berry par exemple, ce sourire – il joue pour le vieux patron au note à note ce qu'appris autrefois à Dartford par cœur.

On a un petit film amateur des trois adolescents jouant *La Bamba*, le raide Richards coincé derrière ses cheveux noirs en bataille, Dick Taylor qui joue les patrons et Jagger devant qui se dandine, fait pour la caméra Kodak son premier effet de micro avec jeu de hanche. Et on ajoute le film de trois minutes aux souvenirs qu'on garde comme les successives photos des arbres de Noël après le pudding : bien plus tard, le petit document sautillant atterrira dans une salle de vente, et un anonyme renchérira sans discuter pour être sûr, à n'importe quel prix, qu'il ne lui échappera pas : l'intermédiaire est mandaté par Mick Jagger lui-même.

L'hagiographie, aux premiers temps du succès, pour hisser encore plus haut les mauvais garçons, a scrupuleusement recueilli le témoignage des mamans. Elles s'attachent chacune à dire que leur fils était doux et calme, le plus gentil du monde. Et puis que quelque chose a basculé, dans la première adolescence, où soudain eux, les parents, ne comprenaient plus. Maintenant, évidemment, avec le succès, ils comprennent. Mais d'abord ils ne prenaient pas ça au sérieux, ne s'imaginaient pas.

L'hagiographie, encore plus tard, enregistrera les cadeaux : une maison, une nouvelle voiture, broutilles pour les fortunés rejetons mais cela fait toujours rêver le peuple et rassure les mauvais garçons de maintenant, lecteurs de l'hagiographie illustrée, qui peuvent supposer qu'un jour ils rachèteront de la même façon leurs errements d'adolescents.

Il y a surtout la formation de ce couple de deux garçons maigres, à la gare ensemble pour prendre le train de Londres et écouter des disques, dans les rues de Dartford ensemble pour se rendre chez Dick Taylor où on a séance de répétition, *rehearsal*, comme pour un groupe déjà professionnel. Chez les Richards on encaisse : au père cela ne convient pas, ni ce que devient le fils unique, ni cette relation qui continue de la mère au fils malgré le virage pris, alors il se mure dans le silence, mais rien n'y fait. Si, selon la légende qu'il a souhaité de lui-même, le fils est pour toujours en haut des marches de l'escalier, là où ça résonne, à engrener ces accords pris aux Américains de la nouvelle musique blanche ou de la vieille musique noire, c'est maintenant sur une belle guitare qu'on dit demi-corps, une *semi electric Hofner solid body* rouge, qui a engouffré d'avance des semaines de la paye ramenée de la boulangerie. Le père n'a pas contribué.

Ce mois de juillet 1961, Keith Richards part une dernière fois avec ses parents dans la caravane plantée sur les falaises du Devon. Il emporte la semi-électrique Hofner qui fait sa gloire dans Little Boy Blue and the Blue Boys, et son copain Jagger qui, pour quelques jours, délaisse son tricycle et la vente de ses ice-creams pour le rejoindre. On ne sait pas ce qu'en pensait Bert. Ils se risquent dans les pubs, un qui chante et peut-être ajoute du tambourin ou un peu d'harmonica, l'autre qui joue, et rajoute les harmonies du chant. Ils chantent *La Bamba*, qui est le préféré de Jagger, et *Reelin' And Rockin'*, qui est déjà tout un programme. Qui aurait du duo apprenti faisant la manche un document sonore ou visuel pourrait le vendre cher : il n'en est pas paru. On a seulement une photo de Keith en maillot de bain à rayures sur la plage, qui se repeigne en se regardant dans une glace, cigarette au bec. Un bout de pied nu et le mollet de quelqu'un d'allongé sur le sable à droite, c'est peut-être le copain Jagger. Et personne non plus jamais pour avoir su leur faire raconter, aux deux multimillionnaires, quand il en était temps, ce que fut cette première expérience du vaste monde sous officielle apparence de musiciens des rues : même si Doris Richards n'est pas loin et cuisine, voilà qu'on est seuls et guitare à la main, aux terrasses de villégiature. L'entente et l'alliance solidifient, deviennent implicites et réflexes : l'un qui chante et se dandine, l'autre qui suit et joue ses accords. Mais peut-être que celui qui va devant est payé, et trouve courage, par la détermination de celui qui se tait mais à côté de lui toujours marche : Richards joue à la gauche de Jagger, c'est toujours à la gauche de Jagger que toute sa vie il jouera, et il paraît que c'est de cette oreille-là que Mick Jagger aujourd'hui est le plus sourd, rançon professionnelle à la longue traversée de tant de bruit, avec l'autre dans son ombre.

L'automne arrive, et retour à l'école. Keith redouble sa troisième année, dont il ne sait pas encore qu'il ne la finira pas. Il désapprouve, le contremaître de chez Osram, et le fait savoir. Tensions à la maison. Il y a un téléviseur, c'est commode : quand il rentre de l'usine, il se plante devant et se couche tôt. L'objet est assez neuf, sinon pour fasciner, du moins pour imposer tel respect. La mère choisit le fils contre le mari, les éclats redoublent. On n'a pas de témoignage direct, d'aucun des trois, sur le processus, mais cette fin de printemps 61, alors qu'il est clair que

Keith délaisse tout devoir et passe le plus clair de son temps à sa guitare, et que sa musique est au contremaître Bert de plus en plus insupportable, Doris a le courage de ne pas négocier et prendra le parti du fils, le père finira par prendre la porte : on est pourtant loin de l'âge d'or du divorce. Richards ne reverra pas son père avant vingt ans. Le vieux Bert, ou celui qui sera devenu le vieux Bert, suivra alors comme un autre les concerts tout autour du monde, promenant des rouflaquettes de dandy, sa pipe à couvercle et un foulard de soie en testant les marques de bière et les suites d'hôtel aux frais du fiston, qui ajoutera à ses bagages une boîte de dominos.

Bert évacué du paysage, Keith peut s'afficher à sa convenance et porte tous les jours, pour toute l'année, une chemise pourpre et des chaussures pointues avec une veste en jean, sans jamais d'imperméable ni manteau. Témoignage de Dick Taylor : *Day and day out he'd wear that purple shirt. I've got a distinct memory of sitting on the bus watching Keith walking up the hill to school on a really cold day. He'd be strolling along, never wore an overcoat. Never saw him in anything else* [14,25] : « Et tous les jours il portait cette même chemise mauve. J'ai encore la mémoire exacte d'être assis à attendre le bus, attendant Keith qui remontait la côte vers l'école, un jour très froid, l'air de se promener, et jamais l'idée de mettre un manteau. » C'est ainsi qu'à cet âge on se définit par l'enveloppe et les signes, mais celui-ci, peut-être parce qu'il parle moins, et à la guitare n'est pas *flash*, en fait plus, et tant pis pour le père. À la Sidcup Art School, Richards pourtant revient plus haut qu'il n'est parti : Dick Taylor, le copain de Jagger, qui l'année précédente le considérait comme un obscur gratteur, maintenant l'affirme comme son guitariste personnel. Ils sont fiers d'oser sécher les cours, et dans une salle vide répètent leurs duos de guitares, même si l'un sert encore de faire-valoir à l'autre. Richards toute sa vie concevra la guitare non pas comme un instrument soliste, mais comme un instrument à juxtaposer à un autre : l'un qui décolle, l'autre qui atterrit, les deux qui pulsent à l'unisson la chanson qui avance. Ce qui sera la force ultérieure des Rolling Stones ne sera jamais la performance individuelle de l'un d'entre eux, mais la façon dont ils s'accordent et ce qu'il dit lui-même *interaction*.

Dans ces heures de l'automne 61, ayant renoncé quoi qu'il arrive au succès scolaire, a cessé pour Keith Richards que la musique soit une pratique solitaire. N'a pas cessé qu'il en fasse surtout affaire de symbole ou de révolte adolescente proclamée, comme il porte des chaussures pointues et des chaussettes roses.

La mère est complice et accepte, alors on en rajoute. On goûte par défi, raconte Dick Taylor, à ces « choses à prendre » vendues simplement en droguerie ou sous le manteau, qui excitent et qui troublent : *Keith and I were on a pretty steady diet of pep pills, which not only kept us awake but gave us a high. We took all kinds of things... inhalers like Nostrilene, and other stuff. Nothing serious, just those kinds of drugstore things but, for Keith, it was the beginning of what turn to be a life long addiction to taking things* [9, 56] : « Keith et moi on était à un beau régime de petites pilules à requinquer, c'est pas seulement que ça nous gardait réveillés, plutôt que ça nous faisait partir complètement. On en prenait de toutes sortes, des inhalateurs genre Nostrilène, ou d'autres trucs. Rien de sérieux, juste ces trucs de drugstore, mais pour Keith c'était le début, ça deviendrait une dépendance à vie, de prendre des trucs. »

Mick Jagger est entré à la London School of Economics, mais la passion c'est ces morceaux qu'on est quelques-uns seulement à savoir se procurer, puisque l'essentiel des disques de Muddy Waters, Bo Diddley ou Jimmy Reed ne sont pas accessibles. Alors à Dartford on veut être un vrai groupe, spécialisé dans ce que personne d'autre ne joue, ou du moins le croit-on. Dick Taylor enlève deux cordes à sa guitare et joue des lignes de basse. C'est toujours lui le patron, d'autant qu'il a pu récupérer de son grand-père une batterie, grâce à quoi Little Boy Blue and the Blue Boys est maintenant une formation véritable. On s'est associé un autre apprenti guitariste, dont le nom est Bob Beckwith, et un cinquième copain ajoute des maracas et tambourins : Allen Etherington. On a sa célébrité toujours avec *La Bamba*, et du Chuck Berry autant qu'on en veut là où autrefois on ne connaissait que *Reelin' And Rockin'*. On commence à rêver de se pousser de la tête et se doter d'un *manager*, mot magique. En attendant, on enregistre quatre morceaux sur une petite bande magnétique (ce n'est pas encore l'âge des cassettes), avec le chanteur solo bien en évidence. Ce document-là aussi, Mick Jagger l'a racheté un jour pour éviter qu'il ne soit mis en circulation publique.

L'histoire de Little Boy Blue and the Blue Boys aura bien plus tard un codicille : en 1978, avant d'entamer la tournée qui suivra le disque *Some Girls*, c'est sous ce nom d'emprunt que les Rolling Stones se produiront par surprise dans un club de la campagne américaine, pour roder leur spectacle. Détail pas forcément mineur : Mick, Little Boy Blue lui-même, envoie la bande magnétique à Alexis Korner, dont il a l'adresse à Londres, aux bons soins du Ealing Jazz Club, non pas pour promouvoir son groupe amateur, mais comme bande-annonce pour lui-même, parce qu'il veut chanter, montre ce qu'il chante, et tant pis pour les autres. Tant pis même pour celui qui est derrière lui comme son ombre, mais une ombre qui le propulse vers l'avant. Pas sûr même qu'ils parlent beaucoup, tous les deux, dans les heures à eux deux tout seuls qui s'accumulent, écoutant une millième fois un disque connu par cœur, testant un disque nouvellement reçu par la poste, plusieurs semaines après la commande, de chez Chess à Chicago, enchaînant les cigarettes, ou parfois reprenant la guitare, et quand bien même Keith Richards, qui n'articule pas mais marmonne, est, en confiance, un parleur invétéré et qui se livre tout entier quand son copain ne se livre pas.

Etherington, Beckwith, Taylor, Richards et Jagger, le Litte Boy Blue and the Blue Boys au complet prendra souvent le chemin de Londres, dans la voiture d'Allen Etherington, puis dans celle de Joe Jagger. Mais l'histoire de Little Boy Blue and the Blue Boys, même si à Dartford elle continue pour tout cet hiver 61, s'interrompt quant au fond parce que les deux silhouettes sur le quai de la gare, sous la passerelle ornementée et la charpente de fer à volutes, attendant le train diesel fumant noir, c'est eux deux seulement, Jagger et Richards, et qu'au bout du train c'est les guitares et l'aventure, qu'ils y sont prêts mais pas les autres : et Little Boy Blue, le chanteur, n'est peut-être même pas persuadé, ces samedis du grand départ, qu'il lui faille emmener celui qui ne le quitte plus, le garçon muet aux oreilles décollées, à chemise mauve et chaussures à bout pointu, qui sentent tellement leur banlieue.

Histoire parallèle de William Perks, dit Bill Wyman

Flash-back. C'est au sud de la grande ville, Penge, quartier ouvrier mais pas une ville adjacente comme Dartford dont on est loin, une autre histoire, qui ne rejoint la première que par hasard et ne s'y mêlera jamais vraiment, cet écart même contribuant à l'équilibre instable de la mixture à légende : le bassiste des Rolling Stones, Bill Wyman, celui qui ne sourit jamais, est né le 24 octobre 1936, huit ans avant Jagger et Richards.

Les Perks sont issus de ces mondes qu'on entrevoit parfois soudainement dans Dickens, le monde noir des mines et des usines. William Perks père est né dans les premiers jours de 1914, d'un père ouvrier que le petit-fils bassiste dit «tout petit mais dur comme un clou» (*as hard as nails*). Celui-ci a été boxeur amateur, est mobilisé, et reviendra borgne de Salonique, où il fut quatre ans canonnier. Il s'isolera dans l'élevage de pigeons voyageurs, qui mangeront sa maigre pension militaire.

L'éducation de William Perks père est sévère, à Noël on dépose aux enfants une bouteille de bière et une pomme dans la chaussette suspendue, et pour les punitions le borgne défait sa ceinture. À quatorze ans il est apprenti poseur de briques, ces briques rouges que Londres multiplie loin autour de la ville dans les étroites maisons à l'identique, et c'est à la fois fuir l'éducation de l'ancien canonnier et reproduire son goût du jardin secret autrement que par les pigeons voyageurs que consacrer d'un coup tout l'argent économisé de ses premières payes à l'achat d'un accordéon : incroyable luxe à posséder l'objet inutile, dans un contexte tout entier mangé par la nécessité. À vingt et un ans, devenu ouvrier maçon, il épouse Molly Jeffery, dix-huit ans et quatrième de six enfants.

Leur fils aîné, William, porte donc le prénom du père, dont il se rappelle les mains de fer, *iron hands*, et, parmi ses premiers souvenirs d'enfants, les bombardiers qui remplissent le ciel. La guerre. C'est un temps de poux, d'attente forcée dans les abris antiaériens, et la maison que louent les Perks sera une fois quasiment soufflée. L'enfant vit en partie chez ses grands-parents Jeffery, mais les restrictions alimentaires dureront bien après que le père sera démobilisé, au début 1946. Un sixième enfant est mort en 1947, à quatre mois. Selon les conditions atmosphériques la paye du maçon diminue, et parfois cesse complètement l'hiver. Il y a une brosse à dents pour toute la famille, pour dentifrice on use de gros sel, et le dimanche on lave tout le monde dans une bassine de cuivre : en tant qu'aîné, le futur bassiste est le cinquième à faire trempette, l'eau n'est plus bien claire et la serviette plus bien sèche. On familiarise tôt les gosses à la débrouille : le laitier à aider, les journaux à déposer, si cela permet d'économiser pour une bicyclette à quoi l'économie familiale ne peut subvenir.

Pour compléter les revenus, toute la famille s'y met : une période où on épluche le soir des oignons, par grands sacs, pour une conserverie. Les mains de l'enfant deviennent jaunes et à l'école les copains s'éloignent de lui à cause de l'odeur : souvenir douloureux, et qui s'écrit aussi dans les épaules et la figure. Mais cela renforce un principe établi chez les Perks, et symbolisé par l'accordéon paternel : celui selon lequel une technique de base, acquise sur un instrument de musique, permet de se tirer d'affaire dans les passes difficiles, si le besoin collectif de danse et d'amusement, qui prélude aux formations des couples et à leur établissement définitif, est de toujours. Avec l'accordéon, le maçon trouve des engagements dans les mariages, et c'est son principe – *if you learn to play an instrument, you'll never be short of a pound* [11, 72] : « Si tu sais jouer d'un instrument, tu ne seras jamais à court de sous. » C'est des mêmes milieux qu'on fait danser que sont issus ces musiciens d'orchestres sans nom, dont les affiches pour le prochain samedi soir sont placardées encore aujourd'hui dans les boulangeries de périphérie, dans ces banlieues ouvrières de Londres comme dans nos villages. C'est pour cela que le père a appris assez d'accordéon pour tenir sa partie dans les pubs : quelles que soient les privations familiales dans ces temps maigres, William Perks fils devra à son père le bénéfice de leçons poussées de piano, puis de clarinette. A treize ans, il connaît assez de solfège pour chanter, moyennant rétribution, lors des mariages à l'église. A la maison, il s'essaye d'oreille aux standards du jazz – les frères et sœurs aiment, mais le père chaque fois fait une scène : les leçons de piano, ce n'est pas pour apprendre de la sous-musique. William, dit Willie à cause de sa petite taille, est un des trois sélectionnés sur cinquante-deux de son école pour aller avec une bourse à la *grammar school*, début d'une période difficile pour l'adolescent, rebuté à l'école parce qu'on a l'accent de Penge, rebuté à Penge parce qu'on porte l'uniforme du lycée des riches.

Même en ce début des années 50 les hivers restent durs chez les Perks, et ce qu'essaye le père semble échouer à mesure : il ouvre un guichet de paris, parier a toujours été une manie anglaise et ça prend, mais son associé file avec le premier argent. Pour rembourser, il transforme la maison en élevage de canaris, tortues et poissons rouges qu'il vend sur les marchés, jusqu'à ce que leur propre chat dévore en une seule nuit d'orgie tout le fond de commerce. Il passe au lévrier de course, mais ces bêtes fragiles ont l'appétit des grands sportifs, et celui-ci s'approprie chaque fois qu'il peut le dîner de la famille : les yeux des enfants sont grands et ils se taisent, le père revend son lévrier.

C'est dans ce contexte de cahots et de recherche effrénée des moyens de survivre qu'advient ce qui sera pour le futur Bill Wyman, actuel William Perks junior, l'incident principal : il a cette bourse qui lui permet l'accès au lycée, dans trois mois il va décrocher, du jamais vu dans cette famille d'ouvriers, l'équivalent du bac quand, sans demander avis au principal concerné, son père informe par lettre le lycée qu'il en retire son fils : tout simplement parce qu'il lui a trouvé un travail. Quarante ans plus tard, rédigeant son autobiographie, le fils n'a pas surmonté ni pardonné.

Le voilà magasinier, payé trois livres dix par semaine, dont deux livres données en retour à la mère : le futur voisin et ami du peintre Chagall aura beaucoup enduré avant l'argent facile des *rock stars*. Il a dix-sept ans, et à la maison partage encore un lit avec ses deux frères. Il compense par la découverte des premiers flirts, les bals et le ping-pong : *a life long interest*, au point que dans les contrats du supergroupe, vingt ans plus tard, il y aura la présence exigée d'une table de ping-pong dans ce sas où on s'accorde, boit et mange, manière de se préparer mentalement et physiquement à ces automatismes rapides des doigts qu'exige la basse. Il ne suffit évidemment pas d'être doué au ping-pong pour faire bon musicien, mais étrange sur les photos ce constat d'une même posture physique de Wyman derrière son instrument, ou renvoyant la balle de Celluloïd, sans que rien de son corps ne bouge, avec la même netteté sèche.

Il a dix-huit ans, le service militaire est obligatoire pour deux ans (il cessera de l'être en 1960, Jagger et Richards, nés en 1943, étant les premiers à y échapper : conjonction supplémentaire de hasard dans ce qui mène les cinq du futur groupe l'un vers l'autre). Ce n'est plus la guerre, mais encore trop la vieille Angleterre : l'armée est un système rigide de vexations et d'humiliations, alignés par huit bonshommes nus on vous soupèse les couilles avec une baguette pour surveiller d'éventuels chancres, on vous vaccine variole tétanos à vous en abattre pour cinq jours et même l'hiver, au matin à six heures, le poêle de la chambrée doit être nettoyé à l'intérieur, tout cela pour quelques shillings mensuels de dédommagement qui ne payent même pas les cigarettes.

Perks signe pour un an supplémentaire, parce que l'engagement signé induit plus de respect, et qu'on est un peu mieux payé. C'est ainsi qu'en 1955 William Perks fils se retrouve un des quatre mille soldats de l'escadron de chasseurs du camp anglais d'Oldenburg, entre Hambourg et la Hollande. Les voilà en chambrée de quatre, et la première décision c'est de se cotiser, puisqu'on va vivre ensemble, pour un poste de radio. Et c'est ainsi qu'arrive à Bill Wyman le premier son de guitare électrique, un matin à cinq heures, parce que les Américains ont pour leurs soldats un réseau de radio et que la nuit, ou très tôt le matin, on y entend percer ce qui est encore, aux heures diurnes de grande écoute, refoulé : la musique blanche prise à l'héritage noir. C'est pour jouer cette musique-là aux soldats d'Amérique, cinq heures par nuit, six jours sur sept, que les quatre de Liverpool viendront bientôt tout près d'ici, à Hambourg, jouer *Heartbreak Hotel, Hound Dog, Mystery Train* ou *Love Me Tender* avec la même vénération fière et le sentiment d'aventure neuve qu'on a ces mois-ci au lancement des premiers Spoutnik : quand Elvis Presley vient chanter pour les soldats américains en Allemagne, la radio a déjà propulsé sa légende, et William Perks, avec ses copains, a payé son ticket pour venir l'entendre – ainsi se greffent dans la tête les légendes.

Le fils du maçon, clarinettiste amateur, bachelier manqué et magasinier forcé, soldat volontaire, s'achète lors de sa première permission une guitare d'occasion, une guitare espagnole à sept livres où faire un barré se révèle presque impossible. Bill Perks dispose d'assez de solfège et de pratique de piano et clarinette pour investir guitare en main la musique de l'idole Elvis Presley, sauf qu'il a les doigts un peu petits pour les accords. Qu'importe, le père avait bien cet accordéon beaucoup trop luxe pour ce qu'il en faisait...

C'est sensible dans ce qu'il écrit, Bill ne se lance pas dans la guitare comme on accomplirait un rêve, n'y projette pas les fantasmes de son grand-père aux pigeons voyageurs ou de son père au lévrier de course, mais plutôt de la même façon qu'au camp militaire il passe son permis poids lourds : investissement raisonnable, raisonné. Il a vu, derrière Elvis, les bûcherons qui armaient sa musique. Et c'est dans l'équipe de foot de l'escadron de chasseurs qu'il aura pour ami un Lee Whyman, littéralement *homme pourquoi*, non pas dans les bureaux comme lui, mais affecté au remplissage du kérosène. Perks ne reverra pas son copain, mais lui empruntera son nom quand le temps sera venu d'un nom d'artiste qui sonne : Bill Wyman, preuve de l'importance dans son destin de ces premiers mois d'Allemagne, avec la mauvaise guitare espagnole.

Dès le premier article paru sur les Rolling Stones, le bassiste le découpera et le collera dans un cahier. Puis, les articles se multipliant, il les classera, de même qu'il note dans un carnet les premiers engagements et les cachets qui vont avec, transférant à mesure tout cela sur fiches cartonnées, puis sur ordinateur, aussi fièrement que Willam Perks père se lançait dans les paris, dans un temps où personne encore ne songeait à acquérir pour soi un ordinateur : c'est cela aussi, Bill Wyman. Et puis, à l'âge où les gendarmes prennent leur retraite, entre deux tournées du groupe qu'il ne fréquente plus que pour ces deux heures de projecteurs dans les stades, à part quelques coups de téléphone à Charlie Watts, leur batteur, il en fera un livre, abondamment disponible. Il y raconte son retour à Londres, dans son quartier d'enfance, au sud de la Tamise, Penge près du Crystal Park où on danse et on s'amuse au Crystal Park Palace. Son second travail de magasinier, et ces à-côtés, comme son père et son grand-père, comme s'il faisait partie des Perks d'essayer, de paraître, de pousser sa crête, la fierté de remporter dans les quartiers ouest de Londres, qui sont les siens, les concours de danse de salon du samedi soir, et puis d'épouser un peu plus tard sa cavalière. Peut-être même cela, comme la boxe amateur ou l'accordéon, aurait suffi à son père ou son grand-père. C'est son énigme personnelle, que ne lève pas Bill Wyman dans *Stone Alone* : pourquoi, dans cette Angleterre à peine sortie de l'ébrouement de la guerre, un jeune magasinier aux doigts trop petits mange sa paye en guitares, en matériel d'amplification encore si rare et que ses engagements amateurs dans les groupes du samedi soir (mais l'habitude, déjà, comme autrefois on aidait le laitier ou qu'on chantait aux mariages, de toucher cachet) n'auraient jamais suffi à rembourser ? Il change plusieurs fois de travail, retrouve finalement son emploi d'avant le service militaire pour presque quatorze livres par semaine, mais on est encore obligé de tout compter, même si le logement qu'on habite est limite de l'insalubre, sans eau chaude ni commodités. Le bébé qui vient d'arriver (Stephen, ce garçon qui plus tard fréquentera une dame dont la fille mineure est l'épouse de son père, la jeune fille n'ayant aguiché Wyman père que dans la légitime préoccupation qu'a une fille de treize ans de trouver un compagnon célèbre à sa jeune mère, laquelle préférera Wyman fils et laissera donc le père à sa fille) est élevé dans un deux-pièces sans eau chaude. Des guitaristes capables de jouer du Presley, les pourtours de Londres en produisent dix par quartier. A Noël 1960 il est chez Art Nash, son magasin de Penge, et pour vingt-trois livres à crédit achète son premier amplificateur. Des noms se succéderont, qu'on ne recopiera pas, dans le petit groupe, chant et guitare, batterie et piano, qui se produit d'abord dans des mariages et doit prendre nom, ce sera les Squires, puis les Cliftons, et puis on sera assez connu pour délaisser les mariages et se lancer dans le circuit des clubs de jeunes, puis peu à peu, en camionnette et jusqu'à deux ou trois fois par semaine, dans l'Essex et le Kent, on accédera à l'univers des bals. Presque le bord de la vie professionnelle.

William Perks, futur Bill Wyman, découvre d'un seul coup, en août 1961, à un concert de Neil Christian and the Crusaders, ce qu'est la pulsation d'une guitare basse, l'architecture qu'elle met sous la grande vague du bruit, et à laquelle sa formation de pianiste, par le jeu de main gauche, peut lui permettre de prétendre. Ils sont bien plus rares, les bassistes, et en plus il n'y a que quatre cordes à l'instrument, fini d'avoir les doigts trop petits.

La basse. Leo Fender, qui s'est déjà imposé comme constructeur de guitares, a mis au point l'instrument dès 1952. Jerry Lee Lewis, pianiste de rock un peu fou, a été le premier à la faire utiliser dans son groupe, nécessité d'image qui provoque. Et Presley, dans le film *Jailhouse Rock*, en popularise définitivement le son parce que, faute d'en jouer sérieusement lui-même, il l'affiche comme un double sexuel, un organe dressé et ambigu, si on danse avec, qu'on s'y frotte, objet fétiche face au public : génie propre du futur obèse trop léché, devenu trop jeune culte inamovible.

C'est la révélation : ce sera cela, son instrument. Il est dans la semaine au *Art Nash Music Shop*, et revend la totalité de son matériel. Art Nash lui procure à la place une basse, mais hors service : un monstre moitié démoli, et qui coûte quand même huit livres. Une heure plus tard, il est chez un copain bricoleur en menuiserie, ils ont redessiné sur le monstre le profil des Fender, et le copain découpe selon la ligne de craie bleue avec sa scie sauteuse : c'est ainsi que William Perks devient bassiste. Il s'est déjà arrangé pour récupérer deux micros Framus, on les visse et on refait les câbles. De retour chez lui, il monte un amplificateur assez puissant pour faire vibrer une gigantesque membrane de haut-parleur qu'il leste de ciment dans son bâtis de bois peint en noir, avec bordures dorées : *which was about the size of a door*, « quasi de la taille d'une porte ».

C'est une grande déception alors pour Bill Wyman : l'instrument est injouable. Il faudrait un vérin pour appuyer les cordes sur le manche. Mais les Perks n'ont jamais cédé si facilement devant les difficultés : bien avant l'apparition de la *fretless*, il décide d'arracher au burin et marteau les frettes qui le gênent (après tout, le manche de la contrebasse est lisse). Pour s'y retrouver dans les hauteurs il lui reste les rayures vides dans le palissandre, et maintenant ça sonne. Repos.

Son groupe, les Cliftons, au lieu de trois guitaristes à la coupe de cheveux parallèle, aura désormais un bassiste et deux guitares. C'est un mélange de détermination et d'instinct, d'opiniâtreté que les apparences pourraient faire passer pour de l'aveuglement : ce qui n'a pas marché pour le boxeur amateur, canonnier, borgne et éleveur de pigeons, qui n'a pas marché non plus pour le maçon avec son guichet de *bookmaker*, puis ses canaris et son lévrier, semble se reproduire pour le petit-fils qui vient de s'ériger bassiste, ne fait plus danser sa compagne dans les concours et gaspille la paye de magasinier qui devrait servir au confort de leur nouveau-né. Si les Cliftons jouent désormais plusieurs fois par semaine, ils ne sont pas forcément payés chaque fois, cela n'empêche pas Bill de revenir chez Art Nash.

On ne sait pas s'il est parvenu à revendre le monstre sans frettes, mais cette fois il s'offre une vraie basse Vox Phantom à quatre-vingt-quatre livres, somme incroyable et excessive, presque ce qu'on paye ces temps-ci pour une voiture, mais cet excès c'est pour Bill comme le lévrier de son père ou les pigeons de son grand-père. Et tant pis pour la dette, il ajoute quelques semaines plus tard un amplificateur Vox AC 30, parce que la guitare sans l'amplificateur à sa mesure ça ne va pas.

C'est un pari de funambule, et tout irait bien si les Cliftons continuaient leur progression. Et bien sûr c'est à ce moment-là que leur saxophoniste, qui en était la principale attraction, parce qu'il ne gagne pas assez avec eux, les laisse tomber pour revenir au jazz : le groupe tombe, mais pas le crédit.

Pour s'en tirer, Perks petit-fils, avec son collègue batteur des Cliftons, Tony Chapman, accompagne depuis quelque temps un pianiste de pub, puis Richie Valens, chanteur de variété, il y gagne deux livres par soirée. De plus en plus loin d'Elvis Presley, mais ça forme. De quoi attraper *a good grasp of a lot of styles* $_{14,12}$, « maîtriser un bon paquet de styles », et faire patienter Art Nash.

C'est le copain Chapman qui lit *Melody Maker*, et qui avait répondu à cette annonce où des débutants cherchaient un batteur. Quand les débutants, que rejoint régulièrement Chapman, s'enquièrent d'un bassiste, il propose à son copain de l'y accompagner.

Les deux histoires vont se rejoindre. Les débutants n'ont pas de batteur fixe, ils en essayent. C'est une espèce rare, les batteurs, même si paradoxalement l'art de frapper un temps binaire sur une peau peut à distance paraître des plus simples. C'est un soir après le travail, mais lui seul, Perks, a fait une journée de travail, les autres ne sont pas de ce monde-là, des heures comptées du magasinier, des fins de mois à boucler.

William Perks a la touche *rock'n'roll*, les musiciens maigres et très jeunes auxquels Tony Chapman le présente ce soir-là dans une arrière-salle de pub cultivent le *rhythm'n'blues* et haïssent la variété. On boit d'abord une bière ou deux ou trois, au comptoir de cette boîte, peut-être parce que l'arrière-salle n'est pas libre, ou qu'on n'a pas le droit encore d'y aller faire du bruit. Perks ne dit pas un mot : ces *beatniks*, plutôt crasseux et en tout cas célibataires, cela ne lui dit rien et c'est réciproque. Et puis ils n'en sont pas encore à ramasser des cachets, et lui a d'abord besoin d'argent liquide. Enfin on passe derrière, et Perks retourne à la voiture pour déballer ce haut-parleur dont la gigantesque membrane est lestée de ciment, dans son baffle de bois maintenant peint en noir et doré, le machin « gros comme une porte », qui épuise les cent watts de l'amplificateur Vox AC 30 et puis, au cas où ça tombe en panne, parce que avec les lampes ça arrive, un autre qu'il a en réserve (*spare*) et dont on apprend l'existence, un crédit de plus chez Art Nash, un Vox AC 850. Il remarque que les deux maigrelets se partagent un seul amplificateur, avec deux haut-parleurs d'à peine trente centimètres de diamètre, et que le plus sombre des deux, s'il a une semi-corps électrique Hofner, louche sur le Vox. Ce sera sa première parole aux types aux fringues sales, en bon anglais brut de Penge : *One of you can put your guitar through that* $_{1,\,61}$: « S'il y en a un qui veut brancher sa gratte là-dedans ? » Richards branche la Hofner, et ils s'embarquent à six, Ian Stewart au piano, dans les accords simples des blues de Jimmy Reed, musique qui n'a pas d'intérêt pour Perks, qu'il trouve *facile* : il a des années de bal derrière lui qui le séparent de ces essais d'amateur, et leurs mimiques ne sont pas de son monde, comme sa mèche Presley n'est pas du leur. Ils ne tiendraient pas cinq minutes, les maigrelets, derrière Richie Valens le chanteur de variété. Leur pianiste, le drôle de type irlandais à menton qui avance, ça c'est du solide, certainement du solide. Le reste grince, et Chapman tape faux, désespérément faux.

On arrête, et c'est Perks, futur Wyman, qui paye une tournée de bière, parce que les maigrelets n'ont pas d'argent et ça se voit. Lui a des dettes et un gosse mais ça ne fait rien, on est capable de payer une tournée de bière à des types, quand on est de Penge. On fume une cigarette, c'est encore lui qui offre, soirée mal partie, mal foutue. Il fait froid. C'est un vendredi, le 7 décembre 1962, Londres est sous la neige, le bassiste a vingt-six ans et ses copains à peine dix-neuf : plus d'un tiers de vie en différence, c'est un loupé, un soir pour rien.

On parle un peu quand même : lui, il dit que ces musiques à douze mesures on ne peut pas jouer ça toute la nuit, que c'est quand même un peu *boring*, bien plus que monotone, *boring*, appliqué à la musique : tout simplement, en bon vocabulaire de Penge, emmerdant. Choqués, mais indifférents, ils ne répondent pas : eux qui s'accrochent à cette idée de purisme et de tradition, normal qu'un bassiste de variété de l'arrière-ville, à mèche Presley, n'y comprenne rien. Au moins ce soir aura-t-on joué sur de vrais amplis. Ils demandent à Perks, par politesse, ce qu'il aime donc jouer, faute de s'intéresser au blues : *What do you play ? – Well, a bit of rock'n'roll and sort of rhythm and blues*, « Tu joues quoi, alors ? – Ouais, plutôt du rock'n'roll, et quelques trucs de rhythm and blues », manière de concilier, pour s'avancer vers la musique des autres. *I said Fats Domino, and they didn't like that, and Jerry Lee Lewis, and they went : Urgh, and Chuck Berry, and they said : Oh, good, yeah...* 14,12 , « Je leur dis : Fats Domino, mais ils n'aiment pas. Et Jerry Lee Lewis, là ils font : Urgh... Ou Chuck Berry : Ah ouais, super... » On verra pourtant Keith le survivant, vingt-trois ans plus tard et tout fringant après traversée de tant de désastres, en costume d'invité vedette, jouer un concert d'hommage au vieux pirate sexagénaire Jerry Lee Lewis, qui tapera du pied sur son piano comme au bon vieux temps des *fifties*. C'est Brian qui a le réflexe, comme avec un zeste de méfiance : *You really dig Chuck...*

Alors on repart dans l'arrière-salle pour un morceau qu'on veut plus rapide, parce que si ce type de Penge, avec sa panoplie de matériel extraordinaire, qui dit monotone le blues en douze mesures, s'il prétend jouer du Chuck Berry, il va falloir qu'il montre. Ce sera leur vengeance : si c'est lui qui a payé les bières et les cigarettes, nous la guitare on connaît. Il nous prend pour quoi, sous prétexte de fringues qui ne lui plaisent pas ? Seulement, le petit mec à mèche de Penge avec sa grosse basse ça ne l'effraie pas, Chuck Berry : pareil que Richards faisait à Dartford, le guitariste des Cliftons a appris ça au note à note et en connaît les accords. C'est pour de vrai qu'il sait jouer, qu'il a même de l'avance sur les maigrelets, et huit ans plus tard, Richards se souvient encore du son et des amplis : *Whew. Put us up quite a few volts goin' through there. He had the bass together already. He'd been playin' in rock bands for three or four years. He's older than us. He knows how to play. But he doesn't want to play with this shitty rock bands anymore because they're all terrible : they're all doing that Shadows trip, all those instrumental numbers, Duane Eddy, Rebel Trousers...* [25, 39] : « Waou… Ça nous a fichu quelques volts de plus de jouer là-dedans. Il avait pigé ce que c'est la basse, déjà. Il a joué dans des groupes de rock depuis trois ou quatre ans. Il est plus âgé que nous. Il sait ce que c'est que jouer. Mais il ne veut plus jouer avec ces groupes rock de merde, parce que tous ils sont lamentables, tous à se coller à la mode Shadows, ces trucs instrumentaux, Duane Eddy, Rebel Trousers… »

Keith Richards et Brian Jones ont déjà compris comment plomber leurs guitares l'une sur l'autre, le piano de Stu va droit et pour la première fois, à cause des amplificateurs à crédit d'Art Nash, c'est du gros bruit, un son rond avec des basses et du volume. Eux découvrent ce drôle de silencieux immobile, qui tient sa guitare presque à la verticale et sans jamais broncher, en habitué des heures de bal, mais vous conduit la musique en changeant l'harmonie pile quand il faut et même l'anticipe, ne perd pas de temps en mines mais se lance en autodidacte dans ces raides techniques qu'on reprend au vocabulaire du mouvement pour appliquer à la basse : le *drive*, ou bien la *walking bass*. A soixante-cinq ans, l'an dernier, dans un double disque solo qui présente sinon peu d'intérêt (hors la contribution nostalgique et ultime de George Harrison disparu peu après), Bill Wyman saura encore en susciter le *groove*, toutes basses en avant. On n'a jamais joué aussi fort et c'est très excitant : ce soir-là, Brian Jones, Mick Jagger, Keith Richards et Ian Stewart entendent pour la première fois quelque chose d'eux-mêmes qu'ils ne savaient pas.

Ils n'ont pas encore éliminé Dick Taylor, l'ancien voisin de Dartford : la semaine qui suit le premier essai de Wyman, lors d'une apparition dans une sorte de démonstration collective pour l'ancienne école de Richards, à Sidcup (encore y avait-il plus de monde sur la scène que dans la salle), c'est encore Taylor qui joue la basse. Pourtant, à la répétition suivante, Perks et Chapman sont de retour, et ils amènent avec eux quelques portions de *fish and chips* à manger pour les maigrelets, presque comme on va au zoo avec du pop-corn, et ceux d'Edith Grove ne rechignent pas, ils mangent. L'histoire de l'amplificateur géant reviendra chaque fois qu'ils auront à raconter leur histoire : on prend le bassiste à cause de son matériel, c'est clair. Mais l'arrogance et la confiance hautaine des débutants est aussi le gage inverse : pas plus qu'ils ne garderont Chapman, ils n'auraient gardé Bill Perks, dit Wyman, s'il ne s'était pas passé entre eux, de guitare à guitare, un peu de l'autre mystère, le rythme qui tombe juste, la musique.

Chapman ne sera pas meilleur avec les Stones qu'il ne l'était pour les Cliftons, et les maigrelets ne sont pas des gens très polis, c'est de leur âge, comme de ne même pas avoir de quoi rendre une tournée de bière, ou de sentir évidemment un peu sous les bras – parce que pas plus à Edith Grove qu'à Penge on n'a de douche chaude. Perks et Chapman en savent assez de leur répertoire pour monter sur scène avec les Rollin' Stones, mais après une deuxième apparition chez qui veut bien les prendre, un bref set au Ricky Tick Club, une boîte pour soldats américains, le maigrelet en chef, Brian Jones, informe sèchement Chapman qu'on ne veut plus le revoir, qu'il est bien trop loin de ce qu'eux attendent d'un batteur. Il remballe, vexé, ses tambours et ses cymbales dans la voiture du copain Bill (sa première voiture, une Morris 10 payée trente livres) : *Well, that's it, Bill. We can form a new group of our own, now* $_{1,61}$. Ou bien *Come on, Bill. Let's go and start a new band* $_{2,138}$: «C'est comme ça, Bill, il faut qu'on fasse un groupe à nous, maintenant», ou «Viens, Bill, on se tire, et on lance un groupe à nous», sans doute ce qui fut exactement prononcé ne compte pas dans ce détail, puisque deux versions de la même phrase sont rapportées par Wyman, à deux époques différentes. Mais Bill refuse et dit qu'il reste, et à cela rien ne préparait, ni du côté des maigrelets, ni du sien propre. *I stay*. Il rentre très tard à Penge, ce soir-là. L'enfant dort, et à sa mère, qui remportait avec lui les concours de danse du samedi soir, il en dira quoi, des maigrelets qui jouent sans cachet, de l'autre côté de Londres, et à qui en plus il faut payer la bière ? La qualité des Perks, c'est de croire aux lévriers et aux pigeons voyageurs, et de s'y obstiner : les Rollin' Stones, comme ils s'appellent encore, loin de Penge, seront l'accordéon, le lévrier ou les pigeons, l'excentrisme particulier du petit-fils, mais cette fois ça marchera.

Nécessaire variation sur Chuck Berry

Le nom Chuck Berry a surgi déjà plusieurs fois comme un nœud qu'il faut défaire.

Charles Edward Anderson Berry est né en 1926, à San Jose en Californie, mais la famille s'installe ensuite dans le quartier noir de Wentzville, près de Saint Louis, capitale du Missouri. Sa date exacte de naissance on ne la sait pas, et lui-même en a produit plusieurs, selon les circonstances. Son père est menuisier, il monte les charpentes des pavillons neufs à pelouse par quoi s'étendent les villes américaines. La secte où pratiquent les parents s'appelle Antioch Baptist Church, on chante bien sûr tous les dimanches et c'est chez les Berry qu'en semaine on répète : pour celui-ci aussi la formation de l'oreille sera liée à l'église.

Fascination que des mots chantés en foule puissent faire trembler un sol de bois sous les pieds d'un enfant de quatre ans, qui se souviendra de ces rythmes monodiques du gospel : *Walk walk walk* venu de l'injonction biblique aux émigrants : *The first music I ever remember enjoying was way back in church. I was 4 years old and I was amazed by this particular song. It had this part that went :* And we will Walk walk walk... *Each time they'd sing Walk, the deacons would pat on the wooden floor, it jarred the whole church and got into me, that vibration from the floor* $_{41, 15}$: « La première musique que j'aie jamais aimée, c'est en me souvenant de l'église. J'avais quatre ans, et c'est cette chanson-là qui me frappait : il y avait le refrain, comme ça : *Et nous marcherons, marcherons, marcherons...* Chaque fois qu'ils disaient : *Marcherons*, les fidèles tapaient du pied sur le plancher, ça vous secouait toute l'église et ça me rentrait là, une vibration qui montait du sol. »

Parce qu'il chante et aime ça, il se retrouve en 1941 exhibé en solo à la fête de son école, un aîné l'accompagnant derrière à la guitare. On dispose de la précision suivante : il s'agissait d'un chant de Jay MacShann intitulé *Confessin' The Blues*, et le jeune Berry découvre à cette occasion comment peut paraître vivante devant vous une audience qui répond à vos sollicitations, qu'on peut faire rire et danser. C'est après ce jour-là qu'il emprunte une guitare ténor à quatre cordes, où les accords sont réduits, la rythmique plus sèche. Il pratique aussi le piano et le saxophone, et se souvient de sa professeur d'école, Julia Davis, qui lui en donna les notions. Il a dix-huit ans, et c'est une première histoire de voiture volée, qui l'envoie pour trois ans avec deux autres gars de son âge en maison de correction. L'histoire ressemble un peu trop à celles de ses chansons, et tout ce qu'on en sait, c'est par lui-même, donc méfiance. Quand il en sort, il a ce physique d'adulte au corps immense et aux doigts quatre fois la largeur du manche de la guitare, dont il joue solidement. On est en 1947, la guerre est finie, c'est l'âge d'or des grands orchestres de jazz, et Chuck Berry se retrouve avec ses deux frères à travailler comme charpentier pour le père. Ça ne dure pas très longtemps, sans qu'on sache pour quel problème de famille. On le retrouve dans un garage à nettoyer les voitures et lui-même en achète une (là, il ne manque pas de nous donner les précisions : une Ford 33, payée 34 dollars), puis ouvrier assembleur sur les chaînes de General Motors, il est marié et père de deux enfants, dont sa fille Ingrid, qui plus tard chantera avec lui.

Commence la vraie bascule, avec activités du jour et activités de la nuit qui s'ajoutent. Le jour, c'est dans le camp de ses deux sœurs qu'il se retrouve, en passant par l'école de coiffeur qu'elles fréquentent aussi : *the Poro School of Beauty Culture*, dont il obtient le diplôme. La nuit, il chante dans les bars, un répertoire mélangé de jazz et country and western, de blues et de variétés. Il prend du galon quand il peut s'offrir une de ces guitares électriques que Les Paul a mises au point pour prendre son tour de solo dans les orchestres de jazz, et à laquelle Charlie Christian a donné ses lettres de noblesse comme instrument, lequel l'électrocute en retour à l'âge de vingt-deux ans, c'est la légende du jazz, et non pas celle qui nous occupe ici. Charlie Christian est mort en 1941, mais on a gardé ses lignes brèves et inventives d'accompagnement, le mot maintenant répandu de *guitar licks*, et un guitariste de Saint Louis les enseigne au garçon coiffeur : par transmission directe, puisque lui les tenait de Charlie Christian lui-même, et nous nous prenons à rêver qu'un tel cadeau ait pu nous être à nous-mêmes offert…

Les bars foisonnent de ces formations réduites qui se font concurrence : Ike Turner en anime une dans la même ville au même temps, Albert King une autre. Berry est à l'étage au-dessous, accède seulement pour des remplacements aux formations fixes, apprenant à monter sur scène au pied levé avec des musiciens qu'on connaît à peine et sans avoir répété, grappillant de chacun un peu plus du répertoire collectif à la mode. Sinon, c'est tout seul, dans des petits bars, qu'il fait l'amuseur avec ses grimaces et contorsions, son répertoire de chansons à faire rire.

Le pianiste Johnny Johnson est largement aussi obscur, mais avec plus d'ancienneté. Il joue en trio, avec batterie et saxophone. Cela l'a conduit à renforcer l'invention de main gauche du piano, multiplier, plutôt que les accords, des lignes mélodiques à l'image de la contrebasse qui manque à son groupe (les bassistes se louent trop cher). Mais parce que le piano a moins de volume, avec quelque chose de plus nerveux, et répétitif, c'est de la main gauche de Johnny Johnson que naîtra toute prête la guitare de Chuck Berry.

Le 30 décembre 1952, parce que le saxophoniste est tombé malade, il fait savoir au garçon coiffeur que ce soir il sera remplaçant dans le trio. On fait ce soir-là, à cause de lui, moins de jazz et un peu plus de *hillbilly*. Les grimaces et contorsions, sous le répertoire hétérogène, donnent au trio de Johnny Johnson un succès dont il ne se savait pas dépositaire : le garçon coiffeur est intégré officiellement, et le pianiste lui confie la partie chant, le rôle de *frontman*, même si cela s'appelle toujours Johnny Johnson Trio. Cela dure deux ans, mais on joue tous les soirs, et désormais dans des clubs plus grands, *The Moonlight Bar, The Crank, The Cosmopolitan Club*, où ils ont parfois jusqu'à quatorze dollars à se partager. Chuck Berry fait ses classes, apprend des accords de sixième ou treizième et s'équipe d'une Gibson E-355, dont il transforme les micros par bobinage inverse, permettant d'alterner son rythmique et son solo. Surtout, les *licks* de la main gauche de Johnson, cette astuce qui permet d'asseoir le rythme par une ligne mélodique répétitive, il les transpose un par un sur sa guitare, et les deux hommes jouent de façon synchrone pour amplifier encore l'effet d'entraînement : cela reste l'affaire commune du trio, mais c'est cela, la première et seule vraie révolution de ce qui est déjà né à l'époque, le *rock'n'roll*, ce battement.

On pourrait passer sa vie comme ça, pour des cachets de misère, dans les bars enfumés et le bruit. Si on veut mieux, il faut passer à la radio, avoir un nom et des disques, mais, pour cela, il faut nécessairement aller à Chicago. Attendre qu'on vienne vous chercher n'est pas dans le tempérament de Berry : en 1955, avec sa Gibson et un copain, ils font le voyage, c'est le grand saut. Là-bas, il écoute Elmore James, Howlin' Wolf et Muddy Waters. Là-bas, la musique noire des villes est l'héritière des vieux chants d'esclaves, ce dont lui se rappelle des chants religieux d'enfance, et non plus une sous-variété du jazz. Et surtout, là-bas, il y a ces deux légendaires frères polonais, des immigrants du monde slave qui se sont spécialisés dans les disques de musique noire, Phil et Leonard Chess : on les retrouvera sur la route des Rolling Stones. Venir à Chicago traîner avec ceux des clubs, sortir sa guitare rouge devant Muddy Waters, c'est déjà au culot. Rencontrer les Chess, dont Berry a l'adresse, 2120 South Michigan Avenue, ça en demande un peu plus, parce qu'il doit en passer pas mal, des comme lui, venant de villes grandes comme Saint Louis et qui ont acheté, la tête remplie de rêve, leur billet de train pour *the windy city*. On l'écoute gentiment, mais on lui dit de revenir lorsqu'il pourra présenter des chansons originales dont il soit l'auteur. L'aventure est finie, le rêve aussi ?

Le coiffeur guitariste est trop roublard, trop obstiné. Selon une première version, soutenue par Chuck Berry lui-même, il revient dès le lendemain matin avec les mêmes chansons, mais des paroles qu'il y a mises : il s'agit donc de chansons originales, prétend-il. Selon une deuxième version, de Chuck Berry, il repart à Saint Louis et deux mois plus tard, retour à Chicago mais avec Johnny Johnson : c'est là qu'il se représente chez Chess, avec quatre chansons de sa main, les mêmes, mais réécrites avec des paroles à lui. Selon une troisième version, plus tardive, mais du même Chuck Berry, il choisit le vendredi suivant pour moyen terme : *the next friday*, pour se représenter à Chess Records avec les paroles neuves sur les chansons déjà chantées : acceptons-le. En tout cas, il revient.

Éléments qui ne changent pas : la proposition faite à Johnny Johnson de monter à Chicago pour enregistrer, le fait qu'il s'agit de morceaux qu'eux-mêmes jouaient déjà, pris à T. Bone Walker ou à d'autres, mais arrangés dans leur manière et leur style, le petit bonhomme rondouillard aux mauvaises dents tapant sur son piano comme du fond d'un bar rempli de bruit, et entre les paroles ces choses de guitare prises au défunt Charlie Christian. Reste que les paroles écrites à la va-vite par le garçon coiffeur sont une surprise majeure, une rupture essentielle : loin de toutes les règles d'époque, les mots qu'il a collés à leurs morceaux, pour les transformer en chansons dites originales, racontent simplement une histoire prise à la maison de correction et au monde du garçon coiffeur. Des voitures, des amours brèves de fin de soirée, des virées dans les lumières. Il n'y a plus qu'à blanchir un petit peu, pour que *Browny be good* soit mieux acceptable transformé en *Johnny B. Goode*, et le style Chuck Berry est lancé.

Leçon pour lui, le culot a payé : le 23 mai 1955, Leonard Chess leur ajoute un contrebassiste de premier plan qu'ici à Chicago on paye à l'heure, Willie Dixon, et change le titre original de *Ida May* en *Maybellene*, qui est libre, question finance ça change tout. Pour compléter, il recourt à une astuce courante, mais inaccessible à Berry et Johnson : deux animateurs des radios les plus écoutées, Alan Freed et Russ Fratto, sont déclarés coauteurs de la chanson, dont ils percevront les droits pendant trente ans. Mieux vaut dans ce cas qu'ils la diffusent autant qu'ils le peuvent, ces pratiques ne se sont pas totalement évanouies. Sans doute qu'ils auront signé ainsi pas mal de rengaines inutiles ou oubliées et qu'une seule, celle-ci, leur aura rapporté plus gras que toutes les autres ensemble, sans avoir à remuer les doigts. Il ne s'agit plus du Johnny Johnson Trio, mais de Chuck Berry and his Cosmo Club Band (sans qu'on sache s'il s'agit d'un écho de cosmologie ou de cosmétique, ou vraiment de ce bar, *The Cosmopolitan*, qu'on voit abandonné dans le film *Hail! Hail! Rock'n'Roll*).

Les cartes postales de l'époque témoignent des symboles qui émergent : un appareil magique, le tout nouveau juke-box, avec ses lumières et ses chromes, et comme cela va bien avec les voitures et les filles, ou le déhanchement de hanche quand on s'y appuie. Que les chansons de Berry soient comme une incarnation musicale de ces cartes de bazar, Chess était capable de le sentir, sinon, des quatre chansons enregistrées en un seul jour et en prise directe, c'est *Wee Wee Hours* qu'il aurait choisie pour locomotive, et non pas *Maybellene*. Si les droits d'auteur sont minces, on se rattrape sur la tournée des clubs : cent concerts en cent un jours pour un contrat de quatre cents dollars, et la machine est lancée. Chuck Berry abandonne enfin, et définitivement, la tondeuse et la Gomina. Trente ans après, dans le film, il se souvient avec une précision parfaite de la progression des cachets, et pour lui c'est comme, dirait-on, la plus belle des chansons : *forty dollars a night, and then eighty dollars a night, and then eight hundred fee a week...*

Pendant deux ans, c'est avec Johnny Johnson et le batteur original du trio, Ebby Hardy, qu'ils tournent à travers le pays, revenant à Chicago régulièrement pour lancer sur disque les chansons composées en cours de route. L'ancien coiffeur a une recette, il l'applique certainement avec génie. Les rythmes mélodiques de la main gauche de Johnson seront systématiquement exploités à la guitare, un par chanson. Et, pour les paroles, il applique ce qui a marché avec *Maybellene* : chaque fois comme une histoire, en prise directe avec la réalité de tous les jours, et qu'on y aille à la frontière de la licence autorisée par le gouvernement et la morale officielle, pour jouer de cette frontière par allusions qui permettent, quand on les dit sur scène, qu'une seule mimique en redonne tout l'écho érotique : *Sweet Little Sixteen*, *My Ding-A-Ling* sont des titres évocateurs, et ça marche.

Quelle est cette danse que dans son immense succès *Carol* on passe toute la journée et la nuit pour apprendre, et qui vous fait crier dans le petit endroit, la réponse n'est pas jeune...

I know a swingin' little joint Je connais un drôle de petit endroit *where we can jump and shout* où on peut sauter et crier *It's not so long a way* ce n'est pas si loin viens avec moi *you can walk inside* tu verras la musique y est sacrément bonne ce sont des gars qui jouent fort *play so loud* ne laisse pas ce type voler ton cœur *don't let him steal your heart away* j'apprendrai à danser *I gonna learn to dance* même si cela me prend le jour et la nuit *if it takes me all night and day, O Carol...*

Et c'est cela qu'à Liverpool et Dartford on recopie : les paroles dites en chewing-gum ne sont pas si faciles à déchiffrer, les deux Beatles assignent leurs copines respectives pour écouter dix fois chaque morceau et les recopier mot à mot. Mais en quatre ans, Berry accumule assez de titres pour n'avoir plus qu'à les refaire toujours. Il s'est séparé de Johnny Johnson et du batteur, parce que, de train à hôtel, concert du soir et recommencer, la bouteille prenait le dessus. Il les retrouve quand même à Chicago pour enregistrer, et parce que de Johnny Johnson il a encore à prendre. Mais désormais il se produit seul et empoche seul, avec toujours le même contrat : location préalable de deux amplificateurs Fender Dual Showman. A charge pour le producteur de trouver sur place des accompagnateurs qui connaissent des morceaux, batteur, basse et piano, et tant pis si le promoteur préfère louer les services de ceux qui prennent le moins cher. C'est l'époque aussi de grands shows collectifs, artistes en autobus ou suivant en Cadillac. Il paraît que c'est à cause d'un pantalon décousu au derrière qu'un soir il invente sa drôle de danse en canard, et d'autres artifices ou le corps paraît avancer sans marcher, sans cesser de brasser les accords de guitare. Il joue derrière son dos, fait des moulinets avec l'instrument comme une majorette, pratique le grand écart et toujours ses doigts à rallonge gardent le rythme. Le reste, les histoires que racontent les chansons, avec mine triste quand c'est triste, et ironique ou en colère quand il faut, ou langoureux pour le blues qui calme le jeu, ça suffit aux auditoires : n'est-il pas le célèbre Chuck Berry en personne ? De futures pointures comme Bruce Springsteen ou Jimi Hendrix auront pour se faire les dents leur tour anonyme, pour appuyer la vedette. Ce n'est pas reluisant, conduit vite à la parodie de soi-même, mais Chuck Berry n'a pas de compte à nous rendre : il y a eu les trois ans lourdement payés quand lui en avait dix-huit, la concurrence rude des bars à petits cachets de Saint Louis, le spectre des heures de brillantine et tondeuse, et l'adjectif *colored*.

Et même, peut-être, Chuck Berry, s'il se forge pour lui-même à cette époque ce culot froid et cette résolution à monnayer en dollars chaque grimace d'amuseur, c'est pour savoir, jusque dans le regard ou les petites attentions des deux patrons de Chess Records, la différence de respect qu'ils ont pour Elmore James et Muddy Waters, le blues pur mais qui ne se vend pas, et ce qu'il en est pour lui, l'amuseur à guitare rouge, avec ses histoires de filles à quatre sous, sur fond country and western emprunté à la musique blanche.

Bruce Springsteen s'en souvient, de la fierté qu'on a à dire ensuite *I backed Chuck Berry*, quand bien même on ne saura jamais deviner en quelle tonalité celui qui fait le pitre là-devant va démarrer, *what key is on ?* Avant le concert, déjà tout effrayé de devoir jouer sans avoir répété, l'anonyme et jeune Springsteyn demande à Chuck quels morceaux on va jouer, et la réponse du grand homme est immédiate : *Chuck Berry's music, man*, ce dont il se doutait, Bruce, mais qui ne l'aide guère…

Parce que Chuck a son système rôdé, arrivant par principe sur le lieu du concert seulement dix minutes avant l'heure, sa guitare dans une main, et de l'autre une petite mallette avec un peigne et une brosse à dents, *a comb a teeth brush*, plus la chemise à fleurs qu'on va revêtir pour la scène. Parler aux musiciens recrutés pour l'occasion, à quoi bon ? Il disparaît en coulisse pour aller s'assurer du cachet qu'il recompte, payé en liquide, puis enferme dans la mallette. Comme si l'argent, pour Chuck Berry, était incompatible avec la musique, qu'il ne valait qu'une fois qu'on l'a rapporté à Saint Louis, dans la ville natale, où on a un bureau et désormais une femme d'affaires pour vous aider, et où dès le lendemain on le transforme en choses sérieuses : un lac pour faire pêcher les familles, moyennant entrée payante, ou sa collection de Cadillac, une boîte de nuit et d'autres investissements sans doute, mais qui se traitent sans regard extérieur. Il se fait filmer dans son *Berry Park Country Club* comme s'il était seul à en entretenir les pelouses ou à brûler le bois mort. Dans les concerts, qui durent à peine cinquante minutes, c'est toujours le même numéro qu'il enchaîne, et de toute façon quiconque se prétend musicien doit connaître les accords des chansons de monsieur, au demeurant quasi toujours le même canevas, avec quinte et septième.

Reste qu'ils auront doublement transpiré, les Bruce Springsteen et les Jimi Hendrix débutants, le jour où il leur aura fallu pendant cinquante minutes balancer à tâtons la machine à chauffer les solos du maître, qui ne retiendra jamais leurs noms ni leurs visages.

Pourtant, au moment où commence l'histoire des Rolling Stones, et que le jeune Jagger amène chez le jeune Richards ses disques noirs, l'idole est en prison à Terre Haute, en bon français, pénitencier de l'État du Missouri. L'histoire est sombre : il a licencié du club dont il est propriétaire à Saint Louis une fille, qui porte plainte. Il s'avère que Berry l'a rencontrée un an plus tôt, à El Paso dans le Texas, et lui a proposé de se joindre à la tournée pour vendre au public des photos dédicacées de l'artiste. Elle est blanche et encore mineure, s'appelle Janice Escalanti, et sa fonction dans le club ne se limitait pas à la tenue du vestiaire. On exhume que, selon les fiches de motel, lors de cette tournée où Berry va de ville en ville avec sa Cadillac, il fait chambre commune avec elle sous le nom de Mr and Mrs Janet Johnson (pour payer sa dette au vieux pianiste?). Le licenciement est sordide, Berry accordant, à celle qu'il a utilisée pour lui avant de la revendre à d'autres, cinq dollars et un billet d'autobus pour El Paso, Texas, et lui reprenant le billet quand il s'aperçoit qu'elle a changé d'avis et reste en ville. Il arguera qu'il souhaitait d'elle prendre des leçons d'espagnol, qu'elle avait prétendu avoir vingt ans, et qu'il ignorait ses activités dans les chambres arrière du club, activités qu'elle pratiquait cependant déjà à El Paso depuis ses quatorze ans, avant qu'il l'embauche. Évidemment, rien ne justifie qu'une cour de justice le traite de *negro*, et aucun doute sur le caractère raciste de la première condamnation, dont il fait appel sous ce motif, appel qui réduira la peine de cinq ans à trois, mais Berry en 1963 traîne ses jours au pénitencier quand à Londres, côté Beatles et ensuite Rolling Stones, ses chansons, avec celles de Carl Perkins ou le vieux blues de Muddy Waters (dont la chanson phare s'appelle justement *Rollin' Stone*), éclipsent soudain celles de ses confrères blancs comme Bill Haley. C'est précisément quand il est dans ce pénitencier de Terre Haute que Chuck Berry se met soudain à gagner plus d'argent, sans jouer, qu'il n'en a jamais gagné en jouant : et cela parce que, très loin d'ici, un groupe anglais qui s'appelle les Beatles (plutôt jaloux, il les trouvera moins bons, dit-il, que les Everly Brothers) et d'autres qui s'appellent les Rolling Stones ou les Animals enregistrent sur disque les chansons qu'il a signées.

En prison, Chuck Berry ne s'abandonne pas : il s'inscrit à des cours d'économie et de comptabilité, se met à la gestion et aux lois. Et quand il sort, qu'il retrouve sa chemise à fleurs et sa Gibson rouge, rien n'empêche qu'il ne recommence à l'identique, poussant le système jusqu'à sa caricature, parce que c'est plus de deux cents concerts qu'il enchaîne maintenant tous les ans, sans jamais partager le cachet avec un autre : apparitions ritualisées de l'amuseur à guitare, jouant des chansons comme *Roll Over Beethoven* ou *You Never Can Tell* rendues célèbres par d'autres, mais qu'il a bien le droit de chanter puisqu'il les a créées.

Depuis Terre Haute, il est plus froid, plus exigeant. Il faut lui payer le voyage en avion, et, l'étui de la Gibson à la main, c'est cravaté qu'il arrive, avant d'enfiler la chemise à fleurs fétiche. Et quand il va compter billet par billet le cash, juste avant d'entrer en scène, il trouve n'importe où un prétexte pour un supplément. Qu'on le lui refuse, et il passera la moitié de son temps sur scène à réaccorder la guitare avec une mine dépitée, ou refusera même de jouer sous prétexte que tel amplificateur n'est pas du type spécifié par contrat. Les organisateurs le savent, et donc chaque fois ça marche, et toujours en liquide. Mais, parce qu'il joue solo devant ces autres qui s'escriment derrière à suivre sans préparation, et qui ne sont que trop rarement un Bruce Springsteen ou un Jimi Hendrix encore inconnus, il lui faut maintenant, malgré l'âge, en rajouter sur la performance physique, la marche en canard, les moulinets, le grand écart, la guitare jouée dans le dos et les clins d'œil aux dames sur le blues lent : Chuck Berry n'a jamais lésiné sur la sueur, une heure durant, et ce qui sort de double-cordes et de râpeux sous les grands doigts, aucun de ceux qui apprendront pourtant toute leur vie à le refaire n'en auront exactement le fruité, voire le culot de ce qu'on joue faux rien que pour le plaisir de rattraper.

Entre-temps, les frères et sœurs (l'un est *reverend*) ont veillé au grain et aux droits. On installe dans le *country park* une piscine en forme de guitare géante et on grossit la cagnote, au point que le fisc américain l'enverra une troisième fois en prison pour cent vingt jours en 1979. Cette fois, il y rédige son autobiographie, dûment vendue d'avance, ce n'est pas sur ce qu'elle raconte de son auteur qu'on s'est appuyé ici.

On peut trouver fascinants, dans le film *Hail! Hail! Rock'n'Roll*, les gros plans du musicien. Les mouvements de tête, les remuements du torse et des jambes, les pas de danse et les grimaces sont un numéro aussi parfaitement réglé que ses immuables notes de guitare. Dans les flash-back, où l'on retrouve le même morceau joué dix ou vingt ans auparavant, le numéro est le même et toujours aussi ruisselant le visage. Et unique ce caractère gras, *biffy*, des notes fluidement jouées et qui signent son style. Ce qui est étrange et fascine aux pupilles opaques, malgré le sourire et la sueur, c'est cette sorte d'absence à soi-même, de numéro réglé, où l'homme intérieur est à distance. Tout s'engrène, et les introductions sont jouées la guitare en balancier, à bout de bras, entre les jambes, les doigts connaissent du manche toutes leurs routes. L'œil est absent, l'œil est derrière. On fait un clin d'œil au public tout devant, on lui sourit, l'œil reste fixe : à quoi pense Chuck Berry ? Il l'a toujours gardé pour lui.

La vénération de Keith Richards pour Chuck Berry a toujours été entière (*I respect the man...*). Dette à sa propre adolescence, dont les valeurs sont pour chacun immuables ? L'un des meilleurs disques pirates des Stones reste l'enregistrement brut de ce qu'ils feront en 1964 aux studios Chess de Chicago, lors de leur première tournée américaine, comme s'ils se devaient de rendre hommage à l'homme-culte.

Bien plus tard, une fois, à Los Angeles, dans une salle qui s'appelle le Palladium, Richards est venu écouter Berry. Richards, osseux et maigre à force d'héroïne, est certainement méconnaissable. Mais, partout qu'un Rolling Stone paraît, à tout seigneur tout honneur : les producteurs lui proposent de monter sur scène. On lui met une Fender Telecaster dans les mains, et Keith, qui connaît toutes les notes de Chuck par cœur, se retrouve impromptu où avant lui ont été Bruce Springsteen ou Jimi Hendrix, accompagnateurs anonymes du fondateur légendaire. Richards joue fort, a toujours joué fort, et les gens en bas sentent que ça va être l'événement : ce n'est plus Chuck que les gens regardent, mais le Rolling Stone. A la fin du morceau, le vieux Chuck, qui ne l'a pas reconnu, lui demande de baisser le son : l'accompagnateur doit jouer moins fort que l'artiste. A Chuck Berry on crie le nom des coulisses, il ne comprend pas. Comprend peut-être que ce type ébouriffé et qui prend des airs, que la salle regarde plus que lui-même, n'a pas l'agrément des organisateurs. Il y a un second morceau, et l'autre joue toujours aussi fort, produit même un solo qu'on ne lui demandait pas : Berry attrape le type et le propulse d'un coup à la figure en contrebas de la scène, pour outrage à majesté : il ne va quand même pas se laisser embêter par un amateur qui croit vivre le grand soir ? *I didn't know who he was. He was just playing too loud. And I asked him to play softer. I thought the cat had something but I couldn't ever recognize him. After a song I said to play softer, play down. So I start the song and it's loud. On the next song I just said : Off! Then my secretary is offstage screaming at me : That's Keith Richards. I said : Oh no, go get him...* 29, 95 : « Je ne savais pas qui c'était. Sauf qu'il jouait trop fort. Alors je lui demande de jouer plus doucement. Je voyais que le gars avait quelque chose, mais j'aurais pas pu le reconnaître. Après un morceau je lui dis de jouer doucement, plus bas. Et je commence le morceau et c'est fort. Au morceau d'après je dis : Dehors! Alors il y a ma secrétaire dans les coulisses qui me crie après : c'est Keith Richards. Je dis : Oh non, rattrape-le... », mais Chuck est un grand arrangeur rétrospectif d'histoires, avec son accent du Sud et son goût pour les auditoires fascinés. Quand c'est Keith Richards qui le raconte, c'est plus ambigu, comme si la victime s'en faisait une gloire : pensez, comme si la disproportion même de l'outrage en faisait une médaille un peu comique – quelqu'un, rendez-vous compte, a osé porter la main sur Keith Richards... Qu'il y aurait comme une gloire ultime dans cette preuve d'humilité, s'être laissé frapper par Chuck Berry...

En 1985, pour le soixantième anniversaire du vieux maître, il aura sa revanche. C'est Keith qui décide d'offrir à Chuck Berry ce qu'il a toujours refusé d'utiliser : un groupe d'accompagnateurs à la hauteur. Les relations sont difficiles, on en a des traces dans le film, qui s'en régale : *I understand that, man, I do understand* : « Je comprends ça, mec, évidemment je comprends », dit Richards en roulant des yeux blancs, parce que Berry refuse de rejouer encore une fois le morceau en travail et d'y changer un rythme. *That's the way Chuck Berry play it, man* : « C'est comme ça que Chuck Berry joue ça », insiste Berry en parlant de lui-même à la troisième personne, concluant d'un *Shit !* qu'il n'est pas nécessaire de traduire quand enfin il obtempère.

Berry se venge le lendemain, contraignant Richards à reprendre huit fois de suite le riff d'intro de *Carol*, que Richards depuis vingt-trois ans a joué mille fois au moins devant la moitié du monde, et le rictus de Richards guettant le visage du bassiste et du pianiste est légèrement forcé : il plie. Et une fois de plus, alors qu'il a lancé toute la machine du groupe, le vieux à favoris en lumineuse chemise jaune vient l'interrompre de la main sur l'épaule… Chuck a refusé qu'on lui change son vieil ampli à lampe : au jour du concert, on branchera clandestinement une sortie parallèle sur ce Fender Dual Showman auquel il est lié par un vrai cordon à l'ancienne. On collera en son absence, dans l'intérieur de l'ampli, un émetteur haute fréquence comme on a sur les guitares, comme si le vieil amuseur ne pouvait pas s'apercevoir du gros son très lisse dont soudain il dispose.

Le 16 octobre 1986, sous les ors du vieux Fox Theater de Saint Louis, Richards a exhumé Johnny Johnson (il offrira l'année suivante au vieux pianiste oublié tout un disque, avec la participation d'Eric Clapton : vrai hommage, ou manière de mettre au grand jour, pour relativiser ses propres emprunts, ce que Chuck Berry emprunta d'un autre ?), et a convoqué quelques gloires – jusqu'au fils de John Lennon, qui viendra pousser le duo sur *Johnny B. Goode* (précisons bien qu'il s'agit « d'un garçon qui s'appelait Johnny B. Goode » *where lived a country boy named Johnny B. Goode*, et surtout pas du « Johnny, sois bon ! » illustré dans quelques versions françaises, trop proche du *Browny Be Good* pompé par Berry), tout le monde en uniforme impeccable, comme Richards n'en a jamais porté depuis 1965, pour prendre ce soir-là revanche du coup dans la figure au Palladium (*Stage I've been thrown off one time*, grince-t-il encore l'année suivante dans un enregistrement pirate du concert au Palladium de son groupe solo X-Pensive Winos) : *But I figure I repaid my debt because he was one of the most difficult persons I've ever worked with, apart from Mick Jagger. That's why I'm suited to this gig. I thought, if I turn this down I'll have to live with the fact that I chickened out. Because when I started to play the electric guitar, Chuck Berry was my man* [29, 47] : « Mais je crois que j'ai payé ma dette une deuxième fois, parce que ça a été un des plus difficiles bonshommes avec qui j'aie jamais bossé, Mick Jagger mis à part. C'est pour ça qu'on s'était fringués pour ce concert. Mais je pensais : si ça se casse la figure, faudra que je vive pour toujours avec l'idée que je me suis dégonflé. Parce que, quand j'ai commencé la guitare, Chuck Berry c'était vraiment mon truc. »

Dès le concert lancé avec *Maybellene*, Chuck pour mettre Richards en difficulté vient lui chuchoter à l'oreille qu'il va passer de *do* à *si* bémol pour son solo... Richards fait non de la tête, et l'autre balance exprès un barré en *si* bémol qui les fait tous trembler... Mais sur *Monkey Business*, quelques minutes plus tard, quand le vieux Chuck laisse au dauphin le solo : *Go, Keith, go* : « Vas-y, Keith, joue ! », sans doute que Richards reçoit une récompense rêvée toute sa vie. Reste que cette année-là les Rolling Stones jouaient chacun pour soi, et que Jagger produisait son deuxième album solo. Keith Richards, pour exister, devait bien inventer ses solutions propres : s'il paye une dette, elle vaut sur son échiquier propre. Le bassiste et le batteur qu'il recrute pour l'hommage au vieux fondateur seront ceux bientôt de son propre groupe puisque, ce 16 octobre 1986, personne ni eux-mêmes n'accordent plus de chance aux Rolling Stones. N'empêche que dans son costume strict et sage, s'appliquant à ses accords, en bonne complicité avec son copain Clapton venu en renfort, il fait quinze ans de moins que son âge. Un adolescent rejoint son rêve, et la certitude qu'on fait bien, qu'on joue juste.

Keith Richards enfin heureux.

Autre versant d'une même histoire : Brian Jones

Comment Elmo Lewis s'en vint un jour à Londres

L'histoire des Rolling Stones, ce sont des lignes qu'il faut tendre chacune depuis leur origine pour examiner, au moment où elles convergent, comment elles se nouent et pourquoi.

On repart plein ouest, à cent cinquante-six kilomètres de Londres. Au fond de l'estuaire de la Severn, bien plus au fond que Cardiff, Newport et Bristol, les grands ports, une petite ville qui est vraiment petite ville, avec ses points immuables de passage et ce regard des uns sur les autres, les collines autour et la mer pas si loin, au bout de son estuaire une ville qui, depuis le XVIIIe siècle, s'identifie à ses sources thermales, où sont venus le roi Georges III comme le duc de Wellington, sa grande avenue qui s'appelle la *Promenade* et ses courses de chevaux annuelles. Ce qu'exprime ainsi Keith Richards en 1971, disant que ça déteint, *rub off*, sur qui en vient, gentillesse posthume pour celui qu'on va ici suivre : *A very gentle town full of old ladies, where it used to be fashionable to go and take the baths once a year because it comes out of the hills, it's spring water. It's a regency thing, you know Beau Brummel, around that time? Turn of the 19th century. It rubs off on anyone who comes from there* $_{29,17}$: « Une si gentille petite ville pleine de vieilles dames, où c'était la mode de prendre les eaux une fois l'an, parce que ça venait des collines, l'eau de source. Un truc très Régence, tu sais : Beau Brummel, ce temps-là ? Juste sorti du XIXe siècle. Et ça déteint sur tous ceux qui en viennent. »

Dans Cheltenham, 335 Hatherley Road, le nom de la maison c'est Ravenswood, le bois des corbeaux, une maison blanche traditionnelle de 1930, bow-window donnant sur la petite pelouse devant, et encadrement de briques rouges pour la porte d'entrée. Lewis Brian Hopkin Jones naît le 28 février 1942. Son père, qui se prénomme déjà Lewis, natif du pays de Galles tout auprès, est ingénieur chez Dowty and Co, usine de moteurs d'avion que la proximité de Bristol, base militaire, a développée ici, et qui sera reprise par Rolls-Royce. Rien donc de commun avec ce prolétariat ouvrier d'où sortent le père de Watts, le père de Wyman et le père de Richards. La mère, Louisa Beatrice, est professeur de piano, et le père joue de l'orgue, le dimanche, à l'église. Ensemble, ils en dirigent la chorale qui vient répéter deux soirs par semaine chez eux : même pour devenir Rolling Stones il n'y a pas de hasard, la musique a brûlé ces cinq-là bien avant qu'elle ne devienne pour eux figure visible de leur destin d'homme.

C'est une famille que tout pourrait enfoncer dans un anonymat presque insipide et immobile, la petite ville et l'usine, chanter le dimanche à l'église. Les cassures en décident autrement. La perte d'une petite sœur suite à une leucémie quand Brian a trois ans, quand la guerre attire sur Bristol les bombardiers comme des mouches. Brian aura une autre sœur, Barbara, mais l'histoire des Jones reste marquée par ce deuil. Ou bien cette maladie du croup, qui fait qu'on ne respire plus, qu'on s'étouffe. Brian en guérit, mais reste asthmatique, contraint de promener avec lui pour la vie son aérosol de Ventoline. L'éducation est sage : piano et clarinette pour Brian, piano et violon pour Barbara (elle en jouera très bien). Brian a un chat, dont l'hagiographie retient qu'il le nomma Rolladers, et il aime fignoler, comme tant d'autres de son âge, de petites maquettes d'avions ou de voitures, ou faire tourner sur des rails miniatures de ces premiers trains électriques, à l'aide d'un transformateur à courant continu. On a des photos de lui en pleine période de gloire naissante des Stones, allongé à plat ventre et pieds en l'air sur le tapis marocain chic de ses habitudes neuves de millionnaire, faisant encore tourner en rond, sauf au moment de l'aiguillage, le train miniature de son enfance : manière de récupérer ou de s'enfuir, ou parce que gosse, on l'est ainsi toujours et qu'il estime avoir droit de le montrer.

Et cette manière immuable d'aspirer à l'invisible des classes moyennes de ces villes moyennes est sans doute le terreau même d'une époque, sur quoi s'alimente dans les capitales la danse et l'excès : rejetons en révolte des provinces immobiles, vous fournissez à ces contingents silencieux des capitales, et quelques-uns d'entre vous, qui émergent, suffisent pour faire oublier la masse de ceux qui s'y fondent et s'y perdent. C'est dans chaque pays, de province à capitale et retour, comme une circulation sanguine, parallèle pour qui vient de Cheltenham ou Dartford à Londres que pour nous, qui de Civray près Ruffec débarquions un jour à Paris avec notre sac de sport, y cherchant une chambre.

Brian est mort trop tôt pour témoigner de ce qui a motivé sa rupture progressive mais radicale avec sa ville et sa famille, rupture amplifiée par bien plus que la distance géographique : de la déchirure, voire de la salissure presque volontairement choisie telle. Examinons.

On lui fait débuter le piano à six ans, et malgré l'asthme il se révèle brillant à l'école. A douze ans, il commence la clarinette, et pour le piano reçoit des leçons de théorie et d'analyse, pratique le déchiffrage à vue, cela jusqu'à ses quatorze ans sonnés : professeur de piano, la mère rêve-t-elle pour le fils d'un destin de conservatoire ? En tout cas, il reçoit le meilleur. L'enfant a du talent, la famille suit. Il est blond avec une bonne bouille, et cela encourage les petites gâteries, même si l'ombre d'un enfant mort peut rester longtemps parmi les vivants, ou pour cela justement.

Il n'est ni solitaire ni renfermé, aime le cricket comme de naturel en cette ville qui en reçoit le plus grand championnat du pays. Il a tâté du judo, et aime plonger. Non pas nager, mais ce pur moment d'exposition suspendue avant qu'on tombe, et jouant de la chute même pour l'établir en performance – en tout cas c'est Bill Wyman qui l'affirme : *He was a fine diver although he wasn't particularly interested in swimming* [2, 93] : « C'était un très bon plongeur, et pourtant nager ça l'intéressait à peine », souvenir des premières tournées américaines avec les hôtels à piscine pour ceux qui n'en étaient pas encore blasés, peut-être un trait central pour définir Brian Jones. Sous son torse de musicien blond à bonne tête, il souffre d'avoir les jambes trop courtes, surnommé *Short Legs* ou *Mister Shampoo*, Jambes Courtes ou Monsieur Shampooing, par ceux qui ne l'aiment pas.

Il est le plus diplômé des Rolling Stones, passant neuf *O-levels*, obtenant sans peine son General Certificate of Education. A l'époque, sa mère rêve qu'il soit dentiste et lui la laisse dire. Son père le pousserait plutôt à la physique et la chimie, tout va bien et pourtant la bascule est prête, a sourdement travaillé tout ce qui était dessous : ce n'est pas apparent, pourtant, tandis que se relayent dans le pavillon de la petite ville proprette le professeur de piano et d'harmonie, puis celui de clarinette.

On ne l'admire pas qu'à la maison : ses copains, qui le surnomment *Buster*, ont fondé un groupe de *skiffle*, où Brian tient lui-même le *washboard*, la planche à laver qu'on racle pour le rythme : John Lennon et Paul McCartney font la même chose, en même temps, dans leur propre quartier. Il a quinze ans, et c'est lui qui parle de virage, de bascule : *When I made the sixth form at age fifteen, I found myself accepted by the older boys, and suddenly I was in* [2, 94] : « Quand j'ai fait la sixième classe, à quinze ans, j'ai été accepté par les plus grands, et brutalement j'étais dans le coup. »

Cela se passe parce qu'il joue assez bien de la clarinette pour vouloir le montrer, et que les clubs de jazz sont plus valorisants que les examens de conservatoire : même le piano semble une vieillesse en recevant le choc, peut-être pas du son, mais de ce qui correspond à la posture du plongeur et à cet art bref de la chute : sur la scène, tout devant, quand le musicien de jazz s'avance et prend son solo. Dans la journée, au lycée pour les quelques cours qu'on ne sèche pas, on siffle *When The Saints Go Marching In*, ou bien *Muskrat Ramble*. Peut-être que le choc c'est aussi la scène elle-même, la lumière et la sueur, se jeter, et ce qui se passe après, par les autres. Et c'est ainsi qu'à quinze ans, clarinette au bec, pied battant le rythme, Brian investit définitivement la nuit, la nuit très modeste des clubs de jazz de Cheltenham, estuaire de la Severn, pour exhiber les solos gratifiants du répertoire New Orleans : *Do You Know What It Means To Leave New Orleans*, c'est vertigineux de variations possibles, et vertigineux aussi, quand on a toujours été enfant sage, d'être ainsi reçu et flatté, applaudi. Si gratifiant qu'il se projette tout entier dans ce nouvel univers, et que soudain la clarinette, qui lui en ouvre les portes, lui paraît trop fade : l'instrument roi, la lueur fétiche, la posture du musicien vedette et inspiré, c'est le saxophone.

Parce qu'il est l'aîné, que tout va bien à l'école, que les parents sont musiciens, il n'a pas de difficulté à se faire offrir un alto tout neuf, dans son étui noir (et c'est bien beau, sur la peluche rouge, le cuivre repoussé et les lièges des mécaniques à tringle d'un saxophone). Cela devient une passion. Chez soi, dès qu'on ouvre l'étui c'est pour copier ce qu'on met sur le tourne-disque, non plus le New Orleans, mais Charlie Parker. Quand on a derrière soi une solide formation de solfège et d'harmonie, l'oreille est faite : il progresse vite, ses parents n'ont pas de raison de ne pas laisser faire. C'est lui, déjà, quelques mois plus tard, à peine seize ans, sur la scène du seul club de jazz à Cheltenham, qui s'avance sur le bord de la scène pour prendre le solo et refaire au note à note les prouesses de celui qu'on surnomme *Bird*. On revient du club à trois heures du matin, on en a mal à la bouche de jouer, on est un vrai musicien d'avoir à la main l'étui noir, et dans les oreilles encore le vrombissement de basse et batterie tandis qu'on s'avance d'un pas seul au bord de la scène, et qu'on n'a plus jamais les jambes courtes. Et tant pis si l'école vous paraît un monde lointain, très en arrière, et trop immuable. Très étrange à entendre, de ce point de vue, la dernière musique qu'on connaisse de Brian, qu'on découvrira d'abord par les enregistrements pirates, avant qu'elle soit reprise dans cette *Anthology* des Beatles au travail, Brian Jones en rupture des Stones rejoignant John Lennon en pré-rupture des Beatles, et jouant pour lui du saxophone alors choisi soprane.

Brian Jones ne sera jamais dentiste, mais en 1959 ses parents n'en ont pas encore remisé le rêve. Brian va toujours au lycée mais les intermittences, où on s'enferme avec un copain dans une chambre pour bricoler de la musique et jouer ses solos de saxophone pour d'impossibles mais complaisantes armoires à glace, se renforcent : c'est aussi comme ça qu'on apprend. Pour son anniversaire, en février, on lui offre sa première guitare, rien du tout : une copie de guitare espagnole payée trois livres, qui sera bientôt revendue pour une meilleure. Comme il a laissé tomber du jour au lendemain le piano et la clarinette pour le saxophone, il remise immédiatement le saxophone pour la guitare, et cela aussi c'est Brian : syndrome de celui qui préfère être plongeur que nageur, et le fera laisser la guitare pour l'harmonica, et même un jour les Rolling Stones pour plus rien du tout, comme si l'important c'était cela, ce bagage de soi-même qu'on vérifie à chaque fois sur un objet neuf, et laissant arrière de soi l'objet pour en tenter un autre, mais vérifier encore et encore cet intérêt qu'on vous porte.

Il fallait bien que cette année-là il ait continué plus ou moins le lycée et que les intermittences buissonnières, en chambre à coucher dans la maison vide, n'aient pas été vouées qu'au saxophone puisque c'est une fille du même lycée qui à quatorze ans se découvre enceinte. Les deux gamins d'abord voudraient que ce soit un rêve, quelque chose qui n'est pas. On voudrait reprendre là où on en était juste avant, et faire qu'il en advienne autrement, mais ça ne peut pas. On n'a rien dit encore à ceux qui ont l'autorité, les adultes, les parents. On sait parfaitement dans quel monde on vit, et dans quelle ville, et qu'il n'y a pas de solution vraiment acceptable : c'est dans un ventre de la vie pure, de la vie jeune. Alors on avoue, et le processus s'enclenche. Ce n'est plus lui ni la gamine qui parlent, mais les parents, de famille à famille. L'avortement est envisagé et refusé, l'histoire ira à son terme, et l'enfant sera laissé pour adoption. C'est les Jones qui payent : la faute toujours au mâle.

Est-ce que ce serait chez Brian révélation de l'énergie qu'il lui faudra bientôt pour hisser brutalement les Rolling Stones au-dessus du lot commun de tous les groupes de la première génération après les Beatles ? Façon de se balancer en avant : où les autres se contenteraient d'embrasser et de se tenir les mains, lui il emmène la fille au lit et la pénètre. Parce qu'il a les jambes trop courtes et qu'il le sait, ou parce que ce qu'on porte en soi vous emporte et que ce défaut-là deviendra bientôt une qualité nécessaire, celle de faire au-delà d'où la raison vous commanderait d'arrêter. L'histoire aura pour Brian un autre enseignement : il avale trop de honte à raconter tout ça à la mère, à s'expliquer en coupable devant son père, qui doit remplir les chèques pour l'accouchement et l'adoption, négocier avec la famille de la fille, entre parents, tandis que l'adolescent est consigné dans sa chambre à l'étage et ne tient pas à faire savoir sa présence. Il faut imaginer et cela peut vite tromper, mais il y eut bien cette première fois, et la négociation comme les chèques sont attestés : alors Brian recommencera, et cette pulsion sexuelle que ce soir on lui reproche il en fera sa marque par conséquence même. Mais de ces histoires-là il y en a dans toutes les petites villes (à Civray même, en notre bord de Charente), elles sont liées aux pesanteurs et tabous d'une époque dont la rigidité encore n'est pas fissurable ni bousculée, et tous les protagonistes n'en deviendront pas Rolling Stones pour autant : on en a connu chacun, et comme ils se sont assagis. L'amusement a passé trop loin, et dans un monde qui n'en est plus à croire aux choux ni aux cigognes, tout va pour l'adolescent se colorer à l'inverse : d'un jour à l'autre Brian n'est plus le lycéen brillant et si doué pour la musique, mais un traîneur de clubs à la réputation faite (c'est la loi des petites villes), et s'il sèche ses cours n'est-ce pas encore à cause de la réprobation muette des autres, même les semelles de compensation qu'on se met dans les chaussures deviennent à charge, alors quoi faire, sinon revendiquer pour soi cette charge même et l'accentuer ? La maison blanche avec le bow-window et la pelouse devant la porte, la solidité de famille et la situation du père deviennent presque, comme l'étui noir du saxophone, une boîte trop étroite, du camp des ennemis : situations qu'il est plus facile sans doute d'affronter quand elles sont dans la logique sociale de la misère ou de l'anonymat des grandes villes, et qui donnent ici tout le poids à ce qui ne plonge plus, mais s'effondre, et *Buster* finit d'un seul coup. L'enfant adopté ne verra jamais son père (Bill Wyman le retrouvera après la mort de Brian, en produira la photographie d'un visage absolument semblable à son père), et la réaction de Brian sera de recommencer, comme s'il n'y avait que cela pour relativiser : trois ans plus tard, il a deux autres enfants, de deux autres mères pareillement laissées arrière, et le total ira à cinq. Les parents de la gamine exigent qu'on ne le voie plus dans la ville et dans un premier temps on obtempère, il part pour quelques semaines en auto-stop avec sa guitare, visite l'Allemagne, la Suède et la Norvège, mais forcément revient à Cheltenham : on peut connaître le monde entier, c'est toujours là où on est né qui en est le centre précis et inévitable.

Les hagiographes consciencieux prennent note des noms de ces bars où, cet automne 1960, Brian s'absorbe dans les nuits trop calmes de Cheltenham : *The Patio, The Aztec, The El Flam, The Barbeque*

Waikiki, où il se produit avec un groupe de jazz qui s'intitule le Chelton Six, et lui procure son argent de poche – pas de quoi tout satisfaire. Et puis, plus simplement aussi, il y a maintenant pour le petit blond trapu ce goût brut du plaisir, le cri de la fille et ses liqueurs, l'apaisement où ensuite on est. La deuxième fille à traverser sa vie a aussi pour elle d'avoir de l'expérience, connaître les règles et savoir quoi dans le corps demande qu'on les transgresse. Celle-ci, on ne sait pas son nom, mais qu'il la rencontre à un concert de jazz au Wooden Bridge Hotel à Guildford : une fille de vingt-trois ans, mariée, et que ce sera son deuxième enfant – dit naturel. Rencontre sans suite, puisque l'époux accepte de considérer l'enfant comme sien, si la relation avec Brian cesse. Quelques semaines à peine, puis une séance de cinéma, suivie d'un verre à *The Aztec*, la troisième rencontre sera d'autre ampleur. Elle s'appelle Pat Andrews et il entame avec elle une liaison de trois ans. A Noël, comme de se reconnaître vaincu, mais d'exiger un armistice qui lui rende honorable la fin des reproches, Lewis Jones exige de son fils qu'il prenne emploi, c'est une époque encore où c'est facilement possible : adulte oui, alors tu en assumes les conséquences. Il est d'abord livreur de charbon mais c'est trop sale, il tient trois jours. Puis dans une usine, dont il se souviendra surtout de ce moment tôt le matin, et qu'il devra dans l'aube triste attendre avec d'autres le car de ramassage et que même la cigarette est amère. Le car aura une fois un accident où Brian, jeté contre le siège de devant, se brisera une dent, prétexte suffisant pour cesser.

Il se retrouve conducteur d'autobus, ou bien suit-il une formation pour le devenir? En tout cas, cela n'aboutira pas. C'est juste un caillou de plus, dans la légende des futures «pierres qui roulent», que Brian Jones en apprenti conducteur d'autobus. Le transport en commun qu'il réussira, ce sera à l'échelle des mœurs du vieux monde, et pour cela il n'y a pas d'examinateur possible.

Il a quitté la maison familiale, a pris chambre chez une logeuse, Mrs Filby, 38 Priority Street, et la liaison avec Pat Andrews se stabilise et se renforce : fin juillet ou début août, quand naît le deuxième enfant de Brian (c'est une fille, que Wyman saura aussi retrouver), Pat Andrews est enceinte à son tour. On la verra plus tard à Londres, photographiée sous les fenêtres du musicien roulant Rolls, tendre à bout de bras son enfant en criant, tandis qu'il préférera en rigoler derrière les rideaux avec Anita Pallenberg, avant de filer par-derrière.

Il ne sera pas dentiste, puisque les études c'est fini, mais le père l'expédie à Londres, chez une relation opticien : aussi bien, avec trois enfants, Cheltenham n'est plus tenable. C'est en août, il reste une semaine puis revient, l'optique, ça ne lui plaît pas. Le goût de Londres, si, ça reste. Maintenant, chaque fois qu'il pourra, c'est là-bas qu'il ira, son saxophone avec lui. Quand il est à la maison, les disques tournent toute la journée, il apprend. A Cheltenham toujours, de client il passe de l'autre côté de la caisse, au magasin de disques (*Syd Tong's Record Shop in Cheltenham*), et c'est sûr qu'il est bon vendeur, connaissant mieux qu'aucun des clients les musiques qu'il vend. Mais il a volé de l'argent, c'est plus fort que lui, il est renvoyé et à nouveau traîne, même si, jusqu'à l'été 1961, on le trouve, pour d'autres courtes périodes, essayant d'autres petits boulots, magasin d'appareils électriques ou même aide-dessinateur chez un architecte.

Si les nouveaux promus à la célébrité ont été interrogés sur beaucoup de choses où ils avaient peu à dire, de leur couleur préférée à leur opinion sur les guerres, des multiples transcriptions d'entretiens collationnés de Brian Jones, personne ne lui a jamais demandé ce que c'était qu'*apprendre*, comment, et quelles difficultés, ce qu'il visait et ce qu'il y projetait, ce qu'on doit reconstituer soi-même et qu'est-ce qu'on avale des autres comme une éponge. C'est pourtant bien cela qu'il aurait fallu savoir, pour tous ceux-là, des milliers, qui s'essayent à la guitare et en sont fiers, mais ne deviennent pas pour autant Brian Jones.

Étonnantes les traces de Brian Jones ces mois-ci, entre Cheltenham et Londres dans la plupart des villes sur la route, à Oxford parmi les étudiants avec un groupe nommé Thunder Oldin's Big Secret (d'où surgira, animé par le même Paul Pond, le groupe pop Manfred Mann), à Guildford, un peu plus au sud, un groupe nommé Rhode Island Blues and the Roosters (conseillant leur apprenti guitariste, de trois ans son cadet, Eric Clapton). Si les livres sur le court destin de Brian Jones abondent, c'est la période dorée et la chute qu'on y examine, et non pas ce qui fait que dans le magma de départ on cristallise et s'oriente. Pas possible seulement de fournir une chronologie suffisamment précise, de juin 1961 à mars 1962, des petits boulots, des chambres qu'on loue, des hébergements à Oxford ou à Londres. Il y a les noms d'amis proches, Dick Hattrell ou John Appleby, qui partagent avec Brian telle de ses chambres en meublé, leurs témoignages pour recouper les anecdotes, de l'inhalateur de Ventoline oublié un soir à Oxford et qu'il faut retourner chercher à bicyclette, d'une romance ébauchée encore à Cheltenham avec, une nouvelle fois, une gamine de quinze ans quand il en a dix-neuf, tandis que la compagne officielle, Pat la patiente, est à son septième mois de grossesse. Dick Hattrell est le grand ami, le seul témoin de la vie de Brian ces mois-ci : fils d'avocat de Cheltenham, lui aussi a appris le piano puis a bifurqué vers la basse, avant de bifurquer vers pas grand-chose ou plus rien, en tout cas rien qui concernerait la musique. Témoignant pourtant que cette passion adolescente dans la découverte des blues primitifs d'Amérique n'était pas le fait que d'une poignée d'entre eux, mais qu'en Angleterre ces adolescents à guitare essaimaient par dizaines. Dick Hattrell loue et partage avec Brian une chambre chez une Mrs Filby, ils ont fait connaissance parce que Brian avait appris que Hattrell collectionnait les disques de Muddy Waters. Témoignage que la guitare a déjà pris autant de place que le saxophone : *And he was better on the guitar than any of the kids I knew. He was already playing in a local jazz band* [9, 61] : « Il était meilleur à la guitare que tous les autres mecs que je connaissais. Il avait déjà joué dans un groupe de jazz du coin. » Hattrell suivra Brian à Londres pour partager, Weech Road, dans un quartier excentré du nord de la ville, le premier meublé londonien. Bientôt rejoints, qui viendront sonner à la porte quand Brian croyait que les cent cinquante-six kilomètres d'écart suffisaient pour enlever ça de sa vie, par Pat Andrews et le bébé, nommé Julian en hommage au saxophoniste de jazz Julian Cannonball Adderley. Mais Pat Andrews trouve du travail chez un pharmacien, c'est son salaire qui fournit à l'entretien d'eux quatre. A ce moment-là, on sera sorti du magma, on est à Londres, tous les soirs il est dans les clubs où il joue avec d'autres, on a la journée pour essayer de refaire ce qu'on a vu jouer, et l'apprendre : *He got himself electrified and he never stop practicing, hours and hours at a stretch* [9, 66] : « Il est passé à l'électrique, et il n'arrêtait plus de répéter, des heures et des heures d'affilée. » Après le club, les copains musiciens les suivent à Weech Road, on continue. Ils apportent à boire, et le lendemain Hattrell et Brian vont porter les bouteilles vides pour la consigne. On sort du magma, mais c'est lui qui vous oriente : Dick Hattrell, fils d'avocat de Cheltenham et compagnon des premiers jours, avec qui on partage la grande rupture de s'installer définitivement à Londres, se fera garçon de café, et le restera pour la vie.

On n'est pas encore parti à Londres, mais encore en juin 1961, à Bishop's Cleeve, cinq miles au nord de Cheltenham. Brian, accompagné de Dick Hattrell et Pat qui va bientôt accoucher, assiste au concert d'un guitariste londonien : Alexis Korner, qui a renié son jazz pour passer à l'électricité du *rhythm'n'blues*. La rencontre de Korner est un éblouissement. Fait typique de Brian, il n'attend pas la fin de semaine pour revendre d'occasion sa clarinette et son saxophone, réinvestir tout l'argent pour changer sa guitare de débutant contre une vraie. Ce soir-là, et c'est ce qu'il devra à Korner, il a trouvé d'un coup son attache définitive. Et il a déjà en tête assez de noms pour remonter les pistes : de Robert Johnson à Blind Blake dont on croirait qu'il joue de deux guitares à la fois, de Big Bill Broonzy ou Sonny Boy Williamson, noms qu'on peut prononcer en initié comme s'ils étaient d'évidence, découvrir enfin Elmore James, et telle manière de jouer que personne d'autre que vous, même Korner, n'a encore utilisé en Angleterre. La guitare est un instrument d'accompagnement, mais ces vieux bonshommes du Mississippi vous tenaient à eux seuls un bistrot rempli et bruyant. Ce qu'ils jouent à la guitare fonctionne comme au piano, partie rythmique, partie mélodique, et dialogue avec la voix. Quand on apprend tout ça, à le refaire c'est presque comme une attraction de cirque. Elmore James, comme Mississippi John Hurt ou Bukka White, qui complètent la collection de Brian, augmentent encore la résonance de leur guitare en glissant sur le manche un tube de métal : l'art de la *slide*. Personne d'autre ici ne s'y est mis, il faut d'abord comprendre comme on s'accorde et où poser les doigts : Brian a assez de solfège et d'instinct pour y parvenir. Dans ce sentiment alors qu'il peut être le premier ou presque, Brian s'y lance en délaissant tout le reste. Il prend même au vieux bluesman ignoré son nom de combat, le pseudonyme Elmo Lewis, drôle de manière de rendre en parallèle hommage à son père en affichant son prénom, comme il lui semblera naturel (de même que son père l'a appelé Brian Lewis) de nommer Brian les deux fils qu'il aura encore.

Et c'est son tube de métal dans la poche, plus un goulot de bouteille cassé et poli sur les bords (combien, après lui, en aurons-nous cassé, de ces bouteilles, remplies jusqu'au goulot d'eau froide, serrant une ficelle qu'on mouillait d'essence et qu'on enflammait pour que la différence des températures casse cela bien sec), qu'il promène une guitare électrique plus grande que lui, toute blanche, dans la lumière de Londres sans plus penser peut-être aux filles. Ce mois de juin 1961, à Bishop's Cleeve, un jeune type aux jambes courtes et aux chaussures à talons compensés, ses cheveux blonds soigneusement peignés, à peine les amplis éteints monte sur scène et demande au culot à Alexis Korner, qui range son instrument et replie les câbles, s'il accepterait de l'écouter jouer ses morceaux d'Elmore James : peut-être seulement pour s'en débarrasser, le guitariste londonien lui donne son adresse. Et Brian Jones peut en finir de Cheltenham, pour que les deux versants de l'histoire se rejoignent.

Blues Incorporated

Il n'y a pas en musique plus qu'ailleurs de génération spontanée, il nous faut bien examiner avec un peu de détail le contexte d'où bientôt les Rolling Stones vont sortir, tout armés. Mais qui se souviendra jamais d'Andy Hoogenboom ?

Bien d'autres noms passeront, comme Long John Baldry ou Chris Barber, qui sans cela n'auraient pas laissé trace : la mémoire collective est dure avec le métier de musicien, une chape les recouvre plus que les peintres ou les auteurs, et ceux qui passent la tête au-dehors doivent la soulever bien plus. On entre ici, à un tiers de siècle d'écart, dans la fabrique de ce processus même par quoi se constitue cette trace au-delà de vous-même, en s'appuyant sur le plus fragile, qu'un supermarché ou n'importe quelle radio pour fond musical de parking ou de bureau de poste continue de diffuser une fois toutes les heures une de ces rengaines prises à ces trente ans de Rolling Stones qui ont fait oublier Long John Baldry, Chris Barber et Andy Hoogenboom, lesquels pour l'instant leur servent de repères et d'échelle.

Chris Barber, pour commencer. Wyman le découvre par la radio, à Hambourg, parce que c'est un des premiers disques de jazz New Orleans joué par des Anglais à connaître le succès. Formation traditionnelle, avec contrebasse et banjo (Lonnie Donegan), et ces standards du Sud qu'on revisite pour les jouer plus près de la source, dépouillés et nets : la démarche va servir de déclencheur plus que la musique elle-même. Chris Barber joue du trombone et emmène sa formation, devenue un vrai orchestre, partout en tournée dans les villes d'Angleterre et s'associe avec un Harold Pendleton, encore un nom – ce sera ici le chapitre des noms qui resteront cela seulement, sans anecdote et sans visage, sans passé qu'on sache, ni non plus ce qui adviendra d'eux après qu'ils auront croisé ce qu'on poursuit nous ici, les Rolling Stones, et où eux-mêmes, Andy Hoogenboom, Lonnie Donegan, Chris Barber ou Harold Pendleton, sont comme la signalétique visible d'une masse immergée et silencieuse –, Chris Barber et Harold Pendleton s'associent donc pour la création d'un club de jazz, le Marquee, en plein centre actif de Londres, Oxford Street, dès 1958. Et c'est le Marquee qui sera la vraie matrice pour la naissance des Stones.

Concurrence de ces caves à musique qui sont des établissements commerciaux qu'il faut bien faire vivre : jusqu'alors, cette musique était l'affiche et la spécialité du London Blues and Barrelhouse Club, Tottenham Court Road. Mais le London Blues and Barrelhouse Club, en cette fin d'année 1957, avait décidé d'éliminer de son affiche cet Alexis Korner.

Alexis Korner, guitariste, né à Paris d'une mère grecque et d'un père autrichien, s'était spécialisé dans ces musiques presque éteintes, ces géants noirs capables, dans les bistrots des villes ouvrières noires, de remplacer tout un orchestre de danse : les Blind Blake, Big Bill Broonzy ou Leadbelly. Ils ne sont pas inconnus en Angleterre, même maintenant que les soldats américains restés après la guerre vont peu à peu partir :

c'est en 1953 que Big Bill Broonzy est invité à Londres pour la première fois. C'est en partie parce qu'il est éliminé de la programmation de ce club qu'Alexis Korner décide de radicaliser vers ceux-là son répertoire.

Il crée un duo avec Cyril Davies, sur le modèle des duos harmonica-guitare qu'illustrent à Chicago le guitariste Brownie McGhee et l'harmoniciste aveugle Sonny Terry. On dirait, ce Cyril Davies, un enfant géant. Sous le visage de gosse, un type au physique d'autant plus impressionnant que l'instrument qu'il utilise disparaît dans ses deux mains en conque : rien qu'un minuscule harmonica diatonique. Le premier brevet d'invention de l'instrument est dû à un bricoleur expert de seize ans, viennois, Christian Friedrich Buschmann, en 1821, et son accordéon à bouche obtient vite assez de succès pour être fabriqué partout. Le génie de l'horloger allemand Matthias Hohner, à Trossingen dans le Bade-Wurtemberg, qui en lance en 1857 la fabrication à quelques centaines par an, sera surtout d'ouvrir une première usine américaine en 1887, qui maintenant en emballe un million d'exemplaires annuellement. A l'origine créé pour les chansons des marins de Hambourg, ceux qui convoyaient massivement Polonais ou Russes vers le continent neuf, le petit Hohner Marine Band, en rejoignant l'Amérique, est complété par une note en bémol, que les praticiens obtenaient déjà à la Nouvelle-Orléans sur leurs accordéons cajuns, en limant légèrement une des petites lames vibrantes. Il devient le Hohner Marine Blues, dont il suffit de jouer en s'appuyant sur l'inspiration plutôt que l'expiration pour obtenir l'altération mineure du jazz. Le choix radical d'Alexis Korner, qui lui vaut l'inimitié du petit monde du jazz, c'est d'amplifier sa guitare, tandis que Cyril Davies joue de son Marine Blues en le collant contre le micro tenu avec lui dans les deux mains refermées (il suffit d'ouvrir les doigts et de les refermer pour multiplier les effets, tenues, accentuations) : ainsi le petit instrument a-t-il mis soixante-dix ans pour retraverser l'Atlantique, tandis qu'en Europe, avec poussoir et notes chromatiques, il devenait comme une survivance (à la télévision française, illustrée par Albert Raisner). Et comme le Marquee, qui s'ébroue, doit trouver son image de marque contre le Barrelhouse Club, Harold Pendleton leur propose son soutien, et leur accorde une soirée : pour la première fois de son histoire londonienne, la musique électrique obtient droit de cité.

Korner a déjà joué pour Chris Barber, qui l'avait embauché lorsque Lonnie Donegan, son guitariste en titre, était parti faire son service militaire. Mais il s'agit d'arrangements déjà fixés, pour un statut de l'instrument, rythme et accords, bien assigné : Korner jouait du banjo six cordes. Appuyons quand même encore sur ces noms qui surgissent comme on presse une éponge : il s'appelle en fait Tony Donegan, le banjoïste et chanteur du Chris Barber Band (le nom du groupe n'est pas celui du chanteur, mais de celui qui fait tourner l'orchestre). En 1958, Tony Donegan devient Lonnie Donegan pour s'affirmer comme chanteur de variété, devenir vite plus célèbre que son orchestre d'origine : le pseudonyme Lonnie Donegan sonne de la même façon que le pseudonyme Elmo Lewis pour Brian. Est-ce pour cela, son banjoïste devenu chanteur à succès, que Chris Barber met le remplaçant plus en avant ? Il décide qu'une des attractions de ses concerts sera le duo Cyril Davies et Alexis Korner : l'orchestre se retire pour sa pause et eux restent sur scène, le guitariste assis sur sa chaise, et le grand corps à visage d'enfant qui se tord derrière ses deux mains en conque sur l'instrument minuscule et invisible. Et Chris Barber les présente fièrement comme démonstration du jazz à sa source, ce qu'ils disent *blues*. C'est ainsi que les découvrira un soir, à cinq miles de Cheltenham, Brian Jones, quand après le concert il se présente à Alexis Korner.

Alexis Korner vient de fonder son propre *band*, orchestre en traduction jazz, groupe en traduction rock ? L'anglais n'a qu'un seul mot, et si Brian aime ça, ce qu'ils viennent de jouer dans l'intermède du Chris Barber Band, qu'il vienne à Londres les entendre, répond le maître : ce n'est plus en attraction qu'ils s'y produisent, maintenant que vient d'ouvrir leur Marquee. Et même, parce que le blondinet a une bonne tête et pas encore dix-neuf ans, Alexis Korner fait une ouverture : S'il le faut, on vous héberge, d'autres avant vous ont dormi dans le salon par terre, aucun problème... Brian n'a pas pour autant, ce soir-là, la tête dans les étoiles. Il tient, dûment recopiée dans sa poche, l'adresse du Marquee Club, et l'idée qu'on peut dormir chez Korner.

Au Marquee Club, on n'a pas encore rompu avec l'esprit jazz. Le noyau du groupe de Korner, depuis 1958, avec l'harmoniciste Cyril Davies, c'est un grand à lunettes avec barbe en collier, qui garde sur la tête sa casquette pour jouer, le saxophoniste Dick Heckstall-Smith, et tout le monde a cravate sombre sur chemise blanche et chaussures noires pour jouer. Mais chaque soir, on peut monter sur scène les rejoindre. Certains deviennent partie officielle du groupe pour quelques semaines ou plusieurs mois, Alexis Korner a ce génie et cette ouverture de concevoir son groupe plutôt comme laboratoire ouvert : il est dépositaire du nom, Alexis Korner's Blues Incorporated, mais chaque concert affiche qui y est, pour ce soir-là, « incorporé » : ce qu'ils disent le *line-up*. C'est ce même esprit qui sera repris par un de ses pairs, le pianiste John Mayall, pour propulser Clapton et Mick Taylor, comme si ce développement de la musique procédait selon les processus biologiques de la division cellulaire, et ces phénomènes de croisement vont poursuivre longtemps ce qui va être ici l'histoire principale : le jeune Clapton de Guildford devenant le guitariste de Mayall avant de céder la place à un jeune de seize ans très doué, Mick Taylor, le futur embauché des Stones, pour créer avec le batteur et le bassiste de Korner, Jack Bruce et Ginger Baker, le groupe Cream, et qu'il fallait amorcer dès maintenant, dans ce qu'on ronge chronologiquement, ces lignes de fuite qui traversent. S'intègrent donc au Blues Incorporated les guitaristes Geoff Bradford et Davy Graham, les pianistes Dave Stevens ou James Scott. On est en 1961, l'aventure Marquee dure depuis trois ans pour Alexis Korner : s'il y a mutation, elle n'est pas venue jusqu'à lui. C'est même pis : quand elle se produira, elle ne s'attachera pas à lui mais à ceux qu'il aura formés, propulsés, lancés.

Alexis Korner a l'habitude de ces gamins de province qui surgissent timidement à la pause : « Vous ne vous souvenez pas... le concert de Chris Barber, à Cheltenham, j'étais venu vous parler... – Cheltenham, ah bon, oui peut-être... »

Mais le jeune blond de Cheltenham, arrivé à Londres en auto-stop, a foncé sur le Marquee Club, muni de sa guitare électrique Hofner Committee blanche toute neuve et trop grande pour lui, d'un petit tube de métal et du pseudonyme Elmo Lewis. Et il revient le plus souvent possible, avec son copain Dick Hattrell, écouter le Blues Incorporated quand il se glisse dans la programmation du Marquee aux heures creuses, autour du type à moustache en cravate et chemise blanche assis sur sa chaise, du saxophoniste à casquette et du grand dégingandé qui souffle dans son minuscule outil de la marine à voile. Difficile pour Korner de refuser au petit blond de province qu'il l'écoute une fois jouer ses trois morceaux, mais difficile de lui accorder d'emblée le bœuf au Marquee. « Et si tu passais chez moi, demain après-midi... » Un pas de plus pour Brian, et la Hofner Committee enfin déballée... Elle est belle, la Hofner Committee 1950, avec ses vernis dégradés, sa grosse tige de vibrato et ses trois micros à six plots, deux boutons de volume et tonalité en plastique blanc à centre doré, ses deux ouvertures en F et sa découpe asymétrique à la Django. « C'est un morceau d'Elmore James... » Korner écoute, puis corrige. Enfin, il sort sa propre guitare et on joue ensemble, Brian avec souplesse et instinct se greffe sur la guitare de Korner et apprend sans doute en quelques après-midi, dans la petite cuisine qui résonne si bien à cause du carrelage des murs, ce que l'autre a mis quelques années à trouver : surtout, il conquiert son droit à jouer son morceau sur la scène du Marquee.

Tous ont souligné la politesse et l'hospitalité du couple Korner : « Et vous n'allez pas repartir pour Cheltenham à cette heure-là... » Une première fois, bientôt suivie d'autres, on déplie pour les deux provinciaux un matelas par terre dans le salon. Ils ont éclusé la réserve de bière des Korner en douce, mais il n'est pas à cela près : les musiciens américains encore si peu connus ici, quand ils viennent en tournée, ont droit eux aussi au matelas dans le salon, et peut-être que pour Brian, la première nuit, on en déroule la liste, qui inclut Big Bill Broonzy (*My daughter used to be slung to sleep by Big Bill Broonzy, from about the age of six, he'd go in and take his guitar and sit down by the side of her bed and play three or four songs and then walk out* [15, 31], dit Alexis Korner : « Ma fille avait l'habitude d'être endormie par Big Bill Broonzy, dès ses six ans, il prenait sa guitare et s'asseyait près de son lit, jouait trois ou quatre chansons avant de partir ») ou le légendaire Muddy Waters, la première fois qu'on l'a fait venir en Angleterre, en 1958... Alors pour Brian c'est comme un lien direct et matériel avec les dieux : le lendemain, une fois réveillés et la première théière vidée, le premier cendrier rempli, évidemment qu'on met un disque et qu'on ressort les guitares : « Et là, le mec, il joue ça comment ? – Tu piges pas, regarde un peu voir... »

Pour la première fois Brian Jones dispose à son service de quelqu'un qui lui montre – ce n'est plus le besoin principal, mais de quelqu'un qui écoute ce qu'il joue et rectifie ou propose, et ça compte. Et Korner, sans doute que ça ne lui déplaît pas, cette quasi-adoption : il a ce genre de rapports avec d'autres jeunes gratteurs de guitare, mais ceux-là habitent Londres, il ne les héberge pas. Confirmé par Richards : *It was an intense learning period. Jimmy Reed, Muddy Waters, John Lee Hooker, Howlin' Wolf... We were missionaries, disciples, jesuits [...]. Alexis was not great player, nor singer, but he did have the necessary credentials within the London music circles to be able to start something. He was another great teacher. A real gent* [15, 17] : « Ça a été une période d'apprentissage intense. Jimmy Reed, Muddy Waters, John Lee Hooker, Howlin' Wolf. On était des missionnaires, des disciples, des jésuites. Alexis n'était pas un grand guitariste, ni un chanteur, mais il s'était assez qualifié dans les cercles musicaux de Londres pour lancer quelque chose. C'était un grand passeur. Un vrai monsieur. »

Le groupe de Korner est déjà un repère de la scène souterraine londonienne, même si ses musiciens changent toujours d'allègre façon. Le bassiste est le plus souvent un Écossais, Jack Bruce, qui installe encore sur la scène une grosse contrebasse traditionnelle, et pour batteur il y a un drôle de rouquin aux grands bras maigres, Ginger Baker, qui rajoute deux tambours où il en faut un seul. Mais comme Ginger Baker doit gagner sa vie dans des orchestres qui payent mieux, il a un remplaçant, un jeune type qui est son inverse, plutôt courtaud et élégant, qui parle peu mais joue précis. Le silencieux s'appelle Charlie Watts, un amateur qui vit encore chez ses parents, et gagne sa vie comme lettreur dans une officine de publicité. Mais il fait partie d'emblée de cette aristocratie pour qui le tambour n'est pas un choix mais une condition, et Korner l'a repéré il y a longtemps. Il lui propose même le poste de batteur officiel de sa formation, et, à l'âge de Charlie Watts, ce n'est pas quelque chose qu'en principe on refuse : c'est cependant ce qui se passe, sous prétexte qu'il doit, pour son agence de publicité, partir plusieurs mois au Danemark. A Copenhague, Watts est tous les soirs dans les clubs où s'entassent les soldats américains des bases militaires. Vite il fait le bœuf, et assure le tambour pour la première fois derrière de grands Noirs au saxophone rugueux : c'est au Danemark que le jeune Watts oublie le jazz blanc américain pour prendre avec ses baguettes l'accent de Chicago. Et pour se distinguer encore mieux, à son retour à Londres, il signe désormais son style par une astuce d'un de ces jazzmen envoyés distraire les soldats : saisir les baguettes à l'envers et les frapper par le gros bout, tenues aux trois quarts, ce qui leur donne plus d'inertie et un son plus mat, qui joue plus fort mais limite les fioritures. Quand Charlie Watts revient à Londres, il est le lendemain chez Korner, toujours aussi muet derrière sa cigarette. Ginger Baker a pris la place, tant pis, lui fera les remplacements quand le grand rouquin prend sa pause et une bière : le tabouret aura deux positions, une pour le grand Irlandais dégingandé, l'autre pour le petit Londonien trapu. Pour ce blues qu'on veut près de ses sources, sa manière, plus élémentaire que celle de Ginger Baker, mais étrangement calée au millième de seconde sur le tempo, convient à l'esthète Korner. Charlie Watts, si jeune qu'il soit, accède déjà à la petite tribu des batteurs professionnels, multiplie les *sessions* dès lors qu'il trouve ailleurs quelques livres de cachet à gagner : les batteurs-nés, à condition qu'ils disposent de leur matériel, sont une espèce rare et demandée. Watts joue, tous les samedis et dimanches soir, avec une myriade de groupes pourvu que le cachet soit forfaitaire, s'escrimant sur le matériel trouvé sur place, n'apportant avec lui que ses fameuses baguettes qu'il se refuse à tenir comme tout le monde, et Korner de toute façon n'a pas idée de faire de son groupe à géométrie variable, dans l'esprit bœuf hérité du jazz, une entreprise de professionnels. Il n'est pas temps de s'attarder sur Charlie Watts, désormais lancé dans le petit monde londonien du *rhythm'n'blues*, pas plus que lui n'a encore remarqué ni Brian Jones, ni trois silhouettes d'adolescents au fond de la salle, venus de Dartford. Pas plus, quand il les aura remarqués, qu'il n'acceptera de jouer avec ces types incapables de le rémunérer, ayant peine à trouver des engagements de troisième ordre qui ne lui conviennent pas et le déqualifieraient. Deux ans plus âgé qu'eux, ce qui à cet âge est déjà toute une vie, Charlie Watts a bien plus que ces deux ans d'avance dans sa vie de musicien.

Le point faible de Korner, c'est le chanteur : dans les orchestres de jazz qui ont été le modèle de cette division cellulaire, le patron c'est celui qui est assis au centre derrière l'instrument principal, le *front man*. Deux conséquences pour les Rolling Stones, qui n'existent pas encore, et pour cause : côté Cheltenham, le modèle sur lequel va s'appuyer intuitivement Brian Jones, c'est le modèle Korner, il voudra un groupe pour se mettre au milieu avec sa guitare, et embauchera un chanteur qui ne devra pas outrepasser le rôle à lui dévolu dans ce modèle. Côté Dartford, l'étudiant petit et maigre qui a envoyé la bande magnétique de son enregistrement avec Little Boy Blue and the Blue Boys pourra se glisser justement dans la peau du chanteur de chez Alexis Korner, parce que le chanteur est comme la dernière roue de ce carrosse à musique : et la voix, pas grand-chose devant les instruments, ce qu'ils exigent et ce qu'ils exhibent. Ceux qui veulent outrepasser le modèle, ils font comme Tony Donegan, devenu Lonnie Donegan : pas plus que chanteur de variété.

Pas plus de dates, pas plus de repères. Juste des indicateurs : l'appartement de Korner, et qu'on peut y dormir quand on vient de Cheltenham en stop, une circulation de musiciens qui permet à plusieurs de s'y affirmer, sans que pour autant on les retienne. Andy Hoogenboom est dans le Blues Incorporated un ami de Charlie Watts qui fait pendant à Jack Bruce pour la contrebasse, et Long John Baldry on n'en a pas parlé parce que c'est le chanteur en titre, et qu'un autre va devoir passer sur cette trace-là pour constituer la sienne.

Cross at Zebra

On n'a pas d'autre choix, si ce qu'on examine c'est comment le hasard se mêle au destin et le forme, que déplier un par un la suite des samedis soir de ces deux mois de mars et d'avril 1962.

D'abord, le 17 mars 1962, non parce que les accords pour l'indépendance de l'Algérie seront signés le lendemain : aucun de ceux-là ne s'en préoccupera, et c'est un des paradoxes qu'il faut ici tenir. Superstructures du monde, qui vont pourtant, dans les dix ans à venir, déplacer les équilibres des langues et les repères des mœurs. Mais l'Angleterre a rompu de longtemps avec l'Empire comme idéal, et la récente affaire de Suez, l'indépendance du Nigeria, en sont comme les dernières vagues. La relation qui s'ébauche d'un autre équilibre avec le monstrueux voisin, de l'autre côté de l'Atlantique, est de plus d'importance, et vient influer même sur l'immodeste mais très précise annonce (Ealing c'est un peu excentré côté nord-ouest de la ville) qui paraît une semaine plus tôt dans la feuille à diffusion réduite *New Musical Express* : *Alexis Korner's Blues Incorporated, the most exciting event of the year, Ealing Broadway Station, turn left, cross at Zebra, and go down steps between ABC Teashop and Jewelers, Saturday at 7.30 pm* [4, 20] : «Blues Incorporated d'Alexis Korner, le plus formidable événement de l'année, métro Ealing Broadway, tourner à gauche, traverser au passage piéton. Puis descendre l'escalier entre le salon de thé et le bijoutier, samedi 19h30».

Et donc, en «traversant au passage piéton» et descendant sous la boulangerie ABC (presque un clin d'œil à Agatha Christie), on assistait à comment un de ces clubs, le Ealing, jusqu'ici spécialisé dans le jazz traditionnel, voulait s'ouvrir à l'air du temps, mais cette fois en humant juste, offrant au groupe mobile d'Alexis Korner son estrade pour chaque nouveau samedi soir à partir de celui-ci. Et ça marche. Le monde vient, et quatre semaines plus tard, pour avoir une chance de pénétrer dans la salle de deux cents places, il faut arriver tôt. Ils ont quinze ans exactement de moins que Korner et Cyril Davies, mais ils sont là, et ces musiques qu'ils ont mis dix ans à faire connaître, ceux-là les connaissent par cœur, leur vouent comme un culte.

Si Brian Jones n'avait pas pris de l'avance pour rencontrer Korner, le succès des samedis soir au Ealing Jazz Club aurait peut-être fait barrage, ne serait-ce que par orgueil, et le goût qu'on peut avoir à cet âge que ce à quoi on voue un culte vous donne l'illusion d'être à vous-même ou à très peu réservé : eh bien, ce n'était plus le cas.

Ce 17 mars 1962, pour la première apparition du Blues Incorporated, Alexis Korner, Cyril Davies et Dick Heckstall-Smith, le saxophoniste à casquette, n'ont pris que le versant solide et fixe du groupe, le pianiste Dave Stevens, le batteur Charlie Watts, et bien sûr Andy Hoogenboom à la contrebasse. Brian Jones, dit à Londres Elmo Lewis, est dans la salle et écoute.

Le 24 mars, au samedi suivant, l'esprit d'ouverture de Korner peut reprendre ses droits : il y aura échanges de musiciens pour le bœuf, et on s'arrête quelquefois pour donner sa chance aux nouveaux. Korner dira seulement : *We've got a guest to play some guitar... he's come all the way from Cheltenham just to play for you »* [2, 111] : «Et on a un invité pour la guitare : il a fait tout le voyage de Cheltenham à ici rien que pour jouer pour vous...» Et le petit blond à la grosse guitare blanche, sous le pseudonyme d'Elmo Lewis, joue un morceau d'Elmore James qui s'intitule *Dust My Broom*. On ne sait pas ce qu'il pensait en jouant. Si c'était juste refaire comme on faisait dans les boîtes de Cheltenham, ou bien prendre du risque avec le peu d'assurance pris en jouant dans l'appartement de Korner le patron. Ou si, simplement, en serrant les fesses, en essayant que la gorge ne soit pas trop tendue et les doigts pas trop nerveux. Mais on est fier. On n'entend pas grand-chose, on ne sait même pas si on a joué ce qu'il faut et comment ça sortait, pour ceux qui sont en face. Sans doute qu'après, quand le concert est fini, qu'on termine les bières avant que ça ferme, c'est cela qu'il demande, à chacun de ceux à qui il peut le demander, si c'était bien, si ça sonnait, si on s'est aperçu de : ça lui collera longtemps à la peau, à Brian Jones, cette manière de vous agripper, de vous forcer à ne vous intéresser qu'à lui-même, et en bien. Peut-être que c'est cela aussi qui le perdra.

Le samedi 31 mars, Brian est de retour. Le groupe n'est pas exactement le même, puisque Jack Bruce est à la place d'Andy Hoogenboom, et que paraît le chanteur Long John Baldry. Ce soir-là, on retient que Jones, après avoir joué son *Dust My Broom* parlera pour la première fois au batteur remplaçant, celui qui au lieu de répondre sort une nouvelle cigarette et l'allume, Charlie Watts. Ce samedi 31 mars, Watts et Brian deviennent amis, de cette entente implicite fondée sur le respect qu'on peut vouer à un vrai musicien : Charlie Watts, le batteur timide et muet, en est un. Brian, qui pourtant a la dent dure, et ses copains des Stones après lui, respectera toujours les jugements monosyllabiques de Charlie Watts. Mais, professionnellement, il sera longtemps hors de leur portée, c'est celui-ci qu'ils voudront, obstinément, tandis que Watts se préoccupera peu de les rejoindre. Lui, le batteur aux jambes lourdes, à l'appui ferme sur la pédale de grosse caisse et cette apparente négligence à battre des baguettes tenues à l'envers, muet derrière sa cigarette, passant ses journées dans le métier respecté de graphiste et ne jouant que moyennant cachet, s'il aime se produire ici c'est pour y trouver des musiciens de sa classe, et le bassiste Jack Bruce en est : il y a une aristocratie des bassistes comme il y en a une des batteurs.

Alexis Korner a recruté pour chanter ce soir-là un nommé Art Wood, que son tout jeune frère Ron accompagne parfois, ou bien c'est Cyril Davies, le grand à l'harmonica, qui assure le chant. Ce soir-là, Chris Barber, qui a tant fait pour soutenir Korner, vient avec son associé Harold Pendleton au Ealing écouter le Blues Incorporated : le Marquee d'Oxford Street est bien plus central, sa réputation est de plus longtemps faite, et les cachets y sont meilleurs. Ils s'y réservent les samedis, mais Barber et Pendleton engagent Korner pour venir jouer au Marquee les jeudis : détails d'agenda indifférents en eux-mêmes, mais qu'on est bien forcé d'enregistrer, s'ils vont conditionner une suite qui paraîtrait disproportionnée à ses acteurs mêmes, s'ils en avaient prescience.

Charlie Watts, après avoir suivi les cours professionnels de la Harrow School of Art, vient d'être embauché dans une autre agence de publicité, J. Walter Thompson. Il refuse une nouvelle fois la proposition de Korner, qui souhaite pour le Blues Incorporated passer à l'étape professionnelle, incluant présence permanente, voyages et tournées. Alors le rouquin à longs bras, qui s'est fait spécialité de rajouter le double de tambours et de les marteler tous, l'Irlandais Ginger Baker, quitte l'orchestre qui le faisait vivre et devient batteur en titre de Korner. Watts assume ce choix, qu'il ne tenait qu'à lui d'inverser : après tout, ce qui se joue ici n'a jamais été son style ni sa préférence, qui va au jazz et non au rhythm and blues. Il s'en est aperçu la première fois qu'il a joué avec eux, dans les *gigs* du Marquee, quand Cyril Davies commençait à souffler dans son minuscule Marine Band, et c'est pour nous une bonne introduction à l'usage Charlie Watts du vocabulaire : *When I first played with Cyril Davies in Alexis Korner's band, I thought : What the fuck is happening there?... I didn't know what the hell was going on. Although I knew playing a heavy black beat, it wasn't like Chicago, which was what Cyril wanted* [27,18] : « La première fois que j'ai joué avec Cyril Davies et le groupe d'Alexis Korner, je me suis dit : mais qu'est-ce que c'est ce bordel ? Je ne savais pas quel bazar était en route. Pourtant j'avais déjà joué du gros beat noir, mais c'était pas comme le Chicago, qui était ce que Cyril voulait. »

Long John Baldry, le chanteur qui accompagnait Korner pour ses tournées, a lui aussi d'autres engagements, et Korner a besoin, pour son groupe, d'autres candidats chanteurs, des intermittents. Pourvu que le noyau soit fixe, un rôle apparemment aussi secondaire que celui de chanteur peut être confié à quelqu'un de passage. Et puis, pour fournir aux clubs qui veulent de cette musique, maintenant qu'un succès relatif s'amorce, Korner lui-même poussera à ce que ceux qu'il a essayés et formés dans le Blues Incorporated puissent prendre la scène sans lui pour des prestations brèves, vingt minutes et six morceaux, pendant ses propres pauses. Et puis, dès lors qu'un peu de succès lui permettra d'être invité à la radio, où on joue en direct avec ses musiciens, et qu'il y aura de plus en plus souvent des invitations à jouer en tournée, c'est ce qui lui permettra d'avoir à disposition des groupes de remplacement pour assurer la permanence de leurs soirées réservées le jeudi au Marquee, le samedi au Ealing.

On a des photos de Korner au Marquee, sa silhouette penchée sur sa grosse guitare demi-caisse, avec des potentiomètres blancs plus gros que le pouce, Cyril Davies se dandinant à l'harmonica. Ainsi, Londres s'ébroue, sur ses prises 110 volts, aux nouveaux sons électriques. Le bouche-à-oreille a suffi pour que double, chaque semaine, le nombre d'entrées au club. Et ceux qui provoquent cet engouement, même discret, ont quinze ans de moins que Korner et Davies. Et les remplaçants, le batteur trapu, ou le blond à la grosse guitare qui imite la *slide* d'Elmore James, ceux dont Alexis Korner accepte qu'ils montent sur scène pour le bœuf, ont l'âge de ceux qui les écoutent. Le succès du Marquee, c'est que Korner a ouvert la scène à des musiciens qui ont l'âge de ceux qui les écoutent.

C'est précis : ce samedi 7 avril 1962, parce qu'ils n'auraient pas eu de train pour rentrer, quatre gamins de Dartford, informés par une feuille quasi clandestine, ont emprunté la voiture du père d'Allen Etherington (une Riley Pathfinder, au nom de circonstance) et fait le voyage de Londres. C'est un grand voyage, parce que après avoir remonté la Tamise jusqu'à la ville il faut la traverser en diagonale, sans se perdre, malgré le permis de conduire tout frais du chauffeur, qui a prétexté l'occasion. Première randonnée de nuit, première fois qu'on a la voiture pour soi, tout est fête. C'est Little Boy Blue and the Blue Boys au complet qui est en vadrouille ce soir-là : le leader et fondateur, Dick Taylor, guitariste et bassiste et batteur, le *vocalist* Mick Jagger, étudiant en semaine à Londres dans une école de commerce, et qui a mis pour l'occasion ses chaussures de basket, puis Keith Richards, celui qui n'est pas *flash*, qui reste en arrière peut-être à cause des oreilles décollées et de l'acné, qui met longtemps pour apprendre les morceaux de guitare, puis enfin celui qui fait les maracas et fournit la voiture, Etherington. On se repère sur la station de métro, et on suit les instructions pour parvenir à la boulangerie ABC, en traversant au passage piéton, *cross at Zebra*. Ils ont mis du temps, et quand ils arrivent c'est déjà commencé. Ils entendent la voix de Korner faire une variation sur son annonce : *We got a guest to play some guitar. He comes from Cheltenham. All the way up from Cheltenham just to play for ya* [4,20] : « On a un invité pour la guitare, il vient de Cheltenham, tout le chemin depuis Cheltenham rien que pour jouer pour vous... »

Cela fait un peu annonce de cirque, mais c'est peut-être pour désamorcer le nom trop ronflant, dont même le chanteur de variété qu'accompagne Bill Perks ne voudrait pas pour pseudonyme : *Elmo Lewis...* Keith Richards entend mal, pense qu'il s'agit du véritable Elmore James, mais pour le groupe de banlieusards en goguette c'est l'enthousiasme. La musique, certainement, parce que ce type a leur âge, qu'il est sous les projecteurs et dans toute l'autorité qu'eux voudraient appeler sur eux-mêmes. Mais l'ambiance, mais l'annonce, et de voir pour de vrai ce Korner dont le nom remplit leurs magazines clandestins de ce qui bouge dans le *rhythm'n'blues* anglais. Reste qu'après son *Dust My Broom* le groupe de Korner reprend sa prestation, et que plus personne ne s'occupe du blond de Cheltenham, et c'est incroyablement facile de s'approcher et de parler. On lui dit tout le bien que de lui on pense : *Da da da, da da da, I said : What? What the fuck? Playing bar slide guitar, it's Brian, man, sitting on his little...* $_{4,20}$: « Da da da, da da da, moi je dis : Qu'est-ce c'est ça, ce bordel ? ça jouait de la *slide*, et c'est Brian, mec, sur son petit cul... » Keith Richards a cette qualité de ne jamais renier ses enthousiasmes, la joie toute simple qui relie la musique au symbole et d'en être spectateur, et puis, entre eux, ceux de Little Boy Blue venus en expédition à la capitale, la surprise autrement majeure : ce qu'on se croit tout seul à faire dans son coin, d'autres le pratiquent aussi, on n'en savait rien et soudain on se retrouve là tous ensemble. Il garde son avance, Elmo Lewis, parce qu'il a fait ses preuves et les autres pas. Il les informe, dès ce soir-là, qu'il entend former son propre groupe, un groupe autour de sa guitare à lui Elmo Lewis et son jeu *slide*, un groupe qui ferait du blues à la façon de Chicago, même pas du *rhythm'n'blues* mais du vrai blues, et on l'écoute avec respect. Bien sûr qu'il ne va pas proposer aux trois de Dartford d'en être. Mais évidemment que ceux de Dartford, eux, ont bien l'intention de revenir dès la semaine suivante.

L'événement discret qu'on a noté suit, à trois jours d'intervalle, si discret que les témoignages concordent : ce n'est pas une décision collective de Little Boy Blue and the Blue Boys d'avoir envoyé à Alexis Korner, aux bons soins du Ealing Jazz Club, une bande magnétique incluant les morceaux suivants : *Reelin' And Rockin', Bright Lights, Big City*, et de Chuck Berry *Around And Around*. Les témoignages divergent seulement pour savoir si la spécialité de Little Boy Blue, *La Bamba*, était sur la bande ou pas. Ce dont on est sûr, c'est que l'envoi est fait par le *vocalist* seul, et en son nom.

Et c'est ce samedi 14 ou ce samedi 21 avril qu'on lui donne sa chance (d'autres aussi l'ont prise, pour qui cela n'a pas embrayé de pareille façon) : Little Boy Blue, mais sans les Blue Boys, monte sur scène au Ealing. Pour la première fois à Londres, *ladies and gentlemen, mister Mick Jagger...* Peut-être que l'annonce lui trotte dans la tête et qu'il en rêve, mais non, cela se passe bien plus modestement, et c'est seulement après qu'il aura chanté *Around And Around*, de Chuck Berry, que Korner ou Cyril Davies annoncera à la salle : *Mick Jagger on vocals...* N'empêche. Désormais, chaque samedi, Mick chante trois titres pour le Blues Incorporated : *Don't Stay Out Last Night, Bad Boy*, et *Ride Them Down*. Et, pour montrer qu'on sait faire, enchaîne souvent par un classique que toute leur génération va jouer : *Got My Mojo Working*.

Baptême de scène : *Mick et son micro*

C'est les premières photos de la métamorphose : le micro est tenu de travers, et les cheveux, brillants de shampooing, volent vers l'arrière pour prouver qu'on a la mèche un peu trop longue de circonstance. La bouche, qui n'a pas encore été éduquée à s'ouvrir plus fort que la moyenne, affiche quand même les deux grosses lèvres entrouvertes qui feront sa fortune. S'il ne danse pas, il y a ce mouvement de la main gauche, qui s'émancipe, semble repousser dans l'ombre le groupe qui l'accueille.

On n'appelle pas cela encore chanteur, les journaux comme *Jazz News* préfèrent dire *vocalist* mais, ce qui s'amorce, Korner sur sa chaise est beaucoup trop occupé à sa guitare pour que ce lui soit perceptible. Lui, qui chante, et s'aperçoit bien des réactions des *kids* de son âge, juste devant lui, bien sûr qu'il le sait, et à plein. Quand il avait dix ans, et qu'on le reconnaissait dans l'école comme celui qui faisait les démonstrations de gym à la télévision, ça se passait dans le même coin du cerveau, en vertu des mêmes mécanismes (histoire d'avoir une fois dans ce livre le mot vertu), et juste qu'on changera d'échelle.

Les premiers magazines de la célébrité leur accorderont généreusement cinq centimètres de plus à chacun, et, encore bien plus tard et aujourd'hui même, Keith Richards veille à ce que ses guitares de scène, ces machines ultralégères à cinq cordes qu'il se fait fabriquer, soient plus petites d'un dixième que la taille normale, pour qu'à distance lui-même en paraisse plus grand. Jagger la star écoute à New York un concert depuis les coulisses, et, pour danser dit-il, ou pour réfléchir peut-être à comment c'est vu d'en bas, et savoir à qui eux-mêmes ont affaire dans les stades géants, se mêle au public de gamins. Quand il veut revenir à la zone VIP, les vigiles l'en empêchent. Il dit qu'il est Mick Jagger, et le vigile répond avec la grande simplicité de ce métier : « Et moi je suis le pape. » C'est flatteur pour la comparaison, mais ne console pas du fait principal : qu'on vous refuse l'idée que vous, petit bonhomme maigre et cinquantenaire aux traits abîmés, aux cheveux un peu raides et aux oreilles sans lobe, vous puissiez être Mick Jagger.

Ou dans les rues de New York, même période, on marche avec Ron Wood, sortie de mixage, modestes et anonymes au-dehors, célèbres et contents au-dedans, et c'est Ron Wood que des gamins arrêtent pour un autographe, d'ailleurs en le confondant avec Rod Stewart. Et aucun des mômes pour reconnaître Jagger... Vous qui rétribuez au mois le guitariste et qui vous imaginez bien plus célèbre que lui, voilà qu'ils honorent Ron Wood et vous ignorent. Ronnie n'est pas à cela près, signe Rod Stewart sans les détromper, ajoutant un clin d'œil pour super-Mick, et découvre soudain que Jagger fait la tête, terriblement vexé : vexé non pas après les gamins, mais après, Ron Wood, qui porte affichée sur lui l'étiquette pourtant convenue de *rock hero*.

Est-ce qu'on peut faire une grande carrière sans une fois s'être senti trop petit ? Ce dont se souvient Jagger, c'est d'être entre ces deux grands corps qui le dépassent d'une bonne tête, John Baldry, qu'on ne surnomme pas *Long John* pour rien, et Cyril Davies, grand musicien fragile au petit instrument, qui disparaîtra deux ans plus tard. Les anecdotes sont nombreuses, et c'est presque un leitmotiv des interviews, qu'on ne l'imagine pas si petit, tout petit, Jagger le danseur, Jagger des projecteurs, Jagger au diamant incrusté dans l'incisive, Jagger les fesses minces mais la provocation tout de suite sur les grosses lèvres en avant. Jagger, quand il se souvient trente ans plus tard de son premier passage sur scène au Ealing, c'est cette disproportion physique qui lui revient d'abord : *They were much taller than me, I felt really small* : «Tous les deux plus grands que moi, je me sentais vraiment minus.» Et lui ne triche pas sur la peur, en cette fin avril 1962, montant sur scène pour la première fois, entre ces deux grands gabarits qui chantent avec lui : *And I couldn't ever get in key. That was the problem... I was with Alex in Ealing, I was incredibly nervous 'cause I'd never sung in public before* [4,20] : «Je pouvais même pas attraper l'accord, c'était le problème. J'étais avec Alex au Ealing, incroyablement nerveux : jamais chanté en public avant...»

La même précision de dates n'est plus possible pour les semaines qui suivent. Et, quand on s'est assez intéressé à Jagger pour lui poser des questions sur cette bascule, la machine qu'il pilotait était assez lourde pour qu'il maîtrise la part seulement nécessaire des confidences à faire. Il faut accepter les seconds rôles, et laisser tomber les copains. Ce n'est pas qu'eux disent quoi que ce soit, ils sont même plutôt fiers et heureux, les copains du Little Boy Blue and the Blue Boys, du succès de leur meneur. Pour eux, c'est une gloire qu'ils vivent ensemble, mais pour le chanteur qui ne l'avoue pas, sans doute seulement une gloire de transition d'où les copains pourraient facilement décrocher.

Les éléments sûrs, qui valent pour ces deux mois d'avril à juin, sont les suivants : maintenant, le samedi, avant la prestation du Blues Incorporated au Ealing Jazz Club, et même si ces jours-là c'est Long John Baldry qui chante, et qu'on a cessé de présenter l'intermède *Dust My Broom*, on se retrouve l'après-midi chez les Korner. On boit de la bière, et on croise les musiciens américains de passage. Quand il n'y en a pas, Alex Korner raconte des choses de Muddy Waters ou Big Bill Broonzy, qui se sont assis ici, dans cette même cuisine, sur ces mêmes chaises, et les yeux du mutique Richards deviennent quelques secondes plus fixes. Il est chaque fois là aussi, le blond Elmo Lewis de Cheltenham, et ils sont de plus en plus là, les trois de Dartford. Mutique, le timide aux oreilles décollées et à la figure pleine d'acné qui, parce que toujours quelqu'un gratte une guitare, s'assied tout devant et regarde les doigts de tout près. Plus sociable, avec un brin d'arrogance native, le blond de Cheltenham prêt à manger le nouveau père comme il a dédaigné le premier, qui rêve sérieusement au groupe qui sera celui d'Elmo Lewis comme le Blues Incorporated est celui d'Alexis Korner, et serviable, pour ne pas dire servile, le *vocalist* de Dartford habile à jouer de ses cheveux dont il est fier qu'ils soient désormais un peu trop longs, pourvu qu'on ne lui refuse pas son tour de chanteur remplaçant, sont entrés dans le premier cercle des époux Korner à la cuisine ouverte.

Et, si ce n'est qu'un détail, il est bien symbolique : à peine Mick est-il proclamé chanteur remplaçant officiel du Blues Incorporated qu'il s'achète son propre micro, un vrai micro professionnel, un Reslo. Pour l'appui psychologique que cela donne, ou pour avoir, comme les autres ont leur étui à guitare, une marque de son nouvel engagement ? Il ne sait pas encore que, pour lui, ce qu'il y a dans l'étui du chanteur, c'est d'abord son propre corps. Épais comme le poing, le Reslo, fabriqué par Derritron, est un gros tube vertical avec une armature inox sur un grillage qui le fait ressembler à une voiture américaine. Quand on branche ça devant soi, à la place du micro ordinaire, évidemment que cela vous pose un homme : bande passante de 40 à 12 000 herz, réponse cardioïde, haute impédance et armature non magnétique, finition *satin chrome*, nul doute qu'il en connaît les spécifications par cœur.

Mais Jagger pousse son avantage : le jeudi au Marquee, Long John Baldry, le chanteur en titre de Korner, ne se presse pas pour venir, il préfère la gloire du samedi. Alors lui, Mick, s'installe. La salle d'Oxford Street, bien plus grande que le Ealing, est en semaine quasi vide, mais les plus passionnés du samedi suivent aussi le concert du jeudi, et Mick partage le cachet pour un cinquième ou un sixième. Pas même de quoi rembourser le Reslo, mais sa première paye de chanteur : quinze shillings chaque fois, c'est juste ce qu'il faut pour payer le retour à Dartford, prétend-il, somme dont plus tard il se moque, mais pas de ce qu'elle symbolise, ni de la hiérarchie qu'elle affirme dans la galaxie qu'Alexis Korner aurait peut-être préféré continuer de croire informelle.

Troisième étape et nouveau soir : pour assurer les mardis soir du Ealing, Korner a embauché un batteur, Carlo Little, et un bassiste, Rickie Brown dit Rickie Fenson, qui officient le samedi derrière un hurleur saltimbanque du nom de Screamin' Lord Sutch (avec un pianiste qui s'appelle Nicky Hopkins, tout petit monde), et vient faire le bœuf qui veut. C'est ainsi que Keith Richards, qui suit Mick comme une ombre, va avoir droit lui aussi à la scène. Toute l'orientation d'une vie, et ce qui catalyse d'un premier hasard, peut tenir à un fait absolument mineur : Mick vient de passer son permis de conduire, et son père lui fait assez confiance pour que les virées à Londres se fassent dans la voiture familiale empruntée (les Richards, eux, n'ont pas de voiture, et il serait impossible sinon de rentrer à Dartford). En tout cas, plus besoin d'Allen Etherington, dont on ne sait pas s'il jouera encore pour quelqu'un des maracas : ils ne sont plus quatre, mais trois, les envoyés de Dartford. Taylor, Jagger et Keith viennent désormais à Londres le jeudi, pour la prestation de Korner au Marquee, mais les mardis soir, quand le Ealing Jazz Club fait, grâce au « petit Carlo », scène ouverte. Dans la salle pas grand-monde, pour la plupart ceux qui eux-mêmes souhaitent montrer leur chanson ou démontrer leur capacité sur six cordes, avec un amplificateur dont pour une fois on peut monter sans crainte le volume : six personnes une fois, se rappelle Keith, et il faisait si froid qu'on jouait en gardant son manteau. Alors que le jeudi, en présence d'Alexis, Keith Richards et Dick Taylor n'ont pas encore le droit au bœuf, le mardi c'est pour eux : ces jours-là, les deux guitaristes de Dartford retrouvent leurs droits à accompagner leur meneur, si Mick a maintenant statut égal avec Elmo Lewis d'être devenu chanteur intermittent attitré de Korner, tout comme Brian a droit le samedi à sa prestation au bottleneck. Encore quelques semaines, et parce que la pression monte autour de Korner, le samedi aussi Long John Baldry se verra proposer des clubs plus rémunérateurs, et Korner sollicitera Mick un deuxième soir par semaine.

Le mardi soir, au Ealing, quand on joue sans Korner, le répertoire glisse : le patron n'aurait pas toléré Chuck Berry et Jimmy Reed en sa présence. Ces mardis soir, ils retrouvent ce garçon de Guildford qui n'ose dire à personne qu'il joue aussi de la guitare, mais se fait connaître comme chanteur, entonne chaque semaine le *Roll Over Beethoven* de Berry, paraît-il en gardant incorrigiblement les yeux sur ses chaussures, c'est Eric Clapton – et on dit ça comme à dire : même Clapton, le mardi, avait le droit de pousser la chansonnette. Qu'on ne s'imagine pas un palais, une marche définitivement franchie vers le monde professionnel : il faut entendre Mick Jagger raconter le cadre et l'ambiance du Ealing. Le lieu est étroit et souffre. Le tabac et la bière s'imprègnent, et les amplificateurs d'amateur supportent mal ce traitement. Quand il pleut dehors, il pleut aussi dedans. Mick Jagger, cette fois où il raconte le Ealing, a peu loisir de tricher ou de fuir, parce que c'est une émission de radio où Alexis Korner lui-même pose les questions, et devant le père en musique, pour une fois, il est difficile de ne pas se souvenir comme pour soi-même, sur le ton de la confidence, quelque part dans Londres la pluvieuse, hier comme aujourd'hui : *It was dripping off the roof all the time, wasn't it ? It was so wet that sometimes we had to put a thing up over the stage, a sort of horrible sheet which was revoltingly dirty, and we put it over the bandstand and so the condensation didn't drip directly on you, it just dripped through the sheet on you, instead of directly off the ceiling... It was very dangerous too, you see, 'cause of all this electricity and all these microphones and that... it was incredibly primitive, you know...* [4,20] : « Tout le temps ça fuyait du toit, non ? Si humide, des fois, fallait tendre quelque chose au-dessus de la scène, une bâche affreusement crade, on mettait ça au-dessus des musiciens, que la condensation ne vous dégouline pas dessus, et puis ça fuyait à travers la bâche, au lieu qu'on le prenne directement du plafond. C'était dangereux, en plus, à cause des branchements électriques, des micros, tout ça. Incroyablement primitif, en fait... » Le club marche avec une carte à l'année, et déjà, après trois mois des samedis soir du Blues Incorporated, ils sont huit cents inscrits, la mutation sourdement s'annonce. Le 19 mai 1962, la feuille hebdomadaire *Disc* imprime l'information suivante : *A nineteen-year-old Dartford rhythm and blues singer, Mick Jagger, had joined the Alexis Korner group, Blues Incorporated, and will sing with them regularly on their Saturday dates at Ealing and their Thursday sessions at the Marquee Jazz Club, London* [2, 121] : « Un chanteur de rhythm and blues de Dartford, Mick Jagger, dix-neuf ans, a rejoint le groupe d'Alexis Korner, Blues Incorporated, pour chanter avec eux tous les samedis au Ealing et aux sessions du mardi au Marquee Jazz Club de Londres. »

Il y en a un qui devait être bien fier, ce soir-là, même s'il ne l'avoue pas aux copains : c'est lui le premier chanteur, le chanteur officiel d'Alexis Korner.

Les fils se précisent. Brian Jones vit avec Hattrell, Pat Andrews et le bébé dans un appartement loué une misère à Weech Road, quartier humble, et a trouvé un travail de vendeur dans un magasin d'articles de sport, *Whiteley's Department Stores*, Queensway, tout près de chez les Korner. On vit sur le salaire de Pat Andrews, dont l'argent lui permet de remplacer la Hofner Committee par une luxueuse Gibson d'occasion, sa première : il lui faut reprendre son avance, et les six lettres Gibson en haut du manche sont un fort symbole. Là aussi, il est en avance sur Little Boy Blue, qui continue d'aller à l'école et rentre chez ses parents. C'est une famille étrange, avec le mari et l'ami du mari, et puis la mère et l'enfant, qui déménage de Weech Road pour un deux pièces plus proche du

Ealing et du Marquee, dans le quartier de Notting Hill. Pat Andrews trouve embauche dans une blanchisserie, avant d'en fuir vers un job de secrétariat. Mais Brian n'a pas vécu assez pour répondre comme les autres à des questions précises sur ces périodes où ils passent anonymes dans ces rues londoniennes où de toute façon personne ne regarde l'autre (le premier biographe à s'atteler sérieusement à ces pistes, qui incluent ces chemins de chambre en chambre dans la grande ville, sera David Dalton en 1972, version augmentée en 1981, suivi par Barbara Charone, un livre plus personnel sur Keith Richards en 1977, enfin Philip Norman en 1984 avant l'autobiographie de Bill Wyman, les autres titres ne permettant que de compléter le détail du tableau qu'auront dressé ceux-là depuis les premières sources, comme l'Italien Massimo Bonanno avec sa liste jour par jour de toutes les informations concernant les Rolling Stones de 1963 jusqu'à 1989 : *Rolling Stones Chronicle*).

On s'en tiendra donc à ce constat que la même semaine où *Disc* annonce la participation officielle de Mick Jagger au Blues Incorporated, et où Korner, qui a voulu être secondé à la guitare, a choisi non pas celui qui a fait *all the way up from Cheltenham*, « tout le voyage depuis Cheltenham » et a si souvent dormi chez lui par terre, mais un autre, Geoff Bradford, paraît dans *Jazz News* l'annonce de Brian Jones, évincé ou oublié de Korner, proposant à qui veut une audition pour la formation d'un groupe de *rhythm'n'blues*.

Quart d'heure d'attente au Bricklayer's Arms : Ian Stewart

C'est tout près du Marquee, à deux pas de Soho Square, dans une rue perpendiculaire à Oxford Street, et sans savoir à quoi ressemble ce Bricklayer's Arms sauf qu'on y sert à boire et qu'il y a un piano dans l'arrière-salle. Personne ne dit si c'est un endroit bruyant ou calme, étroit ou grand, avec beaucoup de monde ou plutôt de ces bistrots d'habitués. Penchons pour un pub qui s'animera plus tard avec des gars de son genre, un pianiste de jazz et pas mal de bière et de tabac, mais qu'une dizaine de clients suffisent presque à remplir : pour l'instant il est seul, le blond qui attend, un étui de guitare électrique à ses pieds.

Comptent moins les faits eux-mêmes, dispersés et hasardeux, que cette condensation par quoi ces hasards dispersés les forment. Ce qui mûrit sept semaines et voilà qu'en un quart d'heure, à tel endroit, à cause d'un type qui attend seul dans un bistrot, tout un dispositif se rassemble et conditionne la suite. Dans l'enquête qu'on mène, assis dans une bibliothèque publique à Londres du matin jusqu'au soir et complétant lentement ses carnets selon les dates, ici on apprend la marque et le type de l'automobile des parents d'Allen Etherington de Dartford, et ici que les micros qui servent aux chanteurs sont de marque Reslo, ou qu'au Ealing c'est Carlo Little qui assurait la batterie les mardis soir, et, depuis son ordinateur, sur le site conçu par la petite-fille de Carlo Little à la gloire de son grand-père et en exhibant l'album de photographies, on aura l'avis du batteur (il l'est resté toute sa vie, sans jamais la célébrité de ceux qu'il a lancés) sur l'ambiance et les jours, quand les maigrelets du nom de Jagger, Richards ou Clapton y paraissent, mutiques et timides, à peine un prénom s'ils durent assez pour qu'on les reconnaisse. On assemblera peu à peu que Taylor et Richards se retrouvaient encore cette fin d'année scolaire dans une salle vide de leur Sidcup Art School pour jouer en duo leurs guitares au lieu d'aller en cours, et font l'apprentissage de comment quelques pilules bien choisies aident à vivre avec moitié moins de sommeil que son voisin de classe. On complétera peu à peu assez le tableau pour supposer un peu de ce qui se passait dans la tête de Brian Jones dans les intervalles que lui laissent ses heures de vendeur au fond de son *Department Stores*, un peu comme notre Bazar de l'Hôtel de Ville, rayon électricité : trop proche de Korner, Brian refuse de venir se mêler aux amateurs du mardi soir, quand Mick prend la scène pour chanter ses trois morceaux de Chuck Berry accompagné par ses copains de banlieue, Taylor et Richards (encore probablement Brian ne sait-il pas leurs noms), sur la batterie de Carlo Little. Pour Brian, admis à pratiquer son *tour de force* (l'expression a passé en anglais telle quelle) le samedi soir, paraître le mardi serait déroger.

Ce Jagger l'embête, maintenant qu'il chante avec Korner et a son nom sur les affiches quand lui n'est qu'Elmo Lewis, attraction de guitare *slide* : Korner, guitariste, n'ouvre pas de la même façon son groupe à un guitariste qu'à un chanteur.

Comme preuve : si on a deux photos de Jagger chantant pour Korner, on n'en a aucune de Brian Jones dans ces mois obscurs de bœuf et de remplacements péniblement extorqués. Aucune image d'Elmo Lewis avant les Stones.

Il n'y a pas de main du destin (*Hand Of Fate*, ce sera le titre d'une de leurs chansons plus tard) dont l'empreinte sur eux serait perceptible. Aucune trace enregistrée ou visuelle, à peine une entorse au silence pour Clapton, de tous ces gamins venus de leurs lointaines rues à maisons de brique et qui branchent pour une démonstration maladroite leur guitare trop neuve : c'est seulement parce que Clapton s'est plus tard illustré dans ses solos de Fender Stratocaster qu'on s'est rappelé qu'il était de ceux, les mardis soir, qui grimpaient derrière les micros du Ealing pour aligner d'une voix encore adolescente son Chuck Berry appris par cœur au mot près.

Brian Jones a derrière lui plus de scène qu'aucun de tous ceux-là : voilà cinq ans qu'il est monté pour la première fois avec son saxophone au milieu d'un groupe de jazz. Il sait le solfège, il sait apprendre, et ce qu'il a appris de Korner a commencé bien avant le coup de gong du Ealing, où ce qui s'amorçait de façon dispersée a trouvé un appui commun. Qui sont les huit cents autres inscrits du Ealing ? Réponse de James Phelge, qui ne partage pas encore l'appartement miteux d'Edith Grove avec Jones, Richards et Jagger : la première fois au Ealing, c'était amené par un copain à lui, Fengey, qui jouait de la guitare dite espagnole tandis que lui, James Phelge, l'accompagnait avec des baguettes sur des boîtes à biscuits tendues de plastique. Venir au Ealing, pour les deux amateurs, c'était assister à la version réalisée de leur rêve. N'importe lequel de ceux qu'on a suivis à Dartford ou à Cheltenham aurait pu n'être qu'un Fengey. Mystère que l'explication qui vaut en partie pour ceux de Dartford, s'être trouvés à quatre pour oser faire le pas de venir à Londres, ne vaut pas pour Brian Jones, qui a toujours derrière lui un suiveur, John Appleby, Dick Hattrell, mais franchit les mêmes étapes en solitaire.

C'est tellement banal, en apparence, faire insérer dans *Jazz News* une petite annonce pour recruter des musiciens : j'ai vérifié, des annonces comme celle de Brian, il en paraît des dizaines ces semaines-là, dans *Jazz News*. Il faut être prévenu qu'elle existe pour la retrouver dans les archives du magazine, un peu avant l'heure de fermeture de la salle spécialisée de la British Library, l'annonce qui porte en germe la formation des Rolling Stones, et tant de bruit sur le monde. Et qui y a prêté attention, la semaine de sa parution ? Ceux qui lisent *Jazz News* et sont susceptibles de s'intéresser au rhythm and blues, Brian les croise déjà tous au Ealing, au Marquee. Mais *Disc*, cette même semaine, a publié que ce Mick Jagger chantera officiellement dans le Blues Incorporated (Brian est tout aussi bien chanteur, ces temps-ci), et que le nouveau guitariste en sera Geoff Bradford, quand lui Brian cela fait des mois qu'il approche Korner et pouvait y prétendre, est-ce que ce n'est pas pour y faire pièce qu'il a rédigé cette annonce ?

Pour qu'Elmo Lewis, guitariste sans groupe, ait lui aussi son nom imprimé dans leurs feuilles très spécialisées, et pour cette raison décryptées au mot près par leur communauté minuscule, et qu'Alexis Korner prenne bien note de ce qu'il considère comme une éviction indue ? L'annonce de *Jazz News* sonne comme, sinon une déclaration de guerre, une affirmation de fausse indépendance, un genre de revanche proclamée...
Que Korner fasse donc ce qu'il peut avec Mick Jagger, Geoff Bradford

et qui il veut : Brian Jones s'en moque, il a son propre groupe, le jeune guitariste venu de Cheltenham c'est fini, maintenant il y a Elmo Lewis and his Rollin' Stones.

Parce que Brian Jones, et lui seul, a décidé d'appeler Rollin' Stones, d'après un titre de Muddy Waters, le groupe d'Elmo Lewis, et que le nom du groupe avec celui de son guitariste fondateur résonnent déjà fort dans sa tête lorsqu'il remonte Berwick Street et franchit bien à l'avance la porte du Bricklayer's Arms pour l'audition qu'il a convoquée, résonne maintenant tout entier tandis qu'il attend, seul derrière une bière, sa Gibson d'occasion dans l'étui posé par terre vertical comme font les professionnels, des candidats qui ne viennent pas.

C'est presque un effet comique comme il y en a dans les dessins animés de l'époque que ceux-là vont contribuer à finir : Brian Jones attendant seul dans le pub indifférent, et qu'on ne réponde pas à son annonce est presque une insulte personnelle. Il en est le fondateur, mais aussi le seul membre, Brian, du Elmo Lewis and his Rollin' Stones.

Paraît quand même quelqu'un. Mais celui-ci n'a pas de guitare, et rien de ce que Brian souhaite. Parce que ce type-là, Brian le connaît de vue, mais pas plus, alors il s'imagine que c'est juste un hasard. Peut-être même qu'il détourne la tête, fait mine de ne pas s'apercevoir de l'entrée de Stewart : pensez, un employé de bureau, bon cœur et solide fessier, des vêtements comme jamais lui, Brian, n'oserait porter, qui arrive à vélo et pour combler la mesure tient enroulé dans un papier un sandwich. C'est l'inconvénient des petites annonces, pense très vite Brian, que n'importe qui s'imagine pouvoir y satisfaire tente sa chance. Sûr que Ian Stewart n'est pas le candidat dont Brian rêvait. Ils se sont croisés dix fois au Ealing, ça leur fait déjà quelque chose à se dire une fois que Stewart, parce que effectivement il est venu pour l'annonce, s'assoit devant Brian et déballe son sandwich du papier huilé. Pas sûr pour autant qu'au Ealing ils se soient jamais parlé, trop dissemblables. Stewart partage pourtant avec Brian d'être né dans une de ces familles que de loin on dit sans problèmes. Une maladie de l'enfance l'a affecté, question d'ossification qui va de travers, d'un menton à galoche (*lantern jaw*) qui le gêne. Il a un bon travail de bureau et la paye régulière et correcte qui va avec : on est loin des légendes vivantes qui dorment dans la cuisine de Korner. Tout semble opposer les deux garçons : s'il vient aux répétitions à vélo, Ian Stewart, qui aime le camping dans son Écosse natale, possède une camionnette Rover d'avant guerre (mais les voitures anglaises ont la peau solide), haute sur pattes, quatre cylindres en ligne et trois vitesses, soixante à l'heure sur ligne droite en pointe, avec deux banquettes de trois places et encore assez de volume pour le matériel : ça serait commode pour un groupe, non ? Brian s'en fiche, pour l'instant. De tout ça on parle vaguement, pour faire connaissance. Chacun sur sa réserve, s'attendant à quelqu'un ou quelque chose d'autre, le garçon au solide fessier, cheveux courts et regard clair n'osant même pas, du coup, mordre dans le gros sandwich déballé, et l'autre guettant la porte, des fois qu'un autre candidat paraisse.

Mais personne d'autre ne vient, et ils passent dans la salle de derrière, puisque Brian l'a louée pour une heure. L'Écossais au grand menton et grosses fesses s'assoit au piano, un vieux piano droit aux touches jaunes, ébauche un air de ragtime. Puisqu'on est là pour ça, Brian Jones sort sa Gibson et son *slide*, et ils essayent tous deux d'un mélange, *slide* et piano. Brian Jones a assez fait de piano pour le savoir : la manière qu'a l'Écossais à la tête de bon employé correct de taper des deux mains son *boogie woogie* sur les touches nicotinées du piano mal accordé n'est pas celle du premier venu. Il n'a pas un appui comme ça, Alexis Korner, avec ses musiciens de dix ans leurs aînés, qui se sont formés dans le jazz, alors Brian gamberge. Et Brian gamberge vite. Quand ils finissent, Brian Jones tope la main de l'Écossais, peut-être ne sont-ils que deux dans le nouveau groupe mais le pianiste en est, et le restera jusqu'à ce que mort s'ensuive, vingt-trois ans de bons et loyaux services plus tard, pas mal de sandwichs et plus du tout de bicyclette.

Étrange, pour ces vingt ans qui s'enchaînent, où il est au centre des plus secrets rouages, le grand silence de Stewart. Non qu'on ne finisse par le connaître, à mesure qu'on déchiffre l'hagiographie. Il n'hésitait pas à recevoir ceux qui écrivent des livres sur les Rolling Stones (l'auteur de *Blown Away* entre autres), et commenter les temps que les intéressés du premier cercle ont oubliés, ou dont ils se protègent : mais jamais une indiscrétion, et ses colères, en argot qui n'est pas de fantaisie, ne concerneront jamais que les petites tricheries musicales. Par contre il photographie, Stu, et quand il sort son appareil ce n'est pas comme quand on fait entrer un photographe du dehors : ils restent, Richards, Brian ou Jagger, à faire ce qu'ils sont en train de faire, sans pose et en confiance. Ce sont souvent les photos qui avouent le plus d'eux-mêmes (au temps de *Let's Spend The Night Together*, Wyman regardant Richards doubler en studio sa propre partie de basse et s'inclinant). On reviendra sur ce moment, à quelques mois de là, où, suite à l'intrusion d'Andrew Loog Oldham pour mener les destinées du groupe, on signifiera à Stu qu'il n'en est plus, simplement à cause de cette tête d'employé qui présente trop bien, les poches arrière du pantalon large taille toujours accentuées par le fer à souder, les câbles et autres raccords qu'il s'y enfourne, et de ce menton à rallonge qui dépare les photos. C'est la raison qu'on donne.

Même malsain, il y a du génie chez Andrew Loog Oldham : il lui faut séparer pour toujours les Rollin' Stones de l'image du groupe d'instrumentistes à la manière du Blues Incorporated. Il lui faut enlever le piano et placer toute la force symbolique sur les guitares.

Mieux aurait valu pour plaire à Oldham avoir les cheveux plus longs ou porter des chaussettes roses. Mais Oldham avait découvert aussi cet axiome qui prévaut jusqu'à aujourd'hui dans la variété genre Spice Girls, que si jusqu'à cinq on mémorise les visages, à partir de six l'orchestre est anonyme. Oldham décide de limiter à cinq, juste un de plus que les Beatles qui sont son modèle, la composition des Rolling Stones.

Un soir bientôt, lors d'un de leurs premiers passages télévisés, Stewart découvrira que dans la loge il y a cinq, et non six, tenues de scène. Que les autres tournent le dos, quand Oldham s'approche et lui met la main sur l'épaule. Pas un seul des membres alors du groupe, Jones, Jagger et Richards, pour rétorquer à Oldham que Stu c'est le premier embauché d'entre eux, un pianiste solide, un copain qu'il est hors de question de mettre dehors.

On regarde ailleurs, et Oldham exécute. Peut-être que ce soir-là les futurs Rolling Stones auront pris une leçon de dureté cynique qu'ils resserviront bien souvent plus tard, lorsqu'ils confieront à Watts d'annoncer à Brian Jones lui-même qu'il ne fait plus partie du groupe qu'il a fondé, ou lorsque Richards, au fond de l'héroïne, débarquant chez Ron Wood son meilleur copain, découvrira que Jagger répète avec Wood justement pour le remplacer lui, Keith Richards.

Stewart répondra par une intuition bien plus forte, et de cette intuition-là il ne s'est jamais expliqué à quiconque : il avale. Plutôt que d'aller porter son piano plus loin et jouer pour d'autres, il se fait chauffeur, *roadie*. A compter de l'intrusion d'Oldham, il descend du podium et porte les amplis. C'est lui qui installe la batterie et branche tous les fils électriques, c'est lui qui achètera de ses sous, pour remplacer sa Rover hors d'âge, le premier Combi Volkswagen et après les concerts les ramène à Londres, fait encore le crochet par Penge pour déposer le bassiste de banlieue, lui qui les appellera toujours *my little three chords marvels*, « petites merveilles en trois accords », les fait rentrer en scène avec un mot de tendre insulte du genre : « Allez déposer votre petit tas de merde, gentils bâtards de mes couilles », qu'il modifie rituellement à chaque concert puisque lui et eux ça les fera rire pendant vingt ans pile (*Come on, my little shower of shit – you're on* [2,27] : « En route, ma petite douche de merde, c'est votre tour », une des versions collectées par Wyman). C'est comme ça qu'en France comme partout ailleurs au monde on se mettra à entendre la langue anglaise de mêmes rengaines depuis chaque radio, dans chaque supermarché et chaque parking et bureau de poste et partout.

Ils auront quand même la conscience lourde, après sa mort. Keith Richards : *We had plenty of our own, but we wouldn't have been able to put it together* ₁₄,₂₁₆ : « On était suffisamment bons par nous-mêmes, mais on n'aurait pas été capables de rassembler tout ça. » Charlie Watts : *It must have been awful for him, really. At the time I didn't really think about it to be honest. We were very cruel really* ₁₄,₂₁₆ : « Ça a vraiment dû être affreux pour lui. A l'époque, je n'y ai pas vraiment pensé, pour être honnête. On a été cruels, vraiment. »

Stu restera le *sixième Stone*, quand bien même parmi les cinq premiers ça aura joué deux fois aux chaises musicales. Il est dans tous les concerts, parce que l'appui du piano, même Oldham l'a compris assez vite, reste d'autant plus nécessaire qu'ils ont parfois tendance à jouer faux, les copains. Stu, c'est la grammaire, quelque chose qui tient les autres ensemble et fait l'harmonie. Stu sera indispensable, parce que ce n'est pas Oldham qui fera les réparations de prises et de *jacks* au fer à souder, ou bien qui saurait régler la table de mixage lors des balances. Il sera pour toujours la conscience du groupe, celui qui se met en colère et les gronde comme des gosses, celui qui les réconcilie et paye les factures. Quand il n'aime pas la musique doucereuse qui fera bientôt les gros succès du groupe, il le leur fait savoir : *all fucking rubbish,* « rien que de la camelote de merde ». Il refusera de haut les morceaux de la compromission, par quoi on investit le champ des variétés, laissant la place à quelque pianiste de studio auquel on met une perruque pour faire *rock* (Billy Preston, enlevé aux Beatles), ou ce qui lui paraît de la musique trop country and western (quittant même le studio la nuit où ils s'obstinent sur *Wild Horses*, et que la chanson ne se mettra à tenir debout que lorsqu'on y ajoutera le piano droit non accordé trouvé dans un recoin du studio, joué par le technicien du studio, Jim Dickinson, parce que pour lui Stewart ce n'est pas du blues). En quelque sorte la conscience des Stones, en tout cas leur armature.

Ian Stewart sera celui qui fait la cuisine quand il faut manger, la musique quand c'est temps de jouer, envoie les chauffeurs ramasser les stars dans leurs appartements respectifs pour les convoyer aux répétitions quand il sera maître à bord des nouveaux bureaux des Rolling Stones, puisque le groupe aura bureaux, le seul sans doute à savoir les sermonner, voire les rabrouer ou leur dire non. Mais Stu ne sera jamais capitaine. Même si jusqu'au bout il sera dans les concerts, martelant de grands Steinway à queue avec bouteille de whisky sur le dessus, nulle reconnaissance dans l'image : à peine le voit-on lors d'un mouvement tournant de caméra, et son nom en petit sur la pochette des disques. On embauche des claviers au nom fait, Ian MacLagan, Chuck Leavell, pour mettre sous les projecteurs, et lui, Stu, avec son piano, il est trois marches dessous dans l'ombre, il joue quand même. On ne l'entendra jamais chez les Stones aussi bien qu'on l'entend une fois dans Led Zeppelin pour une improvisation à trois, Jimmy Page jouant de la mandoline et Robert Plant poussant une beuglante de vieux bar, sur fond du piano de Stewart : ceux-là lui auront rendu un vrai hommage. Et il ne paraîtra enfin sur un disque des Rolling Stones que dans cinquante secondes de boogie joué solo, à la fin de *Dirty Works* : *This album is dedicated to Ian Stewart. Thanks, Stu, for 25 years of boogie woogie*, « Ce disque est dédié à Ian Stewart. Merci, Stu, pour vingt-cinq ans de boogie woogie », l'hommage est bref et posthume. On fera quelques semaines après sa mort une soirée dans un club, où joueront les Stones et Clapton, puis quelques-uns des survivants de l'époque Bricklayer's Arms, dans un moment pourtant où Jagger et Richards ne se parlent plus, et que Brian Jones depuis quatorze ans repose dans la terre de son Cheltenham. Ian Stewart est peut-être une permanence aussi centrale que Charlie Watts dans l'histoire et la musique des Rolling Stones puisque, invisible et invariable, il est aussi celui qui organise, construit, a l'œil sur toute la partie immergée de l'édifice.

Il n'empêche : les Rollin' Stones, même s'il n'est venu personne d'autre à l'audition suite à annonce, ont doublé ce soir-là leur effectif : d'un musicien on est passé à deux. Brian paye l'ardoise, Stewart remonte sur son vélo et lui le regarde partir, remonte pensif vers le Marquee, avec son mince étui Gibson à la main (c'est ça la gloire Gibson : que l'étui aussi est estampillé à la marque de la guitare), les chaussures à talon compensé qui lui donnent une drôle de démarche cambrée et un peu ralentie sur ses jambes courtes, mais la mèche de cheveux longue sur le devant. Il n'empêche que ça y est, qu'on est quelqu'un dans les rues de Londres maintenant qu'on a un groupe, et ça vaut bien les cinq shillings de location de l'arrière-salle pour la gloire définitive qu'on en tire.

« I hope they don't think we're a rock'n'roll outfit »

« J'espère qu'ils ne vont pas nous prendre pour une de ces équipes rock and roll... », dira Jagger six mois plus tard, quand le groupe enfin sera formé.

Reste qu'au lendemain matin, verre moitié plein ou verre moitié vide, les nouveaux Rollin' Stones sont deux et seulement deux, Brian Jones, guitaristе et leader, avec Ian Stewart, Écossais bon teint, joueur de boogie woogie sur piano désaccordé, qui porte des chemises de golf sur des pantalons de sport et après ses heures de bureau arrive aux répétitions à bicyclette, son sandwich à la main. Dès le début d'après-midi Brian est chez Alexis Korner pour lui raconter ce qu'il vit aujourd'hui comme un échec, et Korner a cette générosité de répondre qu'il va prendre les choses en main.

Alors, un deuxième soir, Brian joue les prolongations au Bricklayer's Arms et Korner lui envoie du monde. Il a suggéré à Geoff Bradford de s'y rendre, et Brian a demandé à son copain d'Oxford, Paul Pond, de passer : deux guitares, un piano, un chanteur, c'est déjà une belle machine. Geoff Bradford a surgi plus tôt que Brian dans l'univers de Korner, pour y affirmer les mêmes musiques qui fascinent Brian : Muddy Waters, Elmore James. Quand Brian est admis à jouer *Dust My Broom* dans les intervalles du groupe, Geoff est déjà parmi le *line-up* officiel. Depuis ce temps-là, les deux jeunes guitaristes ont souvent joué ensemble, Brian s'imbibant en éponge de la technique de ceux qu'il veut doubler au plus vite. Geoff Bradford est un des rares à disposer alors d'un dobro, la guitare métallique à résonateur, et si sa vie sera discrète (il joue toujours aujourd'hui), il aura une influence déterminante dans les apprentissages d'Eric Clapton ou Jimmy Page.

Geoff Bradford doit le penser aussi, qu'il est temps pour lui comme pour Jones de sortir de l'ombre tutélaire, que mieux vaut être guitariste leader du jeune groupe de Brian que second guitariste anonyme du célèbre Alexis. Le Blues Incorporated n'est pas en manque de seconds guitaristes (un autre, Davy Graham, remplira cette même case où sont passés Jones et Bradford), et Korner s'en tiendra toujours au modèle des formations variables du jazz.

Toutes ces semaines de juin, Stewart, Brian et Bradford, plus Paul Pond, celui d'Oxford, qui la première fois avait accompagné Brian au Ealing (il fondera ensuite Manfred Mann, mais se produit beaucoup moins avec Korner depuis que Jagger a pris la place, ou ce qui reste de place quand Long John Baldry n'est pas là, tout ça reste en famille), ébauchent un premier répertoire pour le groupe. Quelque chose déjà fonctionne, leur fait dire que c'est un groupe, au moins une équipe, *a team*. On n'arrête plus de se voir et de répéter, le soir, quand Pond a fini ses cours et et les rejoint depuis Oxford, quand Brian a fait ses heures au rayon sport des *Whiteley's Stores*, et Stu ses heures d'écriture au bureau de fret maritime de l'Imperial Chemical Industry.

Mais quand Ian Stewart part quelques jours en vacances dans son pays d'Écosse et revient, c'est pour trouver qu'à sa place et sur son piano

Brian en a fait jouer deux autres, dont un, Andy Wren, qui se produit lui aussi avec ce groupe Screamin' Lord Sutch, s'accroche au tabouret : le premier contact de la versatilité de Brian en matière de rapports humains n'aura pas attendu la période des succès. Ian Stewart en reste marqué, puisque de l'épisode il s'est confié à Bill Wyman, qui l'a consigné plus tard dans son livre *Stone Alone*. On trouve un arrangement, parce que c'est juin, que Paul Pond a ses examens à l'université, que les allers-retours continuels entre Oxford et Londres (aujourd'hui encore deux bonnes heures d'autobus), il n'en peut plus, et qu'Andy Wren voudrait bien chanter. Et sans chanteur ni batteur ce groupe n'est pas un groupe, reste bancal, quelque chose ne prend pas.

Premier problème, le batteur. Cet Andy Wren a amené quelquefois un bon copain à lui, que Brian fréquente depuis le mois de mars au Ealing, et c'est bien sûr Charlie Watts. Watts porte beau et reste, quand il les rejoint au Bricklayer's Arms, quelqu'un qui fait cela pour faire plaisir aux copains. Quand il n'a pas de *gig* ou de *session*, dit-il. Parce qu'il prétend ne pas pouvoir s'entraîner seul à son instrument et ne pouvoir jouer qu'en compagnie : et il joue bien, même très bien, beaucoup trop bien pour eux (pensent-ils). S'il joue plus rarement avec Korner depuis que Ginger Baker a la place, il partage l'appartement du bassiste de Korner, Jack Bruce, et tout ce monde se croise et se recroise dans les mêmes coins de rues toujours. Watts n'est pas si heureux, il a passé d'un groupe à un autre groupe, ceux qui jouent avec lui ne le valent pas (mais qu'importe, s'ils le payent : Charlie Watts est trop demandé pour jouer sans cachet). Il y a surtout que ces musiques binaires ne le fascinent pas, contraignant le batteur au rôle exigu de métronome : le batteur au centre d'un grand orchestre jazz, en tirant les fils et en soutenant toutes les balances internes, c'est son idéal et ça le restera, jusqu'à ce qu'il se l'offre pour de vrai, disque et tournée, vingt-cinq ans plus tard avec son *big band* personnel, mais toujours cette rançon à payer : on ne vous honore pas parce que vous jouez bien du jazz, mais parce que vous êtes le batteur des Rolling Stones qui s'offre un petit plaisir à tant d'autres inaccessibles. Brian a beau en rajouter dans la gentillesse et la politesse à l'égard de Charlie Watts, quatre ans de plus à cet âge c'est un fossé, et il n'est pas un batteur pour groupe débutant. S'il vient là et les croise, c'est du dépannage, de l'amusement. Et, la plupart du temps, les répétitions se font sans batteur : on fera comme les autres, quand on sera invité quelque part à jouer, on en louera un à l'heure.

Tâtonnements toujours. Jones et Bradford, après tout, ce n'est qu'une variante de plus du Blues Incorporated, à preuve que Bradford y a introduit pour quelques répétitions un autre ami à lui, Brian Knight, qui, comme Cyril Davies, s'escrime sur le petit harmonica Marine Band Hohner : démonstration du blues des sources, manière parfaite de refaire, mais seulement refaire. Musique sérieuse, presque trop, et Stewart dit de Geoff Bradford : *He was into ethnic sound, the sounds of Muddy Waters, John Lee Hooker and Elmore James. Geoff was a really good guitar player, deadly serious* $_{2,\,121}$: « Ce qui l'intéressait, c'est le côté ethnique, le son de Muddy Waters, John Lee Hooker et Elmore James : Geoff était vraiment une bonne guitare, mais sérieux à mort. » Deux obstacles majeurs pour Brian, ce sérieux, oui, mais qu'il ne soit pas le premier ou le seul et le meilleur guitariste en avant du groupe.

Pourquoi Korner s'en mêle-t-il encore ? Jones répète avec ses Rollin' Stones, mais on est loin de pouvoir encore les produire en public. Paul Pond les a largués, ils n'ont plus de chanteur. Les mardis soir, quand Korner libère le Ealing, Jagger et sa bande de Dartford, ce n'est plus un morceau ou deux qu'ils jouent, mais presque une dizaine. C'est rapporté sur ce ton : « La scène était à tout le monde, d'accord, mais eux il fallait leur faire comprendre qu'il était temps d'arrêter... »). Est-ce cela qui gêne Korner, parce que la couleur qui domine maintenant au Ealing, c'est Jimmy Reed et Chuck Berry et que c'est trop loin de sa propre musique, que ça déteint sur ce que chante Jagger le jeudi au Marquee, maintenant qu'il prend de l'assurance, devant, bien au milieu? Alexis Korner, une fois de plus, fait l'intermédiaire. Il suggère à Brian une solution : pas si loin qu'il n'aurait pu la trouver seul, d'ailleurs. Si Brian n'a pas proposé à Jagger de devenir son chanteur, c'est qu'il n'avait pas du tout envie de lui, et que l'autre le sait. Si Alexis Korner ne l'avait pas imposé à Brian, Brian n'aurait pas de lui-même testé Jagger pour remplacer Paul Pond.

Brian reste réticent. Ce que Brian y voit, c'est qu'il s'agit plus certainement d'une solution pour Korner lui-même, qui cherche à remplacer un chanteur qu'il a trop soutenu : Jagger dans les Rollin' Stones, c'est introduire un amateur dans le groupe qu'il veut propulser dans le monde professionnel. Il condescend à un essai, mais un essai seulement.

Certainement que Brian aurait mieux aimé voir son nom paraître, plutôt que celui de Mick, dans la composition officielle du groupe de Korner. Mais il se souvient parfaitement de leur première rencontre : c'était à peine il y a deux mois, le 7 avril. Quand ils se sont présentés, le petit maigre aux oreilles sans lobe qui chante et les trois silencieux derrière lui, les deux guitaristes et le chauffeur : « Dartford, où est-ce que c'est donc ? » Lui, Brian, qui connaît tous les clubs d'entre Bristol et Oxford, n'est jamais allé dans ces zones de l'Est londonien. Ce dont il se souvient, c'est la phrase par quoi ils se sont modestement introduits (ils ne seront plus jamais aussi modestes ensuite) : *We're just amateurs, man, but we dig to play* [19, 38] : « On est juste amateurs, mec, mais on joue, on aime ça. » Il n'y a pas de mot anglais pour *amateur*, comme ils nous ont emprunté aussi le mot *dilettante*, le recours à la langue étrangère maintenant une distance qui fait partie du sens. Brian Jones, qui était monté ce soir-là sur scène et les avait éblouis par son coup de *slide* sur *Dust My Broom*, ne se concevait pas comme amateur, et il lui plaît de croire, à lui fondateur d'un groupe, que la distance avec ceux de Dartford vaut encore. Brian avait conquis ce soir-là des admirateurs, et de lui-même il leur supprimerait ce rôle, en les acceptant comme désormais ses égaux ?

Mais Brian est coincé. Si Paul Pond ne vient plus, il n'a pas le choix : il lui faut un chanteur, et le modèle Korner est trop fort dans sa tête pour qu'il se considère comme guitariste chanteur, quand tout le prestige est de s'afficher guitariste soliste.

Alors c'est sans doute plutôt froid, la première répétition. C'est d'un chanteur que Brian a besoin, et pas de sa tribu. Or Mick n'est pas venu seul, mais avec ses deux éternels copains. Brian ne daigne plus, depuis quelques semaines, se montrer au Ealing, mais a affecté de s'isoler avec *son* groupe, manière de vérifier que ceux qui veulent en être le préfèrent à une gloire plus immédiate, mais précaire : il n'a pas été témoin de ce qui y a changé. Mick, parce qu'il a un copain bassiste, a proposé à Brian de l'amener avec lui : Dick Taylor s'est équipé d'une basse électrique et c'est précieux pour Brian aussi. Mais, dans ce cas-là, il y aura aussi le troisième du trio, celui qui leur fait la guitare, et que les trois de Dartford fassent les inséparables, ce n'est pas dans le marché. Brian accepte : il ne s'agit que d'une audition. Il pense sans doute que, s'il y a un guitariste de trop, il sera toujours temps de s'en défaire. Ces mêmes jours, il gagne aussi un batteur, qui s'appelle Mick Avory et jouera plus tard dans le groupe The Kinks, et dont Ian Stewart dit : *Who acted like he was doing us a favor* [9, 74] : « Il jouait comme si c'était nous faire un cadeau. »

Si c'est le 20 juin ou le 25 on n'en saura rien, mais enfin il faut bien une première fois. Quand Richards arrive, on lui indique l'escalier pour monter à l'étage et il entend le piano de Stu, qui joue seul. Il a même cette étrange réflexion, parlant après vingt-cinq ans de scène : *He's playing beautifully, as Stu always did when he thought nobody was listening. That's the area where he really breaks out* [15, 23] : « Il jouait magnifiquement, comme chaque fois qu'il pensait que personne ne l'écoutait. C'est là qu'il trouvait sa vraie dimension. » Pour Richards, qui ne pratique pas encore le piano, approcher Stu c'est avoir affaire à un vrai professionnel et ça l'intimide encore plus. D'autant que lorsque l'autre se retourne et veut lui faire bon accueil, prévenu qu'il viendra, tout ce qu'il trouve à dire c'est : *Oh, you're the Chuck Berry artist* [15, 25] : « Ah, c'est toi, l'artiste en Chuck Berry... » Et l'autre souvenir de Richards, donnant aussi à la première audition sa coloration étrange, c'est que des strip-teaseuses de cabaret, sans prévenir, pour passer d'un pub à un autre, le visage maquillé mais les fesses à l'air, apparaissent soudain dans le fond de la salle et traversent en plein milieu d'eux tous, sans se préoccuper autrement de ces gandins de vingt ans : *It was a pretty exotic area for me at the time, I mean, these chicks walking by in full makeup with just a bra on, carryin' a suitcase... They just crisscross, do like half an hour here an another half an our down the street, so they don't bother to dress... Maybe it looks great inside of the club but outside not quite so good, these weird masked people coming at you* [15, 23] : « C'était vraiment un endroit exotique pour moi à l'époque, comme ces filles qui entraient toutes maquillées avec juste un soutien-gorge, portant une valise... Elles ne faisaient que traverser, avaient une demi-heure ici et une demi-heure en bas de la rue, alors elles n'allaient pas se rhabiller. C'était peut-être bien de l'intérieur du club, mais du dehors pas si terrible, ces masques bizarres qui surgissaient sur vous... » Keith Richards branche sa semi-électrique Hofner sur son minuscule amplificateur Mighty Midget tandis que Dick Taylor installe sa basse sur la deuxième entrée de l'amplificateur de Brian. Geoff Bradford assurera les solos, et Jones et Jagger seront devant, l'un avec sa *slide*, l'autre avec ce micro Reslo qui lui appartient personnellement. Et c'est toujours le grand Écossais au menton de travers qui s'installe au piano, arrivant en vélo de son travail avec cet énorme sandwich qu'il pose directement sur l'instrument et finit entre les morceaux, orientant le piano de façon à être en face de la fenêtre et avoir l'œil sur son vélo laissé dans la rue, habillé de cette façon que jamais ne se permettrait Brian, et qu'il qualifie de ridicule, *ludicrous*.

Ce qui se passe ce mois de juin 1962, celui qui aurait pu en tenir une chronologie sérieuse c'est Bill Wyman, mais Wyman n'a jamais mis les pieds au Ealing Jazz Club, il ne s'intéresse pas encore au blues et joue du rock, qu'eux méprisent, dans les clubs de Penge. Et aucun d'eux n'attache assez d'importance à son emploi du temps pour en parler plus tard : la vie est une occupation immédiate, ce qu'on trouve au jour le jour suffit. Ce qui se passe depuis deux mois est trop dense, on porte ces musiques dans la tête parce que le bruit électrique, on n'en a pas complètement habitude encore, les oreilles sonnent quand on sort d'une heure de répétition, on est en sueur après avoir chanté quatre morceaux de suite sur la scène ouverte du Ealing, et il y a la vie du jour qu'on continue, les heures où on est seul dans sa chambre ou à son travail, pour ressasser les paroles et les visages, ce qu'on s'est dit, comment on a joué et comment tout ça peut évoluer.

C'est une des premières balises dans la vraie histoire des Rolling Stones. Maintenant tout est mûr, tout va très vite : Jones et Jagger ont assez d'intuition tous deux pour savoir où porter leur musique, qui n'appartient pas au Blues Incorporated – ces duretés électriques et rapides de Chicago qui n'ont plus rien à voir avec le jazz. Par exemple les chansons de ce géant noir taillé à la serpe : Howlin' Wolf. C'est pour jouer ça que Jagger a proposé d'amener ses copains de Dartford, qui en ont déjà débroussaillé le répertoire et les accords. Et peut-être aussi, mais ce n'est pas un sentiment qui lui sera ensuite fréquent, vague remords de les avoir lâchés, les copains de Little Boy Blue and the Blue Boys, parce que, les jeudis rémunérés du Marquee, Mick avait eu sa récompense tout seul : les témoignages convergent pour dire que c'est lui, Jagger, qui a exigé de Brian d'essayer ses deux ombres.

Keith Richards a l'expérience des mardis du Ealing, et ça fait plus de deux mois qu'il croise Brian : brancher une guitare au milieu d'autres ne l'effraie pas. A part que sa spécialité c'est Chuck Berry, qu'il sait le jouer par cœur mais ne connaît rien d'autre. N'empêche que ce jour-là ce n'est pas pour un bœuf mais pour être embauché dans un groupe. Il ne jouera que ce qu'il sait faire, Chuck Berry donc, mais ce qu'il sait faire porte déjà sa signature : c'est appris au note à note, et garde la difficulté qu'on a eue à l'apprendre. C'est râpeux, mais suffisamment en place pour jouer fort, et balancer les accords avec du volume plus que ne l'osent les habitués du jazz. Ce que les autres pensent de lui tient en une monosyllabe, comme il n'y a pas longtemps on disait qu'il n'était pas *flash*, on dit maintenant de lui qu'il est raide, *stiff*. Mais cette rigidité, c'est justement par où on va casser avec l'héritage d'Alexis Korner, qui, il y a trois ans, n'osait pas encore poser un amplificateur directement sur la scène. Ce soir on tue le père, et après la répétition, quand ceux de Dartford sont repartis dans la voiture de Joe Jagger, Brian Jones doit affronter aussi bien Ian Stewart, qui trouve qu'avec un nom comme *The Rollin' Stones* on n'ira jamais loin, et que ça irait aussi bien pour des acrobates de cirque, que Geoff Bradford l'autre guitariste, qui dit que ce n'est pas de la musique, qu'on est loin du vrai blues, que ça ne se joue pas comme ça : et qu'en tout cas, si on veut faire sérieux dans ce métier, ce n'est pas en allant perdre du temps avec des paumés de fond de banlieue, l'un présentable, et l'autre pas du tout, avec ses oreilles décollées et ses boutons d'acné, et qui vous plante des accords plus raides que joués sur un manche à balai. Trois guitares, c'est de toute façon une de trop : le petit bonhomme de Dartford, celui qui conduit la voiture et qui fait des études, on pourrait pas lui dire de laisser son copain à la maison ?

A Stewart et Bradford, qui se considèrent comme membres titulaires, il est probable que Jones n'a rien à répondre, sauf surseoir. Peut-être que ça se passera mieux demain, leur répond-il. Son intuition le lui suggère : avec ceux-là, si évidemment ce n'est pas encore au point, au moins le groupe est à lui, et il y commande, il oriente. Même Geoff Bradford, qui a occupé chez Korner la place à laquelle prétendait Brian, a trop de passé, donc d'indépendance, quand Jagger et ses copains sont tout neufs.

Faute d'avoir individuellement la stature d'aucun des musiciens de Korner, à jouer à trois guitares et piano on assure un son étoffé, qui laisse moins paraître la fragilité qu'ils ont nécessairement encore. Et puis ce qu'affichent les maigrelets de Dartford, avec leurs grimaces non feintes, leurs chaussettes roses et leurs cheveux à mèche, c'est justement ce que lui, fils de bonne famille, aimerait aussi dire, et dont son air angélique chaque fois le sépare.

Une certitude : Brian impose à Stewart et Bradford que le lendemain ils reviendront, les maigrelets de Dartford, et que désormais ça existe, Rollin' Stones, le groupe de Brian Jones.

On s'est fait virer du Bricklayer's Arms, parce que Brian sautait par-dessus le comptoir pour piquer des cigarettes dans les tiroirs, et on s'héberge deux rues plus loin, dans le fond du White Bear Club, Leicester Square. Fini les traversées de strip-teaseuses en plein milieu des répétitions : mais on refera ça sur scène, dans les stades, vingt ans plus tard. Brian Jones a assez de bouteille, de concerts et de rencontres pour s'être aperçu que le timide aux oreilles décollées joue juste (« Dis, Stu, il s'appelle comment, le mec, là, qui a la guitare, c'est Keith, non ? »), qu'il a fait des progrès et que c'est curieux mais bien agréable, derrière soi, quand on joue son solo, cette manière qu'a Richards déjà de racler des accords plus secs qu'un plan de batterie, et que ce grimaceux de Jagger (« Hey, Stu, ce Jagger c'est Mick, non ? C'est à lui, tu crois, le Reslo ? ») n'est pas exactement le jeune type respectueux étudiant bon teint dont il se souvenait, vocaliste remplaçant chez Korner.

D'abord, il trinque un peu lourdement pour un jeune étudiant en première année d'école de commerce, Mick, et y met un peu trop d'affectation, comme si ça faisait partie du rôle. Il boit pour longtemps *(I was quite often very drunk* $_{4,\,20}$, *he was a bit drunk* $_{2,\,123}$: « J'étais plutôt souvent bourré... Il était pas mal bourré »), et ce soir ça s'entendait dans sa gorge mais ça ne lui fait pas de mal, à ce petit corps, qu'un Howlin' Wolf de Chicago pourrait presque avaler, un peu trop de bière aux pourtours. Et puis ils ont liquidé leur passif. C'était au Marquee, au début des jeudis. Ginger Baker était aux tambours, Jack Bruce à la basse, et Jagger chantait à contretemps : Brian était venu tout près de Jagger, au bord de la scène en bas, et lui avait fait sur deux mesures la battue. Personne n'a rien vu, que Ginger Baker qui le raconte, et les deux intéressés, celui qui monte sur la scène, et celui qui n'y monte plus : même si, de la part de Brian, c'était pour *aider*, que ça partait d'une bonne intention, cela ne se pardonne pas, de toute une vie. On peut faire tout le chemin de cette ombre au grand jour, c'est comme une humiliation qui reste, et Ginger Baker ou Jack Bruce, quand ils accéderont eux aussi au jour avec Clapton dans le groupe Cream, ne se priveront pas de le raconter : Jagger n'a pas la musique innée, il a appris. Et bien sûr c'est dans les livres consacrés à Brian et non à Jagger qu'on rapporte les propos du grand batteur roux : *I didn't like Jagger...* : « Je n'aimais pas Jagger », un de ces mépris qu'on ne peut avoir que dans la concurrence supposée de ses vingt ans, *Jack and I got into some pretty complicated patterns with the evil intent of throwing Jagger. And it worked ! Then, to my surprise, Brian went over and stood beside Mick and shouted : One, two, three, four, showing Mick where the beat was* $_{19,\,40}$: « Moi j'aimais pas ce Jagger. Alors Jack et moi on est partis dans un rythme bien compliqué, avec la sale intention de le larguer, Jagger. Et ça a marché ! Alors, surprise, Brian s'est planté juste devant Mick et s'est mis à crier : un, deux, trois, quatre, pour lui montrer comment c'était la mesure. » Histoires de musiciens entre eux, qui n'aiment pas forcément ouvrir la porte à un nouveau. Plaisanteries (*tricks*) familières à ceux du jazz, dont Brian était mais pas Jagger.

Et c'est peut-être parce que Jagger lui-même doit se venger de choses comme ça qu'il fait tant de progrès. Même à Dartford, devant la glace, il s'entraîne, apprend quelque chose qu'il saura toujours : chaque voyelle des mots qu'il prétend chanter il a appris à les décomposer pour refaire dans chaque syllabe l'intonation décidée d'avance, et qu'il ne peut y avoir de hasard dans aucun des cent mots d'une chanson. Jagger, ce soir-là, a montré à Jones que chanter aussi c'est un métier. C'est son enjeu à lui, et il a réciproquement besoin de Jones et de ses Rollin' Stones en ébauche : et c'est bien pour ça que le lendemain soir à nouveau il est là, que c'est Geoff Bradford qui s'en va et ceux de Dartford qui restent. Acceptant que Brian, musicien en chef, les fasse trimer, comme l'affirme nettement Dick Taylor : *Jones was a hard taskmaster. Mick like the rest of us had to knuckle down and work* $_{22,18}$: « Jones c'était un vrai chef, et Mick comme nous tous, on avait à s'incliner et bosser. »

Fin juin, Brian arrive un soir à la répétition avec deux amplificateurs Harmony, plus besoin de partager les entrées. Quitte, le surlendemain, à annoncer s'être fait licencier du Whiteley's. Commentaire de Dick

Taylor : *Not long after Brian appeared with those Harmony amps, he got sacked from his job at Whiteley's for pilfering from the till* $_{9,75}$: « Pas longtemps après que Brian avait débarqué avec ces amplis Harmony, il a été saqué de son boulot au Whiteley's : il pompait dans la caisse. » Là aussi confirmé par Richards : *Forced to resign, as in : If you leave now we won't prosecute* $_{15,\,39}$: « Forcé à démissionner, du genre : Si tu te tires, pas de poursuites... »

Notons qu'en 1977, dans une des premières longues interviews qui marquent ensuite la route, Richards donne une autre version : *My first amp, I can't remember. It looked like a little radio. A real fifties sort of affair, with two knobs on it. A real table top model. But as far as anything recognizable as an amp would go, when we started playing gigs, we managed to talk Mick's father into forking out some bread for a couple of Hamonys* $_{26,\,37}$: « Mon premier ampli, je peux pas me rappeler. Ça ressemblait à une petite radio. Vraiment un truc des années 50, avec deux boutons devant. Un truc à poser sur une table. Mais pour ce qui est de ce qui ressemblait vraiment à un ampli, quand on a commencé à avoir des concerts, c'est qu'on s'était arrangés pour parler au père de Mick, qu'il nous file un peu de blé pour une paire d'Harmony. »

Les deux versions, un peu d'argent piqué au Whiteley's, un peu d'argent extorqué aux familles, pouvant d'ailleurs se compléter, mais Keith a souvent la mémoire vague même pour ce qui le concerne, y compris la succession de ses premières guitares, quand bien même, le premier jour qu'on la touche, on s'imagine qu'on pourra s'en souvenir toute la vie alors qu'il n'en reste que des images détachées seulement : *a really cheap f-hole guitar, a blond thing with no name on it... I bought a japanese pickup to stick on* $_{26,\,37}$: « Une guitare de trois fois rien, avec deux ouïes en F, et pas de marque, j'avais collé dessus un micro japonais », parlant aussi du fer à souder qu'il fallait avec soi pour les réparations incessantes (*Has anybody a soldering iron?* $_{26,\,37}$: « Il y a quelqu'un qui a un fer à souder ? »), oubliant la ou les guitares qui suivront avant l'Epiphone des premiers enregistrements, c'est pourtant à cette époque que vient sa troisième guitare, une fois encore avec l'argent de la boulangerie de Dartford, et l'entremise de Brian avec sa manière douce, un peu collante mais tellement tendre et efficace, de quémander : *You know, Mrs Richards, Keith should play a decent guitar now because we're gonna play in the big time* $_{16,34}$: « C'est vrai, madame Richards, Keith il lui faudrait une guitare décente, parce que maintenant on va jouer comme groupe principal... » C'est un âge pourtant où on les aime, ses guitares, et Keith, qui en deviendra collectionneur assidu, ne résiste pas à en acheter toujours une de plus, incapable même de les dénombrer (peut-être trois cents, il dit), affirme même qu'à l'époque il les met dans son lit : *There's many times I slept with that thing* [14, 180] : « C'est bien souvent que j'ai dormi avec un de ces trucs. »

En tout cas, quand Brian déballe ce soir-là les deux Harmony tout neufs ils sont trois à respirer ça et toucher, le tissu plastifié devant les haut-parleurs, les boutons noirs de volume, réverbération et préampli, réglage grave-aigu et puis derrière, dans l'ouverture, la membrane dans le rond aimanté de la lourde gamelle, le gros *bump* (c'est le mot qu'ils emploient) quand on branche le 110 volts et qu'on pousse l'interrupteur : le goût de la musique est aussi celui de ses objets.

Tout va très vite parce que chez les parents Jagger on s'aperçoit bien de ce qui change. Pas de témoignage d'Eva et Joe, qui avalent, mais le breakfast est parfois à la grimace : ils en étaient fiers, eux, de faire accéder le fils à la London School of Economics. N'empêche, il a eu ses examens, on passe l'éponge, mais qu'il assume ses choix : on aime autant qu'il prenne une chambre à Londres et laisse la voiture à la maison. Si ça s'aggrave, on aura plus de poids pour le ramener à la bonne norme, sans clubs ni chansonnette : l'alcool, à vingt ans, on le tient bien et on récupère vite. Les yeux bouffis et cernés, c'est le manque de sommeil, dit-on aux parents comme s'ils ne pouvaient s'apercevoir de rien. Mick dispose pour ses études d'une bourse de sept livres par semaine, cela suffit à être autonome. Et forcément, c'est avec Brian qu'il s'en va loger.

Keith Richards en a définitivement fini de l'école, et qu'il n'ait même pas passé l'examen de sortie n'a en rien entamé la confiance de sa mère : après tout, est-ce que ce n'est pas le rêve qu'a poursuivi le grand-père Gus ? Peut-être qu'elle trouve lourdes les factures, avec le crédit de la guitare Hofner, le crédit sur l'amplificateur Mighty Midget qu'il est question de changer, parce que désormais pas assez puissant à côté des deux Harmony de Brian. Il dort à Londres, eh bien tant mieux, si ça évite les heures perdues en train. Et chaque semaine, quand Keith s'en vient voir maman à Dartford, apportant son linge sale, il repart avec un sac de provisions pour eux trois, Richards, Jagger et Jones. Il se passe enfin de l'imprévu : Keith Richards, *stiff*, Keith Richards, pas *flash*, s'est trouvé un ami. Brian n'a pas trouvé l'ultime emploi qu'il occupera, dans un supermarché du Strand, au General Service Stores, quand l'argent manquera plus durement : toute la journée Richards et Jones, sans Jagger ni Taylor ni personne, répètent ensemble, et quand on joue le soir ça s'entend. Deux guitares qui vont ensemble à l'unisson, chacune portant l'autre : une signature enfin est trouvée, qui n'a jamais été celle du Blues Incorporated, Brian en est conscient, Keith émerveillé, et Jagger en profite.

Alexis Korner leur offre un ultime cadeau, avant que les routes se séparent : c'est le 10 juillet 1962, et Korner est invité à ce que le Blues Incorporated joue en direct à la radio. Cela ne se refuse pas, c'est dans la logique de ce qui se passe pour son groupe depuis mars. Mais il faut bien ce soir-là qu'un groupe lui garde au chaud la scène du Marquee, depuis que Harold Pendleton et Chris Barber, les propriétaires, lui ont proposé d'en assurer les jeudis. Pas question de laisser le remplacement à qui ne lui devrait pas assez et voudrait s'incruster, pas possible de laisser le remplacement à qui n'aurait pas les reins assez solides pour tenir la réputation du *set* : il connaît assez les nouveaux Rolllin' Stones pour penser qu'ils satisfont à la première condition, et pour la seconde, qu'ils s'y risquent. Ils jouent trop lourd pour rater : l'échec les poursuivrait longtemps, ils n'y ont pas droit et c'est ce que pense Korner pour vaincre ce qui lui reste d'hésitation. Ian Stewart n'osera pas que son nom soit écrit dans le *line-up*, au cas où cela remonterait jusqu'à l'Imperial Chemical ? c'est *Jazz News* encore qui passe l'annonce, et cette fois le nom d'Elmo Lewis y figure, même s'il n'y est pas honoré comme chef et comme fondateur : *Mick Jagger, R & B vocalist, is taking a R & B group into the Marquee tomorrow night while Blues Incorporated do their Jazz Club radio broadcast gig. Called the Rolling Stones, the line-up is : Mick Jagger (vocals), Keith Richards and Elmo Lewis (guitars), Dick Taylor (bass), Stew (piano), Mike Avory (drums)* [4, 21] : « Mick Jagger, vocaliste rhythm and blues, lance un groupe rhythm and blues au Marquee demain soir, en remplacement du Blues Incorporated, qui enregistre pour Jazz Club à la radio. Sous le nom des Rolling Stones, le groupe est composé de : Mick Jagger (chant), Keith Richards et Elmo Lewis (guitares), Dick Taylor (basse), Stew (piano) et Mike Avory (batterie). » Passons sur le diminutif de Stewart orthographié comme le mot ragoût, l'annonce se termine ainsi, ce qu'oublient la plupart des biographies : *A second group under Long John Baldry will also be there* : « Un autre groupe, avec Long John Baldry, sera là aussi », à quoi on reconnaît la prudence ultime d'Alexis Korner. Long John Baldry, l'expérimenté, fera deux sets, et les Stones inaugureront leur carrière comme *interval band*, venir pour un set de dix ou douze chansons, à peine une demi-heure, pendant que l'autre récupère : mais c'est avoir sa chance et la prendre.

Ian Stewart a noté la liste des morceaux joués ce soir-là, que rapporte Bill Wyman : il y a *Dust My Broom*, la spécialité de Brian, et *Bright Light, Big City*, un des morceaux de démonstration de Little Boy Blue and the Blue Boys, puis *Ride Them Down* et *Bad Boy*, des morceaux testés avec le Blues Incorporated, et au moins deux Chuck Berry, *Back In The USA* et *Down The Road Apiece*, dont Keith aurait du mal à imaginer qu'il rejouerait note à note comme ce premier soir l'intro, le solo et les accords un quart de siècle plus tard en duo avec Chuck Berry lui-même, quand il lancera le traditionnel *Go, Keith, go!*

Et c'est ce soir-là paraît-il, dans la sueur d'après concert, que Richards lance à Brian sa phrase malheureusement prophétique, qu'à ce train-là, même si on aura vécu, on ne fera pas long feu : *You don't do thirty, don't you?* : «T'arriveras pas à trente, mec, pas vrai?» Parce que c'est d'abord le sentiment qu'on a pour soi-même, et que la vie ça vous paraît devoir être cela, ce feu qui semble enfin prendre. Ce soir-là, on transpire pour quelque chose, on est payé en retour de son émotion, et les doigts ont sans doute encore un tremblement nerveux tandis que, tout fini et tous partis, on reste, les six, assis devant les bières, fumant des cigarettes, avec peut-être le regard un peu durci de Brian quand il considère Mick Avory et Dick Taylor qui ne sont pas ce qu'il rêve comme batteur et comme bassiste. Et puis on remballe tout dans la vieille Rover de Stu (et non Stew) qui les ramène à la chambre grenier de Beckenham où on a du mal à trouver le sommeil, mais on rêve.

Une première fois, c'est toujours du rodage *: The crowd was reasonably positive* [22, 19], commente Dick Taylor : «Un public raisonnablement positif», et rien de plus. Et Long John Baldry reprend le micro pour la suite, avec les chansons bien rodées qu'on attend au Marquee pour la soirée.

L'invention des Rolling Stones

102 Edith Grove

C'est Keith Richards qui parle, en 1998, et il faut le citer en entier : *Brian came up with the name. It was a phone call, which costs money, and we were down to pennies. We'd got no gas and we were freezing our balls off, no water, everything was cut off* [14, 14] : « C'est Brian qui a dégotté le nom. Il était au téléphone, et ça coûtait cher, alors qu'on n'avait pas un radis. On n'avait même pas de gaz et on se gelait les couilles, pas d'eau, tout était coupé. » *We got a gig at last, so we said : Call up* Jazz News, *put in an advert. So Brian gaily dials away, and they say : Who ? We hadn't a name and every second was costing a precious face down* [14, 14] : « On a fini par dégotter un concert, alors on s'est dit : Faudrait appeler *Jazz News*, faire une annonce. Alors Brian fait le numéro, et ils disent : Qui ? On n'avait pas de nom, et chaque seconde ça nous coûtait bonbon. » *There's a Muddy Waters record face down :* The Best Of Muddy Waters, *and the first song was* Rollin' Stone Blues. *That's the reason we're called The Rolling Stones, because it didn't open his mouth immediately we were going to strangle him and cut him off* [14, 14] : « Il y avait un disque de Muddy Waters par terre : *The Best Of Muddy Waters*, et la première chanson c'était *Rollin' Stone Blues*. C'est pour ça qu'on s'est appelé les Rolling Stones, parce que s'il avait pas ouvert le bec tout de suite on l'étranglait. » *Not a lot of thought went into it, in other words* [14, 14] : « En d'autres mots, il y a pas des kilos de pensée là-dedans. »

Et ça ne rend pas l'enquête facile, quand les intéressés eux-mêmes pratiquent de telles approximations sur leur vie même. L'annonce est passée dans *Jazz News* en juillet, et en juillet on ne gèle pas dans les appartements. De toute façon, ils n'habitent même pas encore ensemble, et même l'argent à ce moment-là on en a un peu, puisque c'est le moment où on s'achète les amplis Harmony. Keith mélange donc que Brian a réellement pris à Muddy Waters le nom *Rollin' Stones*, quand bien même Ian Stewart trouvera, à la première audition, où n'ont été convoqués ni Jagger ni Richards, que ça fait artiste de cirque. Keith amalgame le souvenir réel d'Edith Grove en cette fin d'automne, puis ce début d'hiver : en août, quand ils s'y sont installés, c'était plus gai. Il mêle avec le souvenir de ces moments quand Brian, encore leader en titre, est celui qui téléphone pour les engagements et les annonces à négocier, les autres l'entourant près du gros téléphone en bakélite noire et l'encourageant des yeux, sur le comptoir d'un pub où le patron vous concède l'appareil à la minute. On fréquente aussi pour cela la cabine téléphonique du bout de la rue – c'est attestée par James Phelge (il n'y a jamais eu de téléphone à Edith Grove) : eux trois autour tâchant de comprendre ce qui se dit, poussant pour une réponse, commentant par des grimaces ce qu'ils veulent que Brian comprenne parce que ça concerne tout le monde, et qu'effectivement il faudra payer la communication au bout. Et Keith mélange avec une troisième histoire, quand neuf mois plus tard, vers mars 63, les journaux s'intéresseront aux concerts qui drainent chaque dimanche, au Station Hotel Richmond, de plus en plus de monde. Giorgio Gomelsky, le patron du club, qui s'est érigé impresario des Stones, aura un de ces journaux au téléphone, qui lui demandera le nom du club : Brian Jones est en face de lui, et, pris de court, parce que Station Hotel Richmond ça n'est pas très porteur, il dira : « Crawdaddy, le Crawdaddy Club », parce que c'est la chanson de Bo Diddley sur laquelle les Stones terminent rituellement leur prestation.

C'est donc au moins trois souvenirs différents, à huit mois d'intervalle, que Keith Richards superpose pour réinventer l'histoire des Rolling Stones : alors on se sent fier, biographe lointain et dans une autre langue, d'avoir à redresser le décor réel. Pour eux, on dirait souvent que les images surnagent ainsi d'une masse indifférenciée de souvenirs, parce que tout allait trop vite, qu'on ne pensait pas plus loin que le lendemain, et que leurs propres repères ne coïncident pas avec ceux par quoi ils interféraient sur le destin public, ce par quoi nous allions bientôt entendre parler d'eux jusqu'à Civray au bord de la Charente. Continuons donc le démêlage, malgré eux et leur mémoire approximative.

Quand, le 12 juillet 1962, le Blues Incorporated a joué en direct à la BBC, les Rollin' Stones ont tenu la scène du Marquee, mais tout cet été Alexis Korner a repris ses dates normales. Ils ne sont pas les seuls à être sous sa protection, mais deux fois en août, et trois fois en septembre, le groupe de Brian jouera à la pause, *interval band,* pour le Blues Incorporated. Jagger continue d'être son chanteur de remplacement, rémunéré peu mais régulièrement.

Korner sait que les Rollin' Stones répètent tous les jours et que pour eux c'est du sérieux. Ils progressent. Brian, avec sa ténacité un peu collante (Keith Richards dit de lui : *He was like a little Welsh bull, he was broad, and looked very tough*, 1, 52 : « Il ressemblait à un petit taureau de chez lui, au pays de Galles, tout large, et l'air sacrément coriace »), amène Korner et d'autres parfois les écouter – on fait mine que c'est une répétition comme une autre mais on est sous les armes, comme de jouer pour un public d'un seul mais qui en vaut cent. Mais pour être pris au sérieux, et devenir un vrai groupe susceptible d'être engagé, il faut ce qu'on dit en jazz une « section rythmique ». Sans batteur fixe et avec un bassiste très amateur, il n'y a pas de groupe qui tienne.

Mais, si on est un groupe, c'est parce que, ce début août, on a emménagé à Edith Grove. On vit ensemble, on est musiciens à Londres. Suivons les pérégrinations géographiques de l'été, elles influent en profondeur sur ce qui les lie.

En juillet, Brian vit à Powis Square, sous les toits, mais pas loin de Kensington où ils répètent. Souvent, plutôt que de rentrer à Dartford, Jagger vient déjà y dormir. La liaison avec Pat Andrews n'est pas au beau fixe, et, un soir, Pat en rentrant, son gamin dans les bras, découvre qu'il n'y a plus ni guitare ni fringues, que Brian s'est envolé.

Mick dispose des sept livres hebdomadaires de la London School of Economics, et du papier qui le prouve : on peut se présenter à un propriétaire, verser caution, et il se porte locataire en titre d'une grande pièce commune, Brackley Road à Beckenham. Rien de riche, et un quartier pas possible : encore plus loin que Penge au sud. Pour un peu, si ça les intéressait et s'ils étaient sortis le soir dans les bals, ils auraient pu tomber sur Wyman. Ils installent par terre dans la pièce deux matelas, un pour lui, un pour Brian.

Pas question pour autant de rompre avec Pat Andrews : elle sait, entre le Ealing et le Marquee, où repêcher Brian. Scène, réconciliation, et elle emménage elle aussi Brackley Road, avec le gosse ils sont trois dans la pièce unique. Un soir, en faisant la cuisine, ils mettent le feu au plafond, on tend un tissu sur le trou pour dissimuler au propriétaire, on ne va pas s'éterniser là. Keith, quand il a joué toute la journée avec Brian et qu'ils ont répété le soir avec le groupe, ne va pas repartir à Dartford, lui aussi partage souvent la piaule de Beckenham, ça les soude. On dort, on se réveille, on mange en groupe, on s'échange les fringues et surtout on joue de la guitare. Et puis au milieu il y a cette fille et son gosse, qui donnent à l'ensemble une allure de caravansérail qui ne leur déplaît pas forcément. On ne connaît pas de petites amies, alors, ni à Keith ni à Mick, et ça les émancipe.

Mick, l'été précédent, pour gagner trois sous, avait fait coursier pour un hôpital, il dit que son initiation sexuelle date d'un soir de cette période-là et d'une infirmière généreuse, dans une salle de garde : l'été, l'apparition des blouses de Nylon, la liberté des carabins, pourquoi pas. La légende rétrospectivement permet tout, et Mick, idole sexuelle, a besoin d'établir sa légende : il faut bien à tout le monde une première fois, et les temps ont changé (justement, ont changé en se fabriquant par les Rolling Stones leur propre éthique de transgression), ils n'étaient pas si libres qu'ils le deviendront en une poignée d'années fleuries. Keith Richards, cité par Stanley Booth, prétend que c'est plutôt seulement ce mois de juillet, à Beckenham, un matin que Pat était seule, que Mick Jagger a définitivement quitté l'adolescence, ce qui semble cohérent avec les temps et les lieux, et que cela, paradoxalement, l'instant de tension passé, a rapproché l'étudiant sage et le musicien beatnik, comme si Jagger, de façon récurrente et permanente, avait besoin comme préalable de ce trouble d'une relation aux limites, en l'occurrence par le couple de Brian Jones et Pat Andrews, pour établir son nouveau territoire.

Brian Jones, trois fois père de famille à dix-neuf ans, ne peut entretenir qu'une relation complexe avec Pat Andrews, et cette solidarité mâle qui le lie à son chanteur passe sans doute avant les obligations de couple. Un dépucelage, c'est toujours un peu complice, voire fonctionnel ?

Mick dort ces jours-ci tellement souvent chez Pat et Brian que l'intimité qui lève est douceureuse. Le Ealing ferme tard, eux se sont couchés à l'aube mais Brian a dû se lever tôt pour un énième petit boulot, quand Jagger se débrouille pour se retrouver au lit avec Pat. Cela n'aura pas de suite, mais dans cette ambiance prude des années 60 qui s'ébrouent, c'est sans doute un déplacement sur cet échiquier qui le noue à Brian : ce qu'on partage n'est pas que la musique, c'est comme une fusion où l'un peut prendre masque de l'autre. Le Mick de dix-neuf ans, avec sa petite taille et sa peau grumeleuse, plus la surveillance familiale et le sport obligatoire, il fallait pour l'initiation peut-être cette confiance vaguement louche de la place chaude, de la transgression de cette intimité des autres où on s'insère comme sous le masque du frère jumeau. Pat reste évasive : *In those days shops closed at 1 pm on saturdays, and Brian was working half day. Mick was still woozy. I made him coffee and sat on end of the settee to give him the mug. Mick swung up grinning. He put his arm around me and made a pass. I wasn't interested. Brian was a very jealous man, but I had never been unfaithful to him and I wasn't about to start with Mick* $_{19,47}$: « En ce temps-là, les boutiques fermaient à une heure de l'après-midi le samedi, et Brian devait bosser la moitié de la journée. Mick était encore un peu pété. Je lui ai fait du café et je me suis assise sur le bout du divan pour lui donner la tasse, il s'est relevé en grimaçant, il m'a enlacée et m'a fait des avances. Ça ne m'intéressait pas. Brian était un mec très jaloux, et je ne lui avais jamais fait de crasses. Je n'allais pas commencer avec Mick. »

Mais dans une société qui fera tant de bruit sur la permissivité induite par ceux qui chantent *I'm A King Bee* ou *Lemon Squeezers* en se dandinant des hanches, quand la relation garçon-fille est soigneusement limitée avant mariage au *kiss and cuddle*, câlins et bisous, pour oser chanter il faut bien fricoter avec la nuit en adulte. Et la bohème où s'est installé Brian Jones, définitivement hors de tout archétype social, est un des cadeaux majeurs et des plus symboliques qu'il lègue à ses compagnons.

Ils sont trop à l'écart, trop loin de Soho, du Ealing et du Marquee, et cette piaule surencombrée est invivable. C'est encore Mick qui trouve, grâce toujours à sa carte de visite de jeune étudiant de la London School of Economics et la caution des parents, et on emménage au premier août.

Edith Grove est officiellement une rue du prestigieux quartier de Chelsea, avec ses magasins artistes et sa vie de nuit. D'Edith Grove, on est à deux pas des maisons avec vue sur Tamise de Cheyne Walk où Mick et Keith seront d'ici cinq ans propriétaires de maisons Queen Anne du XVIIe siècle, rachetées à des aristocrates en déveine, et qu'ils revendront à des rois du pétrole avec sérieux bénéfice, *times are a-changin'* proclame déjà Bob Dylan, dont ils n'ont pas encore entendu parler. Mais, Edith Grove, c'est l'extrême bout de Chelsea, à la frontière, et pas une rue bien reluisante, tout près de la Fulham Road qui emmène Londres vers l'ouest.

Une rue de maisons toutes identiques et symétriques, portes à colonnes et fenêtres à bow-windows, maintenant proprettes et refaites, mais alors dans cette frange où se défait la ville. La maison du 102 est déglinguée, l'appartement est au premier et les toilettes sur le palier sont communes. Mais au moins, pour seize livres mensuelles, ce qui fait quatre livres par personne (même si Mick sera souvent seul à payer), il y a deux chambres qu'on partage à deux, et on a au milieu une pièce commune. C'est l'été, et l'été, même à Londres, on peut vivre dans n'importe quoi. Les quatre colocataires sont Jagger et Richards dans une chambre, Jones et Pat Andrews dans l'autre, le bébé Julian Mark étant à cette époque en nourrice, et le copain Hattrell finissant une période militaire. Quand Pat Andrews est là, à elle sont dévolus la cuisine et l'évier, et son salaire est mis dans le pot commun : étrange personnage, dans cette fidélité obstinée – pour qu'à l'enfant soit dévolu une structure stable, prendre tant sur elle-même ? Elle n'en livrera pas témoignage, mais supporte.

Dès que Brian Jones retravaille et touche salaire, il échange la Gibson d'occasion (celle qui avait succédé à la Committee) pour une Gretsch neuve, et Doris Richards offre à Keith, sur ses heures de boulangerie, une électrique Epiphone à la place de sa *semi electric* Hofner. Mick a son Reslo et un ampli, seul Dick Taylor ne change pas son équipement, et signe par là son préavis de séparation. On plonge des heures à mêler les sons, que les amplificateurs neufs font passer bruts et plus puissants.

Si Keith Richards mélange par concaténation les souvenirs, c'est sans doute que la période Edith Grove est pour lui d'un seul bloc, avec des dominantes. La dominante, c'est qu'ils sont tout entiers tendus à trouver ces quelques engagements de misère pour un groupe sans batteur ni vrai bassiste : d'où l'importance des coups de téléphone passés de la cabine du coin. Un concert en août, quatre en septembre, quatre en octobre, mais six en novembre, puis six en décembre. Toujours pour la séance du milieu, quand ceux du groupe principal vont boire une bière et manger un sandwich entre deux passages, et donc payés trois fois moins qu'eux. Le reste du temps c'est là, dans l'appartement, à jouer, à causer, à attendre, et que l'été passe.

Ce n'est jamais un tel mauvais souvenir, la première expérience qu'on fait, à vingt ans même pas, de vivre en adulte, en plein milieu d'une capitale, à deux pas de ses quartiers excentriques et branchés, et on sait comme Londres s'y connaît pour les susciter, quand on a de belles guitares et des dents longues.

Non pas que tout soit égal dans une collectivité idéale. Brian a rempilé pour un ultime travail salarié mais tout ce qu'ils ont d'argent, salaire de Pat Andrews compris, passe dans la musique. Richards est là, mais en occupant gratuit, même si Doris fournit des pochons de ravitaillement et quelques billets d'une livre. Elle passe une fois par semaine, Doris, à l'appartement d'Edith Grove, pour voir son fils qui n'en bouge plus, et elle repart avec le linge de tout le monde, qu'elle rapporte la semaine suivante. Le loyer est à verser semaine après semaine, chaque vendredi soir, la propriétaire venant frapper à chacun des trois appartements pour encaisser, et quatre livres c'est plus que ce qu'on leur donne alors à se partager en six pour un concert.

C'est devenu notre légende, Edith Grove : si nous tous, du commun des mortels, on passe au même âge par des phases et des appartements du même genre, il n'y a pas, vingt ans plus tard, des graffitis soigneusement entretenus à la porte pour vous en rappeler le bon souvenir. Dans les rues d'à côté, ou pour ceux qui leur avaient succédé à Beckenham ou dans les précédentes piaules de Brian, ils devaient être nombreux à expérimenter pour leurs vingt ans pareille bohême : âge où le confort et l'éphémère ne comptent pas. Pourtant, Stu, qui bosse et doit rester propre, ne vit pas comme ça, ni Watts, ni William Perks qui ne s'appelle pas encore Wyman.

C'est Edith Grove phase un, août et début septembre. On joue de la guitare la nuit tant qu'on peut, on sait que désormais on est liés par quelque chose qui déjà amorce ce que Richards dira plus tard méchamment à Jagger, quand il sera question de remettre la grosse machine à sous sur ses rails : *Darling, this thing is bigger than both of us* [2,2] : « Chéri, ce truc ça vaut plus que nous deux... »

Brian et Keith partagent leur repas maigre avec Mick, mais découvrent après quelques semaines, et du coup ça leur reste des années en mémoire, que Mick s'offre des snacks dans un *fish and chips* d'à côté, histoire de manger un peu avant de remonter là-haut, où il n'y a pas grand-chose à manger mais qu'on le partage. C'est son argent, bien sûr, et ça le regarde, mais ça ne se fait pas sans prévenir les copains. *Mick was rather better off. Every so often, he'd leave Keith and go off to a slightly better caff. Mick was always very fond of his stomach* [1, 54], c'est Stu qui le dit : « Mick se portait plutôt mieux qu'eux. Le plus souvent il plantait Keith et descendait à côté pour un casse-croûte un peu meilleur. Mick a toujours fait attention à son estomac. » Et Stu s'y connaît en sandwichs. On apprend la vie par le biais qu'elle a pour vous endurcir : la limite qu'on constate aux autres.

Pareil, ils ne savent pas, ne l'apprendront que bien plus tard, mais ce sera une cassure payée de mort, que Brian, même pour ces remplacements payés trois fois rien, deux livres pour tout le monde, exige en tant que leader un supplément en liquide qui lui soit payé à lui directement, et n'entre pas dans le partage.

Keith Richards, lui, se fiche apparemment pas mal de tout ça : la plupart du temps seul dans la journée, il joue de sa guitare ou traîne. Son acné ne s'arrange pas du régime et de l'hygiène, mais ça non plus n'a pas l'air de le gêner autant que cela gêne les autres, puisqu'ils en parlent tous comme d'un élément notable, et pas lui.

Mick et Keith sont forcément en tiers des incessantes tensions entre Pat et Brian. Brian trouve que ce fardeau-là sur lui est en trop, qu'il devrait en être pour Pat et son gosse comme des deux enfants laissés à Cheltenham, et toute dégradation de leur relation, qui prétexterait une rupture définitive, l'arrangerait en somme. Pat dira : *Brian was good with Mark. He only once got angry with him, and that was when Mark suddenly took off and started twiddling knobs galore on his amplifier which he'd left on the floor* [19, 46] : « Brian était bon avec son gosse. Je l'ai seulement vu en colère une fois, quand Mark d'un seul coup était parti et avait commencé de tripoter les boutons de volume de son ampli, qu'il avait laissé par terre.» L'enfant est chez une nourrice dans la journée, et le soir Brian est rarement là, et quand Pat Andrews le suit, c'est Jagger qui se charge de garder le bébé. Ou Richards, mais si c'est Keith, c'est comme si le gosse n'existait pas. Lui, il fait ses trucs, et que le gosse s'occupe des siens. Pat Andrews dira plus tard que Keith était sale et paresseux, ou crasseux et fainéant, *lazy, solvenly*. Pas de classe, *no class*. Mais elle projette peut-être contre Keith l'influence qu'il a de plus en plus sur Brian.

Comment cela se passe entre Brian et Pat, au bout de l'année tumultueuse, avec tant d'adresses et de changements : silence. Pas de cris ni de coups, du moins pas à ce moment-là. Brian savait peut-être obtenir la même tension en se retranchant derrière des apparences de calme et de respect : la musique, n'est-ce pas, avant tout. Et puis on est content que Pat contribue aux seize livres à aligner chaque mois pour la propriétaire. Mais le résultat est là : *One date late in september when Brian was at work I packed, took Mark and left. It was the only thing to do. I didn't tell Brian. I bottled out and left a note* [19, 48] : « Un jour de la fin septembre, alors que Brian était au boulot, j'ai plié mes affaires, j'ai pris Mark et je suis partie. C'était la seule chose à faire. Je n'ai rien dit à Brian, j'ai fait ma valise et j'ai laissé un mot.» Paradoxe que Pat Andrews, brune et plantureuse sous ses cheveux courts et sourcils épilés, organise aujourd'hui les festivités bisannuelles du Brian Jones Fan Club, rieuse au fond et fière de sa contribution à l'histoire du monde.

Pat Andrews partie, on reprend Dick Hattrell, démobilisé du service militaire. Insistons au passage sur ces précisions : la Grande-Bretagne décide cette année-là de supprimer le service obligatoire, et Jagger et Richards sont les premiers à officiellement y échapper – Brian a été laissé de côté pour son asthme, mais, pour Bill Wyman l'armée a été une bifurcation. Si on reprend Hattrell, le copain de Brian, c'est qu'il a quatre-vingts livres sterling sur son compte d'épargne, et ça arrange bien pour le loyer. C'est lui qui va partager la chambre où est Brian, et c'est Edith Grove phase deux.

On arrive au mois d'octobre, et à Londres l'automne fraîchit vite. Ils ont pris leurs habitudes dans un Wimpy Bar qui jouxte la station de métro Earl's Court (et affiche toujours, sur son bandeau de bois peint, la mention magique *Johnny's fish and chips*). C'est à quatre cents mètres, tout droit, en remontant par Redcliffe Gardens, qui fait le prolongement nord d'Edith Grove. Du métro Earl's Court, en prenant direction

Paddington, on change à Notting Hill, soit pour Oxford Street et le Marquee à l'ouest, soit pour Ealing Broadway et le Ealing Jazz Club à l'est. Au Wimpy, on paye les hamburgers, mais le thé est quasiment à volonté, on tient avec ça. Doris Richards s'est aperçue que l'argent qu'elle laissait partait chaque fois dans de nouveaux disques, ou les sempiternelles cordes de guitare et autres accessoires, cordons et jacks, médiators et capodastres, un nouveau micro ou des mécaniques à bain d'huile, Brian et Keith ont toujours une raison pour s'acheter quelque chose de nouveau. Alors elle apporte directement des sacs de courses et ne laisse pas d'argent. Quand Doris est partie, ils sont trois, Jones, Hattrell et Keith, à ouvrir la poche du supermarché de Dartford avec la hâte de gosses qu'ils sont, puis partager.

Mick ne fait pas bande à part, mais le père Joe veille au grain, Eva reste méfiante, pas question de relâcher sur les études. Mick va régulièrement en cours, et, malgré les séances Korner au Marquee (non seulement ça ne finit pas tôt, mais allez trouver le sommeil après, et la bière est à volonté : il est plus pâle qu'il n'a jamais été), il continue même d'appartenir activement à la deuxième équipe de football de son école, à Aldwych, dans les beaux quartiers, entre King's College et Lincoln's Inn, le palais de justice. Les autres en rigolent, parce que lui il doit s'extirper du vieux matelas par terre dans la piaule, se débarbouiller à l'eau froide, pendant que les autres prolongent leur grasse matinée d'artistes en herbe : *They used to laugh at me because I had to go to school in the morning, which wasn't easy. No wonder I wasn't very good at school with that fuckin' lot,* [16, 35] : « Ils se fichaient de moi parce que je me levais le matin pour aller à l'école, ce qui n'était pas facile. Ils s'en fichaient, alors que l'école on peut pas dire que j'y étais très bon, avec tout ce fichu bazar. »

Mick ne finira pas l'année scolaire, mais il ne le sait pas encore, ne l'imagine probablement pas. Ils se moquent aussi de lui, Brian et Keith, parce que Mick, le maigre et fluet Mick, entame ce qu'ils disent sa première période *camp*, tandis qu'eux ce n'est pas leur genre : on peut traduire *camp* par « efféminé », mais c'est plus satirique – sa « période demoiselle » ? Les Rolling Stones sauront pourtant rentabiliser l'investissement. Mick a sa première petite amie connue, Cleo Sylvestre, il lui emprunte son bleu à paupières et son maquillage, un peu de rouge à lèvres et son vernis à ongle, et s'affiche comme ça au Marquee. Manière d'outrepasser sa timidité pour mieux s'affirmer sur scène, puisque maintenant il y monte régulièrement ? Prise de conscience souterraine que chanter ce n'est pas un exercice de voix mais du corps qui s'exhibe et se donne, et que c'est par cela aussi, voire d'abord, que passe la présence du chant ? On se moque de lui et il tient, avec son bleu, son rouge et son vernis.

Brian n'a plus de travail, et Hattrell n'en a pas encore. On tire un, puis deux loyers sur ses quatre-vingts livres de l'armée. Fulham Road est une grande rue passante, et s'il n'y a pas encore de supermarchés, ce n'est pas encore inventé, les magasins y sont grands. Deux beatniks comme Jones et Richards, dans un magasin, ça se remarque. C'est vieux comme le monde : ils sont affamés, ils prennent des airs doucereux et s'attardent devant les choses chères, qu'ils tripotent sans rien prendre. C'est eux deux qu'on surveille, pendant que Hattrell, qui attire bien moins l'attention, se remplit les poches et le slip de pommes de terre et de navets (c'est Hattrell qui le dit : *potatoes and turnips*). Hattrell aussi qui descend le matin à cinq heures et demie et pique devant une porte du quartier deux bouteilles de lait, jamais au même endroit.

Quand le temps fraîchit, on découvre le problème du chauffage. L'appareil fonctionne à la demande, on met une pièce de cinq pence et on a vingt minutes de chauffage électrique. Jusque-là, on n'y avait pas trop prêté attention et maintenant, avec l'hiver, l'appareil s'impose comme le pôle d'attraction, la chose majeure. On ne chauffe pas les chambres, on se regroupe dans la pièce principale, mais il faut bien alimenter en pièces de cinq pence. A ce moment-là, un des appartements voisins est occupé par des étudiants en médecine qui font souvent la fête. Alors, quand leurs invités s'en vont, on passe chez eux et Richards, qui s'en fait une spécialité, propose gentiment de les aider à ranger. Il trie les bouteilles à déconsigner et ça tombe bien : chaque bouteille de bière est remboursée cinq pence au Wimpy : les carabins n'en savent jamais le compte exact – quand on invite des copains, comme ils font, c'est eux qui apportent à boire, et ils ne remportent pas les bouteilles vides. Quand Wyman commencera à fréquenter Edith Grove, en décembre, c'est lui qui souvent fournira l'appareil en pièces. Pour l'instant, ils jouent de leurs guitares, mangent et dorment en manteaux, et Hattrell dans son treillis militaire. Pour se laver, ils ne précisent pas : on attend le printemps, sans doute.

La bohême, ce n'est pas d'être réduit à une misère stérile, c'est de déplacer les accents entre ce qu'on doit considérer comme important et ce qu'on déclare soi-même l'être. L'habitude de l'alcool, par exemple, et comment à vingt ans ça peut servir de chauffage intérieur. *Brian and I managed to get hold of a bottle of brandy and a bottle of whiskey every day, and Brian would polish off his daily brandy and I would drink my bottle of Teacher's or bottle of Bell's. We'd just carry them in our pockets and drink from the bottles. It kept us warm* [9, 90] : « Brian et moi on se débrouillait pour s'enfiler une bouteille de brandy ou de whisky tous les jours, Brian son brandy et moi mon Teacher's ou mon Bell's. On avait ça tout prêt dans la poche et on buvait à la bouteille, ça nous tenait chaud. »

Même s'il ne s'agit que de fiasques d'un cinquième de litre (*fifth of booze*), ce mot *booze*, la picole, fait officiellement son apparition à cette période pour ce qui concerne les Stones. Pour Brian, ça ne cessera plus. Cela lui fera même certainement plus de mal que les drogues, dont il n'aura pas le temps de connaître les versions dures. Il reste que ça coûte plus cher que les hamburgers du Wimpy, et qu'on ne peut pas en dévaliser sans risque les épiciers de Fulham Road. Hattrell, après ses deux ans de service, doit encore des périodes de réserve, en reçoit des dédommagements : l'argent de l'armée est réinvesti dans le brandy et le whisky, et Hattrell laisse faire.

Brian continue de voir Pat Andrews et le petit Mark. Souvent il les rejoint le soir, et cette illusion de responsabilité familiale signifie au moins pour lui se laver à l'eau chaude et manger un peu mieux. Dans la journée, il est avec Keith, et les progrès qu'ils font avec leurs deux guitares les étonnent eux-mêmes. C'est une disposition mentale que d'être ainsi hors du monde en pleine ville, livré à vous-même. On s'abandonne et on y croit. C'est une posture dans la tête : si on n'avait pas décidé de se croire Rolling Stones longtemps avant qu'il y ait Rolling Stones, il n'y aurait jamais eu de Rolling Stones (ce qu'Adorno disait pour Beethoven), et c'est sans doute ce qui se passe ces semaines-ci, dans l'hiver qui arrive. Mais aussi une technique : on joue à l'unisson, et chacun prend à son tour le solo, et ce qu'un arrive à déchiffrer dans un disque, l'autre l'apprend aussi.

Ce n'est pas brillant, Edith Grove, avec les papiers peints qui se décollent, les tapis usés à la corde, le plâtre qui tombe du plafond et pour se laver l'eau froide de l'évier, où s'empile la vaisselle dépareillée et ébréchée fournie par la boulangère. Une seule ampoule au plafond de la grande pièce, et des bougies pour les chambres. L'été, au mois d'août, on ne s'aperçoit pas de ces contingences. Le froid, la pluie et les journées courtes font passer ça au premier plan, et Edith Grove s'enfonce dans la crasse : *The first time I walked into that Edith Grove flat, the stink almost knocked me over. There was rotting food and old cigarette butts all over the place, dirty clothes flung around, but that disgusting smell, like rotting cabbages, I couldn't imagine anybody living there. You had to pick your way through the room, stepping over all the guck that covered the floor* [9, 78], dit Stewart : « La première fois que je suis entré dans cette turne d'Edith Grove, c'est l'odeur qui m'a mis KO. Il y avait de la bouffe moisie et des mégots de clopes partout là-dedans, des fringues sales posées n'importe où, mais surtout cette odeur à vomir, comme du chou pourri. Je pouvais pas imaginer qu'on puisse y vivre, là-dedans. Et t'avais à viser ton chemin pour traverser la pièce, et enjamber tout ce qui traînait par terre. »

Il est de plus en plus vital de jouer. L'histoire du coup de téléphone rapportée par Keith, pour qu'il s'en souvienne ainsi, doit se répéter souvent dans ces semaines-là : trouver des engagements, jouer même pour rien, être accepté. Toute l'année précédente, Brian a souvent remplacé au pied levé tel ou tel guitariste dans un groupe, il connaît du monde. On ne veut pas prendre la place des groupes de jazz invités dans les clubs, mais jouer le break, être le groupe du milieu, *interval band,* pas celui de l'affiche mais le deuxième, les remplaçants.

Seulement, l'alcool change le caractère. Que Brian soit invivable, c'est peut-être la différence entre la gentillesse à jeun et ce qu'on traîne quand par affectation on a sa fiasque de whisky dans la poche et qu'on y suce. Il y a des tensions d'abord avec Jagger, et Richards se retrouve du côté de Brian : Mick a un beau manteau bleu et on se fiche de lui, Richards en premier. Que son meilleur copain, Keith, maintenant ne décolle plus de Brian, du matin jusqu'au soir, il l'accepte mal. C'est lui, Jagger, qui avait fait le forcing pour que Keith le suive dans l'expérience Rollin' Stones, et maintenant c'est eux deux l'attraction principale, le duo de guitares à l'unisson. Incroyable, les progrès de Richards. Korner comprend l'intérêt de leur association, et les pousse : *Direction was the one thing Brian never had. He had an incredible amont of intensity and danger but never direction. Whereas Keith always had direction* [16, 35] : « Ce qui a toujours manqué à Brian, c'est de savoir décider. Il possédait une énergie incroyable, inquiétante, mais il ne savait pas trancher. Alors que Keith, lui, l'a toujours su. »

Et pourtant, le problème, c'est Richards. C'est ce qu'on leur répond, au téléphone, côté clubs de jazz. Jagger, il est de chez Korner, on veut bien. Jones, c'est la slide côté Elmore James, on veut bien. Mais ce type arrogant en blouson et chaussettes roses, qui n'adresse la parole à personne, pour qui il se prend ? Des mecs qui jouent du Chuck Berry, il y en a plein les rues, qu'ils aillent voir dans les bals, côté Penge. Qu'il apprenne quelques accords de plus. Pas question d'inviter les Rollin' Stones s'ils se présentent avec sur scène un type comme Richards.

Brian, contrairement à tant d'autres situations où il faudra décider, reste ferme : pas de Rollin' Stones sans le duo de guitare, donc de Rollin' Stones sans Keith. Mais il ne leur décroche rien, quelques misères à deux livres pour une demi-heure, entre deux passages d'un groupe à la noix. Et Mick, pour que les Stones existent, n'est même plus dans le *line-up* de Korner, on l'a dépossédé de ce qu'il a eu de meilleur.

On a au moins la fidélité de Korner, qui régulièrement leur concède son break au Ealing. Ce n'est pas payé cher et ça ne sort pas de la famille, mais c'est là qu'on revient, deux fois une demi-heure en août, trois fois une demi-heure en septembre, deux fois une demi-heure en octobre et pareil en novembre. Chaque fois, c'est une équipée : on part en métro ou en bus, on se débrouille pour revenir, avec les instruments et les amplis, Hattrell pour aider à porter (c'est Brian qui lui avait généreusement dit ça : faute de savoir jouer, il porterait les amplis, comme ça, le copain pressuré jusqu'au bout serait quand même du groupe – être du groupe, expression magique). Stu, qui trouve son piano sur place. Dick Taylor les rejoint avec sa guitare basse, ça va durer encore deux mois, mais il n'est plus dans le noyau du groupe. Pour le batteur, c'est celui qu'on trouve de libre, avec une préférence pour Carlo Little, quand le cachet suit.

Fin septembre, on réussit à obtenir une seconde fois la prestation au Marquee, la grande salle d'Oxford Street. Mais la tension monte avec Harold Pendleton, le patron : ça s'écarte trop du rhythm and blues, ce qu'ils font. Ils sont dans une mauvaise passe, dit-il, trop de bruit, trop électrique, et ces musiques de ville à la Jimmy Reed c'est trop loin des vraies sources. Pendleton dit aussi à Jones qu'avec Richards le groupe n'est pas au niveau, soit. Jones assume, et écrit pour *Jazz News*, avant le concert, une lettre expliquant – très doctoralement – la légitimité qu'il y a pour des musiciens de jazz à s'engager dans ce répertoire de blues urbain. Si on refuse de les faire travailler, c'est qu'on ne comprend pas leur musique, c'est que le milieu du jazz les snobe en croyant à tort qu'ils n'en sont plus. Pour la première fois, ils doivent se situer par rapport au rock and roll, et la plaidoirie de Brian ne choisit pas encore le bon côté : *It must be apparent that rock'n'roll has a far greater affinity for R & B, than the latter has for jazz insofar that rock'n'roll is a direct corruption of rhythm and blues, whereas jazz is Negro music on a different plane, intellectually higher, but emotionally less intense* [19, 49] : « Il faut bien se rendre compte que le rock and roll a plus d'affinité avec le rhythm and blues, que ce dernier n'en a pour le jazz, pour autant que le rock and roll est une corruption directe du rhythm and blues, alors que le jazz c'est la musique noire qui se serait trompée d'avion, plus forte intellectuellement, et moins intense émotionnellement. » On n'a pas tant d'écrits de Brian, et celui-ci, signé du fondateur des Rollin' Stones, a dû être relu et commenté longuement par les trois, dans la nuit d'Edith Grove ou au Wimpy d'à côté.

Brian revisite systématiquement les anciennes amitiés, les anciens parcours en auto-stop. En octobre, il décroche un engagement au

Woodstock Hotel, à Mort Cam, dans le Surrey, tout près de Guildford. Et pour la première fois on quitte Londres, on s'entasse dans la Rover de Stu, le matériel dans le coffre : mais on n'y rejouera pas une autre fois, là-bas où ils attendaient un groupe jazz pour l'ambiance feutrée du dimanche soir. Fin octobre, on est invité une troisième fois au Marquee pour l'intervalle du Blues Incorporated, mais Pendleton dit carrément à Richards que, quand on joue de la façon qu'il joue, on s'arrange pour jouer moins fort et que ça se voie moins. Quand le concert se termine, on leur bat froid. A Cyril Davies, l'harmoniciste de Korner, qui leur lance une plaisanterie tandis qu'ils remballent leur matériel dans la Rover (elle n'a jamais paru si vieille que ce soir-là), Brian lui hurle un *fuck off* – on ne traduit pas – auquel l'autre ne comprend rien : lui et Korner, qui faisaient leur pause pendant la prestation des Stones, n'ont rien vu de l'altercation avec Pendleton. On y rejouera deux fois en janvier, mais on ne pardonnera pas ce qui s'est dit ce soir-là. Même quinze ans plus tard, Richards s'en souviendra.

La bouteille, les engagements qui ne viennent pas, et cette déconfiture au Marquee où on est interdit, novembre c'est le trou. La vie entre garçons dans une bauge comme Edith Grove, qu'il y fait froid, qu'on vous méprise carrément ou qu'on vous fasse lanterner sans vous proposer que des remplacements minables, ça lui tourne le caractère, à force, à Brian. Richards passe à travers parce qu'il s'en fiche, fume ses cigarettes et écoute ses disques, et sinon c'est pour jouer de la guitare ensemble. Si la tension grimpe trop, il part faire un tour à pied. Et puis il peut toujours ajouter une visite à ses tantes (un billet d'une livre pour partager le sandwich du soir avec Brian, parce qu'il est comme ça), ou aller se planter une fois de plus devant les magasins de musique près de Piccadilly, et rêver devant les belles guitares vernies inaccessibles.

Jagger est hors du coup : même s'il dort là six nuits sur sept, une part de sa vie est ailleurs, et c'est Hattrell qui prend. Même ce pauvre argent, qu'on lui pique pour la collectivité, le Wimpy et le chauffage, l'argent qui vient de l'armée, on lui en fait grief et on se venge. Les parents de Brian ne lui donnent rien : on veut bien l'aider, mais s'il revient à Cheltenham. Il n'est pas dans le caractère de Richards d'intervenir dans ce genre d'embrouille, et la suite le montrera encore plus violemment. Hattrell a un nouveau sweater, chaud et de qualité, Jones se l'approprie, et pas d'opposition possible. Une autre fois, c'est parce qu'il est dehors aux toilettes, sur le palier, on ferme la porte à clé, et on le laisse là toute la nuit, en faisant semblant que la serrure est retombée toute seule, et qu'on dormait si profondément que. Comme c'était plutôt rigolo, on s'amuse à dénuder des fils électriques, et à le poursuivre avec les deux bouts de fils en avant. Il finit par sortir dans la rue, en tee-shirt, et on le laisse comme ça dehors, en plein novembre, deux ou trois heures avant de rouvrir. Il tombe malade.

Hattrell est d'un caractère à subir, volé, humilié, il continue : Richards, Jagger et Stewart auront au passage découvert un côté de la psychologie de Brian qu'ils ne supposaient pas, et avec quoi il va bien falloir faire. Même si Dick Hattrell pardonne quand même : *Brian did have this incredible cruelty in him, a raging temper, beating up his girlfriends, but he could also be a good friend and very considerate. I understood about his temperament and was willing to take the bad and the good. I could appreciate how hard it was to him to sit around day after day with nothing to do but rehearse with Keith* [9, 90] : « Brian avait cette cruauté incroyable en lui, cette violence de caractère, battant ses copines, mais il pouvait aussi être un bon copain, très apprécié. Je le comprenais, et je voulais prendre le mal comme le bien. Je pouvais comprendre combien c'était difficile pour lui de n'avoir rien à faire jour après jour, que répéter avec Keith. »

En novembre, il y aurait un frémissement ? Tout petit frémissement. Disons que l'échiquier se transforme, et qu'eux, tout en restant à leur même place, occupent une position inédite. Voilà : le Flamingo est une autre boîte, à deux pas du Marquee, mais ceux-là ont loupé le coche Korner. Les entrées et la rumeur, c'est pour le Marquee, et pas pour le Flamingo. Alors le Flamingo tente son rattrapage en offrant leur chance aux refusés du Marquee : si on peut jouer un sale tour au concurrent Harold Pendleton, on n'en dormira pas plus mal pour autant. On entre dans cette période où tant de convergences ou de hasards au même point amassés vont lentement se débrouiller. Et pourtant, le territoire qu'on arpente n'est pas grand : c'est Soho, entre Oxford Street et Trafalgar Square, le quartier à la mode, avec ses boutiques de fringues (*gear*) en pleine révolution depuis les premières minijupes de Mary Quant et la mode aux soieries indiennes (aujourd'hui un triste quartier vide, un genre de Montmartre de vitrines). C'est la fin de ce qu'on nomme la mode zazou (*zoot* chez eux), les excentriques du jazz, qui vont vieillir et passer.

Évidemment, ce n'est pas le vendredi ni le samedi soir qu'on concède aux Rollin' Stones pour leur essai, mais les heures creuses du dimanche après-midi, quand on souhaite qu'assez de bruit passe à l'extérieur du club pour attirer le client, avant qu'arrive le groupe sérieux. N'empêche, on peut mettre ça sur la carte de visite. Mieux vaut le dimanche après-midi, dont personne d'autre ne veut, au Flamingo, que rester se geler ou picoler à Edith Grove, et quelle belle revanche vis-à-vis du Marquee, qui ne veut plus d'eux et de leur musique électrique mauvais genre.

Parce que le Flamingo, dit Stu en insistant sur l'article, c'était *le* club de jazz moderne à Londres, alors on fait la leçon à Keith : *You're not going to the Flamingo looking like that, are you* [2, 131] : « Tu ne vas quand même pas aller au Flamingo fringué comme ça, non ? » Mais Keith Richards n'a qu'une seule paire de *fuckin' jeans*, et il ira comme ça.

On jouera six fois le dimanche au Flamingo, la première ce début novembre, la dernière fin janvier, mais on sera déjà dans un autre monde. Ça a du mal d'abord à accrocher, encore une fois parce que ceux qui sont là viennent chercher du jazz, et tombent sur Jimmy Reed. Côté de ceux qui écoutent, des gamins vont commencer d'affecter de les soutenir, parce que c'est bien de se retrouver avec d'autres pour affirmer une identité. Réciproquement, côté Marquee, haïr le groupe de Brian Jones parce qu'il ne joue pas du jazz pur participe du même schéma. Situation clairement exprimée par Richards : *The problem was getting the gigs in the back rooms of pubs and knocking the traditional jazz guys off their slots because they jealously guarded their gigs. A lot of little vicious moves went down behind the scene. At the time you're 18, you don't think of it like that. And there were these old guys, maybe 25, trying to hang on to their gigs* [29, 8] : « Le problème, c'était de décrocher des engagements dans les arrière-salles de pubs, et fiche dehors les mecs du jazz traditionnel, parce qu'ils se les gardaient précieusement au chaud, leurs concerts. De sacrés paquets de petites saletés on s'envoyait, derrière la scène. Quand t'as dix-huit balais, tu penses pas à des trucs comme ça. Et puis il y a ces anciens, peut-être bien vingt-cinq balais, qui essayent de s'accrocher à leur boulot. »

Alors, d'un côté, ceux qui ont dix-huit ans, et de l'autre, les vieux de vingt-cinq qui défendent des places acquises peut-être dans les mêmes conditions. *That's the way we cut our teeth* [14,16] : « C'est comme ça qu'on s'est fait les dents », dit Keith. Normalement on coule, on renonce, on va voir ailleurs, on n'insiste pas. Eux, si.

Brian décroche aussi un passage au Picadilly Jazz Club, entre le Blues Incorporated de Korner et le Dave Hunt Rhythm and Blues Band. Parce qu'il sait vendre les Stones au Picadilly, en disant haut et fièrement qu'ils jouent le dimanche au Flamingo, ou bien parce que le Picadilly, qui doit payer très cher les deux groupes réputés, doit en trouver un troisième qui joue pour à peu près rien ?

Mais le pas décisif, au Picadilly, c'est que le propriétaire en est un jeune type de vingt-neuf ans, Giorgio Gomelsky, qui finit par dire oui à Brian manière douce, Gomelsky capable encore des années plus tard d'imiter la voix de Brian : *Come and lithen to us, Giorgio, oh Giorgio, pleathe get us some gigs* [1, 66] : « Viens au moins nous écouter, Giorgio, dis, s'il te plaît Giorgio, fais-nous quand même jouer... » Même public, mêmes dents qui grincent, et, si on continue le Flamingo, Giorgio Gomelsky ne leur concédera qu'une seule autre fois le Picadilly. On encaisse. De toute façon, le club bat de l'aile, il y a vingt personnes dans la salle et ça ferme à la fin du mois. En faillite, Giorgio se replie sur un autre pub, à Richmond, et un schéma plus sûr : on va bientôt le retrouver sur leur route.

Dans le grand sud-ouest de Londres, pas si loin de Guildford, c'est Stu cette fois qui trouve un engagement de secours au Red Lion Pub, le pub du Lion rouge, parce que c'est chez lui et qu'il y est connu. Quand on sort de Londres, l'accueil n'est pas le même : les histoires de chapelle et de jazz ou pas jazz, on s'en fiche. On regarde plutôt déjà ce qui se passe : des types de dix-neuf ans qui ont de la poigne et font du bruit, avec les mines comme soi-même on se les rêve. Au pub du Lion rouge de Sutton, on reviendra neuf fois en deux mois, et ça forge les doigts. Chaque fois, on peut en jouer un peu plus, essayer la nouvelle chanson apprise, et à force on repère les visages, on se fait payer une bière par les gars, on est quelqu'un. On fait surtout à Guildford la connaissance d'un type de leur âge, qui s'occupe de la programmation et de la technique : Glyn Johns. Technicien du son, il bosse pour une maison de disques, et leur propose d'enregistrer, comme ça, pour voir. Glyn Johns va rester dans la constellation du groupe pendant les dix ans à venir.

Mais enfin, on joue. Au point qu'un de ces dimanches, au Flamingo, on croise des trucs marrants. Choses de rien, dont on se moque, dont on fait une bonne plaisanterie qu'on se répétera pendant au moins quatre mois, mais à quoi on s'accroche comme signe que ça frémit, même si ça ne frémit pas comme on voudrait. Là, au Flamingo, à la pause, le premier contact avec un agent professionnel. C'est Dick Taylor, toujours bassiste en titre, qui se souvient : *Well, this guy walks up and says : I'm Keith Norris, Artistes Representative, Cockfosters. You could do well with your country and western music.* « Alors il y a ce type qui entre, et nous dit : Keith Norris, je suis agent artistique, Cockfosters. Vous pourriez faire sacrément bien, avec votre musique country and western. » *You should've clocked Brian's face at that. Yeah, says Norris, I'll get you suits and you can play on the american bases, you know, here's my card* [19, 43] : « T'aurais dû pointer la figure de Brian, à ce moment-là. Ouais, dit Norris, je vous fournis les costumes, on ira jouer sur les bases américaines : voilà ma carte. » Cockfosters, c'est un bout de ligne de métro tout au nord de Londres, en diagonale de l'aéroport d'Heathrow à l'autre extrémité : peu de Londoniens s'y sont un jour rendus, mais le nom ils le savent tous, pour sa connotation équivoque source d'assez de plaisanteries dans les rames bondées de la ligne de métro (*Is that Cockfosters? – No, it's mine...* dont on laissera au lecteur le soin de trouver un équivalent idiomatique comme Rabelais s'amusait avec *femme folle à la messe*). Ce sera pour longtemps une des blagues récurrentes de Brian, d'entrer dans une pièce et de s'annoncer : «Keith Norris, agent artistique, Cockfosters...» Comme si ces instants-là, qui n'ont aucune suite parce que bien sûr on ne va pas se grimer avec des chapeaux blancs et des gilets dorés pour aller jouer de la guimauve en partageant le cachet avec ce gars-là, devenaient parce qu'on débute des événements considérables. Même quand Andrew Loog Oldham, puis Allen Klein, auront mainmise sur les affaires du groupe, même quand Klein fera pression pour éliminer Brian des Stones, Brian entrera encore dans des réunions en lançant sa plaisanterie, et se présentant sous le nom de l'imprésario miteux de Cockfosters.

Mais c'est novembre et on court toujours après trois sous. Hattrell est hospitalisé pour une appendicite et rentre à Cheltenham, il a trop supporté et ne reviendra pas : il repart à l'armée, et avec lui ses trois sous du pot commun. Ils ne sont plus que trois à Edith Grove, Keith et Brian dans une chambre, Mick dans l'autre, la plus petite, et cette fois ils ont vraiment faim et froid. Aux derniers jours de novembre, Keith a tellement de fièvre que Jones et Jagger le réexpédient chez Doris à Dartford, il y arrive en plein milieu de la nuit. Le surlendemain, ils ont leur second engagement au Picadilly, Keith est de retour : difficile de laisser tout le rythme à Tony Chapman et Dick Taylor.

C'est la semaine suivante qu'on auditionnera le bassiste de Penge, à l'amplificateur gigantesque : au pire moment, donc. C'est au Waverby Arms, un pub à deux pas d'Edith Grove, à l'angle de rue qui suit le Wimpy. Avec Bill Wyman, exit Dick Taylor, et la configuration presque définitive des Stones. Au vendredi suivant, après sa journée de travail, le magasinier de chez Sparks revient avec Chapman. Ils s'arrêtent au Wimpy et achètent, avant de monter à l'étage d'Edith Grove, des *fish and chips*. Ça détendra l'atmosphère, les maigrelets ont faim. Il apporte aussi des cigarettes, Wyman, et les autres lui font une bonne farce : on le fait s'asseoir sur la chaise qui n'a que trois pieds, il tombe, tout le monde rit. Étrange relation, où l'écran jamais ne se brisera totalement : le magasinier criblé de dettes fier d'en rajouter sur les beatniks en leur apportant à picorer (et fournissant les pièces de cinq pence pour l'appareil de chauffage), et la fascination qui le paye en retour, pour ces oiseaux incapables de tenir sur une branche, cette manière artiste à quoi les Cliftons n'ont jamais accédé. Le petit homme maigre, qui paraît largement les sept ans qu'il a de plus qu'eux, avec sa mode des banlieues, n'aura jamais part égale. On dit simplement à Wyman que le lendemain soir il joue avec eux dans un club de jeunes, à Chutney, et qu'ils auront deux passages, avec leurs Jimmy Reed et leurs Muddy Waters. Mais le cachet sera empoché par Brian pour les dépenses communes, sans même de pige pour Wyman le nouveau. Le mardi suivant, il les accompagne dans la grande salle en longueur du Ealing, la scène à un bout, le bar à l'autre. Il se souvient de Stu jouant du piano dans un morceau, et, avant même que les guitares et Jagger aient terminé, Stu déjà au bar là-bas avec ses copains.

Dans le foisonnement de ces groupes en formation dont attestent les programmes de centaines de clubs de quartier (il suffit de suivre ce qu'il en a été pour Wyman), ces moments-là sont les cahots sur quoi on bute et où on casse. La grande masse des musiciens de vingt ans redevenant étudiants ou laissant la guitare en intégrant le monde du travail, quitte à garder longtemps la Framus ou l'Epiphone accrochée en trophée au mur du salon.

Brian embrouillé dans des histoires administratives plus compliquées sans doute que les minces traces ne le laissent entendre (Phelge parlera des lettres recommandées adressées à *B.L.H. Jones*, les trois initiales haïes témoignant de leur caractère officiel), l'hostilité des milieux du jazz qui se traduit par un simple jugement musical : ce n'est pas bon, ils jouent mal, les études qui souffrent pour Jagger et la tête des parents à la maison, la crasse d'Edith Grove et les salles où on joue, désertes, et Keith est reparti à Dartford, acceptant un remplacement au tri postal de Dartford procuré par ses parents pour les fêtes de Noël à venir : cette fin décembre 1962, ils ont de quoi douter.

Pour Mick, au bout de ces six mois, une situation plus difficile que pour les deux autres : étudiant en économie, on vit à trois sur sa bourse. C'est Jagger qui paye le loyer, Jagger qui résiste, et on atteindra janvier. On aurait aimé aussi avoir témoignage de Mick (mais c'est impossible, il refuse) sur sa formation au chant, maintenant que c'est tous les jours : comment extirper de son corps, autrement que par imitation, ce son noir qui l'impressionne ?

Pudding à Dartford en famille pour Jagger, pudding en tête à tête avec Doris (Bert a disparu du domicile familial, et on ne fréquente plus les tantes et oncles Richards) pour Keith, et une soirée pub de plus pour Brian qui parle et parle, dormira ce soir de Noël seul à Edith Grove sans se préoccuper de vaisselle ou de chauffage : c'est marée basse pour le rêve Rolling Stones.

Finissons l'année plus optimiste : Ian Stewart est avec eux tous les soirs pour répéter, tous les dimanches au Flamingo pour jouer, mais dans la journée il reste l'employé de bureau à la paye régulière. Au congé de Noël, Stu rassemble ses économies, revend la Rover qui n'en peut plus, et s'offre un van Volkswagen d'occasion, une de ces boîtes étroites montée sur quatre roues minuscules, avec moteur à l'arrière couvert d'une tablette sur laquelle on peut empiler les tambours et les cymbales, une banquette à l'avant où on peut se serrer à trois, et ce carré derrière au milieu, sans fenêtre, derrière la porte coulissante, où tiendront les autres, entre guitares et amplis. Sur la minuscule banquette de l'arrière, Watts et Richards s'allongeront tête-bêche (Watts témoigne : *Keith and I used to sleep on the back ledge, freezing cold. It's a wonder we never got lice or anything. I remember Keith and those Beatle boots of his with the ends sticking up by my head* [14, 70] : « Keith et moi d'habitude on dormait sur cette banquette à l'arrière, en se les caillant. C'est un miracle qu'on se n'ai jamais pris des poux. Je me souviens de ces boots à la Beatle qu'il avait aux pieds, avec le bout qui me cognait la figure. »), Mick entre Stu et Bill devant, Brian sur un strapontin derrière le conducteur, au milieu du matériel. C'est marrant à conduire, c'est comme si on était assis tout debout, près du pare-brise vertical, avec les roues avant qui tournent juste sous vos fesses et dans les virages on croit qu'on va enfoncer les murs et puis non, avec dans les bras, par les vibrations du gros volant presque horizontal, tous les cailloux de la route.

Il est très fier, Stu, de son achat, la première fois qu'il vient le garer sous la porte d'Edith Grove, klaxonne en pleine rue pour qu'ils paraissent aux fenêtres et viennent admirer. Si les Rollin' Stones n'ont pas d'engagement, en ce début de janvier, le vrai cadeau de Noël, c'est le Volkswagen. Comme d'être enfin vraiment professionnels, parce qu'on a un camion. Stu pense, et l'atteste dans un témoignage tardif, que l'aventure commencée en juillet va se prolonger quelques semaines ou quelques mois, mais qu'on se sera bien amusés : et lui, pour ses prochaines vacances en Écosse, sera doté d'un véritable camping-car. Il montre aux autres comment il compte installer la couchette (en vingt ans, il n'en aura pas une fois le temps). C'est plutôt les autres, qui s'en souviendront, de la petite boîte sur roulettes à trois vitesses, aux fenêtres si étroites et pas beaucoup d'amortisseurs, qu'on changera seulement dix mois plus tard, aux premiers temps meilleurs.

Keith Richards : *It didn't matter if you were going to London, Manchester, Newcastle, Exeter, Penzance, Weston-super-Mare, Bill sat up the front with Stu comfy and we were in the back with one window at the back and two little air vents... You got to know England fairly intimately, but it was a weird, distorted view of it through a back window and those little grills* [14, 70] : « Ça ne changeait rien que vous alliez à Londres,

Manchester, Newcastle, Exeter, Penzance, Weston-sur-Cauchemar, Bill était devant impec avec Stu, et nous à l'arrière avec une fenêtre au fond et deux prises d'air minuscules... L'Angleterre, on finit par la connaître intimement. Mais c'était une vision un peu surnaturelle, avec la distorsion, à travers cette vitre arrière et ces deux prises d'air. »

Le deuxième cadeau d'étrennes, pour commencer 1963, c'est l'arrivée de Charlie Watts, pause.

Octobre 1962 : The Beatles, histoire très abrégée

Parce qu'il s'est passé quelque chose entre-temps, très précisément le 5 octobre 1962. Keith Richards : Love Me Do *came out and it was a sudden attack from the north. We thought we were the only guys in the world, which stretched to Watford as far as we were concerned* [14, 13] : «*Love Me Do* est sorti, attaque surprise venue du nord, on pensait qu'on était les seuls mecs en ce vieux monde, qui finissait à Watford, au moins pour ce qui nous concernait. » Watford étant, au nord-ouest de Londres, l'exact symétrique de Dartford par la diagonale : telle était encore l'étendue du monde de Keith Richards. Le Nord lointain d'où est venue, ce mois d'octobre, l'attaque surprise, c'est Liverpool et des gars qui leur ressemblent, mais ont dans la vie deux ou trois années de plus, et dans le métier deux ou trois siècles d'avance.

John Lennon est né en octobre 1940, son père est dans la marine marchande, fréquemment et longuement absent. Le ménage est bancal, et l'enfant, à un an, est confié à une de ses tantes (surnommée Mimi, c'est comme ça) qui n'a pas d'enfant. On est à Liverpool, dans la banlieue (*suburbs*). En 1942, les parents Lennon divorcent pour de bon, et c'est seulement en 1965 qu'on remettra la main sur Alfred Lennon, le père, plongeur dans un hôtel. John hérite de Julia, sa mère, qu'il verra chaque semaine, un goût de l'excentrique qui ne fait pas partie de l'univers de Mimi. En 1955, c'est en pleine adolescence qu'il découvre le film de Bill Haley, *Blackboard Jungle*, et les disques d'Elvis Presley, et à dix-sept ans, en mars 1957 précisément, il produit pour la première fois (dans une fête de l'école) son groupe de *skiffle*, les Black Jacks, qui sera devenu, à son apparition suivante, The Quarry Men, «Les gars de Quarry», puisque tous usent encore les bancs de la Quarry Bank High School for Boys.

Les Quarry Men, c'est le secret de John avec Julia, puisque c'est chez Julia qu'on se réunit et qu'on répète, sans rien dire à Mimi, qui n'y verra qu'une «éruption de bruit». D'ailleurs c'est Julia, qui savait le banjo, qui a acheté la guitare et montré les accords à son fils : il jouera de longs mois sa guitare sans savoir qu'il l'a accordée en banjo. On a quelques photos des Quarry Men, John en chemise à carreaux avec une guitare vernie noire imitation années 30, un copain à sa droite pour seconde guitare, un copain à sa gauche avec le manche à balai posé sur la lessiveuse pour la basse, tous trois la même mèche généreuse en bataille, Elvis en ligne de mire. Le garçon au manche à balai s'appelle Ivan Vaughan, et vient de changer d'école. Dans les semaines qui suivent, très précisément le 22 juin 1957, il présente à John un de ses copains de l'école précédente, qui s'appelle Paul et a deux ans de moins qu'eux. Comme il joue de la guitare, normal qu'on se revoie dans la semaine et qu'on joue ensemble.

James Paul McCartney est né de Jim et Mary en juin 1942. Jim est pianiste et a fondé, quelques années plus tôt, son Jim Mac Jazz Band. Mary était infirmière, elle est décédée l'année qui précède, en octobre 1956, d'un cancer. Il y a un piano à la maison, mais l'enfant semble n'avoir pris que quelques leçons. Par contre, il a appris la trompette et le solfège. On a offert à Paul sa première guitare, dont il doit inverser les cordes puisqu'il est gaucher, et il s'enfonce en autodidacte à reproduire les disques de Lonnie Donegan puis ceux des Everly Brothers (les mêmes références que pour Wyman et Jones, on s'en excuse, mais tout ça est dans l'air pour eux qui, à Penge, Cheltenham ou Liverpool, ont le même âge ou presque). Depuis la mort de sa mère, Paul n'a plus cessé de jouer : la guitare est un univers de secours qui peut remplacer l'autre. Si Vaughan le présente à Lennon, c'est pour une bonne raison : Paul joue bien mieux de la guitare que Lennon lui-même, et ça ne fera pas de mal aux Quarry Men. Rien que pour cela, les avoir présentés l'un à l'autre, Ivan Vaughan aurait dû s'assurer une rente sur les revenus futurs : il meurt en 1993, après être resté toute sa vie un proche de McCartney, qui lui rend hommage par son livre de poèmes, *Blackbird Singing* (où l'orphelin retient de son enfance un dessin de femme nue que trouve sa mère un jour dans sa poche, en y cherchant son ticket de cantine).

Paul, parce que les Quarry Men ont déjà un répertoire, un *front man* et une audience (dans le quartier), doit se plier au groupe. Mais il le transforme en retour, d'abord parce qu'il enseigne à John comment jouer de sa guitare autrement qu'à la façon du banjo de Julia. C'est le 18 octobre 1957 qu'ils jouent pour la première fois en public ensemble, McCartney tient la première guitare, on joue du Eddy Cochran, *Twenty Flight Rock*, du Gene Vincent, *Be-Bop-A-Lula*, et Paul chante lui-même du Little Richards, *Long Tall Sally*. De rhythm and blues ou de la musique noire de Chicago, on ne parle pas : l'opposition Beatles-Stones est déjà dans leurs sources. Les Quarry Men, que Paul reformera pour une soirée en 1997, c'est aussi un troisième guitariste, Eric Griffiths, un batteur, Colin Hanton, et un bassiste, Len Garry. Mais Griffiths et les autres s'épuisent dans le nouveau répertoire, qui n'a plus rien à voir avec Lonnie Donegan et le *skiffle*.

C'est presque un enfant, trois ans de moins, que McCartney amène alors une fois pour une répétition, sous prétexte qu'il est de son école et joue aussi de la guitare. C'est le fils timide d'un chauffeur de bus, mais qui depuis ses treize ans passe toutes ses heures à la guitare. Il ne chante pas, mais connaît tous les solos des disques et vous les ressort comme un juke-box, a déjà formé avec son grand frère un groupe au nom emblématique : The Rebels. Au printemps, George Harrison devient guitariste en titre du jeune groupe.

Le 15 juillet 1958, Julia Lennon, la mère de John, est renversée par une voiture. L'accident rapproche évidemment John et Paul, mais le groupe a disparu lui aussi dans la catastrophe. Reste le jeune Harrison, et eux deux : on joue quand même. On se reforme en octobre, pour un concours, sous le nom de Johnny and the Moondogs. Les trois «Chiens de la Lune» arrivent en finale. John, dans son Art College, rencontre Cynthia, qu'il épousera. Il s'y fait aussi un copain, Stu Sutcliffe, plutôt peintre, et qui parvient même, cette année-là, à exposer ses peintures, dont une sera achetée soixante-cinq livres par la galerie qui organise l'exposition : John convainc Sutcliffe d'acheter une guitare basse. Sutcliffe ne se passionnera pas pour l'instrument, mais le groupe, ça l'amuse. C'est lui qui trouve le nouveau nom, d'abord The Beatals, puis Silver Beats and Silver Beetles, enfin The Beatles. On joue dans les bals, on tourne autour de Liverpool. Sutcliffe est quelqu'un qui lit des livres, il faut bien en croiser quelque part dans cette histoire : il parle de philosophie à Lennon, lui raconte la littérature, et ça vaut autant que la basse. C'est lui aussi qui intervient pour qu'ils se coiffent autrement, et les équipe de blousons de cuir noir : pour l'instant, on n'a pas quitté Liverpool.

Pour les Beatles aussi, le plus difficile sera de s'accorder avec un batteur. Ils sont très fiers d'avoir leur premier agent, un nommé Allan Williams, qui leur trouve un engagement dans un cabaret, derrière une strip-teaseuse : mais voilà, c'est rémunéré, c'est professionnel. Le premier soir, la fille leur apporte une partition de Beethoven, il y avait maldonne, ils joueront *Summertime*. Puis, cet été 1960, Williams les envoie sur les routes d'Écosse en première partie d'un chanteur au nom évocateur de Johnny Gentle, dont le batteur, un gars de trente-six ans nommé

Williams Moore les accompagne. Et c'est justement en sortant de chez Allan Williams, en traversant une rue, qu'ils entendent un type répéter dans les étages. Voilà de ces hasards qu'on aime à raconter : un roulement de batterie qui vient d'une fenêtre, on monte et on frappe, et Norman Chapman, peut-être en débardeur, ouvre à Lennon et McCartney. On l'embauche, on se fait plaisir, on comprend ce qu'un groupe doit à son batteur, mais Chapman doit presque aussitôt partir pour le service militaire, et on n'entend pas une seconde fois de roulement de tambours par les fenêtres ouvertes de Liverpool. Mine de rien, on joue depuis deux ans ensemble, et pour aucun de ces trois-là, Lennon, le fondateur aux commandes, McCartney, le gaucher qui éructe mieux que lui les rocks durs de Little Richard, et Harrison, le petit jeune qui connaît tous les solos, il n'a été question de faire autre chose : avant même d'être sortis de l'école, les voilà dans le circuit mercenaire.

Allan Williams sert de recruteur à un agent allemand, Bruno Koschmider, lequel doit alimenter en variété américaine les arrière-salles des clubs de Hambourg, côté Reeperbahn, le quartier de la gare à l'allemande, quartier qu'on dit chaud, de prostitution, commerces du bruit et de la bière qu'on pisse : il y a dans le coin des milliers de soldats américains qu'il faut distraire dans leur propre langue, si on veut qu'ils dépensent. Koschmider n'est pas regardant : il a les jeunes de Liverpool à bon compte. Mais, à la première proposition de Williams, il proteste par lettre qu'on l'a trompé sur la camelote : des jeunots sans batteur, c'est tuer le marché pour tout le monde, *ruin the scene for everyone*, en gros bousiller la poule aux œufs d'or (l'or pour qui ? Pas pour eux, les racleurs de guitare, du moins pour l'instant). On en a bien trouvé un, mais il va encore à l'école, et est mineur. Pete Best est le fils de gens qu'on connaît, propriétaires d'un bistrot où on joue : Mona Best's Kasbah. Mona et Randolph acceptent de laisser le fiston de seize ans partir faire ses armes à Hambourg avec une batterie toute neuve, on trichera un peu sur les papiers. Les voilà jetés dans Hambourg, d'abord à l'Indra, puis ensuite au Kaiserkeller. Pour l'énergie, on découvre les amphétamines américaines longtemps avant qu'elles n'apparaissent de l'autre côté de la Manche.

Si Koschmider ne les paye pas cher, c'est qu'il leur réserve le rôle de bouche-trou précaire. Après jouer, on dort derrière l'écran d'un cinéma à l'abandon, le Bambi. Il fait froid, il faut tenir, on tient. On élargit le répertoire, on apprend le bruit. On fume ses cigarettes entre les morceaux, on tourne à la bière, ça fait du bien au rock and roll blanc qu'on beugle. Finalement, c'est plutôt avec les Allemands qu'avec les Américains qu'on sympathise. Voici Klaus Voormann, qui sera ensuite de toute l'aventure Lennon, et une jeune Astrid s'approprie Sutcliffe, qui s'inscrit aux Beaux-Arts et décide de rester en Allemagne : fin de l'aventure Beatles pour Sutcliffe, et s'il a eu tort tant pis pour lui. Ils restent six mois à jouer six jours sur sept, cinq heures d'affilée : quand ils rentrent, ils savent jouer. Mystères adjacents : si John et Paul n'avaient pas été tous deux orphelins de mère, auraient-ils adopté avec la même passion la ville de Hambourg, y auraient-ils eu la même opiniâtreté pour, après le saut, surmonter ?

Maintenant qu'on les reconnaît, ils en veulent à Koschmider des conditions de misère qu'il leur impose. Ils participent en douce, pour le plaisir, à ces tremplins pour jeunes groupes, et au concours du *Top Ten Club* rencontrent un chanteur sans orchestre, Tony Sheridan. C'est de la variété, loin de leur répertoire, mais c'est mieux payé (à leur échelle de types qui vivent derrière l'écran d'un cinéma abandonné), et ils font des heures supplémentaires : manière d'apprendre d'autres accords, et quelques tours professionnels. Le jour où Koschmider s'en aperçoit, il se souvient comme par hasard que Harrison et Best sont mineurs, et résilie le contrat de tout le monde. Quand ils déménagent du Bambi, McCartney vexé met le feu à la pièce où ils dorment, retour à Liverpool pour tout le monde dans les deux jours.

Donc Liverpool, et plus de bassiste. Lennon tâche de convaincre Harrison de s'y mettre, refus. Pourtant, en tant que dernier rentré et que plus jeune du groupe, c'était bien à Harrison de renoncer à ses solos pour assurer le rôle secondaire : la basse. C'est Paul qui s'y colle. Les grandes décisions ne révèlent leur portée que rétrospectivement. McCartney importe sur la basse toute neuve qu'il s'est achetée (une Framus en attendant les Rickenbacker) les figures mélodiques qu'il joue à la guitare. La révolution McCartney, qui va déteindre sur toute la musique des dix ans à venir, c'est que la basse n'est plus un instrument rythmique sous les deux guitares, mais un instrument mélodique qui joue en contrepoint des deux autres, déplaçant l'appui rythmique sur le duo guitare-batterie.

Ils ont trouvé un havre : tout petit, sans air, juste une cave qui a été entrepôt pour une épicerie, mais c'est à Liverpool et ça leur permet de jouer. Au début, il n'y a personne, mais la musique est bonne et maintenant c'est plein tous les soirs, ça s'appelle *The Cavern* (et c'est vite rempli, même en se serrant). Chaque fois qu'on peut, on recommence le circuit des bals, on tient l'hiver comme ça. Plus question de Koschmider ni de leur premier agent, Williams. Mais le chanteur Tony Sheridan les met en contact avec son propre imprésario, et c'est lui qui leur propose de revenir à Hambourg : pas de mérite à ça, les Beatles, ce n'est pas cher. Cette fois, s'ils retrouvent le pavé de Hambourg, son port et son ciel blanc, c'est dans de meilleures conditions. Ils ont un passage, bref mais régulier, au Top Ten, en première partie de Sheridan, qu'ils accompagnent ensuite. On y sera du 27 mars au 2 juillet, avec chaque soir le set Beatles, et le set Sheridan. Et, comme ça marche, on enregistre sur place avec Sheridan un disque, leur premier, *My Bonnie*...

Nouveau retour, Liverpool toujours : ils reprennent le Cavern. Maintenant, leur réputation est faite, d'un groupe qui chauffe et qui fonctionne, avec l'appui symbolique du premier disque, même si c'est *My Bonnie* de Tony Sheridan, ça vous change de division sportive. Le guitariste, Lennon, reste le leader, mais le bassiste, McCartney, met la pêche sur les chansons rapides. Au centre de Liverpool, le grand magasin local, un de ces magasins où on trouve un peu de tout, électroménager et petit mobilier, vaisselle et lampes de chevet. Le fils du patron a fini de vagues études d'art, et en attendant la morne perspective d'une succession au père s'occupe du rayon de disques. Il a au moins retenu deux choses, qu'il n'est pas lui-même artiste, mais que le monde artiste est plutôt plus amusant que le sien. Il aime la musique classique et Frank Sinatra, ne manque pas les concerts du Liverpool Philharmonic, et tient la rubrique disques classiques de l'hebdomadaire musical local, *Mersey Beat*. Il sent le vent, Brian Epstein, il sent ce qui s'amorce, et que dans ce qui s'amorce les places sont libres mais qu'il n'est pas armé pour y entrer. Il est intrigué par ces gens qui, à plusieurs reprises, le forcent à s'enquérir d'un disque inconnu, sorti à Hambourg dans une maison qui n'a pas de distributeur anglais, sous le titre *My Bonnie* : qui plus est, non pas à cause du chanteur, mais du groupe qui l'accompagne... Artiste en hommes, ça existe ? Le groupe en question, parce qu'il faut bien manger, payer le loyer et les instruments, fait un passage régulier à l'heure du repas au Cavern. C'est à dix minutes du magasin, et Brian Epstein, vingt-sept ans, étudiant prolongé et marchand de disques en province dans le magasin de papa, découvre ainsi brutalement la pulsation d'une basse et l'accord de deux voix sur jeu de guitares, on est le 9 novembre 1961 et les Beatles scellent leur destin.

C'est un univers sans filles, avec blousons de cuir, sueur et gros mots, qui convient certainement à Brian Epstein mieux que le magasin de papa : il a plutôt le goût des hommes, Brian Epstein. A vendre ses disques, il sait ce que représente, sous un Lonnie Donegan ou sous un Elvis Presley, la machine économique invisible, que ça rapporte éventuellement bien plus que l'électroménager, alors il n'y va pas par quatre chemins : à eux la musique, à lui l'intendance. Sans doute, les quatre Beatles sont interloqués : ils ont fréquenté Koschmider et l'agent de Sheridan, mais on ne leur a jamais parlé avec ce culot autoritaire. Epstein a des idées sur tout : il rêve ce mec ? Déjà il énonce des règles du jeu, ne plus manger ni boire sur scène, laisser tomber les blousons pour des vestes en velours avec cravate, savoir d'avance la liste des morceaux qu'on va jouer et les enchaîner sans rien dire, qui sont des règles pour groupe à succès et non pas pour des racleurs de rock au Cavern. Est-ce Lennon ou McCartney qui évite de répondre trop vite, en renchérissant un peu sur l'accent Liverpool, est-ce qu'il y a un coup d'œil de l'un à l'autre pour répondre qu'on va réfléchir, qu'on peut toujours en parler dans des conditions plus tranquilles ? Les quatre gamins en blouson de cuir et bottes un peu trop voyantes entrent timidement le lendemain après-midi dans l'antre à électroménager du centre-ville et s'enquièrent du rayon disques, Brian Epstein les emmène au pub d'en face : s'ils sont venus, c'est qu'il peut reprendre avec assurance ses propositions de la veille. Ce qu'il a sous-estimé, c'est l'écart de Liverpool à Londres. La chance des Beatles, c'est que, cet écart, Brian Epstein devait le franchir pour lui-même, et qu'il s'y colle aussitôt.

On prend le temps ici de ces détails, parce qu'ils amorcent ce qui va en être d'abord la copie, puis le croisement. Epstein, marchand de disques, a ses entrées chez Decca comme tel libraire de Toulouse a sur son carnet de téléphone toute l'édition parisienne et quelques auteurs. Decca non plus, pas des naïfs : on n'est plus maintenant dans l'histoire de la musique, mais dans les gros sous. Du moins, on y arrive, on en rêve. Pas Lennon et ses copains, mais les autres. Eux, ils jouent : ils jouent le 13 décembre 1961, un mois et quatre jours après l'irruption d'Epstein, devant un nommé Mike Smith, que Decca a forcé de faire les sept heures de train. Il entend, on boit une bière ou cinq, et la nuit à l'hôtel il fait un rapport élogieux, avec proposition qu'on les auditionne à Londres. Le 1er janvier 1962, les Beatles chargent dans une camionnette leur matériel et eux-mêmes, on roule toute la nuit et on arrive à Londres chez Decca. Ils n'ont pas dormi, il a neigé une bonne partie de la route, ils n'ont que la moitié de leurs réflexes. Et le son n'est pas bon : leurs petits amplis suraigus sont bons pour passer à travers le bruit de fond des militaires de Hambourg, en studio ça sonne amateur, bien trop aigre. Alors ils jouent sur le matériel qu'on leur prête, à eux inconnu, pour enregistrer en une heure quinze morceaux d'affilée, au lieu de se concentrer sur deux ou trois qu'ils feraient bien. Autre erreur d'Epstein, ils enregistrent ce que d'autres font déjà, et bien mieux qu'eux : des standards de la variété jazz, comme *The Sheik Of Araby*. Au revoir, bon retour à Liverpool, et demain la réponse. Le chef de service de Mike Smith, Dick Rowe, téléphonera à Epstein : refus. On reste amis, ils sont prêts à écouter toute nouvelle proposition ou découverte, mais, pour ce coup, c'est non. Gardons en mémoire les noms de ceux qui disent non à un des plus gros coups financiers du XXe siècle : Mike Smith, Dick Rowe, ils vont bientôt ici reparaître.

Epstein a prévu une issue de secours, un nommé Sid Colman, qui travaille plus ou moins pour la compagnie concurrente, EMI, et à ce titre est venu une fois ou deux visiter ses marchands de disques en province. Colman n'est pas décideur, mais s'entremet pour un rendez-vous avec un des producteurs d'EMI, ça ne lui coûte rien, et peut-être même qu'il prévient George Martin : Fais ça pour moi, vieux, c'est mon marchand de Liverpool. Martin avait vingt-huit ans quand il a été nommé responsable de Parlophone, il en a maintenant trente-cinq et n'a plus besoin de faire ses preuves. Mais prendre un peu de risques l'aiderait à continuer de trouver de l'intérêt à un travail qui n'était pas sa vocation première. Parce qu'il a d'abord été pianiste, et dès l'école animait un groupe de bal sous son nom : George Martin and the Four Tune Tellers (on confie au lecteur la traduction du jeu de mots). Mobilisé dans la Royal Navy pendant la guerre, il est de ceux qui jouent du piano le soir dans les bases d'aviateurs. Puis à la radio, où on embauche des pianistes pour jouer en direct à destination des militaires, et commenter les disques qu'on diffuse. C'est nécessaire au moral des troupes, mais suppose qu'on prenne tout en charge soi-même : la composition d'arrangements, puis la direction d'orchestre. George Martin fait moins de piano, mais apprend. Producteur depuis 1950 pour EMI, il conduit désormais aussi bien des orchestres classiques que des orchestres de jazz. Et parce que lui aussi sent le vent, il a ouvert Parlophone à un groupe rock, The Vipers : il est prêt à une nouvelle aventure, l'attend même, mais ce sera avec les scarabées et non les vipères. Les Beatles alors sont repartis une troisième fois à Hambourg, où ils ont appris la mort de Sutcliffe, vingt et un ans, d'une hémorragie cérébrale, juste la veille de leur arrivée, le 11 avril. Choc. Le rendez-vous chez EMI est pris pour leur retour. Cette fois on arrive la veille pour être en meilleure forme que chez Decca. On y est le 6 juin, avec le meilleur de leur équipement, et un technicien suggère à McCartney une chambre d'écho pour sa basse : Ah, c'est mieux, la basse, avec une chambre d'écho ? – Essaye toujours, je te l'installe... Ces gens-là entre eux se respirent : musicien lui-même, George Martin n'a aucun doute. On enregistre d'un coup, dans les conditions brutes des concerts au Cavern, quatre morceaux dont *Love Me Do*, et on prend rendez-vous pour un nouvel enregistrement le 4 septembre. On a appelé plus tard George Martin, qui pourtant a quinze ans de plus qu'eux, le cinquième Beatle : la machine est presque complète.

Maintenant, cela ne va prendre que quelques semaines. George Martin n'a aucun doute sur le fait que leur batteur n'est pas à la hauteur. Ça se passe entre Epstein et lui-même, sans le groupe. Il propose simplement que, pour les enregistrements, on double Pete Best, qui en est à sa troisième saison avec le groupe, par un des professionnels de studio dont il a plein son carnet d'adresses. Parce que Pete Best a une belle tête, et que ça convient pour l'image qu'on cherche. Mais Epstein va plus loin. A Hambourg, ils ont lié amitié avec un tout petit morceau de bonhomme, qui tape sacrément plus juste, en particulier sur le contretemps. Il s'appelle Richard Starkey, on le surnomme Ringo, il deviendra Ringo Starr. L'exécution se fait le 16 août 1962 : les Beatles sont arrivés une demi-heure en avance, et Brian Epstein attend à la porte. Quand Pete Best arrive, Epstein se charge du boulot sans avoir même prévenu, dit-on, Lennon et Paul : *The boys want you out and Ringo in.* « Les gars te veulent plus, ils prennent Ringo. » A Liverpool, Mona et Randolph Best, les parents qui ont fait confiance aux Beatles, ont un puissant circuit d'influence : on mettra longtemps, dans leur propre ville, à pardonner aux Beatles leur trahison du gamin.

Après, tout va très vite, mais ils sont prêts pour tenir dans le tourbillon. Au prochain enregistrement, Martin trouve le nouveau batteur aussi désolant que le premier, et lui donne un tambourin tandis qu'il convoque un *sessionman*, Andy White. Le disque, enregistré le 11 septembre, est en vente le 5 octobre. Il grimpe immédiatement jusqu'à la dix-septième place d'un classement qui va devenir maintenant un indicateur permanent, et George Martin les attend de nouveau le 26 novembre aux studios Abbey Road pour ce qui sera leur premier disque à arriver en tête des classements de l'époque : *Please Please Me*, le 5 janvier 1963.

Maintenant, les deux histoires vont s'entremêler, dont les Rolling Stones vont pouvoir eux-mêmes se servir. Mais ce qui s'est inventé ici, c'est la grammaire par quoi les autres vont suivre. Il reste que ceux de Liverpool, au moment où tout le monde paraît sur le ring, ont quelques acquêts supplémentaires : trois ans de jeu ensemble derrière eux, et ce que ça représente de fatigue et de métier, plus un directeur qui invente à mesure l'image et la logistique, plus un producteur lui-même musicien et arrangeur qui a quelques intuitions solides. Avec lui, les Beatles pratiqueront toutes les astuces de l'*overdub*, d'abord on joue, ensuite on chante, et rien n'empêche d'enregistrer par-dessus, instrument par instrument, un meilleur accompagnement et de nouveaux solos. Un ultime atout : depuis le tout début des Quarry Men, John Lennon et Paul McCartney inventent eux-mêmes des chansons qu'ils signent. Elles peuvent bien n'être, au début, que le calque de celles qu'ils empruntent :

sous la main de George Martin elles deviennent autant de mondes en raccourci, de mondes dans une bulle de musique bientôt complexe. Mais les droits des chansons reviennent intégralement à l'équipe, Epstein et Martin compris, et c'est une arme de guerre très lourde. La chanson n'est plus anonyme, mais une proclamation, affirmée par le groupe, en pleine cohérence avec l'identité visuelle que leur donne immédiatement la transgression principale : la fameuse mèche Beatles tombant aux sourcils – c'est par tout cela rassemblé que, ce 5 octobre 1962, avec *Love Me Do*, les quatre de Liverpool ont créé ce vaste courant d'air sur le vieux monde, où s'engouffrent les Rolling Stones.

« *On drums, Charlie Watts...* »

La réunion définitive, qui a repoussé jusqu'ici l'arrivée de Charlie Watts dans leur histoire, c'est le 14 janvier 1963 (moi je vais avoir dix ans, et mon instituteur de fin d'école primaire s'appelle M. Galipeau). Disons tout de suite que Charlie Watts n'entre dans ce monde, tout d'abord, que sur la pointe des pieds : *Part of it is that I never was a teenager, man. I'd be off in the corner talking about Kierkegaard. I always took myself seriously and thought Buddy Holly was a great joker* 27, 53 : « Une des raisons de ça, c'est que je n'ai jamais été vraiment adolescent. J'aurais plutôt été là-bas au coin à parler de Kierkegaard. Je me suis toujours pris au sérieux, et j'ai toujours pensé que Buddy Holly ce n'était qu'une vaste plaisanterie. »

L'ultime recrue ne se fondra jamais totalement dans leur univers, même si c'est lui qui l'organise en bonne partie. Keith Richards, 1986 : *It's Charlie Watts' band – without him we wouldn't have a group* 29, 19 : « C'est le groupe de Charlie Watts. Sans lui on ne serait pas devenu un groupe. » Ou bien, début des années 90 : Pourquoi les Rolling Stones ont duré si longtemps ? Et Wood et Richards de répondre ensemble : *It's Charlie Watts*. En quoi le discret batteur, au style bien plus élémentaire que n'importe lequel de ses collègues, peut provoquer la reconnaissance jamais entamée de Richards, c'est ce qu'il faut examiner pour comprendre l'essence même de leur musique.

Ils se connaissaient depuis toujours (huit mois, à l'échelle de ce qu'ils ont traversé depuis mai 1962, c'est toujours), puisque Charlie, avant la période Ealing, a si souvent joué pour Alexis Korner. Mais quand Brian commence à être très présent derrière Korner, et que Jagger vient chanter quand Long John Baldry ne le peut pas, Charlie Watts est déjà à distance, ayant laissé la place à Ginger Baker.

C'est le seul vrai Londonien du groupe, puisqu'il a grandi à Islington, pas loin du zoo, son père employé à la British Railways, livreur de colis pour le service marchandises de la gare de King's Cross. Charlie Watts est un homme de vie réglée. Il a étudié les arts graphiques à la Tyler's Croft Secondary Modern School, puis son actuel métier de lettriste à la Harrow School of Art. On est bien longtemps avant le temps des graphistes sur écran, et cet art de mettre en page vous ouvre de belles portes : il est embauché dans une agence de publicité de Regent Street, Charles Hobson and Gray. C'est même à cause de ça qu'il a renoncé aux nuits blanches à répétition des concerts du Blues Incorporated : allez dormir, quand vous avez tapé trois heures durant sur vos tambours. Charlie Watts vit chez ses parents, a le goût de s'habiller chic et est le seul à se montrer en costume trois-pièces dans le désordre des clubs.

Le principal déboire des Rolling Stones première version, jusqu'en ce mois de décembre 1962, une fois formés et articulés sur les guitares jumelles de Brian et Keith, avec l'appui du piano de Ian Stewart, c'est l'absence d'un son clair et fort de batterie. On a joué avec Mick Avory, et puis on est tombé sur Tony Chapman. Après Chapman, et aussi parce que, à cause de son travail comme représentant de commerce, il est souvent absent aux répétitions, on essaye un nommé Steve Harris. On aime surtout Carlo Little, mais Carlo, batteur attitré du déjà en vogue Screamin' Lord Sutch, est trop demandé. C'est qu'un bon batteur, c'est rare et ça se paye. Ils ne sont pas si nombreux, d'abord, ceux qui peuvent aligner, à moins de vingt-cinq ans, les cinquante livres que requiert l'achat du matériel, qu'ils rembourseront au mois. Dommage pour lui, Carlo Little, de n'avoir pas l'audace de changer de cheval : trente-sept ans plus tard exactement, s'il a les honneurs des entrefilets curiosités de la presse, c'est que l'ancien batteur des Stones de 1962 est concessionnaire de la vente des hamburgers et saucisses frites dans l'enceinte du Wembley Stadium, où se produisent cet été 1999 ses anciens collègues maintenant quinquagénaires, trois soirs successifs, pour quelques centaines de milliers de personnes, avec écrans géants et scène mobile portée sur grue pour les morceaux acoustiques joués comme si on était dans sa chambre, au-dessus de l'immense foule. Carlo Little aura quand même l'année suivante, pour ses soixante ans, les honneurs télévisés d'une réunion d'anciens (Art Wood, Ricky Browne et d'autres), dûment photographiée pour les archives de son site Internet personnel, où il exhibe ses favoris blancs et un arbre généalogique considérablement alourdi de filles et petites-filles.

Qu'est-ce que c'est qu'un bon batteur ? Sans doute une netteté de frappe, une manière d'anticiper le battement, que l'oreille reconnaît et qui s'applique dans une fraction trop réduite de temps pour être vraiment analysable, le *beat*, le *groove*, un battement, un mystère. Mais l'envie de remuer en dépend, et ces mots de la langue anglaise, nous n'en disposons pas dans la nôtre. Les mots de chez nous ne savent pas qualifier la percussion, quand ils s'y risquent pour le chant. C'est un de ces brefs instants qui fascinent à distance, parce que en quelques secondes se joue une bifurcation de conséquences disproportionnées, mais prouvent aussi l'existence de ce noyau obscur qui greffera la lourde aventure. Ce battement, peut-être, entre les deux guitares de Jones et Richards, et la voix décalée, qui pastiche pour prendre distance et radicalise le trait, du gandin maigre devant, qui n'a pas l'âge encore de se dandiner mais sait déjà se frotter au micro et jouer d'une mèche maintenant plus insolente.

A Charlie Watts, Brian Jones a déjà demandé d'être leur batteur, et on imagine la manière de Brian, qui vous entortille, s'y prend par l'amitié et des promesses, comme on fait pour que maman Richards paye une guitare neuve, ou que papa Jagger contribue aux nouveaux amplis : ce groupe est le meilleur, prétend Brian en tenant aux épaules Charlie Watts réticent, il fait autre chose que tous les autres, ça va marcher. Et puis ils le désirent vraiment, Charlie, conscients que sa manière de jouer c'est ce qu'il leur faut, et qu'aucun autre n'est à la hauteur. Charlie Watts résiste : il a son travail, et ce qui traîne déjà de réputation sur le groupe naissant, traître à la cause du jazz, le retient sans doute encore plus. Le petit blond de Cheltenham est gentil, et même doucereux, trop de ces démonstrations de gentillesse intéressée, mais qu'il fasse ses preuves d'abord. La teneur même de l'engagement qu'on lui propose, non pas le bœuf de temps en temps, mais le tabouret en permanence, il ne l'a jamais souhaitée. Alors eux, à Charlie Watts, ont presque renoncé. Mais en octobre ils ont joué quatre fois, en novembre six fois, et sept fois en décembre : même s'ils ne savent pas qu'en janvier ils joueront quinze fois, ils sentent la pression venir, et les demandes. Le cachet n'est pas terrible, ils ont des frais, à Edith Grove comme chez les marchands de musique, il leur faut plus que jamais un batteur solide, mais celui qu'ils souhaitent est trop cher pour eux. *Charlie, we couldn't afford him* : « Charlie, on ne pouvait pas se l'offrir. »

Ils ne savent pas que Watts a fait son propre chemin intérieur. Le *rhythm'n'blues*, grâce à Korner, est devenu une mode. Le Blues By Six lui a fait une proposition d'embauche, qui inclut des disques et une tournée. Aux commandes du Blues By Six, il y a Art Wood, ancien de Korner et frère aîné de Ron (qui, à quinze ans, bricole lui-même entre saxophone et dessin, sans savoir qu'il sera trois fois plus longtemps Rolling Stone que Brian Jones), avec des musiciens qu'on retrouvera plus tard, à l'âge d'or de la pop, dans Deep Purple. Et bien sûr Long John Baldry pour chanteur, comme si celui-ci devait faire pour tout le monde. Watts n'aime pas l'idée de partir en tournée, qui le contraindrait à quitter son travail. Et ces Rollin' Stones, c'est comme de régresser de trois crans sur l'échelle des valeurs du marché des batteurs. Watts fait comme Brian ou Jagger avant lui : un passage l'après-midi dans la cuisine des Korner. Korner ne s'intéresse pas à l'aspect marchand, combien de concerts et quels cachets. On soupèse : Korner lui affirme qu'ici, côté Stones, il y a plus de musique que là, côté Blues By Six. Mais Watts hésite encore.

En décembre, il rajoute même du sel sur la plaie, l'ami Watts, un soir qu'il entend Brian Jones et son groupe au Ealing, en ouverture du Blues Incorporated, et il s'adresse à Brian comme s'il n'était pas concerné : *You're great, man, but you need a fuckin' good drummer* [3, 23] : « C'est fort, ce que vous faites, les mecs, mais il vous faudrait un putain de bon batteur. »

Les Rollin' Stones jouent quatre fois par semaine en ce début janvier 1963. Et pour ce soir du 11 janvier 1963, au Ricky Tick Club de Windsor, comme les Rollin' Stones sont au même programme que le jazz tendance moderne du Blues By Six, on a fait comme souvent : on demande à Watts s'il peut jouer pour eux en première partie, moyennant pourboire : un sixième du cachet maigre. Et Watts entend cette fois les Rollin' Stones depuis la scène, juste entre les deux amplificateurs Harmony poussés à la limite de la distorsion (trente-sept ans plus tard, Keith Richards collectionne toujours les petits amplis à lampe de ces années-là, s'en fait porter une dizaine en studio pour les essayer tous, et préfère pour enregistrer un de ces amplis minuscules poussés à fond). Watts a l'habitude de jouer avec des inconnus, et c'est le cas ce soir-là. S'il connaît bien Brian, il ne connaît pas du tout le bassiste, qui n'est pas de leur milieu. Il est plus rassuré par Stewart, qui est lui aussi un vieux du circuit Ealing-Marquee, et joue son boogie-woogie sur le piano dépareillé du lieu comme s'il était seul au monde, mais on ne sait pas ce que Charlie Watts pense de Jagger, tout devant, qui bouge pour eux tous, et de la façon qu'a inaugurée Keith Richards d'assurer le rythme avec sa guitare à la place du batteur qui leur manque. Alors, le revirement de Watts, c'est peut-être un nouveau cadeau de l'étrange bassiste : parce qu'il se synchronise immédiatement avec Watts à la perfection, le son qu'ils ont ce soir-là les trouble tous. C'est en tout cas ce soir-là que Charlie Watts se décide : de toute façon, le Blues By Six part en tournée et lui n'en a pas envie. Alors, avec son art incroyable du bavardage, il informe Art Wood et ses coéquipiers qu'il les lâche : *I'm gonna play with these guys, now* [3, 23] : « Je vais jouer avec ces mecs, maintenant. »

Et Brian Jones a enfin gagné son batteur – *Right, that's it, you're in* ₁,₆₄ : « Très bien, ça y est, tu en es. »

Comme on avait déjà évacué Tony Chapman, qui manquait chaque fois le contretemps, sans dédommagement ni merci, il en sera fini de Mick Avory, qui les prenait de si haut mais sera content bientôt d'accrocher au train lancé par les Stones son groupe The Kinks. Il y aura bien encore quelques dépannages de Carlo Little, mais on a enfin un batteur en titre, et c'est une gloire de la scène locale : tant pis pour ceux qui en sont surpris. Brian Jones lui demande si c'est bien vrai, s'il ne changera pas d'avis, et Charlie Watts en plaisante : *Yeah, allright then, but I don't know what my dad's gonna say* ₂,₁₃₈ : « Ouais, je veux bien, mais je sais pas ce qu'en dira mon paternel. »

La vraie histoire des Rolling Stones commence là, puisque trois jours plus tard, le 14 janvier 1963, ils jouent au complet pour la première fois. Watts est un garçon solide et court, les cuisses d'assise, d'un an plus vieux que Brian, deux ans de plus que Jagger et Richards. Dans les concerts, même aujourd'hui, quand Jagger sacrifie au rituel de présenter son groupe, même s'il ne s'agit que d'un simulacre de plus, participant de la suggestion collective, et dit en public les noms que tout le monde connaît, c'est toujours juste à la fin, comme de présenter le vrai capitaine du navire, qu'il lance la phrase qui terminera depuis lors chaque concert pendant quarante ans : *On drums, Charlie Watts...*

Dans cette volonté d'honorer l'homme silencieux, qui sitôt après le concert, qu'on soit à Honolulu ou Toronto, reprendra l'avion pour sa ferme d'Angleterre ou sa maison des Cévennes, quitte à revenir quarante-huit heures plus tard pour le prochain concert, c'est une vraie dette que reconnaît celui qui ne s'est jamais encombré de respect particulier à l'égard de ceux qui l'ont servi. Quand Jagger et Richards se retrouvent pour trois semaines, avec les maquettes de chansons qui prépareront un nouveau disque, c'est Watts qu'on convoque ensuite, pour deux ou trois nouvelles semaines. Ils seront trois, de nouveau enfermés, avant que le travail collectif commence.

C'est une détonation mise sous le rythme à répétition binaire des chansons. Ce mot détonation a ceci de particulier pour les Rolling Stones qu'il convient, dans le débordement et la rapidité, à l'histoire même de leur vie. C'est vrai en tout cas de Charles Robert Watts. Un des ingrédients principaux de la mixture était au départ la vraie timidité qu'ils partageaient, et sans laquelle peut-être on n'a pas besoin d'instrument de musique pour s'affirmer au-dehors. Cela vaut pour Keith, fils de Doris, qui n'était pas, loin s'en faut, le meilleur gratteur de guitare dans les cabinets de la Sidcup Art School où on se repassait cigarettes et plans d'accords : les photos de l'époque le montrent épaules remontées, épaules en avant, silhouette pâle derrière une guitare plus grosse que lui, bancal sur ses grandes jambes et la raie sage, tandis que le blond Brian Jones occupe tout le devant dans une exhibition pure.

Mais cela, la détonation et la timidité, vaut surtout pour celui qui à l'arrière, silencieux, serait la face immergée du principal effet hypnotique sans quoi tout cela aurait été soufflé avec les canapés ronds, les minijupes et les voitures à chrome et tous autres noms de groupes de la décennie 60. Charlie aime le football, et Linda sa sœur lui coupera les cheveux jusqu'à son mariage : le fils du livreur de colis de la British Railways a peu à partager, en apparence, avec ses nouveaux compagnons.

Ses deux ans de plus (il est né en juin 1941), la différence, c'est qu'on a l'âge de se souvenir d'avoir entendu le bruit des bombes. Il en est tombé tout près de là où les Watts habitent. Cela n'explique rien. Ils furent trop de gosses, des milliers, à les entendre, qui n'ont pas passé leur vie ensuite à essayer d'en reproduire l'effet et d'en subir les rêves, après les incompréhensibles courses dans la nuit, porté par la grand-mère, pour rejoindre l'abri antiaérien et sa promiscuité, l'obscurité peuplée, à l'âge pourtant des souvenirs non conscients. Le sentiment qui en reste, peut-être, à la seule évocation de ce bruit des bombes, que tout ce à quoi on tient va s'effondrer, que l'onde de choc peut-être vous poursuit, vous. C'est lui-même qui raconte ça, en trois mots, parce qu'il n'est pas bavard.

Et comme ressemble au bruit d'une bombe l'effet du pied droit sur la peau tendue de la grosse caisse. Watts est un caractère entier, capable de se vexer et de prendre l'avion retour alors que le groupe est aux Bahamas, en 1984, parce qu'on veut lui changer pour cause de mode fluctuante son bruit de bombe élémentaire et accorder ses peaux, laissant la batterie des Stones à deux remplaçants, tout comme une fois, dans cette même période de dispute, il mettra son poing dans la figure de Jagger. Et de ce bruit tient le rythme, qui est le mystère essentiel de la musique comme de la langue, d'une exigence à proportion inverse que ses éléments premiers sont frustes et indescriptibles : comme pour la photographie, aussi rares sont les vrais bons batteurs que le geste empirique, frapper avec une baguette une peau tendue pour la batterie, cadrer et déclencher pour la photographie, est apparemment simple. C'est cela qu'il manifestera, tout au long du parcours des Rolling Stones, lançant sa baguette droite au-dessus de la foule à la fin du concert, gardant l'autre pour l'offrir de la main à la main à telle admiratrice qui sera sur leur passage.

Les autres ont compris tout de suite la valeur de ce qu'ils reçoivent. Ils s'accrochent à lui, qui porte plus beau qu'eux, joue de son instrument mieux qu'ils ne font pour l'instant des leurs, lui qui décroche déjà assez d'engagements payés auprès de valeurs établies du spectacle, et qui ne se forcera jamais à aimer la musique qu'on dit de *rock'n'roll*. Peut-être qu'ensuite, le plus fascinant, c'est ce ciment d'amitié, et que cela aussi reposera sur Watts : au 102 d'Edith Grove, dans l'appartement aux matelas par terre et sans chauffage, il est là pendant que les deux autres jouent sur leurs guitares, et lui tape des mains sur ses genoux la mesure, ou prend ses baguettes pour taper le rythme sur la table de la cuisine. Surtout, et dès ces premières semaines, il tombe dans Edith Grove comme dans un gouffre, des heures et des heures compagnon silencieux des deux types qui apprennent à entrelacer le rythme des deux guitares. Richards dit que ce qui a fait le son et l'exception des Stones, c'est que les guitares assuraient la charpente du rythme, et que la batterie chantait sur la hachure des cordes, au lieu du contraire habituel, d'instruments qui se basent sur la cadence du batteur.

En cela, qui bien sûr ne leur est pas en ce mois de janvier 1963 perceptible, s'ajoute une dimension à la signature qui s'élabore. Keith Richards, qui parle à peine plus que Charlie Watts, garde l'habitude prise de donner, lui, le rythme, en jouant de sa guitare face au batteur, comme quelque chose qui leur appartient à eux deux seulement. Wyman est à l'écart, mais on lui fait confiance : avant la fin de la mesure, la basse s'est greffée sur la batterie et ne la quittera plus, la synchronisation de l'élégant d'Islington, Londres nord, et du rocker de Penge, Londres sud, a été immédiate. Et c'est pour plus d'un tiers de siècle à ce jour que dans chaque concert Richards vient se coller du ventre à la batterie, joue à cinquante centimètres de Watts qu'il regarde dans les yeux. Mais l'essence du mélange, c'est que le rythme vient de la guitare, et que le batteur de jazz s'adapte au rock en jouant sur ce rythme, plutôt que de l'instituer pour les autres.

Question de *beat*. Un mot complexe, que nous on dirait dans notre vieille langue la *battue*, ce qu'eux disent *the beat*. Pour y arriver ensemble, dans cent photos d'avant-scène, dans les tournées de 1965, dans la tournée de 1969, comme dans celle de 1976, et encore en 1992, Keith et Brian, ou Keith et Mick Taylor, puis Keith et Ronnie Wood jouent de leurs guitares avant le spectacle (*to warm up... that was just a warm up tune*), et Watts est là derrière, sur une chaise ou assis par terre, et qui frappe la battue sur ses jambes ou sur un coin de table. Lui prétend que c'est ne rien faire. *Two years working, twenty years hanging on* : « Deux ans de boulot, vingt ans à glander », comme on dirait « tenir le mur », le mot anglais est plus étrange, qui suppose une présence suspendue, *to hang on*. Comme il n'est pas bavard, la même formule qu'il actualisera cinq ans plus tard : « Vingt-cinq ans de Stones – deux ans de tambour, vingt-trois ans à tenir le mur. » C'est même dans ces temps morts où les Stones sont ensemble mais qu'il n'a rien à faire qu'il enregistrera, à Los Angeles, dans un studio juste de l'autre côté du couloir, son meilleur disque : *The Charlie Watts Jim Keltner Project* (1997). Parce que cet homme-là, qui rejoint le 10 janvier 1963 les Rollin' Stones, n'a jamais joué pour eux un seul solo en quarante ans.

Watts tiendra bon, tout ce temps. Assurant deux heures de concert, devant vingt ou trente mille personnes, à reconduire pour eux le *groove* et l'explosion organisée de la battue, avant de supporter seul la nuit d'hôtel qui suit, avec tant de bruit dans la tête et cette sauvagerie maintenant à vide. C'est un campagnard qui vit dans une grande ferme, et y élève des chevaux. Le jour où on prendra sa fille à fumer de l'herbe, comme on dit, dans son établissement scolaire, cela fera un scandale démultiplié par le bruit fait autour des amis du père, lequel pourtant n'a jamais touché à la drogue, et a le culot de n'en pas tirer supériorité ou leçon morale, beau cadeau à ses collègues – *regretfully I never take acid, I say regretfully I've been terrified of the fucking stuff* [27, 53] : « Désolé, mais je n'ai jamais pris d'acide, je dis : désolé, mais ce truc à la con ça m'a fait peur. » Il s'est marié tôt, et Wyman, dans son livre autobiographique, se moque de sa fidélité conjugale, en relève avec la délicatesse des vrais amis la seule exception : du temps que Charlie commençait de fréquenter la future madame Watts, étudiante en sculpture aux Beaux-Arts, lors d'une brouille passagère, et qu'il s'était consolé dans un de ces soirs d'après concert (et l'exception était une jeune Noire, nous précise l'ami). Nul doute que le discret Watts, si jamais il lut, dut apprécier.

Du temps qu'il parlait encore un peu, Charlie Watts raconte aussi que, s'il a décidé de jouer avec les Stones, c'était déjà dans l'idée qu'avec cette musique-là, et dans ce virage qui s'amorçait, il lui serait plus facile d'aller à New York écouter les grands du jazz, ses maîtres, et peut-être un soir dans un club se glisser à la batterie derrière eux. Il l'a fait. Et de son premier voyage aux USA, en plus des disques inaccessibles qu'il collectionne, c'est une batterie qu'il rapportera, une vraie, au gros son précis, avec les cymbales les plus larges qu'on avait jamais vues.

Sa mère dit qu'enfant il avait déjà ce tic de jouer des rythmes, avec sa fourchette ou ses doigts, dès lors qu'une musique passait auprès. Lui dit qu'il s'est acheté lui-même un banjo, avec ses sous de gosse, quand il avait peut-être treize ans. *I started learning the banjo, and I just got pissed off with it* [11, 74] : « J'avais commencé d'apprendre le banjo, mais j'en ai été carrément dégoûté. » Trois semaines plus tard le manche et les cordes étaient démontés, et il s'en servait de machine à percussion élémentaire, avec des baguettes taillées. Puis s'improvise des tambours de journaux tendus, qu'on joue avec des brosses métalliques. Ceux qui connaissent la musique irlandaise savent ce que ceux de ce pays tirent de la simple peau tendue qu'ils nomment *bodhran*. Le conducteur de camions livreur de la British Railways ne s'est jamais laissé aller à beaucoup de confidences, mais les parents Watts ont la générosité, pour les quatorze ans de leur fils unique et la somme non négligeable de douze livres, de lui acheter une de ces batteries d'exercice : *one of those first drum kits which every drummer knows only too well* [11, 74] : « Un de ces ensembles batterie débutant que n'importe quel batteur ne connaît que trop bien. » *The neighbors were very good* : « Les voisins étaient bien sympas », susurre-t-il sur *25 x 5*, où chacun commente sur bande vidéo l'histoire du groupe. Et puis revend ses disques jazz pour remplacer chaque cymbale par une autre plus large : *I used to sell records to buy bigger cymbals and whatever was in vogue at the time. I used to waste money like mad buying equipment. I practiced at home to jazz records all the time* [11, 74] : « Souvent je revendais mes disques pour acheter des cymbales plus grandes ou n'importe quoi qui était à la mode du moment. Je balançais un argent dingue à acheter du matériel. Et, à la maison, je jouais sur mes disques de jazz tout le temps. » Les disques de jazz sont ceux de Gil Evans ou George Russell, et Charlie Watts, pour alimenter la chaîne, commence à se produire dans les mariages en arrière-fond des musiciens sans nom.

Il a trouvé sa voie, et la continuera droit jusqu'à aujourd'hui. *Practicing*. Cette recherche élémentaire d'un bruit de bombes sur l'enfance. Quand l'argent des Stones commencera de tomber à ne pas savoir qu'en faire, qu'il achètera sa première ferme puis agrandira le domaine, il collectionnera les armes : explosion toujours. Dans les quelques heures qu'ils ont entre hôtels et concerts, tout en travers de la riche Amérique, avec part négociée de la ristourne sur les billets d'entrée et que c'est cela qui les fait vivre, c'est les antiquaires qu'il ira voir. Collectionner les vieux disques de jazz, et les armes de la guerre de Sécession. Tout rapporter à la ferme, et se faire son musée. Charlie Watts, à l'âge d'or des grandes échappées stoniennes, aura les cheveux longs comme les autres. Quand on l'entend parler, on est surpris du filet de voix : lui qui a projeté tant de décibels tant de fois tout autour du monde, à peine s'il murmure pour dire qu'il ne sait pas. *I don't know*, presque en hommage à Bartleby. Une voix fluette qui cherche ses mots et pourtant Charlie Watts, au pays des corps maigres, reste malgré son étroitesse de taille un corps droit et solide, aux avant-bras renflés et cuisses tombant carrées : son instrument exige cet engagement musculaire.

Watts paraît, dans le pays compliqué où on va les suivre, parce que le destin complexe qui fut le leur en extirpa toute la possible complexité intérieure depuis cette donne de départ maintenant pour tous exposée, un homme simple. Les photos de Ian Stewart peuvent le montrer debout sur une chaise pour pisser dans un lavabo de ces loges des salles de bal de province, au temps des tournées collectives, ou en slip dans ces mêmes loges, trente ans plus tard, riche et considéré, repassant lui-même au fer son pantalon de ville. Un homme simple, auquel ce capharnaüm autour de lui n'a rien changé de l'ordre intérieur. Parce qu'il parle peu, et ne s'est pas tant livré, ce qu'il dit témoigne toujours de distance et de réflexion : on y portera ici, dans la suite, une attention particulière. Le mot art signifie beaucoup pour Watts, et c'est d'un point de vue d'artiste que toujours il énoncera son statut au sein des Rolling Stones. Il en jouera le jeu aussi pour eux, retrouvant sa formation de graphiste pour prendre en main les pochettes de disque, les affiches, ou décider avec Jagger des propositions scénographiques faites au groupe.

Il y a dans son crâne vingt-cinq ans, puis trente ans, maintenant quarante, de coups de tambours et de roulements, le bruit des bombes qu'il recherchait enfant a éclaté tout ce temps dans cette tête. On le voit sur des photos en bonne amitié avec Jimi Hendrix, échangeant des cigarettes, on le voit jouer derrière les vieux bluesmen noirs comme Howlin' Wolf, ou accompagner Alexis Korner en trio pour un dernier concert du guitariste fondateur déjà malade, toute la balance d'un groupe dont la légende ou le symbole ont passé avant la réalité ou la musique ont reposé sur un homme qui n'était pas de leur monde, ni de leur musique.

Mais dès la première fois qu'on est ensemble, ce 14 janvier 1963 au Flamingo Club à Soho, on sait qu'on a trouvé : *Once we got together with Charlie it seemed to work very well* [14,13], dit Jagger : « Une fois qu'on a été tous ensemble avec Charlie, ça semblait marcher vraiment bien. » *And the moment Charlie joined I could suddenly play much better* [14, 13], dit Wyman : « Et du moment où Charlie est arrivé, c'est comme si je pouvais d'un coup jouer beaucoup mieux. »

Étrange petit homme maintenant aux cheveux blancs, dans son costume impeccable, qu'on peut encore croiser descendant à Charing Cross d'un wagon de première, ou à Paris par surprise fouillant les bacs d'un bouquiniste spécialisé, où soi-même on s'était timidement enquis s'il était possible de seulement contempler, pour sa ponctuation originale, quelques pages de telle belle édition du XVIIe siècle. Et, si on n'ose pas lui parler, et qu'on trouverait un peu simple de lui demander une dédicace, on est tout surpris, à le suivre quelques dizaines de mètres, cette première fois à Charing Cross, cette nouvelle fois à Paris quai Conti, que ce même homme qu'on a admiré sous les projecteurs comme s'il avait devant lui une forge, et quatre bras pour en soulever les enclumes, personne ne se retourne sur lui, personne pour paraître seulement intéressé à sa présence.

Zoom maxi sur janvier 1963

Retour fin décembre 62. On a donc engagé ce bassiste, on l'a déjà emmené avec le groupe au Red Lion du Surrey, joué avec lui deux fois au Ealing, et on est retourné avec lui une fois au Picadilly qui s'écroule, une fois au Flamingo et une autre fois dans un club de jeunes du côté de Putney. Bill Wyman maintenant maîtrise tout le répertoire des Rollin' Stones. Quelques livres sont rentrées qui donnent, sinon courage, un prétexte : à Edith Grove on mange toujours aussi mal, sinon aussi peu.

Pour Ian Stewart, trois soirs par semaine en janvier, puis quatre, puis cinq en février, et enfin ça ne cessera plus, c'est acquérir le rituel de charger dans le Volkswagen à porte latérale et moteur à l'arrière, la petite boîte haute sur ses quatre roues minuscules, Bill Wyman, son baffle gigantesque et ses deux amplis. Comme c'est Bill qui monte le premier, il s'assoit devant et en prend l'habitude.

Il n'a pas de cadeau à faire à ses nouveaux copains, Bill Wyman. Les décisions sont prises sans lui, et resteront toujours prises hors de lui : il n'est pas de leur monde. Ils auront beau être Rolling Stones ensemble, il sera toujours un peu celui qui a une femme, un gosse et un boulot. Les autres ont l'habitude maintenant de manger dans un bistrot ouvrier près de chez eux, qui s'appelle Ernie, et *Ernie* c'est comme chez nous on dirait un « beauf », c'est Bill Perks, dit Wyman, qu'ils appellent Ernie, et l'autre encaisse, doit encaisser. On est poli avec lui, parce qu'il dispose à titre personnel de la moitié du matériel, mais vingt-huit ans durant on n'exclura jamais le recrutement éventuel d'un autre bassiste, qui leur ressemblerait plus dans les goûts et l'apparence. Les racines ouvrières de Wyman l'ont peut-être mûri à cette forme de mépris, et la résistance qu'on peut lui opposer : il adopte une fois pour toutes la place passager du van, la seule confortable, près de la vitre gauche (le conducteur est à droite, on est en Angleterre, mais confortable ça veut dire un mince siège à revêtement de moleskine, rembourré de crin, qui s'arrête aux épaules, loin sous les cervicales), sous prétexte que s'il est à l'arrière ça le fait vomir. Une bonne blague pour lui, et de quoi faire enrager les autres, quand trois ans plus tard ils découvriront que ce n'est qu'une blague, mais allez le démonter, avec un type qui ne rit jamais aux blagues que vous lui faites, cet Ernie...

Stu doit traverser tout Londres pour rejoindre Edith Grove et klaxonne, on embarque les guitares, les amplis plus une vieille malle fourre-tout (*the holdall*, ils disent) dans laquelle sont le micro Reslo de Mick, plus un de rechange et le pied, les harmonicas, les câbles, les jacks et le fer à souder, des multiprises et des rallonges : elle a beaucoup d'importance, pour eux tous, la malle. On attend Brian qui jamais ne retrouve à temps, sous son matelas ou dans la cuisine, son bottleneck ou le petit sachet de cuir avec ses médiators. Jagger monte sur la banquette entre Stu et Wyman (on n'est pas encore à l'époque des ceintures de sécurité obligatoires), les deux autres derrière, et on repart. Si on a de la chance, il y a une batterie sur place et Watts les rejoint directement. Sinon, il faut aussi charger son matériel, une grosse caisse, tom et caisse claire, plus les cymbales et les pieds, et même le tabouret. On a trois concerts par semaine dans les clubs de Soho, mais dès février il faut s'extraire de l'énorme métropole. Alors le temps se déplie : pour une heure de concert, compter deux heures de Volkswagen, et bientôt trois, puis quatre. Alors, à six là-dedans, à commenter ce qui va se passer ou comment ça s'est passé, on est vraiment un groupe sur la route, *on the road* : ce sera leur expression fétiche, toute leur vie. Et quand ils rédigeront eux-mêmes un grand album de luxe à leur gloire, chargé de photos qu'ils commentent, c'est ainsi qu'ils l'appellent : *A Life On The Road*.

Pour Noël, les *gigs*, ce n'est plus la peine : le pays est à ses puddings. Keith trouve à Dartford un remplacement à la poste, où on prend quelques types en supplément pour trier les colis de Noël. C'est un remplacement de deux semaines, il tient le premier jour et abandonne, ne se présente pas le lendemain : ce sera le seul travail salarié qu'il aura jamais de sa vie accompli.

Cyril Davies s'est séparé de Korner et a monté son propre groupe, sous le nom très simple de Cyril Davies All Star R&B Group. C'est principalement l'ancienne équipe du Screamin' Lord Sutch avec Nicky Hopkins le pianiste (son meilleur disque, enregistré avec George Harrison et Mick Taylor, s'appellera *The Tin Man Was A Dreamer*, « l'homme si mince était un rêveur », avant de finir en 1994 à cinquante ans exactement : on se permettra donc de l'appeler ici désormais ainsi, « l'homme mince qui rêvait », lui qui sera de l'aventure à sa crête, et aura participé, avant le *Exile On Main Street* des Rolling Stones, au double album blanc des Beatles), le bassiste Ricky Brown dit Fenson et l'éternel Carlo Little, plus un guitariste du nom de Bernie Watson, qui reste dans les annales pour sa spécialité de tourner le dos au public chaque fois qu'il prend un solo, afin d'éviter que les collègues ou jaloux présents dans la salle ne lui recopient ses doigtés. Et comme c'est un tout petit monde, c'est encore Long John Baldry dans le costume trois pièces de sa célébrité nouvelle, qui vient chanter. On lui confie les mardis du Marquee, et Cyril Davies, qui veut affirmer sa différence avec Korner, impose les Stones pour le set d'ouverture. Ainsi, le premier vrai marchepied posé à l'ascension des Stones, c'est le besoin du grand jazzman à figure d'enfant d'une carte de visite orientée électrique, sans rien changer à sa musique. Et la distance ainsi manifestée vis-à-vis du jazz provoque des remarques acides de Harold Pendleton, le patron, sa certitude méprisante que ces types ne savent pas jouer et que ce qu'ils font n'a rien à voir avec l'authenticité de la musique américaine : Cyril Davies passe outre. Le 10 janvier, Carlo Little fait les deux groupes (il remplacera jusqu'en mars Charlie Watts, chaque fois que Charlie ne pourra pas jouer avec les Stones), mais le 24 et le 31 c'est avec Charlie : en formation définitive.

Le mardi, au Marquee, ça s'appelle la nuit du blues, Rollin' Stones en ouverture, Cyril Davies pour le menu principal. Mais la grande salle fait son plein de monde dès le groupe d'ouverture. *There were 800 people for us, and only 300 to see Monty Sunshine the next day* [14,17], dit Bill Wyman : « On avait huit cents personnes pour nous, et même pas trois cents le lendemain pour voir Monty Sunshine. » Et même, on s'aperçoit d'un changement : commencent à revenir des visages. On les repère parce qu'ils ne sont pas habillés pareil, avec le pull à col roulé qui est la mode pour le public *jazz moderne*. Des types qui viennent pour danser, tandis que le jazz s'écoute assis, et qui redemandent du Chuck Berry ou du Bo Diddley. Brian demande à Pendleton que le cachet soit en conséquence, et non pas le défraiement qu'on leur avait offert en octobre comme par protection, bien moins qu'à aucun de ceux de la galaxie Monty Sunshine. Pendleton a en mémoire leur engueulade, et cela lui vaudra, bien des années plus tard, que Richards lui balance sa guitare à la figure : c'est non, et que cette fois ils n'y reviennent plus. Le courant n'est jamais passé entre eux et le patron du Marquee, qui n'a pas senti le basculement du monde.

N'empêche qu'en janvier on a fait quatre fois les lundis au Flamingo, quatre fois les samedis au Ealing, et on est retourné deux fois le mercredi au Red Lion. Deux fois, on est invité à jouer à Windsor, au Ricky Tick Club : ça se passe toujours mieux quand on est à l'écart de Londres, et qu'on y est reçu comme un groupe ayant les honneurs du célèbre Marquee (ils ne sont pas forcés de savoir, quitté Soho, comment là-bas on vous y traite avec des pincettes). Et comme ils jouent de mieux en mieux,

Brian Jones devant et les autres derrière, on les réinvite. Au Ricky Tick Club, on deviendra groupe résident, on y jouera vingt-cinq fois au total d'ici le mois de septembre.

De filles, de petits luxes ou penser même à autre chose, il n'en serait pas question. C'est toujours Brian qui s'occupe du téléphone et des contacts : s'accrocher aux gens, aller les voir, c'est un métier. Il connaît Giorgio Gomelsky, l'ancien propriétaire du Picadilly, il le relance, s'accroche avec lui comme il le fait avec dix autres et c'est le même mur. Quand on doit occuper une soirée sans concert, on répète, on reste pour cela à proximité d'Edith Grove, dans l'arrière-salle du Waverby Arms. Mais en fait il y a Jones et Richards assis de chaque côté d'une table avec leurs deux guitares sur un des amplis Harmony à bas volume, et quand Jagger les rejoint, il branche son micro Reslo et marmonne des paroles : c'est plus apprendre de nouveaux morceaux et vérifier ceux qu'on sait qu'une répétition véritable. A d'autres tables, des types jouent aux cartes ou discutent, et Stu et les autres, Bill et Charlie salariés comme lui, récupèrent. Puis il faut bien rentrer à Edith Grove. Pour longtemps, le vrai temps de répétition des Rolling Stones sera leur temps de scène lui-même, et cela aussi sans doute conditionnera leur musique.

Gomelsky ne peut plus se permettre un nouvel échec comme la plongée de son Picadilly Club, alors Brian peut bien lui jurer tout ce qu'il sait : qu'ils ont fait des progrès, qu'avec le nouveau batteur c'est un autre son, qu'enfin c'est sur rail, que ça sonne et que c'est juste, il est réticent. Il sait très bien, d'ailleurs, que Brian fait le même numéro à dix autres de son genre, qu'il connaît et qui ont des Rollin' Stones la même opinion, chacun d'entre eux pourrait remplir une feuille d'écriture serrée du nom de tous ces groupes en éclosion rapide. Il cède, Giorgio, dira qu'effectivement la musique des Stones de ce mois de décembre était abominable, mais qu'individuellement ils valaient mieux que leur réputation collective et qu'en tout cas il les aimait bien. Il a vingt-neuf ans et eux dix-neuf, pas assez de distance pour ne pas être solidaire.

Alors, le 6 février, au Red Lion, Giorgio est dans la salle, et dès l'intervalle entre les deux passages du groupe, Brian est pendu à ses basques : Giorgio, comment ça sonne ? Giorgio, ça fonctionne ? Giorgio, tu vas nous faire jouer ? *Look, Giorgio, you can't run a club without knowing if your band's going to turn up... Give us a break. We'll do it for nothing* [2, 144] : « Quand même, Giorgio, tu ne peux pas diriger un club sans savoir si ton groupe ne va pas te lâcher... Fais-nous passer, on jouera pour rien... » Parce que Gomelsky possède, loin dans la banlieue mais tant pis, son propre club, loué dans l'arrière-salle de l'hôtel de la Gare à Richmond, dont il a fondé le festival de jazz. Le groupe qui s'y produit d'abord, c'est celui de Dave Hunt, dont les Stones ont déjà fait l'entracte au Marquee, et avec qui les relations sont aussi froides que le temps. Compliments de Giorgio, et même pas surfaits : oui, cher Brian, c'est vrai que le groupe a fait des progrès, c'est vrai que ça sonne. Peut-être pour sous-entendre : en jouant à trente kilomètres du centre de Londres, vous trouverez votre auditoire et votre circuit, continuez, les gars. Mais de toute façon, si Gomelsky est venu les entendre au Red Lion à Sutton, perdu dans ce Surrey tout aspiré par Londres, c'est que tout simplement il n'a rien à leur offrir, qu'il est dans une phase où même pas besoin de tricher ou d'être hypocrite.

Gomelsky a assez traîné dans suffisamment de métiers. C'est un monsieur de grande classe, fils d'un émigré russe marié à une Française (il parle toujours un français excellent), qui a vécu entre la Suisse, l'Italie et l'Allemagne, puis s'est lancé dans un tour du monde en auto-stop, s'est arrêté a Chicago où il a eu ce choc du jazz en pleine mutation urbaine, et a implanté en Angleterre, avec un enthousiasme de vingt-cinq ans, les premiers festivals de jazz. Maintenant, il soutient ces groupes qui s'éloignent du jazz pour affirmer sa version urbaine et électrique. Giorgio Gomelsky, qui trouvera, mais hors des Stones et après son échec avec eux, l'engagement de sa vie, se verrait bien *manager* d'un de ces groupes qui explosent. Ce sur quoi Brian Epstein s'est greffé, ajoutant à la légende de ce métier neuf, est dans l'air. Mais, pour être producteur, il faut cette matière vivante qui s'appelle un groupe, alors il leur offre un concert pour le lendemain même, dans un lieu dont il est chargé de la programmation, au Haringey.

La première invitation de Gomelsky donc, mais bien modeste. C'est au nord de Londres, un endroit que personne ne connaît, à l'arrière d'un pub qui s'appelle Manor House, dans un de ces bars d'hôtel qui programment deux fois par semaine de la musique. C'est un endroit à moquette et rideaux aux lampes sur tables vernies, avec une drôle de disposition, le groupe en face de la porte dans un angle, et les gens sur la gauche en diagonale (mais il y a peu de gens). Il faut jouer avec les amplis de travers, et le passage au milieu. On joue quand même, et on revient : la fois d'après il y aura un peu plus de monde, et ça va devenir un rendez-vous hebdomadaire de plus pour les deux mois à venir. Après, ce ne sera plus la peine, et il n'y aura plus de place. Mais aujourd'hui 7 février c'est la première fois : quelques types dans la salle, plutôt regroupés vers le bar. D'autres à une table, loin de la scène, mais occupés à discuter, et qui préféreraient sans doute qu'on ne leur matraque pas les oreilles à la guitare électrique. Personne qui regarde le chanteur, sauf James Phelge, qu'on n'a pas encore officiellement présenté ici, mais qui va l'être tout bientôt. Alors on attaque par Chuck Berry, et on remet un Chuck Berry derrière, au moins pour prouver qu'on sait faire. Giorgio viendra voir à la fin, le grand barbu élégant et dégingandé, une éternelle bière à la main, avec cette fille pour eux incroyable qui le suit, parce qu'ils n'ont pas encore pénétré la frontière de ce monde très clos du *show business* : ils se rappelleront à trente ans de distance qu'elle avait un pantalon noir et des bottes plus chères que leurs guitares, sous un manteau de fausse fourrure. Giorgio est content, c'est l'essentiel.

Est-ce que c'est une chance, ou bien est-ce que l'impressionnante machine est lancée et aurait pris un autre chemin, si celui-ci ne s'était pas présenté ? Le même dimanche, Dave Hunt, qui progresse en renommée, l'informe que l'arrière-salle de l'hôtel de la Gare ne convient plus à son groupe, d'autant que la fréquentation est aussi maigre que le cachet : il a trouvé mieux, il décampe. Au Station Hotel Richmond, on joue *rhythm'n'blues* le dimanche, il y a aussi un jour pour le jazz, et un jour pour le *rock'n'roll*. Mais ce jeu de chaises musicales, au Marquee parce que Korner ne peut pas venir, à Richmond parce que Dave Hunt déclare forfait, c'est le peu glorieux début des Rolling Stones, il leur propose Station Hotel.

Gomelsky est pris de court, parce que pas question de laisser la scène vide un dimanche dans cette salle ingrate des bords de Londres où il commence juste. Ceux du Haringey ont au moins une qualité, celle de pouvoir jouer longtemps et de jouer fort. Et ils ne vont pas chipoter sur les conditions, salle pas chauffée, public maigre. Il propose un arrangement à l'amiable : que les Stones viennent, ils seront payés au pourcentage sur les entrées, l'assurance pour Gomelsky de ne pas avoir à trop dépenser pour le début, et la preuve, même s'il conquiert ce soir-là sa médaille de *life legend*, vie légendaire pour la recette qu'il appliquera à l'éclosion d'autres groupes, les Yardbirds avec Clapton puis Page, et longtemps après Julie Driscoll, John McLaughlin, ou Gong, Soft Machine et Magma, que son intuition n'était pas aussi complète que celle de Brian Epstein, la faute ne pardonnera pas. Il y a dix livres assurées pour le groupe quelles que soient les entrées, et si la recette est supérieure, c'est moitié-moitié. L'arrangement particulier qu'exige Brian pour sa cagnotte personnelle n'est pas mentionné.

Mais Gomelsky joue le jeu du *manager*, publicité, annonces, et le trio, Jagger et Jones qui savent ce qu'ils cherchent, et Richards qui suit parce que c'est les copains, mettent la main à la pâte : on imprime des tracts, payés quatre livres pour un mille, qu'on affiche partout où on peut, et c'est Mick, Keith et Brian qui partent avec la colle et les pinceaux. Et même, quand on reviendra à Edith Grove, James Phelge, qu'on n'a toujours pas présenté, prend le seau et va coller ce qui reste dans la rue. Quand Gomelsky passe à Edith Grove deux semaines plus tard, le seau avec le fond de colle est toujours là, et a servi de poubelle pour les mégots de cigarettes et les restes de nourriture : la puanteur du mélange va jusque sur l'escalier, et eux ne s'en aperçoivent pas. Il y aura, vingt ans plus tard, religieusement préservés, encore ces deux prospectus jaunes collés sur les deux piliers de l'entrée du 102 Edith Grove, avec les graffitis.

Si la vraie invention des Rolling Stones, c'est leur premier concert au Richmond Hotel, où ils joueront pour la première fois ce dimanche 24 février dans l'arrière-salle gigantesque et froide du Station Hotel Richmond, rebaptisé Crawdaddy Club par Gomelsky en l'honneur de Bo Diddley (une chanson fétiche de Brian, d'ailleurs, qu'ils jouent à chaque concert), et qu'ils deviendront justement The Rolling Stones pour la première fois sur ce tract, accordons-nous un instant pour revenir à Edith Grove : le reste ira trop vite.

Où Nanker rencontre Phelge : Edith Grove phase trois

On en était au départ de Dick Hattrell, et c'est la fin d'Edith Grove phase deux.

Le samedi 5 janvier 1963 au Ealing, et c'est le premier samedi qu'on y joue, l'affiche proclame : *Night of the Blues*, nuit du blues, et les Rollin' Stones font là aussi l'ouverture pour le Cyril Davies All Star. Comme d'habitude on a laissé Eric dit *the mod* chanter un ou deux Chuck Berry pour soulager Jagger : à l'époque personne n'a jamais vu Clapton en public avec une guitare. Eric n'a pas encore dix-huit ans mais traîne là tous les soirs, et se lancera seulement au mois de mars et au prochain chapitre dans la formation d'un premier groupe, The Roosters. Hattrell ayant quitté Edith Grove, il n'y a que la bourse de Jagger pour payer les seize livres mensuelles du loyer : les deux autres n'ont pas le rond, et chaque vendredi soir il faut donner quatre *quids* en liquide à la propriétaire. Quelquefois, cet hiver-là, il y a eu au Ealing six personnes dans la salle pour six personnes sur la scène, public d'initiés, et c'est là qu'un soir on parle avec un nommé Fengey, gratteur occasionnel de guitare, qui lui-même a amené son copain James Phelge, lequel ne joue pas, mais ne dédaigne pas d'improviser, sur des boîtes à thé retournées (qui de nous n'aurait pas fait quelque chose comme ça en se prenant pour un grand musicien de rock) des roulements de tambour pendant que son copain grattouille.

Et Phelge entend Jagger faire au micro cette annonce : eux, les Rollin' Stones, cherchent un quatrième pour partager avec eux un appartement dans Chelsea. Le nom de quartier fait chic, Mick ne dit pas qu'il s'agit du bord extrême du quartier branché, et qu'à Chelsea on tourne plutôt le dos. Mais l'adresse convient à Phelge, qui ne travaille pas si loin (dans une imprimerie, pour des maquettes d'affiches), et ils prennent rendez-vous pour le mardi après-midi. On lui demande ce qu'il aime comme musique et, même si les réponses ne sont pas enthousiasmantes, Phelge a un salaire, il est plus ou moins de leur monde et on l'accepte, il emménage. Des six mois qu'il passera avec eux à Edith Grove cette année 1963, exactement trente-cinq ans plus tard, en 1998, James Phelge sera capable de restituer plus de trois cents pages de souvenirs, de petites phrases, de marches dans les rues et de visites aux magasins de guitares, de concerts dans ces clubs presque clandestins, et de vie intime dans l'appartement aux deux chambres et une seule ampoule, sans salle de bains et toilettes sur le palier.

C'est Edith Grove phase trois, et ultime. Grâce aux concerts réguliers, on n'est plus tout à fait dans la période vache enragée dont ils seront si fiers qu'ils l'amplifieront à volonté. Jagger est peu à l'appartement, puisqu'il continue malgré tout ses études, et le soir préfère fréquenter ses copains étudiants, et sa petite amie à câlins, Cleo Sylvestre. Ceux qui sont là tout le temps, c'est Jones et Richards. Ils remontent du bistrot où ils ont eu leur plat chaud en minaudant leurs plaisanteries trop convenues, s'appelant l'un l'autre Bert et Ernie, et se moquent durement de Phelge, occupé à cirer amoureusement ses bottines à bout pointu, occupation que Richards trouve inconsidérée : un Rollin' Stone ne cire pas ses bottes.

Phelge, provoqué, répond en crachant sur le mur. Puis se lève sans dire une parole et, pour montrer à ses copains qu'il ne leur en veut pas trop, entoure d'un trait de crayon rouge le glaviot épais, puis le présente aux copains : son nom, messieurs, c'est Yellow Humphrey. Quand Jagger rentre un peu plus tard, on lui raconte ça pour rire. Mais Phelge les interrompt, se tourne vers le mur à deux mètres, et en produit un second : celle-ci, messieurs, est Scarlet Jerkins. Il ne leur a pas fallu trois jours pour comprendre que la cohabitation avec James Phelge s'annoncerait moins banale que prévu.

Au début Phelge les accompagne souvent à leurs concerts. Ensuite moins, mais il sera quand même de leur premier concert du Station Hotel Richmond. Quand Phelge reste à Edith Grove et que les autres rentrent, vers deux heures du matin, ils cognent à la porte du bas, encombrés des guitares et amplis, et c'est lui qui vient ouvrir. Il a l'idée, une fois, de les accueillir en posant en haut de l'escalier, assis tout nu, son slip sur la tête. Ils s'étonnent du tableau : Phelge, qui n'est pas musicien, trouve dans ce genre d'amusement sa propre singularité.

Au second étage, l'appartement équivalent du leur est partagé par un couple un peu âgé, les Offers, qui se plaignent régulièrement du bruit aux propriétaires, mais les propriétaires s'en moquent, tant pis pour les Offers. Il n'y a de réfrigérateur chez personne, et les Offers pendent à leur fenêtre un de ces garde-manger grillagé où l'on stocke le beurre et le fromage. Ils mettent longtemps à comprendre que ceux du dessous, en s'accrochant à la gouttière, peuvent s'y servir et en ont fait leur amusement préféré. Ils ont faim, en rentrant à trois heures du matin de leur concert en banlieue, les guitaristes de vingt ans, et le fromage ou le bacon des Offers, c'est tentant. Quand les Offers découvrent que les voleurs ne sont pas les chats du voisinage, ils sont en colère. On s'explique, et quelques jours après, comme ils rentrent chez eux, c'est toutes leurs ampoules électriques qui ont disparu. Parce que l'unique ampoule des voisins du dessous s'était éteinte (ce qui, pour un fils de contremaître chez Osram, est un comble), ils avaient trouvé cette solution de remplacement. Dégradation considérable et définitive des relations.

Mais Edith Grove phase trois, c'est surtout l'emménagement au rez-de-chaussée, là où vivaient des étudiants en médecine, de deux infirmières, Judy et Nick. Elles ont leur âge ou un peu plus, on sympathise, ils les amusent, et elles les dépannent volontiers en sucre et café en poudre (ça va toujours dans un seul sens, de l'appartement du bas vers celui du haut, mais ça leur fait plaisir, aux filles, ces grands gosses qui se laissent mitonner et grognent, avec leurs jouets d'acier rouge et leurs fringues comme on met aux poupées). L'une des filles, sa spécialité, c'est les lignes de la main. Elle les console comme on fait, sur l'avenir qui ne manquera pas d'être plein de rêves et de diamants, avec quelques belles jeunes filles : ces jeux sont de leur âge. Elle ne leur annoncera pas la mort prématurée de Brian ni la fortune immobilière de maître Mick, mais au moins avec elles, les soirées sont moins froides. Elles apportent du thé, et Brian leur offre du gin. Ils se laissent faire : elles deviennent leurs médecins, leurs soignantes. Elles rapportent des placards de leur hôpital cataplasmes et sirops pour soigner les bronchites de leurs voisins, mais, au-delà, c'est plus difficile : elles ne prendront pas en charge leur solitude de cœur, et ça leur restera longtemps dans la tête, aux garçons, et surtout à Richards, cette amitié des filles, et leur vie indépendante, la relation à égalité.

Et pourtant on leur en fait voir : deux filles, quatre garçons, normal que le jeu tourne à la farce. Keith les racontera comme des faits de gloire, Phelge et Wyman confirmeront. C'est grâce à ces détails qu'on sait qu'un objet d'importance, maintenant qu'on gagne un peu d'argent, fait son apparition dans l'appartement où pourtant on ne fait pas la vaisselle, où on vit dans la crasse : un magnétophone.

Ils n'en reviennent pas, du plaisir que c'est de s'enregistrer à volonté. On le fait pour les guitares, mais ça déborde sur la vie quotidienne. Richards planque le micro au-dessus de la chasse d'eau des toilettes du palier, passe le fil par le vasistas qui jouxte leur cuisine, et enregistre en action tous les locataires de la maison, des vieux Offers aux filles du rez-de-chaussée, puisqu'on n'a qu'un seul WC pour toute la maison. Une fois que la bande tourne, l'un ou l'autre est allé frapper à la porte des gogues, dit qu'il est pressé, l'une ou l'autre des filles répond, et le magnétophone en restitue un monologue primaire mais assez ambigu pour faire rire, du moins le pensent-ils. Puis on invite les filles, un soir, pour se reconnaître et s'entendre. Il paraît que le bruit des tuyaux, saisi tout près par le micro, ressemble à des applaudissements dans un concert enregistré en public. De magnétophones il n'en traîne encore pas tant, cette magie du réel qu'on produit, ainsi séparé de lui-même, nous ne la savons plus, désormais pour nous banale. Mais c'est un engrenage malsain : les filles se lèvent tôt pour aller travailler, et elles n'apprécient pas, plusieurs matins de suite, que le lieu soit en permanence occupé, alors qu'elles ont une heure de tramway avant l'hôpital. C'est Richards qui s'y est enfermé exprès, et répond d'un ton faussement naïf : *I've my crap...* («ma grosse commission...») tandis que le magnétophone, tenu par Brian et Phelge de l'autre côté de leur porte d'entrée, cherche à enregistrer leurs tentatives de faire accélérer le processus – elles déménageront, Judy et Nick, tant pis pour eux. Mais, filles ou pas filles, Phelge nous précise que c'était pour Richards un rituel d'importance, en émergeant fin de matinée, un livre de science-fiction à la main, trois quarts d'heure durant.

D'autres instants donnent le climat d'Edith Grove. Que les propriétaires ont une crèmerie-pâtisserie dans le quartier, un peu plus haut, et qu'on y achète souvent, qu'on partage ensuite, un *fruit pie*, épais gâteau gallois, qui bourre et qui cale, et qu'eux appellent un *Morgan-Morgan*, nom qu'ils donnent par extension aux propriétaires (dans les tournées de la période 1989-1995, le *crust pie* fera partie des exigences des Stones sur la table d'après concert : on peut être devenu l'énorme machine à dollars remplisseuse de stades et avoir de ces nostalgies). C'est grâce à Phelge qu'on sait que chaque vendredi soir madame *Morgan-Morgan* passe encaisser ses trois loyers, et qu'on n'a pas toujours de quoi la payer, qu'on tourne souvent à deux, voire trois semaines de retard, et que, souvent aussi, c'est Jagger qui fait le chèque (il est le seul à avoir des chèques). Madame s'inquiète de l'état du meublé, de la crasse : on lui promet rituellement amélioration, on lui dit que c'est chaque fois samedi le jour du ménage. Quand ça passe les bornes, la propriétaire envoie en expédition punitive son mari, mais celui-ci est nettement plus arrangeant, et donc on continue.

Ils aiment à se souvenir aussi de comment ils faisaient la vaisselle. C'est Richards et Phelge qui s'en occupent, et jamais Brian, jamais Mick. On attend trois semaines, et quand vraiment ce n'est plus possible on sort tout dans la cour, on attend qu'il pleuve dessus. Avantage : à Londres, la pluie, c'est à volonté (surtout l'hiver). On laisse vingt-quatre heures ou plus, et on remonte.

Ce n'est pas le paradis, Edith Grove : les papiers peints n'ont jamais été refaits, les meubles sont bancals, et les couvertures, trouées. Par provocation, une fois, Phelge rassemble les couvertures trouées et y met le feu : on ameute le quartier, mais ça ne suffira pas pour en obtenir des neuves de la propriétaire, tant pis pour eux. Mais Phelge l'a fait : c'est sa musique à lui, sa posture *rock'n'roll*, ils mettront longtemps à l'apprendre, parce qu'ils ne sont pas du genre à balancer des glaviots sur le mur, mais retiendront pour longtemps la leçon.

L'objet majeur de l'appartement ce n'est pas le magnétophone – ils sont encore primaires –, mais un tourne-disque avec changeur : on ne connaît plus ces outils-là. Une grande boîte cubique de bois recouvert de tissu plastique rouge, et dedans, quand on lève le couvercle haut-parleur, le plateau blanc avec ce cylindre qu'on y installe, doté d'un taquet de métal, qui permet de charger et d'écouter à la file six ou huit quarante-cinq-tours d'affilée, un peu plus d'une demi-heure de musique. Alors on se couche à minuit, et on empile tout ce qu'on a sur le chargeur. Au bout du temps (Phelge partage la chambre avec Richards), il y en a un qui se relève et va retourner la pile. Si, après l'écoute des deux faces de la pile, l'envie de dormir n'est pas là, les deux garçons renfilent un pantalon et marchent jusqu'à la Tamise proche, la remontent jusqu'au Chelsea Bridge, où une remorque vend des beignets à la viande, dans des cornets de papier, avec une tasse de thé : compléments acceptables pour une faim de vingt ans. Elle y est encore, au milieu du pont, la baraque à frites grasses (mais, comme dit Phelge : peu de chance d'y croiser Keith, aujourd'hui).

Le jeu permanent de provocations de Phelge, dont c'est la façon d'être artiste, fait que parfois ça déborde : une fois, Jones et Richards balancent tous ses disques par la fenêtre, Miles Davis compris, dans le jardin du voisin. On s'insulte, mais par orgueil Phelge n'ira pas les reprendre, et ce sera la fin des disques de jazz dans leur environnement immédiat, tant pis pour Miles Davis : mais Phelge l'orgueilleux (et sa leçon d'orgueil, à ne pas vouloir condescendre à aller ramasser ses albums d'importation, les impressionnera), Phelge ne leur pardonne pas.

Phelge rapporte lui aussi les plaisanteries à l'encontre de Wyman qu'on surnomme Ernie, et qui a déjà perdu l'habitude de rire des bonnes blagues des autres. Phelge ne rapporte pas ce que Wyman rapporte, dans son livre, pour ce début février 1963 : l'abandon de sa coiffure *rocker*. Qu'un beau soir il déboule à Edith Grove les cheveux ébouriffés comme les leurs, avec la mèche ramenée sur le front. Ce soir-là, pour la première fois il se sent enfin faire partie du groupe et ils le fêtent – au prix d'une trahison de son image en Elvis de Penge ?

Si Phelge ne rapporte rien quant à Charlie Watts, c'est la marque du respect que déjà lui portent les autres : il arrive en costume et cravate, et ce qu'il concède aux beatniks que sont les Stones, c'est d'enlever sa cravate le temps de jouer, puis la remettre après le concert. Bientôt, c'est eux qui devront adopter la cravate pour partir en tournée, avec une horrible veste pied-de-poule, et c'est Watts le premier qui refusera d'endosser l'uniforme, pas assez excentrique, dans l'acception londonienne du terme : trop province et banlieue, la tenue à jouer, pas assez d'élégance. Watts s'incruste pourtant, écoutant les deux guitaristes des demi-heures d'affilée, présent à Edith Grove même les soirs où on ne joue pas, aidant Stu à charger guitares et amplis là où apparemment ni Jones ni Richards ne font de zèle. Phelge et Watts partagent le goût du jazz, c'est Miles Davis (*Walkin'*) qu'ils découvrent cette année-là, et que Richards méprises (*Load of old bollocks... it sounds like shit to me... music for pseuds...*) L'occasion de découvrir le vocabulaire critique en partage. Mais Watts, stupéfié par le rythme de la batterie sous la trompette du grand Miles, découvre avant Phelge qu'ils venaient d'écouter trois fois de suite en quarante-cinq-tours l'album trente-trois-tours du jazzman, d'où lourde ironie de Richards (*You pair of turds, you pair of wankers...*). *That's better, it's sounds like a trumpet now, said Charlie. – It still sounds like shit, said Keith* $_{30,\ 55}$: « C'est mieux, ça ressemble à de la trompette, maintenant, dit Charlie. – Ça ressemble toujours à de la merde, dit Keith. »

On a témoignage (Phelge, Wyman, Richards...) que Brian Jones reçoit encore régulièrement Pat Andrews et le bébé, que ces fois-là, comme le couple s'enferme dans la chambre qui donne sur le salon, les trois autres doivent se cantonner dans la petite chambre du fond, sans tourne-disque. Si ça s'éternise, les tensions montent vite, surtout quand Pat et Brian, pour des raisons intimes, remettent l'enfant à la bonne garde des colocataires. Que Mick Jagger reçoit aussi quelquefois, même si n'a pas paru encore Chrissie Shrimpton, rencontrée en février à un concert et qui sera pour quatre ans comme son ombre. Dès que Chrissie sera sa compagne officielle, il l'accompagnera chez elle le dimanche, et cette riche famille bourgeoise, avec maison à la campagne, fournira à Mick Jagger une échappatoire à la dégringolade d'Edith Grove sous la loi Phelge, pour un peu mieux manger et un peu plus dormir.

Phelge se laisse rattraper par l'inertie de Richards, qui n'a pas à se lever de bonne heure. Il manque régulièrement son travail. Richards est un aimant qui organise vers lui tout ce qui l'entoure, et ce sera pareil plus tard avec les seringues d'héroïne : parce que lui, à ce moment-là du moins, se moque bien des filles, et que tout son sérieux est appliqué à la guitare, il renchérit sur Phelge à chaque nouvelle initiative du spécialiste en farces douteuses. Eux deux aussi qui prennent en charge les lessives, laissant tremper deux jours les tee-shirts, chemises et pantalons des quatre garçons réunis, et mettant ça ensuite à sécher où l'on peut, partout dans l'appartement.

On a par James Phelge tous ces détails de la vie de garçon, qui passeraient inaperçus sinon, et qui restent le fait de gloire principal de sa vie à lui, James Phelge, ces cinq mois que durera la cohabitation : entre autres choses, c'est lui, Phelge, qui a un rasoir électrique, et du coup le même rasoir Philipshave leur sert à eux quatre. Ou bien que le goût de Brian Jones pour les shampooings, qui lui vaudra dès leur première tournée son définitif surnom de *Mister Shampoo*, s'amorce déjà à Edith Grove, chaque fin d'après-midi avant le concert, et qu'il utilise pour lui seul le peu d'eau chaude disponible au-dessus de l'évier, source d'interminables conflits après lesquels il est difficile de se mettre ensemble à la guitare sur le morceau en cours.

Ce à quoi Phelge est associé, et dont Keith n'a jamais pris la peine de parler, c'est ce qui pour lui est le plaisir principal. Prendre le bus n° 11 vers West End, descendre à Trafalgar, et, tout près d'où était Ivor Mairant, le luthier ami du grand-père Gus, dans Shaftesbury Avenue, entrer dans le magasin Sound City, tenu par un nommé Bob Adams. C'est là que Richards a acheté sa guitare, qu'il rembourse à mesure. Il ne fait pas cela à tout le monde, Bob Adams, et c'est pour cela qu'il est une figure souterraine de l'explosion pop. Il ne s'adresse pas aux banques ou aux familles pour une caution, ne demande pas de bulletin de salaire. La rumeur du petit monde clos des professionnels lui suffit, mais est le préalable nécessaire. Avoir crédit chez Bob Adams, c'est la preuve qu'on est de ceux-là. Alors, à vous l'instrument, on paye comme on peut, selon les rentrées : Bob Adams inscrit dans son livre avec une page de comptabilité à vous, où chaque petite somme qu'on rembourse est répertoriée. Keith s'installe, Phelge prend un tabouret, et on essaye les Fender Telecaster nouvellement importées, on parle, on rencontre les autres du circuit. Les Beatles aussi se fournissent chez Bob Adams, qui a, la porte à côté, un autre magasin : Drum City, où Watts remplace ces mois-ci, parce que le calendrier se remplit, sa batterie originelle par un kit de marque Slingerland.

C'est par Phelge qu'on a le compte rendu de la première visite des Beatles, parce que c'est sur leur route, ce 21 avril 1963, au retour d'un enregistrement de télévision. Les Stones jouent déjà à Richmond, et Giorgio Gomelsky s'est lourdement entremis pour convaincre les Beatles de s'arrêter cinq minutes, pratiquer sur le Station Hotel Richmond comme un adoubement de nouvelle chevalerie : les Beatles sont déjà les nouvelles vedettes, sont devenus en quelques disques les héros du temps. Peut-être qu'aux Beatles cela fait sincèrement du bien, en plein tournoiement ascendant, d'être retrempés, visages, sueur et ambiance, là où ils en étaient un an plus tôt au Cavern de Liverpool. Peut-être que jouer les grands frères ne leur déplaît pas, et peut-être que simplement ils trouvent la musique bonne. Ce soir-là, les Stones, prévenus de la visite, jouent en serrant les fesses. Mais les quatre garçons dans le vent, habillés du même manteau de cuir noir, restent jusqu'au bout du concert et même on boit un coup ensemble. On ne veut plus se quitter, alors on embarque tout le monde pour Edith Grove. Lennon et McCartney, après Hambourg, ne s'étonneront pas du confort ni de l'état des lieux. Les quelques encostumés qui déjà ne lâchent plus le groupe (Phelge ne précise pas qui avec Brian Epstein porte cravate ce soir-là, mais ils sont au moins trois pour surveiller et accompagner le groupe) ont plus de mal. Il n'y a d'ailleurs pas assez de chaises, rien à manger ni rien à boire. Mais on parle. Jagger fait écouter à Lennon du Jimmy Reed, et Lennon n'aime pas Jimmy Reed : alors on l'aimera moins aussi, côté Stones. On se découvre une fraternité, et dans la tête des Rollin' Stones nul doute qu'en un seul soir un nouveau germe est entré, une ambition, un possible.

Du coup, on est invité le jeudi suivant au Royal Albert Hall pour un des premiers grands concerts des Beatles, et ils y vont tous. On assiste au concert depuis les coulisses, c'est comme si on était de la famille, et à la fin on aide les *roadies* à démonter et ranger. Comme on a les cheveux longs, quand Brian dépose dans le camion des Beatles (un camion beaucoup plus gros que celui des Stones) un baffle ou un ampli, des filles se précipitent sur lui, lui font signer des autographes, et il s'exécute sans barguigner (ce vieux mot français que les Anglais ont gardé intact : *to bargain,* du temps de Cotgrave qui les recense dans son grand dictionnaire anglais-français début du XVIIe siècle, où nous apprenons tant de notre propre langue et ce qu'elle a perdu, du temps qu'ils empruntaient à notre langue pour forger la leur) : c'est cela qu'il veut, Brian, cela qui lui fait envie. La célébrité, au bout de la guitare, et non plus la guitare seulement. Gomelsky comme Wyman en témoignent avec précision : *He told the girls he wasn't in the Beatles. He told them he was a Rolling Stone. But it didn't matter, they wanted his autograph anyway. And as we were walking away, Brian said : You see, Giorgio, that's what I want* [16, 43] : « Bon, il a dit aux filles qu'il n'était pas des Beatles, qu'il était un Rolling Stone. Mais ça ne fait rien, elles voulaient l'autographe quand même. Et quand on s'est tirés, Brian a dit : Tu vois, Giorgio, c'est ça que je veux. »

Brian fera tout pour ça. Lui, il dira de la période Edith Grove : *Anyway, it's hard to concentrate when you're almost too hungry to think. Often, we'd get back to our little apartment and think about silly things like tearing up the blankets and making sandwiches of them* [4, 19] : « C'est difficile de se concentrer quand on crève la dalle. Souvent, on revenait dans ce petit appart', on délirait sur des trucs fous comme déchirer les couvertures et en faire des sandwichs. » Manière de réinventer l'histoire d'après *La Ruée vers l'or* de Charlie Chaplin et sa danse des petits pains. On avait toujours trois sous pour aller au Wimpy manger à pas cher de gras beignets de *fish and chips* en imitant les Ernie, maçons ou peintres qui en faisaient leur ordinaire pour toute leur vie, ou piquer un œuf dans le garde-manger des voisins du dessus : mais il faut bien entretenir sa légende, et celle des grands artistes passe forcément par cette image.

On voit Jagger, un dimanche matin, se précipiter nu sur la porte où frappe depuis plusieurs minutes le nouveau voisin d'en bas, et parce que ni Jones, ni Richards, ni Phelge n'ont voulu se lever, Jagger claque la porte en lançant au nez du barbu d'en bas une insulte bien sentie, le voisin n'y comprend rien. Il s'appelle Ian Gilchrist, apprenti journaliste de son état, il voulait simplement savoir quel jour la propriétaire passait encaisser les loyers. Il est près de midi, mais les Stones ont joué la veille au soir : il frappe une fois, deux fois, trois fois, quand la porte s'ouvre enfin sur Mick tout nu qui l'insulte. Le voisin devient leur tête de Turc, et Brian et Keith se vengent quelques nuits plus tard, en promenant à deux heures du matin une poêle à frire accrochée par une ficelle le long de ses vitres, cessant quand le voisin se réveille, recommençant quand il éteint, et ça les amusera au point que Keith s'en souviendra encore quinze ans plus tard. La plupart du temps, quand Stu dépose le trio après avoir laissé Watts chez lui, et avant de ramener Wyman à Penge, aucun n'a pris de clé. Ils frappent sur la porte jusqu'à ce que Phelge vienne ouvrir. Si Phelge est avec eux, c'est Gilchrist qui finit par ouvrir pour faire cesser le vacarme, et ils passent devant lui sans un merci, en rigolant et cognant partout leur matériel. A force, Gilchrist refuse de se lever : ce soir-là, Richards casse la vitre de la porte avec son étui de guitare, pour ouvrir de l'intérieur, et le problème sera réglé définitivement. Quand madame *Morgan-Morgan* voudra une explication, le vendredi soir, on fera le naïf, et personne ne réparera la vitre. D'autres soirs, parce que après le concert on a les oreilles habituées au gros bruit, on branche directement l'électrophone sur un des amplis, pour écouter un dernier Bo Diddley ou le dernier Beatles à en faire trembler les murs. Et cela les fait rire : commence à s'élaborer pour le voisin du dessous cette insolence qu'ils voudront pour marque de fabrique, la posture qu'on met en avant de la musique parce que, au lieu d'être des musiciens qui s'appliquent, on aura cette manière de jeter tout cela devant, retrouvant une dimension rageuse, physique, de toute musique depuis la transe originelle. On a vraiment et enfin quitté le monde du jazz, et quand bien même on ne se revendique pas encore du *rock'n'roll*, on s'en approche.

C'est finalement sur Mick qu'on en sait le moins, déjà, pour la période Edith Grove, sa vie reste en partie extérieure à l'appartement qui est tout pour Brian et Keith. Pourtant, dans les souvenirs laborieux du colocataire, c'est comme si jamais ces types-là ne faisaient de musique, n'en apprenaient ou n'en jouaient, hors les concerts. Ou bien par exception, parce qu'il nous dit que Brian et Keith ont pendu un micro sous l'ampoule principale du salon et répètent pendant deux nuits et tout un jour un duo de guitare à l'unisson repris aux Everly Brothers, en testant toutes les nuances possibles du micro, selon la hauteur, l'emplacement. Cela sans console de mixage ni correction d'entrées, et sur une seule piste mono : mais c'est comme ça qu'on apprend. Il y a donc travail, il y a donc magnétophone, même si, à la fin de la deuxième nuit, même Jagger n'en peut plus et leur demande de cesser.

Phelge passe aussi à côté d'un événement majeur, qui sera pourtant la seule chose que mentionnera Keith, dans cette grande interview de 1971 sollicitée par le mensuel américain *Rolling Stone*, et qui a servi de grille à tous les biographes successifs, y compris Bill Wyman, comme digne d'intérêt dans cette période. On est vers février-mars, juste avant Richmond. Keith Richards raconte comment, un jour qu'il quitte l'appartement (il dit le matin, mais l'expression *I went out one morning* vient toute faite sous la langue, pourvu que ça veuille dire qu'on ne s'est pas réveillé si longtemps avant : le matin pour Keith Richards a rarement commencé avant l'après-midi), Brian est là en haut sur les marches de l'escalier, juste au-dessus des toilettes, et joue du petit harmonica Marine

Band qui a fait la gloire de Cyril Davies. Mick, chanteur en titre, s'y essaye déjà, et c'est sur l'harmonica de Mick, parti à son école, que Brian s'exerce. Dans ces maisons anglaises, la cage d'escalier est l'idéal pour un volume bien résonnant. Ce que note Keith, c'est que, lorsqu'il rentre le soir, Brian est toujours là, planté au même endroit de l'escalier, et joue encore la même chose : *I went out one morning and came back in the evening and Brian was blowing harp, man. He's got it together. He's standin' at the top of the stairs, sayin', Listen to this, whoooow, whoooow. All these blues notes comin' out. I've learned to do it. I've figured it out* : « Je pars un matin, je reviens le soir, et Brian toujours à souffler dans son harmonica, mec. Il avait capté ça. Installé en haut de l'escalier, qui me disait : Écoute-moi ça, whoooow, whoooow : tout ce son du blues qui lui venait. J'ai appris à le faire, il me dit, j'arrive à le sortir. » *So he started to really work on the harp. He dropped the guitar. He still dug to play it and was still into it and played very well but the harp became his thing. He'd walk around all the time playing his harp !* ₃, ₁₇ : « Alors il a commencé à vraiment travailler son harmonica, et il a lâché la guitare. Il en jouait encore, il était là-dedans et il se débrouillait sacrément bien, mais l'harmonica c'était devenu son truc. Il passait tout son temps à jouer de l'harmonica. »

Cela, que Richards dit *to get it together*, que Jones dit *I figured it out*, est paradoxal pour un instrument dont un enfant instinctivement sait déjà se servir, c'est comme pour ce qui fait un bon batteur, quelque chose qui relève de cette vieille transe par quoi la musique a participé des premiers rituels et qui fait qu'on n'en dispose pas sur commande. Le soir du 21 avril, un peu plus tard, ce soir où les quatre Beatles seront venus écouter les six Stones, ce sera la première remarque de John Lennon à Brian Jones : *You really play that harmonica, don't you ? I can't really play. I just blow and suck* ₁₉, ₆₂ : « T'y arrives vraiment, hein, avec cet harmonica ? Moi j'en joue pas vraiment, à part souffler et sucer dedans... » Toujours étonnant, cette disproportion entre l'influence qu'auront sur l'histoire des années 60, dans le monde occidental, John Lennon ou Brian Jones, et l'étendue sémantique de leur vocabulaire.

Même Keith Richards ne mesure sans doute pas exactement l'ampleur de ce qu'amorce la bascule de Brian, dès ce mois de janvier 1963, sur le minuscule instrument, alors même que les Rolling Stones sont encore dans les limbes, un trip de crève-la-faim jouant pour quasi rien, bouche-trous des programmations de clubs qui les regardent avec arrogance au mieux, défiance et mépris le plus souvent. Avant même l'explosion dont les conditions, intérieures par la constitution définitive du groupe, extérieures par l'appel d'air créé par les Beatles, sont maintenant réunies (d'ailleurs, petit à petit on vit mieux et on mange à Edith Grove, même si tout l'argent part en matériel et en fringues), ce qui fait la signature principale du groupe par rapport aux autres, un duo solide de deux guitares autonomes, est remis en cause par celui qui s'en considère encore comme le chef. Comme si, au moment même où tout pourrait s'amorcer de façon solide, on prenait un chemin de traverse, où tout serait à refaire. Ce processus même marquera tout ce qui va suivre, jusqu'à l'éviction et la mort de Brian.

Le gamin de Cheltenham, qui était passé du piano à la clarinette, de la clarinette au saxophone, avait percé à Londres par ses qualités dans l'emploi méconnu de la guitare *slide*, désinvestit brutalement les progrès qu'il pourrait y faire pour se consacrer à l'harmonica. Il jouera, sur les disques à venir des Rolling Stones, du violoncelle, de la flûte, du clavecin, du dulcimer, du sitar indien. Un de ses derniers enregistrements sera une longue improvisation au saxophone soprano, en accompagnement de John Lennon lui aussi en ban de groupe, lui aussi cheminant à terme bref vers une mort violente.

Conséquence directe pour Keith Richards : il n'est plus le gamin timide aux oreilles décollées de Dartford. Il est à égalité avec Brian, il a la confiance de Charlie Watts, un des jeunes batteurs jazz les plus respectés sur la place (ils sont si peu nombreux), il sait que le groupe sonne solidement. Mais dès ce printemps, avant même l'explosion qui s'annonce, il n'est plus le second guitariste ou le guitariste rythmique du groupe : il va assurer, sur l'assise maintenant confiante de Wyman et Watts, ce qui est le ventre du son et sa marque, l'espace principal livré à l'instrument le plus symbolique, la guitare électrique, et il sera le plus souvent seul pour en occuper le volume. C'est cette solitude même qui va marquer et le sommet musical du groupe, de *Beggar's Banquet* à *Exile On Main Street*, et les quelques variations ultérieures de son histoire, une suite de cercles concentriques où, même s'il s'agit de quatre ans pour Mick Taylor et de quinze ans pour Ron Wood, chaque variation s'inscrira dans un temps comme logarithmique, pas plus ni moins complexe ou étendu que ce qui se passe ici et maintenant, au mois de janvier 1963.

On a laissé James Phelge à ses souvenirs, on le retrouvera à cause des concours de grimaces que se font régulièrement, au premier étage d'Edith Grove, quand Jagger n'est pas là, Phelge, Jones et Richards. La grimace, en anglais, c'est *nanker*, et il y a le verbe, au participe présent : *nankering*. Les photos de Brian exhibant son répertoire de *nankers* ne manquent pas, et c'est ce qui leur permet de conjurer la promiscuité de la minuscule boîte du 102 Edith Grove, sous l'ampoule unique, avec le chauffage à pièce de cinq pence, et les combines pour piquer dans la veste de Wyman ou d'un autre, avant qu'il parte, le reste de son paquet de cigarettes. Alors, pour les premières faces B qu'on voudra signer d'un pseudonyme qui représente l'ensemble du groupe, c'est *Nanker, Phelge* qu'on signera, les « paroles et musique » des premiers morceaux des Rolling Stones, et c'est ainsi que James Phelge contribuera à la postérité, alors même qu'il n'appartiendra déjà plus à leur univers.

1963-1964 : la vraie gloire des Rolling Stones

Station Hotel Richmond

Ils se rappelleront qu'il leur fallut rajouter à leur matériel, pour venir jouer le dimanche soir, des serviettes pour éponger la sueur qui leur mangeait la figure : et c'est ce qui donne la mesure d'en quoi le Station Hotel Richmond fut leur vrai départ. Et donc, ce dimanche 24 février 1963, la chance des Rolling Stones (puisque enfin c'est comme ça qu'ils s'appellent), le vrai coup de gong dans leur histoire, ce remplacement de Dave Hunt au pied levé, dans l'arrière-salle de l'hôtel de la Gare à Richmond, où Gomelsky ne les aurait pas invités s'il ne s'était trouvé à court.

Pour les quatre ans qui vont suivre, il faudrait écrire une accumulation de faits d'un seul tenant, l'imbrication et l'amplification constante les laisseront en avril 1967 épuisés, voire cassés, mais tout à l'autre bout de l'image sociale qui est la leur en ce mois de janvier 1963, sans avoir eu une seule journée pour prendre distance et réfléchir. D'avril 1967 jusqu'à juin 1969, il y aura deux ans inverses, où la musique sera au second plan et où, comme au Monopoly, on s'achètera des maisons. Ce qui est important dans cette phase du livre, c'est de capter un peu de ce mouvement d'imbrication et d'amplification, et de le comprendre, où tout va trop vite, où on enfourne chaque fois un peu plus de soi-même dans la chaudière.

C'est dans ces premiers mois de vraie sueur, celle qu'on donne sur scène, que cette image géante d'eux-mêmes, mais séparée d'eux-mêmes, va se constituer par les mutations sourdes d'un monde encore en noir et blanc, et puis se saisir d'eux et les traverser. Il leur faudra, pour résister puis pour réagir, se grandir eux-mêmes à la taille de cette image qu'on leur dresse du dehors et faire comme si elle était réellement soi-même. Quitte à se replier sur des joies ou des idées de gosse pour un refuge, ou bien au contraire à anticiper en acceptant les dérives et le premier goût des poisons, du luxe et du pouvoir, l'arrogance qui naît et l'enfermement dans le statut de légende où tout devient miroir et abîme.

Merci Dave Hunt, de ce remplacement d'un dimanche soir du 24 février à la fin de l'année, ils joueront deux cent cinquante fois en concert, et deux cents fois l'année suivante, soit près de sept cents concerts de ce début 1963 au début 1967 où on arrête, capital qui leur permettra, approchant leurs soixante ans, de jouer encore plus de deux heures s'ils veulent, traversant à volonté leur répertoire.

Le Station Hotel Richmond de Giorgio Gomelsky est une salle qui peut paraître ingrate, en tout cas elle l'est ce soir-là, tellement peu il y a de monde, tellement elle paraît immense et vide avec sa haute scène et sa résonance de hall carrelé. Ceux qui montent sur scène ne sont plus de maigres oiseaux frigorifiés de décembre. On a rentré le mois précédent de quoi payer à chacun presque huit livres par semaines, d'après les comptes de Brian où sont toujours défalquées les dépenses communes du groupe. On a mangé un peu plus souvent chaud chez Ernie et on a chacun, moins Jagger qui n'a besoin que d'un micro et de maracas, pris un nouveau crédit chez Bob Williams, à Sound City, pour une guitare neuve ou un ampli. *It looked in need of some new paint* [30, 72], dit Phelge, qui les accompagne, du Station Hotel Richmond : « Ça aurait eu besoin d'un bon coup de peinture. » La scène fait presque un mètre de haut quand on en est encore à l'ère des estrades basses, et s'il y a trente personnes dans la salle de trente mètres sur vingt, c'est en les comptant eux. On hésite même à jouer tant la grande salle est vide, et puis on se décide.

Révolutionnaire en tout, Gomelsky a l'idée, ça ne serait venu à personne en ce temps-là pour un concert, d'éteindre les lumières principales, de ne laisser que le projecteur de scène. Alors le plafond disparaît, l'ombre entoure ceux qui dansent, on boit des bières entre les morceaux en pensant un peu moins que l'immense salle est toute vide, et pas chauffée. On s'arrête à dix heures et demie du soir, après avoir fini par le *Doing The Crawdaddy* de Bo Diddley, qu'on a doublé de longueur. Finalement, on a gagné ensemble sept livres et dix pence, Stu arrêtera le van Volkswagen devant le Wimpy du métro Earl's Court avant de laisser son monde à Edith Grove, plutôt content.

Victoire décisive : Gomelsky accepte qu'on recommence dimanche prochain, et puis finalement chaque dimanche, pour deux passages d'une heure, qui seront bientôt à rallonge, l'heure seule de la fermeture étant immuable. Ce qui pour eux est formidable c'est d'avoir reconnu, même aussi loin d'Oxford Street, les visages de quelques accros qui désormais les suivent où qu'ils aillent, d'un club à l'autre, et qu'ils peuvent compter sur eux pour Richmond. La semaine suivante, le petit noyau est devenu soixante personnes, et un dimanche encore, quatre-vingts : ceux qui sont venus reviennent, et leurs copains les accompagnent. Chaque semaine, Gomelsky fera paraître une annonce dans le *Melody Maker*, dotant chaque fois le groupe d'une phrase à rallonge : *the unparallel Rolling Stones* en février, puis *the thrilling, exhilarating, galvanic, intoxicating, incomparable Rolling Stones,* et bientôt en mars : *Hyperheradox R & B voluptuousness from the tempestuously transporting Rolling Stones.* Alors, à la British Library, un après-midi pluvieux, on se fait apporter toute la pile des *Melody Maker* de ces mois-ci, et voilà ce qu'on exhume pour la semaine suivante : *the unprecedented, incontestable, inexhaustible purveyors of spontaneous combustion.* Et numéro d'après, on en rajoute encore : *untameable, wildfire explosion of impetuous R & B with the unsuppressibly storm-raising Rolling Stones.* Enfin, en avril : *Unrepressed R & B with the immitigating, ebullient Rolling Stones...*

Ce qui prouve au moins une chose, c'est que Gomelsky n'était pas pour les Stones d'abord le patron d'un club employeur, mais avait entamé un véritable travail de promotion et de production du groupe. Et ça marche, puisque de trente personnes on est passé fin mars à deux cents, et en avril – quand les Beatles entrent –, à pas loin de trois cents. En mai et juin, quand le Crawdaddy aura déménagé de sa salle des fêtes de quartier au grand gymnase d'en face, régulièrement huit cents, avec des queues à l'extérieur deux heures avant qu'on n'ouvre. Et les rentrées d'argent sont en conséquence, on a encore pu dépenser un peu d'argent chez Bob Adams, et on peut même avoir une serviette-éponge chacun, au lieu d'en partager une pour tout le groupe. Pour en témoigner, cette pépinière de musiciens qui tentent le voyage et respireront à Richmond leur idéal : le timide Clapton, qui ne monte plus avec eux sur scène pour relayer Jagger sur trois morceaux de Chuck Berry ou Phil May qui avec Dick Taylor lance les Pretty Things, ou Pete Townshend qui crée les Who, tous disent leur étonnement, et cette fraternité de son et de sueur, sur le rythme hypnotique, la brisure définitive d'avec le jazz par l'affirmation électrique. Leur musique a conquis droit de cité. Richmond, c'est à la fois l'acte de naissance officiel des Rolling Stones, mais l'éclosion d'un monde qui leur préexistait, devait trouver son territoire et, parce que le hasard fait que les Rolling Stones en occupent la scène à ce moment-là, fait des Rolling Stones son symbole ou son drapeau.

Gomelsky y donne son meilleur : mais il utilise les moyens traditionnels du langage pour promouvoir, reste dans la norme de ce que tolère le monde, et pas un de ceux du groupe pour s'en plaindre. Pour amplifier encore, Giorgio Gomelsky décide de leur consacrer un film, d'enregistrer la prestation du dimanche au Station Hotel. En créant les conditions de leur réussite, Giorgio leur a offert un vrai socle. En négligeant ou repoussant à plus tard de se lier à eux par contrat, il commet pour son propre chemin une erreur d'importance, mais les conditions pour que cette explosion se prolonge, et trouve sa définitive échelle.

Ce qu'ils voient, ceux qui viennent ces dimanches-là au Station Hotel Richmond, par-delà les corps qui crient et dansent dans le noir, grimpent sur les tables parce qu'il n'y a pas de place, c'est toujours un groupe avec un leader, l'instrumentiste blond au tout premier plan, qu'il ait sa guitare ou simplement son harmonica. C'est lui qui décide des solos, fait de chaque chanson une performance. C'est lui le plus agressif, avec des grimaces et des provocations. Mais tout près de lui, en avant avec lui, le chanteur. Mick a pris confiance. S'il a peu de liberté, il commence l'exploration à tâtons de ce qu'il va inventer, et n'appartient à personne d'autre qu'à lui-même. Sa prestation est pour l'instant limitée – Charlie Watts : *There was no room for Mick to dance onstage and he used to just wiggle his ass* [11, 84] : « Mick n'avait pas la place de danser sur la scène, à part se remuer le cul... » Mais il se saisit de son micro Reslo, et se lance à apostropher le public entre les morceaux. Si la mixture prend, c'est aussi pour la frimousse de celui-là, dans ses dix-neuf ans tout frais et ses manières d'étudiant poli, fricotant avec le monde *camp*, venu s'amuser sur les grasses chansons de la musique noire. Si la mixture prend, c'est parce que la machine derrière eux deux est en place : le trio Watts, Wyman et Richards joue fort, et trouve son audace et sa marque à vouloir jouer plus fort qu'aucun des autres groupes de l'époque. Ça ne déplaît pas à Watts, Wyman a toujours aimé les énormes amplis, et Keith intuitivement pousse. Dans la grande salle du Station Hotel Richmond, la résonance des murs de ciment multiplie l'effet cathédrale des amplis. Quand on écoute aujourd'hui les morceaux de ces six types de vingt ans ou moins, c'est la technique aussi qui impressionne : des chansons construites et des solos impeccables, une batterie en place et une basse mélodique. Paradoxe, si plus tard ils trouvent leur invention dans une manière presque amateur de jouer, incluant le pire, avec des fausses notes et un son criard même parfois en concert. Que c'est dans cette régression au plus maladroit (on a pour chaque disque de ces prises clandestines où lentement s'élabore le son à venir) que naît cette osmose qui signe leur musique. Comme si leur qualité était de rester un de ces groupes qu'on dit de garage, même alors qu'ils ont passé leurs cinquante ans, quand là, à vingt ans, ils alignent les standards américains en professionnels accomplis. Le timide aux oreilles décollés, juste derrière le chanteur, a trouvé sa place : il joue de la guitare tout près de la batterie, quelquefois juste pour le batteur. Quand le leader blond prend l'harmonica, c'est la combinaison de sa guitare et du piano de Stu qui conduit le groupe. Et le bassiste a pris confiance parce que avec Richmond il a renoué en partie avec son monde, ces salles de bal pour le populaire où la musique est bonne et où on s'amuse. Son assise dans le groupe, c'est l'expérience harmonique dont il dispose bien plus qu'eux, et qu'il leur offre en partage. La preuve, c'est Wyman qui avec Brian fait les chœurs pour le chanteur : les Beatles, avec leurs chœurs à trois voix, ont rendu l'exercice incontournable. Les morceaux deviennent chaque fois plus compliqués, alors Wyman s'applique, et c'est en partie ce qui fondera sa nouvelle image : il a des mains courtes, il redresse sa basse le manche presque à la verticale, et trouve pour ses figures des combines de doigts haut dans le manche, avec de soudains rebonds d'octave sur les cordes à vide. Quand on le voit, on a l'impression qu'il joue à peine, qu'à peine il déplace les doigts. Enfin, malgré la peur qu'ils en avaient, Watts ne les a jamais lâchés, quand bien même au départ ce n'était pour lui qu'une expérience amusante, en dehors de ses chemins habituels : qu'est-ce qui l'amuse, lui, Watts, que cette musique intéresse si peu ? Ce qu'il voit de sa batterie, la danse et la transpiration, l'ambiance et les cris ? C'est qu'on sent, depuis Gomelsky, qu'il se passe quelque chose, et que ce quelque chose mérite qu'on le vive. Après tout, assis ici derrière sa batterie, c'est la meilleure place. On s'amuse mieux avec ceux d'Edith Grove qu'avec tous ces gens sérieux du jazz. Et si, quoi qu'il en dise, l'élaboration d'un jeu de batterie pour musique binaire, avec ce que ça permet de simplification, de jeu plus fort, c'était quand même pour lui un vrai plaisir physique d'instrumentiste ? Il n'y a rien de commun entre la batterie jazz du Charlie Watts de ces années-là et l'usage rock de la batterie qu'il fera cinq ans plus tard.

La mutation qui s'accentue, et le virage par rapport à l'âge Korner, c'est que la musique ne se suffit plus à elle-même. Les formations jazz qui maintenant les haïssent sont d'un schéma antérieur, quand la radio a tout changé. Quand Doris et Keith Richards rapportaient à la maison le premier gramophone, avec un disque soixante-dix-huit-tours de Ricky Nelson, cette mutation n'était pas, dans son ampleur, prévisible. Les groupes de jazz ne peuvent échapper à l'ancienne configuration des clubs et des tournées. Eux, la mutation par le disque et la radio, ils la savent. Comme ils savent surtout, pour l'instant, n'y pas avoir encore accès.

En octobre, au temps de Tony Chapman, ils ont loué pour une heure un studio d'enregistrement, le Curly Clayton Sound Studio. Il y a un micro suspendu au plafond de la pièce insonorisée, on se met autour et on joue. C'est sommaire : quand ils veulent retourner vers le milieu de la pièce le piano de Stu, ils découvrent que l'instrument est cloué aux murs. Trois morceaux, un Bo Diddley, un Muddy Waters, un Jimmy Reed. Notons que la chanson reprise à Bo Diddley s'intitule *You Can't Judge A Book By The Cover* («On ne juge pas d'un livre par sa couverture», comme on dit l'habit ne fait pas le moine) : comment jugeront-ils celui-ci ? On envoie la bande à un monsieur Neville Skrimshire de la maison EMI, mais bien sûr en vain. Bill Wyman rapporte avec une ironie très douce d'exclu le propos qui accompagne le refus *: It's a great band, but you'll never get anywhere with that singer* [2, 130] : «C'est un bon groupe, mais avec un chanteur pareil vous n'irez jamais nulle part.»

Après la rencontre à Guildford de Glyn Johns, qui travaille comme technicien son aux studios IBC, on veut recommencer, dans de meilleures conditions. Il faut d'abord amadouer son chef, George Clewson, plus habitué au classique ou aux variétés, pour laisser entrer les beatniks. Cette fois, c'est un vrai travail, parce que celui qui s'en charge le fait en professionnel : Glyn Johns va être un définitif compagnon de route, un Stones du premier cercle, et c'est lui qu'on retrouvera aux consoles encore en 1969 pour *Get Yer Ya-Ya's Out*, lui et son frère Andy qui seront du voyage sur la Côte d'Azur au temps d'*Exile On Main Street*.

Le 11 mars 1963, un lundi, trois semaines après qu'on a commencé le Richmond, ils ont loué cette fois le studio pour trois heures. On fait ça le soir, quand Watts, Stewart et Wyman ont fini leur travail. Des copies pirates de ces enregistrements nous ramènent, tout frais, le *Road Runner* de Bo Diddley et la voix plaintive de Jagger sur cette vision anticipatrice de *Bright Lights, Big City*. C'est Brian et lui seul qui travaille avec Glyn Johns à un très élémentaire mixage pour avoir ce son Jimmy Reed, l'orchestre blues électrique de Chicago. La facture est lourde, cent six livres sterling. La cagnotte rabiotée par Brian en douce sur les cachets peut fournir à l'acompte, peut-être à une pige pour le technicien, mais pas pour le reste. Comme on ne peut pas payer (mais on le savait en venant), on trouve un arrangement : moyennant que le groupe signe un contrat d'exclusivité, la facture pourra attendre des temps meilleurs.

L'important, c'est qu'on rapporte quelques jours plus tard le disque à Edith Grove, et c'est le leur. Quand on refait le geste mille fois fait de poser un disque sur l'électrophone, c'est leur disque. Alors on va le passer une fois, dix fois, mille fois. Pour eux d'abord, puis pour tous les amis de passage, sans plus arrêter pendant des semaines : leur disque. Ils trouvent que la basse ne s'entend pas assez, le chanteur un peu trop : c'est qu'on a construit le mixage selon les habitudes de la variété. Ils retournent au studio pour essayer de négocier un pressage avec la basse plus présente, on leur dit que ce sera quatre-vingt-dix livres de plus, mais payées comptant. Ça suffit à les dissuader. George Clewson tente réellement de proposer le disque à différentes maisons : il est éconduit partout.

Dans la suite des dates remarquables, le 13 avril 1963, pour le premier article de presse avec mention du groupe. C'est dans la feuille locale, le *Richmond and Twickenham Times*, mais on parle d'eux en bien : *The Stones will go on Rolling* (ce qu'ils ont fait, certainement). On s'y étonne que la salle soit, pendant le concert, mise au noir avec projecteurs et poursuite, ce qui n'a jamais été vu dans l'univers du jazz, et on considère déjà comme notables, des musiciens, les cheveux trop longs et les blousons de cuir. On note un *irresistible urge to stand and move* [2, 151] : « un besoin irrésistible de se lever et de danser », comme on parle des *sweating dancers*, les danseurs en sueur, tout ce qui relève du *beatnik jazz* et non plus du *traddy-pop*. Si on ne fait pas encore sensation dans le petit monde musical londonien, on perce à Richmond. Pour l'occasion, on est photographié, et tout le monde porte cravate : la première photographie des Rolling Stones ensemble. Au-dessus, Brian, debout, cheveux sur le front et les oreilles, les yeux cernés, la bouche un tout petit peu dissymétrique : la grimace appliquée et l'air volontaire, c'est lui le chef et ça se voit. Autour de lui, Stewart, le seul aux cheveux brillantinés en arrière, Watts et Wyman sages et appliqués et, comme décalés, à l'arrière, Richards avec un bon sourire de gosse content, même s'il a les yeux aussi cernés que Brian (on dort peu à Edith Grove : allez dormir après tant de bruit et la musique), et un Jagger à l'air indifférent (parce que Brian est devant, ou bien parce qu'il a l'intuition que c'est le bon rôle à jouer ?), la bouche posée sur son poing replié : il a mis, à l'inverse des autres en sombre, une veste de velours clair. Bill Wyman note que, pendant plusieurs semaines, l'article sera dans la poche de Brian, qu'il le montrera à toute occasion.

Brian se bat sur tous les plans, rageusement et consciencieusement. A peine les premiers cachets tombent qu'il les réinvestit dans l'impression d'une affiche. Elle indique, au bas, l'adresse postale du 102 Edith Grove, sans téléphone, puisque c'est toujours depuis le bureau de Stu à ICI que s'établissent les contacts. On précise même la station de métro : Leicester Square. Le slogan, c'est encore le caractère authentique de la musique importée qu'on joue : *Don't be mislead ! Hear the real, authentic rhythm and blues sound : The Rolling Stones* [6,14] : « Ne vous laissez pas avoir ! Écoutez le vrai et authentique son du rhythm and blues : les Rolling Stones. »

L'affiche indique la liste des clubs où on joue régulièrement : s'il n'y a plus le Ealing, on marque encore le Marquee, on indique le Ricky Tick, le Flamingo et le Red Lion, et maintenant en avril c'est toujours le Ricky Tick à Windsor, le Red Lion à Sutton, mais aussi le Wooden Bridge Hotel à Guildford, le Ken Colyer Club à Londres et, chaque mercredi jusqu'à fin septembre, le Eel Pie Island à Twickenham. On n'a, pour suivre leur histoire, que ces quelques indicateurs. Puisque les clubs ont aussi leurs affiches, mais que, si on examine par exemple celle diffusée par le Ken Colyer Club pour son programme de chaque semaine, ce qui est encadré au milieu et fait la gloire du pub, c'est la nuit de concert du samedi au dimanche : *all-night session this Saturday, midnight till six* (« Samedi on joue toute la nuit, de minuit à six heures... ») avec le Douggie Richford Jazz Band et le Ken Barton Jazz Band. L'indication *rhythm and blues with the Rolling Stones, Sunday 4 until 6.30*, si elle y figure bien, est imprimée pas plus gros que l'indication *Kid Martin Ragtime Band* du mercredi soir ou que l'indication *Kenny Robinson Jazz Band* du jeudi soir.

Pour Watts, Stewart et Wyman, qui doivent chaque matin être à l'heure au travail, la vie devient difficile. Watts change de tenue pour jouer, et reste impeccable dans son agence de publicité, où on considère avec bienveillance qu'il soit un batteur en vue : c'est le même monde. Pour Wyman, avec le bébé de six mois, c'est bien plus difficile. Ses cheveux poussent, et dans son quartier, sa famille, c'est mal vu. L'après-midi, au boulot, ses copains s'arrangent pour faire le guet, qu'il puisse dormir une demi-heure : mal vu aussi. D'autant que parfois, avec l'accumulation de fatigue, il s'endort entre deux cartons pour ne plus reparaître. Stu n'a pas de piano dans tous les clubs, et certains soirs, au lieu de jouer avec le groupe, il dort sur le siège du Volkswagen. Les retours sont difficiles, surtout le samedi soir, quand on revient de Guildford ou de Windsor. Jusqu'à Edith Grove ça va, mais après il faut ramener Bill à Penge : on se perd aux feux rouges, on s'arrête sur un parking et on s'endort. On se réveille brutalement et on repart, mais perdu. Une fois, Wyman n'arrive chez lui qu'à huit heures du matin, et Stewart reste là, à dormir par terre. On émergera ensemble en début d'après-midi, la compagne de Wyman leur prépare du thé, avant qu'ils repartent ramasser tout le monde en ordre inverse, pour être à temps au Ken Colyer où on joue à cinq heures, et de là au Station Hotel, où il y aura les deux passages, puis retour à minuit, Stewart cette fois laissant Bill, qui doit travailler le lendemain, tâchant de grignoter une fois de plus une sieste illicite sur son temps de magasinier.

Si les progrès qu'ils font, sur scène d'abord, mais pour être acceptés, leur sont perceptibles, ils demeurent dans le schéma convenu. On joue plus, on joue mieux, mais ce n'est pas si différent de quand on pouvait se glisser au Marquee pour faire la première partie de Cyril Davies, ou remplacer Alexis Korner quand le Blues Incorporated avait une émission radio en direct. Ce qui bouscule le schéma, c'est la parution du premier album LP (*long play*) des Beatles. Quatorze morceaux, dont leurs deux premiers succès – *Love Me Do* et *Please Please Me* –, et, sur les quatorze, huit sont signés Lennon-McCartney. Pour leur troisième *single*, *From Me To You*, c'est la tempête : ce à quoi ils assistent tous, c'est à la dimension totalement imprévisible du phénomène qui s'amorce, et son ampleur. Brian et ses copains, s'ils n'y sont pas associés, en sont déjà – par un an de parcours – tout au bord, et en contact direct avec les acteurs principaux, puisqu'on a vu les Beatles à Edith Grove.

Brian, qui ne néglige rien, avait déjà écrit à la BBC. Lettre restée quatre mois sans réponse, mais le succès du Station Hotel Richmond modifie la donne : cette mi-avril ils reçoivent à Edith Grove une lettre qui les invite pour une audition. L'événement, non pas l'audition, mais l'arrivée de la lettre, est fêté par les colocataires comme considérable. Mais l'audition est en journée : ni Bill, ni Charlie, ni Stu ne sont disponibles... Alors, ce 23 avril, pour leur première audition à la BBC, c'est encore Carlo Little et Ricky Fenson, les accompagnateurs de Screamin' Lord Sutch, qui seront les Rolling Stones de service. La BBC, malgré les Beatles et le vent qui change, fait le fin nez. Quand ils reçoivent, mais seulement le 13 mai, la lettre de refus, signée David Dore, qui leur explique que leur groupe n'est pas assez au point, c'est celui-ci qui se fera traiter d'Ernie, ou verra son nom inscrit au crayon sur le mur sous un des glaviots consistants et colorés de Phelge. Brian téléphone aussitôt pour protester : on lui répond, pour justifier le refus, que c'est parce que le chanteur a une « voix de nègre ».

Mais, si la BBC loupe le coche, Brian et Mick sentent bien que tout se solidifie, tout s'accélère. Même si on a encore échoué sur le cœur de la mutation, le disque et la radio, que trois des six membres du groupe font autre chose dans la journée, et que le chanteur fait encore semblant d'être étudiant. Giorgio Gomelsky, parce qu'il fait sérieusement son travail, parvient à faire venir un dimanche soir, comme il a réussi à négocier la halte des Beatles, un journaliste du *Record Mirror*, Peter Jones. C'est laborieux, c'est tout un art, d'obtenir d'un journaliste qu'il daigne se déplacer aussi loin que Richmond, dans une salle de noces en face la gare, et un dimanche après-midi encore. Mais Peter Jones fait le voyage : par amitié pour Giorgio, parce que Gomelsky s'est servi comme argument que, la semaine précédente, les Beatles eux-mêmes sont venus écouter son groupe du dimanche soir ? S'il n'a pas décidé pour autant d'écrire un article, Peter Jones a pour habitude, après le journal, de passer Shaftesbury Avenue, dans un pub branché où se retrouvent quelques individus mal définis qui tournent autour du monde naissant du show-business. Peter Jones, pareil que d'autres racontent le match de foot qu'ils ont vu le dimanche, ou le livre qu'ils ont lu, raconte l'ambiance à Richmond, et sa surprise : des types qui dansent torse nu sur les tables, le morceau de Bo Diddley que le groupe fait durer plus de vingt minutes, les projecteurs allumés dans la salle éteinte et le volume mis bien trop fort. Un de ceux qui écoutent s'appelle Andrew Loog Oldham, et c'est ainsi, très précisément le lundi 15 avril 1963, qu'Andrew Loog Oldham entend pour la première fois mentionner les Rolling Stones.

Dans ces débuts hasardeux, des événements très minces peuvent prendre une importance considérable. Les Beatles sont à la mode, et, pour promouvoir leur album, ils paraissent en public chaque fois qu'on les sollicite. Chez eux à Liverpool, ce dimanche de fin avril, c'est un concours de jeunes groupes, comme ce à quoi ils s'inscrivaient à Hambourg deux ans plus tôt. C'est George Harrison, le guitariste, à qui on a demandé de représenter les Beatles au jury local. A côté de lui, au titre de recruteur pour maison de disques, ce même Dick Rowe qui a quelques mois plus tôt refusé à Brian Epstein que ces amateurs qu'il lui amène, avec leurs franges, leurs blousons et leur lourd accent de Liverpool, signent pour sa prestigieuse compagnie Decca : et c'est le concurrent, EMI, qui a maintenant la mine d'or. Dick Rowe n'y était pour rien, mais ses chefs le lui font payer cher. Il est maintenant, à Decca et dans tout ce petit milieu du disque, « celui qui a loupé les Beatles » – il se serait bien passé de l'étiquette. On parle. A Dick Rowe, les Beatles ont pardonné. Dick Rowe rapporte ce que lui dit Harrison : *He told me I'd been right to turn the Beatles down because they'd done such a terrible audition* [1, 79] : « Il m'a dit que j'avais eu raison de ne pas signer les Beatles, tellement l'audition qu'ils avaient faite était minable. » Ce qui certainement était vrai, compte tenu des conditions matérielles de leur prestation. On continue à discuter sur ce ton : les groupes sont amateurs, et la musique peu engageante. Une ville comme Liverpool ne peut pas engendrer des Beatles à volonté chaque Noël. Alors George Harrison, comme ça, dit à son voisin que tout près de Londres, Station Hotel Richmond, un lieu inconnu, le dimanche soir, il y a un groupe tout aussi inconnu mais qui se défend autrement que tous ceux-là. Il ajoute même que leur musique est singulièrement dansante, et que certainement on en entendrait parler un de ces jours, qu'on les appelle les Rolling Stones et que... Harrison dit qu'à ce moment-là il s'est retourné vers le type pour finir sa phrase, mais que le type était parti, la chaise était vide. Dick Rowe est déjà à la gare pour prendre le train de nuit, retour Londres direct. Le lendemain, lundi matin, il doit trouver ce groupe : mais ce n'est pas si facile.

Il se trouve que Gomelsky doit ces mêmes jours partir en Suisse, où son père vient de décéder. Il sera absent trois semaines, et quand il reviendra sa place de manager sans contrat aura été prise, avec contrat, par Andrew Loog Oldham.

Andrew Loog Oldham

Andrew Loog Oldham porte à la fois le nom de son père et de sa mère, parce qu'il est né en janvier 1944, quelques semaines ou quelques mois après ceux dont il va prendre en main les affaires, mais que son père, un aviateur, est tué la même année lors d'une mission de bombardement sur l'Allemagne. Adolescent dans une école pour orphelins de guerre dont le directeur se révélera être un escroc détournant les bourses et pensions des élèves, ses études s'en trouveront brusquement abrégées. Il traîne déjà à Londres dans les pubs, plus ou moins confié à la serveuse d'un des lieux branchés de Soho, et à seize ans se cherche un emploi.

Parce qu'il sait respirer le vent, et qu'il a déjà défriché le tout petit monde du Londres qui change, aperçu de loin les vedettes de cinéma, il se présente chez Mary Quant, inventeuse de la minijupe. On l'accepte, au moins pour faire le thé et porter les plis ou paquets. Ce n'est pas cher payé, mais la place est stratégique. Le soir, il fait serveur au Flamingo, parce que le monde est petit, et un temps portier au Ronnie Scott's Jazz Club. Une fois un peu d'argent dans la poche, il part en France sur la Côte d'Azur, alternant des petites embauches de serveur dans les bistrots et d'arrangeur de vitrines à la mode Mary Quant. Il tient comme cela huit mois, et rentre.

On le décrit déjà comme quelqu'un qui parle beaucoup, parle vite et parle trop fort, Andy : plus de mots à la minute qu'aucun de ceux qui l'écoutent n'en pourrait retenir, mais il est jeune et ça passe. Il sait un peu mieux ce qu'il veut, mais il faut trouver l'endroit où placer l'échelle, et puis grimper les barreaux.

Sa qualité, c'est de frapper à autant de portes qu'il faut, puis d'oser glisser le pied derrière la porte. Ce qu'on trouve derrière semble ne pas avoir pour lui d'importance majeure. Cela s'appelle déjà à l'époque *public relations*, mais l'invention est trop récente pour qu'on sache vraiment en quoi cela consiste exactement. Il travaille avec l'agence d'un nommé Leslie Frewin, les quelques semaines ou mois nécessaires pour comprendre le fonctionnement et recopier en douce les adresses, s'embauche ensuite dans une agence un peu plus grosse où il prend en charge, un barreau de monté, un chanteur de variété du nom de Mark Wynter (qui lui apprendra, dira Andrew avec gratitude, l'art d'entretenir sa coiffure et d'en faire sa carte de visite). Ça veut dire l'accompagner à l'hôtel, partager les tournées, s'occuper des réservations et de la comptabilité, décrocher autant qu'on peut des entrefilets dans les journaux. Mais c'est un travail sans plus d'avenir que n'en a ce Mark Wynter lui-même, qu'on laissera entretenir ses mèches. Andrew intègre une troisième agence, où le chiffre d'affaires est plus conséquent. Elle organise de ces tournées de concerts emmenant de ville en ville toute une affiche d'artistes et d'attractions, sous la locomotive d'un nom plus connu. Les deux hommes qui se partagent ce marché sont Larry Parnes et Don Arden, mais c'est un métier fragile, et ils ne comprendront pas à temps le changement qui s'amorce. Oldham se charge pour Don Arden de la responsabilité d'une tournée des plages, et restera très discret sur le fait qu'au bout de quelque temps il est licencié. Retour à Londres, mais au moins aura-t-il chaque fois augmenté de quelques noms son carnet d'adresses, et de quelques astuces prises à ses aînés le métier qu'il apprend.

Et il s'est assez introduit dans ce métier, Andrew, pour rencontrer dès à présent celui qu'il se donne pour maître : l'Américain Phil Spector. Spector est déjà une légende, en tout cas promulgue de tout cela une vision autrement ambitieuse que celle des Arden et Parnes. Quand on veille tard le soir, dans l'éternel Soho des boîtes de nuit, qu'on partage les verres, et qu'on n'a rien à craindre du petit jeune auquel on s'adresse, on peut laisser filer les idées, c'est même une bonne manière de les mettre au clair : et le prestigieux Spector, en le prenant comme confident, explique au jeune Oldham ce qu'Oldham rêve d'entendre. Là-bas, de l'autre côté de l'Atlantique, on a compris que le chanteur ou le groupe ça ne suffisait pas. Qu'il faut derrière le chanteur ou le groupe quelqu'un qui pense et construise le son, et le bâtisse comme un objet aussi singulier et identifiable que l'image même du chanteur et du groupe. Le son, c'est sa marque à lui, Phil Spector, son *Spector wall of sound* : sa tâche de producteur, répète-t-il souvent en fin de nuit au petit jeune qui s'est fait virer de l'agence de variétés, c'est de s'asseoir aux manettes, derrière les vitres insonorisées du studio d'enregistrement, et d'imposer que le son porte sa signature, indépendamment de l'artiste qui exécute. Et sa Rolls-Royce, et l'argent, et la célébrité, lui, Spector, c'est à cela qu'il le doit : tu piges, petit ? Reste quand même à disposer d'un artiste, ou l'inventer. On ne sait pas si Oldham explique en retour, à l'aîné, ce qu'il a appris de l'importance des entrefilets de journaux, de la mode vestimentaire et de l'arrangement des vitrines, ou d'entretenir sa mèche dès son réveil comme Mark Wynter. Oldham dispose déjà de ces cartes-là, mais Spector, qui porte des lunettes noires et se déplace en limousine à vitres teintées, accompagné d'un garde du corps, n'a pas besoin d'apprendre ce que l'autre sait : il est à lui-même sa propre vitrine.

On est en février 1963, et le *Please Please Me* des Beatles, Oldham le prend comme une claque : ce dont il rêvait, ça s'est passé sans lui et ailleurs, le terrain est pris. Oldham n'a jamais manqué de culot. Alors il s'arrange pour téléphoner, puis rencontrer Brian Epstein, l'ancien marchand de disques de Liverpool devenu agent des Beatles. Brian Epstein de toute façon a besoin de monde, et l'expérience d'Andrew pour Don Arden ou Mark Wynter peut lui être utile : il y a trop à faire, il ne s'en sort plus tout seul. Et puis il a les dents longues (on ne fait pas ce métier sans avoir les dents longues), il ne sait pas combien durera le miracle Beatles (il est placé pour en savoir la fragilité, et quelle masse de hasards cache l'enthousiasme). Il faut à Epstein des aides de camp, et Andrew vient juste à temps. Oldham est embauché par Epstein au tarif de vingt-cinq livres par mois. A Tony Barrow et Andrew Loog Oldham, les deux nouveaux embauchés, de faire que le nom *Beatles* soit dans les journaux le plus souvent possible. Suivre et assurer les relations de presse, faire circuler les petits ragots *people*, faire monter la pression avant les émissions ou les concerts. Et puis Epstein a décidé de prendre, à côté des Beatles, deux autres groupes de Liverpool, qui ont nom respectivement Gerry and the Pacemakers, puis Billy Kramer and the Dakotas. Mais Epstein est méfiant : de l'agence Epstein et de son personnel, les Beatles ne connaîtront que le directeur, et Andrew Loog Oldham comprend que le petit marchand d'électroménager de Liverpool n'est pas de ceux qui laissent traîner leur carnet de numéros de téléphone, ni ne délèguent les décisions à prendre. Et il n'a pas du tout envie, Andrew, d'être cantonné à la promotion de Gerry et de ses Pacemakers ou de Billy Kramer et de ses Dakotas.

Andrew Loog Oldham respecte certainement Brian Epstein. D'abord parce que, entre gens de ce métier, la réussite est le premier critère de ce respect. Mais aussi parce qu'il a mis en œuvre un des premiers axiomes qu'Oldham a recueillis de Spector : quand on met la main sur un chanteur ou un groupe, il doit s'agir littéralement de mainmise, d'une emprise sans reste, qui va jusqu'à la possession légitime des bandes enregistrées, alors que la pratique inverse est partout admise.

Du haut des vingt-cinq livres mensuelles qui lui sont attribuées, Andrew Loog Oldham prend de l'intérieur la mesure de ce que représente le dispositif économique greffé sur trois guitares, une batterie et deux voix de garçons en blouson de cuir qui, eux, se moquent bien de leur porte-monnaie. Même si McCartney est aujourd'hui une des plus grosses fortunes de son pays, même si Yoko Ono a fait des affaires de son mari John Lennon un capital sûr, John et Paul ne se sont jamais passionnés pour l'argent. Andrew a bien réussi à se placer au centre du dispositif, mais à un barreau de l'échelle qui interdit toute visibilité, toute progression. Et la place de Spector, côté son, est déjà prise pour les Beatles par George Martin. Sans doute qu'Oldham n'est pas resté assez longtemps avec Epstein pour décrypter toutes ces mécaniques qui s'ébauchent, qu'il devra apprendre une par une lui-même. Mais il a assez compris quand même pour oser un pas de côté décisif. Mieux vaut être le Brian Epstein d'un groupe à faire que le second de Brian Epstein dans un univers déjà sous contrôle. Et c'est précisément avec cela dans la tête que, ce lundi 15 avril 1963, Shaftesbury Avenue, Andrew entend Peter Jones, du *Record Mirror*, parler de Richmond et des Rolling Stones. Il devra attendre le dimanche suivant, n'étant pas homme à ne suivre qu'une piste à la fois, sans hâte particulière. Mais le dimanche suivant, le gamin de dix-neuf ans qui a, en deux ans, accumulé autant d'éléments de carrière que d'autres après quinze ans, sans autre point de départ qu'avoir été orphelin de guerre livré à soi-même dans le quartier des bistrots branchés, débarque du train à la gare de Richmond et s'enquiert du Richmond Hotel.

L'anecdote dit (mais désormais, pour les quatre ans à venir, toute anecdote est sujette à caution sauf à être collationnée selon plusieurs sources, puisque tout va passer au filtre Andrew Loog Oldham, et qu'Andrew Loog Oldham considérera dès lors l'invention des anecdotes comme partie décisive de son métier) que la première chose dont il se souvient du Station Hotel Richmond, c'est d'un jeune type à cheveux trop longs en pleine scène de reproches et jalousie avec sa *girl friend*, et qu'il s'agit de Mick Jagger affrontant une colère de sa fiancée Chrissie Shrimpton. Giorgio Gomelsky est là ce soir-là, mais c'est précisément cette semaine qu'il va partir en Suisse pour trois semaines. On sait qu'Andrew se présente de lui-même à Brian, qu'ils boivent une bière ensemble et qu'à Giorgio Gomelsky, à la pause, Brian Jones présente cet autre blondinet maigre, presque son jumeau, aux grosses lunettes près. Le peu qu'on sait d'Andrew dans ce petit milieu, c'est qu'il est lié à Brian Epstein, aux Beatles et au *Record Mirror*, que c'est donc bon à prendre. Un indice : Brian ne dit pas à Gomelsky ce qu'Oldham lui a dit cinq minutes plus tôt pour se présenter : qu'il est producteur, en quête d'artistes. Au lieu même de présenter Andrew comme un employé de Brian Epstein, Brian triche, et dit seulement à Gomelsky qu'Andrew est un vieil ami de Cheltenham.

Oldham, qui parlait beaucoup et très vite, s'est toujours servi de son trop de paroles pour maintenir la chape fermée sur la mécanique centrale et lui-même : parler trop, c'est s'aider à ne rien dire. Évincé, abîmé, mais sa pelote faite, il devient muet : pourtant, maintenant en Californie, c'est ce même métier qu'il continue, dans l'obscurité : la cocaïne et l'alcool, la drogue jusqu'aux années 90, dit-il dans la préface de son livre *Stoned*, ont exigé leur rançon. Le livre qu'il fait paraître en 2001 ne rajoute pas d'éléments neufs par rapport aux interviews plus anciennes – sauf ceci : si le train pour Richmond n'avait pas été direct, prétend-il, il ne se serait pas risqué à aller entendre ce soir-là les Rolling Stones. Les Rolling Stones prennent d'ailleurs peu de place dans son livre, comme un ressentiment mal digéré, ou mal exprimé, de façon trop générale : *The music was authentic and sexually driven... It reached out and went inside me – totally. It satisfied me. I was in love. I heard the anthem of a national sound, I heard the sound of a national anthem* [48, 141] : « La musique était authentique, sexuellement menée. Ça jaillissait d'eux et ça m'a pris, complètement. J'étais aux anges. J'entendais l'hymne d'une musique nationale, le son d'un hymne national... » Doutons. On dirait tout le livre d'Oldham tendu vers le seul but d'affirmer que sa vie ne s'est pas limitée à ce qui est pour toujours attaché à son nom, l'explosion et le style des Rolling Stones. Les quelques témoignages qu'il a préalablement laissé filtrer, pour réservés qu'ils soient, nous en disent plus : *I went up to the bandstand at intermission, and I asked who was the leader. Brian Jones stepped forward and said he was, but I saw that Jagger gave him a hard look. At any rate, I explained that I was a manager, that I was associated with another well-established manager of talent, and that on the basis of what I'd heard, I wanted to sign them up. I gave them my card and asked them to come up to our office as soon as they could. To my surprise, Brian and Mick showed up at Eric's office the following day* [9, 98] : « A l'entracte je suis monté sur l'estrade et j'ai demandé qui était le leader. Brian Jones s'est avancé et a dit que c'était lui, mais j'ai vu que Jagger lui lançait un regard noir. N'importe comment, j'ai expliqué que j'étais un agent, que j'étais associé avec un autre, bien reconnu et avec du talent, et que, sur la base de ce que j'avais entendu, j'étais prêt à les signer. Je leur ai donné ma carte et je leur ai demandé de passer à notre bureau, dès qu'ils le pourraient. A ma surprise, Brian et Mick se sont pointés dès le lendemain. »

Attardons-nous cependant. Sur l'estrade d'une salle de bal en banlieue ouest de Londres, un dimanche soir, au milieu de six gars transpirants, assis au bord et buvant une bière, le petit blond anguleux à lunettes noires, qui ne doit pas laisser deviner comme il est tendu et qu'il joue si gros, parle à deux silhouettes tout aussi tendues que lui, s'il s'agit d'évincer Gomelsky parce qu'on y trouve avantage. Ils ont du mal à jauger celui qui leur donne son minuscule carton de papier avec le nom à rallonge, Andrew Loog Oldham. Il est tellement jeune. Et rien ne leur dit qu'il sera jamais plus efficace que cet idiot de Cockfosters, Keith Norris, qui voulait les faire jouer en chapeau de cow-boy, et certainement moins lancé que l'élégant Gomelsky, qui leur a ouvert la porte. Quand le petit blond qui parle trop vite retire ses lunettes noires, on lui découvre une drôle de tête, avec les yeux très près de la racine d'un nez en peu en trompette, à moins qu'il ne louche un tout petit peu (manière qu'il a gardée jusqu'à aujourd'hui, sous les rides, avec les cheveux ras et le petit bouc tendance actuelle). Il y a l'énorme rumeur dans les murs de ciment de la grande salle, avec des haut-parleurs qui diffusent du *rhythm'n'blues* lointain et métallique, l'odeur de tabac et de bière, peut-être les portes un moment tenues ouvertes avec de l'air plus froid qui entre dans le hall surchauffé, circulant entre les corps en sueur. Le petit blond aux lunettes noires redescend de l'estrade, Jagger et Jones échangent un regard du genre : «on va voir» ou «à suivre». Les autres, eux, ont à peine fait attention : les affaires du groupe, c'est beaucoup Brian, un peu Mick, pas du tout les autres. Watts s'est déjà assis sur son tabouret et lance ce coup de baguette par quoi, sur la caisse claire et sur le tom, on reprend contact avec les peaux, Keith est occupé à défaire le larsen qui a sifflé dès qu'il a rebranché sa belle guitare Gretsch, et Wyman avec sa basse sans frettes relance le set : rien même n'a existé peut-être dans l'intervalle, ils ont rêvé – un producteur ?

Dans ce que raconte ensuite Oldham, il y a ce qu'il veut lui-même faire accroire : *It was just a blues root thing... Even so, I knew what I was looking at. It was sex. And I was just ahead of the pack* [1, 76] : «C'était juste le blues des racines... Mais même comme ça, j'ai compris ce que j'étais en train de voir. Du sexe. Et moi j'étais là juste à l'avant-poste.» On dit ça, mais après. Bien plus probablement une question vitale d'existence, d'abord limitée à soi-même, et le groupe un bon outil pour y parvenir. Dès l'année suivante, Andrew fondera le Andrew Loog Oldham Orchestra, qui ne bouleversera pas la donne de l'industrie musicale : ce n'est pas là, tout de suite, qu'il se rend compte qu'à son ambition les Rolling Stones devraient suffire. Les Rolling Stones franchiront sans lui leurs étapes ultérieures, en appliquant à lui-même, Andrew, ce qu'il va tout de suite leur enseigner, en abandonnant Giorgio Gomelsky : pour progresser, on n'emmène pas sa tribu avec soi.

Ce soir-là, pour accéder aux Stones, Oldham passe par Brian et lui seul, tel qu'il le décrit : *Brian really was a weird shape with that big head, broad body and little short legs. But he had incredible power. He could make you focus just on his head and neck* [1, 76] : «Brian était vraiment bizarre avec cette grosse tête, son corps très large et des jambes très courtes. Mais il avait une puissance incroyable. Il pouvait vous forcer à ne regarder que son cou et sa tête. » Personne, en tout cas pas les intéressés eux-mêmes, pour expliquer comment ils ont pu aussi vite se flairer l'un l'autre, et pourquoi Brian est entré aussi immédiatement dans le jeu d'Oldham, alors que depuis deux mois Gomelsky accomplit pour eux la fonction que celui-ci, qui n'a rien dans les mains, et surtout pas l'équivalent du Station Hotel Richmond, leur propose sans garantie. Ce qu'il faudrait savoir, c'est d'où les deux garçons ont tiré cette compréhension immédiate. Wyman avance : *Andrew talked the same way we did, and wore the same clothes. He seemed to care about what we cared about – just the blues and getting it better known in Britain* [1, 77] : « Andrew parlait exactement comme nous on parlait, et il s'habillait pareil. Il avait l'air de s'intéresser à quoi nous on s'intéressait – le blues et comment mieux le faire connaître en Angleterre. »

Que Gomelsky ait amorcé ou non d'être leur agent artistique officiel, l'impression qu'ils gardent, c'est de quelqu'un qui n'est pas de leur monde. Quelqu'un qui a un passé, et un pouvoir, quand Oldham ne peut se fabriquer qu'en les fabriquant eux. C'est parce que Andrew n'a rien que Brian s'imagine avoir barre sur lui, plus que sur Gomelsky. Qu'il parle comme eux, et s'habille certainement mieux qu'eux, soit. Qu'il s'intéresse à l'authenticité de leur musique, il ne l'a pas plus manifesté avec eux qu'ensuite : capable plutôt d'adopter tous les langages, il entre dans le leur. La musique primaire et rythmée des Stones, leur présence évidente sur scène, avec cette incroyable signature d'une musique à deux guitares, il a de quoi jouer une carte différente de celle de Brian Epstein, et c'est ce qu'il cherche. Brian Jones marcha-t-il dans l'illusion ?

Oldham sait qu'il doit aller vite. Il commence, dès le lendemain, par aller voir Epstein : celui-ci a assez à faire avec les Beatles et ses deux groupes de Liverpool à promouvoir. Les Rolling Stones, il connaît : les Beatles lui en ont parlé et même, probablement, il est parmi les trois hommes à cravate qui ont accompagné John et Paul à Edith Grove. Souvenir mitigé : la crasse et rien à boire, voilà ce que c'était, Edith Grove. S'il y avait eu à prendre, il l'aurait senti tout seul. De toute façon, Epstein tient à contrôler sa boutique, et c'est lui qui recrute, pas son attaché de presse. Marché conclu avec Andrew : s'il veut se charger des Rolling Stones, c'est une très bonne idée *pour lui*, Oldham, qu'il se lance avec confiance, et au revoir... On reste ami, mais Andrew n'appartient plus à l'équipe Epstein.

Oldham est assez obstiné pour prolonger le pas de côté. Sa deuxième visite est pour Eric Easton. Comment il a connu Eric Easton, ce n'est pas dit, mais c'est un monde tellement petit. Eric Easton, plus jeune qu'eux, ne brasse pas autant d'affaires qu'Arden ou Parnes, et, né en 1927, ses trente-cinq ans sonnés, il est trop vieux pour faire partie de la galaxie émergente des Epstein. Eric Easton est un agent artistique de l'entre-deux, mineur mais respecté, qui loue un bureau dans Radnor House, un bâtiment d'affaires de Regent Street : important, cela. Parce qu'il est sérieux et respecté, Easton a une autre clé, celle qui manque à Oldham, les maisons de disques. Très vague aussi, ce qu'on sait de l'approche. Selon une version d'Andrew, il demande simplement à Eric Easton de lui sous-louer une pièce de son bureau, avant de lui proposer de venir écouter en ami, avec lui, le groupe qu'il a découvert et dont il veut assurer le *management*. Selon une autre version d'Andrew, il est assez sûr de lui pour proposer directement à Eric Easton une association, où il garde le *management* personnel de ce groupe qu'il a paraît-il découvert, mais partageront tout le reste. Peut-être tout cela s'est-il simplement fait à la fois, Andrew demandant d'abord à Easton le prêt d'un coin du bureau de Regent Street pour son rendez-vous avec Brian et Mick, histoire de faire sérieux, d'en imposer, avant qu'Eric Easton envisage avec lui comment ils pourront travailler ensemble à la rentabilité des Rolling Stones. Oldham joue gros, mais depuis deux ans il a les épaules rodées à ce genre de manipulation à étages.

Mais dès cette semaine, dans le bureau prêté par Eric Easton, Andrew reçoit Brian et Mick. Brian voit devant lui quelqu'un formé chez Epstein, qui lui propose d'appliquer aux Rolling Stones ce qui a réussi aux Beatles. Ce qu'il signifie à Oldham, c'est seulement un accord de principe. Si on veut bien tenter, laisser courir, c'est pour avoir besoin de savoir, côté Stones, ce que l'autre peut apporter dans la corbeille de noces. On a beau avoir le même âge, on a déjà pris quelques coups, on s'est déjà vu racler sur le dos assez d'écailles, on joue pour des cachets de misère et on a compris, côté disques, côté radio, les pesanteurs du système qu'on affronte. Gomelsky ? On s'occupe de le mettre de côté. Le groupe ? C'est lui, Brian Jones. La corbeille de noces, c'est simple : où Gomelsky a proposé un film, on veut des disques. Peut-être, le soir, à l'interrogation de Richards ou de Wyman, Brian ou Mick ont éludé. Comment c'était, alors, le rendez-vous... Peut-être ont-ils juste répondu par sa plaisanterie de service : *Keith Norris, Cockfosters...* Il ne devait pas traîner qu'un seul Oldham dans les pubs de Londres, ces semaines-ci, maintenant que les Beatles avaient fait sonner leurs guitares électriques dans le vieux Royal Albert Hall : ce qui est sûr, c'est que Brian Jones a immédiatement perçu ce qu'il pouvait tirer d'Andrew Loog Oldham comme celui-ci a compris ce qu'il pouvait tirer des Rolling Stones. Et cela change la donne des deux côtés.

Chose sûre, Andrew amène le dimanche suivant, le 28 avril, Eric Easton à Richmond. Gomelsky n'y est pas. Il aurait sinon réagi à l'irruption d'un professionnel de son âge, qu'il connaît forcément, dans ce qu'Easton définit comme un genre de bain turc, pour la foule et la transpiration. Dehors, il a fallu faire la queue. A l'intervalle, Oldham présente Easton à Brian, et Jagger s'assoit aussi à la table. On ne parlera pas affaire dans la maison même de Gomelsky. Ce dont on convient, c'est d'un nouveau rendez-vous à Regent Street. Jagger est à son école, Richards se balade avec Phelge ou joue de sa guitare, les autres travaillent : c'est Brian seul, fondateur et chef des Rolling Stones, qui se rendra au rendez-vous.

Désormais, il y aura beaucoup moins de hasard dans leur histoire. Leur conduite pourra être erratique et obscure, nous aurons toujours connaissance des processus de pensée par quoi ils s'y orientent. Mais le hasard qui jusqu'ici a mené ces rencontres et cette histoire va sonner son dernier coup de gong. Plutôt coup de téléphone que coup de gong : on avait laissé Dick Rowe quitter à toute allure George Harrison pour prendre à temps le train de nuit de Liverpool à Londres. Le lundi matin, il est à son bureau de Decca, et cherche à contacter les Rolling Stones. Il trouve facilement, par Richmond, la trace de Gomelsky qui vient de partir en Suisse, il est injoignable pour trois semaines. Dick Rowe insiste : qui est l'agent de ce groupe qui joue le dimanche soir au Station Hotel, comment prendre contact avec eux ? Il a des antennes dans les clubs, les journaux, et chez les agents eux-mêmes. Tout le monde y connaît Brian, ce Brian Jones qui traînait autour de Korner et maintenant joue avec ses copains – oui, il paraît que ça va bien pour eux, qu'ils ont du monde à Richmond. Dick Rowe prétend que c'est au troisième ou au quatrième coup de téléphone qu'une connaissance lui dit que peut-être, Oldham... Rowe ne connaît pas Oldham ? Un jeune type, qui travaillait pour Epstein : depuis quelques jours, il en parle tout le temps, de Brian et des Stones, comme s'ils étaient amis depuis toujours. Contacter Oldham ? Peut-être par Eric Easton, vous connaissez Eric Easton ? Et le téléphone sonne chez Easton ce même jour où ils ont rendez-vous avec Brian dans leur bureau de Radnor House.

Il semble qu'Easton et Oldham aient beaucoup travaillé, ces premiers jours de mai 1963. Oldham amenait les idées Spector, et Easton sa connaissance des contrats et du métier. On ne sait pas s'ils informent directement Brian que c'est Dick Rowe qui les a appelés, ou s'ils s'attribuent la démarche. Reste qu'il n'y aura pas d'entrevue du groupe avec Decca avant que le contrat Oldham soit signé. Eric Easton gardera, pour sa discrétion et l'élégance de son accompagnement du groupe, la façon dont il gérera pour eux le quotidien et l'argent, l'estime de chacun des Stones. Ils fondent à eux deux, cette semaine-là, une nouvelle société, Impact Sound (l'idée Spector). On ne sait pas si Brian Jones sera informé que la société montée par les deux hommes a le même âge exactement que le contrat qu'il s'apprête à signer avec elle.

Il y a cette semaine-là trois rendez-vous de Brian Jones avec les deux agents, à Regent Street. Au deuxième, Richards et Jagger attendent, dans un pub du coin de la rue, le retour de Brian. Watts, Wyman et Stewart ne sont mis au courant que le soir.

Évidemment, le destin des Rolling Stones, et leurs commentaires, prouve qu'ils n'ont rien à regretter : ils jouaient désormais assez bien, s'étaient hissés eux-mêmes au premier rang des postulants d'alors, et Oldham ferait le reste. Ils n'étaient pas en position de négocier davantage. Par exemple, pour rester en possession de leurs bandes enregistrées (mais les Stones ne reprocheront pas cela à Oldham, puisque sinon c'est Decca qui les aurait gardées). Les Stones ne mettent pas plus en cause un partage des droits entre le groupe et ses deux agents qui fait la part belle à ces derniers : puisque pour l'instant, il n'y a rien à partager. Encore moins le fait que ces contrats avec une maison de disques, qu'on leur faisait miroiter, passeraient eux aussi par les deux agents. C'est la loi de ce métier, et d'autres qu'eux, même longtemps après, la subiront bien plus durement (comme les Fogerty et Creedence Clearwater Revival).

Oldham, même s'il n'a pas mis les pieds encore à Edith Grove, sait bien (quand on a travaillé dans le Soho de Mary Quant, on sait) combien valent les fringues que ces types-là ont sur eux : il n'a pas de concession à leur faire. Qu'on juge un type à l'état de ses chaussures ne vaut pas que dans le monde des affaires. Pas besoin non plus de les inviter à déjeuner ensemble pour comprendre que Wimpy ou Ernie sont leur cantine. Les Stones peuvent se partager, moitié-moitié avec Giorgio Gomelsky (il s'en est faussement indigné, devant eux, Andrew, du partage selon les entrées avec Gomelsky), quelque chose comme vingt ou trente livres chaque dimanche, c'est beaucoup, rapporté à ce qu'ils ont traversé d'octobre à février, mais Oldham prend ça de très haut et sort dès ce jour-là des billets frais, leur fait une avance qui leur semblera d'autant plus mirifique qu'ils n'ont rien fait pour l'obtenir. Ce soir-là, les six Rolling Stones dîneront dans un vrai restaurant, s'offriront des bouteilles. Le prétexte de l'avance : racheter les droits du premier disque, imprudemment laissés à George Clewson.

Brian se charge de retourner voir George Clewson. Il a sa meilleure mine, la plus souriante et affectueuse, pour dire au directeur du petit studio que le groupe vient de se dissoudre, que ces enregistrements, ils veulent les récupérer comme souvenir. Brian sait mentir, quand c'est pour la bonne cause. Ils ont mis bout à bout les quatre-vingt-seize livres dues, prétend-il, il veut bien racheter l'engagement, mais à condition de détruire cette promesse signée d'exclusivité, puisque les Rollin' Stones n'existent plus, qu'ils vont se disperser. C'est la version officielle. Ce qui est certain, c'est le versement par Andrew, sur le compte d'Easton, d'une avance de cent livres cash pour le solde des engagements antérieurs, et que le contrat avec George Clewson sera défait à l'amiable. Leur disque, l'exemplaire rapporté à Edith Grove, était déjà payé, et Clewson n'avait aucune raison de ne pas croire Brian. Un groupe de perdu, six attendent à la porte. Ce serait mal connaître Brian que d'imaginer qu'il disperse si facilement les quatre-vingt-dix livres versées par les deux agents. Plutôt s'offrir un nouvel amplificateur, payer les loyers en retard ou l'imprimeur des affiches, en tout cas c'est presque comme un rêve, un tout petit rêve, juste à l'échelle de ce que musicalement ils sont.

Ce qui est certain aussi, du jour au lendemain, c'est que les Rolling Stones sont dans les mains d'Andrew Loog Oldham, et qu'il va vite le leur apprendre. C'est une fois le contrat signé qu'il leur fait son numéro : ils joueront en costume, que lui les emmènera choisir. On ne fumera plus en jouant, on ne boira plus sur scène, pourquoi pas (il a appris ça chez les Beatles, il ne leur dit pas, eux se disent que de toute façon ils feront ce qu'ils voudront) ? On raccourcira le numéro, et on se fera payer pour un temps précis de passage, ils s'en fichent.

Surtout, décide Oldham, six, ça fait trop orchestre, quand les Beatles sont déjà les quatre fabuleux, *the fab four*, alors il n'y aura plus Ian Stewart au piano. Simplement, un soir, au moment de jouer, il n'y aura pas six costumes, mais cinq. Il n'évoquera même pas directement le délit de bonne tête, la coupe de cheveu sage, le menton écossais et le fessier trop conséquent de Stu : mais la leur, de tête, ils la baissent sans rien dire, ils auront d'autres occasions d'étouffer comme ça la tentation de se retourner voir ce qu'on a laissé comme bête écrasée sur la route. Pour leur défense, cela témoigne qu'aucun d'eux finalement, et en particulier Watts et Wyman qui jouent le soir en continuant de travailler le jour, ne considère les Rolling Stones autrement que comme une aventure provisoire, qu'on peut défaire ou reprendre. Quand Andrew le sémillant parleur se charge de remercier Stu de ses services par l'exemple et sans prévenir, les autres se tairont : *It was done very nicely, I just turned up one day to find the others had stage suits and there was no stage suit for me. None of them even mentionned it to me, apart from Brian* [1, 83] : « Ça s'est vraiment fait en douceur. Simplement, je débarque un jour pour découvrir que les autres avaient un costume de scène, et qu'il n'y en avait pas pour moi. Et aucun d'eux pour m'en parler, à part Brian.» Comment Andrew a-t-il d'abord présenté l'éviction à Brian, ce qui était indispensable, comment ensuite, l'accord de Brian obtenu, il l'a annoncée à Mick, puis aux autres ? Jamais aucun d'eux pour s'y attarder. On se fait croire à soi-même que c'est une vague astuce pour le *look*, l'image... Qu'on reste comme avant, sauf pour les journaux...

Paroles consolantes de Brian : *You're still a full member of the group, Stu, you'll still get a sixth share, I promise you* $_{1,83}$: « Tu fais quand même partie du groupe, on partagera encore en six, je te promets. » Promesse de Brian, Stu sait ce que ça veut dire (d'ailleurs, la même semaine, Brian signe au nom du groupe un contrat de trois ans avec Andrew, spécifiant bien que les cachets sont également répartis entre les cinq Stones, sans Stu). Stu ne paraît plus sur scène, Stu est chauffeur-livreur de la maison Rolling Stones. Et jamais Stu n'aura plus rien dans le partage : on le payera au mois pour son travail de chauffeur camionneur, *roadie*.

Le plus étrange, c'est qu'il accepte. Se disant qu'il y aurait toujours les enregistrements, la bohême rémunérée et que vivre la nuit, en conduisant le jour les autres à leurs concerts, c'est un peu plus d'aventure que sa vie d'employé de bureau. De toute façon, voilà qu'il en a démissionné, il n'a rien d'autre à faire – retrouver un travail n'est pas un problème, à l'époque –, alors autant attendre et voir. *I might as well stay with them and see the world* $_{1,83}$: « Je pourrais aussi bien rester avec eux et voir le monde. » Ce qu'il fera jusqu'à sa mort, vingt ans plus tard, sans autre défaillance que la dernière, et cela restera, l'insulte avalée sans rien dire, le mystère Stewart : peut-être après tout sa grandeur.

Et il n'y aura plus qu'à raconter tout ça à Giorgio Gomelsky à son retour : pas tout de suite, parce qu'on n'ose pas. On n'a pas encore l'arrogance qui deviendra plus tard la marque de fabrique, et même comme leur jeu orgueilleux, la preuve qu'ils sont les Rolling Stones. Quand Giorgio Gomelsky revient de ses trois semaines en Suisse, où il a enterré son père, il invite le groupe chez lui pour projection d'un prémontage de son film sur leurs concerts à Richmond, ce film sur lequel, il y a deux mois, ils comptaient tant pour leur carrière. Brian Jones arrive en retard, et lui présente un nommé *Loog*, soi-disant un vieux copain d'école de Cheltenham : Tu le reconnais, tu l'as déjà vu, il y a un mois, au Crawdaddy... C'est le lendemain et par lettre que Giorgio apprendra l'existence d'Impact Sound, et qu'il doit désormais en passer par elle pour ce qui concerne les Rolling Stones.

Le lendemain matin, le samedi 4 mai, Andrew les emmène à Carnaby Street pour s'acheter des jeans, qu'on prend un peu trop serrés, des pulls à col roulé noirs et des bottines à talon, qui ne s'appelleront que dans quelques mois, en déferlant sur le continent, les *Beatles boots* : je le sais, j'en porterais moi aussi bientôt. L'après-midi du même jour, ils jouent pour la première fois dans un concert vendu par Easton, hors de leurs circuits des clubs : et c'est ainsi qu'on les exhibe, sans Stu, dans des uniformes exactement calqués sur ceux des Beatles.

I want to be loved

Maintenant, tout va aller plus vite. Paquets bruts de faits, où on surnage à peine de l'un que le suivant se profile tout près. Et puis jouer, de plus en plus, et plus longtemps. Plus loin, donc plus d'heures dans le van. Et ce qui s'engrène, pendant les trois ans à venir, tout autour. Répéter et apprendre, enregistrer. S'habiller, se faire prendre en photo, répondre aux questions de la presse. Maintenant, pour chaque mois, voire chaque semaine, il suffit de piocher dans les cinquante bouquins accumulés pour savoir le visage, l'humeur et le paraître.

Désormais, on aura de leur aventure les traces sonores. Ces enregistrements pirates, *bootlegs* en anglais, dont le commerce est toujours clandestin. Leurs prestations en direct à la radio, les séances de concert restées inédites, tout finira par nous parvenir. D'ailleurs on les réécoute sans lassitude, quand les versions officielles paraissent figées, et s'éloigner de nous un peu comme au musée de l'Air on s'étonne devant les Spoutnik ou Apollo de la même époque. Les disques pirates, où nul technicien n'est venu passer des heures sur chaque minute pour lisser, enfler, mixer, gommer, gardent comme en temps réel la sueur et les plantages, la fragilité de la tentative, les interjections ou les jurons. Les ayants droit des Beatles ou la famille de Jimi Hendrix, Jimmy Page lui-même pour le Led Zeppelin, l'ont bien compris, qui commercialisent désormais officiellement ces versions provisoires, qui sont l'histoire d'un groupe. Les Stones ayant duré plus longtemps qu'aucun des autres, ce matériau est plus fourni pour eux que pour aucun autre : ceux qui s'en fournissent ne lèsent pas les bénéfices du groupe, puisqu'ils se fournissent aussi des versions officielles, et au contraire s'y fidélisent. On les trouvait il y a quinze ou dix ans facilement dans les bacs des rues piétonnes allemandes ou hollandaises, on pouvait même en concevoir la collection systématique. Pourquoi, moi aussi, je m'y étais mis ? Pour tenter de comprendre un peu mieux, sur le tard, ce qu'on a soi-même traversé sans rien apercevoir du contexte ni des vrais enjeux ? Plus tard, par la proximité de la frontière italienne (ah, le catalogue de *Swingin' Pigs Records*, milanais comme leur nom l'indique), c'est plutôt à Marseille, dans les ruelles derrière le cours Julien, qu'on les trouvait, et à Paris aussi, au sous-sol à l'escalier derrière le rideau de ce qui était au rez-de-chaussée un minuscule mais légitime disquaire d'importation rue Saint-Denis, mais a dû fermer depuis, pour trop de contrôles et de saisies.

Enfin j'ai découvert Doktor Stones : un courageux en camionnette, aux tee-shirts distendant le profil de Keith Richards sur un ventre qui forcément va avec l'âge, la bière et le commerce. Doktor Stones est un parleur, on l'écoute des demi-heures égrener les dernières nouvelles de chacun de ceux du groupe comme s'il les avait vus la veille, qui a joué avec qui et où. Comme Froissart au Moyen Âge de château en château, Doktor Stones transporte une information nulle part hors de lui enregistrée, la dernière fois c'était pour le poignet cassé de Keith tombé chez lui, dans sa maison près de New York : la version officielle, qu'il est tombé d'une échelle alors qu'il rangeait des livres dans sa bibliothèque, pouvait-elle être crédible ? Keith Richards, une bibliothèque assez haute pour qu'on en tombe ? Doktor Stones avait toujours la réponse, bien avant le temps des listes Internet qui font circuler chaque semaine, du Japon au Colorado, ces potins et ragots, capables cependant de vous renseigner sur tel détail minuscule et précis qui vous semblerait, à tel moment, nécessaire. On n'en dira pas plus de Doktor Stones : son commerce discret et périlleux nous est trop nécessaire, comme son courage à le continuer malgré la route de nuit en camionnette d'un coin du pays à l'autre, les contrôles aux frontières, l'illégitimité, les copieurs de CD maintenant qui copient aussi bien les CD légitimes qu'illégitimes, et un profit sans doute très relatif. La plupart de ses clients, que j'aime observer tranquillement en faisant mon choix dans ses bacs, ont comme moi-même la large quarantaine : qui, sinon, acquerrait ainsi systématiquement les homélies de Dylan, les lourdeurs scéniques de Pink Floyd ou telle prestation douteuse des Zeppelin trop ivres ? Doktor Stones déballe l'arrière de sa fourgonnette dans les brocantes, les foires aux disques d'occasion, ou sur le chemin encombré des parkings, les soirs de grands concerts, et c'est seulement ceux qui sont prévenus qui sauront débusquer, derrière le bac prétexte des disques de seconde main, la caisse aux *bootlegs* avec le concert donné après six semaines de répétition dans un petit club où on débarque sous un faux nom où seuls des initiés avaient pu les débusquer, parce que la grande tournée commence dans deux jours, à Chicago, au club de la Double Porte, *Double Door Club*, ce 18 septembre 1997, débarquant avec l'inusable *Little Queenie* de Chuck Berry, où Woody et Richards mettent bien quatre mesures avant d'être en phase avec Mick qui a commencé *a cappella*, puis en changeant deux fois de tempo sur *19th Nervous Breakdown* avant d'enchaîner cinquante minutes sans arrêt, où, c'est Doktor Stones qui nous le pointe du doigt, parce que l'art du grand commerçant c'est d'anticiper sur l'intérêt du client et savoir ce qu'il cherche, il y a là entre autres – dit-il et c'est vrai – ce *Shame, Shame Shame* de Jimmy Reed, oui, pour la première fois enregistré en public, ce morceau qu'ils jouaient dès les débuts mais n'avaient jamais mis sur disque. Et, pour le client, la fierté d'avoir éveillé l'intérêt du marchand rien qu'au choix qu'il a fait, parmi quinze autres, de ce disque-là précisément.

C'est donc désormais via les enregistrements dits pirates qu'on pourra, à mesure qu'on écrit, écouter ce qui s'est passé tel jour à Londres en direct de la BBC, tel autre jour à New York au « Ed Sullivan show », suivre de soir en soir la tournée de 1969 ou celle de 1972, avoir dans les oreilles le tumulte d'Altamont ou l'évanouissement à Francfort en 1976 de Richards, ce soir après le décès de son troisième enfant avec Anita Pallenberg. On dispose alors chez soi, grâce à Doktor Stones, de cette publicité pour les céréales Kellogs enregistrée fin 1964 (pourtant ils n'avaient déjà plus besoin de cet argent-là), ou de ces bandes enregistrées par Keith Richards seul au piano, en 1979, sous la menace d'une peine de prison au Canada, dont la plaintive chanson *Apartment # 9* (par Bobby Austin et Johnny Paycheck, vous précisera Doktor Stones). On a cinq versions successives d'ébauche de *Jumpin' Jack Flash* avant le premier quarante-cinq-tours. Merci, Doktor Stones, qui prononce pourtant chaque fois de travers les mots anglais qu'il affectionne pour faire plus vrai, pense que c'est beaucoup plus américain de prononcer *strAÏped* pour le complément *bootleg* de l'album *Stripped* qu'il est le seul à pouvoir vous procurer, et, même s'il vous aime bien, vous regarde avec un rien de dédain, vous qui prononcez en I et pas en AÏ (sa prononciation voudrait dire rayé, comme un abdomen de guêpe : c'est peut-être cela qui lui plaît, à Doktor Stones, quand le titre officiel signifierait plutôt décati, rouillé, mais c'est bien cela qu'ils ont choisi, les Stones, pour cet album traversant guitares sèches à la main leur propre histoire, et qui les représente assis sur un banc de métro, comme si l'un quelconque d'entre eux prenait encore parfois le métro…).

Watts quitte cette fois son travail dans l'agence de publicité : après tout, dans ce milieu où il a la considération de ses collègues, il lui serait facile de retrouver un emploi équivalent, peut-être même sa propre agence accepterait de le reprendre. Stu avait quitté ICI sur la foi de ce qui s'annonçait pour le groupe, les disques et le producteur, sans qu'on lui ait dit quoi que ce soit d'une décision déjà concertée entre Oldham et Brian. Wyman hésite encore, il y a l'enfant, la femme, et la pression familiale. Il n'empêche que c'est intenable, malgré les copains de boulot qui s'organisent pour ces siestes qui compensent mal les nuits blanches. Les cachets de concerts commencent à compter aussi lourd, puis plus lourd que la paye statique du magasinier, et puis il faut sauter le pas : pour la première radio du groupe, Brian avait réembauché Carlo Little et Ricky Fenson, il ne recommencera pas s'il s'agit d'enregistrer un disque. Il prendrait plutôt un autre bassiste, maintenant qu'on n'a plus besoin de ses amplis, à Bill. De bassistes, d'ailleurs, Londres en fourmille, bien plus qu'il y a seulement un an : Dick Taylor, l'ancien de Dartford, qui a laissé passer sa chance, fonde ses Pretty Things pour se rattraper, Eric Clapton a fondé les Yardbirds qui seront bientôt sur l'estrade du Station Hotel Richmond prêts à prendre la suite, fermement produits par Gomelsky qui ne se fera pas avoir une deuxième fois, et des tas d'autres. Alors Bill Wyman à son tour devient Rolling Stone à temps plein, il pourra au moins dormir le matin. C'est Mick qui tient le plus longtemps, au point que les autres Stones lui en veulent, tellement ses horaires compliquent la vie du groupe quand ses parents lui reprochent, eux, ses études sacrifiées à la musique (enfin, pour Joe et Eva Jagger : ce que leur fils nomme musique...). Pourtant c'est son école qui est encore la plus souple : on lui propose d'arrêter, mais en lui laissant le choix de reprendre dans un an. Il n'en aura pas besoin.

C'est le 10 mai que les Stones et leur maître franchissent pour la première fois la porte du studio Olympic, qui deviendront leur habitation fétiche jusqu'aux temps de *Let It Bleed*, quand ils y camperont parfois deux mois d'affilée, comme Abbey Road est devenue la base secrète des Beatles. Le studio est loué pour trois heures, avec leur technicien, nommé Roger Savage. Oldham a ses lunettes noires, c'est lui qui dirige. On enregistre un Chuck Berry, *Come On*, et un Willie Dixon, *I Want To Be Loved*. Moins de deux minutes chacun, juste assez pour caser le petit passage d'harmonica et le solo de guitare. Le temps de location du studio est bien utilisé, ils sont contents. Au moment de partir, le technicien demande ce qu'il en est du mixage : ni Oldham ni les autres n'y avaient pensé. Ce qu'Andrew Loog Oldham raconte ainsi : *I went : Hmmm, right, let's go. And the engineer said to me : What about mixing ? I said : What's that, what the fuck is this ?* [15, 45] : « J'arrive : Hmmm, bon, on s'en va. Et le technicien qui me dit : Mais pour le mixage ? Je dis : Qu'est-ce que c'est, ce truc-là ? » Savage leur explique comment il enregistre sur quatre pistes séparées, et qu'il faut tout reporter sur la piste mono. Quelques années plus tard, ce sera Jagger et Richards, sous le nom de Glimmer Twins, qui coifferont aussi cette phase, aussi longue parfois que l'enregistrement lui-même. C'est qu'à doser ensemble chacune des pistes séparées, et moduler pour chaque piste le taux de basses, de médiums et de graves, la saturation et le volume, on modifie, même avec les moyens encore rudimentaires de ces studios émergeant à peine des temps du micro suspendu au milieu de la pièce, on crée la personnalité même du son. Dire, selon leur vocabulaire, qu'une basse puisse être dessous ou une batterie devant, les guitares mêlées ou opposées. Oldham avait bien retenu de Phil Spector l'art de porter des lunettes noires, mais l'autre ne lui avait pas donné tous ses secrets, et celui-ci, le plus élémentaire : qu'un son se fabrique, que cela prend largement plus de temps que l'enregistrement lui-même. Andrew trouve seulement à répondre au technicien de se débrouiller comme il l'entend, et qu'il passera le lendemain matin prendre la bande pour la porter à Decca.

Ils sont quatre, le lendemain, dans le bureau de Dick Rowe à Decca : Easton, Oldham, Rowe et Brian. Un Brian sombre et fermé, parce que le résultat est minable, rien ne survit de ce magnétisme que tous constatent dans les concerts de Richmond. Rowe exige que le disque soit enregistré à Decca, avec un mixage maison, calibré variété standard. Oldham a loupé l'héritage Spector. On s'exécute et le premier disque paraît enfin, *Come On* sur une face et *I Want To Be Loved* sur l'autre. Mais ce n'est pas les Rolling Stones, ce n'est pas la musique qu'ils veulent. Et puis tous les groupes d'Angleterre savent désormais jouer les trois accords de Chuck Berry, c'est comme un pétard mouillé. N'empêche que le nom existe, et qu'on passe à la télé, sans Stu, dans une émission qui s'appelle «Thank Your Lucky Stars» où on joue en play-back avec un doublage de cris préenregistrés : c'est la première fois, alors ils s'en souviennent. On est le 7 juin, et passer à «Thank Your Lucky Stars», c'est comme la preuve qu'on en dispose, de la bonne étoile. Pour l'occasion, Andrew les affuble d'un costume de scène pied-de-poule à col de velours noir, acheté la veille en cinq exemplaires, et qui leur donne sur la photo un air d'épouvantails mal nourris, flottant dans le tissu trop raide. Charlie Watts sera le premier à oublier la veste, un soir, dans un fond de loge. Et Bill Wyman pourra cette fois commencer sérieusement sa collection systématique d'articles découpés : les journaux et magazines musicaux rendent compte du disque, qui se glissera au bout de quelques semaines jusqu'à la vingt et unième place des classements. Le propriétaire du Station Hotel s'est aperçu que sa salle de noces est devenue chaque dimanche soir le rendez-vous de huit cents personnes, quand la sécurité et les risques d'incendie ne le permettent pas. Gomelsky a trouvé une salle tout auprès, un gymnase du Richmond Athletic Ground, et pour fêter le déménagement il organise le 13 juin un festival d'adieu. Pour le concert en plein air, les Rolling Stones font l'ouverture, suivis des Yardbirds, maintenant le groupe résident du Crawdaddy, et pour invités d'honneur Long John Baldry avec Cyril Davies. Une sorte de résumé avec le présent, le futur et le passé : ce qui est au passé le restera, quant aux petits jeunes ils devront attendre un peu pour que ceux du présent fassent la place.

On leur laisse les clubs, aux débutants, parce que Eric Easton ouvre aux Rolling Stones un autre circuit, celui auquel commençait à prétendre Wyman au temps des Cliftons : les salles de bal, les grands palais de la danse dans les villes de province, monstres de brique pour samedis soir en sueur des villes industrielles. On dort dans le Volkswagen et Stu conduit, Wyman toujours à la place du passager, sous ce faux prétexte que sinon il vomit. La transition est progressive, c'est en juillet que près de Cambridge on joue pour la première fois dans une salle de bal, et on n'abandonnera vraiment les clubs qu'en septembre (la dernière fois à Richmond au Crawdaddy ce sera le 22 septembre, laissant définitivement la place aux Yardbirds où Clapton laissera ensuite la place à Jeff Beck puis Jimmy Page, comme si chacun, empruntant son escalier personnel, veillait à laisser derrière lui la place occupée). Une dernière fois en août on croisera le monde du jazz, sous prétexte que le troisième festival de Richmond organisé par Harold Pendleton s'intitule *Jazz and Blues Festival*. Mais c'est sur les terres des Rolling Stones qu'il a lieu, et ils draineront à eux seuls plus d'un millier de gamins qui n'ont aucune envie d'entendre Acker Bilk ou Terry Lightfoot au programme avec Freddy Randall, plus les inévitables Cyril Davies et Long John Baldry : le divorce est consommé, le concert de ce soir-là sonne comme une revanche, mais la rancœur du petit monde jazz sera tenace. Qu'il se passe quelque chose pour les Rolling Stones, c'est déjà indiscutable : le bouche-à-oreille suffit.

On retourne en studio fin juillet, et Oldham prend en main le mixage. On enregistre *Poison Ivy* et *Fortune Teller* : cette fois ils sont contents, et des bandes, et du son. Tout sonne très clair, avec des guitares dressées dans l'aigu, rejointes par la voix éraillée de Jagger qui, à force de s'épuiser cinq soirs par semaine dans les cris, a commencé de mûrir. Il n'y a pas d'arrangement, de pistes d'instruments rajoutés ou de sauce d'orchestre glissée dans les angles : c'est de la musique captée exactement comme elle est jouée, et qui reste aujourd'hui encore toute fraîche à qui aime. La musique américaine de blues électrique, inconnue en 1962, est devenue maintenant une tarte à la crème, et les musiciens américains viennent la jouer eux-mêmes chez les cousins d'Angleterre. *Come On* atteint ces semaines-ci les quarante mille exemplaires, il apparaît toujours dans les classements des magazines : *Poison Ivy* y ressemble trop, les concerts plus la radio et la télévision font que la rumeur grossit sans qu'on l'aide, alors Decca préfère attendre, déception. Fin septembre, *Come On*, le premier disque, aura atteint les cent mille exemplaires : celui qui doit suivre ne peut prendre de risque.

On a droit à des articles, mais courts, trop courts. Utiles pour fixer leurs traces, parce que les Stones n'ont pas encore appris la nécessaire indifférence à ce qu'on écrit sur eux. Dans le *Record Mirror*, non pas une photo de pleine page, mais quelque chose dans le coin en bas. Juste à la mesure de leur statut de débutants, et pourtant sur la couverture même du journal. Sur la photo, Jagger qui chante, avec Richards derrière. Alors Brian, parce qu'on ne le voit pas, s'est fendu d'une lettre de protestation, et, pour ces choses-là, la mémoire de Mick Jagger est sélectivement ultraprécise : *One of the first thing we put in the papers was a picture of Keith and I on the cover of* Record Mirror. *Actually it wasn't even the whole front page, just a corner. Brian wasn't in the picture, so he wrote a letter to the paper explaining all these reasons why he wasn't in the picture, how it was supposed to be a democratic, co-operative band. All that just because of a picture of me and Keith* [16, 52] : « Un des premiers trucs qu'on a eus dans les journaux, c'est une photo de Keith et moi sur la couverture de *Record Mirror*. Encore, à l'époque, pas la pleine première page, juste un coin. Brian n'était pas sur la photo, alors il a écrit une lettre au canard, expliquant toutes ces raisons comme quoi il aurait dû être sur la photo : pourquoi c'était supposé être un groupe démocratique d'associés. Tout ça à cause d'une photo de moi avec Keith. » Pas content, Brian, si la démocratie ne permet pas qu'on photographie le chef.

On recommencera à mi-septembre avec Andrew, et à nouveau début octobre aux studios Decca, cette fois produits par Easton. Enregistrer sur bande magnétique tout le meilleur de ce que, sur scène, ils savent faire. Au moins on va s'acclimater au temps suspendu du studio, aux contraintes techniques qui sont un monde spécifique. Il nous en reste le très lent et balançant *You Better Move On* et un autre Chuck Berry : *Bye Bye Johnny*. La BBC, qui les dédaignait quelques mois plus tôt, invite enfin en octobre Bill, Charlie et Brian à accompagner en direct le vieux bluesman noir Bo Diddley, leur chanteur culte, et deux semaines plus tard, au même « Saturday Club », c'est la première prestation radiophonique des Rolling Stones, ce qui nous permet de les écouter en prise directe jouer *Roll Over Beethoven*, *Money* ou *Memphis Tennessee*, le répertoire est fixe. Tout a changé autour d'eux, sauf ce qu'ils jouent. Et tous les magasins de disques du pays dégorgent ces mêmes semaines du nouveau Beatles, *She Loves You*, tandis que leur deuxième album, *With The Beatles*, mélange les chansons Lennon-McCartney à des reprises du répertoire rock, *Roll Over Beethoven* et *Money*, qui font aussi partie du répertoire des Stones.

Parce qu'ils n'ont pas encore de répertoire propre, et ne savent pas où le prendre, ou comment le forger. L'authenticité des musiques d'origine n'est plus le premier critère. Il est avéré par Ian Stewart, par Easton et par Oldham, dans leurs interviews rétrospectives, que ce dont discute à l'époque Brian avec les deux managers, c'est l'éviction du chanteur avec sa voix trop haut perchée, une voix qui n'aura jamais le sirupeux qui plaît aux foules. C'est Eric Easton qui pousse au remplacement de Mick, s'appuyant sur son expérience de la variété, appuyé par les premières réactions d'animateurs radio et quelques articles de petits journaux : la musique du groupe n'est pas si mal, mais le point faible c'est le chanteur. Brian a accepté l'éviction de Stu, celle de Jagger ne le gênerait pas. L'arme sera retournée sur lui, lors de prochains retournements d'alliance (mais il ne le sait pas, Brian). Armes dangereuses, qu'on laisse sur la table tournées vers d'autres, et qui ensuite se retournent contre vous. Par chance pour Mick, Oldham, qui a assez fréquenté les vitrines et la mode, sait mieux que l'intéressé lui-même le potentiel que représente la frimousse du chanteur avec ses airs d'étudiant de bonne famille, sa bouche en avant et ses yeux clairs. Les Beatles eux-mêmes n'ont pas le capital Jagger : Andrew obtient contre Easton et Brian que Jagger reste en place, et ni Jagger ni Richards n'auront vent de tractations aux senteurs douteuses, qui attestent que Brian pour l'instant négocie seul avec les deux agents.

Deux étés plus tôt, Jagger et Richards faisaient la manche dans les pubs des bords de mer, avant de dormir dans la caravane de Bert et Doris Richards. L'été précédent, on emménageait à Edith Grove avec trois mauvaises guitares, et Dick Hattrell était remplacé à Noël par James Phelge. Cet été 1963, on est déjà invité par Vox, sur l'entremise d'Easton, à venir à l'usine choisir des amplis qu'on ne payera pas, la marque s'estimant assez rétribuée par son nom visible pour tous les amateurs aux concerts et aux passages télévisés du groupe.

Leur lutte nouvelle, c'est la fatigue. Même à vingt ans, quand on joue vingt-cinq jours par mois, ce qui est le cas tout cet automne, c'est plus que de la fatigue : cette surexcitation nerveuse des concerts. Donner le meilleur de soi-même, ce n'est pas refaire consciemment des gestes déjà faits, mais plutôt se demander à chaque seconde, en concert, comment ses doigts sauveront la mise, comment ils retrouveront leur place ou franchiront l'obstacle, quand on ne maîtrise plus le débordement. Et, maintenant qu'on s'éloigne de Londres, l'autre traversée, la retombée, ce moment d'après la sueur et le bruit, dans des loges anonymes et sonores ou dans les salons d'hôtel dont on découvre l'usage, où on s'exténue à la bière, on s'assomme de causeries ou commentaires mille fois refaits parce que de dormir il n'en est pas question. Mais ils tiennent, et tiendront trois ans d'affilée. S'amusant même de comment, quand on a enfin un jour de libre, on n'a pas d'autre choix que de le perdre à dormir. C'est aussi à cause de la fatigue, qu'on fume toujours plus de cigarettes, qu'on recourt un peu plus à la boisson, qu'on s'habitue à vivre dans cette nervosité permanente qui finit par vous forger.

Voilà l'affiche du vendredi 30 août 1963, à Manchester, ville de grande industrie et de contestation, dans le fond de son estuaire. Ils jouent dans une salle qui s'appelle New Brighton Tower, et le spectacle est vendu par Easton sous le titre *Southern Sounds' 63*, dont la vedette, en grosses lettres sur fond jaune, c'est Brian Poole et son groupe The Tremoloes (même caractère, lettres plus petites) et une étoile à côté indique que c'est eux, le grand succès de *Twist And Shout* (que les Beatles jouaient aussi, à l'époque). Juste au-dessous, l'indication *for the first time on Merseyside* («pour la première fois sur la Mersey») en gras, mais jaune sur fond noir quand Brian Poole était noir sur fond jaune, et en caractères une bonne taille plus petite que les Tremoloes : The Rolling Stones. Et sous les Rolling Stones, espace partagé à gauche pour Tommy Bruce and the Bruisers, à droite pour The Original Checkmates. Si on n'est pas les derniers, on est encore loin des honneurs. Le spectacle est prévu pour commencer à sept heures et demie du soir et finir à onze heures trente, alors la dernière ligne est divisée en trois pour The Young Ones, Dino and the Wildfires, enfin The Roadrunners. Mention qu'on peut acheter les tickets à partir de six heures, que les portes s'ouvrent à sept heures, et que le producteur c'est Bob Wooler : *a Bob Wooler production*. C'est ainsi qu'Eric Easton fait son travail. De ce concert, Bill Wyman note qu'après on se retrouve dans un petit club nommé *The Twisted Wheel,* et qu'il finira la nuit avec une blonde qui s'appelle Janie et l'a rejoint depuis Londres : la vie conjugale s'érode. L'argent rentre, et l'événement, pour Bill Wyman, c'est qu'au surlendemain du concert de Manchester il paye comptant, toujours chez Art Nash à Penge, cette Framus rouge sombre *Star bass*, dont il dit le prix : soixante-quinze livres. Une guitare utilisée le soir même, qui change radicalement le son dont il dispose, et dont le manche étroit convient à sa main courte. Enfin une vraie basse de musicien professionnel, qu'il va garder longtemps. Il ajoute que c'est son ami Chapman, celui qui l'avait présenté aux Stones, qui rachète d'occasion ce baffle en bois lesté de ciment qui avait tant impressionné Brian et Keith. Lesquels sans doute en font autant, et tout aussi fièrement, chez Bob Adams à Sound City, où ils n'ont plus besoin d'inscrire leur nom sur le registre des paiements progressifs : en tout cas, sur les photos de Keith, la Gretsch fait place à une Epiphone demi-caisse.

Mais si ce vendredi soir à Manchester on est ensemble, ce sont des retrouvailles. Le mardi 27, l'après-midi, on doit se retrouver au Ken Colyer Club, à cette heure désert, pour répéter. Mais Brian est absent, Brian est malade, Brian est resté chez Linda Lawrence, sa nouvelle fiancée. On annule la répétition, et à la place on va s'acheter des fringues : une répétition de moins, rien de grave. Juste un symptôme.

Mais quand Stu les amène avec le matériel au Ricky Tick Club de Windsor pour le concert, Brian n'est pas là non plus. Ce soir, une première fois, les Rolling Stones joueront sans Brian Jones. Il est asthmatique, on lui pardonne. Ce soir-là, Stu reprendra son piano, costume de scène ou pas, il faut au groupe un son et assez de rythme pour que Keith Richards en fasse un peu plus, soutienne seul les indispensables solos de guitare, et Jagger prendra sur les morceaux lents son propre harmonica. Ne pas jouer ? Ils ont des engagements signés, et un disque qui propulse le nom The Rolling Stones sans qu'ils aient à s'en occuper. Le lendemain, au Eel Pie Island, encore une fois Brian n'est pas là, et on ajoute un micro pour le piano de Stu. Fatigue nerveuse, dit le fondateur, qui les retrouve le surlendemain à l'Oasis, une salle de Manchester qui contient mille personnes sans qu'elles aient à se serrer : c'est la première fois qu'ils jouent dans si grand. Mais le 5 septembre à Walmer dans le Kent, le 6 à Lowestoft et le 7 à Aberystwyth, Brian à nouveau les laisse jouer sans lui, malade ou trop paresseux pour se forcer, ou comme si les Rolling Stones, maintenant que c'était en route, ça ne l'intéressait plus. C'est pourtant sur cette assise de sueur, de kilomètres et de fatigue qu'est la difficile voie de passage : les autres l'ont compris.

C'est dans le Volkswagen qu'on passe désormais la plus grande partie du temps, d'une ville à l'autre, dormant dedans, jouant quand on arrive. Petit événement, mais symbolique, le 6 septembre : passer directement de la Manche à l'Atlantique, de la côte est à la côte ouest. On a joué le premier soir à Lowestoft au nord-est de Londres, on doit jouer le lendemain à Aberystwyth en pays de Galles, sur la côte ouest, Stu roulera toute la nuit. Et on en repart aussitôt, en pleine nuit, pour arriver à temps à Birmingham enregistrer une nouvelle édition de « Thank Your Lucky Stars ». Ils sont épuisés, on le serait à moins. Keith en râle encore, trente ans plus tard : *You try going from Lowestoft to Aberystwyth, try going East to West – all the roads went North and South and it went on and on* [14, 70] : « Essayez d'aller de Lowestoft à Aberystwyth, essayez d'aller d'est en ouest, alors que toutes les routes vont du nord au sud, alors ça allait, ça venait... » Les autres renchérissent, Bill : *If you went round a corner sharp, the whole lot came down on top of you. In fact we had to dig Keith out once because all the stuff came down on top of him. He was knocked out for a while* ₁₄, ₇₁ : « Si tu prenais un coin de rue trop court, tout le bazar te dégringolait sur la figure. Une fois, on a dû sortir Keith de là, parce que tout le matériel lui était tombé dessus, il était carrément assommé. » Charlie : *Stu was never that careful person with anybody so he'd turn corners and the whole lot of you and the drums would move. We used to have a chair which would move as well. That was the worst spot I thought, like being the gunner in a Wellington bomber* ₁₄, ₇₁ : « Stu c'était jamais le genre précautionneux, avec personne, alors quand il se prenait un coin de rue, tout le matériel dégringolait, la batterie passait d'un côté à l'autre. On avait rajouté un siège, il passait aussi d'un côté à l'autre. C'est le truc le plus pénible que je me rappelle, l'impression d'être le mitrailleur à bord d'un bombardier Wellington. »

Keith en rajoute, pour ce temps du premier Combi Volkswagen, la petite boîte à roulettes sans vitre, moteur à l'arrière, boîte trois vitesses et de la peine à escalader les collines, et qu'on s'en amuse parce qu'il est beau à cet âge de courir la campagne sa guitare avec soi, en chemin vers la fortune : *Travelling in the Volkswagen you got really adept at pissing through the air vents. You had to stand on the engine beam and get your cock out. Stu wasn't gonna stop for anything. He'd say : If I stop for you lot to take a pee we'll never see the fucking gig* ₁₄, ₅₁ : « En voyage dans le Volkswagen, bien forcé de s'habituer à pisser à travers les grilles de ventilation. Tu grimpais sur le coffre du moteur et tu sortais la queue à travers. Stu ne se serait arrêté pour rien au monde. Il disait : Si j'arrête rien que parce que t'as envie de pisser, jamais on y arrivera, à ce bordel de concert. »

Birmingham le troisième jour, on y arrive à sept heures du matin, quand l'émission « Thank Your Lucky Stars » est prévue à onze heures. Alors ils réveillent un gardien de nuit. Bill Wyman : *We left Lowestoft in the morning and we were in the van the entire day, never stopped for food, maybe for a wee on a couple of occasions. We finally arrived in Aberystwyth about an hour before the gig. We played, left and drove again to Birmingham to do the next day's "Thank your lucky stars". We didn't sleep or eat again. We arrived in the studios about seven in the morning and they wouldn't let us in. They said : You're not supposed to be here, but we begged and pleaded and in the end we got in this little viewing room somewhere, laid on the floor and crashed till 11 or something* ₁₄, ₄₅ : « On avait quitté Lowestoft le matin et on était resté dans le van le jour entier, sans même s'arrêter manger, peut-être pisser à deux ou trois reprises. On arrive finalement à Aberystwyth à peu près une heure avant le concert. On joue, on s'en va, et on roule encore jusqu'à Birmingham, où le lendemain on devait enregistrer "Thank Your Lucky Stars". On arrive aux studios à sept heures du matin, et ils ne voulaient pas nous laisser entrer : Vous n'êtes pas censés être ici. Mais on redemande, on argumente et, à la fin, ils nous mettent dans une petite salle de montage quelque part : on se couche par terre et on s'effondre jusqu'à onze heures. »

Brian les rejoint dans la matinée, et on trouve moyen de s'amuser quand même, puisque dans la même émission figure un chanteur, Craig Douglas, qui s'était moqué de leur premier disque. Craig Douglas a été livreur de bouteilles de lait dans sa jeunesse, on lui remplit sa loge de bouteilles vides ramassées dans le quartier, avec le petit panneau traditionnel : *Two pints please*. Mick vient d'avoir vingt ans, Keith ne les a pas encore. Wyman rattrape d'être plus âgé en se portant au premier rang de ce genre de blague lourde : Oldham n'a qu'à embrayer sur ce qu'ils lui offrent pour amplifier l'image naissante du groupe. Craig Douglas sera un ennemi de plus.

On a les photographies prises, ce jour-là, quelques minutes avant l'émission. On est dans la salle de maquillage, un gros miroir carré entouré sur trois côtés d'ampoules rondes dépolies (une sur deux seulement d'allumée). Keith les pieds sur la table, un de ces sèche-cheveux en plastique blanc à grosse spirale dirigé sur ses cheveux encore mouillés, une sage gourmette d'argent au poignet, avec le prénom gravé – cadeau de Doris sa mère, ou de Linda Keith, qui vient d'apparaître dans sa vie privée ? Sur une autre, Mick est enveloppé dans une de ces blouses blanches de coiffeur ras le cou, sans manches, la bouche et les yeux soulignés. Sur une troisième enfin, Charlie Watts menton levé (on aperçoit le journaliste de *Pictorial Press* derrière lui dans le miroir), un rasoir électrique aux formes rondes relié par un gros cordon à la prise, lui seul en veste et cravate.

Mais ce que Bill Wyman a l'intuition de noter dans son autobiographie, comme événement d'importance, reste inaperçu de tous les autres biographes ou hagiographes : ce soir-là, Brian, Charlie et Bill reviennent de Birmingham à Londres dans le Volkswagen conduit par Stu (il s'accommode de sa nouvelle routine : puisque Andrew ne veut pas qu'il joue, quand Brian est là, lui dort dans le camion, pour être en forme au retour : il n'y a pas encore d'autoroutes en Grande-Bretagne), entre les amplis, les guitares et la batterie, mais Jagger et Richards sont montés en voiture avec Oldham et repartis directement, sans même proposer à

Charlie ou Brian la dernière place libre de la voiture. Ce que Stu nomme dès lors *the Unholy Trinity*, la «trinité non sainte», s'est manifestée pour la première fois : le changement d'équilibre est définitif.

Si, ce soir-là, Jagger et Richards plantent le groupe pour revenir avec Andrew, c'est qu'ils ont compris que sous la difficulté physique pour Brian de se plier aux voyages et au nouveau rythme des concerts, il y a plus grave. Au printemps dernier, quand Brian avait découvert l'harmonica, il avait laissé tomber tout progrès à la guitare pour passer ses heures sur le Marine Band, qu'il introduit, et brillamment, avec son génie intuitif, dans presque tout leur répertoire. Ce que Oldham sait, et que savent aussi Jagger et Richards depuis qu'ils sont amis de Lennon et McCartney, ce que certainement savent Bill Wyman et Charlie Watts, c'est que le succès ne s'improvise pas. Qu'il se conquiert à Hambourg, en jouant six heures d'affilée et dormant dans un cinéma désaffecté. Qu'il se conquiert à Aberystwyth et à Lowestoft, contre la fatigue, contre le sommeil et l'usure. Qu'il n'y a pas, pour percer, de petites et de grandes occasions, et qu'ils doivent tout prendre : or Brian se refuse à s'engager dans cette voie.

On ne passera pas un second hiver à Edith Grove : et comme le premier leur paraît lointain, et lointain le temps des pièces de cinq pence pour vingt minutes de chauffage, des infirmières qui vous lisent les lignes de la main, ou des balades de nuit jusqu'au marchand de *fish and chips* du pont sur la Tamise. Jagger et Richards louent ensemble un appartement situé Mapesbury Road, dans le quartier de West Hampstead : ce n'est pas aussi central que Chelsea, mais il y a une gare, et puis maintenant on les transporte. Et c'est, dans Londres, le quartier artiste, où se trouvent les studios Decca. Un second étage, deux grandes chambres et une cuisine, salle de bains commune à l'immeuble dans le hall, le tout chauffé. Au point qu'Andrew Loog Oldham vient habiter avec eux. En partageant à trois l'appartement, c'est le centre de décision du groupe qui se renforce, et la trinité non sainte que dénonce Bill s'établit définitivement. Brian pour longtemps adopte une vie nomade, se refusant à un appartement personnel. Toujours partagé entre Pat Andrews et Linda Lawrence, il s'héberge à Windsor chez les parents de Linda. Et tant pis tout cela pour Stu, qui, de Penge à Windsor via West Hampstead, se débrouille les kilomètres et les heures pour les convoyer ou les ramener.

Adieu aussi à James Phelge. On ne se donne même pas la peine, pour abandonner Edith Grove, de prévenir la propriétaire. Simplement on ferme sur soi la porte, sans laisser d'adresse. Trop de dégâts, après quatre mois où ils ne sont plus venus ici que pour s'y écrouler de sommeil. Ils laissent trop de vieux habits, choses usagées, et le reste, la literie fournie par les boulangers, n'est plus en état d'inventaire : deux vendredis plus tard, venue pour réclamer le loyer non payé, la boulangère découvrira l'appartement vide, les oiseaux envolés. Ne reste que l'affiche sur le poteau de devant, si bien collée qu'elle y restera au moins deux ans, recouverte peu à peu par les graffitis à la gloire des anciens occupants, qui n'y sont jamais revenus.

Dans la voiture qui ramène Andrew de Birmingham à Londres avec Mick et Keith, ce très léger cran qui marque, dans la continuité biographique, la rupture d'une configuration. Ces trois types s'entendent. Ils ruminent à l'encontre de Brian qui n'assure pas, comme on dirait aujourd'hui, qui joue à Lowestoft ou Aberystwyth les princes absents, alors qu'il n'y a pas d'auditoire petit ou grand. Qu'on écoute, sur les disques pirates, les enregistrements diffusés à la BBC cet automne 1963 : un son grossi, avec une basse étonnamment précise ou bondissante, un son compact où guitare et batterie sont intimement mêlées avec le piano à l'arrière-fond (cela sans doute inaugurant une marque spécifique, cette autonomie d'une basse presque mélodique tandis que la fusion s'établit entre la batterie et une guitare qui racle, laissant au seul piano le soin de la marche harmonique), tandis que l'instrument tenu par Brian, harmonica, maracas ou solo de bottleneck, continue d'être porté en avant à la manière des solistes de jazz. C'est la voix qui embarque la musique, celle de Mick en avant, et l'appui harmonique des deux autres chanteurs : Brian Jones et Bill Wyman, leurs deux voix toujours reconnaissables derrière celle de Jagger, et Richards à l'arrière-fond, aux solos de guitare de plus en plus fréquents maintenant que Brian est le plus souvent à l'harmonica, des solos lourds et éraillés, des solos de peu de notes tandis que Brian, quand il reprend la guitare, s'applique chaque fois à sa démonstration affectée de virtuose : il est un événement autant visuel que sonore au milieu de son groupe, où le chanteur n'a fonction que d'instrument parmi les autres. Brian est définitivement devenu pour eux Mister Shampoo, pour cette mèche blonde lisse et brillante qu'il entretient soigneusement et qui lui tombe jusqu'aux yeux, et trop souvent, pensent-ils, tandis qu'ils répètent dans une loge de province, Brian est entre sèche-cheveux, serviettes et peigne au lieu de travailler sa guitare.

Jagger-Richard, fabrique d'une signature

Grâce à Andrew, qui fait spécialement le voyage de Liverpool, ils feront l'ouverture, le 15 septembre, du *Great Pop Prom*. Les Beatles y sont à l'honneur, les regardent jouer depuis la coulisse, quand Keith Richards monte pour la première fois à nouveau sur la scène du Royal Albert Hall depuis ses temps d'enfant de chœur, Andrew les a habillés cette fois en cravate noire sur chemise bleu pâle, avec des blousons de cuir bleu sombre. Ils sont payés trente-cinq livres, et sont tout en bas de l'affiche que les Beatles dominent. Mais les articles de journaux commencent à venir, qui remarquent la quantité de cris des gamines devant et les cheveux qui bougent en rythme. Mais les Beatles marchent plus vite, les Beatles occupent tout le terrain. On n'est que des ouvreurs de show, des remplaçants. Même pour les cheveux : on peut toujours se les laisser pousser plus bas que les yeux, on ne sera jamais que d'autres Beatles. Surtout, si ça ne marche pas, c'est qu'on n'a toujours pas trouvé, malgré toutes leurs séances d'enregistrement, le morceau susceptible de relayer *Come On*, et c'est cela leur urgence.

Le dimanche, tandis que les Yardbirds avec Eric Clapton assurent le Crawdaddy, les Rolling Stones jouent au Studio 51 de Kensington, où on s'entasse jusqu'à ne plus bouger, laissant les portes ouvertes pour que d'autres dansent dans la rue. Eux, ils s'y retrouvent tôt dans l'après-midi, et c'est là qu'on répète. C'est tendu avec Oldham, parce qu'il en a trop fait ces derniers mois, a trop exagéré pour imposer le groupe. Oldham, fatigué, s'énerve facilement.

Oldham, qui n'a rien à faire pendant qu'ils répètent, les quitte et marche dans ce quartier de Soho près du club, la tête blanche, quand un taxi s'arrête près de lui et que deux types l'apostrophent, justement sur sa mauvaise mine. C'est Lennon et McCartney, qui enregistrent en ce moment leur deuxième disque *long play* : *Hello, Andy, looking unhappy, what's the matter? – Oh, I'm fed up. The Stones can't find a song to record. – We've got a song we've almost written...* [1, 90] : « Eh, Andy, t'as pas l'air dans ton assiette, qu'est-ce qui se passe ? – Juste marre, pas possible de trouver un vrai truc à enregistrer pour les Stones. – On a une chanson, presque écrite... », ou ce genre de conversation qu'on réimprovise quand on la raconte... Andrew, selon l'interlocuteur, en produira plusieurs, mais le contenu est le même, à une seule approximation près : est-ce vraiment le hasard qui l'a mis sur la route de John et Paul ?

En tout cas, la proposition des Beatles est immédiate : « Emmène-nous, cette chanson qu'on bosse, là, on va voir si ça leur va. » Andrew monte dans leur taxi et on donne l'adresse du Studio 51, Andrew entre avec Lennon et McCartney. Ils n'ont pas leurs guitares, ils grimpent sur l'estrade et jouent à trois le morceau en construction : Lennon sur l'Epiphone de Richards, McCartney, le gaucher, sur une seule corde de la basse de Wyman, tandis que Watts leur donne le rythme. *I Wanna Be*

Your Man : il y a une séquence d'accords avec un refrain, et dans le refrain cette formule titre. Il y a de vagues enchaînements en *da da da* et *la la la* pour servir de couplets. Richards et Brian reprennent leurs guitares et Lennon leur montre les accords, les accompagnant à la guitare acoustique : évidemment, qu'ils vont l'enregistrer, si les deux Beatles le leur laissent. Mais ce n'est qu'un embryon de chanson, aux arches et au pilier il manque le tablier du pont, ce break du milieu, et des paroles. Alors, rapporte Oldham, Lennon et McCartney demandent aux Stones de leur laisser la pièce. C'est Lennon qui le leur demande, avec l'accent traînant de Liverpool : *Listen, if you guys really like the main part of the song, we'll finish it for you right now* [9, 100] : « Écoutez, les gars, si vraiment ça vous plaît, ce morceau tel qu'il est, on va le finir pour vous tout de suite. » On se replie sur le bar, on n'entend plus rien. On a juste laissé aux deux Beatles les guitares. Une heure complète, mais pas plus, ils entrent et s'assoient, on boit ensemble. Il y a une feuille que Lennon tend à Jagger avec un refrain et des couplets maintenant écrits, plus un *break* de huit mesures au milieu, tradition reprise des morceaux jazz, qui n'existait pas une heure avant et qui donne à la minute cinquante-trois du morceau sa vraie personnalité, chaque chanson comme un monde à part entière. Et quand on remonte ensemble sur l'estrade avec les amplis Vox, McCartney apprend à Brian et Wyman la marche des harmonies pour les voix : *It's going like that...* Les gamins font déjà la queue à la porte pour pouvoir entrer dans le club à l'heure du concert, les deux Beatles ont mis des lunettes noires pour monter dans le taxi qu'on a fait venir se coller à la porte, et les Stones vont une fois de plus transpirer sur leur répertoire emprunté.

Pendant deux semaines, on travaille sérieusement le morceau : Brian y met sa marque, en laissant tomber la guitare manière Lennon pour une partie de bottleneck à la Elmore James, donnant au morceau sa définitive couleur plus sinueuse, plus obsessive, que les lumières claires des chansons des Beatles. On enregistrera le lundi 7 octobre, et ça marche tout de suite. Oldham n'est pas là : il a craqué. Il paraît qu'il est en France pour quelques semaines, le temps de se remettre. Il y a déjà ainsi des premières fissures qui paraissent.

Il faut pour le disque quarante-cinq-tours une deuxième face, on enregistre une variation sur le vieux blues dit *Green Onion*, de Booker T Jones, et maintenant on sait les leçons : on n'appellera pas ça *Green Onion*, mais simplement *Stoned* (autre confirmation des premières fissures via pilules), et c'est une improvisation à six, puisque Stu y tient sa place. Alors on invente un pseudonyme collectif, qui sera l'ultime hommage à Edith Grove et à leur colocataire James Phelge : le groupe signe

Nanker-Phelge, *nanker* étant l'expression consacrée pour ces concours de grimaces qui les amusent tant. Et on dépose les statuts administratifs officiels d'une société de production musicale liée au groupe : il se vend forcément autant de face B que de face A, une par disque, et il y aura comme ça autant de droits d'auteur pour Nanker-Phelge qu'il y en aura pour Lennon-McCartney. Le disque sort le 7 novembre, c'est Eric Easton qui s'occupe de tout, une face signée Lennon-McCartney et l'autre Nanker-Phelge : les Rolling Stones tiennent enfin leur succès.

Dans l'intervalle, on tourne. L'événement, c'est un contrat signé pour une tournée d'un mois, avec des têtes d'affiche qui leur auraient à chacun semblé inaccessibles un an plus tôt : des révélations d'univers. C'est leur premier gros contrat de ce type. On va jouer, tout ce mois d'octobre 1963, vingt-cinq fois dans un spectacle à grande affiche. Don et Phil Everly sont le grand modèle des Beatles. Avant eux, se produira l'homme-spectacle Little Richard, qui enlève ses chaussures et sa veste pour se jeter dans la foule ou monter danser sur le piano, enfin un bluesman de légende, dont ils connaissent tout le répertoire, Bo Diddley. Eux, ils jouent en tout vingt minutes, à l'ouverture de la deuxième partie, juste avant les Everly Brothers. Cinq morceaux et c'est tout, comme dit Watts : même pas le temps de se fatiguer les doigts. Mais on boucle ses valises, et pendant un mois, une fois passée la première semaine de concerts à Londres, même pas question d'y revenir. On verra des grandes villes, Liverpool, comme des petites, le Cheltenham de Brian, et on ira jouer jusqu'à Glasgow : c'est la première fois que Keith Richards s'éloigne autant de la Tamise. Ils sont ensemble toute la journée, et on les traite en artistes. A la fin de la première semaine, alors que les valises sont prêtes pour Liverpool et Glasgow, Eric Easton leur remet à chacun un chèque de cent quatre-vingt-treize livres, Brian sans doute sa prime secrète en plus. Ni Richards ni Wyman n'ont jamais vu autant d'argent. Et on imagine, au concert londonien de fin de tournée, Doris Richards venir à Londres, assurée d'un billet de faveur, pour regarder son fils en costume neuf, peigné et souriant, jouer dans les lumières parmi les vedettes d'outre-Atlantique.

Ils en parlent tous comme d'une étape vraie, une étape plus intérieure que musicale, de ce mois en tournée. Soulagement du nouveau disque en boîte, avec les nouvelles de sa fabrication. Soulagement de l'argent qui vient, et de cette prise en charge : pour la première fois, on entre dans ce tunnel de lumières et de son qui vous coupe du monde, fait de voyages et d'hôtels, et plus de jour ni de nuit ; rien que ce moment où on entre sur scène devant la grande foule, et qu'elle applaudit. Les Everly, Bo Diddley et Little Richard se déplacent avec leurs accompagnateurs : alors chaque fois, dans chaque ville, le leader a droit à un bel hôtel et les accompagnateurs à un hôtel ordinaire, c'est de tradition dans ce petit monde du show-business. Brian Jones est le leader, alors Brian dormira dans de meilleurs draps, et tant pis si le groupe n'est plus exactement un groupe. Là aussi, à peine commence-t-on le métier que des fissures s'installent.

Surtout, ils regardent. Jusqu'ici, ils ont traversé la poreuse constellation d'Alexis Korner, qui leur a tant appris. Pour la première fois ils se trouvent immergés parmi des musiciens dont c'est l'ordinaire depuis des lustres. Ils parlent naïvement de ce monde qu'ils découvrent, où ils apprennent : *Like going to rock'n'roll university. You've got the whole spectrum there* [14, 23] : « Comme d'aller à l'université du rock and roll : t'avais la gamme tout entière », dit Keith, qui a cette qualité, même trente ans plus tard, de ne rien diminuer de l'émerveillement d'alors : *Even at that age, nineteen or twenty, you'd wake up and slap your face saying : You're working with Little Richard and Bo Diddley. Six months before we we're thinking : If only I could hear him one time! And suddenly you're his friend and he goes asking me : Where the hell is Jerome Green? – I'll go get him, Bo* [14, 26] : « Même à cet âge-là, dix-neuf ou vingt ans, tu te réveilles et tu te fous une baffe, tu te dis : Quoi, tu bosses avec Little Richard et Bo Diddley? Six mois plus tôt, t'aurais pensé : Ah! si seulement je pouvais l'entendre une fois! Et d'un coup tu es son pote et il arrive en te demandant : Bordel, où est ce Jerome Green? – Je vais te le chercher, Bo… » Et version Bill Wyman : *We were mad fans of Bo Diddley's, and great mates with him and Jerome Green the harmonica player, so we always used to hang out and jam backstage in the dressing rooms* [14, 26] : « On était des admirateurs fous de Bo Diddley, grands copains avec lui et Jerome Green, son harmoniciste, alors on passait plein de temps ensemble à faire le bœuf dans les loges. » A regarder tous les soirs le guitariste professionnel, Don Peake, qui accompagne les Everly, on apprend, dit encore Richards, « ce qu'on mettrait des années à trouver tout seul » : *learning shit it would take you years to pick up*, mais c'est pareil pour chacun des cinq, rivé en coulisses tout le long du spectacle dont ils ne sont qu'un élément. Et pareil pour Charlie Watts avec le batteur des Everly, pourtant plus jeune que lui (Jim Gordon jouera plus tard avec Clapton) : *the first American drummer I got close enough to watch*, « le premier que je pouvais observer de si près », ceci incluant sans doute comment on monte son matériel et qu'on l'entretient, comment on s'échauffe et comment on se lance dans le concert. Avec les Everly Brothers, le courant passe moins : si une grande partie du public vient pour eux et n'a jamais entendu parler des Rolling Stones, quand on est dans les grandes villes c'est le public des Stones qui fait le plus de bruit dans la salle et ne se résigne pas à une si brève apparition : plusieurs fois, le début de la prestation des Everly en souffre et ils en rendent responsable le groupe, on ne se cause plus. Quant à Mick, il s'est choisi un autre modèle : *I used to spend a lot of time with Little Richard. He was very friendly and a great hero. He used to teach me a lot. I would watch him every single night to see how he handled the audience. He was a great audience manipulator, in the best sense of the word. He had a fantastic show business understanding of the audience and how to get them at it, what numbers to play and when to quit. I probably learned more from him than anyone else* [14, 26] : « Je passais vraiment beaucoup de temps avec Little Richard. Il était très amical, et un grand héros. Il m'en a appris un paquet. J'allais le regarder tous les soirs, voir comment il attrapait un public. C'était un grand manipulateur de public, au meilleur sens du mot. Une fantastique compréhension show-business du public et comment le prendre, quels morceaux jouer et comment quitter. Sûr que j'ai plus appris de lui que de n'importe qui d'autre. » On partagera à cinq, dans le bureau d'Eric Easton, début novembre, pour soixante prestations en trente jours, mille deux cent soixante-quinze livres, et en plus on a pris du bon temps : dans la tête, on est enfin devenus professionnels.

On a la chance qu'un photographe, Gus Coral, ait suivi la tournée avec ses films noir et blanc, et se soit attaché à portraiturer ces cinq jeunes types pâles et timides, ne sachant pas quoi faire de leurs mains dans les loges où on se maquille et s'habille, où on attend, tellement ce qu'ils découvrent aussi c'est combien, pendant un mois de tournée, à part les vingt minutes où on joue, on va passer de temps à ne rien faire d'autre qu'attendre. Gus Coral livrera quelques-unes de ces photos au journal qui les lui a commandées, et le reste des pellicules attendra. Plus tard, il voudra les vendre et écrira à Jagger : ce sera l'époque rude des Rolling Stones, et pas besoin de ces témoins du passé timide, Coral n'aura pas de réponse. Quand son fils découvrira les photos et obtiendra en 1995 de les publier, Jagger proposera de tout racheter, mais trop tard. C'est un beau livre format italien, en noir et blanc, où regarder les cordons blancs des guitares et les supports de tube inox pour les amplis Vox, les cernes sur le visage maigre de Wyman et la manière hésitante de Jagger pour oser soulever le pied de micro et tenter de premiers effets. On voit, sur chaque photo, dans les loges ou à l'hôtel, que ni Richards ni Brian ne se séparent jamais de leur guitare, une Gretsch blanche pour Brian, une Epiphone noire pour Keith. Ce sont des guitares demi-caisse, aux ouïes symétriques en F dont la caisse de résonance, même mince, autorise qu'on s'entende quand on joue sans amplification : ils sont constamment en train de répéter, Brian et Keith, dans les loges et à l'hôtel, tandis que les trois autres écoutent. Gus Coral est là aussi le jour où on enregistre *I Wanna Be Your Man*, et là aussi, ce lundi 7 octobre 1963 (on a joué avec les Everly Brothers la veille à Cardiff, on jouera le lendemain à Cheltenham : Brian reverra Pat Andrews, et un huissier l'attendra une fois dans sa loge pour la pension alimentaire une fois de plus impayée. On dort à Cheltenham : probablement qu'il est à l'hôtel avec les autres, plutôt que chez ses parents et sa sœur), les deux guitares semblent accrochées l'une à l'autre face à face. Ce que dit Richards des Rolling Stones, que c'est avant tout un *two guitars band*, dans les temps morts de la tournée, ils le réapprennent.

On voit dans le studio Brian accorder la Gretsch sur l'Epiphone, Richards cigarette au bec. Et la photo suivante est emblématique des temps à venir : cette fois Keith face à Bill, mais c'est Richards qui enseigne la marche rythmique à Wyman l'expérimenté, celui qui leur avait appris les premières techniques venues du bal.

On enregistre enfin les harmonies vocales. Sur la photo de Gus Coral, c'est Jagger et Wyman qui enregistrent les harmonies, Bill tenant à la main la feuille dactylographiée où on a recopié les paroles de Lennon et McCartney. C'est peut-être, ce livre de Gus Coral, le seul document iconographique où ils ne posent pas pour le photographe, le laissent simplement être là, l'autre exception étant les photographies amateur que prendra toute sa vie Ian Stewart : les Rolling Stones, aussitôt qu'absorbés par leur propre image, auront du mal à ce que leur regard revienne sur les zones d'au-delà l'éblouissement où ils sont.

Ce disque solidifie la nouvelle étape : il accède en quelques semaines à la tête des classements, et décroche la première place. Cette fois, on joue à l'échelle du pays. Les cachets augmentent, les voyages se multiplient, en plus de quoi on continue de jouer dans les clubs. Maintenant, c'est trois cent cinquante livres que se fait payer le groupe pour une prestation, sur quoi on retient, avant de partager en cinq, ce qu'il y a de frais pour le transport, l'hébergement et le salaire de Stu l'homme à tout faire, et ce qui est pris par Andrew Loog Oldham et Easton pour leur agence. On en profite pour changer le camion, l'ancien est à bout. C'est à nouveau un van Volkswagen, mais le modèle au-dessus du premier, qui faisait plutôt boîte d'allumettes sur roues : cette fois on a un siège chacun, et un peu de place pour le matériel. On peut dormir un peu mieux, cela n'empêche pas Stu, quelquefois trop fatigué, de s'arrêter sur un parking pour dormir une heure lui aussi, perdu sans plus savoir où on est, et une autre fois, à Salisbury, de perdre le contrôle du camion dans un virage et d'emboutir un pilier de pont : l'histoire des Rolling Stones aurait pu s'arrêter ce soir-là, ils en sont quittes pour une belle frousse.

    Brian vit avec Linda Lawrence, le plus souvent chez ses parents à elle. C'est même souvent le père de Linda qui le dépose à l'adresse des concerts. Puis ils ont un appartement ensemble, et elle se découvre enceinte. Au 33 de Mapesbury Road, il y a deux chambres, une petite où Mick habite avec Chrissie Shrimpton, une plus grande que partagent Andrew et Keith. Charlie Watts est toujours chez ses parents, mais il a rencontré une jeune infirmière, Shirley Shepherd, qui deviendra son épouse pour toujours. On dort le plus souvent à l'hôtel, là où on a joué, avant de revenir à Londres le lendemain, Bill et Brian en découvrent les avantages. Filles qu'on ramène à Londres dans le bus et qu'on plante, pour Brian. Histoires de descente de police dans un hôtel, en province, parce que les parents d'une gamine de treize ans la recherchent : on trouve Wyman au lit avec une mineure de seize ans, mais rien ne transparaît. Encore quelques mois, et c'est tous les journaux qui se seraient emparés de l'histoire : les Rolling Stones n'ont pas encore vraiment de nom ni de légende, ici on en a un marqueur sûr. Bill Wyman tient dans ses carnets, et produira dans son livre, le compte exhaustif de ces filles de rencontre, parfois avec le nom, aussi bien pour lui que pour ses copains du groupe.

    Commence aussi, avec surprise pour eux, dans l'élan de ce qui se passe pour les Beatles, que lorsqu'ils jouent on veut les toucher : surpris la première fois, et continuer à jouer quand bien même on vient de vous arracher trois boutons de la chemise. Jagger arrive à en jouer et en rire, Brian déteste qu'on lui touche les cheveux, et la phobie se mesure à l'alcool qu'on ingurgite après et avant. Watts a en haine et mépris ces déferlements : il tient trop à ses vêtements. C'est à Liverpool, confirment trois sources, mais le moment importe peu, qu'on découvre anecdotiquement, parce que Brian a obtenu d'être au même hôtel que les Everly, tandis que le reste du groupe est avec Jerome Green, Don Peake, Jim Gordon et les autres anonymes dans un hôtel un peu trop minable pour leurs habitudes, qu'il touche pour chaque concert cinq livres de plus que les autres : tout simplement parce qu'il avait planqué les billets dans la loge, et que Wyman ou un autre a repéré la cagnotte. C'en est fini en un seul instant de cette posture de leader. Quelque chose craque. On ne lui dira rien, sauf que c'en est fini : désormais, Jagger regardera avec Brian tout ce qui concerne les finances du groupe, même si elle est bien provisoire, l'utopie du partage à cinq. Ce qui est définitif, c'est que Brian a perdu très gros : la considération des quatre autres, quelque chose qui ne se réparera pas, une méfiance par où ils vont désormais pour toujours le tenir à l'écart. Le toujours, à l'échelle de la vie de Brian, sera d'ailleurs bien bref.

Pour Bill Wyman, la mutation est profonde. Il fait désormais en permanence le grand écart entre ce qui survit de sa vie familiale et les déplacements nocturnes du groupe. Mais les vieilles blagues sur son compte ont la vie dure, comme si le surnom péjoratif Ernie avait encore quelque chose à voir avec ce qu'il était devenu. *You had to be strong to join the Stones. The faint-hearted or ultra-sensitive would not have stood the gibes that poured from Mick and Keith. From the minute I joined I realized they had to have someone to poke fun at, not always in a humourous way, often spiteful and hurtful. They had to have a scape-goat or a guinea-pig and in the early days it was me, following by Brian. This could range from the color socks I wore, which they went on about all the time, to the jackets I bought, the cigarettes I smoked, the drinks I drank. And they always made fin of me for liking rock'n'roll : Jerry Lee Lewis, Eddie Cochran, Johnny Cash, Elvis Presley – I grew up loving the music of these people* 2, 205-206 : « Il fallait être fort, pour intégrer les Stones. Des cœurs trop sensibles ou timides n'auraient jamais tenu sous ces vannes que vous larguaient Mick et Keith ; la minute où j'ai été avec eux, j'ai réalisé qu'il leur fallait quelqu'un devant eux pour se fiche de lui, et pas toujours par l'humour, plutôt méchamment, pour blesser. Il leur fallait un bouc émissaire ou un cobaye, et les premiers temps c'était moi, ensuite Brian. Ça pouvait concerner la couleurs des chaussettes que je portais, ça, ça revenait tout le temps, ou les blousons que j'achetais, les cigarettes que je fumais, les boissons que je buvais. Et surtout, ils se fichaient de moi parce que j'aimais le rock and roll : Jerry Lee Lewis, Eddie Cochran, Johnny Cash, Elvis Presley – moi j'avais grandi dans la musique de ces mecs. »

Pourtant, à écouter les versions enregistrées de leurs morceaux de l'époque, ou leurs prestations en direct à la radio, c'est le travail de basse qui emporte les deux guitares et la batterie et leur offre le vrai ciment. Visuellement aussi, Bill trouve sa manière, une façon de tenir à la verticale la grande basse Framus, et de jouer sur le moins de cases possibles : il n'empêche que le son est là. A cinquante ans et plus, il restera encore ce bonhomme maigre et tout en nerfs, qui jusqu'aux dernières minutes avant le concert s'escrime à un ping-pong qui ressemble à son jeu de basse : collé à la table et jouant principalement en revers, le corps et même presque le bras immobile, mais quand la balle arrive au rebond la raquette est déjà prête juste devant elle. Au point que le groupe, dans sa période industrielle des stades, quand les agents précisent le cahier des charges de l'avant-concert, en spécifiant pour Keith Richards et Ron

Wood telle marque de whisky, pour Jagger telle quantité de fruits secs, et rien du tout pour Watts, précise toujours qu'il faut une table de ping-pong pour que Bill Wyman s'échauffe. Wyman souffre de leur dédain, et son livre autobiographique trouve sa meilleure veine lorsque ces mécanismes paraissent par instant mis à nus, mécanique d'éviction au sein de cela même qu'on a contribué à construire. James Phelge, qui gardait ses entrées libres aux concerts et chez Brian comme chez Keith, ajoute même qu'à l'époque, dans la tentation qu'ils ont de se séparer de Bill, Brian envisage de jouer en formation à quatre, lui-même tenant la basse. Brian a facilement tendance au mimétisme, dès lors qu'il est confronté à un succès qui lui échappe : la basse que McCartney impose en avant des Beatles.

Dans cette période, le centre d'intérêt de Brian n'est d'ailleurs même plus la guitare ni l'harmonica, mais les voix, les chœurs, l'harmonie. C'est lorsque Jagger ou Richards soulignent de tels détails qu'on mesure en quoi Brian gardait en main le groupe, qu'il donnait au groupe plus que sa couleur : sa matière. Le projet s'évanouit ce mois d'août, quand Brian se prétend trop malade pour faire les tournées de province : l'assise du groupe s'établit au contraire sur le duo Wyman et Richards, mais c'est de la faute de l'absent. Et l'expérimenté Bill Wyman, avec ses sept ans de plus, est celui qui avec Brian assure les chœurs derrière Mick, alors Bill Wyman reste. Il a deux vies, celle de Penge avec la famille, père et frère, et le petit appartement de rez-de-chaussée où sont sa femme et son fils, quand bien même on ne rentre qu'à cinq heures du matin, pour émerger un peu avant midi parce que Stu est déjà là avec le nouveau Volkswagen pour vous emmener. On tient à bout de bras cette vie-là, pour le temps qu'elle va durer encore, on isole de façon étanche l'autre vie, celle des cris et des hôtels, des bières et du tabac dans les loges, de la sueur sous les lumières, et des filles qu'on ramène et qu'on oublie. On est déjà passé plusieurs fois au « Thank Your Lucky Stars » de la télévision, et maintenant à Penge on est respecté et connu, on vous fait signer des autographes. Reste que, d'une vie à l'autre, le fossé est de plus en plus marqué, et d'autant plus qu'on tient dans ses carnets le compte de ces filles qu'on a le soir, avec Brian, traînées dans la chambre d'hôtel à Birmingham, Glasgow ou Sheffield. Bill tient même ce compte-là pour chacun, Mick et Keith compris. Un autre bassiste, qui aurait l'âge des autres, comme leur copain Dick Taylor qui vient de lancer son propre groupe, ou Ricky Fenson qui l'a remplacé si souvent, ou un parmi ceux qui éclosent derrière les manches à quatre cordes des basses Framus ou Rickenbacker, maintenant qu'au Marquee comme au Station Hotel Richmond on court autant après les groupes du genre Rolling Stones qu'on a rejeté ceux-là au début, ferait-il mieux l'affaire pour Jones et Richards ? Bill sait qu'entre Brian Jones et Andrew Loog Oldham une position comme la sienne peut être remise en cause du soir au matin, sans appel. Il est certainement plus ami avec le respectable Eric Easton, mais ce n'est pas lui qui décide. Wyman a une autre expérience que la leur : ce qu'on supporte au service militaire, ce qu'on supporte dans les usines. Il n'en parle pas, mais cela lui sert. A Liverpool, quand les quatre autres découvrent que Brian se fait payer chaque fois depuis toujours un peu plus que les autres, il assure mieux sa position et encore plus solidement maintenant que parfois Brian les laisse régulièrement tomber pour les concerts de province. En studio d'enregistrement aussi, il en fait le double ou le triple : sa partie de basse, mais aussi les maracas ou autres percussions, puis ensuite les vocaux avec Mick.

C'est lui aussi, Bill, qui parmi eux tous a les cheveux les plus longs, et qu'on appelle régulièrement *mademoiselle* dans les taxis ou les magasins, qu'on apostrophe dans le métro quand il revient chez lui à Penge : *Long-haired yobs who shouldn't be allowed in public places : I'm getting paid for looking like this, what's your excuse* $_{2, 173}$: « Ces loubards à grands cheveux, ça devrait être interdit dans les lieux publics : Et si je suis payé pour ressembler à ça, vous vous excusez comment ? »

Avec le deuxième disque au hit-parade, commencent les séances photos, les apparitions publiques : maintenant l'image du groupe leur est extérieure, comme indépendante, et c'est du dehors que viendra la légitimité provisoire pour Bill Wyman. Quand viendra le temps des premières conférences de presse, c'est lui qui prendra même de l'avance sur eux : il est le seul, parmi eux, à avoir vraiment la tête de mauvais garçon qu'il s'agit de leur coller collectivement, le seul à manier assez de cet humour caustique anglais qui vous fait répondre à côté mais touche d'autant plus juste. Et son style sur scène, qui au début n'est que la nécessité d'avoir à jouer vite sur les grosses cordes de la basse avec quatre doigts d'homme petit, ancrera lui aussi l'image des Rolling Stones. Alors Bill Wyman, celui qui ne sourit jamais, sera indévissable jusqu'à ce que lui-même décide de partir, en 90. Mais il n'aura jamais fait partie de la famille, et c'est sans doute cela plus qu'une réelle fatigue qu'il leur fera payer en les lâchant à l'âge de la retraite, alors qu'eux recommencent la dure diète de joggings et répétitions pour oublier leur âge avant d'affronter les lumières. *They also persistently laughed at the fact that I was married with a child. They could never understand that I did not want to work at certain times, because of my son's birthday or later when he was having holidays from school. They made no effort to help me or understand my needs. Their attitude changed only when they became married with children, suddenly realizing that anniversaries and birthdays are important to other people* 2, 206 : « Et sans arrêt ils se fichaient de moi parce que j'étais marié avec un gosse. Ils ne pouvaient pas arriver à comprendre que je ne voulais pas bosser certains jours, à cause de l'anniversaire de mon fils ou plus tard quand il y avait les vacances scolaires. Aucun effort pour m'aider ou comprendre mes besoins. Leur attitude n'a changé que le jour où *eux* ils se sont mariés et ont eu des gosses, réalisant d'un coup que les anniversaires ça pouvait compter pour les autres. »

La différence des Stones et des Beatles, en cette fin 1963, c'est que Lennon et McCartney ont désormais cinq ans derrière eux d'écriture de chansons. Il semble qu'à John Lennon la composition ait toujours été comme une respiration nécessaire, dès les premiers temps de son groupe de *skiffle*. Le premier disque des Beatles comporte déjà des chansons qu'ils signent, et la double signature continuera même aux temps aigres des amours disjointes, quand aucun des deux ne supportera plus l'autre, Lennon écrivant seul son *Come Together* et McCartney seul son *Let It Be*, même si ensuite on les joue ensemble. Et la même double signature, bien après la mort de Lennon, vendue et revendue, sera même l'objet d'une évaluation boursière. La signature d'une chanson ne définit pas pour autant d'identité symbolique : on chante des standards pour lesquels forcément, sur la partition, il y a deux noms, un pour les paroles, un pour la musique, comme Leiber et Stoller pour *Poison Ivy*, ou Petty et Hardin pour *Not Fade Away*, la chanson compte et pas les noms. John Lennon et Paul McCartney, en dépannant les Stones d'une chanson, n'y mettent pas d'affectation : les deux autres groupes de Liverpool que produit Brian Epstein chantent aussi du Lennon-McCartney : *Hello Little Girl* pour The Fourmost, *Love Of The Loved* pour Cilla Black, et on écrit *Bad To Me* pour Billy Kramer and the Dakotas, autant de titres qui ne seront pas éternels. Et c'est très rarement que les Beatles reprennent à leur compte ces compositions pour la voix d'un autre, comme ils reprendront eux-mêmes le *Step Inside Love* d'abord écrit pour une Cilla Black qui n'a pas laissé d'autres traces dans l'histoire. Ou bien qu'ils reprendront eux-mêmes, justement, chanté par Ringo, le *I Wanna Be Your Man* confié aux Stones.

La volonté et l'intuition d'Andrew Loog Oldham, parce qu'il a vu de l'intérieur la logistique des Beatles, c'est que les Stones, pour avancer, doivent créer leur propre matériel musical. Plus obscur est ce qui guide son intuition vers Jagger et Richards plutôt que vers Brian, pourtant le plus musicien d'eux tous. Élément objectif, la vie à trois qu'ils mènent à Mapesbury Road. Mais la musique, jusqu'ici, c'était quand même d'abord l'affaire de Brian, ensuite l'appui sur un autre binôme, celui de

Keith et Brian. Andrew insiste de plus en plus, et Mick comme Brian lui ont fait de vagues promesses : on essaiera, on verra bien. Mais la tournée passe, et rien. Or le répertoire n'est pas inépuisable et tout le monde le joue, pour le profit des obscurs noms chaque fois accrochés au titre, sur la partition.

Alors Andrew, un soir de début novembre, selon la légende, enferme Jagger et Richards dans la cuisine de l'appartement de Mapesbury Road, avec l'injonction de n'en sortir qu'une fois leur première chanson écrite.

Il prêche des convaincus : ils viennent, durant deux mois, de passer au peigne fin tout le répertoire possible, et en savent les limites. Surtout, il y a eu ce dimanche de fin septembre où, en une heure, Lennon et McCartney, enfermés sans témoins, ont mis au point la musique qui a donné d'un coup à leur groupe sa célébrité nouvelle.

Il n'est pas facile de savoir, à bientôt quarante ans de distance, ce qu'ils pouvaient consciemment percevoir de ce que l'effet Beatles déplaçait et modifiait. C'est un monde qui va s'interroger désormais plus vite sur lui-même : en ce mois de novembre où le président des États-Unis est assassiné à Dallas, ce qui peut frapper c'est moins l'événement en lui-même que son immédiate mondialisation. Alors que la télévision existe depuis longtemps (il y a dix ans, que Mick faisait ses démonstrations de gymnastique pour l'émission sportive du dimanche matin), alors que l'équipement général de la population s'accomplit massivement, l'assassinat filmé en direct de John Kennedy modifie de façon radicale le statut même de l'information. De tels événements semblent catalyser soudain des changements qui s'accomplissent de façon invisible, et en profondeur. Le souvenir des images de l'assassinat de Kennedy au Texas me rejoint dans ma ville minuscule au bord de la Charente comme, aux reportages à vocation d'insolite qui terminent les journaux télévisés de la seule chaîne nationale, en France comme en Angleterre, arrive jusqu'à la Charente le mot Beatles, associé à ces franges de cheveux qui tombent sur les yeux, sur fond de foules et de cris, sans qu'on en comprenne bien plus, sauf qu'on est concerné. Il n'y a certainement pas de téléviseur en ce mois de novembre dans l'appartement de Mapesbury Road, où Phelge est si surpris, quand il vient en visite, de la quantité de fringues qu'a pu accumuler Keith en quelques semaines, maintenant qu'il a bien plus d'argent que ce qu'il lui en faut. Lesquels vêtements sont comme à Edith Grove jetés par terre, et par terre aussi des disques, un tourne-disque dernier cri, des cendriers plein de mégots, le tout près du matelas où dort Keith, à même le sol. Il n'ira pas, Phelge, fouiller dans la chambre de Mick, signe aussi de ce qui se renverse : la présence de Chrissie Shrimpton suffit à ce qu'il ne prenne pas chez Jagger la même liberté d'examen que chez Keith. N'empêche qu'il y a toutes ces heures ensemble, Oldham, Jagger, Richards, les soirs au pub quand on ne joue pas, les incursions dans le Soho de la mode où c'est Andrew qui paye les factures de fringues, qu'il y a ces heures après jouer où, dans le bus avec Stu, ou la voiture avec Oldham, on commente et recommente à l'infini le détail de ce qui vous arrive : il y a forcément appréhension de ce qui change à leur situation, quand bien même cela change vite. Savoir de ce qu'on doit aux Beatles, mais en fait pas tant que ça, si c'est le reste du monde qui se positionne différemment : eux, ils sont en fait comme les Beatles, ils font de la musique et c'est tout, le reste c'est plutôt pour rire, une façon de passer du bon temps.

Alors ce soir-là de novembre, Mapesbury Road, Andrew Loog Oldham est à son habitude à se balancer sur une chaise, les pieds sur la table, peut-être Radio-Luxembourg branchée pour écouter ces drôles d'histoires qui arrivent aux Américains, et la transe que provoque l'assassinat de John Kennedy ou celui d'Oswald qui s'ensuivit, ou les obsèques du président puisque le jour précis de la scène on ne le sait pas, de la fumée de cigarettes plein la pièce. Mais, quand il libère les deux musiciens et que dans la cuisine, sur une chaise, avec une cigarette aussi, Keith Richards joue de la guitare acoustique fièrement et récemment achetée à Sound City, payée cash et non plus à crédit : sa première Gibson acoustique vraie de vraie, tandis que Mick Jagger est assis carrément sur la table, les pieds sur l'autre chaise, juste au-dessus de Keith, l'évier devant les yeux à deux mètres, et marmonne une mélodie sur les accords sans cesse repris et repris, Andrew sait qu'il a gagné : il a inventé ses compositeurs. C'est presque le matin, et Richards joue de sa guitare tandis que Jagger chante quelque chose avec des mots. On a mis le petit magnétophone mono Philips, on a une trace. Ça a un titre, et ce sera signé Jagger-Richard, Andrew décidant que ça fait plus américain, si on enlève le «s» final de Richards. Ça s'appelle *It Should Be You*, et tant pis si ça ressemble à quelque chose qu'on a entendu par un autre, c'est leur première chanson.

Andrew dans son bureau a déjà signé des contrats à d'autres chanteurs : à cela on mesure les limites de la conscience qu'ils ont de ce qui réellement leur arrive, et au monde. Sinon, il ne s'inquiéterait pas d'autre chose que des Rolling Stones, il s'occuperait plutôt de mettre le feu aux brandes alentour pour leur faire de la place. Il a signé un nommé George Bean, et c'est lui qui enregistrera ce *It Should Be You* qu'ils viennent d'écrire.

Pour écrire une chanson, il faut d'abord comprendre le principe, et c'est fait. Après, c'est comme un métier à lentement pénétrer. Comme d'écrire du théâtre ou faire un film, un effet de centrifugation qui écarte les prétendants parce que, pour y réussir, il faut gâcher de la matière : que des courageux jouent vos mots ou tournent des images sur vos mots avant qu'ils soient mûrs, et ce métier vous ne le maîtriserez que pour avoir eu, rétrospectivement, cette chance-là. Les chansons signées Jagger-Richard ne seront pas, et de longtemps, pour les Rolling Stones. On mettra encore cinq mois pour oser enregistrer avec le groupe *Tell Me*, puis *Congratulations* ou *Grown Up Wrong*, une bonne douzaine d'autres encore, avant qu'avec *The Last Time*, en février 1965, une composition signée Jagger-Richard soit enfin un succès du groupe, et de décrocher en mai 1965, avec *Satisfaction*, la définitive assise.

Rectifions une idée trop répandue, y compris par les Stones eux-mêmes : ce qu'on écrit n'est pas tout de suite pour Marianne Faithfull, dix-sept ans cette année-là, et qui chantera leur *As Tears Go By*, même si c'est Jagger ou Richards eux-mêmes qui trouveront commode ce raccourci, un grand succès écrit au premier essai en prélude à une belle histoire d'amour, même si elle termine mal (c'est d'ailleurs le thème de la chanson), ça fait en tout cas plus joli, dans les livres à leur gloire, que d'avoir écrit pour être d'abord chanté par George Bean.

Mais, une fois prise la première confiance, ça s'enchaîne, en particulier parce qu'à Birmingham on passe à nouveau au «Thank Your Lucky Stars» (on mime, guitares débranchées mais avec tous les mouvements et grimaces, le *I Wanna Be Your Man* qui se vend maintenant par milliers) et qu'on y voisine avec un chanteur américain de variété, pas beaucoup plus âgé qu'eux, mais au succès bien plus largement établi : Gene Pitney. On lui joue, comme ça, Jagger qui chante et Richards qui accompagne, la deuxième chanson qu'ils viennent d'écrire, cette fois sans qu'Andrew ne les enferme : *My Only Girl*. Pitney s'est plaint à Oldham que sa réception en Angleterre n'est pas à la hauteur de sa réputation chez lui, et Andrew lui avait répondu que peut-être n'avait-il pas les chansons qui convenaient ici. Ça plaît à Gene Pitney, on rentre ensemble à Londres, et trois jours après on a rendez-vous en studio. Gene Pitney s'enferme avec Jagger et Richards, il adapte leur chanson dans un style plus proche des ballades américaines, il réécrit avec eux le refrain et les harmonies, et finalement change le titre, ça s'appellera : *That Girl Belongs To Yesterday*, et on enregistre. Deuxième leçon pour les signataires, qui voient leur travail revisité par un professionnel. Chaque fois, c'est une marche d'escalier qu'on franchit, de quoi on apprend, et de laquelle on peut se propulser vers la suivante. Ils apprennent avec le crooner des variétés américaines le travail pour lequel Lennon et McCartney s'étaient enfermés sans rien leur en laisser voir : ce qui fait la différence entre l'air ébauché, que tout le monde sait sortir de sa guitare, et le produit fini, ce qu'on a empilé de surprises ou d'écart dans la mince construction, auquel très peu parviennent. Et on repart en tournée, tandis que Gene Pitney écume les provinces anglaises avec « cette fille qui appartient à hier ».

Ce métier, à dix ans de distance, en 1973, Keith Richards en parle ainsi : *Writing ? I suppose really the credit for must go to Andrew, because I'd never thought of writing. It had never occured to me. I thought it was something else, like being a novelist or a computer operator. It was a completely different field, that I hadn't thought of. I just thought of myself as a guitar player...* [29, 37] : « Écrire ? Je suppose que c'est à Andrew qu'on le doit, parce que je n'avais jamais pensé à écrire. Ça ne m'était pas apparu. Je pensais que c'était un autre métier, comme d'être romancier ou agent informatique. C'était un champ complètement différent, auquel je n'avais jamais pensé. Je me considérais seulement comme un guitariste. » *It was Andrew who really forced Mick and I to sit down and try it, and who got us through that initial period that you have to go through where you just write absolute rubbish. You just rewrite other people's song, until you start coming up with songs of your own* [27, 37] : « C'est Andrew qui nous a vraiment forcés, Mick et moi, à nous asseoir et essayer, et qui nous a portés dans cette période de début, quand il fallait aller au-delà de cette camelote absolue qu'on a écrite. Tu te contentes de réécrire les trucs des autres, et puis tu commences à créer des airs vraiment à toi. » Ce qu'ils apprennent à traverser, c'est de passer à rebours du produit fini qu'a toujours été pour eux une chanson à l'artisanat de sa genèse, pièce à pièce, et qui fait que bientôt ils pourront entrer sans frontières préalables dans ce processus créatif parce que ces éléments simples de l'artisanat constituent eux-mêmes la route progressive vers la musique : *To me, and to Mick at the same time, writing a song was as different as someone who makes a saddle for a horse and someone who put the shoes on it. It's a different gig : I play them, you write them... We were trying to write* Hoochie Coochie Man *and you come out with a song almost like* Greensleeves. *But it gives you the confidence to think : well, if we can write one, we can write two* [19, 39] : « Pour moi, et pour Mick en même temps, écrire une chanson c'était aussi différent qu'entre quelqu'un qui fabrique une selle pour un cheval et un autre qui lui cloue ses fers. C'est tout un autre truc : je les joue, tu les écris... On essayait de sortir quelque chose du genre de *Hoochie Coochie Man*, et on ressortait avec une chanson du genre de *Greensleeves*. Mais ça te donne assez de confiance pour te dire : bon, j'en ai écrit une, je peux en écrire deux. »

Étrange résonance que leur manière à eux d'amplifier ce qui déjà est dans l'air, quand ce qu'ils vont bientôt écrire va se propager à l'échelle du monde, rengaines que partout uniformément on diffuse. On ne leur demandera pas sitôt que ça leur avis sur ce qu'ils font : dans dix ans oui, mais alors tout ce qu'ils auront composé de meilleur sera déjà derrière eux, et c'est ce qui donne cet écho toujours un peu surprenant à ce qu'ils disent. Pour Mick Jagger, la découverte aussi que l'objet compact peut se décomposer en étapes à franchir une par une, et qu'est accessible ainsi ce qui se présente d'abord comme un mur abrupt : *I think that rock and roll songs are pretty ephemeral. To me they are because when I've done one I want to write another one. I think that as soon as you've recorded a song it doesn't belong to you any more. It just goes out and everyone can do it if they want* [27, 96] : « Je crois que les chansons de rock and roll sont toujours plutôt éphémères. Pour moi c'est comme ça, parce que, dès que j'en ai fait une, je veux en écrire une autre. Je crois qu'aussitôt que tu as enregistré une chanson, elle ne t'appartient plus du tout. C'est juste parti plus loin et n'importe qui peut la reprendre s'il le veut. »

La découverte aussi que, pour composer, on cherche ce que Richards appelle une mécanique : couplet et refrain, plus ce pont en huit mesures au milieu. C'est une marche d'accords, et ce que leur a appris Chuck Berry : la toute petite histoire qui va dessus. Un air qu'on garde dans la tête. Alors on a souvent, avec les trois accords de base, une expression qui aide à en fixer la mémoire, *Get Off Of My Cloud*, *Under My Thumb*, *Stop Breaking Down*, et on se contentera de chantonner « en yaourt » par-dessus. L'art des magnétophones multipistes, maintenant qu'ils y ont accès, c'est de pouvoir mettre au point la mécanique, et d'écrire ensuite les paroles : *I don't think the lyrics are that important. I remember when I was very young, this is very serious, I read an article by Fats Domino which has really influenced me. He said : You should never sing the lyrics out very clearly* [27, 96] : « Je ne pense pas que les paroles soient si importantes. Je me souviens, quand j'étais très jeune, et je parle sérieusement, j'avais lu un article sur Fats Domino, qui m'a vraiment influencé. Il disait : On ne devrait jamais faire sonner les paroles très clairement. »

Exceptionnel, dans la masse de paroles et d'interviews recueillies, que Mick Jagger se laisse aller à signaler lui-même, du vrai sans triche ni l'éternel jeu de contournement : *this is very serious*, « là c'est du sérieux », pour une fois condescendant à poser une pierre non roulante sous son histoire personnelle, avouant qu'apprendre à chanter ce n'est pas forcément facile, qu'on a sur le chemin quelques dettes.

Composer, sûr que Brian s'y essaye aussi, qu'il est convaincu même d'avoir sur Keith et Mick l'avantage. Linda Lawrence le dit pour cette fin 63, Anita Pallenberg le confirmera pour jusqu'aux heures précédant sa mort, quand, décidé à prendre sa revanche, il se rapproche de John

Lennon. Mais lui, l'instrumentiste polyvalent, le musicien le plus expérimenté, n'arrivera jamais à se plier à cette construction fragile, en deux ou trois minutes, qu'est une chanson. Keith Richards : *As far as I know, Brian Jones never wrote a single finished song in his life, he wrote bits and pieces but he never presented them to us. No doubt he spent hours, weeks, working on things, but his paranoia was so great he could never bring himself to present it to us* 29, 15 : «Pour autant que je sache, Brian Jones n'a jamais terminé une seule chanson de toute sa vie, il a écrit des bouts et des morceaux, mais il ne nous les a jamais apportés. Aucun doute qu'il passait des heures, des semaines, à travailler sur des trucs, mais sa paranoïa était si forte qu'il ne s'est jamais décidé à nous les apporter.»

Cette interview de Keith date de 1974, et pour l'instant, fin 1963, aucun d'eux n'aurait osé qualifier de paranoïa le comportement de leur brillant guitariste et harmoniciste, qui occupe avec Jagger le grand devant de la scène. Mais la version de Bill Wyman est différente : *When he tried to write songs they were dismissed, not fairly, not : They're not good enough, let's try again, but with an out of hand : You can't write songs* 2, 211 : «Quand il essayait d'écrire des morceaux, ils étaient purement et simplement saqués, et vraiment pas gentiment : C'est pas encore assez bon, il faut réessayer, mais d'un revers de main ils lui jetaient : Toi, tu ne peux pas, écrire...»

Ce qui tend à prouver que Brian, contrairement aux affirmations de Keith, a apporté au moins des ébauches à Andrew et Mick, mais qu'on n'en a pas tenu compte. Pourtant, c'est justement ce procédé, d'apporter au groupe le germe d'un air, et de s'y obstiner ensemble des heures, quitte à rajouter ensuite, parfois des mois plus tard, des paroles qui n'existent pas encore, que défendra Richards comme l'originalité même des Stones : *I still don't care, about going into the studio with half a song, because I know that what's going to be played and what's going to go down in the studio is going to help you finish it off* 29, 38 : «Même maintenant ça m'est égal d'arriver au studio avec la moitié d'un morceau, parce que je sais que ce qui va être joué, et ce qui va se découvrir en studio, c'est ça qui va aider à vraiment le finir.»

C'est dit en 1988. Ce que dit Richards des essais de Brian compositeur n'est pourtant pas malhonnête : c'est à partir des longues nuits improvisées d'où sortira *Beggars Banquet*, en 1968, que ce processus sera pour lui définitif et solidifié, et décidé comme relevant de lui seul, déjà en 1973 : *I just go there with a germ of an idea. The smaller the germ the better, and I give it to them, feed it to them and see what they do with it. Then it comes out like a Rolling Stones record...* 29, 37 : «J'arrive juste avec le germe d'une idée. Plus petit est le germe, meilleur c'est. Et je leur donne le germe, je les nourris avec et je vois ce qu'ils en font. Et au bout c'est devenu un disque des Rolling Stones. »

Dans ces débuts de leur vie de compositeurs, ils attestent que dans leur tête les activités sont séparées : si on compose des chansons pour d'autres, c'est qu'on les conçoit comme écritures complètes et finies. Les Beatles, eux, laissent toujours dans leurs disques une place à George Harrison pour ses compositions : Lennon et McCartney savent bien ce que peut représenter d'argent, pour leurs deux collègues, la signature du nom sous un titre. Ç'aurait pu être, indépendamment de la valeur en elle-même du germe apporté par Brian, un geste à faire, ne serait-ce qu'en souvenir des premiers temps d'Edith Grove et de ce qu'on y a partagé, des premières auditions au Bricklayer's Arms ou de ce qu'apporte aux Rolling Stones l'étincellement de sa guitare tout devant (ces glissés sur-aigus que seul Brian sait exploiter à l'époque). Cette grâce on ne la lui fait pas. Le problème se reposera avec Wyman, dont on prendra la composition *In A Another Land* dans *Their Satanic Majesties Request*, parce qu'un jour, tout simplement, ni Jagger ni Richards n'étant présents au studio, il l'enregistre avec Watts, Brian, Nicky Hopkins au piano et, empruntant à la pièce d'à côté du studio Olympic le guitariste des Small Faces, Steve Marriott, Jagger et Richards n'ajoutant ensuite que les harmonies vocales. Mais on lui refusera *Downtown Susie*, tout aussi honorable qu'un autre, et qui ne figurera que dans la compilation de rejets qu'Oldham, après son éviction et parce qu'il en est propriétaire, publiera sous le nom de *Metamorphosis*. Comme on lui refusera toute cosignature, y compris sur les morceaux auxquels il a pourtant contribué dès le départ, surtout *Jumpin' Jack Flash*. Bill Wyman sera le premier à se dégager du groupe pour produire des disques en solo, comme *Willie And The Poor Boys*, avec cet arrogant message aux deux autres que les droits en sont versés à la recherche contre la sclérose en plaque. Ce sera plus tard une des raisons principales du renoncement de Mick Taylor. Quand il n'y a pas de disque des Led Zeppelin sans que la contribution au collectif du batteur, John Bonham dit Bonzo, ou du bassiste, John Paul Jones, ne soit signalée sur les droits, l'estampille Jagger-Richard ne sera jamais mise en partage dans les Rolling Stones.

Reste la facilité de Keith pour la mélodie, quelque chose qui surnagerait à distance de la radio country allumée en permanence chez les Richards, puis des disques américains écoutés avec sa mère, voire cette voix de la mère chantant dans la cuisine sur les disques, et qui cessait quand Bert rentrait de son usine d'ampoules électriques. Quand Brian aurait sans doute eu plus de mal à transposer sa propre culture issue du jazz pointu, ou du blues d'origine. Pour Mick Jagger cela reste en partie une énigme : *For some reason Keith and I wrote together. Brian was a much better musician. But it seemed very natural and Keith and I seemed quite good at it. Brian was quite problematical and it was obvious to Keith and myself after trying it a few times that it was going to work. Brian got annoyed but anyone get annoyed when you exclude them because they're not compatible* [16, 56] : « Pour une raison ou pour une autre, Keith et moi on écrivait ensemble. Brian était un bien meilleur musicien, mais ça nous semblait très naturel, et Keith et moi on était assez bons à ça. Brian c'était toujours des problèmes, alors que c'était évident qu'entre Keith et moi, après deux ou trois essais, ça avait l'air de marcher. Brian ça l'a plutôt embêté, mais tout le monde est embêté, quand on est exclu pour incompatibilité. » *I had a slight talent for wordings and Keith always had a lot of talent for melody, for the beginning. Everything, including the riffs, came from Keith. But we worked hard at it. We developed it. You need application. Our first songs were terrible* [16, 56] : « J'avais un peu de talent pour les paroles, et Keith a toujours eu plein de talent pour la mélodie, depuis le début. Tout, y compris le riff, ça venait de Keith. Mais on a travaillé à ça, et dur. On l'a développé. Tu as besoin de t'appliquer. Nos premières chansons c'était terrible. »

En tout cas, cela suffit tout de suite à augmenter l'écart, pour les deux ans qui viennent, dans leurs habitudes de tournée : Bill et Brian s'en vont avec les filles de rencontre (et la frénésie de Bill pour les moins de vingt ans qu'on ne revoit pas de sa vie devient un nouveau thème de plaisanterie à son encontre), Charlie Watts s'enferme pour téléphoner à sa fiancée, Shirley, mais Jagger et Richards sont ensemble avec leurs guitares pour complexifier les germes de la prochaine chanson à faire, celle pour laquelle on a déjà eu la première idée, ou pour jouer et chanter face à face le répertoire des autres et trouver ce qui sera leur marque sur le même passage, quand on l'aura suffisamment écarté de l'original. Ce sont ces heures perdues dans les hôtels de province, dans les nuits d'après concert, qui vont devenir le creuset, pour longtemps, de l'accumulation grandissante de chansons de Jagger et Richards, tandis que Bill Wyman et Brian Jones, un peu plus loin dans le couloir, préfèrent le sexe.

Un soir, on a quand même un peu plus le trac que d'habitude : on joue dans l'historique Cavern à Liverpool, l'antre des Beatles : ça crie comme aux autres jours, même si Oldham ira prétendre que, même sur leurs terres, les Stones ont suscité plus de cris que les Beatles. Le Volkswagen commence à recevoir, sur tous les endroits disponibles de la carrosserie beige, les signatures et graffitis des fans : cela aussi rajoutera à l'image de marque. D'ailleurs on a embauché au bureau d'Andrew une fille un peu plus enthousiaste que les autres, Shirley Arnold, qui organise un fan club : manière de fortifier les arrières. Bill Wyman tient pour utile de nous informer qu'à Liverpool, ce soir-là, lui et Mick reçoivent dans leurs chambres deux filles de peau noire qui vont suivre avec eux toute leur tournée dans le nord de l'Angleterre. Une révélation pour Mick, laisse-t-il entendre.

Nouveauté d'importance : on prend l'habitude de se retrouver Denmark Street dans un minuscule studio, le Regent Sound Studios, dix mètres sur trois, neuf micros et magnéto deux pistes, piano droit et chambre d'écho. Richards se souvient lui surtout des boîtes d'œufs collées aux murs pour un peu d'insonorisation. Le virage que cela souligne, c'est la séparation de la vie civile et de la musique : maintenant chacun vit chez soi, et s'asseoir ensemble avec des guitares, comme ça, au hasard des heures, ne leur est plus possible. Le Regent Sound, ce sera l'atelier, la forge. Le temps d'avant concert, dans les loges, c'est pour se concentrer et s'accorder, et sur scène c'est encore les dizaines de morceaux du répertoire des autres qu'on est capables, comme ça, d'attaquer et de jouer (ce sera, même trente-cinq ans plus tard, une des fiertés profondes de Richards). On avait ces séances d'après-midi au Ricky Tick Club ou au Studio 51, là où Lennon et McCartney étaient venus les retrouver, mais il s'agit de scène, et pas de fabrique : dans cette boîte isolée et insonorisée du minuscule Regent Sound Studio, le disque devient la perspective première du travail commun, et c'est entre eux une autre ambiance, où l'invention va forcément devoir s'imposer.

Et dans la suite précieuse des faits rapportés par Bill Wyman, ceci : on a signé pour une nouvelle tournée collective. Sur la première affiche présentée par l'organisateur, ils sont inscrits juste au-dessous du réputé Gerry and the Pacemakers. Au moment du début effectif de la tournée, on devra réimprimer l'affiche en inversant l'ordre, sinon ce n'est pas tenable. Du statut d'attraction préalable, ils passent à celui de vedette en titre : pour la première fois, tête d'affiche. Ultime précision rapportée par Bill Wyman, pour la fin de cette année 1963 : quatre-vingt-dix millions de disques vendus dans l'année en Grande-Bretagne, dont neuf par les Beatles. Eux, les Rolling Stones, sont bien loin d'atteindre l'unité, mais tout de même : 1963 reste l'année de la révélation, d'une furieuse marche en avant où ils sont lancés avant même que d'avoir pu s'en apercevoir.

On jouera les 20, 21, 22 et 24 décembre, on aura pause le 25 mais on reprendra sans discontinuer les 26, 27, 28, 30 et 31 décembre, on a quand même eu son soir libre pour Noël en famille, Brian chez les parents de Linda, Violet et Alex Lawrence, les autres chez eux, ce que résume Keith, qui retrouve Doris (on peut supposer que c'est plutôt chez une de ses tantes qu'en face à face dans la maison étroite de Dartford, sans nouvelles de Bert) : *This Christmas I'm going home to sleep. And it's my turn to give presents this year. I've never had the money before* [2, 202] : « Ce Noël, je rentre à la maison pour dormir. Et c'est mon tour d'apporter des cadeaux, cette année. Jusque-là je n'avais jamais eu l'argent. » A-t-elle eu la larme aux yeux, Doris, et qu'était ce cadeau choisi par son fils ? Silence. Personne d'ailleurs pour s'être jamais risqué, apparemment, à lui poser la question. Ni s'il a rendu visite ces jours-ci au grand-père Gus ou lui a montré là où il en était, avec les six cordes de sa guitare.

Symbolique, la valise. Le 18 décembre 1963, pour les vingt ans de Keith Richards, le groupe se cotise et lui offre ce cadeau très révélateur : une valise. Parions que c'est Watts qui est allé la choisir. Et c'est ce vieux thème du blues, qu'ils reprendront dans *Love In Vain*, sur l'objet symbole : *I've got my suitcase in my hand...* La première valise de Keith Richards aurait dû finir au musée des Rolling Stones, mais il n'y aura jamais eu de musée des Rolling Stones (sauf peut-être ces guitares exposées au mur du restaurant Sticky Fingers de Bill Wyman ?). Tout 1963, les Rolling Stones ont joué plus de deux cent quatre-vingts fois, sans compter les doubles shows.

Ébauche d'une mutation : les jupes, les cheveux, la musique

Est-ce qu'ils ont le temps, ou simplement le goût, de se retourner en arrière et de regarder leur propre histoire à un an d'intervalle ?

C'est à quinze ans de distance, plus tard, qu'ils commenceront à se retourner sur leur propre histoire. Ce jour de décembre 1963 où Keith Richards fête ses vingt ans, ils jouent à la halle au blé de Bristol, le Corn Exchange. Tout ce mois, ils joueront vingt-cinq soirs, et souvent deux fois par soir : Manchester, Tamsworth, Southport, Doncaster, Worcester, Romford, Croydon, Reading, Watford, Bradford, Liverpool, Hereford, Epsom, Guildford, High Wycombe, Bristol, Winchester, Baldock et Leck et encore Reading, plus Londres trois fois dont l'avant-dernier jour du mois au vieux Studio 51 devant un public de copains et encore le 31 décembre donc à Lincoln dans le Lincolnshire. Peu de place et de temps pour réfléchir à ce qu'on fait et pourquoi.

L'apprentissage du manque de sommeil, par exemple. Mick Jagger, à propos de ce mois de décembre 1963 : *We've only had about four hours kip each night for most of this week. When we get back to London we'd like to do nothing but sleep until it's time to go on the road again* [2, 201] : « On avait à peine quatre heures de roupillon chaque nuit, pendant toute la semaine. Quand on revenait à Londres, on ne savait plus rien que dormir, jusqu'à ce qu'il soit temps de repartir encore pour une tournée. »

Les événements qu'on note, c'est quand le Volkswagen tombe en panne, et qu'il faut improviser pour rejoindre quand même Birmingham où on joue. Dans cette tournée-là, où l'ouverture est faite par Billy Kyle and the Innocents, et dont la vedette est John Leyton, on fait route pour Birmingham par Salisbury, Bristol, Gloucester et Worcester, au moins trois heures de route. Le vieux Volkswagen était increvable, le nouveau ne tient pas le rythme qui est le leur : boîte de vitesses éclatée. Les voilà en rade à Amesbury, dans le Wiltshire (à peine aujourd'hui un nom sur la halte d'autoroute). Les voilà tous cinq à pousser le camion au bord de la route, jusqu'au premier village où on trouve un mécanicien. Il leur arrange provisoirement une solution : à condition de rester en seconde et de ne pas essayer de passer la marche arrière, on peut continuer droit devant et rouler. *It's just as well we don't have to drive to Birmingham backwards* [2, 226] : « Ce serait mieux qu'on n'ait pas à revenir de Birmingham en marche arrière », commentera Charlie Watts avant de se rasseoir sur la banquette du fond avec Richards.

Quelquefois, au retour, Stu s'arrête n'importe où parce qu'il ne tient plus, et quand le froid vous réveille quelques dizaines de minutes plus tard, il faut d'abord savoir où on est : *Stu worked himself to the bone. We'd be driving home after dropping the guys off at two in the morning or something and I'd wake up and find us parked in some layby. Stu'd be asleep. I'd say : Stu, where we are ? – I've got to get some sleep. – It's quarter to six, where are we ? And then I'd find where we are and off we'd go again. I'd drop off to sleep and we'd parked again. He was so asleep he'd be all over London in the wrong directions, and we'd finally get to my place at about a quater to eight. I think that part of his early death was caused by all that* [14, 216] : « Stu en suait jusqu'à l'os. On revenait chez moi après avoir laissé les gars à deux heures du mat ou à peu près, et d'un coup je me réveille et je nous vois parqués sur le bas-côté, Stu qui dort. Je dis : Stu, où on est ? – Il fallait que je dorme... – Il est six heures moins le quart, on est où ? Alors je trouve où on est, et on repart. Je m'endors, et à nouveau on est garés. Il avait tellement sommeil qu'il avait traversé tout Londres dans la mauvaise direction. Finalement on est arrivés chez moi à huit heures moins le quart. Je crois que s'il est mort si tôt c'est un peu à cause de ça. »

On se rappellera aussi qu'une fois, le 15 novembre à Nuneaton, l'agent avait accepté, avant le concert du soir, une prestation d'après-midi pour un public dit « junior », et voilà qu'ils se retrouvent devant des gosses de six à dix ans qui leur lancent à la figure les gâteaux à la crème qui leur avaient été distribués pour le thé : fichus gamins, quand une société apprend laborieusement à donner un statut aux « jeunes », voilà qu'eux ils traitent les Rolling Stones pire que des vieux.

Ce que le destin vous apporte de neuf doit valoir d'abord pour un témoin issu de votre propre sphère : autrement dit, comment croire à ce qui vous arrive, si on ne le fait pas miroiter pour les témoins de ce que vous étiez juste auparavant, les seuls à vos yeux qui comptent. Mick et Keith retournent dédicacer leurs disques aux fêtes d'école de Dartford, et Bill est légitimement fier de noter qu'il invite à un concert des Stones toute l'équipe du *Art Nash Music Shop* de Penge et de leur présenter le groupe : il n'est plus, pour son magasin de musique, l'obscur bassiste itinérant rempli de dettes.

C'est aussi qu'il les fait travailler, Bill : en décembre, deux fois il rapporte chez Art Nash son ampli de scène démoli par les gamins qui se précipitent sur le plateau et les flics qui les repoussent. C'est grâce à ce détail qu'on peut dater ce changement qui s'amorce. Le compte en serait une litanie, des salles d'où on doit s'échapper en brisant les fenêtres de l'arrière-cour, des coups qu'on prend et des coups qu'on donne pour tenir sur la scène où le public se précipite : la chasse aux idoles qui commence dès l'hôtel où on vous dépose, et, tout le temps de la prestation, comme un déluge de cris qui fait comme un fond continu d'où émerge à peine la musique pourtant de plus en plus forte.

Il est difficile, à quarante ans de distance, de comprendre d'où jaillit ce délire que deviennent, pour les trois ans à venir, les concerts des Stones comme ceux des Beatles ou des nouveaux qui émergent, comme les Who, les Small Faces, les Pretty Things et tant d'autres provocateurs. Il y a certainement dans cette capacité d'hystérie, qu'ils vont exporter, quelque chose de spécifiquement anglais, qu'on perçoit aujourd'hui si on achète un samedi soir son billet pour le match de football Manchester-Leeds ou un autre (je déteste le football, mais je voulais comprendre). Et puis il y a cette irruption des filles d'à peine quinze ans dans l'espace public : cela n'aurait pas été possible avant guerre, ni Doris Richards ni Eva Jagger n'en disconviendront, qu'elles sortent le soir au lieu du destin plus sombrement clos dont témoignaient à quelques générations de distance les pauvres sœurs Brontë (le lendemain du match de football, je visitais leur maison, pour compenser). Une société secoue sa coquille, et eux, les Rolling Stones, sont sans l'avoir choisi au centre du tourbillon, dans le milieu de l'œuf, à quoi tout le reste de la société sert de repoussoir.

Sans doute, parmi les dizaines de groupes qui écument comme eux les salles de bal des provinces, ont-ils désormais le pressentiment de cette chance à saisir. Keith Richards : *The Beatles kicked the doors open and we zoomed in behind them and held it open* [14, 21] : «Les Beatles ont enfoncé les portes et nous on s'est glissés dedans et on les a tenues ouvertes.» Dans cet ébrouement, les heures de guitare au fond du lycée, la couleur grise de la ville reconstruite après les bombes et les rationnements, les chants d'enfants de chœur et ce qu'on écoute le soir en secret sur les gros postes de radio, les insultes dont écope celle qui raccourcit sa jupe ou celui qui laisse pousser trop long ses cheveux, et bien sûr le grand frère de l'autre côté de l'océan, là où sont les voitures en couleur (celles d'ici sont uniformément noires) et les enseignes au néon, là d'où viennent les films et là où l'espace est plus grand, et pourtant c'est votre langue qu'on y parle : rien n'aurait pu passer de l'Angleterre à l'Europe qui n'aurait pas rebondi par l'Amérique. Le paradoxe étant que l'Amérique, quand elle reprend à l'Europe et amplifie les Beatles et les Rolling Stones, se saisit de ce qu'elle recelait déjà, mais ne voulait pas reconnaître : le blues du Delta et l'électricité de Chicago, toute la musique des Noirs.

Les cris, la folie. *Stone Alone*, le livre de Bill Wyman, fait l'inventaire presque exhaustif de ces déplacements, hôtels, articles, concerts, avec chaque fois les filles qu'on y prend pour une nuit ou pour trois, et ce qui se passe avant, pendant ou après le concert. On joue sans estrade, du moins elle fait cinquante centimètres, et les petits amplis ne permettraient pas une plus grande séparation d'avec le public. Les Stones poussent les amplis à fond, mais, sur le vague fond du battement de Charlie Watts, chacun n'entend que lui et passe les accords au jugé : qui s'en apercevrait? Les policiers sont debout entre eux et ceux qui crient, dont le jeu est de se précipiter là et de passer. Pour les toucher, eux les musiciens? Sans doute pas eux en tant que personnes, mais plutôt ce dont eux-mêmes sont l'image, et simplement parce que c'est une image aussi qu'ils veulent rejoindre et qui les a constitués ici dans ce qu'ils font. On veut frôler et adouber ce qu'on voit en photographie et sur la pochette du disque acheté la semaine dernière, on enlace Brian Jones, qui fuit parce qu'il ne supporte pas que des mains se tendent vers ses cheveux lissés. Brian ne supporte pas qu'on le touche, et Charlie Watts goûte peu le jeu. Mick, ce n'est pas forcément qu'il y prend plaisir mais c'est un sport, comme le basket, d'attouchements et frôlements, de laisser faire et de fuir, de provoquer en acceptant et puis de se défiler pour laisser inaccessible le rêve : c'est l'art du spectacle qu'on transfère au corps à corps. Richards repousse tout ça par un coup de guitare : cinq bons kilos de ferraille plutôt dissuasifs. Être touché, c'est la preuve après tout qu'on est bien à la bonne place, celle du symbole, de la légende : comme en

Birmanie ce bouddha informe parce que fait de la poudre d'or que chaque pèlerin par milligrammes ajoute, ou à Saint-Pierre de Rome ce pied mutilé du saint à force de frôlements durant trois siècles répétés de doigts sur le bronze : voilà ce qu'on fait d'eux, et comment ne pas en avoir l'obscure conscience – on n'est pas alors en situation de refuser qu'on vous touche.

Reste la violence, latente sous le jeu, et qui finalement chaque fois l'emporte : ce n'est plus, chaque fois qu'ils paraissent, qu'une question de minutes. Et comme c'est ce qu'ils attendent, les mômes dans la salle, qu'ils sont venus pour ça, pour ce bruit qui précède les Stones, ils le font à leur tour. Ébrouement brut de violence à poings, qui peut-être dans ces villes grises de vieille industrie d'empire est une soupape qui prend le rock and roll (que d'ailleurs on n'appelle pas encore comme ça) comme plus tard elle se saisira du football. Le temps du rassemblement et des corps mis ensemble est celui d'un échappement, et peu importe quoi lui sert de prétexte. Sinon, ça ne commencerait pas ici, dans les villes de vieille industrie du nord de l'Angleterre, Leeds, Bradford, Blackpool, ou dans les recoins gris du grand Londres comme au Kilburn's State Ballroom le 19 novembre, quand huit cents gamins rentrent dans la salle comble, mais il en reste moitié autant dehors, alors ils forcent les portes, et c'est mille deux cents corps hurlants qui s'affrontent pour que ceux qui sont près de la scène cèdent la place à ceux qui sont derrière. La police est autour de la scène, mais impuissante. Les projecteurs sont cassés un par un et tout finit dans le noir, on extrait les musiciens par les couloirs des loges, chacun serrant le meilleur de son matériel. Et Charlie Watts retient que des filles s'abattent sur lui et lui arrachent, après sa veste, même les boutons de sa nouvelle chemise rose.

Ils disent que pourtant, pendant ce temps, ils apprennent. A continuer les accords quoi qu'il arrive. A produire cet événement qui fait qu'il y a délire parce qu'il y a rythme, que ce rythme, fondé sur le pied droit de Charlie Watts actionnant la pédale de sa grosse caisse, est hypnotique. Quand tout le reste cesse, ce martèlement annonce et prolonge l'hypnose. A tenir physiquement malgré le manque de sommeil, malgré les heures de Volkswagen et la nervosité qui vous reste après trois quarts d'heure de cris continus. De jouer ainsi, tous les soirs, n'importe où, devient la preuve à rebours qu'on est devenus ceux qu'ils admirent, ces vieux du blues qui n'auront eu d'autre destin que d'avancer, leur guitare en main. Keith Richards : *We worked our asses off from 63 to 66, right through those three years, non stop. I believe we had two weeks off. That's nothing. I mean, I tell that to B.B. King, and he'll say : I've been doing it for years* [14, 43] : « On s'est crevé le cul de 63 à 66, exactement pendant trois ans. Je crois qu'on a eu deux semaines d'arrêt. C'est rien. Une fois je l'ai dit à B.B. King, et ce qu'il m'a répondu : Moi, c'est ce que j'ai fait pendant des années. »

Et rien d'autre qui se greffe là-dessus : surtout pas, pour l'instant, d'image de mauvais garçons aux cheveux longs, pas encore de drogue et même pas de rock and roll : rien de tout cela n'a vraiment commencé. Juste Stu et la place qu'on a chacun dans le Volkswagen, parmi les amplis et le bruit, dans les secousses, et dormir quand on peut, même si peu. Jagger peut toujours recommencer l'an prochain, s'il veut, la London School of Economics. Ils sont dans la droite ligne de leurs propres modèles, pareil qu'ils ont vu Alexis Korner et Cyril Davies se produire à longueur d'année eux aussi dans les moindres salles, avoir pour but légitime de jouer, sinon toujours, le plus souvent possible. Cela, qu'on assume de partager : être ceux qui provoquent les cris et le débord, et qu'à ce jeu on a déjà dépassé Gerry et ses Pacemakers, ou Tommy Bruce et ses Bruisers, ou Screamin' Lord Sutch. Il y a de toute façon qu'à ce stade ils n'ont plus le choix : Eric Easton fait son métier d'agent, qui est de leur fournir le plus de prestations possible au meilleur prix possible. Et, de leur côté, l'idée que tout cela est forcément provisoire justifie qu'on en tire le maximum.

Quand on a la chance de revenir à Londres et d'avoir dix-huit heures de sommeil en continu, qu'on réémerge, qu'on a juste pour sa journée une séance photo pour *Boyfriend Magazine* et qu'on y affecte une tenue adaptée à son rôle, le rituel c'est l'achat de nouvelles fringues. On débarque en groupe à Soho où la mutation de la mode a commencé plus tôt que la leur, et on se choisit déjà ces défroques si singulières dont on fait, sinon une provocation, un jeu, un défi : à ce jeu Brian retrouve sa place de leader. Nouveauté : on finit les soirées dans les rendez-vous chics du show-business, gens des maisons de disques, artistes de variété curieux de prendre marque parmi les valeurs qui montent, et vous voilà reçus dans des lieux dont vous ne soupçonniez même pas l'existence. Ils établissent leurs habitudes au Ad Lib, une boîte à la mode, où une table près de la scène est réservée à Lennon et McCartney pour quand ils daignent paraître. Les Stones, pour affirmer la différence, s'y montrent en habitués du bruit, de la foule et de la sueur, musiciens de tournée qui reviennent juste de Manchester en bus Volkswagen et c'est leur meilleure protection. Dans des endroits comme le Ad Lib, et les gens qu'on y croise, chacun est comme précédé de sa fiche d'identité telle qu'amplifiée par les tambours publics, et cela vous change un bonhomme plus radicalement que tout l'argent gagné à Leeds ou Manchester.

C'est là que Bill Wyman croise Dorothy Squires, un beau souvenir pour Bill parce qu'elle le reconduit à Penge, dans le Londres désert du petit matin, d'un coup de sa Thunderbird. Bientôt ce sera son tour, à Bill, de poser devant le capot à rallonge d'une voiture de sport, bientôt... *Back to reality, the next day I fitted new curtains in the flat* [2, 201] : « De retour à la réalité, le lendemain j'installais de nouveaux rideaux dans l'appartement. » C'est la première fois qu'il monte dans une voiture comme celle-ci, une voiture dont le nom résonne dans les chansons, le symbole de la réussite et du luxe, du grand écart de la vie artiste. Sévère contraste avec le réveil du matin. Dommage que personne, dans Penge, n'ait été éveillé à cette heure quand la grosse voiture américaine aux ailes à rallonge, et le lourd bruit d'échappement du moteur V8, s'est arrêtée devant chez lui, puis a lentement fait demi-tour. Ce n'est pas n'importe qui, Dorothy Squires : célèbre dès les années 40, ses chansons lui offrent la fortune tout au long des années 50. Née en 1915 et fille d'un ouvrier métallurgiste itinérant, l'épouse de l'acteur Roger Moore (de quatorze ans plus jeune qu'elle et qui ne l'abandonnera que pour devenir James Bond) approche de la cinquantaine quand elle promène en décapotable ces jeunes chevelus qui la repousseront dans l'oubli. Mais sa fin sera tranquille, elle meurt à quatre-vingt-trois ans, en 1998, dans sa maison de dix-sept pièces... Peut-être Bill Wyman lui a-t-il dédicacé son livre, avec le souvenir de la Thunderbird, puisque leurs deux autobiographies paraissent quasi simultanément.

Début d'une troisième tournée collective, et avec cette fois pour tête d'affiche John Leyton. Ils en auront une autre à l'automne avec Inez Foxx, et une dernière l'année suivante avec le Spencer Davis Group, avant que la mode de ces spectacles collectifs passe brutalement, noyée par le disque et les idoles, tandis que les Stones seront devenus de trop gros poissons pour se produire en collectivité. On n'aura plus pour longtemps à supporter ces présentateurs de variétés que les Anglais disent *compere* (il s'appelle, pour cette tournée : Al Paige). John Leyton, par exemple, est né en Angleterre, mais juste un peu trop tôt, en 1939. Son père tient le cinéma d'une petite ville du sud de l'Angleterre, pas loin de Redlands. Il se lance dans la chanson quand il fait son service militaire, puis continue dans les cabarets, dans un numéro d'imitation des chanteurs célèbres du moment, Frankie Laine, Johnny Raid. Il éclate en 1961, dans un film où il chante *Johnny Remember Me*, et en 64 il remplit encore les salles, tandis qu'il enchaîne sur la scène ses succès ultérieurs : *Lonely City, Oh Lover, Land Of Love.* Et puis il s'éclipsera, promènera son allure de faux Elvis vieillissant dans quelques feuilletons télévisés avant de tenter un come-back en 1994 avec *Think We're Talkin' Love...*

Mais la rencontre importante de cette tournée, c'est le couple d'Américains qui les précède sur scène, un tout petit peu plus petits qu'eux sur l'affiche, Ike et Tina Turner. Mick regarde Tina, et c'est un univers de provocation sensuelle (elle est pourtant loin des audaces qu'elle affectera bientôt) dont il n'avait pas soupçonné l'effet public. Alors Tina prend Mick à part dans les loges (on a des photos) et main dans la main, lui apprend à danser : c'est sa première initiation professionnelle à l'art de mettre en avant son corps, et le maître est bien choisi. Ils sauront renvoyer à Tina l'ascenseur lorsqu'en 1969, malgré les menaces d'Ike, elle commencera de se produire en solo. Le lien sera durable et continu, le respect mutuel aussi.

Un ultime jalon avant cette grande ligne droite qui les laissera épuisés et vidés en 1967 : ce 13 janvier 1964, ils prennent l'avion ensemble pour la première fois. Et c'est même baptême de l'air pour Keith, Brian et Mick. Oh, on ne vole pas pour loin : le concert est à Glasgow. Mais ils se souviendront de la date, les musiciens de vingt ans, tout fiers ce matin-là. C'est la vie dans les avions et les limousines qui va prendre le relais des heures dans le Volkswagen, période qu'eux-mêmes nommeront *The Great Unwashed*, c'est le chapitre suivant.

The Great Unwashed

On bascule dans l'année 1964. Moi je suis au collège, on n'a plus la guerre d'Algérie et Malraux se heurte aux Parisiens qui lui reprochent de nettoyer le Louvre en blanc. C'est maintenant que l'écho de tout cela, *Love Me Do* ou *Come On*, commence à nous rejoindre – *entendez-vous, dans vos campagnes...* oui, ça y est, on entend, jusqu'à Civray, au bord de la Charente. Georges Perec, attablé devant sa pile de dix-huit mois de *Madame Express*, écrit *Les Choses* qui sont la parfaite expression du contexte pour ce temps, dans les têtes et au-dehors.

Si ces tournées successives, dans des salles de plus en plus grandes et avec des artistes de plus en plus connus, sont pour eux «l'université du rock», une autre rencontre décisive c'est les Ronettes. En janvier 1964, Eric Easton les programme dans un spectacle pour une chaîne de salles, les théâtres Granada. Les vedettes en sont deux sœurs, Veronica (dite Ronnie) et Estelle Bennett, nées de père noir et de mère blanche, et leur cousine, Nedra Talley. Des yeux allongés par une ligne de maquillage au mascara qui remonte vers les tempes, trois chignons volumineux ramenés à l'identique sur le front très haut et complétés devant par une frange lissée au gel brillant, trois robes fendues haut sur les longues cuisses brunes des demoiselles, et qui s'arrêtent loin au-dessus du genou. Qu'on ajoute les chaussures à haut talon pour des claquettes à l'unisson et le twist, les Ronettes, gloire de Phil Spector et de son *wall of sound*, sont en 1964 bien plus célèbres que les Rolling Stones : belle promotion, pour eux, de jouer en première partie de telles habituées du hit-parade – qui ne se souviendrait de *Be My Baby* ou bien de *Baby I Love You*?

Les salles Granada leur paraissent gigantesques, même si Bill Wyman n'en a pas un souvenir si fier : *The venues themselves weren't always that great — too big, and with lightning that was too strong : sometimes I wish we could return to the clubs* $_{2,\,217}$: « Les prestations elles-mêmes n'étaient pas toujours si terribles — trop grand, et l'éclairage bien trop fort : quelquefois j'aurais préféré qu'on retourne dans les clubs. » Les Ronettes sont la compensation. Ronnie, sa fiancée, se mariera avec Phil Spector, et c'est par elles plus que par Oldham que l'univers Spector va percuter solidement celui des Stones pour un nouveau coup d'accélérateur : Spector, qui permettra plus tard à John Lennon un dernier rebond en produisant ces chansons surprenamment expérimentales qui sont nos classiques (*Instant Karma, Mother, Power To The People, Imagine*), prendra en main la console pour Andrew Loog Oldham et convoquera pour eux en Angleterre son sorcier personnel, atypique manipulateur de claviers et des premiers synthétiseurs bricolés, Jack Nitzsche, pour apporter aux Stones ce qu'ils ne sauraient encore inventer par eux-mêmes : la personnalité d'un son, et cela tiendra en partie à ce voisinage, sur les routes d'Angleterre, de ses Ronettes et des cinq maigrelets à guitares.

Preuve de la fidélité, ou de l'importance de la rencontre : Nedra (la cousine d'Estelle et Ronnie) viendra encore les voir en 1989, amenant au concert des Stones ses quatre enfants. Les amitiés nouées dans ces phases de jeunesse laissent comme une dette, l'impression d'avoir ensemble franchi une étape, et ne se défont plus. Là où avec les Everly Brothers les relations avaient été professionnelles et tendues, des vedettes leur donnent maintenant accès aux coulisses et comment on vit quand on est célèbre. Eux ont toujours su profiter vite des leçons. Mick aussi est sous le choc, et, sous sa manière d'avancer par phrases à peine murmurées et seulement allusives, rare qu'il rende un tel hommage : *Those Ronettes stopped us dead in our tracks. We were just knocked out by their looks, sense of humour and everything* $_{4,\,3}$: « Ces Ronettes sont vraiment restées comme une pierre sur notre chemin. Leur look, leur sens de l'humour et tout le reste, ça nous a fichus en l'air. »

Pour Keith et les Ronettes, ça irait même plus loin. Ronnie, leader des Ronettes, de Keith : *He was not so much shy as quiet. I could make him laugh but most of the time nothing was funny to him. He was very into himself, in his own room, in his own world* [16, 56] : « Il n'était pas si timide, plutôt tranquille. J'arrivais à le faire rire, mais la plupart du temps rien ne lui semblait marrant. Il était très dans lui-même, dans sa propre chambre, dans son propre monde. » Réponse de l'intéressé : *They do such a tremendous act. It's not just the singing. They twist around and shake like mad. They're all right little darlings. I think all the American groups have a similar styling, but the Ronettes have that something extra that puts them above the rest of the crowd* [2, 218] : « C'était si monumental, leur passage. C'était pas seulement comment elles chantaient : elles vous twistaient ça, se secouaient comme des folles. De braves bonnes petites copines. Je crois que tous les groupes américains ont ce genre de style pareil, mais les Ronettes c'était un truc en plus, un extra qui les mettait au-dessus du reste de la foule. » Mais dans l'intimité, les Ronettes, pour le jeune Keith, ce n'est pas un apprentissage seulement professionnel : sinon, il ne s'en souviendrait pas aussi bien, et on n'a qu'à voir son petit sourire coupable, dans la vidéo d'entretiens de leurs vingt-cinq ans de carrière : il se pourrait bien que Keith Richards, fils de Doris, bon fils et acnéique, ait laissé Ronnie transgresser l'injonction télégraphique préalable, sérieuse ou plaisantée, de Phil Spector, demandant aux Rolling Stones de bien vouloir laisser sa fiancée tranquille et l'initier, lui le guitariste mutique, à une autre et soudaine vision du monde. Se glisse dans le *New Musical Express*, au milieu de la phrase banale où on fait parler Mick Jagger des Ronettes, une autre indication volcanique : Estelle, la sœur de Ronnie, aurait économisé sur les frais d'hôtel en partageant sa chambre avec le fiancé de Chrissie Shrimpton ? : *Those Ronettes just stopped us dead in our tracks, smiles Stones N° 1, vocalist Mike Jagger* [4, 33] : « Ces Ronettes sont vraiment restées comme une pierre sur notre chemin, sourit le numéro un des Stones, le vocaliste Mike Jagger. » Mick n'a jamais prononcé de phrase à la légère, et s'il ajoute le sourire, il a très certainement pour cela une raison avérée.

En tout cas, c'est juste après cette tournée qu'apparaît dans la vie de Keith Richards cette fille qui a pour patronyme son propre prénom, Linda Keith. Elle va être pendant trois ans sa compagne. On en sait très peu sur elle, qui ensuite partagera brièvement la vie de Jimi Hendrix, et quelques mois de la dernière année de Brian Jones, avant de devenir l'épouse d'un guitariste plus anonyme, John Porter. Quelques rares photos d'une silhouette à longs cheveux (elle a dix-sept ans), portant sur elle toute la mode d'époque, sont la seule trace publique de Linda Keith, avant qu'elle précède Richards et Hendrix dans l'impasse de l'héroïne. Celle dont il fait sa première compagne avait pour qualité de partager aussi son silence, d'être capable de rester écouter en patience les accords de guitare. Leur vie commune correspond à cette période harassante où le groupe, pendant trois ans, joue presque tous les soirs. Et il n'y a pas encore sur leur vie privée l'acharnement des magazines : un avion, quand on a trois jours libres, peut vous emmener à Marbella ou en Grèce pour du soleil et ne rien faire. Elle est un des rares témoins de cette époque de la mutation pop à n'avoir pas décliné par écrit son testament : quand, plus tard, les journaux de l'époque l'interrogent, on dirait qu'elle prend plaisir à leur fournir les phrases qu'ils veulent entendre, au point qu'on soupçonne plutôt l'anonyme rédacteur du magazine de les avoir rédigées lui-même. *He certainly wasn't a quiet man to live with. But I liked the fact he was so involved in music, that it was such a prevailing part of his and my life. [...] We were good friends as well as being together. He was a lonely person, I felt he had been a very lonely child* $_{17,\,72}$: « Certainement ce n'était pas quelqu'un avec qui on pouvait vivre tranquillement. Mais ça me plaisait, qu'il s'investisse autant dans la musique, qui était une part si importante de sa vie et de ma vie. [...] On était de bons copains, tant qu'on a vécu ensemble. C'était quelqu'un de solitaire, j'ai senti qu'il avait été un enfant très solitaire... »

L'argent rentre (ils gagnent chacun cent quinze livres par semaine en ce mois de janvier 1964, à rapporter aux quatorze livres hebdomadaires de Wyman dans son ancien travail de magasinier : mais cela va doubler maintenant chaque trimestre). Sauf qu'on n'a même plus le temps de le dépenser : on s'habille en quantité, on prend le goût peu à peu de ces choses un peu extravagantes, qui coûtent trois fois plus que la moyenne, blousons ou bottines qu'on entasse.

Quand on rentre dans les restaurants, on vous fait plus ou moins poliment savoir combien vous y êtes bienvenus, à cause de la longueur de vos cheveux (Bill Wyman note avec fierté qu'aux Beatles, malgré la frange, on voyait les oreilles tandis que les leur avaient disparu). Ça devient rengaine, alors on se venge. On est capable encore de cet humour qui n'est qu'anglais et témoigne, sinon d'une fraternité, d'un souci de communauté encore palpable chez eux. C'est l'histoire des quarante-six œufs au plat de Bill Wyman. Le 5 janvier 1964, au retour d'un concert à Oxford, à une heure et demie de Londres (on roule en bus Volkswagen et il n'y a pas encore l'autoroute A1), on s'arrête comme on fait souvent, pour un petit déjeuner, dans une station-service. Les Rolling Stones ne se sont pas couchés, quand les camionneurs qui sont là commencent leur journée. Ces haltes de bord de route sont des caravansérails. Une fois de plus, quelqu'un, dans la salle, lance une réflexion, et le serveur se fait complice des sarcasmes. Ils sont habillés en demoiselles, disent les chauffeurs, et trop maigres en plus. Rires gras. On frôle la provocation physique. Les maigres musiciens, fatigués par l'insomnie, sont l'attraction du breakfast de bord de route, où les camionneurs n'accompagnent pas que de thé les haricots sauce tomate de tradition matinale. Les Stones encaissent, et puis cela déborde. Alors Bill Wyman réagit, depuis ses plus profondes racines du prolétariat anglais : il s'adresse au serveur d'un signe. Le loufiat a la salle pour lui, il s'agit d'être funambule : il lui demande simplement combien, à son avis, il y a de personnes dans la salle. Environ quarante. Sans élever la voix, Wyman lui commande quarante œufs au plat, un par personne. Le loufiat, qui doit les cuire un par un, et parce que aucun des camionneurs ne saurait refuser sans impolitesse grave ce qui ainsi est offert, s'exécute. Les camionneurs s'inclinent, les Stones ont gagné. Wyman paye quarante-six œufs au plat, et il précise qu'il avait évalué mentalement, avant de lancer sa provocation, combien cela lui coûterait. L'Anglais Bill Wyman a répondu en Anglais à des Anglais, mais ce n'est pas toujours possible, ce le sera de moins en moins, à mesure que la séparation des circuits va s'établir.

Manière aussi, ce matin-là, pour Wyman le silencieux, trop souvent le bouc émissaire, de passer à l'avant d'eux cinq pour cette image d'eux encore à naître, la réputation qui les précède : lui, le monde du dehors, les camionneurs et les loufiats, il connaît.

Cela se multiplie. Avant de repartir pour Londres, à Manchester où ils ont enregistré pour la télévision (« Top Of The Pops »), on s'assoit dans un restaurant chinois, on passe commande : rien que d'ordinaire. Le restaurant est presque vide, le patron leur a servi à boire mais, une demi-heure après, rien de leur commande n'est arrivé. Façon de leur faire sentir ce qu'on pense de comment, avec leurs tenues, ils honorent l'Angleterre. Ils reprennent à boire, et encore un quart d'heure, toujours rien. Ils laissent dix livres pour les boissons, se lèvent et s'en vont : le patron, qui reste avec huit steaks tout prêts sur les bras, leur court après : *Come back, you fucking bastards* [2, 215] : qui croirait que les temps pour eux sont tendres se trompe.

Alors on durcit sa carapace, mais on encaisse au jour le jour. En fait, jusqu'à ce qu'ils puissent circuler dans ce monde sans plus avoir de lien avec lui, comme ce sera le cas après 1967. Il n'y aura que New York, vingt ans plus tard, à leur redonner assez d'anonymat pour qu'à nouveau on puisse marcher dans les rues comme avec Phelge dans Londres en 1962, mais New York est une ville extraordinaire.

Ces histoires minuscules nous offrent à distance visage, pour ce qui ne fait pas sinon mémoire. Comme l'histoire du sandwich au poulet. Parce que Keith a plus faim après jouer qu'avant, mais qu'après on ne trouve rien à acheter dans les rues avoisinantes, à Liverpool ou Birmingham ou n'importe, il est sorti avant le concert acheter un sandwich au poulet qu'il a laissé dans la loge, bien emballé. Quand il a fini de s'accorder, au moment d'entrer en scène, il s'aperçoit que le sandwich est mangé. Et donc que lui, Keith, n'aura rien à se mettre sous la dent tout à l'heure. Alors Brian prend un œil qu'en français on dit au beurre noir : l'œil de Brian changera de couleur chaque jour pendant toute la semaine de concerts, mais il ne piquera plus en douce les sandwichs au poulet de son collègue. *One night in my dressing-room, the stage manager sticks his head in the door and yells : You're on ! So we're pickin' up guitars and headin' for the stage and as we're walkin' downstairs Brian passes me and I say : You cunt ! You eat my chicken ! And I bopped him in the eye. We went on stage and as we're playin' Brian's eye starts to swell and change color. In the next few days it turned every colour of the rainbow* [19, 76] : « Un soir, dans ma loge, le directeur de scène passe sa tête dans la porte et gueule : C'est à vous ! Alors on attrape les guitares et en route pour la scène. En descendant l'escalier, Brian me passe devant et je lui dis : Tête de con, t'as bouffé mon poulet ! Et je lui en balance un dans l'œil. On grimpe en scène et, à mesure qu'on joue, l'œil de Brian commence à enfler et à prendre toutes les couleurs de l'arc-en-ciel. »

Pour qu'ils se surnomment eux-mêmes *The Great Unwashed*, « Les Grands Malpropres », « Les Super Mal Lavés », il y a quelque raison. On a du mal à se rendre compte qu'on est payé en un soir autant que les gens ordinaires en un mois, mais on est encore assez près du Wimpy et du Ernie d'Edith Grove, ou de la boutique près du pont de la Tamise où à une heure du matin Keith emmène Phelge pour les faims d'adolescents qui vous prennent, pour que le sandwich au poulet volé reçoive tel traitement.

L'œil au beurre noir punit-il l'éloignement de Brian? Il vient de s'acheter sa première voiture. C'est une Humber grise : grande calandre à lourds pare-chocs inox, calandre mordante qui déborde d'au moins quatre-vingts centimètres les roues avant, et rétroviseurs à mi-chemin sur les ailes, formes rondes et lourdes du toit laissant des vitres étroites. Les Humber des années 60 sont maintenant des objets prisés de collection, et même Jaguar devait faire banal ce début 64 dans les rues londoniennes à côté du six cylindres de la nouvelle voiture de Brian – les pensions alimentaires ont dû attendre un peu : un saut dans les marques de l'apparat inutile qu'il estime devoir associer à son nouveau paraître. Il en est fier, et ne voyage plus avec le groupe, les rejoint directement sur place. Pour Ian Stewart, qui dit cela avec une brutalité peut-être liée à qui l'a évincé du groupe, la voiture est une nouvelle distance matérielle entre Brian et le groupe : *Brian got exactly what he was asking for. He'd been an asshole to everyone. Had he kept his head, Brian would have been able to make more constructive contribution to the band. But he slowly went off the rails instead* ₁₄, ₅₂ : « Brian a reçu exactement ce qu'il demandait. Il s'est vraiment comporté en trou-du-cul pour tout le monde. S'il avait gardé sa tête, il aurait été capable d'être le plus constructif de tout le groupe. Mais progressivement il s'est éjecté des rails. »

Pour Brian, qui aura toujours une joie enfantine à rouler en voiture, c'est une reprise provisoire de possession du monde, sur le territoire même qu'il y a trois ans on arpentait en auto-stop, aux mêmes carrefours où on sortait par les bouches de métro, devant les magasins, opticien ou disquaire, dont on a été sans ménagement viré. Et peut-être, dans la nuit, glisser sur les routes à deux voies dans l'étroit faisceau des phares, un peu vite, un peu bourré, cela prolonge ce vertige qu'on a sur scène, la joie physique simple des accords de guitare ?

Brian quelquefois emmène avec lui Phelge, et c'est pour eux une équipée de fête. A Aylesbury, près de Cheltenham, c'est Stu qui arrive en retard de trois heures à cause du brouillard, et quand le Volkswagen enfin s'arrête, presque à l'heure du concert, ils aperçoivent la Humber de Brian (il s'était arrêté à Cheltenham : pour montrer la voiture neuve et son costume à ses parents ?) qui part dans une autre direction, plus perdu qu'eux. Une autre fois, à Shrewsbury, on aperçoit une pharmacie : Brian, à cause de son asthme, ne peut vivre sans Ventoline. Parce qu'on est en retard, on le laisse seul, on entre dans les loges. Quand Brian traverse, seul et à pied, l'armée habituelle des fans est devant la porte, il se fait arracher son blouson et déchirer sa chemise. Cela fait rire les autres, il se vexe et ne leur parle plus. A Leicester, c'est le Volkswagen neuf, le bus à vitres teintées dont ils sont si fiers, qui subit le même traitement : rétroviseurs, enjoliveurs de roues et poignées de portes, tout disparaît, même les essuie-glaces. Cette fois c'est Stu qui se vexe, et Brian qui rit avec les autres. Mais Brian est si fier, quand il gare le coupé Humber à même le trottoir du grand magasin Sound City, et se fait présenter les Fender nouvellement arrivées ou ces modèles étranges qu'il va exhiber de plus en plus souvent sur scène, avant de se fixer sur cette guitare à forme de mandoline qui deviendra sa marque, et plus tard portera son nom : probablement qu'il indique juste du bras au technicien de Regent Street de déposer la guitare neuve dans sa voiture, avant d'indiquer aussi qu'on envoie la facture directement à Andrew Loog Oldham : c'est ces instants-là qu'on repense aux combines qu'il fallait, deux ans plus tôt, pour s'équiper des deux tout petits amplis Harmony.

Pour mesurer l'incroyable progression et son rythme, écoutons cette anecdote de Bill Wyman : *An hotel near my home called the Bromley Court was THE local place to play. They featured big name groups, and the Cliftons had never quite been in that league. But the Stones should have been different, and I always fancied playing there, for personal reasons. When the Stones first signed with Eric, we asked him to book us there. Erik asked for £30. I'm not paying £30 for an unknown band, the booker replied. Three months later they called back, but Eric said the price was now £300. Amazed, Bromley Court said the jump of price was ridiculous, so again Eric didn't do the deal. About six months later the hotel phoned again and Eric said the price was now £800 : we never played there* [2, 223] : « Il y avait un hôtel près de chez moi, le Bromley Court, qui était l'endroit par excellence où jouer dans le coin. Ils recevaient des grands noms, et jamais les Cliftons n'avaient joué dans cette division-là. Mais avec les Stones, ça se présentait autrement, et moi j'avais toujours imaginé de jouer là un jour, pour des raisons bien personnelles. Alors, quand les Stones ont signé avec Eric, on lui a demandé de nous envoyer là-bas. Eric a demandé trente livres : On ne paye pas trente livres pour un groupe que personne ne connaît, le gars lui a répondu. Trois mois plus tard, c'est eux qui rappellent, mais Eric dit que le prix maintenant c'est trois cents livres. Surpris, Bromley Court dit que cet écart de prix c'est ridicule, alors encore une fois Eric ne signe pas. Six mois après, ils téléphonent encore, et Eric dit que le prix c'est huit cents livres : on n'y a jamais joué. »

On a chacun quelque part un Bromley Court qui au temps des rêves représente quelque chose tout près de l'accomplissement parfait, et quand soi-même on peut y prétendre, votre chemin vous fait passer à côté et puis le laisser en arrière : pourtant c'est d'une victoire ici à cet endroit qu'on rêverait encore, et ce qui se passe de bien ailleurs n'en compense pas le manque, tellement dans le vieux rêve on peut rentrer et marcher à volonté.

Ils se souviennent du 15 mars 1964. La seule brouille que Watts aura avec celle qu'il va bientôt épouser, l'infirmière Shirley Sheffield, est terminée. Parce que les Rolling Stones n'ont pas joué de toute une semaine, Watts et Shirley sont partis au soleil de Gibraltar. Mais Charlie s'est trompé dans son agenda (une seule fois en quarante ans, plaidera-t-il) et, ce premier soir où on doit rejouer, on découvre que Watts n'est pas chez lui, qu'il ne reviendra que le lendemain. Jouer sans batteur n'est pas possible, alors les voilà revenus quinze mois en arrière, au temps des batteurs de remplacement. Carlo Little n'est pas libre, on sollicite Mickey Waller. On le connaît bien, il fait partie de leur petit monde, a longtemps joué avec Cyril Davies, disparu d'une leucémie en janvier (s'en sont-ils aperçu, les Stones ? aucune mention, même de Brian). Waller joue en ce moment avec un groupe qui s'appelle Marty Wilde and his Wildcats, il accompagnera plus tard John Mayall, Cat Stevens ou Jeff Beck. C'est Brian qui s'est chargé de le convaincre, et il l'emmène lui-même dans la Humber, pour le plaisir de conduire ou le plaisir de se faire voir ? Il emmène aussi James Phelge, qui ne dédaigne pas ces virées maintenant plus confortables. On joue à Chatham, l'autre rive de Rochester, où la Medway River se jette en mer du Nord. Chatham est la ville d'enfance de Dickens, et les images de mer et d'estuaire en sont partout dans ses livres : c'est un motif suffisant, aujourd'hui encore, avec le Musée maritime, pour faire le voyage. En 1964, face à la vieille forteresse de Rochester, c'est encore un dédale industriel de chantiers qui se sont greffés sur les vestiges du vieil arsenal : eux n'en verront rien, qui arrivent au soir devant le Invicta Ballroom, trouvant le chemin pour se garer derrière, où s'ouvre la discrète *stage door* habituelle. Mick Jagger lui aussi s'est acheté une voiture, et arrive avec Keith et Andrew Loog Oldham (tiens, pour aller de Londres à Chatham, on passe par Dartford : ont-ils une pensée pour les rues endormies de leur ville ?). Autre changement d'importance : Stu a un assistant, Spike Palmer, pour convoyer à l'avance et installer le matériel qui s'alourdit, et veiller si possible au service d'ordre pendant les concerts, protéger au moins le matériel. Bill Wyman se rappelle que, ce soir-là, Andrew leur apprend que la première tournée américaine, en juin, est confirmée : bonne nouvelle. Il y a un bon millier de fans ce soir-là à faire la queue dans la pluie de mars, et les gérants ont laissé dans la salle des fauteuils et des tables, tout sera massacré, les rideaux de scène arrachés. Mais, dans les loges, discussion âpre. Les Stones ont maintenant leur propre groupe d'ouverture (comme eux, les Stones, ouvraient un an plus tôt les concerts de Cyril Davies, où Mickey Waller était le batteur : c'est un groupe qui s'appelle The Detours, que leur guitariste, Pete Townshend, appellera bientôt les Who). James Phelge, qui raconte les loges, nous dit que ni Jagger ni Richards n'adressent la parole à Brian. Mickey Waller portera des lunettes noires, et personne ne s'apercevra du changement de batteur : combien de fois Watts, Waller ou Carlo Little et Ginger Baker ont joué dans la même suite de groupes provisoires ? Waller s'adresse d'abord à Brian – parce que c'est Brian qui lui a téléphoné, et parce que, pour lui, le patron des Stones c'est Brian –, pour savoir ce qu'il en est du cachet : *What's the split about the money ?* [30, 256] : « C'est quoi ma part de sous ? » *I'm not actually sure. I don't know how much we're getting. See Mick* : « Je ne suis pas vraiment sûr. Je ne sais pas combien on a. Demande à Mick. » Il s'adresse donc à Mick : *Is it a five way split tonight ? — No, it's union rate. It works about 17 quid.* « On partage en cinq, ce soir ? — Non, c'est la rémunération syndicale, ça doit faire à peu près dix-sept billets. »

Le groupe est payé trois cent cinquante livres une fois qu'Easton et Oldham ont pris leur dîme, et Mickey Waller doit avoir une petite idée des tarifs, combien se vendent maintenant les Stones et qu'ils ne peuvent pas jouer sans batteur. Au tarif syndical, il se fait proprement escroquer, pense-t-il. *I should get the same as the rest of you. I should get 70 quid, that's a fifth :* « Je devrais avoir un cinquième, ça doit faire à peu près soixante-dix, c'est ça, un cinquième ? »

On est toujours dans les loges, Townshend a fini de jouer, Stu et Palmer ont fini d'installer le matériel, les gamins s'échauffent. C'est ce *see Mick* de Brian qui est la nouveauté. Oldham apparemment ne s'en mêle pas, sinon ç'aurait été plus vite et cyniquement tranché : mais Jagger a joué avec Cyril Davies, il ne peut pas se permettre de trop rabrouer un ancien de sa bande. Et ce serait assez hypocrite de sa part de s'accrocher aux conventions de la ringarde Union des musiciens : ils ont assez grogné, cinq mois plus tôt, d'avoir à y cotiser pour le droit de jouer dans les salles de bal. Peut-être Mick ne fait-il que transmettre à Waller ce qu'Oldham a décidé, avant d'aller écouter les Who et respirer la salle. Mickey Waller se fâche, prétend qu'il refuse de jouer, et veut repartir. Alors c'est Brian qui s'entremet, promet qu'on va arranger ça, qu'il va tout répéter à Oldham, mais qu'on verra ça... après le concert.

Dans la voiture, au retour, Brian tente effectivement d'arrondir les angles, parce que ça la fiche mal, une telle bagarre pour si peu : *Everyone was feeling a bit off, tonight. Don't worry, I'll sort it out. I'll see you all right* [30, 258] : « Tout le monde se sentait un peu de travers, ce soir. T'inquiète pas, je vais débrouiller ça, tu t'en tireras bien. » N'empêche que Mickey Waller sera payé dix-sept livres et pas un penny de plus, chèque signé par Andrew et envoyé par la poste, avec mention soulignée : tarif conventionné par l'Union de Grande-Bretagne. Charlie Watts ne manquera jamais un autre concert, et Mickey Waller n'ira pas réclamer : ce soir-là, Jagger a pris en main les affaires des Rolling Stones. Ou compris que, pour faire marcher les Rolling Stones, il fallait adopter le langage des affaires et s'y tenir. Si aucun d'eux n'avait osé dire à Giorgio Gomelsky qu'en son absence on avait signé avec Oldham, qu'aucun d'eux n'avait osé dire à Stu qu'Oldham ne voulait plus de lui sur scène, maintenant on ose dire. En faisant effort sur soi-même, peut-être, pour se prouver pouvoir tenir puisqu'on n'en est plus à cinquante livres près, et que, s'il leur est possible de jouer sans Brian, il ne leur est pas possible de monter sur scène sans batteur conséquent, mais la leçon pour eux est définitive : l'affirmation dure et cynique de ce qu'on veut, sans discussion possible.

Not Fade Away : *de l'entrée officielle en rock and roll*

Le 4 février, au soir, on est en studio Denmark Street. On a adopté cette petite pièce à l'équipement sommaire du Regent Sound parce qu'on peut y rester le temps qu'on veut, et qu'on y fait ce qu'on veut, sans le contrôle de la maison de disques.

Et l'étroitesse même est sans doute manière de renouer avec l'atmosphère des répétitions d'il y a un an, sur la mince estrade des clubs. Enregistrer, ce n'est plus un rendez-vous d'après-midi, aux heures de bureau, sous prétexte que les techniciens sont disponibles, même si c'est comme ça qu'on a mis en boîte le premier album *long play*, maintenant prêt à paraître. Ces deux mois de janvier et février 1964, à Regent Sound, ils ont enregistré plus de douze titres (dont *Route 66, Honest I Do, I Just Want To Make Love To You, Mona, I'm A King Bee, Carol, Walking The Dog* : que des standards). Seulement, il manque encore à l'album, qui leur est indispensable, la locomotive : on ne peut pas vendre un album sur la seule base des succès déjà engrangés. Et on ne peut quand même pas redemander une nouvelle fois aux Beatles de leur écrire une chanson.

Maintenant, on est assez copains avec le technicien, Bill Farley, pour qu'il accepte de venir aux heures du groupe. On se retrouve le soir, et on y passe la nuit s'il faut. C'est dans cette période-là qu'on découvre le bonheur de ces nuits blanches à essayer des germes de chansons et à les pousser, où la fatigue même ajoute une couleur. Et c'est déjà aussi ajouter un peu d'excentricité à ses manières, comme l'argent qu'on laisse dans les boutiques de fringues de Carnaby Street. Mais ce qui se passera cette nuit-là fera qu'on ne travaillera plus jamais de jour dans un studio.

Not Fade Away, qui n'appartient pas à leur univers du blues, mais à la musique blanche, est déjà à Edith Grove un des morceaux favoris de Keith et il le joue toujours, à ses heures de guitare solitaire, dans la cuisine de Mapesbury Road (les parois lisses d'une cuisine résonnent toujours mieux que ce qu'on joue dans les chambres). Parce que *Not Fade Away* lui rappelle ce que jouait le grand-père Gus pour les soldats américains, ou bien les disques achetés par Doris (maintenant, c'est lui qui offre des disques à Doris quand Stu ou son second le dépose pour la soirée à Dartford) ? Un de ces morceaux sur lesquels il a peiné pour retrouver seul les accords, et qui lui vient sous la main pour s'échauffer, reprendre contact avec l'instrument, ou simplement à cause de ce son particulier de la guitare quand on baisse la dernière corde d'un ton et qu'on joue en *ré*...

A Mapesbury Road, c'est le morceau qu'il joue et rejoue chaque jour, quand il émerge, l'après-midi, Keith dans la cuisine. Oldham émerge aussi et s'assoit en face, ils ont leur bouilloire de thé au milieu et des cigarettes. C'est Andrew qui a l'intuition que *Not Fade Away*, si loin de leur répertoire habituel, peut devenir la prochaine chanson (la signature Jagger-Richard est encore trop hésitante, trop mielleuse, pour ne pas dire guimauve : on la réserve aux poulains d'Oldham). Andrew, dans les quatre ans où il se sera mêlé de l'expansion des Rolling Stones, n'aura manqué, sauf la dernière, à aucune de ces intuitions qui peuvent seulement venir d'un regard extérieur à celui des musiciens. *Although it was like a Buddy Holly song, I considered it to be like the first song Mick and Keith wrote, in that they picked the concept of applying that Bo Diddley thing to it. The way they arranged it was the beginning of the shaping of them as songwriters. From then on they wrote* $_{4,\,33}$: « Ça avait beau être une chanson à la Buddy Holly, je considère que c'est la première chanson que Mick et Keith ont écrite, par la façon de la modeler à la Bo Diddley. La façon dont ils l'ont arrangée, c'est le début de leur émergence comme auteurs de chansons : à partir de là ils ont vraiment écrit. » *What basically made the record was that whole Bo Diddley acoustic guitar crust. You heard the whole record in one room. Keith just did it, and that was that. To me, they wrote that song, it's a pity we couldn't have got the money* $_{4,\,33}$: « Ce qui a fait le disque, à la base, c'est cette complète couche de guitare acoustique à la Bo Diddley : vous entendiez tout le disque dans la pièce. Keith le jouait, et c'était ça. Pour moi, c'est une chanson qu'ils ont écrite, c'est pitié que nous n'ayons pas pu avoir l'argent. »

Abandonnons à Andrew ce mot de pitié, par quoi il regrette que les droits d'auteur (« ils » ont écrit, « nous » n'avons pas eu l'argent) n'aient pu leur revenir : ils n'ont pas encore assez de culot pour transformer les paroles et prétendre qu'ils ont écrit le morceau, mais exploiteront suffisamment la recette, une fois qu'ils la connaîtront. Pour Decca c'est égal, puisque c'est pour eux que Buddy Holly avait enregistré l'original. Oldham a tellement *Not Fade Away* dans la tête qu'il la leur a déjà fait enregistrer, au mois de septembre précédent, en respectant la manière d'origine, quand on cherchait un titre pour un *single*. Buddy Holly, né au Texas un an avant Bill Wyman, sera repéré par Decca alors qu'il fait l'ouverture des concerts de Bill Haley, produisant son inusable *Rock Around The Clock*. Il décédera à vingt-trois ans le 3 février 1959, à deux heures du matin, quand le Beechcraft qui transporte son groupe,

The Comets, s'écrase dans un champ. Il nous laisse un visage alors jeune pour toujours, qui gardait sous la mèche Elvis de grosses lunettes à monture d'écaille noire, a inventé ce qu'il appelait le *western bop* : et comment Keith Richards en enchaînerait les accords sans l'image de l'avion qui s'écrase, d'où naît la légende ? Little Boy Blue and the Blue Boys avaient été voir Buddy Holly, quelques mois avant sa mort, lorsqu'il était venu jouer à Watford, et sa mort avait dû leur être d'autant plus un choc. Transgresser le rhythm and blues pour accepter Buddy Holly, c'est accepter pour la première fois que le rock and roll contamine les Rolling Stones. Mais la chanson, jouée cent fois sur scène, a dérivé d'elle-même vers l'univers des Stones en ce temps : une rythmique obsessive, un son organique et mêlé. Ce soir, quand on entre dans le studio, Richards prend les commandes avec sa Gibson acoustique, et Brian le double par une piste d'harmonica, que l'électricité permet de traiter presque comme la pulsation d'un orgue. Cette question de légitimité à s'embarquer là pourtant les tracasse, au point que Bill Wyman insistera sur ce que Buddy Holly a repris lui-même de Bo Diddley, et sur l'engagement collectif du groupe pour réinventer ce qu'aurait été une version de *Not Fade Away* telle que jouée par Bo Diddley : *Keith played guitar on that track, Brian the harmonica. The rhythm thing was formed basically around the Buddy Holly song. We brought the rhythm up and emphasized it. Holly had used that Bo Diddley trademark beat on his version, but because he was only using bass, drums and guitar, the rhythm element is sort of a throw-away. Holly played it very lightly. We just got into it more and put the Bo Diddley beat up in front* [4, 33] : « Keith jouait la guitare sur ce morceau, et Brian l'harmonica. Pour le rythme, on se basait d'abord sur la chanson de Buddy Holly. On a mis le rythme au point, et on l'a accentué. Holly se servait de cette marque de fabrique du *beat* Bo Diddley, mais avec juste un accompagnement de basse, batterie et guitare, la pulsation rythmique est comme mise de côté. Holly jouait ça vraiment léger. On est juste entrés dedans un peu plus, et on a mis le *beat* de Bo Diddley en plein devant. »

Leur premier réflexe, en ce début de nuit au Regent Sound, c'est de jouer vite. Quelque chose qui vous emporte, comme on fait sur scène. Oldham : *The first takes of* Not Fade Away *were too fast. It's a common error among performing groups not familiar with recording in the studio.* Come On, *for instance, they took too much too fast* [4, 33] : « Les premières prises de *Not Fade Away* étaient trop rapides. C'est une erreur fréquente chez les groupes habitués à la scène et pas au studio. *Come On*, par exemple, ils l'avaient joué beaucoup trop vite. »

Le miracle qu'ils attendent ne se produit pas. Le miracle pour l'instant attend chez Decca, la maison de disques, dans une de ces fêtes réservées, dont Spector et ses Ronettes sont les invités d'honneur (ou bien : en l'honneur de ce que rapporterait à la compagnie Decca, dans les semaines à venir, le nouveau succès de Spector et ses Ronettes). Andrew, sachant Spector à Londres, a obtenu que le seigneur des studios les rejoigne en cours de nuit. Andrew commence à avoir confiance et il espère, sinon éblouir le maître arrangeur, en tout cas obtenir de lui sa carte d'entrée dans leur club professionnel si restreint. S'il lui a demandé de venir, ce n'est pas pour demander une leçon de mixage, mais pour lui faire entendre ce dont les Rolling Stones sont capables.

Pas difficile de convaincre Spector qu'après la fête un peu guindée des marchands de disques on aille s'ébrouer entre amis. Célèbre pour sa limousine aux vitres teintées, Spector embarque comme d'habitude quelques parasites avec lui. Leur monde du spectacle est étroit, on s'enfourne toujours en bande. Mais, cette fois, les deux types qu'il amène sont musiciens eux aussi et connaissent les Stones : l'an dernier, les Stones faisaient la première partie des Hollies, un groupe de Manchester confronté à un succès plus rapide mais éphémère, qui, pour cette tournée, avait préféré se renforcer en louant deux solides mercenaires : l'Américain Allan Clark et Graham Nash (lequel se fera connaître, plus tard, à l'époque des supergroupes assemblant sur mesure des habitués de studio, par Crosby Stills Nash and Young, qui joue encore, avec gros ventres et cheveux blancs, cette année 2002).

Quand ils arrivent c'est la fête. C'est tellement petit, Regent Sound, qu'on ne sait plus où se mettre. On sert à boire, on écoute Phil Spector ironiser sur les festivités officielles de Decca. Puis on fait silence, pour qu'Andrew balance à volume maximal ce qu'on vient d'enregistrer.

On attend l'avis de Spector. On voudrait un compliment de Spector, un signe de Spector, et Spector doute. Voilà que dans le silence revenu, au lieu de leur faire les compliments qu'ils veulent, il balaye leur travail : Spector leur propose une nouvelle prise, mais plus lente. Et il insiste : voire d'une lenteur exagérée, juste pour comprendre, apprendre. Si une chanson tient, dit Spector, elle tient aussi à moitié de son tempo.

On obtempère, on fait un premier essai, quand une arrivée imprévue risque de tout annuler. Celui qui arrive, c'est Gene Pitney, de quatre ans leur aîné. Bien plus célèbre qu'eux, c'est son anniversaire et il n'aime pas boire seul. Gene Pitney débarque tout juste de l'aéroport, il a acheté en duty-free un magnum de cognac, double taille, et du bon. Son avion était en retard, et il a loupé la *party* de Decca : il n'allait quand même pas finir sa soirée d'anniversaire comme ça. Il pensait faire la fiesta avec

Spector, où est Spector ? Il a appris que Spector avait rejoint en studio les Rolling Stones, bon, il connaît les Rolling Stones, il n'a pas eu à se repentir d'avoir enregistré *That Girl Belongs To Yesterday*, signée sur mesure Jagger-Richard, alors Gene Pitney a pris son Courvoisier double taille et affrété un taxi.

On est loin encore de l'époque où gardes du corps puis assistantes personnelles maintiendront autour du groupe barrages et filtres, et où seule une autorisation verbale d'un des deux patrons, Keith ou Mick, permet de passer. Pitney, Spector et leurs copains sont là, c'est perdu pour le travail ? Eh bien on recommencera la semaine prochaine. On débouche le Courvoisier, on se raconte ce qu'il y a à se raconter. Et à Gene Pitney à son tour on propose d'entendre les deux prises de *Not Fade Away*, la rapide et la lente.

Pitney aime bien l'introduction de guitare, ce battement. Il demande à Keith de lui montrer, de lui jouer seul ces accords, sur la guitare sèche : c'est l'esprit de ça qu'on veut sauver. Ce qu'il préfère, Gene Pitney, de la rapide et de la lente ? Ni l'une ni l'autre, en fait... Confusion.

Alors le grand type, celui qu'ils prennent pour un ringard de variétés, reprend les paroles avec Jagger, en lui proposant de chanter comme ça, à eux deux, a cappella. Et, ce soir-là, Jagger recevra l'Amérique : c'est si peu, et quoi, une accentuation de fin de phrase, une consonne qu'on mastique un peu plus. Jagger a toujours pigé très vite ce qu'il y avait à prendre d'un type, quand bien même l'autre ne s'en souviendra plus le lendemain. *Let's go through it another time...* On s'y remet, ils recommencent une fois de plus, à deux heures du matin, reprennent ces accords raclés par Keith comme il l'a fait dans la cuisine de Mapesbury Road, en l'honneur du rocker à lunettes d'écaille, mort à vingt-trois ans dans un avion qui s'écrase.

Mais là, c'est Spector qui interrompt. Il se plante devant Brian, qui souffle dans son harmonica, le prend les yeux dans les yeux et fait le chef d'orchestre pour un seul comme il sait faire quand il boucle chez lui aux Amériques un arrangement de variétés en embauchant pour trois heures un orchestre de cent soixante-dix instruments. Et Brian, hypnotiquement pris par ce type qui s'est planté à cinquante centimètres devant lui, accepte une direction musicale. Spector aussi, qui pousse les réglages de gain d'entrée, de graves et d'aigu, ajoute une réverbération, peut-être même se moque doucement d'eux, en leur disant : quoi, ça vous fait peur, les boutons, vous avez peur de jouer trop fort ? L'harmonica d'un coup devient un peu surréel, plus déchirant quand il s'extirpe du redoublement rythmique de la guitare pour une lancée aiguë, ou maintient son appui pendant les deux brefs solos des mêmes accords saturés en grappe de Keith.

On a la base instrumentale, il s'agit d'ajouter les voix. Pitney a trop bu de Courvoisier (il ne reste même plus de Courvoisier), mais pour le jour de ses vingt-cinq ans il s'en estime le droit, et il leur concède comme chose précieuse la leçon qu'il a lui-même apprise là-bas, des routiers de Nashville : *I gonna tell you a secret of my policy in the studio... I find it true... Once you decide to record a number, put everything you've got into it : don't say we'll do it over and over again, because everytime it looses just a little something, especially a man with voice, so let's do it the first time and the hell of the rest* : « Je vais te dire le secret de comment se comporter en studio... Un truc auquel moi je crois... Une fois que tu as décidé d'enregistrer un truc, tu mets tout ce que tu as dedans. Ne te dis pas, on le refera encore un coup et un autre, parce que chaque fois ça perdra un petit quelque chose, et surtout un type avec sa voix. Alors tu le fais un bon coup, et merde pour le reste. » Jagger en chantant secoue des maracas, Spector les lui prend et s'en charge, pareil que pour Brian, à vingt centimètres de sa figure. Graham Nash prend un tambourin et Gene Pitney, démonstration faite de comment un Américain fêtait au cognac le compte rond de ses vingt-cinq ans, vient tout près du micro et tape d'une pièce de monnaie son magnum vide : maintenant que Jagger chante, il a ces trois figures devant lui tout près qui ne le quittent pas des yeux et se trémoussent avec lui, c'est comme balancer chaque syllabe dans le vide, avec l'obsession de leurs trois rythmes, et la leçon d'articulation que lui a donnée, vingt minutes plus tôt, le saoulard américain qui maintenant ne s'en soucie plus.

Au-dessus de la guitare et de l'harmonica qui servent d'appui, il y a maintenant cette nappe de rythme qu'on pousse en transe, laissant grogner derrière la basse imperturbable de Wyman, Watts s'ajustant sur Richards. En troisième passe, il faut faire les chœurs : c'est Allan Clark et Graham Nash qui vont s'en charger, ajoutant par les voix un ultime et un discret souffle rythmique. Jusqu'ici, c'est Brian et Wyman qui chantaient les harmonies.

Et voilà comment les Rolling Stones ont appris en une seule nuit à trouver en studio la même passion qu'à la scène – c'est comme la bicyclette, une fois qu'on sait faire, c'est pour la vie. Curiosité : la version de *Not Fade Away* qu'ils donneront trente et un ans plus tard, quand ils voudront renouer, en 1995, avec des salles comme l'Olympia à Paris ou le Paradiso à Amsterdam, pour le plaisir des petits amplificateurs et une scène qui ne met pas vingt mètres entre eux et leurs auditeurs. Il n'y aura plus sur la scène que trois des Rolling Stones originels, et derrière eux pas moins de neuf musiciens et trois chanteurs. Ron Wood, qui, après vingt ans de salariat à la pige, sera consacré officiellement Rolling Stone seulement cette année-là, s'occupe de l'ancienne version de la guitare originelle, Keith prolongeant à la Fender électrique et Mick jouant la partie d'harmonica : le miracle de cette nuit du 4 au 5 février 1964 ne se reproduira pas. Et les paroles de *Not Fade Away* sont restées d'une simplicité inverse aux droits d'auteur qu'auront touchés Norman Petty et Buddy Holly : *Your love for me has got to be real/Before you'd have noticed how I feel/Love that lasts more than one day/Well, love is love and not fade away...* : peu importe comment on traduirait ces clichés de toujours, «l'amour qui dure plus d'un jour, l'amour c'est l'amour et ça ne s'éteint plus jamais», *Not Fade Away* dans nos têtes à nous ça sonnait tellement mieux en anglais...

On tient enfin le disque, il faut une face B. On a une dette envers Spector et on veut le faire bénéficier de quelques *royalties* : on reprend le *Shame, Shame, Shame* de Jimmy Reed (que les Stones intégreront à leurs concerts version club de la tournée de 1997, comme *Not Fade Away* à celle de 1995). On laisse dériver la chanson, et on laisse Phil Spector dresser pour le groupe ce qui fait le succès des Ronettes, tous les instruments à valeur égale sur l'avant, ce qu'il appelle son *wall of sound*, un mur de son. Spector et Mick sortent un moment dans le couloir pour réécrire des paroles qu'on dira originales. On appellera le morceau *Little By Little*, et on signera Phelge-Spector. On finira la nuit en improvisant tous ensemble un nouveau Nanker-Phelge, Stu au piano et Mick mimant dit-on la voix pointue du patron de Decca, sur des attendus concernant la vie sexuelle supposée d'Oldham : *Andrew's Blues* deviendra *And The Rolling Stones Met Phil and Gene, Mr Spector And Mr Pitney Came Too*. Manière de souvenir de la traversée qu'ils viennent ensemble de faire. On est un peu fatigués, alors les paroles s'en ressentent : *The Rolling Stones are a load of shit an now I've heard them I know they are a load of shit*, un peu comme sur l'air de *Les Gaulois sont dans la plaine*, on dirait sur fond de blues traditionnel : «Quel paquet de merde ces Rolling Stones, et maintenant que je les ai vus et entendus, oui je l'ai su, quel paquet de merde ces Rolling Stones...»

Deux semaines plus tard, le 21 février, *Not Fade Away* entre au hit-parade avec sur la seconde face *Little By Little*. Immédiatement dans les dix premiers titres, où Cilla Black est numéro un avec *Anyone Who Had A Heart* (ce qui effectivement en concerne plus d'un ou d'une), suivie des Searchers («Ceux qui cherchent»), des inusables Gerry and the Pacemakers, Les Merseybeats et Les Swinging Blue Jeans. Mais, si le paysage est encombré, la presse réagit de façon déjà différente : pour la première fois on sort le vieux schéma du *Doctor Jekyll and Mister Hyde* pour prétendre que, derrière les Beatles, les Rolling Stones sont comme une sorte d'envers photographique, en sale et méchant ce qu'eux sont en propre et gentil. Ce n'est pas Andrew Loog Oldham qui est à l'origine de ce qui va devenir la marque de fabrique, mais une fois que les journaux auront débouché pour lui le pot à odeurs, il va aussitôt comprendre et amplifier.

Gene Pitney, célèbre en 1962 et 1963 pour les deux grands tubes produits successivement par Spector, *He's A Rebel* et *Only Love Can Break A Heart*, les cheveux gris sur un visage inchangé, continue ses tournées de province, dont deux mois chaque année dans les villes de province anglaises et un mois l'Australie ou un autre pays anglophone. On le retrouvera ici sur la route de Marianne Faithfull, sous un jour moins favorable.

« Would you let your daughter marry a Rolling Stone ? »

On va, pour la première fois, lancer enfin un disque sur le marché américain où, grâce aux Beatles, l'Angleterre est au premier plan de la mode : *Not Fade Away* sur la première face, *I Wanna Be Your Man* sur la seconde. Tout est presque prêt pour qu'Andrew comprenne comment catalyser ce qui va devenir, pour les deux années suivantes, la construction systématique et monotone d'une image. Il ne s'explique pas en détail sur ce passage qui pourtant ici serait le principal objet d'enquête, cette mécanique par quoi une situation déplacée de soi-même dans les dispositifs symboliques ou économiques du réel induit l'intuition qui va permettre de déplacer en retour ce réel lui-même : ce mouvement en spirale ne s'est pas réellement encore enclenché dans l'univers symbolique, il n'y en a que les symptômes, quand en mars 1964 Andrew réussit, dans une interview au journal établi de l'institution musicale, *Melody Maker*, qui s'intéresse enfin à eux, à faire donner pour titre à l'article : *Would you let your daughter marry a Rolling Stone ?* : « Laisseriez-vous votre fille se marier à un Rolling Stone ? » La phrase est passée dans l'histoire de ces jours, on n'a peut-être pas assez signalé qu'elle lui avait été livrée toute prête par l'agent publicitaire des individus concernés.

It happened so fast that one never had time to really get into that thing : Wow, I'm a Rolling Stone. We were still sleeping in this truck every night if the most hard-hearted and callous roadie I've ever encountered, Stu. With just an engine and a rear window and all the equipment and then you fit in $_{4,\,36}$: « C'est arrivé si vite qu'aucun de nous n'a jamais vraiment eu le temps de s'y repérer : Waouh, je suis un Rolling Stone ? Nous, on dormait encore chaque nuit dans cette camionnette, avec ce roadie le plus endurci auquel j'ai jamais eu affaire, Stu : juste un moteur et une vitre arrière, tout l'équipement dedans et toi tu te débrouilles. »

Comment cela s'amorce ? Il peut suffire d'un grincheux de journal, heureux de ses propres effets de plume : *The whole lot of you should be given a good bath and then all that hair should be cut off*[4, 36] : « Vous tous vous feriez mieux de prendre un vrai bain et d'aller vous faire couper tous ces cheveux... »

Ce qui n'était qu'une antienne dans les chemins de fer ou les bistrots de stations-service trouve une première fois sa forme écrite après un nouveau passage au « Thank Your Lucky Stars » télévisé de Birmingham. Le grincheux est un anonyme, qui a pris papier, timbre et enveloppe pour envoyer une lettre de protestation à la chaîne. *I'm not against pop music when it's performed by a nice clean boy like Cliff Richard, but you are a disgrace. Your filthy appearance is liable to corrupt teenagers all over the country*[4, 36] : « Je n'ai rien contre la musique pop, si elle est jouée par un gars propre et net, comme Cliff Richard, mais vous, vous êtes une honte. L'image crasseuse que tous les cinq vous donnez de vous, c'est assez pour pourrir les adolescents partout dans le pays. »

Le ton est donné, mais surtout a trouvé sa cible symbolique : les cheveux. Qu'on change ainsi les habitudes de toute une génération de gamins, quand leurs pères vont une semaine sur deux se faire rafraîchir la nuque et les oreilles en lisant le journal sur les fauteuils de moleskine rouge des coiffeurs, une corporation ne peut laisser passer ça sans réagir. Ils ont peur, les coiffeurs. Ces types qui se coupent les cheveux eux-mêmes (pour les Beatles, c'est Ringo qui se charge de la mèche de John et de Paul, Keith s'occupe des siennes lui-même), les coiffeurs le pressentent comme un danger pour tout leur métier. Et, même, cette protestation des coiffeurs précède l'énorme mutation qui balaiera un à un tant de vieux métiers, à commencer par ceux de la sidérurgie et du textile et toute la surface vive des vieilles villes d'industrie, Manchester, Leeds ou Birmingham, où le rock trouvera son public le plus résolu. Les métallurgistes, les mineurs, les ouvriers du textile ne seront pas remplacés, mais il y a toujours des coiffeurs, qui vendent même bien plus cher des prestations où c'est avant tout l'air du temps qu'on commercialise, gel, petit bouc ou crâne rasé de près parce que c'est la mode.

Mais les coiffeurs voient le danger, et non pas en quoi la revalorisation du cheveu chez les idoles de la pop va les enrichir eux-mêmes. M. Wallace Scowcroft, président en 1963 de la Fédération nationale des coiffeurs de Grande-Bretagne, ne peut se représenter les boutiques futuristes qui font l'honneur trente-six ans plus tard de sa profession, quand bien même sa grande majorité est encore faite, dans notre pays, de travail au noir, d'apprenties sous-payées qu'on licencie plutôt qu'embaucher parce que c'est moins cher de prendre une autre apprentie, et d'art invaincu des permanentes à prix cassés faites sur place dans les maisons de retraite. Et c'est pourtant M. Wallace Scowcroft qui va faire pour la célébrité des Rolling Stones bien plus qu'Alexis Korner, Giorgio Gomelsky ou Allen Klein réunis. C'est aux Beatles d'abord qu'il s'en prend. Mais, pour affirmer son discours, il lui faut une cible plus évidente, et pour laquelle la légitimité musicale n'est pas aussi établie. Alors, au nom de la corporation qu'il préside, M. Wallace Scowcroft loue dans le *Daily Mirror* un vaste placard publicitaire : *Mr. Wallace Scowcroft, President of the National Federation of Hairdressers, offered a free haircut to the next number one group or soloist in the pop chart* $_{4, 36}$: « M. Wallace Scowcroft, président de la Fédération nationale des coiffeurs, offre une coupe de cheveux gratuite au prochain groupe ou chanteur numéro un du hit-parade. »

Peut-être là aussi, comme dans les quarante-six œufs au plat offerts par Bill Wyman dans le bistrot d'autoroute, cela participe-t-il de cette spécificité anglaise, toute d'humour à froid et de distance un peu fixe, qui permet que le patron des coiffeurs s'adresse à ceux qu'il considère comme ses ennemis potentiels par une offre gentille. On ne fait pas une telle déclaration sans avoir à s'en expliquer ensuite, c'est le but recherché. Alors on interroge M. Wallace Scowcroft sur les conséquences de son placard, et voilà ce qu'il lâche au *Daily Mirror* : *The Rolling Stones are the worst. One of them looks as if he has got a feather duster on his head* $_{4, 36}$: « Les pires, c'est les Rolling Stones, il y en a un, c'est comme s'il avait un plumeau au-dessus de la figure. »

L'homme au plumeau sur la tête, on ne sait pas lequel des cinq est visé, mais c'est probablement Bill Wyman. Ils ont les cheveux trop longs, et c'est facile de dire que cela favorise les poux et la crasse : autant dire tout de suite qu'on les en suspecte fortement. Peu importe la suite monotone qui s'enclenche, la rengaine des journaux, deux ans durant, fera des cheveux trop longs une fixation et un symbole, sans mesurer ce qui s'ensuit d'une mondialisation des normes, quand le *Hey Jude* des Beatles est chanté par tous ceux qui grattent de la guitare ici où là de la Chine au Brésil, via Rome et Woodstock, sans mesurer non plus ce qui s'ensuit de la montée de l'héroïne et la prise de possession par les marchands de drogue d'un marché massif, dont les dégâts aujourd'hui encore n'apparaissent pas enrayables : les cheveux seront l'ennemi principal et unique, le symbole de la révolte et de la mutation. Andrew le comprend en même temps que M. Wallace Scowcroft, selon ce principe qu'il décrète : *For the Stones, bad news is good news*. Alors effectivement c'est lui qui propose au *Melody Maker* ce gros titre : « Laisseriez-vous votre fille se marier avec un Rolling Stone ? » Coup de génie, en se donnant un adversaire, génération contre génération, on érige sa différence en valeur à prétention globalisante, remplacement d'un monde par un autre. D'où que l'autre se défende. Leur but à cet instant est sans doute modeste : au lieu même de la friction, vendre un peu plus de disques, et c'est pourtant comme une réunion en un même point d'un basculement en genèse, où ils ne comptent pour rien et que pourtant ils incarnent : merci au président Wallace Scowcroft.

Ils ont encore, avant l'Amérique, trois mois de tournée à jouer presque chaque soir. Le 22 février, à Bournemouth, tout au sud, près de Southampton, note de Bill Wyman qui révèle ce qui change de l'ambiance : *Checking into the White Hart Hotel, Bournemouth, almost every one had a girl. I asked mine how old she was : Seventeen, she replied. We went to bed and at one o'clock I was woken up by the manager and the police demanding entry to my room. I asked the girl again how old she was : Sixteen, she replied. When I finally let them into the room they dragged her out of her bed and questioned us. They wanted the identity of the girl I was with. They phoned her parents and were told that she had celebrated her sixteenth birthday a week earlier. I breathed a mighty sigh of relief. After that the whole band met downstairs to hear that the police was looking for a thirteen-year-old who had been reported missing. The heat was off. The hotel manager and his staff were great, providing us all with sandwiches and tea to calm our obviously jangled nerves. They were many apologies and the police left. Just as we were returning to bed one of the blokes travelling with us appeared from the garden, having got rid of the girl who had been with him : the missing thirteen-year-old* $_{2,\,226}$: « Quand on est rentré au White Hart Hotel, à Bournemouth, à peu près tout le monde avait une fille. J'ai demandé à la mienne quel âge elle avait : Dix-sept, elle répond. On va au lit, et à une heure du matin, je suis réveillé par le directeur et la police, qui exigent d'entrer. Je demande encore une fois à la fille quel âge elle a : Seize, elle répond. Quand je les laisse finalement entrer dans la chambre, ils la tirent du lit et posent des questions. Ils voulaient savoir l'identité de cette fille avec qui j'étais. Ils téléphonent à ses parents, on leur répond qu'elle a fêté l'anniversaire de ses seize ans la semaine d'avant. J'ai respiré un grand coup. Après, on s'est retrouvé tout le groupe en bas, pour apprendre que la police en recherchait une de treize ans, qui avait disparu. L'alerte était passée. Le directeur et son personnel ont été super, nous apportant des sandwichs et du thé pour se calmer les nerfs, on était un peu secoués. Il y a eu pas mal d'excuses, et la police s'en va. Juste comme on repartait au lit, un des mecs qui voyageaient avec nous se pointe depuis le jardin : il venait de reconduire la fille avec qui il était, celle de treize ans qui manquait. »

Merci à Bill Wyman, seize ans plus tard, de publier dans son *Stone Alone* le compte rendu précis de ces jours qui vont trop vite. On parcourt avec lui cette explosion de la libération des mœurs dans les années 60, rien qui déjà ne préexiste et pourtant tout change d'échelle. On mesure le désordre, et l'abandon. On mesure cette confiance qu'ils prennent en eux-mêmes. Et comment les Rolling Stones acceptent ce qui, deux ans plus tôt, les aurait tellement choqués : non plus le public amateur de musique «authentique», mais ces gamines de province en goguette, qui crient et les assaillent jusque dans la rue, et qu'ils traînent ensuite à l'hôtel. Bill Wyman accumule pour chaque soir de ces trois années de tels récits contingents, qu'il ne commente pas : anecdotes empilées de filles mises à la rue deux heures plus tard, ou emmenées dans leur bus et laissées trois villes plus loin, de prénoms qu'on confond, et de celles qui ensuite vous poursuivent jusqu'en bas de chez vous à Penge et auxquelles on ferme la porte au nez. C'est en mai qu'Andrew, sur la pochette du premier disque *long play* des Stones, qui se vendra à cent mille exemplaires le premier jour, signera la présentation suivante : *The Rolling Stones are not only a band, they're a way of life* : «Ce n'est pas seulement un groupe, c'est un mode de vie.»

En mars, *Not Fade Away* atteint la troisième place du hit-parade, tandis que Gene Pitney est encore à la vingt-septième place avec *That Girl Belongs To Yesterday*, mais l'album *long play* est seulement en vingt-septième position, battu par une autre chanson Jagger-Richard, produite par Andrew Loog Oldham : *Shang A Doo Lang* par Adrienne Posta.

Mick vient de se doter d'une voiture toute neuve, une Ford Zephyr Mark III, six cylindres en ligne, deux litres et demi de cylindrée, quatre mètres soixante-quatre de long pour un mètre soixante-cinq de larges, et mille deux cents kilos à vide qu'on peut emmener jusqu'à cent quarante-neuf kilomètres-heure derrière la longue calandre à rayures verticales entre les deux phares ronds comme des soucoupes et tous ses chromes. C'est ainsi qu'on découvre l'île de Wight, qu'on roule d'un concert à l'autre. Le 19 avril, en revenant de Chester, il se fait arrêter pour excès de vitesse, dénoncé par des automobilistes doublés de façon dangereuse. Mick passera à travers la contravention pour excès de vitesse, puisque seront retenus à sa charge voiture sans assurance ni carte grise et qu'il n'a pas son permis de conduire sur lui. Mais l'anecdote révèle un autre détail. Ce soir-là, Brian et Bill rentrent avec Stu en Volkswagen tandis que Keith et Charlie rentrent avec Mick dans la Zephyr. Quand Brian pour une fois n'est pas venu avec sa voiture, il y a Jagger et Richards d'un côté, Brian de l'autre, le partage du groupe s'accentue. Autre anecdote autour de la Zephyr, c'est Phelge qui nous raconte : Keith l'emmène en ballade, mais Keith n'a pas le permis. Poursuivis par la police pour feu rouge brûlé, Phelge prend la place de Keith au volant, et se fait passer pour Tony Calder, un des employés d'Andrew, dont le permis de conduire était resté dans la voiture. Mais l'histoire finit bien, parce que le policier, qui a reconnu Keith à cause de « Thank Your Lucky Stars », lui demande un autographe pour sa fille : signe que les temps changent. Keith Richards conduisant sans permis la première voiture de sport de Mick, la preuve qu'on partage tout.

En avril, ils sont pour la première fois sur le Vieux Continent, incursion en Suisse au festival de Montreux : de l'aéroport de Genève à Montreux, Stu ou Eric Easton leur ont ménagé une gâterie, voyage de cinq heures sur le lac, et comme des gosses de vingt ans ils s'émerveillent de voir les montagnes (ils n'avaient jamais vu de montagnes). Ils restent dehors sur le pont, Andrew en lunettes noires exhibant sa dernière nouveauté, un tourne-disque portable à piles, sur lequel il passe des disques plein volume. Même en Suisse, il s'agit de marquer qu'on est les Rolling Stones, qu'on vit dans la musique forte et ceux qui n'aiment pas n'ont qu'à se taire où s'éloigner : et aucun d'eux pour dire à Andrew que peut-être ils auraient préféré la montagne en silence. A Montreux, quand ils arrivent pour la répétition de l'émission de télévision qui doit, dans la soirée, être filmée en direct, des centaines de fans bloquent les portes du casino. Quand eux veulent rentrer, ça fait rire les policiers : Non, non, on n'entre pas, il y a les Rolling Stones à l'intérieur... Le nom Rolling Stones, en quelques mois et trois disques, c'est déjà devenu cela. Et c'est déjà, pour les policiers, incompatible avec ces êtres timides, tout petits et minces, qui leur demandent l'autorisation d'entrer... Plus de mille spectateurs, des moins de vingt ans, le soir au concert, qui dansent et qui crient : invités par le festival de jazz pour y jouer leur rhythm and blues, c'est le courant d'air de la pop qui entre en Suisse.

Le soir, à l'hôtel, on improvise avec un pianiste de jazz, Kenny Linch, Brian à la guitare et Bill sur une contrebasse qui traîne là : une sorte de revanche, à distance, sur le mépris du Marquee Club. Ils repartent le lendemain, et Keith s'endort dès la porte de l'avion franchie, se réveille à Londres : cela ne l'émerveille plus, les avions, le voyage. Watts, malade, attend le lendemain pour repartir : il croise à l'hôtel Charlie Mingus, et pour lui cela compte plus que leur propre célébrité grandissante.

Le bruit grandit. Le 30 avril, au Majestic Ballroom de Birkenhead, en face de Liverpool, sur l'autre rive de la Mersey, les voilà en visite à l'hôpital parce que deux fans ont été renversés par une voiture et l'un d'eux a dû être amputé d'une jambe : pourtant ils n'ont pas manqué grand-chose puisque, à peine les Stones ont commencé de jouer les neuf cents spectateurs ont envahi la scène et il a fallu disparaître dans un fourgon de la police. Encore est-on heureux, cette fois, d'avoir pu sauver la batterie. Au retour, nouvelle amende suite à excès de vitesse pour Jagger et sa Zephyr : à vingt ans conduire amuse (le concert était à trois cent cinquante kilomètres de Londres, quatre bonnes heures de route à faire dans la nuit). Le rituel des provinces anglaises, c'est qu'à la fin du show on diffuse l'hymne national. C'est ce moment qui est redouté par les organisateurs, et à Bristol, lorsque le *God Save The Queen* remplace Mick, les spectateurs démolissent la salle. Charlie Watts, encore occupé avec Stu à déménager sa batterie, se retrouve son pantalon déchiré. Pour comble, au Grand Hotel où ils sont hébergés, parce que maintenant ils ont droit au meilleur, on leur refuse l'entrée au restaurant parce qu'ils n'ont pas smoking et cravate. Et chaque anecdote fournit aux journaux leur copie, la chronique du groupe (comme celle des Beatles) devient chronique nationale et ajoute à l'image qu'Andrew exploite en l'amplifiant.

Et chaque fois qu'on interviewe un directeur d'hôtel, c'est encore quelques dizaines de milliers de disques qui se vendent : *I realize the gentleman is a celebrity, but that does not change the position. I would feel compelled to refuse service to anyone, even a king, if he did not dress correctly* [2,255] : « Je sais bien que le monsieur est une célébrité. Mais cela ne change pas ma position : j'en suis désolé, mais pas question de servir quelqu'un qui n'est pas habillé correctement, même un roi. » Grand événement pour les petits journaux que Mick, à qui le maître d'hôtel avait proposé le prêt gratuit d'une cravate, l'ait refusée : *I'm not going to dress up in their clothes. We dress like this, and that's that. I don't see why we were turned out. I have no intention of wearing borrowed clothes to eat in my hotel* [2,255] : « Je ne vais pas m'habiller avec leurs habits à eux. On s'habille à notre manière, et c'est comme ça. Je ne vois pas pourquoi on a été fichus dehors. Je n'ai pas l'intention de porter des habits empruntés pour manger dans mon hôtel. »

Résultat, parce que, entre voyage et concert, on a rien eu à se mettre sous la dent depuis vingt-quatre heures, on se retrouve dans un minuscule restaurant balinais, à manger des beignets de crevettes au curry, arrosés de Coca-Cola. Et, le temps qu'on finisse le repas, la rue, les fenêtres, sont remplies des mêmes gamins qui veulent des autographes, ou juste les voir, les toucher. Alors, après Wallace Scowcroft, de la Fédération nationale des coiffeurs, vient le tour de M. K. E. Fearson, *chair-*

man of the Tie Manufacturers Association ₂,₂₅₆, « président de l'association des fabricants de cravates » : *The criterion for good manners — when in Rome do as the Romans do — seems to have been forgotten by this group of young men. If they did not wish to wear ties on this occasion, they should have attempted to eat in a restaurant where the majority of people genuinely prefer to dress in a certain way* ₂,₂₅₆ : « Le critère des bonnes manières — quand tu es à Rome, fais comme les Romains — semble avoir été oublié par ce groupe de jeunes gens. S'ils ne souhaitent pas porter cravate en telle occasion, qu'ils prévoient de dîner dans un restaurant où la majorité des gens préfèrent s'habiller d'autre façon. » M. Fearson, « fils de la peur », avait tort de se faire trop de souci, trois décennies plus tard l'usage de la cravate comme symbole et grade dans la hiérarchie sociale n'a pas faibli, malgré les objections immédiatement transmises au *Daily Mirror* par Mick, puisque la stratégie d'Andrew est qu'on réponde à tout, et qu'on le fasse de façon à avoir le dessus, combat inégal. Pourquoi Mick n'aime pas les cravates ? *The trouble with a tie is that it could dangle in the soup. It is also something extra to which a fan can hang when you are trying to get in and out of a theatre* ₆,₃₇ : « Le problème avec les cravates c'est quand ça vient tremper dans la soupe. C'est aussi quelque chose qu'un ventilateur peut vous attraper, quand vous rentrez ou sortez d'un théâtre. »

Petit signe de la reconnaissance qui vient, alors qu'il leur fallait encore, il y a peu, frayer un chemin à la musique électrique dans les clubs, ils sont maintenant invités à y tenir scène ouverte. Et, après l'hystérie grandissante qui prend les grandes salles de bal, le petit milieu des clubs enfumés les protège. Bill Wyman note que le 6 mai ils improvisent un concert au Eel Pie Island, Stu au piano et lui à la basse, avec un ami de Stu, surnommé Wint, à la batterie. On joue du blues. Des deux guitaristes, un leur est déjà une vieille connaissance, Jimmy Page, et l'autre une nouvelle : Jeff Beck. Qui chante ? Wyman, bien sûr. Dans les Stones il a adopté sa posture définitive, immobile et impassible, mais au second plan et muet. Là, avec l'ami Stu, c'est manière de reprendre la place que le groupe leur nie.

Le 9 mai, c'est eux qui se font spectateurs, en assistant à un spectacle associant Chuck Berry, Carl Perkins et les Nashville Teens : ils ont quand même vendu assez d'exemplaires de *Come On* pour que leur nom soit parvenu, via sa banque, aux oreilles du maître. Ils ont le droit d'aller dans les loges, mais Chuck Berry refuse de les recevoir. Et, alors qu'ils accompagnent au restaurant Carl Perkins et ses musiciens, ils apprennent que Chuck se fait lui-même sa popote sur un réchaud à alcool, dans la loge : *weird, uncommunicative* ₂,₂₅₃, dit Wyman. Une autre fois, au hasard d'un rendez-vous de presse, et alors que son disque *No Particular Place To Go* entre au hit-parade anglais, Mick et Charlie se retrouvent dans un ascenseur avec Chuck : il les regarde, puis leur tourne le dos, face à la porte, et sort avant eux. Ils n'auront jamais la relation facile avec le vieil original, qui pourtant leur doit une bonne part de ses Cadillac de collection.

Au Savoy Ballroom de Catford, le 9 mai, mille huit cents spectateurs : la première fois qu'on joue devant autant de monde, à vingt et un ans, ça impressionne. Le lendemain à Bristol, puis Bournemouth, puis Newcastle... Encore un mois à jouer deux fois par jour, tous les jours. Et trois mille à Birlington, et deux mille à Glasgow le 18 mai, plus bagarres, places vendues au marché noir en surnombre, évanouissements et voitures et autobus aux vitres brisées, articles dans les journaux. Aberdeen le 19 mai, quatre mille spectateurs, pour servir la même prestation rodée de cinquante minutes, ou deux prestations de trente minutes (en général, c'est dans l'ordre suivant : *Talking About You, Poison Ivy, Walking The Dog, Pretty Thing, Cops And Robbers, Jaguar And The Thunderbird, Don't Lie To Me, I Wanna Be Your Man, Roll Over Beethoven, You Better Move On, Road Runner, Route 66* et pour au revoir : *Bye Bye Johnny*). Et mille à Dundee, deux mille sept cents à Édimbourg, où tous subissent la fièvre des vaccins obligatoires pour le voyage aux États-Unis. Et si leur disque *Not Fade Away* plafonne en troisième position, les journaux maintenant parlent d'eux : *New Musical Express* titre : *1964, Stone Age*, et *Vogue* publie pour la première fois une photo de Mick seul en couverture, offrant à Andrew un nouveau thème, qui se révélera inusable mais dont le thème ne leur était jamais venu à l'idée à eux tout seuls : *To the inner group in London the new spectacular is a solemn young man, Mick Jagger, one of the five Rolling Stones, thoses singers who will set out to cross America by bandwagon in June. For the British, the Stones have a perverse, unsettling sex appeal, with Jagger out in front of his team-mates. To women, Jagger looks fascinating, to men a scare* [2, 251] : « Pour les branchés de Londres, le nouveau spectaculaire c'est un austère jeune homme, Mick Jagger, l'un des cinq Rolling Stones, ces chanteurs qui vont venir traverser l'Amérique en bus au mois de juin. Pour les Anglais, les Stones ont un *sex appeal* pervers, troublant, grâce à Jagger juste devant ses équipiers. Pour les femmes, Jagger semble fascinant, pour les hommes, un danger. » Tenez-vous-le pour dit ! Et l'affirmation qu'en avant des Rolling Stones ce n'est plus Brian...

Avant même de prendre pied aux États-Unis, maintenant que les Beatles sont établis à la crête et que le phénomène enfle exponentiellement, c'est d'eux, les Stones, qu'on s'occupe pour fournir à l'actualité des magazines. Comme d'habitude, il suffit qu'un journal lance le sujet pour que tous les autres suivent. La même idée enfle en vague, alors même qu'ils ne s'en occupent guère, pris par leurs concerts, et qu'aucun disque n'est en route : *Shaggier, shabbier and uglier than the Beatles... The Stones, newest and hottest singing group in Britain : they recently topped the Beatles for Number One position... Those who think the Beatles caused too much of an uproar when they arrived here had better take the bomb shelters when the Rolling Stones arrive... Their hair is twice as long as the Beatles and they never comb it...* $_{2,\,255}$: « Hirsutes, miteux et plus moches que les Beatles... Les Stones, le groupe le plus récent et allumé d'Angleterre : ils viennent de battre les Beatles et passer numéro un... Ceux qui pensent que les Beatles ont fait trop de bruit en venant ici feraient mieux de descendre aux abris quand les Stones arriveront : leurs cheveux sont deux fois plus longs que ceux des Beatles et ils ne se peignent jamais. »

Ils sont allés le 26 avril écouter depuis les coulisses le dernier concert des Beatles à Wembley, la relation est solide et franche : mais sur le terrain, les voilà enfin émancipés des grands frères, alors même qu'ils n'ont pas encore de chanson à eux.

De New York à Chicago via LA : apprendre l'Amérique

L'Amérique va les ramener lourdement à leur niveau de départ. La découverte du mythe justifie assez le prix que, cette première fois, on paye : la gloire n'est pas au programme, pour leur premier voyage.

Ce jour est donc venu où Ian Stewart et Andrew Loog Oldham, dûment munis de procurations, ramènent pour eux tous les sept passeports verts dont ils n'ont jamais encore disposé, sauf peut-être Watts pour son voyage au Danemark. *Self-employed entertainer, it says on my passport* $_{27,\,41}$, s'amuse Keith : « animateur indépendant... » Le seul moyen de détourner les lois protectionnistes du marché des musiciens aux États-Unis.

On a emballé dans ses valises ce qu'il faut de fringues (pas trop, parce qu'on se dit qu'on en achètera sur place), enfermé les guitares les plus familières dans leurs étuis et le taxi les emmène à l'aéroport d'Heathrow, pas si loin du Station Hotel Richmond (c'était juste il y a un an, qu'ils y faisaient encore les dimanches soirs). Il y aura une prochaine tournée américaine cette même année, en octobre-novembre, et puis deux autres l'année suivante, tout le mois de mai 1965, et encore tout novembre plus début décembre, et encore une cinquième en juin et juillet de 1966 :

l'Amérique maintenant va faire partie de leur vie, mais le baptême sera rude et eux-mêmes, quand, à partir de 1971, on leur demandera compte de leur histoire, parleront bien plus de cette première tournée que de tout ce qui va suivre (sauf Brian Jones, à qui on n'aura rien demandé à temps).

Richards a pris l'avion pour la première fois cinq mois plus tôt, quand le groupe est parti à Glasgow. Les avions (pour qui s'en souvient) ne sont pas encore bien confortables à l'époque, ils sont étroits et bruyants, et la traversée est bien longue. Un peu plus haut dans le ciel, Iouri Gagarine dans son Voshkod a été le premier homme en orbite le 12 avril 1961, et John Glenn le premier Américain le 20 février 1962. On vient de lancer Gemini III, et dans un an on osera une première sortie dans l'espace (*space walk*), jusqu'à juillet 1969 où on marchera sur la Lune, les prouesses concurrentes des deux nations accompagneront la révolution pop. Les voilà comme tous on a fait, à guetter du hublot cette décevante apparition des côtes plates et vides du pays gigantesque, avant de descendre vers l'aéroport qu'on vient juste de rebaptiser J.F. Kennedy.

L'Amérique est un rêve, celui de l'espace illimité accordé à la petite île, et dans le rêve il n'y a jamais eu de Boston Tea Party ni d'indépendance : à preuve que la langue est la même. C'est votre langue, sur bien plus grand territoire, avec les villes magnifiques et les déserts sauvages, c'est dans leur tête le pays des films et des rêves d'enfant. Quand on les écoute en parler, c'est de ce rêve qu'ils parlent : *America was where all our music came from and there was the magical thought of going there with all the radio stations and being able to find all the records you wanted* [14, 36] : « L'Amérique, c'est là d'où venait toute notre musique, et il y avait cette pensée magique de marcher entouré de toutes ces stations de radio, de pouvoir dénicher tous les disques qu'on voulait », dit Bill Wyman. Et Keith Richards : *Nobody realises how America blew our minds and the Beatles too. Can't even describe what America meant to us. We first started listening to Otis when we got the States, and picked up our first Stax singles. And Wilson Pickett* [14, 36] : « Personne ne peut réaliser comment l'Amérique ça nous a sauté à la figure, et aux Beatles aussi. Je ne peux même pas décrire ce que l'Amérique ça signifiait pour nous. C'est là qu'on a commencé à écouter Otis, et acheté nos premiers titres Stax. Et Wilson Pickett ! » Stax Records, la maison de disques du Sud américain, fondée à Memphis en 1959 et gardant jalousement les secrets de fabrication de son arrangeur Isaac Hayes, appuyé par un batteur et un organiste maison, et produisant les albums des plus grands, dont Albert King, Wilson Pickett et Otis Redding, la fascination n'est pas que pour Keith : Ian Stewart, la première fois qu'il entre dans un magasin new-yorkais, achète quarante-huit albums d'un coup.

Si on a tout pris à l'Amérique pour sa musique, parce que c'était la musique qui reconduisait au rêve, il y a maintenant cette volonté de puissance : charbonnier peut être maître chez lui, mais plus question de cantonner les Rolling Stones à ces quelques collines d'entre Aberystwyth et Lowestoft, Bournemouth et Blackpool. Tenir veut dire grandir, et pas seulement parce que les Beatles viennent de le faire avant vous : c'est la logique de toute façon pour celui que la musique ne concerne pas, Andrew, qui voit quelques zéros s'afficher en plus sur les ventes possibles de disques.

Ce qu'ils ont en mémoire, c'est cette initiation au mythe. Keith achète des guitares, sa première Fender et une Gibson acoustique douze cordes (il y monte un jeu de six cordes, mais le son, alourdi par la caisse plus rigide, est presque celui du vieux bluesman Leadbelly). Charlie Watts s'équipera d'une batterie au son américain d'origine, de cymbales Paiste et de peaux de rechange. Il achètera au Texas sa première arme de collection, manie qu'il conservera toute sa vie. Mais Charlie Watts trouve sa récompense quand, alors que les autres s'enfournent dès le premier soir dans un taxi pour une *party* chez Phil Spector, Harlem 127ᵉ Rue, il disparaît dans les boîtes de jazz new-yorkaises : *I went to every single jazz club. I remember going to Birdland and seeing Charlie Mingus with his 13 pieces orchestra. That was to me America. The rest I didn't give a shit about. I didn't know anything about the place* [14, 40] : « Je suis allé dans le moindre petit club de jazz. Je me souviens être allé à Birdland et d'avoir vu Charlie Mingus avec son orchestre à treize. C'était ça, pour moi, l'Amérique. Le reste, je m'en fichais bien. Je n'ai rien vu du pays. » Jouer là où ont joué les grands, passer dans la même salle : *Carnegie Hall it was fantastic. Me and Stu sitting there, it was like Gene Krupa and Benny Goodman. All that history. A bit like going into the Long Room at Lords and thinking : I can't believe I'm here along with all the others who've been here before – I like that sort of thing* [14, 36] : « Carnegie Hall ça a été fantastique. Moi et Stu assis là, c'était comme Gene Krupa et Benny Goodman. Toute cette histoire. Un peu comme d'entrer dans la grande salle de la Chambre des lords et de penser : je ne peux pas y croire, je suis là où tous ces autres ont été avant moi. J'aime bien ce genre de choses. » Bizarre, cette comparaison de Charlie, la vieille Chambre des lords anglaise sur le même plan que l'histoire souterraine du jazz. C'est donc Ian Stewart, l'Écossais au grand menton, le pianiste de boogie-woogie cantonné au rôle de chauffeur-installateur, qui devint son compagnon d'équipée pour leurs incursions mythologiques : les autres ont coupé complètement avec l'univers du jazz.

Cela commence donc dans le bonheur. Eric Easton est là depuis quinze jours pour tout organiser, et croire à ses illusions de gosse va durer au moins vingt-quatre heures. Le tintamarre habituel des filles qui hurlent et des cordons de police, la nouveauté de ce qui va devenir maintenant la routine : les limousines à vitres teintées dans lesquelles on s'engouffre. Easton en a réservé cinq, et mis dans chacune deux journalistes pour une conversation avec un de ceux du groupe. Une fille est renversée par une voiture, et tout un cortège les suit en klaxonnant. Il n'y a que quatre policiers pour protéger l'entrée de l'Astor Hotel, qui est envahi : c'est ce qu'on attendait, c'est ce qu'on voulait. Tout aussi bien qu'on est émerveillé de découvrir les chambres qu'on partage par deux (Bill avec Brian, Mick avec Keith, Stu avec Eric et Charlie avec Andrew). Bill n'ira pas à la soirée chez Phil Spector pour cause d'angine, mais on sera encore des gosses le lendemain matin pour un petit déjeuner à l'américaine.

Le surlendemain, cinq heures d'avion pour Los Angeles : ce n'est pas l'océan Pacifique qu'on aperçoit de l'avion, mais un nom et un rêve. Dès le soir, ils se font emmener à Malibu Beach. On se déchausse, on relève le pantalon, on va se tremper les pieds. Mais les réalités reprennent le dessus : le lendemain, 3 juin, on est invité dans un show télévisé où ils découvrent trop tard qu'ils vont chanter entre une présentation d'éléphants et un trampoliniste. Extraits de l'humour de service à la télévision américaine, *Their hair is not long, it's just smaller foreheads and higher eyebrows... Now, don't go away, anybody, you wouldn't want to leave me with those Rolling Stones, would you?* « Non, ce n'est pas qu'ils ont les cheveux longs, juste le front un peu petit et les sourcils un peu haut... Eh, tout le monde, vous n'allez pas me laisser tout seul avec ces Rolling Stones, non ? » Le présentateur, un vieux beau à succès, est parfaitement ivre et, quand il présente le trampoliniste, les tourne à nouveau en ridicule : *That's the father of the Rolling Stones, he's been trying to kill himself ever since* $_{2,\,266}$: « C'est le père des Rolling Stones, et depuis ce temps-là il essaye désespérément de se tuer. » A Bill Wyman ça reste sur l'estomac : *Then we went to LA and did television, the Hollywood Palace Show, which was second in line to the Ed Sullivan Show, which we couldn't get on. And we just got totally ridiculed, live on television, by Dean Martin. He was the compere and drunk out of his brain anyway. He was just fucking rude, which didn't do as any good. And they cut our three songs to 45 seconds of one song, that's all we got. It was a total disaster* $_{14,\,37}$: « Alors on part à Los Angeles pour une télé, le Hollywood Palace Show, parce qu'on n'avait pas eu droit au Ed Sullivan Show. Et on a été ridiculisé, en direct à la télé, par Dean Martin : c'était lui le présentateur, et complètement bourré. Putain, il était pas tendre. Et ils ont réduit nos trois morceaux en une seule séquence de quarante-cinq secondes du premier, c'est tout ce qu'on a eu : désastre total. »

On se fait tout de même un nouvel ami, un présentateur de radio, pas aussi célèbre que celui de la télévision, sinon il n'aurait pas besoin de louer ses services à de telles tournées de concerts : Murray Kaufman, qui a pour nom de guerre *Murray the K*, a aidé aux deux premières tournées des Beatles, et c'est John Lennon qui a servi d'intermédiaire pour qu'il accepte de présenter en canotier le spectacle où les Stones feront la première partie de valeurs plus sérieuses, les chanteurs de *country music* George Jones d'abord et Bobby Vee ensuite.

La tournée commence : c'est le Texas à San Bernardino, le Minnesota à Minneapolis, Omaha dans le Nebraska, Detroit dans le Michigan et Harrisburg en Pennsylvanie. Reste que si à New York ou Los Angeles on était attendus, ailleurs c'est le bide. Les salles sont vides, les gens hostiles : *Get your hair cut*, « faites-vous couper les cheveux ». *We got it from every direction, morning, noon, night. You know, people shooting : Are you girls ? Are you the Beatles ? Everybody that talk to you on the radio said sarcastic things like : You could sea the fleas jumping off their heads, and : They smelled* $_{14, 37}$: « On recevait ça de partout, matin, midi et soir. Tu sais, ces types qui crient : Vous êtes des gonzesses ? C'est vous, les Beatles ? Et chaque fois qu'on parlait de nous à la radio, des trucs sarcastiques, du genre : On voit les puces qui sautent de leurs cheveux, ou bien : c'est l'odeur... », dit Wyman.

A Omaha, ils sont escortés de douze policiers à moto, alors qu'il n'y a aucun fan à l'aéroport : cela en devient ridicule. Témoignage de Bill Wyman : *We had to fly to San Antonio, Texas, because they have put us into these weird places to play. The gig was at the Texas State Fair, a rodeo-cum-music thing. It was really bizarre, the wrong audience and everything* $_{14, 37}$: « Il a fallu qu'on vole jusqu'à San Antonio, Texas, parce qu'ils nous avaient programmés dans des endroits aussi bizarres que ça. Le concert était au Texas State Fair, un truc rodéo avec musique. C'était vraiment étrange, pas du tout notre public, rien de tout ça. »

Témoignage de Mick Jagger : *The first tour was tough. We were popular in New York, popular in LA, the bits on the edges, but there's the big bit in the middle where no one knows you and we used to play empty stadiums. The good thing was the Beatles had done this before so we didn't have to go in there first* $_{14, 39}$: « Ça a été sévère, la première tournée. A New York ou LA on était populaires, le truc à la mode, mais il y a eu un gros hic au milieu, là où personne ne nous connaissait, on jouait dans des stades vides. La chose bien, c'est que les Beatles étaient passés par là plus tôt, alors on n'avait pas à être les premiers. » Une société rigide a trop confiance dans ses défenses, elle ne prétend à aucun accommodement, et ce faisant prépare qu'elle va basculer tout entière : le caractère de légende et l'influence des Rolling Stones, dans ces prémices, auront plus tenu à ceux qui les attaquent qu'à eux-mêmes.

Témoignage de Keith Richards : *First time in Omaha in 64. Drinking whiskey and Coke out of cups, paper cups, just waiting to go on. Cops walked in : What's that? Whiskey. You can't drink whiskey in a public place. I happened to be drinking just Coke actually. Tip it down in the bog. I said : No, man, I've just got Coca-Cola in here. I look up and I got a 44 looking at me, right between the eyes* [9, 123] : « La première fois à Omaha en 64. On buvait du whisky et du Coca dans des gobelets, des gobelets en carton, prêts à entrer sur scène. Les flics arrivent : c'est quoi, ça? Du whisky et du Coca. On peut pas boire de whisky dans un lieu public. Il se trouve que ce coup-là je buvais du Coca. Va me fiche ça aux chiottes. Je dis : Non, mec, il n'y a que du Coca, là-dedans. Je lève les yeux, devant moi il y avait un calibre 44, juste entre mes deux yeux. »

Mais on s'arrangera pour en faire quand même profit. C'est qu'après tout le chemin en Angleterre n'a pas été plus facile. L'enjeu est de taille, et de toute façon on y est déjà : on aura vu New York et le Pacifique, on est devenu artistes à échelle du monde et plus de son pays, si l'Amérique c'est le monde. On aura acheté des disques, on sera monté dans des cars Greyhound, on aura pris vingt fois des avions, on a plein les valises de cadeaux pour la famille, alors tant pis pour les vexations dont on écope, c'est la vie de musicien. C'est Keith Richards qui retombe le premier sur ses pieds : *We get to the auditorium and there's 600 people in 15 000 seat hall. But we had a good time : we really had to work America and it really got the band together. We'd fallen off in playing in England because nobody was listening, we'd do four numbers and be gone* [4, 40] : « On arrive à l'auditorium, et il y avait six cents personnes dans une salle de quinze mille places. Mais on a eu du bon temps : on a vraiment dû travailler l'Amérique et ça a vraiment resserré le groupe. On n'arrivait plus à jouer en Angleterre, parce que plus personne n'écoutait, on faisait quatre morceaux et terminé. »

Là, il y a quelques centaines de types juste devant, et pas des tendres, et derrière, ce qu'eux ne voient pas mais que vous, de l'estrade, vous apercevez : l'immense salle vide. Alors il faut que le son aille jusqu'au fond et revienne. Il faut que le son du groupe puisse remplir la salle jusqu'au fond. Alors il faut jouer bien plus fort, bien plus précis et c'est ce qu'on apprend encore mieux parce que les salles sont vides et qu'il faut faire semblant de rien. Keith Richards : *The thing is, those empty towns, that's where you learn your craft, how to put a show when there's like ten people in a place that seats a thousand. Or a hundred people in a place that seats five thousand and you play to these few and the joint's rocking still. And everybody has forgotten about all of those empty seats, this vast cavern that we can see as we're looking at them, and they're just looking at you... So you manage to create this whole new environment : we're looking at this huge cavern of empty seats, it looks like a wedding party down front. You don't give them a chance to look over their front. You say : If I can do this, if I can stop these people from looking over their shoulders... To be paid to go there and play to Americans, we're shitting ourselves. At the same time, we've got a certain confidence* [15, 51] : « Ce qui s'est passé, ces villes avec personne, c'est là que tu apprends ta force, comment faire tenir un spectacle. Là où il y a dix personnes dans une salle qui peut en contenir mille. Ou cent personnes dans une salle faite pour cinq mille, et tu joues pour ces quelques-uns, là, et le courant passe. Et tout le monde oublie les sièges vides, la grande grotte que nous on voit quand on les regarde, alors qu'eux c'est nous qu'ils regardent. Alors on se débrouille pour fabriquer un environnement tout neuf : tu vois cette immense caverne de sièges vides, et on dirait qu'il y a juste un mariage là-devant. Tu ne leur donnes pas la chance de regarder ailleurs. Tu te dis : si j'arrive à ça, si je peux faire que ces gars arrêtent de regarder par-dessus leurs épaules... être payé pour venir là et jouer pour les Américains, vraiment on a dû en baver. En même temps, on a pris de l'assurance. »

La récompense, les 10 et 11 juin, c'est Chicago. On a rendez-vous dans les historiques studios Chess, South Michigan Avenue 2120. Dès l'arrivée, pour Keith, c'est comme changer de planète : *When we recorded at the Chess studio in 1964, Muddy Waters was actually painting the studio when we walked in. There's this guy on top of the ladder wearing a white suit — anybody who wasn't selling records at Chess, they'd have to make themselves useful, it seems. So somebody says : Well, meet Muddy Waters, and we look up and he's standing on a step ladder painting the ceiling. And we're all toppling over ourselves, bewildered, thinking : What is this ? Is this a hobby of his* [29, 47] ? : « Quand on a enregistré aux studios Chess, en 64, Muddy Waters était en train repeindre le studio. Quand on est entrés, il y avait ce type en vêtement blanc, perché sur une échelle : tous ceux qui n'étaient pas à la vente des disques, chez Chess, devaient se rendre utiles, apparemment. Et quelqu'un dit : bon, je vous présente Muddy Waters. Et nous on regarde en l'air et on le voit sur son échelle, à repeindre le plafond. Alors on s'est pincés, tout surpris, en pensant : mais ça veut dire quoi ? c'est un de ses hobbies ou quoi ? »

Et le gros type à fine moustache descend en rigolant, puis vient les aider à décharger leur matériel : c'est une de ses chansons qui a donné son nom à leur groupe. Alors qu'eux viennent ici comme on s'incline devant un monument, c'est le monument qui est là, enfonce leurs pattes maigres dans sa grosse main à écraser trois manches de guitares, et porte leurs étuis. Et l'accent de ce gars-là, même pour dire bonjour ou savoir si cette heure-là ils sont au café ou à la bière, au coca ou au whisky mais que finalement c'est quand même d'abord du café qu'on prend : jamais Mick, pourtant déjà maître en imitation du parler noir, n'arriverait à faire sortir ça. Rien que la manière dont Muddy Waters leur parle, eux ils se regardent sans oser en sourire. Mais, pour eux, la légende c'est les autres : c'est parce qu'ils auront de façon vivante contact avec ce qui est pour eux légende qu'ils auront le seul et fragile antidote pour se défendre ensuite de l'éblouissement à leur propre destin.

Le problème qu'ils ont à Regent Street, c'est la difficulté en studio à capter ce qu'ils font de magique sur scène : cette transe qu'ils provoquent. Cela passe par la réaction des corps, par les cris dans la salle et ceux qui dansent, par l'obligation de jouer fort et pousser à fond un son approximatif. Les studios ne savent pas reproduire ça, que pourtant on entend sur les disques de Jimmy Reed. Ou qui fait que les disques de ce même Muddy Waters, en tenue de peintre en bâtiment, qui leur tend leurs gobelets de café et accepte une cigarette en échange, semblent pris dans cette résonance de bar : *a land where it's always two in the morning*, chantera Bill Wyman. Le technicien de Chess, ils ont vu cinquante fois son nom sur les pochettes de leurs disques fétiches : Ron Malo, ce type qui arrive à son tour et les salue, s'installe derrière sa console de mixage et bascule les interrupteurs sur *on*. Les grands studios anglais bien équipés sont réservés à la variété, et ce qu'ils font à Regent Street c'est du bricolage. Pendant deux jours, sur quatorze morceaux, ils vont s'escrimer comme jamais : un son clair, où, dès qu'on repasse ensuite la bande, tous les instruments sont audibles au même plan sans mélange, la voix sinuant parmi. Et puis, il y a ces types qui écoutent. Avec simplicité, et sans la jauger ni les mettre à épreuve. Des quatorze morceaux enregistrés ces deux jours à Chicago, un va servir au prochain *single*, *It's All Over Now*, encore une inflexion parce qu'il s'agit du premier emprunt à la musique *soul*, un morceau composé par Bobby Womack des Valentino's. On a été échaudé par les salles vides du Texas, échaudé par les soirs d'hôtel quand personne ne vous remarque ni ne vous parle, Chicago sera leur revanche. Ils garderont la leçon pour toutes les années à venir : c'est au cours des tournées qu'ils sont le plus proches et le mieux ensemble. C'est à ce moment-là qu'il faut capter et enregistrer.

Quand on écoute cette suite des enregistrements de Chicago, partie sur les albums officiels, partie sur les pirates, on dirait que tout leur est facile. Pour Charlie Watts, cette batterie presque jazz, que pour la dernière fois de sa vie avec les Rolling Stones on lui laisse faire. La précision de Bill Wyman, sur des lignes compliquées de basse, est plus impressionnante : c'est les heures de clarinette, enfant, et les expériences allemandes, à l'armée, le rodage des Cliftons, qui font qu'on retrouve, ces deux jours, sous la musique des Rolling Stones, un bassiste comme venu tout droit du monde qu'ils copient. Il y a aussi que Ian Stewart, ces deux jours dans les studios Chess, reprend sa place au piano : bientôt, jamais les Stones ne joueront plus sans pianiste, Stewart, puis Nicky Hopkins, puis Billy Preston et d'autres. Avec Stu en renfort de Watts et Wyman, c'est comme quelque chose d'indestructible qui advient : ils ne jouent pas pour un disque ou pour qui les entend, mais seulement parce que la machine lancée l'exige. Par-dessus, c'est l'intrication de deux guitares où, pour la dernière fois sans doute aussi, il n'est possible à quiconque de distinguer, certaines secondes, ce qui revient à Richards de ce qui revient à Brian, par exemple dans ce *Baby What's Wrong* de Willie Dixon, où c'est Richards paraît-il qui fait les solos.

Et Willie Dixon aussi, le grand contrebassiste, entre un moment dans le studio, et peut-être c'est parce qu'il vient pour écouter un moment ce que fabriquent ces types à peine sortis de l'adolescence, avec leurs franges sur les oreilles, que Richards propose de jouer devant lui un de ses propres morceaux, et qu'on le mette en «boîte» (ces boîtes rondes en aluminium où on met en conserve les bandes magnétiques). Keith, plus tard, affirmera avoir déchiffré une par une, pour apprendre, les lignes de basse de Willie Dixon.

Ils sont l'attraction, parce qu'à Chicago on a compris que la mode est à l'Angleterre. Et même Chuck Berry, parce qu'il est ici chez lui, et que ces types enregistrent coup sur coup, le même après-midi, trois titres de lui (*Don't Lie To Me, Around And Around, Down The Road Apiece*), condescend quand même à se faire voir et à accepter leurs respects. Même si le patron du rock n'ira pas plus loin que quelques phrases de circonstances : *Swing on, gentlemen! Wow, you guys are really getting it on* [2, 272] : «Et que ça balance, messieurs, vous les mecs ça y est, vous avez tout compris.»

Andrew, le producteur, n'a rien à faire, qu'à observer et retenir. C'est la première fois qu'on enregistre sur un quatre pistes, ce qu'on exigera évidemment dès que revenus en Europe. Ces deux jours-là, à Chicago, enfin, on n'aura pas été seulement des types qui ont les cheveux trop longs et qui ne peuvent plus entendre ce qu'ils jouent à cause de cris hystériques. On est des musiciens professionnels au pays des professionnels, et on n'a pas dérogé à ce qui de vous pouvait à ce titre s'attendre.

Après Chicago on peut réaffronter sans trop de douleur quelques jours de salles vides. A New York on remplit tout de même la salle, où Murray the K met l'ambiance nécessaire. *Not Fade Away* grimpe lentement, le temps de leur tournée, de la quatre-vingt-huitième place à la soixante-troisième du classement américain, et les cinq tournées américaines des trois ans à venir seront un crescendo monotone de succès, qui fera oublier les plâtres cette fois essuyés.

On atterrit à Londres le 22 juin dans les cris retrouvés de ceux qui se bousculent contre les barrières de l'aéroport, même à sept heures du matin, avec cris, police et conférence de presse. Keith y exhibera publiquement le calibre 38 qui est son souvenir de voyage, et, si Wyman n'exhibe pas le sien, il en a rapporté un aussi : Amérique signifie armes en vente libre, et c'est là encore réaliser un fantasme de gamin qui joue au cow-boy ? On joue le soir même dans un show arrangé longtemps avant qu'enfle leur réputation : étudiants en cravate et blazer, sur les pelouses du Magdalen College, où on doit pour cinq cents livres faire la première partie de Freddie and the Dreamers, et c'est un habitué de chez Chess Chicago, Howlin' Wolf, qui ouvre le concert. Le contexte ne leur plaît pas, alors ils inventeront ce soir-là ce qu'ils referont bien d'autres fois : passer le premier tiers du temps de la prestation prévue à accorder les instruments et parler entre eux sur scène. Reste que, quand ça se déchaîne et qu'on reprend *Not Fade Away* ou les nouveaux ajouts au répertoire, le *It's All Over Now* qu'on essaye en public pour la première fois, les étudiants en blazer crient aussi bien que les fils d'ouvriers de Blackpool ou de Leeds : indice que ce n'est pas d'un déplacement des valeurs à l'intérieur de la vieille société qu'ils émergent, mais d'une mutation de cette société même. Le nouveau disque, avec les enregistrements de Chicago, sort dès le 26 juin, deux semaines exactement après leur passage en studio, et balaye pour la première place même le *House Of The Rising Sun* des Animals.

Post-scriptum à la première tournée américaine : Bobby Keyes

C'est là, dès cette première tournée américaine, qu'on fait la connaissance de Bobby Keyes.

Ils ont retrouvé à San Bernardino au Texas le bassiste des Everly Brothers, souvenir de leurs tournées anglaises d'il y a deux ans, toute une éternité. Présentement embauché par le chanteur-guitariste Bobby Vee, de l'âge de Mick à trois semaines près mais dans le métier depuis bien plus longtemps : travail alimentaire, travail de routine. Évidemment il y a ces prolongements de fin de nuit, de retour à l'hôtel, entre bières et cigarettes. Bobby Vee leur présente un de ses copains, lui aussi à son service provisoire, le saxophoniste Bobby Keyes, un rouquin encore plus petit qu'eux, qui a les joues et le cou deux fois gros comme la normale à force de les gonfler trois heures par jour dans un saxophone qui lui tombe aux genoux.

Bobby est américain comme on ne saurait l'être, avec un accent du Sud que même eux peinent à comprendre, et ce type semble ne rien connaître d'autre à la vie et au monde que la musique qu'il fait. Surtout, dès ce premier soir ils apprennent, du petit bonhomme qui a leur âge et parle une langue incompréhensible, qu'il figure sur le premier disque enregistré par Buddy Holly, qu'on a écouté à Dartford comme une légende. C'est lui, Bobby Keyes, qui joue le solo de saxophone dans *That'll Be The Day*.

Parce que Bobby Keyes avait seulement quatorze ans quand il est parti en tournée pour la première fois, c'est un enfant de la balle, quand eux se sentent tellement autodidactes. Et quel âge tu as ? Vingt et un. Tiens, on a le même âge. Tu es de quel mois ? Décembre. Quel jour ? Le 18... Hey, Keith, c'est ton frangin ? Richards, le fils unique, qui n'a jamais pensé à autre chose qu'à la musique, découvre dans le rouquin râblé une sorte de double, un vrai frère. Un faux jumeau, aussi rond et roux qu'il est maigre et brun, et Texan du Texas pour compléter le tableau : ça le fascine, Keith, parce que le hasard qui a fait d'eux les Rolling Stones n'est pas encore vraiment digéré dans la tête, quand bien même on sait tenir sa partie d'instrument et la faire sonner clair. Être nés le même jour, même à deux bouts opposés du monde, ça soude ces deux-là d'un seul coup : Keith reverra Bobby Keyes à chacun de leurs voyages américains, et sera pour lui, le fils unique, une sorte de frère de sang.

Version Bobby Keyes de la rencontre : *The first time I was really aware of the Stones was the beginning of the british invasion, when I heard a track they had recorded,* Not Fade Away, *written by Buddy Holly. I thought : these english bastards, how blasphemous, how dare they ? And then I first ran into San Antonio, Texas, at the Dick Clark Teenage World Fair. I was playing with Bobby Vee, a real teenage heart-throb. We were all staying in the same hotel, and I remember thinking : God, I've never seen people with such white skin in all my life* [14,218] : « La première fois que j'ai fait gaffe aux Stones c'était dans les débuts de l'invasion britannique, quand j'ai entendu ce morceau, *Not Fade Away*, écrit par Buddy Holly. Moi j'ai pensé : non, mais ces bâtards d'Anglais, comment ils osent le blasphème ? Et là j'arrive à San Antonio, Texas, à la Convention Dick Clark pour la jeunesse. Je jouais avec Bobby Vee, qui était vraiment l'idole des jeunes. On était dans le même hôtel, et je me rappelle ce que j'ai pensé : Bon Dieu, j'ai jamais vu des types avec la peau si blanche... »

Et version Charlie Watts : *He was with Bobby Vee or somebody, who was on the bill with us, and they actually had Bermuda shorts on. We had trousers on, sort of the Soho type. We were walking around in this boiling hot weather, completely out of place* [14, 218] : « Il était avec Bobby Vee ou quelqu'un du genre, qui était à l'affiche avec nous, et ces mecs ils jouaient en bermuda. Nous on avait des futals genre Soho. Et on se démenait dans ce climat de bouilloire, complètement déplacés. »

Alors on fait échange de fringues, on ose être les premiers à importer en Angleterre le bermuda et peut-être que sur *Not Fade Away* manière Buddy Holly, un soir, Bobby Keyes ressort son saxophone de l'étui noir.

Alors désormais, à chaque retour aux States, parce qu'on a halte obligée à Los Angeles parce que les studios y sont mieux équipés, que la ville est assez grande pour gérer la vie secrète des stars de passage (elle en reçoit bien d'autres) et qu'on peut y traîner toute la nuit pour écouter de la musique et découvrir ce qui se passe, Bobby Keyes aura le laissez-passer pour rejoindre le premier cercle, le plus fermé, des Rolling Stones. Une fois leur relation établie, elle ne cesse pas plus qu'ils ne pourraient chacun modifier leur état civil, être né le 18 décembre 1943 et à la même heure, rajoutent-ils parfois (on ne sait pas si c'est en tenant compte du décalage horaire entre Londres et le Texas, comme, le 14 avril 1616, Cervantès et Shakespeare sont décédés à la même date de deux calendriers séparés de dix jours).

Et viendra, dans cette période de grâce et d'abîme que sera leur retour à la scène à l'automne 1969, qu'on enregistre ensemble. Dès l'année suivante, Bobby Keyes et le trompettiste Jim Price seront sur scène avec les Stones, comme ils seront les invités à Nellcôte, sur la Côte d'Azur, pour *Exile On Main Street*. Bobby Keyes ne fait plus la différence, et se prétend même Rolling Stone : quand il se vend, très cher, en studio, il fait suivre son nom de l'intitulé *Mr Brown Sugar*. Dans la tournée de 1972, il se portera en avant de tous les excès : c'est lui qu'on voit avec Keith balancer, du quinzième étage d'un palace, le téléviseur tout en bas. Il faudra toute sa vie ainsi à Keith Richards un suivant, un copain, ou au moins un valet. Bobby Keyes a un défaut, c'est qu'il croit la fortune arrivée pour de vrai, et la légende des cinq Stones originels (quand bien même la place de guitariste y est à géométrie variable) transférable à ceux de leur immédiat pourtour, comme Nicky Hopkins, Marianne Faithfull ou lui-même : pour une fille qui le raccompagne dans sa chambre d'hôtel, un soir de tournée en 73, il a l'idée de remplir sa baignoire de champagne – il a lu quelque part que ça se faisait, dans la *high society* –, mais on lui monte du Dom Perignon, et il y faut bien plus de bouteilles que prévu. Le lendemain, dans l'avion, Peter Rudge, Alan Dunn ou Jo Bergman vient doucement lui signaler que la facture sera déduite de son cachet, et on lui remet le justificatif : si on sait l'effet dessoûlant sur Bobby Keyes de la facture, il n'en a pas dit l'effet sur ses prouesses avec la fille. Dans la tournée suivante, parce qu'il a voulu partager tous les excès de son frère Keith, il peine à tenir debout sur scène entre deux shoots d'héroïne, et la réponse du groupe est aussi immédiate que s'ils n'avait pas à ce moment-là cinq ans de scène et studio en commun : *Bobby Keyes walked out in the last tour. Not walked out, just collapsed* [17, 219] : « Bobby est parti lors de la tournée, pas parti, non, sombré », déclare Keith. Et un témoin direct, Nick Kent : *The Stones didn't fucked around. They just dumped him in a taxi* [17, 210] : « Les Stones, ça ne leur a rien fait. Ils l'ont juste mis dans un taxi. »

Mr Brown Sugar, sans disparaître de la circulation, retrouvera entretemps les tournées anonymes des Bobby Vee version fin 70 (voire peut-être de Bobby Vee lui-même, puisque celui-ci non plus n'a jamais cessé de jouer ses cent concerts par an). Lavé du dedans ou à peu près, Bobby Keyes retrouvera Keith en 1979 pour la tournée des New Barbarians assemblés par Ronnie Wood : quand Ron présente le groupe et ses musiciens, en faisant semblant que Keith n'en soit que le second et presque anonyme guitariste (*Kiff Richards on guitar*), c'est Bobby Keyes (*Bobby Keyes on tenor*) qui boucle fièrement l'annonce en lançant : *And Ron Wood if he could*. Elles sont rituelles, ces annonces de scène, quand bien même pour les Rolling Stones on sait par cœur le nom des musiciens : pendant quarante ans, Richards ajoute à la présentation faite par Mick un rituel : *Mick Jagger on vocals*, de la même façon que Jagger prend toujours la précaution de terminer l'annonce par un majestueux et dédoublé *and* qui dure autant que la phrase elle-même, avant de prononcer le glorieux *On drums Charlie Watts* comme si, sur scène, les Rolling Stones étaient toujours le groupe de leur batteur et de nul autre.

Bobby Keyes sera en 1986, avec Keith, du concert pour les soixante ans de Chuck Berry à Saint Louis, et intégrera en 1988 le X-Pensive Winos de Richards quand celui-ci montera avec Steve Jordan son groupe solo pour cause de provisoire divorce avec Mick, retrouvera enfin les Rolling Stones sur scène pour la tournée de 1989, tandis que d'autres saxophonistes (Ernie Watts dans *Waiting For A Friend* au titre d'autant plus paradoxal) fourniront aux Stones pendant l'intervalle, mais sans jamais pénétrer le premier cercle.

Keith Richards aura peu d'amis (Mick, Brian, Gram Parsons, Bobby Keyes, mais qui d'autre?). Pour l'instant, ils sont loin d'envisager que le petit rouquin mercenaire devienne partie organique du groupe. Mais c'est Bobby Keyes, quelques jours après ce concert loupé du Texas, qui conduit une Land Rover pour emmener ses pâlots copains anglais apercevoir Fort Alamo et décharger leurs cartes de crédit dans les boutiques à souvenirs des réserves indiennes : cela ne s'oublie pas.

1965 : Satisfaction

1964, suite : questionnaire Marcel Proust

On a de l'argent, on déménage. Jagger et Richards laissent l'appartement de Mapesbury Road à Andrew et s'installent, toujours ensemble, dans ce quartier un peu excentré du Nord-Ouest, Hampstead, au 10a de Holly Hill. C'est un appartement façon chalet, avec un grand salon décoré pin, un niveau plus bas pour les chambres avec douche (à Mapesbury Road la salle de bains était commune à tous les locataires) et grands placards pour les vêtements qui s'accumulent. Nouveauté : une femme de ménage qui s'en occupe pour eux deux.

Brian vivait chez les parents de Linda Lawrence, qui accouche le 23 juillet du quatrième enfant de Brian, qu'on prénommera Julian Mark, exactement comme l'enfant de Pat Andrews, laquelle doit régulièrement venir à Londres (ça continuera encore pendant deux ans) pour réclamer son dû de pension alimentaire (ça ne se réglera, par un procès, que début 66). Mais Brian a évidemment une autre liaison, Dawn Malloy. C'est sa manière de vivre, laissant simultanément se défaire ce qui est à l'arrière et se former ce qui vient devant. Alors, tout en continuant de partager en partie la vie de Linda, il prend une chambre à Chester Street, dans les beaux quartiers de Londres, parmi les grandes maisons victoriennes tout près de Belgrave Square. C'est juste une sorte de chambre de bonne où il installe son électrophone personnel, en rez-de-chaussée, avec évier collectif, qu'il sous-loue à l'occupant principal des lieux, un collègue musicien, Mike Jackson. Au premier étage, comme eux partageaient Edith Grove, vit le nouveau groupe de Dick Taylor, qui a été leur premier bassiste et a formé les Pretty Things. La salle de bains collective est au premier, et la cohabitation devient assez vite tendue, Brian se servant facilement parmi leurs fringues, même neuves, et oubliant tout aussi facilement de les leur rendre.

Les Wyman ont trouvé un appartement à vendre : Bill ainsi est le premier à devenir propriétaire. C'est au-dessus d'un garage, mais à Beckenham, donc touchant Penge. Ils disposeront enfin, pour leur fils Stephen, du gaz de ville et du linoléum, et Bill offre à son épouse un fox-terrier pour solidifier, encore quelques mois, l'illusion qu'une vie familiale reste envisageable. Et Charlie Watts quitte enfin ses parents pour s'installer avec Shirley, mais dans le même quartier, entre Regent's Park et Marylebone Station, Gloucester Place. Assez près pour continuer d'apporter à sa mère chaque vendredi soir le rituel gâteau au café-chocolat, et probablement ses quatorze chemises hebdomadaires à laver, celle de la journée et celle du soir, puisqu'il ne se mariera qu'en octobre.

Keith trouve le temps de commencer des leçons d'auto-école : on doit fournir le véhicule, alors c'est dans la Ford Zephyr de Jagger qu'il les prend. Maintenant, les vitres du Combi sont obstruées pour discrétion, Spike Palmer ou Stu convoient le matériel dans la journée, les musiciens arrivent le soir en train ou en avion, et le bus ne sert qu'à revenir à Londres dans la nuit. C'est sans doute pour cela que Charlie Watts ne passera jamais le permis de conduire, quitte à embaucher plus tard son beau-frère comme chauffeur personnel : n'est-ce pas Serge Valletti qui servait alors, chez les Watts en Cévennes, de palefrenier ? Paradoxe de collectionneur, pareil qu'il accumule les armes et objets liés à la guerre de Sécession, Charlie Watts qui ne conduit pas aura plus tard dans un hangar une collection de voitures anciennes.

Et comme tout le monde déménage, on déménage aussi les bureaux. Il le faut, puisqu'au 1er juillet on a constitué les Rolling Stones en société commerciale, *Rolling Stones Limited Company*. En juillet, ils auront ensuite le luxe de dix jours de vacances : Charlie et Mick emmènent Shirley Sheffield et Chrissie Shrimpton à Ibiza, et Keith, qui devait en être, doit se décommander parce que Linda Keith a eu un accident de voiture. Il déchiffre avec son Epiphone électrique les accords d'un morceau des Four Seasons : *Rag Doll*, poupée de chiffon, c'est ça qui remplace *Not Fade Away* pour la guitare du matin dans la nouvelle cuisine.

Les effectifs du fan club atteignent, à cette date, huit mille adhérents. Ce qu'exprime ainsi Bill Wyman : *We found to be becoming a national obsession* [2, 293] : « On était en train de devenir une obsession nationale. »

Oui, et il faut en assumer la rançon : les assureurs qui leur refusent des contrats pour leurs maisons, leurs guitares ou leurs voitures. Les gens qui vous accostent là où vous faites vos courses pour vous dire qu'ici c'est un quartier respectable, pas fait pour les saltimbanques de votre allure. Alors on se réfugie encore plus dans les trois rues artistes de Soho, on s'habitue aux cloisons étanches. En Écosse, un gamin de quatorze ans est exclu de son école parce qu'il a la *Stones haircut*, « coupe de cheveux Rolling Stones », et c'est la première trace publique que c'est devenu une appellation standard.

Ils disent à l'époque, en tout cas Mick Jagger le dit : *The band are really my best friends. When the band first started, I didn't have any friends apart from the band* 14, 65 : « Le groupe, c'est vraiment mes copains les plus proches. Quand on a commencé le groupe, je n'avais aucun copain en dehors du groupe. » Il est probable que ce sera vrai longtemps pour Keith Richards. Il est sûr que tous entretiendront une relation d'amitié loyale et simple avec Charlie Watts, même quand ces relations d'amitié auront cessé dans le groupe.

On va, cette fin d'année, continuer d'explorer le monde. Ils aimeront l'Australie, pour la douceur du temps et la tranquillité des plages, ils aimeront y retourner et s'arrangeront pour y disposer d'un battement de quelques jours pour le loisir. Ils iront aussi en Suède et Norvège, en Allemagne et au Canada, mais on ne trouve pas dans ce qu'ils rapportent témoignage qui rejoigne l'intensité du premier voyage aux USA.

Le temps qu'on passe ensemble reste la part massive du temps : il y a encore et toujours les concerts, les avions à prendre ou les longs retours secoués dans le Volkswagen. Il y a les séances de photos, les heures dans les hôtels et les repas froids de minuit. Des dizaines de photos s'accumulent de ces attentes dans les loges ou les hôtels, ou bien assis, la tête renversée en arrière, épaule contre épaule, la bouche ouverte, à dormir, écrasés. Dans une autre, en avion toujours, ils jouent au Monopoly. Mais il y a enfin, symétriquement, l'éclatement du temps quand il ne leur impartit pas d'être ensemble, l'irruption de la vie privée.

Par exemple, Mick et la famille Shrimpton. Ça a commencé un an auparavant, quand Chrissie, dix-sept ans, est venue avec son *boy friend* écouter les Stones encore dans leur période club, au Ricky Tick Club de Windsor. Parce que le chanteur plaît à la fille, son copain lui propose imprudemment d'aller lui faire la bise, c'est même lui qui demande à Mick, dix-neuf ans, s'il veut bien accorder ça à sa petite copine : on n'entendra plus parler du garçon. C'est peut-être ça, la mutation qui s'amorce, jouer avec des conventions qui auparavant pesaient lourdement, et décider qu'elles ne seraient pas vôtres. L'imprudence de son ex-fiancé, c'est d'avoir signalé à Mick, en la lui présentant, que Chrissie a une sœur qui s'est déjà fait un nom, Jean Shrimpton, mannequin chez la couturière vedette de Soho, Mary Quant. Mick habite encore à Edith Grove, Soho l'attire et l'hameçon a pris. On se téléphone, on convient de se retrouver au cinéma pour parler un peu mieux. C'est lui maintenant l'ami en titre, et il est reçu chez les Shrimpton. Le père est un industriel très à l'aise, en tout cas rien qui ressemble aux murs étroits des maisons de Dartford, et c'est par eux que Mick commencera à lentement changer d'univers.

Il est toujours officiellement étudiant à la London School of Economics, c'est un passeport suffisant pour paraître dignement au bras de la fille de la maison. Il chante du rhythm and blues dans des caves enfumées ? Leur fille aînée aussi profite de la mutation qui s'amorce en exhibant les nouvelles minijupes dans les magazines. Les Shrimpton habitent High Wycombe, une dizaine de miles au-dessus de Windsor, après Maidenhead, et ils ont une maison de campagne tout près du Ricky Tick Club, sur ces rives chics de la Tamise avant Henley. Mick regarde, Mick apprend : les meubles, les paroles, les gestes. La première fois que la maman Shrimpton s'aperçoit que Chrissie a ramené son amoureux à la maison, c'est parce qu'elle entre dans la chambre le dimanche matin et y trouve Jagger seul, endormi : Chrissie, elle, est allée dormir dans la chambre de sa sœur. La révolution Beatles a commencé, la révolution Stones s'amorce, mais on a encore de ces réserves-là.

Chrissie est régulièrement mentionnée dans les articles consacrés à Jean, et pour Mick, c'est un premier et modeste accès à cette double existence, la vraie et celle tout en miroir qu'on vous dresse au-dehors. Ça ne s'appelle pas encore l'univers médiatique, mais Mick prouve son intérêt, quand il répond à un obscur petit magazine musical : *There's all those lies being written about me and Chrissie Shrimpton* [1, 99] : « Il y a tous ces mensonges qu'on écrit à propos de moi et Chrissie Shrimpton... » Puis la vie à Edith Grove est trop sévère, entre les farces de Phelge, les shampooings de Brian, et le confort désespérément absent. Il décampe aussi souvent qu'il peut pour Windsor et la chambre confortable de Chrissie : pendant des mois, il ne remettra pas les pieds chez ses parents à Dartford, à moins que ce ne soit pour régler les histoires d'assurance de sa voiture, puisque l'assurance est en leur nom commun, à son père et lui.

C'est grâce à Chrissie que se tissent pour Mick ces premières amitiés qui n'ont rien à voir avec l'univers du groupe : comme David Bailey, le photographe attitré de Mary Quant et de Jean Shrimpton, qui entrera dans le premier cercle et aura droit de les photographier en studio de répétition ou chez eux. Et par David Bailey il devient l'ami de Robert Fraser, qui fait dans les galeries d'art et les antiquités chics. Jagger découvre, Jagger apprend. Il y a quelques semaines, il pouvait frayer avec un Phelge, qui passe son temps le soir dans ces pubs à musique, maintenant il retrouve Fraser, Bailey et les autres au Ad Lib. Sans doute que dans le désordre grandissant du temps, mangé par trop de choses à la fois, et le désordre grandissant aussi à l'intérieur, par l'argent qui circule, par les premières prises de cocaïne qui font partie de l'image de marque côté Fraser, Chrissie Shrimpton est une ancre, un contrepoids.

Le week-end, quand les concerts des Stones l'y autorisent, on se retrouve toujours dans la ferme des Shrimpton derrière Windsor : la fable des études à la London School of Economics, même cet été 64, n'est pas encore morte. Les Rolling Stones, prétend Mick pour ses presque beaux-parents, c'est pour rire : pourquoi se priver d'argent qui vient si facilement, se priver de voyages et d'expérience ?

Ça durera le temps que ça durera, les Rolling Stones, c'est une antienne pour Wyman comme pour Watts, et comme pour Jagger. Ce n'en sera jamais une pour Richards ni pour Brian.

Mais c'est aussi, pour Mick, une protection ou un écran. Faire semblant que c'est du faux, que ce n'est pas très important, qu'on fait ça en dilettante, chanteur à succès, c'est aussi le moyen d'assurer vis-à-vis de Chrissie sa liberté : les scènes entre eux deux se font plus fréquentes et devant témoin. Et ces articles qu'Andrew se débrouille à faire écrire sur la révolution sexuelle que serait Mick Jagger, comme ce qui se colporte autour de Wyman ou de Brian au sujet des hôtels de province et des filles d'après concert, il n'est pas question de le démentir. Alors Jagger va au-devant, se prétend de cœur et de mœurs libres. Pour Mick Jagger, les Rolling Stones sont évidemment une affaire sérieuse, sur laquelle avec Andrew on s'opiniâtre des heures pour organiser, deviner, conduire : et dire au-dehors qu'on ne prend pas ça au sérieux est la meilleure garantie que personne ne cherchera à empiéter sur votre travail dans l'ombre pour que ça réussisse.

Cet été 1964, un vieux rafiot s'ancre dans les eaux internationales et hisse une antenne radio : Radio Caroline est la première radio à émettre sur l'Angleterre contre les programmes de la BBC officielle. Les Rolling Stones et les Beatles sont diffusés sans arrêt sur les ondes libres : encore une strate matérielle pour servir à l'amplification et à l'uniformisation d'un phénomène qui, quelques années auparavant, se serait atomisé. Chrissie Shrimpton fait partie de l'équipe de Radio Caroline, non pas sur le bateau, mais dans leurs bureaux de Londres : non seulement elle est financièrement autonome vis-à-vis de Mick, mais son nouveau poste lui donne un pouvoir difficilement contestable. Qu'il s'amuse à Manchester ou Liverpool, quand il revient il est sous l'aile.

On écoute Radio Caroline sur ces petits appareils tout neufs dits par abréviation transistors, légers boîtiers de plastique gris à grosse pile, le haut-parleur derrière son rainurage de plastique gris, gros cadran rond avec aiguille dorée pour la sélection des stations et poussoir à trois touches selon qu'on les choisit en grandes ondes, ondes moyennes ou petites ondes. Le transistor fonctionne sur piles, ce qui n'était pas possible avec les gros appareils radio à lampes, alors on peut l'emporter partout et c'est une révolution : même Brian est fier de se faire photographier l'oreille collée à son transistor, l'objet qui devient en quelques mois l'appendice de tous les bureaux, toutes les chambres, salles de bains et cuisines, bientôt toutes les voitures. Si le petit circuit n'est pas encore intégré, combien en aurons-nous soudé dans nos bricolages, du minuscule cylindre à trois fils : une diode, un transistor, un condensateur et deux résistances, vous étiez propriétaire vous-même d'une machine à capter les ondes ou à amplifier le gros micro planté en travers de votre première guitare (avec *Rock'n'Folk* qui naîtra l'an prochain, c'est *Le Haut-Parleur* et ses schémas techniques la revue obligatoire...) Et la télévision continue lentement d'investir les couches moyennes puis populaires de la société : il n'y a qu'une chaîne, alors quand on passe le samedi à « Top Of The Pops » c'est tout le pays qui vous regarde. D'ici un an, en 1966, dans tous les pays d'Europe, on aura relégué les gros postes radio à œil vert, et le poste de télévision occupera l'espace symbolique principal, tandis que le transistor entrera lentement dans les chambres des adolescents : la musique des Beatles et celle des Rolling Stones coïncident aussi à une mutation technique.

Alex et Violet Lawrence ont accueilli Brian chez eux, il y a vécu avec Linda comme chez lui (il y a aussi deux sœurs plus jeunes, Sharon et Carol), près de Windsor aussi, dans ce grand ouest calme de Londres. C'est même souvent le père de Linda qui le conduit en voiture là où est le concert, parfois l'aide à surmonter le trac en l'accompagnant jusque dans les loges : et c'est par ce détail qu'on apprend cette peur grandissante de Brian à tout ce qui n'est pas l'espace ritualisé de la musique ou d'une chambre. Selon Violet Lawrence : *Brian was consumed with fear. That was his most prominent trait – fearfulness. One more than one occasion, Pa had to carry him in his arms into the backstage area, so fearful Brian was of having to perform. [...] Brian was mortally afraid of his fame. He was obsessed about anyone touching his hair or his clothes, especially his hair* [9, 119] : « Brian était mangé de peur. C'était son trait le plus caractéristique, la peur. Plus d'une fois, Papa a dû le porter dans ses bras jusqu'aux coulisses, tellement il avait peur de jouer. [...] Brian avait terriblement peur de sa célébrité. Il était obsédé à l'idée que quelqu'un touche ses cheveux ou ses habits, surtout ses cheveux. » Quand il revient au petit matin, tout le monde dort chez les Lawrence, et personne ne devine trop – ou on fait semblant – qu'il chaloupe, et qu'après le concert il y a eu trop de vin ou trop de gin et de whisky. On laisse Brian récupérer. Alex Lawrence : *But there was a sweet side to Brian, too. He loved animals, which he constantly brought to the house. A french poodle, a goat, a cat he brought back from somewhere. He used to walk the goat down Main Street with a leash. He was rather proud of his goat. Brian never had any liquor or dope in the house, and when he first came we were sure he wasn't using any. But when he returned from the Stones first american tour, he was very changed* [9, 118] : « Mais il avait de bons côtés, Brian. Il aimait les animaux, il en ramenait tout le temps à la maison. Un caniche français, un bouc, un chat qu'il avait trouvé on ne sait où. Souvent il promenait son bouc en laisse dans la rue principale. Il en était plutôt fier, de son bouc. Brian n'a jamais rapporté d'alcool ou de drogue à la maison, et quand il est arrivé, c'est sûr qu'il n'en utilisait pas du tout. Mais quand il est revenu de cette première tournée des Stones en Amérique, il avait bien changé. »

Les parents Lawrence veillent au grain, parce que Linda est enceinte, et que la grosse voiture de sport, les cadeaux que Brian maintenant leur dispense à eux tous, ne rassurent pas sur son engagement. Brian est trop imprévisible. Un matin Linda a un cocard à l'œil, d'autres fois des bleus aux bras. Elle nie que ce soit Brian, les parents ne sont pas dupes. Linda atteste à distance la nervosité de Brian : *He was terribly nervous – all the Stones were – and he needed constant reassurance that he looked all right. I told him how good he looked. He glanced at me and smiled, and he was okay then, ready to face the screaming teenagers waiting out front* [19, 73] : « Il était tellement nerveux – tous les Stones l'étaient –, il avait constamment besoin qu'on le rassure, s'il présentait bien. Alors je lui disais comme il était bien. Il me regardait en souriant, et ça allait, il pouvait faire face aux gamins qui les attendaient en hurlant. » Et la maison des Lawrence sert à récupérer : *When he stayed at our home, I used to wash his shoulder-lenght hair for him. Then I'd sit behind him combing it for twenty minutes and more, sometimes at three in the morning. It seemed to soothe him when he was tense* [19, 73] : « Quand il habitait chez nous, souvent je lui lavais ses cheveux, qui lui tombaient à l'épaule. Et puis je m'asseyais derrière lui pour les lui peigner, vingt minutes ou plus, quelquefois à trois heures du matin. Ça semblait le calmer quand il était tendu. » Peu à peu, Linda enceinte se fait une raison de l'impossible relation : *I was very young, and he was very young too to be entering the music and a relationship all at the same time. And the way I saw it was – Andrew made it quite clear – that a Rolling Stone shouldn't be a family man. That was not a good image. So I felt Brian got drawn between the two images that people were expecting of him* [19, 80] : « J'étais tellement jeune, et lui aussi était tellement jeune, pour mener de front sa musique et une relation tout en même temps. Et la façon dont je voyais ça, en tout cas Andrew l'avait dit clairement, c'est qu'un Rolling Stone ce n'était pas un père de famille. Cette image-là, elle ne collait pas. Et je sentais à quel point Brian était en train de sombrer entre ces deux images contradictoires que les gens attendaient de lui. »

Les parents de Linda sont pour Brian une famille de remplacement, grâce à eux on aperçoit Brian dans sa vie privée, là où nul n'entrait plus dans celle de Mick ou de Keith. Violet Lawrence : *Brian had no friends because friendship wasn't in him. He was completely introverted. Sometimes he was so upset, he began to sob, stood in front of a mirror, recombing his hair, sobbing away. He only let Linda cut his hair. Linda also made blouses for him, often copied from women's blouses that Brian liked. Ma also helped sew these blouses. Brian loved pretty clothes, constantly tried them on, preening for us like it was a fashion show or something* [9, 119] : « Brian n'avait pas d'amis, parce que l'amitié n'était pas pour lui une attitude familière. Il était complètement introverti. Quelquefois il était si contrarié qu'il commençait à soupirer, qu'il se mettait devant une glace, pour se repeigner les cheveux, soupirant toujours. Il n'y avait que Linda qui avait le droit de lui couper les cheveux. Linda aussi lui faisait des tuniques, souvent copiées de tuniques pour femmes, que Brian aimait bien. Maman aussi aidait à lui coudre ses tuniques. Brian aimait les beaux habits, tout le temps il les essayait, et prenait des poses devant nous comme s'il participait à un défilé de mode. »

La vie chez les Lawrence dure de septembre 1963 à août 1964. Les Pretty Things, qui connaissent leur propre démarrage, déménagent, et Brian reprend l'appartement du premier étage, installe des tapis et rideaux : plus personne n'est là pour empêcher qu'il boive en journée. Il s'obstine sur sa guitare, pour écrire et composer des morceaux qu'Andrew Loog Oldham repousse sans écouter. Même chez les Lawrence il joue sans cesse : *Brian wrote a lot of music, always playing it on his guitar for us, but he was bitter that none of it was ever performed by the Stones* [9, 119] : « Brian écrivait beaucoup de musique, sans cesse il nous jouait ça sur sa guitare, mais il était amer que ce ne soit jamais repris par les Stones. » Alex Lawrence anticipe un peu, parce que la musique de Jagger et Richards, elle non plus, n'est pas jouée par le groupe. Par contre, parce que après la tournée américaine le groupe doit renouveler son répertoire, déjà largement enregistré, plus qu'ils ne l'ont fait depuis tout une année, ce qui frappe aux enregistrements de Brian c'est la manière dont il revient à la guitare et démultiplie ce qu'il sait faire. Cela suppose des heures à faire et refaire, à apprendre : ce qu'il jouait de nouveau chez les Lawrence, c'était peut-être ces époustouflants solos de *Walking The Dog* ou *Talking About You*, dans cet art que s'approprient les Stones de non pas refaire les chansons américaines mais de les réarranger à leur manière : la leçon qu'ils ont prise de *Not Fade Away* et par laquelle ils investissent ce qui deviendra leur deuxième disque.

Fin juillet tout est consommé. Brian a repris ses affaires, ses fringues et ses guitares de chez les Lawrence, et plus de cadeau, plus de voyages en auto avec le beau-père. On peut supposer qu'en souvenir il leur laisse le bouc, puisqu'il ne l'emmène pas Chester Street. Il vient à l'hôpital quand Linda a accouché de Julian Mark deux : le prénom sans doute avait été décidé à l'avance. Il propose à Linda de l'épouser et en même temps, par un de ces retours qui lui sont coutumiers, il renoue la liaison avec Pat Andrews et Julian Mark un. Alex et Violet Lawrence alors s'interposent : *When Linda had their baby, Brian came to the hospital and asked her to marry him. We opposed that because Brian was into drugs by then, and we feared for her. She probably would have married him if we hadn't opposed it so vehemently* $_{9,\,119}$: « Quand Linda a eu leur bébé, il est venu à l'hôpital et lui a demandé de l'épouser. On s'y est opposés parce que Brian était dans la drogue à ce moment-là, et on avait peur pour elle. Elle se serait probablement mariée avec lui si on ne s'y était pas opposés si fort. » Il n'est pas sûr que la période drogue ait déjà commencé cette fin juillet : une nouvelle fois, l'image ultérieure contamine le présent de la narration. Sûr qu'ils boivent sec, sûr qu'à mesure des tournées les licences que prennent Brian et Bill dans les hôtels deviennent image publique, mais l'univers drogue est encore à venir. Les parents Lawrence savent l'existence de Dawn Malloy, et l'existence des trois enfants précédents de Brian.

La marche en avant des Rolling Stones doit beaucoup évidemment à Andrew Loog Oldham, mais Andrew ne se limite pas aux Stones. Il délègue même à un nommé Tony Calder le travail d'agent artistique pour l'organisation, les contrats et les relations avec Decca étant toujours aux mains d'Eric Easton. Dans l'explosion de la pop, Andrew s'imagine qu'il peut propulser d'autres groupes, qu'il suffit de les lancer, mais, le plus souvent, les disques qu'il lance sur le marché retombent comme des pétards mouillés. N'est pas Rolling Stones qui veut : sans doute qu'il n'a pas mesuré ce qu'il faut pour que la catalyse prenne, de cours de clarinette et d'heures d'enfant de chœur, de bruit de bombe qui reste dans la tête ou d'auto-stop à la sortie de Cheltenham. Son fait de gloire, à Andrew, sera le Andrew Loog Oldham Orchestra. L'idée, reprise à George Martin, l'arrangeur des Beatles : on reprend en version instrumentale, avec orchestre, les morceaux à succès, permettant de toucher une seconde fois les droits. En parallèle, il produit le plus possible de chanteurs inconnus, pour lesquels il demande à Mick et Keith d'écrire des chansons comme celle qu'ils ont offerte à Gene Pitney (mais, à écouter ce que chante Gene Pitney, sa manière suraiguë et son orchestration *hillbilly* comptaient certainement plus que les auteurs). Andrew ne s'est jamais expliqué vraiment sur cette dispersion : peut-être correspondait-elle seulement à sa nature et à son parcours. Amitié réelle avec Mick, ou l'idée que cette bousculade autour des Stones sera feu de paille, et qu'à tout prendre, connaître de haut en bas les rouages de l'industrie du disque, des studios d'enregistrement et les bureaux de Decca, c'est, sinon une garantie, un moyen de rebondir ? En six mois, Keith et Mick sont devenus pour Andrew une efficace entreprise artisanale de chansons sur commande. Dans chaque temps libre des Stones, ils sont tous trois en studio pour les arrangements et l'enregistrement, et c'est donc hors des Stones, mais sur une durée conséquente, que Mick et Keith se forment à l'écriture et à la production. On embauche pour jouer des musiciens dont c'est le métier, et c'est comme ça que Jimmy Page ou John McLaughlin jouent dès à présent sur des accords écrits par Keith Richards. Plus tard, et pour expliquer cette brillance instrumentale du duo de guitares Keith Richards et Brian Jones, des mauvaises langues prétendront que Page et McLaughlin les doublaient : bien sûr que non. L'alchimie interne du groupe, la précision de Watts, la sûreté harmonique de Wyman et Stewart, suffisent aux Rolling Stones. C'est au hasard d'une soirée qu'Andrew a sa nouvelle illumination : une fille très jeune mais, sous la frange blonde, un visage qui tranche avec ces dizaines d'autres qu'on croise tous les jours. Il dira seulement : *I saw an angel with big tits and signed her* [34, 20] : « J'ai vu un ange à supernénés et je l'ai signée. »

La fille a dix-sept ans. Elle accompagne à cette soirée un nommé John Dunbar qu'Oldham connaît de vue parce que dans ce milieu on se connaît tous de vue. Dunbar est là parce qu'il se prétend poète. Andrew et Tony Calder foncent sur Dunbar : *Who is she ? What's her name ? Can she act* [34, 20] ? : « Qui c'est ? Comment elle s'appelle ? Est-ce qu'elle sait jouer ? » Et c'est paraît-il sans attendre la réponse qu'il se présente lui-même à la jeune fille blonde au visage d'ange : *Andrew Loog Oldham, darling*, comme si le monde entier était censé savoir qui est Andrew Loog Oldham, et que c'est la mode ces jours-ci dans ce milieu de dire *darling* à tout le monde. C'est Dunbar qui répond : *She's called Marianne Faithfull, actually* [34, 20] : « Elle s'appelle Marianne Faithfull, pour l'instant. »

Le nom est parfait sur le visage dont maintenant Oldham est tout près. Peut-être même qu'il pense que c'est un nom d'artiste, Marianne la confiance, la fille remplie de confiance... *Can she sing? — I think she can, why the hell not? You can sing, can't you, Marianne? And that was that* $_{34,\,20}$: « Est-ce qu'elle sait chanter ? – Je crois qu'elle sait, pourquoi pas ? Hein que tu sais chanter, Marianne ? Et c'est parti comme ça. »

Parce que John Dunbar est amoureux et compte se marier, parce qu'il court après ce milieu où sa carte de visite comme poète sans publication ne compte pas, il va au-devant des souhaits d'Andrew. Pourquoi Marianne, qui aime le théâtre, n'irait pas là où on le lui propose ? Andrew a toujours eu facilement ce comportement au culot. Ce soir-là, il a les yeux maquillés (ses yeux trop rapprochés de la racine du nez), les ongles vernis et un peu de rouge à lèvres parce que c'est la mode. Il veut jouer comme Phil Spector les magiciens du monde, un vieux rêve de Merlin l'Enchanteur, manière peut-être surtout de croire lui-même à son propre rôle, parce que dans la réalité ça ne se passe pas comme ça et qu'il sait bien qu'il ne lui suffit pas d'adouber un George Bean pour en faire une vedette de la variété : *I can make you a star, and that's just for starters, baby. You don't need audition, I can see the charisma in your eyes, darling* $_{34,\,21}$: « Je peux faire de toi une star, petite, et c'est juste un début. Je ne veux même pas t'auditionner, ton charisme il est dans tes yeux, ma chérie. »

Marianne Faithfull est trop jeune pour avoir fréquenté beaucoup de soirées comme celle-ci et de gens comme ceux-là, elle habite Reading et c'est son premier séjour à Londres, chez les parents de Dunbar son poète. Elle connaît assez le monde pour savoir qu'Oldham a surtout trop picolé, et que la meilleure défense avec ces types c'est de les laisser dire : eux-mêmes ne s'en souviendront plus le lendemain. On échange quand même les adresses.

Mais Andrew Loog Oldham est un flaireur. Il a vécu en France, et son arme de guerre, les Rolling Stones, c'était sur le modèle de ce que Brian Epstein faisait des Beatles. C'est le grand chambardement de l'époque, cette prolifération de groupes masculins à cheveux trop longs et gros amplificateurs. Mais en France, ils ont inventé Brigitte Bardot et Juliette Gréco, ça rapporte encore plus gros et ils n'ont pas encore ça en Angleterre. Est-ce que c'est conscient chez Oldham ? Oui, puisqu'il en parle lui-même. Mais le cynisme ne suffit pas : il faut être porté là aussi par des pulsions qui ne s'appuient sur rien d'autre, par le seul mouvement de sa logique personnelle. Il pense à tout ça, Andrew, et s'organise sans rien dire à personne. Faithfull reçoit un télégramme exactement une semaine plus tard, laconique (je respecte les majuscules) : *Be at Olympic studios at 2 :00 o'clock stop andrew oldham* $_{34,\,21}$: « Venir studios Olympic à deux heures stop andrew oldham. » Marianne est surprise et réticente, mais le lendemain, en se faisant accompagner par une amie, Sally Oldfield, elle prend le train et vient à Londres.

Elle y trouve un orchestre, un de ces orchestres professionnels de variété, dont les musiciens découvrent les partitions à mesure qu'ils les jouent, lisent le journal entre deux prises et rentrent chez eux par le métro, l'instrument à la main. Il y a Andrew en lunettes noires, et c'est lui qui fait le chef d'orchestre (il n'a jamais appris la battue pour diriger, mais l'orchestre n'a pas besoin qu'on la lui batte), en bottes américaines à haut talon et sans quitter ses lunettes noires. Il y a un technicien, Mike Lander, et l'assistant d'Andrew, Tony Calder. Et puis un monsieur qui s'appelle Lionel Bart et est l'auteur de plusieurs chansons à succès, dont il a bien voulu vendre à Andrew, payé d'avance, ce qui doit être le tremplin pour celle qui est désormais *the angel with big tits* : *It seems that fate would have it/That somebody else could love me* : «Et ce serait cela le destin crois-tu, que quelqu'un d'autre vienne et m'aimer le puisse», emballé sous le titre : *I Don't Know How (To Tell You)* : «Je ne sais pas comment (te le dire)». L'orchestre répète une fois, Marianne Faithfull aussi, et c'est parti, on enregistre. Il faut pour le disque une face B : elle découvre pourquoi, derrière le technicien à sa console, sont ces deux gars maigres qui n'ont pas dit un mot. Maintenant elle est sur un tabouret face au plus brun des deux, qui lui joue des accords sur une guitare douze cordes Harmony, et lui marmonne un air. Quand elle commence à suivre l'air, l'autre vient près d'elle, et lui chante d'une voix plus claire les paroles qu'il a notées sur une feuille. Ceux-là ne sont pas des compositeurs à succès comme Lionel Bart, mais ils font partie de l'équipe d'Oldham. Elle ne sait pas leurs noms, la chanson s'appelle *As Tears Go By*. Pour la face B, ce qu'on veut c'est du remplissage, et que les droits appartiennent à Oldham. Un guitariste professionnel, Big Jim Sullivan, reprend les accords de Keith, on enferme Marianne dans la cabine insonorisée, un casque sur les oreilles pour entendre la guitare et les premières mesures d'un cor anglais qui ouvre l'arrangement d'orchestre. Deux prises, et Andrew ouvre la cabine, l'embrasse : *Congratulations, darling. You've got yourself a number six* [34, 22] : «Félicitations, chérie, avec ça tu seras numéro six.» Tony Calder met un bémol : plutôt huit. *Definitely a six, man. If not, in fact, a three* [34, 22] : «Certainement six, mec. Ou alors, en fait, numéro trois.» On laisse tomber la chanson de Lionel Bart, trop difficile pour une débutante, on la reprendra avec un chanteur mieux rodé, comme George Bean. Quelque chose dans *As Tears Go By*, la simplicité de la voix sur les accords de guitare, ce hasard du cor glissé en introduction, font que c'est cette chanson-là qu'on va mettre en face A. On demande à Marianne Faithfull ce qu'elle sait chanter d'autre. Elle répond : *Greensleeves*, comme nos feuilles mortes qui s'en vont à l'automne, une chanson de gosse. Et, sur la face B, la vieille chanson populaire du temps d'Henri VIII sera officiellement signée Andrew Loog Oldham, il n'y a pas de petits profits. Dans *As Tears Go By* (ce jour-là, la chanson s'appelle encore *As Time Goes By* qui sonne beaucoup moins bien), on reconnaît aussi de vieux airs traditionnels, comme *The Lady Of Shalott*. C'est qu'Oldham avait précisé à Mick et Keith ce qu'il attendait d'eux : *I want a song with brick walls all around it, high windows and no sex* [34, 22] : « Je veux une chanson entourée d'un mur de briques, avec de grandes fenêtres, et pas de sexe. » Le grand succès qui s'amorce, venant d'Amérique, c'est celui de Joan Baez : une voix pure, une guitare dépouillée, tout le contraire de la pop. Andrew a toujours peur de manquer le train... Si l'option Joan Baez se confirme, il aura de la réserve prête. Les musiciens ont terminé et partent, alors Andrew, avec quelques *darlings* supplémentaires, reconduit Marianne et lui remet son premier chèque. *As Tears Go By* sera la deuxième chanson Jagger-Richard à connaître le succès, et c'est pour ça peut-être que plus tard ils se laisseront souvent aller à dire que c'était leur première chanson tout court, gommant plus de six mois d'efforts et d'essais. C'est Mick et Keith qui reconduisent Marianne et Sally à la station de métro, on se serre dans la Zephyr et on montre ce que c'est qu'une voiture de sport, mais les deux filles restent méfiantes – eh non, la rencontre n'a pas de suite. Pas de coup de foudre entre les gandins de Dartford et l'aristocratique blonde qui traîne toujours un bouquin dans son sac et dont la mère, ont-ils appris par Andrew interloqué, est baronne de Sacher-Masoch, amoureuse de son poète à grosses lunettes : tant pis pour le roman.

Oldham tient Faithfull, et lui et Tony Calder la louent dès le premier bruit du disque dans une de ces tournées *package* comme ont fait les Stones avec les Everly. La voilà dans un grand autobus, seule femme parmi une vingtaine d'hommes et juste ses bouquins (dans le car elle lit Shakespeare, ils se moquent) pour les tenir à distance de ses dix-sept ans. La vedette c'est Gene Pitney, il n'a que vingt-cinq ans et il remplacera provisoirement le poète John Dunbar : c'est Marianne Faithfull elle-même qui en parle, et de la difficulté qu'il y eut ensuite à faire comprendre à l'Américain qu'elle n'est pas sa définitive propriété, lorsqu'il reviendrait quatre mois plus tard pour un nouveau raid *package* dans les villes du Nord. Elle fera, d'ici au début de l'année suivante, deux autres tournées comme ça : dès le printemps 1965 elle est un nom, elle est du métier.

Peut-être qu'en parallèle elle en entend parler plus et mieux, des deux auteurs de *As Tears Go By*, qu'elle avait si peu remarqués. Difficile désormais d'échapper aux Rolling Stones. A eux le magazine *Sixteen* (pas « XVIᵉ siècle », juste « seize ans ») quand il sort son numéro de l'automne, avec dossier complet sur les demoiselles de ces messieurs, les deux Linda, Chrissie, Shirley. C'est Chrissie Shrimpton qui prend la vedette, et qu'on fait parler au passé de la vie qu'ils avaient... l'an dernier : *Mick wouldn't eat for days — not because he couldn't afford it, but because his life was so disorganized. He'd turn up for dates at least two hours late and then just sit and not say anything, with his little smile on his lips... Mick would call at my flat to take me out to the pictures and stand in the doorway, smiling shyly and looking for all the world like a little boy lost. Often I'd ask him if he'd eaten, and he'd airily tell off a list of meals he'd had in the last 24 hours. But I soon learned to catch him out. He's the sort of person who can't lie* [4, 80] : « Mick ne mangeait rien pendant des jours, non qu'il ne pouvait pas se le payer, mais sa vie était tellement désorganisée... Il arrivait aux rendez-vous au moins deux heures en retard, il s'asseyait et ne disait rien, avec son petit sourire sur ses lèvres. Mick m'appelait chez moi pour m'emmener au cinéma et il était là dans l'entrée, à sourire timidement et cherchant ses mots comme un petit enfant perdu. Souvent je lui ai demandé ce qu'il avait mangé, il mettait vite au point, mine de rien, la liste des repas qu'il était censé avoir fait les dernières vingt-quatre heures. Mais j'ai vite su le démasquer : c'est le genre de personne qui ne sait pas mentir. »

Défaut dont ce genre de journaux n'ont jamais pu se débarrasser : ne raconter que ce qu'on suppose par avance correspondre à ce qu'attendent des lecteurs qu'on méprise – quand ils auront dix-sept ans, d'autres viendront et liront les mêmes âneries, ça s'appellera juste Spice Girl et non plus Mick Jagger (encore que Mick saura toujours surnager, quand la durée de vie des phénomènes Spice Girls ou autres Britney Spear est bien plus limitée). Un jeune homme timide et qui ne sait pas mentir, l'ami Mick ? *I know that I have influenced Mick's way of dressing. He used to wear anything, he'd buy ludicrous things and then wear them till they fell off, practically. Slowly he changed, and now I think he is one of the best dressers in the business* [14, 80] : « Je sais que j'ai influencé Mick dans sa façon de s'habiller. Il portait n'importe quoi, il achetait des trucs ridicules et les portait jusqu'à ce qu'ils tombent en morceaux. Il a changé progressivement, et maintenant je crois qu'il est de ceux qui s'habillent le mieux dans ce métier. »

Linda Keith, l'amie de Keith, se veut elle aussi mannequin de mode, mais c'est Keith qu'on fait parler : *If Chrissie and Linda haven't outside interests, they'd start moping about when we were away. After all, it's hard enough on them (and us), so it's best they have something to keep occupied with* ₄, ₈₁ : « Si Chrissie et Linda n'avaient eu rien à faire au-dehors, elles auraient été là à broyer du noir tout le temps qu'on était partis. Après tout, c'est assez dur et pour elles et pour nous, alors c'est mieux qu'elles soient occupées par ailleurs. » Cela résonne suffisamment moderne à l'automne 1964 pour que *Sixteen* s'en tienne là. Ils ne seront pas photographiés ensemble, c'est une photo où elle pose pour un catalogue de marchands de chapeaux que le magazine exhume, et qui nous rapporte preuve vivante de Linda Keith, et d'un visage étonnamment ressemblant à celui de Keith lui-même.

C'est *Sixteen* qui présente Shirley, la fiancée de Charlie. Il a trois ans de moins que Shirley, et l'a connue quand il étudiait le graphisme au Royal College of Arts, l'équivalent de nos Beaux-Arts, où elle-même apprenait la sculpture en complément de ses études d'infirmière. Elle aime les chevaux et la campagne, nous informe-t-on. Charlie Watts est qualifié, parce qu'il ne parlera jamais plus aux journalistes, de *soft-spoken*, et le parlant-peu s'en tiendra à une phrase qui prouve au moins qu'il voit clair et sait pourquoi : *This is something very precious to us – not something we want to share with others. I hope everyone understand* ₁₄, ₈₀ : « C'est quelque chose qui nous est très précieux. Pas quelque chose qu'on veut partager avec les autres. J'espère que tout le monde comprendra. » On dit qu'ils continuent d'assister régulièrement à des concerts de jazz, à des soirées où on danse : Charlie n'a pas rompu avec le monde d'avant les Stones. Et la photo où la nouvelle madame Watts se retourne est prise à leur insu. Les projecteurs allumés sur Mick et Brian qui aident Watts et Richards à ne pas s'épancher davantage sur leur vie privée.

Et c'est Linda Lawrence qui est photographiée et interviewée comme l'amie officielle de Brian, mais nulle mention de leur enfant, pas plus que des précédents de Brian. Pourtant, c'est ce même mois que les Lawrence assignent Brian en justice pour non-reconnaissance de paternité, et l'obtention d'une pension alimentaire. Oldham négocie pour que la plainte soit retirée, prépare avec leurs avocats le compromis que Brian, l'ancien gendre et ami des animaux, viendra signer devant les beaux-parents : première irruption d'hommes de loi dans le trajet Rolling Stones. Brian le prend mal, refuse de voir le gosse, qu'il appelle *Broad Bean Head* : flatteur pour le bébé, la grosse tête de haricot. Quant à Linda, elle aussi veut profiter de l'éclairage public pour poser dans les magazines de mode : on la verra dans un catalogue de présentation de maillots de bain, devant une piscine, avec un parapluie. Et malgré les avocats, malgré Dawn Malloy et Pat Lawrence, sa relation en dents de scie avec Brian continue, ils découvriront même ensemble le Maroc l'année prochaine.

Vexation minime mais supplémentaire pour Bill Wyman : à lui, homme marié, on ne demande rien, ce n'est pas fait pour intéresser *Sixteen*. A peine aperçoit-on son épouse Diane sur une photographie clandestinement prise, sous le casque séchoir de son coiffeur. Le magazine donne en prime le coût de cet appartement au-dessus du garage qu'ils viennent d'acheter à Penge : quinze mille livres.

Ils vont pouvoir commencer d'apprendre dès ce moment-là, même si le système est encore imparfait, ce qu'on peut laisser transparaître et ce qu'on doit occulter. Ce qu'on doit mettre à son service, et ce qu'on doit protéger. *Sixteen* publie leurs mensurations et leurs horoscopes : est-ce Andrew qui veille personnellement à ce qu'on les grandisse chacun de quatre ou cinq bons centimètres ? Mais le fait est là. En tout cas, c'est seulement Andrew ou Tony Calder qui ont pu se permettre de rectifier les âges : Brian perd deux ans, et devient d'un an plus jeune que Mick et Keith, et Bill Wyman perd cinq ans, mais ça le ramène à 1941, l'âge de Brian. Comme tous les journaux se recopient les uns les autres, ça créera du flou pour longtemps.

Mais c'est toute l'Angleterre qui change : après treize ans de parti conservateur, Harold Wilson, réformateur travailliste, entre au 10 Downing Street. Maintenant qu'ils sont à la mode, les autres journaux enchaînent. Alors l'un a l'idée de leur faire remplir le questionnaire dit de Marcel Proust, et ce sera l'occasion d'inclure dans ce livre le nom vénéré. Quel est, pour vous, le comble de la misère ? Pas de montre (Mick), un rhume et pas de mouchoir (Keith), pas de papier dans les toilettes (Charlie). Quelle qualité préférez-vous chez un homme ? Le pantalon (Mick), les poils sous les bras (Keith), de grandes oreilles (Charlie). Quel événement militaire vous admirez le plus ? La relève de la garde (Mick), la troisième guerre mondiale (Keith). Qu'est-ce que vous préféreriez être ? Un Beatle (Mick), un rêve (Keith). Votre musicien préféré ? Stravinsky (Charlie), Chopin (Bill), Tommy Steele (Mick), Marino Marini (Keith). Si le système était encore poreux pour *Sixteen*, en quelques semaines les Stones et Andrew ont compris qu'il n'y a pas, dans ce domaine, un seul détail qu'on puisse laisser hors de contrôle : et que la provocation sur papier glacé était un outil aussi indispensable que les amplis et les cheveux trop longs. Merci à toi, cher Marcel Proust, d'avoir bien voulu nous rejoindre un instant ici.

Turbulences marée haute

Ils disent que c'est leur année la plus dure, pour les concerts du moins.

D'abord parce que, dans les hurlements, on ne s'entend plus jouer. Ensuite à cause de la série ininterrompue de violences. On flotte dans ces cris comme dans une masse opaque qui déréalise tout. Keith Richards : *We couldn't hear ourselves, all we could hear was the fuckin' audience. They sounded just like banshee wails absolutely non-stop. It was very strange* [16, 64] : « On ne pouvait même pas s'entendre, tout ce que t'entendais c'était ce putain de public, hurlant comme des putois, absolument sans arrêt : c'était vraiment étrange. » Ou bien, Keith encore : *We used to play* Popeye The Sailor Man *: they never knew the difference* [14, 43] : « Des fois on se mettait à jouer *Popeye le marin*, ils ne s'apercevaient pas de la différence. » Les bagarres en bas devant eux, et eux-mêmes attrapés dans le tourbillon, Charlie Watts : *Stu was hit on the head with a bottle, very badly, it caught his eye. I had the usual things, because you can't get out of the way if you're a drummer. That was the period where they threw coins at you : they're really awful projectiles* [14, 43] : « Stu a été blessé par une bouteille à la tête, vraiment salement, ça lui a atteint l'œil. Moi j'écopais des trucs habituels, parce que si tu es derrière une batterie tu ne peux pas t'enlever du chemin. C'était la période où ils nous lançaient des pièces de monnaie : ça fait vraiment des projectiles terribles. » Sur le chemin de la richesse, l'argent même fait mal. La police partout, la disproportion de la foule et de l'organisation, toujours avec le petit car qui les emmène, les hôtels sous pression, les routes à deux voies, les estrades de province à peine hautes d'un mètre.

Comme à Blackpool, Empress Ballroom, le 24 juillet 1964. Blackpool est une grande ville ouvrière qui dispose de longues plages, en juillet elle concentre tous ceux qui viennent des villes en gris et noir pour quelques semaines de sable et de vagues. Ça commence à peu près calme, mais un type, de loin, vise Keith et crache, une fois, deux fois, jusqu'à l'atteindre. Et une fois qu'il l'a atteint, il recommence, et ses copains font pareil. C'est un jeu, parce que le crachat c'est une manifestation qui ne sort pas de la famille (voir les glaviots de Phelge sur les murs d'Edith Grove, avec la trace entourée au stylo et un nom écrit dessous). Keith supporte, et puis plus. C'est l'ambiance qui va avec le rock, mais il y a une limite. Il vise la tête du type, juste au niveau de ses pieds, après tout ils ont le même âge et, sans interrompre ses accords, lui fiche un coup dans la figure : et Keith affecte ces temps-ci les bottines cow-boy en cuir dur à bout pointu rapportées de Californie. Watts derrière sa batterie regarde : *That was a classic : it was completely packed. This guy down the front was pissed at a newt, as most of us were, and then he started spitting at Keith. Keith kicked his head, just like a football. It went boom! When they dropped that beautiful white Steinway off the stage : Stu was in tears* [14, 42] : « C'était un classique, tout prévu d'avance. Ce type juste devant nous en bas était soûl comme une bourrique, comme la plupart de nous aussi on était, et il se met à cracher sur Keith. Keith lui a buté la tête, comme un ballon de foot. Ça a fait boum! c'est là qu'ils ont fichu ce beau Steinway blanc en bas de la scène, Stu était en larmes. » Version Wyman : *At Blackpool there was no protection, no security anywhere, 6000 persons in this huge ball room. It was Scots weekend and there were all down from Glasgow getting drunk. There were about thirty guys forcing their way through the crowd. You could see them coming. They just lined up all along the front of the stage, which was quite high, about five feet, and they had their heads and arms resting on the stage. They decided to spit at us, taking turns who could hit who. Keith got a bit pissed off with it after a while and he said to one guy who'd just spat at him : You do that again and I'll fucking kill you. The guy did, and Keith ran across the stage and kicked him right in the face* [14, 42] : « A Blackpool il n'y avait aucune protection, ni service de sécurité, six mille personnes dans cette salle de bal gigantesque. C'était le vendredi soir écossais, avec tous ces types descendus de Glasgow pour se bourrer la gueule. Il y avait une trentaine de types forçant le passage au milieu de la foule, on les voyait venir. Ils se sont alignés tout contre la scène, qui était plutôt haute, un mètre cinquante, ils avaient leurs bras et leurs têtes qui dépassaient. Ils ont décidé de nous cracher dessus, chacun à son tour, qui attraperait qui. Keith ça l'a énervé, et au bout d'un moment il a dit au type qui venait de lui cracher dessus : Tu recommences ça, bordel je te tue! Le type l'a fait, alors Keith a pris son élan et l'a buté en pleine gueule. »

Par énervement ou lassitude, par honneur. Mais le coup de pied dans la tête du type déclenche évidemment l'émeute, aux cris de *Scotland, Scotland!* comme si l'irruption à Blackpool de la musique électrique américaine ramenait aux enjeux politiques. Des gamins tabassés dans un fourgon de police, une trentaine d'autres et deux policiers à l'hôpital. On retrouvera dans le grand lustre de la salle (oui, on joue dans des salles sous antique lustre à pendeloques) des bouteilles de bière et des chaussures.

Et c'est Blackpool qui devient pour eux la routine. Parce que c'est comme un message secret qu'on se passe de foule en foule? Cela va durer jusqu'à ce que les Stones eux-mêmes, mais deux ans plus tard, jettent l'éponge. Ils sont évacués comme on peut dans les loges, pendant que la salle est mise à sac : rideaux, fauteuils, éclairages. Charlie Watts ne jouait pas ce soir-là sur sa batterie neuve rapportée des USA, mais sur une Ludwig louée : il n'en reste rien. Charlie se souvient de Stu entrant plus tard dans la loge où on les a enfermés, leur montrant un bout de ferraille auquel s'accroche encore un peu de tissu noir : *I was with Keith, and Stu came in with this corner of an amplifier, the plywood hanging off it, and he went : There we are, kiddies. Typical Stu, that was* [14, 42] : « J'étais avec Keith, et Stu rentre avec le coin d'un ampli, juste un morceau de contreplaqué, et il dit : Voilà où on en est, les enfants. Du Stu typique, c'était. » Version confirmée par Bill Wyman : *Stu arrived at two or three in the morning. He walked into the lounge of this little hotel where we were sitting, having coffee, and he had a ragged bit of wood with a bit of bent metal and he said : That's your amp, and that's what's left of your guitar. He had this collection of scraps of stuff and passed them to each member of the band* [14, 42] : « Stu revient à deux ou trois heures du matin, il entre dans le salon de ce petit hôtel où on était assis devant des cafés, il sort un machin de bois avec un bout de fer accroché, il dit : c'est ton ampli, et ça c'est ce qui reste de ta guitare. Il avait cette collection de merdouilles et il les distribuait à chacun du groupe. »

Et puis il est deux heures du matin, ça fait au moins trois heures qu'on a été déposés ici, à Preston, un hôtel à une vingtaine de kilomètres de Blackpool. On a mangé des trucs réchauffés, viande panée et légumes, avec une ou deux bières encore en trop sur ce qu'il aurait fallu. On n'a pas sommeil, et on attend des nouvelles des dégâts, puisqu'on sait qu'il y a eu des ambulances, que le matériel est fichu. On tient avec du gin et du café, de toute façon on est bien trop énervé, on fume des cigarettes. Demain il faudra encore quelques heures de Volkswagen pour découvrir une autre salle de bal dans une autre ville grise, et les hurlements reprendront, peut-être les crachats aussi. On est tous les cinq enfoncés dans ces fauteuils et l'odeur de tabac, on ne parle pas forcément beaucoup, on n'a même pas mis de musique, juste la fatigue, le vide. Et évidemment, dans les journaux, c'est une nouvelle couleur qui est donnée aux Rolling Stones : si la presse oublie les accusations de poux dans les cheveux trop longs, elle fait d'eux les apôtres du dérèglement qu'ils provoquent, et dont ils sont pourtant les premières victimes. On leur signifie l'interdiction de revenir à Blackpool : ils auront, pour se consoler, accès bientôt à d'autres *must* du confort balnéaire.

On émerge le lendemain en fin de matinée, on a un breakfast silencieux, qu'on prolonge à la bière. Stu est pendu au téléphone depuis deux heures pour qu'ils trouvent à Nelson, juste à une centaine de kilomètres à l'est, du matériel en état : les amplis Vox leur sont convoyés en express, directement depuis l'usine Jennings (installée d'ailleurs à Dartford, et Eric Easton s'y est rendu le matin même). On joue le soir à l'Imperial Ballroom de Nelson, il y aura encore le lendemain Leicester avant qu'ils puissent souffler deux jours parce que cette fois ils découvriront l'Irlande, joueront deux fois à Belfast. Un an de plus, et si les cris continuent, ils seront un peu mieux protégés, là cela tourne au folklore, Keith Richards, à propos du surlendemain à Leicester : *Our main aim through 1964 was not what we were going to play, but how we were going to get out. You had the chief inspector of Leicester or somewhere leading you over the roofs. He'd have his uniform and three or four of his trusted constables and we're all stuck up on this fucking roof for hours, surrounded by teens* [14, 43] : « La question principale pour nous en 64 ce n'était pas de savoir ce qu'on allait jouer, mais comment on allait arriver à sortir. Tu avais l'inspecteur-chef de Leicester ou n'importe qui te conduisait sur les toits. Il est en uniforme avec trois ou quatre agents de confiance et on est tous coincés sur ce putain de toit pendant des heures, entourés par les gamins.»

Les mêmes dégâts, qui arrêtent le concert au bout de douze minutes, à Belfast, où l'avion les dépose (sauf Keith qui l'a loupé, a failli manquer pour la seule fois de sa vie un concert des Rolling Stones, les rejoint juste à l'heure de jouer). Six arrestations, vingt-cinq hospitalisés parmi les cinq mille qui avaient payé leur place : la scène envahie. La police veut les arrêter de jouer, c'est eux qui imposent de continuer, avant que les cris et les bagarres décident sans plus demander l'avis à personne. Et pareil le 2 août à Bath, concert en plein air, payés mille livres (deux cent cinquante semaines du loyer d'Edith Grove) pour jouer devant vingt-cinq mille personnes, accueillis par la marquise de Bath elle-même, sous ses tableaux de Rembrandt et Reynolds, grand souvenir. Mais dès qu'ils jouent, malgré les grillages qui s'envolent, c'est les bagarres qui recommencent, le même désordre. On s'organise, on se cache dans une ambulance ou un camion de livraison pour accéder aux lieux de concert, la police s'installe bien avant les spectateurs, interpose des chiens entre le groupe et ceux qui l'écoutent. On revient jouer pour Gomelsky dans son festival de Richmond, c'est sous la pluie, et on fait comme si on était encore bons amis. Puis on s'envole pour la Hollande, et c'est à nouveau bagarres et police : ce qu'ils symbolisent se dissémine hors de la musique et en avant d'elle. Ce que composent Jagger et Richards, chanté par des inconnus, c'est encore pourtant de mièvres hymnes à d'éternelles amours perdues, et il n'y a rien dans Chuck Berry ou Bo Diddley qu'ils chantent qui puisse inciter, à La Haye ou Belfast, à de tels débordements : la rupture qu'ils symbolisent n'a pas racine dans leur musique.

Ils apprennent que leurs disques (*Not Fade Away, It's All Over Now*) s'imposent maintenant en Allemagne, en France, en Grèce, pays où ils n'ont encore jamais mis les pieds. Là où quelques mois plus tôt on n'aurait pas osé, on apprend le vocabulaire qui permet la distance. *Charlie was asked by a reporter : How do you describe your music ? With his famous deadpan face, Charlie answered : I don't like your question, and walked away* $_{2, 302}$: « Un reporter demande à Charlie : Comment décrivez-vous votre musique ? Avec sa fameuse tête de pince-sans-rire, Charlie répond : Je n'aime pas votre question, et il tourne les talons. »

Ils sont tout heureux, pour échapper à cette violence qui devient la routine, de deux jours dans les îles Anglo-Normandes, où ils jouent à Guernesey. Ils visitent les blockhaus allemands de la Seconde Guerre, font en petit comité des courses de kart : c'est Bill qui gagne contre Mick, et Keith, éjecté, se fait racler la peau du dos. Autant de souvenirs précis, et heureux. On profite du *tax free* pour acheter des cadeaux, Bill rapporte un bracelet d'or à Diane. On a réservé pour le retour sur un vol d'une petite compagnie privée : Channel Airways, d'ordinaire fréquentée par des hommes d'affaires ou des résidents fortunés. Dans le gros bruit du double hélice, l'hôtesse de l'air croit nécessaire, à l'attention des passagers habituels, de reprendre pour ses nouveaux les antiennes des magazines, qu'elle croit de l'humour : *Well, boys, have you washed today ? When did you last have a haircut ?* $_{2, 304}$: « Alors, les gars, vous vous êtes lavés ce matin ? Votre dernière coupe de cheveux, ça remonte à quand ? » Ils sont six, ils ne cesseront tout au long du voyage de la faire trimer par vengeance, qui un verre d'eau, qui un café, qui des cigarettes, et on recommence : mademoiselle, un verre d'eau s'il vous plaît, mademoiselle... Quand ils atterrissent, la fille est en larmes : s'ils s'en souviennent, c'est peut-être pour se prouver à eux-mêmes, pour la première fois, qu'ils peuvent maintenant résister. Évidemment, les larmes de l'hôtesse font le bonheur des petits journaux, ajoutent à leur réputation d'insolence, et évidemment on leur signifiera qu'ils n'auront plus le droit de voyager par Channel Airways, à quoi Brian répond qu'ils peuvent désormais, s'ils le souhaitent, acheter la compagnie : dans cet usage de l'insolence qu'ils découvrent, on peut toujours renchérir.

A l'automne, début d'une nouvelle tournée mais, maintenant, à eux la vedette. L'affiche, sous le nom The Rolling Stones tout en haut, rassemble Kevin Scott and the Kingsmen, Julie Grant, the Wildcats, Marty Wilde, the Echoes, Kenny Lynch et enfin Inez Foxx, une Noire américaine qui produira quelques titres phares de la variété (avec son frère

Charlie, leur grand succès s'appelle *Mockingbirds*), avant de s'effondrer elle aussi sous la domination de la pop. Les Stones ont cinquante minutes à la fin, pour essayer de passer le mur de cris. On joue à Cheltenham, et les parents de Brian assistent (timidement sans doute, dubitativement, fièrement?) au concert, puis les rejoignent en coulisses : on se serre la main, présentations officielles et respectueuses. Dawn Malloy donne naissance en septembre au cinquième enfant de Brian, qui est revenu vivre avec Linda : elle accepte un chèque de sept cents livres *in full settlement of any claims arising, damages and inconveniences caused by me, by the birth of my son and I understand completely that the matter is now closed and that I will make no statement about Brian Jones or the child to any member of the press or public* $_{2, 312}$: « pour règlement de toute demande qui surgirait des dommages et inconvénients que je causerais par la naissance de mon enfant, et suis tout à fait consciente que l'affaire est close, que je ne ferai aucune déclaration à propos de Brian Jones ou de l'enfant à quiconque, de la presse ou du public ». Le contrat sous seing privé est signé au nom de Rolling Stones Limited, les payeurs, par Oldham et Jagger, hors la présence de Brian. Et Dawn Malloy n'est même pas évoquée dans certains des livres à la gloire posthume de Brian. Lui, il porte smoking, et la consommation renforcée d'alcool au cours des tournées aggrave l'asthme. Il grossit.

En octobre, le 14, Charlie Watts épouse Shirley Sheffield, malgré la pression d'Andrew, pour cause d'image : un groupe qui vend, c'est des corps à prendre. Jagger et Richards avaient fait savoir leur accord avec Oldham : on avait assez de Bill pour représenter parmi eux les conventions du mariage. Alors on fait ça secrètement, à Bradford, en invitant pour témoin de la mariée leur vieil ami Andy Hoogenboom, du temps de Cyril Davies, tandis que Mick et Chrissie sont les témoins du marié. Charlie arbore costume et cravate, le reste du groupe n'est pas invité : sa vie privée restera désormais et pour toujours à l'écart. Bill Wyman est heureux de ce mariage, on ne le persécutera plus sur son statut de père de famille, même si son couple n'est plus qu'une coquille vide : sa femme et son fils partent en vacances dans la famille de Diane, en Afrique du Sud. Et quand Bill fera d'une jeune Suédoise, Astrid Lundström, sa fiancée officielle, c'est là-bas que Diane Perks ira vivre. Le 16 octobre ils sont à Berlin pour une émission de télévision, et reviennent par Bruxelles : cinq mille gamins les attendent à l'aéroport, ils y jouent le 18, repartent au lendemain – Bruxelles ne sera jamais, pour les Rolling Stones, un lieu de prédilection.

Et Paris. Le premier soir, ils donnent une conférence de presse qui confirme que l'exercice fait maintenant partie de leur répertoire avec effets construits, qu'on ne s'y abandonne pas mais qu'on s'y prépare. Par exemple Charlie Watts : *You are the silent Stone, Charlie... Yes, said Charlie. Why do they call you the silent Stone, Charlie ? Because I don't talk much* $_{2,316}$: « Tu es, Charlie, le Stone silencieux ? – Oui. – Pourquoi on t'appelle le Stone silencieux, Charlie ? – Parce que je ne parle pas beaucoup. » Ils ont aussi au programme une émission de télévision, mais le Volkswagen, conduit par Stu et Spike Palmer, est resté bloqué au petit matin à la douane entre la France et la Belgique : ils doivent emprunter des guitares à trois sous pour jouer en play-back. Et Wyman mime impassiblement le jeu de basse sur une six cordes : le Volkswagen arrive à dix heures du soir, à temps pour l'Olympia.

Le lendemain on visite, s'offrant le restaurant dans l'île Saint-Louis où bon vin rouge aidant, on finit au dessert par une série de toasts à de Gaulle et Napoléon : l'idée anglaise de la France, les deux personnes qu'on y connaisse. Watts fait bande à part pour acheter des reproductions de Picasso et Buffet. On a les premières photos des Rolling Stones dans Paris, Jagger s'engouffrant à la hâte dans une DS 19, leurs premiers contacts avec ceux qui sur place suivaient cette vague qu'on disait nouvelle : les Beatles, quelques mois plus tôt, au même endroit, ont fait trois semaines durant la première partie de Trini Lopez et Sylvie Vartan, tandis que Johnny Hallyday fait assurer par Jimmy Page les parties guitares de ses premiers succès. Tout ce monde-là, Hallyday et Françoise Hardy, les rencontre dans les loges. Ils sont ici considérés comme des copains, des égaux, et l'impression sera durable. Mais les deux mille fauteuils de l'Olympia sont détruits, la police intervient et la bagarre se poursuit dans l'avenue. Vitrines brisées, terrasses de café dévastées, kiosques à journaux renversés et cent cinquante jeunes en garde à vue : où l'Angleterre tressaille, Paris amplifie – c'est à cause de cela que, dans nos classes de collège au bord de la Charente, le bruit nous en parvint ? La police a préféré évacuer le groupe elle-même, et les fait tourner en rond dans les rues, à l'arrière d'un de ces fourgons Citroën en forme de cube, à la carrosserie de tôle ondulée et pare-brise vertical, puisque des fans les attendent aussi à leur hôtel. Alors eux protestent, et Mick arrive à sauter du fourgon sans l'avis des policiers, à disparaître dans la nuit : il faut ça pour qu'on les relâche.

Quand ils arrivent à New York, quatre jours plus tard, le 24 octobre, pour leur deuxième tournée américaine, c'est en couleurs que pour la première fois on les photographie. Comment mesurer, à trente-cinq ans d'écart, ce que signifie ce minuscule changement technique ? Ce basculement, et c'est tout un monde qui apprend à se voir en couleur. Pour la première fois, sur leurs visages blêmes, on découvre le pourpre des vestes de velours, le brillant des bottines à bout pointu et haut talon, sur fond des robes à pois ou rayures et bras nus des filles qui écoutent, la chevelure bien lissée, aussi nette que la raie asymétrique des garçons : les cheveux qui couvrent les oreilles c'est pour Brian et Bill, mais pas pour ceux qui les écoutent.

On a le droit au «Ed Sullivan Show». Le présentateur, Ed Sullivan lui-même, a eu droit à une fiche cartonnée sur ses invités, il n'est plus question de les traiter comme ils l'ont été au début de l'année. Mais ils ne sont encore qu'une attraction, une curiosité, et voilà la phrase par quoi il les introduit : *We've got Georgie Fame and the Blue Flames, and those charming deviationnists : The Rolling Stones* : «On reçoit Georgie Fame et ses Flammes Bleues, et ces charmants déviationnistes, les Rolling Stones.»

Déviationnistes? Mais déviation de quoi, sinon de toute la société et de sa jeune génération? Le mot vient peut-être du dossier de presse ou des fiches cartonnées, mais il témoigne du chemin fait : déviation, c'est le chemin d'à côté, mais un chemin légitime. Dès la première chanson finie, Ed Sullivan donne le titre de la seconde, il est blasé d'en avoir vu tellement d'autres, et il prononce exactement comme il se doit le mot flic et le mot voleurs : *Cops And Robbers...* La surprise, venant du vieil animateur gominé de la télévision variété, c'est ce qui se passe à la fin de la deuxième chanson, tandis qu'on entend encore la reprise de souffle de Mick, et l'écho du dernier battement de Charlie : *Of course Mick Jagger on vocals, and this skillfull guitarwork of Brian Jones and Keith Richards on attendance...* Je ne sais pas rendre *skillfull* dans sa force anglaise, bien plus qu'habile, et surtout parce que l'assonance double rend bien le *crisscross* des deux guitares (c'est le mot de Keith pour son jeu avec Brian), dont le vieil Ed Sullivan reste estomaqué. Une chose absolument sûre : c'est qu'il rajoute la phrase de lui-même, dans sa propre surprise de ce à quoi il vient d'assister, tandis que Keith se balançait d'une jambe sur l'autre et que Brian se repliait sur la guitare blanche. Il leur enverra un message quelques jours plus tard : *Received hundred letters from parents complaining about you, but thousands from teenagers saying how much they enjoyed your performance* $_{2,\,322}$: «Reçu centaines de lettres de parents pour se plaindre de vous, mais d'adolescents par milliers pour dire combien ils avaient aimé votre passage.» Les Stones ont gagné la partie perdue dans la première tournée, et ils l'ont gagnée à la télévision, avant même de jouer en public.

Les salles sont plus grandes et mieux remplies, on retrouve Murray the K et on partage l'affiche avec des valeurs plus proches des leurs : Chuck Berry, James Brown. Au hasard des villes et des programmations, il y aura d'autres vieilles connaissances comme Gerry and the Pacemakers, Marvin Gaye, Billy J. Kramer et ses Dakotas, ou The Supremes. On a renouvelé l'équipement, Charlie seul ayant apporté sa batterie habituelle et Brian sa guitare en forme ovale de goutte d'eau, *Pear drop Vox guitar*. On loue pour le mois des amplis Fender, introuvables encore en Angleterre et qu'on rapportera. Comme au premier voyage, Keith augmente sa collection de Gibson acoustiques : il découvre la joie des *vintage*, ces guitares de vingt ans d'âge ou plus. On découvre et on apprend un tas de petites choses, comment James Brown se produit avec tout un orchestre, section de cuivres, claviers et chœurs, là où eux en sont restés avec leurs deux guitares sur basse et batterie : la leçon sera retenue. Ils la retiennent d'autant mieux que le show se termine par un final (*grand finale*) où tout le monde est sur scène et où les claviers, les cuivres et les chœurs vous font comme un tapis roulant, tandis que vous tenez James Brown par les épaules pour chanter *I'm Alright* et *Get Together*. Et cela aussi, comment prononcer à la cantonade : *Do you feel alright, is everybody alright ?* Mick Jagger en retiendra la leçon pour les trente ans à venir. Un soir, Mick et Keith iront à Harlem écouter James Brown en club. Il les aperçoit, les deux seuls Blancs dans la salle, les reconnaît, et les fait monter sur scène avec lui. Ce soir-là, ce qu'ils découvrent, c'est comment on peut tenir un public pendant une heure et demie, au lieu de ces passages d'une demi-heure qui sont encore et toujours leur lot, autre leçon retenue. Le jeu de pieds et de hanches de James Brown danseur fascine Mick : leçon à apprendre, et il l'apprendra. Enfin ils sont dans les loges avec le grand homme, et découvrent qu'il y a fait préparer du champagne dans de la glace, on trinque pendant qu'il téléphone et qu'on le repeigne : leçon retenue. Ils s'accrocheront toute la tournée à un standard, *The Last Time*, qu'ils pousseront sur scène à la mode James Brown, ce sera le souvenir précis de cette soirée : un morceau fait pour chanter à la James Brown, avant de l'enregistrer pour le retour.

L'Amérique, cette deuxième tournée, c'est l'herbe. Les pilules à ne pas dormir, les pilules qui vous excitent quand on les prend un peu avant d'entrer en scène, ils connaissent. Mais l'herbe, en Angleterre, pour l'instant on ne trouve pas. Ici, en Amérique, les nuits se font dans les clubs, et ils ont les laissez-passer nécessaires. Watts se protégera en allant, dans la journée, faire les boutiques d'antiquité pour ses armes et reliques de la guerre de Sécession, et le soir écouter du jazz : Charlie Mingus, Dizzy Gillespie, Billy Taylor ou le Sonny Rollins Quartet, c'est lui qui en fait la liste. Wyman sera protégé par la suite infinie de ses amours d'une nuit, ou par son aventure avec cette Francesca rencontrée à New York et qui va l'accompagner toute la tournée (sa femme étant toujours en Afrique du Sud, on cambriole son appartement de Penge, et disparaissent ses guitares, sa télévision – il est le premier du groupe à posséder chez lui une télévision ? et surtout sa collection de disques. Pour le consoler, un des promoteurs de la tournée l'emmène chez London Records et lui propose d'acheter tout ce qu'il veut, il se limitera à une trentaine de fondamentaux). Mick, Keith et Brian découvrent l'herbe comme un plaisir réservé, associé à ce monde étroit du luxe et du bruit, entre hôtels ou restaurants réservés, clubs et concerts : comme en Angleterre, comme en France, trop de monde devant les portes, alors on s'isole dans ce monde séparé de l'autre.

Le second souvenir fort de cette seconde tournée, c'est Los Angeles, où on retrouve les vieux studios démodés mais gigantesques de RCA, et le même technicien de studio, Dave Hassinger, qui leur donne un son comme doublé de taille et de rondeur. Avec lui, ils passent deux jours pleins à enregistrer. Pourquoi cela marche si bien ? L'Amérique pour eux est peut-être une sorte de transfert : une extension de l'Angleterre, et une telle disproportion d'échelle que, du coup, on peut vivre dans la musique sans plus en sortir. Quitte, si l'on sort du studio et de l'hôtel pour aller faire des achats en ville, à un incognito qui ne leur est plus possible dans leur pays si petit.

Dave Hassinger prétend généreusement ne pas avoir, pour ces séances, à les diriger ou les pousser. Mais il sait attraper au vol ce qui se passe entre eux quand ils jouent, et laisser au disque un peu de cette liberté qu'on a en public. La taille des studios, les techniques de cinéma qu'on y emploie et les premiers magnétophones multipistes permettent un gros son chargé d'effets, où tous les instruments enfin s'entendent. Ce qu'on enregistre, c'est encore les morceaux des autres (de Marvin Gaye : *Hitch Hike*, de Solomon Burke : *Everybody Needs Somebody To Love*, d'Otis Redding : *Pain In My Heart*, d'Alvin Robinson : *Down Home Girl*). On enregistre aussi pour la première fois un morceau Jagger-Richard, mais c'est pour une *demo* qu'Andrew doit envoyer en Angleterre à un de ses poulains. Nouveauté : une fois que le groupe a fini d'enregistrer, c'est Mick, Keith et Andrew qui restent dans le studio jusqu'à la fin de la nuit, pour les pistes supplémentaires de guitare ou de voix (*overdubs*) : on avait commencé à onze heures du matin, on se sépare à quatre heures le matin suivant. Jack Nitzsche, le bricoleur de sons, reste avec eux, distord des sons extorqués d'un piano jouet pour en tirer des effets de trombone.

Keith Richards : *The atmosphere and studio, plus the fact we knew we had good material, made the session a good one. We don't think it would work out at first, as the studio is so gigantic we were terrified. The*

Andrew hit the idea of putting us in one corner, shutting off the main lights and just using a spotlight, to make it more cosy. The control room was also in darkness. A bit mad, but it did trick. Me and the boys really let ourselves go. Bill should be mentionned. He really did a great job on one number, double-tracking on bass and six-string bass $_{2,\,328}$: «L'atmosphère et le studio, plus le fait qu'on savait avoir du bon matériel, ça a fait de la session une bonne session. On ne pensait pas que ça marcherait, d'abord parce que ce studio est tellement immense que ça nous effrayait. Alors Andrew a eu l'idée de nous rassembler dans un coin et d'éteindre les lumières principales, de garder juste un projecteur allumé pour rendre ça plus intime. Même la salle de contrôle était dans l'obscurité. Un peu dingue, mais ça a marché. Moi et les gars on s'est vraiment laissés aller. Bill, on doit en parler : il a vraiment fait du grand boulot, en doublant à la basse et à la six-cordes.» Loin de leurs habitudes anglaises, où chacun après le concert rentre chez soi, les tournées deviennent le prétexte d'un point fort, une inflexion pour un nouveau disque ou de nouveaux arrangements. Une manière de se concentrer, de prendre trois heures pour trouver comment jouer une chanson de deux minutes trente, et de vivre parmi des musiciens qui vous reconnaissent comme leurs pairs : un monde assez grand à soi tout seul pour ne pas vous mêler comme en Angleterre aux photographes, aux magazines, ou même aux Phelge qui s'accrochent.

Enfin, salles plus grandes et moins le trac, les Stones profitent de la scène. On se lance dans des chansons comme *Squeeze My Lemons* («écorce-moi le citron»?), où l'ambiguïté sexuelle et la provocation passent par les mots et donc Mick. Témoignage de Phil May, ex-collègue de Richards à la Sidcup Art School et chanteur des Pretty Things : *Jagger wasn't the best front man that's ever been, but the Stones' sound was exciting, it put British music into sexual overdrive and with the boys brawling at the front, it was like walking a tightrope. He knew if he fell off it could be dangerous* $_{21,\,47}$: «Jagger n'était pas scéniquement le meilleur qu'il y ait jamais eu, mais le son des Stones était excitant, ça a mis la musique anglaise dans un état de surmultiplication sexuelle, et avec ces gosses qui se bagarraient tout devant, c'était vraiment marcher sur la corde raide. Il savait que s'il loupait son coup ça pouvait être dangereux.»

Brian, aux cheveux plus longs que tous les autres, se maquille, paraît en scène habillé tout de blanc : il a retrouvé pour la scène le goût de ces prouesses à l'harmonica ou à la guitare. Sur scène, c'est lui toujours qui vient en avant – Ginger Baker (mais il parle après la mort de Brian, et dans la jalousie de Jagger, après la fin de Cream dont il était le batteur) :

Mick was just standing stationary at the microphone singing, but Brian was leaping all about the stage, playing lying on his back and even jumping in the crowd while he was playing. It was Brian, not Mick, that was the leader in the band [21, 27] : « Mick se tenait juste debout derrière le micro, alors que Brian sautait d'un bout de la scène à l'autre, jouait couché sur son dos et même sautait dans la foule en jouant. C'était Brian, et pas Mick, le leader du groupe. » Confirmé par Alexis Korner : *Brian had more edge to him than any of the others. The whole nasty image of the Stones started with Brian, not Mick. He went out to needle people. You'd see him dancing forward with a tambourine slapping it in your face and sticking his tongue out at you in a nasty way. Then he'd move back before you actually took a punch at him* [21, 27] : « Brian était bien plus limite que les autres. Toute cette image d'affreux qu'ont eue les Stones, ça a commencé avec Brian, et pas avec Mick. Il venait là harceler les gens. Tu le voyais danser tout devant avec un tambourin qu'il te mettait presque sur la figure, puis te tirait méchamment la langue, juste le temps de reculer avant de prendre un coup de poing dans le nez. »

Confiance en eux, en ce qu'ils jouent, et contexte qui les honore bien mieux que lors des épuisantes tournées de province anglaises, Brian est à nouveau, dans sa tête et sur scène, aux commandes des Rolling Stones, le plus photographié dans les magazines, le plus interviewé, et s'arrangeant avec les agents pour obtenir une chambre plus belle que les copains dans les hôtels de passage. Mais il tombe malade au beau milieu de la tournée, bronchite aggravée : il devra être hospitalisé et manquera quatre concerts pendant que les autres retrouveront à Milwaukee, avec seulement quinze cent personnes dans une salle de six mille, un peu de la rudesse oubliée du premier voyage (Brian manque Milwaukee dans le Wisconsin le 11 novembre, Fort Wayne dans l'Indiana le 12, Dayton dans l'Ohio le 13, Louisville dans le Kentucky le 14, avant de les retrouver à Chicago le 15). Jagger doit bien remplacer le numéro visuel de Brian et Keith, soutenu par le piano de Stu, qui joue systématiquement avec eux dans l'ombre, glisse du second rôle aux passes obligatoires du *guitar hero* : jouer dans son dos ou jouer avec les dents et autres prouesses, ce ne sera jamais la spécialité de Keith, mais il assure.

Les photos ne manquent pas, comme celle-ci, dans l'habitacle étroit d'un de ces avions de ligne à hélice, deux fauteuils à gauche, deux fauteuils à droite : les cinq Stones endormis, la tête en arrière et la bouche ouverte, Keith près de Mick et Bill près de Brian, retrouvant visage d'adolescent pour ces catalepsies diurnes dans ces heures où d'une ville à l'autre on les convoie, pour réémerger dans les bruits et les cris, s'accorder et jouer, avant la nouvelle nuit blanche dans l'hôtel qu'on découvre, où on ne reviendra jamais, bien trop énervés pour dormir.

Bill Wyman continue de coller dans des cahiers les articles de journaux découpés, grâce à lui on garde l'idée de leur réception à Milwaukee : *Unless someone teaches guitar chords to chimpanzees, the visual ultimate has been reached with the Rolling Stones. Screams from a thousand throats drowned out all but the most insistent electronic cacophony, and the two-fisted smashes of the drummer Charlie. With shoulder-lenght hair and high-heeled boots, they seem more feminine than their fans* [2, 333] : « A moins qu'un jour quelqu'un apprenne aux chimpanzés les accords de guitare, la quintessence visuelle a été atteinte avec les Rolling Stones. Des cris d'un millier de larynx ont tout noyé, sauf la plus insistante cacophonie électronique, et le bombardement binaire de leur batteur Charlie. Avec leurs cheveux jusqu'aux épaules et sur leurs bottes à hauts talons, ils font bien plus fille que les filles qui les écoutent. » Tant pis pour Milwaukee. On se retrouve à nouveau à Chicago chez Chess et on y enregistre tout un dimanche, mais sans renouer avec le miracle du printemps. On enregistrera même une composition de Bill, *Goodbye Girl* : mais Andrew ne laissera pas se troubler l'image naissante de Jagger et Richard compositeurs à la Lennon-McCartney, et la chanson de Bill ne sera jamais reprise. A Los Angeles, ils ont enregistré sept morceaux, dont seulement *Heart Of Stone* écrit par Mick et Keith. Dans la crypte du blues, ils enregistrent six de ceux qu'ils jouent, dont trois écrits par Mick et Keith, plus un vieux classique, *Little Red Rooster* (qui sera le prochain disque à succès, deux semaines plus tard, dans les bacs de tous les villages d'Angleterre, et qu'ils joueront toujours trente ans plus tard), et *Time Is On My Side*, classique revisité à la mode James Brown : quelques semaines d'Amérique et c'est pour la musique des Stones tout un virage qu'on concrétise. Et, prenant la place principale dans le studio, prouvant qu'il peut tenir le concert même lors des absences répétées de Brian, Keith Richards lui aussi franchit une étape personnelle. En tournée, il devient le centre du groupe : c'est dans sa chambre, après le concert, que tout le monde se retrouve. Habitude où Charlie Watts se glissera pour les vingt ans à venir : rejoindre la chambre de Keith et voir ce qui s'y passe. Il y a toujours des bouteilles et des cigarettes, des guitares, un magnétophone ou un tourne-disque (plus tard, des valises entières de cassettes, dont toutes les répétitions des Stones et les essais encore inaboutis). Keith Richards, à partir de ce séjour et des nuits de studio à Los Angeles, découvre ce qui va être sa marque, et peut-être à quoi il devra sa survie : la possibilité physiologique qu'il a de ne pas dormir trois nuits d'affilée, pour se rattraper la quatrième. Il tiendra même cinq nuits sans dormir, avant de s'effondrer lors de l'émission télévisée qui suit immédiatement leur retour à Londres.

Routine. Passage au tribunal pour Mick, suite des excès de vitesse avec la Ford Zephyr à Tettenhall, sur la nationale 41, à l'entrée nord-ouest de Birmingham, amende de seize livres et protestation de son avocat, Dale Parkinson : *The Duke of Marlborough had longer hair than my client and he won some famous battles. His hair was powdered. I think because of fleas. My client has no fleas* $_{7,\,33}$: « Le duc de Marlborough avait des cheveux plus longs que mon client, et il a gagné quelques belles batailles. Ses cheveux étaient poudrés, je pense, contre les puces. Mon client n'a pas de puces. » Charlie Watts, le Stone muet, franchit une autre barrière, celle du livre imprimé, en publiant un texte qu'il a lui-même illustré, deux ans plus tôt, avant son entrée dans les Rolling Stones. C'est un hommage à Charlie Parker, qui s'intitule *Ode To A High Flying Bird*, mais la réputation des Stones est assez grande déjà pour faire vendre.

On commence 1965 par cinq concerts en Irlande, à Belfast, Dublin et Cork. Une marque russe, en guise de sponsoring, leur a offert à chacun une petite caméra huit millimètres, moyennant qu'on puisse les photographier une fois avec, et eux se laissent faire provisoirement pour de telles petites choses : six mois plus tôt, lors de la première tournée américaine, est-ce qu'on n'a pas enregistré sur fond de guitares électriques une publicité pour les céréales Kellogs, souvent reproduite dans un coin de nos disques pirates ? Et puis, se filmer soi-même en mouvement, c'est aussi drôle qu'aux premiers temps du magnétophone dans les toilettes du palier, à Edith Grove. Brian et Keith retrouvent l'esprit des farces Nanker-Phelge, faisant concours de qui filmerait le plus d'infirmes en fauteuil roulant. En traversant l'Irlande de Cork à Dublin, ils font arrêter Stu près d'une boutique d'antiquités tenue par un vieil homme avec un singe, et demandent à le filmer, Keith raconte : *We stopped outside a fabulous old shop one morning to buy some gear. It was kind of an old Army surplus store right out in the sticks. There was an old fella behind the counter who screamed that we've been sent by Oliver Cromwell. He chased us out of the shop and jumped in the hood of the car. Then he proceeded to try and boot the windshield to pieces. He must have been at least eighty* $_{4,\,47}$: « Un matin, on s'arrête devant un magasin d'antiquités incroyable, pour acheter des trucs. C'était une sorte d'ancien surplus de l'armée en plein milieu de la cambrousse. Là, il y avait un vieux bonhomme derrière le comptoir, qui s'est mis à crier qu'on était envoyés par Cromwell. Il nous a poursuivis dehors, et il a sauté sur le capot de la voiture, il s'est mis à essayer de nous démolir le pare-brise : et il avait au moins quatre-vingts balais... »

Contraste de ce goût encore du nouveau, de plus en plus mangé par le gros bruit fait sur leur nom, concerts vendus de plus en plus chers, et le deuxième album : un simple titre où paraît le génie d'Andrew : *Rolling Stones Number 2*. La pochette est une photo par David Bailey de leurs cinq visages éclairés en contre-plongée, avec des dégradés un peu flou : Brian au tout premier plan, Keith et son acné au centre, avec les oreilles décollées qui sortent des cheveux, Watts et Wyman en diagonale et Mick placé exprès tout derrière : les lèvres qui avancent sont sa nouvelle signature, et la preuve de son statut spécifique.

Andrew cherche ses cibles encore au hasard : au dos de la pochette, il suggère à ceux qui veulent acheter le disque de détrousser les aveugles aperçus dans la rue... Élégance qui lui vaudra, après celle des marchands de cravates, la protestation de la Blind Aid Association : qu'importe, si l'axiome *For the Rolling Stones, bad news is good news* se vérifie de plus en plus. Ian Stewart épouse Cynthia, de longue date l'assistante d'Andrew. Ils divorceront plus tard : Stu, malgré son grand menton, ses cheveux en brosse, ses plaisanteries froides et ses pantalons trop grands (*He always had masses of stuff in his back pockets, so his ass looked huge, with great wads of keys,* 9, 157 : « Il avait toujours des tonnes de trucs dans ses poches arrière, ce qui lui faisait un cul énorme, et plein de trousseaux de clés ») est avec Bill et Brian un grand amateur des aventures de tournée, même s'il ne touchera jamais de toute sa vie à la drogue.

Andrew, pour ressembler encore plus à Phil Spector, roule Cadillac bleu nuit, porte lunettes noires, et a embauché un chauffeur et garde du corps au doux nom de Reg le Boucher, *Reg the Butcher*. L'entreprise Oldham, disques, chansons et spectacles, tourne à plein. La demande est telle que parfois Keith écrit seul, quitte à ce qu'Andrew cosigne : *All I Want Is My Baby* pour Bobby Jameson, *I'd Much Rather Be With The Boys* pour les Toggery Five, et il joue lui-même la partie de guitare acoustique sur le deuxième succès de Marianne Faithfull : la chanson de Bob Dylan *Blowin' In The Wind*.

La fin janvier les revoit en Australie, et pour la première fois ils auront deux étés dans l'année. Vingt-cinq concerts là-bas, puis neuf en Nouvelle-Zélande (deux concerts par jour, toujours par modules de cinquante minutes), ils reviennent par Singapour. A Sydney, ils ont les moyens de réserver pour eux un étage entier du Chevron Hilton, au-dessus du port, eux-mêmes surpris de leur nouveau statut. Keith s'amuse à écouter le bruit des verres à whisky qui s'écrasent en bas sur le parking, et Mick Jagger rend visite à la sœur de sa mère, à qui Eva Jagger a bien recommandé de se munir de protecteurs d'oreille pour aller écouter le concert du fils. On profite de la plage privée de l'hôtel, mais comme

Charlie et Keith s'en éloignent avec un canoë qu'ils ont loué, d'autres rameurs les poursuivent et tentent de les renverser : pas commodes avec les cheveux longs non plus, les Australiens.

En première partie de leur concert, un de leurs anciens héros, Roy Orbison, et les chaises volent comme en Europe. Ils découvrent qu'une autre tournée, moins bruyante, court aussi l'Australie : The Kinks et The Manfred Mann, avec Paul Jones, l'ami de Brian au temps d'Oxford et des premières répétitions au Bricklayer's Arms. Et s'il avait insisté dans le groupe de Brian, Paul Jones, s'il y avait gardé la place qu'a prise Mick, qu'en aurait-il été du phénomène Rolling Stones ? Ils ont d'autres préoccupations que d'y réfléchir. On prend du bon temps, on loue des voitures à Brisbane pour une échappée à Paradise Island, une des célèbres plages de surf (petit accident de voiture au retour, Keith ira embrasser le pare-brise). Le service de sécurité est plus efficace qu'en Angleterre, ils prendront modèle pour la suite. Et ils ébauchent avec le responsable de la tournée, Mike Dorsey, un langage codé – si Bill ou Brian demande : *Did you arrange the laundry for tonight?* [2, 352] : « Est-ce que la blanchisserie ça marche, pour ce soir ? », on aura dans sa chambre une fille. Elles sont assez nombreuses à attendre et vouloir, il suffit de se montrer au balcon et de dire à Dorsey : celle qui a le tee-shirt blanc et bleu, ou celle qui a la jupe rouge.

On jouera devant trente-cinq mille personnes au total à Sydney, vingt et un mille à Melbourne, on regrettera l'Australie. En Nouvelle-Zélande non plus on ne pensera pas qu'au travail : une virée à cheval au long des sources chaudes du pays volcanique, une incursion chez les Maori où on videra la boutique du village-souvenir. En Nouvelle-Zélande Bill retrouve un ancien de Penge, du temps des Cliftons : celui-ci aussi, George Smith, viendra au concert voir le copain qui a réussi, et pour Wyman cela compte bien plus que les chiffres à trois zéros qu'ici on aligne. Bill Wyman souffre d'une infection oculaire qui l'oblige à porter des lunettes noires : c'est comme ça qu'on ajoute à son image, en découvrant par hasard les avantages de quelque accessoire. On découvre enfin à Singapour les tout premiers modèles de magnétoscopes.

Et on revient par Los Angeles. La « non sainte trinité », Andrew, Mick et Keith, s'installe aux studios RCA avec Dave Hassinger pour réenregistrer les harmonies vocales des morceaux déjà en boîte, ceux qu'on n'a pas utilisés pour l'album *N° 2*, et qui serviront dans le prochain, *Out Of Our Heads*, tandis que Charlie Watts en Floride retrouve Shirley pour des vacances, et que Bill et Brian rentrent à Londres. La conséquence, c'est qu'Andrew gagne une nouvelle victoire pour sa modélisation des Rolling Stones selon le schéma Beatles : pour lui, Keith doit apparaître comme chanteur en second, au lieu que les harmonies soient chantées par Brian et Bill. Watts se contente de son rôle, et les deux autres s'amusent surtout des filles de rencontre, quitte maintenant à se les repasser d'une chambre à l'autre, jeu plus trouble mais qui les excite doublement : ils ne mesurent sans doute pas dans ses vraies conséquences la redisposition imposée par Andrew.

Bill Wyman en tirera vite ses conclusions, puisqu'il commence dès ce retour, pour Decca aussi, une longue carrière de compositeur et producteur : toute sa vie, désormais, il compose pour les autres, prend en main les consoles de mixage pour les autres, faute de pouvoir le faire pour les Rolling Stones. Il y voit la garantie de son indépendance, une sécurité pour quand le miracle cessera, ou qu'il claquera la porte.

En mars on ira au Danemark, quatre jours, puis en Suède, trois jours, on passera en Finlande, un jour, et deuxième voyage en France, à l'Olympia cette fois pour trois jours avant la troisième tournée américaine, qui commencera par une semaine au Canada.

Avec *Heart Of Stone* (manière de redoubler dans le titre de la chanson le nom du groupe, comme de leur regarder le cœur à la façon de ces stylos bille des années 60 où on découvre par un petit œilleton du manche la tour Eiffel, la statue de la Liberté ou une image plus osée), une composition Jagger-Richard devient pour la première fois le quarante-cinq tours *single* du groupe. Maintenant on ne jouera plus, pour ces *jackpots* que sont les petits disques noirs sous pochette papier, vendus à chaque fois deux cent mille exemplaires rien qu'en Angleterre dès le premier jour, d'autres titres que ceux qu'ils écrivent eux-mêmes, quitte à mettre en face B un Nanker-Phelge pour associer le groupe aux revenus supplémentaires des droits d'auteurs, qui vont désormais multiplier les comptes de Mick et Keith exclusivement. Et la chanson signée Nanker-Phelge, *Play With Fire*, si on l'enregistre bien d'abord sur quatre pistes avec le groupe entier, sera la première que Richards et Jagger, une fois les autres partis du studio vers deux heures du matin, referont par *overdub*, piste après piste, presque en entier, Phil Spector réenregistrant la partie de Brian sur une guitare accordée deux tons plus bas, Jack Nitzsche ajoutant une partie de clavecin : on finit à sept heures du matin, heureux que Phil Spector ait trouvé une nouvelle expression, *ball of noise* — boule de bruit – pour le travail qu'il a fait avec eux, différente du *wall of sound* qui a fait sa réputation.

Eric Easton fait son travail, qui est de vendre des concerts, le plus possible et toujours plus cher. C'est toujours selon la forme d'attractions multiples, même si désormais le nom The Rolling Stones est écrit en gros, au-dessus de toute la liste du *package*. Ce 8 mars, pour un concert au Futurist de Scarborough, juste un soir (*one night only*), sur la côte est, entre Kingston et Newcastle, à trois bonnes heures de voiture de Londres (on a joué l'avant-veille à Liverpool, la veille à Manchester, et on continuera le lendemain par Durham, le surlendemain à Huddersfield, puis Sheffield, et Leicester, et Rugby), le spectacle est composé de Dave Berry and the Cruisers, The Checkmates, The Konrads, Goldie and the Ginger Breads enfin, en *special guest stars*, même si seuls les Stones ont leur photo sur l'affiche, eux juste un petit médaillon de leurs visages, The Hollies. Et c'est Johnny Ball qui est souligné comme *your compere* : « votre animateur ». Silence sur Johnny Ball, aucun autre document disponible pour le connaître. On retrouve dans les Hollies Graham Nash, qui avait participé avec Spector à l'enregistrement du *Not Fade Away* (Graham Nash part ensuite en tournée avec Marianne Faithfull et partagera avec elle plus que l'affiche du spectacle, mais les chemins sont encore parallèles). Il y a le folklore habituel, filles qui suivent en auto-stop, et qu'on retrouve endormies au matin dans les cabines téléphoniques en face l'hôtel. Celles qui montent sur la scène : *You're like twenty years old and every little chick in all of fucking England seems to think you're fucking Rudolph Valentino : it's mind boggling* [14, 43], dit Keith : « Vous avez à peine vingt ans et n'importe quelle gamine dans toute cette putain d'Angleterre semble croire que vous êtes ce putain de Rudolph Valentino, ça laisse quand même perplexe. »

Ce mot *fucking* dont Richards truffera toute sa vie le moindre discours l'aide à garder distance. Les décisions maintenant sont prises à trois, comme la production est faite à trois. Lequel le premier a l'intuition qu'il faut sauver même cette tourmente opaque qui les enferme ? Ils enregistrent ce hurlement continu des concerts, où toute parole et musique sont inaudibles, et ils en feront un des prochains disques des Rolling Stones, leur premier disque en public : *Got Life If You Want It*.

Autre intuition, parce qu'on sait bien ce qu'on doit à Dave Hassinger et aux studios RCA, qu'il leur faut chez eux un technicien du son qui leur soit entièrement voué. Ils se souviennent de Glyn Johns, le disc-jockey du Red Lion à Sutton dans le Surrey, qui avait fait leur tout premier enregistrement : Glyn Johns vient les écouter à Edmonton le 5 mars, et ne quittera plus le groupe. Et c'est à la fin de cette tournée, son dernier soir, qu'on joue le 18 mars à Romford.

D'une idiote histoire de station-service et de ce qui s'ensuit

Arrêt à Romford non pas pour l'anecdote, mais parce que leur légende s'est en partie construite ce soir-là, et pour ces raisons-là. Et que c'est parfois à telle anecdote aussi mineure qu'on peut mesurer, un tiers de siècle plus tard, comment le corps social qui était le nôtre devenait susceptible de soubresauts capables de le secouer tout entier, que sur ce soubresaut précis eux vont rebondir, mais que cela peut s'enraciner très loin des mutations qui en résulteront : ainsi, ce soir-là, Romford.

On joue donc, le 18 mars à Romford, et s'ils sont pressés de rentrer à Londres c'est parce qu'ils ont cinq jours de répit avant de s'envoler à nouveau pour le Danemark. Parce que c'est le dernier soir de la tournée, peut-être dans les loges a-t-on fait un peu plus la fête que d'habitude. C'est sûr aussi, côté Jagger, Richards et Brian Jones, qu'on a commencé de se servir des petites pilules qui aident à tenir contre le sommeil. On appelle ça *pop pills*, c'est intraduisible, il y a ce petit bouillonnement que cela provoque en vous, c'est la marque de leur musique électrique, alors que ceux du jazz s'en tiennent à la marijuana. Andrew est là, qui offre à tout le monde ses Quaaludes, son Demerol et autres spécialités pharmaceutiques détournées de façon qu'il trouve amusante, rien qu'avec un inhaleur de Nostrilene pour la toux, essaye, tu verras... Ils ont même retrouvé Joey Paige, le bassiste des Everly Brothers qui leur avait présenté Bobby Keyes, et les Américains en ont plein leurs sacs, de ces pilules à miracles.

La période où Bill Wyman était leur bouc émissaire est terminée. Le groupe se doit d'être plus solidaire, parce qu'il n'est plus divisible. Et puis Charlie Watts, malgré les pressions d'Oldham, s'est marié lui aussi, et question nombre d'enfants Brian les enfonce tous. Mais une autre des plaisanteries récurrentes sur Bill Wyman, depuis les voyages à Lowestoft-Aberystwyth en Volkswagen, tient à la capacité de sa vessie. Bill Wyman pisse moins souvent que les autres, mais alors il lui faut du temps, et quelquefois même les autres chronomètrent. Avant le concert et pendant, on boit beaucoup de Coca-Cola, souvent additionné de whisky ou de gin, et il faut bien éliminer.

On en a fini du Volkswagen : le matériel est convoyé par un vrai camion, et Stu pour les conduire a loué une grosse Daimler noire à vitres teintées et deux banquettes arrière qui les avalent tous. Le concert fini, il faut s'extraire en courant, s'embarquer dans la voiture qui attend moteur en marche à la sortie des artistes avant que les deux mille corps transpirants et hurlants qui se sont entassés dans la salle pour très peu voir et ne rien entendre aient commencé d'en sortir. C'est quelque chose qu'on est maintenant habitué à faire, mais qu'on ne réussit pas toujours : on s'engouffre, Stu démarre et on sort de la ville.

C'est à Stratford, Romford Road (puisqu'on en vient, de Romford, à l'Odeon Theatre) que Bill demande à Stu de s'arrêter à cette station-service encore éclairée. On n'est pas habitué à voir une Daimler stopper en pleine nuit, mais de ce genre de véhicule on n'est pas habitué non plus à voir sortir un type maigre aux cheveux dans la figure, encore en sueur et vêtu à l'invraisemblable. Surtout, à cause de cette conjonctivite pas complètement guérie, Bill porte en pleine nuit des lunettes noires – il subira le 3 avril une légère intervention chirurgicale : ses yeux supportent mal cette vie à l'envers et sans sommeil. Mais la télévision et les journaux ont fait leur travail : Beatles et Rolling Stones, la nouvelle maladie d'Angleterre, on sait ce que c'est même avant d'en croiser un pour de vrai – même le prince Charles vient de déclarer qu'il les écoutait volontiers. C'est une odeur de scandale qui les précède, et le bon peuple est fier de la résistance qu'il leur oppose, au nom des valeurs antérieurement établies.

Le gérant de la station-service s'appelle M. Charles Keelay, et à ce type en lunettes noires qui vient lui demander où sont les toilettes, la réponse est aussi sèche qu'immédiate : *No, go away, get off of my forecourt* $_{14,\,48}$: « Non, fichez le camp, sortez de ma piste. »

La question pourtant, version Bill Wyman, avait été correctement posée : *Excuse me, have you a toilet I can use?* (qui pourrait figurer grammaticalement dans n'importe quelle méthode d'apprentissage pour débutant), ou selon M. Keelay en tournure plus familière : *Where can we have a piss here* $_{9,\,141}$? (déconseillé par la méthode). Sur le refus du gérant, Wyman revient à la voiture et c'est Jagger qui réagit : *Come on, Bill, we'll find you a toilet* $_{14,\,48}$ (se référer à la méthode pour débutant). De Charles Keelay, au tribunal, il sera précisé qu'avant de prendre en gérance la station-service de la rue principale à Stratford (on est toujours avant l'ère des autoroutes, les nationales coupent les villes par le milieu) il vivait dans un monastère. Il prétend au tribunal avoir rétorqué à Jagger, vrai ou faux : *The public lavatory is out of order* $_{14,\,48}$ (utile aussi au débutant) et, plus sûr, à nouveau leur intime son ordre (compréhensible même en langue des signes) : *Get off of my forecourt!*

Mais de la voiture surgissent alors deux, puis trois, puis quatre silhouettes aussi étranges que la première : les Rolling Stones sont-ils inépuisables, et tout ce monde-là prétend-il utiliser les toilettes de M. Keelay?

Huit ou neuf, qu'ils étaient, dira Charles Keelay, ce qui sans doute est exagéré, même pour une limousine Daimler à deux banquettes arrière.

Les plus excités sont Jagger et Brian, qui se mettent à danser autour du monsieur, reprenant son antienne : *Get off of my forecourt, get off of my forecourt!* La scène devient très visuelle, presque un prolongement du concert de Romford : Jagger et Brian, rejoints par l'Américain Joey Paige, chantent maintenant, en se dandinant autour de M. Keelay, devant les distributeurs d'essence, sous le maigre éclairage, un refrain que Brian a fait passer de *forecourt* à *foreskin* (prépuce) : *Get off of my foreskin, get off of my foreskin* [14, 48]*!* « Sors de ma bite, sors de ma bite... » M. Keelay est certainement encore plus dépassé que vexé, mais il ne pourrait se renier en accordant simplement à Bill Wyman d'aller se soulager.

Alors on sort effectivement de la piste à essence, on traverse la rue et on va pisser contre le mur d'en face. Wyman est encore à l'ouvrage quand Jagger se retourne vers le bonhomme resté sur sa piste à essence, poings sur les hanches et en alerte, pour lancer son napoléonien : *Rolling Stones piss everywhere, man!* (traduction non requise) qui non seulement traverse la rue, mais entre dans l'histoire aussi fort et vite que la déclaration de John Lennon quant au fait que ses Beatles sont désormais aussi célèbres que le Christ, voire plus. On remonte dans la Daimler, Stu est resté au volant. Il n'avait même pas coupé le moteur, la voiture repart en faisant crisser les pneus dans la direction de Londres, roulant bien à gauche.

Que ce soit Mick et Brian qui se mettent en avant pour danser autour du pompiste, tandis que Bill Wyman avait un autre problème dans l'instant, et que Richards et Watts soient restés en retrait, est significatif du partage des rôles. Mais un client de la station-service a noté le numéro de la voiture, et dès le lendemain matin M. Keelay le produit comme témoin de sa plainte pour insulte, langage obscène et dégradation du mur d'en face. Il utilise, pour sa plainte officielle, l'expression : *long hair monsters* (méthode d'apprentissage, deuxième chapitre), voire de l'amplification suivante : *shaggy-haired monsters wearing dark glasses* [9, 141] : « monstres chevelus à lunettes noires ».

Au tribunal, une remarque qu'on lui fait sur l'expression permet d'obtenir la vérité sur la bonne disponibilité des dites toilettes : *The conception of long-haired monsters did not influence my decision to complain, although it might have started the ball rolling. It made me determined not to let them go off the staff toilet* [2, 364] : « L'idée de monstres à cheveux longs n'a pas influé sur ma décision de porter plainte, même si c'est à cause de ça que tout s'est enclenché. Ça m'a certainement déterminé à ne pas les laisser se servir des toilettes du personnel. »

Dès le surlendemain, un article de la presse locale se saisit de la grande affaire. Dès qu'on entrevoit, en fait, que les monstres à cheveux longs sont les chouchous de l'actualité, sous les feux de la rampe : les Rolling Stones eux-mêmes. La station-service de Stratford, comme la phrase napoléonienne, devient affaire nationale, puis européenne et mondiale.

En soi, là encore, pas de quoi fouetter un chat. En étape quantifiée de la marche symbolique, événement frontière : ce qui était regardé d'un œil plutôt bon enfant, et ne devenait protestation que chez les marchands de cravates ou les coiffeurs, devient réaction officielle par voie de justice. Pas même question de drogue : mais quand la société anglaise voudra réagir contre l'emploi grandissant des hallucinogènes, le dispositif juridique sera prêt, grâce à M. Charles Keelay.

For the Rolling Stones, bad news is good news : Andrew n'est pas si mécontent de tout ce bruit. Si Mick se fait représenter par son avocat quand on le juge pour défaut d'assurance et excès de vitesse, ils seront tous au tribunal lorsque l'affaire de la station-service viendra en justice. On demandera seulement, pour le traditionnel interrogatoire d'identité, que l'adresse de chacun des protagonistes ne soit pas citée publiquement : les Stones par discrétion, M. Keelay et son témoin par peur des représailles.

Tout le monde est sage, devant le juge. Bill : *We finished two shows at the Romford Odeon at 10.45. We didn't have time to go to the dressing-room after the show, because as soon as the curtain fell we had to leave the stage and rush to the car to avoid fans* $_{2,\,365}$: « On a fini nos deux concerts à l'Odéon de Romford à dix heures quarante-cinq. Nous n'avons pas eu le temps de passer dans les loges après le concert, parce que aussitôt le rideau tombé on a dû quitter la scène et se précipiter dans la voiture pour éviter les fans. » Et Brian, qui ne boit que du thé, avec sa mine la plus pure et naïve : *We drank only Coca-Cola and tea. We were very happy because we had a great night. I was not aggressive. We were laughing a lot because Mr Keelay's behaviour was so comical* $_{2,\,365}$: « On n'avait bu que du Coca et du thé. On était vraiment heureux parce qu'on avait eu une grande soirée. Je n'étais pas agressif. On a surtout ri parce que la demande de M. Keelay était si comique. »

Quant à Mick, il expliquera la phrase napoléonienne par l'indiscutable rayonnement international du groupe : *We were discussing our forthcoming american tour. We had every reason to be happy. We have played to many places from Texas to Miami, to Helsinki, and this is the first time we have been in any trouble with the police* $_{2,\,365}$: « On était en train de parler de notre prochaine tournée en Amérique. On avait toutes les raisons d'être heureux. On a joué dans plein d'endroits, du Texas à Miami, Helsinki, et c'est la première fois qu'on a des ennuis avec la police. »

On peut noter que les vendeurs de rébellion n'ont pas encore intériorisé leur rôle : « toutes les raisons d'être heureux », c'est se satisfaire du succès en cours, et le revendiquer comme but. Mick ajoutera qu'il n'a certainement pas pu utiliser le verbe *to piss* parce qu'il a en aversion le langage grossier (*had an aversion for the foul language*). On les condamne à payer une amende symbolique (cinq livres chacun), mais la totalité des frais de justice (quinze guinées), sur fond de leçon de morale : *Because you have reached exalted heights in your profession, it does not mean you can behave in this manner* $_{9,\,142}$, dira le magistrat A.C. Morey : « Parce que vous avez atteint de hauts sommets dans votre métier, cela ne signifie pas que vous soyez autorisés à vous comporter de cette manière. »

Oldham en rira, disant que, pour ce prix-là, avoir autant occupé les journaux, c'est vraiment de la publicité au rabais. Pour eux, sans doute, une sorte de révélation de la coupure : on ne peut plus faire semblant, il s'agit de se positionner soi-même de l'autre côté. Ce n'est pas une image de rebelle qu'on vous colle, mais bien la place même. Charlie Watts seul passera au travers pour une bonne raison : *I kept out of trouble. I was asleep in the back seat of the car, man* $_{1,\,366}$: « Je suis resté en dehors de ce bazar. Je roupillais sur le siège arrière de la bagnole, mec. » Ça ne l'a même pas réveillé, Charlie.

Satisfaction, *enfin*

Au Danemark, pendant la répétition d'avant concert, un court-circuit sur le 220 volts envoie la pleine tension sur le micro de Jagger et colle Wyman à sa basse, c'est Brian qui a le réflexe de tout faire disjoncter : Mick est brûlé aux mains, et Bill inconscient plusieurs minutes. La suite des concerts les laisse prendre un peu de bon temps dans les clubs, entre photographes et filles de rencontre.

A Paris, forte présence policière pour les trois fois deux mille jeunes qui viendront à l'Olympia. Première : Mick et Keith ont chacun une facture d'hôtel à près de deux mille francs (on est en 1965) à l'hôtel de Paris, quand les autres ont leurs trois nuits d'hôtel facturées cinq cents francs. Factures débitées sur le compte global du groupe, avant division en cinq des revenus : ce n'est même pas Brian qui proteste mais, et aigrement, Bill. Charlie Watts sera le seul à ne jamais récriminer, haïssant d'avance la vie d'hôtel, et considérant que les chambres réservées pour Mick et Keith sont des espaces communs de répétition, de fête et d'interviews.

Au retour, c'est la vie ordinaire même qu'il faut protéger. En bas de leur appartement de Hampstead, Mick et Keith sont en permanence guettés et attendus, alors ils déménagent à nouveau. Mick se réfugie pour un temps avec Chrissie chez les parents Shrimpton, et Keith prend simplement pension à l'hôtel. Plus tard, il se souviendra vaguement : *I think it was at the London Hilton* [19, 112] : « Je crois que c'était au Hilton de Londres », mais le Hilton, ils n'y ont pas encore accès. Keith y aura ses habitudes mais plus tard, quand ils n'habiteront plus Londres. En tout cas il a assez de moyens pour que l'hôtel soit confortable, et lui offre au moins une chambre et un salon. Keith y transporte ses guitares, ses fringues, le tourne-disque et le magnétophone qui sont pour l'instant ses seules possessions sur terre (si les autres ont investi une part de leurs cachets en appartements ou voitures, Keith n'a encore rien dépensé, hors des disques et ses guitares). C'est à ce moment-là qu'il devient ce bohémien ambulant, retrouvant d'une chambre à l'autre ce que les employés de Stu lui auront installé de ce qu'il voudra, adaptant ses chambres provisoires à un mode de vie définitif, avec de toute façon une guitare, de toute façon à boire et de toute façon de quoi écouter de la musique.

La plupart des biographes et hagiographes préfèrent que *Satisfaction* naisse aux États-Unis, en tournée, dans un de ces hôtels banals qu'on quitte au matin pour une autre ville. C'est que ça ressemble au motif de la chanson, qui est la première à faire parole de ce qui est leur vie : l'image un peu convenue de l'artiste solitaire sur la route, quand l'or qui l'environne ne rompt pas la détresse intérieure. Mick et Keith parviennent enfin à rendre poreuses, ce que John Lennon et Paul McCartney ont appris depuis bien longtemps, les cloisons des motifs inconscients, de ce qui reste à soi-même mystérieux : *trying to make some girl*, « essayant de lever une fille », est une indication assez comique après le délire australien, ou la tête que doit faire Ian Stewart en racontant ses aventures de la nuit lorsqu'ils prennent en tournée, sur le coup de midi, leur petit déjeuner anglais. Mais Keith est formel, même s'il ne se rappelle pas quel était cet hôtel (pourtant la première fois, sans nul doute, qu'il dort à l'hôtel dans Londres même) : c'est à Londres ces jours-ci, en pleine nuit, qu'il lui vient cette séquence d'accords qu'il joue deux ou trois minutes, et qu'il enregistre sur son magnétophone portable.

Keith est déjà assez mûr pour savoir ça, qui vaut pour le poète ou le romancier comme pour le musicien : ces choses prises à la nuit, on ne doit pas les laisser partir. C'est sur l'instant qu'il faut en capter la trace, sinon l'illusion qu'elles nous laisseront restera comme ça une lueur vague et sans matière.

1965 : SATISFACTION

Le carnet de notes du guitariste, c'est un petit magnétophone à bande, puisque les cassettes ça n'existe pas encore (Keith dira plus tard, mais parce qu'il est définitivement incapable de chronologie : *on my cassette-recorder*). On dispose ainsi pour John Lennon, dans *Beatles Anthology 3*, de quatre versions successives de *Strawberry Fields Forever*. Une vague ébauche d'abord où on marmonne sur la guitare sèche, les premiers essais ensuite en binôme, et ce qu'on rode ou qu'on loupe en groupe avant la prise définitive : peut-être que ces morceaux des Beatles et des Stones, prises brutes de studio, avant qu'ils rajoutent cuivres et arrangements, refassent des pistes de guitare et de voix, ou les mélangent les unes aux autres, sont le moins périssable de leur musique. *I actually woke up in bed, I think it was in the London Hilton, although I've read somewhere that it was somewhere else. Anyway, it was a hotel room and I had a little tape machine next to the bed and I just woke up and had this riff and, I thought, I had to put that down. I did one chorus and then apparently fell asleep because I woke up in the morning and the tape had run out. I didn't remember. All I remembered was leaving it ready to go. When I played it back there was this maybe thirty seconds of* Satisfaction *in a very drowsy sort of rendition, then the guitar goes clang and then it's forty-five minutes of snoring* [19, 112] : « Je me suis réveillé dans mon lit, je crois que c'était au Hilton de Londres, même si j'ai lu il n'y a pas longtemps que c'était ailleurs. N'importe, c'était dans une chambre d'hôtel et j'avais ce petit magnétophone près de mon lit, je me suis réveillé et j'avais ce riff, j'ai pensé : il faut que j'enregistre ce truc. J'ai fait un couplet et apparemment je me suis rendormi parce que, quand je me suis réveillé le matin, la bande s'était toute déroulée. Quand je l'ai passée, il y avait peut-être trente secondes de *Satisfaction*, vraiment très brut, puis un clang de la guitare et quarante-cinq minutes de ronflements. » Confiance en Keith pour que l'anecdote du ronflement capté sur la bande soit véritable.

Keith a toujours, depuis Dartford, via Edith Grove ou le *Not Fade Away* attrapé par Andrew dans la cuisine de Mapesbury Road, un morceau favori qu'il dit *warm up*, son échauffement. Ce sera encore le cas fin 85 quand ils enregistreront, en attendant l'arrivée de Jagger aux studios Pathé-Marconi de Boulogne, le vieux *Harlem Shuffle* de Bobby Womack. On joue ça à quatre pour se mettre en doigts, Richards et Wood aux guitares, Watts et Wyman pour le rythme, quand Mick arrive et se prend au jeu, leur donnant, même en leurs temps difficiles de guerre interne, un ultime succès commercial avant la mise en sommeil pour quatre ans des Rolling Stones. Parce que *Satisfaction*, au départ, c'est juste le souvenir d'une chanson de Martha and the Vandellas : *Dancing In The Street*. Martha Reeves (qui se produit encore), Annette Sterling and Rosalind Ashford sont trois jeunes et jolies Noires de Detroit qui dansent et chantent sur le modèle des Ronettes, robes courtes et jambes longues, hauts talons et cheveux lissés, et *Dancing In The Street* est produit par Motown, la référence de la soul.

Cette chanson, Keith la connaît comme il en connaît mille autres. Il aime à en jouer les accords, s'amuser à la refaire : c'est dans l'air, c'est le succès du temps, et s'il y a succès c'est quand même chaque fois pour une petite singularité de rythme, d'harmonie ou de voix qu'il faut comprendre. Mais dans la nuit, ce qui lui en reste ou lui en revient, c'est juste le squelette rythmique, une boucle plus obsessive que ce que le travail diurne aurait permis. Des discours qu'on tient en rêve, ou des textes magnifiques qui vous y viennent, quand on tente de les noter on découvre qu'il n'y a rien qu'une phrase étrange, parfois deux fois le même verbe : Keith, cette nuit-là, capte l'étrange squelette répétitif de la chanson à succès qu'il aime à jouer. Aucun d'eux ne s'attardera jamais sur les rêves de musique qu'ils ont (question posée à Mick : *Have you ever deliberately worked over or with the art of dreaming, has something of your dreams ever contaminated your music, that old art of dreaming as Castaneda or others have told us about ? – Yeah, don't remember. Do you yourself often remember what a fuck you've been dreaming about...* j'avais noté de mémoire, dans la voiture, un tout petit peu plus tard).

Les jours où ils n'ont pas de concert, Jagger, Richards et Andrew travaillent aux studios Olympic sur les arrangements qu'ils font pour les autres. Richards a refait les accords trouvés la nuit et bâti une version *demo*, qu'il fait écouter à Mick en lui disant que ça s'appelle *I Can't Get No Satisfaction*. Keith sera souvent l'auteur des titres, s'il ne l'est pas des paroles. Ces mots parfois abstraits ou juste venus du non-sens sont pour Richards presque un catalogue mnémotechnique de l'idée à suivre. A Jagger de se débrouiller pour trouver les mots qui iront avec le titre. Plus tard, parce qu'ils appellent simplement le morceau *Satisfaction*, on ajoutera des parenthèses *(I Can't Get No) Satisfaction*, qui auront le mérite d'ajouter à l'ambiguïté. Richards n'y accorde pas d'importance particulière. C'est une chanson de plus, celle-ci plus proche du *folk song*, comme le *As Tears Go By* donné à Marianne Faithfull, quand pour les Rolling Stones ils voudraient du plus dur et plus râpeux, comme *The Last Time*, dans l'ombre de James Brown, le leur a laissé entrevoir. Et puis, pense Richards, la chanson de départ, le *Dancing In The Street* des Vandellas, y est encore trop reconnaissable : prendre la musique des autres comme base de départ, oui, mais à condition ensuite de s'en éloigner, de la phagocyter.

Mick écrit dès avant leur départ un premier jeu de paroles, déclinant le titre donné par Keith. Dirigés par Andrew à Olympic, ils font une deuxième *demo*, mais à deux. Même à cette étape, pour eux ce n'est que du matériau de plus, une chanson plutôt pour Andrew que pour les Stones. Mais il y a la manière dont sonne ce mot, *satisfaction*, là où ils en sont du succès et de sa fragilité. Mick Jagger : *It sounded like a folk song when we first started working on it and Keith didn't like it much, he didn't want it to be a single. That's the only time we have had a disagreement. I think Keith thought it was a bit basic. I don't think he really listened to it properly. He was too close to it and just felt it was a silly kind of riff* ₄, ₅₃ : « Quand on a commencé à travailler dessus, ça sonnait comme un folk-song, et Keith ne l'aimait pas trop, il ne voulait pas de ça comme *single*. C'est la seule fois où on a eu un désaccord. Je crois qu'il trouvait ça un peu trop sommaire. Je crois qu'il ne l'avait pas écouté comme il fallait : il en était trop proche, sentait juste ça comme une espère de rythme un peu fou. »

Keith Richards, même en 1971, en 1983, en 1986, gardera ses distances, disant préférer au leur l'arrangement qu'en fera Otis Redding, ou bien que c'était juste une réserve de remplissage pour le prochain album. Ils sont entrés comme à tâtons, les yeux fermés, dans une zone à eux inconnue, où le génie de Mick et son insistance c'est de renifler, parmi ce qu'amène Keith, une ambiguïté qui les déborde. Eux qui ont émergé du milieu des orchestres de jazz avec le *rhythm'n'blues*, ils devront comme ça renifler et jouer avec la vague *punk* des années 70, la vague disco des années 80, s'appropriant chaque fois un peu du ressac pour que les Stones y survivent. En cette année 1965, première tournée anglaise de Robert Zimmerman, dit Bob Dylan. On connaît ses premiers disques, on a déjà appris à manier son jeu de guitare, mais sur le fond on ne comprend pas, ni d'où ça vient, ni à qui ça s'adresse. Keith Richards : *We play a lot of his LPs, Brian and I, and quite a lot of his lyrics don't mean anything to us* ₄, ₅₂ : « On a écouté beaucoup ses albums, Brian et moi, mais la plupart des paroles ça ne signifie rien du tout pour nous. » Moins d'un an plus tard, quand Dylan débarque à Londres avec cette fois des guitares électriques, l'avis de Keith s'inverse : *Dylan is a progressive writer. You only have to listen to* Blonde On Blonde *and compare it with his early albums to see haw far he's gone* ₄, ₅₂ : « Dylan est un auteur qui évolue. Vous n'avez qu'à écouter *Blonde On Blonde* et comparer aux disques précédents pour voir comme il est allé loin. » Relation complexe du groupe au chanteur protestataire, complicité de mode de vie et estime réelle, Richards et Wood passant des heures avec Dylan au temps de la brouille avec Jagger, même si, le jour où ils paraissent tous trois en concert, l'état d'ivresse avancée fiche tout par terre, jusqu'à ce concert de Montpellier en 95, alors qu'ils reprennent sur scène le *Like A Rolling Stone* de Dylan, qu'il les rejoint sur scène, et coup d'œil effaré de Jagger à Richards : Bobby ne se souvient plus des paroles. Commentaire un peu naïf de Richards en 66 pour expliquer que maintenant il a compris à qui ça s'adresse et de quoi ça parle : *But if you'd been stoned and listened to the disc, you would have understood* 4, 52 : « Mais si tu es bien défoncé et que tu écoutes, sûr que tu comprends. » Le mot *défonce*, l'herbe et les pilules, c'est aussi cette année-là, et c'est ce que tout le monde entendra dans le fameux *I can't get no*, avec ce décalage de la voix *camp* progressivement accentuée jusqu'au cri suraigu, avec cette provocation qu'était pour nous alors la répétition du riff tout électrique.

Fin avril, troisième tournée américaine, on la commence par ce qui deviendra une habitude : se roder d'abord au Canada. On joue à Montréal, Ottawa et Toronto avant d'affronter pour la troisième fois New York. S'il n'y a plus de dégâts comme à l'été 64, c'est que la police fait cordon étanche entre le groupe et ceux qui l'écoutent, et que les scènes font maintenant deux mètres de haut, barrière très relative. Au Canada, c'est chaque fois une centaine de policiers qu'on interpose devant les cinq musiciens : non seulement le public ne les entend pas, mais il ne peut plus les voir.

Le 26 avril, lors du dernier concert canadien (mais tout près de la frontière, et les trois mille cinq cents spectateurs viennent plutôt des États-Unis) au Treasure Island Gardens de la ville de London, dans l'Ontario, au cinquième morceau, quelques dizaines de fans envahissent la scène, alors la police coupe carrément le courant, tous les amplis s'éteignent. Mais Charlie Watts a le réflexe de continuer la batterie, Brian prend des maracas, Jagger pige le signal et attrape un tambourin, Keith et Bill taperont dans leurs mains, on chante *a cappella* la suite de *Off The Hook* : Mick appelle la salle à protester contre les policiers. Au bout de quinze minutes on les évacue de force, le public hurle et la salle est détruite. Le lendemain, c'est une fois de plus les gros titres : *Police quell riot at Rolling Stones concert... Crude and rude Rolling Stones hurl insults at police... Rolling Stones create havoc at Gardens-damages in thousands reported...* 4, 51 : « La police étouffe une émeute lors du concert des Rolling Stones... Grossiers et brutaux, les Rolling Stones insultent la police... Les dégâts des Rolling Stones aux Garden's... » Jagger assumera : *We just felt sorry for the fans suddenly not having a show to watch. So we ganged up on the police* 4, 51 : « On voulait juste s'excuser auprès des fans qui d'un coup étaient privés du concert. Alors on s'en est pris à la police. »

On a joué le 9 mai à Chicago, le 10 on a quartier libre et rendez-vous le soir aux studios Chess, pour une troisième visite. Dans la nuit du 10 au 11 mai on enregistre neuf heures d'affilée, dont une première version de *Satisfaction* : il y a Bill et Charlie, plus Stu au piano et Keith avec sa Gibson acoustique. Brian se limite à un essai d'harmonica. Ça reste sec et maigre. On s'envole le jour même de Chicago pour Los Angeles, où on a prévu deux nuits consécutives aux studios RCA avant de jouer le 14 à San Francisco (on a huit jours de concerts successifs en Californie, dans des salles de cinq mille places : à moins d'un an de la première tournée américaine, quel changement d'échelle). A New York, Mick, Keith et Brian sont allés écouter un autre géant de ces manipulateurs de public, Wilson Pickett, à nouveau impressionnés par ce qu'on peut obtenir des cuivres. A Los Angeles, c'est ce qu'ils veulent d'abord essayer pour muscler leur *Satisfaction* : y greffer saxophone, trombone et trompette. On se réserve ça pour la seconde nuit, et d'abord on se remet à travailler sur la version Chicago. Stu, qui a été réapprovisionner le matériel, rapporte à Brian et Keith le nouveau gadget de Gibson, une distorsion dite *fuzz*, et la nouveauté de la petite boîte d'effet c'est qu'elle est présentée sous forme de bouton-poussoir au pied, qu'on intercale entre la guitare et l'ampli. Keith décide de l'essayer et la branche, et ils lancent la bande de Chicago. Quand Keith joue sa phrase solo à travers le petit boîtier Gibson, ça casse tout, et pourtant cette phrase leur entre dans la tête. Alors on repart de zéro, Brian prenant la guitare acoustique, et Charlie Watts doublant carrément le tempo : cette fois *Satisfaction* est né. On l'écoute encore, dans les radios des taxis, en fond sonore des supermarchés, n'importe où. C'est encore une période où le choix des *singles* est soumis au vote des cinq Rolling Stones, plus Ian Stewart : Richards est contre. Décidément, il n'aime pas ce morceau. Mais il s'incline devant la décision des autres. Brian, Bill et Charlie quittent le studio, Mick, Keith et Andrew vont rester jusqu'à neuf heures du matin à compléter l'enregistrement, tambourin et chœurs. Jack Nitzsche décide de pousser ce qu'on a fait à l'excès et Dave Hassinger, aux commandes de la console, doit obtempérer : mettre de plus en plus fort la musique et y enterrer les paroles, presque à les recouvrir. Aujourd'hui on est habitué à ce mélange égal voix-guitare, mais en ce mois de mai 1965 personne d'autre n'a osé. Pour Hassinger, c'est une provocation pure : *I never heard the damn lyrics to* Satisfaction *for years. They kept telling me to bring the voice down more and more into the track. I thought they were crazy. I didn't know it had to do wih the lyric and getting radio play* [16, 75] : « Je n'ai jamais entendu ces fichues paroles de *Satisfaction* pendant des années. Ils continuaient de me dire d'enfoncer la voix de plus en plus à l'intérieur des pistes. Je pensais qu'ils étaient fous. Je n'avais pas compris que ça avait à voir avec les paroles et d'obtenir que ça passe à la radio. » C'est la version Hassinger : si la chanson est prise dans son allégation sexuelle, elle risque la censure. Mais, à jouer sur cette difficulté à vraiment identifier des paroles simples, d'une part on évite la censure, d'autre part on signale à l'auditeur le côté louche de la chose. Le disque sort le 4 juin et c'est l'explosion : tout passe à une autre échelle, et d'abord l'argent qui rentre. Mais peut-être, pour eux, avant le côté quantitatif et mondial du succès de *Satisfaction*, la certitude d'avoir enfin donné matière à la signature Jagger-Richard (encore sans le s).

Un photographe, Gered Mankowitz, accompagne la tournée, et même s'il commence la série de ces témoins directs qui plus tard mélangeront un peu les chronologies, ayant eu du mal à se sortir de l'engrenage destructeur de l'héroïne, on dispose par lui d'un récit de l'intérieur. On a de beaux hôtels avec soleil et piscine, on visite la Floride, on s'adjoint en première partie des groupes aussi réputés et professionnels que The Beach Boys. On rira bien, à Statesboro en Géorgie le 4 mai (on a moins ri quand les freins de l'avion ont pris feu à l'atterrissage), parce que des motocyclistes ont porté plainte auprès de la police pour avoir aperçu des jeunes femmes s'exposant torse nu avec indécence – *women indecently exposing themselves* : les mœurs ne sont pas celles d'aujourd'hui, le mot *topless* n'existe pas encore, excuses de la police quand on découvre qu'il ne s'agit pas de filles mais des cinq garçons à cheveux longs, allongés sur la pelouse de l'hôtel avant le concert.

De retour à Los Angeles, un soir Keith aperçoit deux filles cachées sur le balcon de sa chambre. Déjà, les soirs précédents, on avait retrouvé des filles cachées dans les penderies. Il refuse à Mike Dorsey (désormais il y a toujours, entre eux et le monde, quelqu'un chargé de l'interface) de leur ouvrir : la chambre est au cinquième étage, et le lendemain matin elles seront toujours sur le balcon. Les tournées américaines, cela veut dire pour eux, contrairement à Londres, qu'entre deux concerts on peut profiter d'un peu de temps et d'oisiveté : on achète des disques et des vêtements de cuir, on se laisse aller. Ils redécouvrent le plaisir de l'eau, prennent le temps d'une heure de tennis ou de billard. Il paraît même que Brian se met à des exercices de karaté : prend-il des cours pour mieux affronter sa peur des foules hystériques de gamines en Écosse ? A Jacksonville, en Floride, il glisse et se brise deux côtes. Bandé, il jouera pourtant le soir, ne manque aucun concert de toute cette période : une confiance revenue ? Bill Wyman propose une autre version que l'officielle, celle des cours de karaté : une fille tabassée, du tapage, et ce même Mike Dorsey, qui s'occupe du service d'ordre, veut contraindre

Brian, parce qu'on n'a pas besoin de ces histoires-là dans les journaux. Brian le prend mal, les deux hommes se battent, et parce que Dorsey est effectivement karatéka, Brian tombe et se fêle les côtes. Bill Wyman précise même (*Stone Alone* ₂, ₃₇₆) que c'est lui-même qui sollicite une interview téléphonique au *New Musical Express* pour répandre la version digne, celle des cours d'art martial.

Mais une autre nuit, Brian court dans les couloirs de l'hôtel, effrayé par des serpents. On l'arrête, on le calme : c'est la première fois qu'ils assistent, tous ensemble, à l'effet hallucinatoire de l'*acid*. Brian est pourtant le Rolling Stone le plus populaire, le plus excitant peut-être pour les chercheurs de mythe, mais Brian a découvert la drogue, et s'y risque bien avant les autres. Eux ne tolèrent pas que leur image de musicien en souffre, que sur scène on ne soit pas les meilleurs. Gered Mankowitz : *One day, he was playing so badly, so loosely, that Stu grabbed him in the wings, lifted him up and said : Why do you want to beat everybody down, you little bag of shit, why, why ?* ₂, ₃₇₇ : « Un soir, il jouait si mal, vraiment n'importe comment, que Stu l'attrape dans les coulisses, le soulève et lui dit : Pourquoi tu veux fiche tout le monde par terre, toi petit sac de merde, pourquoi, pourquoi ? »

Stu, avec son gros derrière et le fer à souder dans les poches, son menton de travers et les cheveux courts, lui qui ne boit pas et ne consomme pas les mêmes excitants, c'est son rôle. Il a toujours eu ce langage d'Écossais : mais traiter ainsi le fondateur des Rolling Stones, leur principale performance visuelle sur scène, témoigne qu'ils sont conscients de ce qui déjà va de travers et se dégrade.

A Long Beach le 16 mai, la foule grimpe sur la voiture qui les emmène : les voilà tous les six avec Stu arc-boutés à l'intérieur, bras au-dessus de la tête, pour empêcher le toit de s'effondrer, ils ont la frousse. Stu : *The entire car was covered with bodies. The roof started to collapse and we all stood up in the limo and put our shoulders to the roof to keep it from crushing in on us* ₉, ₁₅₃ : « Toute la voiture était recouverte de gus. Le toit a commencé de s'effondrer, alors on s'est tous mis debout dans la bagnole, avec nos épaules coincées sous le toit pour l'empêcher de s'écrouler sur nous. » Les flics cognent au bâton sur les gamins pour les évacuer, il y a des blessés (*There was blood everywhere*, du sang partout, dit Stu), la voiture finira vitres et carrosserie défoncées, sans plus de portes ni de pneus. Bill Wyman précise qu'il leur faut attendre quarante-cinq minutes avant qu'on les dégage par hélicoptère – la première fois qu'ils prennent un hélicoptère –, et se souvient des yeux de Brian, fixes et agrandis.

Sans Bill Wyman, on ne saurait pas un détail comme celui-ci : Keith inaugure sur scène, le 20 mai, pour la première fois qu'ils jouent

Satisfaction en direct à la télévision, une Gibson Firebird toute neuve, choisie directement à l'usine et préparée pour lui. On noue un solide réseau de nouvelles amitiés avec d'autres musiciens : The Byrds et le guitariste Roy Orbison qui accompagnent Bob Dylan, Leon Russell, le pianiste qui travaillera plus tard avec Clapton, Jimmy Rodgers, ou encore le couple de chanteurs Sonny and Cher. Du 22 au 29, avant leurs trois derniers concerts à New York, ils ont temps libre, sont décidés à en profiter, chacun à sa manière. Bill et Brian restent à Los Angeles où il y a les filles et le soleil, et Brian dépense beaucoup en vêtements Beau Gentry. Charlie Watts part pour Gettysburgh en pèlerinage sur les traces de la guerre de Sécession, Mick et Keith louent une voiture pour une brève expédition dans le désert de l'Arizona. Anonymes, ils ne peuvent plus l'être chez eux, alors que l'Amérique leur permet d'y être solubles. Rentre dans leurs habitudes que le groupe n'est pas une entité permanente, une collectivité qui les fond, mais simplement les réunit à dates fixes : c'est Edith Grove qui s'éloigne encore un peu plus. Ils se disperseront à nouveau dès leur retour en Europe. Keith Richards passe avec Linda Keith quelques jours en Grèce : l'habitude des avions est décidément prise. On est tous de retour le 12 juin pour un nouveau passage à « Thank Your Lucky Stars » : depuis plus de huit jours les petites galettes noires de *(I Can't Get No) Satisfaction* déferlent sur le Royaume-Uni. Les collectionneurs se revendent très cher aujourd'hui les rares exemplaires survivants du premier trente-trois-tours 1/3 pirate, enregistrements détournés de la BBC ou de cet enregistrement télé, où ils jouent avec *Satisfaction* des reprises de *Cops And Robbers* (Ellis McDaniel), *Memphis Tennessee* (Chuck Berry), *Roll Over Beethoven* (Chuck Berry) et *Fanny Mae* (Brown, Robinson).

Ils sont fatigués : le 16 juin, après un concert à Édimbourg, Jagger s'évanouit de fatigue. Les autres reprennent l'avion, Watts reste avec lui à l'hôtel une journée de plus.

Allen Klein : Rolling Stones à vendre

Prenons le temps d'un regard autour d'eux.

Ils doivent comparaître au procès Romford. Et l'infatigable Andrew, en quête vaine de succès, continue de lancer ses armadas de chanteurs : une nommée Lulu a enregistré le disque qui sort le 25 avril d'une chanson, *Surprise, Surprise*, signée Jagger-Richard, une nommée Vashti sort le 21 mai un disque avec une composition Jagger-Richard intitulée *Some Things Just Stick In Your Mind*, et le 28 mai un nouveau groupe, Thee, produit par Reg le Boucher, chauffeur d'Andrew, sous son patronyme officiel de Reg King, enregistre une composition Jagger-Richard intitulée *Each And Every Day*.

Ferme définitivement ce mois de juillet le Crawdaddy de Richmond, et les Yardbirds d'Eric Clapton puis Jeff Beck et Jimmy Page volent de leurs propres ailes. Eric Easton continue de programmer les Rolling Stones comme un cirque de plus en plus gros et cher : tournée en Norvège, Suède et Finlande en ce mois de juin, avant quelques grands concerts pour l'été anglais. Il réserve une pleine page de publicité dans l'inusable *Musical Express*, annonçant que *the sensational* Rolling Stones se produiront vingt-trois fois, du nord au sud du pays, avec en première partie Ray Cameron and the Checkmates, puis The Spencer Davis Group et, avec parfois The Moody Blues, un groupe qui s'appelle Unit Four * 2. Eric Easton s'entend de plus en plus mal avec Andrew : mais qui peut se vanter, sinon Mick et Keith, de bien s'entendre avec Andrew, dispersé, provocateur ? Voilà comment le décrit Cynthia, son assistante, maintenant l'épouse de Stu : *He worked hard at inventing himself as a fascinating, romantic figure : long leather coats to the ankles, silk cossack blouses, hexagonal eyeglasses, stretch limos at his beck and call, arrogance studded with rudeness, inaccessibility (how often I had to cover for Andrew who, in one of his moods, would refuse for days to answer urgent telephone calls at the office), profligate shopping binges and preferred tables at the best restaurants* [9, 143] : « Il travaillait dur pour se fabriquer une personnalité fascinante, romantique : longs manteaux de cuir jusqu'aux chevilles, tuniques de soie à la cosaque, lunettes de soleil hexagonales, limousines à disposition immédiate, l'arrogance et la brutalité, l'inaccessibilité (si souvent il a fallu que je me débrouille, suivant son humeur, quand il refusait pendant des jours de répondre aux coups de fil urgents au bureau), d'énormes comptes ouverts dans les boutiques et sa table réservée dans les meilleurs restaurants. » Les Rolling Stones doivent beaucoup à la confiance d'Eric Easton, une génération de plus qu'eux, sinon d'âge, de métier : mais ils trouvent désormais que sa commission sur les concerts est exagérée. Le contrat de trois ans touche à sa fin.

Ils ont la même défiance pour leur maison de disques, Decca. Ils savent pourtant la chance qu'a été pour eux, à l'été 62, que Decca veuille rattraper, avec les inconnus brouillons du Station Hotel Richmond, le ratage des Beatles. Le contrat de deux ans signé en juin 1963 arrive à son terme. Une entreprise comme Decca ne s'aperçoit pas dans les derniers jours qu'un tel contrat est à renouveler. Petits cadeaux, réceptions et invitations, puis propositions chiffrées. D'autres compagnies de disques font des manœuvres d'approche et sont aux pieds d'Oldham et de Jagger, qui ont mesuré leur avantage et font traîner les négociations. L'enjeu est gros, et multiplié par le succès de *Satisfaction* : ils ont vendu en deux ans dix millions de disques.

Ce qui était pour eux mirifique il y a deux ans est devenu contentieux : Decca leur consent des avances, mais les droits sur les disques ne sont payables qu'une fois par an. L'argent reste sous la coupe de Decca pour de longs mois : pour la maison de disques, moyen de pression à entretenir savamment pour la reconduction du contrat, et les pourcentages sont restés ceux du contrat initial. Andrew rompt le premier, même si Decca venait encore le 28 mai de sortir le *single* produit par Reg King – on peut supposer que c'était surtout pour lui plaire à lui, Andrew – et lance en juin sa propre maison de disques : Immediate Records. Les disques de l'immédiat, stratégie de l'immédiat : cette appellation lui ressemble.

On fréquente toujours le Ad Lib, et jamais Mick et Keith n'ont été aussi proches de Paul McCartney et George Harrison : dans le tourbillon qui vous emporte, mieux vaut serrer les coudes. On est dans le même tourbillon disproportionné, être ensemble c'est prendre distance, faire de l'autre le miroir de ce qu'on ne comprend pas dans ce qui vous arrive, avec sans doute une complicité réelle. Les rapports des Beatles avec Brian Epstein, leur directeur, sont donc connus des Stones, comme la disproportion de leurs finances. John Lennon roule en Rolls-Royce noire à vitres en verre fumé. *Satisfaction* permettrait aux Stones de jouer enfin sur ce tapis-là : et il faudrait attendre un an les rentrées de Decca pour être payé ?

Charlie Watts est le plus discret d'eux tous, mais c'est lui qui ces jours-ci étonne l'Angleterre, tandis que se trament ces négociations sur lesquelles Mick affirme sa poigne : jamais les affaires du groupe ne seront évoquées en public – on pourra lui poser toutes les questions qu'on veut, affirmer ce qu'on veut de sa vie privée, ce qui sera de la Rolling Stones Limited Company sera bouclé au regard public. Pour Charlie, le caractère imprévu de la fortune des Rolling Stones ne saurait entraîner automatiquement qu'elle dure. Il s'agit pour lui d'un travail, et ce que ce travail exige de vous-même, en disponibilité, en incessants voyages, en fréquentation du bruit et exposition au regard public, est une rançon assez lourde pour justifier qu'on en perçoive le fruit sans remords. Il a aidé ses parents, quelques mois plus tôt, à l'achat d'une maison, leur première propriété. Maintenant, avec son épouse Shirley, il s'offre la sienne selon ses rêves : non pas à Londres, où pourtant il a grandi, où il vit avec Shirley dans un appartement près de Regent's Park, mais plein sud, au-dessus de Brighton. A Lewes exactement, dans les collines, à une quinzaine de kilomètres de la mer. Il paye neuf mille livres comptant une maison du XVIe siècle, The Old Brewery House, avec l'argent gagné en frappant ses peaux et ses cymbales. La maison est belle, dispose surtout de grandes dépendances (Shirley pour son atelier de sculpture, Charlie pour sa manie de collection), et des écuries : ils vivront désormais avec les chevaux. Plus de voisins pour être gênés par la batterie, mais il ne sera jamais dit que Charlie Watts ait joué une fois de la batterie chez lui. Ce qui étonne l'Angleterre, qui mettra quarante ans pour s'y habituer, c'est la transgression sociale : le fils d'un livreur de colis de la British Railways achète une maison ayant appartenu à l'archevêque de Canterbury, et celui qui la lui vend est un ancien *attorney general*, quasiment ministre de la Justice : lord Shawcross. Jagger et Richards pourront acheter à Cheyne Walk et revendre à des émirs, s'offrir l'île Moustique ou le château de Fourchette près d'Amboise, vivre rue Saint-Honoré ou à Los Angeles, personne ne s'en formalisera. Que Charlie Watts, qui n'a toujours pas le permis de conduire, dorme dans la chambre d'un attorney général va remplir les journaux. On interrogera même le livreur de colis à la gare de King's Cross, Charles Watts père : *We are proud of Charlie, but we don't understand why he prefers an old place like this to something modern, which I would have liked myself*[4, 54] : « On est fiers de Charlie, mais on ne comprend pas pourquoi il préfère un vieux truc comme ça, au lieu de quelque chose de plus moderne, ce que moi j'aurais aimé. » Charlie Watts ne bougera plus de son domaine que pour un autre similaire, entre collections et chevaux, qu'il agrandira à mesure des années, mais pour la vie moderne il devra en même temps régler, au tribunal d'abord et chez lui ensuite, la requête en parternité pour son bébé de quatorze mois d'une nommée Christine White, dix-neuf ans, affaire classée sans suite : l'avocat des Stones, Dale Parkinson, a de quoi travailler.

L'achat par Charlie Watts de sa maison serait quand même la preuve qu'ils sont correctement payés et que de l'argent rentre, au moins côté Easton. Mais les autres dépensent énormément au jour le jour, même si pour une partie du train de vie on envoie les factures au bureau. Mick Jagger offre à Chrissie Shrimpton, pour son retour, une Austin Mini, la même petite voiture anglaise à la mode que Keith offre à Doris, sa mère, laquelle vient de passer le permis de conduire. Bill s'achète à son tour une maison à la campagne, pour la première fois loin de Penge, une maison de huit pièces à Keston dans le Kent, mais c'est la Rolling Stones Limited Company qui lui fait crédit. Mick et Keith, qui disposent désormais de droits d'auteur, ont laissé tomber deux mois plus tôt leur appartement de Mapesbury Road, et louent cette fois deux appartements séparés, Keith à St John's Wood, derrière Regent's Park, Mick à Marble Arch. La somme fixe que paye aux cinq Stones la Rolling Stones Limited Company, c'est cinquante livres hebdomadaires. On a une vie de millionnaire, on est traité comme tel dans les journaux, mais les comptes sont rudes, et les soldes bancaires flottent pour Brian et Bill au-dessous des mille livres. On s'offre à peu près ce qu'on veut, mais la grogne monte : on a joué chaque soir pendant un mois en Amérique devant des milliers de jeunes, on a dû soi-même contrer des combines louches au détriment du public, le billet vendu plus cher et donnant droit, non au seul concert des Stones, mais à un autre de variété ordinaire, vente forcée sur laquelle eux ne touchent rien. Et quand on reçoit les comptes, ils découvrent que le nombre de billets prétendument vendus est souvent loin du chiffre réel, si on juge la contenance des salles bondées. Eric Easton, pour les protéger des impôts, a multiplié les comptes intermédiaires, du coup on ne sait plus où sont les commissions, les cachets, les vrais revenus. C'est alors qu'on entend parler, au Ad Lib, par les Beatles, d'Allen Klein.

Allen Klein est une de ces figures américaines parties de rien qui se harponnent à un but unique et s'y accrochent par les dents. Il est né en 1932 à Newark, New Jersey, d'une famille juive pratiquante, son père est boucher casher. Sa mère meurt tôt, et son père, qui doit l'élever avec ses deux sœurs, le place dans un orphelinat, Hebrew Shelter Orphanage. Il continuera ses études seul, au Uppsala College, en cumulant deux de ces petits métiers à faire la nuit ou le dimanche. Il trouve un premier emploi à New York dans un bureau d'affaires, vivant dans un hôtel pour marins et ne mangeant qu'une fois par jour. Il se marie dès 1958 et se met alors à son compte, parce qu'il doit vivre. Son job précédent l'a mis au fait de ces pratiques douteuses par quoi un imprésario vit au détriment de ses artistes. Il a le génie de pratiquer un double renversement : pour amplifier le rendement de ce métier d'agent, dénoncer ces pratiques à l'artiste lui-même. Il a le culot d'aborder, en plein Manhattan, un chanteur à la mode, Buddy Knox, dont une chanson, *Party Doll*, avait eu l'année précédente un succès d'estime. Il lui démontre que sa compagnie de disques ne lui a pas versé, et de loin, ce à quoi il a droit, et lui propose de le lui récupérer, moyennant commission. Buddy Knox n'a rien à perdre à l'opération, il accepte : on fera moitié-moitié sur la différence. On sait seulement que Klein, en changeant de camp, empoche trois mille dollars de commission, qui financeront sa première voiture et un premier capital, aussitôt réinvesti dans un autre Buddy Knox. Il a trouvé son principe : *I can find you money you never even knew you have* ₁, ₁₃₈ : « Je peux vous trouver de l'argent que vous ne savez même pas posséder. »

Il s'agit pour Klein de reprendre méticuleusement les contrats, de recalculer les droits en fonction de la progression dans le box-office, de reprendre à zéro les commissions, un travail de détail là où les contrats restent flous, et menacer de frais de justice et de lourdes procédures la moindre faille repérée : *If a corporation is big, it has to do mistakes. There's no corporation in the world that doesn't have something to hyde* ₁, ₁₃₈ : « Si une entreprise est importante, elle fait forcément des erreurs. Il n'y a pas d'entreprise au monde qui n'a pas quelque chose à cacher. »

Allen Klein a vingt-six ans, un physique rondouillard avec une tête toute pateline et naïve. Il n'a plus qu'à continuer. Deux ans et demi et une dizaine d'artistes de variété plus tard, la tactique a à peine changé quand il aborde, à une autre échelle, le célèbre Bobby Vinton, dit Bobby Vee : *How would you like to make 100 000 dollars ? – What I have to do ? – Nothing, it's what I have to do* ₁, ₁₃₈ : « Est-ce que t'aimerais faire cent mille dollars ? – Qu'est-ce que j'ai à faire ? – Rien ! c'est moi, qui ai à faire... »

La seule différence, c'est que le lendemain Klein délivre à Vinton une avance par chèque de cent mille dollars sur ses fonds propres : difficile à Vinton, ensuite, de lui refuser la gestion de l'ensemble de ses affaires. Klein aura à cette époque cinquante procès engagés simultanément, alors que l'Amérique n'est pas encore habituée à la méthode. En 1964, il accroche à sa panoplie Sam Cook, un chanteur noir de soul, pour plusieurs millions de dollars : l'échelle a encore monté. Mais en décembre, à peine cinq mois avant la troisième tournée des Stones, on trouve Sam Cook assassiné dans un motel : ceux qui géraient auparavant ses gros sous n'avaient pas accepté l'intrusion de Klein dans leurs affaires. C'est le bruit fait autour de cet assassinat qui le projette brusquement de l'ombre à la place publique.

Le monde de la chanson n'est pas un territoire suffisant, on voit Klein en 1962 débarquer au festival de Cannes pour appliquer au cinéma les recettes apprises dans la variété. Quand on parle de lui au Ad Lib, c'est en tant que producteur de cinéma : il cherche à prendre barre sur les Beatles, même si Brian Epstein, qui sait ce qu'est le commerce, le tient à distance. L'Américain a senti le vent tourner, qu'il faut regarder ce qui se passe ici, en Europe. Il a même une autre intuition, celle-là fausse, qui le prive de voir venir Hendrix, Cream ou Led Zeppelin, sinon il aurait sans doute misé sur les défis émergents plutôt que sur les valeurs établies par d'autres : il pense sincèrement que toute cette éclosion ne peut que retomber très vite. Il n'en surnagera, pense Klein, que ce qui déjà en est le bras armé : Beatles, Animals, Rolling Stones. Lors du passage des Stones à New York, il ne lui est pas difficile de les aborder. Après quelques manœuvres d'approche, il réussit à prêter à Andrew son avocat, Marty Machat, pour gérer les contrats de la tournée. Prêt gratuit d'avocat – entre confrères, n'est-ce pas – mais manière aussi de respirer les Rolling Stones par ce qui compte : le fric, et combien ils valent, combien potentiellement on peut en tirer. Andrew, fin des années 80, en parlera de façon désabusée : *That's when a short, fat, New York promoter, oily hair, oily skin, oily personality, named Allen Klein, began sniffing around the Stones. He had already contrived to take over the Animals and Herman's Hermits, but Brian Epstein had sent him packing when he made his move on the Beatles. Now, however, he was moving his heft on the Stones, and in my zonked-out condition I was certainly not in very good shape to resist him* [9, 170] : « C'est à ce moment-là qu'un promoteur de New York, court, gras, cheveux huileux, peau huileuse, personnalité huileuse, nommé Allen Klein, est venu renifler autour des Stones. Il avait déjà mis la main sur les Animals, sur les Herman's Hermits, mais Brian Epstein l'avait envoyé balader quand il avait voulu mettre la main sur les Beatles. Alors maintenant il visait les Stones, et défoncé comme j'étais, je n'étais certainement pas en assez bonne forme pour lui résister. »

The Animals ou bien les Herman's Hermits (Herman lui aussi, qui battait régulièrement les Beatles au hit-parade, continue d'écumer les provinces américaines en dissimulant son âge) pèsent bien plus lourd alors que les Rolling Stones. Trop infatué de lui-même, Andrew, sans doute, pour sentir le piège, trop confiant dans ce tout petit milieu où les Epstein, les Klein et lui-même, parce qu'ils ont chacun leurs poulains, se respecteraient mutuellement. Mais Andrew, pour lancer les Stones, a dû partager avec Eric Easton, et jouer la carte Allen Klein pourrait l'aider à évincer son associé en devenant seul responsable des Stones au nom de Klein, ou du moins c'est que celui-ci lui fait croire. Rien n'a changé de l'élégance discrète d'Eric Easton, ni de ses manières de travailler, ou de paraître à la ville, c'est peut-être même cette fixité anglaise qu'Andrew, dans sa fuite en avant déstabilisée, ressent comme un reproche, même si Easton trouve sans doute naturel, pour avoir accès aux Rolling Stones, d'avoir à passer par un intermédiaire de leur âge et de leur sorte. Andrew, malgré sa limousine et son chauffeur, vit à la petite semaine, dépend pour tout de Decca, et c'est sur lui seul, cette fin mai 1965, bien avant de parler à Mick ou Brian, qu'Allen Klein met la pression : *Andrew, how'd you like to be a millionaire? What do you want for you now? – A Rolls-Royce. – You got it* [1, 130] : « Andrew, ce serait

quoi pour toi être millionnaire ? Tu voudrais quoi pour toi tout de suite ?
– Une Rolls. – Tu l'as. »
L'orgueil ou le défi suffiraient à convaincre Andrew de ne pas refuser. De toute façon, s'imagine-t-il, il garde le statut principal, celui de producteur, assurant la survie de la *Unholy Trinity*. Ce qu'il vend à Allen Klein, c'est ce qui l'intéresse le moins : l'intendance. Surtout qu'Allen Klein, en échange, demande apparemment si peu : simplement, il sera l'agent exclusif des Stones aux États-Unis, pour le compte de l'agence Easton et Oldham, moyennant 20 % des bénéfices. Tout le monde y gagne, n'est-ce pas ? Andrew lui confirme leur acceptation, à Easton et à lui-même, le 12 juillet. C'est ce qu'il voulait, Klein, avoir le pied dans la porte. Qu'on mette le doigt dans l'engrenage, le bras et la manche suivront bien. Quand Andrew leur annoncera cela comme une bonne nouvelle, Brian lancera sa plaisanterie de service sur les agents à votre service : *Keith Norris, Artistes Representative, Cockfosters.*

Klein sait les négociations encore en cours avec Decca, et le refus de Mick, pour l'instant, de signer. Par Marty Machat, son avocat, il sait forcément ce que le groupe reproche à Easton le manque à gagner dans la tournée américaine, dont ils auraient dû revenir tellement plus riches. Klein arrive à Londres début août et s'installe au Hilton, où il convoque Andrew pour un petit déjeuner : qu'on l'emmène, lui Allen Klein, à la prochaine réunion avec Decca, juste comme ça, sans engagement, comme un copain : est-ce qu'on n'est pas copains, nous tous ? Il insiste : on n'a pas tant de différence d'âge, dis-ça à Mick et aux autres, Andrew... Dites à Decca : voici Allen, notre agent américain... Juste que vous voyiez comment on procède pour négocier un contrat, nous autres Américains...

Rien de plus patelin qu'Allen Klein. Et bien vrai qu'à cette première réunion où ils l'emmènent, il reste discrètement en retrait, juste derrière Mick et Andrew, simplement pour leur chuchoter à l'oreille. Mais il leur en met plein la vue, aux cinq Rolling Stones et à leur petit manager : pour commencer, il s'étonne. Comment, un groupe de l'importance des Rolling Stones, et le président de Decca ne se déplace pas ? Il refuse que la réunion ait lieu, si ce n'est pas le président en personne qui négocie. Et Decca plie. On se retrouvera le lendemain, d'accord, en présence de sir Edward Lewis, président-directeur général : Klein a marqué un point, il peut les inviter déjeuner au Hilton. Ce premier point acquis, le lendemain c'est non pas seul, mais avec son avocat Marty Machat qu'il prendra en main la négociation : j'ai amené Marty, n'est-ce pas, c'est plus prudent, vous n'y voyez pas d'inconvénient... Comment, vous n'aviez pas prévu d'avocat pour discuter ? Les Rolling Stones ne semblent pas s'inquiéter de ces rondeurs à leur égard. Et Klein commence à abattre ses cartes. Il prend les Stones à part, sans Andrew : comment, vous vous laissez prendre 15 %... Ils ne sont pas au courant, ne comprennent pas... Easton et Andrew ont leur bénéfice, oui, bien sûr... Mais la société Impact Sound, qu'on avait montée il y a deux ans pour servir d'intermédiaire avec Decca, prend effectivement commission de 15 % sur les disques, qui s'ajoute à la prime de 25 % que prennent Andrew et Easton pour le *management*. Klein gagne une nouvelle manche : isoler le groupe de ses agents. Andrew a bien gagné sa Rolls-Royce, il reste, pour les deux ans à suivre, producteur attitré du groupe, mais c'est une statue sans socle, une statue dévissée.

Après, ça va très vite. Bill Wyman dit que lui seul se méfie, aurait voulu qu'avant de remettre les clés de la maison à Klein on garde quelque antidote. Bill dit que Klein s'aperçoit de sa méfiance *: Why don't you like me, Bill? – Because I don't trust you, Allen* $_{2,\,393}$: « Pourquoi tu ne m'aimes pas, Bill ? – Parce que je n'ai pas confiance en toi, Allen. » On signe les papiers que Klein leur présente. Quand Wyman veut lire plus attentivement, Keith se lève en colère : *Don't be so fucking mercenary. We need to trust in someone* $_{2,\,393}$: « Ne sois pas si mercenaire, bordel, on a besoin de faire confiance à quelqu'un. »

Le même mot de confiance, *to trust*, revient, puisqu'il est d'abord question pour eux, d'après Klein, de reprendre pied dans leurs propres affaires. En mettant la main sur les Rolling Stones, l'art d'Allen Klein c'est de leur faire croire qu'ils se réapproprient leurs affaires, en conquièrent la maîtrise. La preuve, on va tout de suite gagner plus, beaucoup plus. D'ailleurs, il leur obtient de Decca une avance considérable sur les ventes de *Satisfaction*, et plus d'un million de dollars, à payer sur le compte de la Nanker-Phelge Company, pour le renouvellement du contrat pour trois ans, plus une garantie de sept mille livres annuelles pour chacun jusqu'en 1974.

Klein est capable d'une audace qu'ils ne supposent pas. Pour mettre la main sur les Stones, il a besoin du jour au lendemain de disposer d'une société commerciale, et pas le temps d'en créer une. Il convoque à New York, et la lui paye vingt-cinq mille dollars comptant, une petite agence d'imprésario tenue à Londres par un nommé Tito Burns, surnommé Teat, qui avait connu Andrew quand ensemble ils étaient serveurs à Juan-les-Pins, l'été 1960. Du jour au lendemain, l'homme de paille Tito Burns, qui n'y connaît rien, n'a peut-être jamais entendu parler d'eux, remplace Eric Easton. Tito Burns ne gênera personne, au contraire, puisque Charlie Watts trouvera enfin quelqu'un dans l'entourage officiel des Stones pour parler jazz : Tito Burns n'aime que le jazz. Et Klein installe dans le bureau du groupe, pour répondre au téléphone et signer les contrats, son propre neveu, Ronnie Schneider. Le même Ronnie Schneider est aussi chargé d'une tâche essentielle, se faire verser l'argent de chaque concert (si possible en liquide, le soir même, et s'endormir avec ça sous le matelas plutôt que faire la fête avec les autres) et le domicilier dans une banque à Delaware, USA. C'est Ronnie ensuite qui paye les frais des Rolling Stones et leurs propres salaires sur leur banque anglaise : on a commencé les négociations le jour de l'anniversaire de Mick Jagger, vingt-deux ans le 26 juillet 1965, et le système est entièrement verrouillé fin août.

Pour commencer, Klein leur signe à chacun un chèque de deux mille cinq cents livres. Commentaire de Keith : *We could actually go shopping* [14, 75]. Allen Klein a seulement demandé à Andrew, pour définitif adieu : *Who does the records?* [4, 74]. Andrew lui a désigné Keith : à ce niveau de marchands de chair humaine, il n'y a pas d'hypocrisie possible.

Andrew, comme Giorgio Gomelsky avec Soft Machine ou Magma, saura rebondir de l'intérieur de la musique elle-même : si de l'Andrew Loog Oldham Orchestra on n'entendra plus parler (malgré des titres aussi shakespeariens que *Funky And Cleopatra* ou *Mod's Summer Night's Ball*), il aura le génie de découvrir et produire une étrange chanteuse à la voix profonde, Nico, et se consacrera de plus près à la carrière de Marianne Faithfull. S'il ne bénéficie plus, même pour les McCoys ou les Fifth Avenue, de la signature Jagger-Richard, c'est qu'ils savent tous qu'après *Satisfaction* il n'est plus question pour la signature Jagger-Richard de Lulu et autres Vashti : ce qu'écrivent désormais Mick et Keith sera réservé au groupe lui-même. Ils enchaîneront sur ce principe, pendant deux ans, la plus belle suite de leurs chansons isolées : *Get Off Of My Cloud*, *19th Nervous Breakdown* ou *Paint It Black*. Sitôt éloigné du premier cercle, Andrew disparaîtra presque complètement de l'histoire des Rolling Stones, même si les *masters*, les bandes originales des enregistrements – dont il s'était assuré par contrat de possession – lui offriront la matière d'un disque, *Metamorphosis*, qui sera le seul disque des Rolling Stones produit et édité sans leur participation, comme une vengeance plutôt que comme ultime profit. Après tout, les *royalties* qu'Andrew continue de toucher aujourd'hui encore chaque fois qu'on reconnaît les trois accords de *Satisfaction* sur une radio d'autoroute suffiraient à n'importe quel bonheur moyen.

Descends de mon nuage

« J'habite un appartement, quatre-vingt-dix-neuvième étage de mon immeuble, je suis assis près de la fenêtre, j'imagine que le monde s'est arrêté. Alors entre un type habillé dans le drapeau anglais, il me dit : Tu peux gagner cinq livres, si tu te sers de cette lessive et moi je dis : Eh, toi, vire de mon nuage ! Fiche le camp d'ici, parce que deux c'est déjà un de trop... Oui deux c'est trop de foule sur mon nuage... *Get off of my cloud!* »

Le divorce d'avec Allen Klein, cinq ans plus tard, sera lourd à liquider. Les procédures s'en éterniseront pendant cinq autres années au moins : il avait suffisamment emmêlé d'écheveaux pour rendre la séparation complète impossible. Même aujourd'hui, les albums qui sont le meilleur de ce que les Stones auront jamais fait, *December's Children, Aftermath, Beggars Banquet, Let It Bleed, Get Yer Ya-Ya's Out* restent l'unique propriété de Klein, et n'ont jamais bénéficié du nécessaire remixage pour s'adapter à la génération numérique, faute d'entente possible entre le groupe et le financier.

Ils ont chiffré, mais trop tard, ce que Klein a fait de profit sur le nom du groupe, un chiffre trois à quatre fois supérieur à ce qu'ils en ont tiré pour eux-mêmes. Mais Klein a bien fait son métier, et multiplié l'échelle des profits : ils sont riches, et ne l'auraient pas été sans lui. Même volés, Keith et Charlie semblent ne pas avoir de rogne à l'égard du petit financier. Bill Wyman si, et Mick Jagger on n'en sait rien.

Se mettre entièrement entre ses mains, au point de ne plus savoir comment en sortir, c'était pour le groupe élaborer une nouvelle concentration des décisions, et rassembler tout ce qui les concernait, disques, concerts et vie privée, dans une même pyramide étroite. Il n'y a pas de contentieux avec Andrew, qui a négocié lui-même son nouveau rôle, et décidé de saborder son association avec Eric Easton. Mais l'avocat des Stones, Dale Parkinson, devra répondre aux multiples procédures qu'Easton lance pour résiliation abusive d'un contrat qui devait encore courir neuf mois, et couvrait tous leurs engagements d'automne. Eric Easton ne pardonnera pas les procédés à l'américaine, ni cette éjection méprisante après deux ans de service unique.

Klein les met très vite devant le fait accompli : maintenant, c'est lui le patron. Il exige la sortie d'un album pour les États-Unis, et ramasse pour cela les titres déjà enregistrés dont le groupe n'avait pas voulu pour ses premiers disques. C'est l'album *December's Children*, évidemment un massif succès commercial, mais que Jagger et Richards ressentent comme une régression, au moment où les Beatles préparent, avec *Revolver*, la nouvelle mutation du disque : un album concept, construit sur une seule idée musicale. Après tout ce que j'ai fait pour vous, leur dit Klein... Vous empochez les chèques, les gars, donnez-moi quelque chose à vendre...

L'armature de la négociation décidée fin juillet, et les signatures définitives prévues fin août, on suppose Charlie Watts en train d'aménager sa maison de campagne et ses écuries, Keith et Linda sont en villégiature dans le sud de la France, et Mick et Brian, avec Chrissie Shrimpton et Linda Lawrence, sont à Tanger au Maroc, alors que se juge au tribunal la requête de Linda contre Brian pour l'entretien de l'enfant. Quand ils reviendront, elle dira que cela n'a pas grande importance, puisqu'ils vont se marier : mais l'affaire est jugée, tant mieux pour elle. Leur relation se termine d'ailleurs définitivement après cet ultime épisode marocain, puisqu'elle va bientôt épouser le chanteur Donovan. Mick est témoin au mois d'août, à Paris, du mariage d'un de ses proches, le photographe David Bailey, avec l'actrice Catherine Deneuve.

Un mode de vie pour eux très neuf, en fait. Il suffit désormais à chacun, d'informer le bureau des Rolling Stones de ses vœux géographiques pour qu'on n'ait qu'à se présenter aux aéroports et partir : ce n'est pas encore la *jet set*, mais on s'est affranchi des frontières, même si c'est toujours le même petit monde qu'on retrouve dans chaque capitale. Partage inédit du groupe que ces vacances des deux couples, un face-à-face de Mick et Brian qui n'a pas de vrai précédent. J'y suis allé m'asseoir moi aussi, à Tanger, côté Atlantique, dans ce bistrot à flanc de falaise, minuscules terrasses étroites en surplomb de la mer, avec des palmiers et des chats, le thé à la menthe qu'on vous apporte et l'odeur pas loin du haschich : plaisirs qui sont ces années-là comme un *must* artistique, avant que tout cela aussi se banalise. Mais il est plus difficile de se représenter Keith Richards et Linda Keith dans cet hôtel d'entre Nice et Menton où ils coupent les ponts avec le dehors. Si Brian et Mick oublient la musique, Keith transporte avec lui l'étui noir de la Gibson acoustique : il soumet à Jagger d'abord, puis au groupe fin août, l'étonnant *Get Off Of My Cloud*, comme s'il fallait après *Satisfaction* couper les ponts avec leur dérive vers la soul de James Brown ou le non-sens fait musique des paroles de Dylan, et revenir ferme sur les terres de Chuck Berry. Pour la première fois, la signature Jagger-Richard jouée sur un tempo rock and roll. Version pourtant contestée par Keith lui-même en 1971, mais alors qu'il cherche à justifier le virage par rapport à Andrew : *The chorus was a nice idea, but we rushed it as a follow-up of* Satisfaction. *Actually, what I wanted to do it slow like a Lee Dorsey thing. We rocked it up. I thought it was one of*

Andrew's worse production [29, 25] : « Le refrain c'était une bonne idée, mais on l'a fait trop vite pour enchaîner après *Satisfaction*. A ce moment, ce que je voulais faire c'était un truc lent, à la Lee Dorsey. On en a fait un rock. Je crois que c'est une des pires productions d'Andrew. »

Pourtant, c'est une de leurs belles chansons, *Get Off Of My Cloud* : à qui pensait-il, Keith, lorsque c'est ce titre qui lui est venu ? *Hey, you, get off of my cloud, don't hang around, 'cause two's a crowd on my cloud, baby !* « Eh, toi, vire de mon nuage, reste pas là, parce que deux sur mon nuage c'est trop la foule, chérie... »

Qu'il y ait pression, et forte, sur eux tous en général, et Mick et Keith en particulier, pour faire aller la machine, aucune contestation là-dessus. Keith encore : *It's difficult to realise what pressure we were under to keep on turning hits. Each single you made in those days had to be better and to do better. If the next one didn't do as well as the last one, everyone told you you were sliding out. After* Satisfaction, *we all thought : Wow, lucky us. Now for a good rest. And then it comes Andrew Oldham, saying : Right, where's the next one ? It got to be a state of mind. Every eight weeks, you had to come up with a red-hot song that said it all in two minutes, thirty seconds* [1, 143] : « C'est difficile de réaliser sous quelle pression on était pour balancer des hits. Chaque *single* qu'on faisait ces années-là avait à être meilleur et à faire meilleur. Si le prochain ne faisait pas mieux que le précédent, tout le monde vous disait que vous étiez sur la mauvaise pente. Après *Satisfaction*, on pensait tous : Wow, un petit repos maintenant. Et débarquait Andrew Oldham, disant : Très bien, où est le suivant ? C'était devenu un état d'esprit. Toutes les huit semaines, on devait arriver avec une chanson chauffée au rouge, qui disait tout en deux minutes trente secondes. »

Il reste que c'est la manière de Keith, de composer d'abord à tempo lent, et si la chanson tient de cette façon décomposée, elle sera d'autant plus solide accélérée (le *Yer Blues* de Paul McCartney est d'abord un blues très lent). Et que c'est ce genre de décomposition obsessive, avec marche d'accords et cette signature de guitare, le *riff*, qu'il amène au groupe, et qui est la trace de son mois d'août sur la Côte d'Azur avec Linda Keith, lors de moments volés, sur la Gibson acoustique. Est-ce que seulement Brian a emporté avec lui une guitare au Maroc ? On ne saura pas de Mick si Brian avec lui dans l'avion avait pris, non pas cette nouvelle Gibson trapézoïdale qu'il affectionnera pour les concerts et prestations télévisées de l'année suivante, mais au moins sa vieille Gretsch demi-caisse, sur laquelle on peut jouer à demi-son les accords et les solos des vieux blues : mais pourquoi, dans ces dix jours au soleil de Tanger, dans l'étroite proximité des deux couples, Mick n'offre-t-il pas à Brian le prochain *single* du groupe, une chanson signée Jagger-Jones qui aurait donné à Brian la preuve d'un partage égal ? Jagger connaît toute la mécanique de l'écriture, il ne s'agissait que de dresser pour Brian un mirage, et il ne l'a pas fait. Ont-ils seulement travaillé ?

The telephone is ringin' I say Hi it's me, who's there on the line ? A voice says Hi hullo, how are you ? It's three a.m. and there's too much noise, don't you people ever want go to bed... I said Hey you, get off of my cloud... « Le téléphone sonne, je dis, oui c'est moi, qui appelle ? Une voix dit Oui bonjour ça va ? Il est trois heures du mat et vous faites bien trop de bruit, vous n'allez donc jamais au lit ? Moi je dis : Eh, toi, vire de mon nuage... »

Les paroles que Jagger brossera pour *Get Off Of My Cloud* associeront au nuage proposé par Keith la fumée de Tanger, un nouveau savoir de l'inconscience. Oublier l'enchaînement rhétorique ou linéaire des syntagmes pour procéder par collage, et fournir à ce collage assez de zones brièvement miroitantes pour deux minutes et demi avec pont et refrain. Finalement c'est assez simple : on a été soi-même projeté par le succès des Stones dans une vision du monde tellement surprenante qu'il suffit de la retranscrire. Il y a la fascination pour l'Amérique, quand on la regarde du quatre-vingt-dix-neuvième étage, *on the 99th floor*, il y a la fascination de surgir en Finlande ou en Floride en petit Anglais *dressed up like a Union Jack*, la fascination d'avoir affaire au monde tout entier, *imagining the world had stopped*.

Les 15 et 16 août, Mick et Keith sont à New York avec Andrew sans que le reste du groupe soit convié, pour d'autres négociations de production sur la Nanker-Phelge Company et leur contentieux avec Eric Easton : ils assistent ensemble au concert des Beatles au Shea Stadium. Quand ils rentrent à Londres, nouvelle réunion, cette fois en présence de Charlie, tandis que Bill Wyman s'attarde en Allemagne où il a assisté au mariage de son frère (mais de toute façon on ne l'a pas prévenu) et que Brian est toujours au Maroc avec Linda.

On se retrouvera pour jouer trois jours en Irlande début septembre, et on reprend l'avion le 5 septembre au matin, directement de Dublin pour Los Angeles. Le studio fétiche de RCA leur est réservé pour deux nuits successives. Comme on enregistre la nuit, c'est comme si on ne tenait pas compte des neuf heures de décalage horaire. On met au point, avec Dave Hassinger et Jack Nitzsche, trois chansons Jagger-Richards : la nouvelle machine de guerre, *Get Off Of My Cloud*, une rengaine pour la face B : *The Singer Not The Song*, et on réenregistrera, idée d'Andrew, le *As Tears Go By* donné à Marianne Faithfull, enregistrement sur lequel Andrew ensuite ajoutera un orchestre à cordes. Mais Bill Wyman est près de tomber dans les pommes, tous épuisent en deux nuits le bénéfice des vacances d'août. Le 8 septembre on a retrouvé l'heure anglaise et on joue dans l'île de Man, cachet neuf cent quarante-six livres qu'ils vont jouer la nuit même au casino, si fiers de pouvoir perdre sans frémir ni regrets.

Longue tentation Hitler

Rien ne les excuse. Fascination de leur propre pouvoir sur tant de foules, ou le reste de peur qu'on en a, et qu'on exorcise ? D'affecter la posture nazie, quand bien même au petit pied, ne mérite pas d'être explicité. Reste qu'on faisait comme si, qu'on le savait mais qu'on passait outre, et c'est sur nous-mêmes qu'il faut creuser. Charlie Watts et Bill Wyman sont ailleurs, Mick Jagger trop intelligent et assez haut pour contourner, mais Brian Jones et Keith Richards s'engluent. Pourtant, lorsqu'il s'agit de provoquer en se faisant photographier sous croix gammée, ils accepteront tous les cinq. Et pour Richards, qui réitérera en 1971, qu'on verra encore en 1989 avec un tee-shirt Obergruppen Führer, c'est plutôt l'obstination.

Ce mois de septembre 1965, avec une nouvelle tournée en Allemagne, c'est d'abord l'irruption d'Anita Pallenberg dans l'univers des Rolling Stones. Le titre de sixième Stone est une appellation mobile, usée par Ian Stewart les premières années, puis par Andrew le producteur, et d'autres plus tard, comme Alan Dunn, mais personne ne l'aura autant mérité, pour neuf ans d'affilée, que cette fille de leur âge qui déboule dans leur rigide jeu de quilles pour faire sauter d'un horizon à un tout autre Jagger, Jones et Richards à la fois.

Holbein a peint ses ancêtres, et leur âge elle l'a exactement (vingt et un ans cet été 1965). D'une lignée suisse germanophone, dont l'arrière-grand-père, le peintre Arnold Böcklin, s'était installé en Italie. Son père et son grand-père peintres aussi, elle a grandi à Rome mais vécu entre Allemagne, Espagne et France, en parle les quatre langues. Elle a fait des études de restauration d'art, elle dessine, fait du théâtre et son premier amour est un photographe de mode italien, Mario Schifano (le même qui enlèvera Faithfull à Jagger, tant leur monde déjà est étroit), qui la propulse dans ce milieu des modèles passant de capitale à capitale pour une seule séance de pose. Mais Anita, si elle en vit, ne se résume pas à ces photos, sous la blouse de nylon discrètement ajustée par des épingles pour que ressorte le corps élastique et souple, qu'elle vend pour l'équipement ménager des classes moyennes sur les catalogues des maisons de vente par correspondance, comme les Trois Suisses. Ou, sur telle autre, la hanche lascivement appuyée sur une cuisinière électrique, les cheveux en chignon haut sur les yeux maquillés, vêtue d'un ensemble que la jambe gauche, souplement repliée, permet d'arrêter au-dessus du genou.

Mais c'est pour elle seulement alimentaire : elle fréquente à Rome les expériences de l'Actor's Studio et du Living Theater, dont l'explosion sera une marque définitive pour cette mutation des années 60. Elle a joué dans des films, d'abord dans de petits rôles et puis, qui l'a mieux devinée, pour le réalisateur allemand Volker Schlöndorff. Mais ce qui la différencie, maintenant qu'elle décroche les couvertures de magazine, seins bandés de cuir et les hanches sous satin noir, c'est son enracinement dans le monde de l'art international. Robert Fraser, galeriste de Londres, et Christopher Gibbs, antiquaire, ou Stash, le fils du peintre Balthus, sont des amis de famille, et déjà dans l'ombre de Jagger. Elle est à Munich ce soir du 14 septembre 1965 où jouent les Rolling Stones, pour les photos d'une collection de haute couture. Elle doit reprendre l'avion le lendemain. Les Rolling Stones, c'est Fraser et Gibbs qui lui en ont parlé, et ce n'est pas difficile, grâce au photographe suédois qui travaille avec elle ce jour-là, d'obtenir de rejoindre le groupe dans les coulisses après le concert. Aussi bien, quand on a ce visage, ces jambes et ce métier, les parois progressivement protectrices autour du groupe ne seront jamais bien étanches. Mais la rencontre est décevante : elle se présente à eux comme une amie de Fraser et Gibbs, mais ils ne parlent que leur pauvre anglais des banlieues, sont une confrérie mâle arrogante, méfiante encore de ce qui leur arrive, et cette fille à longues jambes, auréolée d'une célébrité qui se veut égale à la leur, mais qui n'a pas été décrochée à la sueur sur un manche de guitare, en gros ils la méprisent. Ils ont déjà trop l'habitude de ces moments d'arrière-scène, quand il faut sourire aux marchands de disques et aux rédacteurs de la presse locale, et que tout le monde les regarde comme d'étranges animaux un peu glauques, de toute façon trop sales. Pas question de tomber dans le piège, et d'aller faire la cour à la fille. Alors que Fraser lui avait surtout suggérer de parler à Mick, c'est Brian, avec l'instinct de l'adolescent de Cheltenham, qui respire d'emblée que cette fille est sa sœur. *That's how I met Brian. He was the only of the Stones who really bothered to talk to me. He could even speak a little german. There had been some kind of disagreement within the Stones, Brian against the others, and he was crying. He said : Come and spent the night with me, I don't want to be alone. So I went with him. Almost the whole night he spent crying* [1, 147] : « C'est comme ça que j'ai rencontré Brian. C'est le seul Stone qui s'est vraiment préoccupé de me parler. Il parlait même un peu d'allemand. Il y avait eu des histoires à l'intérieur des Stones, Brian contre les autres, et il pleurait. Il me dit : Viens, passe la nuit avec moi, je ne veux pas rester tout seul. Alors je suis partie avec lui. Il a pleuré pratiquement toute la nuit. » On dirait les paroles de leurs plus mauvaises ballades.

Anita repart à Paris pour des photographies, mais elle prend l'avion pour rejoindre Brian à Berlin ou Vienne, et ils ne se quittent plus. Ce qui la soude tout de suite à Brian c'est que leur relation les prend dans leur métier, le guitariste et la modèle, aussi bien que dans cette solitude d'une réussite qui vous isole pire que tout. L'opinion d'Anita sur le reste du groupe est tranchée : *Brian was very outspoken, blunt, said everything on his mind, outrageous things, curious over new things, new places, wanted to know everything that was going on... The other Stones were more like, what I should say? frightened. Brian was much more ready to go to strange places, to meet people he didn't know. Not like Keith who, in those days, sort of sneered at anybody who tried to get too close to him* [9, 176] : « Brian a toujours eu ce franc-parler, plutôt brusque, tout ce qui lui passait dans la tête, même le scandaleux, curieux de toutes les nouvelles choses, de nouveaux lieux, toujours à vouloir savoir ce qui se passait ailleurs. Les autres Stones étaient, comment je dirais ? timorés. Brian était bien mieux préparé qu'eux à aller dans des zones étranges, rencontrer des gens qu'il ne connaissait pas. Pas comme Keith qui, à cette époque-là, ricanait de n'importe qui essayait de l'approcher de trop près. »

Jugement qu'Anita étend avec une délicatesse certaine aux filles qui les entourent, puisqu'elle prend position dans ce cercle-là, et ne souffre pas qu'on l'y compare : *Except for Brian, all the Stones at that time where really suburban squares. Mick's girl friend, Chrissie Shrimpton, was a secretary type, nine to five, Miss Proper, hairdresser's on Thursday, and so was the girl Keith had, very normal, very plain, no challenge. Charlie Watts had a kind of drab wife he kept in the background, and Bill Wyman too, you know : background women, with personalities like elevator music* [9, 177] : « A part Brian, tous les Stones à cette époque-là étaient vraiment des gabarits de banlieue. La copine de Mick, Chrissie Shrimpton, c'était le genre secrétaire, neuf heures-dix-sept heures avec coiffeur le jeudi, Miss Propre, et la fille qu'avait Keith, même chose : bien normale et lisse, aucun défi. Charlie Watts avait une espèce de femme sèche qu'il gardait dans l'arrière-cour, et Bill Wyman aussi, vous savez : des filles d'arrière-cour, avec des personnalités comme de la musique d'ascenseur. » Tendre avec les copines, Anita Pallenberg.

Ce ton d'arrogance, dont sa filiation l'autorise, sera la première leçon collective par quoi sur eux elle va prendre barre. Ce que ramasse en quelques lignes Anita définit bien le programme à venir, la mue à faire. On s'éloigne du normal, on va vers ces zones étranges parce qu'elles sont étranges, et qu'on n'est plus des mômes de Dartford ou de Cheltenham, mais des auteurs dont les paroles sont reprises de Los Angeles à Paris.

C'est leur première véritable tournée en Allemagne, même si on y a déjà fait des incursions. Ce n'est pas un pays où on se mêle, comme à Paris ils prendront leurs habitudes. Pas un pays où ils auront jamais maison ou appartement et pourtant : ils l'auront pressurée, la riche Allemagne, en albums et en concerts... Ils l'adopteront seulement plus tard, venant deux mois enregistrer à Munich (pour l'album *Black And Blue*). Ce qu'ils connaîtront jamais de l'Allemagne, ce sera ces hôtels de standing international qui sont les mêmes de Honolulu à Toronto, d'où on vous emmène en Mercedes jusqu'au lieu du concert et retour. Mais en 1965 c'est une Allemagne encore les nerfs à vif, et toute remplie de soldats des pays alliés. Il y a des milliers d'adolescents à chaque concert, et le double ou le triple dehors, qui n'ont pas eu de places, avec des bagarres et des charges de police à cheval. L'Allemagne a toujours eu cette capacité d'une violence excessive, compacte, qui les surprend eux-mêmes. Ils découvrent les flics armés jusque dans les loges, entendent l'énorme bruit dehors, savent ce cortège d'ambulances, de blessés, d'arrestations. Quand ils jouent *Satisfaction* ou *Get Off Of My Cloud*, la réaction des salles archicombles les emporte et les effraie à la fois.

A Berlin, ils acceptent de jouer en plein air, dans la Waldbühne construite avant guerre pour les défilés des Jeunesses hitlériennes, où les loges sont dans d'anciens bunkers. Concert interrompu par la foule qui déferle sur la scène, avant que la police évacue et qu'on recommence. La ville est encore sous le coup de la construction du Mur, dur environnement de miradors et barbelés qu'on les emmène contempler : on les voit en photo, montés sur un de ces observatoires en planche d'où on découvre l'Est et les soldats, cette tranchée grise lacérant des ruines. Il y a eu Münster le 11 septembre pour deux concerts, Essen le 12 pour deux concerts, Hambourg le 13 pour deux concerts, Munich le 14 idem, enfin Berlin-Ouest Waldbühne le 15, et on finit par Vienne en Autriche le 17, on aura une semaine de battement avant de reprendre à marche forcée la suite des villes anglaises. C'est peut-être cette violence de la scène allemande qui leur tourne l'esprit, ou simplement le sens désormais de la provocation délibérée et gratuite d'Andrew : il suggère à Jagger de faire sur scène le pas de l'oie et de saluer du bras à la Hitler. Et, à

Munich, ce soir où Anita Pallenberg vient les voir, Mick le fait. On pourrait tenter de les excuser sous prétexte de tête vide, ou de vision anglaise par trop caricaturale, pareil qu'ils ont une idée reçue toute faite de la France : mais Keith Richards achètera et collectionnera toutes les reliques qu'on lui fourguera, insignes, uniformes et poignard, de l'Allemagne nazie.

Leur goût de la provocation s'enhardit : pour *Have You Seen Your Mother, Baby, Standing In The Shadow ?* Sur la pochette du disque, parce qu'on veut rester dans la provocation sexuelle et le détournement gras de clichés, les voilà sur le trottoir de Londres déguisés en demoiselles perruquées et maquillées, Bill Wyman en infirmière sur un fauteuil roulant : des uniformes encore, mais ceux des Wrens, les jeunes femmes volontaires de l'armée anglaise pendant la Seconde Guerre mondiale, un symbole national : si l'histoire est une mascarade, Hitler n'est qu'un masque parmi les autres ? Tous les articles de cet automne souligneront l'émergence des insignes néonazis dans les déferlements de foule, en Allemagne mais ailleurs aussi en Europe : ils ne peuvent pas prétendre n'en avoir rien su. Jagger, Oldham et les autres prennent position du côté de l'aveuglement et ne s'excuseront jamais plus tard : ce n'est pas le genre de la maison.

Brian Jones tentera de s'en défendre, une fois mis devant le fait accompli mais inavouable : *I wear a nazi uniform to show I'm an anti-nazi* [4, 55] : « Je porte un uniforme nazi pour montrer que je suis anti-nazi », l'argument est court. Le peintre Guy Peellaert les portraiturera dans sa série *Rock Dreams* portant des uniformes à croix gammée, triturant ou masturbant des petites filles nues, tandis que Watts joue du violon et que Jagger est derrière avec seulement des jarretelles tenant des bas résilles. Un tel détournement d'image susciterait aujourd'hui procès mais personne ne proteste, le livre en 1973 s'est vendu à trois cent mille exemplaires aux États-Unis, deux cent cinquante mille en Angleterre, et les Stones s'en offusquent si peu qu'ils commanderont au peintre la pochette de *It's Only Rock'n'Roll*.

Ils pourront ensuite habiller la même provocation, plus tard, dans un mysticisme de pacotille (la magie noire pour *Sympathy For The Devil*), ou bien prétendre qu'il s'agit d'excès dus à leur jeunesse d'une part, à cette folie des foules devant eux d'autre part, la compromission est définitive.

Dix-huit concerts en Angleterre, encore la litanie des villes : Bristol, Cardiff, Hanley, Bradford, Carlisle, Glasgow, Manchester, Birmingham, Northampton, Leeds... Un nouveau chauffeur, Tom Keylock, conduit le groupe : un ancien chef de commando, on va beaucoup entendre parler de lui dans les quatre ans à venir. Toujours les cris, même si on se protège mieux et qu'on joue plus fort pour couvrir. Heurts avec la police et cette barrière humaine, double ou triple cordon d'hommes en uniforme entre les musiciens et le public. Ils ont signé un contrat pour 5 % de commission sur les ventes d'un magasin londonien de guitares, il se vendra plus de 8 000 guitares adulte, 4 000 guitares junior et 900 harmonicas estampillés Rolling Stones, et dont eux ne joueront jamais : à peine quelques centaines de livres de bénéfice pour chacun. Ils reçoivent aussi des propositions d'une marque de shampooings. *We have recently learned from an article in a Danish magazine that Brian Jones uses Breck shampoo. As you may know, this is one of our products and we will be happy to send Brian and the other Stones a free supply...* $_{2,\,413}$: « Nous avons lu récemment dans un magazine danois que Brian Jones utilisait le shampooing Breck. Comme il s'agit de l'un de nos produits, nous serions heureux d'en envoyer à Brian et aux autres Stones en fourniture gratuite... »

On s'envole aux États-Unis pour la première tournée de concerts de l'ère Klein. On n'a à s'occuper de rien, tout est réglé pour vous. Ils vivent dans un éblouissement, petit avion privé (Martin twin-prop) qui les dépose de ville en ville, limousine à rallonge qui les attend aux fins de concert, déjà assis de côté face à face, serviette-éponge autour du cou, tandis que le public les réclame encore. Dans l'avion, la mode est qu'on joue au poker, jusqu'à l'arrivée aux heures blafardes du matin, chaque jour de ce mois de novembre, et trouver comme on peut le sommeil dans la chambre normalisée d'une ville inconnue. On se réveille en milieu d'après-midi, on descend comateux au salon réservé, et après le thé la limousine vous dépose à nouveau sur la scène de l'auditorium vide, avant la foule et les cris, pour la balance du son. On règle les instruments, et on va boire, enfermés dans les loges. Les tickets partout sont vendus d'avance, et *Get Off Of My Cloud* est numéro un des ventes en Europe comme ici aux États-Unis, devant *Help!* des Beatles qui termine sa carrière. Trente-trois concerts en trente-huit jours, et aucun d'eux pour se méfier du fait que la compagnie où va l'argent, la Nanker-Phelge USA, ne porte pas exactement le même nom que la société d'origine, la leur, Nanker-Phelge Music.

Anita a rejoint Brian pour la fin de la tournée, c'est comme son installation officielle dans le premier cercle du gang. Ni Chrissie, ni Shirley, ni les deux Linda n'ont jamais rejoint les Stones en tournée. C'est la première fois qu'on tolère, *on the road*, autre présence qu'eux-mêmes. Mais le bénéfice pour Brian est le bénéfice du groupe : heureux, il joue mieux. Brian se stabilise, paraît sur scène en blanc de la tête aux pieds, costume, chapeau et chaussures. On joue à Nashville, à Dallas. A Sacramento le 3 décembre, dans l'ouverture de *The Last Time*, Keith heurte de sa guitare un pied de micro, provoque un court-circuit. Il s'effondre dans une gerbe d'étincelles bleues, le concert s'arrête. On met une bonne minute à le ranimer, trois cordes de la guitare ont fondu, c'est seulement grâce à l'épaisseur de caoutchouc des semelles compensées de ses bottes Hush-Puppy mode américaine (les petits Stones ont toujours de grosses semelles sur scène) qu'il n'est pas resté collé : avantage d'être petit.

A Los Angeles, Chrissie à son tour rejoint le groupe, et on innove en prenant chacun un hôtel différent. Leur rapport à cette ville au-dessus des normes ordinaires s'approfondit, ils s'y sentent plus chez eux que n'importe où ailleurs. Keith, Gered Mankowitz et Ronnie Schneider partent pour une balade de deux jours à cheval dans la réserve apache de Green River, incluant une nuit à la belle étoile, avec brochettes au feu de camp. Rien que de touristique, mais Keith les équipe chacun, à ses frais, d'un Colt six-coups neuf et brillant et d'un fusil à pompe Winchester, chapeaux, pantalons de cuir : c'est en cow-boy d'opérette qu'ils prendront comme ça l'avion du retour. On est le 18 décembre, pas plus qu'un cadeau d'anniversaire pour garçon de vingt-deux ans, et faire l'Indien en Arizona ne lui semble peut-être pas si différent que de faire le SS à Munich : c'est pour jouer, non ?

A Hollywood, rendez-vous évidemment dans les studios RCA, pendant que dans les bacs des disquaires la machine Klein installe déjà la nouvelle vente : *As Tears Go By*, réenregistrée au mois de septembre précédent. Avec Dave Hassinger, on s'offre cinq jours de studio consécutifs et c'est un vrai virage musical, dans une configuration où la musique repose beaucoup plus sur Keith Richards collant l'une sur l'autre les pistes de guitare, tandis que Brian, pour la première fois, s'écarte dans un chemin d'expérimentations, ou désormais il multipliera les instruments pris à d'autres univers, du violoncelle à la flûte, du mellotron au clavecin, du dulcimer amplifié au sitar indien.

Virage, parce que Mick n'a plus le choix. Là où leur public a placé les Stones, à égalité des Beatles, les paroles des chansons doivent refléter un peu de ce rôle qu'on leur a créé du dehors. Qui veut parler au nom de la jeunesse rebelle doit en exprimer la pensée, et philosopher quoi qu'il en ait, et quand bien même on n'est pas Bob Dylan, lequel les fréquente assidûment à New York. C'est avec Brian que Dylan a le plus partagé : ils ont passé plusieurs nuits à jouer ensemble de la guitare aux bougies, sans enregistrer, et tel est l'héritage de Brian Jones (qui regrette d'avoir manqué, leur dit-il par télégramme, le mariage à Paris de ses amis Johnny Hallyday et Sylvie Vartan). L'influence de Dylan n'est pas forcément dans les accords ou les mélodies. C'est une posture, un sérieux. On l'entend dans *Mother's Little Helper*, musique de Keith Richard et paroles de Mick Jagger : *Kids are different today / I hear every mother say / Mother needs something today to calm her down / And though they're not really ill / There's a little yellow pill...* «Les jeunes ont tant changé aujourd'hui, j'entends dire toutes les mamans, elles voudraient quelque chose qui les rassure : moi je connais une petite pilule jaune, qui calme le désordre des mamans...»

Et sur la dérision de la consommation qui permet qu'on achète partout les électrophones sur quoi passer leurs disques, on risque des mots plus abstraits censés faire coïncider le rôle qu'on vous fait jouer avec un contenu véritable : *Life's just much too hard today, I hear every mother say / The pursuit of happiness just seems a bore... What a drag it is getting old* : «La vie est tellement plus dure aujourd'hui, j'entends dire toutes les mamans, la poursuite du bonheur quel emmerdement... quelle pitié c'est de vieillir, docteur s'il vous plaît, un peu plus de médicament...» Les petites pilules qu'on prend soi pour ne pas s'endormir ou pour s'exciter ensemble acquièrent droit de cité dans la musique, la façade même de la provocation et le matériau de ce qu'on veut dire : discrètement, la drogue franchit la frontière de l'affirmation publique. On peut charger tout ce qu'on veut sur le dos de la vieille société, soi-même on est dans le camp adverse :

Things are different today / I hear every mother say / Cooking fresh food for a husband's just a drag / So she buys an instant cake, and she burns her frozen steak / And goes running for the shelter of a mother's little helper... «Les choses ont tant changé aujourd'hui, j'entends dire toutes les mamans, faire à manger frais pour le mari quel ennui, on achète un gâteau instantané, on fait des biftecks surgelés, et on aimerait bien quelque chose pour vous aider, qui mette un peu de variété...»

On enregistrera le lendemain une chanson de onze minutes : une atteinte majeure au canon de deux minutes trente... On aura des essais maladroits, des chansons qu'on laissera tomber mais qui sont sans doute des étapes nécessaires pour qu'au bout des cinq jours on débusque enfin la pépite d'or. Ils sont revenus au blues lourd des origines, version Bo Diddley, et une fois de plus s'essayent à des paroles proches d'une description de ce qu'ils vivent, qui font qu'on flotte de façon irréaliste sur le monde, et c'est *19th Nervous Breakdown*. Si Chrissie y verra une sorte de vengeance intime de Mick qui lui échappe, la logique de la chanson est directement dans le rapport du groupe à ce qui l'entoure. *Well it seems to me / That you've seen too much / In too few years... You better stop / Look around / Here it comes* : «Oui je crois que tu en as trop vu en trop peu de temps... Tu ferais mieux de t'arrêter voir venir ce qui vient... » Ils ont vingt-trois ans à peine et donnent le meilleur de ce qui jamais leur sera concédé ? On pourrait traduire ça par *Déprime n° 19*, ça s'écoute encore, et eux-mêmes l'ont repris sur scène en 1995.

Sur l'univers musical tout entier constitué par la guitare acoustique de Richards dans *Mother's Little Helper*, sur laquelle Brian introduit sa séquence répétitive de sitar, jusqu'au goût retrouvé de deux guitares électriques en constant balancement dans *19th Nervous Breakdown*, avec les grandes échappées saturées de Brian, Mick trouve une nouvelle dimension à ce qu'il fait dans sa façon de rester collé aux instruments, mais tirant jusqu'à sa voix l'agressivité des guitares. Ces jours aux studios RCA laissent pour la première fois percevoir ce qui sera, dans les cinq ans à venir, et bien plus rarement ensuite, leur maturité musicale et leur signature : elle est vraiment (il n'y a pas de piano dans ces deux morceaux) une affirmation à cinq, et même Bill Wyman y met sa patte avec les glissés du premier morceau et cette descente chromatique qui fera le succès du second. Vacances pour tout le monde.

1966-1968 : Brian Jones, crête et déclin

Broken english, Marianne Faithfull

Une légende dans la légende ? Ou bien l'icône qui permet de passer de l'histoire à la légende, et l'icône, quand elle reprend route seule, garde l'aura, par-delà toute destruction.

C'est l'antithèse d'Anita Pallenberg, toute provocation en avant. Elle est belle, certainement, Marianne Faithfull, corps faussement frêle et cheveux très blonds : mais ce qu'elle porte sur le visage, modelé par l'éducation traditionnelle des couvents pour filles de bonne famille, c'est un reste de vieille aristocratie d'Europe, une fraîcheur comme d'exhiber dans son camp un transfuge de l'ennemi. Et cela les change, les Stones, de celles et ceux qu'ils croisent dans les couloirs des studios et dans les fins de nuits des clubs. Même maintenant qu'elle nous est revenue, la Faithfull, avec sa voix brisée de tabac, de veilles et de trente ans de métier, et que, les présentations faites et la discussion dûment acceptée, vers trois heures du matin, dans le bruit envahissant d'une boîte de nuit parisienne, deux heures après la fin de son propre concert, et qu'on voit sous ses yeux, au bord de la bouche quand elle vous montre, de l'autre côté de la table, un monde imaginaire vers le fond de la pièce et qui pour elle expliquerait tout ce qu'on refuse encore de savoir, les marques indicatrices du gouffre et du trop long sauvetage, on dirait qu'elle vérifie dans vos yeux à vous si cela vaut encore, cette classe qui est sa marque native. Ce même mot classe qu'elle utilise dans son acception marxiste (Marx aussi vivait à Londres, après tout), quand elle chante après John Lennon son *Working Class Hero*. Elle n'est anglaise qu'à moitié, et garde dans ses traits un peu de son Europe centrale : sa mère, Eva, est née comtesse Sacher-Masoch, nom qu'on ne porte pas comme on s'appelle Watts ou Jones. Elle veut aller vers le théâtre, a toujours lu des livres (expression qui n'est pas pléonastique dans le milieu des Stones), elle connaît Sartre, Camus, Céline, Kafka et vient d'ailleurs de lire la traduction juste parue du livre de Simone de Beauvoir : *The Second Sex*. Chez elle, on connaît Karl Kraus (qu'elle écrit Karl Krauss dans son livre) et toute la psychanalyse de Vienne.

Son jardin secret, c'est le réconfort des amours féminines et d'amies secrètes, qui vous aident à traverser les passes diurnes plus hostiles. Les transgressions qu'on s'accorde dans les milieux retranchés de l'art ne sont pas neuves, pas plus que de refaire sa mine d'ange au matin après les amours nocturnes des dortoirs de couvent, l'époque est rigide, et les filles sont jeunes : elle initiera son compagnon à ces licences morales. Marianne Faithfull, dans sa brève liaison avec Mick (deux ans, au milieu de ce livre), y sera comme une plaque de verglas sur la route trop rapide où on vient de les suivre, une image blonde et frêle dont tout un monde mercantile se saisit mais y glisse et tombe. Reste qu'elle s'y sera cassée elle-même.

Par Andrew, Marianne Faithfull avait croisé depuis longtemps le chemin des Stones, quand Jagger et Richards faisaient leurs premières armes de compositeurs. Elle n'y avait été qu'un jouet de plus, inventée par le manieur d'icônes. Mais Marianne en deux ans est devenue chanteuse professionnelle. Elle a tourné, chanté, fumé. Elle est partie en autobus dans des tournées de province, seule femme et même pas majeure parmi quarante hommes au cuir épais et à l'haleine chargée de bière, qui chaque soir en concert entonneront leurs trompettes de musicien catégorie deux. Elle fait les premières parties discrètes, pour vendre ses disques, des vedettes comme Roy Orbison ou Gene Pitney, qui ne supporteraient pas de ne pas user du droit seigneurial de cuissage, elle chante parmi les attractions de jongleurs et de clowns. Gene Pitney prend Marianne Faithfull et l'oublie, on ne se souviendra même pas dans quelle ville la première fois, et dans quelle autre la dernière. Pourquoi accepter ? Pour cette revendication d'un corps libre et de la sexualité banalisée, ce qu'ils mettent dans leur idiomatique anglaise *have an affair with* ? Ou curiosité, voir comment de près c'est fait, un homme à nom, et le recracher ensuite ? Croire qu'on va pouvoir à soi toute seule échapper à l'écrasement vulgaire, ou simplement par lassitude et indifférence ? Marianne s'est laissée aller avec Gene Pitney : *On all these savages, Gene Pitney was the most interesting specimen... absolutely the most pompous, self-satisfied person you could ever imagine. He was a good fuck and I was a very young girl* [34, 35] : « Parmi tous ces sauvages, Gene Pitney était le plus intéressant spécimen. Absolument le plus pompeux, et plus satisfait de soi-même que personne ne pourrait imaginer. Mais c'était un bon coup et j'étais si jeune...» Elle a dix-sept ans, il en avait vingt-quatre, il reste quelques lettres, elle les a gardées.

Et nouveau disque, succès de *Blowin' In The Wind* repris de Dylan encore inconnu, nouvelle tournée. *The guys I toured with mostly read comic mags, traded football statistics, told dirty jokes and sang loony words to current hits...* $_{34,\,29}$: «Les types avec qui je tournais lisaient surtout des bandes dessinées, étudiaient les résultats de football, balançaient des blagues vulgaires et chantaient avec des paroles obscènes les succès à la mode...» A nouveau les cars, les gares, les loges et les hôtels, les nuits d'après concert dans le temps vide des provinces. L'Angleterre regorge de ces techniciens des guitares électriques, en location pour groupes pop désireux d'augmenter les décibels et d'épater la galerie : elle croise le chemin de Graham Nash et Allan Clark, déjà croisés ici au moment de l'enregistrement de *Not Fade Away*. On passe tellement de temps ensemble, hôtels encore et encore des cars, encore ces loges et vestiaires et les quelques minutes qu'on a dans le spectacle réglé, qu'on se fait prendre au piège encore une fois, et même blindée ou blasée on se dit que cette fois tout est bien mieux, tout est vrai. Alors on dort ensemble, on fait ce qui va avec. On voudrait se confier, on croit à l'autre, et peut-être même cela pourrait durer toujours ? Faithfull apprendra seulement au dernier soir de la tournée qu'Allan Clark est marié, repart en Californie et ne compte pas revenir. Quel cliché, c'est si banal qu'on en pleurerait, elle pleure – *for the first time in my life, I got drunk and had to be pushed on stage* $_{34,\,29}$: «Pour la première fois de ma vie je m'étais soûlée au point qu'on a dû me pousser sur la scène.»

Quand elle entrera de plain-pied dans la vie des Rolling Stones (mais le temps n'est pas encore venu), Marianne Faithfull aura derrière elle des leçons de vie disproportionnées sans doute à son âge, voire à leur propre expérience. Elle est une musicienne professionnelle, elle a reçu sa part du mystère même de la scène : *I'm still as scared now as I was in 1964. That hasn't changed at all, the fear is exactly the same. I would have thought that after thirty years of this fucking game you'd get over that, but you don't. The whole trick of this thing, for me anyway, is to get out of your own light, and I can only do that by staying very still. Keeping my feet on the ground and my back straight, and just doing it... I also discovered that after the initial terror, I loved the exhibitionnism of performing, the feeling of safety. No one can get near me. The world as I want it to be* $_{29,\,30}$: «Je suis toujours aussi effrayée qu'en 1964. Rien n'a changé, la peur est exactement la même. J'aurais pensé qu'au bout de trente ans on passe au-dessus de ça, mais non. La vraie combine, pour moi, c'est d'échapper à son propre éclairage, et je peux seulement y arriver en faisant le calme. En accrochant mes pieds au sol, en gardant mon dos droit, juste faire... J'ai aussi découvert qu'après la terreur du début, j'aimais cet exhibitionnisme de la scène, ce sentiment de sécurité : personne qui puisse m'approcher. Le monde comme je veux qu'il soit.»

Andrew Loog Oldham l'a confiée aux mains d'un de ses assistants, Tony Calder, et, si elle n'a jamais retravaillé avec Mick et Keith, elle décroche un succès encore à plus grande échelle. Son troisième disque s'appelle *Come And Stay With Me* («Viens, reste avec moi»), écrit par Jackie De Shannon, compagne de Jimmy Page qui joue sur tous les enregistrements de Faithfull dans cette période : il n'y a pas de miracle, pour que la cuisine soit bonne, les ingrédients doivent être de première classe. Avec au dos *This Little Bird* repris d'un poème de Tennessee Williams : ce n'est pas les Stones, qui iraient chercher du texte chez Tennessee Williams. Un morceau plus ou moins élaboré dans les autobus d'une des interminables tournées, encore un de ces maigres types à guitare et celui-ci s'appelle David Jones – il changera de nom quand son corps aura achevé la mutation androgyne qui le transformera en David Bowie.

Marianne Faithfull a rencontré son poète et mari John Dunbar dès 1963, dans une fin de soirée à Cambridge. Étudiant binoclard, il partage avec elle une origine d'Europe continentale (sa mère est russe) et le goût des livres. Il la forme au jazz de Coltrane et aux derniers quatuors de Beethoven, lui fait lire Nietzsche et la philosophie nihiliste, écrit des poèmes : c'est tout cela, moins les poèmes, sur quoi Jagger mettra la main en prenant Faithfull. Il l'introduit à la littérature expérimentale de Burroughs et Ginsberg, Mick se fera photographier avec eux. John Dunbar haïra Marianne chaque fois qu'elle acceptera de partir dans ces tournées de variétés, qu'elle lui raconte ou pas, dans les réconciliations du retour, les aventures avec Gene Pitney ou Allan Clark. Mais là, en mars 65, c'est mieux qu'une réconciliation puisqu'elle se découvre enceinte.

Dunbar fait son propre chemin de poète, même modeste. On les connaît encore aujourd'hui, ceux pour qui faire de la littérature c'est fréquenter des auteurs et se soûler avec eux. L'idée du mariage et de l'enfant lui paraît ringarde, et Faithfull avec son gros ventre est souvent seule. Seule quand Bob Dylan vient pour la seconde fois en Angleterre. Il est connu, il a une suite à l'hôtel Savoy, et partage ses concerts en deux parties, la première où il est seul avec sa guitare. C'est l'année suivante qu'il sera rejoint par un groupe électrique, The Band, et qu'ils offriront ces concerts de légende, récemment sortis enfin de l'univers des disques pirates, avec sur *Ballad Of A Thin Man* des échappées presque dans la tradition surréaliste. Dylan jouit à Londres de cette même notoriété un peu exotique que les Stones vont chercher à New York : le soir, il tient chambre ouverte. Il y a des guitares et on fume. Le maître se tait, chante rarement, mais régulièrement se lève et passe dans la pièce à côté pour taper trois mots du vers suivant sur une machine à écrire Remington, on le regarde faire presque avec religion. Marianne Faithfull, qui vient de vendre quelques dizaines de milliers de *Blowin' In The Wind*, a le laissez-passer, et elle est là tous les soirs. Comment ne la remarquerait-on pas, Marianne, avec ses cheveux blonds sous le visage formé à l'innocence affichée par quoi adolescente on survit au couvent ?

Alors bien vite toutes les soirées et le temps de Dylan sont pour Faithfull et elle seule parmi les autres parasites, mais elle répond à peine, reste assise et muette, résiste. Dylan sort alors le grand numéro, se lève en colère et tourne le dos à l'assemblée pour plonger rageur dans sa machine à écrire, toujours déballée sur la table. Un soir qu'elle est restée seule, mais n'a pas voulu qu'il la touche, il pond pour elle d'un seul jet les trois feuillets de vers libre d'un hommage à Kerouac, *A Kerouac Tribute*, insérant dans la Remington un rouleau du raide papier toilette du Savoy, qui se déroule en continu sous une frappe dont la rapidité étonne les autres. Quand il termine, elle part. Il compose la semaine suivante une chanson sur Marianne, ses cheveux blonds et ses bras souples, ses amours filles et ses yeux perdus derrière la fumée des joints, puis assez : il n'est pas Gene Pitney, mais demande paiement. Il a assez versé d'avance, il s'imagine, Bob. Mais il ne s'est pas aperçu, simplement, qu'elle est enceinte. Elle le lui dit, et qu'elle espérait autre chose de lui. Les légendes en devenir ont leurs faiblesses d'homme, mais goûtent peu qu'on le leur signale. Il enrage, jette à la poubelle la chanson juste écrite et la vire d'un *Get out !* qui sera sa dernière parole de poète incompris à la provisoire égérie blonde.

Retour à John Dunbar pour se marier en mai 1965, l'enfant naît en novembre, et fin apparente de la liaison avec le père. Peut-être quand même que Dylan, une fois éjectée la fille qu'il ne savait pas enceinte, se lève, récupère à la poubelle et déplie les soixante centimètres de papier toilette roulés en boule après être passés à la Remington en vers libre : son prochain album s'intitulera *Blonde On Blonde*. Petitesse des grands.

Malgré sa frange blonde sur le visage pur et ses bras d'adolescente, ses habits mode hippy et son vocabulaire sans argot pris aux philosophes de l'avant-garde, Marianne Faithfull est devenue trop pareille aux Stones pour qu'ils se soient intéressés vraiment à elle. De quoi on parlerait, dans leur métier comme dans tous les autres, sinon des ragots habituels à la communauté ? Son aventure avec Gene Pitney, et comment il entre dans les chambres d'hôtel des jeunes filles qui chantent en première partie du spectacle... Ou bien qui elles sont, celles qui s'en vont au Hilton adorer Dylan... Puis on a la même vie, ça crée un peu dans le regard le même vide à trop d'heures absentes. Et probablement que Mick pourrait réciter déjà au mille près combien de disques elle a vendu de Dylan, ouais, tu vois, celui qu'a enregistré Jimmy Page... Mais quand Brian s'enferme avec Anita dans une bonbonnière de fourrures et peluches, et tandis que Keith, qui après *Get Off Of My Cloud* et *19th Nervous Breakdown* s'attelle aux accords de *Paint It Black*, n'a d'autre horizon que les six cordes de sa Gibson et pour pays les progrès qu'il y fait, Mick Jagger, qui n'a jamais lu ni Kafka ni Sartre, commence à lever la tête et vouloir embrasser plus large.

Marianne joue au théâtre dans une pièce de John Osborne, au Royal Court. Oldham est venu la voir : obligation professionnelle ou politesse. Après le spectacle, il l'emmène à un pot organisé pour l'émission de télé «Ready Steady Go», où les Stones étaient invités d'honneur. Quand ils arrivent, Jagger est déjà soûl. Il la reconnaît, mais il voudrait qu'elle soit devant lui comme celles qui dans ses concerts crient et s'évanouissent. Elle en garde juste cette remarque : *Drink never suited Mick*, «l'alcool à Mick ça ne lui va pas». Elle a laissé échouer Dylan, elle ne se laisse pas impressionner. Il renverse sur elle, par provocation de seigneur et non par maladresse alcoolique, sa coupe de champagne, en faisant semblant ironiquement de s'excuser. Elle tourne le dos aussitôt. Le désaveu qu'affiche Faithfull harponne son futur encore plus solidement. Ce même soir, dans la pièce voisine de celle où se tient la réception, il y a un piano et Keith Richards est là, seul dans le noir, sur l'instrument qu'il découvre et auquel il consacrera désormais, toute sa vie, plus d'heures qu'à la guitare. Elle s'assoit par terre et écoute. Longtemps, ce partage de musiciens entre le meilleur de la chanteuse Faithfull et le meilleur du rythmiste Richards sera leur compagnonnage solide : ils n'auront même pas besoin de se parler.

Ils sont du même monde, vont dans les mêmes boîtes : en ce printemps 66, Faithfull fréquente de très près Brian et Anita. Anita et Marianne sont chacune aussi seules : n'a pas passeport qui veut dans leur monde, et elles ont les cultures allemande et italienne en partage. Anita l'adopte comme la sœur dont elle a besoin. Ici il n'y a pas d'horaires, pas de lois. On porte des jupes cuir à mi-cuisses ou on s'enveloppe de soie brodée, on échange les bijoux et les broches et tout cela vous va bien. On est riche ou on le croit, tout brille et étincelle, il y a les pilules à rêver et l'alcool qui compense les réveils trop maussades, la gueule de bois et le type à côté de vous qui, rentré de la boîte de nuit, du concert ou du studio, parce qu'il est Rolling Stone n'a pas pris de douche. Dans ce monde en dérive, les deux filles s'installent comme dans une bulle, tour à tour boîte à secrets ou bouée de sauvetage. Elles sont belles puisqu'elles ne peuvent faire un pas dehors sans qu'on les photographie, elles deviennent sœurs : l'argent semble infini, ne semble jamais qu'un quarante-cinq-tours de plus. En février, les Stones repartent alimenter les comptes dans l'hémisphère Sud, Australie, Nouvelle-Zélande et Honolulu pour vingt concerts, Anita reste seule et elles vivent quasi ensemble.

L'appareil de tournée des Stones est à l'image de leur nouveau statut : soixante-douze bagages enregistrés, cent dix items à vérifier pour les amplificateurs, baffles et instruments. Et, rien que pour ces trois semaines aux antipodes, sept mille livres net à chacun des Stones, Allen Klein et Andrew Loog Oldham chacun presque autant, et nul doute que le promoteur du nom de Harry Miller s'en met autant dans la poche qu'eux tous rassemblés. Cinq concerts à Sydney pour vingt-cinq mille billets vendus, et le bon temps habituel. Bill Wyman se souvient avec nostalgie d'une jeune Chinoise ramenée au Chevron Hilton, et d'une fille à Brisbane qui avait le pubis tatoué : dans son exact et permanent décompte, treize filles en tout pour la tournée. Il apprendra en Nouvelle-Zélande qu'il est le récent père, souvenir de la tournée précédente, d'un fils illégitime mais que la fille s'est mariée et préfère n'en rien dire, ce qui, lui, l'arrange plutôt. Pendant que Charlie Watts téléphone à son épouse et que le tandem Jagger-Richards compose ou vérifie les bilans comptables, Brian tente l'après-midi d'émerger de l'alcool bu la nuit précédente, et tenir l'heure de scène avant de recommencer. Concert à St Kilda près de Melbourne, à Adélaïde où on s'achète des vestes en peau de kangourou dont on se débarrassera ensuite parce qu'on ne s'habitue pas à l'odeur.

A l'aller, brève halte à Los Angeles pour la promotion de *19th Nervous Breakdown*, le nouveau quarante-cinq-tours, au «Ed Sullivan Show», accueillis par son inusable présentateur. Jagger et Richards, voix et guitare sèche, y reprendront aussi *As Tears Go By*. Au retour de l'Australie, à nouveau halte à Los Angeles pour s'enfermer avec Dave Hassinger dans les studios RCA. Une nouvelle fois, en cinq fois vingt-quatre heures, ils enregistrent onze morceaux (*Out Of Time, Lady Jane, It's Not Easy, Stupid Girl, Paint It Black, Long Long While, Under My Thumb, High And Dry, Flight 505, I Am Waiting, What To Do*). Ils ont réservé pour eux, plus Oldham et Ian Stewart, des chalets à l'Ambassador Hotel, mais ils ne profiteront pas des palmiers et de la piscine : ils sont dès midi au studio et y restent jusqu'au petit matin. Ce sera le noyau de leur disque de transition, *Aftermath*. Oldham manifestera une ultime fois son génie propre (mais il lui suffit d'avoir quelques antennes côté Beatles pour humer le vent) en donnant à Brian Jones l'illusion qu'il est ici le maître de musique. Pour *Paint It Black* il se saisit d'un sitar et y égrène la signature rythmique du morceau, tandis que Bill Wyman soutient en doublant sa basse d'un pédalier d'orgue joué simultanément. Dans les enregistrements télévisés du morceau on ne voit que lui, l'ange à mèche blonde sur son pull de cachemire blanc, assis en tailleur à l'écart, sur une estrade noire, jouant de l'instrument inconnu (sauf de George Harrison) comme s'il avait fait cela toute sa vie. Sur *Under My Thumb*, il exhume des magasins du studio un xylophone africain et extorque des lames en bois du marumba ce même phrasé répétitif qu'il aurait joué du haut du manche de la guitare. Brian arpentera aussi, dans le répertoire à venir des Stones, le violoncelle et la flûte à bec pour *Ruby Tuesday*, et le mellotron – étrange instrument d'avant l'électronique, chaque touche du clavier correspondant à un son préenregistré –, reviendra même au saxophone soprane avec John Lennon, son dernier témoignage de musicien. Au lendemain même de *Paint It Black*, pour *Lady Jane* où on vient puiser à l'univers des vieilles ballades anglaises, c'est au dulcimer (quatre cordes tendues sur un étroit boîtier d'érable posé sur les genoux, un instrument du folk le plus puriste et rural) qu'Oldham poste Brian, dont la souplesse et l'instinct à s'adapter au nouvel instrument fascinent ses copains du groupe.

A Los Angeles le miracle une fois de plus les a réunis. Ils sont loin de Chelsea et de Soho, n'ont pas de vie privée hors du groupe qui mange leurs heures, s'immergent dans ce contexte qui leur est devenu familier et favorable d'un hôtel luxueux où on dort, ne le quittant que pour la limousine qui vous dépose au studio. Puis ils retrouvent des spécialistes dont la seule fonction est de les pousser musicalement à bout : comme ce Jack Nitzsche, qui de sa vie ne quittera jamais les studios, mais pour Keith et Brian est devenu un complice et ami.

Keith Richards s'est quand même doté d'un pied-à-terre discret vers Saint-John's Wood, qui sert à qui veut (ce qui lui vaut une lettre de son propriétaire chaque fois que Linda, en son absence, a invité un peu trop d'amis : le haschich est arrivé en Angleterre). Keith n'a quasiment rien dépensé depuis le début des Rolling Stones, pas eu le temps. Sa première dépense de l'argent Klein, en janvier 1966, est une voiture : rien moins que cette Bentley S3 Continental bleu sombre dont on découvre qu'il en rêvait. Il la nomme sa Blue Lena, immatriculée JLP 400D (d'autres Bentley ont succédé puisqu'à Redlands, quand j'y suis passé, il y avait encore une Bentley bleu nuit portant même immatriculation). Tom Keylock, le chauffeur des Rolling Stones, devient le chauffeur de Keith, qui, dans le bonheur de la grande voiture bleu nuit silencieuse, au-dehors, remplie au-dedans des musiques que déverse son magnétophone portable, passe beaucoup de temps à se faire promener. Virées hors de Londres, pour le plaisir de rouler. Pour le goût de retrouver en adulte la suite de ces endroits qu'on a fréquentés enfant, pour des vacances ou des virées familiales. Peut-être la tentation de revenir en fils prodigue saluer la famille délaissée, visiter les tantes, et offrir un tour de la belle voiture aux jeunes cousins. Et quand il achète lui aussi maison, en mars ou avril, il la choisit tout au sud, au bord de la côte, dans le repli de ces collines où Bert et Doris amenaient autrefois pour l'été la caravane et qu'on le photographiait sur la plage en chapeau de Roy Rogers.

La maison s'appelle donc Redlands et lui appartient toujours. Elle est de fondation ancienne, certains bas de murs datent du XVIe siècle, sous un grand toit en chaume, avec des dépendances et des recoins. Une grande pelouse et une large mare, c'est un paysage anglais comme on les trouve en peinture. Vingt mille livres pour l'achat de Redlands, qu'il complète en juin en achetant aux enchères, pour sept mille livres, la propriété d'en face, qui a vue sur ses pelouses. Il construira plus tard tout autour de grands murs, refera grand luxe tout l'intérieur après un incendie, mais une fois trouvé Redlands Keith Richards ne s'en sépare plus. C'est son refuge, sa base secrète. Il y apporte ses guitares, met des tapis devant la grande cheminée, et s'il aura bien d'autres lieux fixes d'habitation, à Londres, à Paris, puis à New York ou en Suisse, avant la maison en Jamaïque et son installation définitive dans le Connecticut, c'est Redlands qui restera son attache.

Reste que, même en Bentley, c'est à deux heures de voiture de Londres. Il fera des centaines, des milliers de fois cette route. Il ne se gêne pas pour conduire lui-même, prend maintenant ses leçons de conduite dans la Blue Lena, mais à la première session du permis de conduire, six semaines plus tard (il faut imaginer la scène et ses paroles, on n'en a pas témoignage), il échoue. Si Redlands est à lui, la propriété ne servira longtemps qu'à des virées de week-end.

Les Beatles avaient amorcé un changement de fond, et les Stones avaient suivi. Maintenant, il est de bon ton de s'afficher plutôt Stones que Beatles, c'est une sorte de singularité dans l'image, de sauver dans la mutation sa part négative et rebelle. Nouveauté qui confirme le leadership de Mick : quand on passe à une émission télé des familles, le «Eamonn Andrews TV Show», début février, chacun touche deux cents livres pour jouer en direct *19th Nervous Breakdown*, mais Jagger reçoit à titre individuel deux cents livres de plus pour répondre à l'interview – les mêmes pratiques qu'ils ont reprochées à Brian.

Anita et Brian ne se quittent plus. Au retour à Londres, ils étrennent la Rolls-Royce Silver Cloud par laquelle Brian vient de remplacer, avec l'argent de Klein, la Humber. La preuve qu'on a désormais le même standing que les Beatles : c'est l'ancienne Rolls de George Harrison, Brian la lui a rachetée d'occasion. En Angleterre, on s'offre séparément la plaque d'immatriculation, et moyennant supplément on peut en décider : Brian immatriculera ses voitures successives DD 666, DD come *devil's disciple*, 666 venant droit de l'Apocalypse. Comme il a changé de voiture, il achète ses tenues et vêtements : à Los Angeles, avant de partir, il a acheté trente-six paires d'un modèle de jean dans lequel il se trouvait à son avantage. Lui et Anita entament un drôle de jeu, une gémellité d'habillement, de coiffures et parures, elle se voûtant un peu pour ne pas paraître sa bonne tête de plus que lui, qui se hisse au contraire sur des bottines à bout pointu et haut talon, dans les mêmes fourrures, les mêmes lunettes noires extravagantes échangées : Brian a trouvé l'image qu'il lui fallait pour vivre. Il leur faut la coquille : leur inséparable ami Christopher Gibbs, antiquaire qui met son honneur à bâtir son image jusque dans le détail selon le *Portrait de Dorian Gray* ébauché par Oscar Wilde et dont le goût les fascine, leur trouve exactement ce qu'il leur faut, prétend-il : *You simply have to get it, darling, with a little tarting up it could be absolutely ravishing* [34, 64] : « Tu dois tout simplement l'acheter, ma chérie, avec un petit coup de peinture ça pourrait être absolument ravissant. » L'adresse, c'est Courtfield Road, une maison très artiste, de hauts plafonds sur des lambris de chêne sombre, sa mezzanine et ses recoins, un bow-window en étage qui les protège des fans qui s'assemblent au-dessous, sauf lorsque c'est Pat, l'ancienne compagne, qui vient tendre sous les fenêtres son fils Julian Mark parce que une fois de plus elle n'a pas reçu la chiche pension alimentaire enfin accordée par le tribunal.

Brian et Anita s'installent, Gibbs les éduque et les meuble, et Marianne Faithfull s'installe elle aussi comme à demeure, décrivant ces heures qui s'y empilent, Pallenberg changeant une fois de plus de vêtements, tentant une tenue extraordinaire que seul Keith remarque, lui qui s'habille aussi désormais sur ses conseils, affecte de la même façon qu'elle bijoux et dorures. Keith aussi est à Courtfield Road comme chez lui, c'est même de fait là qu'il habite, puisqu'il abandonne Saint-John's Wood à Linda, avec qui la relation se distend. Keith amène sa guitare, dort ici et n'en bouge plus : à Courtfield Road, dans le grand salon à haut plafond, il y a assez de matelas par terre dans les coins. On parle de l'influence des monuments celtes sur l'apparition des soucoupes volantes. *Peeling paint, clothes, newspapers and magazines strewn everywhere. A grotesque little stuffed goat standing on an amp, two huge tulle sunflowers, a Moroccan tambourine, lamps draped with scarves, a pictographic painting of demons... There's Brian in his finest Plantagenet satin, fixing us with vacant, fishy eyes. On the battered couch, an artfully reclining Keith is perfecting his gorgeous slouch. I'm here somewere, too, looking-up with haschich-glazed eyes from the Moroccan rug* [34, 59] : « Des peintures écaillées, des fringues, des journaux, des magazines semés partout. Un grotesque petit bouc fichu droit sur un ampli, deux énormes tournesols artificiels, un tambourin du Maroc, des lampes drapées de foulards, une peinture pictographique de démons... Et là Brian dans ses meilleurs satins Plantagenêt, nous fixant avec ses yeux vides, des yeux de poisson. Sur le divan, défoncé, un Keith artistement allongé en train de perfectionner une somptueuse indolence. Et je suis quelque part aussi, à voir ça de mes yeux vitreux de hasch, sur le tapis marocain. »

Ils sont vautrés là à répétition, dans ces fins de nuit interminables et enfumées, Gibbs l'antiquaire dont Marianne Faithfull dit qu'il a des mains de Véronèse ou le galeriste Robert Fraser, qui vit avec un jeune Marocain, ombre omniprésente de l'entourage neuf qu'amène Anita Pallenberg autour des trois Rolling Stones, ou Michael Cooper, photographe grâce auquel on a leur trace au jour le jour.

Ils sont déjà tellement riches, ils ne savent encore à quoi ça sert. Fraser chasse pour Paul McCartney les Magritte dans quoi il a choisi d'investir ses droits d'auteur – la possession des Magritte chez soi, merci, n'étant pas sans influence en retour sur la suite de prodigieuses chansons qu'inventent ces mois-ci les Beatles pour leur *Sergeant Pepper's*. Fraser promène souvent avec lui, dans leurs plongées cocaïne, Stanislas Klossowski de Rola, fils du peintre Balthus, qui tient de son père un titre authentique de prince et devient l'intime de Brian, puis de Keith. Eux le surnomment Stash, et Stash, pour vivre, revend des tableaux pris à l'atelier de son père : Fraser tente d'en vendre un à Jagger. Mick a besoin de placer son argent, mais ne veut pas prendre de risque : méfiance d'investisseur trop jeune, il refuse. Mais le moderne ne sera jamais le chic de Mick, il laissera Magritte ou les autres à « Mac » pour préférer les Rembrandt et le mobilier antique. Mais de la banlieue de Dartford aux toiles de maîtres déballées devant vous du tissu, c'est le pas qu'ils ont franchi. Et telle est l'ambiance de Courtfield Road, dans laquelle ils tendent leurs soieries indiennes, et où Marianne Faithfull d'un côté, Keith Richards de l'autre, s'ancrent dans la vie du couple Jones-Pallenberg. Courtfield Road, et le souvenir de ces mois-ci restera longtemps pour Keith le modèle absolu de la vie artiste et de ses découvertes.

On travaille par intermittences : trois semaines après l'Australie et la Nouvelle-Zélande, tournée européenne. La Haye, Bruxelles, puis Paris,

Marseille, Lyon, enfin Stockholm et Copenhague : même si en tournée on joue tous les jours, et souvent deux fois par jour, un nouveau professionnalisme s'ébauche, avec des concerts regroupés, suivis de périodes libres. A Paris, en mars, dix policiers blessés, deux mille cinq cents spectateurs sans billet dans la rue, et soirée avec Brigitte Bardot : quand on écoute leur premier album enregistré en public, *Got Live If You Want It*, c'est toujours cette énorme rumeur de foule et de cris qui couvre toute tentative de musique organisée. A Marseille, le lendemain, un dossier de chaise cassée lancé sur Jagger l'atteint au visage, il écope de dix points de suture près de l'œil, aux urgences de l'hôpital de Marseille où il retiendra surtout d'y avoir entrevu un rat : ils se consolent en revenant s'héberger au George V. Et quand ils vont à la Locomotive, un club parisien, écouter les Who et les Yardbirds où Clapton commence à briser sa coquille, à leur entrée le concert s'interrompt : il n'y en a que pour eux. *Aftermath* est leur premier album à vouloir afficher une thématique globale (mais les Beatles les ont précédés pour l'idée), et leur longue improvisation blues de onze minutes paraît une audace incroyable : Bill Wyman dit simplement qu'en studio, cette fois-là, Hassinger avait oublié de lancer le chronomètre, et que, pour arrêter Charlie Watts, Keith lui avait lancé sa veste sur le visage – on entend d'ailleurs, au premier tiers du morceau, sa guitare claquer un accord de fin, avant de reprendre puisque tout le monde continue.

Les virements de Klein commencent à leur parvenir : Wyman offre à ses parents une nouvelle maison dans Penge, et Jagger loue pour cinquante livres par semaine un appartement au 52 Harley House de Regent's Park, dans les beaux quartiers, toujours avec Chrissie Shrimpton. Il est le premier d'entre eux à s'équiper en réfrigérateur et lave-vaisselle. Keith n'a toujours pas le permis et continue de se faire conduire dans sa Bentley : il a commencé les travaux de Redlands, son rêve de campagne au vent de mer, mais ne quitte plus Courtfield Road. Étrange vie à trois, hors des heures ordinaires, avec cette fille aux longues jambes qui passe nue, bandeau de hippie dans les cheveux, tandis qu'entre bouteilles et joints ils renouent avec leurs guitares. Le seul luxe de Keith, guitares et vêtements à part, semble son magnétophone multipistes portable qu'il change à mesure, chaque fois que des modèles plus performants surgissent. La passion désormais libre pour les guitares rares par dizaines, puisqu'à Redlands il a où les suspendre, n'est finalement que le prolongement naturel du geste de s'en saisir que lui a inculqué le vieux Gus. Et toute sa réserve de liquidités passera dans la transformation de la maison de Redlands en rêve d'adolescent réalisé, toute vouée à la musique, avec une grande salle pour la communauté qu'on s'imagine vivre à l'écart du monde ordinaire, tandis que la Bentley conduite par Keylock l'emmène pour l'inspection des travaux.

L'été, Charlie et Shirley Watts sont en vacances en Grèce, Anita Pallenberg et Brian sont au Maroc d'où ils rapporteront assez de tapis pour couvrir tous leurs murs et lambris de chêne, et Bob Dylan s'écrase à moto : il mettra longtemps à surmonter l'accident. C'est dans ces semaines-là que Marianne Faithfull commence à visiter assidûment Courtfield Road, et que la configuration à trois devient deux couples assemblés : Keith et Brian d'un côté, Anita et Marianne de l'autre.

Le monolithe tout entier contenu dans son Volkswagen par Ian Stewart (lui ne fréquente pas les bars, il épouse Cynthia, la secrétaire d'Andrew, et c'est à eux deux qu'ils tiennent ferme la Rolling Stones Ltd) a éclaté en sphères bien distinctes où chacun trouve son petit monde. Un petit monde clos et restreint pour Richards et Jones, mais qui inclut leur chauffeur comme personnage principal, ou donne bonne place à un nouveau venu, Tony Sanchez, tenancier de bar et pourvoyeur en poudres et pilules, dont les Mémoires vont relayer ici ceux de Bill Wyman pour la chaîne factuelle. Il inclut pour Keith des compagnons guitaristes, peaux rudes des habitués de scène, même s'ils sont moins connus que lui, ceux des Kinks, des Yardbirds, et déjà ce jeune type à profil de corbeau, plus jeune que lui mais un des plus fidèles à copier ses manières d'homme et de guitare, Ronnie Wood. Pour Brian Jones, les amis guitaristes du premier cercle sont Spencer Davis, Pete Townshend des Who et George Harrison : leurs discussions de guitaristes entre eux ennuient Anita, alors c'est Brian qui cède – on voit moins les guitaristes, et un peu plus ses amis à elle. D'avoir soudain franchi un niveau de barrière sociale, ils apprennent à vivre dans un monde séparé, à fréquenter des restaurants où la mode fait barrage, Alvaro La Terrazza à Soho pour Brian et Keith, La Casserole à Chelsea pour Mick, ou The Scotch pour les fins de nuits d'eux tous.

Les amis de Mick Jagger ce sont David Bailey, photographe de mode, Christopher Gibbs et John Fraser, qui abandonneront progressivement Brian pour Mick. Les amis de Keith ce sont Tara Browne, l'héritier des bières Guinness, brûlant aux nuits de Londres tout ce qu'il peut des inépuisables versements hérités de l'empire paternel, ou ce Stash qui revend en douce des tableaux et dessins pris à l'atelier de son père Balthus, promenant dans Londres sa grande cape et son argent facile, lui dont Rainer Maria Rilke fut compagnon de la grand-mère, et dont le père connut Antonin Artaud comme Abel Bonnard. Christopher Gibbs a le mérite de les plonger dans un monde neuf de goûts, de leur faire découvrir la différence entre patine et éclat. Mais Jagger ne va pas bien. Il a appris des tas de choses, comme l'art de répondre aux interviews et de mener des conférences de presse sans jamais rien dire d'essentiel, ou livrer juste à dose suffisante une provocation dont on n'est plus la victime, mais l'initiateur. Alors Chrissie Shrimpton, sa compagne depuis le Station Hotel Richmond, parce qu'elle n'a pas franchi les mêmes étapes, lui est de plus en plus une charge : elle tient une chronique régulière dans le magazine *Mod'*, dont le contenu n'est rien d'autre que la vie de tous les jours quand on est la fiancée de Mick Jagger. Ça s'appelle tout simplement *From London with Luv* ', où, pour éblouir le lecteur, on suppose qu'il connaît tous les prénoms qu'on cite : *We sat in John's private cinema, had hot chocolate and watched a film called* Citizen Kane... *I think Stevie Winwood is the best singer we have (Ouch! Mick has just hit me...) Recently I have my 21st birthday, Mick gave me a huge rocking horse which I named Petunia...* 1, 157 : « On était dans le cinéma privé de John, on a bu du chocolat chaud et regardé un film qui s'appelle *Citizen Kane...* Je crois que Steve Winwood est notre plus grand chanteur (Ouch! Mick m'a frappée...) Et je viens de fêter mes vingt et un ans, Mick m'a offert un grand cheval à bascule que j'ai appelé Petunia... »

L'histoire du cheval à bascule est vraie sans doute, puisque c'est de cet été 1966 que datent les dernières photographies que Jagger tolérera jamais de ses intérieurs : c'est Gibbs qui le fournit en miroirs dorés victoriens ou tasses de thé en porcelaine chinoise ancienne. Mais Jagger brûle le terrain derrière lui : s'il s'affirmera dans ses goûts (même si l'aristocratie anglaise se moquera de lui, trente-cinq ans plus tard, d'afficher dans son fumoir tout décoré de disques d'or une photo de lui et du prince Charles – il est vrai que Jagger y garde une main dans sa poche), il comprend que l'image des Rolling Stones et de son chanteur doit être construite de façon strictement étanche et séparée de son univers privé. Qu'on ait effectivement bu, dans la salle de cinéma privée de John Lennon, du chocolat chaud ou bien qu'on se soit estourbi à l'acide, Jagger sait déjà faire assez la différence entre Orson Welles et le chocolat chaud pour ne pas les associer sémantiquement dans cette égalité-là : Chrissie, en rentabilisant trop vite son fonds de commerce privé, en signe l'arrêt.

Se greffent d'autres éléments plus obscurs : Anita, qui est entrée de plain-pied dans le monde Stones, est d'une autre race que Chrissie. Et Jagger aime (aime encore) l'excitation des aventures clandestines, dont un amour de trois ans n'apporte plus le goût. De ces filles-là, agrippées à leur concurrence dans la mode et prêtes à tout pour avoir leur nom dans les magazines, en tournée il a profité de quelques-unes, dont Linda, la future épouse de Paul McCartney. Mick ces temps-ci paye la rançon de trop d'excès, trop de fatigue. En juin, il doit accepter une première fois un repos total et forcé, ce sera souvent.

On vit à fond sur de courtes périodes, et puis on cesse tout, on se laisse aller et on plonge. Dans cette disponibilité, il croise de plus en plus souvent Marianne Faithfull, qui elle-même en pince pour Keith. Ce serait cela, le rêve : avec celle-ci on peut commenter Orson Welles ou Shakespeare, et Jagger a terriblement besoin de phagocyter, d'Oscar Wilde à Allen Ginsberg, en passant par De Quincey, ce dont Fraser, Gibbs et Faithfull parlent pendant qu'il pique du nez dans son whisky. Il sait bien que Richards se garde d'entrer en conversation avec Marianne sur ce terrain-là. Un jour, bientôt, quand c'est lui qui déclamera Shelley dans Hyde Park devant trois cent mille personnes, ce ne sera pas seulement rendre hommage funèbre à Brian Jones disparu, mais l'affirmation que pour Mick la métamorphose est accomplie : encore lui faut-il convaincre son guide.

Quant à Marianne, l'argent que lui rapportent ses chansons est un passeport : elle ne le tient que d'elle-même, et quand Jagger se fait conduire quotidiennement en limousine Daimler de location, elle le rejoint dans une Ford Mustang d'importation vert métallisé toute neuve. Alors les scènes se multiplient avec Shrimpton, il sépare leurs deux comptes en banque et souvent il s'héberge sur un canapé de fortune, dans le studio du photographe David Bailey, manière de prendre ses distances.

John Dunbar, le mari de Marianne et le père de Nicholas, ouvre avec un de ses amis, Peter Asher (lui-même le frère de Jane Asher, l'actrice qui partage la vie de Paul McCartney), une galerie de peinture, *The Indica Gallery*. On y soutiendra cette nouvelle génération d'artistes qui voudraient être en peinture ce que les Beatles sont en musique : au jour de l'ouverture, le bruit bien distillé que Paul McCartney est venu lui-même repeindre les murs en blanc un dimanche, avec son beau-frère, peu avant l'ouverture, suffit à la réputation et au lancement – si on ne vient pas admirer les artistes, on regardera le plafond repeint par le Beatle. Le titre d'un des premiers vernissages d'Indica donne le ton : *Unfinished paintings and objects*, « peintures et objets inachevés », et on présente John Lennon à une des exposantes, Yoko Ono. On n'a pas trace que Wyman ou Watts aient jamais fréquenté ces endroits.

Les réserves enregistrées de Los Angeles permettent un répit. On fait un nouvel album pour le marché américain rien qu'en rassemblant les *singles* successivement sortis : *Big Hits (High Tide And Green Grass)* : une référence explicite, « marée haute et herbe verte », à la marijuana qui n'est pas encore à la mode hors de leurs cercles privilégiés, mais que

Fraser fait venir massivement du Maroc, et qui est en circulation libre à Los Angeles ou à New York.

Les pilules à la méthédrine contre le manque de sommeil, qui leur permettent cet état d'excitation à quoi les obligent les concerts, c'est une habitude de vieille date pour Brian, Mick et Keith. La cocaïne qu'on s'insuffle dans les narines, c'est Fraser et Gibbs, leurs nouveaux amis, qui leur en inculquent l'usage. Les Beatles ont mis le LSD à la mode, ils sont en ce moment enfermés dans le studio d'Abbey Road, à la périphérie nord-est, et enregistrent pour leur *Sergeant Pepper's* le fameux *Lucy In The Sky With Diamonds* qui en proclame les initiales à la face du monde. Quand on touche à ces substances, elles s'immiscent non seulement au cœur de votre être, mais aussi au cœur de la discipline artistique. Au *Lucy In The Sky With Diamonds* des Beatles répondra deux ans plus tard le *Sister Morphine* des Stones, et il va nous falloir suivre pas à pas leur marche dans le tunnel des drogues. Quand on touche à ces substances, un effet identique suppose qu'on en augmente la dose. Ou qu'on démultiplie cet effet par mélange, en ajoutant la morphine à la cocaïne, comme on les démultiplie par l'alcool en continu. L'héroïne fait dès à présent son apparition sous forme de pilules. On s'accorde d'abord tout cela parce qu'on l'imagine une marque distinctive du monde secret des fortunés et des artistes, il n'y a aucune pression sociale qui s'attache à leur emploi. Mais, cet été 1966, comme l'usage libre vient d'en être brutalement réglementé aux USA et qu'à Londres c'est encore en vente libre, s'installent en Angleterre des dizaines de ces accros de luxe, de ce monde d'argent facile et de nuits obscures, et ce monde croise forcément celui des Rolling Stones.

Marianne Faithfull, fin 65, vit encore avec son mari et leur enfant, à l'étage au-dessus de l'Indica Gallery. Une des raisons pour elle de rompre avec Dunbar, c'est de devoir chaque matin enjamber les corps endormis dans son salon, les seringues à l'aiguille rougie traînant sur le tapis, pour faire chauffer le biberon de lait de son bébé : le chemin pourtant qu'elle adoptera bientôt pour elle-même.

Christopher Gibbs, l'antiquaire, l'a fait goûter le premier à la magie cocaïne, son souvenir c'est qu'elle a insufflé la totalité de la poudre qu'il lui proposait dans sa paume, quand la dose était prévue pour suffire à tous ceux qui partageaient la soirée, et qu'il a eu, en s'interdisant de rien dire, un regard réprobateur.

Elle raconte, Marianne, que dans leur appartement au-dessus de l'Indica Gallery les pilules d'héroïne étaient simplement déposées sur un plateau, chacun se servant à volonté, et il n'y a pas de raison de ne pas la croire. C'est Gibbs et Fraser encore qui ont emmené pour la première fois Brian et Anita au Maroc, où on peut s'enfoncer, dans le cocon des hôtels de luxe, dans une consommation sans limite : on la prolongera au retour à Londres. C'est dans ces semaines que surgit dans leur vocabulaire courant le mot *acid* pour désigner l'héroïne, par comparaison au haschich, au LSD, ou aux *uppers* désormais délaissés. Ils sont bien conscients de ce avec quoi ils jouent : dès ces débuts, ceux qui ne tiennent pas sombrent vite, et la mort est au rendez-vous. On nomme les premiers, bientôt on ne les comptera plus.

Linda Keith, qui vit sur un pied de luxe maintenant que Keith gagne largement sa vie, mais qui vit seule puisqu'il est si souvent loin, sera une des premières à en tenter l'orbite. Richards restera toujours muet sur leur relation et comment elle se termine. Linda l'a accompagné depuis Edith Grove, l'a aidé à s'affirmer, lui a donné une part de sa solidité. Bill Wyman, qui note scrupuleusement dans ses carnets le nombre de filles qui passent par leur lit dans ces années-là, n'a rien du tout à noter pour Watts, et finalement bien peu pour Jagger et Richards : tous ces trois ans, Keith est plus ou moins fidèle à Linda. Et la rupture qui s'amorce ce printemps 66 n'est ni définitive ni simple : à New York, fin juin, elle a encore accès libre à sa chambre, puisqu'elle lui vole une Fender Stratocaster toute neuve (Keith joue encore sur Gibson, n'a pas basculé dans sa future prédilection pour les Fender Telecaster Vintage de la période 1958-1962, mais en matière de guitare il amasse par principe le plus beau, le meilleur), pour l'offrir à son nouveau compagnon. C'est un grand Noir gaucher dégingandé, qui a déjà accompagné Chuck Berry, traîné dans tous les studios, et se produit depuis peu avec son propre groupe dans un club, sous le nom de Jimmy James. D'ailleurs, Linda a assez insisté, les Stones viendront l'écouter. Il sera à Londres à l'automne, et c'est les Anglais qui lui créeront sa définitive célébrité sous le nom de Jimi Hendrix. Étrange ballet de filles, Linda croisant ainsi Hendrix et lui offrant pour première vraie Stratocaster celle volée à Keith. Plus tard, laissée en chemin par Hendrix et prisonnière autant que lui de l'héroïne, elle viendra partager la vie de Brian Jones avant qu'il meure.

Été compliqué. Du 24 juin au 27 juillet, ils affrontent à nouveau l'Amérique, sans savoir que ce sera leur dernière tournée avant trois ans. Que l'alcool se soit installé à haute dose, on le sait parce qu'à Chicago il a fallu hospitaliser Brian. Wyman et Watts lui ont rendu visite, pas Jagger ni Richards. Dose quotidienne : deux bouteilles de whisky, et pour se réveiller avant le concert on se bourre de pilules à l'amyl-nitrate, les *uppers*.

Marianne, pour briser définitivement avec Dunbar, loue une maison en Italie, à Positano, pour elle et son fils. Mick et elle se téléphonent tous les jours. Quand elle revient, elle s'héberge Courtfield Road, et c'est Keith Richards, anguleux mais d'un bloc, qui partage les heures de confidence et puis la nuit qui en est la suite logique (en écoutant, dit Faithfull, les *Quatre Saisons* de Vivaldi qu'elle lui fait découvrir). Keith, au matin, prend ses distances avec Marianne, lui dit qu'il regrette, mais qu'il ne peut pas faire ce coup-là à Jagger, fou amoureux d'elle : Faithfull s'en moque. Dans la pièce à côté dorment Brian et Anita, Anita qui sera bientôt l'épouse de Richards mais aucun des quatre pour le prédire.

C'est seulement à l'automne qu'enfin elles fusionnent, les deux comètes Jagger et Faithfull, tout en gardant chambres séparées : Shrimpton est toujours dans les lieux, Faithfull est toujours femme mariée. Mais à Noël, chez Harrods, ils sont ensemble pour acheter à Nicholas, quatorze mois, son premier tricycle.

L'appartement de Courtfield Road est de plus en plus comme une grande caverne dont les tapis marocains et les décorations tibétaines renforcent l'étrangeté. Sous la cuisine, accessible par une trappe, il y a une chambre secrète, qui sert de fumoir. Quand la police investira la maison et y découvrira les réserves de haschich (on a eu le temps de se débarrasser du reste), Brian plaidera de son air naïf qu'il n'en savait pas l'existence. Et tout en haut, une mezzanine qui est le domaine particulier de Brian, où il a ses jouets, les voitures Dinky Toys et un train miniature. Il passe là des heures, allongé sur le plancher, faisant ronronner son train : étrange mélange d'adulte et d'enfant, de goût de la destruction et d'innocence, entre alcool et *uppers* pour reprendre la vie du dehors, et somnifères plus *downers* pour les compenser.

Marianne Faithfull est invitée le 18 janvier à San Remo, en Italie, pour le festival de chanson. Elle demande à Jagger de la rejoindre, c'est leur première rencontre hors de Londres, et le dernier jour du festival elle l'attend à l'aéroport de Cannes. L'art des vacances discrètes n'est pas difficile à apprendre, quand on en a les moyens : la vie de Mick Jagger aujourd'hui, dans les rues new-yorkaises, son château de Fourchette près d'Amboise ou sa maison de Moustique à la Jamaïque, sait se faire invisible. L'année suivante, Mick et Marianne sauront s'éclipser au Brésil ou à Hawaï sans personne sur leurs traces, et le Maroc aussi tient son prestige aux yeux des milliardaires de cette discrétion étanche (à preuve que Mick avait acheté deux billets aller-retour pour des vacances à la Jamaïque le 15 décembre avec Chrissie Shrimpton, et qu'il les a annulées). Ils ont loué un yacht, et, sous prétexte d'une semaine en mer, on est sûr que la presse vous attendra à l'arrivée. L'affaire est lancée dès le départ publiquement, mais cette fois c'est Jagger qui bat les cartes et tient à le montrer : Brian et Anita sont en vedette depuis un an dans tous les magazines. Mick propose lui-même au *Daily Mirror* les premières photos du couple devant la mer et une interview. Et, fin janvier, Marianne quitte son logement de Lennox Gardens pour emménager Harley House. N'empêche que c'est pour y découvrir les robes de Chrissie encore dans les placards : Jagger louera un camion pour déménager les dernières affaires de sa compagne de trois ans, le cheval à bascule Petunia compris, suppose-t-on.

Chrissie fait une tentative de suicide, et donne pour garantie de paiement au Greenway Nursing Home, l'hôpital, l'adresse de Jagger – il lui retournera la facture. L'artiste en provocation sexuelle internationale, celui qui vend à des centaines de milliers d'exemplaires une chanson commençant par *Under My Thumb there's a woman* a mis six mois à régler la transition de sa vie privée monogame.

Flûte et violoncelle : Ruby Tuesday

We were starting to change directions slightly. We just didn't have the physical energy to attempt that. We'd been on the road for four non-stop years [29, 28] : « On commençait doucement à changer de direction. Mais on n'avait pas l'énergie physique pour y parvenir. On avait été en tournée pendant quatre ans non-stop... » Il faut prendre au sérieux l'indication fournie par Keith Richards : ils ne connaissent pas, dans leur vie et leur musique, de trou ni de panne. Mais ils n'avaient jamais pensé que cette aventure soit au long cours, et, ces mois-ci, tout aurait pu finir.

Jamais autant que ces mois-ci tel ahurissant décalage entre leurs affaires privées, poignée de destins individuels dans ce cercle si restreint, et le bruit qui s'en répandait jusqu'à Civray, au bord de la Charente, où, du haut de nos quatorze ans, chaque deux mois c'est religieusement que nous déposions sur l'électrophone la nouvelle surprise à décrypter longuement, en dix, quinze ou vingt écoutes, décryptant pareillement chaque pochette comme une nouvelle provocation. Disques qu'on ne se prêtait pas, trop de risques qu'ils s'usent ou se rayent, mais qu'on se mettait en groupe pour écouter, dès lors que l'un d'entre nous, Mimi Thibaudeau ou Étienne Arlot, en était le premier possesseur (et la joie que j'aurais moi aussi, entrant au lycée à Poitiers, à rapporter le premier un disque neuf). *Paint It Black*, on l'a écouté mille fois comme une seule, et c'est une saine alternance, oubliant momentanément les Stones pour assurer le définitif triomphe de *Sergeant Pepper's* sur l'ordre usé du monde.

Cette marche en avant radicale des Beatles est une menace plus profonde pour les Stones : leur force, c'est la scène. Une musique dansante, hypnotique, mais peu susceptible de fioritures et de recherche. Les

Beatles les contraignent à venir sur un terrain qui n'est pas le leur, et cela coïncide avec cette irruption de la drogue, irruption dont l'écho secoue encore jusqu'à nos tours de béton des bords de ville.

Il n'y a plus les incessantes tournées anglaises : trop de violences, trop de bruit. On en fera l'ultime en octobre, vingt-quatre concerts en douze villes, avec en première partie les Yardbirds de Clapton, puis Ike et Tina Turner, une dernière fois la dose massive de cris et de désordre avant de rompre. Les Beatles ont déjà cessé : même dans ces détails, les Stones restent deuxièmes.

Il y a cette fatigue dont parle Richards, peut-être pour avoir été trop enfermés dans ces avions étroits et bruyants, avant de retrouver quinze ou seize heures plus tard les palmiers de Los Angeles, dans ce désordre de fuseaux horaires et de nuits remplaçant le jour. A Londres, on investit le studio Olympic : les habitudes prises à Los Angeles, les ordres passant la vitre, les bouteilles de Coca sur les paravents, les cendriers qui débordent et la limousins ou la Blue Lena qui au petit matin vous ramènent à votre chez vous sont assez ancrées pour qu'ils prennent le risque de se passer d'Hassinger. C'est en novembre (le 16 novembre) et à Londres qu'on enregistre *Ruby Tuesday*.

Retour à Courtfield Road, où Brian tente désespérément d'écrire, d'enregistrer. Il n'amasse que des bribes. S'acharne à un motif, puis repart s'allonger devant son train électrique ou le *home cinema* qui fait sa fierté. Ce jour-là, il s'amuse à la flûte à bec. Et revient un motif : pour Brian, rien de plus que ce qu'il fait tous les jours. C'est Keith Richards qui soudain lève ses antennes, lui demande de rejouer, et puis lui dit brusquement d'attendre, qu'il branche son magnétophone, qu'il va l'enregistrer. Le lendemain ou le surlendemain, Keith a transposé au piano le petit air de flûte à bec, ils l'enregistrent à deux. On n'est pas sorti de Courtfield Road, et Brian et Keith retrouvent peut-être quelque chose de leur ancienne complicité : les premières versions s'appellent seulement *Title 8*, titre 8. Le blues du Delta (du Mississippi), c'est la musique de Skip James ou de Mississippi John Hurt, de Robert Johnson et Blind Blake, capable d'imiter sur sa guitare toutes les ressources du piano de bar, main gauche et main droite séparées du piano refaites sur l'unique manche de la guitare. C'est la musique dont se gave Keith ces temps-ci, celle qui lui permet de progresser à la guitare. Et c'est la musique que jouait Brian au temps d'Alexis Korner. Mais Brian en ce moment est dans la musique élisabéthaine, cherche à transposer les glissements du luth comme on l'entend chez Dowland. C'est pour retrouver des harmonies de Dowland que, ce matin-là, il avait sorti cette humble flûte à bec. Il est peu probable que Keith ait pu apprécier que son Brian passe des heures vautré sur des coussins à siffler dans un pipeau, mais, cette fois, il émerge de son mutisme. Version Marianne Faithfull : *What's that? – Do you mean the recorder bit? – The thing you just played, man. Can you do it again? Brian played the quavery, lilting tune again on the recorder. – Yeah, nice, man, said Keith and went over the piano to bang it out. Brian was beaming... It's a cross between John Dowland's* Air On The Late Lord Essex *and a Skip James blues, actually. Keith was not interested in Lord Essex or Skip James for that matter : he had heard a riff and went at it like a dog with a bone* 34, 90 : «C'est quoi, ça ? – Tu veux dire, avec ma flûte ? – Le truc que tu jouais, là, mec. Tu peux le refaire ? Brian a rejoué le petit air tremblotant, mélodieux. – Ouais, chouette, mec. Keith s'est assis au piano pour le rejouer, Brian rayonnait : C'est un croisement entre *Air pour le défunt lord Essex* de Dowland et un blues de Skip James... Keith ne s'intéressait pas à lord Essex, et pas à Skip James pour l'instant. Il avait entendu un riff et s'acharnait sur lui comme un chien sur son os.»

Alors *Ruby Tuesday*, qu'il a inventé sur sa flûte à bec en mêlant le rauque souvenir du Delta au petit air élisabéthain, lui appartient à lui seul, pense Brian. Pour le studio, il a d'abord solidifié la pâte épaisse de la ballade en lui donnant son assise au piano. Richards a repris la trame nécessaire de guitare acoustique, et lui-même plus Bill Wyman doublent la partie de basse d'une nappe ultragrave de contrebasse dont aucun de nous, à Civray, ne se préoccupait de savoir que Wyman plaçait les notes sur le manche tandis que Richards frottait les doubles cordes avec l'archet, avant qu'à la place du solo de guitare électrique Brian coiffe le tout d'une partie de violoncelle étonnamment maîtrisée : comme chaque fois qu'il aborde un instrument inconnu, en pompant la sève ou l'essence, et n'y revenant plus.

Mais, tout au long du disque, on continue de percevoir ce son aigre et continu, obsessif, de la flûte à bec originale, rajoutée tout à la fin par Brian, et qui signe la source et la possession.

Le petit air, à Courtfield Road, pendant les jours de répétition et d'enregistrement, Brian n'a plus cessé de le jouer et rejouer. Marianne Faithfull : *Then the frantic business with the tapes would start. Recording, erasing, recording, erasing. Reels unspooling all over the floor, the offending tapes being hurled across the room. It was Brian's swan song. At one point he began to paint a mural of a graveyard on the wall behind the bed, just above the pillow was a a large headstone. He never got around to writing his name on it, but you knew the headstone was for him* 34, 69 : «Alors ce travail frénétique avec les bandes recommençait : enregistrer, effacer, enregistrer, effacer. Des bobines dévidées partout par terre, les bandes ratées jetées contre les murs. C'était le chant du cygne de Brian. A un moment, il a commencé à peindre une tombe sur le mur derrière son lit. Juste au-dessus de l'oreiller, une pierre tombale. Il n'y a jamais écrit son nom, mais on savait que cette pierre tombale était la sienne. » N'empêche qu'à la sortie du disque, *Ruby Tuesday* est seulement crédité, comme d'habitude, Jagger-Richard.

Dès maintenant, pour chaque nouveau titre, on produit un enregistrement filmé qui est une vraie mise en scène (le mot *clip* viendra plus tard, mais on a déjà la chose). Pour l'enregistrement de *Ruby Tuesday* Brian est vêtu tout de blanc, avec un canotier blanc, très plat et féminin, sur sa coiffure éternelle de Mister Shampoo. Il est assis au centre, il joue ce très bel air simple de violoncelle qu'il a inventé au contrepoint de la guitare et de la voix, il sourit, il est heureux : une dernière fois, peut-être, c'est son groupe.

Enregistrer à Londres, un risque ? Les compagnons de nuit et de drogue sont là, assis par terre, applaudissant à la fin des prises, et le studio même devient spectacle, l'attraction de bon ton : être invité aux enregistrements des Stones, des Beatles ou des Who, hou là, on n'est pas n'importe qui... Bill Wyman n'apprécie pas. Peut-être parce qu'il s'agit toujours des invités de Mick ou Brian, et que ses propres amis on les ignore. Marianne et Anita, toujours là (mais il n'y aura jamais ni madame Watts ni madame Wyman), Balthus fils et sa cape noire, Tony Sanchez le dealer, et puis Fraser et Michael Cooper. Un peu plus surprenante est la présence parfois de Jimi Hendrix. Mais c'est un avantage de taille : de même que les Beatles se sont installés à Abbey Road, on peut louer à volonté le studio et en faire une forteresse permanente, où le temps n'est pas compté. On peut se livrer à des expériences non programmées. Par exemple, cette même nuit où les fiancées, amis et pourvoyeurs sont présents pour applaudir, on enregistrera le vieux standard de blues *Trouble In Mind*, et on fixera sur bande trois titres qui prouvent que pendant les tournées, dans les heures vides d'après ou d'avant concert, Jagger et Richards travaillent effectivement : *Ride On Baby* a été écrit entre les deux concerts donnés à Dublin, et stocké sur le magnétophone de Keith, *Looking Tired* dans l'hôtel de Nashville en juin dernier, stocké sur le magnétophone, et *Sittin' On A Fence* à Stockholm en avril. Des trois morceaux, seul *Sittin' On A Fence* connaîtra la gloire de l'album, mais c'est suffisant pour justifier le processus.

Il faut sans doute prendre ainsi confiance pour qu'une surprise advienne. La surprise, cette fin novembre aux studios Olympic, sera une de ces brèches en trois minutes qui leur offriront, jusqu'au *Start Me Up* de 1982, une de ces démonstrations à succès qu'eux seuls seront capables de réussir à répétition. Le piano, qu'ils abandonnaient jusqu'ici à Stu, semble les fasciner tous comme outil de composition, mais exige une technique dont, sauf Brian et Wyman, ils ne disposent pas. Mais ils savent bien ce qu'un McCartney peut en tirer pour l'invention. Richards travaillera toujours ses obsessions rythmiques d'abord sur des instruments acoustiques : un Steinway est déjà en place dans le grenier aménagé de Redlands, comme il traîne avec lui sa Gibson. Il apprend les accords, et débuter le piano à vingt-trois ans n'est pas facile. Mais avec assez de confiance pour que d'emblée la difficulté même où on est dans le nouvel instrument serve à l'écriture : *Let's Spend The Night Together* est le premier morceau que Keith aura composé sur un piano et non sur sa guitare même si, pour l'enregistrement, c'est Brian qui prend les claviers, lui laissant les guitares. Et si l'immense succès du morceau est dû à l'élémentaire simplicité de son refrain, c'est parce que tels étaient les deux accords que Keith, ces jours-ci, s'entraînait à marteler jusqu'à l'automatisme.

Pour la première fois aussi, une fois l'enregistrement terminé, Keith, de plus en plus patron, prend une basse. Et il refait, en l'effaçant, sans lui demander son avis, la piste de Bill Wyman. Richards a sans doute ses raisons, la basse est un instrument qu'il pratiquera continûment, jusque dans ses albums solo des années 80. Il proclamera même fièrement savoir y transposer tous les plans de contrebasse du vieux Willie Dixon, et, de *Sympathy For The Devil* à *Miss You*, il en jouera sur tous les disques des Stones. Mais, cette nuit-là, la relégation de Bill par Keith est une nouvelle étape dans la répartition interne du pouvoir. Ian Stewart, qui a son appareil photo, en fixe une terrible image : Richards dans un box insonorisé, casque sur les oreilles, réenregistrant la ligne de basse tandis que Bill Wyman reste dans le box voisin sur son tabouret, les mains vides, dépossédé, les yeux comme agrandis, étonné ou défié ?

On a travaillé sans Dave Hassinger, mais Oldham a réintroduit parmi eux Glyn Johns, qui leur avait offert leur premier enregistrement, et il fait revenir de Los Angeles le sorcier des arrangements, Jack Nitzsche. En commentant plus l'apport de Jack Nitzsche, c'est de *Let's Spend The Night Together* que se souvient d'abord Keith : *An american Brian Jones if you like. These great spates of rampant irrationality. Always was a gas working with him, though. I still remember playing* Let's Spend The Night Together *on the piano using one finger – things like that* [29, 51] : « Un Brian Jones américain, si tu veux. Ces sortes de grands flux d'irrationalité rampante. Toujours une bricole à mûrir, en même temps. Je me souviens encore de lui jouant *Let's Spend The Night Together* au piano d'un seul doigt, des trucs comme ça. » Le génie de Nitzsche, musicien arrangeur, de retrouver pour lui, et coller au-dessus du piano joué par Brian, le thème de la mélodie aigrement, maladroitement repris d'un seul doigt, et tout l'esprit brut de la chanson ébauchée par l'apprenti pianiste Richards resurgit : le morceau a une âme, et le succès peut tenir à ce genre de détail imprévu. Réécoutez la version originale de *Night*, vous l'entendrez, le morceau joué d'un doigt.

Keith et Jack Nitzsche embarquent Brian le 6 décembre pour dix jours à Los Angeles : aucun témoignage sur ce compagnonnage ultime. Tentative consciente de Richards, aidé par Jack Nitzsche, alors que tous deux aussi carburent déjà lourdement aux pilules d'acide et à l'herbe, pour forcer Brian à émerger du mélange haschich, héroïne et alcool ? En tout cas, c'est l'influence des musiciens d'Amérique qu'ils cherchent pour un rebond, un espoir. Il est vital pour eux que Brian se réintéresse aux Rolling Stones.

En fait, dans ce voyage où ils passent le meilleur de leur temps à écouter les autres jouer, c'est Keith qui va se doter de techniques neuves. Le musicien qui va le plus lui apporter, dans ce voyage, leur est une telle révélation qu'ils vont lui demander de les raccompagner en Angleterre. Ce guitariste qui sait tout s'appelle Ry Cooder. D'autres marches d'accords, d'autres combines du médiator. Et d'abord ce qu'on appelle accord ouvert, désaccordant la guitare pour obtenir sur les cordes à vide un accord en *sol*, *ré* ou *mi*, autorisant ce jeu dit *slide*, ou bottleneck, avec un rond de métal passé sur l'annulaire. Mais dès le retour ils font la bringue tous ensemble, Brian, Anita, Mick, Marianne, Keith et Linda Keith compris, plus Fraser et la bande, en s'enfermant pour cinq jours au George V à Paris dans un réveillon continu d'acide et d'alcool, facture aux bons soins des Rolling Stones : un joyeux Noël pour le passage à 1967, mais la thérapie de Brian tourne court.

Bill Wyman rencontrera au Scotch Saint-James Club, le bastion provisoire des nuits londoniennes, une Suédoise, Astrid Lundström, dont il fera sa compagne pour seize ans. Astrid l'accompagnera dans les tournées, hôtels et studios comme le font Anita et Marianne. Contrairement à Bill, elle les copiera aussi pour ce qui est de l'usage de la drogue. Bill rompt définitivement avec Diane, son épouse, qui s'en va vivre en Afrique du Sud. Il maintiendra cependant forte et continue la relation avec son fils Stephen. Décompte de l'année 1966 : quatre-vingt-dix-huit millions de disques vendus à l'échelle mondiale, dont six millions par les Rolling Stones, cinq par les Beatles et quatre par Elvis Presley.

Événement grave pour Keith et Brian, mais amplifié sans doute chez Brian par le désarroi intérieur ou la paranoïa : leur copain Tara Browne, l'héritier Guinness, s'écrase en voiture, ajoutant à la fragilité dépressive de Brian. Le soir même, Tara avait partagé l'acide avec Jagger et Faithfull, et c'est à son propos que John Lennon compose, les jours suivants, *A Day In The Life*. Mick et le photographe David Bailey, retour de bringue, s'écrasent en Aston Martin, mais sans bobo, sur la voiture de la digne comtesse de Carlisle. Bailey a la bonne idée de publier la photo de la voiture accidentée sous le titre : *Assassination of Mick Jagger*, et cela suffira pour que tous les journaux s'emparent du bruit, le mêlent avec la mort de Tara Browne.

L'année 1967 commence et le paysage est transformé : il y a les deux bateaux-phares, Beatles et Rolling Stones, mais derrière eux un large mouvement, une éclosion radicale dont la musique est l'emblème (on appelle ça le pop, et pas encore le rock). Des dizaines de groupes reprennent la même démarche à l'identique, comme les Virgin Prunes, mimant les Rolling Stones. Mais l'instrument principal de la révolution pop, la guitare électrique, devient un instrument majeur. Eric Clapton le tout premier, le timide chanteur amateur d'Oxford, celui qui au Marquee Club venait chanter lors des pauses de Jagger, a construit pour sa légende de s'être enfermé deux mois durant dans une chambre avec une guitare et les vieux disques de Robert Johnson ou Muddy Waters, et d'en être sorti tout armé. Mais il y a aussi les Who, les Kinks, les Animals, les Pretty Things, les Small Faces, et tout ce monde-là est présent le 5 janvier lors de la première prestation, au Bag'o Nails, de Jimi Hendrix dont ils ont déjà eu vent de la légende de surdoué. « Une espèce différente de la musique », dira Mick en français. En fin de passage, Hendrix met chaque soir le feu à sa guitare : la légende est à ce prix. Hendrix est tellement fier de son succès qu'il vient s'asseoir à la table des invités de luxe, où il a reconnu Marianne Faithfull. Mais son agenda mondain n'est pas à jour, ou bien tout simplement il n'a pas fait le lien entre le petit mec blême qui l'accompagne et Mick Jagger. Il demande à voix haute à la belle blonde ce qu'elle fait avec pareil gringalet, et, un peu plus bas, si le soir elle est d'accord pour le rejoindre à son hôtel. Pas le genre de choses que Jagger puisse jamais pardonner.

Cette éclosion a une rançon : qu'on ne soit pas à la hauteur, quand la relève est prête, et la concurrence désormais sévère. On a donné toute sa sueur et son âme pour que cette mutation advienne, malgré la corporation des coiffeurs ou les gérants de station-service, et les nouveaux n'auraient qu'à paraître pour que vous soyez relégué dans l'oubli ? Les Rolling Stones surnageront quarante ans au même problème toujours reposé. Eric Clapton a fondé avec deux anciens de la bande Alexis Korner, le bassiste Jack Bruce, resté très jazz, et le batteur Ginger Baker le supergroupe Cream. Dès leur premier disque, les Cream s'affirment comme des tueurs : trois instruments joués solistes, affirmant la virtuosité comme prouesse méprisant l'univers de la chanson de variété au format deux minutes trente calibré. Et leur album *Wheels Of Fire* se présente d'emblée comme concept, là où *Revolver* et *Aftermath* avaient frayé une voie timide. Clapton, compagnon de première heure, restera un proche du groupe, s'associant même à Keith lors du concert anniversaire de Chuck Berry, mais lorsqu'il s'agira d'inclure aux Rolling Stones un nouveau guitariste, les deux fois Clapton sera sur les rangs, et les deux fois la méfiance l'emportera : ami oui, concurrent dans l'intérieur du sanctuaire qu'on a élevé seuls, non. Et pareil quand Jimmy Page, autre compagnon de la première heure, requin de studio assurant derrière Faithfull ou Johnny Hallyday la couleur guitare américaine frayée par Harrison ou Brian Jones, et pris son tour dans les Yardbirds, forme avec trois inconnus Led Zeppelin : aucun des Stones pour pouvoir concurrencer individuellement la technique des nouveaux venus.

Où les Rolling Stones ont de l'avance, c'est dans le maniement de la provocation, et l'art de tourner en avantage la résistance à leur égard. On joue depuis longtemps sur l'ambiguïté sexuelle des titres, et c'est devenu le symbole du jeu de scène de Mick. *Let's Spend The Night Together*, cela ne passerait pas la censure des radios américaines. Qu'importe si des jazzmen avaient proposé des titres bien plus connotés, comme *Love For Sale* de Cole Porter. J'avais quatorze ans à l'époque, je serais curieux de savoir combien nous avons pu être, de quatorze à dix-sept ans, à flairer la manœuvre : l'enregistrement de l'impayable mine de Jagger au « Ed Sullivan Show », le 15 janvier 1967, avançant les lèvres et levant haut les sourcils pour prononcer *Let's Spend The Time Together* au lieu du titre originel, d'abord pour contourner la censure, ensuite, par sa seule grimace, affirmer le contenu sexuel de ce qu'on les forçait de censurer. Que Mick remplace comme il l'a fait, au principal show télé de l'Amérique, un simple mot par un autre, et ça n'avait d'autre signification que : oui, nous les Rolling Stones sommes porteurs d'une marchandise dangereuse, et vous, qui êtes mes complices en souriant de mon astuce, vous êtes aussi porteurs, contre le vieux monde usé, de cette marchandise dangereuse. Il n'a jamais eu besoin de remplacer « passer la nuit » par « passer du temps » une seconde fois, mais une nouvelle fois la légende les saisissait vif. Les journaux tout de suite montent la sauce : on nous a fait tous marcher comme une immense armée mondiale de l'anticensure, passant et repassant le quarante-cinq-tours comme un hymne, hymne vide. Que les radios américaines se déchirent pour savoir laquelle acceptait de diffuser le morceau, avec son titre si dangereux, et laquelle le bannissait, plus on en parlait et plus le disque se vendait. Et l'inépuisable

Andrew Loog Oldham avait eu le génie de ne pas mettre au dos du disque la mention « face B » habituelle mais de presser pour le marché américain *Ruby Tuesday* au dos de *Night*, et d'écrire sur la pochette : « double face A ». Qu'est-ce que ça changeait, qu'on nous l'explique ? Mais les ventes explosaient.

De Redlands et de ce qui s'ensuit

On retournera aux studios Olympic en février, mais la chaîne des galettes à succès tous les deux mois s'interrompt : *We Love You* et *Dandelion* ne sortiront qu'au mois d'août suivant, en prélude à l'étrange et déliquescent album par lequel les Rolling Stones auraient pu simplement finir : *Their Satanic Majesties Request*. Année vide : il fallait bien aussi ruminer ces quatre ans à grandir sans souffler, et la musique au second plan.

Commentaire de Richards en 1988 : Satanic Majesties *was really almost done semi-comatose, sort of. Do we really have to make an album? It was so weird to make an album and not to be on the road that it was totally unlike recording. I like a few songs like* 2 000 Light Years*,* Citadel *and* She's A Rainbow*, but basically I thought the album was a load of crap* [29, 27] : « *Satanic Majesties* a vraiment été fait dans un état semi-comateux, ou approchant. Est-ce qu'on devait vraiment faire un album ? C'était tellement bizarre d'être là à faire un disque, au lieu d'être en tournée, que ça n'avait plus rien à voir avec enregistrer. Il y a quelques chansons que j'aime, comme *2000 Light Years From Home*, *Citadel* et *She's A Rainbow*, mais pour l'essentiel j'ai pensé que, cet album, c'était un tas de merde. »

Changements à vue. L'isolement de Brian et d'Anita se renforce. Les premiers amis, Fraser et Gibbs, ont viré dans le clan Jagger, on ne les voit plus à Courtfield Road. Et Richards ne dort plus ici, mais à Harley House, chez Jagger et Faithfull, juste une cloison pour les séparer. Dès décembre, on se moquait de Brian qui se voyait poursuivi par des monstres, ou apercevait se multiplier au sol des serpents, dans le delirium qui gagne. Faithfull : *Keith would ask : It's the snakes again, is it, Brian ? Then to us in a stage whisper : The snakes in the wiring, they're talking to Brian. Gales of laughter* [34, 68] : « Alors Keith demandait : c'est encore les serpents, Brian, c'est ça ? Et à nous, dans un chuchotement de théâtre : Les serpents à l'appareil, qui parlent à Brian... Éclats de rire. » Si on ne vient plus Courtfield Road, c'est que la relation de Brian et d'Anita se dégrade. Témoignage d'une des proches de Brian, dans cette confraternité d'âge et de métier, la chanteuse Ronnie Money : *I was at the Scotch of Saint-James Club on one of those nights when everybody seemed to be there. I was at a table talking to Jimi Hendrix and Eric Burdon when I caught a glimpse of Brian on the other side of the room. We hadn't seen each other for a couple of months. He spotted me, shouted out my name and came dashing over – hugs, kisses and that all – then he introduced me to Anita Pallenberg. Anita's first words were : So, who's this one ? Another one of your one-nighters ? I thought I'd met all of them by nom... But Brian whirled around and smashed her in the face : You can't talk to Ronnie like that, you bitch ! he yelled at her. Her nose was pouring and waiters were using nakkins to try to keep the blood off her dress* $_{9,\,180}$: « J'étais au Scotch Saint-James Club une de ces nuits où tout le monde avait l'air d'y être. J'étais à une table à parler avec Jimi Hendrix et Eric Burdon, quand Brian m'a fait signe depuis l'autre côté de la salle. On ne s'étaient pas vus depuis deux mois. Il m'avait reconnue, il a crié mon nom et on s'est embrassés, accolade, bises et tout ça, et alors il me présente à Anita Pallenberg. Les premiers mots d'Anita : Alors, c'est laquelle, celle-là ? Encore un de tes coups d'une seule nuit ? Je croyais les connaître toutes maintenant... Et Brian se retourne et la cogne en pleine figure : Tu n'as pas le droit de parler de Ronnie comme ça, sale pute, il a crié. Elle saignait du nez et les serveurs avaient pris des serviettes pour essayer d'empêcher le sang de tacher sa robe... »

Anita Pallenberg confirme : *Brian had a volatile temper, and he would react to frustration with physical violence. I'd leave him, against his wishes, to take on modelling jobs, for a few days, and when I'd return he'd come at me with a fury, beat me mercilessly. He was short but very strong, and his assaults were terrible – for days afterwards, I'd have lumps and bruises all over me. In his tantrums he would throw things at me, whatever he could pick up – lamps, clocks, chairs, a plate of food – then when the storm inside him died down he'd feel guilty and beg me to forgive him* $_{9,\,179}$: « Brian était si inconstant, il réagissait à la frustration par de la violence physique. Je l'avais laissé quelques jours, contre son gré, pour un travail de mannequin, et quand je suis revenu il m'a empoigné comme un fou furieux, il m'a battue sans pitié. Il était petit, mais très fort, ses assauts étaient terribles. Pendant des jours, j'avais des traces de coups et des bleus partout sur moi. Dans ses crises, il me jetait des trucs à la figure, tout ce qu'il pouvait attraper : les lampes, les pendules, les chaises, un plat de nourriture. Et quand cette tempête en lui se calmait, il se sentait coupable et me demandait de lui pardonner. »

On pourrait accumuler les témoignages, mais il faut se méfier de ces choses dites rétrospectivement et qui se fondent sur une image construite bien après ce qu'elles narrent. Pourtant Ian Stewart, qui partage une origine sociale similaire, un parcours parallèle jusqu'à leur première rencontre au Bricklayer's Arms, avait lui aussi tout intérêt à ce que Brian revienne à son métier, tandis qu'il leur échappe de plus en plus : *I really think he did it because he thought that was the way rock and roll stars should behave. But it wasn't in his nature to behave like that, really, because he was quite well-educated, he was quite intelligent, he had an awful lot going for him, and he could've been quite a superior human being. But, No, he thought, I'm a Rolling Stone, I have to take the pills, I have to take acid, I have to be rude to people, and that's the way he was* [9, 192] : « Je crois vraiment qu'il faisait ça parce qu'il pensait que c'est comme ça que les stars de rock and roll devaient se comporter. Ce n'était pas dans sa nature de se comporter comme ça, parce qu'il était plutôt bien éduqué, qu'il était intelligent, il aurait pu être un être humain supérieur. Mais il y avait cet affreux mauvais sort sur lui, il pensait : Je suis un Rolling Stone, je dois prendre des pilules, je dois prendre de l'acide, je dois être dur avec les gens, et c'est ce qu'il faisait. » C'est l'alcool, plus que toute autre drogue, qui prend sa dîme : *He wasn't so much narcotics as drinking brandy all the time. He got into this thing that a lot of jazz musicians got into, where they lived on brandy. Brandy's a good food substitute, and if you drink a lot of brandy you don't need to eat. The result was he just stank of it. You couldn't go near him. So he was pissed most of the time then, steadily pissed. And he could never resist acid either, so he didn't talk a lot of sense, and everything was like dreamy and all that kind of shit* [9, 192] : « Il n'était pas tant dans les narcotiques que dans le brandy qu'il buvait tout le temps. Il était tombé dans ce même truc que les musiciens de jazz, vivre de brandy. Le brandy, c'est un bon substitut de nourriture, si vous buvez assez de brandy vous n'avez plus besoin de manger. Le résultat c'est qu'il a plongé là-dedans. On ne pouvait plus l'approcher. Il était bourré la plus grande partie du temps à l'époque, et salement bourré. Il ne pouvait pas tenir à l'acide non plus, alors ce qu'il disait n'avait plus de sens, et tout baignait dans une espèce de rêve flou ou ce genre de conneries. »

Il faut en prendre acte : Brian n'est plus en état de partir en tournée, ni de monter sur scène.

On peut supposer que les pressions côté Klein ne manquent pas pour fournir à la planche à billets. Ils n'auront de tout janvier que deux apparitions publiques, le 15 à New York au « Ed Sullivan Show » pour *Let's Spend The Time (Night) Together*, et le 22 à Londres pour le « Saturday Night At The London Palladium ». C'est l'émission de variété télévisée la plus regardée du pays, en ces temps de chaîne unique et officielle. Les

Beatles ont déjà passé par le Palladium Show, c'est au tour des Rolling Stones. Ils mimeront *Ruby Tuesday* et *Let's Spend The Night Together* (non censuré), Mick chantant réellement sur des bandes instrumentales préenregistrées. Traditionnellement, à la fin de l'émission, tous les artistes se retrouvent sur le plateau pour un salut final où tout le monde chante ensemble une niaiserie. Eux, les Stones, ont touché mille cinq cents livres pour leur passage, et les Beatles eux-mêmes s'étaient prêtés à l'exercice. Jagger refuse : cela lui paraît du cirque, et le compagnonnage pas enviable. Il se trompe : les Anglais se sentiront bafoués, et leur réputation de mauvais garçons d'occasion les insulte. Les journaux commentent en disant que cette arrogance est le lot des nouveaux riches. Alors on se partage les tâches : à Jagger l'art du scandale qui provoque, à Brian les rendez-vous arrangés avec les journalistes, en leur faisant promettre d'éviter les sujets des enfants abandonnés et de la consommation d'héroïne. Brian tient son rôle, et disserte sur le message Stones, la musique devenue mission contre la guerre, sous l'emblème de ce mot fétiche qui fait son apparition – le mot génération. *Our generation is growing up with us and they believe in the same things we do. Nearly all of them think like us and are questioning some of the basic immoralities which are tolerated in present day society. The war of Vietnam, persecution of homosexuals, illegality of abortions, drug taking. All of these things are immoral. We are making our own statements, others are making more intellectual ones. We believe there can be no evolution without revolution. I realize there are other inequalities : the ration between affluence and reward for work done is all wrong. I know I earn too much, but I'm still young and there's something spiteful inside me which makes me want to hold on to what I've got* $_{7,\,64}$: « Notre génération grandit avec nous et croit dans les mêmes choses que nous. A peu près tout le monde pense comme nous et met en question quelques-unes des immoralités majeures qui sont tolérées dans la société telle qu'elle est aujourd'hui. La guerre du Vietnam, la persécution des homosexuels, l'illégalité de l'avortement, la consommation de drogue. Tout ça c'est immoral. On établit nos propres constats, d'autres en font de plus intellectuels. Nous pensons qu'il ne peut y avoir d'évolution sans révolution. Je sais bien qu'il y a d'autres inégalités : l'équilibre entre la richesse et la récompense du travail accompli est totalement faussé. Je sais bien que je gagne trop, mais je suis encore jeune. Et il y a quelque chose de pervers en moi qui fait que je veux garder ce que j'ai réussi à avoir. » On ne prendra jamais John Lennon à tenir un discours aussi premier degré, quand bien même fondé. C'est dans *News Of The World* le 4 février 1967, deux jours après leur refus de venir saluer à la fin du show télévisé.

Mais rien de mieux que ce feu savamment croisé par Oldham du sérieux de Brian et des frasques de Mick pour lancer les ventes de *Between The Buttons*, paru l'avant-veille. Jagger peut rejoindre Marianne Faithfull à Cannes, tandis que Brian ira retrouver Anita à Munich, où elle tourne *A Degree Of Murder*, de Volker Schlöndorff, film dont il écrira la musique : un air un peu lancinant, très folk, qu'il jouera au piano, y ajoutant guitare et flûte qu'il joue aussi lui-même. Hors Stones, à Munich puis au studio Olympic où il réenregistre l'ensemble, louant les services de Jimmy Page et du pianiste Nicky Hopkins (qui joue encore avec Screamin' Lord Sutch, mais va devenir Stone quasi organique pour les cinq ans à venir), Brian semble capable d'une capacité neuve de respirer : musicien, il le reste jusqu'à la chute, mais, comme depuis ses douze ans il n'a cessé de le faire, à condition de bifurquer une fois de plus ?

On ne va pas les uns chez les autres, et le meilleur endroit pour être ensemble, avec cloison étanche alentour, c'est le studio d'enregistrement, où on se retrouve le 10 février. Le samedi, en début d'après-midi, ils s'enferment là où ils ont pris leurs habitudes, aux studios Olympic. Ils n'ont pas de morceau prêt, et il faut réapprendre ce qui est leur force : cette manière de jouer ensemble à l'instinct, la raide base rythmique offerte par Richards, et la batterie qui se règle sur lui. On prend un germe de riff, un noyau de mélodie, une séquence de trois accords et on reste là-dessus tout le temps qu'il faut. Ils pousseront ce système jusqu'à l'excès, jusqu'à abolition du temps, et c'est ce processus même que Jean-Luc Godard voudra bientôt filmer. On prend une séquence de blues, on s'y tient des heures, et cela n'aura jamais plus qu'un titre de travail : *Blues 1*. Vers minuit ou une heure du matin ils se dispersent, Stewart reconduit probablement Charlie Watts dans un hôtel avant que le lendemain il reparte à sa maison-ferme, Wyman rejoint Astrid Lundström dans un club, le Bag'o Nails, et Brian rentre à Courtfield Road. Keith n'est pas du genre à dormir si vite. On a bien travaillé, alors il invite ceux qui restent à une virée dans sa nouvelle maison de Redlands. On s'entasse dans sa Bentley, conduite par Tom Keylock, Jagger suit avec Faithfull dans son nouveau jouet : une Austin Mini Cooper série S. Un Canadien qu'ils ne connaissent que depuis trois semaines, David Schneidermann, qu'ils surnomment *Acid-King David*, dispose lui d'un minivan Volkswagen et emmène les autres.

Il fait beau, on a du temps et des envies de ciel, de feu de cheminée. Ils sont neuf à l'arrivée : Richards, Jagger et Faithfull, Fraser et son ami marocain Ali Mohammed, le photographe Michael Cooper, l'antiquaire Gibbs, ce Schneidermann et un nommé Nicky Kramer. On sait qu'ils dîneront à l'arrivée d'œufs au plat préparés par le jeune Marocain, qu'ils écouteront de la musique devant une flambée, et que Schneidermann les approvisionne de pilules qu'il stocke dans un attaché-case, dans des petits tubes cylindriques enveloppés de papier aluminium. Ils iront dormir vers cinq heures du matin.

C'est un dimanche à la campagne comme on suppose que sont les dimanches à la campagne. On se réveille le matin vers onze heures, il n'est pas sûr que Richards ait déjà souvent eu des invités à Redlands, ils n'ont pas eu, jusqu'ici, le temps de vivre. Dans la grande maison au toit de chaume, avec en prolongement sa cuisine moderne augmentée d'une véranda de plain-pied sur la pelouse principale, il a fait abattre les cloisons, restaurer la cheminée antique : la maison a retrouvé une âme. Il n'y a pas encore le studio de répétition installé sous les combles, et pour dormir, dans les chambres, il y a seulement des matelas posés par terre, selon le modèle Courtfield Road. Dans les nombreuses photos que Michael Cooper prendra de la vie à Redlands cette année-là, rien d'autre que des citadins riches qui s'amusent. Il y a une période tir à l'arc, on fait venir des modèles de compétition, mais on préfère bientôt de luxueuses carabines. Brian est souvent invité lui aussi, on le voit décontracté, souriant, heureux. Au printemps, Keith s'offrira un nouveau jouet, une grosse moto tout terrain Triumph Bushman (immatriculation XBP 63F), et le voilà bras maigres et tee-shirt, brandissant la jauge à huile comme une baguette magique. Les chèques d'Allen Klein ont fourni Redlands de tout ce que désire un garçon de vingt-trois ans : dans ses bottes rapportées du Texas, et gros gilet sans manche en laine de mouton rapporté de Nouvelle-Zélande, passant plein volume ses disques stéréo (c'est la nouveauté, ces mois-ci, et ils ont déjà changé leurs électrophones à couvercle rabattable pour des modèles à deux haut-parleurs).

Ce dimanche matin, Richards est le premier levé, il explore son jardin et inspecte ses travaux (il dépose l'ancienne cuvette de WC au beau milieu d'une pelouse et se fait prendre en photo par Michael Cooper assis là-dessus, devant la façade XVe siècle sous toit de chaume). Vers midi, tout le monde s'entasse dans le mini-van et on va jusqu'à la plage, on marche brièvement (ce n'est pas un temps de Côte d'Azur, et ils n'ont pas des mollets de randonneurs) dans les dunes et le long des vagues. On revient se réchauffer, et on fera une autre balade l'après-midi dans les villages environnants : personne ici pour hurler et demander des autographes, aucun trouble, ils sont en paix. Quand ils reviennent, ils trouvent sur le gravier de Redlands la Rolls-Royce d'un autre couple : George Harrison et Patti Boyd, future madame Clapton.

Il faut faire retour sur un événement auquel ils n'ont pas attaché peut-être assez d'importance.

Mick est entré avec Marianne Faithfull dans une nouvelle vie, et le répit de ce début février, sans studio ni travail, est un renouvellement nécessaire. Ils peuvent pour la première fois, lui et Marianne, accepter et leur âge et leur bonheur, rattraper ce qui fut en commun traversé trop vite. Il y a des découvertes à faire ensemble, il y a à offrir chacun à l'autre son univers propre. Ces premiers temps de vie commune, ils peuvent tout simplement s'enfermer et ne rien faire, en plein Londres. A Harley House, même si Keith Richards est souvent hébergé dans la seconde chambre, ils sont chez eux. Jagger lit énormément la presse, ne serait-ce que pour disposer d'armes dans le terrain qu'on investit : *Mick was a newspaper junkie, he read everything from* The Observer *to* The Sun [34, 100] : « Mick était un accro des journaux, il lisait tout, depuis l'*Observer* jusqu'au *Sun*. » Marianne Faithfull découvre Sade et lui lit *La Philosophie dans le boudoir*, tandis qu'il lui fait écouter ses disques fétiches, le chanteur Slim Harpo, Otis Redding, Robert Johnson. Ils découvrent ensemble Ravi Shankar ou le flûtiste Ali Akbar Khan. Mais ce matin du 5 février, une semaine plus tôt, il découvre un article le concernant, publié par un de ces magazines du dimanche qui sont une spécialité anglaise : le *News Of The World*.

Le magazine a prétendu mener une enquête en cinq articles successifs, et la traiter via la vie privée des stars. Vieilles ficelles dont, depuis trois ans, Jagger a appris le métier, et comment les secouer à son avantage. Mais il ne s'agit plus de coupe de cheveux, de cravates ou de frasques érotiques supposées *: News Of The World* s'en prend à la drogue et au LSD.

Autour du petit monde des Gibbs et Fraser on a suffisamment tissé d'écrans pour que leur évolution récente, cocaïne et héroïne, reste invisible aux marchands de scandale. Mais le LSD en est devenu, depuis *Lucy In The Sky With Diamonds*, comme un emblème, une proclamation. « Stuporeux état, dit Henri Michaux en 64 du LSD 25 que lui fournit le professeur Delay, intermittences de la conscience... tout ce sur quoi (dans l'intelligence) opère la volonté, est en train de partir ou parti... perdue ma résidence en moi, comme si j'étais en même temps dans un autre lieu... successions d'images visionnaires, rapidissimes, et d'images freinées, ralenties ou arrêtées... les drogues enfoncent plus souvent dans l'abandon qu'elles n'en dégoûtent. »

Le délire psychédélique qu'induit le LSD est censé avoir sa traduction dans les vêtements dont ils usent, les lunettes noires sous les longs cheveux, les couleurs des peintures et des voitures. Le deuxième article des cinq de *News Of The World* raconte qu'on a vu Mick Jagger consommer publiquement du LSD lors d'un concert des Moody Blues (ceux dont Léo Ferré honorera *Nights In White Satin*, ce satin blanc des dérives aidées) et s'en être vanté au Blaises de Kensington : *At the time we were at the Blaises, Jagger took about six benzedrine tablets : I just wouldn't stay awake at places like this if I didn't have them. Later at Blaises, Jagger showed a companion and two girls a piece of hash and invited them to his flat for a smoke* ₁, ₁₇₄ : « Le temps que nous étions au Blaises, Jagger a pris à peu près six comprimés de benzédrine : Je ne pourrais pas rester réveillé dans des endroits comme ça si je ne les avais pas. Plus tard, au Blaises, Jagger montre à un ami et à deux filles un morceau de hasch et les invite chez lui à fumer. »

Le titre de l'article est sans équivoque : *We Called That Guilty Men*, « Nous les appelons des coupables ». Dans les approximations du journaliste, l'important est que la personne qui lui parle soit un Rolling Stone, identifié comme tel. Le journaliste l'appelle Jagger parce que Mick est le plus connu : mais il est en Italie cette semaine-ci, et c'est Brian qui est venu écouter les Moody Blues.

Les avocats en troupe font partie, depuis le virage Klein et le contentieux Easton, de l'arsenal Stones. Andrew préférerait répondre par une provocation à la Lennon, mais Andrew est trop instable ces temps-ci, et alterne la vie à Londres avec des séjours de plus en plus fréquents dans une maison de repos. On choisit de faire barrage, d'établir une ligne de feu. Mick fait la preuve qu'on lui prête des propos qu'il ne lui était pas possible de tenir, et lance ses avocats en poursuite pour diffamation.

Mais la réponse des avocats de Mick, en adoptant le ton scandalisé de qui n'a vertueusement jamais touché à la drogue, est trop loin du réel. Si le magazine devra s'incliner pour avoir confondu Brian et Mick, il se renforcera dans l'idée qu'il faut se venger et les confondre. Déclaration de Mick : *I am shocked that a responsible magazine like the* News Of The World *can publish such a defamatory article about me. I want to make it quite clear that this picture of me is misleading and untrue, and therefore the only way left to me to prevent this libel being repeated is for me to ask my lawyer to take legal action in the High Court immediately* ₂, ₄₈₂ : « Je suis indigné qu'un magazine responsable comme *News Of The World* puisse publier un article aussi diffamatoire à mon égard. Je veux qu'il soit très clair que cette image de moi est mensongère et fautive, et pour cette raison la seule possibilité qui m'est laissée d'empêcher ces allégations de se renouveler est de demander à mon avocat d'entamer immédiatement une action légale auprès de la Haute Cour. »

Le journal prend cela comme une provocation au duel singulier, et lance ses chiens de piste. La police reçoit une dénonciation anonyme : ce dimanche, à Redlands, on usera largement de drogues.

Qu'importe. On est rentré de la balade à la campagne, on a rallumé le feu dans la cheminée, on a mis très fort de la musique (en l'occurrence, le dernier disque de Bob Dylan). Marianne Faithfull, parce que ses vêtements sont humides et pleins du sable de la plage, est montée prendre une douche chaude. En bas, David Schneidermann a sorti l'attaché-case. A deux heures de voiture de Londres, derrière la clôture de Redlands, rien ne peut les atteindre. Christopher Gibbs, l'antiquaire : *He was, I suppose, a sort of up-market flower child. He knew more about drugs than anyone the Stones have ever met. – What! he'd say, you mean you've never heard of dimethyl tryptomine* $_{1, 175}$... : « Je suppose qu'il vendait sa drogue comme les gosses vendent des fleurs au marché. Il en savait plus sur la drogue que ce qu'aucun des Stones avait jamais entendu dire. – Quoi, disait-il, tu prétends que tu n'as jamais entendu parler du dimethyl tryptomine... »

N'importe qui n'a pas accès au premier cercle des Rolling Stones. Mais celui qu'on surnomme Acid King David tient son invitation de ce qu'il dispose d'une marchandise toute neuve, dite Sunshine, en provenance directe de San Francisco. Marianne Faithfull : *Drugs in those days (at least for Mick and me) consisted mostly of grass, acid and the occasional leaper. There were few hard drugs around. That was on nice thing about Mick, he really wasn't into drugs. He was very straight. A little acid, a little grass. He liked to drink occasionally, he was a terrible drunk, and he did acid with me because I wanted to do it* $_{34, 92}$: « La drogue, à cette époque, au moins pour Mick et moi, c'était surtout l'herbe et l'acide, occasionnellement le *leaper* – de *leap*, sauter, grimper. Il y avait peu de drogues dures à proximité. Ce qui était bien avec Mick, c'est qu'il n'était pas vraiment dans la drogue. Un peu d'acide, un peu d'herbe. Il aimait boire à l'occasion, et saoul il est terrible, mais s'il prenait de l'acide avec moi, c'est parce que moi je l'obligeais. »

On dirait aujourd'hui *s'éclater*, ils disent eux *to get high*, Marianne Faithfull : *One of the great attractions of Courtfield Road for me was getting high. The entertainment at Courtfield Road was of the most basic kind : joint-rolling, mainly. It was still quite novelty and we would smoke until we were obliterated* $_{34, 66}$: « Une des grandes attractions de Courtfield Road, pour moi, c'est qu'on s'y éclatait. La distraction à Courtfield Road était de la plus basique espèce : rouler des joints, principalement. C'était encore tout nouveau, et on fumait jusqu'à être tamponné. »

Faithfull confirme le témoignage de Gibbs quant à ce que le Canadien Schneidermann, juste débarqué de San Francisco, leur extrait de sa valise à merveilles, boniment qui donne certainement aussi la mesure du prix forfaitaire qu'il avait dû au préalable obtenir pour leur usage : *This is the tao of lysergic diethylamide, man. Let it speak to you, let it tell you how to navigate the cosmos* [29, 102] : «C'est le tao de la diéthylamide lysergique, mec. Laisse-la te parler, laisse-la te dire comment naviguer dans le cosmos...»

Eux, ils appellent cela le *sacrement*, comme à l'église, et le dimanche on prend un comprimé d'héroïne (des comprimés orange) dès le thé du matin. Faithfull se rappelle que cet acide-là était plus fort que ce qu'ils avaient connu jusqu'ici, tellement qu'elle et Jagger se sentent malades. Mais vingt-sept ans plus tard, quand Faithfull aura tout traversé et parviendra à trouver une nouvelle ressource dans son rôle de chanteuse à voix brisée, serrée dans son corset pour dire en scène ces fonds d'abîme où on se perd, elle-même comme Keith Richards restent sans regrets ni remords, et c'est au présent qu'encore elle parle : *Mick is great on acid. Very calm, cool and steadying. Keith and Mick are very similar in this way. What I remember more than anything about tripping with Mick is that he shed his façade and became more open, even younger in spirit. In his day-to-day he had a lot of defences and mannerisms that kept everyone just slightly removed. A much purer form of him came through* [34, 103] : «Mick est grand dans l'acide. Très calme, décontracté, appliqué. Mick et Keith sont très semblables de ce point de vue. Ce dont je me souviens par-dessus tout, des trips avec Mick, c'est qu'il perdait sa façade et devenait plus ouvert, plus jeune d'esprit. Au quotidien, il avait un paquet de défenses et de manières, qui tenaient tout le monde à distance. Une forme bien plus pure de lui-même apparaissait.»

Mick et les Stones ont trop traversé, toutes ces semaines, entre le «Ed Sullivan Show» et *Let's Spend Some Time Together*, la provocation du Palladium, le déménagement forcé de Shrimpton et sa tentative de suicide, les concerts qui n'ont pas arrêté. C'est dimanche, on est à Redlands, et les petites lampes rouges des signaux d'alarme de Mick ont profité d'une fausse sécurité pour s'éteindre, on se donne quelques heures de répit dans le jeu permanent de tensions et ruptures qu'est leur vie. En tout cas, l'escarmouche avec le magazine *News Of The World* c'est un autre monde, celui de Londres, des avocats, des procès, du bruit.

Le soir tombe. Faithfull, dans la salle de bains, avise parmi ce qui n'a jamais servi à Keith, qui s'installe, une couverture de vraie fourrure, deux mètres sur trois, toute neuve. Keith, les derniers mois, et particulièrement en tournée, a acheté et fait livrer directement à Redlands tout ce qui lui semblait pouvoir faire de sa nouvelle maison une sorte de Courtfield Road agrandi. Marianne met ses habits à sécher et s'enveloppe de la couverture comme d'une toge, puis redescend. On dit au revoir à Harrison et Patti, leur Rolls-Royce s'éloigne. Sur la photo avec la moto Triumph, prise quelques mois plus tard, on aperçoit le grand portail en bois, au bout de la pelouse : pas de fermeture télécommandée, rien d'autre qu'un portail de ferme à double battant, fermé par un crochet de fer traditionnel. Rien pour faire obstacle ce soir-là, dès que George Harrison a passé le virage, à l'entrée discrète de la police, qui cerne la maison. Ils frappent directement à la porte, et pas besoin pour ceux qui sont à l'intérieur qu'on leur fasse un dessin. Richards fait attendre, on se débarrasse de ce qu'on peut, le plus vite possible. Cela cogne plus fort à la porte, et les flics ont fait le tour, entrent par la cuisine. Douze policiers, dont une femme, qui sera préposée à la fouille au corps de Faithfull, sous la direction de l'inspecteur sergent Stanley Scudmore, avec mandat de perquisition selon la loi de 1965, le Dangerous Drugs Act.

Quand la police investit le salon, les huit hommes et la seule femme sont sagement en train de regarder la télévision. *Everything was fully respectable*, dira Christopher Gibbs. La preuve qu'on a gagné quelques minutes et eu le temps de vider ce qu'on pouvait dans les WC, c'est que Keith a déjà pu prévenir un de leurs avocats, Timothy Hardacre, et même téléphoner à leur nouvel agent de presse, Les Perrin. Les deux hommes sont déjà en voiture, ils seront à Redlands deux heures plus tard. Ils ont immédiatement compris que si la police a attendu le départ de Harrison, c'est que le coup est préparé, que les policiers savaient exactement qui était dans la maison. On ne peut pas s'en prendre aux Beatles, alors on va s'en prendre aux Rolling Stones.

Ils ont la chance que la police du comté de Chichester n'a pas encore réellement été formée aux tâches nouvelles qui lui incombent. Les fonctionnaires perdent du temps. Keith, comme tout un chacun, rapporte de chaque voyage ces échantillons de savon qu'on vous donne dans les chambres d'hôtel, et même les échantillons de moutarde servis avec le plateau-repas dans l'avion, et tout cela est arrivé à Redlands, traîne dans la salle de bains et la cuisine. La police va les ouvrir, échantillon par échantillon (moutarde comprise), et collecter même les cendres des bâtons d'encens, les imaginant faire partie de l'arsenal interdit. Keith joue d'abord les propriétaires indignés : les Anglais ont un sens de la vie privée bien au-delà ce qu'il en est pour nous. Les premières bourdes des fonctionnaires mal exercés encouragent l'ironie. Il met par provocation sur l'électrophone stéréo tout neuf la chanson de Bob Dylan : *Rainy Day Women Numbers 12 And 35*, dont le refrain martèle en rythme *Everybody must get stoned*, et la police n'a rien à dire.

Pendant ces premières dizaines de minutes, et surtout lorsque les policiers acceptent de ne pas déballer les rouleaux d'aluminium dans la valise de Schneidermann, on se croit tranquille. Les policiers sont passés aux chambres, et trouvent leur proie : dans une veste de velours vert, cinq comprimés de marque italienne, marqués Stenamina. Jagger reconnaît que la veste lui appartient. Les comprimés datent de son séjour avec Marianne à Positano, la semaine précédente. Dans le vestiaire de l'entrée, une autre veste, et dans la poche huit capsules d'héroïne. Robert Fraser – c'est sa veste – prétend qu'il s'agit de pilules contre le diabète et qu'on ne peut les lui enlever, qu'il en a vitalement besoin. Réponse polie mais ferme de l'inspecteur : *I'd better keep just one back for analysis, as a formality you understand* [34, 106] : « Je préfère quand même en garder une pour analyse, c'est une formalité, vous comprenez ? » Les jeux sont faits pour Fraser, et pareil pour Richards : on l'informe officiellement qu'il sera tenu pour responsable de tout délit constaté chez lui en sa présence.

Le scandale et la provocation, le cadeau fait aux policiers, c'est à cet instant : la policière demande à Marianne Faithfull de la suivre dans une chambre du premier étage pour la fouille, toujours drapée dans sa fourrure. En haut de l'escalier, théâtralement, Faithfull se retourne et laisse tomber la fourrure aux yeux de ses amis amusés (Richards la connaît à l'époque peut-être mieux que Jagger, et Gibbs comme Fraser sont homosexuels), des policiers ébahis, prouvant au moins qu'elle n'a rien dissimulé sur elle. *We were still high, so the police looked very odd to us. Strange, alien life forms with their big foots and their bluster. They were awfully big and fat and rosy checked, and we were so small and thin and different* [29, 108] : « On était encore camés, aussi la police nous semblait vraiment bizarre. D'étranges formes de vie extra-terrestre aux grands pieds, donnant des ordres. Ils étaient affreusement grands et gros, et nous si petits et minces et différents », dit Faithfull.

News Of The World est bien sûr déjà à l'affût, et il n'en faut pas tant pour leur réserver immédiatement leurs premières pages. *Naked girl at the Stones drug party*, « la fille nue dans l'orgie-drogue des Rolling Stones… » L'avocat et Les Perrin sont là, le téléphone ne cesse pas. Ils préviennent Brian, ils doivent aussi contacter très vite Tony Sanchez, qui a fourni à Fraser les tablettes d'héroïne saisies. Le soir même, David Schneidermann quitte l'Angleterre, Faithfull le croisera par hasard, chauve et paumé, dans Los Angeles, quinze ans plus tard, reconnaissant alors implicitement avoir été manipulé par le magazine.

Aucun d'eux tous pour ne pas comprendre que l'attaque est frontale. Mais leurs réactions sont erratiques. L'histoire des cinq mille livres, par exemple, qui leur reviendra à charge au moment du procès, comme un manqué total. Depuis son adolescence dans le milieu des boîtes de nuit, des tables de jeu trafiquées et du milieu italien de Londres, Tony Sanchez est devenu leur intermédiaire pour acheter l'herbe, l'acide, et bientôt la cocaïne. Brian est son premier client. Et quand on a affaire avec Brian, on entre totalement dans son intimité, on partage ses journées, ses dérives. Sanchez est aussi le fournisseur de Frazer, et a dû négocier une fois auprès de quelque caïd pour soulager les dettes de jeu du galeriste. Des intermédiaires font savoir à Richards et Jagger, par l'intermédiaire de Tony Sanchez, qu'une somme en liquide de cinq mille livres pourrait permettre que les objets saisis, les pilules de Jagger et l'héroïne de Fraser, disparaissent des labos. Ils rassemblent la somme, que Sanchez remet à l'escroc : que le ripoux appartienne effectivement à la police anglaise ne change rien. Quand ils seront soumis à interrogatoire, Jagger et Richards demanderont naïvement : Et nos cinq mille livres, alors ? Ils se sont fait avoir, et qu'ils aient payé confirme publiquement leur culpabilité.

C'est dans ces conditions qu'on décide (du moins leur avocat principal, Michael Havers, avec l'avis de Klein, d'Oldham et de Les Perrin) de mettre au vert les trois Stones principaux, qu'ils partent de Londres quelques semaines, qu'ils échappent aux photographes, aux interviews, qu'on n'entende plus parler d'eux le temps que tout cela se calme.

Ça tombe bien, Keith a enfin le permis de conduire et ne souhaite rien tant qu'une longue balade en Bentley, ils partiront pour Tanger à travers la France et l'Espagne. Jagger, Faithfull, Fraser et leur inséparable ami le photographe Michael Cooper les rejoindront en avion. Keith Richards, Brian et Anita dorment le 25 février à Paris au George V, et à midi le chauffeur de Brian, l'ancien parachutiste Tom Keylock, les rejoint avec la Bentley via le ferry et Calais. On embarque aussi une amie d'ami, Deborah Dixon, et on prend la nationale 10, direction Chartres, Château-Renault, Tours, Châtellerault, Poitiers.

On n'en a pas terminé pour autant avec l'épisode Redlands.

Anita, Keith, Brian : le grand roque

Parfois le biographe bute, parce que l'essentiel d'une bascule affectant le destin de deux enfants maigres et d'un chauffeur ex-parachutiste, plus deux filles invraisemblables, ne relève pas de l'approche rationnelle, mais de la sphère privée des êtres et de pulsions sombres qu'en chacun on porte, qui vont décider à votre place.

Les routes nationales à deux voies de la France de 1967, les auberges où on s'arrête et comment on vous y regarde, la magie de nos vieilles villes traversées sans rocade, la lourde Bentley à vitres teintées se glissant entre 2 CV et Ami 6 et pourtant, où qu'on aille, *Ruby Tuesday* qui est dans chaque magasin de réfrigérateurs, machines à laver et téléviseurs comme à Civray chez Chauveau, où ils ne s'arrêteront pas vérifier.

Parce qu'on n'a pas été en mesure soi-même d'expérimenter ces nuits de studio et la sueur dans les cris et hurlements des foules, ni la fortune à vingt-trois ans ni cette façon de ne plus avoir de territoire fixe, ni tant de poudres insufflées que le cerveau cogne ou siffle, il faut en faire mentalement le chemin. Pour eux, qui n'ont eu jusqu'ici le temps de rien, l'ivresse de conduire une lourde voiture sur des routes étrangères ou de tirer à l'arc dans la grande maison près de la mer qui vous appartient c'est tout neuf. L'alcool et les somnifères tirent lentement Brian dans la nuit, mais pour l'instant c'est lui qui en emmène partout avec lui l'univers. Une guitare sans housse, des parfums qu'on fait brûler, l'alcool dont on s'abreuve, les hôtels où on s'héberge, et d'être ici dans les longues heures de voiture à l'arrière entre les filles. Keith devant plaisante avec Keylock. Tous ces mois vécus entre Anita et Brian ont dessiné entre eux un triangle. S'il a préféré ces dernières semaines s'héberger chez Jagger, c'est parce que cette intimité même n'était plus tenable. La relation de Richards et d'Anita sera un trait droit de plus de dix ans et trois enfants.

La Bentley file sur les nationales à deux voies de la France de 1967, on met des musiques très fort, on rit et on boit un peu ou trop : on oublie Londres, la police, les journaux et les avocats, on oublie Allen Klein et son argent et qu'importent même les Rolling Stones : on vivrait tout aussi bien du théâtre, de la mode et des films, voire de rien. Les changements d'air ne sont pas propices à Brian : il commence en route une crise d'asthme grave, il étouffe.

On dort probablement à Bordeaux, on traverse les Landes, on s'émerveille des couleurs du Lot-et-Garonne mais, passé Toulouse, la fièvre s'y met. En arrivant à Albi, 27 février, la Bentley se dirige droit vers l'hôpital, où les médecins diagnostiquent une pneumonie, installent une perfusion d'antibiotiques et de cortisone, le mettent sous respirateur et décident de garder Brian pour cinq jours au moins. Keith et Keylock sont dans le couloir ou bien dans la cour gravillonnée de la clinique. On doit régler les problèmes logistiques : Brian sera soigné ici, mais eux, que vont-ils faire ? Ils commandent de la bière place Sainte-Cécile, et du thé pour les filles, puis on continue tous quatre au whisky. La cathédrale ou le palais de la Barbie ne sont pas faits pour les retenir, et l'excellent hôtel sent par trop sa province. Alors le lendemain matin on dit au revoir à

Brian, et il est d'accord pour les rejoindre dès qu'il sera guéri : non, il ne veut pas les condamner à cinq jours dans Albi.

La Bentley traverse Carcassonne, Narbonne, Perpignan. Keith est devant avec Keylock, les deux filles derrière. Le soir ils sont à Barcelone, et on choisit le meilleur restaurant qu'on trouve. Keith Richards n'a jamais d'argent sur lui. Quand il veut régler les quatre repas du restaurant avec sa carte du Diner's Club, on lui demande de produire son passeport. Sa carte bancaire, d'après lui, est une garantie suffisante, et Keith Richards a dépassé le stade où on pourrait s'opposer à lui pour une question aussi idiote, alors il refuse : qui s'aviserait, pour un dîner de ce prix, de requérir en Angleterre l'identité de quelqu'un dont on trouve la photographie du Minnesota jusqu'à Marseille sur les couvertures de tous journaux pour moins de vingt ans ?

Mais dans l'Espagne de Franco on n'a pas ces élargissements-là. La carte Diner's Club suffit certainement quand on a le costume et l'âge approprié, mais pas pour eux et leurs longs cheveux. On envoie Keylock à la voiture chercher le passeport mais le ton monte. Le temps que Keylock revienne, Keith s'est énervé et le restaurant a requis les carabiniers, qui les embarquent. Keith et les deux filles ne sortiront qu'à six heures de matin du poste de police.

D'étranges dialogues ont dû s'improviser cette nuit-là, puisque aucun d'eux trois ne parle espagnol (Anita seule, qui maîtrise l'italien et le français, fait l'interprète?), et les carabiniers ne vont pas s'embarrasser de parler anglais. Pour Keith, retour aux heures habituelles de la vie nocturne des Stones : toute une nuit dans un local anonyme et bétonné, rien qui ressemble plus à la routine des studios. Pas d'avocat ni de téléphone, encore moins de photographe. On rentre au matin à l'hôtel et on s'endort. Vers midi, il y a un télégramme de Brian : la fièvre est tombée, la pneumonie et l'asthme maîtrisés, il somme Anita de le rejoindre. Demi-tour? Dans leur tête, ça voudrait dire recommencer toute la journée d'hier. Non, Albi, Perpignan et la police d'Espagne, ça suffit : que Brian plutôt les rejoigne... On fait répondre que le câble est arrivé trop tard, qu'ils sont déjà repartis.

En quittant Barcelone, on dépose Deborah Dixon à l'aéroport, elle rentrera à Paris : la nuit au poste l'a traumatisée. Alors on laisse Keylock conduire, et Keith est à l'arrière avec Anita. C'est confortable et silencieux, une Bentley qui file dans les lumières de la Méditerranée. On a un peu sommeil, on se rapproche : on se connaît si bien. Ils s'arrêtent à Valence la nuit suivante et c'est leur première nuit ensemble.

Version de Keith Richards : *If I was thinking about chicks at all I was probably thinking about screwing Debra. I was very wary of no wanting to fuck up this new thing I had going with Brian* ₁₆,₉₅ : « Si jamais j'avais pensé filles, j'aurais probablement essayé de baiser avec Deborah. J'étais vraiment attentif à ne pas fiche en l'air ce nouveau truc que j'avais avec Brian. »

Version d'Anita Pallenberg : *That meant that Keith and I would be alone in the backseat of the Bentley while Tom drove. By the time we reached Valencia we could no longer resist each other and Keith spent the night in my room. In the morning I realized, as did Keith, that we were creating an unmanageable situation because, after all, Brian and Keith had to perform together, so we pulled back as best as we could during the rest of the journey that took us from Malaga, by ferry to Tangier* ₉,₂₇₂ : « Ça voulait dire que Keith et moi on était seuls à l'arrière de la Bentley pendant que Tom conduisait. Le temps qu'on arrive à Valence, on ne pouvait pas résister plus longtemps l'un à l'autre, et Keith a passé la nuit dans ma chambre. Le matin j'ai réalisé, comme Keith, que la situation qu'on avait créée devenait ingérable puisque, après tout, Brian et Keith devaient continuer à jouer ensemble. Alors on a fait marche arrière autant qu'on pouvait le reste du voyage, de Malaga jusqu'au ferry de Tanger. »

Le lendemain, ils suivent la côte jusqu'à Marbella. La mer et les hôtels de luxe sont partout les mêmes et Marbella est conçu pour eux. Personne ne sait où les rejoindre, et surtout pas Brian. Ils auront trois nuits avant de prendre le ferry, le 4 mars : largement le temps de réfléchir à la situation dite ingérable (d'où cette nuance qu'Anita Pallenberg ne fasse pas démarrer leur marche arrière – *pull back* – de leur première nuit à Valence, mais du ferry quittant Malaga, après les trois nuits de Marbella). Retour à la réalité, et à Brian.

Tanger, ville blanche posée à l'angle des deux mers, carrefour de deux continents, avec son souk niché dans la falaise au-dessus du port où trois civilisations se croisent, est dans les années 60 la porte d'un monde et une légende : les grandes migrations exigées par l'industrie automobile et leurs retours périodiques en ont eu raison depuis lors. L'exil de peintres ou d'écrivains suffit à faire d'une ville un mythe, et dans ce bistrot creusé dans le roc au-dessus de l'océan, au-dessus du bleu d'Atlantique, où parmi les chats on vous offre thé et haschich à volonté, on peut tout oublier. Même si dans le luxueux hôtel Minzah leur *party* a réservé tout le dixième étage, et qu'on recommence ici, de la première apparition à la piscine vers midi jusqu'au restaurant la nuit, ce qu'on a indifféremment fait en Floride ou à Hawaï.

Quand ils descendent de la Bentley, c'est pour trouver une pile de télégrammes et de messages téléphoniques de Brian, qui les croyait arrivés depuis trois jours au moins. Est-ce qu'il se doute, et qu'il ne supporte pas ? *Feeling almost fully recovered. Must leave here as soon as possible for Tangier assuming no complications. Very very unlikely. Please book flights first class tickets Toulouse / Paris / Tangier early next week and mail tickets immediatly. Also notify others of arrival and ask them to wait for me. Will recuperate fully in sun. Love, Brian* [2, 491] : « Presque tout guéri. Dois partir dès que possible pour Tanger si pas complications. Très très improbable. Merci réserver première classe Toulouse-Paris-Tanger début semaine prochaine et m'envoyer billets. Prévenir les autres de l'arrivée et leur dire m'attendre. Récupérerai complètement au soleil. Love, Brian. »

L'autre mythe marocain c'est celui de la ville rouge en son désert, la Marrakech secrète des palais et terrasses, de la danse et des tambours. On ira à Marrakech en Bentley, cette fois Keith et Keylock emmènent Mick, et tous les autres (Fraser, Cooper, Gyson et d'autres) les précèdent en avion. Quant à Marianne, elle accepte de raccompagner Anita et de faire que, pour ses retrouvailles avec Brian, elle ne soit pas seule. Les deux filles n'ont guère de secret l'une pour l'autre, et Marianne a assez d'intimité avec Keith pour qu'on ne lui dissimule rien.

Les deux filles reprennent le 5 mars l'avion en première classe pour Paris, d'où elles rejoignent Brian à Toulouse. Ils rentrent tous trois par un autre avion à Londres, Brian devant se faire hospitaliser dans une des meilleurs cliniques londoniennes, Harley Street Nursing Home, pour une série de radiographies et d'examens. Ou précaution prise par Anita pour gagner un peu de temps avant la confrontation ?

Marianne Faithfull rapporte une curieuse scène de leur retour à Tanger, en attente à Gibraltar de la correspondance pour Marrakech. Ils ont pris de leur « acide » avant l'envol de Londres, pour mieux supporter, dit-elle. Pour ne pas rester enfermés dans l'aéroport, ou que les signes du « trip » ne soient pas trop remarqués, ils vont marcher dans le rocher et regardent les singes. Brian a son magnétophone, et fait défiler cette musique qu'il prépare pour le film de Schlöndorff avec Anita : *He turned on the tape recorder and after a few bars the monkeys, with a collective shriek, ran pell-mell away, tearing off into the distance. Brian took it as a terrible rejection. He screamed at the monkeys, trying to get them to come back, and then when they wouldn't, he began to weep. A kind of madness, shouting : The monkeys don't like my music ! Fuck the monkeys ! Fuck the monkeys !* [9, 273] : « Il a enclenché le magnétophone mais, après quelques mesures, les singes se sont mis à hurler tous ensemble et se sont enfuis pêle-mêle, pour se tenir à distance. Brian l'a pris comme un terrible rejet. Il s'est mis à crier après les singes, leur disant de revenir, et comme ils ne voulaient pas, il s'est mis à pleurer. Une espèce de folie, criant : Les singes n'aiment pas ma musique ! Enculés de singes, enculés de singes ! » Si la pneumonie est guérie, Brian reste fragile.

Et la facilité d'approvisionnement en haschich l'aura vite ramené à ses démons. Il est agressif, avec Anita même. Comment ne pas gamberger aux trois jours qu'elle a passés avec Keith à Marbella, à la façon de Keith de l'éviter, lui, Brian, à peut-être un regard en coin surpris ? Brian ramène à l'hôtel une prostituée, et propose à Anita une expérience de sexe à trois. Elle refuse, il déborde. Elle réapparaît le lendemain, des traces de coup sur le visage, et Richards décide d'intervenir.

Un ami, Brian Gysin, doit emmener Brian enregistrer à Joujouka des percussions marocaines. On est le 15 mars. Dès qu'il est hors de vue, Keylock embarque Keith et Anita dans la Bentley, ils repartent immédiatement pour Tanger. En entrant en Espagne, après le ferry, la police procédera à un quasi-démontage de la voiture pour y trouver du haschich : Keylock revient en voiture à Londres, Anita et Keith disparaissent en Espagne.

Le surlendemain, Brian rentre à Londres, suivi par Mick et Marianne, mais il n'y a personne à Courtfield Road, personne à Redlands. Il s'accroche au téléphone : personne ne sait où est le couple, il y voit une nouvelle conspiration.

De l'ambiance à Marrakech, le témoignage du photographe Cecil Beaton, à propos de Mick : *He asked : Have you ever taken LSD ? Oh, you should. It would mean so much to you : you'd never forget the colors. For a painter it's a great experience. One's brain works not on four cylinders but on four thousands. You see everything aglow. You see yourself beautiful and ugly, and other people as if for the first time... It's like the atom bomb. Once it's been discovered, it can never be forgotten* $_{9, 275}$: « Il me dit : Vous avez déjà essayé le LSD ? Oh, vous devriez. Ça représenterait tellement pour vous : jamais vous n'oublieriez ces couleurs. Pour un peintre, c'est une expérience forte. Votre cerveau ne travaille pas sur quatre cylindres, mais bien quatre mille. Vous voyez tout illuminé. Vous vous voyez vous-même beau et affreux, et les autres gens comme si c'était la première fois... c'est comme la bombe atomique, une fois découvert ça ne peut plus être oublié. » Presque la description de Michaux, en somme.

Anita revient à Londres le 22 mars, attendue par Brian à l'aéroport. Trois jours de plus, Brian et Richards sont face à face et partagent à nouveau la scène et les guitares pour leur premier concert à Malmö, en Suède, le 25 mars. Le rideau est tiré sur le drame à trois. Pour échapper au face-à-face ou prouver sa volonté de garder les Stones en état de marche, quitte à sacrifier de sa vie personnelle, Keith affectera une brève liaison avec un mannequin allemand. Mais à Londres, pendant ce temps, Anita a quitté définitivement Courtfield Road pour se réfugier dans le pied-à-terre de Keith à Saint-John's Wood. Nouvelles scènes, Brian tambourinant à la porte, puis passant sur le palier la moitié de la nuit. Ou Keith réfugié dans une chambre, attendant la fin de l'explication de Brian et d'Anita à côté : aucune de ces passes n'est plus simple parce qu'on est Rolling Stone.

Avec Marianne Faithfull d'abord, puis le grand roque d'Anita entre les deux pièces maîtresses de l'échiquier, la vie privée des membres du groupe va désormais fournir à une profusion de témoignages, contraignant le biographe à un travail quasi inverse de ce qu'il s'agissait de faire jusqu'ici. On avait à saisir ce qui transperçait, on doit maintenant trier. Le premier biographe des Stones, Philip Norman, qui ne connaît pas Albi, dira Toulon au lieu de Toulouse et chacun, y compris Anita Pallenberg, répétera Toulon comme lieu de l'hospitalisation de Brian, et cette distorsion de détail on pourrait en trouver des centaines d'exemples. Mais c'est par cette distorsion que la légende prendra le pas sur la réalité, et qu'eux-mêmes peu à peu s'en rapporteront à ces récits extérieurs plutôt qu'à leur mémoire personnelle. Dans le premier livre consacré à Keith Richards, auquel il acceptera de contribuer, le livre de Barbara Charone en 1979 (déjà dix ans après la mort de Brian), les détails qu'il fournit libéralement n'ont d'utilité qu'en tant que monnaie d'échange. Immergé dans son difficile procès de Toronto pour usage et importation d'héroïne, blanchir l'image du rebelle rock en relativisant le plus possible l'influence de la drogue. Dans le livre de Barbara Charone, il évacue même l'incident de Barcelone, parce qu'une bagarre sous prétexte d'une carte de Diner's Club refusée ne colle pas à son image. Pour rester compatible avec l'incident des passeports, voilà ce qu'il invente : *Several drinks smashed one car window and entire entourage were hauled off to the police station and promptly arrested. Keylock had managed to escape, going to the hotel to secure their passports* [16, 95] : « Des types ivres avaient brisé la vitre de la voiture et tout le monde avait été emmené au poste de police et mis en arrestation. Keylock s'était débrouillé pour s'échapper, revenant à l'hôtel pour sauver leurs passeports. » Il n'empêche que la manière qu'a Richards de commenter nous intéresse, si elle témoigne de la conscience qu'ils ont eux, en temps réel, de leur image pour les autres : *We're in this fuckin' police station kangaroo court for about six hours. At that point they didn't really know who I was, 'cause it was pre-sort of Stones international fame to that extent. To them we were just some rich English kids with a Bentley who somehow got in a fight* ₁₆,₉₆ : « On est restés dans ce putain de poste de police, une poche de kangourou, au moins pendant six heures. A ce moment-là ils ne savaient pas qui j'étais, on était encore dans une sorte de préhistoire de la réputation internationale des Stones. Pour eux, on était juste des gamins anglais trop riches avec une Bentley, et tombés dans une bagarre. »

Plus tard, une fois lui-même guéri, il ne s'encombrera plus de mensonges aussi simples, et dans la biographie de Victor Bockris il parle en détail de l'héroïne : mais Anita n'est plus sa compagne, et Keith, maintenant père de famille, passera rapidement sur l'épisode Marrakech, sans mention non plus de Marbella : *I couldn't sit there and watch the way Brian was treating Anita, although she was capable of looking after herself. I said : Fuck this, come on, darling. I'm taking you back to London. It was a very cold-blooded affair. Just : Let's go, I'll take you out of this at least, and then you can do what you want* ₁₇,₁₂₇ : « Je dis à Anita : Eh merde, on y va, ma chérie, je te ramène à Londres... Tout ça était parfaitement contrôlé. je lui dis juste : Allez hop, je t'enlève de tout ça à la fin, et après tu fais ce que tu veux... »

A comparer avec le ton qu'emploie Keith pour Barbara Charone, alors qu'il vit encore avec Anita : *By then I'd given up on Brian. I was disgusted with the way he treated her and the way he behaved. I knew there wasn't any possibility of any long term friendship lasting between Brian, me and Mick... Perhaps if Brian had been half way decent we would have cooled it because we did recognize there was a chance of Brian becoming part of the group again. That would have been important but with Brian being in between Anita and I for ten days we both realized there was something more in it than just a bit of a laugh on the journey* ₁₆,₉₆ : « Mais j'en avais marre avec Brian. J'étais dégoûté de la façon dont il la traitait et comment il se comportait. J'avais compris qu'il n'était plus possible de faire vivre une amitié à long terme entre Brian, Mick et moi... Peut-être que si Brian n'avait pas exagéré on aurait calmé ça, parce qu'on aurait reconnu qu'il y avait une chance pour Brian de reprendre sa place dans le groupe. Ça aurait été important. Mais avec Brian entre Anita et moi pendant dix jours, on a compris l'un et l'autre que c'était pour tous les deux bien plus que de s'amuser un peu pour occuper le voyage. »

Le biographe doit composer avec ces traces éloignées, les rapporter à la comptabilité et la chronologie des télégrammes et billets d'avion, puisqu'ils sont tous émis ou comptabilisés par le bureau des Stones à Londres (on a la chance que Bill Wyman s'y soit reporté), et savoir ce qui, dans le flou des versions, quand ce flou est entretenu par le protagoniste lui-même, ramène un peu de visible et de concret, comme au détour d'une phrase sur cette garçonnière de Saint-John's Wood où il recueille Anita : *It was a base between gigs to flop out before the gig the next night. I had a record player, mattress on the floor, a tape recorder to write songs, a couple of guitars and a roll of toilet paper. It was an expansive piece of shit for what it consisted of* [16, 99] : « C'était une base entre deux concerts, pour décompresser avant le concert de la nuit suivante. J'avais de quoi passer les disques, un matelas par terre, un magnétophone pour enregistrer ce que j'écrivais, deux guitares et un rouleau de papier toilette. C'était bien cher pour ce que c'était. »

En 1971, dans le grand entretien publié par *Rolling Stone*, qui est le point de départ de tous les biographes successifs parce que la première fois qu'on demande à un des Stones de s'expliquer sur lui-même, Keith évacue tout cela d'une phrase (*Anita could tell you a lot about Brian, obviously, because she was Brian' chick for a long time...*) : c'est seulement de l'autre côté de la mutation, une fois les années 60 révolues, qu'on commence l'examen de ces conjonctions de la vie intime et du destin public. Les livres se citent les uns les autres (cette description du studio de Saint-John's Wood est reprise quinze ans plus tard par Victor Bockris, alors qu'elle s'est effacée du souvenir de Keith) et les protagonistes eux-mêmes, quand on les interroge, répéteront ces versions existantes, sur la foi de l'imprimé. Eux-mêmes ont traversé tout cela trop vite, et dans l'obscurité de leur être, toujours dans cet entrefer du regard public et de la vie privée qu'on tente d'isoler. Anita obtient de Brian qu'elle puisse récupérer Courtfied Road ses affaires et vêtements. Pendant les trois semaines de tournée à venir (Malmö, Brême, Cologne, Dortmund, Hambourg, Vienne, Bologne, Rome, Milan, Gênes, Paris, Varsovie, La Haye et Athènes), Brian fait de la figuration sur scène. Qu'importe la musique, de toute façon personne n'entend que des cris. Des médicaments, somnifères ou excitants, mélangés au brandy à haute dose, le haschich et l'acide (pas encore l'héroïne) par-dessus, Brian semble accepter une séparation de fait de sa vie personnelle et des exigences professionnelles des Stones, et c'est cela qui lui permet de surmonter la séparation.

Analyse de Charlie Watts : *My theory on Brian is that he wasn't very strong. Keith is strong. Keith can drink booze or what'ever because he can take it. Brian started off not well when he got up in the morning. That's the base. If you build on that all his hang-ups, egos and all, you can understand his problems* [16, 101] : « Ma théorie sur Brian, c'est qu'il n'était pas assez fort. Keith est fort. Keith peut s'avaler de l'alcool ou n'importe quoi parce qu'il supporte. Brian, dès le matin, ne démarrait pas bien. Tout est là. Si tu rajoutes à ça tous ses complexes, son ego et le reste, tu comprends ses problèmes. »

Version accréditée, plus brutalement, par Marianne Faithfull : *When Brian got the point where he didn't know what to do, how to handle a difficult situation, he hit out. He was a small man and that's the way it is with many small men. They compensate for their lack of size by using their fists* 9, 277 : « Quand Brian atteignait le point où il ne savait plus quoi faire, comment appréhender une situation difficile, il cognait. C'était un homme petit et c'est comme ça que font beaucoup d'hommes petits. Ils compensent leur défaut de taille en cognant avec les poings. »

Bill Wyman note avec ironie le flou qui entoure ces mois-ci : quand Anita demande au bureau des Rolling Stones son billet d'avion pour Munich, où elle tourne, et de Munich rejoindre Keith à Paris au George V, c'est encore des cachets de Brian qu'on le déduit. Brian proteste, la secrétaire déduit le prix du billet du compte de Keith et redonne l'argent à Brian. A Rome, Stash Klossowski les invite dans la maison familiale, sans que pour autant ils croisent Balthus. Ils sont plus attentifs au fait que Brigitte Bardot, Jane Fonda et Gina Lollobrigida demandent des places pour assister à leurs concerts : Eh, mec, t'as arrangé pour qu'on les voie après ?

Publicité drogue oblige : à chaque embarquement ils ont droit désormais à une fouille complète, corps, matériel, bagages. D'où une nouvelle responsabilité conférée par Stu à Tom Keylock, et son poids accru dans le groupe. Il a pour charge la visite préalable des poches et sacs de Brian et Keith, et de liquider dans les toilettes des avions, avant atterrissage, ce dont ils ont tenté de ne pas se défaire. Ils seront très vexés que dans leur palace parisien on leur vole argent, appareils photos et radios, plus quelques vêtements : ils ne remettront plus les pieds au George V, tandis que l'hôtel s'accommode de cette occasion de se débarrasser d'eux. On ne protestera même pas quand Bill Wyman accusera publiquement du vol leur propre personnel : pour le George V, voler les Rolling Stones c'est sans doute reprendre son dû.

It's getting fucking heavy, ce sera le seul commentaire de Mick quant à l'épisode Marrakech et ses suites : il a appris dans sa vie à lui que cette instance-là, des obscures pulsions privées, on ne raisonne pas. En tout cas, lui ne le pourra jamais, et il complète : *But I took so much acid I don't remember much* 16, 99 : « Ça devenait putainement lourd. Mais je prenais tellement d'acide que je ne me souviens pas bien. » Voilà pour lui la dominante.

Who breaks a butterfly on the wheel?

En anglais, *to break a butterfly on the wheel* veut dire : ne pas y aller avec le dos de la cuillère. C'est l'avis du *Times* pour ce qu'on va entendre.

Ils ont du mal à prendre tout cela au sérieux. On voit Keith et Marianne poser devant Redlands pour Michael Cooper, chacun portant devant lui un journal déplié : *Naked girl at Stones party, nude girl at Stones party* : « La fille à poil dans l'orgie des Stones, partouse nue chez les Stones », chacun pointant du doigt l'autre pour bien attester que c'est d'eux qu'il s'agit.

La tranquillité de Richards s'exprimera encore à vingt ans de distance : *They took away all our incense and left most of the drugs* [23, 31] : « Ils ont emporté tout notre encens, ils ont laissé le plus gros de la came. » Jagger est monté plus solidement au front, répliquant dans le *Daily Mirror* aux attaques de *News Of The World*, et déportant enfin le conflit sur un changement de société. Avec Les Perrin et Michael Havers, ils travaillent en équipe et cela se sent : rien n'est oublié, ni de la dimension internationale, ni d'une vague menace, ni de sa position d'observateur privilégié parce que révéré des foules dont il parle. *I see a great deal of danger in the air. Teenagers are not screaming over pop music any more, they're screaming for much deeper reasons. We are only serving as a mean of giving them an outlet. Pop music is just the superficial issue. When I'm on the stage I sense the teenagers are trying to communicate to me, like by telepathy, a message of some urgency. Not about me or the music, but about the world and the way they live. I interpret this as their demonstration against society and its sick attitudes. Teenagers the world over are weary of being pushed around by half-witted politicians who attempt to dominate their way of thinking and set a code for their living aloud without any petty restrictions. This doesn't mean they want to become alcoholics or drugtakers or tread down on their parents. This is a protest against the system. I see a lot of trouble coming in the dawn* [6, 68] : « Je vois un sacré danger dans l'air. Les ados ne hurlent plus simplement à cause de la musique pop, s'ils hurlent c'est pour des raisons plus profondes. Nous on leur sert seulement de moyen, on leur donne un exutoire. La musique pop, c'est juste le côté superficiel. Quand je suis sur scène, je sens que les ados essayent de communiquer avec moi, comme par télépathie, un message, quelque chose d'une urgence. Non pas à propos de moi ou de la musique, mais du monde, et de la façon dont ils vivent. J'interprète ça comme leur démonstration contre la société et ses attitudes de malade. Partout au monde, les ados en ont marre d'être mis de côté par des abrutis de politicards qui voudraient régir leur manière de penser ou contrôler un mode de vie qui s'affirme sans la moindre restriction mesquine. Ça ne veut pas dire qu'ils veulent devenir alcooliques ou drogués, ou écraser leurs parents. C'est une protestation contre le système. Je vois beaucoup de problèmes s'annoncer à l'horizon. » Un message plutôt urgent.

C'est la seule fois qu'on se permettra citation aussi longue, mais, aussi bien, c'est le seul moment où, encore à la frontière, Mick se préoccupe autant de comprendre son propre rôle et ce qui se passe. L'intelligence instinctive de Jagger, c'est de s'effacer devant ces changements qui s'annoncent, ne pas permettre qu'on les assigne, lui-même ou John Lennon, comme les fauteurs de trouble, dans une vague déjà irrépressible. N'empêche qu'à nous, qui avions quatorze ans, ils étaient les premiers à en tenir le discours, puisque le contenu même de la transgression possible nous parvenait par leurs frasques. Et ce discours, dont nous avions besoin pour notre propre mutation, ils l'incarnaient par leur être et leur musique autant que par chacun de ces scandales successifs que la rumeur publique leur attribuait, et que nous revendiquions aussitôt pour nous-mêmes, et notre propre horizon, ce que Mick nomme aurore : *a lot of trouble coming in the dawn*. La fille nue dans la fourrure, oui, cela nous semblait une bonne blague à l'ordre ancien du monde.

Mick et ses conseils ont tenté via l'article du *Daily Mirror* d'allumer un contre-feu, et faire déborder leur procès du seul usage de drogue. Mick, Keith et Robert Fraser sont convoqués le 10 mai à Chichester, petite ville près de Portsmouth, au tribunal dont relève Redlands, mais le contre-feu n'a pas atteint Chichester. Keith est revenu du festival de Cannes seulement la veille, laissant Anita repartir en Allemagne. Il porte une cravate rose, celle de Jagger est sombre à fleurs vertes. Allen Klein est assis au premier rang. C'est une simple comparution, ils doivent verser chacun une caution de cent livres, et le procès est fixé à six semaines, les 27 et 28 juin. Le midi, près de six cents gamins sont à la porte du tribunal à crier, certains portant un panneau : *Legalize marijuana*. Richards s'envole dès le lendemain pour Paris.

Le même jour, la police investit l'appartement de Brian. Il y est avec Stash, le fils de Balthus. Ils dorment. Le scénario est à répétition : la sonnette qui ne cesse pas, des coups sur la porte. Quand on comprend que c'est la police, on vide tout ce qu'on peut dans les WC, et on ouvre. Douze policiers vont perquisitionner pendant plus de quarante minutes, racler les cendriers, explorer les bribes de papier aluminium dans le fond de la poubelle : les cendres seront analysées, des grains dispersés de cannabis seront exhumés – la police londonienne, à la différence de celle de Chichester, sait différencier le cannabis de la moutarde en sachet ou d'un bâtonnet d'encens.

Brian et Stash sont emmenés au poste de police à Kensington. Quand ils arrivent, les photographes des journaux ont été convoqués. Contrairement à Keith et Mick, ils n'ont pas pu prévenir leurs avocats. Alors ils prennent pile la mauvaise direction, en reconnaissant leur consommation de haschich. Encouragés par une insolence native, par un reste de défi à l'uniforme, parce qu'ils savent que c'est un défi de société ? On peut se tromper. *Yes, it's hash. We do smoke. But not the cocaine, man. That is not my scene. No man, no man. I'm not a junkie* [2, 509] : « Oui, c'est du hasch. Oui, on fume. Mais pas la cocaïne, mec. C'est pas mon truc. Non, mec, je ne suis pas un junkie. »

Dès que rejoints par Klein et leurs avocats et instruits des risques, ils changent de version, mais trop tard. Brian laisse Courtfield Road et s'héberge au Hilton. Au tribunal, le surlendemain, Keylock les dépose, lui et Stash, dans la Rolls de Brian : pas sûr que les juges apprécient. L'audition dure dix minutes, ni Brian ni Stash ne condescendent à répondre, on les ponctionne d'une caution de deux cent cinquante livres.

Les deux procès sont en route et font les gros titres. Pour nous, au bord de la Charente, qui n'avions jamais entendu parler de l'existence même du haschich (nous n'avions pas l'âge de lire Quincey, ce serait deux ans plus tard à l'internat de terminale C, Poitiers, lycée Camille-Guérin, et Michaux nous ne connaissions pas non plus), chaque article était une découverte : ah bien oui, on essayerait cela aussi.

Pendant six semaines, sur injonction de leurs avocats, les Stones évitent même de paraître ensemble. Charlie Watts, qui se considère à l'écart de tout ça, revend sa maison pour une autre toute proche mais avec piscine, six chambres et tout un ensemble de bâtiments de ferme. Bill Wyman produit comme à son habitude les disques de musiciens mineurs, pour qui la signature du producteur est gage d'image au goût du jour. Ian Stewart maintient l'intendance. Il n'y a plus de disque en cours, pas d'enregistrement prévu. Ils s'enferment quatre jours aux studios Olympic fin mai, enregistrant les parties instrumentales de *We Love You,* précédant les Beatles qui enregistrent ce début juin, dans le même studio, *All You Need Is Love* (et quand les Beatles en juillet le joueront en direct à la télévision, Mick et Marianne seront dans les chœurs).

Brian fait une nouvelle échappée en Californie, assiste depuis les coulisses au festival de Monterey, où il présente Jimi Hendrix au public. Le mouvement hippie qui s'y affirme dans sa provisoire splendeur le reconnaît pour sien, et lui renchérit sur les dentelles, les soies, le pourpre, le mauve et les fleurs. Quelques jours avant le procès, Decca met dans les bacs des disquaires d'Amérique et d'Europe *Flowers*, un album de compilation avec seulement trois titres inédits, enregistrés l'an passé à Los Angeles. Marianne Faithfull joue *Les Trois Sœurs* de Tchekhov au Royal Court Theatre, et le 3 juin s'évanouit sur scène : les excès, la poudre, commencent leurs ravages.

Le 27 juin au matin, Jagger, Richards et Fraser répondent à l'interrogatoire d'identité du juge Leslie Block du Chichester Crown Court. Mick Jagger répond de la possession de pilules d'amphétamines, Robert Fraser des pilules d'héroïne, et Keith Richards est assigné en tant que propriétaire des lieux et complice de l'usage de drogues, des cendres de résine de cannabis ayant été détectées. Richards comparaît libre, mais Jagger et Fraser doivent se constituer prisonniers au début du procès : rendez-vous discret est arrangé près de Redlands, où ils ont dormi, avec la voiture de police qui les conduira au tribunal. Ce premier jour de tribunal, c'est une autopsie technique du dossier, des témoignages de médecins, et Jagger défend pied à pied son territoire. Il argumente qu'il travaille beaucoup, supporte énormément de déplacements, incluant d'incessants changements de fuseaux horaires, qu'ils enregistrent toujours la nuit et qu'il a besoin de ces pilules pour rester éveillé. Il produit des certificats attestant que celles-ci lui ont été fournies par un médecin italien, puisqu'il revenait tout juste de Positano et que là-bas c'est un médicament légal. Le soir, on transfère Jagger et Fraser en fourgon pénitentiaire à Lewes, une heure de route, tout près de chez Charlie Watts : quand ils reviendront le lendemain, ils dansent, menottes au poing, devant les appareils photo. C'est presque une bonne farce, à des gens comme eux, qu'on les fasse dormir dans une cellule de garde à vue et qu'on leur mette des menottes. C'est au tour de Richards d'être interrogé (Jagger et Fraser passeront la journée enfermés dans une cellule située au sous-sol du tribunal), et on évoquera *Miss X*, cette mademoiselle X jamais nommée, qui se promène nue parmi les hommes, vêtue de fourrure. On reparle aussi naturellement du mystérieux Schneidermann :

PROSECUTOR MORRIS : *Is it your defence that Schneidermann had been planted in your weekend party as part of a wicked conspiracy by the* News Of The World *? Is it any part of your defence or not ?*

RICHARDS : *Yes it is, sir.*

MR MORRIS : *Is your defence that Schneidermann was planted by the* News Of The World *in an attempt to get Mick Jagger convicted of smoking hashish ? Is that the suggestion ?*

RICHARDS : *That is the suggestion.*

« Procureur : Affirmez-vous pour votre défense que Schneidermann a été introduit dans votre fête comme élément d'une conspiration insidieuse initiée par *News Of The World*? Richards : C'est cela, oui. – Affirmez-vous pour votre défense que Schneidermann était envoyé par *News Of The World* dans le but de voir Mick Jagger accusé de fumer du haschich, c'est la suggestion ? – Oui, c'est la suggestion. »

Richards dit aussi que, tous les jours précédents, un camion banalisé restait en planque partout où il s'arrêtait, dormait ou travaillait, et en donne la description. Deuxième volet :

MR MORRIS : *This party was mainly of your personal friends?*

RICHARDS : *I can only say that in my profession there are people who are hangers-on who you have to tolerate. On this occasion, there were two or three people I did not know particularly well, but did know well enough to allow them to come down.*

« Cette fête rassemblait surtout vos amis personnels ? – Tout ce que je peux dire, c'est que dans mon métier il y a des gens qui sont des parasites, mais que vous devez les tolérer. Cette fois-là, il y avait deux ou trois personnes que je ne connaissais pas particulièrement bien, mais assez bien pour les autoriser à nous suivre. »

Suite, toujours à propos de Schneidermann :

MR MORRIS : *From what was found on him it is clear he smoked Indian hemp?*

RICHARDS : *Most definitely.*

MR MORRIS : *Did you know that then?*

RICHARDS : *Not at the time, sir. None of my friends there smoked hemp to my knowledge.*

« Compte tenu de ce qui a été trouvé sur lui, c'est clair qu'il fumait du chanvre indien. – Certainement, oui. – Est-ce que vous le saviez alors ? – Pas à ce moment-là, monsieur. Aucun de mes amis ici n'avait fumé du chanvre indien à ma connaissance. »

Troisième volet de l'interrogatoire, et passons sur le « serviteur marocain », c'est le scandale Faithfull qui est directement évoqué :

MR MORRIS : *There was, as we know, a young woman sitting on a settee wearing only a rug. Would you agree, in the ordinary course of events, you would expect a young woman to be embarassed if she had nothing on but a rug in the presence of eight men, two of whom were hangers-on and the third a Moroccan servant?*

RICHARDS : *Not at all.*

MR MORRIS : *You regard that, do you, as quite normal?*

RICHARDS : *We are not old men. We are not worried about petty morals.*

« Il y avait, à notre connaissance, une jeune femme assise sur un canapé et couverte seulement d'une couverture. Nous accorderez-vous, dans la vie ordinaire, qu'on attendrait d'une jeune femme d'être plutôt embarrassée si elle n'avait sur elle qu'une couverture en présence de huit hommes, dont deux sont des parasites et le troisième un serviteur marocain ? – Pas du tout. – Vous considérez cela, vous, comme tout à fait normal ? – On n'est pas des vieux. On ne se tracasse pas trop de la morale étroite. »

Keith Richards, qui s'est contrôlé tout au long de l'interrogatoire, perdra son procès sur cette seule réplique. Une seule phrase, mais qui renvoie le procureur Morris et le juge Leslie Block du mauvais côté, et de l'âge, et de la morale. Un simple déplacement de locuteur dans une phrase (qu'on se reporte aux déclarations de Mick dans le *Daily Mirror*, et le rôle confié à ces *teenagers* anonymes et hurlant *all over the world*), et cela suffit, au tribunal de Chichester, pour la grande bascule.

Richards en sera bien conscient : *My big mouth put me on the spot many times. But I know at times there are things that need to be said, it doesn't matter where it is and who it's said to. Sometimes I can hear myself talking and saying : You should keep your mouth shut, boy, and just get an easy ride here, but meanwhile I can hear my voice booming around saying : No way ! Half of me is fighting this thing, but it just comes out, you know, this has to be said, and that's all there is to it. Then I'm a victim of whatever it is I've said* [17, 134] : « Ma grande gueule m'a joué pas mal de sales tours. Mais parfois il y a des choses qu'il faut dire, et peu importe à quel endroit on est, ni à qui on le dit. Quelquefois je m'entends parler, et dire : Tu devrais te la fermer, mon garçon, et juste laisser pisser. Et au lieu de ça j'entends ma voix cogner autour, gueulant : Pas moyen ! Une moitié de moi combat encore, mais ça sort comme ça, tu sais : c'est ça qu'il faut dire, c'est la seule chose à faire. Et je suis la première victime de ce que j'ai dit. »

We are not old men. We are not worried about petty morals... C'est sur ce mot de morale qu'il faut un instant s'attarder. Les titres des chansons qu'ils enregistrent, *We Love You, All You Need Is Love*, le titre du nouvel album : *Flowers*, tout cela c'est la tendance du jour. Il y a six mois, on devait transiger sur le titre *Let's Spend The Night Together*, et cela semble soudain à un siècle. Pourtant, rien de bien nouveau sous le soleil, si on suit les ébats numérotés de Bill et Brian dans les hôtels des tournées. Marianne Faithfull a toujours eu des amies féminines, et ses liaisons ont toujours été parallèles à ses engagements masculins. A Positano c'est la maison d'une de ces amies intimes qu'elle emprunte pour sa lune de miel avec Jagger. Elle continue à Londres de partager sa vie avec une amie indienne, mais n'en informe pas son nouveau fiancé. Il la trouvera un soir endormie avec l'Indienne, Valli, dans le lit matrimonial, et Richards se moquera de sa surprise, parce que lui sait tout cela par Anita : s'il y a effectivement révolution morale dans les années 60, les Rolling Stones à titre privé n'en sont pas partie prenante. Dans l'année et demie que durera encore la liaison de Mick et Marianne, il apprendra vite. Marianne Faithfull tient, dans son autobiographie, à nous raconter en détail comment Mick sera bientôt témoin visuel de ses amours, avec ce même naturel apparent que, ce dimanche de février, elle émerge à Redlands enveloppée de fourrure. Mais, tandis que Mick et le cinéaste James Fox, cocaïne dans le nez et sauvignon glacé à la main, contemplent ensemble les ébats de leurs compagnes, puisque Marianne Faithfull a tenu à nous en rendre compte, Mick commence une longue et discrète liaison beaucoup plus conforme aux normes en vigueur avec la chanteuse noire Marsha Hunt, et Marianne l'ignore encore. *My relationship with Mick was completely public, and my love affairs were wonderful because they were private. For once they weren't media events* [34, 145] : « Ma relation avec Mick était complètement publique, et mes amours merveilleuses parce que affaires privées. Au moins ce n'était pas dans tous les journaux. » Elle l'analyse parfaitement, sans penser que c'était réciproque. Le modèle androgyne qu'élabore Mick Jagger dans ces années où il se forme à la danse, arbore maquillage et vernis à ongles, est lié à tout ce que lui enseigne Marianne, mais il en garde le contrôle global. Quand les mêmes journaux à scandale tâcheront d'en faire, pour quelques photos avec David Bowie, un bisexuel caché et pervers, parce qu'on a besoin d'exhiber cette perversité comme symptôme et danger de la mutation des mœurs, c'est lui qui les manipulera à sa guise. Affrontant ses démons intérieurs, une société qui change se fabrique des icônes dans lesquelles elle se projette tout entière, et c'est cela les icônes que va condamner, ce 28 juin 1967, le juge Leslie Block.

Le jury ne délibère que quelques minutes et les déclare coupables. La sentence suit : un an de prison ferme et cinq cents livres d'amende pour Richards, trois mois ferme et cent livres pour Jagger, six mois ferme et deux cents livres d'amende pour Fraser. Ils sont pâles et rigides, simplement parce que, jusqu'ici, ils n'avaient pas compris que ce n'était pas un jeu comme les autres, comme la station-service de Romford, ou quelque chose que l'argent d'Allen Klein ne puisse acheter. Une Land Rover de la police les évacue du centre-ville, un fourgon prend le relais, avec sept policiers pour encadrer les trois hommes jusqu'à Londres. Mick est incarcéré à Brixton, Richards et Fraser dans la vieille prison de Wormwood Scrubs, chère à Charles Dickens.

Alors c'est l'avalanche. Pour Allen Klein, qui mesure l'ampleur d'un autre danger : un jugement pour usage de drogue leur interdit l'accès aux États-Unis. Plus de tournées, plus d'argent. Leur avocat, Michael Havers, interjette appel dès le lendemain, mais eux sont en prison pour de bon. Des jeunes s'assemblent devant l'immeuble du *News Of The World* dans Fleet Street, et chantent : *We want Mick Jagger*, et, plus vertement : *Change the law*. Quand les policiers les dispersent, ils se retrouvent à Piccadilly Circus autour de la statue d'Éros pour crier encore : *Free the Stones*. Les Who ont une réaction immédiate et magnifique : une conférence de presse le soir même, où ils annoncent qu'ils joueront le répertoire des Stones tout le temps que ceux-ci en seront empêchés. Ils achètent dans le *Evening News* et le *Evening Standard* un placard d'une page pour l'annoncer, et enregistrent le lendemain un quarante-cinq tours avec *Under My Thumb* et *The Last Time* : un must aujourd'hui pour les collectionneurs.

Ils ne passeront qu'un seul jour en prison, mais le dommage pour eux considérable. Mick parvient à rester lui-même le temps de l'incarcération, jouant les grands seigneurs, se laissant apporter d'un restaurant de luxe voisin des plats chauds recouverts de serviettes blanches, dûment photographiés au passage. Quand il sortira, ce sera pour dire : *We had very good treatment, though no different from the other prisoners. They all wanted our autographs* 2, 532 : « On a été vraiment bien traité, mais pas autrement que les autres prisonniers. Ils voulaient tous notre autographe. » Il a appris à se taire, le matricule 78 55, et sur l'affaire elle-même n'aura qu'un bref commentaire : *We do not bear a grudge against anyone for what has happened. We just think the sentences were rather harsh* 2, 532 : « On ne va pas en vouloir à quiconque de ce qui est arrivé. On pense seulement que la sentence est plutôt rude. » Avant d'en revenir très vite au blindage de l'ironie : *It wasn't so much worse than a hotel room in Minnesota* 1, 205 : « C'était certainement pas pire qu'une chambre d'hôtel dans le Minnesota. »

Mais Richards intériorisera le fossé entre eux et leur société, trouvera par la prison son personnage, le Keith Richards sombre et violent des cinq disques à venir. Et ce dédain maîtrisé venge encore plus lourdement que quoi que ce soit d'autre de la punition infligée par le juge Block. Pour Keith, pas de traitement de luxe, mais fouille au corps, dépôt des affaires personnelles, anthropométrie. La prison est en émoi, les gars l'appellent *mate*, « collègue », en l'apostrophant de barreaux à barreaux : *They're been waiting for you in here for years, mate ! – Don't worry, I ain't gonna be in here long, baby* 17, 135 : « Ça fait des années qu'on t'attendait, ici, collègue... – T'inquiète, mon pote, j'y serai pas longtemps... »

On peut supposer que l'emploi de ce *baby*, qui témoigne d'une longue pratique de l'Amérique, tient plutôt du Keith Richards répondant à l'intervieweur qu'à ce qui fut réellement échangé. On lui donne une feuille et un crayon, il en profite pour écrire à sa mère, selon ce que lui-même résume ainsi : *Dear Mum, don't worry, I'm in here and someone's working to get me out, da da da* [27, 58] : « Chère maman, ne t'inquiète pas, je suis là-dedans mais on s'occupe de m'en faire sortir, da da da... »

Richards parlera plus tard de son incarcération avec détachement, mais ce détachement il lui faudra longtemps pour le conquérir : *First off, neither the accomodations nor the fashion suited me at all. I like a little more room, I like the john to be in a separate area, and I hate to be woken up. The food's awful, the wine list is terribly limited, and the library is abysmal* [17, 134] : « D'abord, ni le logement ni les façons ne me convenaient. J'aime un peu plus d'espace, j'aime le chiotte dans une pièce à part, et je déteste qu'on me réveille. La nourriture dégueulasse, la liste des vins terriblement limitée, et la bibliothèque un abîme. »

La réalité est plus sombre. Sommeil, insomnie ? La nuit passe quand même, et dès le lendemain on met Keith à l'atelier. Lui qui n'a jamais eu d'emploi salarié, il devra apprendre la fabrication des faux sapins minuscules qu'on plante à Noël en haut des gâteaux. Le soir, de retour en cellule, c'est les voix anonymes, derrière les barreaux, qui lui apprennent que la radio vient d'annoncer leur élargissement, moyennant une caution qu'Allen Klein pouvait seul débourser. *You're out, mate, it's just been on the radio...* Richards se précipite sur la porte et tambourine : *Let me out, you bastards, I got bail!* [27, 58] : « Laissez-moi sortir, bande de cons, je suis libéré ! » Et quand Tom Keylock aura pris Jagger à Brixton, que la Bentley JLP 400D se présentera à l'entrée de Wormwood Scrubs, les gardiens lui rendent aimablement son vocabulaire pour au revoir : *You'll be back, you bastard...*

Fraser, qui n'a pas d'Allen Klein derrière lui et n'éveille pas l'intérêt des foules, accomplira seul ses six mois de détention. Klein a déboursé deux fois sept mille livres pour que ses chevaux de course redeviennent rentables : pour eux, l'affaire est terminée, au moins jusqu'à l'appel.

Pourtant, le surlendemain, 1er juillet 1967, c'est le vieux et respecté quotidien *The Times*, le cœur institutionnel de l'Angleterre, qui produit en une ce titre, signé par son rédacteur en chef, sir William Rees-Mogg : *Who breaks a butterfly on a wheel ?* Et de ce jour-là peut-être le véritable basculement de la mutation dans sa dimension politique. Il reprend tout au long les raisonnements du juge Block, mais pour la première fois en tel lieu le phénomène social surgi autour des Beatles est abordé dans sa dimension symbolique, conflit des valeurs morales compris. Aucun d'eux n'aurait jamais osé solliciter telle défense :

It should be wrong to speculate on the Judge's reasons, which we do not know. It is, however, possible to consider the public reaction. There are many people who take a primitive view of the matter, what one might call a pre-legal view of the matter. They consider that Mr Jagger has got what was coming to him. They resent the anarchic quality of the Rolling Stones' performance, dislike their songs, dislike their influence on teenagers and broadly suspect them of decadence, a word used by Miss Monica Furlong in the Daily Mail. *As a sociological concern this may be reasonable enough, and at an emotional level it's very understandable, but it has nothing to do with the case. One has to ask a different question : has Mr Jagger received the same treatment as he would have received if he had not been a famous figure, with all the criticism and resentment his celebrity has aroused? If a promising undergraduate had come back from a summer visit to Italy with four pep pills in his pocket would it have been thought right to ruin his career by sending him to prison for three months? Would it also have been thought necessary to display him handcuffed to the public? If we are going to make any case a symbol of the conflict between the sound traditional values of Britain and the new hedonism, then we must be sure that the sound traditional values include those of tolerance and equity. It should be the particular quality of British justice to ensure that Mr Jagger is treated exactly the same as anyone else, no better and no worse. There must remain a suspicion in this case that Mr Jager received a more severe sentence than would have been thought proper for any purely anonymous young man* :

« Nous n'avons pas à spéculer sur les raisons du juge, que nous ne connaissons pas. Il est cependant possible d'examiner la réaction publique. Beaucoup de gens s'en tiennent à une vision primitive de l'affaire, ce qu'on pourrait appeler une vision prélégale de l'affaire. On y considère que M. Jagger *a eu ce qu'il méritait*. On ne supporte pas le côté anarchique des concerts des Rolling Stones, on n'aime pas leurs disques, on redoute leur influence sur les adolescents et on les soupçonne largement de décadence, mot utilisé par Monica Furlong dans le *Daily Mail*. Comme énoncé sociologique cela peut être considéré comme assez raisonnable, mais cela n'a rien à voir avec l'affaire. On doit poser une autre question : est-ce que M. Jagger aurait été traité de la même manière s'il n'avait pas été une personne célèbre, avec tout le côté critique et insupportable que cette célébrité provoque ? Si un étudiant doué était revenu d'un voyage d'été en Italie avec quatre pilules d'excitant dans sa poche, est-ce qu'on penserait que c'est suffisant pour ruiner son avenir en l'envoyant trois mois en prison ? Est-ce qu'on penserait nécessaire de l'afficher en public menottes aux mains ? Si on doit faire de tout procès un symbole du conflit entre les solides valeurs traditionnelles britanniques et le nouvel hédonisme, alors on doit être certain que ces solides valeurs traditionnelles incluent celles de tolérance et d'équité. La justice britannique serait bien inspirée de s'assurer que M. Jagger a été traité exactement de la même façon que n'importe qui d'autre, pas mieux, pas pis. Il reste un doute dans cette affaire, celui que M. Jagger ait été condamné plus sévèrement que s'il avait été un jeune homme anonyme. »

Quand le jugement passe en appel, fin juillet, la prise de position du *Times* pèse suffisamment : un an de mise à l'épreuve. Mais l'article a laissé tomber au passage toute référence à Richards et à Brian, alors même que Brian doit subir par décision de justice des soins psychiatriques, avant de revenir en octobre devant les juges. Et lui dort plusieurs nuits à Wormwood Scrubs avant caution et sursis. On a gardé le télégramme de Brian à sa mère et son père : *Please don't worry. Don't jump to nasty conclusions and don't judge me too harshly. All my love* [1, 191] : « S'il vous plaît pas d'inquiétude. Ne pas se laisser aller conclusions sans appel. Ne pas me juger trop sévèrement. Tout mon amour. »

A deux mille années-lumière de chez soi

2 000 Light Years From Home, la chanson qui reste de cette période trouble.

Cette première moitié de l'année 1967 consolide la révolution pop. L'émergence en Angleterre de groupes qui s'insèrent dans l'espace frayé par les premiers, les Who d'abord, mais la confirmation des Yardbirds avec Page, et l'apparition de Pink Floyd. En Amérique, c'est de San Francisco et Los Angeles qu'arrivent des sons neufs, les Mothers of Invention, le Grateful Dead. Voir comment Andy Warhol se saisira du Velvet Underground ou comment, avec les Doors et la gueule d'ange de Jim Morrison, poète et vocaliste véritable, surgit une incarnation de légende à la mesure de Jagger ou Lennon. Les Stones se sont assez trempés dans la Californie pour comprendre ce que rester dans le peloton de tête va signifier de renouveau et d'évolution.

Mais le volcan anglais n'est pas tari. D'autres qu'eux-mêmes reprennent l'échiquier laborieusement construit, pour y entamer une partie neuve, mais disproportionnée. Un financier, Robert Stigwood, rassemble trois musiciens dont un au moins est vraiment connu, Clapton, et investit des dizaines de milliers de dollars dans une promotion qui érige en événement exceptionnel les prestations de Cream. Pourtant, les deux compagnons de Clapton, le batteur Ginger Baker et le bassiste Jack Bruce, sont des anciens de l'époque Alexis Korner, rien de vraiment neuf sous le soleil, que cette armature financière qui les précède : en un an, les têtes bien sages de Clapton, Baker et Bruce se doteront d'une coiffure de carnaval comme jamais les autres n'auront osé, immédiatement calquées sur les excès de Jimi Hendrix à son apogée. *Wheels Of Fire* avec son très long solo de batterie, sera le premier album à passer le million d'exemplaires. Seulement la pression est trop forte, ou le groupe trop jeune pour endurer ce à quoi les Stones se sont lentement formés. Leur premier concert date du 11 juin 1966, et dès cette fin 67 Baker et Bruce ne s'adressent plus la parole, ne se supportent plus physiquement que sur la scène. Des tournées américaines géantes, une école radicale pour Clapton qui y forge sa légende, et le 26 novembre 1968 ils donneront déjà leur concert d'adieu, même si Stigwood aura de quoi fournir à un ou deux disques supplémentaires.

Dans cette galaxie encombrée, les Stones et les Beatles ont l'avantage de l'ancienneté et du nom. Mais ils ne sont plus qu'un élément du dispositif global. Et les Beatles, malgré la rencontre de John Lennon et Yoko Ono qui met entre le groupe et lui une frontière irréversible, sont mieux protégés que les Stones : ils savent s'enfermer et travailler. Qu'on écoute les cinq ou six versions successives de *Strawberry Fields Forever*, qui paraît en février 1967 : d'abord une chanson maladroitement raclée par Lennon sur sa guitare sèche, hésitante, faite d'accords plaqués et de sons murmurés, parfois juste un borborygme. Dans la version suivante de Lennon, on passe des versions qu'il enregistre sur son propre magnétophone double piste à lui-même s'enregistrant en studio, McCartney lançant commentaires et ordres depuis la console. On refait en électrique, et Harrison ajoute quelques accords timides. Quelques jours de studio Abbey Road de plus, et on est tous les quatre sur la bande, avec batterie, basse et deux guitares. On rajoute du mellotron, cet instrument qui ne survivra pas à cette année-là, où chaque touche de clavier correspond à un son préenregistré. Dans une des versions intermédiaires, le mellotron couvre presque l'ensemble de sons d'orchestre. Ils reviennent à une version beaucoup plus dépouillée et électrique, proche de ce qu'ils pouvaient jouer en concert. Double enregistrement superposé de la voix de Lennon, une piste aiguë de *slide guitar* superposée pour Harrison, et prédominance de la batterie, le mellotron juste utilisé pour l'introduction. C'est la version qu'ils pensent convenir, ils l'abandonnent à George Martin qui y rajoute deux trompettes et un trio de violoncelles appuyant en contrepoint la mélodie. Tout est prêt pour la gravure sur vinyle, quand Lennon balaye la décision : ils réenregistrent une version sans orchestration, mais les deux guitares vont reprendre au note à note ce contrepoint ou ces nappes que George Martin avait introduit par ses arrangements orchestraux. Et tout à la fin, on prend pour base un solo de batterie qu'on traite comme pure matière sonore, en y greffant des rires et des bribes de voix, éclats de fanfare. Sur un des poèmes les plus étranges de Lennon (*Living is easy with eyes closed, misunderstanding all what you see... Let me take you down, 'cause I'm going to Strawberry Fields, nothing is real...*), ce qu'ont introduit les Beatles c'est l'éclatement du canevas rythmique guitare et voix, traitant les quatre instruments de la pop comme autant de nappes orchestrales autonomes. Et McCartney répondra sur le même quarante-cinq-tours par *Penny Lane*, à partir d'une maquette où il a superposé lui-même, tout seul, trois parties distinctes de piano. Les Stones et les Beatles se croisent en mai : Lennon et McCartney font les chœurs sur le *We Love You* des Stones tandis que Jagger chante avec eux à la télévision *All You Need Is Love*. Mais les Beatles concrétisent les premiers qu'un album tout entier peut tenir sur ce qui vient de basculer : le 1ᵉʳ juin 1967 est paru *Sergeant Pepper's Lonely Heart Club Band*, une pierre historique ou définitive, celle qu'on garderait si un seul disque devait résumer toutes ces années.

Le studio, la fabrique du disque, c'est donc un métier à part entière. *Ruby Tuesday* ou *Let's Spend The Night Together* témoignent de la même évolution côté Stones, qui fera dire à Richards : *After suddenly becoming a pop star, we worked three or four years and had maybe two weeks off in four years. When we took time off, I became aware that I'd learned how to make records and how to write songs, but with all the years of not hearing myself on stage, I hadn't progressed that much as a player* [17, 141] : « Après qu'on est soudain devenus des pop stars, on a travaillé pendant trois ou quatre ans avec peut-être deux semaines sans rien. Quand on a pu prendre du temps, je me suis aperçu que j'avais appris comment on faisait des disques, comment on écrivait des chansons, mais toutes ces années sans pouvoir s'entendre sur une scène, que je n'avais pas progressé tant que ça en tant qu'instrumentiste. »

Quand les Stones réinvestissent enfin le studio Olympic, début juillet, il ne s'agit pas de copier ou de mimer. Mais l'équipement d'un studio, le temps dont on y dispose, ont changé complètement. Une fois de plus, on fait appel à Jack Nitzsche : le son est devenu le matériau même. En introduction à *We Love You*, on ajoutera des pas martelant une pièce qui résonne, où une lourde porte se referme en claquant, et pour nous, au bord de la Charente, la prison de Jagger et Richards ne saurait plus jamais se résumer à vingt-quatre heures de détention, deviendra aussi éternelle que ce disque qu'on se passe et repasse. Qui invente le mot psychédélique, je ne sais pas mais peu importe : le mot aussi est né en 1967, ils l'ont entendu à Los Angeles, ils le portent en eux. Jagger dira qu'il a écrit les paroles de *2 000 Light Years From Home* cette nuit-là, dans la prison de Brixton, accordons-le-lui. On n'arrive pas au studio comme auparavant avec au moins un germe, on se lance dans les sons, on improvise, on attend qu'ils se fixent. Brian Jones pourrait les aider, mais Brian est une bonne partie de ce mois de juillet à l'hôpital (où Bill Wyman lui rendra deux fois visite mais, qu'on le sache, aucun des autres). Quand il est là, c'est sous l'emprise du brandy et des molécules, benzédrine pour le *upper* ou Mandrax pour le *downer*, alors il est assis dans un coin, à les regarder faire. Toutes les guitares sont jouées par Keith, et on a dans le studio quelques pointures, comme John Paul Jones, futur Led Zeppelin, qui fait lui aussi ses armes. N'empêche qu'aux moments de rémission, avec un bongo, ou reprenant le sitar ou la flûte, s'appropriant le monstrueux mellotron, c'est encore Brian qui donne la touche définitive, et ce sera son chant du cygne. Est-ce parce qu'on sent qu'il glisse vers le dehors et qu'on doit serrer les coudes? on condescend à enregistrer deux titres de Bill Wyman, dont *In Another Land*.

Les sessions d'enregistrement ne dépassent pas dix jours, après quoi on se sépare pour trois semaines : une fois en juillet, une fois en août, une fois en septembre. Rythme trop décousu pour du bon travail. Que Keith attrape la varicelle (lors du jugement en appel, le 31 juillet, il est isolé dans un box pour ses *chicken pox*), maladie qui n'est pas banale à vingt-trois ans (et douloureuse sans doute), n'arrange rien. Ce qui valait quand on était soir après soir sur la route et qu'on partageait deux heures de scène, avec répétition préalable dans les loges, ne suffit pas à ressouder leurs vies éclatées. Ce que résume ainsi Bill Wyman : *There was no music in the can* $_{2,\,538}$: « Plus de musique dans le réservoir. »

Plusieurs fois, Wyman se retrouve seul en studio avec Watts et Nicky Hopkins, sans que Jagger ni Richards ne fassent apparition : c'est ainsi qu'il forgera et enregistrera, principalement à l'orgue, ses compositions, comme *In Another Land*, et prouvera que son matériau est largement digne de la confiance du groupe (pour *In An another Land*, on fera exception, le morceau fera un quarante-cinq-tours de plus aux États-Unis, où Klein a besoin de grain à moudre).

Who breaks a butterfly on the wheel... Les Stones ont une dette à l'*establishment*, pour l'éditorial du *Times*. L'*establishment* a promulgué le dialogue, alors on va dialoguer.

Le jour même où le jugement passe en appel, la télévision organise une confrontation : on emmène Mick à grands frais d'hélicoptère dans le château d'un ancien ministre, lord Stow Hill, et il s'assoit devant les caméras face à deux autres figures officielles : l'éditorialiste du *Times*, William Rees-Mog, et l'évêque de Woolwich, John Robinson. Le projet est de s'entretenir de la morale et du fossé générationnel.

Mais Mick, après le tribunal, est exténué. Il a tenu la journée et la comparution en se gavant d'excitants (il est justement poursuivi pour en avoir usé). Pour compenser la nervosité, il absorbe avant l'émission une dose de Valium (la mode pour être calme est au Mandrax). Du coup, il ne fera devant les trois hommes interloqués, venus avec de véritables questions, que susurrer d'une voix à peine audible des phrases tortueuses, qui ne répondent pas. – *What are the qualities you think your generation is going to bring forward? – I don't really want to format a new code of living, a new code of morals... I never set myself as a leader in society. It's society that has pushed one into that position... – But wouldn't you say that some drugs, heroin for example, represent a crime against society? – Against a law. I can't see it's any more a crime against society than jumping out a window* [22, 113] : «– Quelles qualités pensez-vous que votre génération est appelée à développer ? – Je n'ai aucune intention de définir de nouvelles manières de vivre, ou de nouveaux codes de morale. Je ne me suis jamais posé en leader dans la société. C'est la société qui met quelqu'un dans cette position. – Mais accepterez-vous de dire que certaines drogues, l'héroïne par exemple, sont un crime contre la société ? – Contre une loi, oui. Je n'y vois pas plus de crime contre la société qu'à se balancer par une fenêtre... »

Là où on lui proposait d'incarner une poussée collective et de donner à cette poussée sa légitimité sociale, reconnue, il continue et s'enferme dans ce que n'auraient jamais osé rêver ses détracteurs – ce que ne sont pas l'évêque, le ministre et le journaliste –, un panégyrique de la drogue dont il reconnaît implicitement l'usage : *In the public sector, to do my work, I have responsabilities. But my personal habits are of no consequence to anyone else. Until recently attempted suicide was a crime. Anyone who takes a drug, a very bad drug such as heroin, commits a crime against himself, I cannot see how its a crime against society* [2, 544] : « Côté public, pour faire mon travail, j'ai des responsabilités. Mais mes habitudes personnelles n'ont de conséquences pour quiconque. Jusqu'à une date récente, se suicider était considéré comme un crime. Quiconque se drogue, même avec une très sale drogue comme l'héroïne, commet un crime contre lui-même, mais je n'arrive pas à comprendre en quoi c'est un crime contre la société. »

Mick, semble-t-il, ne comprend que le lendemain ce qui se jouait réellement dans la confrontation télévisée. Vexé de sa faible prestation, là où il disposait d'un statut de prince de l'ombre, parlant au nom collectif d'une génération, il essayera de se rattraper en multipliant, pendant les semaines à venir, des déclarations sur des idées excessives par rapport à ses propres positions, mais desquelles il ne peut plus se déjuger.

Grâce au procès, tous les journaux le sollicitent pour trois phrases d'interview, et renchérir c'est facile. Pour le *Evening Standard*, il se risque aux utopies : *In the year 2000, no one will be arrested for drugs and those sort of things. It will be laughable, just like it would be laughable if people where still hanged for stealing a sheep* [10, 84] : « En l'an 2000, on n'arrêtera plus personne pour usage de drogue. Ce serait risible, comme ce serait risible aujourd'hui de pendre quelqu'un pour un mouton volé. »

Et pour le *Times International*, même chose : *I think that about most cyclic changes. There's no doubt that there's a cyclic change, a vast cyclic change, on top of a lot of smaller ones. I can imagine America becoming just ablaze, just being ruined... But in this country, it's very weird, you know, it always does things slightly differently. Always more moderately, and always more boringly* [22, 122] : « Voilà ce que je pense de ces changements cycliques. Aucun doute qu'il s'agisse d'un changement cyclique, un grand changement de cycle, sur la crête de plein d'autres plus petits... J'imagine facilement l'Amérique qui s'enflamme, prête à la ruine... Mais dans ce pays, c'est plus difficile, toujours il en va légèrement autrement. Toujours de façon plus modérée, et surtout bien plus ennuyeuse. »

Et encore dans le *Sunday Mirror* pour conjurer le sourire protecteur du vieil évêque et du lord ministre, tandis qu'il bafouillait sous Valium : *Nobody would get me in uniform and off to Aden to kill a lot of people I've never met and have nothing against anyway... Millions of marvellous young men are killed, and in five minutes everybody seems to have forgotten about it. War stems from power mad politicians and patriots... Politicians? What a dead loss they are. There shouldn't be any Prime Minister at all. Anarchy is the only slight glimmer of hope. Not the popular conception of it men in black coats lurking around with hidden bombs – but a freedom of every man personally responsible for himself. There should be no such thing as private property. Anybody should be able to go where he likes and do what he likes. Politics, like the legal system, is dominated by old men. Old men who are also bugged by religion. And the law – the law outdated and doesn't cater enough for individual cases* [10, 122] : « Personne ne pourrait me mettre en uniforme et me lâcher sur Aden pour tuer un tas de gens que je n'ai jamais vus et contre lesquels je n'ai rien. Des millions de jeunes hommes merveilleux sont tués, et en cinq minutes le monde sentier semble avoir tout oublié d'eux. La guerre ne provient que du pouvoir de politiciens fous et de patriotes... Politiciens ? Quelle espèce perdue ils sont. Il ne devrait jamais y avoir de Premier ministre. L'anarchie c'est le seul léger éclat d'espoir. Pas la conception populaire, avec des hommes en manteau noir qui vous menacent par-derrière avec des bombes, mais la liberté pour chacun d'être maître de lui-même. La propriété privée ne devrait pas exister. Tout le monde devrait être libre d'aller où il veut et faire ce qu'il a envie. La politique, le système officiel, sont dominés par des vieux. Des vieux qui sont aussi bouffés par leur religion. Et la loi ? La loi est hors d'âge, et ne peut plus satisfaire aux cas individuels. »

Le journaliste qui recueillait devait boire du petit lait. La légende Stones s'est déportée des coiffeurs et cravates, ou stations-service, aux enjeux de société, et ils sont dans leur rôle. Et Mick, pour qui la propriété privée ne devrait pas exister, peut déménager tranquillement à Cheyne Walk : en plein centre du vieux Londres, côté Tamise (même s'il suffit de cinq minutes de marche à pied pour rejoindre Edith Grove), une suite respectable de cinq petites maisons XVIIe siècle qui sont un nid de millionnaires tenant à le marquer. Il a payé quarante mille livres ce joyau de l'époque Queen Anne et en engouffre huit mille autres, le prix d'une maison ordinaire, dans l'aménagement intérieur : les chandeliers et les commodes auront l'âge de la maison. En bas de Cheyne Walk on gare le coupé Bentley crème et l'Aston Martin DB6 bleue à vitres teintées noires. L'écart se creuse entre les ressources que procurent à Jagger et Richards leurs droits d'auteur, et les revenus réservés aux autres membres du groupe : Brian, lors d'une échappée à Marbella (avec sa nouvelle compagne Suki Potier), devra emprunter à un certain major Dawson les trois cents livres qui lui manquent pour régler à son départ la note du palace. Mick et Marianne, au mois d'août, rejoignent les Beatles en stage auprès du maharishi Mahesh Yogi, figure indispensable au contexte fleurs et sitar du *Sergeant Pepper's*, mais l'engouement de Mick sera de courte durée – il n'est pas du genre à s'imposer un maître. *Peace and love*, un peu mais pas trop. *Bloody old con man. I can understand George falling for all that peace, love and pay-the-bill crap, but not John. I'd always though John was a bright lad* [10, 84] : « Un sacré vieux con de bonhomme. Je peux comprendre que George tombe dans ces conneries d'amour, paix et paie la facture, mais pas John. J'avais toujours pensé que John était un mec intelligent. »

Pour Brian et Keith, n'être en Angleterre que pour les sessions d'enregistrement semble être le meilleur moyen d'oublier les tracas policiers. Brian est en Espagne dès qu'il le peut et Keith, lui, découvre Rome.

Les témoignages manquent pour reconstruire ce qu'ont été ces mois italiens pour Richards. Il n'est pas bavard, quand il ne s'agit pas de musique. Anita et lui vivent au Ritz, mais personne n'échappe à la force de Rome : la place d'Espagne est tout auprès, et Rome encore plus magique aux heures blêmes de la nuit. Comment Keith, après la prison, après les errances dans toutes les villes d'Europe et d'Amérique, ne serait-il pas sensible aux lumières et aux couleurs : il aime Rome, puisqu'il y reste, pourtant il n'en parlera jamais. Anita joue avec la troupe du Living Theater. Souvent, le soir, on dîne tous ensemble. Probablement même qu'on le laisse, lui, le trop riche, payer pour tout le monde. Keith parle avec Pasolini, mais qui est-il pour ces gens-là, et de quelle hauteur est-il traité par ces manipulateurs d'idées, quand lui manie du rythme et seulement six cordes de fer ? Pendant qu'à New York Andy Warhol change la mode en se faisant mèche après mèche la même coiffure copiée sur les épis de Richards, qui ne copie personne, pour Pasolini ou les révolutionnaires du Living Theater il n'est qu'un Rolling Stone : ces types qui vendent des millions de disques qu'on a à peine écoutés, sauf *Satisfaction*, quand on connaît par cœur ceux des Beatles. Dans ces milieux, on est désormais capable évidemment, quand on vous parle des Rolling Stones, de citer le nom de Mick Jagger, peut-être celui de Brian Jones. Mais qui saurait d'avance le nom de ce garçon mutique, celui qu'on dit le *rhythm guitarist*, guitariste rythmique ? Si Keith Richards ne parle pas de Rome, c'est qu'il ne les intéresse pas. Un garçon maigre et timide de vingt-trois ans, aux gestes heurtés, à la parole rare, aux vêtements seuls exubérants et à la carte de crédit inépuisable, quand eux parlent du Caravage ou de Samuel Beckett. Mais Richards voit, écoute, absorbe. Comme Jagger s'était mis à l'école de Fraser et Gibbs, il se met à l'école d'un autre versant de l'art. S'il n'en parle pas, c'est parce que l'élève est resté inaperçu des maîtres, n'est resté que celui qui pouvait à l'infini payer les notes au sortir des boîtes de nuit où il les traîne et se saoule, riant peut-être des garçons étranges que ce Pasolini fait surgir devant eux. Il passe des heures, assis par terre au coin des répétitions du Living, à regarder se mouvoir, bouger en scène et contrôler leur texte les acteurs qui défraieront la chronique d'Avignon l'été suivant, pour conquérir eux aussi leur bout de légende, leur part d'époque. Mais peut-être, quand on relit à distance les mots de Julian Beck, le fondateur du Living, et le rôle qu'ils assignent au LSD dans leurs expériences, si Keith n'a rien à dire de Rome, c'est qu'il ne la voit pas. Qu'entre le Ritz et le

Living, il n'y avait plus que l'ombre : ce qu'Henri Michaux dit, pour le LSD, marcher dans le tunnel.

Anita Pallenberg en est bien consciente, qui en dit bien plus tard : *He was not like what you'd imagine popstars to be like – chasing after women. In the high heydays of the Rolling Stones he used to wear a pair of jeans that were practically glued to him, like he had some girls to help him try to get them off and they just couldn't. And then he just sprayed himself with patchouli oil so much that they just went : Choo, get away* [17, 138] : « Il ne ressemblait pas à ce qu'on imagine d'une pop star, courant après les filles. Dans l'âge d'or des Rolling Stones, c'était le genre à se contenter de deux paires de jeans quasiment collés sur lui, et même s'il trouvait des filles pour l'aider à les lui enlever, elles ne pouvaient pas y arriver. Et d'un coup il se balançait une telle dose de patchouli qu'elles s'écriaient : Choo, fiche-moi le camp ! »

Peut-être même qu'elle y prendra trop de confiance, la belle Anita, à dresser un second Stone après Brian, et qu'elle prendra son rôle tellement au sérieux qu'elle voudra bientôt éduquer le numéro un, Mick Jagger lui-même. On n'avait jamais vu d'homme à Londres, depuis l'âge de Dickens, arborer à l'oreille un anneau : elle propose à Keith de se faire percer l'oreille et c'est depuis lors que Keith Richards, premier de son époque, arbore à l'oreille son anneau. Cela s'est bien galvaudé depuis, relayé par le *piercing*, du déménageur à l'employé de banque, comme d'autres gardaient de leur adolescence ces chaussures à bout pointu ou le catogan : l'anneau à l'oreille de Keith, les magazines de partout se chargeront en septembre d'en propager l'image. Il était le premier à oser.

Mais *Sergeant Pepper's* continue d'occuper toute la place, quasiment à échelle planétaire, et les Beatles en juillet font coup double avec le nouveau *single* : *All You Need Is Love*. Ce dont Jagger fait la promotion, c'est du disque des copains : *We Love You* n'atteindra que la huitième position des classements, et encore, pas longtemps. Les séances studio s'enfoncent dans la déprime.

L'ambiance dans les sessions d'enregistrement d'août et septembre sera contaminée par cela aussi. D'abord on veut se débarrasser d'Andrew Loog Oldham, qui a vendu à Klein le côté négoce mais maintenu son statut de producteur. Il n'est plus dans leur cercle, et c'est un des premiers que la drogue laisse sur le bord, lessivé, trop tôt usé. Il arbore des moustaches à la Zapata, les mêmes qu'ont les Beatles sur la pochette de *Sergeant Pepper's*, et dispose de deux Rolls-Royce, dont une Rolls en réduction, montée sur un châssis d'Austin Mini : il est le seul avec John Lennon à être muni d'un tel jouet. Il l'a même agrémenté, Andrew, de haut-parleurs extérieurs pour que toute la rue en profite quand il passe.

Andrew les gêne. Ils sont en panne musicalement, et il est le seul à le leur dire en face.

On provoque le conflit : alors qu'Andrew est aux commandes des consoles, pendant trois jours on s'obstine à mal jouer des blues irrécupérables. Andrew claquera la porte, et on ne le reverra plus. S'ensuivront seulement, dans les six mois à venir, toute une suite de règlements judiciaires et de procès, de comptes en milliers de livres déballés. On annonce le lendemain que Jagger et Richards produiront eux-mêmes le nouvel album, nouvelle escalade de Mick et Keith dans l'organigramme, de plus en plus pyramidal. Et puis il y a Brian, qui est assis en boule dans un coin, par terre, à peine capable d'autre chose que pleurer, et qui mêle à la persécution globale dont il s'estime victime et les perquisitions de la police, bien réelles, et le persiflage continu de Jagger, qui n'aime pas les lamentations des autres. C'est Lennon qui pousse Brian à réagir : *Cut out the crap. It's you who've pushed yourself into the state you're in, not Jagger. You've got to be tough, very tough, to survive in this business, and if you don't look after yourself, Brian, don't expect anyone else to. If the Stones are blowing you out, fuck'em, you're still the big star : get out and start a new band, prove you're a man* [10, 94] : « Coupe avec cette merde. C'est toi qui t'es mis dans l'état où tu es, pas Jagger. On doit s'endurcir, vraiment s'endurcir, pour survivre dans ce boulot, et si tu ne te surveilles pas toi-même, personne ne le fera pour toi. Si les Stones te fichent dehors, tu leur dis merde, tu es encore la grande star : termine, et monte un nouveau groupe, montre que t'es un homme. »

Lennon ouvrira la porte d'Abbey Road à Brian, qui enregistrera avec les Beatles, redécouvrant le saxophone, *Baby You're A Rich Man* et l'expérimental *You Know My Name*.

En septembre, quand Klein sort *We Love You* aux USA, Keith est retenu trois heures à l'immigration new-yorkaise : il faut câbler à Londres et obtenir copie de la sentence d'appel pour qu'il obtienne l'entrée du territoire. Avertissement clair.

Un mois plus tard, quand Brian plaide coupable pour la possession de cannabis, il est condamné à ses trois ans de mise à l'épreuve plus obligation de soins : pour lui, plus question d'entrer aux États-Unis. Et donc plus question de tournées, alors qu'elles sont vitales pour le groupe. Pour la première fois, lors de leur conférence de presse à New York, début septembre, la question du remplacement de Brian pour les tournées est publiquement posée.

On vient quand même à bout du nouvel album, qu'on mixe à Los Angeles, sans Oldham. On paiera dix mille livres pour une pochette qui en sera le meilleur : une combine en trois dimensions, gravure spéciale, que nous tous au bord de la Charente on fera longtemps osciller dans nos mains, où ils sont tous les cinq déguisés, Brian comme leur tutélaire et plus dense figure, maître obscur des cérémonies. Mais l'album, six mois après celui des Beatles, sera considéré comme le comportement suiviste qu'il n'était pas : cela ajoutera au flop.

L'album *Their Satanic Majesties Request* leur permettra quand même de se partager à cinq trois millions de livres (on n'aura jamais aucune donnée sur les droits particuliers de Mick et Keith), assez pour que Brian change sa Rolls-Royce Silver Cloud Mark 2 pour une Mark 3 bleu nuit qu'il équipe de vitres teintées noires opaques et d'un magnétophone stéréo huit pistes. Mais deux ans sans disque numéro un, l'échec relatif du non-album qu'est *Flowers*, le long feu qu'est *Their Satanic Majesties Request*, tout cela met l'histoire des Rolling Stones en suspension dans un trou d'air. Après tout, ce qu'ils ont accompli en quatre ans n'a rien de médiocre, et tout pourrait s'arrêter là, même si, à Civray, chacun tenait à honneur d'avoir en sa possession, quand pour les Beatles on avait renoncé à l'exhaustivité, la collection complète des quarante-cinq tours des Stones, qu'on en connaissait par cœur chaque détail des photographies des pochettes, et qu'on pouvait tenir quelques mois à se rejouer comme la nouvelle marque de notre identité adolescente *Satisfaction* ou *Let's Spend The Night Together*.

Mick, ébloui par son nouveau statut public, laisse courir le bruit qu'il va se présenter comme député du Labour. Il s'affichera, même brièvement, déposé un coin de rue par Keylock au volant de la Bentley crème et repris vingt minutes plus tard à un autre coin de rue, dans les manifestations contre la guerre au Vietnam.

Brian ne supporte pas le jugement rendu à son égard, le passage à Wormwood Scrubs puis l'attente du jugement en appel et les soins psychiatriques sous surveillance. Il s'enfonce, et c'est lui que la police aimerait prendre définitivement sur le fait : les perquisitions continuent. Il change régulièrement d'adresse, mais on le retrouve, on recommence. Bill Wyman s'occupe des disques et chanteurs qu'il produit, et Charlie Watts installe des chevaux dans sa ferme.

La grande affaire de Keith est d'entourer d'un mur de quatre mètres de haut la totalité de Redlands. Plus question de perquisition policière sans qu'on soit prévenu. Et, depuis le procès, Redlands est devenu un lieu touristique : des fois que la fille nue sous la fourrure y soit encore visible ? Il y a l'épisode de la Mercedes : Anita Pallenberg, qui à Munich avait acheté aux enchères un uniforme nazi d'origine pour l'offrir à Brian, fait acheter à Keith une immense Mercedes dont il est certifié qu'elle fut le véhicule officiel de Göring.

Richards la fait entièrement restaurer, moteur, carrosserie et sièges en cuir : la seule facture de la réfection est de deux mille livres. Ils ont la joie de se promener dans Londres, hébergés par le monument de tôle plus large et plus long que n'importe quelle Rolls. Ils emboutissent ou raclent deux feux rouges, et, au troisième, il est incapable d'arrêter le véhicule avant d'emboutir une Cortina sagement arrêtée. Richards fait ce qui désormais lui est habituel : on va son chemin, on laisse les autres régler le problème. Il prend un taxi, et laisse Tony Sanchez, désormais salarié cent cinquante livres par semaine à son service unique, traiter des conséquences. La Mercedes repart chez le garagiste qui l'a rénovée, la réparation sera l'occasion d'une nouvelle escroquerie, mais Richards ne reprendra jamais la voiture.

C'est l'époque où, pour récupérer les flèches tombées dans l'étang de Redlands lors de leurs séances de tir à l'arc, il commande un aéroglisseur Hovercraft individuel, qui lui permet, dans un vrombissement d'avion, de se déplacer aussi bien sur les pelouses que sur l'eau. Il est le seul en Grande-Bretagne à en posséder un, pour un prix qu'il n'ose avouer à personne. L'engin paramilitaire fait tellement de bruit et de poussière qu'il s'en servira une seule fois, puis le laissera à rouiller dans une grange.

Unfit for children (interdit aux enfants)

Tout pourrait s'arrêter là, et on se voit ensemble de moins en moins, puisqu'on n'enregistre pas et qu'il n'y a plus de concerts. Quand ils sont à Londres, Jagger prend des cours particuliers de guitare acoustique avec Eric Clapton, et Keith Richards des cours de piano avec Nicky Hopkins : on cherche la musique hors des Stones.

En décembre, Keith est à nouveau à l'hôtel Minzah de Tanger avec Anita. Le plus clair des journées se passe dans les arrière-boutiques lourdement tapissées du grand souk sur la pente qui fait l'entre-deux-mers, dans l'officine d'un nommé Achmed qui fournit quelques autres excentriques non démunis en haschich de bonne qualité. On y achète sans marchander des vêtements de soie, des objets d'art et des bijoux. Et ça, c'est la mode Richards, à mi-phrase, d'enfermer un reste de son dans un borborygme accompagné de grimace, le tout dans cette voix à peine murmurée, enrouée des cigarettes en continu, qui rendent si difficile, assis par terre devant le téléviseur où on a enclenché pour une quinzième fois la cassette d'interviews, de déchiffrer ce qu'il raconte : *Ah yes, the music...* « Ah oui, au fait, la musique... » Comme si, la musique, c'était si loin en arrière.

Quand Keith et Anita se déplacent, ils sont accompagnés ou précédés ou suivis d'un monceau de malles et de valises, incluant évidemment le magnétophone et le tourne-disque, mais aussi vingt paires de bottines, des tapis, des draperies : ils en font leur spécialité, de ce déménagement qui les entoure, pour reconstituer où qu'ils aillent le même nid arrogant. Mais c'est de Minzah, dans ces semaines où fondent lentement les ventes du nouvel album si alambiqué, que Richards date son propre virage. Dans le monceau de bagages, une pleine valise de bandes magnétiques et de vieux disques. C'est sa maison de musique ambulante. Il dit qu'on est au cœur de la nuit, dans le palace marocain, que la tête flotte encore un peu, qu'il a le foie lourd, mais que l'air de décembre est bien doux sur la mer. Il y a ce silence, et sur l'électrophone il pose un disque de vieux blues, du genre de ce qu'il partageait avec Brian, quatre bonnes années plus tôt. Il a emporté beaucoup de blues, de copies inédites sur bandes de morceaux de Skip James et de Big Joe Williams, des concerts de Muddy Waters, et les disques de Leadbelly.

Mais, dans la nuit marocaine, ce qu'il vient de poser sur l'électrophone, c'est les œuvres complètes (vingt-neuf titres, si peu, dont *Cross Road Blues, Stop Breakin' Down* ou *Love In Vain*), du grand grammairien du blues, Robert Johnson, celui qui se sert de la guitare comme un pianiste bat de la main gauche le rythme de ce qu'improvise la main droite. *When I first heard it, I said to Brian : Who's that ? – Robert Johnson. I said : Yeah, but who's the other guy playing with him ? Because I was hearing two guitars, and it took me a long time to realize he was actually doing it all by himself : this guy must have three brains* 17, 43 : « La première fois que j'ai entendu ça, j'ai dit à Brian : Qui c'est ? – Robert Johnson. J'ai dit : Mais l'autre type, qui joue avec lui ? Parce que j'entendais deux guitares, et ça m'a pris un sacré temps avant de comprendre qu'il faisait tout, tout seul : ce type devait avoir trois cerveaux. »

Ce n'est donc pas une découverte. Mais qu'on examine ce qu'on connaît dans un autre contexte, et que sa propre demande s'établisse autrement, on est prêt à accueillir l'évidence. Keith, ce soir-là, après les errements psychédéliques de *Their Satanic Majesties Request*, a l'intuition d'où est son rebond.

A l'origine, c'est le banjo qui était l'instrument de prédilection des bars du Delta, au sud du Mississippi : facile à fabriquer, facilement résonant. La guitare est présente de longtemps en Amérique, grâce en particulier au jeune luthier allemand Christian Frederick Martin, qui, après son apprentissage à Vienne, arrive en 1833 à New York. Elle accompagne les installations d'immigrants au Kentucky, mais trouve son développement avec le modèle qu'après la Première Guerre mondiale on appelle « guitare d'orchestre », assez solide pour supporter les cordes d'acier : c'est ce modèle que détourneront les banjoïstes, qui l'accorderont à leur mode.

Ce qu'on dit accord ouvert, c'est simplement tendre les cordes de façon qu'elles produisent à vide l'accord majeur ou mineur, ou bien de sixième (les étranges ragtimes sur la douze cordes de Gary Davis). Le jeu en est plus simple, les variations d'accord se font simplement en barrant le manche d'un seul doigt, et les riffs se satisfont de deux doigts, laissant l'auriculaire libre pour enfiler le *slide*, le goulot de bouteille ou le tube d'acier qu'on fera glisser sur les cordes. Seulement, c'est tout un art de positions à réapprendre, qui varient selon qu'on s'est accordé en *sol* ou en *ré* (mais il y a bien d'autres manières, même si ce sont les deux principales). La guitare se dote alors de toute une profondeur harmonique, les cordes à vide résonnant sur celle qu'on joue, et de rythmes intriqués que facilite de pouvoir recourir sans cesse à leur appui. Chuck Berry n'emploie jamais l'accord ouvert, et c'est via Chuck Berry que Richards a appris. Brian Jones savait tout ça très bien, mais lui seul jouait, laissant à Richards la base rythmique, et Brian ne joue plus de guitare depuis longtemps.

A l'hôtel Minzah, comme dans ces virages brusques où soudain on remet tout dans l'ordre, Richards baisse une nuit les deux cordes graves de sa Gibson acoustique d'un ton, passe la corde aiguë de *mi* à *ré*, et essaye d'improviser à la façon de Mississippi John Hurt. Les réflexes sont à refaire, les doigts rétifs : mais ce son, et le rythme qu'il en tire, il s'y glisse immédiatement, la grammaire du blues est si simple. La capacité de Richards, qui prétendra toute sa vie que la guitare électrique ça ne s'étudie pas, mais que la guitare acoustique est une discipline à reprendre chaque jour, c'est de pouvoir s'y absorber ainsi des heures. *Ah yes, the music...* La musique est de retour. Il laissera tomber tout le reste pendant trois mois.

I caught up on listening to music, which to me is maybe the greatest art. It can keep your sanity. I started looking in some twenties and thirties blues records. Slowly I began to realize that a lot of them were in very strange tunings... Open tunings was something that had intrigued me for quite a while before it took it up, but I'd never had the opportunity or time to get to do it, and it takes time. It was a case of learning everything from scratch. It involved literally learning the guitar all over again. You have to apply yourself in almost the same way as when you started 17, 143 : « Je m'étais mis à réécouter de la musique, ce qui pour moi est peut-être le plus difficile de l'art. Ça peut vous sauver la santé. Je me suis mis à chercher dans les vieux disques de blues des années 20 et 30. Et doucement je me suis mis à piger que pour plein d'entre eux ils s'accordaient de ces façons étranges... L'accord ouvert c'est quelque chose qui m'avait intrigué depuis un bout de temps avant que je m'y mette, mais je n'avais jamais eu l'opportunité ou le temps d'apprendre, et ça prend du temps. C'est l'occasion de tout réapprendre, depuis le premier grattement. Ça impose littéralement de réapprendre la guitare depuis le début. Et tu dois t'y appliquer de la même façon que lorsque tu débutes.»

Il n'empêche que Richards a ce culot des simples, qui leur permet de déplacer d'emblée ce dont ils héritent. Ces grands guitaristes du début de siècle désaccordent les cordes graves de leurs guitares pour en tirer du pouce une partie rythmique de piano simplifiée, mais qui produit, comme en bourdon, une longue vibration souple sous le chant. Quand on joue accordé en *do*, on baisse la sixième corde d'une octave, elle peut facilement friser en frôlant le manche. Dans sa maison de Redlands, Keith Richards a fait aménager sous les combles une vraie salle de répétition insonorisée, avec des amplis, une batterie, des orgues, un piano et une console de mixage. De retour du Maroc, il essaye de transposer à la guitare électrique les découvertes de Minzah. Ce qui fonctionne sur la guitare acoustique s'empêtre dans les graves de l'électrique. Keith, parce qu'il veut retrouver ce raclement aigu des vieux blues, a l'intuition d'enlever délibérément la sixième corde de sa Les Paul noire. Il allume une cigarette et se remet à jouer : il vient d'inventer la guitare à cinq cordes.

Pour l'instant, Redlands ne sert qu'aux week-ends. Les maçons ont investi la maison pour l'enclore et bâtir à l'intérieur de quoi rendre patiente Anita, dont le goût pour la pluvieuse et solitaire campagne anglaise n'est pas d'évidence. Ils sont tous dispersés encore. Brian est à Ceylan, et Mick achète pour vingt-cinq mille livres son premier château : Stargroves. Le nom (bouquet d'étoiles ?) n'y est pour rien : son château d'Amboise s'appellera plus prosaïquement Fourchette. C'est une grande bâtisse qui n'a pas eu de bonheur depuis longtemps : Mick n'a pas encore les moyens, après l'investissement Cheyne Walk, de viser au luxe total. Mais la bâtisse est du XVIe siècle, et n'est pas si loin de Londres, plein est, à une heure d'Aston Martin, un peu après Reading et Henley. Ils s'y hébergent désormais souvent avec Marianne et son fils Nicholas, mais c'est plutôt Marianne qui en fait un havre pour hippies de passage. On y accueillera même, dans les écuries, deux hivers de suite, un cirque avec roulottes et chevaux. On prend évidemment toutes les précautions pour que la perquisition de Redlands ne se reproduise plus. Mais dès ces premiers mois, Cheyne Walk en semaine et Stargroves le dimanche permettent à Jagger d'instaurer un équilibre qui jusqu'ici lui avait été interdit, incluant les visites à ses parents Joe et Eva, et bien du temps passé avec Nicholas, le fils de Marianne, allongé sur le plancher ou courant après son premier tricycle.

Si on en sait très peu sur l'environnement direct de Brian, ce qui transparaît est assez significatif. Linda Keith, qui partage la vie de Brian après ses longues fiançailles avec Keith et sa brève liaison avec Hendrix, est victime d'une overdose dans l'appartement de Courtfield Road, autorisant les journaux et magazines à leur consacrer une nouvelle fois leur devanture : *Stones' Girlfriend In Drug Coma*. Brian recommence alors à passer d'hôtel en hôtel, avant de trouver un appartement près de Kings Road. Il se fait piloter en Rolls bleu nuit dans la campagne du Sud-Ouest anglais, à la recherche du cocon protecteur, et pour croire à son futur transformant quelque peu son passé, assez naïf ou illuminé pour croire à cette fable reprise de La Fontaine, qu'on reproduit ici pour ce mot *security* qui apparaît pour la première fois, mais pathétiquement, dans son vocabulaire : *I'm a country lad from the Cotswolds, so I know a bit about farms. I'll be living there more than in London and plan to buy cows, pigs and poultry. I want a place where there is security and I can be completely self-sufficient. The whole social and economic scene is such a drag that I just want to get away* $_{2,\,572}$: « Je suis de la campagne, je viens des Cotswolds, alors j'en connais un bout sur les fermes. Je veux vivre ici plus qu'à Londres, et j'aurai des vaches, des cochons et de la volaille. Je veux un endroit où être en sécurité, et je peux être entièrement autosuffisant. La scène sociale et économique est devenue tellement barbante que je veux juste me tirer. » Perrette et le pot au lait, comme ces figurines des photographes de foire, avec un orifice pour passer le visage dans le déguisement de fermière : et c'est le visage de Brian, avec ses cernes et le gin et les cachets qui passe soudain dans le décor bucolique : ce ne sera pas son avenir. Pas exactement.

Les Rolling Stones, c'est un bureau, des salaires, du matériel, la pression des contrats à honorer. On se décide enfin à revenir en studio. On se retrouve le 15 mars, au studio Olympic, à la fin du jour, pour une série de nuits blanches. Jamais ils n'ont été si longtemps depuis six ans sans jouer ensemble. Keith d'abord les rassemble, branche son magnétophone Philips, et leur propose un des airs fragiles qu'il a enregistrés au Maroc, sur la Gibson acoustique accordée en *sol*. Une série répétitive d'accords rêches, sur laquelle il ânonne une ligne mélodique. On se regarde, on veut y croire. Keith est le patron, et d'autres fois la recette a fait ses preuves. Ils essayent de la transporter à l'échelle du groupe, mais la fragilité de la guitare s'y effondre. Pause. Les Rolling Stones ne sortiront pas si facilement de la panne.

Charlie Watts est le seul à profiter en paix de sa vie de Rolling Stone : occuper ses loisirs, avec son goût des antiquaires et des collections, il n'en est pas en peine. Venu à Londres dès le début d'après-midi, ses visites sont d'abord pour eux, les antiquaires. Il fait pareil aujourd'hui encore. Voilà ce qu'il a dégotté, le jour même, et qu'il exhume fièrement d'un étui de cuir : une minuscule caisse claire avec cymbale, fabrication autrichienne du XIXe siècle, une petite batterie-jouet, transportable, toutes les dimensions divisées par deux. Adorable, non ? Mais Watts est un appui solide : Richards assis par terre avec sa guitare, il s'assoit par terre lui aussi avec son petit tambour-jouet et ses cymbales minuscules. Alors la guitare sèche, portée par le rythme, retrouve ce flux rauque du blues, l'esprit de la maquette brute telle qu'enregistrée par Keith seul. Ils s'enregistrent sur le quatre pistes du studio, et rediffusent sur les baffles géants : alors ils peuvent s'y glisser avec la basse, encore de la guitare et d'autres percussions. Peut-être Keith Richards a-t-il une de ses grimaces pour lancer à ses copains ce qu'il leur a dit chaque fois qu'il se sentait, comme ça, en osmose ou plaisir : *Stones are on the road again...* C'est le matin, on se sépare, mais on sait qu'on va creuser là, dans le blues le plus épuré. Ça y est, on a rompu enfin avec les Beatles : ils ont assez entendu que *Their Satanic Majesties Request* copiait *Sergeant Pepper's*, là c'est fini. On dispose d'une version huit pistes du morceau, et c'est tellement étrange de dépouillement que Richards le nomme provisoirement *Unfit For Children* : « Ne convient pas aux enfants ». Et quand Keith donne un titre, on s'incline : c'est comme ça que sont nés *Satisfaction* et d'autres.

Ils se retrouveront ainsi trois nuits consécutives pour ne travailler que sur cette ébauche de blues, basée sur ces accords ouverts en mineur, rageurs et répétitifs. Richards le sait : après l'échappée molle de l'été dernier, c'est cette dimension brute des origines qu'il leur faut retrouver, l'ultime chance de rebond pour les Stones. On n'est pas génial sur commande, et le second morceau à cristalliser prendra pour titre de travail : *Everybody Pays Their Dues*, « chacun paye son coup », et restera la proie des *bootlegs*. Mais quand on reprend *Unfit For Children*, Mick remplace ce qu'il marmonne par les paroles qu'il peut associer, comme ça, parce que ça traîne dans l'air, à la séquence d'accords en *fa* avec bascule sur le *sol* sept mineur. Et ce qu'il entend, sous la guitare répétitive de Keith, serait un bruit de pas multiplié, comme on entend, oui, sous hallucinogène, ces milliers de pas qui viennent vous battre les parois internes du cerveau, quand ce qu'on entend remplit l'univers tout entier : *Everywhere I hear the sound of marching, charging feet...* Aux États-Unis, Martin Luther King organise sa marche des pauvres. C'est un mouvement amorcé depuis la marche des droits civiques de 1963 : autant dire la même histoire que les Rolling Stones. L'été 67 a été celui des émeutes dans les ghettos noirs, et quand le mouvement des marcheurs culmine, personne ne sait que, ce 4 avril 1968, Martin Luther King va être assassiné. Le morceau sera déjà devenu ce *Street Fighting Man* qui fut notre antienne, et que nulle radio américaine n'osera diffuser avant 1970 : interdit aux enfants. Aucun écho donc dans *Street* aux barricades qui bientôt barreront les rues de Paris, pour l'instant tout est calme, à Paris. Mais, pour la première fois, une allusion directe à l'ordre du monde, et de quel côté on s'y trouve : quitte à souligner qu'on est à Londres, où il ne se passe rien de tout ça : *Cause in sleepy Londontown there's no place for a street fighting man...*

Et Mick a surtout l'intuition rare – bien plus surprenante – que, dans ces conflits qui gagnent, son statut de musicien est sa seule légitimité : *But what can a poor boy do/except to sing for a rock'n'roll band;* et, accessoirement, qu'en acceptant pour la première fois le mot *rock'n'roll* on reprend ses marques, jusque-là dédaignées, avec la mollesse du pop, les solos psychédéliques des Cream et les fleurs et lézards de Jim Morrison.

Ce jour-là seulement les Rolling Stones assument d'être un groupe de rock and roll. C'est aussi ce que ça voulait dire : *unfit for children.*

Salt Of The Earth, *Parachute Woman*, *Jig-Saw Puzzle* sont ébauchés ces jours-ci. Un même fonds, qui peu à peu se différencie. L'intervention de Charlie Watts y est principale, puisque seul le battement du rythme va éclater l'unité monolithique des accords de guitare. *Being a drummer with the Rolling Stones is much more creative than people think. Keith writes a song, then I can turn it into a samba or a waltz or anything. And if he likes it then that's fine* [17, 145] : « Être le batteur des Rolling Stones, c'est nettement plus créatif qu'on l'imagine en général. Keith écrit le morceau, mais moi je peux le transformer en samba, en valse ou n'importe quoi d'autre. Et s'il aime ça, alors on y va. »

Les Stones sont pour longtemps dans leur laboratoire sans fenêtre, mais ils ont rebondi, et ensemble. Ce qu'ils ne savent pas, c'est leur propre élan, et où cela les emmène.

Par l'eau, le fer et le feu : les morts

L'explosion : Jumpin' Jack cash

Du rock, comme jamais : ils *deviennent* le rock. Mais les morts qui scellent à jamais leur histoire.

Par l'eau, Brian Jones à Cotchford Farm en juin 1969, par le fer Meredith Hunter à Altamont en décembre 1969, par le feu, du moins parce que ses amis volent son cadavre dans l'entrepôt de transit d'un aéroport et vont le brûler au désert, Gram Parsons en 1973. Et dans ce parcours et ces bornes, ce que les Rolling Stones feront de meilleur. Mais d'abord mars 1968, et cette chanson dite *Jumpin' Jack Flash*.

Parce qu'il s'agit de se retrouver, à nouveau de s'atteler tous ensemble, les trois premières nuits qu'ils se sont réservées aux studios Olympic, ils se sont obstinés à une seule poignée resserrée de thèmes marqués par ce retour au blues sec, basique, et d'où commence d'émerger lentement *Street Fighting Man*. Les vieux démons les mangent : Brian est là, ou pas. Et Keith et Mick arrivent quand leur vie extérieure compliquée les abandonne : pour Richards, c'est selon le baromètre de ce qu'il consomme, d'un cachet pris, et de la bonne volonté d'Anita. Alors, ce troisième soir, Watts et Wyman sont à nouveau les premiers au studio, une fois de plus sans savoir combien de temps ils attendront. Wyman, comme souvent, s'assoit à l'orgue Hammond, et se remet dans l'ambiance de ce qu'on avait laissé la veille : séquence répétitive mais nerveuse d'une progression de blues, qu'on dépouille à l'os.

C'est agréable, à l'orgue, de jouer en *la*, à cause des trois dièses qui font que les touches noires tombent toutes seules sous la main : Wyman a des petits doigts, mais dans cette tonalité (encore, en accord blues, reste-t-on dans la gamme de *ré* altérée, deux dièses) on peut frapper le clavier presque la main ouverte.

Watts s'installe à sa batterie et suit la pulsation, puis la mène : Wyman instinctivement s'appuie sur le jeu de Watts et garde juste de son thème la suspension initiale. Les autres ne sont toujours pas dans le studio, à cela ils sont habitués, mais il y a une boucle, une idée qui marche, ils continuent et s'en amusent. Charlie et Bill, qui ont fait du bal et joué avec trente-six musiciens, pourraient soutenir deux heures durant ce genre d'obsession sonore. *Hey, what's that ? Sounds good* [1, 230] : «Hey, c'est quoi ce truc ? Ça sonne... » Tom Keylock a débarqué Richards de sa Bentley, il a passé la porte capitonnée et c'est son seul salut aux autres. Il branche sa Les Paul noire dans l'ampli Fender, elle est déjà accordée en *sol* ouvert et il n'a qu'à régler sur la seconde case son capodastre (de marque Johnson, à élastique sous le manche, et un cylindre de caoutchouc sur tige de métal dessus, et bien sûr on avait tous le même) pour être à l'unisson du bassiste.

Peut-être même que Keith en oublie d'allumer la cigarette qu'il garde ensuite à pendre au coin droit de ses lèvres comme si c'était indissociable de la posture pour marquer qu'on répète ou qu'on cherche. Il se greffe sur leur rythme : *As soon as I pick up the guitar and play that Jumpin' Jack Flash's riff, something happens here — in your stomach. It's one of the better feeling in the world. You just jump on the riff and it plays you. And explosion would be the best way to describe it... Maybe that's what this entire generation felt. An explosion. A rebellion against boredom, and conformity. That's why it broke out amongs white kids like me. Suddenly something happened : its first impact was an invasion. Like the barbarians at the gates of Rome* [17, 144] : «Aussitôt que j'ai attrapé cette guitare et pris le riff de *Jumpin' Jack Flash*, c'est quelque chose qui t'arrive là, dans l'estomac. Une des plus grandes sensations au monde. Tu sautes sur ce riff et c'est lui qui te joue. Une explosion, c'est ça le mot qui irait le mieux. Et peut-être que c'est ce qu'a ressenti toute cette génération : une explosion. Une rébellion contre l'ennui, le conformisme. Et c'est pour ça que ça s'est répandu de cette façon-là parmi les jeunes Blancs comme moi. Tout d'un coup il se passait quelque chose : un impact comme d'une invasion. Les barbares aux portes de Rome.» Les ennemis politiques des Stones sont encore l'ennui et le conformisme, et seulement cela.

On est le 18 mars 1968. Pendant trois heures on s'obstine au riff inventé par Wyman avant que, dans la nuit, on prévienne Charlie Watts que sa femme doit accoucher d'un instant à l'autre, et que Keylock l'emmène la rejoindre en clinique. Ils auront une fille, et c'est grâce à Serafina Watts qu'est sûre la datation de cette première maquette du *Jumpin' Jack Flash*. Bill Wyman est depuis longtemps dans un rôle qui n'est pas celui de l'origine. Fini, le temps qu'il faisait les chœurs avec Jagger, répondait dans les conférences de presse en maniant l'humour prolétaire anglais qui est sa spécialité. S'il est le bassiste au service du groupe, on ne l'informe qu'après coup des décisions (quand le bureau des Stones paye des scénaristes, ces mêmes semaines, pour un film à leur gloire qui ferait pièce au *Magical Mystery Tour* des Beatles, film qui ne verra pas le jour, Bill n'a même pas été prévenu). Wyman s'y est plus ou moins adapté. Refusant pour lui-même l'engrenage de la drogue, il a augmenté la coupure. Il joue de mieux en mieux ces deux années, élargissant son premier univers et acceptant pour la basse ce que transforment du rôle et du son de l'instrument à quatre cordes les groupes qui s'en appuient d'une façon résolument neuve, comme Led Zeppelin ou Jefferson Airplane, ou, plus près de lui, les musiciens qu'il croise tous les soirs, ces mélodistes virtuoses que sont Paul McCartney et Jack Bruce. Wyman compense l'éloignement en investissant tout son temps dans un travail de producteur, utilisant les studios Olympic et lançant son propre groupe, The End. Quand il joue de l'orgue, ce soir-là, c'est plutôt sa musique à lui que celle du groupe qu'il recherche.

Mis devant le fait accompli de l'éviction de son ami Brian, il passera outre. Mais Bill Wyman ne pardonnera jamais à Jagger et Richards la trahison de *Jumpin' Jack Flash* : le morceau, l'idée, le riff lui appartenaient. Il aurait dû être cosignataire des deux minutes trente qu'on continue aujourd'hui d'entendre dans les supermarchés, les bureaux de poste et les taxis : cela aurait suffi à sa propre fortune, limitée aux cachets divisés en cinq des concerts et des disques, ce qui en reste du moins après passage dans les rouages de plus en plus alambiqués du dispositif Allen Klein.

Que dans les deux mois qui suivent les Stones aient énormément travaillé sur *Jumpin' Jack Flash*, les enregistrements pirates conservés des versions successives en témoignent. Même sur un morceau aussi simple en apparence la gestation et l'alchimie sont très lentes, quand bien même l'explosion est là dès le premier instant et que fondamentalement rien ne change. D'ailleurs, ils n'ajouteront aucune instrumentation ni fioriture électronique, et ce sera là leur signature et leur force. Ce travail, Jagger et Richards l'ont pris en main : la Gibson Les Paul noire, en accord ouvert à cinq cordes, lourde, énorme, domine tout, du tout début à l'extrême fin. La voix de Mick s'y rajoute, elle aussi, d'une façon que les Stones n'avaient pas jusqu'ici essayée : épaisse et plus rauque, élidant les consonnes, et mixée très en avant. La rythmique est solide, mais Wyman relégué à l'appui mécanique. Jones, relégué aux maracas, absent. Ils ont instantanément compris qu'ils tenaient dans les mains avec leur *Flash* (dans leur manie de donner par abréviation un surnom à ces morceaux qu'ils joueront ensuite vingt ou trente ans d'affilée) de quoi renouveler l'effet public de *Satisfaction*. Ces cadeaux-là n'arrivent pas dix fois dans une vie de musicien, il s'agit de grimper à hauteur de la vague. On fait défiler, comme souvent, d'autres musiciens en appui : dans une des versions intermédiaires, l'orgue électrique est très présent, insistant (tenu par Nicky Hopkins), et sur une des versions on entend distinctement, au-dessus de la guitare de Keith, une guitare électrique soliste. Cette guitare ne sera pas conservée dans la version enregistrée : Eric Clapton aussi a passé dans les studios ces semaines-ci, contribué à l'alchimie grandissante, et puis on efface.

Surtout, Jimmy Miller. Sans associer ni Bill, ni Brian, ni Charlie à leur décision, Jagger et Richards, le 23 mars, cinq jours après la naissance de Serafina Watts (qui restera la fille unique des Watts, et sera rattrapée plus tard au collège par les tabloïds pour une histoire de « joint » fumé, quand ni son père ni sa mère n'auront jamais condescendu au mélange des genres, ni à l'usage des drogues), en entrant au studio, leur présentent le nouveau producteur. Il a leur âge ou un an de moins, il travaillera avec eux six ans durant, mais payé au coup par coup, l'engagement valant chaque fois pour un seul disque. Jimmy Miller a fait ses classes avec quelques-uns des meilleurs groupes révélés ces deux dernières années : Traffic, Spooky Tooth et surtout le Spencer Davis Group (mais se révèlent cette année-là : T Rex, Jethro Tull, Simon and Garfunkel). On ne peut pas être de chaque côté de la vitre, dans le studio à jouer, et dans la régie à régler les consoles. On s'arroge, carnet de chèques en main, un des meilleurs nouveaux producteurs surgis de l'air nouveau des temps, mais on se garde de se lier avec lui comme on l'était avec Oldham. De fait, c'est l'emprise de Jagger qui s'affirme : on a éloigné Andrew, mais pour rebondir on doit prendre, à la source même des nouvelles inventions, un manieur de son, quelqu'un qui dispose d'un regard extérieur. Mais quelqu'un qui soit à vos ordres.

Quand les temps auront une nouvelle fois changé, on changera une nouvelle fois : renvoyé après ses six ans de Stones parce qu'ils l'auront vidé comme une pile de lampe de poche, Jimmy Miller travaillera encore comme producteur, sur l'acquis de son nom, mais n'échappera plus à l'ombre.

Jimmy Miller est aussi batteur, et son travail en porte la marque. Dans les enregistrements emmagasinés toute cette période dans le studio aménagé à Redlands (écouter *Highway Child*, un titre jamais repris ensuite, enregistré à trois : Jagger plus Richards à la guitare et Jimmy Miller à la batterie), et pendant les longues sessions d'*Exile On Main Street*, il n'est parfois pas possible de savoir, de Charlie Watts ou de Jimmy Miller, qui tient la batterie, puisqu'il contraindra Watts à changer tout le son de sa frappe, privilégiant selon la mode émergente le coup de pied sur la grosse caisse et dépouillant la frappe de caisse claire : on n'enregistre plus la batterie à la manière jazz, un seul ou deux micros suspendus au-dessus, mais sur quatre pistes au moins des huit pistes de la prise, avec des micros séparés chacun placé tout près d'une seule zone de la batterie.

Mais la marque neuve du son Miller, même s'il prend *Jumpin' Jack Flash* en route, sera immédiatement saisissable : on a comme à l'ordinaire, dans la version définitive, superposé plusieurs pistes de guitares, toutes tenues par Richards. La basse est revenue sur l'avant (une fois de plus, dans la version définitive, c'est Richards qui remplace Wyman), la batterie éclate sur toute la surface, et Brian Jones tient sa partie obsessive de maracas. L'orgue (Billy Preston, Nicky Hopkins, ou Wyman lui-même, reprenant le germe natif du morceau ? Difficile à distance de savoir) est réintroduit sur la fin et amorce un prolongement où, manière Beatles, le son devient matière. On a développé plusieurs niveaux de vocaux, Jagger se dédoublant lui-même à l'octave, et des chœurs. Pris à l'essai pour la production du nouveau quarante-cinq-tours, Jimmy Miller se devait de donner le meilleur, de se rendre indispensable aux Stones : encore une pièce de l'alchimie de ces trois mois.

Les paroles se devaient de suivre. On continue les week-ends à Redlands, maintenant derrière le mur haut de quatre mètres. On ne tire plus à l'arc, mais à la carabine, et il y a au fond du parc cet étang, *moat*, où le dimanche ils chassent le ragondin, le même étang pour lequel Richards s'était offert à prix d'or cet hydroglisseur dont il s'est servi une fois et une seule. Le jardinier, qu'ils surnomment Jack, un vieil édenté au verbe haut, est chargé de son entretien, engoncé dans d'immenses cuissardes boueuses qui rendent au matin sa silhouette spectrale. On se moque de lui à cause des anecdotes de guerre qu'il répète, voire radote un peu, selon eux. Mais l'affirmation du non-sens *(it's a gas)*, le mélange de la figure du vieux jardinier aux sorcières barbues de Macbeth, allusion qui prouve qu'on a lu son Shakespeare (*I was raised by a toothless bearded hag*), un reste d'effroi venu des sirènes de la guerre, peut-être simplement dérivé des marmonnements du vieux jardinier, mais posé en allégorie (*I was born in a crossfire Hurricane/And I howled at my Ma in the driving rain... I was washed up and left for dead. I fell down to my feet and I saw they bled*), tout concourt à produire le choc neuf qu'ils exigent. Reste aussi qu'en acceptant le non-sens, si la porte en est déjà ouverte par Lennon, ils reprennent à leur compte, dans l'univers de la variété, comme une marque ultime d'insolence : célèbres et riches, et en plus avec des paroles qui ne veulent rien dire, ça en jette, non ?

Après, plus rien ne peut être laissé au hasard. On tourne un bout filmé : ils ont des maquillages sombres, et des tatouages sur le front, des rires sardoniques et arrogants, mais la musique s'en accommode. Et deux ans après leur dernière prestation publique, une irruption surprise sur un plateau de télévision où on joue *Jumpin' Jack Flash* en direct, et le titre du *Daily Mirror* donne le ton : *They're Back Bigger Than Ever Before... Jagger and the Stones Storm Back In Triumph* $_{3,\,76}$: « De retour, plus grands que jamais... Jagger et les Stones un retour en tempête qui triomphe... »

A le jouer encore, trente ans plus tard, chaque fin de concert avant le bis, *Flash* est devenu pour eux symbole du meilleur de cette joie brute du rock, presque un partage animal ou une transe sur son saut binaire et sa syncope : symbole de l'entreprise industrielle qu'ils deviendront à l'échelle planétaire, et qui fera que les mauvaises langues le baptiseront, pour chaque nouvelle tournée annoncée des Stones grisonnants puis blanchissants, *On the road again, Jumpin' Jack Cash...*

One + one

Les désordres de 1967 ne sont pas calmés, pas plus au niveau de leurs relations intimes, on va le voir cet été avec le nouvel épisode Pallenberg, cette fois côté Jagger, que dans leurs relations à la drogue (nouveaux procès de Brian, nouvelles condamnations de Brian, Brian à l'hôpital), et pourtant ils travaillent. Ils auront cette année-là vingt-cinq ans, ils ne cessent pas une semaine de travailler (hors, début mai, quand les manifestations s'installent à Paris, une semaine au vert en Irlande pour Jagger et Faithfull, une semaine à Rome pour Keith et Anita).

Quand il n'est pas à Redlands, faute de vrai appartement londonien, Keith Richards est souvent chez Jagger à Cheyne Walk, et les deux garçons insisteront tous deux sur les heures qu'ils partagent : deux guitares acoustiques Gibson, la guitare dont Mick maintenant capte mimétiquement les battements de Keith tandis que lui se glisse dans des solos suraigus de bottleneck, pour la série de tous ces vieux blues par lesquels on repasse, et d'où naissent les formes dérivées qu'on enregistrera dans *Beggars Banquet*. La conscience qu'on a frôlé le trou et la séparation qui les aurait relégués chacun dans un passé vite oublié : alors bétonner le retour, et ce qu'amorce le nouveau succès. L'organisation souterraine de la Rolling Stones Ltd aussi est renouvelée : on a embauché une jeune femme, Jo Bergman, pour coiffer tout le bureau et l'organisation, Stewart se concentrant sur la logistique. Elle aura, Jo Bergman, un rôle essentiel et à long terme, débordant largement l'administration – et même quand elle les abandonnera, ils se doteront chacun pour toujours d'une «assistante personnelle» capable d'organiser le cocon où ils se déplacent, indifférents au monde. On a déménagé les bureaux dans des locaux très modestes, en étage : 46, Maddox Street, Mayfair, complétés par la location d'un local industriel sur Southwark, pour entreposer le matériel. Désormais, hors des studios Olympic, ils auront un lieu de répétition, pour lequel il faut du volume et quelque chose qui ressemble à une scène. Accessoirement, on mandate un nouvel avocat, Berger Oliver, pour examiner les comptes de Klein et ce qu'il leur doit : finie la confiance aveugle, elle n'aura pas duré deux ans.

On sent qu'on a le vent avec soi, on sait les Beatles enfermés à Abbey Road avec une nouvelle explosion en marche (ils sortiront en septembre *Revolution*, et en novembre le double trente-trois-tours, *The White Album*) alors tout va vite : on décide avec Jimmy Miller que compte moins l'éclat des morceaux pris individuellement que la compacité et la rigueur de l'album. On a, avec *Street Fighting Man*, *Child Of The Moon* (qui ne paraîtra qu'en quarante-cinq-tours) et *Salt Of The Earth* les piliers suffisants. On reprend avec lui *Jig-Saw Puzzle*, *Parachute Woman*, *Factory Girl*, et on jouera en hommage aux vieux géants du blues *Love In Vain* de Robert Johnson (qu'on gardera en réserve pour *Let It Bleed*) et *Prodigal Son* du révérend Robert Wilkins. On termine le 21 mai avec les enregistrements et le matin même, alors qu'à l'aube, au retour du studio il s'est endormi avec un somnifère (très belle, si belle, sa partie de guitare *slide* sur *Love In Vain*), nouvelle perquisition chez Brian.

Encore une fois pour Brian les coups contre la porte. Encore une fois, alors qu'il émerge difficilement du coma des somnifères, il est confronté à quinze uniformes, pas moins, qui investissent (y compris par les fenêtres, dit Brian terrorisé) tout l'appartement. C'est un appartement de luxe, dans les quartiers chics, mais qu'il a loué tout meublé, voilà six semaines, pour les enregistrements du nouveau disque. Il s'y est posé avec son fatras habituel de chapeaux, de bijoux, d'écharpes et de guitares, ajoutant des tapis marocains, accumulant des disques. Les policiers exhument d'un coffre une réserve de laine, et dans la laine du haschich. Brian prétend que la laine appartient à la précédente locataire de l'appartement, une actrice américaine qui y avait résidé pour les quelques mois d'un tournage, mais qui, de New York, démentira y avoir stocké de l'herbe ou du *shit*. Pour les Rolling Stones, c'en est trop. Brian s'est sorti du précédent jugement avec sursis et mise à l'épreuve, et un flagrant délit les annule. Ils ont tenté de constituer autour de Mick et Marianne, Keith et Anita, avec l'appui de Tom Keylock et de Tony Sanchez, des cloisons étanches, mais pour Brian elles se révèlent poreuses. Avec l'appui de *Jumpin' Jack Flash* et de l'album maintenant en boîte, il ne leur est plus possible de ne pas envisager à nouveau les tournées : s'ils doivent partir sans Brian, tant pis.

Les Beatles, avec *Magical Mystery Tour* (diffusé en décembre 1967), ont ouvert un nouveau champ et capitalisé d'immenses bénéfices, tandis que les projets similaires bâtis par les Stones ont chaque fois capoté. Le cinéma s'affirme comme un symbole à l'égal de la révolution musicale : *2001 Odyssée de l'espace*, qui sort ces semaines-ci, prend dans les journaux et magazines la place qu'y occupaient les Stones et les Beatles en 1966, et la tentation, pour Jagger du moins, sera définitive. D'où est venue l'intuition, et par quel canal ? Un petit homme à complet cravate, aux cheveux sages et dégarnis, leur a envoyé quelques mois plus tôt une lettre, leur demandant s'il lui serait possible, pour un film, de les enregistrer en train de répéter, de travailler.

C'est une idée qu'ils n'auraient pas eue eux-mêmes, et que n'ont pas eue les Beatles.

Mais une idée dangereuse, et bien indiscrète. Anita Pallenberg, qui a travaillé avec Schlöndorff, qui connaît Pasolini, est peut-être celle qui leur conseille d'accepter. D'ailleurs, à ce moment-là, ils ne savent pas à quoi ressemble (certainement pas à eux-mêmes) Jean-Luc Godard. Comme on est méfiant, on se dit que l'argent permet de vérifier le sérieux des intentions. On propose à Godard de lui faire payer un contrat bien senti de dix-huit mille livres (ou cinquante mille dollars), pour bien marquer les rôles, incluant une avance non remboursable. Et le contrat signé avec Godard spécifie – c'est la première fois dans les écritures officielles de la Rolling Stones Ltd –, que la non-disponibilité éventuelle de Brian Jones ne peut remettre en cause l'accord signé. Godard n'y aurait certainement pas pensé, les avocats des Stones, si.

Les Stones ont bouclé leur disque, ils ont du temps, ont envie de prestige. Godard a tourné avec Brigitte Bardot, c'est sa meilleure carte de visite, sans doute pour eux la seule qui vaille (l'image de Bardot nue sur le canapé, Piccoli en chapeau relaçant ses chaussures, dans *Le Mépris* c'est très Stones, non ?). C'est le 4 juin que les électriciens, preneurs de son et les deux caméras, avec Godard lui-même, investissent le vieux studio Olympic. Les Rolling Stones ont amorcé leur longue et meilleure phase créative : ils ne sont pas en peine de satisfaire à la demande du petit homme à cravate. Ils sont d'accord aussi sur le principe de travail : Godard avance sans script ni scénario, le film s'ébauche à mesure qu'il conquiert sa matière, c'est la façon dont Richards fait travailler tout le monde en studio. Le contexte aussi s'y prête : la mort de Martin Luther

King bouleverse encore d'un vent violent tout le monde anglophone, comme un trait d'union avec l'assassinat, cinq ans plus tôt à peine, de Kennedy (... *I shouted out, who killed the Kennedy's?, [...] it was you and me*), et la France gronde encore de la rage qui l'a dévastée, l'érigeant en modèle pour les voisins londoniens. Est-ce Marianne ou Anita qui ont fourni aux Stones le goût de l'ésotérisme ? Le premier titre de travail convenu avec Godard est *The Devil Is My Name*. Mais il y a ce roman de Boulgakov qui vient d'être traduit, *The Master and Margarita*, dont l'incipit est justement ce *Permit me to introduce myself* qui deviendra chez les Stones le *Please allow me to introduce myself*, qu'en trente ans ils n'arriveront pas à user.

Il y a dans l'espace vide au centre du studio le très osseux et invariable Nicky Hopkins, avec un orgue d'abord, un piano ensuite, et près de lui, sur un tabouret de bar, Mick Jagger, vêtu d'une tunique blanche invariable pour que Jean-Luc Godard fasse ses raccords, les paroles de la nouvelle chanson recopiées en gros sur un pupitre. Dans l'autre angle de l'espace délimité par des paravents, Keith Richards et ses amplificateurs. Dans trois boxes aux cloisons acoustiquement isolantes sont successivement Brian Jones, Bill Wyman et Charlie Watts. On verra Watts entre les prises venir s'accouder sur le piano de Hopkins, puis reprendre ses rythmes sous la direction vocale de Richards, et pour la fin s'associer à un percussionniste loué, Rocky Dijon. On verra Wyman laisser à Richards la basse et prendre à son tour les maracas. On ne verra jamais Brian Jones hausser la tête de son box que pour quémander quelque cigarette, s'obstiner sur une guitare acoustique à enchaîner les mêmes accords qui même en prise directe restent inaudibles. Il est pourtant en forme, presque allègre, d'une bonne volonté désarmante. Sur les images de Jean-Luc Godard, Brian est géographiquement au centre mais ignoré de tous les autres, et d'autant plus un fantôme qu'on n'entend rien de ce qu'il joue.

Richards lance à la guitare acoustique un rythme de samba, on s'y installe. On est sous l'optique de la caméra, on sait que le petit homme a comme vous sa réputation d'artiste faite, qu'il sait voir et sait ce qu'il cherche : pas question de le décevoir. *Beggars Banquet* à ce moment-là est terminé, sortie prévue en septembre, le disque n'attend plus que son mixage terminal, qui n'inclut pas *Sympathy For The Devil*. On ne travaille que pour Godard, pour lui montrer ce que c'est, les Rolling Stones en création. On décompose tout exprès. D'abord il y a Jagger et Richards seuls, sur deux guitares acoustiques, Jagger marmonnant les trois paroles déjà écrites, et puis Wyman pas loin d'eux, ajoutant la basse. Puis Nicky Hopkins passe à l'orgue, faisant nappe sous la Les Paul de Keith, stridente et rageuse. Mick, coiffé d'un casque, développe lentement la mélodie. Dans une nouvelle phase, Richards se saisit de la basse, en trouve la définitive assise. Sur ce grognement de basse, Nicky Hopkins est revenu au piano pour soutenir Jagger, et la batterie doit occuper un espace rythmique plus vaste que prévu : on voit Keith s'arrêter, donner des instructions à Charlie, danser sur place, avant de reprendre (Wyman ajoutant des maracas). Enfin Richards revient à la guitare électrique, mais on garde comme base sa partie de basse enregistrée.

Ce que Godard fait émerger, c'est la définitive stature de Richards après l'affaire Redlands, dans les premières marques de transformation physique qu'induit lentement l'usage de l'héroïne qu'il inhale, le fait de ne pas se l'injecter lui semblant provisoirement une garantie suffisante de protection et d'indépendance. Le cinquième Stone, avec Watts, Wyman, Mick et Keith, ce n'est même plus Brian, mais le pianiste, Nicky Hopkins. La musique des Rolling Stones c'est Keith Richards pour tout, et un peu des autres pour le reste, sous-entendu que Jagger est le patron véritable, qui laisse faire.

La quatrième et dernière nuit à ne jouer qu'un seul morceau, le 10 juin, les lampes à arc dont use Godard mettent le feu au faux plafond isolé du studio qu'on doit évacuer en catastrophe. On y perdra l'orgue Hammond et des amplificateurs, mais on sauvera les guitares. Wyman et Jimmy Miller ont eu le réflexe de sauver les bandes.

One + One est monté comme une fresque, où la construction par empilement des prises successives des Stones donne seule la linéarité nécessaire pour que les séquences intercalées paraissent un récit : Anne Wiazemski peint sur les murs de Londres des graffitis, on déclame dans une immense casse automobile surplombant la Tamise les versets prophétiques de Martin Luther King. Ou bien Anne Wiazemski répond par oui ou par non à des questions qu'elle détourne : le *star system* se critique lui-même. Conflit : alors que Godard monte son film séquence par séquence, ses producteurs construisent hors de sa volonté un film de deux heures où les Stones répètent en continu, où le caractère lentement obsessif de *Sympathy For The Devil* suffit à emporter l'hypnose du huis clos. Ce film, uniquement sur les Rolling Stones et sans les séquences Wiazemski, sera projeté une seule fois, Godard faisant immédiatement procès pour l'interdire. Reste qu'aujourd'hui une partie du film est parfaitement vivante, le nœud de tensions d'entre ces cinq types de vingt-cinq ans, dans leur maigreur et leurs dérives, avec ses plantages et ses maladresses mais dans ces surgissements étonnants de musique qui les enlève. Et nous aurions tendance, quand une fois de plus on insère dans l'appareil la cassette VHS du film, à en accélérer le défilement lors de ces scènes trop *nouveau roman* et quelque peu démonstratives, à trente ans de distance, qu'il y intercale. Godard, artistiquement parlant, avait raison contre ses producteurs : tant pis pour nous. Il affirme avoir détruit le reste des prises, en tout cas il l'a soigneusement ôté de la circulation. Tout à la fin du film, Anita Pallenberg se met à l'égal des deux patrons des Stones pour l'enregistrement des chœurs, et cela aussi nous est une indication.

One + One reste un film remarquable parce que Godard jamais ne déroge à ce qui trente-trois ans plus tard (ces lignes quand paraît son *Éloge de l'amour*) sera sa marque : il filme, de l'autre côté des paravents d'isolation acoustique, à deux mètres de Richards qui joue, les techniciens qui bavardent et s'ennuient. Il filme Ian Stewart ombre épaisse et lente, mais omniprésente. Il filme les Stones assis dans un recoin, par terre, en fin de nuit, improvisant sur leurs guitares, tandis que Watts bat le rythme sur un tabla indien. Il filme les regards de résignation ou d'impatience quand Keith les contraint à une énième reprise du même rythme. Il garde à l'image les bouteilles de Coca qu'on débouche, le paquet de cigarettes qu'on se tend et l'allumette qu'on partage, ou l'amitié d'un bras posé sur une épaule. Il capte la vigilance soudaine de Jagger et la façon dont l'œil aigu, malgré la tenue hippie, renvoie chacun à son poste avant de s'évaporer en un instant dans l'hypnose du chant, où le corps change.

Reste ce mystère de l'arbitraire et de l'art : la chanson qu'on avait décidé d'inventer comme témoignage pour le film de Jean-Luc Godard, à qui on avait vendu, pour dix mille dollars chacun, l'autorisation de les filmer, s'impose comme un saut qualitatif décisif pour l'ensemble du groupe. Si Godard n'était pas venu les filmer, ils n'auraient jamais joué si bien. Est-ce qu'on rembourse Godard, certainement pas, mais le tout neuf *Sympathy For The Devil* sera placé en tête du nouvel album.

La distorsion Performance

En juillet ils sont cinq à faire le voyage de Los Angeles, Marianne Faithfull et Jagger, Pallenberg et Richards, Jimmy Miller le producteur.

Bill Wyman dit clairement qu'il pousse à ce moment-là Watts et Brian à faire poids avec lui pour casser le rapport patrons-employés qui domine désormais les Rolling Stones : *It happened frequently that basic ideas and middle bits by Brian, Charlie and me went into the melting-pot during long studio sessions, but over a period of hours or days the origins of our suggestions disappeared. I'd say something like : That thing*

I did in the middle really worked, din't it? And Mick would reply : That was my idea! I'd dismiss it with a laugh rather than argue at the time – who wants a disagreement in the studio when you're all trying to be creative? I urged Charlie and Brian to join me in standing up for ourselves. I maintained that we had every right to earn something from songs that Mick and Keith didn't bring into the studio complete, but which were cooperative band effort $_{2,576}$: « Il arrivait fréquemment que des idées de base et des ponts apportés par Brian, Charlie ou moi ajoutaient au pot commun, mais sur la durée du travail de studio, sur des heures ou des jours, l'origine en disparaissait. Je disais quelque chose comme : Ce truc que je fais au milieu ça marche bien, non? Et Mick répondait :
– C'est moi qui ai eu cette idée! Je préférais en rire que de me mettre à discuter sur le moment : qui voudrait une dispute en studio, quand on essaye tous d'être inventifs? J'ai poussé Brian et Charlie à me rejoindre, et à nous battre pour nous-mêmes. Je maintenais qu'on avait tous le droit de gagner quelque chose sur les morceaux que Mick et Keith n'amenaient pas tout finis dans le studio, et qui demandaient l'apport de tout le groupe.»

Mais Brian est trop pris par ses propres soucis, les procès qui continuent, sa santé qui se dégrade, plus une méfiance grandissante qui l'éloigne de Jagger et Richards. Quant à Watts, s'il trouve parfois bien longues les séances de studio, et bien caricaturale et disproportionnée la mode pop, c'est une charge qu'il estime encore mince par rapport à l'aise qu'elle lui procure, et le temps libre qu'elle lui offre. Puis c'est un jeu qui finalement l'amuse : en juillet il rejoint les autres à Los Angeles pour les remix de percussion, et les discussions sur la pochette. Son alliance avec Wyman aurait été décisive, il la refuse et choisit le camp de Keith et Mick : l'alliance dure encore.

La pochette originale de *Beggars Banquet*, maintenant qu'elle est officielle sur les réimpressions sur CD, ne choque plus personne : une cuvette, un chiotte, et, au-dessus, des graffitis. Le signe de la paix, *Bob Dylan's dream* ou bien *God rolls his own* : « le rêve de Dylan », « Dieu se roule bien les siens »... Sur la face arrière, *Thanks, Nicky, Rocky on bongos*, ou *Lyndon loves Mao*.

Mais c'est bien trop pour Decca, trop risqué pour le marché lourd américain, et chacun campe sur ses positions. Le disque est en retard. Nous, au bord de la Charente, on est au courant de l'album bloqué pour cause de pochette interdite. En décembre, pour les fêtes de Noël, *Beggars* est enfin dans les bacs, sous la pochette blanche bien connue, avec un lettrage en forme de carte d'invitation. Seulement, un mois plus tôt, les Beatles ont sorti leur double album blanc : où Jagger devait reprendre la main, la pochette blanche des Stones à quatre semaines de la pochette blanche des Beatles les pose au monde entier, une fois de plus, et sans qu'ils l'aient décidé, comme des suiveurs. Enfin, que les Beatles produisent un double disque là où ils se contentent des deux fois vingt-deux minutes du trente-trois-tours fait une fois de plus passer les frères et concurrents bien avant eux. Ils attendront 1971 pour produire enfin leur propre double album, *Exile On Main Street*.

Le film de Jean-Luc Godard est un témoignage et non pas une fiction. Ce dont rêve Mick pour lui-même, c'est de la légende qu'apporte le cinéma. Devenir un personnage symbole comme, trois ans plus tôt, du temps où on s'affrontait sur les coupes de cheveux et les cravates. Il cherche des projets de films où il apparaisse dans un rôle amplifiant cette image-symbole. Il en refuse beaucoup mais, en dix ans, en acceptera trois : *Performance*, puis *Ned Kelly*, enfin le *Fitzcarraldo* de Werner Herzog, qu'il plantera en route, passant le relais à Klaus Kinski. Mick ne réussira jamais la transplantation, même quand il s'essayera tardivement au rôle de producteur. La magie du film de Godard, c'est de capter comment la transe rythmique se saisit des Stones au travail, et Mick est réellement chanteur, ce n'est pas du spectacle, ou de la frime. Le malheur de Mick, qu'il ne saura jamais s'en contenter. En septembre, quand Mick commence le tournage de *Performance*, c'est la première à Londres de *The Girl On The Motorcycle*, la fille à la moto, où les premiers rôles sont tenus par Marianne et Alain Delon : comment lui, Mick Jagger, n'en ferait pas autant qu'un Delon ?

Performance est une histoire à la mode années 60 : le personnage principal, un chanteur de rock, vit reclus entre deux filles, dont l'une est Anita Pallenberg, la seconde une Française au physique androgyne, Michèle Breton, quand fait irruption dans leur triangle le truand traditionnel, cet intime de Mick et Marianne qu'est l'acteur James Fox (en 2001, Fox joue toujours, au moins dans deux films : *Sexy Beast* et *The Mystic Masseur*). Ils parcourent à quatre une initiation mêlant le sexe en groupe et la drogue dure. La musique, et en particulier la chanson titre, doit en être composée par Richards. Quand le tournage commence, Mick envoie Marianne au vert dans un château loué en Irlande : enceinte, elle sera à l'écart de la cocaïne, et lui, loin de son regard. Keylock l'emmène chaque matin sur le tournage, on refait parfois douze fois de suite la même prise sans qu'il proteste si c'est cela, apprendre le métier d'acteur. Étrange composition : le personnage de Mick, dans ses travers et excès de *pop star*, doit bien plus aux modes de vie de Brian et aux postures de Keith qu'à lui-même. Le scénario tourne presque entièrement sur la relation de Jagger et Pallenberg : ils sont célèbres, et on les exhibe. Richards a compris que ce qui allait s'exhiber jouait de façon ambiguë avec la vie réelle : on ne leur demande pas de jouer, on leur demande de vivre devant la caméra le huis clos sexuel qui fera vendre. Même pour tourner les scènes avec drogue on en prendra de la vraie (on fumera du DMT, nouvel hallucinogène à la mode, bien plus raide que le LSD). Très vite, Keith refusera même d'entrer sur les lieux du tournage.

Le sommet de *Performance*, c'est une scène où Mick et les deux filles sont dans une baignoire, fumant des cigarettes, et les jambes là-dessous mêlées. Et bien sûr une scène d'amour. Quand vient le jour où Mick et Anita doivent la tourner, ils ne simuleront pas le coït. Dans la tête de Keith Richards, c'est ce qu'ils ont décidé eux, quand le metteur en scène se serait probablement contenté du jeu. Qu'est-ce qui leur prend, à Mick et Anita, de faire pour de vrai ce que la caméra avait prévu pour de faux ? Peut-être après tout rien, le mélange d'une quantité d'éléments tous infimes, et que voilà. La grande idée des années 60, que tout est permis. Et puis si on est devant la caméra, on est dans le spectacle, et pas dans la vie privée. Du spectacle qui prend du risque, se disent-ils, manière Living Theater. Mais c'est peut-être plus secret : Anita, avec Brian puis avec Keith, n'a jamais vraiment séparé l'amour privé et la représentation qu'on en donne aux magazines. Pour elle, après tout, peut-être qu'ils se ressemblent, ces petits bonshommes qui sentent si fort le tabac et picolent, reviennent comateux de fatigue après les nuits de concerts, les décalages horaires, les longues nuits de studio et la vie en Rolling Stones, photographiée où qu'on aille, crédit illimité dans les boutiques (Marianne Faithfull achète maintenant ses chaussures doublées satin par douze paires, Anita fait dans la fourrure, les bagues et les ustensiles de magie noire), enfin quoi : on est un nom, on est Anita Pallenberg.

Est-elle aussi inconsciemment jalouse, Anita, de Marianne Faithfull dont elle se prétendait comme la sœur, maintenant que la carrière de Marianne, entre cinéma et théâtre (mais toujours sur le principe qu'on s'y déshabille), prend le pas sur la sienne ?

Quant à Mick, dont l'armure n'est pas encore partout solidifiée (mais sur cette question-là, les femmes, elle ne le sera jamais), il y a ce qui sera toujours sa marque : à déstabiliser l'autre on gagne, et tant pis si celui qu'on déstabilise c'est Keith. Brian et Keith ont vécu avec Anita, si lui la prend et la rejette, est-ce qu'il montre suffisamment qu'il passe au-dessus ? Il ne s'en expliquera pas, ce n'est pas le genre de la maison.

Mais à mettre Richards hors de lui, on prend un risque pour les Stones. Marianne Faithfull raconte plutôt complaisamment, dans son livre, qu'à Cheyne Walk, du temps qu'ils hébergeaient Keith, Mick l'a poussée à reprendre sa liaison physique avec Keith, et que ce soit en sa présence à lui, Mick. Qu'il lui disait cela dans le lit mais à voix haute, et que Keith, de l'autre côté de la cloison, devait forcément entendre.

Mais c'est peut-être plus simple, aussi. Mick, qui ne se défilera jamais plus tard de son rôle de père de famille, avec Jade, Marsha, puis les quatre enfants dont Jerry Hall sera la mère, traverse-t-il un réel trouble parce que Marianne Faithfull est enceinte ? C'est pour chacun un virage majeur. On abandonne sa première peau, l'adolescent qu'on est, et voilà que pour un ballet final et bref on s'en revêt encore ? A Los Angeles, à Tanger, à Londres ou Redlands, depuis tant de mois avoir toujours croisé Anita, constant voisinage d'attentes, de soirées, d'hôtels, de loges, d'avions. Où qu'on se croise, on se frôle sans arrêt, se crée lentement cette charge érotique que d'un coup on délivre, quand même ce serait avec la compagne de votre frère de sang.

Peut-être que le défi ou l'envie d'un des deux tout seuls, Mick ou Anita, n'aurait pas suffi : mais ils ont entamé cela comme un jeu, savoir à quel moment l'autre dira non, dira « je ne joue plus » mais c'est trop de fierté pour l'un comme pour l'autre alors par défi on monte l'un puis l'autre l'enchère, en pleine conscience de la foudre qu'on accumule.

Ou encore autre chose : s'il n'y avait pas la caméra qui vous filme, sans doute qu'on ne le ferait pas, qu'on ne franchirait pas la barrière. On aurait eu mille fois l'occasion pour cela, on ne l'a pas fait. Mais c'est pour un film, donc ça sépare de la réalité, ou bien on se le fait croire. Alors, deux jours après la scène de la baignoire, on est peau à peau sous trois projecteurs : la blonde aux grandes jambes, au sourire carnassier des mannequins de grand luxe, avec sa souplesse d'actrice et ce qu'ils partagent tous deux à égalité, Mick et Anita, de provocation et d'arrogance. Fauves à jeu égal, fauves en leur repaire. Alors devant la caméra ils font l'amour, avec ce rien d'exhibition, ou pour le goût seulement qu'ils ont d'en frémir. Est-ce qu'il lui chante à voix basse les paroles de leur récent *Stray Cat Blues* (« Petit chat sauvage, t'as pas quinze ans, ta mère le sait qu'tu mords comme ça, ta mère s'en moque qu'tu griffes comme ça – et ta copine, là, tu peux pas l'amener avec toi ? T'as juste quinze ans mon petit chat, c'est pas un crime si terrible de le faire avec toi : pourquoi tu cries comme ça ? ») Richards attend dehors dans sa Bentley, sur le parking, seul et enfermé. Il rumine. Vieux schéma. Le plaisir avec l'histoire des Rolling Stones, chaque fois que ça va bien et qu'ils ont franchi une étape, c'est qu'ils font tout pour se saborder eux-mêmes.

Quatre mois plus tard exactement, le rush intégral et pirate de la scène sera présenté dans un festival de films pornographiques à Hambourg et y décrochera le premier prix : ironie du jury envers *One + One ?*

Quelques cassettes circulent encore, sur les marchés clandestins. Ce qui est très étrange dans ce film, c'est qu'il vaut bien mieux, ou bien différemment, que la brève scène de coït selon les normes qui illustre *Performance* : on les voit se préparer, se dénuder, s'adouber, s'attoucher, se faire croire et le faire en riant, et puis on ne joue plus. La captation du réel, quand ce réel est le plus ancien simulacre, devient elle-même récit ancestral de la plus vieille transgression. On regarde la caméra, on fait pour elle, et puis on oublie, on fait tout court.

Ils n'ont après tout que vingt-cinq ans (Jagger a fêté son anniversaire fin juillet), et même dans cette vie qui compte triple on ne mesure pas les conséquences des transgressions où on se risque parfois seulement rien que pour voir : Marianne Faithfull, qui s'était mise au vert en Irlande pour sa grossesse, à cause du silence de Mick et de ce qu'elle en interprète, revient à Cheyne Walk et reprend l'héroïne. Elle doit supporter en même temps une violente attaque des journaux à scandale, qu'on considérerait aujourd'hui inimaginable mais de laquelle se mêle rien de moins que l'archevêque de Canterbury (*archibishop of Canterbury*), la principale autorité religieuse d'Angleterre, sous prétexte qu'elle n'est pas divorcée et que l'enfant qu'elle porte est illégitime, dans une syntaxe peu digne de la langue de Tennyson ou Wilde (ce que d'ailleurs on ne demande pas à un archevêque) : *abhorrence for this sinful display of a lack of moral fibre* [21, 95] : « On a en horreur cette exhibition coupable d'absence de fibre morale. » Gloire à l'archevêque, en novembre, enceinte de cinq mois, Marianne Faithfull perd son enfant. C'était une petite fille et elle aurait dû se prénommer Carina. Si la légende des Stones s'est greffée sur le fond au lent bouleversement moral de la société occidentale dans cette fin de décennie, c'est moins pour leurs propres faits et gestes (l'enfant perdu, dans de telles conditions de vie, drogue, pression et fatigue) que dans la mutation contrainte de ces discours qui, faute de pouvoir se saisir des faces plus souterraines d'une mutation pourtant irréversible, les prenaient pour cible et symbole. Et c'est bien encore la justification que l'examen, auquel ici on procède, en convoque les éléments plutôt que les abandonner au silence, dont eux-mêmes, les protagonistes principaux, finalement s'accommodent. *Keith was not exactly keen on my role with Mick in that movie* [23, 168] : « Keith n'a vraiment pas été chouette sur mon rôle avec Mick dans ce film », dira seulement Anita...

Richards, cassé par l'abandon de Pallenberg comme lui-même avait cassé Brian Jones en la lui prenant, passe grâce aux soins assidus de Tony Sanchez à la consommation quotidienne. Alors qu'il s'était contenté de la poudre d'héroïne qu'on inhale, dans la crise de jalousie qu'il traverse il passe aux injections. Ces temps-ci, au prix qu'ils la payent tous quatre, la mutation *sixties* devient bien étroite, et pas grand-chose de plus que le huis clos d'une tragédie intime que leurs forces séparées ne suffisent pas à conjurer.

L'affaire *Performance*, pour ce jeu à quatre entre les deux couples, pervertira des mois de leurs relations privées comme du travail collectif. Richards, qui avait accepté de signer la musique du film, refuse même de jouer la chanson qui doit accompagner le générique du film, *Memo From Turner*. Et personne pour être Rolling Stone à sa place. Il a laissé leur appartement commun à Anita et s'est réfugié chez Fraser, sorti de prison. C'est là qu'il compose, seul avec son magnétophone et sa guitare, la chanson *You Can't Always Get What You Want* et les autres germes de ce qui deviendra *Let It Bleed* : le meilleur de ce qu'ils sauront jamais faire sera à ce prix, qu'incarne pour le pire la vidéo porno primée à Hambourg. La musique du film sera finalement enregistrée sans lui, remplacé par Ry Cooder, et le film, quand il sortira, sera un flop justifié : n'est pas Godard qui veut.

The Stones Mach II : du Rolling Stones Circus à Mick Taylor

Stones Mach II, comme les avions qui vont plus vite que le mur du son, c'est ainsi qu'entre eux Jagger et Richards nomment le rebond nécessaire, dont Brian est absent.

On hésite toujours entre la musique et l'emballage. On sait très intimement ce qu'on doit à tout ce qui entoure les chansons, tout cela qui est né quasiment avec le groupe et a évolué plus vite que lui : les shows télévisés grand public américains, les émissions comme « Top Of The Pops » et « Thank Your Lucky Stars » qui, en Angleterre, ont abandonné le jazz à la radio. La télévision est un instrument immensément populaire, et qui se conforme à des lois mièvres : pourquoi, pour faire pièce au *Magical Mystery Tour* des Beatles, ne pas organiser soi-même une soirée événement où on aurait tout sous contrôle ? *Beggars Banquet* est sorti le 5 décembre, le 12 on investit cinquante mille livres, le prix de la maison de Mick à Cheyne Walk, pour embarquer dans les studios de Wembley des numéros de cirque, une fanfare, quatre cents déguisements, huit cents spectateurs triés, plus le gratin des musiciens du moment. Cela s'appellera *The Rolling Stones Rock'n'Roll Circus*, et eux, tout à la fin, en seront les seigneurs.

On complète d'un peu de théorie à la mode des idéologies du temps : *There's a latent clown in all of us : we had the idea of doing a show set in a circus for a long time* ₂, ₆₀₉ : « Il y a un clown latent dans chacun de nous, il y a longtemps qu'on voulait jouer une fois dans un cirque », dira très sérieusement Brian, qui prend le train en marche. Épuisé, mais présent, il traverse apparemment une phase sans drogue, compensant par un peu plus de brandy, assaisonné de son éternel cocktail Mandrax et benzédrine.

Bill Wyman s'irrite une fois de plus qu'on ait réquisitionné Marianne, Anita et Yoko Ono pour l'organisation, quand on se préoccupe peu de son avis à lui, ou de celui de Charlie ou de Brian, et encore moins de leurs compagnes. On affrète un studio mobile, et c'est la danse de voitures de location pour les invités.

Cream a disparu, il n'est pas question d'inviter les Beatles, alors, après Jethro Tull, les Who, l'américain Taj Mahal et Marianne Faithfull, on forme un supergroupe provisoire, Dirty Mac, avec Lennon, Clapton, Richards à la basse et Mitch Mitchell, du trio de Jimi Hendrix, à la batterie : ils joueront *Yer Blues*, des Beatles (*I feel so suicidal...*), en bons élèves, sans vraie différence d'avec la version d'origine, puis improviseront avec le violoniste Ivry Gitlis et les vocalises de Yoko Ono. Souvenir mitigé pour le grand violoniste : il joue une des partitas pour violon seul de Bach et on la lui fait recommencer pour une deuxième prise, avant de l'interrompre en plein milieu, sous prétexte qu'il y a assez pour le raccord. Il ne goûte pas le traitement, et refusera que Bach figure dans le mixage final. On a sur les disques pirates quelques prises d'échauffement du Dirty Mac, qui improvise sur le classique *Hound Dog* d'Elvis Presley : à notre tour d'être les bons élèves, qui les collectionnerons comme des reliques.

Ils avaient rêvé d'un vrai show selon la loi du cirque. Ils avaient seulement oublié qu'il faut à chaque groupe s'installer, s'accorder, multiplier les prises, et le show n'en finit pas. C'est seulement à trois heures du matin que les Stones montent sur scène : une partie des invités, lassés des attentes successives, se sont déjà éclipsés. Ils avaient tour à tour sagement introduit, dans leurs costumes de parodie, les artistes qui les précédaient (*Our next guest : the beautiful miss Marianne Faithfull...* dira Watts), et quand John Lennon introduit les Rolling Stones, il se contente de deux syllabes lentement détachées : *And now...* Au point qu'ils ne comprennent pas que John n'en dira pas plus, et qu'il leur faut démarrer. L'attente a été arrosée, il y a de la fatigue dans l'air, le rythme est bancal, et Jagger, sous son chapeau de monsieur Loyal, entre les morceaux ne trouve rien à dire (*God save the queen, God save the queen,* répète-t-il pathétiquement après *Parachute Woman*). Ils retrouvent un peu de santé en reprenant le très vieux *Route 66*, avant de s'embarquer pour les récents morceaux. La guitare de Richards est aussi lourde et présente que Brian s'évapore, hors sa partie de *slide* sur *Love In Vain*, où il reproduit, malgré un décalage de rythme, sa géniale contribution au disque. Rien de cela ne sera utilisable : sans les arrangements multi-pistes des studios, ils ne reconnaissent pas leur son. Le très cher *Rock'n Roll Circus*, film et musique, restera vingt ans dans les secrets de leurs archives, ils ne l'exhumeront que lorsque les disques pirates n'en finiront plus de le reproduire et que l'éloignement, le goût pour la nostalgie *sixties*, la mythologie autour de Lennon assassiné, excuseront à leurs yeux que cette nuit-là ils ont joué *amateur*.

Quand ils accorderont à Allen Klein, vingt-six ans plus tard, d'éditer enfin l'enregistrement de la soirée, on est cependant plutôt favorablement surpris de leur cohésion : Brian quasi absent, Richards compense par un son rauque et gras, sur une basse émancipée, de mieux en mieux fondue plutôt que seulement synchrone avec la batterie. Ce son de la maturité sans masque de Richards qui affirme après la prison sa volonté rebelle, c'est le son à venir de la tournée de 1969. S'ils ne s'y reconnaissent pas, c'est qu'ils ne savent pas avoir trouvé là, dans cette manière brute, leur nouvelle signature.

Ils en tirent un constat : ils doivent et peuvent reprendre les concerts, mais n'ont pas retrouvé le niveau nécessaire. Accessoirement, qu'il est bon de préparer aussi d'avance les quelques phrases à placer entre les morceaux. L'apprendre vaut bien les cinquante mille livres dépensées pour rien, quand on a encore trente ans devant soi pour le rentabiliser tout autour du monde.

A cause d'Anita, on rêvera un temps de tout refaire à nouveau, cette fois à Rome et en plein Colisée : il est trop tôt, ce n'est pas encore à vendre pour les messes pop (ça viendra). Reste qu'enfin, six ans après leurs débuts, et alors que Brian endosse déjà son rôle d'ombre, la guitare électrique devient la marque monolithique du groupe, ils affirment enfin leur définitive vêture.

Il neige à Noël sur l'Angleterre, et on peut partir en vacances. Wyman pour emménager à son tour en gentilhommière, Gedding Hall (six chambres, trois salles de bains et garage pour huit voitures) à deux heures au nord-ouest de Londres, entre Cambridge et Bury St-Edmond. Brian à Ceylan avec Suki Potier (cette fille qui lui ressemble comme une sœur jumelle), et une plus étrange équipée, Pallenberg et Faithfull entre Jagger et Richards. Keith et Anita prennent à Lisbonne un paquebot pour Rio de Janeiro, dix jours de repos forcé, d'air et de sommeil, grand bien leur fait. Mick et Marianne les rejoignent au Brésil le 18 décembre, pour les vingt-cinq ans de Keith. Anita Pallenberg sait qu'elle est enceinte, manière de passer outre au malaise de *Performance*. On a le sable, la chaleur et la mer, plus à volonté le *macuña*, une herbe puissante, et l'aventure en partant pour le Pérou. Ils se verront refuser à Lima l'accès au Crillon, et loueront une Jeep pour une expédition à Urubamba, en quête de magie noire puisque c'est désormais cela leur folklore de prédilection. Jagger et Richards curieux de se trouver à la source de leur premier duo dans *La Bamba*. Ils écoutent, et Richards, qui ne quitte pas sa guitare, trouvera dans une boîte avec orchestre local le germe de *Honky Tonk Women* et aura un petit souvenir pour le grand-père Gus Dupree : *I have to thank my grand-father for that – he taught me to pick up the essentials of any kind of music* [17, 156] : « Je dois le remercier pour ça, mon grand-paternel : m'avoir appris à attraper l'essentiel, de n'importe quelle sorte de musique. » Mais quand ils reviennent à Dartford saluer Doris, la maman est un peu surprise de voir son fils déambuler dans des robes blanches flottantes qui lui tombent au pied. Elle sait que l'héroïne ça existe, mais attribue cela à Brian plutôt qu'à Keith : il est dès à présent dépendant de ses doses quotidiennes, et le mot *junkie* il l'arbore fièrement comme une marque de reconnaissance.

Keith, cette fin 68, après deux mois d'héroïne, a voulu s'arrêter et l'a fait, sans autre symptôme qu'une mauvaise grippe. Alors il prend confiance : l'héroïne, on arrête quand on veut, la preuve, je l'ai fait. Jack Nitzsche, l'arrangeur, quand une fois de plus en ce printemps 1969 il les rejoint à Londres (on enregistre ce qui deviendra *Let It Bleed*), découvre brutalement combien Keith et Anita se sont transformés, et c'est Richards qui l'introduit à la poudre. Marianne Faithfull en parle très précisément : *Heroin was different from any other drug I had ever tried. All the other drugs I had taken in a quest for sensation, this was the cessation of all sensation. The thing that's so seductive about heroin is that there is an absolute absence of any kind of pain — physical or otherwise. But the catch with smack is that it's really great the first time only. After that, it's never quite the same and consequently ever afterwards you are trying to recapture that feeling again, but you never can* [34, 172] : « L'héroïne était différente de toutes les autres drogues que j'ai pu essayer. Toutes les autres c'était pour une quête de la sensation, et celle-ci c'est l'arrêt de toute sensation. Ce qu'il y a de si séduisant dans l'héroïne c'est l'absence de toute sorte de douleur, physique ou autre. Mais le truc avec le smack, cette sensation-là n'existe qu'une fois : la première. Après ça, ce n'est plus jamais la même chose, vous essayez sans arrêt de retrouver cette sensation, et plus moyen de la rattraper. » Côté Richards c'est un feuilleton monotone, à renchérissement constant, qui va s'amorcer et le tenir quinze ans.

D'histoire récente, la guitare électrique aura fait naître, ces années-là, des musiciens qui ne s'exprimeront que par elle et lui donneront son vocabulaire. Ils sont flamboyants comme Jimi Hendrix, techniciens comme Eric Clapton, mais ces noms-phares recouvrent des légions d'obscurs. Pourtant, ce sont eux qui fraient le chemin, et à qui on reprend les inventions. Dans le monde de la guitare acoustique, l'aveugle Doc Watson, et ceux qui le suivront dans cette direction, comme Norman Blake, qui enregistrera avec Dylan, ou Tony Rice et bien d'autres (les livres de Stephan Grossman, qui nous enseignaient les techniques une par une...). Comparez Jimmy Page et Jeff Beck : le premier, vacciné à toutes les prestations et manipulations de studio, saura trouver sa catalyse par Led Zeppelin, tandis que le second restera au second plan, même croisant sans cesse les routes des plus célèbres : Ron Wood, le futur remplaçant de Brian Jones et Mick Taylor dans les Stones, joue de la basse, ces années-là, avec Jeff Beck. Il y a aussi John McLaughlin et d'autres, parmi lesquels Ry Cooder. Pourquoi ces musiciens-là, de grande maîtrise affirmée très tôt, et d'une longévité professionnelle bien plus créatrice que les flamboyants, ne trouvent pas destin de même mesure que les Stones ? Ry Cooder bénéficiera toujours de cette estime, et aujourd'hui encore, de Cuba à l'Afrique, il augmente les possibilités du rudimentaire dispositif des six cordes sur un micro. Aucun des Rolling Stones, individuellement, n'aura jamais ce statut de virtuose hors pair.

Ce mois de juillet 1968, alors que Jagger, Richards et Jimmy Miller étaient à Los Angeles pour donner à *Beggars Banquet* ses définitives brillances (et ils le font magnifiquement, s'extorquent cela à eux-mêmes), ils ont fait défiler pour des prises supplémentaires quelques pointures locales. Ainsi Byron Berline, qui ajoute sur *Factory Girl* son violon à résonateur : fils lui-même d'un violoneux traditionnel, il en connaît tout le répertoire, et sera l'un des piliers du *new grass* (version plus urbaine et chromatique de la musique de Bill Monroe et Earl Scruggs) avec son groupe Country Gazette. Ry Cooder est de la même famille, et vient sur *Love In Vain* ajouter une partie de mandoline. La conjonction avec Keith Richards est forcément très forte : Ry Cooder pratique avec une intensité unique la guitare en accord ouvert. Le portamento et le vibrato qu'il tire du tube de métal frotté sur les cordes est sa signature reconnaissable entre toutes : il l'emmènera plus tard dans le film *Paris Texas* de Wim Wenders. Pour Ry Cooder, de son côté, aucun doute qu'il soit prêt au voyage : c'est depuis Londres, et pas de chez lui, que Hendrix s'est imposé. Keith lui propose de venir en Europe, il accepte l'invitation des Stones.

A l'automne, Ry arrive en Angleterre et est aussitôt invité à Redlands : on a joué dans le grenier aménagé en studio de longues improvisations blues, sur la batterie de Jimmy Miller et la guitare de Richards, l'harmonica de Jagger, où sa signature est reconnaissable. Magnifiques enregistrements, qui nourriront longtemps la circulation des albums pirates (*Highway child*). C'est là que s'élaborent les morceaux du futur *Let It Bleed*, et même de *Sticky Fingers*, puisque avec Ry Cooder on reprend *Sister Morphine* où sa partie est prédominante. On a déjà enregistré *Sister* à Los Angeles, en juillet, comme un instrumental, et au retour à Londres Faithfull a rajouté le chant. D'après Marianne Faithfull, c'est un morceau que Jagger a composé seul à la guitare, et pour lequel elle a écrit ce récit d'un homme sous morphine après un accident de voiture. Elle dit, Marianne Faithfull, qu'au moment où ils rédigent les paroles, elle qui chante et Jagger qui joue la guitare acoustique, dans leur maison de Cheyne Walk, elle n'a utilisé qu'une fois la morphine comme drogue, *smack*. Outre l'engagement presque abstrait de la ligne mélodique vibrée de Ry Cooder, c'est elle-même, Faithfull, qui peut être considérée comme ce personnage qui parle, un conte sous le double signe de la dévotion et de la perte. Lors de leur échappée au Brésil, Anita, enceinte, a été prise de saignements : hospitalisée, on lui a administré une piqûre de morphine et c'est là que Marianne aurait eu l'idée de la chanson. Peut-être. Résonnent des chansons qui leur arrivent par le Velvet Underground de Nico et Lou Reed (le très grand *Heroin* ou *Waiting For The Man*) et qu'eux-mêmes n'auraient jamais osées. Énorme puissance contenue de ce morceau, qui paraîtra en 1971 dans *Sticky Fingers*. Mick sera alors séparé de Marianne. Alors Marianne poursuivra Jagger et Richards pour ne pas l'avoir associée, elle, la vraie parolière, à leur signature. Cela touche aux symboles les plus centraux de l'appareil Stones, alors tout de suite on négocie : on réglera ça à l'amiable par un accord financier, mais la vexation pour Faithfull semble d'un autre ordre, un grief définitif, plus lourd que la séparation elle-même : Sticky Fingers *was everywhere and it had my song,* Sister Morphine, *on it. I proudly dropped into a record shop one afternoon to peek at my name, only to find my song attributed to M. Jagger & K. Richards. The ultimate humiliation, my name expunged even from my own song* [34, 235] : « *Sticky Fingers* était partout et ma chanson, *Sister Morphine*, y était. Je suis entrée fièrement un après-midi dans un magasin de disques pour jeter un œil à mon nom, pour m'apercevoir que le morceau était attribué à messieurs Jagger et Richards. Le comble de l'humiliation, mon nom expurgé même de ma propre chanson... » On lui répond qu'à l'époque elle était sous contrat avec un agent, Gerry Bron, et qu'il serait dommage de l'enrichir à si bon compte, on négociera qu'elle touchera un tiers des droits, à l'amiable : *I lived on the money from* Sister Morphine *for several lean years* [34, 236] : « J'ai vécu sur l'argent de *Sister Morphine* mes années de vache enragée. » Mais quand elle reprendra le morceau sur ses propres disques, elle ajoutera enfin son nom à la signature d'origine Jagger-Richard.

Que demande-t-on ou laisse-t-on supposer à Ry Cooder ces dernières semaines de 1968 ? Cream vient de se défaire, et Clapton enregistre souvent avec les Stones, on parle beaucoup de lui pour les rejoindre : le remplacement de Brian a déjà commencé dans les faits. Ry Cooder pourrait être ce nouveau guitariste. Peut-être cela va-t-il plus loin. Keith, même réconcilié avec Anita (tandis que Faithfull, après sa fausse couche, a repris la vie commune avec Mick), refuse définitivement d'enregistrer la musique de *Performance*. On le remplace par Ry Cooder et il s'y colle avec Mick Jagger, Nicky Hopkins, Watts et Wyman. D'abord on répète, on apprend, et il en reste un disque, *Jamming With Edwards*, suite d'improvisations sur thèmes de blues. Et Immediate Records, la maison d'Andrew, sort en même temps le disque *Blues Anytime*, similaires improvisations de la rythmique des Stones avec Jagger et cette fois Clapton plus Jimmy Page : parce qu'ils devaient un album de plus à Andrew ? Ou parce que Andrew a su récupérer les bandes d'essais avec Clapton et Page ? Tout cela justifie les bruits qui se renforcent d'un départ de celui qu'ils ne nomment plus que *Jonesy*.

En tout cas, dans *Let It Bleed*, toutes les guitares sont jouées par Keith, hors une piste laissée à Brian sur *Love In Vain*, et l'essai de Mick Taylor sur *Country Honk*. Qu'on écoute *Live With Me* ou *Monkey Man*, les progrès de Keith sont stupéfiants. Les maquettes du prochain disque naissent à Redlands si c'est autour de Richards qu'on s'assemble, à Stargroves si pour plus de discrétion c'est Jagger qui invite. Mais Clapton a déjà sa propre légende de soliste et, malgré une amitié qui se solidifiera, pas question pour Richards de jouer dans son ombre. Ry Cooder, comme Jeff Beck ou encore provisoirement Jimmy Page, sont des musiciens au service de tout le monde et rémunérés comme tels. S'il en a rêvé, Ry Cooder n'aurait pu prétendre au poste de guitariste principal des Rolling Stones : il n'est pas anglais. Alors forcément, à la parution de *Let It Bleed*, il se sentira floué, et lourdement : tout ce qu'il a proposé, donné, transmis à Keith a été pompé, solidifié, transformé. La dispute porte surtout sur *Country Honk*, un morceau ébauché ces semaines-ci et qui deviendra, sous le nom de *Honky Tonk Women*, une source inépuisable de *royalties* : Ry Cooder s'estime volé, et porte sur la place publique ce contre quoi il n'a rien su faire, qu'à l'échelle des Rolling Stones on se sert et on jette, des musiques certainement, mais des hommes aussi.

Pas sûr d'ailleurs que Richards ait eu conscience à quelque moment de le léser : prendre une idée à un musicien, et se laisser déporter par elle, il fait ça depuis ses premiers apprentissages. On le verra copier à la guitare basse les *plans* du pianiste Willie Dixon, et il prétend que c'est aux disques du vieux bluesman Bukka White, qui lui sera présenté en novembre, qu'il doit sa culture des accords ouverts. Puis, ces premiers mois de 1969, le studio Olympic est une usine où défilent pour les Rolling Stones d'autres pointures, comme l'organiste Al Kooper ou les soixante choristes du Bach Choir pour *You Can't Always Get What You Want*. Et, s'ils ont beaucoup joué avec d'autres, beaucoup expérimenté, pour écrire Mick et Keith se sont isolés en mai en Italie, à Positano, dans la maison de cette amie de Marianne.

Puisqu'on s'intitule désormais *The Glimmer Twins*, les jumeaux étincelants, Richards se loge à son tour dans une maison Queen Anne, au numéro 3 de Cheyne Walk (Jagger est au 48), avec vue sur la Tamise, rachetée à un ministre conservateur, et qu'il revendra dix ans plus tard à un émir. De tels détails sont significatifs de leur fonctionnement : pour obtenir les vingt-six mille livres nécessaires au paiement cash, il a envoyé Keylock en avion à New York, avec pour instructions de rencontrer Klein directement et de rapporter l'argent dans un cartable, ce que fera le discipliné garde du corps : *I just kept walking until I was in Allen Klein's office. He was so amazed that I'd managed to get to him, he agreed to give me the money for Keith* [17, 164] : « J'ai continué d'avancer jusqu'à ce que je sois dans le bureau de Klein. Il a été tellement surpris que j'aie réussi à arriver là qu'il a accepté de me donner l'argent pour Keith. » Les besoins d'argent de chacun des membres du groupe sont considérables, mais, malgré les millions de disques vendus (aucun chiffre ne sera jamais donné pour *Jumpin' Jack Flash*), la galaxie des comptes Klein leur est de plus en plus obscure, il faut lui extorquer chaque versement. Klein vient de renforcer considérablement sa position en devenant le bras armé de Lennon et, par lui, en s'appropriant les Beatles : McCartney a refusé la négociation, mais Harrison et Ringo Starr basculent côté Lennon et « Mac » doit plier : les Beatles remplacent les Rolling Stones comme première machine à sous de l'Abkco (Allen B. Klein Company).

Marianne Faithfull complète par une allégation : le but étant pour les Stones de retrouver leur indépendance vis-à-vis de Klein, mettre Lennon dans ses griffes était pour Mick Jagger le meilleur moyen d'y parvenir. Elle affirme que Mick a été l'intermédiaire actif pour que Klein se saisisse des Beatles : il serait plus facile, alors, d'en déprendre les Stones.

Pour entretenir le feu sous les ventes de disques, maintenant que *Beggars Banquet* a fait le plein, on édite *Through The Past, Darkly*, compilation de quarante-cinq tours, de *Paint It Black* jusqu'à *Jumpin' Jack Flash* et *Street Fighting Man*, pour lequel on invente une couverture hexagonale, les cinq Stones visage et bouche écrasés contre une vitre au recto, la vitre éclatée et eux cheveux en révolte au verso. J'ai toujours mon exemplaire, qui arriverait en Charente en septembre, avec quelques mois de retard et l'épigraphe : *When this you see, remember me/and bear me in your mind/Let all the world say what they may/speak of me as you find*, puisque Brian ne sera plus. On avait d'abord sollicité pour la pochette le graphiste autrichien Mauritz Escher, qui répondra par une sèche lettre de refus, demandant à « monsieur Jagger » d'éviter de lui servir du « cher Mauritz » quand ils ne se connaissent pas.

Ian Stewart lui-même s'est éloigné : il a mis au point ce camion avec studio embarqué, leur *Mobile*, que le groupe de Rod Stewart, The Faces, est le premier à louer (étrange rapport des Faces aux Stones : quand Ron Wood rejoindra les Stones, il amènera avec lui leur pianiste, Ian MacLagan, et Rod Stewart deviendra propriétaire de Stargroves quand Mick n'en voudra plus). Ian Stewart n'aime plus la musique des Stones : ce n'est plus du blues, dit-il, puisqu'il y a des accords mineurs. Mais après l'étonnant et rigoureux *Beggars*, le génie de Mick est d'avoir anticipé un élargissement nécessaire. L'année 1967 leur a fait comprendre leur fragilité potentielle. C'est du côté de Los Angeles qu'on cherche, et on voit Keith et Mick assister aux concerts des Doors, renforcer leurs liens avec le monde de la musique country.

Brian vient d'acheter pour trente-deux mille livres Cotchford Farm, à une heure de voiture de Londres. L'aménagement de sa maison, l'effort qu'il fait sur lui-même pour une vie différente, le sépare encore plus des autres. Il participe aux sessions d'enregistrement, mais de plus en plus rarement. C'est Brian lui-même, témoigne Wyman, qui fournit aux autres l'arme qu'ils retourneront contre lui : cette musique qu'ils explorent maintenant ne lui convient pas. Il souhaite mener ses propres projets : *The Stones' music is not to my taste any more. Their music has progressed as a tangent to my own musical tastes* [27, 31] : « La musique des Stones n'est plus du tout de mon goût. Leur musique a pris la tangente par rapport à mes propres goûts en musique. » Brian est conscient de ce qui se prépare, il n'a que quelques amis pour s'en plaindre, par de longs appels téléphoniques nocturnes incessamment répétés : *They're wanting me out, Ronni...* [10, 198] : « Ils veulent me fiche dehors, Ronni... »

Le 5 juin 1969, en fin de matinée, conduits par Keylock, la Bentley JLP 400D amène Mick Jagger, Keith Richards et Charlie Watts à Cotchford Farm. Sans doute doit-on, à distance, se refuser la tentation du cliché cinématographique, les trois silhouettes silencieuses et le blond mal réveillé qui les fait entrer et comprend. Plutôt est-ce un rendez-vous bavard, où on l'embobine de faux arguments. Ils doivent reprendre les concerts, et tu sais bien, Brian, vieux frère, comme c'est fatigant, dur pour ton asthme. Et qu'on restera fidèles, qu'on se retrouvera. Et puis ce que tu fais, c'est tellement génial : ces morceaux que tu nous amenais et qu'on n'a jamais joués, et le solo de saxophone improvisé avec Lennon, et tes incursions dans la musique orientale, et tes musiques de films : tu as tant à essayer, Brian, vieux frère, à tenter et explorer, comme aux bons jours on t'y suivait...

On avance même des arguments techniques. On doit discuter argent, il y aura des tas de papiers à signer. Et les séparations et reformations sont à la mode, Clapton a décuplé l'effet Cream en fabriquant son Blind Faith, qui doit être lancé d'ici deux semaines par un concert gratuit à Hyde Park. Il est de notoriété publique que Lennon et McCartney ne se parlent plus, et que les jours des Beatles sont comptés. Même le trio de Jimi Hendrix vient d'éclater (il est reparti aux États-Unis, s'associant avec Billy Cox et Buddy Miles). On boit dur, on a des accolades, et la promesse d'un versement de cent mille livres par Allen Klein en remerciement de bons et loyaux services, pour le rachat à Brian de sa part des Rolling Stones comme *trade mark*. Ironie ? Pour revenir de Cotchford Farm, à une heure de voiture plein sud de Londres, on passe forcément par Dartford et on peut les supposer, Keylock au volant, le mutique Watts à la place passager, Jagger et Richards au fond à l'arrière, tandis que se profile leur horizon d'enfance, particulièrement silencieux tous quatre un instant.

Le lendemain matin, Jagger et Richards rédigent très sobrement leur communiqué de presse. On n'a pas osé le lui dire en face, mais on a pris, sous couvert d'amitié, toutes les décisions nécessaires – Brian ne fait plus partie des Rolling Stones, et le communiqué est remarquablement flou dans l'usage variable de ce à quoi le *nous* réfère : *The only solution to our problem was for Brian to leave us. He wants to play music which is more his own rather than always playing ours. We have decided that it is best for him to be free to follow his own inclinations. We have parted on the best terms. We will continue to be friends and we're certainly going to meet socially in future. There's no question of us breaking up a friendship. Friendship like ours just don't break up like that* [22, 143] : «La seule solution à nos problèmes était que Brian nous quitte. Il veut jouer la musique qui est la sienne plutôt que toujours jouer la nôtre. Nous avons décidé que ce serait mieux pour lui de retrouver sa liberté et de suivre sa propre pente. Nous nous sommes séparés dans les meilleurs termes. Nous continuerons d'être amis, et nous continuerons certainement de nous fréquenter dans l'avenir. Il n'est pas question pour nous de briser une amitié : une amitié comme la nôtre ne peut pas se briser comme ça. »

On s'est arrangé pour qu'une déclaration complémentaire écrite de Brian atteste de l'accord (est-ce qu'on la lui a fait rédiger sur place la veille, chez lui ?) : *Because I no longer see eye to eye with the other Stones over the discs we are cutting, I have a desire to play my own brand of music. We have agreed that an amicable termination of our relationship is the only answer* [19, 199] : « Parce je ne suis plus en accord cent pour cent avec les autres Stones sur les disques qu'on enregistre, j'ai formé le souhait de jouer ma propre musique. Nous nous sommes mis d'accord qu'une fin à l'amiable de notre relation était la seule réponse. »

Au moins Keith nommera-t-il plus tard les choses par leur nom : virer Brian, *to fire him*. On pourrait collectionner vingt ans de déclarations rétrospectives de Richards (Jagger n'aura jamais un mot de plus que la déclaration initiale), variations qui mettront longtemps à se fixer sur leur dominante éprouvée, et même accepter les mots par quoi on l'a effectivement sorti du groupe : *Brian was a very infuriating guy. Firing him was hard for Mick and me, but he could hardly play, hardly stand up, hardly breathe. That was one of the things we'd gone on to Brian about. He'd drink and take barbiturates on top of his respiratory problems, you'd see him choking in a corner many times, pumping his inhaler into his mouth. We'd come to the point where we could not bring the guy around, and the only way was to say : Sorry, old cock, you're out* [17, 159] : « Brian était vraiment un mec exaspérant. Le virer ça a été dur pour Mick et moi, mais à peine s'il pouvait encore jouer, à peine tenir debout, à peine respirer. C'était un des trucs sur quoi on avait buté avec Brian : il picolait et s'avalait des barbituriques par-dessus ses problèmes respiratoires. Pas mal de fois, on l'a vu s'étouffer dans un coin, se pompant à l'inhalateur dans la bouche. On en était au point qu'on ne pouvait plus le ramener vers nous, le seul moyen c'était de lui dire : Désolé, petite queue, t'es fichu dehors. »

La légende veut qu'après le départ de la Bentley Brian se soit effondré en larmes sur sa table de cuisine et que, plus tard, avec Frank Thorogood (on va revenir sur le personnage), il se soit pris une cuite sévère.

Laissons de côté le reste de l'actualité de mai : perquisition à Cheyne Walk chez Jagger et Faithfull, où une fois de plus on trouve du cannabis. Nouvelle comparution, autre procès en perspective. La vie de Jagger et Faithfull est bancale : elle en parle, dans ses témoignages successifs, puis dans son autobiographie, comme *the most intensely sexual period of my life : I was left on my own most of the time and began to get involved with other men – I was expected to be Ceasar's wife* 34, 170 : « La période la plus intensément sexuelle de ma vie : j'étais toute seule de mon côté la plupart du temps et j'ai commencé à fréquenter d'autres hommes – on venait à moi comme à la femme de l'empereur... »

Marianne a vingt-deux ans, garde ses amies féminines et entame une liaison avec Balthus fils, leur ami Stash. Jagger a beaucoup de travail, prétend-il, ils enregistrent toute la nuit au studio, et il n'est jamais à Cheyne Walk avant huit heures du matin, s'endormant jusqu'à son cours de guitare avec Eric Clapton, en début d'après-midi : mais c'est chez une fille à l'exubérante chevelure afro, Marsha Hunt, que Keylock le conduit sitôt qu'il peut filer d'Olympic, et elle sera bientôt enceinte. Comportement typique de Mick : il ne brise pas d'avec Faithfull, il la laisse se briser sans rien faire.

Pendant qu'il mûrit sa liaison avec Marsha Hunt, qui l'aide à se débarrasser de la tentation héroïne, et que Marianne s'enfonce dans sa dépendance, c'est elle qui se condamne à la décision d'en finir. En finir avec leur couple ou en finir avec elle-même, en tout cas commettre elle-même le geste qui rendra cela irréversible, sans que lui-même en décide : cynisme appliqué à une relation où chacun est seul maître de son destin, vers en haut ou vers en bas. Conduite dangereuse, puisque cela signifie accepter qu'on ne bénéficiera soi-même d'aucune aide, lorsque le même processus viendra à se refermer sur vous. Richards continue les allers-retours entre Londres et Redlands maintenant isolée et fortifiée comme sa vie elle-même, via le pourvoyeur Tony Sanchez, est sous contrôle : il n'a plus de drogue sur lui, il a toujours quelqu'un à portée immédiate pour la lui procurer. Pour ses trajets, il préfère une Mercedes moderne, plus nerveuse, à la Bentley majestueuse mais lente. Le 26 mai, conduisant trop vite, ou dans quel état, il écrase la voiture flambant neuve à quinze kilomètres de Redlands, revenant vers Londres. Il a le réflexe d'en extirper l'héroïne planquée et de la dissimuler sous un arbre. La police, dès que prévenue, commence par une fouille en règle de la voiture : on trouve dans le sac à main d'Anita des seringues, et deux flacons dont elle prétend qu'il s'agit de vitamine B12. On les emmène au poste de police. Mais Anita se plaint de douleurs à l'épaule et doit être emmenée à l'hôpital, opportune fracture de la clavicule qui oblige la police à renoncer au procès-verbal qui permettrait les poursuites. La presse s'en mêle évidemment, dans l'attente, et Richards, toute la semaine qu'Anita est hospitalisée, la fuit en s'hébergeant chez Tony Sanchez, qui s'est chargé de récupérer sous l'arbre l'héroïne et l'« herbe ».

Si on a franchi le pas en radiant Brian, c'est très simplement qu'on l'a déjà remplacé, et non pas la chronologie inverse, qui permettrait le plaisir de citer une fois Rabelais dans ce livre, la réplique du troisième chapitre de son premier *Pantagruel* en 1532 : « Ma femme est morte, eh bien : il me faut penser d'en trouver une autre... » Clapton est hors course, et parti dans l'expérience Blind Faith. A deux mois près, Led Zeppelin n'aurait pas encore existé, et Jimmy Page aurait pu être sur les rangs : il a enregistré avec Wyman, Stewart et Clapton, quatre mois plus tôt, ce disque de blues pour aider Oldham à se remettre en piste. Ry Cooder doit être près de son téléphone, mais le téléphone ne sonne pas, et c'est cette semaine-ci qu'il bascule dans une longue colère, qui touchera sa cible et l'obscurcira. On pense déjà à Ron Wood paraît-il, mais c'est peut-être une affirmation rétrospective et les Faces, bien lancés, n'ont pas envie de se dissocier. On teste aussi des presque inconnus, comme Paul Kossoff, qui s'est illustré dans le groupe Free, et on teste de parfaits inconnus. Selon les versions, c'est Ian Stewart qui leur parle d'un jeune prodige *bluesy*. Selon d'autres versions, c'est Jagger qui consulte par téléphone les anciens, Alexis Korner et John Mayall, sur les bruits de studio et les rumeurs de talents émergents.

Le parfait inconnu qu'on teste, le 30 mai au soir, s'appelle Mick Taylor, a six ans de moins que Jagger et Richards, et se voit ouvrir la porte d'Olympic pour une audition. Il est blond, jeune, timide, peu porté aux élans verbaux. Il ne les a jamais fréquentés, est réellement impressionné, et d'autant plus effrayé qu'il va lui falloir s'expliquer avec eux via Gibson interposées : pas le droit au rythme de travers. En plus, pour commencer, à peine s'il a droit à un bonjour ou bonsoir, personne ne s'occupe de lui, pas mieux que s'il était un des types chargés de vérifier les amplis. Il se rappelle, Mick Taylor, que ce soir-là Mick Jagger est planté sur un tabouret et lit le *Times International* (souvenir très précis de Mick Taylor : Mick Jagger lève les yeux de son journal, le regarde sans rien dire et se remet à lire). Wyman et Watts, silencieux, fument des cigarettes dans un coin, puisque la batterie est reléguée dans des cloisons insonorisées. Faire la conversation par politesse apparemment n'est pas dans les habitudes maison, alors Mick Taylor se résigne et attend. Il tient.

Keith Richards n'apparaît que trois heures plus tard : apparemment, ça aussi c'est les habitudes maison. Mick Taylor alors déballe très timidement de son étui sa Gibson personnelle et se branche sur l'ampli qu'on lui désigne. Pour tout début, mais obligatoire (c'est pour cela qu'on attendait Keith), juste une improvisation de blues avec le maître, sans effet de manche ni pédale d'effets : premier test.

On en sait peu sur lui, reparti dans une ombre relative après ses quatre ans chez les Stones, leur offrant leur meilleur. Il est né en décembre 1948, son père est magasinier dans une usine d'aviation du groupe Havilland à Hatfield, banlieue nord de Londres, même distance que Dartford dans la direction opposée, et fan de la première apparition du *rock'n'roll* fin des années 50. Il emmène un jour le gamin voir un concert de Bill Haley. Une fascination immédiate pour la guitare électrique rouge, symbole et jeu, à quoi obtempèrent les parents très fiers : à douze ans, Mick Taylor est demandé pour des démonstrations dans tous les groupes de Hatfield, où il finit par se stabiliser en fondant un groupe qui s'appelle modestement The Gods («Les Dieux», mais vous saviez...). Alors que John Mayall et ses Bluesbreakers jouent à Wylwin, la banlieue qui touche Hatfield, on le connaît assez pour le laisser venir en coulisses, derrière la scène. Le hasard fait qu'Eric Clapton est empêché ce soir-là. Mayall est pianiste, et invite le gamin à monter sur scène pour quelques morceaux : surprise, il sait faire presque tout ce que fait Clapton, a tout appris de leurs disques à la note près. Clapton joue avec Mayall de juillet 1965 à presque avril 1966, Taylor a donc alors seize ans ou dix-sept et peu importe. Quand, en septembre 1966, Peter Green, qui a succédé chez Mayall à Clapton parti fonder Cream, quitte le vivier blues pour fonder ses Fleetwood Mac, Taylor a suffisamment d'assise pour que Mayall se souvienne de Wylwin et lui demande de venir le rejoindre.

C'est un technicien intuitif même si, ces deux premières années de jeu, c'est chaque nuance des quatre-vingt-dix solos d'Eric Clapton pour les Cream que fait surgir son amplificateur : il lui a tout pris, à *Slowhand*, dans les glissés, les structures d'accord, la manière de faire émerger le solo. Les études n'ont pas été le fort de Mick Taylor, sauf en ce qui concernait ses six cordes : il a été brièvement, après apprentissage, peintre en bâtiment, mais notons plutôt que lorsqu'il intègre les Rolling Stones, sans autre étiquette que la caution John Mayall, il est déjà largement professionnel. Il se synchronise avec Keith de façon étonnamment rapide : il a l'habitude de servir Mayall. Il soutient fermement les accords tandis que Keith se fait plaisir dans les solos : au lieu de démontrer quoi que ce soit pour lui-même, Mick Taylor a pigé intuitivement que la disposition des rôles devait rester symétrique, test réussi, de ces examens dont on n'apprend qu'à la fin quelle en était la règle.

On demande à Mick Taylor de revenir le lendemain, et puis le surlendemain, toujours payé à l'heure. Il a quitté Mayall après trois albums, c'est assez de métier dans les mains pour se lancer comme musicien de studio. Il est très fier, Mick Taylor, de pouvoir dès à présent rajouter sur sa carte de visite ou son curriculum vitae : a joué avec les Rolling Stones. Ce soir-là, le morceau entre folk et country qu'on devait mettre au point pour devenir la prochaine pompe à finances en quarante-cinq-tours a basculé dans un gros son rock : on lui en sait gré, apparemment. Au point qu'il met du temps à comprendre qu'on lui propose, avec la tournée américaine, un tout autre job. C'est lui, le jeunot, qui se permet le luxe de la réflexion, tant la disproportion ou le hasard lui semblent un fossé : lui, Mick Taylor, Rolling Stone, vous plaisantez, non ?

Richards et Jagger se sont tôt formés à l'art des décisions qu'on prend à l'intuition, très vite, parce que, pareil que lorsqu'on enregistre un disque, un instant rassemble une suite de données discontinues et complexes : on a trouvé la bonne combinaison, l'exacte carte à jouer, alors c'est oui ou non tout de suite, et Taylor obtempère. Et pour nous, au loin, tout au bord de la Charente, quelle dégringolade : un type qui avait à peine l'âge de n'importe quel grand frère pouvait ainsi entrer de plain-pied dans la légende dorée – et donc nous aussi, qui découvrions l'art de plaquer les trois accords sur un manche, pourrions un jour devenir Rolling Stone ?

Mick Taylor n'a pas été pour nous un Stone de plus, mais notre ambassadeur auprès d'eux, un jeu immédiat de miroir qui projetait notre propre image dans le monde démesurément grossi de nos symboles vivants. Les Stones travaillent depuis plusieurs nuits sur ce *Country Honk* devenu *Honky Tonk Blues* puis *Honky Tonk Women* : sous ce mot de *honky tonk*, le bastringue, ces arrière-fonds de bars bruyants qu'un Leadbelly pouvait faire danser d'une seule guitare douze cordes martelée à fond. Le morceau est largement structuré, et Keith Richards y fait l'essentiel, sur ses cinq cordes en accord ouvert, de l'introduction au solo, comme depuis un an il a appris à faire. Ils basculeront au bout de trois ou cinq nuits, une fois que Jimmy Miller aura lui-même pris la batterie pour retrouver un peu de cette sauvagerie qu'ils ont essayée avec Ry Cooder dans les répétitions de Redlands, mais dont le studio les prive. Quand Charlie reprend son tabouret, ce que cherchait Miller n'est pas au rendez-vous : Charlie Watts ne sait pas assez simplifier sa frappe pour qu'on entende ce bruit du *honky tonk*, et comment un Leadbelly ou un Bukka White tapent simplement du pied sous la guitare. Alors il se pose en producteur : il se saisit d'une *cow bell*, cloche de cuivre ovale qu'on frappe d'une tige de métal, pour enseigner à Charlie Watts la syncope, et qu'il obtempère. Humiliation cachée et dominée de Watts, reprise de possession de son jardin personnel dans la marque Stones, à cet instant le morceau est trouvé : ce tout petit décalage entre la cloche et la batterie sera exploitable par les mêmes pour les vingt ans à venir, et du coup intronise Mick Taylor comme guitariste titulaire.

Le licenciement de Brian était une condition posée par Allen Klein à l'organisation d'une nouvelle tournée américaine, qui leur est nécessaire, et les discussions sont déjà en cours : on a enfin la solution, encore secrète, pour décider de se rendre, le 5 juin, auprès de Brian et acheter sa renonciation. Le 9 juin, Taylor est annoncé dans sa nouvelle fonction et, parce qu'il faut bien matérialiser le rebond, on promet publiquement un concert gratuit pour le 5 juillet à venir : il aura encore trois semaines pour s'y mettre, le nouveau, et le monde entier l'attend au virage.

Un concert gratuit à Hyde Park, les Stones n'ont pas eu l'idée les premiers. Les Who ou Blind Faith l'ont fait avant eux. Les concerts gratuits prouvent que la musique électrique a officiel droit de cité. On a rebondi par le disque, on a manqué le show télévisé rêvé du *Rock'n Roll Circus*, mais la tournée se profile et il faut assurer dans sa nouvelle fonction le nouveau guitariste. Les Beatles ont renoncé aux concerts, eh bien pas eux. On engage le processus d'une réapparition publique des Rolling Stones, on accueillera trois cent mille personnes : si on n'est pas les premiers, on montrera que l'on est capable de faire venir au Park autant de spectateurs que tous les groupes précédents réunis.

Il ne s'agit plus que de répéter, mais répéter dur, répéter toutes les nuits successives. Mick Taylor n'est pas avec eux depuis un mois (la première séance de photo en commun date du 10 juin), tandis qu'on répète pour Hyde Park, que cette nuit du 2 au 3 juillet 69 le téléphone sonne dans la régie. A cette heure, il n'y a pas de standard téléphonique dans les studios Olympic. Seuls quelques initiés ont le numéro de la ligne directe. Les musiciens jouent toujours, et Ian Stewart ou Glyn Johns décroche : une voix dit que Brian Jones est mort.

Juin 1969. L'eau : « I did Brian »

Détour préalable par Winnie l'Ourson, qui trouvera son explication rétrospective.

Alan Alexander Milne est né en 1882, et convoque pour lui les stratégies ordinaires à une carrière littéraire : vivre à Londres, débuter par une parodie de Sherlock Holmes et des poèmes, qu'à vingt-deux ans il publie dans la revue *Punch*. De ses vingt-cinq à ses trente ans se concentrant sur l'écriture de pièces de théâtre dont certaines auront du succès, c'est le modèle et les symboles qui émanent encore de l'écrivain et lui confèrent sa stature sociale : oripeaux qui, quatre-vingts ans plus tard, n'appartiendront plus qu'au monde de la variété musicale, de la mode ou du film, et certainement plus à l'auteur de théâtre ni de poésie. Alan Alexander Milne, faute de s'imposer encore, touche à tous les registres, éditeur de revue, nouvelliste, tente aussi le roman d'épouvante avec un titre qui n'est pas sans évoquer quelque précédent français, *The Red House Mystery*. Assez de succès quand même pour s'offrir une maison à la campagne et s'y retirer pour écrire : on est dans le premier après-guerre, la tuberculose pas loin, et les parents adorent leur fils unique Christophe Robin. C'est pour l'enfant qu'il écrit une série de quatre contes à partir de ses jouets préférés et de son univers quotidien, et dont son ours en peluche est le héros : Lewis Carroll, mathématicien et logicien né cinquante ans plus tôt, a balisé le chemin avec génie. La ferme et ses collines, le pont et les ruisseaux passeront donc tout naturellement dans le livre, et le succès le cueillera pour cinquante ans sur ces amusettes, Cotchford Farm restant alors pour toujours le pays de *Winnie l'Ourson*. Milne meurt en 1956, ses livres traduits en douze langue et vendus à sept millions d'exemplaires : son fils Christophe Robin haïra l'image qui lui colle définitivement aux basques, se fera obscur libraire tout en acceptant d'exhiber parfois en Amérique, moyennant finances, son vieil ours en peluche devenu si célèbre. La veuve de Milne, Daphné, vendra en 1961 les droits de *Winnie l'Ourson* à Walt Disney et Cotchford Farm à d'autres Américains, les Davies, qui en 1968 la cèdent à Brian Jones (arrangement qui inclut la cuisinière, Mary Hallett, et le jardinier, Mick Martin).

Et ce n'était sans doute pas pour déplaire à Brian que la maison qu'il paye si cher ait derrière elle sa légende : il est resté suffisamment fasciné par ses propres jouets, le train électrique et les déguisements, et puis cette incarnation en pop star qui passe avant même, si souvent, l'exigence du travail de forçat à quoi semblent se condamner Jagger et Richards pour vouloir contrôler la chaîne de bout en bout. Brian semble pour la première fois heureux sans trop de ces restes obscurs qui le font régulièrement tout balayer et reprendre.

Il s'est même réconcilié avec ses parents, téléphone souvent à Cheltenham, et la famille semble prête à reléguer à l'arrière-fond les dix ans de renoncement au fils désormais riche et célèbre, s'il a en plus trouvé la paix intérieure. Admirablement anglaise, la langue de Lewis Jones le père, mélange de raideur et de nuances, assombrie forcément par le deuil, et la récurrence du mot *weekend* comme si la fatalité aurait pu être détournée : *Typical of Brian, we had a call in the early hours of the morning, full of typical enthusiasm about the beauty of his house and the loveliness of the particular summer we were having at that time. And he said : Come down in the morning. Well, of course, this was easier said than done. I mean we couldn't come down in the morning, but I suppose this was about tuesday. We did in actual fact go down before the weekend and we spent that weekend with him. We are particularly glad of course* now that we went and were able to go because we spent an intensely happy weekend with him. Probably the happiest and closest weekend we'd spent with him since he was a child. And of course it was an actual fact the last time we ever saw him [19, 198] : «Typique de Brian, on a eu un appel aux petites heures du matin, tout plein d'enthousiasme pour la beauté de sa maison, et la splendeur de cet été que nous vivions alors. Il dit : Venez donc dans la matinée. Bien sûr, c'était plus facile à dire qu'à faire. J'ai répondu qu'on ne pourrait pas venir le matin même, je suppose qu'on était le mardi. En fait, nous l'avons rejoint peu après, et nous avons passé ensemble le week-end. Bien sûr maintenant on est vraiment heureux d'avoir pu y aller ce week-end-là, parce qu'on a été si intensément heureux avec lui. Probablement le week-end le plus heureux et le plus proche qu'on ait eu avec lui depuis qu'il était enfant. Et bien sûr, de fait, la toute dernière fois qu'on l'ait vu.»

When the phone rang at four in the morning it was always Brian [34, 183] : «Quand le téléphone sonnait à quatre heures du matin c'était toujours Brian», dira Faithfull, son côté un peu perdu, dans un terrible besoin des autres, avec ces filles qu'il prend comme des jouets sans lesquels on ne saurait dormir ni vivre, mais qu'on jette et remplace. *A nice poor little thing* [34, 182] : «une jolie pauvre petite chose», ajoute Marianne pour parler de Suki Potier, qui partageait encore récemment la vie de Brian, un peu perdue comme lui, plus droguée que lui. Sa nouvelle et dernière petite chose s'appelle Anna Wohlin, une étudiante suédoise qui est presque un sosie d'Anita, ou de lui-même. Il a découvert ces jours-ci une autre raison d'excitation venue de la côte ouest des États-Unis, *Proud Mary* par Creedence Clearwater Revival (qui jouent aussi *Suzie Q* telle qu'eux, les Stones du début, l'avaient révisé...) : c'est dans cette direction qu'il veut aller, un rhythm and blues dépouillé. Il promène avec lui partout le disque des frères Fogerty, c'est cela, oui, qu'il veut jouer, et ce ne serait certainement pas Jagger qui se lancerait là. Il revoit Alexis Korner : le fondateur a manqué l'énorme train, ça pourrait le remettre en selle de prendre à nouveau Brian sous son aile. La vie à la campagne favorise l'écart d'avec les drogues et cachets, Brian a des raisons d'être optimiste, et il travaille : dans le petit studio d'enregistrement installé dans la maison de Winnie l'Ourson, il a réalisé sa première *demo*, une maquette exploitable avec d'autres musiciens. Cotchford Farm est si agréable en ce début d'été : le succès d'Alexander Milne lui a permis, en cinquante ans, de moderniser le bâtiment initial XVe siècle, de transformer les collines exploitées en un parc à terrasses, planté d'arbres, avec à chaque carrefour des allées un plâtre d'un personnage de Winnie (le cochon Porcinet, l'âne Bourriquet, le lapin et le tigre sentimental :

voilà l'environnement sculptural de Brian). Une des exigences de Brian sera qu'une des pelouses du parc soit à lui seul réservée, lui seul peut y marcher, s'y étendre, rêver – son île. C'est Shirley Arnold, l'intendante des Stones, qui est venue informer la cuisinière et le jardinier de l'identité de leur nouveau propriétaire, et s'enquérir de savoir s'ils accepteraient de travailler pour lui. La seule colère de Brian envers Mary Hallett et Mick Martin sera pour les convaincre de renoncer à ce qu'ils ont appris dès leur naissance (Mary Hallett est née à Cotchford en 1911, en a toujours habité les communs) : répondre *No, Sir* ou *Yes, Madam* à leurs patrons. On l'appellera Brian, et lui dira Mick, même s'il continuera de dire à la vieille cuisinière : *Please, Mrs Hallett, would you mind...* D'ailleurs, il augmentera notablement leurs salaires. Avec Mary Hallett il lira la Bible, partagera à l'occasion un fond de brandy, elle lui apprendra l'art d'allumer et d'entretenir un feu de cheminée.

Comme pour Charlie Watts et Keith Richards, pas de campagne sans chiens : un épagneul qui répond au nom d'Emily (on n'ose pas supposer que c'est à cause des sœurs Brontë) et un lévrier afghan qui répond à celui de Luther (comme Martin Luther). Il est heureux aussi que Mary Hallett continue de nourrir, depuis sa porte de cuisine, une armée de chats mi-sauvages. Au village d'Hartfield le pub s'appelle *The Hay Waggon*, et on s'habitue à le voir entrer et boire comme tout un chacun sa bière, et Brian a besoin qu'on le considère comme monsieur Tout-le-monde. Il s'émerveille, un dimanche matin, que Mick Martin ait pris sur sa journée de congé pour protéger de paille ses plants de pommes de terre, ou qu'il lui apporte à sa porte des bûches pour la flambée, et exige que le jardinier dispose d'une voiture-jouet toute neuve, une Austin Mini-van.

C'est le salon, avec sa grande cheminée, et ses portes-fenêtres donnant sur la piscine, que Brian a fait aménager en studio, avec le même engouement qui le porte à tout exagérer : il lui faut le meilleur en toutes sortes d'instruments, à commencer par ses collections de guitares. Bill Wyman répertorie chez Brian trois magnétophones multipistes, deux orgues, un grand piano. Il se lève à midi, et s'enferme dans le studio jusqu'au soir, parfois avec d'autres musiciens, comme Mickey Waller, batteur qui a joué avec Jeff Beck. La maison se remplit souvent de ces *hangers on*, les parasites, qui ont toujours été à sa traîne, mais la rançon imprévue de ce bonheur neuf l'en débarrasse : le mois de juin à la campagne amène les foins et les pollens. Brian Jones subit des crises d'asthme comme il n'en a pas connu depuis longtemps, et que Londres, Ceylan ou Tanger lui avaient permis d'ignorer. Brian, soudain à nouveau malade, renvoie les *hangers on*.

On a pu mesurer en filigrane l'importance qu'a prise en trois ans Tom Keylock dans la mécanique des Stones. Recruté au temps des premières fortunes, pour décharger Ian Stewart en devenant le chauffeur de l'Austin Princess à deux banquettes arrière qui sert aux retours à Londres du groupe après les concerts, il devient vite le chauffeur personnel de Brian, puis celui de Keith. C'est un ancien parachutiste, avec une forte paire de lunettes en travers du visage, et ce physique de garde du corps le fait devenir l'ombre de Richards, qui aura toute sa vie près de lui un homme de confiance, si possible de profil paramilitaire. Keylock est devenu l'homme des missions de confiance, des arrangements qu'on veut sans intermédiaire. Il participe aux procès, c'est lui qui les cueille en prison et, à mesure que Shirley Arnold coiffe l'intendance, Ian Stewart la technique, que Jo Bergman prend en main ce qu'on appelle aujourd'hui les relations publiques et inclut aussi la gestion de leur vie privée, on laisse à Keylock la logistique, lieux, voitures, transports, sécurité, et même de faire les poches de Brian ou Keith avant le passage des douanes pour en éliminer ce qui resterait d'illicite. Il embauche dès 1967 un de ses copains d'armée, devenu son voisin dans le Londres ouvrier du Nord, et en embauchera en 1969 un second. Celui-ci, Alan Dunn, restera vingt ans dans le premier cercle des Stones. Le premier s'appelle Frank Thorogood. Il passe aussi ses classes et examens comme second chauffeur, trimballant un des Stones quand Keylock est occupé avec l'autre. Il ne déplaît pas aux Rolling Stones d'avoir comme ça, sous eux, une sorte de royaume de l'ombre, où on obéit sans poser de question. Thorogood a des compétences de maçon, bricoleur ou décorateur, chef de chantier, et les Stones ont des entrepôts de matériel à aménager, des pièces à transformer en studio, des bureaux à déménager : Thorogood en 1967 devient salarié à temps plein de la Rolling Stones Ltd, qu'on l'emploie pour le groupe ou pour un des trois monstres sacrés qui les dirigent. Après la prison, et que les voisins de Redlands eurent empoisonné ses chiens, Richards investit lourdement pour l'isolement de Redlands, qu'il a complété de la propriété voisine : pièces refaites, et surtout l'énorme mur d'enceinte, les portails à interphone. Thorogood se charge lui-même des travaux, embauchant et dirigeant une équipe de maçons. Quand Jagger veut interdire l'accès de son château de Stargroves au cirque ambulant hippie qui y a pris ses aises, c'est à Thorogood qu'il confie le sale boulot. Quand il souhaite se débarrasser de l'encombrante propriété, avant de changer d'avis, c'est à Thorogood qu'il donne ses instructions : *Tart it for resale* : « Fiche moi ça bien qu'on le refourgue... »

Quand Brian achète trente-deux mille livres Cotchford Farm, il rajoute un budget de dix mille livres pour les aménagements nécessaires : refaire dans une aile de la vieille maison une dalle de plancher à l'étage, et installer dans le parc un système de drainage. Brian achète des meubles, fait repeindre des chambres (pas du tout au goût de Mary Hallett). Thorogood est suffisamment lancé par son emploi auprès des Stones pour s'être trouvé des clients complémentaires : ces mêmes semaines, il refait l'appartement londonien du photographe David Bailey, un de leurs proches. Mais si on l'a posté chez Brian à domicile, c'est qu'il tient de Tom Keylock quelques directives complémentaires : empêcher qu'en cas de perquisition on trouve à Cotchford Farm quelque drogue que ce soit. Thorogood, malgré l'éviction de Brian, y est en mission officielle de la Rolling Stones Ltd, à l'insu même de celui qui l'emploie, l'héberge, le paye.

Quand, le soir, la maison s'ouvre aux habituels *hangers on*, Thorogood veille à ce qu'ils n'aient même pas de haschich sur eux et il le fait en garde du corps, en ancien des commandos. Brian, paraît-il, tout en l'acceptant se méfie : *That bastard Keith gave me is taking outrageous liberties. I mean he cooks for me allright and everything, but he treats me as though he's my boss* 10, 141 : « Ce connard que Keith m'a refilé, il prend des libertés incroyables. D'accord il s'occupe de tout pour moi comme il faut, mais il me traite comme s'il était mon patron. »

Même s'il faut se méfier des propos complaisamment rapportés par Tony Sanchez, sa capacité d'invention est suffisamment limitée pour valider de telles indications. Brian a fait acheter des meubles à la mode ancienne, très chers, et vient de découvrir que Thorogood avait tout commandé en double, qu'il s'est fait livrer chez lui la copie. *Everyone seems to think I'm a millionaire or something, but I'm not. Mick and Keith get all the money for writing the songs... They're not going to pay me that first hundred grand until next year* 10, 142 : « Tout le monde semble croire que je suis un de ces millionnaires, mais non. Tout l'argent de Mick et Keith, ça leur vient des droits sur l'écriture. Et ils ne vont pas me payer ces cent mille livres avant l'an prochain. »

Bill Wyman confirme largement les propos de Sanchez. L'argent de Klein leur parvient au compte-gouttes, et Richards aussi confirme qu'avec Thorogood il a dû mettre au point, avant l'épisode Cotchford Farm, quelques tentations de factures à la gonflette. Quand cela concerne Redlands, Keith le rebelle, le nomade, vérifie tout. Dans les Rolling Stones, il est un patron qu'on craint. Il transparaît même que Keith a viré Thorogood de Redlands à cause de ses trafics. Brian n'a pas ces défenses, ni la rigidité nécessaire. S'il a coupé avec les drogues, il ne s'est pas sevré de l'alcool. Au point que sa seule raison de refuser désormais les visites et les photos, c'est qu'il se trouve bouffi, trop gros : « Un gentil petit bouddha», dira Faithfull. Les autres parlent tous d'épave, *wreck*.

S'il n'a pas la volonté de briser lui-même avec la dépendance alcoolique, son ange gardien Thorogood ne l'aide pas. Il a des courses à Londres, et revient en fin d'après-midi. Brian et Anna Wohlin regardent le championnat de tennis de Wimbledon à la télévision. Brian demande à son factotum de rapporter à boire, et pour cette soirée qui devait être comme une autre, Thorogood achète au village, pour quatre et ce seul soir, deux bouteilles de vodka, une demie de whisky et une demie de brandy, plus du vin : parce qu'il doit négocier avec Brian cette histoire de meubles commandés en double, et si possible se réconcilier avec le bailleur des fonds ?

Les versions divergentes commencent là. La version officielle, la plus longtemps répandue, tient au témoignage de Thorogood et de sa compagne Janet Lawson, une infirmière, qui les a rejoints le soir. Les bouteilles déposées devant soi, on a regardé la télévision (un show d'amuseurs de seconde zone : «Rowan And Martin's Laugh-In»), puis Brian, parce qu'il faisait si beau, a suggéré qu'on aille se baigner.

Thorogood a éclairé le parc et la piscine. Ils sont trois à plonger, Janet Lawson ne participe pas. Anna Wohlin rentre, et laisse les deux hommes. Reste le seul témoignage de Thorogood : ils sont vingt minutes ensemble, puis Thorogood remonte à sa chambre se changer. Quand il redescend, apostrophe violente de Janet Lawson : *You shouldn't have left him. – Brian's all right. – Brian's drunk!* [22, 144] : «Tu n'aurais pas dû le laisser. – Il est très bien, Brian. – Brian est bourré!» Thorogood ne variera jamais de ce scénario. Quand ils approchent de la piscine, ils voient la forme blanche flotter et le factotum plonge, remonte le corps. Respiration artificielle, coup de téléphone pour les secours : l'infirmière atteste que le cœur bat encore quand ils le remontent.

La deuxième version a émergé en 1990 dans *Blown Away*, de A. E. Hotchner : les ouvriers qu'emploie Thorogood sont logés tout à côté. Ce soir-là, il les a invités, avec des filles, à partager la vodka. On boit, on fume des joints. L'un des maçons parle à Hotchner sous le pseudonyme de Marty (on laisse la grammaire orale de l'ouvrier telle que citée par Hotchner) : *There was two guys in particular had it in for Brian. Been on his back for weeks, I mean, making always remarks, the rich fag, all that kinda stuff. They used to pinch stuff off Brian all the time – leave work with a bottle or a coupla towels under their shirts, some shit like that. Anyway, that night Brian was swimming a lot. He could swim good, bounce off the diving board, lots better than any of us lads, and the girls were watching him, also because he was a celebrity they sort of gave him* attention. *These two guys got pissed about that – they was drinking pretty good by then — it was kind of like, when it started, kind of like teasing. Sort of grabbling Brian by the leg and pulling it down, meanwhile saying bitchy things, just horsing around, but kind of rough* ⁹, ₃₀₀ : « Deux des gars, en particulier, en avaient après Brian. Il était dans leur dos depuis des semaines, toujours à faire des remarques, ce pédé plein aux as et toutes ces conneries. Ils perruquaient dans son dos, repartaient du boulot avec une bouteille ou une paire de serviettes sous la chemise. Ce soir-là, Brian avait beaucoup nagé. Il nageait vraiment bien, sautait du plongeoir, bien mieux que nous autres, et toutes les filles le regardaient, parce que c'était une célébrité elles le regardaient comme ça. Et les deux gars ça les énervait encore plus, on picolait dur à cette époque-là, alors quand ça a commencé c'était, quoi, juste comme des taquineries. L'attraper par les jambes et le tirer au fond, et puis à dire des trucs de pute, juste pour rigoler, mais quoi, quand même dur. »

Épilogue bref, sordide, tragique, trop connu : *And then Brian tried to get out the pool and they wouldn't let him, kept pushing him under, and then it started to get rough and these lads really got worked up at Brian the more he resisted, I mean, really bad-mouthing him now and ducking him and then sort of holding him under water and keeping under and then letting him up for a coupla seconds and he was gasping and then down again* ⁹, ₃₀₀ : « Alors Brian essaye de sortir de la piscine, mais eux ils ne le laissent pas, continuent de le fiche sous l'eau, et alors c'est devenu malsain : ces types vraiment repoussant Brian encore plus à mesure qu'il résistait, je veux dire : à le débiner, et lui faire boire la tasse, le maintenir sous la flotte et juste on le laissait respirer une paire de secondes, et lui de haleter et que ça recommence. » *It got real crazy and then the next thing I heard was somebody say : He's drowned. Let's get the hell out of here... And we all ran for it. Got to our cars in one hell of a hurry and cleared out... They hated him for being rich and doing nothing and having beautiful women around and wearing all those super-fancy clothes of his, and then having to work for Brian, laboring for small money and he looking down on them, treating them like shit* ⁹, ₃₀₁ : « C'est devenu vraiment fou, et la dernière chose que j'ai entendue c'est quelqu'un crier : il s'est noyé ! On se tire d'ici... Et on s'est tous défilés, on est remontés dans nos bagnoles à toute allure et on s'est tirés. Ils le haïssaient d'être riche et de ne rien faire, d'avoir ces jolies filles autour et toutes ces fringues supermode, et d'avoir à travailler pour lui, d'avoir à bosser pour si peu de fric, lui à les surveiller derrière, les traiter comme de la merde. »

Le rendez-vous clandestin et le témoignage anonyme, la parfaite cohérence de l'argot et même qu'on ait bu de la bière avec du *ginger ale*, tout est presque trop parfait dans le témoignage recueilli par A. E. Hotchner, spécialiste en biographies d'artistes. Pour nous faire douter de la version *Blown Away*, restent au moins deux ombres : Hotchner introduit dans son livre, juste avant le témoignage anonyme du maçon dit Marty, celui de Nicholas Fitzgerald, qui a publié en 1985 le second des livres uniquement voués à Brian, et fabrique pour la noyade une étrange scène de roman d'espionnage dans laquelle lui-même, Fitzgerald, s'improvise témoin direct. L'affabulation de Fitzgerald, qui voudrait trop tôt retrouver le feu sous la fumée, décrédibilise le témoignage de Marty qui le suit. Surtout, Thorogood, le chef de chantier, a disparu du récit, il n'y est jamais évoqué. Peur ou diversion ? Hotchner prétend avoir retrouvé, tout près de Hartfield, la trace de deux autres des maçons employés par Brian, mais qu'ils ont refusé de parler. Est-ce que « Marty » est simplement le pseudonyme choisi par Thorogood, qui a fait promettre à Hotchner de ne pas le citer nommément, et aurait-on affaire à une seconde version du factotum, mélange de vrai (les serviettes et le whisky volés, la noyade elle-même) et d'invention (les trois maçons invités à se baigner) parce que la première version, trop naïve, n'est plus tenable ?

Une troisième version est apparue depuis celle de *Blown Away*. Les maçons n'y apparaissent plus, mais le jeu malsain décrit auprès de la piscine par l'anonyme « Marty » demeure. Au centre, cette affaire de double facturation de meubles entre Brian et Thorogood : Brian aurait décidé, ce soir-là, de congédier son chef de chantier. Comment cela s'articule avec le retour de Londres de Thorogood et le fait avéré que Brian l'a envoyé acheter de la vodka et du vin ? Y a-t-il eu altercation et une fois de plus conciliation, dans cette éternelle manière floue de Brian, entre amour et persécution ? Cela signifie pour Thorogood d'avoir eu préalablement à supporter le savon humiliant, et d'aider le maître à se saouler pour qu'il passe outre.

Reste la piscine et le jeu, l'ancien commando d'une part, le jeune richard pompette de l'autre, celui qui paye et celui qui loge, la légende vivante du musicien roulant Rolls-Royce dont on enfonce une fois, puis deux fois la tête sous l'eau, l'enfant blond dont on aperçoit une ultime fois le regard implorant pendant qu'il boit la tasse. Enfin l'asthmatique qui très vite entre en crise, maintenant ne respire plus, et qu'on abandonne en se disant : la leçon est donnée, s'il me congédie maintenant, au moins je lui aurai payé mon dû. Ou de tout cela un peu à la fois, qui n'aurait pas eu de conséquence si Brian n'avait pas été saoul, si Brian n'avait eu de crise d'asthme, si Thorogood, ayant bu lui aussi, n'avait pas été dans l'humiliation d'être pris sur le fait des meubles et de l'argent détourné... Thorogood a laissé Brian, croit-il, récupérer. Lui il fume sa cigarette sur la terrasse, et ce que crie Janet Lawson, l'infirmière, devient aussi crédible : *You shoudn't have left him...* tout simplement parce qu'elle a assisté au début de la scène et a préféré tourner le dos parce qu'elle ne comprenait pas le comportement de son fiancé, peut-être a pris peur devant la violence de celui dont elle partage la vie.

Mais c'est trop tard. Brian Jones a laissé le souvenir aux autres Stones d'un goût de toujours pour la piscine, de son aisance au plongeoir. Ils en témoignent tous. Brian n'est pas du genre à s'être noyé tout seul : *He was starting to play again. I think his death was an accident. I spoke to him the day before he died and he seemed to be in good shape* [16, 117], dit Ian Stewart : « Il allait recommencer à jouer. Je crois que sa mort est un accident. Je lui avais parlé la veille de sa mort, il avait l'air en bonne forme. » Richards : *He was a good swimmer. He was a better swimmer than anybody else around me. He could dive off those rocks straight into the sea... I've been underwater with Brian in Fiji : he was all right then. He was a goddam good swimmer and it's very hard to believe he could have died in a swimming pool* [25, 44] : « C'était un bon nageur. Il nageait mieux que n'importe qui parmi nous. Du genre à plonger de ces rochers droit dans la mer. J'ai fait de la plongée sous-marine avec lui aux Fidji et tout se passait bien. C'était un fichu bon nageur et c'est très difficile de croire qu'il a pu mourir dans une piscine. » L'asthme n'empêchait pas Brian de profiter de sa piscine : en cette période de crise allergique, il promène partout avec lui sa Ventoline, et ce détail ne sera pas oublié dans les dépositions de Thorogood pour prétendre que Brian s'est noyé seul, disant qu'ils ont retrouvé le petit inhalateur au bord de la piscine.

La police est prévenue et arrive, ne peut que constater le décès. Thorogood a eu le temps de prévenir Keylock, celui qui l'a introduit dans la machine Stones et en est l'organisateur. C'est la femme de Keylock qui répond au téléphone : les Stones sont en répétition à Olympic, mais Richards a expédié Keylock en fin d'après-midi chercher deux guitares restées à Redlands. Quand Keith pratique les *overdubs*, ces doublages ou ces ajouts de piste, il fait des essais de son très précis, justifiant qu'on fasse faire quatre heures de voiture au chauffeur pour rapporter telle ou telle guitare : une Fender de 1959 et une autre de 1963 n'ont pas le même timbre ni la même attaque. La compagne de Keylock prévient aussitôt Stewart au studio, et c'est lui qui coupe brutalement les amplis, fait l'annonce aux Stones, de l'autre côté de la console. A deux heures du matin, Wyman avait quitté le studio, laissant les autres continuer les doublages. Il est parti quand on les prévient. Charlie Watts se laisse aller longtemps aux larmes, les autres sont prostrés. C'est Charlie qui pense à prévenir Wyman à son hôtel, vers trois heures : Bill dit qu'il reste assis sur une chaise, très longtemps, que lui aussi pleure. On se demande tout de suite s'il faut annuler le concert de Hyde Park : c'est le surlendemain qu'on joue. La mort de Brian est bien sûr un événement de répercussion nationale. On décidera le lendemain de maintenir le concert, mais d'en faire un hommage à Brian.

Keylock vient de revenir avec les guitares, on l'expédie immédiatement sur place en prenant au passage Les Perrin, le chargé de presse des Stones. Ils sont à Cotchford Farm un peu avant quatre heures : le corps vient d'être enlevé, la police bloque les accès et leur interdit l'entrée, chargé de presse ou pas. Thorogood, Lawson et Wohlin sont interrogés, on a leurs dépositions officielles, c'est la version un. On est jeudi matin, et la police laisse Keylock ramener Anna Wohlin à Londres, où il lui trouve une chambre dans le même hôtel où s'hébergent Bill Wyman et Astrid pendant la durée des enregistrements. C'est Astrid Lundström qui chapeautera sa compatriote, et Keylock réussira à lui éviter tout contact avec la presse. Là commence ce flou étrange de la justice anglaise, manœuvrée si facilement, on dirait, par un Tom Keylock trop vite ou trop dangereusement missionné par ses employeurs pour éviter tout bruit, toute vague.

L'enquête a lieu le mardi, et on remet le jour même (avec un chèque?) la jeune Anna en avion pour Stockholm : elle n'a même pas en souvenir une photo d'elle et de Brian (elle n'aurait pas manqué, sinon, trente ans plus tard, de la faire figurer dans son livre). Qu'a-t-on fait croire à l'étudiante pour l'évincer si vite, commotionnée et effrayée, ayant tout vécu depuis cette nuit comme un cauchemar qu'on préférerait refuser depuis son début?

Ce n'est qu'une enquête de routine, que mène le coroner Angus Sommerville, et il conclura par une très traditionnelle formule : *Death by misadventure*. Le rapport d'autopsie du docteur Albert Sachs signale la dégradation d'un foie qui fait deux fois le poids ordinaire et la présence d'amphétamines dans les urines. L'envie peut-être de la bonne société anglaise de laisser à son destin un homme en perdition, déjà sous le coup de multiples poursuites : qui touche à la drogue va forcément au-devant d'une telle fin. Le coroner Angus Sommerville ne cherchera pas à savoir s'ils étaient quatre ou plus dans la maison ce soir-là, ni l'emploi du temps précis de Thorogood, ni ce qu'ils se sont dit, Janet Lawson et lui-même. La police ne cherchera pas à mieux décortiquer les allégations de la version un. On ne demandera même pas à Anna Wohlin, qui n'était peut-être pas en état de tout percevoir d'une réalité trop mouvante et complexe, en langue à elle étrangère, de revenir témoigner pour l'enquête officielle du coroner. La justice n'a même pas posé de scellés : le lendemain des funérailles de Brian, un camion arrive à Cotchford Farm, les déménageurs ont les clés et opèrent en plein jour. Ils enlèvent tous les instruments de musique, le mobilier ancien (et seulement celui-ci), incluant des tapis récemment achetés. C'est Shirley Arnold, l'administratrice des Stones, qui découvrira l'affaire deux mois plus tard, inventoriant dans les garages des parents à Cheltenham le peu d'affaires qui restent de Brian. Personne n'a seulement songé à demander aux déménageurs qui les envoyait, et qui les avait aussi bien renseignés.

L'état des finances que laisse Brian à ses parents en héritage est désastreux : près de deux cent mille livres de dettes, bien au-delà de ce qu'on pourra négocier par la vente de Cotchford Farm, et les droits en retard sur les disques des Stones. Et personne pour prétendre, côté Stones, que les cent mille livres promises un mois plus tôt comme prime de licenciement aient été délivrées post mortem à sa famille : on peut supposer qu'ils n'auraient pas manqué de la mentionner, s'ils l'avaient honorée.

Deux ans plus tard, en août 1971, Keith Richards publie dans le magazine américain *Rolling Stone* un long entretien où il laisse entendre très explicitement qu'eux, dans le groupe, sont au courant de ce qui s'est exactement passé, et que ce n'est pas ce qui en fut raconté. Les allégations visent très directement Thorogood, qui s'est établi désormais à Londres comme rénovateur-décorateur. Il aura même, jusqu'au milieu des années 80, son nom dans l'annuaire du téléphone. Transcription magnétophone de la version Richards de 1971, avec infinie résonance des «peut-être» : *Well, what the fuck's going on? We had these chauffeurs working for us and we tried to find out... some of them had a weird hold over Brian. There where a lot of chicks there and there was a whole thing going on, they were having a party. I don't know, man, I just don't know what happened to Brian that night... We were completely shocked. I got straight into it and wanted to know who was there and couldn't find out. The only cat I could ask was the one I think who got rid of everybody and did the whole disappearing trick or so when the cops arrived, it was just an accident. Maybe it was. Maybe the cat just wanted to get everyone out the way so it wasn't all names involved, et caetera. Maybe he did the right thing, I don't even know who was there that night and trying to find out is impossible... In those two weeks, he'd had musicians down there everyday. He was rehearsing. Some very weird things happened that night, that's all I can say* [25, 44] : «Bon, qu'est-ce qui s'est passé comme merdier ? On avait ces chauffeurs qui bossaient pour nous, on a essayé d'y voir clair. Certains d'entre eux avaient une drôle d'influence sur Brian. Il y avait des filles là-bas, et quelque chose en train, ils ont fait la fête. Je sais pas, moi, je sais vraiment pas ce qui est arrivé à

Brian cette nuit-là. On était complètement sous le choc. Le seul type à qui je pouvais demander était celui qui s'était débarrassé de tout le monde et avait fait disparaître tous les trucs et comme ça, quand les flics arrivent, c'était juste un accident. *Peut-être*, que c'en a été un. *Peut-être* que le gars voulait juste que tout le monde s'en aille, comme ça il y aurait moins de monde dans l'histoire et caetera. *Peut-être* qu'il a fait ce qu'il fallait, je ne sais même pas qui y était cette nuit-là et le trouver maintenant ce n'est plus possible. Les deux dernières semaines, Brian faisait venir des musiciens tous les jours. Il répétait. Il s'est passé des trucs bizarres, cette nuit-là, c'est tout ce que je peux en dire. »

Une affaire de chauffeurs, des trucs bizarres... Comment cela ? Keith Richards, patron des Rolling Stones, compagnon permanent de sept années de la vie de Brian Jones, accuse publiquement que sa mort ne soit pas accidentelle, qu'un type a tout arrangé entre le décès et l'arrivée de la police, et la justice ni la famille n'ordonnent de complément d'enquête ? Même Thorogood aurait pu le poursuivre pour diffamation, puisque, moins de deux ans après la disparition de Brian, Keith le met publiquement en cause. Chape de silence sur la nuit du 2 au 3 juillet 1969 : Apollo 11 va bientôt décoller, et un nommé Armstrong est le premier homme, le 21 juillet, à marcher sur la Lune, c'est bien plus important pour l'histoire de l'humanité qu'un pauvre type de vingt-neuf ans rongé par l'alcool et les médicaments, asthmatique et criblé de dettes, qu'un imbécile, *peut-être*, enfonce rageusement sous l'eau dans sa propre piscine. Reste l'effroi dans les yeux de Brian quand il comprend, reste la terreur quand il boit la tasse et sent l'étouffement venir tandis que l'imbécile là-haut, le voleur, le maçon garde du corps, ricane en le traitant de vieille tante. Brian Jones meurt noyé dans la terreur et l'effroi, il aurait fallu la présence d'Hitchcock pour capter cet ultime regard devenu enfant et dépassé par ce qu'il a lui-même mis en branle. En 1993, Thorogood atteint par un cancer convoquera Tom Keylock, son ancien patron et confident, pour lui transmettre, paraît-il, l'ultime aveu : *I did Brian*, sans plus de « peut-être » mais sans s'étendre sur les comment ni les pourquoi, pour lui non plus il n'était plus temps.

On joue donc le surlendemain à Hyde Park, c'est le premier concert du groupe depuis deux ans et la première sortie publique de Mick Taylor, dix-neuf ans. Il fait ce samedi après-midi à Londres un temps splendide, une vraie chaleur d'été continentale. La foule est là, deux cent mille, trois cent mille personnes ? Quelques milliers d'entre eux sont venus la veille et, pour avoir leur place au plus près de l'estrade de tubes, ont dormi sur place. Les cheveux sont longs uniformément, l'image hippie fait loi et la corporation des coiffeurs ni celle des marchands de cravates n'y peuvent plus mais : il faut voir ces images pour mesurer peut-être en quoi la mutation advenue en trois ans est globale. Eux les Stones, nés en 1943, sont le bord avant de cette génération, et nous de la Charente, nés dix ans plus tard, la queue de comète. On a prévu une antenne de secours pour les quelques dizaines d'insolations (le mot insolation couvrira tout, sans détail), on monte haut dans les arbres, on danse torse nu, et les traditionnels pêcheurs à la ligne du Park font comme si de rien n'était. Pour le service d'ordre, l'omniprésent Keylock a eu l'idée de solliciter les Hell's Angels : des clubs de motards des faubourgs de Londres, aux osseux visages des générations de prolétaires anglais, engoncés dans des blousons de cuir couverts d'insignes, et la tête sous casque militaire. Non pas même le casque anglais aplati, mais bien ceux rachetés dans les surplus militaires de l'Allemagne qu'occupent toujours les contingents des pays alliés : des casques de la Wehrmacht, avec la croix gammée bien repeinte. Non pas un par ci par là, mais bien (le film en témoigne) par dizaines et dizaines.

C'est Tom Keylock qui leur donne les instructions, avec de grands gestes des bras pour les positionner. Il est partout, Keylock, beaucoup plus qu'un chauffeur : *security man*. On aperçoit, sur la scène ou derrière les amplis, le bon géant Ian Stewart en polo blanc, les poches arrière du pantalon de toile remplies comme à l'accoutumée de tout un matériel, jacks et fer à souder compris. Mais Keylock, pantalon de toile claire aussi et chemise rouge, est en plein devant de la scène et veille à tout. La scène est juste à hauteur d'épaule, et il n'y a pas de «retours», ces haut-parleurs en devant de scène, qu'on retourne vers les musiciens. Un camion de la United Parcels Service, pour lequel les Hell's Angels font s'écarter la foule, amène les musiciens à une caravane plantée juste à l'arrière, rafraîchie à l'air conditionné. Ils y trouvent leurs guitares et s'accordent sur l'harmonica de Jagger (les petits accordeurs électroniques qui permettent de se régler même en plein bruit n'ont pas encore été inventés). Les Stones ont beaucoup à apprendre. Ils n'ont pas pensé que la brutale différence de température entre l'air conditionné de la caravane et la scène surchauffée déferait instantanément l'accord des instruments. Wyman ajoute que cette même vague de chaleur, qui a provoqué l'explosion des pollens et les crises d'asthme de Brian en ses derniers jours, a provoqué chez Mick, à cause du rhume des foins, une laryngite dont il n'est pas coutumier, et qu'il y a ça aussi à surmonter.

Quand ils surgissent enfin sur la scène, Jagger fait taire la foule et lit un passage de Shelley à la mémoire de Brian, après quoi des assistants ouvrent six ou huit cartons remplis chacun (on a payé ça très cher, ça doit être à la fois magie et symbole) de milliers de papillons blancs.

Les cartons ont attendu des heures en pleine chaleur, et ne sont pas ventilés. Quelques dizaines seulement des bestioles ont survécu, et viendront voler peineusement autour de Jagger stupéfait tandis que sonnent les premiers accords (un blues rapide traditionnel, que les Stones ne reprendront jamais sur disque : leur vieux *Lemon Squeezer* et ses allégations grivoises succédant donc sans transition à Shelley). Tant que Richards a sa solide Les Paul, on assure à peu près, une Les Paul ne se désaccorde pas pour si peu. Richards retrouve l'instinct de foule, il arpente deux mètres de scène entre Watts et Jagger, Taylor et Wyman sont sur les ailes, on n'a pas prévu de piano. Mais Keith attrape ensuite cette étrange guitare à deux pointes, l'historique Gibson modèle *Flying Arrow* de 1958, antiquité vénérable et symbolique du rock, qui libérait la guitare électrique des formes traditionnelles, et que lui surnomme affectueusement Mia Farrow. Elle aussi a été préalablement accordée dans la caravane (on la voit, dans le film, posée près de lui accordant la Gibson), mais les clés sont simplement à engrenage vissé sur le bois, plus un chevalet à l'époque ultramoderne, réglé par vis, qui permet l'accrochage des cordes, et quand ils attaquent *I'm Free* c'est la catastrophe : un son de ferraille où aucune corde n'est ensemble. On voit le regard perdu de Jagger, qui ne peut trouver le ton, vers Richards qui a les yeux fermés et, ne s'apercevant de rien, n'arrête pas le morceau pour qu'on reprenne. Wyman mâche indifférent son chewing-gum : il dira que, devant son double ampli à l'aile gauche de la scène il n'entend que lui-même et le battement de Watts. Taylor a des coups d'œil inquiets, mais il n'est pas là pour faire la loi. Tout à l'heure, quand des dizaines de gamines entreprendront de grimper sur la scène, et que Keylock les éjectera, il aura plus de panique dans les yeux. Alors on va jusqu'au bout de *I'm Free* : Watts, qui a compris le problème de Jagger, redouble le volume de sa frappe, lui aussi tente d'intercepter le regard de Richards qui ne voit rien. Et Richards enchaîne sans se réaccorder sur *Satisfaction*, les deux guitares à presque un ton d'écart et la voix de Jagger au milieu, des regards maintenant furieux à Richards, qui n'a toujours pas rouvert les yeux : qu'entend-il, qu'un son tellement saturé qu'il doit le supposer accordé ? Mick lui crie à l'oreille dans le vacarme des amplis, il reprend la Les Paul et remet ses cordes à la quinte, on est à peu près d'aplomb pour *Honky Tonk Women*, et le groupe se rattrape. Mais quand pour le finale tout un ensemble de percussions africaines les rejoint sur scène pour *Sympathy For The Devil*, il devient évident qu'aucun d'entre eux n'entend les autres : bribes de Jagger hors ton, solo désaccordé de Richards, mouvement pendulaire immuable de Wyman quand les percussions dérivent dans la danse, le concert de Hyde Park n'a rien d'une prouesse musicale pour ceux qui s'y font annoncer pour la première fois comme *The greatest rock'n'roll band in the world*.

Reste qu'on ne refera pas deux fois les mêmes erreurs : pour la tournée américaine on aura enfin découvert l'astuce des « retours » qui permettent de s'entendre soi-même et un peu les autres, et dans les intervalles des morceaux on entend Keith qui chaque fois se réaccorde : même s'il attendra la tournée de 1972 pour l'astuce très simple de se faire tendre à chaque nouveau morceau, depuis les coulisses, une guitare réaccordée par un assistant. On ne reverra plus jamais Mia Farrow en concert, et on ne jouera plus à cinq que par exception, dont Altamont, même quand on reviendra pour des démonstrations dans les clubs. Nicky Hopkins et Ian Stewart alterneront tout au long des concerts au piano, on ajoutera plus tard un orgue, et bientôt les cuivres de Bobby Keyes et Jim Price, bien plus tard tout un soutien vocal avec Bernard Fowler et Lisa Fisher. Il suffit d'un piano pour que sur scène on reste juste, mais ils ne le savaient pas. Le service d'ordre a fonctionné comme on l'attendait, Keylock a maîtrisé son monde, alors aucun d'eux pour le reprendre sur ce détail, qui semble tant prolonger les propres fantasmes de Keith : les croix gammées sur les casques des Hell's Angels anglais.

Quand on visionne les mêmes morceaux joués six mois plus tard, au terme de la tournée, au Madison Square Garden de New York, *Satisfaction* par exemple, difficile d'imaginer comment un groupe aussi aguerri a pu se lancer, à Hyde Park, dans une telle cacophonie. Pourtant, avec Jagger qui danse au premier plan, prend des poses, chante à terre, et la machine Charlie Watts lancée au centre, la foule semble avoir ce qu'elle veut : après tout, rien de plus que la présence en chair et en os des cinq figurines fragiles, équipées de guitare et vêtues de paillettes. A ceux qui aideront au nettoyage du parc on distribue gratuitement, en remerciement, des exemplaires du nouveau quarante-cinq-tours, *Honky Tonk Women*.

A l'enterrement de Brian, ce jeudi 10 juillet 1969, il y a une énorme gerbe portant inscription *From Mick and Marianne*, mais pas de Jagger ni de Marianne, partis la veille au soir en Australie tourner le film *Ned Kelly*, le cinéma étant pour Mick ce que Saint-Simon aurait dit son « ver rongeur ». *Ned Kelly* n'aura pas beaucoup plus de succès que *Performance*, Jagger devra attendre ses presque soixante ans et le métier de producteur pour entrer vraiment dans ce métier. On a la photo de Jagger et Faithfull en chapeaux fantaisie (la mode, toute cette année, a été aux grands chapeaux de feutre ou de cuir à large bord et lunettes noires à monture fantaisie) s'embarquant à l'aéroport d'Heathrow, lui en pantalon pied-de-poule à carreaux noirs et blancs sous un long manteau serré qui lui vient aux mollets, une longue écharpe blanche et les ongles vernis.

Keith Richards s'est enfermé à Cheyne Walk, ne fait pas non plus le déplacement de Cheltenham. C'est Bill Wyman avec Astrid, Charlie Watts et Shirley, Ian et Cynthia Stewart qui représentent le groupe à la cérémonie, derrière madame Jones mère voilée et un cercueil de bronze venu spécialement de New York, facture à charge de la Rolling Stones Limited.

Suki Potier, celle qui ressemble tant à Anita Pallenberg et lui a succédé, pleure, accrochée au bras de la sœur de Brian, et derrière les deux jeunes femmes, en complet noir et cravate, longs cheveux sur les épaisses lunettes myopes, l'omniprésent Keylock ne peut s'empêcher de fixer comme pour avertissement sans frais les photographes qui approchent trop. Il faut repousser les adolescents qui les assaillent pour des autographes ou hurlent leurs prénoms. Les photos sont connues, et la tombe depuis lors un pèlerinage fleuri : les mythes s'énoncent sous la terre.

Cet extrait d'éloge funèbre par Jim Morrison, des Doors, qui a encore deux ans exactement à vivre, et lui aussi grossira outrageusement pour sa fin : *Ode to LA while thinking of Brian Jones, deceased : [...] Will he stink/Carried heavenward/Thru the halls/of music/No chance./Requiem for a heavy/That smile/That porky satyr's/leer/has leaped upward/Into the loam...* « Ode à Los Angeles, en pensant à Brian Jones décédé : Sous le vent il pue, porté au ciel par toutes portes de musique – pas de chance, requiem sous sourire lourd de ses satyres porcines et le voilà d'un seul bond jusque sous la terre... » Si quelqu'un avait su traduire un jour Jim Morrison, on aurait peut-être pu l'empêcher, lui, de bondir au Père-Lachaise.

Septembre 1973. Le feu : Gram Parsons

Mort par le feu : commençons par la fin, exactement quatre ans plus tard, le 18 septembre 1973.

On est loin à l'est de Los Angeles, à deux grandes heures de moto, là où le désert de Mojave rejoint celui de l'Arizona, paysages que nous connaissons par les livres de Tony Hillerman, mais que nous découvrions alors par ceux de Carlos Castaneda. C'est au Joshua Tree Inn, un motel à la mode américaine, pas loin de la route, à l'écart de la ville, sans rien de spécial : des chambres un peu tristes, jamais complètement propres. Mais autour, c'est le vrai désert.

Cinq ans plus tôt, Gram Parsons, vingt-sept ans (il est né en 1946, trois ans après Jagger et Richards), y a trouvé l'endroit rêvé pour une photo de couverture d'album avec ses Flying Burrito Brothers. Depuis, il en a fait son lieu de repli, un rituel où le voyage à moto puis la nuit sous les étoiles du désert compensent la rudesse du motel : aussi bien, il n'y a rien d'autre ici pour s'héberger.

En 1970, il y amène ses nouveaux amis Jagger, Richards et Pallenberg pour une nuit blanche où ce sont les OVNI ou UFO (l'âge des *unidentified flying objects*) que veut guetter Anita. Alors on veille, enroulés de couvertures, avec quand même une Gibson acoustique en partage sous les étoiles et assez de cannabis à portée de main, idoles royales en chevauchée de monde.

Gram est au bout de sa route : comme pour Brian, les réfrigérateurs remplis de vodka, les mugs de café au cognac, et les Tuinal pour dormir malgré la *coke* et les seringues d'héroïne, l'ont mené à terme. Il a souvent tenté de rompre avec son poison, mais quand on replonge après une coupure le corps réagit avec plus de violence, on entendra ça presque comme un refrain, triste refrain : Untel est mort... et pourtant il venait d'arrêter... Le dernier sursaut de Gram Parsons c'est *Grievious Angel*, son ultime album. Il a enfin trouvé son équilibre, son affirmation musicale, Gram. Et cette marque, grâce en partie aux Rolling Stones, est identifiée et reconnue sous le nom paradoxal de *country rock*. Gram se veut un nouveau départ.

Mais, au Joshua Tree Inn, ce soir-là, quand il raccroche à l'héroïne, même si la dose n'est pas ce qu'il a tant de fois absorbé, le corps refuse, il craque. Il est venu avec sa dernière compagne, Margaret Fisher, et un autre couple. C'est leur troisième jour au Joshua Tree et Michael Martin, son chauffeur-régisseur, est reparti à Los Angeles refaire la provision de poudre. Entre *addicts* on se repasse les consignes à suivre en cas d'accident, et la consigne à la mode, l'été 1973, c'est d'insérer dans l'anus des glaçons, provoquer un choc thermique intérieur. A quelques semaines de distance, c'est la compagne d'Eric Clapton, depuis Nice, qui appelle au secours Keith Richards, toujours à Villefranche : ils mettront deux heures à sortir Clapton de l'inconscience – avec des glaçons aussi ? La scène serait étrange. Elle a probablement eu lieu.

C'est ce qu'ils font cette nuit à Gram, qui revient à lui. Assez pour se lever et se mettre de l'eau sur la figure, jurer qu'il ne recommencera plus, et repartir seul par le couloir jusque dans sa propre chambre. Il paraît que ses premiers mots sont d'étonnement : *Gee, what're you girls doing with my pants down?* [42, 2] : «Eh, les filles, qu'est-ce que vous faites avec mon pantalon baissé?»

Quand il se rendort, chambre 8, Margaret Fisher le veille. *He's sleeping, but you never know... Just go and sit with him* [42, 3] : « Il dort, mais on ne sait jamais, reste avec lui, garde-le... » Le matin, quand Margaret Fisher prend la Jaguar de Gram pour aller acheter des provisions, elle demande à Dale McElroy de le veiller. La respiration de Gram est encombrée. C'est comme « un serpent à l'intérieur », dira Dale McElroy. Et puis c'est l'étouffement. Il n'y a pas de téléphone à proximité, d'ailleurs c'est bien à cause de son parfait isolement que Gram aimait le Joshua Tree Inn. Fisher revient, les deux filles tentent le bouche-à-bouche mais ne le ramènent pas à la conscience, obtiennent enfin des secours. L'ambulance est là à midi et quart, on emmène Gram Parsons au Hi-Desert Memorial Hospital de la Yucca Valley, mais on y prononce son décès. Il y a autopsie, tout cela tellement banal.

Le surlendemain, le corps est mis en bière et rapatrié par avion à Los Angeles, stocké pour la nuit dans un entrepôt réfrigéré. Digression dans la digression : Phil Kaufman fait un an de prison à Terminal Island, Californie, pour trafic de drogue. Son compagnon de cellule se prétend chanteur, il se nomme Charlie Manson, et purge une peine plus lourde. Phil Kaufman traîne dans les milieux périphériques du film : il a eu un petit rôle dans *Spartacus*. Quand son copain Manson sort de prison, il l'héberge pendant deux mois et tente de lui trouver une maison de disques. Un des futurs producteurs de Gram, Terry Melcher, ira jusqu'à avancer de l'argent à Manson, mais c'est l'atroce assassinat de Sharon Tate qui conférera à Manson sa célébrité, et à Phil Kaufman sa chance : il dispose des bandes d'essais de Manson, il fait un disque des chansons du meurtrier et les commercialise. Commerce douteux. Propulsé plus près des cercles de pouvoir, il devient le producteur exécutif pour des tournées, travail qui inclut les réservations d'hôtel, l'organisation des déplacements, la surveillance des trafics de billets et l'encaissement des bénéfices. C'est un métier plutôt sauvage, qui impose beaucoup de mobilité et de ne pas rechigner à retrousser soi-même les manches, savoir donner à l'occasion un dessous-de-table : la profession n'est pas encombrée. On le verra à l'œuvre dans la tournée des Stones qui s'annonce, jonglant avec chambres d'hôtel, billets d'avion, affrètements privés et voitures louées. Phil Kaufman est l'ami de Gram Parsons.

Quand on trouve en plein désert, à l'aube, tout près du Joshua Tree Memorial, un cadavre qui finit de brûler dans son cercueil, qu'on l'identifie comme étant celui de Gram, c'est Phil Kaufman qui revendique ce qu'il considère comme ultime hommage au chanteur. Arrêté deux jours plus tard, il reconnaît s'être introduit la nuit dans cet entrepôt de la ville-monstre, avoir chargé Gram sur le plateau de son pick-up truck, acheté une nourrice d'essence et roulé ensuite deux heures plein est. Kaufman s'en tire avec une amende de sept cent cinquante dollars incluant le prix du cercueil détruit, modèle standard fourni par l'administration du Nouveau-Mexique. Ainsi disparaît, corps trop vite usé brûlé dans le désert, le fils prodigue de l'univers des pamplemousses de Floride. C'est sur ce livre le signe du feu, après celui de l'eau pour Brian Jones, et ce mois de décembre 1969 qui approche, le fer pour Meredith Hunter.

Le destin de Gram Parsons commence avec les Snively : une famille de rite mennonite s'installe un siècle plus tôt en Floride et y cultive des oranges. En 1930, les Snively sont les premiers producteurs d'oranges, citrons et pamplemousses des États-Unis, l'empire s'augmente encore de la première fabrication industrielle des jus et concentrés. Le John Snively (John Snively II) de 1935 a deux filles et un fils, John Snively Junior (John Snively III) prendra la suite, on mariera les filles pour solidifier l'empire. C'est un monde de Cadillac et de luxe, de réception dans les grandes maisons blanches et de domestiques noirs comme si toujours il devait y avoir des domestiques noirs. Avis, la seconde fille, s'éprend d'Ingram Cecil Connor, fils déjà d'un Ingram Cecil Connor, qu'on surnomme – et personne n'expliquera jamais pourquoi – Coon Dog : « raton laveur ». Raton aime la musique country, mais n'en jouera jamais lui-même, Raton aime chasser et pêcher, et c'est la raison la plus probable de son surnom. Mais Raton a le mauvais âge : jeune ingénieur, il est mobilisé dans l'armée de l'air, envoyé à l'école de l'air de Tulsa et devient pilote de chasse. Au début de la guerre il franchit les étapes, devient lieutenant, puis capitaine. Il est à Pearl Harbor lors du bombardement du 7 décembre 1941, et passe la nuit dans les opérations de sauvetage, sans être blessé lui-même. Il est affecté en Australie et Nouvelle-Guinée, comptera encore cinquante missions de chasse, et sera chef d'escadrille : c'est la malaria qui l'abat, il connaît longtemps les hôpitaux avant d'être rapatrié et de rencontrer Avis. La guerre et la maladie en ont fait un homme détruit, mais c'est trop tôt pour le savoir. Pour les oranges et les pamplemousses, il faut des cageots, et l'empire Snively installe une usine à Waycross, Géorgie, où les arbres n'enfantent pas l'or des agrumes. On la confie à Coon Dog, c'est à la fois une acceptation et un essai à distance, et là naîtront les deux enfants du couple, Ingram Cecil Connor III, dit Gram (qui toujours se vexera terriblement si on écrit son nom Graham), et la fille portant prénom de la mère, celle qu'ils appellent tous Little Avis.

Coon Dog aime suffisamment la musique pour apprécier de chanter avec ses enfants l'inépuisable répertoire country. A neuf ans, Gram reçoit des cours particuliers de piano et y révèle une oreille juste, une facilité souple : mais sa professeur lui reproche de prendre tout son temps de clavier pour reproduire les airs partout entendus, en particulier les retransmissions radiophoniques du Grand Ole Opry de Nashville, au lieu de travailler *Pour Élise* et autres exercices. La radio contribue aux premiers succès d'Elvis Presley, avant son service militaire, et quand Presley vient à Waycross, le fils de Coon Dog, neuf ans, héritier des Snively, est au premier rang, ébloui et fasciné. Gram a onze ans, et les écoles pour jeunes héritiers des grosses affaires sont assignées : on l'envoie en Floride, à Jacksonville, un collège où les garçons sont entraînés à la manière militaire. Gram s'y adapte, la première année lui réussit, et le premier trimestre de la seconde aussi.

Fin du père. Aux vacances de Noël, Coon Dog amène un vendredi femme et enfants dans la belle-famille, et revient veiller seul à l'usine. Le mardi soir il se tire une balle dans la tempe, et toute la façade Snively se disloque.

L'alcool, les liqueurs du soir, n'était pas un problème que pour Coon Dog. Avis, la mère, en est aussi victime. Waycross est une de ces mornes villes de l'Amérique moyenne, sans distraction ni visage, et les possédants compensent l'ennui par des soirées réservées. Il y aura grand silence autour de la mort de Coon Dog. On refusera de recevoir aux funérailles la mère et la sœur du suicidé, et Gram retourne à Bolle, le collège de Jacksonville, où il se montre maintenant déséquilibré, agressif : en fin d'année on le renvoie sans autre aide et c'est pour trouver à la maison, dans le lit de sa mère et aux commandes de l'intendance, Bob Parsons.

Bob est un homme aux dents longues, qui a besoin de capitaux pour une affaire de location d'engins de travaux publics spécialisés dans les gros chantiers, jusqu'en Australie. Avis sera remariée en moins d'un an, et le premier acte de Parsons est l'adoption officielle des deux enfants : Gram et Little Avis Connor s'appellent désormais Parsons. Un an encore, et Avis la mère est à nouveau enceinte, d'une petite Diane, pour laquelle Parsons fait entrer dans la maison, comme baby-sitter, une jeune femme, Bonnie, dont il s'avère bientôt qu'elle est de longtemps sa maîtresse : Avis boit, Avis s'en moque, Avis apparemment l'a toujours su.

Parsons a décidé d'échapper à Waycross et fait revenir la famille en Floride, à Winter Haven. Il montre sa bonne volonté de tuteur responsable en facilitant à Gram de poursuivre son chemin musical : après tout, la charge officielle des deux enfants et d'Avis lui vaut le tiers de l'empire Snively et des bénéfices des pamplemousses. L'instrument de Gram c'est toujours le piano, mais sa passion, la guitare, symbole plus fort depuis Presley. Pourtant, ses doigts très longs, qui lui donnent un beau son de clavier, le gênent sur la mince Fender Stratocaster qu'il s'est déjà fait offrir. Gram ne sera jamais un guitariste d'exception, il en fréquentera pourtant quelques-uns, mais il dispose de ce mystère très rare : le don du chanteur. Gram à quatorze ans sait déjà par cœur un immense répertoire et fonde son premier groupe, The Pacers, avec basse, batterie et guitare solo, lui faisant le chant. Quatre mois plus tard il les plaque, et le jeune batteur déçu, Skip Rosser, dit Flat Top, cherche à lui briser la figure avec un club de golf. Mais Gram prend des leçons d'un guitariste de dix-sept ans, son aîné de trois ans, Jim Stafford, celui qui joue le plus vite dans toute la ville, et à eux deux ils ont décidé de fonder The Legends. L'association est viable : les duos de guitare sont à la mode, l'un apporte le métier, et l'autre l'argent de sa famille. Ils sont le seul groupe de leur âge à disposer de l'inaccessible : un Combi Volkswagen décoré au nom du groupe, offert par Bob Parsons.

C'est la première vraie expérience de scène pour Gram, puisque le groupe joue son répertoire de Ray Charles, Chuck Berry et Everly Brothers dans un rayon de cent kilomètres autour de Winter Haven, dans toutes les fêtes de jeunesse : les Beatles en font autant au même moment. Jamais de problème à trouver un engagement : pensez, le petit-fils Snively... Du genre à recevoir une fois mille dollars pour assurer l'animation musicale à l'anniversaire de sa grand-mère (il en rigole plus tard). Parce que c'est la tradition d'Amérique, héritée de Woody Guthrie ou des Seeger, Gram se produit aussi seul avec sa guitare, participe au mouvement folk qui s'amorce à New York avec Bob Dylan et Joan Baez. Et nouvel enchaînement : Buddy Freeman, organisateur de spectacles équestres, est le professeur privé d'équitation de Little Avis, la petite sœur. Freeman flaire l'argent à bon compte et change, pourrait-on dire, de poulain en s'offrant comme producteur des Legends, pour leur procurer des engagements correctement payés, moyennant vingt pour cent des gains. Pas question de laisser filer le jeune prodige, et la famille qui le soutient.

Alors on voit débouler à New York l'étrange trio du cavalier, du gamin chanteur de folk et de sa maman buveuse, simplement pour acheter au fils l'obligatoire guitare Martin (il y a l'ancestrale D18, la rayonnante D35 et pour les musculeux du manche la rude D45). Quand Gram dit qu'il aimerait aussi une douze cordes, la maman d'abord résiste, puis spécifie qu'alors la D35 sera pour son anniversaire, et la douze cordes son cadeau de Noël anticipé. Qu'importe, elle signe le chèque. Parmi les chansons de Gram, il y a le classique *Hills of Shiloh*, et quand un soir il partage l'affiche avec un groupe qui s'appelle The Shilos, Gram va à leur rencontre avant d'entrer en scène : s'ils chantent eux aussi *Hills of Shi-*

loh, Gram l'enlèvera de sa prestation. Ils ont le même âge, on sympathise, et ce soir-là Paul Surratt, banjo, et George Wriggley, guitariste, disent à Gram qu'ils sont privés de leur contrebassiste, Joe Kelly. Alors Gram, pour renforcer la rythmique du groupe, monte avec eux sur scène et ils sont tous trois stupéfaits : quand ils ajoutent leurs voix, il leur semble chanter à six ensemble.

Gram fait admettre à Buddy Freeman qu'il chantera désormais avec The Shilos : le producteur improvisé leur trouve des engagements, et la vie de musicien professionnel commence. Mais les engagements de Freeman sentent la variété de bazar, les salles de noces et les prestations pour fêtes rurales. Ils brisent avec lui pour revenir au répertoire *old time* original : école de rigueur qui sera bénéfique. Le fils de Coon Dog va pourtant jusqu'au bout de ses études secondaires, et Bob complète par des cours particuliers pour que Gram présente Harvard. Gram dira que les universités les plus prestigieuses cherchaient, ces années-là, pour rajeunir leur image, à s'attacher quelques spécimens à cheveux longs et guitare. Mais le fait est là, il est reçu au concours, fin des Shilos et arrivée de Gram sur le campus de Cambridge.

Avis, sa mère, meurt à l'hôpital, en ce mois de septembre 1965, âgée de quarante-deux ans et à bout d'alcool. Les Snively prétendent que Bob Parsons, vivant depuis cinq ans le ménage à trois, a tout fait pour accélérer le processus, lui apportant du whisky jusqu'à l'hôpital. Rancune familiale d'autant plus fondée que Bob Parsons assigne aussitôt en justice l'empire Snively pour lui réclamer un million et demi de dollars de retard d'honoraires : c'est que depuis deux ans le marché des agrumes est en récession, la concurrence s'est ouverte aux pays émergents, et John Snively III n'a pas vu poindre la mutation. Les héritiers Snively d'aujourd'hui sont toujours planteurs de pamplemousses en Floride, mais il n'y a plus d'empire, et le retrait d'actifs auquel les contraint Bob Parsons par voie de justice y aura, après son veuvage, durement contribué. Il y aura cependant assez de restes pour que Gram touche annuellement, sa vie durant, sa part de la manne.

Sur ce que traverse Gram, orphelin, pour sa première année de Harvard, il a toujours fait silence. Sa jeune sœur, Little Avis, paiera cher la différence d'âge : isolée avec sa demi-sœur, Diane, chez son beau-père qui se remarie très vite avec Bonnie, elle enverra à son frère des appels au secours auxquels il sera incapable de répondre, ayant trop à faire pour se sauver lui-même. Elle est dépressive. Parsons la fait interner à l'hôpital psychiatrique de Winter Haven. C'est sordide. Elle s'en évade, réussit à téléphoner aux grands-parents paternels depuis le parking d'une station-service. La sœur de Coon Dog pourra la récupérer, la faire examiner par un médecin qui décrétera injustifiée l'hospitalisation psychiatrique décidée par le beau-père.

Gram compensera le deuil par deux traits de caractère attestés de tous ceux qui l'ont connu. D'abord, une facilité à improviser sur lui-même et son histoire autant de versions biographiques qu'il aura d'interlocuteurs, sur les métiers de son père, ses activités de guerre ou ses prouesses supposées dans la musique country – cette capacité à inventer des histoires ressemblant tellement à ce qui advient quand le premier accord qu'on frappe lance ce petit monde complet et minuscule, une chanson, si chacune est un récit auquel le chanteur tout d'abord doit croire. Ensuite, ce qui ressemble à une fuite permanente : on crée un groupe, on s'insère dans une collectivité, on se fiance ou se marie, et puis d'autres rencontres se font, qui brillent plus parce que nouvelles, alors on lâche les anciennes pour le plaisir d'inventer aux suivants une nouvelle version de l'histoire. Mais Gram, partout où il va, quand il s'assied et pose ses longs doigts sur un clavier, puis chante en vous regardant (dès qu'il entre quelque part, dit-on, il cherche où est le piano), avec ces modulations apprises dès l'âge de six ans d'un Hank Williams ou d'un Buddy Holly, on est fasciné, on écoute. Et Keith Richards le sera tout de suite, ne serait-ce que par cette couleur que seuls ont ceux du Sud dans la voix. Ce dont Gram sera incapable, c'est de pousser cela à bout pour le succès d'un groupe, ou l'élaboration d'un disque. L'obstination, l'âpreté, apprendre à encaisser des coups sont en art le complément nécessaire : Gram jamais ne voudra le savoir.

On est en 1965, Gram a dix-neuf ans et a assisté chaque jour de ces cinq ans au déclin de sa mère, dont on lui a caché l'état terminal pendant qu'il préparait Harvard. Passé la première journée, il ne suivra pas un seul cours à l'université.

Il a suffisamment à découvrir dans la vie du campus, où tout le monde joue électrique, où se succèdent quelques belles pointures guitaristiques, comme Clarence White, qui a son âge et lui succédera dans les Byrds, avant qu'un soir, déchargeant ses guitares de son coffre de voiture, un camion le fauche devant chez lui. Gram forme un premier groupe, éphémère, composite, The Like. Aux frais de Bob Parsons, il les emmène à New York, pour découvrir à Greenwich Village combien à White Haven ils avaient un train ou deux de retard. Au moins le train initié par Dylan, au moins le lourd déferlement amorcé depuis l'Angleterre par les Beatles. Gram plaque Harvard et The Like, s'installe à New York et trouve d'autres musiciens. Le groupe qu'il fonde s'appelle The International Submarine Band, dont les modes harmoniques, quand on l'écoute aujourd'hui, sont calqués presque directement sur les manières

Beatles. Et là aussi c'est un train de retard : la révolution de Greenwich Village c'était deux ans plus tôt, maintenant c'est à Los Angeles que se sont déplacées la « scène » et l'invention américaines. Alors on s'installe à Los Angeles. Avec Gram, ce n'est jamais si difficile : avec l'argent Snively on loue une maison, on s'y installe à dix ou onze.

La première phase est précaire. Leur premier disque, fin 1966, passe inaperçu et on doit une fois de plus se rabattre sur ce qui leur est fourni par Bob Parsons, qui ouvre à Winter Haven un club pour que Gram s'y produise. International Submarine Band produit enfin en décembre 1967 son *Safe At Home* qui atteint la 564ᵉ place au classement national, si c'est modeste qu'importe : c'est assez pour envisager les tournées. Dans cette niche de la musique country qui s'ouvre aux accents lourds de la pop électrique, brillent désormais les Byrds de Roger McGuinn et Chris Hillman. On parle de *Byrdmania* bien avant leur disque *Byrdmaniax* ou *Easy Rider*. Et, comme chaque fois que tout va bien, à peine l'International Submarine Band décolle-t-il enfin que Gram les plaque. Pour ses tournées, McGuinn et Hillman souhaitent compléter leur groupe d'un clavier capable de chanter les harmonies : Gram, fasciné par la réputation du groupe, auditionne. *We just hired a piano player and he turned out to be Parsons, a monster in sheep's clothing. And he exploded out of this sheep's clothing. I had no idea he was Hank Williams Jr* [42, 87], dira McGuinn : « On avait juste loué un pianiste, et ça s'est révélé être Parsons, un monstre dans une peau d'agneau. Et il a explosé sa peau d'agneau. Je n'avais pas deviné qu'il était un genre de Hank Williams Junior. »

Dans la remarque de McGuinn, musicien professionnel, et qui ne dispose pas de la pension pamplemousse, le fait que Gram ait chanté depuis ses quatorze ans sur des dizaines de scènes, et enregistré un disque avec les Shilos, un autre avec son International Submarine, ne suffit pas à le distinguer des milliers d'autres qui émergent de la rude école qu'est Los Angeles. Ce qu'on offre à Gram, ce n'est pas la musique des Byrds, qu'il va tirer à lui comme une vieille couverture, c'est la reconnaissance symbolique : chanter en solo dans un groupe à la mode. Il change instantanément de peau et devient enfin ce qu'il aspirait de longtemps à être, depuis peut-être ses premiers passages sur scène quand, chanteur en titre à quatorze ans des Pacers ou des Legends, il en avait goûté le frisson, à échelle de son canton.

Roger McGuinn et Chris Hillman ont l'intuition de laisser se déporter les Byrds selon l'apport de Gram, qui en devient le chanteur soliste, comme *Hickory Wind*. Ils entrent en studio, et les producteurs, qui sentent le vent, les expédient à Nashville enregistrer avec le gratin des requins locaux, payés à l'heure. Aussi bien, sur cet incroyable instrument qu'est une *pedal steel guitar*, les techniciens sont rares. Clarence White se déplace pour rajouter quelques pistes de *flat-picking*, on loue aussi le violoniste John Hartford et un des meilleurs contrebassistes du *bluegrass* : Roy Huskey. Aux studios Music City de Nashville, on n'a jamais qu'une semaine pour boucler un disque, et le cinquième jour on vous offre traditionnellement un passage au Grand Ole Opry, depuis 1925 le plus célèbre music-hall de la ville. Après cinq jours de pratique intensive et de concentration, les groupes invités donnent d'eux-mêmes le meilleur. Bill Monroe et tant d'autres s'y présentent en chapeau blanc et *Nudie suits*, vestes à franges et boutons de brillant. Les Byrds seront les premiers à jouer à l'Opry (*to play the Opry*) avec les cheveux sur les oreilles, on est le 25 mars 1968, et les Stones au même moment sont à Olympic pour travailler à *Beggars*. Le disque qui résulte de cette semaine de travail, *Sweetheart Of The Rodeo*, se vendra à moins de cinquante mille exemplaires, un échec pour les Byrds, même si le disque s'affirmera lentement comme un classique pour l'histoire de cette génération, toujours dans les bacs aujourd'hui. Les Byrds, à vouloir mêler le rock et la tradition, sur sa scène la plus rituelle, ont fait scandale à Nashville et c'est assez pour propulser la tournée.

Lors de la dernière tournée des Stones, il y a trois ans, les Byrds première mouture avaient fait partie des groupes invités pour l'ouverture. Alors, quand ils se produisent à Londres, cette fin mai, les Stones ont naturellement le geste de venir écouter. *I went to see McGuinn*, dira Richards.

Mais quand on se retrouve ensuite dans les loges et qu'on ouvre les bouteilles, Gram se met au piano, Richards s'accoude, et advient cette immédiate fusion entre les deux hommes. Ils ont trois ans d'écart, mais Gram dispose de ce trésor qui toujours a fait rêver Richards : la vieille Amérique et sa légende. Gram en est le pur produit, comme lui se déguisait autrefois en Roy Rogers. Keith, aux yeux de Gram, c'est une légende déjà inaccessible : pure célébrité au-delà de toute mesure, Rolling Stone. Et peut-être quelque chose de plus simple : quand ils se mettent à deux au piano, ou bien qu'ils passent, dans les jours qui suivent, des dizaines d'heures à jouer ensemble, souvent rejoints par Mick, c'est la musique qui est là, les isole comme d'une bulle magique de tous les problèmes alentour. *Pure music*. Jagger, qui en est avare, se fendra d'un compliment qu'on peut alors tenir comme non convenu : *One of the few people who really helped me to sing country music. Before that, Keith and I would just copy off records* $_{42,\ 159}$: « Un des rares types qui m'aient réellement aidé à chanter la country. Avant ça, Keith et moi on pouvait seulement imiter les disques. »

Keith a été l'ami de Brian, au temps d'Edith Grove et de Courtfield Road, mais la rupture du couple Brian-Anita a cassé évidemment la relation Keith-Brian plus que la désintégration de Brian dans le gin, la cocaïne et ses Tuinal. Keith Richards, peut-être pour la première fois de sa vie depuis la rencontre de Mick Jagger, trouve un ami, et cette amitié est à la fois hors des Stones, ce que Gram ne pourra pas réussir à comprendre, et ancrée dans la musique qu'on joue ensemble comme si, porté dans les bras de Gram, Keith se voyait enfin accéder à l'Amérique.

Ces premiers jours, on fusionne presque avec les Byrds. Les Stones ont besoin d'harmonies nouvelles. On joue beaucoup ensemble, et en pleine nuit on décide d'aller tous ensemble à Stonehenge. Il suffit de claquer du doigt, Keylock et Alan Dunn amènent les limousines. Après la nuit à jouer de la guitare, on assistera au lever du soleil sur le cromlech. On les voit en photo, Mick et Keith, Parsons et McGuinn au centre des vieux porches de granit. On n'aurait pas su autrement que Jagger et Richards en aient eu la vénération. On a ces temps-ci la fibre mystique, et il fait bon prouver aux Américains qu'ici on dispose de quelque légende authentique. Anita et Marianne sont là aussi, on a des joints roulés en cône à la main, largement enroulées de couvertures ou de fourrure, et c'est eux-mêmes qui précisent que dans la voiture on a écouté Otis Redding. Tous celtes ensemble, et la nuit avec Jagger et Richards à Joshua Tree sera le cadeau retour de Gram pour la visite aux menhirs.

En Amérique, Miriam Makeba chante la ségrégation dans son pays, l'Afrique du Sud, où Mandela est en prison. Elle n'a pas le droit de revenir dans son pays, elle incite McGuinn à y donner des concerts où on se proclamera pour les droits des Noirs, contre le racisme. Les Byrds, de Londres, doivent partir pour Le Cap. On en parle forcément avec les Stones, parce que la plupart des musiciens anglais refusent d'aller jouer au pays de l'apartheid. Richards, qui parle bref, a une phrase lapidaire : *The Stones wouldn't go* : « Nous, on n'y serait pas allés. »

Gram est sous le choc de la rencontre avec Richards. McGuinn insiste : ils y vont en militants. Et Gram, comme il a plaqué le Submarine pour son engagement dans les Byrds, annonce à McGuinn que les Byrds peuvent bien aller en Afrique du Sud, lui reste. La tournée sera un échec, commercial aussi bien que politique. McGuinn, de retour à Los Angeles, embauche Clarence White, et oublie Gram. La vie de groupe à succès aura pour Gram été bien éphémère. Mais Gram Parsons vit à Redlands, et c'est chaque jour des heures de piano partagé avec Richards. Il rentrera à Los Angeles seulement quand Jagger et Richards, fin juillet, viennent mixer *Beggars*. Ils ne se sont pas quittés pendant trois mois, Mick a phagocyté toute une part de son répertoire, Keith a appris toute une technique de piano et Gram Parsons, ex-Byrd, parce qu'il est l'ami des Rolling Stones, se considère comme une star.

Chris Hillman a aussi quitté les Byrds, est disponible. Quand les deux Stones repartent à Londres, Gram et lui fondent les Flying Burrito Brothers, ou plutôt reprennent ce nom d'une des précédentes tentatives de Gram. Chris Hethridge, qui a aussi joué avec McGuinn, et un batteur qu'on appelle Sneeky Pete les rejoignent, ils sont le premier groupe à affirmer sur scène la *pedal steel guitar*. Les Flying Burrito enregistrent un premier album et partent aussitôt en tournée. Trois anciens Byrds, c'est assez pour l'affiche et vendre des billets. On se croit doué et célèbre, et dans toute la tournée, en train, en voiture ou à l'hôtel, on ne fera nuit et jour que jouer au poker. Le disque est bon, mais la scène exige un travail qu'on n'a pas préalablement fait. Qu'importe, si on peut se croire des vedettes à l'égal des Byrds, fréquenter les mêmes hôtels et disposer des mêmes affiches. Quand la tournée finit, on a quatre-vingt mille dollars de dettes, et le disque ne s'est pas vendu. Parsons et Hillman travaillent solidement, s'installent aux franges de Los Angeles dans le Laurel Canyon, quartier d'artistes, ils jouent et écrivent. *Gilded Palace Of Sin*, par exemple. Un second disque, qui s'appellera *Burrito Deluxe*, s'élabore lentement. Mais pour écrire on boit, pour se réveiller on a la cocaïne, et pour dormir quelques *downers*. Les Flying Burrito jouent presque tous les soirs, on commence à parler assez d'eux pour que Gram quitte le Laurel Canyon et s'installe à Chateau Vermont : une de ces copies faussement baroques de château à la française, qui à LA servent d'hôtels de luxe. Gram, majeur depuis un an, continue ses allers-retours réguliers à Winter Haven pour percevoir la pension Snively.

On a beaucoup résumé de la vie complexe et des chemins emmêlés de Gram Parsons, mais sur cette vie-là rebondit pour les deux ans à venir celle de Richards, comme de leurs quatre mains sur un piano ou deux guitares naîtra enfin *Exile On Main Street*, et ils mettront même leur destruction en partage : de toute sa vie, Gram fut peut-être le seul véritable et total ami de Richards.

A little cocaine sympathy (Los Angeles, octobre 1969)

C'est un vertige ou un rêve, tout glisse et s'envole, on est sur un nuage où tout coïncide : la musique comme jamais ils ne l'ont jouée, le succès et l'apparat qui les entoure. Une telle séparation du monde qu'ils ne verront pas la faille d'où surgira en une nuit cauchemar bien plus gros que ces trois mois fous, dont d'abord ils se remplissent.

Trois ans sans concerts ni d'Amérique. Brian est mort, Hyde Park derrière eux. On est le 17 octobre 1969, et ils arrivent ensemble à Los Angeles où ils ont trois semaines de préparation avant de renouer avec la scène. Les Stones ont d'abord à boucler le mixage de *Let It Bleed*. Ils sont en retard, mais le disque hexagonal *Through The Past, Darkly* est sorti en septembre pour compenser, dédié à Brian même si on y a rajouté *Honky Tonk Women* avec Mick Taylor.

Cet été, Richards et Anita, qui termine sa grossesse, ont fait de leur riche maison de Cheyne Walk une grotte étrange à la Pierre Loti, avec fumoir de souk marocain et une chambre sombre où tourne un miroir multifaces, la cheminée remplacée par un autel rituel sous des chandeliers de magie noire, l'ambiance d'époque est aux gris-gris et au suprarationnel : Anita pendant deux ans se croit réellement médium et jeteuse de sorts (ils ne feront pas d'autre victime qu'elle-même). La mère de Keith s'en amuse à ses visites, et surtout du fait que, plutôt que placards, meubles ou armoires, on a réservé une pièce entière pour les vêtements, qu'on y jette simplement par terre. Richards est capable, pour casser les pics de pression, de s'enfermer avec un téléviseur et des cassettes, ou de dormir quarante heures d'affilée après avoir passé trois jours et trois nuits éveillé en continu, la cocaïne suffisant pour résister. Quand ils émergent de Cheyne Walk c'est pour quelques jours à Redlands, qu'Anita ne supporte jamais très longtemps, et leur fréquentation principale c'est Tony Sanchez, désormais salarié de Keith et qui, pour cent cinquante livres par semaine, gère l'interface avec le monde, se souvient de comment une fois on frète la Mercedes pour une équipée shopping dans le plus luxueux magasin à étages de Londres : appareils photo et caméra, télévision portable, parce qu'on prépare l'arrivée de l'enfant et qu'on doit l'accueillir selon son rang neuf de fils d'une idole du monde : Marlon Richards naît le 10 août.

Jagger était parti pour l'Australie le lendemain même du concert de Hyde Park, cornaqué par Alan Dunn, que Keylock avait embauché peu après Thorogood. Étrange, l'analyse que fait Marianne Faithfull de l'épisode australien. Quitter Londres pour deux mois après deux ans d'incessante pression, une fausse couche, les coucheries de *Performance*, la drogue devenue nourriture et Marsha Hunt l'épouse bis, enfin la désintégration de Brian. L'Australie lui semble une coupe nécessaire, l'occasion d'un nouveau départ intérieur. Elle redoute le long voyage d'avion et son médecin lui a donné, pour son séjour, trois mois d'avance de tranquillisants. Dans les quinze heures d'avion, elle avalera quinze Tuinal.

Les voilà à Sydney, Mick écluse le concert et ce qui l'a précédé. Marianne est vaseuse. Quand elle se réveille des Tuinal, elle se voit dans la glace. Une silhouette en blond, aux traits abîmés. Ce n'est pas elle, plutôt un genre de portrait à la Francis Bacon. Marianne ose à nouveau regarder le reflet en face et maintenant elle en est convaincue : depuis l'autre côté du miroir, la silhouette aux cheveux blonds et aux traits blêmes, c'est Brian Jones. Au total ce seraient des paroles d'une étrange chanson, que pourtant jamais ne chantera la voix éraillée et toute simple du disque *Broken English* qui signera, bien plus tard, son retour et sa métamorphose : *When I woke up I couldn't remember who I was. By the time we got in the hotel in Sydney I'd forgotten not only where I was but who I was. I looked in the mirror. What I saw was a very thin, frightened face. I'd cut my hair, I was anorexic, and my skin looked cadaverous. I saw someone literally falling apart, someone with blonde hair and looking very scared. In my drug-induced stupor I dimly recognized the ravaged face of Brian Jones staring back at me. I was Brian, and I was dead* 34, 187 : « Quand je me suis réveillée, je ne pouvais plus me rappeler qui j'étais. Le temps qu'on arrive à l'hôtel à Sydney j'avais oublié non seulement où j'étais, mais qui j'étais. Je me suis regardée dans une glace. Ce que j'ai vu : un visage si maigre, et effrayé. J'avais coupé mes cheveux, j'étais anorexique, et ma peau avait l'air cadavérique. J'ai vraiment vu quelqu'un qui se désagrégeait, sous ses cheveux blonds, l'air tout apeuré. Dans cette stupeur de la drogue, ce que je reconnaissais vaguement c'était le visage ravagé de Brian qui me regardait depuis là-bas : j'étais Brian, et j'étais morte. »

Elle dit qu'elle tente d'ouvrir la fenêtre, mais le palace est climatisé et la fenêtre de leur cinquième étage condamnée. La silhouette maigre aux cheveux blonds coupés de travers la poursuit, elle attrape la réserve de Tuinal et avale tout. Même transportée en clinique, l'estomac lavé, Marianne restera six jours dans le coma. Jagger fait venir Eva, la mère de Marianne, comtesse de Sacher-Masoch, elle est là avec lui à son réveil (Jagger offrira à la mère de Marianne, en septembre, une maison à la campagne). La presse, et même les Stones dans leurs interviews rétrospectives, parleront plutôt d'overdose à l'héroïne : Faithfull a connu ça aussi, et la tentative de suicide bien compatible avec la cessation brusque d'héroïne et l'état de manque provoqué par le voyage lui-même. Faisons-lui confiance pour la version Tuinal, elle a payé depuis.

Pour une convalescence au vert, elle et Jagger ont loué un ranch tout près du lieu de tournage de *Ned Kelly*, et la beauté des paysages australiens fait antidote. Mick fait ses journées de tournage, encore une histoire de bandit avec jolies partenaires. Puis lui et Marianne requinquée prendront quelques jours de vacances en Indonésie. Mick doit rentrer à Londres pour traiter de la tournée américaine avec Klein, et Marianne est admise dans une clinique en Suisse. C'est la première clinique suisse dans la biographie des Rolling Stones : Marianne tente réellement la cure et le sevrage.

Mais quand elle rejoint Mick fin octobre à Los Angeles, alors qu'il ne l'a pas revue de deux mois, il ne se déplace pas à l'aéroport pour l'accueillir et envoie Phil Kaufman. Les Stones travaillent, alors, parce qu'on ne peut pas toujours rester près d'une piscine, elle partage son temps avec Anita qui, elle, a laissé à Londres le petit Marlon. *Anita had a chauffeur and limo outside her house twenty-four hours a day to take her anywhere she wanted to go. She would stumble into the limo, go and get some acid, then come back and trip* 34, 196 : « Anita avait un chauffeur et une voiture vingt-quatre heures sur vingt-quatre pour l'emmener partout où elle voulait. Elle s'effondrait dans la voiture, allait se ravitailler en acide, revenait et s'envoyait son trip. » Marianne s'autorise, pour compenser sa solitude : « Un peu de cocaïne, mais pas de *smack*. » Mais c'est une étape franchie. Ce que dit Marianne de Keith : *Keith's way of reacting to Brian's death was to become Brian. He took on the very image of the falling down, stoned junkie perpetually hovering on the edge of the death* 34, 194 : « La façon de Keith de réagir à la mort de Brian a été de devenir Brian. Il a attrapé l'exacte image de celui qui tombe, le junkie qui joue tout le temps suspendu entre vie et mort. » Quand on accompagne Gram à Joshua Tree, rapporte encore Marianne, c'est la mescaline qu'on essaye. Une dizaine de jours plus tard, un avion ramène mesdames Watts, Taylor, Jagger et Richards à Londres, parce que la vie de concert est une affaire d'hommes : seul Wyman aura une dérogation pour Astrid, aussi bien, on le contrôle mieux quand c'est elle qui le surveille. Faithfull et Pallenberg, à Londres, ont Tony Sanchez à leur disposition et se remettent à l'héroïne comme jamais. *To my regret and shame, I picked up heroin as an aesthetic* 34, 204 : « Pour ma honte et mon regret, l'héroïne était devenue mon esthétique. » Elle ne voit plus qu'à peine son fils, son couple ne s'en remettra pas, et Marianne Faithfull sort ici de ce livre : figure définitive de la légende des Stones, elle n'en a croisé que deux ans l'œil central.

Richards, à l'arrivée à Los Angeles, est en colère après Mick Jagger. La raison ? Pour les besoins du film *Ned Kelly*, il s'est fait couper les cheveux très courts : de quoi ils auront l'air, les Rolling Stones, sur scène, si Jagger a les cheveux courts ? C'est une période où s'entretenir mèche à mèche les cheveux, jusque sur les yeux et les épaules, avec une toute petite paire de ciseaux à ongles, est pour Keith une occupation centrale, en particulier dès qu'il est dans un avion. Pour le concert de Hyde Park, les cheveux de Mick lui tombaient aux épaules, dans *Sympathy* il jouait à s'en couvrir le visage, mais pour la tournée américaine ils seront plus sages que n'importe lequel des quatre Beatles.

Ils s'enferment en studio. Ils refont à eux cinq, mais séparément, les pistes d'instruments séparées. On restera d'ailleurs discret sur la contribution définitive de Mick Taylor. On enregistre les parties d'instruments rajoutées, avec parfois des surprises. Pour *Country Honk*, leur invité Byron Berline trouve qu'il y a dans le studio trop de résonance et, pour retrouver le son country, il enregistre sa partie de violon dehors. Le klaxon d'une Chevrolet de passage sera comme l'illusion d'une improvisation où on aurait tous ensemble joué ce jour-là avec le violoniste, pour un morceau capté en direct. Là aussi qu'on intronise dans les Rolling Stones cet autre des frères de sang que s'invente Keith Richards, le petit rouquin trapu, aux joues et au cou si remplis qu'ils lui semblent tomber droit sur les épaules, embauché à seize ans dans l'orchestre du rocker Buddy Holly : le saxophoniste Bobby Keyes, né comme Keith le 18 décembre 1943. Bobby Keyes fréquente à Los Angeles les mêmes studios où eux enregistrent, mais eux n'ont jamais encore vraiment travaillé avec des sections de cuivres. Ils l'ont aussi accueilli à Londres, où Bobby Keyes était venu enregistrer pour l'album du guitariste Delaney Bramlett et sa compagne Bonnie, produit par Leon Russell, et dont le succès serait dû principalement à l'apport d'Eric Clapton, *Delaney And Bonnie*. Quand on veut à marche forcée ces deux semaines d'octobre terminer les arrangements de *Let It Bleed*, qu'on veut commercialiser dès le début de la tournée, on fait appel aux pointures locales pour donner du muscle : Keith, qui fait toutes les guitares et la basse, est omniprésent sur ce disque. Commentaire de Marianne Faithfull : *Charlie and Bill were adding a bit of bass and drums and there was a lot of overdubbing with Ry Cooder and people dropping by to play. I generally passed out after an hour, so all I saw was Keith laying down the bass track. Over and over again, with Mick periodically chiming in. Keith always did the bass lines. I think the only reason they had Bill Wyman in the band was because they needed someone to play bass on tour* [34, 199] : « Charlie et Bill ajoutaient un peu de basse et de batterie, et il y avait pas mal d'ajouts avec Ry Cooder ou d'autres gens invités à venir jouer. Je m'en allais généralement au bout d'une heure, alors tout ce que je voyais c'est Keith qui recopiait la piste de basse, encore et encore, avec Mick qui l'interrompait de temps en temps. Keith faisait toujours les lignes de basse. Je crois que la seule raison d'avoir Bill Wyman dans le groupe c'est qu'il leur fallait quelqu'un pour jouer la basse sur scène. » Keith a écrit un morceau rapide très Chuck Berry *Live With Me*. L'entente de Bobby Keyes et des Stones, cette alchimie de rythme et de timbre qui ne se décrète pas, qui n'a pas été reconduite avec Ry Cooder ou Byron Berline, ou l'organiste Al Kooper, fonctionne avec le jeu très simple de Bobby Keyes, quand il y rajoute le saxophone. Keith Richards reproche à Mick ses extravagances cinématographiques : leur disque a deux mois de retard. Et cette phase terminale leur est vitale : jusqu'à cette étape-là les paroles sont ce qu'ils disent en « yaourt », vagues ébauches marmonnées. C'est tout à la fin que Jagger les écrit, puis les enregistre seul en studio, pour un morceau de deux minutes trente restant parfois toute une nuit avec un seul technicien. Et ils ont encore le mixage, cette fois à trois : Jimmy Miller avec Jagger et Richards tandis que Mick Taylor, Charlie Watts et Bill Wyman peuvent profiter en couples de la vie de château sur Sunset Strip. A peine cela terminé à marche forcée, on transmet le *master* à Decca.

La transformation qui s'opère est aussi physique. A Los Angeles, sitôt arrivés ils sont maîtres, ils sont le luxe et la facilité. Keith Richards, jeune papa, porte à l'oreille une dent de cougar, au cou un minuscule cône en or pour aspirer la cocaïne et en proclamer l'usage, et Gram Parsons lui fait découvrir la boutique Nudie Suits pour des achats de boots crocodile ou d'étonnantes écharpes qui le transforment dès lors en colifichet précieux. On dispose pour les deux mois que dure le séjour américain d'un témoin nécessaire, Stanley Booth. Le journaliste était venu un an plus tôt à Londres pour les interroger, en pleine période des procès Redlands. Quand ils arrivent à Los Angeles, c'est un laissez-passer suffisant pour franchir les barrages. Il veut plus : l'autorisation de suivre la tournée pour en faire un livre. Klein est réticent, ou bien exige de disposer des droits. Finalement, on le tolère, et à bien des occasions il servira à Mick, Keith, Charlie ou Bill de guide touristique, d'agent de renseignement, assez de petits services pour s'incruster à la périphérie du premier cercle. Originaire de Waycross, Booth se servira de Gram Parsons comme appui complémentaire. Ce dont il témoigne d'abord, c'est de la construction imbriquée étanche à l'extrême des cercles qui ferment désormais la machine Stones. Oui, on pourra s'asseoir en avion à côté de Mick et discuter avec lui de ce qu'on pourra inventer de faire si pendant deux jours on a quartier libre, oui, on pourra un soir d'après concert se retrouver avec Keith dans une prestigieuse suite d'hôtel pour aspirer à travers le bambou d'or le mélange à part égale des poudres de cocaïne et d'héroïne. Il reste que Stanley Booth témoigne d'abord du verrouillage.

Verrouillage autour de Jagger. Jagger et Richards sont hébergés à Laurel Canyon, la maison personnelle du musicien Stephen Stills (de Crosby, Stills, Nash and Young), qui dispose d'un studio de répétition et d'un isolement favorable. Mick travaille depuis un an déjà avec celui qui restera son conseiller financier personnel, le prince Rupert von Loewenstein, à comment déprendre les Stones de l'empire Klein, où lui-même les a enfermés. La clé de cette nouvelle indépendance, ce sera la création de leur propre maison de disques, et, à six mois de l'échéance du second contrat Decca, Mick et Loewenstein en préparent le projet avec le directeur des disques Atlantic, Ahmet Ertegun. Klein est forcément informé et méfiant, il pige le vent, prend lui aussi pension à LA, reste à trois mètres de Jagger aussi souvent qu'il peut pour empêcher des négociations qui lui seraient contraires : Laurel Canyon permet les rendez-vous protégés. Le travail que représente la mise à zéro de l'écheveau des comptes, sociétés et contrats Klein, la mise au point d'une maison de disques et de son association avec Atlantic pour la distribution est considérable, exige en tout cas une considérable concentration, et cette vie gigogne de Mick échappe complètement aux témoins les plus proches, y compris Stanley Booth : le neveu d'Allen Klein, Ronnie Schneider, et l'assistante des Stones, Jo Bergman, veillent doublement à ce jeu permanent de cache-cache, où Mick apprend à commander seul. D'Ahmet Ertegun et Rupert Loewenstein, Stanley Booth n'apercevra que les silhouettes.

Les limousines les emmènent tous, un après-midi, au Beverly Wilshire Hotel pour annoncer les dates définitives de la tournée et la sortie du disque. Conférence de presse qui restera fameuse quand, à la journaliste anglaise qui lui demandera, quatre ans après *Satisfaction* : *Are you now satisfied?*, Mick répondra avec l'arrogante gouaille qui désormais est sa marque et son prestige : *Sexually satisfied, philosophically I don't know, financially not satisfied...* C'est une nommée Pamela Des Barres qui contribue à l'épanouissement que note Mick, et les opportunités ne manquent pas (les soirs de tournée, Mick fréquentera aussi une des choristes noires de Ike et Tina Turner, qui font leur première partie). Comme l'exprime Stu : *He was no angel, but considering what was on offer* [22, 157] : « Ce n'était pas un ange, mais rapporté à l'offre qui était faite... » Interprétation de Marianne Faithfull : *The whole Redlands business gave a patina of gravity to his personality that really wasn't there. Mick is playful and inventive, but very straight. Like Ronald Reagan, he has learned to play a more complex character than his own. When he needed a new Mick to go with the new Stones of* Beggars Banquet *and* Let It Bleed, *he took the character he played in* Performance *as his own. It wasn't really him at all. Mick selected his new persona as carefully as he would a new suit* [34, 203] : « Toute l'affaire de Redlands avait mis une patine de sérieux à sa personnalité, qui vraiment n'en disposait pas. Mick est joueur et inventif, mais très direct. Comme Ronald Reagan, il a appris à jouer un personnage bien plus complexe que lui. Quand il a eu besoin d'un nouveau Mick pour aller avec les nouveaux Stones, de *Beggars Banquet* et de *Let It Bleed*, il a pris pour lui le personnage qu'il jouait dans *Performance*. Ce n'était pas lui du tout, mais Mick a choisi sa nouvelle figure aussi soigneusement qu'il aurait choisi un nouveau costume. »

Après la conférence de presse, on se fait photographier au bord de la piscine du Beverly Wilshire. On se montre au soleil, assis ou allongés, comme si la musique ça se faisait sans y penser, comme s'il suffisait de lézarder avec une guitare en oubliant avec mépris les contingences du monde. Qu'être une *pop star* c'est cela, d'arborer Nudie Suits ou long manteau de cuir comme jamais personne à Londres ne saurait s'offrir, en se reposant sous des palmiers. Et puis, parce que le photographe le suggère, ou parce que cela coïncide à l'image qu'on a de soi-même, on plante au milieu du cadre la Harley Davidson toute neuve de Gram. L'hôtel est trop cher pour être accessible au tout-venant, mais il n'est pas réservé aux Stones : des gens sont là autour qui regardent la fabrique de l'image, bien artificielle quand on la compare à ce que sont ces silhouettes maigres quand elles se relèvent, avec l'odeur de cigarette, les valets et les groupies, les rares mots dont entre eux ils usent, et le caravansérail de financiers, d'agents et d'avocats qui désormais les entoure. Une cliente de l'hôtel regarde tout ça. Tant qu'à faire, autant rester à proximité. La fille est blonde, a de longs cheveux et ce visage qui convient à la proclamation hippie. Keith s'assied sur la Harley Davidson, repousse en arrière son manteau : la fille est dans le champ, et lequel d'entre eux intervient quand on lui demande de s'éloigner du champ : qu'elle reste... Mais c'est Mick, par plaisanterie, qui lui dit que ce serait encore mieux si elle était nue. Et la blonde hippie le fait. Elle s'assoit de dos, reléguant la Harley aux accessoires, et cette photo à la fille nue devient une pierre de plus sur le tapis roulant de ce pied de nez à la vieille morale dont ils se revendiquent : personne ne s'enquerra jamais du nom de la fille, une fois la photo finie. Une fois de plus, les Rolling Stones symboliseront pour le monde entier comme une orgie nomade et permanente, quand de cette fille personne ne saura le nom, qui lui payait sa note au Beverly Wilshire, et qu'elle leur aura peut-être à peine dit trois mots – mystère des Américaines.

Tout ce premier cercle, où s'enferment Jagger et Richards, est gardé de façon étanche par Jo Bergman, très petite jeune femme à l'épaisse chevelure frisée qui tient en main toute l'administration, le téléphone et les télex, et Ronnie Schneider, qui tient en main la logistique, les déplacements, l'argent. Ce dont témoigne Stanley Booth, c'est que Gram Parsons surgit toujours de l'intérieur de ce premier cercle, le seul à entrer librement dans les zones réservées à Mick et Keith.

Autres personnages de ces semaines disposant des entrées libres, deux filles qui se sont fait à LA une spécialité de conduire les limousines louées aux *rock stars*. Elles voudront dormir avec Jagger, elles deux ensemble, parce que avant lui elles en ont testé d'autres : mais Jagger, parce qu'il a autre charge qui l'accapare, quand il le peut, dort vraiment et en a besoin. Dans le compte rendu détaillé qu'elles monnaient de l'assaut, de l'acceptation et du débat, il ressort que les filles sont déçues : *he was cool, but he wasn't Mick Jagger*, et toute la presse reprendra l'expression. Paradoxalement, ces indiscrétions d'arrière-chambre, qui n'ont strictement rien à nous apprendre, ajoutent au personnage en construction, complètent le mystère d'un *sex symbol* qui se doit de rester insaisissable : la preuve, que ces filles se mettent à deux pour l'assaillir, et que lui finalement s'amuse d'un érotisme doux à les avoir là toutes deux, elles qui n'ont eu le droit d'arriver jusque-là que pour leur première fonction de les conduire dans la ville, aux heures de commande, dans les limousines louées.

Mais Mick ne joue plus, quand il apprend un beau matin que Marianne Faithfull est partie vivre en Italie avec un producteur de films de leur connaissance, Mario Schifano. Affaire finie. On aura témoignage que ce soir-là Jo Bergman envoie les deux filles courir les pharmacies de nuit pour trouver du Valium, rien d'autre ne transpercera. Pour le reste de la tournée, alors qu'à Londres Marsha Hunt accouche de leur fille Doris, Jo Bergman s'occupera de verrouiller les indiscrétions éventuelles.

Étrange incapacité de Mick à accepter simplement la fin d'une histoire de couple : il y aura encore, au retour, quelques rendez-vous avec Marianne, son retour pour quelques jours à Cheyne Walk et une nouvelle brouille, avant les éternelles histoires de carte de crédit à régler, et peut-être cette vexation pour lui inacceptable d'avoir été cette fois celui qu'on lâche, de ne pas avoir pu contrôler.

Étanche aussi le bocal à musique : maintenant on en a fini du studio, et on répète chez Stephen Stills. Quand les Stones jouent, on évacue tout le monde, sans ménagement. Ils ont sélectionné les dix-huit morceaux qu'ils joueront en concert. Nicky Hopkins n'est pas du voyage, c'est Stu qui appuiera le groupe sur scène au piano, Glyn Johns tient les consoles. Même Jimmy Miller a été renvoyé chez lui : le disque *Get Yer Ya-Ya's Out*, enregistré en concert, mais remixé par Mick et Keith, portera l'indication *Produced by the Rolling Stones and Glyn Johns*, ce sera la première et dernière fois. S'ils se sont mis à l'écart de façon aussi étanche dans Laurel Canyon, c'est aussi parce que la dure loi corporatiste de l'Union des musiciens leur interdit de répéter en Amérique : si les Rolling Stones devaient légalement travailler, ils devraient se faire chacun remplacer par un musicien professionnel et syndiqué de leur spécialité. Alors on met des cerbères à l'entrée, et ils découvrent le plaisir que peut leur être cet enfermement strict, avec les amplis et les guitares, sans témoin d'aucune sorte : presque l'ambiance des premières répétitions, à l'été 1962, quand personne ne se serait retourné sur votre passage.

Grâce à Stanley Booth, qui note les conversations attrapées au passage de Jo Bergman ou Ronnie Schneider, on constate que Mick, pour leur retour à la scène, ne délègue rien, règle tout. On veut du matériel conséquent, et si possible qu'il soit fourni gratuitement, promotion oblige. La marque Ampeg s'en chargera, tant pis si on préfère les Marshall. Pour la première fois on aura des habits de scène, qui les précéderont de loge en loge, et il faut les choisir : pour Jagger, en particulier, un chapeau-claque aux couleurs d'Amérique et une grande cape. Pour la première fois, on adjoindra au spectacle des lumières, qui seront installées à l'identique de ville en ville. On aura pour les régler le temps du spectacle un régisseur attitré : jamais les Stones n'en avaient disposé, plus jamais ils ne s'en dispenseront. Pour la première fois, les amplis seront reliés à une console de mixage placée en milieu de salle, sous l'autorité de Glyn Johns : Richards pourra monter son ampli aux limites, l'équilibre global du son du groupe sera respecté, et ils ont à leurs pieds, pour la première fois, des amplificateurs retours. Il y a aussi à régler la première partie du spectacle : on aura souvent Chuck Berry l'inusable, mais apparemment ils ne le croiseront jamais, arrivant eux à la fin de la première partie, quand les techniciens et Stewart leur installent leurs amplis, tandis que le vieux Chuck, qui se fait payer chaque fois trois mille dollars cash, a disparu sitôt sa prestation finie, sans jamais rester les entendre. Il y aura le groupe de Terry Reid, le bluesman B. B. King, et surtout Ike et Tina Turner : l'idée de Mick, pour lancer cette maison de disques des Rolling Stones, est de produire un double disque en public, incluant tous ceux-là sur le premier disque, et eux-mêmes sur le second. Les problèmes de droits empêcheront l'idée d'aboutir, et le pressage pirate des premières parties est un *must* des collectionneurs, puisque la tournée inaugurera ce nouveau marché des *bootlegs*, les enregistrements captés depuis le mixage console moyennant bon dessous-de-table à un des techniciens. Les Stones et Decca, qui sont les premiers à bénéficier de cet honneur, tenteront dès cet hiver des procès impossibles, des saisies impuissantes. La décision de produire eux-mêmes l'enregistrement public viendra de la prolifération des enregistrements sauvages. Mais, pour le disque, ils préféreront réenregistrer en studio les parties de guitare et nous, à distance, nous préférerons toujours la raideur maladroite des *bootlegs*, moins lisse, moins vulnérable au temps.

Oui, pour leurs quelques semaines à Los Angeles, la suite des problèmes concrets qu'ils affrontent est impressionnante. Le souci aussi pour Mick du choix des villes, et du prix des billets : on revendique pour les Rolling Stones de représenter cette jeunesse urbaine nouvellement éclose aux rythmes électriques, et on la taxe aussi lourdement? La demande est telle que le prix des billets pour entrer aux «arènes» s'envole (en général de grands gymnases : si on n'est plus à l'âge des salles de danse, on n'en est pas encore à celui des stades). Allen Klein doit s'occuper des affaires des Beatles, il laisse son neveu Ronnie Schneider monter une société de plus, *Stones Tour*, qui négocie des prix d'entrée comme on n'en a jamais vus, mais les réservations tombent comme on secoue un prunier : tout est vendu bien avant que la tournée commence, on refuse des villes, on refuse des shows, et Schneider accentue son contrôle, vend aussi très cher quelques prestations télévisées là où, quatre ans plus tôt, on les prenait de haut. Reste que la presse s'en mêle : ils ne gagnent pas assez d'argent, les Rolling Stones, qu'ils fassent payer aussi cher les gamins pour les entendre ?

Stanley Booth est logé à Oriole House, une pension-motel pour millionnaires réservée en entier par les Stones. Y logent aussi Charlie Watts et Mick Taylor, occupant discrètement leur temps libre à une exploration à la source des guitaristes jazz des années 30 (comme le Kansas City Six), et c'est là qu'on a installé aussi les bureaux de Schneider et Jo Bergman, tandis que Wyman avec Astrid a préféré le Beverly Wilshire, l'hôtel à la piscine où on a tenu la conférence de presse. Le soir on se retrouve tous pour aller écouter les groupes de la côte est. L'héroïne circule lourdement, mais au sein des Stones ne contamine pour l'instant que Richards : c'est un partage supplémentaire avec Gram, qui lui amène ses propres fournisseurs.

Grosse déconvenue : Decca, au pressage, soucieux de consensus commercial, a soumis la bande magnétique de *Let It Bleed* à un *equalizer*. Alors qu'ils avaient cherché le son épais des studios noirs, les techniciens ont écrêté les aigus, limité les basses. Les Stones refusent le *master* et contraignent le disquaire à refaire le pressage. La qualité de *Let It Bleed* tient peut-être à ce coup de force, et à cette sonorité plus pleine sur un disque malgré tout dépouillé. Dans l'intérieur de la pochette, on ajoutera en lettres majuscules la formule : *This record should be played loud*, «à jouer fort», et cela nous semblera jusqu'au bord de la Charente la suite logique de leurs provocations, à quoi on obtempérera en tournant au maximum le bouton de volume de nos petits électrophones à haut-parleur dans le couvercle rabattable. Quand arrivera deux ans plus tard le premier disque sous marque Rolling Stones, *Sticky Fingers* avec sa braguette dessinée Andy Warhol sur la pochette, il reprendra le même défi par un avertissement, le voilà tel qu'imprimé sur mon trente-trois-tours de 1971, que j'ai toujours conservé : *a bit of advice from Jimmy M.* – conseil du producteur Jimmy Miller : « ce disque a été modulé selon les normes B 357, page 354 qui régissent les dommages créés par les avions supersoniques – si vous n'êtes pas d'accord avec ces normes, montez le volume », *turn it up.*

Au 1er novembre, l'itinéraire des vingt-trois concerts en dix-sept villes est bouclé, et plus de billets supplémentaire à vendre. Après, c'est une question d'organisation. La firme Chrysler délègue un cadre, Jon Jaymes, qui, pour la publicité de la marque, organisera partout leur transport. Stewart devance le groupe, avec la double charge de se rendre à quelques jours d'avance examiner le lieu et la scène, en tester l'acoustique, et puis, systématiquement, quelques heures avant le groupe pour superviser l'installation de leur matériel. Ça ne l'empêchera jamais de jouer avec eux au concert. Les invités, Chuck Berry, B. B. King, Tina Turner, fournissent une longue première partie, et vient l'entracte, dont la durée n'est jamais prévisible : on installe... Vers minuit ou une heure du matin, les Stones investissent enfin la scène.

Gageons que le premier soir ils ont le trac comme des gosses, et que les souvenirs de Hyde Park et du *Rock'n Roll Circus* doivent peser. On a un présentateur, Sam Cutler, pour l'annonce, toujours la même : *Everybody seems to be ready, are you ready ?* C'est l'annonce qu'on entend, superposée de trois ou quatre concerts, au début de *Get Yer Ya-Ya's Out.* Cutler ajoute rituellement : *For the first time in three years, the greatest rock'n'roll band in the world...* et cela ils n'ont pas osé le faire figurer sur le disque. Avant proclamation de l'entrée des fauves : *Ladies and gentlemen, the Rolling Stones...* La phrase n'est pas finie que Mick arrive en courant avec son chapeau aux cinquante et une étoiles et sa cape pour lancer, tout aussi invariablement puisque aucun concert ne sera à l'heure prévue : *Sorry you had to wait...* Ou même, dans l'aube blême d'Altamont : *Welcome to the breakfast show...* Les autres n'ont pas couru, mais Charlie Watts assène le premier coup de pédale et Richards a systématiquement un larsen quand il branche la Gibson qu'il porte lui-même, accordée en *sol.*

Ils commencent par *Jumpin' Jack Flash*, enchaînent par *Carol*. En souvenir des hésitations du *Rolling Stones Circus* et son triste *God save the queen* parce que trop fatigué pour improviser mieux, les phrases d'entre les chansons sont préparées et précises. Mick jouera chaque soir à faire semblant que sa braguette est ouverte, pourquoi se priver de leur réputation iconoclaste ? Et on lancera la plaisanterie du jour avec la prononciation empruntée à ceux du Sud pour faire plus vrai : *Think I busted a button on me trousers. Hope they don't fall down. You don't want me trousers to fall down, no do ya ?* : « Zut, je crois que j'ai un bouton pété à mon pantalon. Faudrait pas qu'il tombe. Vous voudriez pas que mon futal descende, non ? »

Ce que commente ainsi Charlie Watts, de l'art du Mick Jagger nouveau : *His bum won't sit and his mind doesn't either. He very rarely stands there and sing a song. He performs every song* [14, 62] : « Jamais possible de rester assis sur son cul, et la tête pareil. C'est rare qu'il se plante là et chante sa chanson. Chaque chanson il la joue. » La vieille leçon de James Brown peut enfin trouver matérialisation à son échelle. Et tant mieux pour les milliers de ceux qui ont payé si cher leur billet, si chaque soir ça les fait rire.

On a requis deux frères, Albert et Jimmy Maysles, pour tourner un film documentaire sur le retour des Stones à la scène. Ce sera *Gimmie Shelter*, où il n'était pas prévu d'avance que la caméra filme à trois mètres, dans la nuit d'Altamont, le poignard qui s'abaisse dans le dos de Meredith Hunter. Après le premier enchaînement de morceaux, on profite des progrès en matière d'équipement et de sonorisation pour un moment censé être de partage plus intime : trois des Stones quittent la scène, et on apporte à Mick et Keith deux tabourets de bar. Avec une vieille guitare National (le dobro à résonateur dans une caisse métallique), Jagger et Richards jouent deux blues canoniques, *Prodigal Son* et *You Gotta Move*. On a les photos, mais on n'en recueillera pas les enregistrements sur le disque, ni pour le film : il n'est pas évident de jouer à deux, instrument acoustique et chant, pour cinq mille personnes, dans l'ambiance surchauffée d'un spectacle amorcé trois heures plus tôt. On enchaîne sur *Love In Vain*, avec retour à l'électrique, et Mick Taylor reprenant à la note près la partie bottleneck de Brian. Il y a la longue dérive de *Midnight Rambler* et puis la phrase de Jagger qui sera réutilisée tous les soirs : *If you can move, why don't you shake your asses ?* : « Eh, si vous pouvez bouger, pourquoi pas vous remuer le cul ? »

On est bientôt aux deux tiers de la prestation, et on n'ose pas à dire plus tôt, si les contrats sécurité prévoient que les spectateurs sont tous assis et doivent le rester. Mais on a fait stipuler qu'une fois la salle pleine les policiers en seront absents, et les Stones, dans les larges salles où ils jouent, utilisent *Sympathy For The Devil* pour provoquer cette transe sur place des spectateurs debout. Les temps des dégâts et des blessés, pensent-ils, sont derrière eux maintenant, et cette confiance contribuera à les tromper sur le risque potentiel d'Altamont. Et comme on a à sa disposition la lumière de la salle, entre deux morceaux on en joue aussi : *Can we get the lights on? Please get the lights on... We'd like to see how pretty you are,* ou ailleurs autre variante (*Can we see how they look? Let's see how beautiful you are...*) sur le thème : «On peut avoir la lumière? Juste pour voir comme à Detroit (ou San Diego, ou Chicago, ou Dallas, Phoenix, Philadelphie) ils sont beaux, nos chéris? Hein qu'ils sont beaux, nos chéris...» Et les chéris évidemment crient et applaudissent, jamais les Stones n'ont joué aussi bien, l'enchaînement des dix-huit morceaux (en cours de route on cessera de jouer *I'm Free*) est invariable et pareille la répartition des solos entre les deux guitares, avec lourde dominante de Richards.

Mick se risque maintenant, de concert à concert, dans chacune de ces villes où l'avion les dépose à dix heures du soir une heure avant le show et d'où ils repartiront avant l'aube, à un élan lyrique qui voudrait répondre à cette Amérique en pleines manifestations de masse contre la guerre de Nixon au Vietnam : *Well, I'm so glad to be here tonight, so glad to be in your wonderful town, yes, and I got a message tonight for everybody that ever needed somebody to love – love 'em all the time, when you're up and you're down. Yeah, babe, some time you thinking you getting what you want, then you go and loose what you had, but don't despair, just take it easy now, listen to my song tonight and save the whole world, ah yeah,* avant d'enchaîner sur *You Can't Always Get What You Want...* : «Oui, je suis tellement heureux d'être là ce soir, heureux d'être dans votre ville merveilleuse, oui, et j'ai un message ce soir pour tout le monde, tous ceux qui un jour ont eu besoin de quelqu'un à aimer, à aimer pour toujours, quand ça va bien et quand ça ne va pas. Oui, des fois quand on pense qu'on peut avoir tout ce qu'on veut et puis on y va et on perd tout, ne t'en fais pas, prends-le tranquillement, et écoutez ma chanson de ce soir, on pourrait sauver le monde entier c'est sûr...» Après tout, parler, sur des thèmes qu'on a suffisamment préparés permet aussi de reprendre souffle et ce n'est pas du luxe.

Mick découvre le côté physique du show, même s'il dure moins d'une heure. Ce sera la première tournée où on aura été capable de s'entendre jouer, diront-ils chacun, mais Jagger rajoutera : la première tournée où j'ai fait de la préparation physique, renouant avec les vieilles leçons de son père pour l'échauffement et l'endurance. Il a tellement confiance que, de concert à concert, Mick apprend à faire le chansonnier : *Thank you, now we gonna do one that asks the question : Would you like to live with me?*, « Merci, et maintenant on va chanter un morceau qui pose la question : qui est-ce qui voudrait vivre avec moi ? » Et on termine par *Honky Tonk Women*, à la fin duquel Jagger lance sur la foule quelques paniers de pétales de roses. On fait semblant de partir, on attend dix minutes d'applaudissements, pétards et cris pour revenir en bis avec *Street Fighting Man*, jamais un morceau de plus. On est évacué dans la minute en avion privé, les cinq Stones, Jo Bergman et Ronnie Schneider, tandis que Stu reste pour commander au démontage et que les suiveurs, Stanley Booth avec eux, sont rapatriés par les lignes commerciales du matin. Les Stones auront enfin appris à mener un parcours de concert selon un processus professionnel, et quiconque les a vus sur scène sait que tel est leur passeport intérieur : la confiance qu'à partir de ce mois de novembre aux USA ils auront en leur capacité de défendre sur scène un répertoire.

On aura quelques ennuis. Pour le premier show, on a choisi San Diego avant d'affronter Los Angeles : concert de rodage, et le moment acoustique, les deux tabourets et le dobro, est parfaitement inaudible. A Detroit, l'ampli Ampeg de Keith claque au début de *Carol*, on le lui change pour un autre, il le monte à pleine charge et l'ampli de secours claque à son tour au bout de dix secondes. De rage, il balance par terre sa Les Paul : le sponsor remboursera peut-être, en tout cas la marque s'arrange ensuite pour doubler les circuits, tout le monde apprend.

On transpire évidemment d'abondance, sauf Bill Wyman, et quand on est évacué vers les limousines par les galeries souterraines, sans même passer par les loges, on se moque du bassiste qui met un point d'honneur à jouer immobile, manche de la basse presque levé à la verticale. *I'm just into concentrating on what I'm playing and trying to get something together with the people round me, you know ? They think I'm just standing there like some sort of dummy. I use up as much mental energy as anyone but no one appreciates it* [27, 41] : « J'essaye seulement de me concentrer sur ce que je joue, et d'essayer d'être en phase avec les gens qui m'entourent. Et eux ils pensent que je suis planté là comme une sorte de mannequin. J'ai besoin d'autant d'énergie mentale que les autres, mais ils n'ont pas l'air de s'en apercevoir. » Eux en rient, parce que Wyman n'a jamais au front ou sous les bras une goutte de sueur : *When we come offstage everyone feels my brow and says : Not a bloody drop, and they're all dripping wet, shirts clinging to them and there's me, all cool and dry. I just don't sweat much* [27, 41] : « Quand on sort de scène, ils viennent tous me toucher le front, ils disent : pas une seule goutte... Alors qu'eux ils sont trempés, les fringues toutes collées et mois je suis là, tout frais et sec. C'est seulement que je transpire peu. »

Davantage de problèmes quelquefois pour Charlie Watts, isolé dans sa machine à battre, et qui ne reçoit du son du groupe qu'un écho mêlé. Keith Richards lance le morceau, Charlie suit, mais la distorsion, les sautes de volume, le font quelquefois se lancer à contretemps sans qu'il puisse s'apercevoir de rien. Alors Bill Wyman le réveille, d'un coup du manche de sa guitare sur la charleston du batteur : *The problem is that he's often totally unaware that he's on the wrong beat, and he shuts his eyes and pulls his mouth up, you know, and he's gone. You can't even catch his eyes because they're closed. Someone has to go up and kick the cymbal. I don't think that happens too often with other bands, I don't hear those very simple kinds of mistake going on with other bands. But I think it's a little of the charm of the Stones* [27, 48] : « Le problème c'est que souvent il est complètement inconscient d'être à côté du temps, il ferme ses yeux et plie sa bouche, là, il est parti. On ne peut même pas attirer son attention, parce qu'il ferme les yeux. Il faut que quelqu'un aille jusqu'à la batterie et cogne la cymbale. Je ne crois pas que ça arrive souvent avec d'autres groupes, je n'ai jamais entendu parler de ce genre d'erreurs aussi élémentaires chez d'autres groupes : je crois que c'est un des éléments qui font le charme des Stones. »

Charlie Watts peut alors se réaccorder sur les battements saturés de Richards : si cela n'arrive pas aux autres groupes, c'est simplement que les musiciens s'appuient sur leur batteur, tandis qu'ici le batteur s'appuie depuis toujours sur le guitariste. Autre commentaire de Bill Wyman vers 1978, dix ans avant son propre livre : *None of us are superb musicians in a technical or performing sense. It's just we have that mixture within the band, and Ron Wood has really dropped into that. Mick Taylor didn't, really. He's very technical and a very clever musician – much more clever than the rest of us, I think. That's probably why he didn't jell with us as well as Woody does* [27, 48] : « Parce que aucun de nous n'est de ces musiciens superbes, techniquement ou scéniquement parlant. C'est plutôt qu'on arrive à cette osmose à l'intérieur du groupe, et Ron Wood s'est parfaitement inséré là-dedans. Mick Taylor jamais vraiment. Il est très technique, un musicien vraiment intelligent, peut-être plus intelligent qu'aucun d'entre nous, sans doute, mais c'est pour ça probablement qu'il ne s'est jamais fondu au groupe comme Woody l'a fait. » Pourtant, Mick Taylor est impeccable toute cette tournée américaine : appuyant Richards quand Keith part dans ses solos, et égrenant les siens, l'ampli Ampeg poussé au maximum, notes lentement déchirées lorsqu'il accède à la pleine confiance. Dans le film, à la fin de ses solos, on aperçoit parfois Richards sourire de son propre bonheur rythmique. Si les deux guitaristes ont trouvé comment jouer ensemble, ça ne veut pas dire pourtant qu'on s'entende : *On stage I can't really hear what Mick's playing. All I can hear is a vague echo. I'm right over the other side of the stage. So I have to feel my way into it. I'm usually pleasantly surprised when I hear tapes of performances* [27, 35] : « Sur scène, je ne peux pas vraiment entendre ce que joue Mick. Tout ce que j'entends c'est un vague écho. Je suis pile de l'autre côté de la scène. Alors je dois sentir en gros ce que je dois faire. Je suis plutôt bien surpris quand j'écoute les bandes du concert... »

Mick Taylor va prendre une place de plus en plus importante dans la conception des disques. *Sticky Fingers*, *It's Only Rock'n Roll* en témoignent. Pourtant, lorsque Jagger et Richards composent au piano, c'est avec Gram Parsons qu'ils travaillent. Mick Taylor, pigiste salarié, et qui ne dispose pas du partage égal des cachets, n'est pas leur associé. A l'hôtel, il est avec Charlie Watts, et non pas avec Richards et Jagger. Si Mick Taylor est encore sur la pente ascendante de son insertion dans le groupe, Keith Richards ne lui saura même pas gré de son apport à ce qui est définitivement, cet automne-là, du meilleur Stones, affirmant que le changement principal dans la musique des Stones n'est pas dû à l'arrivée de Mick Taylor, mais au fait que les Stones jouent désormais en formation élargie, avec Nicky Hopkins et Bobby Keyes. Et même, Keith Richards relègue Mick Taylor au second plan, en parlant de lui seulement après les cuivres : *Both the horns and Mick Taylor made their debut on the same album on the same track. At the time a lot of people overlooked the fact that it wasn't just Mick Taylor joining the band, that was the whole period where the horns join too* [29, 18] : « Tous les deux, les cuivres et Mick Taylor ont fait leur début sur le même album, le même morceau. A l'époque il y a beaucoup de gens qui ont remarqué ce fait, ce n'était pas seulement Mick Taylor qui rejoignait les Stones, mais la période où on a aussi inclus les cuivres. » C'est faux pour les disques, et encore plus faux pour les concerts (il s'en faut de deux ans), mensonge significatif de cette volonté ultérieure d'effacement du concurrent. D'ailleurs, ce doit être la seule fois de sa vie où Richards en appelle à l'opinion des autres, *lot of people*, « beaucoup de gens », pour cautionner ce que lui-même dit des Rolling Stones. La discrétion de Taylor sur scène, son application à bien faire créent peut-être dès cette première tournée un manqué : moins modestes, un Jimmy Page ou un Jeff Beck se seraient mieux taillé leur territoire : une place était à prendre, où Taylor offre tout à Keith Richards sans savoir se montrer nécessaire, autrement que par l'élégance même de la musique qu'il leur apporte et que Ron Wood, pendant un quart de siècle ensuite, ne saura que rejouer note à note.

Ils ont eu vingt jours à Los Angeles pour boucler l'album et répéter le spectacle, ensuite c'est une nuit globale où on émerge à mi-journée pour se préparer à jouer dans le milieu de la nuit, et souvent enchaîner deux shows d'affilée. On n'a jamais disposé de tels amplis et d'un tel volume, et Keith Richards met un point d'honneur à jouer à un niveau auquel aucun groupe jusqu'ici n'a joué. Ce sera sa marque, son enseigne dans la prolifération rock qui se serait bien accommodée de voir disparaître les Stones, au musée des arts préhistoriques. Jagger, Richards, Watts et Wyman ont retrouvé leur ancien élan, où, dans la dynamique des répétitions du groupe, dans la sueur des concerts, il vous vient des musiques neuves, eux qui sont toujours à la recherche du riff capable de prendre le relais de *Satisfaction* ou de *Jumpin' Jack Flash*.

Rage de jouer, jouer fort et jouer bien : *full blast*, se remémore Keith encore ébloui vingt ans plus tard, et ça s'entend aussi bien dans le disque officiel que dans la suite des enregistrements pirates : une arrogance à jouer fort, à afficher la sûreté des enchaînements et la puissance extraordinaire du son, avec l'inépuisable cadence de Watts pour les porter tous. C'est *Little Queenie*, *Stray Cat Blues*, *Live With Me*, un rock cuivré et solide, annoncé d'emblée par *Jumpin' Jack Flash* en ouverture, repris avec encore plus de son et de violence, et toujours ce balancement du rythme et des solos d'une guitare l'autre jusque dans *Honky Tonk Women* à la fin.

Wyman s'enquiert auprès des autres de ce sifflement qui lui prend dans l'oreille et perdure une fois le show terminé : *Wyman, coming in, said : I've got such a ringing in my ears. – I always have one after each show for about half an hour, Keith said, a high pitched ringin' sound* [11,232] : « Wyman, qui entre, dit : J'ai un de ces sifflements dans les oreilles... – Moi c'est tout le temps, chaque concert, au moins une demi-heure, répond Keith : un son sifflant, en plein dans l'aigu... » Maladie professionnelle dans le monde de la scène rock, conduisant Roger Waters du Pink Floyd à se faire doubler sur scène, et Pete Townshend, des Who, à cesser de jouer. Côté Stones c'est verrouillé, pas d'écho, mais, pour la dernière tournée de 95, sur les grandes scènes des stades, Waddy Wachtel doublait Keith Richards, sans qu'aucune raison de cet ordre soit pourtant évoquée. Et si Jagger avoue à l'approche des soixante ans un tout petit peu de surdité partielle, c'est en précisant avec un peu d'ironie que c'est seulement du côté gauche, le côté où depuis quarante ans se tient près de lui... Keith Richards.

On aura, pour cette première suite de concerts inaugurant le rituel qui s'amorce pour trente ans, bouleversé beaucoup de choses. Le rythme biologique, lutte contre le sommeil par exemple, par le recours à la cocaïne qu'on chante aussi sur scène, même si dans l'emblématique *Let It Bleed* (le titre même de l'album), ce qu'on chante *We all need a little cocaine sympathy* deviennent sur les versions officiellement imprimées *We all need a little coke and sympathy*, et c'est ainsi qu'on se décrit soi-même : *cocked up*. Et c'est ce qui commande l'organisation totale du temps, le rythme de Keith auquel doivent bien se plier tous les autres, musiciens, techniciens et régisseurs : *Sometimes he would snort coke continuously for three days and nights, during which time it was impossible for him to sleep at all. Finally overwhelmed, he would crash for twenty hours with all his clothes on, even his boots* [10, 176] : « Quelquefois il sniffait sa cocaïne en continu pendant trois jours et trois nuits, et pendant ce temps impossible de dormir du tout. Et puis, submergé, il s'écroule vingt heures d'affilée avec toutes ses fringues, même ses bottes. » Les autres attendent au studio qu'il paraisse.

Et surtout cette machine d'adoration en marche, à eux toute dévouée, qui vide les clients des meilleures places quand ils entrent dans un club comme le Whiskey A Go Go de Los Angeles, qui les met en relation avec les meilleurs dealers ou les plus belles filles. Mick Taylor se met lui aussi à la cocaïne : il tiendra cinq ans le crescendo et ce sera l'une des principales causes, non avouées, du divorce à venir. Les frères Maysles filment tout ça, on les voit investir un de ces hôtels de luxe où la tournée les propulse : Keith Richards poussant la porte d'une chambre vide de plus, lançant à haute voix *Hello darlin', how are you?* en balançant son sac à la volée tandis que Jagger demande pourquoi les valises n'ont pas encore été montées, et qu'on lui répond qu'il y en a quarante-six exactement à trimbaler. On installe d'abord la musique, et c'est le morceau en cours, *Brown Sugar* dans une version de travail, qui remplit les murs, Jagger dansant sur le rythme et Richards mimant sa guitare tandis que sur les fauteuils la mince et toute-puissante Jo Bergman ainsi que Mick Taylor s'endorment à bout de forces. Mais ceux mêmes qui montent dans les chambres les quarante-six valises témoignent que Keith, un jour sur deux, s'enferme deux heures, parfois trois, pour téléphoner à Londres, entendre son Marlon de quatre mois, et que ces chevaux fous qui vous tirent loin, si loin, c'est aussi la vie d'artiste autour du monde, si loin de chez lui et sa maison, une chanson doit bien s'appuyer de telles ambiguïtés : ce que ne montre pas le film.

Soir après soir, on enchaîne les mêmes morceaux, on est prêts à les resservir au note à note en toutes circonstances : jusqu'ici, quand on arrivait quelque part, il fallait s'adapter à la salle, espace, acoustique, ambiance. Maintenant, et même si c'est de façon bien sommaire par rapport aux grands shows de leur âge industriel à naître, on arrive avec ses lumières réglées, sa console de mixage et son mur d'amplificateurs. On a son habilleuse, sa maquilleuse, et même un grand tapis qu'on déroule sur la scène, qui sert de repère. *The sound hung from the ceiling. The Volkswagen van was gone forever. We had a sound system, lights of some kind and our own little carpet that went on the stage, sort of part of the little design. Clothes, stage clothes. It was the first time that I exercised and stretched and everything* [14, 92] : « Le son nous descendait du plafond. Fini pour toujours, le van Volkswagen. On avait une sono, des lumières comme on voulait et notre propre moquette pour aller sur la scène, comme l'ébauche d'un mini-design. Des fringues, des tenues de scène. Et pour la première fois je m'entraînais, assouplissements et tout ça... »

On n'a plus qu'à monter chaque fois un peu plus le volume et l'énergie. La tournée doit culminer les 27 et 28 novembre par trois concerts au Madison Square Garden, lieu de légende. Le camion studio est garé dans la rue à l'extérieur, tout contre le bâtiment, relié à la scène par des câbles. A peine le concert commencé, Glyn Johns s'effraie soudain : le camion bouge, pourquoi ? *So I got out to see who was shaking it, I thought there might be some kids on top of it but nobody was there, the truck was just picking up the vibrations from the house, the whole bloody building was shaking* [11, 294] : « Alors je sors pour voir qui est-ce qui le secouait, je pensais que des gamins avaient pu grimper dessus, mais personne : le camion ne faisait qu'attraper les vibrations du bâtiment, ce fichu bâtiment était secoué tout entier. »

Mais c'est comme ça qu'on fait les bons disques, et *Get Yer Ya-Ya's Out* en est un : une simple réponse au trafic en extension rapide des enregistrements pirates de leurs concerts ? Fierté d'avoir en cours de tournée solidifié enchaînements et morceaux au point d'en faire pour eux-mêmes une preuve de plus qu'ils sont musiciens, et costauds ? Quand bien même quelques pistes de guitare ont été refaites en studio, on y entend ce qu'ils ont stabilisé pour le jouer chaque soir au note à note, et qu'on constate tel quel dans le film des Maysles Brothers.

L'incident imprévu, pour ce concert de prestige qu'on enregistre et qui doit être leur couronnement ou leur gloire, auquel on a convié tout le gratin de leur petit monde new-yorkais, Mick Jagger s'en serait volontiers passé. Mick connaît par cœur ses petites phrases vingt fois dites entre les chansons. Partout, avant *Live With Me*, il commence ainsi : *Now we gonna do one that asks the question : Would you like to live with me ?* « Et maintenant il est temps de poser la question : Qui voudrait vivre avec moi ? – T'as pas les couilles ! »

La chanteuse Janis Joplin, un peu saoule, rétorque de loin mais à haute voix (et la voix de Janis Joplin s'entend sans micro bien trop facilement, même dans une salle aussi vaste et bondée que le prestigieux Madison Square Garden) : *You don't have the balls!* qui fera rire toute la salle mais pas Jagger. On ne lui pardonnera pas, à celle qui sera jusque par sa mort prochaine une de ces légendes brûlées du rock. L'interruption est soigneusement effacée de *Get Yer Ya-Ya's Out*, remplacée par le collage d'une voix anonyme, qui demande de loin : *Play it wild!* Jagger et Richards producteurs auront l'humour de l'autocitation en reprenant par collage dans *Love You Live*, comme s'il avait été enregistré à nouveau en 1974, ce même *Play it wild!* et encore une autre fois dans le *Flashpoint* de 1994, clin d'œil qui fait de l'acheteur presque quelqu'un de la famille.

Le Madison Square Garden, c'est pour le groupe une victoire symbolique d'importance. Une salle qui résume l'histoire pour tout le monde du spectacle. Il leur reste une victoire, celle du concert gratuit : elle ne leur semble plus qu'un post-scriptum, un addendum à ce qu'ils viennent de traverser, et la confiance s'endort. Le but, le difficile, c'était le Madison Square Garden, et pas la prestation en plein air, gratuite, qu'ils affronteront dans une semaine.

Cinq jours de libre, mais les Stones sont en travail. On affrète un avion, et on s'offre le luxe d'un détour par un studio au nom prestigieux, en plein Sud américain, Muscle Shoals en Alabama, parce qu'on a sous le coude deux inventions nouvelles, *Brown Sugar* et *Wild Horses*. Le premier titre part de l'alchimie trouvée avec Bobby Keyes sur *Live With Me* et sera le premier morceau à intégrer le saxophone dès la première prise, au point que Bobby Keyes se fera surnommer plus tard, dans sa traversée du désert : *Mr Brown Sugar*. Le second est venu peu à peu lors des improvisations à deux guitares de Keith et Gram, les classiques country qu'ils aiment tous les deux. Gram d'ailleurs est présent à l'enregistrement de *Wild Horses*, les chevaux fous de l'héroïne partagée avec Keith, mais sans jouer. Gram se sent suffisamment propriétaire de *Wild Horses* pour l'enregistrer aussitôt avec ses Flying Burrito, et tenter de propulser son groupe country par la signature Jagger-Richard, comme eux avaient bénéficié pour *I Wanna Be Your Man* de la signature Lennon-McCartney.

S'ils ont décidé de ne pas parler au préalable de leur séance d'enregistrement à Muscle Shoals, c'est que les Stones ont décidé de garder les bandes pour eux, et l'album *Sticky Fingers* sera le premier à paraître pour leur nouvelle compagnie, permettant accessoirement à Richards de retrouver le s final de son nom. On mettra longtemps, pour *Wild Horses*, à trouver l'alchimie définitive. Le country c'est une dynamique, un équilibre incompatibles avec le blues. On demande au technicien du studio,

Jimmy Dickinson, un piano pour accélérer la mise au point. Celui qui est disponible n'est pas dans le studio, mais dans une pièce d'à côté, encore est-il désaccordé. Stu n'aime pas ce morceau, et il refuse de jouer ? Dickinson se lance, et c'est un petit miracle : cette rengaine comme entendue de loin, un peu fausse, qui crée un zeste d'ambiance de bar, donnera à *Wild Horses* son côté boucle lancinante, et empêchera à l'inverse la chanson de devenir un grand morceau de scène, comme l'inusable *Brown Sugar*. On enregistrera aussi les blues que Mick et Keith jouent en duo acoustique au premier tiers du concert, et là aussi on aura du mal à trouver l'alchimie. C'est en fin de nuit, regroupés autour de Bill Wyman jouant le morceau sur un piano électrique, qu'on trouvera à nouveau cet équilibre un peu précaire qui donnera à *You Gotta Move* sa vie sur le disque à venir. Mick Jagger, qui sait que sont déjà en vente les enregistrements pirates des concerts, exige la destruction des bandes de travail : on y procède devant lui, qu'importe, des copies circulent déjà.

Décembre 1969. Le fer : Meredith Hunter et Altamont (*« Play it wild »*)

La nuit d'Altamont, le 5 décembre 1969, et le fer pour Meredith Hunter seront pour les Rolling Stones mais pour nous tous, dans le sang et les cris, la bascule terminale des années 60, quand le rêve devenu poche vide se remplit soudain du pire. Pour comprendre Altamont il faut d'abord aller à Woodstock, qui s'est fait sans eux.

Woodstock, deux mois exactement avant leur arrivée (15, 16 et 17 août 1969), son succès et ses ambiguïtés. Revanche, c'est ceux de là-bas qui se réapproprient la musique américaine réinventée sans eux, à Londres et Liverpool : trente-deux groupes ou chanteurs. Après Joan Baez il y a Arlo Guthrie, Creedence Clearwater, Jefferson Airplane, Grateful Dead puis Crosby, Stills, Nash and Young, Canned Heat, Johnny Winter, et Jimi Hendrix qui triomphe. Même si on invite les Who, Jeff Beck et Ten Years After, c'est l'affirmation que la révolution musicale appartient désormais à ceux qui lui ont conféré sa dimension économique et symbolique : manière de proclamer qu'on n'a plus besoin des Beatles ni des Stones, qu'ils ont fait leur temps, rempli leur très provisoire rôle. Festival nourri d'une affirmation nouvelle, née de ces métropoles géantes de la côte est, de la proximité de New York où on construit deux tours qui seront, à la pointe sud de Manhattan, les plus hautes du monde (et disparues ce 11 septembre, dans notre temps à nous : voilà, c'est maintenant qu'on les érige). Ils sont cinq cent mille à se rassembler sous le ciel de Woodstock, dans la chaleur et le partage, l'imagerie hippie vainqueur sans adversaire dans le contexte d'une Amérique en révolte contre la guerre que mène Nixon au Vietnam, et c'est l'image qui s'en propage immédiatement tout autour du monde, porté par ce grondement de basse et de tambours des musiciens qui s'y produisent, dont nous achetons consciencieusement tous les albums.

Ce qui est né par la contestation est devenu mouvement de masse, et la contestation alors n'est plus une pointe dans la société, honorée par celle-ci pour affirmer ce qu'elle nettoie et change d'elle-même : jamais un événement de masse des moins de vingt-cinq ans n'a eu (ni n'aura) tel écho. Woodstock, immédiatement, est un événement mondial, les photographies nous en viennent jusque sur la Charente : dans la tête ça voulait dire : on aurait pu y être. Nous, dans nos seize ans, si nous n'y étions pas, ceux qui là-bas faisaient ovation à Hendrix nous représentaient. Ils sont torse nus ou nus complètement, ils ont des guitares et des cheveux longs, ils fument de la marijuana et décorent de fleurs et de couleurs leurs vieux bus Volkswagen : si à Civray ce n'est pas encore permis, dans l'intérieur de la tête c'est ainsi qu'on se déguise pour contempler notre vieille Charente et la place du marché.

L'onde ou l'écho de Woodstock, parce que le concert est événement, parce que tout se passe à la bonne franquette, que les volontaires nettoient en cinq jours les champs et les parkings, que l'image des échafaudages géants de la scène se propage dans tous les magazines, va croître dans les mois à venir. Elle aura rejoint les Rolling Stones, les enveloppera avant même qu'ils soient revenus à Los Angeles. Et personne ne s'attardera à réfléchir au soubassement logistique qui permet qu'un tel événement ait lieu : c'est si simple, en apparence, de se rassembler dans un champ, même à cinq cent mille, et d'écouter de la musique jouée dans le soleil. Et ceux qui la jouent ne sont-ils pas nos frères ?

Non, pour qu'il y ait des concerts gratuits il faut bien que quelqu'un paye. A Hyde Park, les droits de retransmission télévisée avaient suffi aux Rolling Stones, mais ça paraît bien étriqué, vu de Los Angeles, une avance de la BBC. De Woodstock, on connaît le nom des promoteurs, mais on n'insiste guère sur les motivations de Warner Bros, puissant producteur de films, qui a négocié l'exclusivité des droits d'exploitation moyennant le bon million de dollars d'avance nécessaire au financement des festivités. L'industrie du film se développera toujours dans une autre échelle que celle des musiciens, sans parler de la petite économie des mots. Une mutation a eu lieu, et l'industrie du film veut en tirer les bénéfices comme on cueille un fruit mûr. Le film sur Woodstock est en production, et Mick Jagger, quand il choisit de travailler avec Albert et David Maysles, leur pose directement la question : est-ce que leur film pourra être monté et terminé avant que celui de Woodstock inonde les salles ? De ces arrangements, les hippies et les musiciens ne se préoccupent pas : ces arrangements ne se font que dans le monde de ceux qui portent cravate.

Woodstock met les Stones en défaut sur un autre point : en première partie de leur spectacle ils ont leurs vieilles idoles, Chuck Berry et B. B. King, puis Tina Turner qui, on s'en souvient, tournait avec eux dans les salles de bal d'Angleterre au temps du Volkswagen. Ils se sont demandé sérieusement si la première partie du spectacle, avec des musiciens aussi aguerris, ne risquait pas d'affaiblir leur propre prestation, et c'est Richards qui a tranché : *I want a strong opening act : if they're good, it's going to make me work that much harder* $_{1,\,285}$: « Je veux que ce soit fort, la première partie : s'ils sont si bons, ça me fera bosser d'autant plus dur. » Et à écouter les *bootlegs* de chacun des concerts, pas de raison de ne pas le croire. Mais ils sont anglais, et ont été coupés trois ans du vrai terrain d'expérience : si Brian Jones s'est rendu au festival de Monterey, et dans les dernières semaines de sa vie passait en boucle le Creedence Clearwater Revival, eux veulent se présenter en Amérique avec ce qu'ils lui ont emprunté. Si le vieux bluesman B. B. King l'incarne parfaitement, ils passent à côté du train neuf, qu'illustre Woodstock.

On leur reproche que leurs concerts soient chers : les billets de leurs concerts sont vendus à peine un peu plus cher que pour aller écouter les Doors ou le Blind Faith de Clapton. Mais eux-mêmes ont trouvé exagéré le prix d'entrée à huit dollars et demi réclamé au Los Angeles Forum. Et il suffit d'un article du *San Francisco Chronicle* pour en déclencher toute une vague d'autres, jusqu'au magazine *Rolling Stone*, par cette seule question : *Can the Rolling Stones really need all that money ?* : « Comment les Rolling Stones peuvent avoir besoin de tout cet argent ? »

La décision d'un concert gratuit devenait alors obligatoire. C'est aussi pour eux prendre pied stratégiquement dans le nouvel espace symbolique appelé par la guerre du Vietnam et la vague de contestation, des Black Panthers aux droits des homosexuels, plus rattraper l'erreur stratégique de leurs premières parties traditionalistes en s'affichant avec le gratin des musiciens émergents, montrer que les Rolling Stones sont de cette famille-là. Woodstock était à l'est, on fera le concert gratuit sur la côte ouest. Woodstock c'était l'été dernier, on fera ça en plein hiver (l'hiver californien n'est pas si rude) et on damera le pion à Warner Bros en lançant les premiers, grâce aux Maysles, le film événement.

Ils en prennent la décision dès cette polémique sur le prix des billets, avant même le début de la tournée. Ronnie Schneider y travaillera pour le compte des Rolling Stones et non plus pour Allen Klein. La première embauche est révélatrice : Chip Monck est celui-là même qui a construit les échafaudages de Woodstock. D'abord on transpose le schéma de Hyde Park : à San Francisco il y a le vaste et prestigieux Golden Gate Park, ce sera là. Mais ils sont ici sans attache, et vont commettre une suite d'erreurs d'appréciation, la première étant d'en faire l'annonce sans même avoir prévenu la ville, qui a beau jeu de réclamer pour les assurances, la sécurité et le nettoyage quatre millions de dollars : elle n'en aurait peut-être pas demandé autant, si les Stones ne s'étaient eux-mêmes piégés par cette déclaration préalable.

On perd du temps, on fait intervenir les avocats, on consulte d'éventuels mécènes, mais on ne résout rien. Il y a une solution alternative, on s'y engouffre : le Sears Point Raceway, vaste circuit de course automobile, équipé de gradins et d'installations sanitaires, doté de parkings d'accès facile. Les négociations se passent si bien qu'on annonce que le lieu sera mis à disposition gratuitement, pourvu que les droits dérivés du concert aille aux orphelins du Vietnam : double bénéfice symbolique. On s'engage sur cette base-là, mais l'ombre des gros sous, que Warner Bros avait dilué dans l'été de Woodstock, revient vite.

Le vrai propriétaire du circuit est une compagnie de films, qui s'intitule tout simplement Filmways, et elle rompt facilement les engagements pris par son directeur, Craig Murray, en demandant en échange les droits de distribution exclusive de tout film incluant le concert ou ses extraits. L'affaire est encore plus compliquée parce que c'est une filiale de Filmways, Concert Associates, qui a produit les deux concerts du Los Angeles Forum : la recette était de deux cent soixante mille dollars, mais Klein, par quelques astuces de frais supplémentaires et en refusant de laisser les Stones jouer une troisième fois pour rentabiliser, s'en est attribué les trois quarts, laissant Filmways sur une opération blanche et un désir de revanche.

Pendant ce temps, les Stones arpentent l'Amérique, puis jouent au Madison Square Garden. Le concert public est annoncé, et, alors que le groupe s'enferme à Muscle Shoals, on est dans l'impasse.

Filmways propose alors, faute d'obtenir les droits filmiques, une location du circuit pour un million de dollars, avec provision d'un autre million de dollars pour nettoyage et frais. Manière de récupérer ce dont Klein, de leur point de vue, les a floués. Mais Chip Monck a déjà commencé le montage de ses échafaudages et projecteurs, on a déjà retenu les autres groupes.

Jo Bergman et Ronnie Schneider laissent les Stones à Muscle Shoals, et viennent s'installer à LA, dans les bureaux de Grateful Dead. Ils requièrent les services d'un avocat poids lourd, Mel Belli, célèbre pour avoir assumé la défense de Jack Ruby, l'assassin de Lee Oswald, lui-même assassin de John Kennedy. Comme tout ce monde est étrangement petit, Mel Belli est présentement impliqué dans le procès de Charles Manson, assassin de Sharon Tate. Il propose la stratégie suivante : on fait le concert, et on refuse ensuite une par une les conditions préalablement convenues avec Filmways, en les laissant s'enferrer ensuite dans autant de procès qu'ils souhaiteront. Mick hésite à s'y résoudre, mais il n'est plus possible d'annuler.

Il paraît (et les frères Maysles, qui, dans leur pratique de cinéma-vérité, ne sont pas des tricheurs, l'enregistrent en direct) qu'on en est là lorsqu'on reçoit un coup de téléphone non sollicité. Un dénommé Dick Carter possède un circuit de stock-car, accessible par autoroute, à quelque soixante kilomètres au sud-est de San Francisco. Il demande cinq mille dollars pour le nettoyage, et une police d'assurance pour un million de dollars de dégâts éventuels. On n'a que vingt-quatre heures devant soi, et la scène est déjà installée, n'importe : Chip Monck répond qu'il peut tout transporter, à condition de travailler toute la nuit, et de payer des bras supplémentaires.

On installera dans ce délai non pas une scène, mais une estrade de quatre-vingts centimètres de haut, avec de fragiles pylônes en tubes d'échafaudage pour supporter les dix mille watts de la sonorisation, les groupes électrogènes, quelques baraques de chantier pour l'organisation et les musiciens, et des éclairages de fortune. Rien à voir avec ce qu'on avait dressé sur le circuit automobile initialement prévu.

Ceux qui viendront laisseront leur voiture sur une bretelle d'autoroute pas encore en service et feront le reste du chemin à pied. On ne s'encombrera pas de sanitaires, juste quelques tranchées avec des planches, ni d'ambulances ou d'hébergement. On annonce à la radio le pied de nez lancé à la Filmways (on garde les droits du film préparé par les Maysles), et rien n'est encore installé que le Woodstock bis voit débarquer ses premiers duvets, ses premiers marcheurs éberlués aux cheveux longs, que s'allument les premiers feux de camp et qu'on tire les premiers joints.

Le jour est venu. Les Rolling Stones sont enfermés au Beverly Wilshire, ils n'ont plus que le concert gratuit pour en finir avec une tournée qui a été un succès. L'immense champ lentement recouvert des dizaines de milliers de jeunes en soieries hippies, les grappes humaines qui s'accrochent aux fragiles échafaudages de maçons dressés en quelques heures et qui tanguent, prévus seulement pour soutenir les projecteurs, et jamais on n'arrive à les convaincre de descendre, d'autres aussitôt tentent l'escalade. Les appels pour ceux qui sont perdus, les duvets qu'on installe à même la terre, les sanitaires derrière une mauvaise toile entre deux piquets. Au soleil couchant, le premier groupe investit l'estrade basse : on a laissé la tâche d'ouvrir à Gram et ses Flying Burrito. Ils sont en costume *Nudie Suits* de cow-boys de salon, et la *pedal steel guitar* a du mal à passer la sono brutale, tandis que Gram, en avant, ventre contre l'énorme Gibson blanche fleurie, profite naïvement du plaisir que c'est, la foule, quand on est l'ami de Keith Richards et qu'on a le privilège de lancer son festival. Comme à Woodstock, on se déshabille pour danser nu dans la foule.

Ils n'ont pas fini qu'un vacarme les couvre : le soleil qui baisse rend orange tout le ciel, et des motos Harley Davidson 850 ou 1 000 centimètres cubes, par dizaines, se fraient chemin en ronflant parmi les corps de plus en plus serrés à mesure qu'on se rapproche de l'estrade. Les Hell's Angels de San Francisco et Los Angeles ont rameuté dans tout l'État leurs copains de la côte. Comment se serait-on méfié, puisqu'à Londres ça s'était si bien passé ? Ce sont leurs amis du groupe Grateful Dead, en plus de leur prêter leurs bureaux, qui ont proposé aux Stones de s'en remettre aux motards parafascistes : ils ont l'habitude, paraît-il. Aux motos sont arrimées des battes de base-ball et des cannes de billard. Ils sont casqués de ferraille récupérée de la Seconde Guerre mondiale, la prime aux casques nazis, et engoncés dans des blousons de cuir noir de préférence sans manches, avec des insignes et des aigles. Ils prennent possession violemment de l'estrade en repoussant les gamins qui s'y accrochent. Leur car jaune, rempli de bière et de vin bon marché, se fraye chemin en appui jusqu'à proximité immédiate de la scène : ils sont maîtres du terrain.

Ceux qui succèdent à Gram forment peut-être le groupe le plus intéressant de toute cette période, musicalement bien au-delà de l'alchimie Stones. C'est un groupe à géométrie variable, rassemblé autour d'un chanteur-guitariste possesseur d'un club, Marty Balin. Marty a eu l'intelligence de s'entourer de musiciens d'exception, et de s'effacer sur scène devant la relation qu'il crée entre ses invités, le duo formidable d'un bassiste, Jack Casady, et d'un guitariste, Jorma Kaukonen, derrière une chanteuse à la voix puissante et sombre, Grace Slick. Marty Balin est le premier à s'en prendre aux Hell's Angels : un jeune Noir, déjà, est par terre sous les coups de pied des buveurs de bière casqués. On voit des cannes de billard s'abattre. Grace Slick interrompt le concert : *Easy, easy...* Marty Balin descend de l'estrade en pleine bagarre, on retourne les cannes de billard sur lui. Le bassiste vient au micro pour dire qu'on a assommé leur chanteur, un Hell's Angel à la voix pâteuse de bière prend l'autre micro pour le provoquer : « C'est aux miens que tu parles ? » Au-delà des cinq premiers mètres, qui vont être pour toute la nuit le terrain fluctuant des violences, les centaines de milliers d'autres ne voient rien, vont supporter six heures les permanentes interruptions du concert. On a évacué Marty Balin, interrompu le Jefferson Airplane, on n'est pourtant qu'au tout début : la nuit n'est même pas venue.

A peine si on peut entendre, dans le brouhaha général qui s'installe, que c'est Crosby, Stills, Nash et Young qui chantent. Les baffles géants reprennent le son en avant des amplis de scène et rediffusent à toute la foule le désordre des premiers rangs. Il y aura une rémission pour Tina Turner. La nuit est venue, on se déplace moins, une fatigue se fait. Son groupe joue fort, elle sait chanter dans le bruit et la musique est simple, on danse. Peut-être semble-t-elle aux buveurs de bière armés de matraques quelqu'un d'une autre planète, ils restent cois. Mais pour Carlos Santana, ensuite, la foule veut se rapprocher. On sait que les Stones sont pour bientôt, et ce sont des vagues entières de bataille rangée. Un photographe professionnel, qui vient de prendre le cliché d'un Hell's Angel frappant un type à terre, se fait fracturer le visage avec son propre appareil.

Dans les erreurs accumulées par Chip Monck et les Stones, il y a qu'entre chaque groupe on doit débarrasser toute l'estrade de son matériel et apporter celui du groupe suivant. L'idée d'installer une seconde scène pour alterner ne les a pas effleurés. Les intermittences sont trop longues, multiplient les affrontements entre les spectateurs et les Hell's Angels. Eux, ils s'approvisionnent au car jaune et boivent à volonté. Côté spectateurs, des tablettes trafiquées de LSD circulent : on a bien prévu un centre de soins avec pas moins de dix-neuf docteurs. Quand les comas dus à l'acide trafiqué se multiplient, les ambulances ne peuvent même pas accéder à leur tente. On distribue de la Thorazine comme antidote, la Thorazine est utilisée à son tour comme drogue.

Sam Cutler, qui a présenté toute la tournée, est sans cesse au micro sans jamais rien calmer. Plus ils boivent, plus cela dégénère. Il fait proposer aux Hell's Angels, ou à qui les représente, de leur racheter pour 500 dollars la totalité restante de leur stock de bière et de vin : on se moque de lui évidemment. Dans une autre version, on dit que le bus jaune et tout son contenant de bibine a été mis à disposition par le groupe, en contrepartie du service d'ordre, lors de l'arrangement préalable. Côté groupe, bien évidemment on démentira. Il s'avérera surtout, mais on le saura trop tard, que le vieux bus jaune où les Hell's Angels viennent s'approvisionner à volonté de bière et de vin rouge est aussi à l'origine du trafic de LSD mélangé à la substance de coupage inconnue.

Les Stones sont arrivés par hélicoptère en début d'après-midi, on les a enfermés dans une cabane de chantier rapidement aménagée. La foule est trop compacte pour leur permettre d'aller écouter ce qui se passe sur la scène. On voit Mick entrouvrir la porte, il rit en répondant aux gens, rit un peu trop : ils sont toujours dans l'idée Woodstock de la fête bon enfant, du concert pour se faire plaisir, ils ont bu et fumé un peu ou plus qu'un peu, qu'est-ce que ça change pour le partage et ce qu'on va faire ensemble ici tout à l'heure. « Je ne vois pas ça comme un concert, je vois ça plutôt comme une occasion pour tout le monde d'être ensemble, d'avoir du bon temps... c'est un prétexte pour parler ensemble, manger ensemble, boire ensemble, fumer ensemble, se défoncer ensemble – qu'ils s'éclatent ensemble, pendant une journée et une nuit », voilà en gros ce que dit depuis la porte entrouverte, pour vingt micros tendus, un Jagger décousu ou comme évaporé, alors qu'ils sont depuis cinq heures enfermés à huit dans ces douze mètres carrés du mobil-home.

D'ailleurs il faut que Mick soit plutôt planant lui-même pour déclarer ainsi publiquement que tel est le but ici, *to be stoned together...*

Quand on les met au courant de l'accident survenu à Marty Balin, tout ce discours évidemment vole en pièces. Mais on les retient de force dans la cabane. Mel Belli, l'organisateur, pas plus que Sam Cutler ou Chip Monck, n'ont de solution ni de recours : aucune instance pour mettre au pas les Hell's Angels. Même le responsable avec lequel on a discuté, un nommé Sonny Barger, n'est pas là : leur hiérarchie est secrète, et cloisonnée. Même pas, probablement, de contrat signé : ils s'en seraient servi de parapluie après le crime.

Les frères Maysles filment et filment. Il est plus de trois heures du matin quand les Stones montent en scène, et la température extérieure pas loin du zéro. Le bruit est terrible, le groupe ne s'entend pas. Parce que c'est eux qu'on attendait, la foule se fait pressante. Des gamins veulent voir de tout près, en écarquillant les paupières, comment font les doigts de Keith sur le manche, des filles en tendant la main voudraient frôler l'écharpe de Jagger. D'autres dansent, jusque sur l'estrade, et les Angels bâtonnent à plaisir, font brutalement le vide devant eux. Richards maintient le groupe en place, mais Jagger les interpelle : *Brothers, brothers and sisters...* Mick interrompt une première fois la musique : *Keith, Keith stop it... Who's fightin' and what for ?* : « Keith, Keith arrête un peu... Qui se bat, et pourquoi ? » Keith Richards, avec sa manière faubourienne de rester toujours à égalité de ceux qu'il a en face, s'avance et désigne un des Hell's Angels : *It's that guy down there... If he doesn't cool it, man...* : « C'est ce mec, là, s'il n'arrête pas... »

Et quand les Angels se retournent contre les Rolling Stones, qui les indiffèrent, comme ils se sont retournés sur Marty Balin, Mick tente à nouveau de négocier, avec une humilité qui lui est peu familière et témoigne de leur trouille, parce qu'ils commencent seulement à mesurer l'échelle de ce qu'ils ont créé, qui leur échappe : *I can't do anymore that to beg you... You could do it, everyone, Hell's Angels, everybody...* « Je ne peux pas faire autrement que de vous supplier, vous pouvez le faire, chacun, les Hell's Angels, tout le monde... » A ses pieds, un Hell's Angel bourré est effondré sur l'ampli retour.

Devant les caméras, des silhouettes se sont rassemblées à cinq pour évacuer une fille nue malgré le froid, tombée dans les pommes. *Hey, fellows, does it take five of you to handle that...* marmonne Jagger qui commence à comprendre que tout s'en va. On le voit sur le film, on en a des photographies, les yeux stupéfaits et effrayés de Mick Taylor qui se crispe des deux mains sur sa Gibson rouge sombre. C'est lui pourtant qui réagit le premier, en reprenant, sur l'harmonie même du morceau interrompu (*Sympathy For The Devil*, et ce sera le seul titre internationalement cité pour le leur mettre à charge), des accords de musique de fond, de musique d'ambiance, de musique qui calme.

Brothers and sisters, come on now. That means everybody, just cool out. Just cool out now. We can cool out, everybody. Everybody be cool, now... cela sonne comme une berceuse. Pendant deux minutes, les Rolling Stones vont jouer ce qu'ils n'ont jamais joué, pendant que Mick continue sa tentative vaine de thérapie incantatoire, en appelle à l'idéologie communautaire qu'on dit désormais être celle des années 60, et qui s'écroule ce soir-là pour toujours sur le Altamont Speedway : *If we are one, all together one... sit down, just keep cool, we can get together* : « Frères, frères et sœurs, tout le monde... Si l'on ne fait qu'un, un seul nous tous ensemble... Asseyez-vous, restez calmes, on peut y arriver ensemble... »

L'adjectif « calme » ne peut rendre exactement l'idiomatique *cool*, dans *keep cool*, ou dans *cool out*, et sa fonction d'importation dans les idiomes du parler d'aujourd'hui n'en rend pas compte vraiment non plus. On constate sur le film un provisoire reflux et lentement, précautionneusement, Mick Taylor fait revenir les accords pour musique d'atmosphère à la samba d'origine de *Sympathy*. Watts et Richards rembrayent, Wyman enchaîne. Quelques minutes ils peuvent croire avoir le dessus.

Charlie Watts : *It was just a very frightening thing really : I just wanted to go home. It was like one of those lovely days that went all wrong* 14, 97 : « Réellement c'était devenu un truc effrayant. Je n'avais qu'une envie : rentrer à la maison. C'était comme une de ces belles journées où tout se met à aller de travers. »

Le morceau suivant est moins chargé que *Sympathy For The Devil*. Des accords simples, un rythme de danse. *Under My Thumb*, ce soir-là, dure trois minutes quarante, et à peine à la moitié du morceau on voit sur le film les sombres ondulations de la foule en bagarre qui reprennent, et qu'un des spectateurs est entouré d'une dizaine de blousons et de casques des Angels. Le morceau cesse, il y a comme un trou de silence, et dans ce silence un cri. A ce cri, impossible de se tromper. Je le réécoute pour écrire : il n'est pas humain. Il est d'effroi pur. De tels cris ont sans doute d'autres fois été poussés, mais d'ordinaire on n'en garde pas la trace enregistrée. Là, il transperce le micro de Mick, le micro de Richards, et les micros plantés devant leurs amplis pour le renvoyer aux trois cent mille personnes. Les Maysles ont inséré dans leur film une scène gigogne : Jagger et Watts regardent, silencieux, dans le studio de montage, ce qui se passait devant leurs yeux, et qu'une caméra a enregistré. A vitesse réelle on ne voit rien, un éclair, puis le cri. Au ralenti, la lame du couteau trois fois soulevé, qu'un bras enfonce dans le corps jeté à terre. C'est une fille, tout près, au-dessus, qui a crié. Dans le film des Maysles Brothers, suite du montage cut, l'enregistrement au téléphone d'une voix : c'est le type au couteau qui parle, le type qui a tué, et refuse évidemment de dire qui il est. La voix s'enfonce dans une vague histoire de moto heurtée, et puis d'arme à feu exhibée. Des armes à feu, les Hell's Angels en avaient assez avec eux pour en placer une sous le corps de Meredith Hunter assassiné, mais on n'en a même pas trouvé. Mick Jagger appelle un médecin, une ambulance emporte le corps, la fille qui a crié suit... A dix mètres, la foule n'a pas bronché, n'a rien vu. Les Stones ont les yeux exorbités et fixes, brutalement dessaoulés. Ils vont au bout des morceaux qui leur restent, dans la nuit froide. Les Hell's Angels se sont donné le mot peut-être, ils décrochent.

A peine bouclé *Street Fightin Man*, Mick lance *We're gonna kiss you goodbye...* on jette comme aux chevaux des couvertures sur les Stones en sueur, on met leurs guitares à l'abri, et on les pousse à la file dans l'hélicoptère. Gram, Sam Cutler et l'avocat avec eux : on est quatorze dans l'engin de huit places qui décolle pour les évacuer, et triste est la mémoire d'Altamont.

Sans doute qu'eux-mêmes ont du mal à réaliser, puisqu'ils ne changent rien à leur programme déjà fixé pour les jours suivants. Keith Richards dira que du meurtre même ils n'ont pas eu conscience sur le coup : *It was fuckups, the beatups, the chaos, our people telling us not to go on yet, let the people cool down a bit... Go into* Jumpin' Jack Flash, *it felt great and sounded great. I'm not used to bein' upstaged by Hell's Angels... You dig, when you're onstage you can't see much, like just the first four rows. It's blinding, like a pool of light in complete darkness, unless someone out there lights up a cigarette. All you see is lights out there... Someone asks a doctor, yeah. Half of our concerts in our whole career have been stopped for doctors and stretchers* [25, 57] : « C'était le bordel, les bagarres, un chaos, nos gars qui nous disaient qu'on ne pouvait pas y aller encore, qu'il fallait laisser les gens se calmer d'abord. On a commencé par *Jumpin' Jack Flash*, on le sentait bien, ça sonnait bien. Je ne suis pas habitué à monter sur scène avec les Hell's Angels. Crois-moi, quand tu es sur scène tu ne vois rien, à peine les quatre premiers rangs. C'est aveuglant, comme un paquet de lumières dans l'obscurité complète, à moins que quelqu'un allume une cigarette. Tout ce que tu vois c'est les lumières qui ressortent. Quelqu'un qui appelle un toubib... Une bonne moitié de nos concerts dans toute notre carrière a été interrompue pour appeler un toubib ou un brancard... »

Reste que, quoi qu'en dise Keith, et le film en atteste, le meurtre de Meredith Hunter s'accomplit justement au quatrième rang, à peine à trois mètres de lui et sa guitare, très exactement là où cinq minutes plus tôt Richards s'en est pris à un des Angels en le désignant du doigt : preuve qu'il le voyait bien.

On interpellera quinze jours plus tard un des Hell's Angels. Alan Passaro, d'Oakland, passera au tribunal et reconnaîtra avoir participé au lynchage. Il plaidera la légitime défense en invoquant ce prétexte d'une arme à feu prétendument pointée par Meredith Hunter, et refusera qu'on lui attribue les coups de couteau. Ce qui restera de cette pauvre histoire, ce n'est pas seulement la mort d'un gamin de vingt ans poignardé par des abrutis fascistes embauchés à la légère par les Rolling Stones, mais que le lendemain même Mick Jagger s'envole pour Genève avec l'administratrice des Stones, Jo Bergman, convoyant à eux deux un attaché-case rempli d'argent liquide, un million deux cent mille dollars et un bon coup de chiffon sur la conscience. Il n'a pas eu le temps de croiser ses nouveaux conseillers, le financier Rupert Loewenstein ou le directeur de la maison de disques Atlantic, Ahmet Ertegun, qui auraient facilement sauvé les apparences en se chargeant du transfert.

Mick ne voudra jamais pleinement reconnaître la responsabilité des Stones dans le débordement absurde et meurtrier : *The Altamont thing was a really nasty experience but it still doesn't really sully the tour for me. That was one gig that went really wrong and it was outside the experience of that tour. We were partly to blame for not checking it out, but it was just totally disorganised* [16, 97] : « Ce truc d'Altamont a vraiment été une sale expérience mais même maintenant ça ne souille pas vraiment la tournée pour moi. C'est un concert qui a mal tourné, et c'est devenu au-dehors le symbole de la tournée. On est en partie responsables pour ne pas avoir gardé le contrôle, mais tout était complètement désorganisé.»

Propos de 1998, collectés et vérifiés avec l'imprimatur officiel des Stones, sous la responsabilité de Rupert Loewenstein. Pas un mot sur la valise : pourtant, le temps d'arriver à Genève, où on l'attendait à la sortie de l'avion, le monde entier ne parlait plus que de la mort de Meredith Hunter, et c'est un homme d'affaires, son million de dollars à la main sur les photos, qui va en répondre, et non pas le chanteur.

On aura une consolation : Jon Jaymes, le représentant de la firme Chrysler qui, moyennant publicité, prenait en charge tous leurs déplacements depuis octobre, leur offre à chacun une Jeep Cherokee 4 x 4 (ce n'est pas encore la mode), couleur à choisir sur catalogue, qui leur sera livrée en Angleterre et renouvelée gratuitement tous les ans (pas pu savoir combien de temps ça a duré, ni ce qu'ils en ont fait : celle de Richards a dû pourrir à Redlands avec l'aéroglisseur et les motos de cross). Dès le soir, le trésor qui servira à fonder la future compagnie de disques mis en sûreté, Mick et Jo Bergman louent un jet privé et quittent la Suisse pour Nice, où les attend Marsha Hunt.

First I've got to get some rest $_{11,\,433}$: «Il faut d'abord que je me repose un peu», déclare seulement Keith à l'aéroport, de retour dans la bonne vieille Angleterre.

1970-1975 : *Exile On Main Street*
(exil rue principale)

The lapping tongue : l'insolence emblème

Eux qui chantaient *Child Of The Moon* se sont-ils aperçus qu'un homme, cette année, avait marché sur la lune ? Les boucles qu'une biographie parcourt n'ont jamais même valeur : ce sont des spirales, où pour parvenir d'un point au suivant la masse de temps accumulée peut être bien plus vaste que dans les boucles initiales, où parfois on les a suivis au jour le jour : l'élaboration de *Not Fade Away* prenant autant de poids, pour le franchissement qu'elle symbolise, que la lente gestation *Beggars Banquet*. Les deux mois en Amérique, cette fin 69, pèsent plus que les quinze mois qui vont suivre, conditionnant la lente réorganisation souterraine qu'il nous faut examiner.

L'écho d'Altamont est long à se défaire, et eux adoptent profil bas. On ne saura même plus désormais, parce qu'ils s'emploieront à ce qu'on ne le sache pas, où ils voyagent et à quoi ils passent le temps en dehors de la vie publique du groupe, qui n'est plus perceptible que par intermittences. En janvier, silence : ils se cachent, ou on les cache. Cela deviendra chez eux plus tard une locution convenue : *This Altamont thing...* : « ce truc d'Altamont ». Ils en viendront à s'énerver quand tout interviewer, même dix ans plus tard, leur resservira leurs négligences, et le poignard sur Meredith Hunter.

En février ils sont pour vingt-deux jours à nouveau enfermés dans les studios Olympic et travaillent au mixage de *Get Yer Ya-Ya's Out*, l'enregistrement en public des deux soirs au Madison Square Garden. Ils passeront deux semaines à restaurer seconde par seconde l'équilibre de la basse et de la batterie sur le seul *Carol* inaugural, et polir en les rejouant les lignes de guitare. Ce sera leur dernier album pour Decca et Allen Klein, et à cause de cela ils se refuseront, comme pour *Beggars Banquet*, à en reprendre plus tard le mixage pour les techniques numériques, avec l'indication dorée *remastered* pour une nouvelle vie : ils l'annoncent pour cet automne 2002.

La suite d'Altamont devient un océan juteux pour avocats : les Stones, d'abord, attaquent le circuit automobile, Sears Point Raceway, qui aurait dû accueillir le concert gratuit et les a forcés à en déménager deux jours avant Altamont, manière d'essayer de se défausser partiellement d'une responsabilité qui pèse lourd, la décennie 70 commençant avec une belle gueule de bois. On poursuit aussi quatre boutiques d'Hollywood où on a pu saisir des stocks de *Liver Than You'll Ever Be*, le pirate du concert au Coliseum d'Oakland, et puis les circuits anglais de disques d'importation, sans autre résultat que d'amplifier encore la diffusion clandestine.

En mai on estime qu'assez de temps a passé et on annonce la tournée européenne : quatorze concerts dans sept pays, de Rome au sud à Helsinki au nord, en écumant largement la riche Allemagne. En France, l'Olympia plus deux fois le palais des Sports, qui nous feront nous précipiter le mois suivant sur le mensuel *Rock & Folk* pour en détacher aussitôt le poster, Mick presque grandeur nature punaisé à quelques centaines de milliers d'exemplaires sur nos portes de chambre, et le compte rendu morceau par morceau du concert appris par cœur au mot à mot : on a seize ans. C'est la première fois que le groupe joue sur scène avec ses deux cuivres, Bobby Keyes et Jim Price, et la présence permanente du piano de Nicky Hopkins. Sur scène ils laisseront lentement les arrangements se déporter sur toute la géométrie accrue du groupe.

Nous recevions d'eux, par *Rock & Folk* encore, d'autres échos mineurs : Charlie Watts s'offre pour la première fois le luxe d'enregistrer du jazz, puis avec Bill Wyman ils paraissent sur un album de Leon Russell, qu'on se fera un devoir d'écouter et dont je n'ai plus aucun souvenir. On trouve bien chanceux, et on l'excuserait presque, celui qui a volé dans le coupé Bentley crème de Mick, garé sous ses fenêtres de Cheyne Walk sans être fermé à clé, des fringues, une guitare qui ne doit pas être d'entrée de gamme, et un carnet de notes : on n'a jamais su ce qui y était écrit. On a appris aussi qu'en février leur avait été livré un nouveau studio mobile, cette fois carrément un semi-remorque, le plus beau et le plus complet sur le continent. Il sera loué à la demande pour d'autres groupes, mais c'est celui qu'on emmènera l'an prochain en France pour *Exile On Main Street*.

On saura qu'avec Marianne Faithfull rien ne va plus (elle quitte pourtant son producteur italien, revient quelques nuits à Cheyne Walk, d'où Jagger la raccompagne chez sa mère), mais on ne saura pas que vers le mois de mars Mick embauche une jeune Californienne, prénommée Jan, pour devenir sa cuisinière intendante, mais qu'avec elle il redécouvre les longues conversations confidences qui ne lui étaient plus habituelles. Une prénommée Catherine est pourtant introduite aussi à Cheyne Walk comme amante en titre, et la prénommée Jan a du mal à accepter d'être contrainte à ses seules tâches rémunérées. Il paraît qu'à Mick, qui continue ses visites à Marsha Hunt, la situation ne déplaît pas tant.

On saura que les bénéfices du gala de présentation de *Performance* sont offerts à un programme de prévention contre la drogue, mais on ne saura pas qu'Anita Pallenberg, mère d'un bébé de sept mois, fait dans une clinique londonienne une cure de désintoxication, pendant laquelle Keith partage ses nuits et sa vie avec Tony Sanchez, dit Spanish Tony, dont la principale fonction est d'éviter que Keith ait jamais sur lui de substance illicite, mais puisse partout en trouver de disponible. La cure ne sera pas vraiment efficace, Anita convoquant parfois un chauffeur pour une heure à Cheyne Walk et reprendre «une ligne» avant de revenir à la clinique comme si de rien n'était, à moins que Keith ne lui apporte sur place un peu de cocaïne planquée dans un bouquet de roses : son médecin la renvoie au bout de dix jours parce que le taux d'héroïne dans le sang est supérieur à celui qu'elle avait en entrant. Et rose aussi la Bentley nouvellement repeinte, on l'appelle désormais Pink Lena au lieu de Blue Lena. Michael Cooper, le photographe, accompagne Keith et Spanish Tony.

Entre l'alcool et les seringues, Keith a pris le chemin de Brian deux ans plus tôt : il n'est plus professionnellement fiable.

Cela tourne au désastre lorsque le groupe enregistre pour la télévision anglaise, le 14 mars, une prestation dont ils ont eu l'idée qu'elle ait lieu au Marquee, le club des premières armes. Les temps pour eux en sont loin, mais le directeur, Harold Pendleton, est toujours le même. Richards arrive avec trois heures de retard, et laisse par provocation la Bentley en travers de la rue : les expériences de jeunesse valent pour Richards comme si elles étaient d'hier, et il en est resté à l'engueulade de 1962. On se prépare à monter sur la scène, quand Keith s'aperçoit qu'ils vont jouer devant une enseigne au néon toute neuve, au nom du club, suspendue juste derrière le groupe : il exige qu'elle soit démontée. Pendleton refuse, ça s'envenime, et Richards lui balance à trois mètres sa lourde guitare à la tête, le manque de peu. Vengeance à froid. Une heure de bouderie plus tard, qu'il passe au volant de la Bentley en double file comme lorsqu'il attendait sur le parking de *Performance*, Jagger et Jo Bergman le ramènent au Marquee, mais, exprès, il jouera tellement de travers que la BBC refusera de diffuser l'enregistrement.

Sous la surveillance d'une infirmière exigeante, l'ancienne assistante du docteur qui soignait William Burroughs, qu'ils surnomment Smitty, présente en permanence, Richards et Anita s'enferment dix jours à Redlands pour faire abstinence d'héroïne. Comme il y a un an, Keith y parvient, avec à nouveau le résultat paradoxal qu'il s'imagine pouvoir arrêter à volonté, et s'en autorise pour s'y enfoncer désormais encore plus. Qui intervient, le groupe, sa mère, ou lui-même ? Parce qu'il n'arrive plus à jouer, il tente un second sevrage, qu'il voudrait définitif. Cette fois sans Anita, mais en s'enfermant à Cheyne Walk avec Gram, venu spécialement. Ils passent des jours assis à deux au piano pour vaincre le manque, et renoncent. On remercie Smitty.

Richards ne s'aperçoit pas, c'est la triste typologie de la dépendance, qu'un univers clos, celui de la consommation rythmée d'héroïne (un tiers de gramme par jour, pour l'instant), se substitue sans qu'on s'aperçoive à celui qui préexistait. On rythme ses jours par l'approvisionnement à refaire, les caches à trouver puisqu'on est surveillé, les amusements qu'on trouve à traverser les frontières les mains vides, mais à la poche, bien visible, un stylo à plume luxe trafiqué pour convoyer deux grammes de cocaïne dans sa fausse cartouche d'encre, et dans le bagage de Spanish Tony une bombe de mousse à raser à double fond dévissable, qu'on a payée très cher à New York au marché noir directement de la mafia (c'est aussi un titre de gloire), et qui sert à la cocaïne. Aucun des schémas que Richards convoque pour se justifier n'échappe à cette banalité sordide des *junkies* : la cocaïne est un puissant stimulant, on ne connaît plus le besoin de sommeil, toute la sociabilité en est comme brossée à neuf, et la cocaïne n'entraîne pas de dépendance.

Mais il s'est habitué à mêler à la poudre qu'on inhale, une fois sur deux, à part égale d'héroïne : l'effet est bien plus fort, on quitte carrément la conscience du monde, l'héroïne permet qu'ensuite on peut quand même s'endormir, tandis que la cocaïne empêche la nausée qui suit le flash d'héroïne. Mais quelques semaines du mélange, et on ne peut plus s'en passer. Les mains tremblent quand on est en manque, on croit avoir la grippe, avec sueurs froides, crampes et vertiges, plus la tête qui ne marche pas, et miracle : l'héroïne vous fait passer tout ça. Anita Pallenberg est vindicative, dit que c'est de sa faute à lui, qu'il n'avait qu'à ne pas la laisser seule si longtemps, qu'eux les musiciens ne s'intéressent qu'à leur fichue musique et que si elle a besoin d'une injection quotidienne c'est à cause de ça. Richards écoute et boit.

En juin, fin officielle du contrat Decca. *Get Yer Ya-Ya's Out* paraît en septembre et devient partout meilleure vente. On doit encore un quarante-cinq-tours à Decca, alors on réenregistre une nuit, en une seule prise, le duo qu'on faisait en concert sur la guitare à résonateur, mais avec des paroles choisies soigneusement inacceptables pour la sérieuse compagnie. C'est l'hommage à la pédophilie du «blues du suceur de pines», *Cocksucker Blues*, improvisé par Mick et Keith. Les pirates s'en régaleront, cette fois avec l'assentiment des compositeurs, élégant remerciement à ceux qui propulsèrent leur premier disque. On rompt alors officiellement avec Allen Klein, en proclamant par annonce dans les journaux professionnels qu'il lui est interdit de négocier au nom des Rolling Stones : *Neither he, Abkco Industries Inc, nor any other company have any authority to negotiate recording contracts on their behalf in the future...* Et on annonce que Marshall Chess, le propre fils du fondateur de Chess Records, est chargé de la création de leur compagnie de disques.

En juin, après quelques séances à Olympic et sur le Mobile Studio installé à Stargroves, *Sticky Fingers* est prêt pour le pressage. Une partie des enregistrements avait été mise en réserve au temps de *Beggars*, ou l'automne précédent à Los Angeles, et on a la séance du Muscle Shoals avec les deux *singles* potentiels, *Brown Sugar* et *Wild Horses*. Keith Richards, pour la première fois, ce qui témoigne plus que toute autre chose de l'étape franchie dans la consommation d'héroïne, s'est absenté des enregistrements : même si Mick Taylor ne sera pas crédité comme auteur sur *Moonlight Mile* et *Sway*, ce sont les premiers morceaux des Rolling Stones où Keith ne figure pas. Sur *Sway*, pour compenser, Mick tient la guitare rythmique dans un enregistrement : la première fois qu'il ose. Keith a même délaissé le mixage, n'y paraît pas : pour la première fois, pourtant, Mick a évité le voyage de Los Angeles et tout pris en charge avec Jimmy Miller ici même à Londres (aussi bien n'est-il pas temps pour eux de reparaître là-bas si vite). *When were the last sessions? Was I even there for the last sessions?* [25, 37] : «C'était quand, les dernières sessions? Est-ce que seulement j'étais là, aux dernières sessions?», Keith plaisante un an plus tard, dans l'entretien pour *Rolling Stone*, de son absentéisme sans y voir le même décrochement que, dans la même interview, il reproche un an plus tôt à Brian Jones. Il y a dans l'inusable *Sticky Fingers* deux disques, un avec Keith Richards et un sans. Mais il s'en faut encore de presque un an pour que le disque paraisse, même si c'est devenu secret de polichinelle que c'est Atlantic qui en assurera la distribution, Ahmet Ertegun, son président, étant des plus présents aux côtés de Jagger.

A Paris, le 22 septembre, avant les deux concerts au palais des Sports, on a joué devant un public plus restreint à l'Olympia et on a convié après le concert tout le petit monde de la distribution des disques et de la presse pour une réception au George V. Petits fours, champagne et beau linge, pas question pour le groupe de se refuser à paraître, quitte à ne rester que quelques minutes, serrer les mains et partir. Ils ont fait cela cinquante fois, cela ne les passionne pas et ils y sont quelquefois muets ou arrogants, mais l'intendance en dépend. Parmi les invités à nœuds papillons du commerce des variétés, Eddie Barclay connaît déjà Jagger et lui présente sa nouvelle égérie, une Sud-Américaine loin de son âge : *Mick, that's Bianca...*

Il paraît que le choc est immédiat et réciproque, même si Jagger pour parler de lui a coutume de dire : *I've never been madly, deeply in love. I'm not an emotional person* [22, 174] : « Je n'ai jamais été follement, profondément amoureux. Je ne suis pas quelqu'un d'émotif. » Il est plus beau que son équivalent anglais *emotional*, notre mot émotif comme l'emploie Proust : « Il me répondit que j'étais trop émotif et que j'aurais eu besoin de calmants. » Proust qui aurait préféré, pour cette conjonction de deux adjectifs, *madly, deeply*, une tournure comme « là où les cœurs se rapprochent, où l'on parle de n'exister plus que l'un pour l'autre » – le jeune Proust ayant quelque chose du vieux Mick et réciproquement.

On a donc Eddie Barclay en comte de Froberville et Decca en Verdurin, et pour cette histoire à la Swann qui s'ébauche, mariage à la clé et même une Gilberte-Jade en cadeau, le choc tient à la gémellité : même taille, même silhouette et presque le même profil, quand ce qui tient à la bouche et aux lèvres est chez Jagger fétiche. La gémellité est réelle, puisque dans le hall de Cheyne Walk, quelques semaines plus tard, Tom Keylock qui vient les chercher avec la Bentley met le bras sur l'épaule de Bianca, qui ne goûte pas ces privautés et le fusillera du regard, sur un cordial et habituel : *Hi, Mick...* Ce qui est sûr c'est qu'Eddie Barclay, qui sans doute n'en est pas à cela près, disparaît tout de suite de la vie de la demoiselle, et le fantôme de Proust s'évanouit dans le décor du grand hôtel parisien.

Elle s'appelle Bianca Perez Morena de Macia, a un an de moins que Mick, même si à la presse on dira qu'elle n'a que vingt et un ans et est mannequin, à la grande colère d'Anita Pallenberg, qui sait l'âge réel de la nouvelle égérie et fut, elle, mannequin pour de vrai quand il s'agissait de faire vendre des grille-pain. Le lendemain les Stones ont leur double concert au palais des Sports (acceptant d'y donner la parole pour deux minutes, en entrée de show, à des militants maoïstes puisque, selon Mick, « les Français aiment tellement parler »), et dès le surlendemain soir Mick et Bianca dînent ensemble dans une des adresses parisiennes secrètes des privilégiés. On fait connaissance. Un père et une mère riches et nicaraguayens, mais tôt séparés. Des études à la Sorbonne qui font qu'ensemble avec Jagger ils adoptent le français, apprentissage qui deviendra relativement solide pour Mick mais qui les isolera du reste du groupe. Les relations familiales de Bianca lui ont permis qu'à Paris elle rencontre le couturier Yves Klein, à qui elle a servi quelque temps d'assistante (mais pas de modèle) et qui la propulse dans le petit monde du luxe tropézien, où elle deviendra provisoirement la compagne d'un acteur de cinéma connu, Michael Caine.

Les Stones jouent le surlendemain à Vienne, et de là passeront en Italie : Mick propose à Bianca qu'elle les rejoigne à Rome, la Stones Ltd fournit le billet et une limousine l'attend à l'aéroport. On les y photographie ensemble, Mick envoie même son poing à la figure d'un journaliste à la fin de leur conférence de presse for *asking stupid questions* (sur ce qu'en pensait Marianne Faithfull ? Marianne marche dans le tunnel), mais ils s'amusent à brouiller les pistes : *We're just good friends. I have no name. I do not speak english* [22, 169] : « On est juste bons amis. Je n'ai pas de nom. Je ne sais pas parler anglais », déclare Bianca en bon anglais en atterrissant à Londres, ce qui révèle déjà un apprentissage intuitif très fin à l'école de son célèbre fiancé. Les journaux auront tôt fait de remonter les pistes.

Contentieux avec Decca qui sort sans leur accord une compilation d'anciens morceaux, *Stone Age*, alors que *Get Yer Ya-Ya's Out* est encore dans tous les classements. Communiqué signé des cinq Stones : *It is, in our opinion, below the standard we try to keep up, both in choice of content and cover design* [6, 106] : « C'est à notre avis au-dessous du standard que nous essayons de maintenir, aussi bien dans le choix du contenu que dans la présentation de la pochette. » Il s'agit pour Decca et pour Klein de les contraindre à différer la sortie de leur premier disque sous leur propre enseigne.

Poursuites de la mère de Meredith Hunter à leur encontre, poursuite à leur encontre du Hell's Angel arrêté pour le crime, l'affaire d'Altamont en février 1971 colle toujours à leur ombre. Flops successifs des deux films avec Jagger, *Ned Kelly* et *Performance*, mais, à cause toujours de l'ombre d'Altamont, la sortie du documentaire des Maysles Brothers, *Gimme Shelter*, en fait tout de suite un brûlot : en 1985, il y avait encore une minuscule salle de cinéma d'art et d'essai à le diffuser dans l'après-midi, et on avait beau y revenir une quatrième ou cinquième fois (je vivais à la villa Médicis, mais c'était plus fort que moi), il se trouvait toujours deux ou trois silhouettes anonymes, pas plus mais quand même, pour en avoir fait autant.

Chloé, la fille de Mick Taylor et Rose Miller, naît au Wimbledon Hospital, mais le coup de tonnerre, le 5 mars 1971, viendra d'une petite phrase de leur responsable de presse, Les Perrin.

En principe, c'est pour annoncer la première tournée anglaise du groupe depuis quatre ans, à guichets fermés évidemment. Newcastle, Manchester, Coventry, Glasgow, Brighton, Liverpool, Leeds, et deux concerts à Londres dans une salle de quatre mille places.

Images des Stones en promenade anglaise : Bianca est du voyage, et la tribu Richards voyage en ordre séparé, incluant Gram Parsons et sa compagne Gretchen, Anita et Marlon, Bobby Keyes, Spanish Tony et une baby-sitter (cette Catherine qu'a évidemment laissé tomber Mick), plus le chien Boogie. Charlie, Bill et Mick Taylor arrivent dans la ville tout simplement en train, même si des limousines les attendent à la gare. Mick et Bianca en train aussi, mais le train suivant, juste à temps pour entrer en scène. Les Richards auraient dû le prendre, mais les Richards ont chaque fois manqué ce train-là aussi, alors on a demandé à Keylock de se faire conduire en Bentley avec Gram, la baby-sitter, le gosse et le chien. Le public attend, et on attend la Bentley. Keith peut paraître avec trois heures de retard, les autres tout maquillés dans les loges, tout le matériel prêt. Ils donnent parfois leur meilleur, dans une alchimie retrouvée : à Leeds par exemple, où l'enregistrement du concert sera bientôt un des clous obligatoires de nos collections de pirates. Mais à Liverpool, où autrefois on s'était fait devoir de se dépasser, puisque c'est la ville des Beatles, Richards est dans un tel état que le concert, qui repose sur lui, tombe à plat.

Dans les loges, colère froide de Wyman : *I just want everyone to say it was shit. They queued for five hours and... We were shit* [25, 29] : « Je préférerais qu'on dise vraiment que c'était de la merde. On les fait attendre plus de cinq heures et... On a été de la merde. »

Profil bas de Richards, Anita monte au créneau, avec une arrogance que ne connaît pas le bassiste, avec pour argument que voir les Rolling Stones en vrai est assez de récompense pour cinq pauvres heures d'attente : *They don't know the difference, Bill. They enjoyed themselves, it doesn't matter to them* [25, 29] : « Ils ne font pas la différence, Bill. Ils sont contents d'être là, le reste ils s'en fichent. » Après tout, pense Anita, qu'est-ce qu'on pourrait bien y faire de mieux, à Liverpool ?

C'est Bobby Keyes, le petit rouquin trapu au saxophone, qui essaye de détendre l'atmosphère, en exagérant encore son accent du Sud : *Ah was great... Ah was fantastic, ah carried y'all* [25, 29] : « Moi j'étais grand, moi j'étais fantastique, je vous emmenais tous ! »

Et Mick, debout près de Bianca désormais vêtue à l'exotique comme eux tous, sous un vaste turban à plumes et dotée d'un fume-cigarette de vingt centimètres, tandis que Mick arbore un nouveau manteau de cuir fin bleu pâle long jusqu'aux chevilles, clôt la conversation : *I don't give a shit. When I'm on stage, maybe, but now I'm off*[25,29] : « Je m'en fous à mort. Quand je suis en scène, peut-être, mais là terminé. »

Tout ce que trouve à dire Richards en excuse, voici : *What we need is a joint*, et Gram Parsons, qui a entendu, rebondit en ouvrant la porte des loges et en beuglant au-dehors, pour la postérité : *Yeah. Were are the dope dealers ? Dope dealers ?* [25,29] : « Ouais, où sont les dealers de dope ? Ohé, les dealers ? »

Les Rolling Stones avaient toujours été fiers qu'un critère irrévocable à leur égard soit la qualité de leur prestation sur scène, et de la musique qu'ils donnent. Ce soir, à Liverpool, c'est cela qu'on enterre.

Ils ont pourtant renouvelé largement le canevas de la tournée américaine, puisque jouer à huit c'est bien plus qu'ajouter deux cuivres et un piano, mais ouvrir une nouvelle interaction au son bien plus large et moins individuel : jamais plus ils ne rejoueront à cinq.

Le coup de tonnerre du 5 mars, lancé par Les Perrin, voici. Alors qu'ils jouent à Manchester, un article du *Daily Telegraph* annonce qu'au regard des quatre-vingt-trois millions de livres qu'auraient amassés les Stones dans toute leur carrière, ils gagneraient énormément, du point de vue des impôts, à ne plus être résidents anglais mais à s'en aller vivre, pourquoi pas, en France sur la Côte d'Azur où déjà on les voit si souvent. Le *Daily Telegraph* ne cite pas ses sources pour l'évaluation du chiffre : rien ne filtre plus de l'organisation des Stones depuis l'erreur de l'attaché-case d'argent liquide transporté à Genève au lendemain du meurtre d'Altamont.

Les Perrin répond via un communiqué signé par Mick Jagger seul : cette somme de quatre-vingt-trois millions de livres est considérablement exagérée, elle dépasse même ce qu'ont gagné les Beatles ou Elvis Presley. Mais le petit homme rondouillard (qui avait déjà pris en charge leur communication lors du procès de Redlands, puis de l'éviction et du décès de Brian) en rajoute une couche, très douceureusement : si les Stones déménageaient, dit-il, ce ne serait pas à cause des impôts, mais parce qu'ils aiment énormément la France (regard appuyé vers Bianca), et bien sûr ils resteront sujets britanniques et continueront d'enregistrer au pays. Et parce qu'il dément la somme astronomique avancée par le *Daily Telegraph*, qu'il lui a probablement donnée lui-même en pâture, il lance le chiffre qui fâche : les Rolling Stones estiment à vingt-neuf millions de dollars les sommes que leur a volées Allen Klein par ses montages financiers alambiqués. Et Perrin confirme que, dans leurs contrats avec Klein, spécifiant des revenus nets, ils n'avaient pas pensé que leur imposition pourrait être prise en considération. On s'est acheté des maisons et des voitures en s'imaginant que le rapace là-bas, quoiqu'on n'ait sur lui aucune illusion romantique, payait aussi les impôts. Ils ne sont pas en situation difficile, ils l'étaient bien plus il y a un an : ils pourraient s'ajouter sans trop de peine quelques lucratifs concerts, dans la vieille Angleterre même, *Ya-Ya's* (comme ils disent) marche excellemment, et *Sticky Fingers* est prêt à prendre le relais, chacun a maison et voiture : on a l'impression que l'annonce du départ pour la France tient presque plus à cette vexation de découvrir une entourloupe imprévue supplémentaire d'Allen Klein. Ajoutons que la Côte d'Azur, avec le voisinage de l'Italie et les pourvoyeurs marseillais, semble plus confortable à Richards pour son approvisionnement en poudre, que Bianca a ses habitudes à Saint-Tropez autant qu'à Paris et que Jagger apprécie sans doute qu'on s'éloigne de Marianne Faithfull, dont le divorce avec son premier mari alimente encore les journaux, et de Marsha Hunt jeune maman. Enfin, qu'Anita Pallenberg n'a plus droit à son permis de travail d'actrice en Angleterre, à moins d'un mariage légal avec Keith, qui ne le lui propose pas. Puis Londres, après Los Angeles, paraît bien pluvieuse et triste, les tribunaux ont toujours l'œil sur eux et on y ressasse assez d'histoires désagréables (les dettes de Brian Jones, par exemple, et savoir si le groupe doit à sa famille, post mortem, les cent mille livres promises lors de son éviction…). Dans les clubs comme le Ad Lib, où on aimait se retrouver entre nouveaux riches du monde artistique, l'ambiance n'est plus la même maintenant que Lennon et McCartney se déchirent par avocats interposés, et les frasques des Led Zeppelin sont plus applaudies que les leurs, eux les monstres sacrés.

Ils ont la nostalgie sans doute de cette liberté de Los Angeles, d'habiter tous à proximité, et ce qui s'en induit pour la qualité du travail fait ensemble. Mais on ne veut pas s'éloigner de plus de deux heures d'avion de Londres. Quel contraste avec la vie d'ici, quand dès votre retour en décembre vous écopiez à nouveau d'une amende de deux cent cinquante livres pour détention de résine de cannabis (Mick Jagger le 20 décembre), et pourquoi pas la volonté inconsciente de rompre avec le fantôme de Meredith Hunter comme avec celui de Brian Jones en commençant une vie neuve, ailleurs.

Voilà la mixture, pas totalement éclaircie, qui prélude à l'affirmation sûre, non démentie par Les Perrin : les Stones déménagent, les Stones quittent l'Angleterre. Seul Wyman dira à combien se montent les impôts qu'il devrait payer : cent dix-huit mille livres, cela donne l'échelle pour Jagger et Richards, qui gagnent environ cinq fois plus.

Pour échapper à l'impôt ils ne doivent plus, de douze mois pleins, revenir en Angleterre. Ils le pourront à nouveau ensuite, et ne s'en priveront pas, mais jamais plus de quatre-vingt-dix jours par an, et définitivement ils rejoignent cette vie si particulière des fortunés qui oblige, pour ne pas dépendre d'une fiscalité particulière, à passer régulièrement d'un continent à l'autre et disposer pour cela, tout autour du monde, d'assez de maisons.

On donne à Maidenhead, au Skindles Hotel, une soirée d'adieu pour les amis, dont Clapton et le couple John Lennon-Yoko Ono. Jagger et Richards sont dès le 6 avril à Cannes. Ils font semblant d'arriver en yacht pour une conférence de presse au Canto Club House : ils annoncent la parution enfin de *Sticky Fingers*, précédé du nouveau *single* (*Brown Sugar* en face A, *Bitch* en face B). Andy Warhol a dessiné la pochette de l'album, blue-jean coupé à la taille, presque grandeur nature, vue de devant sur le devant, et par l'arrière quand on retourne la pochette, équipé d'une véritable fermeture Éclair à la braguette. On a pour les pays réticents (l'Espagne de Franco) une version bis où la pochette est seulement une boîte de conserve ouverte.

Et puis, au Canto Club House, on dévoile le logo nouveau du groupe et de leur maison de disques, qui sera leur définitif emblème, la langue tirée entre deux lèvres. Warhol en a certainement discuté avec eux l'idée, puisque Mick, Bianca et lui sont intimes désormais. Mais il n'a pas dessiné lui-même la bouche à grosse langue, inspirée des lèvres de Mick : l'insolence à la face du monde et la connotation sous-jacente de provocation sexuelle – on tire la langue au monde entier, et ils l'appellent plutôt la «langue qui lèche», *lapping tongue*.

On en fera des affiches et des tee-shirts, des *pins* et des bijoux, elle sera sur les camions, et regardez autour de vous, à l'arrière des voitures que vous suivez, ou là sur le camion de livraison : l'insolence comme image de marque, c'est comme la marque officielle de reconnaissance, après mai 1968 pour ce qui nous concerne, du mot *jeune* comme catégorie spécifique, voire philosophique, et le génie de Mick Jagger c'est d'avoir su capter cela et lui donner figure, l'associer à celle même du groupe.

Et dès ce moment, la langue tirée des Stones, l'insolence comme emblème, mais en version or massif, voisine le petit tube à sniffer la cocaïne insolemment exposé au cou de Keith.

On annonce aussi, et ce n'est pas accessoire, que Mick Taylor n'est plus guitariste salarié des Rolling Stones mais membre à part entière du groupe, et les cachets à nouveau divisés par cinq.

Exil Côte d'Azur : drogue et vie française

Et donc nous en France bien fiers, tant pis pour les Anglais, d'avoir été choisis par les Rolling Stones pour base de travail : nous, on ne fréquentait pourtant pas Saint-Tropez tous les jours.

Keith Richards loue à la semaine, pour un loyer considérable, une villa au-dessus de Villefranche, surplombant le cap Ferrat, Nellcôte. Un parc rempli d'essences exotiques, de grandes pièces luxueusement meublées, des statues de plâtre qu'on déguise de défroques hippies, et de la place pour installer le semi-remorque du Rolling Stone Mobile, Nellcôte devient la base logistique du groupe.

On embauche un chef cuisinier de renom qu'on surnomme tout de suite Fat Jack, et ils seront souvent trente à manger, presque autant à y dormir, au hasard des lits dont l'héroïne rend parfois indifférent le partage comme les accouplements éphémères. D'avril à novembre, vin et cannabis compris, Richards y dépensera sept mille dollars par semaine, une partie étant prise sur le budget du groupe. Il est venu avec trois guitares et deux valises, et c'est Jo Bergman qui s'est chargée de vider Cheyne Walk, d'apporter ici les peluches et jouets de Marlon, comme tous les tapis et tissus indiens qui referont à Nellcôte le décor qu'on vient de quitter.

Les autres s'installent à proximité : Mick Jagger souhaite Mougins, où vivent Pablo Picasso et le roi du Cambodge Norodom Sihanouk, mais le maire refuse, comme si c'était une injure à ses concitoyens d'accepter chez lui les goujats du rock. Avec Bianca ils trouveront à louer tout auprès, à La Bastide-du-Roy, et le concessionnaire Jaguar de Nice les équipe de ce fascinant modèle E au museau à rallonge, décapotable pour Keith. Bill Wyman s'installe à Saint-Paul-de-Vence et achète la maison voisine de celle du peintre Marc Chagall. L'ancien magasinier de Penge et le très vieil artiste trouveront à ce voisinage une alchimie commune. Assez pour qu'en résulte, puisque Wyman fera de Vence son habitation principale, un livre de photographies, le peintre vu par le bassiste, où Bill s'affirme en artiste. Charlie Watts aussi achète une propriété, que sa femme Shirley choisit dans les plus sauvages Cévennes. Ils la garderont, y élevant des chevaux, paraissant encore parfois dans les expositions d'art et les ventes d'antiquités à Nîmes. Pour rejoindre Nellcôte, il achètera une Citroën SM, le fameux coupé dessiné par Pininfarina, à moteur Maserati, et c'est le frère de Shirley (Watts n'ayant pas le permis de conduire) qui se charge de lui faire faire, aussi souvent qu'il sera exigé, les trois grosses heures de routes nationales. Mick Taylor, sa femme et leur fille louent dans les hauts de Grasse.

L'événement est d'abord mondain : le 12 mai 1971, Mick Jagger se marie avec Bianca à Saint-Tropez. Keith Richards est le seul des Rolling Stones à avoir été invité, avec Jimmy Miller. Si Watts et Taylor ont assez de réserve pour affecter l'indifférence, ce ne sera pas le cas de Bill Wyman, d'autant que Mick a frété un avion privé de Londres pour amener ses amis, ceux dont on souhaite qu'ils soient sur la photo, comme Paul McCartney et Ringo, Eric Clapton, puis Ron Wood et Elton John, plus les vieux parents anglais, la maman avec un chapeau qui n'aurait pas déparé sa reine. Les témoins seront Nathalie Delon et Roger Vadim. Sur le registre de la mairie, Bianca signe juste sous le nom d'Eddie Barclay, qui s'est remarié la semaine précédente : n'ayant pas eu de mal apparemment à se consoler avant de convoler avec une nouvelle égérie. La cérémonie sera «papiste», comme disent les Anglais de la religion de la belle, et Jagger a renié son évangélisme familial pour une préparation catholique en quelques cours accélérés : la religion rattrape même les Rolling Stones. Que s'y dit-on et pour qui prie-t-on, dans l'interstice d'échange que laissent au prêtre et au chanteur leurs deux langues étrangères ? La lune de miel se fera en yacht depuis Cannes, opération réussie.

Mais resteront quelques épines : en France on se marie sous le régime de la communauté, à moins d'établir des contrats spécifiant que les époux gardent pour leurs biens régime séparé. Jagger avait préféré n'en pas discuter avec Bianca, ses avocats s'en chargent, mais juste une heure avant la cérémonie : grande colère légitime et bruyante, bouderie, portes claquées et résistance réciproque, puis finalement abandon de Bianca. Elle s'en souviendra quand il s'agira de leur divorce.

Autre fausse note : en France, l'accès à la salle des mariages d'une mairie est public selon la loi, aucun moyen d'empêcher l'entrée des photographes. Jagger n'en veut pas, alors pendant une heure et demie il refuse de venir, enfermé dans une pièce adjacente. Le maire attendra tout ce temps avant de protester, si c'est comme ça, que c'est lui qui s'en va. On finit par demander à Tom Keylock (les muscles) et Les Perrin (le sourire) de négocier : huit minutes de photo et vous partez ? Ça marche. Mick offre à sa fiancée enceinte un bracelet de diamants choisi pour quatre mille livres chez un prestigieux orfèvre parisien, et la presse se gobergera du maire à écharpe tricolore passant au doigt de la mariée les seins nus sous un voile transparent l'anneau nuptial, tandis que Jagger a de façon décontractée le genou sur la table. Les parents du marié, Eva et Joe, ont mis des habits de fête, mais leur mine est atterrée. A trois mètres du couple, Anita Pallenberg fait à haute voix des remarques sur l'âge légèrement diminué de la mariée, tandis que Keith a choisi de s'afficher en battle-dress, et revêtira pour le cocktail un uniforme nazi d'origine (mais gradé). Puis il disparaît ostensiblement dans les sanitaires, s'y shoote une solide dose d'héroïne : Jagger, même longtemps après Bianca, ne pardonnera pas ce manque de goût, ou ce qu'il considère comme tel. Tout ne va pas pour le mieux au royaume des idoles, et ça se remarque.

On a eu quelques semaines de libres avant de commencer les enregistrements. Keith a acheté un bateau et on profite du soleil, sans touristes ni vacanciers. Évidemment, le bateau est ce qui se fait de mieux (un hors-bord italien de marque Riva), et on l'a baptisé *Mandrax*. On oublie un jour de faire le plein d'essence et on se retrouve à cinq ou six dans le luxueux mais impuissant objet de bois verni au large, à dériver. Parfois, il ne sert plus à rien d'être Rolling Stone. De simples pêcheurs les prendront en remorque, et Keith, plein de bons sentiments, parce qu'on n'a pas d'argent liquide sur soi pour les remercier, détache sa montre Rolex et la leur offre, leur suggérant de passer à Nellcôte le lendemain : ils rendront la montre et on réglera la dette. Les pêcheurs préféreront garder la Rolex – colère du maître, mais trop tard. Vexé, il ne se servira plus jamais du Riva, convoyé plus tard vers sa nouvelle maison de Jamaïque. Le petit Zodiac attaché en bas de la maison aura bientôt disparu, chaîne et cadenas sciés : manière de dire ce qu'on pense d'eux à ces richards exhibitionnistes et bruyants.

Tony Sanchez a établi les contacts avec les revendeurs de Toulon ou Marseille qui connaîtront bientôt le chemin tout seuls. Il apparaîtra plus tard que l'idée de coffrer les Rolling Stones en les laissant s'enferrer a fait bénéficier les pourvoyeurs de quelques protections officieuses mais réelles.

Le premier accrochage avec l'autorité française aura une origine bien banale : un touriste italien et son épouse, possesseurs d'une bourgeoise Jaguar MX 6, ont le malheur d'érafler lors d'une marche arrière la décapotable type E de Richards, et c'est un jour qu'il n'est pas d'humeur : il agonit le couple d'insultes pour eux incompréhensibles. L'homme cherche à s'excuser, et Keith le repousse violemment. Quand le chef du port arrive en courant, Richards sort une arme à feu. Le chef de port a sur lui son arme de service et la dégaine, Tony Sanchez s'interpose (je laisse telle quelle sa citation en français) : *Non non, il n'avait pas de pistol, il n'avait pas rien* [10, 238]. Le chef de port siffle, des gyrophares se font entendre (on n'avait pas tous les jours d'altercation pistolet au point, en pleine rue, dans la vieille France), Richards se mêle à d'autres de la bande Nellcôte, qui les accompagnaient dans une vieille Dodge, et Sanchez s'assoit au volant de la Jaguar. Sanchez a le même gabarit que Richards, tout est allé très vite, les Italiens doutent mais c'est Sanchez qu'on poursuit. C'est un vrai rodéo qu'on fait pour les gendarmes de Saint-Tropez. Spanish Tony sème facilement la camionnette bleue, double même la vieille Dodge et planque la Jaguar. On téléphone aux avocats des Stones, et l'après-midi Spanish Tony tentera de tout prendre sur lui. Les avocats prennent les devants en contactant eux-mêmes la gendarmerie, innocentent Keith du délit de fuite qu'on met sur le dos de Sanchez. Surtout, dès l'après-midi, on fournit aux gendarmes un inoffensif pistolet en plastique, réplique d'une arme réelle, en disant que c'est un jouet du jeune Marlon (il n'a pas deux ans). Tout cela reste emmêlé et obscur, le livre de Tony Sanchez est partout imprécis et suscite quelque méfiance, mais le fond est là puisque l'affaire passera au tribunal fin novembre. Les avocats plaideront qu'en payant si cher de loyer hebdomadaire pour attendre la convocation des autorités, Keith Richards a assez prouvé sa bonne foi : les juges français passeront l'éponge avec une amende, sachant que tout ce beau monde, qui en était l'attraction, a enfin disparu de leur paysage. Ne sera jamais évoqué que Keith Richards n'a jamais été plus du genre à s'amuser avec un pistolet en plastique qu'à jouer sur une imitation Gibson.

Dans la première phase, à Nellcôte on est en famille. Une famille un peu agrandie, puisqu'elle inclut Gram Parsons, le chien, Tony Sanchez, la baby-sitter. Keith se lève dans la matinée et descend à la plage avec Marlon. Début juin arrivent les deux camions, le Mobile Studio avec les deux frères Andy et Glyn Johns, puis un autre camion de matériel, guitares, batteries, amplificateurs. On a loué un grand piano à queue Steinway. On s'installe au rez-de-chaussée, la pièce donnant sur la cuisine, et on travaillera parmi l'éternel ballet de ces figures dont personne ne saura jamais exactement ce qu'elles font ce jour-là à cet endroit.

Jimmy Miller est plus que jamais le producteur en titre, et son rôle se renforce, puisque l'éloignement géographique de Charlie Watts lui fera souvent prendre la batterie dans les enregistrements. Bobby Keyes et Jim Price, le pianiste Nicky Hopkins sont hébergés à Nellcôte même, et on prend le rythme. Keith et Gram passent leur temps ensemble, et les premiers morceaux naissent de leurs improvisations à deux guitares, ou à quatre mains au piano. Gram a provisoirement rompu avec l'Amérique, et l'annonce de la compagnie de disques des Stones vaut pour lui promesse : c'est chez eux qu'il enregistrera son prochain disque, cela justifie ce qui lui semble une démarche normale de musiciens, les Stones explorant pour le disque à naître ces chansons dont le germe vient des heures qu'il partage avec Keith, comme *Sweet Virginia* ces premières semaines.

Ce qui est sûr, c'est que tout de suite on invente un son.

Le son d'*Exile On Main Street* tient à ces pièces ouvertes sur le dehors, à cette prééminence des instruments acoustiques et d'abord de la guitare de Richards. On est chez lui, il a tous les droits. Il amène une ébauche de riff, on restera huit ou neuf heures à l'explorer. Tout le monde est là pour ça, de Charlie Watts et Nicky Hopkins jusqu'aux frères Johns et au cuisinier Fat Jack... Si c'est l'heure que son fils s'endorme, il quittera le rez-de-chaussée et on l'attendra. Une première heure, et puis, parce qu'il s'est fait avec Anita son injection d'héroïne, trois heures ou cinq heures s'il le faut. Il revient vers deux heures du matin, on reprend à jouer la même chose. On commence à enregistrer début mai, après le mariage de Mick et Bianca, on continuera tout l'été. On enregistrera au total vingt-trois morceaux, dont quinze figureront sur le double album, complétés par deux enregistrements de la période *Let It Bleed* en réserve (*Loving Cup* et *All Down The Line*), plus un de la période *Sticky Fingers* (*Tumbling Dice*), qu'on reprend évidemment lors du mixage, et qui permettent surtout de comprendre en quoi ces improvisations nées de la cohérence d'un précédent album ne pouvaient s'y fondre, amorçaient une nouvelle piste qui s'impose ensuite et sert de greffe : les ébauches de *All Down The Line* enregistrées en octobre 1969 à Los Angeles avant la tournée sont pour la plupart instrumentales. La version native de *Tumbling Dice* s'appelle *Good Time Woman* et date d'octobre 1970 : le Mobile Studio est à Stargroves chez Mick, c'est Nicky Hopkins et Mick Taylor qui inventent le morceau, en l'absence probable de Richards. Dans la version Nellcôte, Keith reprend et la guitare rythmique et la guitare soliste, et Mick Taylor sera à la basse : la chanson sera bien sûr signée Jagger-Richards, les enregistrements pirates permettant de suivre tout cela au mois près (des enregistrements bruts de Nellcôte, très peu de fuites – Andy Johns y veille – sauf les morceaux joués en direct par les cinq musiciens rassemblés dans le pirate *Rare On Main Street*, que la plupart d'entre nous mettraient longtemps à se procurer via des adresses hasardeuses, et que j'écoute en boucle depuis cinq jours pour écrire ces pages : étonnante fraîcheur, rapportée au disque terminé, de ces prises directes maladroites où tout s'invente).

On s'enferme peu à peu dans le travail, malgré la chaleur et l'humidité de mer (le titre de travail de l'album c'est *Tropical Disease*, et Jagger se plaint du temps qu'on met à constamment réaccorder les instruments). Mais le soir est propice, même si les autres ont de plus en plus de mal à se plier à la non-discipline horaire de Keith, et à une hiérarchie qui n'a jamais été aussi manifeste. Watts, quand il en a marre, repart dans les Cévennes, laissant Jimmy Miller prendre sa place aux tambours. Quand il est là, on peut bien lui demander de jouer quinze heures d'affilée, ou d'attendre trois jours sans que le maître paraisse. Wyman est assez près pour qu'on le prévienne quand il est temps d'enregistrer, et sa nouvelle vie lui convient, l'aménagement et Chagall lui sont des compensations. Bianca Jagger refusera de seulement mettre les pieds à Nellcôte. Elle est seule à La Bastide-du-Roy, et s'en plaint. Enceinte de quatre mois lors du mariage, elle prend cela comme prétexte : pas question pour elle d'accoucher en province, elle veut retourner à Paris. Alors Jagger l'y installe (à l'hôtel *Le Paris*, à la mode et signe d'appartenance à ce monde très restreint qu'ils revendiquent). Il reprendra chaque vendredi soir l'avion pour la retrouver, reviendra le mardi à Nellcôte. Quelquefois, plutôt le mercredi que le mardi : l'ambiance de Nellcôte, ses parasites, le temps perdu, ne lui conviennent guère.

Quand Richards émerge, vers treize heures, il cherche à savoir qui est présent. On l'informe que Jagger, dès la fin de la nuit d'enregistrement, s'est fait conduire à Nice et a attendu le premier avion du matin. Mick est absent, de plus en plus absent, et Richards renverse cela dans la musique : ce sera son disque. Il dira fièrement, pendant les vingt ans à suivre : *I did a fucking double album,* Exile On Main Street, *when I was heaviest into heroin. I would definitely not say it affected my ability to play* [17, 191] : « J'ai fait ce putain de double album, *Exile On Main Street*, alors que j'étais le plus lourdement plongé dans l'héro. Jamais je ne dirai que ça a pu affecter ma capacité à jouer. »

Glyn Johns est avec les musiciens, pour placer les micros et régler les amplificateurs, mais Andy, son frère, qui s'occupe des prémixages et mises au propre, reste en permanence dans le camion, relié par un circuit de télévision au grand rez-de-chaussée où on enregistre. Et même il y dort, puisque c'est à n'importe quelle heure que la musique peut reprendre où s'arrêter, en fonction seulement de qui est là ou pas : sur les dix-huit morceaux du double album, huit seulement sont joués par le groupe au complet. Et ce qui deviendra pour Keith une sorte d'hymne générique, la chanson *Happy*, est enregistré en trio avec seulement Bobby Keyes, Jimmy Miller et lui-même.

On passera pas loin de quatre mois comme ça, cela fait cent vingt journées pour mettre au point les vingt-trois morceaux. En juillet il faut évacuer Gram Parsons, laminé par la quantité d'héroïne marseillaise qu'on leur fournit. Il finira l'été à la campagne près de Londres, chez un musicien reconverti dans la culture des légumes biologiques, tandis que Gretchen sera repartie en Californie. Gram y reprendra lentement quelques forces, assez pour ce qui sera son chant du cygne : son disque solo *GP*.

Mais la rupture est consommée. Lui qui s'était tant accroché à son amitié avec Keith et toute la musique qu'ils ont mise en partage, lui qui aura tant contribué à *Exile On Main Street*, ne sera pas produit par la Rolling Stones Records Compagny. A son retour, en septembre, ses amis du Flying Burrito lui conseilleront d'aller écouter cette fille qui se produit pour trois personnes avec sa guitare dans un club sans nom : Emmylou Harris. Le bref duo qui lancera la chanteuse, et sauvera Gram d'un oubli probable, tient à ce renvoi : remis dans l'avion Nice-Londres sans au revoir, aucun des Rolling Stones ne s'est jamais préoccupé de prendre de ses nouvelles.

Au 1er octobre, alors qu'on travaille toujours, un quidam – renseigné par un revendeur-pourvoyeur ? – s'introduit dans Nellcôte, quelqu'un qui forcément y a assez de repères pour en déménager les onze guitares de Keith, plus le rare saxophone noir dont Bobby Keyes a fait son fétiche. Quand Richards enregistre, il cherche pour chaque nuance du son l'instrument qui en dispose, puisque l'art sommaire des guitares électriques les rend incapables de la chaleur mouvante des instruments traditionnels. Il a des Gibson acoustiques six cordes et douze cordes, des électriques Les Paul et SG récentes ou anciennes, déjà de rares Fender Telecaster des années 50, une basse Fender, plus telle des Gibson montée avec des cordes harmoniques d'une acoustique douze cordes pour ces effets de studio qu'on dit Nashville, souvent présentes dans les aigus d'*Exile On Main Street*. Pour densifier en nappes épaisses le son, selon la vieille leçon de Phil Spector, Keith superpose parfois cinq ou six prises différentes de guitare, jouant la même chose sur des instruments différents.

Les guitares sont assurées pour quarante-quatre dollars, mais pas question de jouer sur du matériel d'emprunt : tout le disque serait fichu en l'air, décrète Keith. Le temps pour Keylock d'un aller-retour à Redlands pour rapporter à Keith quelques autres de ses trésors, on cessera d'enregistrer trois jours. Ce sera la chance d'un jeune Texan, Ted Newman-Jones, qui s'est lancé dans la fabrication de guitares électriques. Il a vu les Stones lors de la tournée de 1969. Keith, pour jouer en accord ouvert, enlève simplement la corde grave de ses Gibson, déséquilibrant l'instrument. Ted a l'idée de fabriquer un instrument spécialement conçu pour ce jeu à cinq cordes. En août, satisfait de sa mise au point, il n'a pas hésité à se payer le voyage d'Europe, venir jusqu'à Nice et se faire recevoir par Richards, pour lui proposer l'instrument. Bon prince, Richards le lui a acheté. C'est à lui qu'il téléphone, et pour le jeune luthier, même si le décalage horaire lui fait recevoir l'appel à une heure incongrue, c'est comme un rêve impossible à comprendre : un billet d'avion l'attend, mais il doit arriver dans les quarante-huit heures à Nice, via Los Angeles ou New York pour s'y procurer assez de Fender et de Gibson des meilleurs modèles. Les deux ans à venir, à chacune de leurs tournées, Ted Newman-Jones sera salarié des Rolling Stones, avec à charge l'entretien des six ou huit guitares dont Keith a besoin sur la scène : c'est lui qui aura le premier l'idée, à chaque morceau, de les présenter à Keith réaccordées.

Fin novembre leur retraite paraît une déroute : son affaire avec l'Italien à la Jaguar étant jugée, Keith est libre de circuler. Mais la permissivité dont il bénéficie de la part de la gendarmerie n'a jamais été élucidée. Elle a en effet recueilli dans les formes une plainte de Fat Jack, le cuisinier. Anita Pallenberg, selon ses dires, a pratiqué à sa fille de quatorze ans, logée avec eux, une injection d'héroïne. Anita l'a convaincue en disant que c'était juste pour essayer, juste pour le plaisir (le mot anglais est *fun*)... Le père a bien sûr quitté Nellcôte le jour même, mais les contraint au prolongement judiciaire.

Au public, on s'arrangera pour donner des versions moins chargées du différend entre Keith et son cuisinier, lequel se serait vexé du peu d'estime de Keith pour sa science, et aurait démissionné pour cela : *And they had this amazing fuckin' cook. I'd go over there a lot 'cause the food was so incredible. There would be a table with everything on it that looked like a work of art. And Keith would come in and ask for fried eggs or an hamburger* [16, 135] : « Et ils avaient ce fichu cuistot. J'y allais tout le temps, parce que la bouffe était incroyable. Il y avait une table avec tout dessus, on aurait dit un vrai travail d'art. Et Keith qui débarquait, qui demandait des œufs au plat ou un hamburger. »

Ce qui n'est pas élucidé, c'est pourquoi la gendarmerie préfère encore une fois éviter le conflit frontal. Côté Stones, on a senti que le filet se resserre, alors au revoir. Quand la gendarmerie fait perquisition le 14 décembre, récoltant assez de traces d'héroïne, cocaïne et cannabis pour une condamnation lourde avec interdiction de séjour du locataire principal, qui sera commuée en amende, il n'y a plus à Nellcôte que deux techniciens occupés au démontage (le camion studio est ensuite loué au groupe Deep Purple). Et Keith, avec Mick Jagger et Anita Pallenberg, plus Jimmy Miller et Glyn Johns, est déjà à Los Angeles pour le mixage d'*Exile*. On ne sait pas si les autorités ont expliqué au père de l'adolescente pourquoi ils ont attendu trois semaines après le dépôt de sa plainte pour aller sonner au portail de la maison vide.

Rendons hommage à Mick Jagger, absent la plus grande partie de ces cent vingt journées de travail à Nellcôte : jeune marié amoureux, ce temps il le réserve à son épouse enceinte, partage avec elle les phases parfois difficiles de la grossesse, et la délivrance. Il s'amuse qu'aussitôt accouchée Jade, le 21 octobre 1971, l'obstétricien lui présente pour les dédicacer les cinq derniers albums des Stones. Jagger a pris distance vis-à-vis du groupe mais le chemin pris par Keith, qui ressemble trop à celui de Brian quatre ans plus tôt, implique cette défiance. Grâce à Rupert Loewenstein, ses finances personnelles comme celles du groupe se sont assainies. Comment ne pas envisager une incapacité définitive de Keith, qui le contraindrait à dissoudre les Stones et entamer la carrière de chanteur solo que son nom lui permet ? Grâce au tandem des deux hommes qui lui sont le plus proches, Ahmet Ertegun et Marshall Chess, la maison de disques est sur pied et en fournira la logistique. La vie privée de Mick Jagger est désormais solidement étanche aux indiscrétions, et dans sa résistance à la vie Nellcôte il y a aussi son refus de l'engrenage héroïne, auxquels concèdent désormais à la fois Mick Taylor, Bobby Keyes et Andy Johns.

Mais, dès décembre, Mick est avec Jade et Bianca à Los Angeles, où il prévoit même d'acheter une maison. Et il va s'impliquer à fond, chaque nuit pendant trois mois, dans la fabrication du disque. On multiplie les prises complémentaires, introduisant en particulier un contrebassiste, Bill Plummer, pour donner aux morceaux rapides une couleur plus loin du rock. Et comme à son habitude, dans le studio à peine éclairé, seul toute la nuit avec seulement les deux frères Johns et Jimmy Miller, Mick superpose aux quatre-vingts minutes d'explosion rythmique saturée de Nellcôte des paroles en prise avec les tentations du temps, telles qu'il a toujours eu l'oreille pour les capter, en particulier le *Sweet Black Angel* ouvertement dédicacé à la militante noire communiste emprisonnée, Angela Davis.

Nul doute non plus que l'entente avec Bianca cette première année soit profonde et qu'elle-même l'ait affirmé dans cette direction, comme bientôt elle le fera venir en aide aux victimes d'un tremblement de terre au Nicaragua, ou qu'elle solidifiera la relation de Jagger à Andy Warhol. L'avis de Ian Stewart est péremptoire, sans réserve : *Mick really committed to the production. Whatever he missed in the recording he made up for later* [22, 182] : « Mick s'est vraiment impliqué dans la production. Quoi qu'il ait manqué en enregistrant, il l'a rattrapé plus tard. »

Personne n'a jamais mis en cause qu'*Exile On Main Street* est sans aucun doute le disque le plus abouti des Rolling Stones, clôturant la série implacable ouverte par *Beggars Banquet*. Et personne n'a jamais mis en cause qu'il soit tout aussi bien le disque de Mick Jagger que celui de Keith Richards : simplement, il est l'œuvre non pas d'un groupe mais du travail de deux hommes, en deux périodes successives. Seul bémol à l'accueil public : le double album des Stones suivant le « double blanc » des Beatles, John Lennon déclare que « les Stones faisaient toujours la même chose que les Beatles, mais deux mois plus tard. »

Une image pour clore les six mois passés à Nellcôte : tandis que Mick s'envole directement pour Los Angeles, Keith prend seul un avion pour Nashville. Et là-bas – les marchands le visitent-ils à son hôtel, comme le font à Londres aux émirs les courtiers en bijoux ? –, Keith Richards teste et choisit les guitares les plus rares : peut-être alors pour quelques minutes, tandis qu'on lui déballe les instruments, quelque chose du rêve d'enfant peut soudain revenir et tout emporter. L'escalier de Dartford et les premiers accords chez le grand-père Gus, ou l'odeur de vernis chez le luthier Ivor Mairant. De guitares, Keith pourra en totaliser deux à trois cents dans ses différentes maisons, même si, deux décennies plus tard, dans ces moments privilégiés de l'avant-concert où on accorde autant les hommes que les instruments, il n'en préfère chaque fois qu'une seule : une Gibson semi-acoustique ES-175, comme au studio il préfère sa *Micawber*, une Fender Telecaster années 50, et sur scène ce modèle un peu plus petit que la normale pour l'image, mais ultraléger et tout rempli d'électronique embarquée, que fabrique pour lui Newman-Jones. Mais qui, au lieu des sempiternelles questions sur Altamont et sur Brian, aurait jamais pensé à interroger Richards sur les guitares choisies et achetées dans ces trois jours de solitude à Nashville ?

1972, Stones Touring Party

Une folie de son et de bruit proclamée comme un manifeste à la face du monde, alors que le bouleversement initial est terminé, et que les dégâts n'en seront que pour eux-mêmes, les consolidant dans l'isolement splendide du luxe mais, pour Richards, d'une dégradation irrémédiable.

Commençons par ces deux filles, les Plaster Caster, ainsi se nomment-elles : elles ont pour spécialité de fabriquer des moulages plâtres du membre en érection de toutes les célébrités du pop défilant sur la côte ouest de l'Amérique, et il en passe.

Du plâtre, on refait le membre en plastique coloré et on vous le présente sur velours ou sous hublot de Plexiglas. Elles les ont tous à leur actif, de Led Zeppelin à Frank Zappa, il leur manque les Stones. Elles les poursuivront, montreront quelques modèles amenés dans le fond d'un sac de sport, dans l'hôtel où elles ont réussi, en exhibant le pourquoi de leur démarche, à franchir les successifs barrages : à l'époque, en tournée du moins, ils n'étaient pas, de toute façon, si étanches. Après tout, cela fait plutôt farce gentille, et surtout le fait que les frangines s'occupent elles-mêmes de la mise en état de l'appareil à son avantage. On dit d'ailleurs que les hommes les intéressent peu. Elles ajoutent donc les trophées plastifiés de Mick et de Keith à leur tableau de chasse, prétendront assez vicieusement (puisque là, oui, il s'agit de vice) qu'il leur fallut *autant mais pas plus* de plastique coloré pour la figure principale de la légende vivante du *rock, sex and drugs*, que pour ses collègues, mais cessons : on ne sait pas ce que les choses sont devenues, dans quel musée Tussaud peut-être exhibées, ou dans la cave à trésor de quel collectionneur que l'époque rend nostalgique, ou simplement un jour tout cela bazardé, s'éloignant inconnu après un dernier passage aérien par les mains anonymes et noires d'un éboueur de Los Angeles, une fois les dames rangées, voire racheté en sous-main par Mick lui-même, tant ce sera son genre, plus tard, de balayer après eux ce genre de traces nuisibles. Tant furent communs les excès de ces années, et qu'on s'en départit comme d'un vêtement démodé une fois ses trente ans advenus. Mais cela donne la couleur de cet été 1972, de l'ambiance de la tournée et, en tout cas, de l'image qu'on voulait donner de soi-même et de sa posture au monde.

Keith et Anita attendent leur deuxième enfant, et Dandelion naîtra le 17 avril 1972 à Montreux. Anita avait décidé de cesser l'héroïne au cinquième mois de sa grossesse, et c'est à ce moment-là qu'elle se met sous surveillance médicale en Suisse, où le couple loue la meilleure suite de l'hôtel Métropole. Deux mois plus tard, tout y est si sale qu'ils changent simplement de suite, et le personnel demandera une défumigation avant de commencer le ménage. Le couple annonce fièrement la naissance, comme la preuve enfin faite, à la face de la vieille société répressive, qu'on peut se faire plaisir à consommer de toutes substances et faire des enfants comme tout le monde, même si on est seul à pouvoir leur offrir en prénom le titre d'une chanson des Rolling Stones.

Mais l'enfant parlera tard, et son destin sera discret : d'ici quelques mois, c'est Doris Richards qui acceptera de la prendre en charge et l'élever, exigeant d'abord de changer le prénom Dandelion, pour elle trop lié au groupe, comme s'il n'en était qu'une émanation noire. On transigera pour Angela, qui convient mieux pour Dartford et participe aussi de l'univers Stones par *Sweet Black Angel*. On verra, plus tard, Keith vivant à Paris rue Saint-Honoré, Doris et Angela lui rendre une visite mensuelle en s'hébergeant au Ritz. *If you call me Dandy another time, Dad, I'll kill you...* Les chevaux seront la passion de l'enfant, et Keith achètera à Doris une maison tout près du centre équestre qui l'accueille, achètera peut-être aussi le centre équestre, c'est son genre et l'argent permet ces cadeaux, qui ne rattrapent rien du mal initial.

Sur la seule photo qu'on connaisse de Dandelion, un visage étonnamment ressemblant à celui de son père enfant, et qui met sous celui de Keith un nouveau filigrane, puisque la poigne de Doris a suffi pour tenir à l'écart des indiscrétions publiques un destin qu'ici on respectera.

La Suisse, pour ses capacités sanitaires et ses dispositifs juridiques de protection de la vie privée, devient au couple et à ses deux enfants la nouvelle base permanente. Dans leur nouveau destin nomade, et puisqu'il n'est plus question d'entrer en France où court la plainte du cuisinier, c'est ici qu'on convoque le groupe pour les répétitions d'avant la nouvelle tournée, ici que Richards luttera seul contre la destruction intérieure, quand l'héroïne déchausse les dents, ou qu'on doit récupérer en clinique assez de forces pour tenir quelques concerts de plus, quand on a délaissé tout le reste.

Dans la tournée de 1969 on avait accueilli Stanley Booth, journaliste écrivain, parce que lui-même s'était incrusté, qu'il avait su conquérir l'appui de Jo Bergman, partageait la cocaïne de Keith et était né dans la même ville que Gram Parsons. Mais Stanley Booth avait mieux réussi comme junkie que comme écrivain – c'est seulement en 1982 que paraîtra son livre montage, alternant compte rendu de la tournée et histoire résumée du groupe. Mais on a gardé l'idée, et on aimerait bien reprendre aussi l'idée d'un film, puisque le *Gimme Shelter* des Maysles n'est plus que le film d'Altamont et non plus celui des Rolling Stones. Pour le film, on demande à Robert Frank, qui vient de réaliser la complexe pochette d'*Exile On Main Street*. L'année précédente, un journaliste du magazine *Rolling Stone*, Robert Greenfield, a publié un long texte qui leur a plu, parce que même le pire de ce qu'ils sont y était donné sous couvert du mythe, et comme valorisant encore ce mythe. Dans les récits de Robert Greenfield, une tournée n'est plus ce temps décousu de transports, d'attente, d'administration et de repos forcé avant les deux heures de lumière, mais un tissu continu et brillant d'anecdotes et de paroles où tout fait gloire. Aussi bien la séance après le concert raté à Liverpool, rapportée plus haut, que cette séquence un soir dans l'avion du retour de Glasgow à Londres, alors que Richards n'a pas voulu se séparer de son chien Boogie. L'équipage veut le faire descendre, moins parce que la bestiole n'est pas dans une boîte spéciale, mais plutôt parce qu'à l'embarquement ils en ont fait la demande à Richards, et que lui, au lieu d'obtempérer, a simplement planqué le chien sous sa veste, est monté dans l'avion sans en tenir compte. L'avion restera bloqué plus d'une heure trente sur la piste, tandis que là-haut tout le monde s'y met. Bobby Keyes s'enquiert à haute voix de savoir s'il faut une boîte spéciale pour son vautour, Jim Price prétend qu'il a avec lui un serpent à sonnette et Mick, encore torse nu sous un blouson de nylon, puisqu'on les a amenés directement du concert à l'avion, se met à aboyer pour demander qu'on l'arrête lui aussi, puisque les chiens ne sont pas admis dans l'avion.

Marshall Chess finira par négocier en enfermant le chien dans une des housses capitonnées des toms et caisses claires de Watts. Mais dans l'article de Greenfield, c'est le groupe qui a le beau rôle, et l'équipage de l'avion passe pour une bande de raseurs : *Gawdammit, Chawlie, rock'n' roll is on the road again*, se serait écrié Bobby Keyes, l'ancien saxo de Buddy Holly, en exagérant encore sa prononciation du Sud...

D'un côté, le monde du rock et de la rébellion, portée par les décibels d'une musique à faire se pâmer toute une génération, de l'autre l'autorité étriquée et l'ordre moral, qui se dissout à peine Bianca parue. On a accepté de Robert Greenfield un nouveau test : en juillet il passe dix jours à Nellcôte, et passe chaque jour une bonne heure d'entretien avec Keith. L'interview passe en revue toute l'histoire des Stones et sera longtemps le seul document vraiment consistant sur le groupe, repris par l'ensemble des biographies ultérieures. Document surprenant, puisque partageant avec Greenfield les *speed balls*, mélange de cocaïne et d'héroïne malaxé en boule, et parce que sous le soleil de juillet, la vie communautaire et peut-être la beauté des musiques on s'imagine définitivement en dehors des lois du monde, Keith se livre presque avec naïveté : sur la suite successive des disques, sur le décès de Brian, ou sur Altamont. Keith y surprend par sa maturité : il sera le seul de tous les Stones à accepter régulièrement, dans les années à venir, cet examen de leur histoire d'un point de vue de l'artiste. L'entretien paraît dans *Rolling Stone* en octobre et, quand on retrouve Robert Greenfield à Los Angeles, on lui propose d'être la plume de la nouvelle tournée : à lui d'être là, de voir et de dire, la complicité dans le mythe est assurée. Greenfield va mettre les bouchées doubles ou triples, son livre s'appellera *Stones Touring Party*, « tourisme avec les Stones ».

STP, comme on abrégera, sera la vraie fondation de cette image sexe, drogue et rock and roll qu'on pourra enfin afficher au-dessus d'eux désormais comme une icône, livrable toute prête au futur. Sans doute pas un succès géant de librairie, mais un livre culte parce que emblème d'époque. Jimi Hendrix avait déjà inventé à Monterey un morceau intitulé *The Stars That Played With Laughin Sam's Dice*, associant au LSD l'amphétamine hallucinogène à la mode dont les initiales se prononcent aussi, entre initiés : *Start Tripping Please*, en gros « paré pour planer... »

Et pour se garantir d'un échec comme avec Stanley Booth dont provisoirement on n'a plus de nouvelles (Bill Wyman n'arrive pas à récupérer ses carnets imprudemment confiés), on offre à un vieux requin éprouvé de la plume, Truman Capote, de se joindre à l'équipée touristique : Truman Capote n'est pas journaliste, il est écrivain.

C'est le problème avec ce qu'on projette sur l'écriture de rock, de croire qu'il suffit d'adopter un débraillé de surface et d'afficher les valeurs mises en partage comme si elles disposaient en elles-mêmes des vertus de la surrection qu'on cherche à décrire. On ne cessera d'assister à la mise sur le marché de livres qui, pour se prétendre aussi rock que la musique qu'ils décrivent, participeront au mieux d'une bonne veine populiste. S'il y a du fond dans ce qui se fait sous le nom de rock and roll, c'est que cela naît depuis les racines, qu'il faut avoir écouté Robert Johnson, lequel écoutait les chants d'esclaves, et avoir pratiqué comme enfant de chœur les harmonies vocales ou longtemps suivi à Cheltenham des cours de clarinette. S'il y a du fond dans le rock and roll, c'est que le même hiatus s'y instaure que pour la photographie : rien de plus facile que d'aligner trois accords à la guitare électrique (votre serviteur même), et rien de plus rare que de s'y illustrer comme les noms qui reviennent dans ce livre. On a pu goûter d'incroyables qualités d'écriture dans les textes et formes poétiques de Jim Morrison, Lou Reed ou les ellipses de Bob Dylan (Francis Cabrel même et ses étranges glissés de syntaxe dans le monde très concret de nos années partagées), pour la prose ou l'épopée on aurait tendance à proposer que ce bouleversement qu'induit la musique, à la croisée des chants d'esclaves et de la violence du Sud, l'assaut des mythes du présent par l'appel aux rituels tragiques de la scène, la littérature l'a connue cinquante ans avant le rock, par William Faulkner. La force compacte de la prose de Claude Simon (qui rédige ces années-ci *Leçon de choses*) me paraît largement plus en connexion souterraine avec cette ouverture et cette raucité que nous devons en musique aux guitares électriques, que cette affinité affirmée sans vérification de la musique populaire avec les formes dites populaires de la littérature. Truman Capote, célèbre pour un livre paru cinq ans plus tôt, *In Cold Blood*, ne saura pas traiter sur le fond de cette conjonction violente, en cette année 1972, de la langue et de l'épopée. Même le célèbre William Burroughs, que la *Saturday Review* commissionne pour un compte rendu d'un concert des Stones, s'il saura partager avec Richards une de ses *speed balls*, n'en fera guère autre chose qu'un petit plus alimentaire. L'important c'est ceci : alors qu'on lance en juin la nouvelle tournée américaine, on a d'avance décidé, pour mémoire, de la mettre en scène. Pas seulement la musique mais tout ce qui va avec, sous l'appellation rock and roll. Dans les trois mois à venir, on va s'amuser soi-même à pratiquer l'excès, simplement parce qu'on a payé un écrivain pour le raconter, un cinéaste pour le filmer.

On a amplifié encore l'organisation d'il y a deux ans : Chip Monck, l'homme de Woodstock et d'Altamont, dispose d'une vraie scène, avec plateaux et éclairages. Plus, à l'arrière de la scène, un gigantesque miroir de douze mètres sur cinq et une batterie de projecteurs de mille cinq cents watts les éclairant à contre-jour. En avant de la scène, un proscenium à plancher lubrifié pour que Mick vienne y glisser et danser. On va chanter dans des stades : les baffles principaux sont levés six mètres au-dessus de leurs têtes par des vérins hydrauliques sur camion, et le tout les précédera sur vingt-cinq mille kilomètres dans une caravane de camions. Les Stones ont constamment innové dans l'apparat technique autant que dans la musique, mais c'est chaque fois d'amplification sociale aussi qu'il s'agit, et de la mise en route d'un processus économique qu'il n'est plus question d'arrêter avant qu'il ait acquis sa rentabilité. Eux voyageront dans un Lockheed DC-7 sur lequel on a collé la *lapping tongue* rouge vif, et dans lequel on a réduit le nombre de sièges, pour l'espace. Jagger a pris seul en main depuis Los Angeles l'organisation : il a embauché un publiciste, Gary Stromberg, et un organisateur, Peter Rudge. Richards, qui n'a pas été associé à ces choix et contacts, en aura le même dépit que Bill Wyman.

Il serait monotone d'étaler leurs faits de gloire pour ces trois mois. Ce serait même peut-être indélicat, puisque tout cela leur paraîtra à eux-mêmes exagéré, et l'excès de drogue trop dangereux. Ils ne recommenceront pas. Tout se fait sous l'œil mécanique de Robert Frank, et presque en surveillant que Robert Greenfield est bien là, attaché à son carnet de notes. Par exemple, quand Truman Capote les rejoint au Kansas, il est accompagné de la sœur de Jackie Onassis, une princesse Lee Radziwill, qui partage sa chambre. On a installé comme par hasard la caméra dans le couloir quand Richards y tambourine au milieu de la nuit, pour y beugler : *Princess Radish, come on! you old tart, there's a party downstairs* (je ne traduis pas, je transcris phonétiquement du film). Comme Capote n'ouvre pas, Keith et Gary Stromberg font éclater sur la porte des boîtes de concentré de tomate. Pas étonnant que le romancier, utilisé à son encontre, déclare ensuite Mick Jagger *about as sexy as a pissing load*, «aussi sexy qu'une pissotière», et laisse à Greenfield le soin de l'hagiographie. Et chance ou mise en scène qu'à Denver Richards et Bobby Keyes, s'amusant comme des gosses on dirait, balancent du huitième étage de la suite le téléviseur qui éclate en bas près de la piscine. L'image pourrait être allégorique, elle n'est qu'une provocation de gosses riches (du moins, plus tard, c'est la tonalité du commentaire qu'en fait Richards). A Saint Louis du Missouri, Robert Greenfield est en train de noter sur son carnet de notes la phrase *Mouton Rothschild 1939* pour le vin commandé par Jagger dans le restaurant de luxe, quand Richards se saisit de la bouteille précautionneusement portée par le sommelier et en vide la moitié directement au goulot, disant au serveur que *Okay, very good, bring the following...*

La scène centrale du film c'est bien sûr la scène de l'avion. On a souvent ces filles qui s'accrochent à la tournée. On propose à l'une d'entre elles de les accompagner jusqu'à la ville suivante, en montant avec eux dans le DC-7. Un médecin fait partie de l'équipe, et bien sûr on le surnomme Dr Feelgood : veut-il leur prouver qu'il n'est pas là qu'en tant que sauveteur des corps ? A peine la fille dans l'avion, pourvu que la caméra y soit d'avance plantée et tourne, on la déshabille, elle se laisse faire. Aucun des membres du groupe ne participe à la suite. Mais ils sont présents et complices, puisque Jagger et Richards jouent du bongo et du tambourin tandis que le médecin s'amuse : la fille levée à bout de bras et sucée là en plein ciel, exhibée devant quinze types. On la renverra par un vol commercial retour. Elle portera plainte, on calmera l'affaire avec un chèque. Honneur à Bill Wyman : il change de place pour aller tout à l'avant de l'avion, pose le front sur le hublot et s'y absorbe.

Charlie Watts dans l'avion se repose, et dans les hôtels s'enferme. Lui non plus ne participe à aucune des séances *speed ball* et dira que son principal problème en tournée c'est de ne pas arriver à dormir : *I don't sleep on tours, cause I got no one to sleep with* $_{17, 332}$: « En tournée, je ne dors pas, c'est parce que je n'ai personne pour dormir avec. » Plus tard il mettra un point d'honneur, même s'il n'a que soixante-douze heures entre deux concerts, à rentrer dans sa ferme en Angleterre, quel que soit le décalage horaire.

Il a pris une nouvelle habitude, Charlie Watts, pour la tournée de 72, habitude qu'il maintiendra constamment : en n'importe quelle chambre d'hôtel où il dort, la dessiner dans son détail. Rien qui ressemble autant à une chambre d'hôtel américaine ou australienne qu'une autre chambre d'hôtel australienne ou japonaise, mais qu'importe : *I make a sketch of every bedroom I sleep in. If you're in a place for two or three days, it's comfortable to complete. But when you're in and out it's hard, but I've sketched every bed I've slept in on tour since about 68. It's a visual diary that doesn't mean anything to anyone. I never look through them once I've done them, to be honest. It's more a record, to know I've got it. I'll look at them all one day* $_{14, 60}$: « Je dessine toutes les chambres où j'ai dormi. Si vous êtes quelque part deux ou trois jours, c'est bien pour fignoler. Quand vous allez et venez, c'est plus difficile, mais j'ai dessiné chaque lit où j'ai dormi en tournée quasiment depuis 1968. C'est un journal visuel qui ne peut rien signifier, pour personne. Et je ne les regarde jamais une fois que je les ai faits, pour être honnête. C'est comme un enregistrement, et savoir que je l'ai. Je regarderai tout ça un jour. »

Il ne sera jamais diffusé, le film de Robert Frank, qui a pour titre de travail *Cocksucker Blues*, même si tant d'extraits en ont circulé. Cela devait être le fait de gloire des Stones, leur héritage, et on ne l'évoquera que très discrètement dans le très officiel *A Life On The Road*, sorti vingt ans plus tard comme premier livre avec contribution officielle des Stones. Keith Richards : *Since it was being filmed, a lot of it was, in a way, performance. The chick in the plane, it was done because the camera was on* [14, 117] : « Dès que ça a été filmé, une grande partie on l'a fait comme une performance. La fille dans l'avion, c'était seulement à cause de la caméra. » Repris et confirmé par Alan Dunn, qui a succédé à Keylock et aura en charge pour des années, depuis cette tournée, leurs transports : *Robert Frank would say « I don't have any orgy scenes », or « I don't have any drinking scenes » and to some degree we had to manufacture them. The famous scene on the areoplane was very much manufactured* [14, 117] : « Robert Frank disait : *Je n'ai pas de scènes d'orgie*, ou bien : *Je n'ai pas de beuverie*, et jusqu'à un certain point on devait les lui fournir. La fameuse scène dans l'avion était très préparée. »

Mais on vit dans cette ambiance, elle vous entoure comme une bulle, même quand les caméras ne sont pas là. Comme à Rhode Island : on a atterri à Warwick et on doit rejoindre Boston en voiture. Mais un photographe s'est approché trop près de Keith, ou bien à un moment qu'il ne souhaitait pas. Altercation. Ça s'envenime, la police intervient, plainte, et toute l'équipe, incluant Jagger, Marshall Chess, Robert Frank, est retenue par la police. Pendant ce temps, quinze mille auditeurs attendent à Boston, l'auditorium n'est plus contrôlable et il faudra l'intervention du maire pour que Jagger et Richards soient relâchés et puissent jouer, avec trois heures de retard. On finira la tournée par quatre concerts au Madison Square Garden, le premier coïncidant avec l'anniversaire de Jagger : on organise une *party* privée, où paraissent Woody Allen, Bob Dylan, Tennessee Williams, tandis que Warhol tire des Polaroid de tout le monde, et que le vieux bluesman Muddy Waters, qu'ils admiraient tant et à qui Brian avait pris le nom *Rolling Stone*, loué pour la soirée, fait la musique de fond. Avec près de quarante villes visitées, on a joué au total pour quatre cent soixante-deux mille personnes, et engrangé trois millions dollars, pendant que se vendaient rien que les deux premiers mois huit cent mille exemplaires d'*Exile On Main Street*. On a encore l'Australie et l'Europe à essorer pour l'année impaire, un rythme qu'on va essayer d'entretenir toutes les années à suivre.

Pour Keith et Anita, retour à Montreux avec leurs deux enfants. Richards n'est pas avec Mick Jagger en octobre quand il travaille à Londres, aux studios Olympic, avec Jimmy Miller, à la mise au propre des enregistrements de la tournée pour un nouveau disque *live*. Pour Keith, nouvelle démission professionnelle. Elle passera inaperçue, parce que le disque ne verra pas le jour : le contentieux avec Decca et Allen Klein est loin d'être réglé, il y a trop à tondre sur le dos de la bête. Klein fait opposition à l'utilisation des morceaux dont il détient les droits, et Decca sature le marché de nouvelles compilations. Keith Richards ne se déplacera pas non plus en octobre à la fête autour du départ de Shirley Arnold qui, depuis 1963 et le premier fan-club, s'occupait de leur administration : elle prend en main le groupe Faces. En Suisse Keith et Anita ont loué un chalet à Villars, la Pink Lena est redevenue bleu sombre, et la Jaguar a été remplacée par une Ferrari Dino toute jaune. Un passeur rémunéré fait le voyage de Londres tous les dix jours pour leurs approvisionnements, et Spanish Tony rémunère un nommé Sandro Sursock pour contrôler les accès au chalet, assurer aux Richards la meilleure discrétion. Il y veille si bien qu'on n'a aucune photographie de Keith pendant cette période. Filtre seulement que Richards finit par s'énerver de la prison dorée, et de l'écart où on le tient, parce que l'héroïne l'a mis dans un tel état qu'il n'est plus montrable : *I'm actually quite ignorant of a lot of things that are going on, mainly because I'm forced to live in these wooden huts in the forest* [17, 202] : « En ce moment, je ne suis plus du tout au courant d'un tas de trucs qui se passent, c'est parce que je suis obligé de vivre dans ces huttes de bois en pleine forêt... »

Retrait obligé parce qu'il a trop de procès en cours, dont le jugement induira de lourdes conséquences pour les autres : s'il vit là en Suisse, c'est qu'on l'y a mis. Autre commentaire, parce que, c'est lui qui le dit, « ce n'est pas par téléphone qu'il peut composer avec Mick », sa mise à l'écart rejaillit obligatoirement sur les créations du groupe : *Once we were split up I started going my way, which was the downhill road to Dopesville, and Mick ascended to Jetland* [17, 203] : « Une fois qu'on a été séparés j'ai commencé à suivre mon chemin, et c'était la rue d'en bas vers Drogueville, tandis que Mick s'envolait pour Jetland... »

Discrétion affichée pour tout le monde : parce que avec la *Stones Touring Party* on est allé trop loin ? Jagger et Bianca sont en Irlande tout le mois d'août, selon l'habitude de Mick, qui y a déjà emmené plusieurs fois, dans le château des Guinness, Marianne. Il aura le temps d'y déclarer aux journalistes : *When I'm 33, I'll quit. I don't want to be a rock star all my life. I couldn't bear to end up as Elvis Presley and sing in Las Vegas with all those housewives and old ladies coming in with their handbags. It's really sick* ₆,₁₁₇ : « J'arrêterai à trente-trois ans. Je ne veux pas être une *rock star* toute ma vie. Je ne pourrais pas supporter de finir comme Elvis Presley, chanter à Las Vegas avec toutes ces mères de famille et bonnes dames qui viennent avec leur sac à main : c'est carrément fou. »

Ce que tous les témoins attestent, c'est la complète maîtrise à quoi s'est hissé Mick : il peut examiner avec Peter Rudge – qui, à cinq ans de moins qu'eux, partage avec les Stones les cheveux longs et l'art de s'habiller, mais coiffe tout le dispositif financier et technique – une liste de chiffres, accroupi au bord de la scène alors que le groupe joue déjà, avant de sauter en l'air et d'attraper le micro. Mick a inventé pour son usage une vie faite de cloisons étanches, avec avocats et finances d'un côté, Bianca et Jade de l'autre (plus le procès en reconnaissance de paternité intenté par Marsha Hunt), et puis l'indiscutable démon de chanter et de jouer. Mick est encore capable pourtant, quitte à le faire attendre deux heures dans un coin de studio, de faire venir exprès un vieux copain d'école de Dartford pour s'enquérir des dernières nouvelles des équipes locales de cricket. Fascine ceux qui le connaissent l'incroyable facilité de Mick à prendre une voix et une prononciation, voire une silhouette différentes pour chacune de ces identités cloisonnées, de l'homme d'affaires, du père de famille, du chanteur. Veillant précieusement et soigneusement à l'insolence de son personnage public comme à une entité supplémentaire spécifique où il doit aussi être le meilleur. Comme lorsqu'il répond ainsi, en octobre, à un magazine belge qui lui pose une question sur l'apparente décadence anglaise : *Since I left, there hasn't been any* ₆,₁₁₇ : « Décadence ? Depuis que je suis parti, c'est fini ! »

Peut-être qu'à s'éduquer soi-même à cet art d'une vie cloisonnée on peut conquérir de s'impliquer beaucoup plus complètement dans chacune de ces dimensions, comme si les autres alors n'existaient pas : en scène, deux heures durant, le numéro de Jagger est époustouflant, capable de sauter, courir et danser aussi bien qu'ensuite d'aligner dix heures de concentration derrière une console de mixage. Capable aussi bien d'apparaître évanescent et provocateur dans une conférence de presse avec la liste des questions à éviter, qu'à suivre l'écheveau de plus en plus compliqué de l'héritage Allen Klein à défaire : celui-ci, tant qu'il a pu s'occuper des Beatles, les avait laissés tranquilles, maintenant que les Beatles ont disparu il rouvre le dossier Stones.

On avait proclamé que la Rolling Stones Records Company serait ouverte à d'autres groupes, et Gram Parsons attendait déjà à la porte. Mick Jagger refusera toujours d'ouvrir la Rolling Stones Records aux productions de Bill Wyman, mais a sollicité le groupe du bluesman noir

T Bone Walker. Pour l'instant, aussi bien Richards et Taylor que Ron Wood (qui voisine de plus en plus le groupe) enregistrent avec le chanteur John Phillips (fondateur de The Mamas And The Papas), même si le disque ne paraîtra finalement qu'en 2000. Est-ce pour en finir des réclamations publiques de Ry Cooder quant à *Honky Tonk Women* qu'il aurait composé, Mick édite les instrumentaux enregistrés pour le film *Performance*, quand Richards avait claqué la porte : *Jamming With Edwards*, c'est Ry Cooder improvisant du blues avec Nicky Hopkins et la rythmique des Stones – les négociations dans l'ombre, et pourquoi même on avait dû répéter, cela ne sera pas évoqué.

A mi-novembre le groupe est à Los Angeles pour annoncer en conférence de presse la prochaine tournée à venir dans le monde asiatique. On se retrouve au studio Elektra trois soirs de suite pour jouer jusqu'au matin six heures. Ils ont devant eux la suite d'ébauches qui restent d'*Exile* et surtout ils vont élaborer une suite d'instrumentaux rauques et violents, aux étranges titres de travail : *Potted Shrimp, Leather Jacket, Blood Red Wine*, qui renouent avec cette capacité des Rolling Stones à jouer aussi faux, dirait-on parfois, qu'un groupe d'amateurs, aux guitares trop aiguës, avec des plantages de rythme que Charlie Watts rectifie d'un battement plus fort, comme on donne la mesure à un cours de solfège, mais qui les réenracine dans les caves et la fondation même de leur musique. Je cherche mon exemplaire des *Trident Mixes* (Trident, c'est un studio de Londres et c'est de là, au *pre-mix*, que se sont envolées les bandes pirates) : mais non, mon exemplaire, comme toujours, est dans ma voiture, il m'accompagne sur la route.

Et le 25 novembre, ils sont tous à Kingston à la Jamaïque pour un mois entier de répétitions au Dynamic Sound Studio. L'événement est d'importance, parce que la Jamaïque va devenir, dans leur vie privée comme dans leurs orientations musicales, une base permanente. Ils ne feront de tout le mois qu'une escapade à Nice, moins Richards, pour être officiellement blanchis de toute accusation d'usage de drogues : les journaux avaient prétendu que les Rolling Stones étaient interdits de séjour en France, le meilleur démenti était d'y venir – même si on ne prend pas le risque pour Keith. C'est la possibilité d'obtention de visas pour le Japon, plus que l'honneur, qui est en jeu, mais l'absence de Richards est d'autant plus remarquée. La façon dont le reggae va percuter l'univers des Stones est définitive imprévue : Bob Marley vient d'enregistrer au même endroit *Catch A Fire*.

L'album qu'ils enregistrent s'appellera *Goat's Head Soup*, et ce sera la dernière contribution de Nicky Hopkins et de Jimmy Miller au groupe. Ils y décrochent un succès d'ampleur mondiale, qui sera comme cette marque testamentaire de l'association Jimmy Miller plus Nicky Hopkins avec le duo Richards-Taylor aux guitares acoustiques, la balade *Angie* et ses arrangements de cordes. On peut préférer d'autres fondations à la musique des Rolling Stones, comme les *The Trident Mixes*, mais *Angie*, produit sans intermédiaire, sera leur plus grosse réussite financière. Même si Charlie Watts ne jouera jamais ce morceau en public sans faire mine de s'endormir à la fin (à cause d'une première fois, dit-il, où cela lui est réellement arrivé). Le reste de l'album est du remplissage, même s'ils enregistrent assez de fonds et d'ambiances pour nourrir les vides d'autres disques encore dix ans plus tard (on retrouvera certains de ces enregistrements dans *Tattoo You* en 1981, avec comme principal effet quelques procès supplémentaires, cette fois avec Mick Taylor, qui prouvera par quelques bandes conservées que ses contributions originales ont été effacées puis rejouées par Ron Wood).

La Jamaïque convient tellement à Keith Richards, privé de Redlands et que la Suisse désormais horripile, qu'il s'achètera à quelques pas du studio une maison, payée cent quarante-sept mille dollars comptant : elle a appartenu à Tommy Steele, dispose d'une piscine et d'un parc protégé surplombant la mer. Il y passera chaque année plusieurs mois, chaque fois enregistrant avec les musiciens locaux, ouvrant à certains la porte de la Rolling Stones Records. L'endroit, à Ochos Rios, s'appelle *The Point Of View*.

La consommation d'herbe est là-bas, paraît-il, aussi naturelle que l'air et le soleil. Reste à savoir si, hors les musiciens du cru, elle est pour l'inspiration des Rolling Stones un tel avantage : *Goat's Head Soup*, la soupe à tête de bouc, permet d'en douter.

De Angie *à* It's Only Rock'n'Roll *: désintégration*

Le 23 décembre 1972, un tremblement de terre ravage Managua, la ville du Nicaragua où résident les parents de Bianca. Mick et elle affrètent un jet privé depuis Kingston et y atterrissent le 26, convoyant à leurs frais deux mille vaccins antitétaniques. Ils y restent jusqu'au 4 janvier.

C'est à Los Angeles toujours qu'on convoque le groupe, à mi-janvier, pour répéter avant l'Asie. Mick décide de donner, le 20 janvier, un unique concert au célèbre Palladium en soutien aux victimes du tremblement de terre. Comme toujours, mélange de sincérité – les images de leur voyage les ont marqués durement – et d'habileté innée à capter l'air du temps. Un an plus tôt, George Harrison a produit son concert de solidarité avec le Bangladesh, le disque a été un succès et le Beatle y a gagné pour longtemps une véritable stature morale : George a eu le Bangladesh, Mick aura le Nicaragua. Bill Wyman protestera une fois de plus : aucun des membres du groupe n'a été consulté quant à l'opportunité de ce concert pour le groupe. Autrefois, pour décider, on votait. Ensuite, une fois le concert donné, Mick ne les a même pas invités à se joindre à lui pour recevoir, en tenue de soirée, la « clé d'or » offerte par le Sénat américain aux étrangers qui s'y illustrent. Reste qu'on ne saura jamais où sont passés les bénéfices du concert : certainement pas dans les poches du groupe, honnête sur ces questions, mais qui ne dispose sans doute pas des capacités pour s'improviser organisation humanitaire. On ne saura pas le détail de l'emploi des trois cent cinquante mille livres remis à Pan American Development Found. *I thought it rather odd that the other Stones didn't get a letter or a word of thanks* [2, 16] : « J'ai trouvé quand même bizarre que les autres Stones ne reçoivent même pas une lettre ou un mot de remerciement », dit Wyman. Mais Mick a beau jeu de rappeler à ses collègues que tout cela a d'abord pour but d'assurer leurs permis de séjour aux USA. Et qu'après Altamont un peu de publicité favorable n'est pas néfaste. Tant que les procès pour drogue suivent leur cours en Europe, ils sont provisoirement interdits de concert aux États-Unis.

La preuve que ces questions ne sont pas à traiter à la légère : ils ont la mauvaise surprise que le Japon, à cause du procès de Keith en France, leur refuse collectivement le visa, alors même que les billets sont déjà vendus, tout le matériel, scènes, lieux, affiches, loué, réservés, imprimées. Il s'en faudra encore de vingt ans qu'ils puissent pratiquer sur le yen la même ponction qu'ils effectuent sur le mark et le dollar.

Richards a laissé Anita à Kingston avec leurs deux enfants. Quand il rentre de la tournée, après un mois de concert, il la trouve changée. Si jouer en public l'aide, lui, à tenir, Anita s'enfonce. Elle s'est entourée de gardes du corps rasta qui vivent à demeure : est-ce que dans la fumée des joints ils ont remplacé le maître de maison ? L'explication est violente, puisque Keith l'abandonne et revient seul à Londres. Il y est le premier des Stones, sitôt finie l'année officielle d'exil pour impôts. Là, il vit avec Spanish Tony dans un rêve devenu continu d'héroïne, qu'il n'est pas toujours facile de se procurer, ne fréquentant que des fantômes comme lui. Il émerge en fin d'après-midi pour aller pointer en Ferrari au Tramp, boîte de nuit à la mode, Jermyn Street. La cocaïne est à volonté. Quand on souhaite des marchandises plus dures, on s'enfonce dans la nuit à la rencontre d'intermédiaires douteux.

Keith ne se résout pas à passer outre sa jalousie : ici tout lui rappelle Anita, et elle à Kingston se passe apparemment mieux de lui que l'inverse. Une jeune Allemande, mannequin comme les autres (un double d'Anita Pallenberg il y a sept ans?), Uschi Obermeyer, entre dans sa vie. Il l'installe à Cheyne Walk, Uschi apprécie aussi la cocaïne. Mick est rentré à Londres lui aussi, mais ils ne se fréquentent plus : Keith ne participe même pas au mixage de *Goat's Head Soup*.

L'univers de la drogue appelle l'obscurité. On a peu d'éléments sur la vie de Keith. Mais cet événement-là est attesté aussi dans les interviews de Ron Wood. Un soir, au Tramp, Richards entame la conversation avec une fille blonde qui lui plaît. Tony Sanchez le prévient qu'il ne s'agit pas d'une de ces groupies habituelles en ces lieux, d'une de ces filles à leur dévotion, mais de la compagne de Ron Wood, le copain sûr, le guitariste des Faces : *Not just his bird, she's his wife, you know* [10, 267] : « Pas juste sa copine, c'est sa femme, tu piges ? » Richards comprend, mais insiste pour raccompagner chez elle Chrissie Wood, et on s'entasse dans la Ferrari. Ronnie Wood vit à Richmond, dans un coin plus chic que l'ancien Station Hotel des débuts. Après avoir joué comme bassiste pour Jeff Beck, Wood connaît avec le chanteur Rod Stewart et les Faces un succès assez honnête pour s'être offert une grande maison ancienne au-dessus de la Tamise et y avoir installé un studio d'enregistrement, petit mais professionnel, où, comme Bill Wyman de son côté, il élabore ses albums solos et des maquettes pour d'autres groupes. Quand la Ferrari se gare à Richmond, Richards se fait entreprenant avec Chrissie, qui coupe court : *Come downstairs to the studio, and say hello to Woodie* [10, 267] : « Descends jusqu'au studio, viens dire bonjour à Woody… »

Personne n'a prévenu ici de la visite, on est loin avant l'heure des téléphones portables. Keith, sérieusement embrumé, connaît déjà le chemin de la cave aménagée en studio, et quand il ouvre la porte insonorisée, Ron Wood, qui fait ici son entrée dans ce livre, est bien assis sur un tabouret en train de malmener une guitare acoustique, un technicien est à la console et enregistre, mais un troisième type est là, avec une guitare aussi, qui chante dans un micro et c'est bien sûr Mick Jagger. – *Hi Keith…* – *Hi Mick, how're ya Ronnie…* Dans la vie cloisonnée de Mick Jagger, il y a que le groupe doit continuer, comme il a surmonté le décès de Brian, et si ça ne passe plus par Richards, incapable de travail, on avancera sans lui. C'est seulement dans dix-huit mois que Mick Taylor renoncera et qu'on se résoudra à faire appel à Ron Wood pour le remplacement. Mais dès l'album *It's Only Rock'n Roll*, qui succédera à *Goat's Head Soup*, tout aussi inégal et infatué, c'est Ron Wood qui double Richards dans le morceau-titre : la première version de *It's Only Rock'n Roll (But I Like It)* c'est Ron Wood et Jimmy Page aux guitares, un nommé Willie Weeks à la basse, Kenny Jones des Faces à la batterie et David Bowie pour la seconde voix, Richards et Taylor n'ont ajouté que les *overdubs*.

Cette obscure transition londonienne trouve fin brutalement au mois de mai, quand Anita Pallenberg est soumise en Jamaïque à une perquisition, et qu'on trouve dans leur maison évidemment de quoi justifier sa mise en garde à vue. On a beau jeu de mettre ça sur le dos des voisins blancs, les coloniaux du quartier des riches. Anita se plaint d'avoir été enfermée dans une cellule collective et d'avoir subi des coups des gardiens : le cauchemar de l'héroïne en consommation lourde distend de toute façon la réalité, mais cela a certainement été le cas. Le premier réflexe de Keith est de prendre l'avion pour la rejoindre, obtenir au moins qu'elle sorte de prison. Jo Bergman et les avocats des Stones le lui interdisent, puisque, propriétaire de la maison, il peut lui aussi être arrêté pour la drogue qu'on y a trouvée. Anita sera libérée moyennant versement d'une caution de douze mille dollars, mais les seuls éléments publics qui surnageront jamais de cette affaire seront ceux que fournit toujours un peu trop complaisamment le pourvoyeur, Spanish Tony, pas question de prendre ses assertions pour parole d'évangile.

On est début juin 1973, Mick et Bianca prennent des vacances en Italie, et Keith attend Anita et leurs deux enfants à l'aéroport d'Heathrow. Uschi Obermeyer est repartie en Allemagne, mais la liaison n'est pas finie pour autant. Il constatera sur Anita les traces de coup, et ils s'enferment à Cheyne Walk. Il se peut que la réconciliation n'ait pas suivi pour autant, puisque Sanchez dit qu'elle s'isole dans une pièce fermée, n'en sort plus, et qu'il lui livre ici même les doses de poudre dont elle est dépendante. La police anglaise fait son travail, les dealers sont de plus en plus souvent arrêtés, et le couple a de plus en plus de mal à s'approvisionner. Le 26 juin la police perquisitionne à Cheyne Walk et les met à nouveau en état d'arrestation (c'est aussi monotone que le même engrenage lorsqu'il s'était saisi de Brian). Stash, l'éternel copain, y est pris aussi. Mais l'héroïne était cachée dans la trappe de vidange d'une machine à laver au sous-sol, les dix agents du Detective Inspector Charles O'Hanlon doivent se contenter de la prise d'un peu de cannabis et d'une arme à feu (avec ses cent dix cartouches à balle) et de tablettes de Mandrax. En attendant jugement, nouvelle caution, et après comparution on rend à Keith son passeport confisqué.

La relation de Richards et d'Anita Pallenberg est de plus en plus chaotique. Il fait régulièrement venir pour quelques jours Uschi au Dorchester ou un autre grand hôtel. L'obscurité dans laquelle on vit, entre dealers et junkies, peut provoquer un syndrome de persécution : Keith prétend que la police l'a placé sous écoute téléphonique. Mais c'est un prétexte commode pour fuir Cheyne Walk et y laisser Anita. Keith s'installe dans un chalet au fond du jardin de Ron Wood. Les deux musiciens se quittent peu, Keith voit bien plus Woody que Jagger. Les rumeurs vont bon train sur la fin des Faces et le mélange des deux groupes, puisque Ian McLagan, clavier des Faces, fait souvent le troisième (pour longtemps, puisqu'il deviendra le « sixième Stone » en titre après la mort de Stewart).

Mais Keith et Anita se rabibochent, puisque le 31 juillet, en pleine nuit, ils sont ensemble quand un incendie brutal dévore Redlands au toit de chaume. Ils ont le temps de réveiller les enfants et de les mettre à l'abri, de sortir ce qu'ils peuvent de la maison, quelques valeurs et antiquités. Ils ne s'expliqueront jamais sur les causes. Un photographe local les fixe au moment même de l'incendie : dents noires de Keith au visage tout en os, peau blême sur deux trous noirs sous des cheveux sales, les bras déchirés et la main droite déformée, amaigrie et défaite. Comme si, dans le désarroi de sa maison qui brûle, guitares et vieux meubles compris, c'était une dernière fois le geste de jouer sur scène. Ils sont vivants, leurs enfants aussi, mais Redlands n'a plus de toit, tout le chaume a brûlé, ce n'est plus qu'une carcasse noire à refaire. Redlands qui brûle, c'est le plus secret territoire de Richards qui s'en va. Il paraît que c'est aussi le moment où son grand-père, le vieux Gus Dupree, rejoint le paradis des musiciens d'antan : on n'a pas témoignage qu'il s'en préoccupe.

Le premier concert de la tournée européenne est prévu le 1er septembre 1973 à Vienne, seize mille billets sont vendus, et on enchaînera aussitôt avec l'Allemagne, l'Angleterre, puis à nouveau l'Allemagne, avec la Hollande et la Belgique. Rien en France, tant que les suites judiciaires de la perquisition de Nellcôte ne sont pas closes : le 13 février de l'année suivante un jugement confirmera à Anita, Keith et Bobby Keyes l'interdiction de séjour en France.

Pour les concerts, il faut être en forme. Une semaine avant qu'on se retrouve, Keith Richards et Marshall Chess, lui aussi dépendant de la seringue, sont hospitalisés dans une clinique suisse : Richards ne loue plus le chalet de bois dans la forêt, mais y a acheté sa quatrième maison. Quand on joue la musique avec ses tripes, on n'accepte pas que la presse prétende que vous jouez avec le sang d'un autre, alors les dénégations seront toujours outrées : le sang est un symbole. Pourtant, à cette époque, les transfusions sont une pratique banale (on ne parlera du sida que douze ans plus tard). Dans notre bord de Charente, à la station-service où j'ai vu la Bentley s'arrêter, Francis, le pompiste en titre, est illustre dans toutes les courses cyclistes des deux départements, Vienne et Charente. Et même à ce stade très humble de la course amateur, chaque printemps avant la saison il se fait faire des transfusions. Version officielle longtemps maintenue : *Someone asked me how I cleaned up, so I told them I went in Switzerland and had my blood completely changed. I was just fooling around. I opened my jacket and said : How do you like my blood change ? That's all it was, a joke. I was fucking sick of answering that question, so I gave them a story* [17, 211] : « Quelqu'un m'a demandé comment je m'étais nettoyé, je lui ai dit que j'étais allé en Suisse et qu'on m'avait changé le sang. Évidemment je plaisantais. J'ai ouvert ma chemise, j'ai dit : comment tu trouves mon sang tout neuf ? C'était pas plus que ça, une vanne. J'en étais malade de répondre toujours à la même question, alors j'avais raconté cette histoire. » Il faudra l'insistance et la confiance de Victor Bockris, dans sa biographie de 1992, pour que Keith accepte d'en parler calmement, avec distance, effaçant d'un trait vingt ans de dénégation brutale. Version tardive, apaisée ou désabusée : *It's quite simple, really. He just changed our blood little by little so there was no heroin in our bodies after forty-eight hours. There was no pain at all, and we spent the rest of the week just resting up* [17, 212] : « C'est très simple, en fait. On se contentait de nous renouveler le sang petit à petit, et quarante-huit heures après on n'avait plus d'héroïne dans le corps. Sans douleur. Et on a passé le reste de la semaine à se reposer. » Richards passe sur la cure de sommeil de trois jours, et les cauchemars liés au manque. Il suffit d'accepter le fait pour qu'il n'ait plus d'intérêt, d'autant que sa dépendance aux injections aura vite repris. Mais pendant vingt ans de dénégation, chaque article et chaque livre sur les Rolling Stones fera de cette question du sang changé comme un pacte avec les vampires : Francis le pompiste en aurait bien rigolé.

Avant chaque départ en tournée, Jagger mobilise la presse. Il faut à chaque fois inventer la petite dose nécessaire de provocation. On voudrait lui faire dire que le mariage avec Bianca s'effrite, alors on lui demande si elle l'accompagnera dans la tournée, réponse : *You wouldn't take your wife to the office, would you ?* [22, 199] : « Parce que vous emmenez votre épouse au bureau, vous ? » Et s'il se met en colère à lire les critiques défavorables sur le savonneux *Angie* ou quant aux nouveaux choix musicaux des Stones, basées sur les improvisations de Kingston : *You want to know what music I really like ? Truly ?... Marching bands* [22, 197] : « Vraiment vous voulez le savoir, la musique que je préfère ? Sûr ?... Les fanfares. » Manière de dire : ne vous plaignez pas, ça pourrait être bien pire – ce qui console peu.

En concert, pourtant, la musique jouée sur scène depuis 1972 n'est plus celle de 1969. Le son du groupe, jouant à huit, s'est élargi. Moins dépendant des deux guitares pour le rythme et l'harmonie – elles s'égalisent dans les parties solistes.

Mick Taylor joue plus longtemps et plus fort, ouvrant aux anciens morceaux d'autres espaces. Les disques pirates ne manquent pas, pour cette tournée européenne de 1973. Désormais, Mick Taylor occupe toute la place que Keith Richards n'a plus l'énergie de tenir.

Le rôle que tenait Keith en 1969, de marteler le fond de musique du groupe, à partir de quoi on entendait la voix et les solos, est dévolu désormais à la grande silhouette aux cheveux frisés à l'afro, un Mick Taylor hâve et sans plus rien de poupin au bout de deux ans d'héroïne. C'est un nouveau visage des Rolling Stones qui apparaît, une musique dépouillée et plus sauvage, marquée par l'émergence du mouvement punk. La façon de Taylor d'assurer la base rythmique n'est pas de mimer ou de refaire la partie de Keith, mais de jouer en distorsion et transformer en riffs répétitifs ses propres fragments d'anciens solos. Tout est joué très vite, comme jouent vite les Who ou Led Zeppelin. Dépossédé de l'écriture des morceaux (même si la signature Jagger-Richards continue d'être imposée à l'ensemble), absent du mixage et de la production, il restait l'an passé à Richards la conduite des concerts : en cet automne 1973 c'est cela aussi qu'il abandonne. Les enregistrements publics qu'on a de la tournée européenne de l'automne, c'est la musique de Mick Taylor.

Le 18 septembre ils jouent à Birmingham, quand Gram Parsons meurt à Joshua Tree. Ils sont à Innsbruck le 23 septembre, et Keith dans sa loge, quand Bobby Keyes lui en porte la nouvelle. *You say : Well, he was just too good to get old, just to soften the shock on yourself* [17, 218] : « Tu réponds : Bon, il était trop doué pour devenir vieux, juste pour adoucir un peu le choc que tu prends… », dit Keith. Peut-être que la dépendance à l'héroïne, les prétextes que vous vous en forgez pour continuer, vous fait penser chaque fois que l'autre ne pouvait être qu'une victime, quand vous-même vous arriverez à tenir, réaction égoïste : on devient par la drogue à soi-même son propre univers, qui a les limites de votre corps. Mais le cercle d'un coup s'est rétréci pour Keith Richards de moitié. Le monde une peau de chagrin amputée, dans ses amitiés rares, d'un bon tiers, et continuer pourtant.

Quelques jours encore, et c'est Bobby Keyes lui-même qu'on met dehors, parce qu'il ne peut plus suivre : sorti du paysage comme on enlève d'un coup de gomme une figure sur un dessin au crayon. Les médecins donnent à Richards six mois à vivre (il en rit bien aujourd'hui), et l'héroïne balaye les corps comme les têtes, pour continuer on évite de regarder sur les bords, et tant pis si on marche de plus en plus seul.

Enfermée à Cheyne Walk, sachant Keith avec Uschi Obermeyer, Anita Pallenberg ne tente plus rien contre la drogue.

De la renonciation de Mick Taylor aux Rolling Stones...

Ils sont à Munich pour deux semaines en janvier, et enregistreront une bonne douzaine de morceaux : Jagger, des séances de travail chez Ronnie Wood, a apporté des maquettes déjà élaborées. Munich est une ville neutre, et permet de gagner du temps pour la course aux impôts. Accessoirement, c'est là que vit Uschi Obermeyer, et ils ont besoin que Keith revienne à la guitare.

A Los Angeles, lors du mixage d'*Exile* (sur le titre *Shine A Light*), on a fait la connaissance de ce requin majeur des studios, illustre pour sa partie d'orgue sur le *Get Back* des Beatles. Preston, musicien doué, chauve mais doté d'une immense perruque afro lorsqu'il monte sur scène, est capable de sauver n'importe quelle idée de morceau et d'en produire un arrangement sortable. A mesure que Richards s'enfonce, c'est lui qui prend la place, évacuant de fait Nicky Hopkins. Richards ne réagira que lorsque, trois disques plus tard, Preston aura aussi investi avec son propre ingénieur du son les consoles de mixage : la couleur du groupe pendant trois ans et l'enchaînement de trois mauvais disques doivent beaucoup à cette place accordée par les Stones à l'arrangeur-organiste polyvalent qu'est Billy Preston.

Tout simplement parce que l'héroïne fait d'autres ravages : la désintégration parallèle de Jimmy Miller. Éloge testamentaire de Keith Richards à celui qui leur offrit leurs quatre meilleurs disques : *There isn't one producer who can handle the whole thing. You run through them like you run through gas in your car. You burn them out. It's a ruthless circle. Jimmy went in a lion and came out a lamb* [17, 219] : « Il n'y a pas un producteur qui pourrait tenir le truc tout entier. On passe au travers comme on met de l'essence dans sa bagnole pour rouler. On les brûle. C'est un cercle impitoyable. Jimmy a débarqué en lion, il est reparti en agneau. »

On sait qu'on n'est pas au mieux de ses forces, et Munich est une ville assez discrète pour qu'on puisse y faire venir des renforts sans trop fournir aux potins des feuilles musicales. Ainsi, *Through The Lonely Night* est un morceau basé sur un duo acoustique de Richards et Jimmy Page : on n'entend plus Page dans le résultat final, et celui-ci passera l'éponge – aussi bien, ils se connaissent depuis trop longtemps, et, par le succès de son Led Zeppelin, celui-ci n'a plus rien à prouver. *It's Only Rock'n Roll (But I Like It)* est cette maquette réalisée à Londres dans la cave de Ron Wood, où Jagger a fait venir le batteur Kenny Jones et l'organiste Ray Cooper, plus son complice David Bowie pour les chœurs :

ainsi, le morceau-titre de l'album ne comporte ni Keith Richards, ni Charlie Watts, ni Bill Wyman.

Mais sitôt les deux semaines de Munich finies, c'est une année trou que cette année 1974, où pour la première fois ils ne se voient quasiment pas. Richards en Suisse jusqu'au mois de mai, où il revient à Londres, cette fois, pour le mixage du nouveau disque.

On entend parler d'eux parce qu'ils jouent avec d'autres, Keith Richards avec Ron Wood, qui prépare un album solo, lequel inclura, mais séparément, tous les Stones. Jagger et Taylor avec Eric Clapton, mais Jagger enregistre aussi avec Jack Bruce, ex-Cream et ennemi de Clapton, ou avec David Bowie. Album solo de Bill Wyman aussi, *Monkey Grip*, en particulier avec Leon Russell, et cette fois édité par la Rolling Stones Records Company. Bill Wyman et Charlie Watts jouent en bœuf avec des musiciens de jazz réputés, accompagnent Buddy Guy au festival de Montreux. Keith après Londres devient résident officiel de Jamaïque, et s'enferme dans les studios de Kingston avec des musiciens de reggae locaux.

Le 5 juillet, cinq ans après la mort de Brian, la presse fait état de pèlerinages en masse sur sa tombe à Cheltenham. C'est l'effet légende qui grandit, mais les laisse au passé. Eux ne feront pas le déplacement. *It's Only Rock'n Roll* rattrapera un peu le demi-échec de *Goat's Head Soup*, mais sans rien de comparable avec l'âge d'or des disques produits par Jimmy Miller. On se retrouvera pour la sempiternelle conférence de presse à la sortie du disque, et on a tourné, pour accompagner le titre phare, une étrange vidéo où on les voit jouer en play-back, déguisés en marins d'opérette, tandis que de la mousse de savon envahit peu à peu la pièce, jusqu'à la ceinture puis jusqu'au cou, enfin les efface : allégorie de ce que devient, sinon le groupe, l'état de leurs relations personnelles ?

Il y a quelques titres solides dans l'album, *Fingerprint File*, avec la présence de plus en plus insistante de Billy Preston, et de belles démonstrations de Richards dans le basique *Dance Little Sister* ou dans *Ain't Too Proud To Be Beg*, mais rien qui égalera le succès l'an précédent de *Angie*. On peut suivre l'air du temps en mixant très en avant la batterie de Charlie Watts et en l'appuyant sur tout le disque d'un percussionniste, Ray Cooper, c'est du travail fait trop vite, casé comme on l'a pu dans le calendrier intermittent du groupe.

Une nouvelle d'ailleurs fera plus de bruit que le nouvel album, les dents de Keith Richards. On s'en aperçoit lors de la conférence de presse. L'héroïne détruit les dents, celles de Keith étaient noires et plusieurs étaient tombées. Depuis son abri suisse, avant qu'on reprenne le travail, voilà la bouche de Richards toute pleine de dents blanches et parfaites, pas assez organiques pour que le poison puisse y mordre. Et c'est à peu près la période où, symétriquement, sur les conseils de Bianca, Mick se fera inclure dans l'émail de l'incisive droite un diamant symbole. On est loin, très loin d'avouer encore l'héroïne, mais Keith Richards en affiche publiquement l'aveu en gommant ce qui en est une des premières conséquences physiques : les dents noires qui pourrissent et qui tombent.

La machine doit bien continuer à fonctionner, et début novembre ils ont rendez-vous à Genève : c'est toujours là où réside Keith qu'on se retrouve. Un premier jour pour refaire connaissance, un deuxième jour pour conférer ou écouter ce que Mick Jagger aura décidé, un troisième jour pour être ensemble. Tout l'aréopage est là, le financier Loewenstein, Marshall Chess pour Rolling Stones Records et Ahmet Ertegun pour Atlantic qui les distribue, Ian Stewart pour les questions de logistique, Peter Rudge pour les concerts et Gary Stromberg pour la presse, plus les cinq Stones, et sans doute qu'une fois de plus Jo Bergman est la seule femme présente. Sortir un disque, enregistrer quand, partir en tournée où, et faire le point très concret des renouvellements de visa. On a pris pour longtemps, maintenant que les Rolling Stones ne se croisent plus dans leur vie civile, l'habitude de ces rendez-vous à portée d'aéroport pour s'enfermer dans un hôtel qu'on ne quitte pas, sauf pour une équipée boîte de nuit en limousine réservée : de musique il est peu question.

L'échec sera toujours un ressort pour décider les Rolling Stones à réagir. Et rien de tel qu'un demi-succès comme *It's Only Rock'n Roll* après *Angie* pour les décider à travailler. Ils prennent rendez-vous dès le 7 décembre à Munich pour recommencer à enregistrer. On arrive en ordre dispersé, on se croise au bar de l'hôtel. Même si on ne s'est pas vu de janvier à décembre, on n'échange que quelques phrases d'usage : a-t-on tellement plus à se dire, entre vieux collègues de travail ? Version Keith : *The Stones are men of few words. We don't so much say anything to each other as grunt. I'll say : Allo, Chawlie, how are ya, where have you been then? He'll say, I've been on holiday, haven't I? And that's about it* [17, 223] : « Les Stones sont des gens de peu de mots. On dit pas tout le temps des trucs aux autres comme des troufions. Moi je dis : Oh, Charlie, tu vas, où tu étais ? Il me dira : J'étais en vacances, et toi ? Et ça suffit. »

Les limousines louées sont réservées et vous prennent à l'heure pour vous transporter au studio où on retrouve ses habitudes et sa guitare, où on retend ses peaux de tambour. Wyman est déjà vissé sur son tabouret de bar, cigarette plantée en bouche et une patience à rester là vingt ans s'il faut (non, il ne lui en reste plus que quinze avant d'arrêter…). Les techniciens sont là, rassemblés autour d'un nouveau producteur, Keith Harwood, qu'on paye trop bien pour qu'il se refuse une infidélité aux Led Zeppelin : les Stones une fois de plus se servent dans le magasin des autres. Led Zeppelin est le groupe phare, on leur emprunte leur producteur.

Les techniciens savent qu'on n'a jamais été à cheval sur l'heure, alors on teste du son, on accompagne mollement Richards ferraillant sur trois accords de blues avec cette manière qu'il a, les premières heures, de jouer plus mal et bien plus faux que le premier débutant choisissant sa guitare dans un magasin de musique. On ne sait pas lequel s'enquiert, ni auprès de qui, Jo Bergman ou Alan Dunn : Et Mick Taylor ? Il a appelé, téléphoné ? Il est resté à l'hôtel ? Il a eu un ennui, il est malade, qu'est-ce qu'il fait ? Mick Taylor n'a pas prévenu, Mick Taylor simplement n'est pas venu, Mick Taylor ne viendra pas, il ne viendra plus jamais.

Pourquoi Mick Taylor a-t-il renoncé aux Rolling Stones ? Si nous ne voulions pas comprendre, c'est parce que nous étions tous Mick Taylor. Nous étions tous le jeune type de seize ans qui se débrouillait si bien, tellement bien à la guitare que tant de bien lui arrivait. Nous étions tous le jeune prodige des notes détachées sur le manche, que les Rolling Stones embauchaient pour jouer ces chansons que, n'importe comment, nous savions tous par cœur : et aucun de nous tous, de Los Angeles jusqu'à Civray au bord de la Charente, jamais n'aurait eu idée qu'on puisse ainsi balancer les Rolling Stones et simplement cesser d'en être.

Nous ne savions pas que Mick Taylor, vingt-six ans (les Stones en ont trente et un), parce que Anita Pallenberg avait initié sa compagne Rose à l'héroïne, avait compensé par la seringue les heures perdues à Nellcôte, en l'attente que le maître y paraisse. Mick Taylor s'est enfoncé dans l'héroïne, et il a ce sursaut de vouloir décrocher avant qu'il soit vraiment trop tard : il y réussira, au prix de sa luxueuse appartenance aux Stones.

Mais ce n'est pas une raison à propulser sur la place publique. On étalera des comptes plus sordides. En deux ans, dans l'enfoncement progressif de Richards, le jeune timide à la guitare sage est devenu l'appui scénique principal derrière Mick. Ce n'était pas encore le cas dans la tournée de 1972, où Keith sur scène savait encore émerger et devenir lui-même, manieur de son très lourd et joué plus fort qu'aucun, mais gardé dans ce rythme hypnotique assez précis pour que la batterie s'y règle. Dans la tournée de 1973, c'est Taylor qui fait tout. Pareil dans les disques : ce qui s'est passé pour *Sway* ou *Moonlight Miles* dans *Sticky Fingers*, les Stones sans Richards, s'est reproduit en s'aggravant dans *Goat's Head Soup* et *It's Only Rock'n Roll*. C'est le cas de titres comme

Can You Hear The Music, puis de *Time Waits For No One*, ou de *If You Really Want To Be My Friend*. Parce que Mick fait tout pour que le groupe survive sans Keith Richards, la contribution de Taylor est d'autant plus nécessaire : les deux Mick infléchissent le répertoire dans une direction plus harmonique, où Billy Preston contribue à offrir au chanteur des nappes de son très loin d'*Exile On Main Street*. Pourtant, les disques portent toujours la mention traditionnelle *: All tunes written by Mick Jagger and Keith Richards*. Le souhait de ne pas affronter trop vite le frère jumeau ? La volonté de mieux assurer une définitive emprise personnelle, puisque des deux signataires il n'y en a plus qu'un seul qui travaille ? Manière de tenter d'occulter l'absence de Richards en sauvant les apparences ? Mais la disproportion financière s'accroît : Richards, qu'il ait travaillé ou pas, partage avec Jagger le copyright d'une part, les droits de production des Glimmer Twins d'autre part, plus ce qui échappera sans doute définitivement aux archives depuis que le prince Rupert Loewenstein gère le porte-monnaie, familier qu'il est de la création de sociétés multiples, l'une au Liechtenstein, l'autre au Luxembourg, une troisième en Jamaïque, pour tout un emboîtement dans l'organisation des concerts, et Mick Taylor, quelle que soit sa contribution aux disques, ne touche pas de droits d'auteur.

Mick Taylor, qui a mis quatre ans avant de n'être plus leur salarié, mais Stone à part égale, prend sa décision sans rien leur en dire. Il y a encore une hypothèse : que Mick Taylor, considérant la dégringolade de Richards comme définitive, ait pu se convaincre des projets solos de Jagger, et que dans l'envol en préparation de Jagger (ses duos avec Bowie, ses enregistrements secrets avec John Lennon, les maquettes avec Jimmy Page et Ron Wood), aucun des Stones n'avait sa place. En somme, autant anticiper le renvoi, et la triste fin du groupe désintégré.

Peut-être aussi que Mick Taylor, abandonné à lui-même de janvier à décembre, s'illusionne sur son propre compte : c'est facile, d'être Rolling Stone, quand on n'est plus en tournée ou sous astreinte de studio. On est Rolling Stone où qu'on aille, et surtout à ne rien faire. Même son apparence a changé, sur le visage blême et tiré des héroïnomanes, arborant une large coiffure frisée à l'africaine pour outrer la mode parce qu'on n'est pas Rolling Stone sans outrer la mode. On vous regarde, on vous honore, mais c'est pour se glorifier soi-même d'avoir été vu en votre compagnie. On est invité à jouer avec d'autres, *guest artist*, mais c'est pour se hisser soi-même sur l'échelle barométrique des classements. Mick Taylor a joué avec Jack Bruce, mais Jack Bruce n'a pas eu le succès de Clapton après la dissolution de Cream. En laissant tomber Ginger Baker pour s'afficher avec Mick Taylor, bien plus jeune que lui, le bassiste virtuose tente son propre retour dans le camp de ceux qui font les premières pages de magazine. Mick Taylor n'est peut-être pas en état de percevoir ces stratégies. Il est sûr de sa musique, du vertige que c'est de jouer en tournée dans les stades, puisqu'on a inauguré de jouer dans les stades, et de propulser la lourde musique des Stones sous les projecteurs pour des dizaines de milliers de gamins rassemblés n'importe où. Il croit peut-être sérieusement que cela lui est dû, et non pas à cette mécanique où la musique est de si peu, qui occupe Mick Jagger presque à temps plein, dans le nécessaire contrôle de tous détails : les Rolling Stones, une entreprise comme une autre.

L'époque est à la glorification de ce qu'on nomme supergroupes, qui se recomposent et se dissolvent. On peut faire carrière sous son nom, on se doit à soi-même de lancer un disque solo, c'est ce que font chacun des Beatles séparés : non pas encore comme un testament, mais comme traite tirée sur l'éternité, tant on a l'illusion d'initier une mutation historique. L'album solo qu'enregistre le pâle Ron Wood, arguant de sa vieille amitié avec Jagger et Richards pour les faire jouer sur son disque, ne s'intitule-t-il pas : *I've Got My Own Album To Do*? Mick Taylor, en refusant de rejoindre les Stones à Munich, n'a pas d'inquiétude quant à sa propre partie de poker.

Enfin, il y a l'ombre omniprésente de Clapton : Taylor, après Peter Green, avait remplacé Eric Clapton dans le groupe de John Mayall, et ses premières contributions aux Stones sont comme du Clapton joué par cœur. L'époque est à la valorisation des supers techniciens de la six cordes, pourtant hommes souvent timides et toujours frêles, devenus comme des statues vivantes, habillées et coiffées selon la mode du mois : Jeff Beck et Carlos Santana, Jimmy Page et John McLaughlin, Pete Townshend en seraient l'orchestre, et Eric Clapton, figure de proue d'eux tous, n'y aurait qu'un vrai dauphin, un second, un suivant : parce que Mick Taylor, vingt-six ans ce mois de décembre, était définitivement le guitariste embauché si jeune, jeune pour toujours ou jeune à jamais, et voilà qu'il avait envie de grandir. Quitter les Rolling Stones pour intégrer le Jack Bruce Band, le même Jack Bruce qui, avec Eric Clapton et Ginger Baker avait bâti Cream (saura-t-on, trente-cinq ans plus tard, ce que furent pour nous chaque nouveau disque des Cream et ses morceaux de vingt minutes?), c'était pour Mick Taylor se positionner enfin à égalité avec Clapton : quitter l'orchestre pour affronter le chef en titre. Clapton à l'époque traverse les mêmes phases que Richards, et ne se déprendra de l'héroïne que pour s'enfoncer plus dans l'alcool. Mais sa légende est assez établie pour occulter la vie misérable et le long combat qu'il décrit dans son autobiographie, *Survivor*.

L'histoire future de Mick Taylor est terne, aussi terne que ses albums solos tardifs. Des tournées successives de musicien loué, plutôt dans le monde du jazz électrique comme ces premiers mois avec Jack Bruce, où le bassiste s'impose comme patron autoritaire, quand Clapton lui refusait cette suprématie, et où on vient voir jouer Taylor comme l'attraction en prime : la possibilité de voir de près un Rolling Stone. Mick Taylor partira vivre en Amérique et s'y refera une santé, une vie plus calme. Une digne vie de musicien, jouant en studio sans jamais baisser le tarif Rolling Stones, et il s'illustrera dans un des meilleurs disques de Bob Dylan, *Infidels*, mais sous la férule d'un autre guitariste : Mark Knopfler. Et ce que nous collectionnerons de lui parmi toutes les notes qu'ensuite il jouera, ce sera quelques solos de scène enregistrés alors qu'il rejoint provisoirement Eric Clapton : comme si Taylor n'était jamais si bon qu'encadré ou guidé. Mystères de l'art et de la vie. Pourtant, cette carrière solo, c'est ce que souhaitait Mick Taylor en résiliant son appartenance aux Stones : elle fera long feu.

L'adieu sera brutal. Jagger : *What pisses me off is not that he wanted to leave. It's the way he left. We're getting ready to cut our next album, the sessions and everything was already planned out. We all met in Geneva three weeks ago to talk about the album, we booked time at Musicland in Munich, discussed our upcoming tour in the States. Never once did he voice any doubts about continuing with the group [...]. So I flew back to London, we went to the Clapton concert together and then a party at Robert Stigwood's and had a heart-to-heart there and everything. He just said : Yeah, I'd like to leave the group, and I said : Fine. He seemed a bit unsure. I mean, he obviously wanted to do something else, but then again it's a bit of a gamble* [27, 35] : « Ce qui m'a gonflé, c'est pas qu'il soit parti. C'est la façon dont il l'a fait. On était prêts à attaquer ce disque, les enregistrements étaient déjà planifiés. On s'était vus à Genève trois semaines plus tôt pour parler de ce disque, et discuter de la tournée aux États-Unis, jamais une fois il n'a dit qu'il hésitait à continuer avec le groupe. [...] Alors je suis revenu à Londres, on est allés ensemble au concert de Clapton, puis à une soirée chez Robert Stigwood, là on a parlé entre quatre z'yeux. Il a juste dit : Ouais je préfère quitter le groupe, et j'ai répondu : Très bien. Il n'avait pas l'air bien sûr de lui. Je veux dire, sûr il avait envie de faire autre chose, mais c'était un pari quand même assez risqué... »

Pour la façade, on exhibe un télégramme signé Richards : *Really enjoyed playing with you for the last five years. Thanks for all the turns ons. Best wishes and love* [27, 84] : « Vraiment chouette d'avoir joué ensemble tous ces cinq ans. Merci pour tout ce qui s'est passé. Tous mes vœux, amour. »

Les feuilles musicales le reproduisent et ajoutent que, selon sa compagne Rose, Taylor a pleuré en le lisant, va savoir. Mais Richards version off : *Mick was like Eric – a lovely player, a brilliant player. But you won't have them in a band because they're not team players. They don't like being kicked up the arse and the only time you get anything good out of them is when you kick them up the arse. I'm not kicking the guy from the musical end, I'd love to work with him. But they are guys who are team players, and you say : I can live with this cat on the road, and there are other guys who might have all the credentials in the goddam world but you can't live with the motherfucker. We're looking for a cat that wants to get into this band and stick* [14, 105] : « Mick était comme Eric [Clapton], un guitariste agréable, un brillant guitariste. Mais tu ne peux pas l'avoir dans un groupe, parce que ce n'est pas un mec d'équipe. Ils n'aiment pas se remuer le cul et la seule façon d'obtenir quelque chose de bon avec eux c'est de leur botter le cul. Non pas leur botter le cul du point de vue musique, et ça, j'aimais jouer avec lui. Mais il y a des types qui sont faits pour bosser en équipe et vous dites : Avec ce mec je peux partir en tournée, et d'autres types qui peuvent avoir les meilleures références dans ce fichu milieu et impossible de vivre avec cet enculé. Nous on veut un gars qui rentre dans ce groupe et s'y colle. »

Et complément assené avec gentillesse, comme si l'insulte principale au roi Richards était de prétendre vivre hors de son ombre : *Mick figured he'd learned enough. He was bored and thought he was now a songwriter, a producer of great stature. He had a million plans. Mick is a beautiful player, amazing, but I'm still waiting* [18, 104] : « Mick s'est imaginé qu'il en savait assez. Il s'ennuyait, il pensait qu'il était un vrai compositeur, un producteur d'envergure. Il avait un million de projets. Mick est un grand guitariste, et surprenant, mais moi j'attends toujours. »

Une fois de plus, à Charlie Watts l'honneur du parler correct, même si les raisons qu'affiche Taylor de planter les Rolling Stones sont les fourches Caudines devant lesquelles s'est toujours incliné le batteur discret : *Musically, Mick brought a whole other level of playing to this band. In the period he was with us I think he played beautifully. We gave him platforms to play on : he'd only do them once or twice and that was it. Usually his first go was perfect. They were really wonderful :* Waiting On A Friend, *things like that. He had a way of making a twist of them. I never saw the reason why Mick left : probably he was fed up or something. But he wanted to leave to make his own records. I thought he'd be like a Pat Metheny or something. And it didn't happen. Nothing happened when he left us* [14, 105] : « Musicalement, Mick a apporté au groupe tout un autre niveau de jeu, et dans toute la période où il a été avec nous il a joué magnifiquement. On lui donnait un tremplin pour jouer, et en général, la première prise était déjà parfaite. Des trucs vraiment merveilleux, comme *Waiting On A Friend*, il avait une manière de faire sonner ça. Je n'ai jamais compris les raisons qu'il a eues de nous quitter. Probablement qu'il en avait marre, tout simplement. Il voulait nous quitter pour faire ses propres disques, il pensait devenir un type du genre de Pat Metheny, et ça ne s'est jamais passé. Il ne s'est plus rien passé, une fois qu'il nous a quittés.»

Mick Taylor rétorque seulement être *the only guitarist to leave the Stones alive* [17, 230] : «le seul guitariste à avoir quitté les Stones vivant». A bon entendeur, salut.

Il arrivera parfois à Mick Taylor de renouer avec les Stones autrement que par avocats interposés, puisque s'ensuit à chaque parution des prochains disques des Stones un nouveau procès : titres ébauchés du temps de son appartenance au groupe, où l'écho de sa guitare est parfois encore audible malgré les pistes refaites. Ce sera pour les cérémonies officielles, remises d'honneurs (Grammy Awards), le temps d'une photo et d'un verre. Lors de la tournée de 1982, dans la discrète Kansas City, ils savent qu'il est venu les écouter, et l'invitent sur la scène.

La légende de Mick Taylor, associé aux quatre meilleures années des Stones, est assez forte pour qu'il y croie lui-même et souhaite le démontrer, compte rendu par Ron Wood : *Perhaps the reunion overexcited him. He seemed to refuse to realize how much the band has changed since his departure. He shocked us with how loud he was blasting it. Bulldozing through parts of songs that should have subtle, ignoring breaks and taking uninvited solos. And the volume... I thought me and Keith play loud, but he was easily three times louder than us. I was standing next to him, passing along messages from Keith who would say : Tell that fucker to turn it down... I was a little more diplomatic : Um, Mick, the song is finished... Afterwards, Keith told me : It's a good thing you were standing in between us, or I'd have flattened him* [23, 37] : «Peut-être que de se réunir le surexcitait. On aurait dit qu'il refusait de s'apercevoir que le groupe avait changé depuis son départ. Ce qui nous choquait, c'est la façon qu'il avait de balancer ça aussi fort. Il passait au bulldozer des parties de chanson qui auraient dû être toutes subtiles, sans s'occuper des breaks, en prenant tout le temps des solos. Et le volume... Je croyais que Keith et moi on jouait fort, mais il jouait facilement trois fois plus fort que nous. J'étais juste à côté de lui, à lui passer des messages de Keith, du genre : Dis à ce connard de se la couper... J'étais un peu plus diplomate : Eh, Mick, le morceau est fini... Après, Keith m'a dit : Heureusement que t'étais entre nous deux, sinon je l'étalais...»

Ron Wood, le remplaçant, celui qui vingt-cinq ans durant jouera note à note les solos enregistrés par Mick Taylor sans rien y changer, joue ici une carte qu'il ne lui avait jamais été donné de jouer : il est le guitariste en titre et pas celui qu'on a embauché parce que les deux autres, le brillant Taylor, le légendaire Brian, n'étaient plus là, et c'est ce qu'il veut démontrer par la confrontation directe. Il voudrait, Ronnie, se faire rendre un peu justice, mais n'y parviendra pas : quand le déjà cinquantenaire Bill Wyman quitte définitivement le groupe en 1989 (c'est seulement à ce moment-là, après un quart de siècle de Rolling Stones, que le remplaçant Ron Wood finira d'être le salarié du groupe pour en devenir membre à part entière), il se trouvera dans chaque pays des journalistes nostalgiques pour suggérer à Jagger et Richards de confier la basse à Woody et réembaucher Mick Taylor à sa juste place de guitariste soliste.

Mick Taylor en a gros sur le cœur de tant contribuer aux disques des Rolling Stones et que les royalties en reviennent toujours à Jagger et Richards, qui signent les chansons et les produisent. Mais peut-être, tout aussi bien, au moment de les rejoindre et de les refréquenter, ce début décembre 1974, Mick Taylor n'a-t-il plus envie, et rien d'autre.

.... et par conséquent du choix d'un remplaçant

Le remplacement ne va pas s'effectuer si facilement qu'il y a quatre ans, et il déplaît grandement aux Rolling Stones d'avoir à le faire en public, puisque la nouvelle en a transpiré aussitôt, Mick Taylor ayant annoncé son passage au Jack Bruce Band.

On saura donc à mesure qui a sa chambre réservée au Hilton de Munich, où le groupe reste bloqué, et où les journalistes font antichambre. On a repris le rituel de tradition, les Mercedes 600 (à l'arrière rallongé pour faire limousine avec deux banquettes face à face) vous convoient sur le soir au studio Musicland où tout est préparé, lumière d'ambiance et de whisky assez. On attendra Keith qui tient à conduire sa Jaguar et c'est Billy Preston qui, en attendant, conduit les séances. Quand Richards paraît, on s'enferme pour des heures dans les quelques reliquats jamaïcains qui ces semaines-ci ont sa faveur (*Hey Negrita...*).

On tente d'abord une configuration côté as du manche. Ceux qui font vraiment de la musique et pourraient offrir au groupe cette dimension en survol que Mick Taylor a constamment impulsée, sans mordre sur l'espace Richards, capable pourtant de reprendre mimétiquement ses accords rauques pendant les solos du chef. On convoque Jeff Beck, puis

Harvey Mandel, et encore un troisième, Wayne Perkins. Le premier est connu, c'est un avatar de Clapton et Page, un technicien inventif qui a partagé avec eux d'être le flambeau des Yardbirds. Il est un peu autoritaire, et il a déjà connu la célébrité soliste avec son Jeff Beck Group.

Les Stones restent à Musicland de décembre à mars, Jeff Beck aura longtemps sa chambre louée. Il est capable du gros son hypnotique auquel aspire Richards, mais on en revient trop, à son goût, à ce partage traditionnel entre guitariste soliste et guitariste rythmique, que Keith a en horreur. Jeff Beck est longtemps en piste, mais jamais en position de gagner. Les deux autres à tenir le plus longtemps à Munich sont Harvey Mandel et Wayne Perkins, les deux Américains. A Harvey Mandel, qui techniquement s'entend parfaitement avec Richards, on fait miroiter l'embauche. C'est avec lui que ça se passe le mieux, et dans cette panne qui s'aggrave pour Richards enfermé dans l'héroïne, il se montre capable d'un apport assez fort pour que le groupe continue, et assez discret pour ne pas entamer le crédit du maître. Mais Mandel est américain, et les Stones ne voudront pas écorner leur image anglaise. On peut enregistrer à quatre, on l'a fait pour *Beggars Banquet* et encore plus pour *Let It Bleed*. Mais Richards n'est plus que le fantôme de ce qu'il a été. Ils sont dans l'impasse et l'avouent. Richards : *The Stones ain't gonna end just because a guitar player dies or leave. We crossed the problem of Brian's death so successfully that it's actually harder to cross this one because Mick Taylor dropped in so successfully* [28, 18] : « Les Stones ne vont pas finir sous prétexte qu'un guitariste meurt ou les quitte. On a surmonté le problème de la mort de Brian tellement bien qu'en ce moment c'est un peu plus difficile de surmonter celui-ci, parce que Mick Taylor s'était vraiment bien intégré. »

Le calendrier est compliqué. Ils rentrent à Londres, et c'est dans le studio de Ronnie Wood, mais sans lui, qu'on pratique des auditions supplémentaires. Le paradoxe est qu'on teste les nouveaux candidats dans la maison même de celui qui va décrocher le poste, mais auquel on ne le propose pas. On lance plein pot les pistes déjà enregistrées, et on demande aux nouveaux candidats d'improviser dessus. On les solidifie, d'ailleurs, les morceaux, en y travaillant avec Jimmy Page : il n'est pas question de débaucher le fondateur de Led Zeppelin, mais une fois de plus il est là en secours (même Pete Townshend, des Who, contribue).

La tentation Clapton revient. La tentation Clapton est ancienne pour les Stones. Pour éviter les photographes, en janvier on s'enferme avec lui, cette fois à Rotterdam. Il est leur égal en réputation, un vrai joueur de blues, et c'est un ancien du Marquee, de Richmond et tout leur sentier de la guerre. Mais Clapton c'est trop de lumière pour Richards :

qu'Eric paraisse, et il n'est plus que le guitariste en second, retour à l'époque Brian Jones avec le guitariste qu'on voit et celui qu'on dissimule. Ils sont bons amis et le resteront, mais c'est définitivement non pour le groupe. On repartira à Munich tout le mois de février puis de mars sans s'être encore résolu à une embauche, et en recourant aux deux solides Américains, Wayne Perkins et Harvey Mandel, dans l'idée de compléter au moins le disque.

Rétrospectivement, on s'en est tenu à un discours simple : ils avaient déjà pensé à Ron Wood en mai 1969 quand ils ont recruté Mick Taylor, prétendent-ils. S'ils n'ont pas voulu demander tout de suite à Ron Wood, c'est qu'ils ne voulaient pas briser les Faces de Rod Stewart, prétendent-ils aussi. La réalité est plus compliquée : si Jeff Beck a le prestige, et Harvey Mandel la technique, Ron Wood on le connaît trop. Pas question de remettre en cause l'amitié : Richards habite toujours, à Londres, dans son chalet de jardin, tant sa relation avec Anita, qui occupe Cheyne Walk, est devenue boiteuse. Jagger a invité Woody pour des séjours en Irlande, enregistrant en grand secret assez de maquettes pour vivre sans les Stones, si Richards devait s'enfoncer davantage, mais Mick doit penser à une carrière solo, lui aussi, avec des musiciens anonymes, le nom du seul chanteur étant en vue. Puisque Woody a largement contribué à la chanson-phare du dernier disque, *It's Only Rock'n Roll (But I Like It)*, on lui a rendu la monnaie de sa pièce en participant à son disque solo, et propulsant Ronnie dans une catégorie qui n'était pas la sienne : son disque se vendra d'abord parce qu'il inclut un Rolling Stone pour chaque titre. Mais Woody est un second couteau, quelqu'un qui a joué pour tout le monde, un gars qui s'est contenté d'accompagner Jeff Beck à la basse dans le Jeff Beck Group et qui, depuis, tient la guitare dans les Faces, qui sont d'abord le groupe du chanteur Rod Stewart et qu'on considère comme des clones : *I see Rod's wearing the same pajamas this year that I wore last year* [23, 24] : « J'ai vu que Rod portait le même pyjama que j'avais l'an dernier », plaisante Jagger. Les Faces sont sans doute parmi les groupes les plus repérés à s'accrocher à la grande vague des Stones et des Who, mais précisément, dans la division deux.

Woody, le copain de tout le monde, n'est plus entouré d'assez d'ombre pour qu'on le fasse exister sans passé, comme Mick Taylor était venu à eux sans passé. On peut recruter Jeff Beck, mais pas son bassiste. On doit trouver un guitariste, mais pas faire croire que Rod Stewart vaut mieux que Mick Jagger, si c'est son guitariste qu'on recrute.

Mais, Ron Wood, ils le fréquentent tous les jours à Londres. Ron Wood prétend avoir été présent dans cette soirée chez Robert Stigwood, après un concert de Clapton, où Marshall Chess et Mick Jagger ont tenté de faire revenir Mick Taylor sur sa décision. Il attend un appel de Mick, mais les Stones ne lui téléphonent pas pendant trois mois, se refusent à seulement l'essayer, tout en utilisant son studio et sa maison.

Dans l'impasse où on est, la marge de choix s'effrite. On divise les enjeux par deux : le disque s'est fait, ou ce qui ressemble à peu près à un disque. Cela s'appelle *Black And Blue*, mêle un ou deux bons morceaux (*Hand Of Fate* ou *Memory Motel*, avec Wayne Perkins et Harvey Mandel) à des inepties de seconde zone (*Hey Negrita, Crazy Mama, Cherry Oh Baby*, où l'arrangeur professionnel Billy Preston a pris toute la place). Des décisions financièrement lourdes ont été prises et interdisent qu'on annule la tournée prévue : trop de dédommagements à payer. Alors on téléphone enfin à Woody, mais pour lui proposer un arrangement provisoire : il reste guitariste des Faces (on est protégé de son inclusion), et il assure les concerts des Stones pour la prochaine tournée, prêté par les Faces. Qu'il les rejoigne immédiatement pour des répétitions. Il est le lendemain à Heathrow, avec deux guitares et sa valise.

Ron Wood, on le connaît depuis qu'il est gamin. Il est le plus jeune de trois frères. Ted, l'aîné, sera toute sa vie batteur de jazz professionnel et, paraît-il, fabriquera une minibatterie, avec des tambours de réforme, à son petit frère uniquement pour lui interdire de toucher à son propre matériel. Art, le deuxième, a évolué vers le *rhythm'n'blues* et vit dans un désordre de trompettes, banjos, kazoos. Du temps bref où les deux aînés faisaient leurs armes ensemble, Woody adolescent montait déjà sur scène tenir le *washboard*. Comme chez les Wyman, ou comme pour le vieux Gus Dupree, il y a chez les Wood l'idée qu'avec la musique on peut toujours gagner trois sous pour faire de sa vie ce qu'on a envie. Les gamins suivent les cours de l'Art School, reçoivent une formation de dessin, graphisme et typographie, mais la musique passe d'abord. Ron Wood, qui aime la peinture et le dessin bien plus que la guitare, ne se concevra jamais d'autre métier : musicien professionnel pour assurer son indépendance de peintre amateur.

Ron Wood est né en juin 1947, et dans les années Alexis Korner il a souvent accompagné ses frères aînés aux concerts du Blues Incorporated, il se rappelle même avoir aidé un jour le père de Charlie Watts à remballer le matériel du fiston. C'est un des copains des grands frères qui offrira au plus jeune, vers ses dix ou onze ans, une guitare de rebut, qui sera sa première. Art l'emmènera, l'été 63, au festival jazz de Richmond où il verra pour la première fois les Stones : il a seize ans, ils en ont vingt, pas encore l'âge. Mais c'est assez de prestige, et assez d'apprentissages, pour qu'il forme déjà lui aussi son groupe, qui s'appelle The Thunderbirds (il doit y avoir des dizaines ou des centaines de Thunderbirds adolescents cette année-là dans la vieille Angleterre). On leur accorde chaque vendredi soir la grande salle du centre social de leur quartier, qui s'appelle The Nest (le nid), et le groupe raccourcira très logiquement son nom pour devenir The Birds. Lors d'un concert des Yardbirds au Crawdaddy, en 65, parce que leur chanteur est malade, Clapton s'adresse à la salle pour demander si quelqu'un aimerait jouer de l'harmonica. Woody est trop timide pour répondre, mais ses copains le propulsent. Le guitariste solo des Birds fréquente alors le rang supérieur de la hiérarchie, et fait sa compagne de Chrissie, l'ex de Clapton, comme Clapton se mariera avec l'ex de George Harrison.

Il a quand même dû travailler deux ans comme peintre en lettres, Woody, pendant lesquels il dit avoir refait toutes les indications, d'entrée, sortie, tribunes et vestiaires, d'une bonne partie des stades de football de Londres nord-est. En 1965, dotés d'un imprésario (Leo de Clerck), d'un fan-club et d'un petit van Bedford, renforcés d'un nouveau chanteur, Rod Stewart, les Birds deviennent professionnels, pas assez néanmoins pour que les musiciens s'offrent un loyer ou de quoi se nourrir toute l'année. Ils enregistreront quand même un disque : l'argent en filera vite, mais Ron est enfin doté au passage d'une Fender Telecaster. La réputation des Byrds américains, qui traversent l'Atlantique avec Bob Dylan, brise définitivement leurs efforts, même s'ils continueront d'arpenter les clubs de province. Chrissie, devenue réceptionniste, fournit longtemps à l'intendance du jeune couple.

Jimi Hendrix joue fin 66 à Londres, tout le monde vient contempler l'attraction nouvelle. C'est là, fin décembre, que Jeff Beck apprend à Ron qu'il quitte à son tour les Yardbirds pour former son propre groupe. Ron Wood rappelle le lendemain. Jeff Beck ne veut pas partager la guitare, mais a besoin d'un bassiste. Wood se prétend bassiste. Le lendemain, à Sound City, ce même magasin où Brian Jones et Keith Richards achetaient à crédit leurs instruments, il vole une basse Fender Jazzbass qui, dans la vitrine, avait le malheur d'être le plus près de la porte : l'instrument le plus cher du marché.

Deux ans plus tard, quand les Faces seront célèbres, Ron reviendra à Sound City et leur paiera l'instrument volé : cela lui pesait sans doute sur la conscience... *Hello, I'm the bloke who nicked your bass years ago and I'm here to pay for it...* [24, 73] : « Eh, c'est moi le type qui vous avait niqué la basse, y a quelque temps : je viens la payer. »

Cela coïncide avec la formation de Cream, et la basse accède à un statut de prestige : le Jeff Beck Group tiendra lui aussi sa gloire de la relation guitare et basse. Ron a présenté à Jeff Beck l'ex-chanteur des Birds, Rod Stewart. Le groupe, en veste jaune à col de velours noir, s'enlisera dans des conflits internes, la moitié des cachets passant à son leader, qui se choisit des hôtels de luxe et laisse les autres s'entasser dans des chambres de seconde zone, tandis qu'ils font la première partie de Cream.

En 1968, parce qu'il lui faut de l'argent, Wood continue à temps partiel le Jeff Beck Group mais intègre une formation de pop à succès, Creation, dont la recette simple et efficace est d'aller jouer la pop anglaise là où les stars ne condescendent pas à l'exporter, dans les villes de province allemandes, autrichiennes, hollandaises, espagnoles ou portugaises. Recette simple et efficace, mais fatigante : cela ne dure qu'une saison. Le Jeff Beck Group, qui décroche une tournée américaine, met longtemps à s'éteindre. Qui se souvient de la musique de *Goo-Goo Barabajagal* ? L'onomastique du titre aura pourtant signé pour moi et quelques milliers d'autres la couleur de cet été-là, qui vit aussi briller avant de s'éteindre Donovan ou Hendrix au festival de l'île de Wight (et je ne jugerais pas ce livre complet sans y dactylographier ce titre à l'étrange sonorité qui faisait nos nuits de l'époque : *Goo-Goo Barabajagal…*). Les Faces émergeront de ces ruines fin 1969, avec Ronnie Lane à la basse, Kenny Jones à la batterie et Ian McLagan à l'orgue, Wood et Rod Stewart tenant les rôles phares. On ne sera plus dans l'ombre de Cream, mais dans celle de Led Zeppelin. Et Rod Stewart en tirera toute la célébrité pour lui, ajoutant quelques provocations (amener des filles dans la chambre d'hôtel, et une fois en situation faire des Polaroid qu'on laissera circuler). Les Faces sauront décrocher quelques ventes lourdes, mais Rod Stewart mène déjà en parallèle sa carrière solo : quand Jagger lui téléphone, ce mois de février 1975, après trois mois à essayer des guitaristes, Wood n'a certainement pas, pour accepter, l'hésitation que les autres ont pour l'embaucher.

Après, tout va vite. Ron Wood tient de ses frères et de ses premiers apprentissages une conception ouverte de la musique, il se met immédiatement au service du groupe. Il a assez traîné avec ceux-là depuis les temps héroïques de Richmond pour que, jouant avec les Stones, ce soit un peu de l'esprit 1962 qui remonte : pour lui, les Rolling Stones, c'est le Crawdaddy. Alors ça colle tout de suite avec Watts et Wyman. Cette alchimie, Richards est capable de la percevoir immédiatement. Ron Wood ce n'est pas le guitariste loué pour la tournée, c'est lui le cinquième Stone que Richards attend : parce que immédiatement, ce qu'il comprend aussi, c'est la capacité de Wood à l'épauler, à le mimer, à le dédoubler, mais en lui laissant la première place.

Ce qui se passe aussi, et sur quoi bondit aussitôt Jagger, c'est que Woody, comme ils l'appellent, dispose d'une philosophie simple : *There are some other obvious rules. If you're gonna shoot up, don't be stupid to pop some pills at the same time. Don't mix needles and pills or alcohol with pills. With booze, you don't mix the grape and the grain either, like brandy and bourbon. I've saved my own life in many occasions* ₂₃, ₁₀₆ : « Il y a quelques règles élémentaires. Si tu dois te shooter, ne sois pas assez stupide pour avaler des cachets en même temps. Tu ne mélanges pas les seringues et les cachets, ou la picole et les cachets. Quand tu picoles, tu ne mélanges pas ce qui est vigne et ce qui est grain, comme le brandy avec le bourbon. J'ai sauvé ma vie comme ça bien des fois. » Sur ces idées simples, avec un peu d'amitié, on a recruté la nounou idéale pour que Keith tienne à peu près sur ses jambes, puisqu'on en est là.

Woody est déjà, pour Keith Richards, comme le petit frère, celui qui l'a hébergé, confident et partageur. Mais il est sur ce pied avec Jagger aussi, et y demeurera longtemps. Ce qu'on demande à Ron Wood, c'est plus que la guitare : se charger de Keith, sur scène et à l'hôtel, et, puisque Mick Jagger fait pour plusieurs années la totalité du travail et se charge de l'entreprise, faire en sorte que Richards suive. Il ne produit plus, n'écrit plus, mais les morceaux seront toujours signés Jagger-Richards, et les disques produits par les Glimmer Twins.

Pour se charger de Richards à l'hôtel, Wood a une méthode simple qui, pendant les quatre ans à venir, va se révéler plus d'une fois utile. Méthode que seul Ronnie sera en droit d'appliquer au maître : *I've learned that if people overdose, you must keep them awake. If you let them fall asleep, it becomes an eternal sleep. I've walked lots of people around the room to keep them alive* ₂₃, ₁₀₆ : « Ce que j'ai appris, c'est que si un mec overdose, il faut le garder réveillé. Si tu le laisses s'endormir, c'est le sommeil éternel. J'ai fait marcher des tas de types en rond autour de leur chambre pour les garder en vie. » Et Ron Wood, quatre ans durant, fera marcher Keith en rond dans sa chambre.

Dans le petit album que Ron Wood s'offre pour passer à la postérité comme portraitiste de célébrités, on a soigneusement séparé de cette assertion le nom de celui qu'il promène, après l'avoir réveillé de trois claques. Les autres témoignages, et ceux de Richards lui-même, le dispenseront bientôt de cette discrétion. Pour la gestion des ressources humaines, selon la terminologie qui n'était pas encore inventée à l'époque : *Keith says he can't get divorced, that he and Mick are like Siamese twins, but some of the problems can be operated by doctor Wood* ₂₃, ₄₀ : « Keith dit qu'on ne peut pas les divorcer, que lui et Mick sont comme deux frères siamois, mais il y a quelques problèmes que peut traiter le docteur Wood. »

L'annonce publique sera faite le 14 avril 1975 : Ron Wood reste membre des Faces, mais sera prêté aux Rolling Stones pour la tournée à venir : *I knew most of the Stones's songs, but had never actually played them. I had to channel the intricacies of around 150 songs from my head to my fingers* [23, 27] : « Je connaissais la plupart des morceaux des Stones, mais je ne les avais jamais joués. Il fallait que je m'enfonce dans les méandres de près de cent cinquante morceaux depuis ma tête jusqu'à mes doigts. »

Et fin avril on est tous à New York, dans la Factory d'Andy Warhol, pour répéter en vue de la tournée. Le 1er mai 1975, il y a cette scène obligée de l'iconographie, les Stones plantés sur l'arrière d'un camion qui descend au ralenti la Cinquième Avenue en jouant *Brown Sugar* en pleine rue. Sur scène on aura un pénis gonflable géant sur lequel pourra s'envoler Mick Jagger, et un lotus à cinq pétales, monté sur des bras hydrauliques, pour les déposer sur la scène. Tournée qui sera la plus longue de leur histoire : quarante-deux concerts aux États-Unis et au Canada, seize en Amérique du Sud, un million et demi de personnes au total.

Et si on a proposé à Woody un cachet forfaitaire de deux cent cinquante mille dollars, chacun des quatre autres en recevra quatre cent cinquante mille. Mick Jagger et Bianca s'établissent complètement à New York, où Jagger a son premier appartement près de Central Park. Decca profite du retard de *Black And Blue* pour inonder les bacs d'un album de restes, *Metamorphosis*. Aucun d'entre eux ne souhaite revivre les approximations de 1972 : on loue à nouveau un avion, un Boeing 707 baptisé *Starship* équipé d'un bar et d'une salle de télévision, mais plus d'écrivain ni de cinéaste. On se sépare ces temps-ci en *day people*, ceux du jour, presse, logistique et administratifs, et les autres, ceux des concerts. Là où on se pose, on loue l'étage complet d'un hôtel, en s'assurant d'un vigile à chaque extrémité du couloir et devant l'ascenseur : on aura à nouveau l'illusion de la communauté, de la vie à l'écart du monde ordinaire.

De scène en scène, Richards emporte pas moins de seize guitares, et on prétend qu'un peu de cocaïne est posé discrètement en haut de son ampli. La nouveauté technique, c'est l'apparition des micros haute fréquence. La guitare est reliée à un émetteur qu'on porte à la ceinture, bientôt pas plus gros qu'un paquet de cigarettes. Dès leur première apparition sur scène à Baton Rouge (Louisiane), ils expérimentent ce fait incroyable de ne plus être reliés à l'ampli par un fil. C'est ce qui leur permet de sortir du Lotus en plastique, sur les accords de *Honky Tonk Women* qui ouvrent les concerts. Si Richards reprend sa place fixe habituelle entre Jagger et Watts, Ron Wood sautera et courra partout sur la scène : il a vu ça chez les Who, pas besoin d'inventer. Mais il va titiller Wyman et le sortir de son immobilité passive, il va surgir au milieu de

Jagger et Richards bouche à bouche pour leur jeu à deux voix, il va forcer Richards à ces dédoublements de rythme faits d'un bord de scène à l'autre, où Watts d'un coup paraîtra seul à jouer.

Jagger comprend tout de suite ce qu'il peut en tirer : s'il préfère ne pas toucher à Richards (de peur qu'il tombe ?), en plein solo il sautera sur le dos de Wood ou paraîtra l'embrasser sur la bouche. L'autre pourrait s'en trouver déstabilisé, il s'en amuse et y rajoute. La greffe Ron Wood a solidement pris. Jagger, en mai : *Ron seems a natural in the respect he and Keith are brilliant rhythm guitarists. It allows a certain cross-trading of riffs not previously possible* $_{6, 139}$: « Ron nous semble naturel si on prend en compte que lui et Keith sont de brillants rythmistes : ça autorise un aller-retour des riffs qui avant n'était pas possible. » Bill Wyman, en juin : *I loved Mick Taylor for his beauty. He was technically really great. But he was shy, maybe like Charlie Watts and I. Mick wasn't so funky but he led us into other things. Ron Wood's a bit like Keith : he takes us back. He's not such a fantastic musician, perhaps, but he's more fun, got more personality* $_{6, 140}$: « J'aimais Mick Taylor pour cette beauté. Techniquement, il était vraiment grand. Mais il était timide, un peu comme Charlie Watts et moi. Mick n'était pas aussi *funky*, mais il nous apportait autre chose. Ron Wood est un peu comme Keith. Il nous ramène en arrière. Peut-être qu'il n'est pas un musicien aussi fantastique, mais on s'amuse plus, il a plus de personnalité. » L'arrivée de Ron Wood est une vraie respiration pour Bill Wyman, qui retrouve le goût du partage : d'ailleurs c'est lui qui se charge d'apprendre à Woody les accords – *Don't forget it's an E into an F* $_{23, 37}$: « Souviens-toi que ça passe du *mi* au *fa*... »

Et Keith Richards maintenant, en juillet : *This band is less slick and sophisticated sounding than the other one at its best when everybody was in tune and could hear each other. This is a lot funkier, dirtier and rougher and a lot more exciting. The problem for us when Mick Taylor left was whether to replace him or take the opportunity of a break to form a new band and make it different. Mick was a really nice player, but his interest was in melody and harmony and notes* $_{6, 141}$: « Cette formation sonne moins virtuose et sophistiqué que l'autre à son meilleur, quand tout le monde était accordé et qu'on arrivait à s'écouter les uns les autres. Celle-ci est plus *funky*, plus crade, plus rugueuse, bien plus excitante. Le problème pour nous, quand Mick Taylor est parti, c'était soit de le remplacer, soit de saisir l'opportunité d'essayer un groupe différent. Mick était vraiment un bon guitariste, mais ce à quoi il s'intéressait, c'était la mélodie, l'harmonie, les notes... » *Funky*, après tout, est le mot à la mode... les Stones sont eux aussi *funky*.

Quand Mick Taylor annonce en juin qu'il renonce au Jack Bruce

Band, début de sa longue dérive, il n'y a qu'un ou deux journalistes pour suggérer son retour dans les Stones, dont Wood n'est pas encore titulaire.

Si chacun fait bande à part dès le concert fini, Richards a au moins quelqu'un pour vivre avec lui et retrouver le premier partage, guitares en main. Keith, et non le groupe, rémunère directement, cette année-là, un Polonais nommé Freddie Sessler, d'une vingtaine d'années plus âgé que son protégé, pour être avec lui vingt-quatre heures sur vingt-quatre, et faire aussi bien le porteur que le pourvoyeur : la règle est qu'il doit pouvoir être fouillé n'importe quand sans jamais qu'on trouve sur lui aucune substance illicite...

La conséquence la plus immédiate, c'est qu'ils retrouvent goût ensemble à s'amuser comme lors des premières tournées : pour aller de Memphis, où ils ont joué le 4 juillet, à Dallas, où ils joueront le 6, Woody et Keith (accompagnés quand même de Sessler, l'homme gardien, et du chef de sécurité de la tournée, Jim Callaghan) louent une Cadillac décapotable pour joindre par la route les deux villes : le mythe américain éternel leur fait encore envie ou effet. C'est leur façon de voir le monde, quand ils sortent de l'enfermement dans les hôtels et leurs maisons à grands murs. Au point de se faire arrêter à Fordyce, Arkansas, pour un vulgaire excès de vitesse. Et comme la politesse envers la police n'a jamais été le fort de Keith Richards, on les fouille. Il n'y a pas de drogue, mais il y a un poignard, puisque le goût des armes est aussi partie du mythe. On les laissera repartir, moyennant caution de cent soixante-deux dollars chacun : Richards prétend que le poignard est un couteau suisse qu'il utilise pour son décapsuleur : longtemps pourtant qu'il ne carbure plus à la canette de bière ou de Coca.

Reprend la litanie, comme au bon vieux temps, des articles sur la jeunesse en danger et le rock sexiste, assez pour suggérer à Mick quelques réponses selon son art : *As long as my picture is on the front page, I don't care what they say about me on page ninety six* [6, 139] : « Tant que j'ai ma photo en première page, je ne m'occupe pas de ce qu'ils racontent sur moi page 96. »

Ajoutons que, de San Francisco à Chicago, Richards sera accompagné une dernière fois de Uschi Obermeyer, maintenant aussi accro que lui à l'héroïne. Au mois d'août, c'est cependant Anita qui le rejoint à Los Angeles : on se rabiboche, ils s'en iront ensemble en Thaïlande et elle sera une troisième fois enceinte. Mick Jagger pour le break rejoint une fois de plus Bianca en Irlande à Leixxlip Castle, le château des Guinness : l'Irlande est une de ses étapes du *tax-exile*.

Ron Wood passera directement de la tournée des Stones à son ultime tour de piste avec les Faces, et on se retrouve en décembre une fois de plus pour une dizaine de jours au studio Musicland de Munich, hébergés au Hilton. Ce n'est plus qu'une formalité musicale : si Ron Wood est partie intégrante des Rolling Stones, on doit l'entendre sur tout le disque. On n'a pour l'instant qu'un seul morceau, enregistré fin mars avant la tournée (*Worried About You*), alors on lui fait rajouter assez d'*overdubs* sur les morceaux déjà complétés avec Harvey Mandel et Wayne Perkins pour que son nom apparaisse dans la plupart des titres, même si sa participation consiste à peine en quelques accords.

Juste assez pour qu'on se permette d'afficher son profil avec ceux des quatre autres sur la pochette en bichromie, et qu'à nouveau les Rolling Stones soient cinq sur un disque. Ce n'est plus à Genève mais à New York qu'on convoque le 10 janvier la réunion officielle pour confirmer publiquement. Nouvelle éventée, qui a déjà eu pour conséquence une perquisition dans cette maison de Richmond dont le studio et le pavillon de jardin ont croisé la route du groupe. On n'y trouvera pas d'héroïne, ni Wood ni Richards, mais seulement Chrissie, la compagne mariée de Woody, au lit avec une copine à elle : échec pour la police, malgré assez de cannabis pour un procès de plus, mais un kilo de gloire supplémentaire pour les Stones et le parfum de scandale qui ne les quitte jamais.

Ultime spirale : Rolling Stones ad lib

Sexe, drogue, rock and roll : suite

Quand les Stones ne sont pas ensemble, on a des nouvelles de Jagger, Wood, et même Wyman, par leurs collaborations avec d'autres musiciens, leur présence chaque fois recensée à tel événement mondain de cet étroit milieu du show-business. De Watts, on ne s'inquiète pas, parce qu'on sait ses habitudes et sa ferme. De Richards, les ténèbres qui l'entourent sont toujours plus opaques. Keith Richards a comme problème essentiel d'assurer chaque jour le gramme et demi d'héroïne qu'il lui faut s'il est seul, le double s'il est avec Anita Pallenberg.

On s'interroge à longueur d'articles sur la prétendue bisexualité de Mick, qui arbore à nouveau maquillage et vernis. Parce que David Bowie sort un disque, *Station To Station*, et qu'avec son vieux complice Jagger ils s'entendent à merveille à faire leur soupe dans cette marmite-là, elle leur vaut la première page de ces mêmes magazines qui feront leurs choux gras de leurs provocations. Jagger s'amuse trop avec Andy Warhol pour ne pas considérer le monde entier comme un gigantesque théâtre à stupéfier : le monde et ses événements comme œuvre d'art, dans le bon héritage Marcel Duchamp. Travers qui ne vaut pas, loin de là, que pour les Rolling Stones : on trouve plus facilement des articles sur ces chiens, de préférence dobermans noirs, qu'on amenait après concert aux Led Zeppelin puisque leur réputation voulait qu'ils aient quelque amusement zoophile, plutôt que des mois qu'ils passent à arranger leurs disques, et l'histoire est trop souvent faite de ces amplifications données à des révélations qu'on veut sulfureuses : quand on y regarde de plus près, le bruit fait du dehors diminue, et les événements singuliers qui se nouent plus complexes.

On suit depuis 1972 des fils séparés. L'un reprend l'avion dès qu'il a trois jours de liberté pour revenir s'enfermer dans sa campagne, entre ses chevaux et ses soldats de plomb de collection, sans plus jamais toucher une batterie jusqu'à la prochaine convocation en studio ou sur scène. L'autre est tout surpris, quand il est convoqué le même jour dans ce studio ou sur cette scène, que Richards mieux luné qu'ordinairement condescende à le saluer ou s'apercevoir de sa présence : dans la tournée de 1978, alors que Wyman en quittant la scène est tombé dans une fosse et s'est cassé la jambe, c'est seulement une fois dans les voitures qu'ils s'apercevront qu'on l'a laissé en route... Alors il organise sa vie, Bill Wyman, à produire des groupes mineurs ou élaborer ses propres disques. Mick s'est implanté définitivement dans le monde du luxe et des soirées réservées, cet hiver-là Andy Warhol sérigraphie son portrait, on en vendra deux cent cinquante portfolios de dix planches signés par l'artiste et le modèle, pour sept mille deux cents dollars le portfolio (encore les acheteurs ne font-ils pas, au regard des prix actuels, un mauvais investissement). On a maison à Los Angeles et New York, Cheyne Walk comme obligatoire pied-à-terre, on les voit de plus en plus souvent à la Jamaïque.

Du temps du bus Volkswagen, ces vagues de la surface du monde les rejoignaient et les traversaient : il est jubilatoire dans une biographie d'avoir à rapporter les propos du président de la fédération anglaise des coiffeurs. Maintenant, le biographe ne croise plus grand-chose, à les suivre, des heurts et chaos du monde. Et rien de spécialement croustillant à fournir en remplacement : le couple de Jagger et Bianca s'effrite – cela les regarde, après tout. Pour l'instant, ils s'affichent encore ensemble à New York ou au Nicaragua. Vingt fois ils feront la couverture des magazines pour les libertés réciproques qu'ils s'accordent, vingt fois on aura le démenti par Jagger promenant sa fille au long des étangs de Central Park. Les équilibres du monde se sont déplacés : les mêmes disques sont vendus depuis la Californie jusqu'au Japon, en passant par Civray au bord de la Charente (même si je n'habitais plus à Civray, et qu'après *Exile* moi-même ne suivais plus qu'à peine les nouveaux avatars des Rolling Stones : on découvrait cette année-là le folk, Marc Perrone me vendait à Bordeaux un accordéon diatonique, avec un magnétophone cassette à piles j'enregistrais de vieux musiciens routiniers du Poitou).

Dans cet équilibre déplacé du monde, qu'ils ont contribué d'établir, le poids grandissant du commerce et de l'usage de la drogue. Cette fin d'année 1975, Marshall Chess, par qui on se dépêtra de Decca et d'Allen Klein, épuisé par l'héroïne, est évincé de Rolling Stones Records : on dira qu'il part à cause de conflits décisionnels, les directions qu'il souhaite impulser ne coïncident pas avec celles de Jagger seul dépositaire de l'autorité. Peter Rudge, responsable des relations presse, sera remplacé aussi. Chaque fois, Mick centralise un peu plus les décisions, et cette hiérarchie rend plus opaque encore leur organisation, mais la banalise aussi : les rouages des grandes ou petites banques sont tout aussi secrets, et ne nous intéressent pas, on ne voudrait pas faire ce métier-là.

L'année 1976 commence par la reprise de leur plus permanent rituel : après la tournée américaine, une tournée européenne. Bill Wyman sort en février un nouvel album solo, *Stone Alone* (le titre qu'il prendra pour son autobiographie laissée sans suite), et c'est en avril, alors que commence cette tournée, que sort enfin le décevant *Black And Blue*. Jusqu'ici, les Rolling Stones avaient initié les mutations sociales, ou du moins les avaient accompagnées. Voilà que le mouvement social, en continuant, se sert d'eux comme d'épouvantail : on voit se créer une association dite Wavaw (Women Against Violence Against Women, et un autre rassemblement signera ses communiqués Coalition Against Macho-Sexist Music), pour protester contre l'image de la femme telle que convoquée par les Rolling Stones dans l'imagerie de leurs concerts, où Mick enfourchait un immense phallus gonflable.

Leur réaction sera d'aller plus loin dans la provocation simpliste, en nommant l'album à venir *Some Girls*. Aux reproches qu'on leur fait, ils ont beau jeu de rétorquer que si la vie est meilleure pour les filles en 1975 qu'en 1965, dans une société qui s'interroge encore sur le droit à s'embrasser sur la bouche à la première rencontre, la révolution de la pop y est peut-être pour quelque chose. Si on peut s'étonner du peu de politique croisé dans ce livre, quand Keith Richards se mêle de commenter leur sexisme présumé, c'est l'ensemble des mouvements de protestation (il y a eu pourtant le Vietnam et Angela Davis) qu'il met dans le même sac, prouvant le cas qu'il en fait : *Goddam it, a large percentage of American women wouldn't be half as liberated if it wasn't for the Rolling Stones in the first place, and people like us. They'd still be believing in dating, rings, and wondering whether it was right to be kissed on the first date or not. I thought it was quite funny. Trouble is, not many people have the same sense of humor – especially institutions. Individually, some people may have a sense of humor, but as part of an institution they have difficulty translating it into the proper perspective. So they just end up like another load of protest marchers with bees in their bonnets and don't realize how funny they look* [23, 243] : « Bon dieu, toute une partie des femmes américaines ne seraient pas moitié aussi libérées si ça n'avait pas été d'abord à cause des Rolling Stones et des gens comme nous. Ils croient encore aux fiançailles, aux bagues, et ils se demandent si c'est bien de s'embrasser au premier rendez-vous ou pas. Moi je trouve ça rigolo. Le problème, c'est qu'il n'y a pas beaucoup de gens à avoir notre sens de l'humour, surtout pas les institutions. Individuellement, il y en a qui ont le sens de l'humour, mais comme membre d'une institution ils ont du mal à situer ça dans la bonne perspective. Alors ils finissent une fois de plus comme ces manifestants avec une idée fixe, l'air ridicule qu'ils ont. »

Richards aurait pu se contenter de répondre que leur mépris n'est pas que phallocrate, ne vaut pas, de leur côté, que pour la moitié du genre humain : autour d'eux on jette les hommes dûment essorés comme vieux torchons. Il n'y aura que les quelques solides corps anglais du tout début, Ian Stewart et Alan Dunn, à résister dans l'œil du cyclone : parce qu'ils en ont trop vu ? Parce qu'ils tiennent Jagger et Richards à bout de bras parfois comme des gosses à qui on pardonne encore, et Wyman plus Watts en bonne fraternité ?

Quant à Mick, il se garde bien d'entrer dans de telles analyses, voire de répondre aux attaques. Il s'en tire par une ou deux pirouettes de plus, et s'afficher avec son double androgyne David Bowie peut être considéré comme étant sa réponse personnelle, assortie de la provocation cynique ou seulement ironique habituelle. Version Jagger : *People always want to know about our sex life. Why? Because they've got nothing else to think about. Because they've got empty heads. Because stupid heads print it in newspapers. People like gossiping. Especially women. I am not down on women. I've got a song on the next album that's got a nice bit about them called* I Love Ladies $_{6,\ 141}$: « Les gens veulent toujours tout savoir sur votre vie sexuelle. Pourquoi ? Parce qu'ils n'ont rien d'autre à penser. Parce qu'ils ont la cervelle vide. Parce que de stupides cervelles racontent ça dans les journaux. Les gens adorent les commérages. Surtout les femmes. Je n'ai rien contre les femmes. J'ai une chanson dans le prochain disque qui est même bien gentille avec elles, ça s'appelle *J'aime les dames*. »

Bill Wyman et Charlie Watts ont renoncé à dissuader Richards de l'héroïne. Ils font leur deuil même de ce qui était la première force des Stones : la musique, et renforcent leur relation avec Ron Wood parce que c'est cela qui fait tenir le groupe.

Ils ont enregistré les concerts de la tournée américaine, ils enregistreront ceux de la tournée européenne. Au Madison Square Garden de New York, on a joué six fois, dont une avec Eric Clapton et un bis avec Carlos Santana. A Chicago on s'est fait filmer en duo dans le prestigieux club de blues de Buddy Guy, et on a chanté en duo *Mannish Boy* avec Muddy Waters : on peut être devenu aussi célèbre que les Stones, et chercher encore l'adoubement, la preuve d'une authenticité toujours interdite.

Anita et Keith jouent avec leurs limites. Ils s'imaginent pouvoir compenser leur dépendance en s'offrant régulièrement la meilleure clinique suisse et des soins à près de mille dollars par jour. Anita accouche le 26 mars d'un fils qu'ils baptisent Tara (Tara était le nom de cet héritier de la fortune Guinness, ami de Brian Jones, mort dans un accident de voiture en 1966). Victor Bockris, dans sa biographie de Keith Richards, nous apprend le premier que le second prénom choisi par les parents c'est Jo Jo Gunne, à cause d'une chanson de Chuck Berry.

Le 6 avril on annonce que la tournée européenne compte un million de tickets vendus d'avance, pour soixante-sept concerts.

Jagger et Bianca ont gardé leur maison de Mougins, et c'est là que début avril le groupe se retrouve pour répéter, moins Keith Richards : il veut profiter de son bébé, c'est sûr, mais d'autre part il ne tient peut-être pas à voisiner de sitôt la police française. Les deux premiers concerts sont le 28 et le 29 avril à Francfort. C'est, dans la vieille Europe, le même déploiement gigantesque qu'on promenait aux États-Unis.

Deux fois, en Allemagne, Richards a un accident en scène : à Francfort il perd l'équilibre et tombe assommé, à Münster il s'endort carrément au cours de leur long morceau calme (ce qui n'est pas une excuse) *Waiting On A Friend*. La drogue le séparait du studio, elle le sépare maintenant de la scène.

Les photographies le montrent décharné, creusé, ce que les magazines tournent encore à profit pour son image, le voilà couronné *The most elegantly wasted human being*, « l'être humain le plus élégamment dévasté » comme si, dès lors qu'il s'agissait de Richards, tout pouvait ajouter à la légende.

Quand on tourne en Angleterre, leur public leur fait un triomphe, et Keith a fait remettre en état Redlands. Les 10 et 11 mai à Glasgow, le 15 à Leicester Eric Clapton joue avec eux, Stafford les 17 et 18 mai, et six concerts à Londres, Earls Court, chaque soir devant dix-sept mille personnes. La princesse Margaret elle-même mais aussi Caroline Kennedy sont photographiées dans les coulisses des Stones, histoire d'offrir à Mick la une des *Sunday*, les magazines du dimanche, puisqu'à la question obligatoire qu'on lui fait de ses impressions ce soir-là il répond : *This is the worst toilet I've played in, and I've seen toilets. There just aren't any places to play in London* [6, 147] : « C'est les pires chiottes que j'aie eues pour jouer, et pourtant des chiottes j'en ai vu. Il faudrait vraiment une salle de spectacle à Londres... »

On n'a pas le commentaire de la princesse royale quant à l'état des toilettes. Le 19 mai, cinq heures du matin, sur l'autoroute M1, de Londres à Redlands, c'est la fin officielle de la Bentley J 400 D qui fut le début de l'histoire d'amour entre Anita et Keith. Lui, elle et Marlon, cinq ans, sont indemnes, mais cette fois pas possible d'empêcher la fouille de la voiture, et qu'on y trouve leur cocaïne.

Le 29 et le 30 mai, on est en Hollande, et le 1er juin à Dortmund, puis Cologne, pour continuer d'essorer consciencieusement l'Allemagne, dont l'expansion économique est presque insolente au regard des tristes villes minières anglaises. Le 4 juin, ils sont à Paris pour trois concerts aux Abattoirs, quand Richards apprend par téléphone la mort à Genève de Tara, à dix semaines. Officiellement, la grippe.

La première réaction de Keith est de reprendre l'idée de concert gratuit donné il y a trois ans pour les victimes du tremblement de terre au Nicaragua : des funérailles pour son fils qui seraient un concert gratuit, et une cérémonie religieuse où l'orgue serait tenu par Billy Preston. Mais il y a trop d'héroïne partout, trop d'héroïne dessous. Alors on tient secret le décès, qu'on annoncera seulement le 18 juin. Et le soir même, Richards joue sur scène à Paris, comme les deux soirs qui suivent.

Comment ils jouent, on le sait, puisque les concerts ont été enregistrés : ils sont meilleurs qu'à aucun des concerts enregistrés à Londres ou lors des trois mois de la tournée américaine. Pour le double album *live*, celui dont ils rêvaient depuis 1969 et pour lequel ils ont enregistré tous les concerts de la tournée américaine, *Love You Live*, on ne gardera que les morceaux joués ce soir-là à Paris, Mick Jagger annonçant en français : « Et maintenant, Keith Richards va chanter... »

Et ce que chante Keith c'est *Happy*.

Dans la grande halle de la Villette, qui s'appelle encore les Abattoirs, nous on est quinze mille à tenter de les apercevoir et à laisser nos ventres et nos pieds trembler dans les baffles : on ne verra pas les doigts du maître, qu'importe, puisqu'on est avec eux dans le même lieu et au même moment. Et tous ces morceaux qu'on connaît par cœur, avec toutes leurs variations au fil des années et des albums, *Jumpin' Jack Flash* ou *Brown Sugar*, cette fois-là c'est pour nous personnellement qu'ils sont joués : « On remet les notes à leur place de soi-même, et ce qu'on avait dans les oreilles était alors cent fois meilleur que ce que déversait la sono, ils mimaient les morceaux et on les jouait pour eux », écrit le chroniqueur du vieux *Rock & Folk* gardé dans un coin depuis avec le billet du concert attaché par un trombone, on a de ces fétichismes.

Dans l'ancienne salle industrielle qui sent encore sa boucherie (non, notre sueur à nous), et le haschich ou la bière, on aura même droit en bis *Street Fighting Man*, où on n'entendait plus que Keith tandis qu'on hurlait son prénom, et qui rattrapait les soupeux *Hey Negrita* et *Fool To Cry* avant que Mick nous envoie son *Bonsoir, bonne nuit...*

En reste quoi : cette façon qu'on avait, non pas moi seul mais quelques bons milliers d'autres, à tâcher d'ignorer le numéro de Jagger pour se concentrer sur ce mystère de Richards comme pendu à un fil invisible accroché aux projecteurs, là-haut, et qui seul l'aurait retenu de tomber : mystère de ces accords ouverts assenés de tout le bras, la guitare tombant presque sur les genoux, et qui fabriquaient pourtant cette musique qu'on s'imaginait si difficile à jouer, sous le visage rendu encore plus blême par le maquillage bleu des yeux, une bouteille de whisky ostensiblement plantée sur l'ampli plus haut que sa tête. Et puis l'assise de Charlie Watts en arrière. Il avait innové d'une autre façon, le fils de cheminot : quand le monde entier avait accepté que, pour exister, il fallait porter les cheveux trop longs, voilà que le batteur – mais, avec ses presque quarante ans, n'atteignait-il pas un âge pour nous inimaginable ? – s'affichait la boule rasée ras. Charlie Watts, oui, pour la puissance étonnante, très simple mais qui nous enveloppait tous : *Flashpoint*, ils intituleront plus tard l'album de la tournée 1989, c'est cela, point d'allumage, groupe entièrement porté sur cet éclatement entretenu, lui pourtant qui pointait dans le rock comme à l'usine. Au travail et c'est tout, solide assise des cuisses et permanente démonstration de cymbales, cigarette penchée de travers et le regard en général sur Richards, trouver à la fesse gauche du guitariste l'élan et la mesure sur quoi toute la machine trouve son amble et s'accorde. L'inamovible remontée métronomique de la cuisse droite de Charlie Watts sur la grosse caisse unique et sans secrets, aux armes de la marque Gretsch : le souvenir des Stones en concert tient d'abord à leur batteur.

Après le décès de l'enfant, Keith et Anita revendront leur maison de Suisse, ne reviendront plus dans ce pays. On dit que l'assistant chargé de déménager leurs affaires et de les rapatrier à Redlands, puis de nettoyer la maison, trouvera pas moins de cinquante grammes de cocaïne et autant d'héroïne, plus du haschich et quelques centaines de seringues en réserve ou usagées dispersés dans les diverses caches de la maison. Commentaire quinze ans plus tard d'Anita Pallenberg : *Keith was very calm and very protective and very normal and loving. He just said : Forget it. And everybody else told me the same thing. The all said : Forget it. Look after your other children. I am sure that the drugs had something to do with it. And I always felt very, very bad about the whole thing* [17, 248] : « Keith était très calme, très protecteur, très normal et aimant. Il disait seulement : On doit oublier. Et tout le monde me disait la même chose. Tout le monde disait : Il faut oublier. Occupe-toi de tes autres enfants. Je suis sûre que les drogues ont contribué à ce qui est arrivé. Et je me suis toujours sentie mal, très mal, avec tout ça. »

Marlon, cinq ans, suit son père dans la tournée, partage la vie nocturne, les loges et l'hôtel. Il est parfois celui qui l'aide. C'est l'enfant mort qui fera franchir à son père l'ultime étape dans sa consommation d'héroïne. Il ne réagit pas en cessant, mais en plongeant. Cauchemar où on s'enfonce tout droit dans le tunnel où on en a vu tant déjà partir, et Gram Parsons et Michael Cooper et Jimi Hendrix ou les autres.

Au mois d'août, Knebworth. Ils retrouvent Londres : sept ans après Woodstock : les festivals d'été sont dans leur maturité. En France on en a de très beaux où écouter pendant trois jours, près de Vierzon ou dans le Gers, en venant simplement avec son duvet, les meilleures pointures de la musique folk : plus rien ne nous est inconnu de l'art des accords ouverts. On y croisait de ces vieilles légendes vivantes de la musique américaine, on les avait à un mètre de nos yeux tout agrandis. Je ne suis même pas sûr de l'intérêt que nous pouvions garder, ces années-là, pour nos amours d'adolescence que furent les Rolling Stones, et le souvenir des Abattoirs était déjà presque comme un rendez-vous clandestin avec son propre passé. Il était de si bon ton, déjà, de dire que les Stones n'étaient plus ce qu'ils furent.

Knebworth est à une heure de Londres. L'édition précédente a été pour les Allman Brothers et Pink Floyd, surtout Pink Floyd, un succès immense, et cette année les Stones en sont l'attraction principale. Ce 21 août, deux cent mille jeunes sont assemblés là (prix du billet quatre livres vingt-cinq, pour l'échelle rappelons que la riche maison de Mick à Cheyne Walk lui a coûté quarante mille livres, on évalue les revenus de Mick et Keith cette année à un million de livres chacun, ceux des autres Stones à un quart de cette somme). Sur toute l'étendue du vieux parc, un désordre de points vifs de couleur serrés sur les champs verts, c'est comme Hyde Park ressuscité mais cette fois on va bien jouer. Richards a comparu l'avant-veille pour la cocaïne trouvée dans sa Bentley accidentée, et le procès, selon le rythme anglais, a été fixé au mois suivant. Knebworth, c'est l'aristocratique propriété de lady Cobbold, qui se souvient de l'amabilité de Jagger se faisant expliquer, à sa première visite, l'histoire du château et de la famille. Le fantôme de Meredith Hunter hante toujours les Stones, un incident qui rappellerait Altamont serait pour eux une catastrophe.

On veut que Knebworth marque qu'ils restent les plus forts, les plus célèbres, à une tout autre échelle que Pink Floyd ou Clapton. Et on connaît son Angleterre, à laquelle on n'a pas pardonné de les condamner à l'exil, par cœur. Alors on paye des arlequins pour aller promener des pancartes dans les lieux célèbres : sur le court central de Wimbledon, en pleine compétition de tennis, avec l'inscription *Stones at Knebworth 21 August*. Scandale. Puis, comme si ça ne suffisait pas, au championnat national de cricket, beaucoup plus un rite qu'un sport (Jagger, qui golfe en Indre-et-Loire, revient en Angleterre spécialement, dans ses temps libres, pour assister aux matchs où il est bon de se montrer, et Wyman se produit avec Clapton dans une équipe de *celebrities* pour des prestations caritatives), deux filles se mettent torse nu et arborent brièvement la même pancarte, leurs seins nus passent sur toutes les caméras de télé avant qu'on les évacue : effet garanti.

On s'offre, rien que pour être les meilleurs chez soi, le luxe d'une nouvelle scène, bâtie sur le logo de la *lapping tongue* : une énorme bouche orange où joueront, à distance, les musiciens, avec une langue rouge s'enfonçant dans le public pour proscenium. En première partie, on a Hot Tuna (le groupe monté par deux anciens Jefferson Airplane, Jack Casady et Jorma Kaukonen, qui jouaient à Altamont), Lynyrd Skynyrd, les autres groupes n'ont pas laissé mémoire : Todd Rundgren's Utopia et Don Harrison Band.

Lady Cobbold, pour entretenir son château, ne loue pas sa pelouse et son parc aux seuls promoteurs du rock. Deux jours avant le festival, elle accueille un rassemblement scout : *Girl Guides Camp*. Quelques centaines de filles qui sont restées toute la semaine. C'est leur dernier soir, elles ont mêlé la religion et la vie de plein air, elles ont une veillée d'adieu où on chantera. Las, le groupe a décidé de répéter, de régler ses balances et de tester ses amplificateurs. Les filles chantent à la gloire de Jésus quand résonnent les accords d'ouverture de *Honky Tonk Women* : même à un kilomètre ça couvre tout. Elles ont payé la location, et la chef des scoutes (*guide commandant*) fait irruption dans le salon calme des Cobbold : *How we can hold our sing songs with that dreadful racket going on?* [21, 176] : « Comment on peut chanter nos chansons dans ce raffut épouvantable ? » Tentative d'accommodement de sir Cobbold, si la location aux Rolling Stones contribuera mieux aux frais d'entretien de la propriété familiale que le bénéfice tiré des scoutes : *Well, you know, the girls might like to listen to the Stones* [21, 176], ce qui revient à dire qu'aux petites scoutes ça ne peut pas déplaire, de s'offrir un concert des Stones à l'œil. Ou bien : nous le regrettons beaucoup, mais nous ne pouvons faire suite à votre demande. Si les adolescentes aimeraient voir Mick chanter pour elles seules, leur commandante ne demandera pas leur avis, elle a payé et le fait savoir : *Nonsense, I want it stopped*.

Lady Cobbold esquive, pour gagner du temps et déplacer le problème, dans un usage de la langue anglaise dont les Stones seraient incapables : *I suggested that she ought to go and have a word with Mick herself. So she did* 21, 177 : « J'ai suggéré que le mieux serait qu'elle aille elle-même en toucher un mot à Mick, et elle l'a fait. »

Le service de sécurité n'est pas encore en place, la dame repousse un ou deux techniciens de service et fait irruption sur la scène : vus de près, Ron, Mick ou même Bill, dans cette maigreur et cette légèreté qui de toujours les caractérise, ne sont guère impressionnants quand on n'a pas entre soi-même et eux l'icône publiquement dressée. *Look here, my man, this noise has got to stop* 21, 177 : « Dis donc, mon gars, tu vas faire arrêter ce boucan... » Réponse seigneuriale du maître du monde puisque sur scène, oui, à cent dix décibels et surplombant l'immense espace qui demain sera bondé de foule, sur le battement hypnotique d'un Charlie Watts heureux de jouer pour une fois à une heure de ses champs, on est pour chaque deux minutes et demie de chanson le maître de l'univers, et c'est pareil pour quiconque a jamais chanté Chuck Berry dans un garage avec deux guitares et un micro : *Fuck off, lady, I'm singing* 21, 177 : « Ta gueule, madame, je chante. » Syntaxe Jagger garantie.

Le pire ou le meilleur, c'est que la commandante reste plantée là, sur la scène, près du gigantesque zob gonflable qui fait le charme depuis deux ans du son et lumière des Stones, et que c'est Jagger qui finalement s'incline. Les Stones débranchent, et les scoutes vont reprendre leurs chansons, tandis que le groupe revient au château et picole. On répétera, mais plus tard, c'est comme ça chez nous en Angleterre, pensent-ils, avec peut-être un vague retour d'enfance qui serait revenu à obtempérer à la commandante. On aura la compensation qu'à trois heures du matin, tout boucan fini et les amplis recouverts de leurs housses noires, on sera dans la cuisine du château, surpris qu'un cuisinier n'ait pas prévu d'y passer sa nuit blanche (bientôt, dans les prochaines tournées, on aura son propre cuistot), à se faire frire eux-mêmes, Ron aux poêles avec la bonne humeur qui depuis un an les a sauvés du gouffre, des œufs et du bacon. On ne rentrera qu'au jour. A ces agrandissements soudain au microscope que l'hagiographie nous propose comme des moments d'histoire, une idée plus précise du temps et des hommes.

Parce que ce temps, qui fut le nôtre, est notre objet. Il est dit qu'à Knebworth Mick remarque la *girlfriend* de ce Todd Rundgren qu'on a invité avec son groupe Utopia, que la fille, au doux nom de Bebe Buell, lui plaît et qu'il le lui fait savoir en présence même de son fiancé, avec l'élégance de celui qui paye les festivités : *I'm a bigger star than you...* Choquée de la drague toutes voiles dehors de son mari, Bianca tourne les talons et on la retrouve à la sortie du concert, à faire du stop sur la route. C'est une équipe de télé qui la ramène à Londres, évidemment on en entendra parler. Bebe Buell fera quelques mois l'actualité de Mick, mais c'est peut-être pour rattraper cette dernière fête d'anniversaire de Bianca, qui a trente-quatre ans, fête déguisée sur le thème *bad taste*, mauvais goût, qui est pour elle de s'afficher en jarretelles de cuir noir au bras de l'acteur gay et viscontien Helmut Berger en poupée maquillée.

Mick doit aussi affronter, par escouade d'avocats vite lancée, sa compagne des premières années, Chrissie Shrimpton. Elle n'a pas eu pour vivre la grasse pension alimentaire qu'obtiendra Bianca, laquelle n'aura même pas connu les vaches maigres du Mick d'Edith Grove, mais elle a eu l'idée de publier dans cette spécialité anglaise des tabloïds du dimanche les lettres d'amour reçues de Mick aux premiers temps, quand on n'osait même pas dormir ensemble et qu'on en exprimait naïvement le vœu, comme tout garçon et fille de cet âge (on les aura même simultanément en traduction française). La publication s'arrête vite, on négociera avec Shrimpton un rachat confortable : peut-être doit-on aussi imaginer Mick, avec ce petit diamant qui le gêne sur l'incisive, seul un soir à Cheyne Walk déchirer lentement la liasse dans une cheminée pour lui bienfaisante et que c'est cela aussi, la vie de légende.

Le temps ainsi, par coups de zoom et longs défilés, puisque après les deux ans de concerts, et l'apothéose du festival anglais, c'est six mois de séparation. Wyman à ses enregistrements personnels, Watts à ses chevaux, Richards à ses seringues. A l'automne, configuration inédite, c'est Jagger et Wood qui s'enferment deux mois en studio pour le nettoyage et le classement des bandes enregistrées de l'année passée à jouer.

En octobre, la cocaïne trouvée dans la Bentley ramène Keith devant le tribunal de Newport Pagnell, la ville la plus proche du lieu de l'accident. Il arrive à l'audience avec deux heures et demie de retard. La magistrate s'appelle Mary Durbridge, elle lui en demande la raison : parce que ses pantalons n'étaient pas revenus du pressing, dit-il sans sourire. La réponse du juge est le lendemain dans tous les journaux, et efface royalement tout le reste, personne ne parle drogue : *It strikes me as extraordinary that any gentleman of your stature can only afford one pair of trousers* [6, 149] : « Cela me frappe vraiment extraordinairement qu'une personnalité de votre stature ne dispose que d'une seule paire de pantalons... »

Richards est toujours sous le coup de condamnations avec sursis, lequel lui est renouvelé moyennant caution de cinq mille livres : l'argent compte peu, mais les autorisations de visa qui en découlent, si. Les Stones sont toujours interdits de Japon, et c'est un manque à gagner d'importance, dans la logistique des comptes à arrondir, et l'autorisation de travail aux États-Unis est fragile, chaque fois à renouveler. En janvier, le jugement passe en appel, parce que les avocats des Stones sont tenaces. La cocaïne dont il était question a été trouvée sur lui, dans ce petit cône en or qu'il porte à son cou, et le LSD dans un cornet de papier, sur le siège de la voiture. Le collier lui a été enlevé et mêlé à d'autres affaires, parce que Keith a été fouillé nu : on prétend alors qu'il n'est pas possible d'en conclure le flagrant délit. Peut-être la drogue avait-elle été laissée par hasard dans la voiture, peut-être le collier ne lui appartient-il pas. L'accusation produit une photo prise au concert de Leicester, le soir même, montrant qu'il porte bien sur lui le collier. On absoudra Keith pour le LSD, le jugement révisé, les visas sauvés : *a good old British compromise*, sourit l'intéressé.

Queen, Sex Pistols : la scène anglaise continue d'alimenter la pop mondiale et en demeure le prestige. Joe Strummer, leader d'un groupe aussi brillant qu'éphémère, The Clash, déclare quelque chose comme : « En 1977, plus jamais Elvis, ni les Beatles, ni les Stones. » Bob Marley et ses Wailers deviennent légende vivante, la rupture avec ce que savent faire les Rolling Stones est consommée. Ils signent pour un million de livres un nouveau contrat de distribution, cette fois avec EMI, qui vaut pour six albums. *Love You Live* sera le premier, et les Jagger s'installent à Los Angeles, où vit désormais Ron Wood, pour le mixage des concerts aux Abattoirs. Malgré le son et l'émotion de ce soir-là, malgré l'accueil des Parisiens (Mick, en français : *Voulez-vous chanter avec nous... Vous connaissez cette chanson ? Alors allons-y...* et c'est *You Can't Always Get What You Want* avec commentaire au refrain : *Pas mal, pas mal...*), la pâte est trop mince, l'écorce est partie et on voit le tronc nu, blessé, pas de quoi remplir les quatre faces brèves des deux disques vinyle.

Toronto, trente-deuxième étage, suite 32

Il s'agit à nouveau de débrouiller une histoire bien emmêlée.

Quand on écoute les *bootlegs* de la tournée, on est surpris des trous, des manques : la guitare de Wood tellement pauvre et note à note, Richards peinant à remplir les vides. S'ils jouent sur scène *Hand Of Fate*, ils n'arriveront jamais à mettre ensemble le break à deux guitares du milieu, et le morceau ne sera pas repris sur l'album. On essaiera de compenser en mettant en avant, toutes guitares réenregistrées, cette nouvelle relation Wood-Richards, de jouer assez rauque et dépouillé pour répondre au punk émergent.

Ce qui leur manque, c'est ce qu'ils avaient trouvé à Chicago, quand on les avait filmés en duo avec Muddy Waters : ce son des clubs d'origine où tout s'entend, les voix du public, sauvant même le crissement des doigts sur le manche.

Ils ont l'idée de louer eux-mêmes un de ces clubs et de compléter l'album par un concert en petit comité, dont ils contrôleraient toute la chaîne.

On préfère éviter l'Angleterre, on veut un endroit suffisamment imprévu pour contrôler foules ou photographes. On choisit le *El Mocambo*, à Toronto, pour son décor faussement tropical bien kitsch, la proximité de New York et la possibilité d'un hébergement très protégé dans un hôtel ultramoderne, le Harbour Castle. Et une fois encore c'est le virage dans l'histoire des Rolling Stones, l'avant-dernier grand virage dans ce livre.

On a décidé de jouer six fois, et de filmer les deux dernières : assez pour s'entraîner, se chauffer, et peut-être se dépasser. Le 12 février, avant de partir pour New York, Jagger quitte Stargroves, qu'il possède toujours, et prend la peine de passer la journée avec Richards et Pallenberg à Redlands. Le prétexte, fêter les dix ans de l'intrusion policière et la réfection terminée de la vieille maison. Surtout : s'assurer de l'état de Keith.

Désormais, la vie de Richards, en dehors des concerts et des tournées, ressemble à un enfoncement vivant. Il reste éveillé trois jours, voire quatre, avant de s'enfoncer dans un sommeil de vingt-quatre heures et de recommencer. La tension entre Anita et lui est permanente. Sa stratégie : un mutisme indifférent, provocateur, pour résister à ses assauts à elle, qui a l'insulte facile. Doris s'est chargée de Dandelion, et Marlon est au milieu, vit aux mêmes heures. Alors Richards passe des heures à contempler son feu de cheminée, à se repasser en boucle les concerts de la tournée américaine jusqu'à ce qu'Anita n'en puisse plus. La télévision est allumée sans le son et les rares équipées à Londres sont pour puiser à Cheyne Walk parmi le stock de cassettes western puisque avec ça le gosse se tient tranquille. A Redlands, après l'incendie, on a cassé quelques cloisons pour que le séjour principal soit aménagé en mezzanine, du coup il n'y a plus de possibilité pour personne d'échapper à ce qui se passe là, devant la cheminée. Cet hiver-là, Richards ne joue plus de guitare, mais du piano : il y a un Steinway antique dans le séjour, recouvert lui aussi de draperies orientales, et c'est là qu'il passe les heures qui ressemblent à de l'activité.

Si Jagger s'est déplacé, c'est pour mieux vérifier si le couple a fait ses valises. Cinq jours plus tard, quand le groupe est au complet à Toronto, Richards manque à l'appel. Deux jours, puis trois jours : on est habitué à ses retards, et à Nice, l'an dernier, il les a déjà laissés répéter seuls avec Billy Preston pour la tournée européenne. Au dernier moment il a fait ses bagages, pris deux guitares et est arrivé. Là, rien. On lui envoie un télégramme. Et puis un autre, et toujours rien. Quand il se décidera enfin à venir, on n'aura plus assez de jours de répétition, ils joueront deux concerts sur les six prévus. British Airways (il est interdit de vol sur Air Canada) l'emmène enfin, non sans avoir laissé au passage le dalmatien Tobasco (le précédent s'appelait Syphilis) à Mme Richards mère.

Le premier concert a lieu le 4 mars 1977. On a constitué un vrai public, non pas d'invités *high society*, mais des trois cents jeunes gagnants d'un jeu radiophonique tout simplement intitulé : *I would like to go to a party with the Rolling Stones* («J'aimerais passer une soirée avec les Rolling Stones»). Une fois Richards présent, ils ont eu une semaine pour répéter, et ils enregistreront pour le disque le concert du deuxième soir. On a décidé que cette face «club» du double album enchaînerait une série de classiques du blues, *Mannish Boy* (Buddy Guy, signé McDaniel) et *Crackin'Up* (Bo Diddley, signé McDaniel), *Little Red Rooster* (Willie Dixon) et l'inévitable reprise de Chuck Berry : *Around And Around*.

Les magazines retiendront d'abord de l'épisode Mocambo l'affaire Trudeau, qui jamais ne sera vraiment tirée au clair. Pierre Trudeau, le Premier ministre canadien de l'époque, Margaret, son épouse : voilà les personnages du vaudeville. Il est tout aussi attesté que Margaret Trudeau assiste au concert des Stones, non pas dans la sueur et le bruit mais dans cette proximité des musiciens, qui s'entend dans les vingt-deux minutes gardées pour la face Mocambo du double *Love You Live* (oui, tout ce tra-lala d'avions, d'hôtel, de répétitions pour vingt-deux minutes sauvables). Ce dont témoigne Mick : *It was fun on the stage last night but all these girls were grabbing my balls. Once they started they didn't stop. It was great up to a point, then it got very difficult to sing* [6, 153] : «C'était chouette sur la scène, hier soir, sauf toutes ces filles qui m'attrapaient les couilles. Une fois qu'elles ont eu commencé elles n'arrêtaient plus. C'était beau un moment, mais après ça devenait vraiment dur de chanter.»

Il est attesté que Margaret Trudeau est venue de Montréal et a réservé une chambre au Harbour Castle, dans le même hôtel que le groupe. C'est elle aussi qui a organisé et payé – au nom du gouvernement canadien ? – la *party* traditionnelle qui suit. Il est attesté aussi que le mariage Pierre et Margaret Trudeau ne survivra pas à l'épisode, que le divorce s'ensuivra vite.

Quant à ce qui s'est réellement passé dans la nuit de l'hôtel... Le plus funambule dans sa vie, parmi les Stones, ces temps-ci, c'est Ron Wood. Père d'un jeune Jesse James depuis octobre, il vient de se séparer de Chrissie, sa compagne de toujours, et n'a pas encore rencontré Jo, la future. Mais celui d'entre eux, pourtant, qui a la réputation d'homme à femmes ce n'est pas Ronnie, dit Woodpecker, ni Bill Wyman qui les a pourtant testées par centaines, mais, à tout seigneur tout honneur, Jagger. Alors, parce qu'on a vent d'une « affaire » dans la troisième mi-temps de la soirée, on l'attribue à Mick. Lequel a comme stratégie fixe de ne jamais rien démentir, ce qui reviendrait à cautionner celui qui parle. Et pour quoi dire : c'est pas moi, c'est l'autre ? Comme conclut sobrement Bill Wyman : *She's helping to improve English-Canadian relations* $_{6,\,153}$: « Cette dame a aidé à réchauffer les relations anglo-canadiennes. » On peut s'amuser, à un quart de siècle de distance, que, malgré le divorce, l'épisode Margaret se soit conclu par une dévaluation de 1,5 % du dollar canadien par rapport à la livre anglaise et que cela déplaira à bien des gens sérieux, ou bien qu'à nous, alors jeunots des bords de Charente, si on demande aujourd'hui le nom d'un homme politique canadien des années 70, on répondra immédiatement Trudeau comme s'il n'y en avait eu qu'un... *C'mon Maggie* ou *Mrs Trudeau Rock Folly*, les titres des journaux resteront attachés à la dame épatante.

Quand le bruit de l'épisode Margaret s'atténue, vient à la surface l'incident principal, d'abord occulté. Le 24 février, à leur descente d'avion, Richards et Anita passent la douane. Freddie Sessler veille sur Keith et ses affaires, mais la douane s'en prend aux vingt-huit bagages qu'Anita a apportés avec elle. On y trouve dix grammes de cannabis et des traces d'héroïne. Défense immédiate de monsieur : il s'agit des affaires de madame, et pas du tout de ses valises à lui. Anita doit signer une assignation à résidence (*a promise to appear notice*), on ne retient rien contre Richards. Le lendemain soir, le groupe répète toute la nuit. Richards revient à l'hôtel à cinq heures du matin et à sept heures la Royal Canadian Mounted Police (non, pas à cheval) les réveille et perquisitionne la suite 32, au trente-deuxième étage du Harbour Castle.

On leur demande le passeport, le permis de travail, et on fouille. Des emballages de seringues hypodermiques, un sac plastique avec des traces d'héroïne, des pilules rouges d'hallucinogène, un emballage de sucre en poudre comportant des traces de résine, cinq grammes de cocaïne, des lames de rasoir avec des résidus de poudre, des coupelles d'argent avec traces d'héroïne et petite cuillère idem, enfin la prise majeure : tout simplement leur réserve pour la semaine, un sac plastique avec vingt-deux grammes d'héroïne. Quantité suffisante pour ne pas être qualifiée de « réservée à la consommation personnelle », mais destinée au trafic – *for resale* –, ce qui bien sûr n'est pas le cas (Richards en plaisantera : *And that was only the weekend stash* $_{22,\,222}$: « Et encore, c'était juste la dose du week-end »). Mais contrairement à l'aéroport, puisque monsieur et madame louent ensemble la suite, tous deux sont arrêtés, et la comparution fixée au 3 mars.

Quand on émerge du second concert, et les journaux pleins encore de l'affaire Margaret, les avocats requis blêmissent : au titre de la loi canadienne, Richards est passible de la prison à vie. Au mieux, de cinq ans à l'ombre. Le 3 mars, il est jugé coupable et la comparution fixée au 14, aggravée de la plainte d'un photographe tiré par les cheveux et traité par Keith de *junkie bastard*. Le 9 mars, les Rolling Stones retournent à New York, mais laissent Richards et Anita à Toronto : Jagger prend l'avion du matin sans leur avoir dit au revoir, Woody l'après-midi après les avoir salués, Watts et Wyman enfin le lendemain.

Le virage est aussi là, non pas dans l'événement proprement dit, mais dans cet éclatement. Cela pouvait se produire à tout moment depuis cinq ans, et Richards a déjà laissé tomber une bonne part de son rôle dans le groupe, les trois derniers albums en portent le dur témoignage. Jagger, mais aussi Wyman et Watts, sont à bout et n'entendent plus assumer la déchéance du patron (musicalement s'entend).

C'est clairement dit dès que Mick descend de l'avion à New York, après quelques commentaires de circonstance sur l'affaire Margaret : *We can't really do a five year plan at the rate things are going. If the Rolling Stones wanted to tour, I think they'd have to. Obviously we wouldn't if Keith were only in jail for a short period of time. But we can't wait five years* [6, 153] : « On ne peut rien planifier à cinq ans de la façon dont les choses se passent. Si les Rolling Stones souhaitent continuer leurs tournées, je crois qu'ils doivent le faire. Évidemment, on ne le fera pas si Keith ne reste en prison que quelque temps. Mais on ne pourra pas attendre cinq ans. » Quant à Ron Wood, si on ne l'entend pas, il a choisi son camp : Keith est vraiment une branche qu'il vaut mieux scier, il reste avec Mick. A Los Angeles, quelques semaines plus tôt, quand est né Jesse James, Mick et Ronnie ensemble ont emmené Chrissie à la clinique pour sa césarienne. Si Jagger a le parler clair quant à l'avenir incertain du groupe, cette fois c'est Watts qui élude, avec un brin d'impatience : *When my drums start to blow up, that's the last performance* [6, 153] : « Le jour où mes tambours exploseront, oui, ce sera le dernier concert. »

Le 14 mars, Anita est dégagée moyennant amende de sa première inculpation à l'aéroport, et leur comparution est fixée au 27 juin. Assignés à résidence, ils restent coincés au trente-deuxième étage de Harbour Castle, et c'est seulement début avril qu'ils obtiennent l'autorisation de quitter le Canada pour New York, s'ils offrent garantie que c'est pour suivre un traitement médical. Dans cette quinzaine vide, Richards se fait conduire à la nuit tombée dans un studio loué, où, tout seul avec Ian

Stewart resté pour l'interface, il commence à éditer (c'est leur mot : *editing*, pour cette première phase, d'égalisation et de nettoyage, qui fait ressortir chaque instrument, après quoi on pourra procéder au mixage). Mais plusieurs fois, soit que Stu l'accompagne au piano sur d'anciens blues, soit que lui-même tienne le piano pour des morceaux qui lui reviennent de la période Gram Parsons, sur lesquels ensuite il colle une partie de guitare, Keith commence une série d'enregistrements de quelques inusables standards de la country : l'intériorisation déjà de la prison, et qu'il lui faut mettre de côté quelques réserves ?

De retour à New York, Richards file doux. Il commence effectivement son traitement, et c'est dans une relation apparemment pacifiée qu'avec Mick ils remixent, à Atlantic Studio, Broadway, les étapes finales de *Love You Live* : un testament ? Pour le traitement, il s'est présenté à la clinique de Meg Patterson, une Écossaise qui à Londres officiait dans la riche Harley Street : trois ans plus tôt, elle a libéré Eric Clapton de son esclavage, elle a pris plus tard en charge Pete Townshend, rodant un principe de stimulation électrique de la production d'endorphine du cerveau par des électrodes piquées dans les oreilles. Avant la clinique new-yorkaise, Meg Patterson contraignait ses patients à partager le domicile familial (pour Clapton, plusieurs mois), avec son mari colonel et leurs trois enfants. Le colonel fait partie de la thérapie, et son dada c'est la religion. *As far as talking to Eric Clapton went, it was merely a one-to-one situation for me. Here was someone with problems related to how he coped with life. When he said : What's the point of living ? he was talking to someone who had been asking that question for forty years* [43, 125], raconte le colonel au biographe de Clapton, Ray Coleman : « Aussi longtemps qu'on a pu parler avec Eric Clapton, c'était principalement face à face. Voilà quelqu'un avec des problèmes sur comment supporter sa vie. Quand il disait : Mais le sens que ça a, vivre ? il parlait à quelqu'un qui se posait la question depuis quarante ans... » Clapton le raconte longuement et avec bienveillance. La discussion quotidienne avec le colonel sur les motivations, les projets et l'enfance fait partie du traitement, mais la relation de Richards et du colonel tournera court.

Keith supporte pourtant, Stevens Clinic, les cycles de trois jours que lui impose Meg Patterson. On garde l'électricité, on oublie la psychothérapie. *Having treatment can be a very tough thing, but there are ways of avoiding cold turkey with electro-therapy. You know, all that rolling around the room in agony is for the movies. You just go into hospital for two or three days. There are no needles involved. They just use a small electric battery and circulate it between your ears. There main problem is resisting the temptation to go back to the stuff* [6, 154] : « Se faire soigner peut être un truc vraiment rude, mais maintenant on peut compenser le manque par l'électrothérapie. Tu sais, ce truc où les mecs se roulent par terre à l'agonie, c'est pour le cinéma. Tu restes à l'hôpital deux ou trois jours, même pas de piqûres : ils t'installent une petite batterie électrique et ça circule entre les oreilles. Le gros problème, c'est de résister à la tentation de repiquer à la came.» Dans *Survivor*, Meg Patterson, quand elle décrit en détail le processus suivi pour Eric Clapton, il y a le manque de sommeil et l'hypernervosité, le besoin terrible d'alcool, la douleur...

Le 2 mai, Woody le philosophe enfonce le clou : *With or without Keith, the Rolling Stones must produce the goods. If he goes to jail we'll just have to work things out from there* [6, 154] : «Avec ou sans Keith, on doit produire la camelote. S'il va en taule, on devra bien continuer à bosser.»

Mois délicats pour Jagger : Bianca et lui c'est fini. Après l'acteur de cinéma Warren Beatty, on la voit avec le tennisman Björn Borg, mais c'est elle qui réclame le divorce, réclamant l'exacte moitié des possessions du couple, ou une pension alimentaire proportionnelle aux revenus de Mick, qui refuse. La procédure va durer longtemps, et le premier bras de fer sera de savoir dans quel pays le jugement sera prononcé : si c'est aux États-Unis, où le couple est domicilié, Jagger y laisse la moitié de ses avoirs. Ses avocats obtiendront de rapatrier le jugement en Angleterre, pays dont il a la nationalité, pour raisonner en termes de pension alimentaire.

Mick, quand Richards est en clinique, a du temps de reste, et il le noie au Studio 54, un ancien théâtre transformé par Andy Warhol en boîte aussitôt au plus chic de la mode : et la mode, c'est une nouvelle musique, liée aux possibilités neuves de sonorisation des pistes de danse. On appelle ça le disco, avec un son énorme de batterie sous une basse qui noie tout, et le 21 mai il y a rencontré Jerry, c'est son nom de mannequin, une blonde texane rayonnante. Il lui propose, dira Jerry, *a cup of tea* dans le nouvel appartement qu'il vient d'acheter (ou plutôt : il a acheté la maison, et s'y est réservé un appartement, le reste étant à louer), 73rd Street, côté ouest de Central Park, à même pas deux cents mètres (*three blocks*) de la résidence où s'est cloîtré John Lennon, et où il sera assassiné. Jerry Hall est l'amie d'un chanteur de dix ans plus jeune que Jagger, Brian Ferry : est-ce que cela compte dans ce début de relation de marquer qu'on est le prince en établissant son propre territoire aux dépens des plus nouvellement arrivés? Jerry Hall est aussi blonde que Bianca est brune, elle est physiquement d'une bonne demi-tête plus grande que lui, son père est chauffeur de camion au Texas (Jerry Hall a des mains surprenamment larges, qui témoignent des générations rudes dont elle est issue), et surtout elle a sa propre vie sociale : mannequin de mode, elle est en vogue, elle aussi fait les premières pages de magazine, et gagne de l'argent plus qu'il ne lui en faut. Quand elle voyagera pour rejoindre Mick à Paris ou plus loin ce sera à ses frais : bientôt ils ne se quittent plus, c'est pour vingt ans. Peut-être que ce qui plaît à Jagger c'est aussi un partage plus simple qu'avec Bianca, presque un jeu si Jerry, ces années-là, est à la hauteur de son nouveau compagnon, question goût de la provocation. Elle racontera tranquillement à quelques magazines acheteurs des souvenirs de lit plutôt directs, et comment les magazines ne l'afficheraient pas en première page s'ils peuvent titrer, comme le *Reader Magazine* : *Groupie's sordid confession : Why I broke up Mick Jagger's mariage – He 'll make me riche and famous (while Bianca sit home and cries)* : « Sordide confession de la groupie : Pourquoi j'ai cassé le mariage de Mick Jagger – il me rendra riche et célèbre (pendant que Bianca à la maison s'enferme et pleure) ».

C'est mieux d'en sourire, mais qu'on lève les yeux le matin sur l'éventaire au moment de payer son journal, et le monde, c'est le moins qu'on en puisse dire, n'est pas guéri de cette tare, qui même s'épand en renchérissant toujours sur ses précédentes prouesses. La Jerry Hall mère de quatre enfants, vingt ans plus tard exactement, quand elle se battra pour faire reconnaître une légitimité à un mariage dont elle n'avait pas su, parce qu'on l'avait noyé dans une fête richissime à Bali, qu'il échappait aux législations tant américaines qu'anglaises sur le divorce, aura une autre stature, et plus de réserve que lorsqu'elle déclare au *Reader Magazine* : *They are three secrets my mother told me : be a maid in the living room, a cook in the kitchen and a whore in the bedroom. So long as I have a maid and a cook, I'll do the rest myself* : « Il y a trois secrets que ma maman m'a dits : servante au salon, cuisinière à la cuisine et la pute au lit. Tant que j'ai une servante et une cuisinière, je me charge du troisième point toute seule. »

Paroles qui seront reprises et traduites en plus de langues partout au monde que l'œuvre de Pierre Bergounioux (pour l'instant). Et correspondent à peu près à la finesse et l'ambition des paroles écrites par Mick pour *Some Girls* quant il y vante l'ardeur spécifique aux femmes noires.

Parce qu'il doit bien considérer comme probable la séparation d'avec Keith, c'est au rock même que Mick Jagger, en ce mois de mai 1977, s'en prend : *I think rock'n'roll has its limitations as a musical form. Even as a political, economical force, you know. But it's part of it. I don't take anything seriously any more. I mean since the age of fourteen I haven't taken anything seriously, whatever I do* [6, 154] : « Je crois que le rock a ses limites en tant que forme musicale. Même comme force politique ou économique. Mais il fait partie de tout ça. Moi, je ne prends plus rien au sérieux. Je veux dire : depuis l'âge de quatorze ans, je n'ai jamais pu rien prendre au sérieux, quoi que j'aie fait. »

Et il en rajoutera une solide couche en septembre, comme si *Love You Live* était forcément leur testament, que Toronto le débarrassait enfin de Richards : *Rock'n roll is for adolescents. It's adolescents' music. It's a dead end. I think the whole history of rock'n'roll has proved that. There's nothing wrong in it, but it's just for kids. My whole life isn't rock and roll, it's an absurd idea that it should be. But it's no more than anybody's whole life might revolve around working in Woolworth's* $_{6,\,156}$: « Le rock and roll c'est pour les adolescents. C'est de la musique d'ados. C'est une impasse. Je crois que toute l'histoire du rock l'a prouvé. Il n'y a rien de mal à ça, mais c'est juste un truc pour gosses. Le rock ce n'est pas toute ma vie, c'est absurde de faire croire ça : c'est pas plus vrai que dire que la vie de quelqu'un ça se résume à son travail chez Woolworth. »

La suite de l'interview revient sur la menace de prison à vie : le groupe devra travailler sans Richards, et travailler autrement. Ultime gentillesse pour le compagnon : *I'm sure Keith could write in prison, he'd have nothing else to do* $_{6,\,156}$: « Je suis sûr que Keith pourra composer en prison, d'ailleurs il n'aura rien d'autre à faire. »

Richards est de retour à Toronto le 27 juin pour attester les progrès de son traitement. Ses avocats obtiennent un report de l'audience : la comparution définitive est fixée au 2 décembre, moyennant poursuite de la cure et assignation à résidence – *can only travel within a thirty miles radius* : « ne pas s'éloigner de plus de cinquante kilomètres ».

Richards ne pourra pas voyager, mais il a liberté de s'établir où il veut. Si la prison est toujours menaçante, et le divorce Trudeau n'incline pas à l'optimisme quant à l'indulgence des magistrats canadiens, la solution négociée se profile : gagner du temps c'est gagner sur le fond. Keith ne peut pas continuer le traitement de Meg Patterson à New York, mais doit s'installer près de sa clinique. On loue une grande maison banale, dans ces banlieues infiniment étalées d'une ville ordinaire, avec ses carrefours à répétition, ses rues larges et ses gazons sans clôture : Camden, dans le New Jersey, en face de Philadelphie sur la Delaware. C'est là, dans le paysage plat de Cherry Hill et ses soixante-cinq mille habitants, qu'ils passeront cet été 77. Bien loin du chalet suisse, de la vue sur Tamise à Cheyne Walk ou de l'étang de Redlands, ils voisinent l'usine Lockheed qui fait vivre la ville. Ce qui revient dans les récriminations de Keith, pendant les mois à venir, c'est d'être contraint, lui l'enfant de Dartford, de vivre à nouveau dans une banlieue du même ordre. Pour la première fois, Marlon vivra comme un enfant, du moins comme un enfant américain. Ils découvrent ensemble la vie diurne, et Richards, grâce aux séances de neuro-acuponcture, à l'abstinence et à une vie très morne, retrouve une santé précaire : il prend chaque jour (ça ne durera pas longtemps) une leçon de karaté de ses deux gardes du corps, qui l'entraînent aussi au tennis. S'il se sent mieux que lorsqu'il consommait de l'héroïne, il plaisante publiquement : *The only difference between us is the size of our eyeballs* [16, 105] : « La seule différence c'est le diamètre de nos pupilles. »

On a des versions plus tardives, où on les voit affronter physiquement le manque, suer et trembler pour tenir, ou tout d'un coup ne plus résister, mais ce genre de provocation, dont Keith ne peut apparemment s'empêcher, n'est pas fait pour rassurer les autres : plaisanter sur la drogue, c'est fournir des arguments aux juges de Toronto. D'autant que le 19 juillet Richards refuse de s'y rendre, à Toronto. Ses avocats plaideront de l'air le plus sincère possible qu'il ne peut s'éloigner de la clinique, pour ne pas interrompre son traitement. Ou bien Keith plaisante sur le fait qu'après neuf ans de drogue assidue il est encore capable de battre Mick au tennis, tandis qu'à Francfort des gamins font signer des pétitions, et portent quelques milliers de signatures à l'ambassade canadienne : publicité dont le gouvernement se passerait. Le jugement reste une menace.

Et puis Mick aussi traverse une phase sombre. Jerry Hall est revenue à Los Angeles vivre avec Brian Ferry. Célibataire forcé, il s'est établi à l'hôtel à Philadelphie, qui n'est pas une ville de fort intérêt pour un habitué des soirées d'Andy Warhol, et fait l'effort de travailler chaque jour avec Keith au mixage. Il carbure à la tequila et un soir, chez Keith, s'effondre sur le piano. Il tentera un ultime accommodement avec Bianca : ils sont en vacances en Grèce ensemble, mais dans l'île d'Hydra on les verra un soir dîner dans une discothèque à deux tables séparées, aux deux coins de la salle les plus opposés. Ils sont en Turquie le 16 août quand on retrouve Elvis Presley effondré d'une crise cardiaque dans sa salle de bains, assis aux toilettes, son pyjama bleu sur les talons, lisant *The Scientific Search For The Face Of Jesus*. Elvis restait une référence pour Richards, puisqu'on sait qu'à Toronto, reclus au trente-deuxième étage de la suite, il a demandé à Stu de lui acheter tous les vieux disques du fondateur, ceux de la période Sun Studios, avec ce fameux solo de Scotty Moore sur *I'm Right You're Left She's Gone*. Autre décès, Keith Harwood, l'ancien producteur du Led Zeppelin, qui travaille depuis deux ans avec eux. Accident de voiture, en revenant d'une nuit de studio où Richards enregistre avec le chanteur John Phillips (le disque sortira vingt-trois ans plus tard, je l'ai) : on dédiera *Love You Live* à Harwood comme on dédiera *Dirty Work* à Stu.

A Cherry Hill, Richards a vite laissé tomber le tennis et le karaté, mais Ian Stewart s'est installé chez lui à demeure et on a monté un studio d'enregistrement élémentaire. Les bandes sont parmi les plus difficiles à se procurer dans la circulation des *bootlegs* : aussi bien, elles sont de la qualité la plus élémentaire, une guitare ou un piano, et la voix mangée de cigarettes qui s'essouffle au-dessus. Il jouera le *Hound Dog* d'Elvis et reprendra bientôt la lancinante ballade *Apartment n° 9* en public au piano électrique au cours de la tournée des New Barbarians, avec Ron Wood. Il enregistre aussi le *Crawlin'Kingsnake* qu'il refera plus tard en duo avec John Lee Hooker sur un des disques du vieux bluesman, deux ans avant sa mort. De ces vieux favoris, on trouvera *You Win Again* joué avec des musiciens d'occasion sur disque d'hommage au chanteur country légendaire Hank Williams, début 2001. Dès qu'on peut s'éloigner de la clinique, on déménage pour s'installer plus près de New York. Leur maison est à South Salem, comté de Westchester, pour une bâtisse du type de Redlands, à la campagne mais protégée, à une heure seulement de New York et de son aéroport. C'est un pays de lacs aux noms indiens, le pays d'Hawthorne au pied du mont Kisko, et cela devient sa nouvelle base.

Le 16 septembre, toujours astreint à résidence, il est absent de la soirée organisée au Marquee, à Londres, avec le reste du groupe au complet, pour la sortie de *Love You Live*.

Ses avocats obtiennent la levée d'écrou : on ne sait pas moyennant quelle contrepartie financière, ou si déjà un règlement s'amorce. Dès qu'il retrouve passeport et visa, Keith s'envole en Concorde avec Ron Wood. C'est le 6 octobre, on le sait avec précision parce que l'appareil a des problèmes techniques et doit interrompre son vol pour atterrir en urgence à Dublin. Déclaration de Keith à l'arrivée au futuriste et flambant Roissy 1 (l'aérogare existe toujours, mais a mal vieilli) : *The journey wasn't very exciting. We heard a noise and then there was some turbulence. The most exciting thing that happened was Ron spilling his dinner on me* [16, 134] : « Pas très excitant comme voyage. On a entendu un bruit, et après ça a été des turbulences. Le plus excitant, c'était Ron en train de dégueuler son dîner sur moi. »

Est-ce cela la raison ou vraiment parce que, depuis un an, Keith Richards a des soucis qu'a lieu l'anecdote déjà mentionnée : quand il monte dans son taxi, il a oublié complètement l'adresse de son appartement. Il fait arrêter le taxi au Ritz pour téléphoner au bureau des Stones à New York : on lui épelle rue Saint-Honoré, tout près du Ritz, mais ça oui, il s'en souvenait. Le 7, Richards est enfin avec ses copains de vingt ans au studio Pathé Marconi de Boulogne pour commencer des enregistrements. Et c'est ce 6 octobre qu'à son tour Anita Pallenberg sort de ce livre. Comme pour Keith (mais lui peut le retranspirer à mesure sur ses guitares), l'alcool compense l'héroïne à quoi on n'ose plus toucher. Leur fille élevée par la mère de Keith, Marlon continuera de vivre avec un parent ou l'autre selon leurs occupations, sans que jamais Richards se déprenne de sa responsabilité de père même si l'instituteur à domicile de Marlon déclare un jour que, «pour guérir le fils, il faudrait guérir le père» (lequel père rétorquera qu'au prochain précepteur, pour éviter ce genre de remarque, il achètera l'école en même temps que l'enseignant).

Anita refera parler d'elle dix-huit mois plus tard quand, le 20 juillet 1979, dans cette maison de South Salem que lui a laissée Richards, un gamin de dix-sept ans se suicide d'un coup de Smith & Wesson calibre 38, dans le lit même qu'il partage avec Anita. Elle reste douze heures en garde à vue à Lewisboro, la ville voisine, et sera inculpée parce que le revolver a été volé (lors d'une tournée, par Keith, qui en a toujours eu le goût?) à un policier de Fort Lauderdale, en Floride. Elle prétend que c'était la passion du gamin qu'essayer de jouer à la roulette russe. Elle se défendra d'une relation amoureuse avec l'adolescent : ils étaient ensemble dans la chambre parce que depuis un mois elle avait bien voulu l'héberger, et ce soir-là il y avait à la télévision la commémoration des dix ans du premier pas de l'homme sur la Lune (et dix ans donc de la mort de Brian : et comme cela pourtant, à distance, nous apparaît désormais dans le bloc soudé d'une époque).

On apprendra qu'au Noël précédent la mère de ce Scott Cantrell s'était elle-même suicidée, que les draps de la chambre du coup de feu n'avaient pas été changés depuis des mois, et que les deux, Anita et Scott, avaient fréquenté de ces remakes de sabbats à sorcières qui font depuis le *Sleepy Hollow* de Hawthorne la réputation touristique de la région. La presse trouvera aussi dans le voisinage d'autres gamins, dont un voisin de quinze ans, qui attesteront de son obstination à les inviter au coin du feu et entreprendre avec eux d'infinies conversations sur le sexe : *She even asked my sister if she wanted some coke. She had a lot of young boys who would come to the house all the time. She would ask for sex and talk of sex quite often. She never asked me, but who'd want a dirty old woman like that?* $_{6,\,170}$: «Elle a même demandé à ma sœur si elle voulait de la cocaïne. Il y avait toujours des jeunes types qui venaient dans sa maison. Elle leur parlait de sexe, elle parlait souvent de sexe. Elle ne m'a jamais proposé, mais qui aurait voulu d'une sale vieille femme comme elle?»

Triste épigraphe pour l'arrière-petite-fille, petite-fille et fille de peintres, parlant quatre langues, mannequin de mode et actrice du Living

Theater, elle qui n'a que trente-six ans. Bien sûr la presse magazine en rajoute, dégotte toujours une vieille voisine pour se plaindre de musiques trop fortes, de chants étranges ou de tirs au pistolet la nuit, c'était déjà comme ça à Redlands quinze ans plus tôt, même les chats disparus dans le quartier c'est à elle qu'on le reproche : sacrifiés paraît-il, dans quelque cérémonie de magie noire – n'y a-t-il pas eu *Beggars Banquet* et *Sympathy For The Devil*, où elle faisait les chœurs, pour orienter les questions ?

Ainsi paye-t-on de frayer avec la légende, et la dépendance lourde à l'alcool se moque plutôt, dans ses conséquences et ses apparences, du statut social. Sa vie ensuite sera toute discrète, mais on la revoit dans les années 80, photographiée avec Marianne Faithfull : si Faithfull a reconquis son mythe, Anita, pacifiée, un peu épaissie, toujours en bons termes avec Keith, vit sur le commentaire du passé, on la revoit dans les années 90, redevenue plus maigre, le visage buriné, jouant de la guitare basse dans le groupe de son jeune fiancé jamaïcain pour sa fête d'anniversaire : c'est comme ça. Elle a été, à la place de Ian Stewart, douze ans durant ou presque, le sixième Stone, presque le troisième...

More fast numbers : au bénéfice des aveugles

Ce 6 octobre, quand les Stones se retrouvent à Paris, la tâche qu'ils s'assignent est de mettre les bouchées triples : s'en tenir au brut de fonderie, mais décrocher assez de matière pour éventuellement traverser une période sans Richards, s'il était hébergé pour quelque temps dans les prisons canadiennes.

Le goût qu'on a pour le rock and roll c'est toujours la force primaire qu'il dégage, une puissance de rythme dans les morceaux joués vite, selon des canons arbitraires et fixes. Et c'est cela, cette capacité d'en rester à l'élémentaire, qui a été leur spécificité tout au long de leur carrière : qu'ils s'en écartent, ils s'affaiblissent. Qu'ils aient besoin de réaffirmer leur essence ou la validité à incarner leur propre statut, ils y reviennent. Au disque qu'ils prétendent faire ils ont donné pour titre de travail : *More Fast Numbers*, « morceaux joués vite ».

On s'établit à Paris jusqu'à fin mars, et on y reviendra cinq années de suite pour enregistrer. La raison officielle, ces studios Pathé Marconi de Boulogne, dont le nom même évoque l'âge d'or des vieux disques, avec leurs isolations en paravents de vieux bois, des murs épais et à profusion des micros de marque dits Lanterne des années 50, à enroulements de cuivre. Watts, Wood et Wyman resteront à l'hôtel (une adresse discrète, pas loin du George V mais moins visible), tandis que Jagger

loue un appartement et que Keith vit chez lui. Stewart a acquis une station-wagon Pontiac pour les convoyages, et Mick a loué une Renault Alpine bleue. On ne rapportera pas les anecdotes : la Ferrari toute neuve (une de plus, et dans les hôtels, où Keith s'inscrivait auparavant sous le pseudonyme de *baron Ziggenpuss*, il choisit maintenant M. *Dino*) laissée en travers de la rue ou accumulant les contraventions, ou bien ces nuits quand, après être resté éveillé trois fois vingt-quatre heures, il s'effondre et laisse les autres l'attendre. Jagger et Wood construiront alors l'essentiel, laissant la place pour un solo, et c'est quand on se sépare au petit matin que Richards arrive tout frais : *You guys aren't leaving, are you ?*
14, 142 : « Eh les gars, c'est pas que vous partez déjà ? »

Le fait est que Jagger assurera une partie de guitare dans la plupart des morceaux. Richards semble trouver un rythme à sa convenance par ce retour au célibat. Il s'est offert comme ça, sitôt vu sitôt acheté, chez un antiquaire parisien du quartier un luxueux bureau ancien, qui accueille la photo de ses enfants, de l'ancienne Bentley version peinte en orange, de sa maison de Jamaïque et d'Anita aussi. Ou d'un ticket du match de boxe Mohamed Ali contre Ernie Showers au Madison Square. On sait que parmi ses livres il y a *The Psychologic God : Adolf Hitler* de Toland, *Diary Of A Drug Dealer* d'Aleister Crowley, mais aussi les œuvres complètes de Kerouac et une édition des *Complete Tales and Poems* d'Edgar Poe, plus des piles entières de magazines. La librairie anglaise Smith est tout près, peut-être parfois y entre-t-il (j'ai vu souvent sa voiture garée dans la rue, je faisais effort d'y passer quand *Rock & Folk* nous signalait leur présence mais lui, non, invisible). Régulièrement, Doris Richards vient passer le week-end avec Dandelion au Ritz, ils s'y retrouvent. Avant décembre, les Stones auront enregistré près de quarante morceaux bruts, une réserve dans laquelle ils pourront puiser plusieurs années. Et *Start Me Up* deviendra un de leurs classiques les plus rémunérateurs depuis *Jumpin' Jack Flash*, enregistré à ce moment-là pour n'être utilisé qu'en août 1981, trois ans et demi plus tard.

Le 2 décembre, Keith accepte le retour à Toronto. Les récents enregistrements le rassurent peut-être sur l'éventuelle continuité des Stones. Il affirme avoir suivi depuis février sa cure de façon continue, et reconnaît pour la première fois (cela fait partie du plan négocié avec les juges ?) l'usage de l'héroïne. Il y met seulement un bémol : c'est uniquement avant les tournées, prétend-il, qu'il y recourt, pour compenser la pression et le trac. Après tout, puisqu'ils n'ont jamais cessé de tourner, ce n'est pas un mensonge. Et les avocats trouvent encore prétexte ou argument pour repousser la comparution définitive à février. La menace reste réelle, mais chaque mois gagné les écarte du scandale de départ :

l'affaire, pour le public au moins, est usée. Et la comparution de février sera tellement définitive qu'on obtiendra que le jugement soit différé à mars, et de mars à octobre.

Jagger s'envole pour le Maroc avec Jerry Hall, comme s'il leur fallait à chacun, pour démarrer une histoire neuve, repasser toujours sur les traces anciennes, avant de partir ensemble pour la Barbade, tandis que les formalités officielles du divorce avec Bianca continuent : il est riche, elle est gourmande.

Revenu de Toronto à New York, débarrassé de son procès pour quatre mois, Keith retombe une dernière fois dans l'héroïne à volonté. A Londres, c'est Jimmy Page qui se défend de remplacer bientôt Keith dans les Stones : on apprend ainsi qu'à l'automne, tandis que le groupe était à Londres et Richards astreint à résidence aux États-Unis, Wood, Jagger et Page ont préparé ensemble une partie des maquettes utilisées à Paris, maquettes où bien sûr la contribution du guitariste solo du Zeppelin est effacée quand le groupe s'en ressaisit. Jagger dément immédiatement, mais plutôt maladroitement : cinquante morceaux en si peu de semaines, ce n'est pas le style des longues improvisations de Keith, lui-même affaibli, et beaucoup plus attiré par la musique country, qu'on entend d'ailleurs aussi dans ce disque à venir (dans *Far Away Eyes* ou *Just My Imagination*, par exemple...)

On se remet au travail en janvier. Keith plus sévèrement contrôlé par une assistante personnelle, Jane Rose, et l'éternel homme de charge Freddie Sessler. Il renoue avec les night-clubs, et le chanteur Brion Gysin (celui-ci était avec eux à Marrakech en 67, au moment de la rupture d'Anita et Brian). On a trouvé à Paris le son du nouveau disque, mais à Londres on a trouvé un producteur : Chris Kimsey. Parce que la mode est au disco (Wyman tiendra le riff sur des synthétiseurs tandis que Keith tient la basse) on se lance dans *Miss You*. Non pas qu'on en ait eu l'intention consciente, ce n'est pas ainsi qu'ils fonctionnent, à écouter Bobby Keyes : *I think if you were to mention* DISCO *to Keith and say : Let's do a disco song, you might have a problem on your hands. I can't imagine anything like that going down consciously* [51, 157] : « Si tu devais parler disco à Keith et lui dire, allez, on fait un truc disco, tu aurais un drôle de problème sur les bras. Je ne peux pas croire que quoi que ce soit du genre se fasse consciemment. » En tout cas, une rengaine où on emprunte tous les tics de l'époque pour en faire un standard lisse et solide, sur éternel fond de la fille de rencontre via un enregistrement spécial pour discothèques et pistes de danse. On avait eu le génie d'inviter un Noir américain, Sugar Blue, pour une partie d'harmonica solo : leurs attachés de presse prétendront qu'un jour Jagger l'a entendu jouer dans le métro, et convié au studio le lendemain. On imagine mal Mick prenant le métro pour aller à Boulogne (aujourd'hui, à la rigueur, puisqu'on l'a bien vu, petit chapeau-cloche en toile rabattu sur le nez, manifester avec les Parisiens le 1er mai 2002), mais pourquoi ne pas laisser ainsi traîner l'idée aux quatre coins du monde, que vous pouvez faire la manche, anonyme, dans une capitale, avec un instrument aussi pauvre que le Marine Band vous retrouver le lendemain auprès du plus célèbre groupe rock en activité ? Vrai ou pas, avec *Miss You* en version huit minutes trente-six les Stones vont renouer avec les gros sous.

On peut écouter des heures, je le fais en ce moment, les *Paris Outtakes* : des improvisations de blues à n'en plus finir, appuyées sur le piano de Ian McLagan, l'ancien des Faces, mais où le jeu des deux guitares entremêlées élabore la texture des Stones nouvelle version. Apparemment tout en plaisir, puisqu'on les entend s'apostropher ou rire en fin de morceau, que la batterie de Watts est simple et efficace, de plus en plus lourde et portée en avant, et la basse très simplement en appui. Les titres sont parfois seulement des repères de travail : *Cook Cook Blues*, *All Mixed Up*, *Down In The Hole*, *I Think I'm Going Mad*... La marque Richards est signalée dès le titre quand le morceau s'intitule *Can't Cut The Mustard* («J'peux pas couper la moutarde»). On a six versions successives de *Respectable* dont une où, selon la vieille tradition qu'ils avaient oubliée, on convoque tous les amis au studio pour jouer en direct, avec applaudissements à la fin. Il y a bien longtemps qu'ils n'en avaient eu la confiance.

Évidemment on veut rejouer en concert, à nouveau lancer une tournée. En mars, Jagger et Richards apportent les bandes à New York et réapprennent à travailler en tant que Glimmer Twins : les jumeaux étincelants n'ont plus partagé cela depuis des lustres. On a embauché un jeune technicien, Tom Edmonds, pour assurer avec Jane Rose que Richards ne rechute pas. Ils ne suffisent pas.

On a trouvé à Woodstock un des lieux qui leur seront nécessaires désormais : une grande ferme (pour *Steel Wheels* une ancienne école) restaurée pour offrir une grande salle de répétition avec un peu d'espace scénique, des facilités d'hébergement et suffisamment à l'écart pour en contrôler l'accès. Keith, lorsqu'il était venu visiter, avait été tellement emballé par la sonorité de la grange qu'il y était resté soixante-douze heures, enfermé avec le piano. Le groupe s'isole pour élaborer la version concert des enregistrements récents : une tournée c'est des millions de dollars, et c'est l'enjeu financier lourd de la santé de Keith Richards. Comme si, chaque fois qu'on plonge après un arrêt, émerger était plus difficile. Il doit reprendre le traitement d'urgence. Meg Patterson fournit un stimulateur portatif, et on le rebranche par les oreilles sur la «boîte noire» (le courant électrique de la *black box* doit agir sur l'oreille interne), plusieurs heures par jour, en surveillant les électrodes. Souvenirs de Jerry Hall : *Millions of dollars depended of it. And the whole thing was going to fall through if Keith didn't get out off heroin. Mick loves Keith, you know. They're like a married couple and they're the dearest friends. He did it staying with us in Woodstock. He got off heroin right on our couch. I don't know if Keith even remember this, but for a two weeks he was just lying there. Mick and I would feed him. And everytime the clip fell off we'd hook them back on. And we covered him with a blanket at night. It must have been so painful. He just slept and slept all the time. And he lost a lot of weight and when he got up he'd be so weak. And then he started getting better. You know the feeling you have when you have a child and you watch him grow? «O did you see what he's doing today?»* [44, 172] : «Des millions de dollars dépendaient de ça. Toute l'affaire s'écroulait si Keith ne se sortait pas de l'héroïne. Mick aime Keith, tu sais, ils sont comme mari et femme, et les meilleurs copains. Il habitait avec nous à Woodstock. Il s'est sorti de l'héroïne dans notre propre lit. Je ne sais pas si Keith s'en souvient seulement, mais pendant deux semaines il est resté là, allongé, sans rien faire. Mick et moi on le nourrissait. Chaque fois que les électrodes tombaient, on les lui rebranchait. Et la nuit on lui mettait sa couverture. Alors il dormait et dormait, à longueur de temps. Il a perdu pas mal de poids. Quand il s'en est sorti il était tout faible, mais à partir de ce moment-là ça allait mieux. Tu sais, le même genre de sensation qu'à regarder un gosse grandir, quand tu dis : Oh, tu as vu ce qu'il fait, aujourd'hui?»

Selon Keith, s'il a bien été hébergé chez Mick et Jerry, il n'y est resté que trois jours, avant de partir dormir chez Ron Wood. Mais il confirme la cure de sommeil intensive, sous la surveillance du groupe, électrodes en continu sur les oreilles, avec Tom Edmonds pour assistant permanent. La solution viendra de la nouvelle épouse de Woody qui, lorsqu'elle le rejoint, amène avec elle une amie, Lilly Wenglass Green, une jeune Suédoise, laquelle tente en Amérique une carrière de mannequin. Ce sera par elle que la rupture de Keith et Anita deviendra définitive, et que les rechutes drogue s'espaceront : la liaison de Keith et de celle qu'il nomme Lil durera les deux ans à venir. On complète par une prise régulière de méthadone : mais c'est clandestinement qu'on se procure les quatre cents tablettes de Dolophine nécessaires à faire passer le manque, tandis que la cocaïne servira à se mettre en forme avant de monter en scène.

Le 9 juin 1978 on met dans les bacs, partout dans le monde, l'album *Some Girls,* et le 10 juin le titre phare *Miss You* entre dans les discothèques (et chaque deux mois, pour entretenir la pression et les rentrées, on lancera un autre quarante-cinq-tours, comme aux vieux temps d'Andrew : *Beast Of Burden* en août et *Respectable* plus *Far Away Eyes* en octobre, la planification est sans faille). Le groupe joue le premier de ses vingt-trois concerts tiroir-caisse le soir même à Lakeland en Floride. Pour le rodage on choisit d'abord une ville éloignée, et on n'invite pas de journalistes. Vingt-six concerts, mais en cinquante jours exactement : petite nouveauté très discrète, de jouer un jour sur deux, et garder du temps pour la récupération. Il faut dire qu'on joue soit dehors, soit dedans, mais qu'on a changé de taille : quatre-vingt mille personnes à Chicago ou au Superdrome de New Orleans, cinquante-cinq mille dans le Coliseum de Los Angeles, quatre-vingt-dix mille dans le John Fitzgerald Kennedy Stadium de Philadelphie. Ils sont les premiers à réussir ce changement d'échelle.

On les verra aux soirs de relâche à des concerts de Bob Marley, on prendra le temps de se faire filmer à nouveau avec Muddy Waters dans un club privé comme si on y était de passage par hasard, mais c'est la première tournée en dix ans pour laquelle aucun événement n'échappera au contrôle, rien à se mettre sous la dent pour la presse à scandale : Keith Richards la joue propre.

Il y a bien cette chute de Bill Wyman, qui tombe une fois de la scène quand le groupe, à Saint Paul dans le Minnesota, s'éclipse dans le noir après le bis et qu'aucun de ceux du groupe ne s'en aperçoit, et un concert raté, où personne n'arrive à jouer juste, à Fort Worth au Texas, qui pousse Jagger à dire aux quelques dizaines de milliers de gamins qui ont payé cher leur billet et l'attente : *If the band's slightly lacking of energy, it's because we spent all last night fuckin', we do our best* $_{6, 162}$: « Si le groupe manque un peu d'énergie, c'est qu'on a tous passé la nuit à baiser, on fait de notre mieux. »

Après tout, ça reste couleur rock and roll, et on se rattrape à Memphis, où on se sent tellement en confiance qu'on enchaîne *Hound Dog*, d'Elvis Presley, à *Sweet Little Sixteen*, de Chuck Berry : la capacité retrouvée des Stones, même devant trente mille personnes, à quitter l'enchaînement prévu et se faire plaisir impromptu sur le noyau central de leur musique – les marchands de disques pirates en feront leur bonheur. Et si on imprimait ce livre avec différentes couleurs selon l'importance des éléments qu'on y importe, on noterait discrètement qu'à Los Angeles c'est Bobby Keyes, à son tour désintoxiqué, qui remonte sur scène avec eux et revient en faveur après cinq ans d'éviction : il ne les quittera plus maintenant.

La pochette de *Some Girls*, avec ses ombres chinoises monochromes aux lèvres reteintées en fluo, peinturlurait de façon bien reconnaissable

Raquel Welsh d'une part, et une actrice américaine, une des femmes les plus riches du pays, Lucille Ball, qui avaient aussitôt porté plainte. L'affirmation sexiste de l'album rend inéluctable une condamnation pour diffamation, tandis que le pasteur Jesse Jackson, un des principaux militants du mouvement noir aux USA, appelle au boycott de l'album pour ses poétiques assertions du genre *black girls just want to be fucked all night*, la presse amplifie l'affaire, et les Stones eux-mêmes n'ont que des arguments de défense plutôt limités. On a trois registres, la déclaration officielle d'Earl McGrath, président de la Rolling Stones Records : *It never occured to us that our parody of certain stereotypical attitudes would be taken seriously by anyone who heard the entire lyric of the song in question. No insult was intended, and if any was taken, we sincerely apologize* [50, 160] : « Cela ne nous était pas apparu que notre parodie de certaines attitudes stéréotypées pouvait être prise au sérieux par quelqu'un qui écouterait jusqu'au bout les paroles de la chanson en question. Il n'y avait aucune intention d'insulter quiconque, et si certains le reçoivent de cette façon, nous leur présentons sincèrement nos excuses. » Les enjeux commerciaux sont trop lourds. Le président d'Atlantic commente en alléguant discrètement, de Marsha Hunt aux choristes de Tina Turner, que l'engagement de Mick dans la musique noire est vraiment affaire de peau : *Mick has great respect for blacks. He owes his whole being, his whole musical career to black people* [50, 160] : « Mick a un grand respect pour les Noirs. Il doit tout son être, toute sa carrière musicale au peuple noir... » C'est sans doute mieux que les déclarations des intéressés eux-mêmes, Mick : *If you can't take joke, it's too fucking bad* [50, 160] : « Merde alors, si on peut plus déconner... » ou Keith : *Why did we called it* Some Girls *? Cause there were so many I couldn't remember all their fucking names* [17, 275] : « Pourquoi ça s'est appelé *Some Girls* ? Parce qu'il y en a eu tellement que je n'ai pas pu me rappeler leurs putains de noms... » La position est intenable, le boycott réel, et juillet on réimprimera le disque avec une nouvelle pochette et des excuses publiques : *Please accept our apologies* dûment imprimé sur la pochette : c'est devenu cela, l'arrogance des Rolling Stones ?

En octobre, quand Richards revient encore une fois à Toronto, deux des principaux organisateurs de concerts sont dans la salle et cela suffit pour la rumeur de ce qui va se vérifier bientôt : il n'y aura pas de prison, mais Richards sera condamné à ce qu'on appelle chez nous « travaux d'intérêt général » selon sa profession, autrement dit : concert public de réparation. Tout s'annonce pour qu'il s'en tire bien. Alors il plaide coupable pour la possession d'héroïne, moyennant quoi le tribunal renonce à sa charge essentielle, la quantité de drogue saisie qualifiant la condamnation comme trafic. Pour le prouver, les avocats de Richards dévoilent ce qu'on n'aurait jamais su sinon, ses revenus des trois dernières années : 175 000 dollars en 1975, 300 000 dollars en 1976, 350 000 dollars en 1977, et on convoque pour le dire le financier des Stones, Rupert von Loewenstein. Keith a acheté sa maison de Westchester et celle de Jamaïque, dispose d'un appartement à Paris, il a reconstruit Redlands après l'incendie, on s'est offert une Ferrari en Europe et une autre à New York. Cheyne Walk a été revendu pour payer les frais d'avocat, et si une large partie de la vie matérielle de Keith Richards est prise en charge par une des multiples sociétés sous emblème Rolling Stones, tout le reste du revenu est passé en achat de la poudre quotidienne, dose dont on apprend qu'elle est, pour les deux dernières années, de deux grammes et demi par jour.

L'avocat Austin Cooper parviendrait presque à faire pleurer les juges en décrivant les neuf ans passés par Keith dans l'esclavage de l'héroïne comme une continuelle lutte pour s'en déprendre. Il a choisi de marteler sur le thème de l'artiste et de son génie, en convoquant dans sa plaidoirie rien de moins que Conan Doyle, Aldous Huxley, Sigmund Freud et quelques autres dépendants célèbres à l'opium : *He should not be dealt as a special person, but I ask Your Honor to understand him as a tortured creative person – as a major contributor to an art form. He turn to heroin to prop up a sagging existence : I ask you to understand the whole man. He has fought a tremendous personal battle to rid himself of this terrible problem* [6, 164] : « On ne doit pas le traiter comme un cas banal, et j'en appelle à Votre Honneur, mais voir en lui une personnalité créatrice torturée, qui apporte une contribution majeure à une forme artistique neuve. Il s'est mis à l'héroïne pour soutenir une vie effondrée, et je vous demande de comprendre l'homme tout entier. Il a mené une bataille personnelle très dure pour s'extraire de ce terrible problème. »

Richards a été soigneusement briefé quant aux négociations préalables et ce qu'il lui faut dire ou ne pas dire, puisqu'il adopte profil bas : *If you want to get off it you will, and this time I really wanted it to work. I've got to stay on the treatment if I want to kick it for good* [6, 164] : « Si on veut s'en guérir, on le peut, et cette fois je voulais vraiment que ça marche. Simplement je dois continuer le traitement si je veux en finir pour de bon. »

Quand le procureur l'accuse de prosélytisme en faisant la liste des titres des Rolling Stones faisant explicitement référence à la drogue, il botte en touche avec un argument plutôt spécieux : *That is a misconception, I mean, about one per cent of our songs glorify the use of drugs, and Mick Jagger wrote them anyway, not me* [6, 164] : « C'est une erreur, je crois, à peine un pour cent de nos titres ont pu valoriser l'usage de la drogue, et de toute façon c'est Mick Jagger qui écrit, pas moi. » Tout est de la faute à Mick, bien sûr (après tout, Mick Jagger est hors d'atteinte).

Le lendemain, Richards s'en tire avec l'obligation d'un don d'un million de dollars canadiens à une clinique pour toxicomanes, un an de mise à l'épreuve et l'obligation pour les Rolling Stones de donner deux concerts gratuits à l'Institut canadien des aveugles. Une salle de 225 places qui provoquera, pour assister au concert de charité, l'explosion du prix des places au marché noir. Gros titre du *Toronto Sun* le lendemain matin : *Imagine the laughter among Rolling Stones fans*, ah, on doit bien rire, côté Rolling Stones...

L'affaire ne sera pas terminée, puisqu'une partie de l'opinion canadienne trouvera bien trop clémentes la négociation et la peine, et que le procureur fera appel de la décision. D'autres procédures s'ajouteront aux premières, mais feront long feu. Richards est libre et guéri. Presque guéri. Seul inconvénient de la traversée, maintenant qu'il s'étend à longueur d'interviews sur son plaisir renouvelé à jouer, à mener les Rolling Stones au pas et décider de leurs nouveaux chemins musicaux : Jagger, qui s'est chargé de tout depuis six ans, apprécie peu de rendre la clé de contact à l'ami ressuscité. Tout le long de la nouvelle tournée, Richards, très entouré et protégé par un service de sécurité étanche, est empêché de recevoir même ses parasites habituels : *Even people I know extremely well don't come to my hotel room door without first passing through our own security* [17, 281] : « Même les types que je connaissais le mieux, ils ne pouvaient pas arriver à ma porte d'hôtel sans avoir à passer au travers de notre propre sécurité... »

Il est évident que Jagger et lui ne s'adressent plus la parole, ne se parlent plus hors le strict nécessaire.

Âge industriel et vie de famille

Qu'on aille un samedi après-midi chez ces marchands industriels du disque et qu'on examine les icônes des carrés de plastique transparent qui les enveloppent, et les longueurs respectives de linéaire classées par genre, de *pop rock* à *world*, via le *new age*, le *funk*, la *soul*, le *metal*, le *heavy*, la *house* et j'en passe, chaque âge y insérant sa propre étiquette pour manifester sa place, les Rolling Stones sont réduits désormais à une portion bien congrue, même si tous les deux ou trois ans c'est comme une sempiternelle spirale, avec tournée, nouveau disque, les interviews où reviennent de mêmes questions sur Brian Jones et Mick Taylor, ou sur leurs amours et maintenant ce que cela fait d'être grand-père. Alors une fois de plus on sort sa carte de crédit pour payer le dernier album de Mick Jagger en solo ou Bill Wyman avec une bande de copains sur des reprises éprouvées, au cas où le miracle une fois se reproduise : il y a longtemps qu'il n'est pas advenu. On écoute le disque une fois, deux fois, sur le lecteur de CD de sa voiture, dans la nuit de l'autoroute ou sur la rocade qui vous ramène, et deux jours après on l'a mis dans l'armoire parmi la pile de ceux qu'on n'écoute plus. Et nous voilà une fois de plus, pourtant, à telle brocante de province où on savait le trouver, à fourrager dans l'arrière de la fourgonnette de Doktor Stones à examiner les dates des concerts détournés dont il dispose ce mois-ci : à New York, en 1992, quand Ron Wood, Keith Richards et Bob Dylan arrivent sur la scène du gala de bienfaisance à telle grande cause, ils sont tellement éméchés tous trois qu'ils ne sauront même pas accorder leurs guitares. Mais on a quand même acheté le disque à cause du miracle des trois après-midi de répétition qui ont précédé, où on prend son temps, où on s'amuse à telle chanson qu'on connaît depuis vingt ans, pour les raclements de gorge des trois bonshommes de cinquante ans et leur art de simplement ne plus rien faire ou presque, tel accord qu'on fait tenir vingt secondes avant d'en planter un autre mais c'est tellement *root* (comme nous l'avait effectivement promis Doktor Stones).

Alors classons 1979. Ils sont souvent à la Jamaïque, se décidant enfin à donner à leur Rolling Stones Records Company une existence indépendante, grâce au chanteur de reggae Peter Tosh. Les Glimmer Twins tâchent de prouver qu'ils peuvent produire la musique des autres. La vie privée de Mick Jagger se laisse encore suivre à la trace : une fois parce qu'il doit éviter que les huissiers détachés par Bianca ne le trouvent chez lui à Central Park West, pour justifier que le procès en divorce peut légalement avoir lieu aux États-Unis. Il s'enfuit par l'escalier de service, prend le premier avion qu'il trouve. Bianca obtiendra en avril paiement provisoire d'une pension de mille cinq cents dollars par semaine en attendant un prononcé définitif du divorce. Il est rattrapé aussi par les avocats de Marsha Hunt, pour la pension alimentaire dérisoire versée à Karis, qui pourtant a le même âge que Jade, d'ailleurs quand c'est lui qui en a la garde il les promène ensemble. Richards s'est établi avec Lil à New York, Wood est à Los Angeles. Les Rolling Stones tentent de trouver un équilibre de travail : en janvier on reste un mois à Nassau, Bahamas, en espérant que les tropiques les ouvrent à d'autres rythmes. C'est peu du goût de Charlie Watts qui, pour la première fois semble-t-il, se vexe et rentre à Londres d'un coup d'avion : on prétendait lui accorder ses peaux (on, c'est le nouveau producteur : Chris Kimsey). Le résultat sera une suite d'enregistrements avec le duo basse-batterie antillais de Sly Dunbar et Robbie Shakespeare.

Les enregistrements de Nassau, je les ai trouvés aussi dans la fourgonnette de Doktor Stones. Toujours la même alchimie lente de deux guitares qui se cherchent, pistes schématiques d'accords grattouillés pour *Lonely At The Top*, tandis que l'assise rythmique reste traditionnelle et que Jagger égrène de vagues paroles improvisées comme on chanterait une gamme. Parce qu'ils veulent rompre avec le binaire rapide de *Some Girls*, les voilà presque comme des apprentis, mais cette fois, pas sûr qu'ils réussissent. Il leur faut des mois pour transformer le germe de départ, compliquer les accords, accumuler six pistes de guitare, refaire la basse, inviter un pianiste ou ajouter des cuivres, mais on a le juron de Keith quand il se plante, les rires quand la musique les a embarqués. Ils n'ont pas la grosse pêche, les Rolling Stones, à Nassau, et ça s'entend : trop à cuver, de la tournée, de Toronto. De leurs propres relations.

D'ailleurs, on met six mois avant de se décider à se revoir. Rendez-vous plus traditionnel fin juin à Paris, studios Pathé Marconi de Boulogne-Billancourt. On y restera cette fois deux mois, avec les interruptions habituelles, et on remettra ça en novembre : l'album *Emotional Rescue* est un de leurs trous d'air les plus manifestes, et *Undercover*, qui suivra, guère mieux.

Entre-temps, on ne se voit même pas, ou bien on s'accouple : Charlie Watts et Bill Wyman joueront avec Alexis Korner (il mourra trois ans plus tard, le 1er janvier 1984, à cinquante-cinq ans), en trio ou quartette, le répertoire d'autrefois. Ron Wood est toujours salarié des Rolling Stones, payé à l'heure ou au concert. Quand les Stones s'arrêtent, c'est fini. Alors il s'est toujours senti libre d'enchaîner des albums solos qui se vendent à cause des invités de prestige que sa réputation lui permet de décrocher.

En avril, Woody décide de partir en tournée avec ses propres chansons, et d'écluser en solo l'inépuisable manne des salles moyennes du circuit des provinces américaines. Richards perd son temps à New York, la liaison avec la jeune Suédoise est devenue instable, et il y a le risque permanent d'une rechute qui serait maintenant sans plus de remède. *Hey, Keith, you gonna sit on your ass for another few months or what* [23, 51] ? : «Hey, Keith, tu comptes rester assis sur ton cul encore pendant trois mois, ou quoi?» Wood a embauché l'équipe rythmique de deux solides musiciens noirs (*On bass, he plays very well... Mr Stanley Clarke... On drums : Ziggaboo Modeliste*), on a complété avec l'indispensable Bobby Keyes rentré en faveur, et le pianiste des Faces, bientôt omniprésent dans les Stones comme dans la carrière solo de Jagger : Ian McLagan. Les New Barbarians, c'est surtout leurs deux *frontmen* affublés de guitares jumelles : *Mr Keep Rigid on attendance*, proclame Wood quand il annonce Richards... *And Ron Wood if he could*, rétorque Bobby Keyes.

Il manque quand même au groupe une donnée non secondaire : le chanteur des Rolling Stones. Alors c'est les deux petits hommes à la voix mangée d'alcool et de tabac qui s'y essayent et ça leur donne une drôle de mixture, aux Nouveaux Barbares : les chansons plutôt neutres de Wood, quelques reprises solides, et finalement, pour tenir la scène, le répertoire des Stones comme si on le jouait en version karaoké, toutes guitares en avant sur fond de quelques paroles bredouillées. Sauf que Richards découvre qu'il peut tenir la scène sans Jagger, et chanter *Apartment n° 9* ou *Let's Go Steady* en solo. Mais la tournée n'est pas une réussite, parce qu'ils n'ont pas le courage de déroger aux luxueuses habitudes des Stones : jet privé, limousines, et les meilleurs hôtels. On bouillonne, et Richards s'en passerait, quand ce qu'il paye pour Toronto à ses avocats lui a mangé une bonne partie de ses réserves financières. Mais le public est là comme aux bons vieux temps des débuts, les *kids* assez motivés pour venir une fois voir Keith Richards de plus près qu'ils ne le pourraient jamais autrement, et lui regarder les doigts en s'étourdissant de décibels si Richards et Wood ne dérogent pas non plus à cela dans leur réputation : qu'ils ne jouent pas le plus vite, mais certainement le plus fort. Alors c'est une ambiance comme au Richmond de Gomelsky et cela lui fait du bien, à Richards. Pour les deux concerts qu'on jouera de façon arrogante et froide à Toronto par mesure de justice, c'est les New Barbarians qui feront la première partie.

Et il vous dit cela, Woody, quand on a réussi à obtenir l'entrevue à Henley, un jour de juillet, comme si c'est tout ce qu'il vous fallait retenir, que l'entretien n'était qu'une table des matières : parler de ses peintures – *Yeah Woody, obviously...*, dire que Richards a pris du bonheur à jouer de la guitare à quatre mains comme ils l'ont fait – *Yer Woody, that's clearly audible...* quand ils ont formé en 1979 leurs New Barbarians – *Sure, Woody, I would be so pleased to hear them live...*

Il est surpris, Woody, qu'on en sache déjà tant à propos des dates, de la composition de ses groupes, au bord des régates, parmi les blazers. L'aristocratie anglaise a dû accepter la présence en son sein de cette nouvelle caste de milliardaires, et les messieurs en blazer font semblant à l'anglaise de ne pas remarquer le nez anguleux et les yeux sombres du très agité Woody qui, lui, se repaît de cette intégration. Au point que c'est vous, qui pourtant avez mis pantalon neuf avec petite touche mode et chemise genre américain, qui vous sentez là comme un épouvantail.

L'hiver suivant, c'est lui Woody et sa compagne, Jo, qui se font arrêter dans leur maison de Jamaïque pour possession de substance illicite (260 grammes de cocaïne maladroitement planqués dans un arbre en pot sur leur terrasse), et restent six jours en prison : *Six days in the fuckin' shit hole. It was like a human zoo. Our cells had no beds, just a concrete block. No pillows, a bucket in the corner that they'd collect once a day if you were lucky* : « Six jours dans ce putain de trou à merde. Une espèce de zoo humain. Dans nos cellules, même pas de lit, juste un bat-flanc de ciment, pas d'oreiller. Une cuvette dans un coin qu'ils vident une fois par jour si t'as de la chance. » Jo, sa compagne, est de l'autre côté de la cour – quand elle lève la main, lui l'aperçoit par les barreaux : *That's the only way I knew she was alive*, « le seul moyen que j'avais de savoir qu'elle était en vie ».

Qu'il n'avait sur lui que son short, précise-t-il, Woody, ses sandales et sa chemise, et dans l'oreille lui reste la voix des deux gosses, qui pleuraient quand on avait embarqué leurs parents. Et que son dobro, la prestigieuse guitare à résonateur, était tombée et s'était cassée. Je me lance : rompre avec la consommation d'héroïne, cela a été aussi dur que pour Richards ? Comme les autres Stones, il n'aime pas trop qu'on s'attarde à ces vieilleries, Woody, et ressert la phrase de Keith Richards en le citant : *As Keith told it once, you know...* (quand Richards avait déclaré qu'on peut donner le meilleur de soi-même et de sa musique aux périodes où on est le plus dépendant).

Et puis, parle-t-on de cela ici, à Henley, sous le soleil de juillet, où tout est limpide et conforme à la tradition – Harrison et Clapton habitent aussi à proximité (George Harrison malade, qui disparaîtrait l'hiver suivant), et le nouveau château de Jagger pas si loin ? Ron Wood est fier de sa petite vengeance, quand son avocat les avait extraits, Jo et lui, de la prison de Saint Martin : *Can I pay for my stay with my Midnight Express Card ?* [23, 98] : « Je peux payer la note avec ma carte Midnight Express ? », voilà ce qu'il leur avait dit, et qu'il me répète.

Leur chance est que le dealer arrêté avec eux a reconnu avoir planqué lui-même sur leur terrasse le petit paquet sous papier d'aluminium : mais ce genre d'aveu s'achète facilement. Moi, ce qui m'importait, c'étaient ses mots, ses mains. *How do you eventually think of you, Woody, if your life wouldn't have stepped as a Stone ?* Le destin de musicien, prétend-il, se révèle bien auparavant et se serait accompli de toute façon, même sous des formes moins voyantes, avec les mêmes chansons, derrière la même guitare. Je veux bien le croire, puisque le batteur des débuts, Carlo Little, devenu grand-père avant eux, consacre sa retraite à un site Internet voué à ce que sont devenues toutes ces célébrités provisoires des années 60 et à des émissions de télévision qui les accueillent pour reparler de l'âge d'or, qu'on l'y voit en photo amateur, avec dans la pupille le reflet rouge du flash, lui Woody, venir adouber le vieux monsieur ventru, comme pour lui conférer définitive légitimité.

Now he's a salty old dog... « Maintenant, c'est un sacré vieux chien », est-il en train de me dire de Keith Richards, avec la distance affectueuse de qui reconnaît sa dette. *Salty, what that exactly means, Woody ?* Parce que Richards a le poil sel et poivre, maintenant qu'il grisonne, me précise-t-il. On cherche à lui faire plaisir, à Woody : *Not too much difficult, when you're fifty, to begin learning pedal steel ? – Oh yeah, sure it is, you know... isn't it ?* Finalement, être ensemble un moment n'est-ce pas pour moi l'essentiel, et que les phrases qu'ensuite on écrira sur son ordinateur, au milieu des piles de documentation, on saura les adresser à un regard et à un corps, une manière de bouger et de rallumer sa cigarette, d'avoir un petit coup d'œil de collégien alentour avant d'oser jeter le mégot par terre et d'y poser avec un petit mouvement tournant d'habitude la bottine croco au bout triangulaire sous le pantalon jaune rayures noires ? Les haut-parleurs annoncent le résultat de la régate, il vous fait taire, puis on va boire et ses amis l'accaparent.

Après tout, ils se sont tant expliqués déjà sur tout ce qu'on aurait à leur faire dire. De cette absence désormais, à partir de 1979, de vraie relation sociale entre eux ? *We don't give a fuck if it's your mother, we're here to rehearse, not socialize* [23, 45] : « Même s'il s'agit de votre mère, ils s'en fichent : on est là pour répéter, pas pour se fréquenter. » C'est sur ce genre de phrase qu'on aurait aimé pouvoir le faire parler, Ron Wood : il a effectivement prononcé cela, en 1987, dans une interview du journaliste Bill German, mais à propos de quelle frustration en studio ? Allez suggérer cela à quinze ans de distance : quand ils ont supporté depuis tant de bruit, affronté tant de foules.

Ils produiront en 1980 ce qui est leur plus mauvais disque depuis *Goat's Head Soup, Emotional Rescue.* Telle que décrite par Ron Wood, l'ambiance n'y est plus : *It was fucking awful. You had Mick and Keith, who'd been children mates, who'd started the world's best fucking band, written some of the world's best fucking songs, and they were just drifting further and further apart and leaving me in the middle looking for a new job, when I'd already landed the best job of my life. But it was obvious that neither wanted to be the one to say : That's it, let's split, because they both still cared about the band and each other. It was just Mick got to believing Keith hated him and vice versa, which was bollocks – they were just pissed off, both of them* [24, 212] : « Putain c'était affreux. Tu avais Mick et Keith, des copains d'enfance, qui avaient fabriqué le putain de meilleur groupe du monde, écrit quelques-unes des putains plus belles de chansons du monde, à dériver de plus en plus loin l'un de l'autre, en me laissant planté au milieu, à chercher un nouveau boulot, alors que j'avais atterri dans le meilleur boulot de toute ma vie. Et pas un des deux pour dire : OK, on arrête, parce que tous deux ils tenaient encore au groupe et l'un à l'autre. Mick s'était mis à croire que Keith le haïssait, et réciproquement, c'était ça la couille – je crois qu'ils en avaient marre, l'un comme l'autre. »

La médiation du docteur Wood, comme il se proclamait lui-même cinq ans plus tôt, avait fonctionné longtemps, mais Wood doit traiter désormais sa propre dépendance à la cocaïne, où paradoxalement il s'enfonce jusqu'en 1983 alors que Richards, même avec un peu d'opium pur et pas mal de vodka pour résister, se déprend définitivement des seringues.

Wood a trop à faire avec lui-même, et ne retrouvera jamais son niveau instrumental de *Some Girls*. Les Rolling Stones en plus de six mois ne se rassembleront qu'une seule fois, en avril, le temps de tourner à New York les trois minutes de la vidéo publicitaire d'*Emotional Rescue*. Lorsque fin juin le groupe tient à Londres sa traditionnelle conférence de presse pour la sortie du disque, Richards refuse de se déplacer. Il suffit de les écouter ces temps-ci... Bill Wyman : *I want to do other things. I only got into rock'n'roll for a bit of fun and to see the world for a couple of years [...]. Twenty years, that's a nice time to stop* [6, 172] : « Je veux faire d'autres choses. Je m'étais mis au rock pour un peu d'amusement, puis voir le monde une paire d'années. Vingt ans, c'est pas mal pour arrêter, non ? » Il lui en faudra dix de plus. Charlie Watts : *I can't keep up being a Rolling Stone all the time. Plus the fact that I hate rock'n'roll. Rock'n'roll is a load of old rubbish, isn't it ? I like the people involved, but not the whole showbiz thing* [6, 174] : « Je ne peux pas envisager d'être Rolling Stone à temps plein. De plus, le fait que je hais le rock and roll. Le rock and roll, c'est un tas de vieilles conneries, non ? J'aime bien les types qui en font, mais pas tout ce showbiz autour. » Mick Jagger : *I'm afraid rock'n'roll has no future. It's only recycled past* [6, 174] : « J'ai peur que le rock n'ait pas d'avenir. C'est seulement du passé recyclé. »

Deux semaines plus tard, Wyman confirme : *I am going to retire from the Rolling Stones. I don't want to wait until I'm sixty, that'd be too late. You do get frustrated in a band like the Stones because it can be so restrictive. They are five people with five different tastes : Keith might be mad about reggae and Jerry Lee Lewis, Mick's listening to the New York radio stations and funk, Charlie Watts is back in England listening to Bix Beiderbecke, and I'm here in the south of France listening to Hank Williams* [6, 174] : « Maintenant je veux prendre ma retraite des Rolling Stones. Je ne veux pas attendre d'avoir soixante piges, ce serait trop tard. On peut être vraiment frustré, dans un groupe comme les Stones, parce que c'est tellement restrictif. Cinq types, et cinq goûts différents : Keith qui devient fou de reggae et de Jerry Lewis, Mick qui se gave des radios new-yorkaises et de funk, Charlie Watts qui retourne en Angleterre et écoute Bix Beiderbecke, et moi ici, sur la Côte d'Azur, qui écoute Hank Williams. » Le discret Wyman passe toujours beaucoup de temps avec son voisin Chagall, jusqu'à la mort du vieux peintre.

Pour la présentation du disque à New York on sauve les apparences, puisque Richards est là et qu'on finit ensemble dans un club, Mick et Jerry applaudissant Keith qui joue des vieux rocks avec le groupe du chanteur Jim Carroll, la guitare plus bas sur les genoux que jamais, les bras musclés et bronzés, le maquillage brillant. Et pour ménager la chèvre et le chou, les voilà tous deux en frère à la télévision new-yorkaise, avec des phrases qui ne risquent pas de faire fuir le client. Mick : *So, how long did you want to be in rock'n'roll? – I don't know. Maybe forever* [6, 174] : « Alors, combien de temps vous continuerez le rock? – Je ne sais pas. Peut-être toujours. » Et Keith martèle sur le retour au mythe des origines : *Rock'n roll is as healthy as ever. We all tend to forget that it's 90 per cent crap anyway. But the 10 per cent is good. The younger kids have sort of got the right idea on how to play it, you know. They have the right attitude. And that's what rock'n'roll is, an attitude* [6, 174] : « Le rock est aussi vaillant qu'il a toujours été. On n'arrive jamais à oublier que c'est 90% de merde. Mais ça fait 10 % de bien. Les gamins d'aujourd'hui ils savent comment jouer ça, vous savez. Ils ont la bonne attitude. Et c'est ça, le rock, une attitude. »

En octobre on revient à Pathé Marconi pour plus d'un mois et demi. L'album *Tattoo You*, composé en grande partie de reprises du temps de *Some Girls*, dont *Start Me Up* (un refrain à succès sur accords ouverts comme *Jumpin' Jack Flash*, qu'ils arriveront même à vendre à Bill Gates pour une publicité de ses systèmes) fera oublier quelques semaines le déclin. On a eu l'idée d'opposer une face rapide à une face lente, et les journaux musicaux s'ébaubiront de cette audace formelle d'importance. Le disque sera l'occasion d'un nouveau procès avec Mick Taylor, qui reconnaîtra des maquettes faites avec lui. Keith n'aime pas les Parisiens (*I love Paris, hate the people. That's a bit of a rough thing to say, but the Parisians must have a huge inferiority complex. Paris would be lovely without the Parisians...*) mais Paris comme base professionnelle leur semble une solution assez satisfaisante et stable pour que Mick s'achète près d'Amboise ce refuge de Fourchette, belle bâtisse XVIe siècle où il viendra désormais se mettre au vert. Fourchette c'est à portée d'avion privé de Londres, à une heure de train de Paris (oui, ça lui arrive, j'en suis témoin), et assez de châteaux dans la région pour retrouver à Saumur, dans un golf discret, d'autres collègues milliardaires invisibles à nous, les autochtones. Mais il est repris par son fantasme de cinéma, comme si c'était pour lui le jardin interdit. Non plus *Performance* ou *Ned Kelly*, mais un des meilleurs réalisateurs au monde, Werner Herzog, pour une allégorie délirante où Herzog rêve de prolonger son inoubliable *Aguirre ou la colère de Dieu*. Un possédé rêve d'amener une troupe d'opéra dans un village minier de la jungle bolivienne, mais le bateau qui servira à la convoyer devra d'abord être porté à bras d'homme de l'autre côté d'une montagne. Le héros, Fitzcarraldo, est arrogant et cynique, porte en oriflamme son corps blanc et sa culture occidentale au milieu des Indiens liés à la nature, aux araignées et aux serpents, à l'eau et la montagne. Si Jagger d'abord joue le jeu (lors d'une grève des techniciens locaux, il servira de chauffeur à l'équipe avec sa propre voiture), d'accidents en difficultés le tournage se passe mal. Herzog, qui échange avec Jagger en français, veut que la vérité du film tienne aux dangers que l'équipe et les acteurs affronteront réellement. Il tiendra son défi, au prix de quatre morts sur le tournage – un Indien un jour lui propose tranquillement de tuer Klaus Kinski, le héros d'*Aguirre*, qui reprendra finalement le rôle de Mick, lequel l'a laissé tomber à mi-chemin.

Ce mois de décembre 1980, John Lennon se fait assassiner au coin du Dakota, cette résidence très fermée, au bord de Central Park, à deux rues de l'appartement de Jagger. C'est ainsi qu'on découvre comment vivait depuis deux ans, reclus et inactif, son grand piano blanc refermé, le grand créateur. Ce n'est pas un hasard si les voisins de Keith Richards, qui lui aussi habite Manhattan, se plaignent des nuisances nocturnes et du reggae joué à fond toute la nuit, et obtiennent finalement qu'il déménage. Keith a enfin rencontré Patti Hansen, femme d'équilibre, qui lui permettra d'arborer désormais une tranquillité un peu ironique, mais souriante. Keith Richards, ce début d'année 1981, est sorti d'enfer et n'y retournera plus. Patti Hansen est une grande belle fille qui elle aussi s'est accrochée à une carrière d'actrice de film et en a payé le prix par ces rôles de début qu'on vous offre moyennant déshabillage, et qu'elle laisse tomber aussitôt. Elle sera toujours discrète, on n'aura d'elle que quelques interviews pour *Health Magazine*, disant combien il est facile de rompre avec ses erreurs de jeunesse quand on s'aide de la nourriture biologique. Elle racontera qu'elle ne connaissait rien aux Rolling Stones, que sa musique préférée ce n'était pas du tout ça. Mais elle croise un soir, dans un de ces éternels clubs où ils finissent leurs soirées faute de rien savoir faire d'autre, ce type maigre et flottant, un bandeau dans les cheveux en désordre, attirant à cinquante mètres les regards excités par la réputation du milliardaire, mais plongé dans son whisky, les doigts jaunes de nicotine et ses défenses toutes prêtes contre ces parasites avec lui où qu'il aille. La fille est maintenant près de lui, ils se parlent comme il y a longtemps qu'il n'a parlé à quelqu'un, il voudrait l'épater avec ses Rolling Stones mais pour une fois tombe sur quelqu'un qui s'en moque. Elle lui dit que si c'est pour en arriver à autant d'alcool et de tabac, ou un tel désespoir, la fortune n'en vaut pas la peine, et voilà comment Richards laissera comme dans un conte de fées, dans un club new-yorkais enfumé, tiré par la main d'une grande fille blonde à taches de rousseur, l'habit du rebelle, du nomade et du junkie.

Patti Hansen, au biographe de Keith, Victor Bockris : *When I first met Keith all I could think was : It's a guy who really needs a friend. I gave him the key to my apartment after only knowing him two weeks. There was no sexual thing going on. I knew he just needed a secret place where he could get far away from the madding crowd [...]. When I got to my apartment, there he was sitting on my stairs, waiting for me* 17, 297 : « La première fois que j'ai rencontré Keith, tout ce que j'ai pensé c'est : Ce type-là a vraiment besoin d'un ami. Je ne le connaissais pas depuis deux semaines que je lui ai laissé mes clés. Il n'y avait rien de sexuel encore. J'avais compris qu'il lui fallait un endroit secret pour récupérer à l'écart de la pression de la foule [...]. Quand je revenais à mon appartement, il était là assis sur les marches, à m'attendre. »

Et Richards : *Patricia turned me around just when I needed turning* 17, 300 : « Patricia m'a permis de me réorienter au moment précis où j'en avais besoin. » Richards est un homme de mutation lente. Anita Pallenberg continue d'habiter la maison du New Jersey (quand la liaison avec Patti se solidifiera, elle le poursuivra dans les clubs, mais pour leur mariage elle offrira à Keith une Gibson de 1934) et à Lil, la Suédoise, Keith laisse l'appartement new-yorkais où ils venaient d'emménager. La liaison tarde à se défaire : l'été suivant, quand Patti et Keith vivent à Redlands, il loue à Lil une suite au Savoy et la rejoint régulièrement à Londres.

Parce qu'on a sa fierté, son arrogance et aussi son métier, et qu'on croit solidement à l'axiome plutôt tautologique, mais un de ses préférés : *when you're a Rolling Stone, you're a Rolling Stone*, Keith bien sûr prétend qu'il ne changera pas pour la blonde Patti son mode de vie, sa manière de rester trois jours réveillé à jouer de la guitare et puis de plonger pour vingt heures dans le sommeil, ni renoncer à ses échappées pour deux mois de studio à la Jamaïque ou à Los Angeles, à vivre la nuit et mûrir sur une nuit entière un seul changement d'accord. Elle saura l'accepter, et ne pas s'étonner qu'à trois heures du matin il la sonne dans l'appartement duplex pour qu'elle apporte, à lui et ses parasites de service, un plateau de cinq steaks façon New York, épais de quatre centimètres et cuisson dite *rare*, à peine saisis.

Le couple va se marier, au bénéfice de Keith qui pourra se prévaloir de la double nationalité anglaise et américaine. Ils sont heureux et ça se voit.

Patti rejoint Keith en tournée, fin d'un adage et d'un interdit par celui même qui l'avait proclamé, on emmène même parfois la belle-mère et la sœur, et eux-mêmes auront deux filles, l'aînée a pour prénom Theodora Dupree en l'honneur de Gus Theodore Dupree, ce qu'on a évoqué plus haut, et Alexandra Nicole la seconde. Une fois Lil lentement éloignée, on ne connaît pas à Richards d'aventures extraconjugales, mais il ne réduira pas pour Patti sa consommation effrénée d'alcool. *I've got drunk 27 years* : «Ça fait vingt-sept ans que je suis saoul», proclame-t-il, comparant les dégâts de la dépendance alcoolique (comme il se lève le soir vers six heures pour enregistrer la nuit, on ne dit pas qu'il boit de l'alcool dès son petit déjeuner) aux effets de l'héroïne (puisque de la cocaïne, considérée comme un excitant et non comme une drogue, il n'est pas question de se sevrer) : *I consider booze to be far more damaging to the body, to the mind, to the person's attitude [...]. And it just seems so vague putting you through those constant incredible changes* 17, 300 : «Je considère l'alcool comme bien plus destructeur pour le corps, l'esprit, le comportement [...]. Et ça vous semble tellement vague à mesure que vous vous enfoncez dans ces changements incroyables», mais la conscience qu'on en a ne suffit pas forcément pour s'en guérir. Le couple trouvera dans le New Jersey, un peu à l'écart de New York, une propriété avec piscine et portail surveillé où oublier définitivement les anciens démons.

A preuve que Patti Hansen, très liée à sa famille, contraint Keith à retrouver son père. L'approche ne sera pas facile. On fixe un rendez-vous à Londres, dans un salon du Ritz où Keith est descendu. Ils ne se sont pas vus depuis 1961, et les deux hommes partagent le même mutisme : *Allo, son 'ow ya doin'?*, « comment ça va fiston » selon une source, et *Wotcher mate*, «salut collègue» selon une autre, c'est assez pour vingt et un ans de silence. Le bonhomme est à la retraite, et la retraite l'a assoupli. Être le père de Keith Richards, ça a déteint jusqu'au recoin de banlieue où il avait voulu garder une vie en ligne droite, contre Doris qui passait tout au fils, avec sa musique bizarre et ses révoltes d'adolescent. Il est un peu devenu le Rolling Stone de son quartier par procuration, dans le pub où il joue aux cartes ou aux fléchettes avec ceux du troisième âge. L'ouvrier rigoriste de l'usine d'ampoule Osram, on le retrouve avec une pipe bavaroise (modèle à couvercle) au bec, et des favoris généreux sous la chevelure grise embroussaillée. Le fils, pour les retrouvailles précédées de quelques coups de téléphone, fait livrer devant l'hôtel la voiture neuve dont rêvait le papa. Richards découvre que ce qu'il a considéré, tout du long de sa carrière, comme ses meilleures qualités de caractère et de résistance lui vient de son père. *He doesn't want anything from the outside* ₁₇, ₃₂₉, dit Anita Pallenberg : « Il ne supporte pas que quelque chose lui vienne du dehors » comme exemple. Alors, et malgré la jalousie ou la réticence de Doris, qui gardera ses distances et ne se réconciliera pas avec son ex-mari, le bonhomme est inclus dans la tournée européenne. Il a sa chambre dans le même hôtel où le fils a sa suite et boit de la bière plus que ses gardes du corps, et le bonhomme rayonne, entouré des deux bras par le fils décharné. La meilleure manière que Keith finalement aura trouvée pour ne pas renouer à la seringue, ce sera les soirées passées à jouer aux dominos comme au pub avec le bonhomme à rouflaquettes. Bert n'avait jamais connu l'Amérique, il le fait même venir pour des séjours à New York où, plutôt bizarrement, c'est chez Anita qu'il l'héberge, dans la maison du New Jersey.

En mars, les deux couples Richards-Hansen et Jagger-Hall sont ensemble en vacances à la Barbade. Tentative de retrouver les heures créatives autrefois partagées ? L'événement ne se reproduira plus, mais permet qu'en avril ils s'attellent ensemble aux vocaux de *Tattoo You* tandis que Bill Wyman, avec une scie ironique sous le titre élégant de *Si, si, je suis un rock star* (oui, oui, au masculin), déclenche une avalanche imprévue de droits d'auteur sur son compte en banque : pour une fois que ce n'est pas nous, Français, qui cautionnons l'indigence sous prétexte que nous ne comprenons pas les paroles, Bill leur fait le même coup, aux Anglo-Saxons.

Et bien sûr nouvelle tournée, nouvelle échelle, nouvelle administration, des stades encore plus grands. On prépare ça comme on sait le faire, en s'isolant dans le Massachusetts (Long View Farm) pour six semaines de répétition à l'écart, plus cours de danse et jogging pour Jagger. La tournée durera de fin septembre à début décembre, et pour l'ouvrir, dans le village même où on a répété, on investit le 14 septembre le club dit Sir Morgan's Cave, qui a annoncé la venue surprise d'un groupe dit Blue Monday and the Cockroaches (*roach*, c'est le filtre qu'on installe sur le joint de cannabis, et *cock* on a déjà croisé, Little Boy Blue fournissant à la couleur du tout). Mais une radio locale a laissé transpirer le secret et ils sont quatre mille à vouloir entrer, la police, les canons à eau et un hélicoptère sont mobilisés, on procède à onze arrestations comme au bon vieux temps, et le maire interdira les deux autres concerts du Lundi Bleu.

A Philadelphie, le premier soir, ils jouent pour quatre-vingt-dix mille personnes et autant le lendemain, tandis que *Tattoo You* est numéro un partout. Plutôt que l'annonce du présentateur, Charlie Watts a eu l'idée qu'on entre en scène sur une musique empruntée, cette première fois à Duke Ellington (et les accords d'*Under My Thumb* s'y superposent), comme plus tard on reprendra les tambours de Joujouka aux rêves de Brian. Pour la montre, tout est parfait : un Keith Richards équilibré et heureux, en pleine énergie retrouvée, occupe le centre de la scène. On n'a pas encore complètement pardonné à Bobby Keyes (une fois réintégré, il ne laissera plus sa place), mais on a l'ancien compagnon de Wood dans les Faces, Ian McLagan, aux claviers, Stu au piano, et un saxophoniste, Ernie Watts.

When we were playing so many shows in the 60s, I don't think we ever rehearsed $_{16, 174}$: « Quand on jouait tellement, dans les années 60, je crois pas qu'on ait jamais répété », dira Mick, mais désormais on se prépare soigneusement à affronter les quelques dizaines de milliers de silhouettes face aux projecteurs. On est sur place longtemps avant le concert, pour procéder dans le stade vide à la balance du son, étonnantes photographies des Stones en tenue de ville et plein soleil, sur ces scènes qui du coup paraissent immenses. Puis on est reclus dans la zone réservée. Bill Wyman y joue au ping-pong, aussi immobile qu'il est sur scène, la petite raquette tenue toujours en revers, et Richards et Wood s'enferment dans le mobile home qui sert à l'accordage : *tuning room*. Non qu'on ait besoin de s'accorder, puisqu'un technicien à chaque morceau leur passe une nouvelle guitare réglée électroniquement, mais pour se mettre ensemble grâce à de vieux blues qu'on joue à l'instinct, branchés sur un petit ampli Fender de trente watts. *The fact is I still use the same amp now that I would 30 years ago* $_{14, 121}$: « C'est un fait que j'ai toujours le même ampli depuis trente ans », dit Keith, qui a toujours proclamé qu'en studio il préférait grossir le son saturé du tout petit ampli à lampes plutôt que d'en utiliser un plus gros.

L'organisation interne sera la même pour les tournées de 89, 93, 95 : Chuck Leavell, qui a repris à Ian McLagan les claviers, fait faire à Mick un minimum d'échauffement vocal. *I'll get Mick at some point, perhaps a couple of hours before the show to warm him up, do a couple of scales and play a couple of songs, loosening him up a bit* $_{16, 128}$: « Je me prends Mick, à peu près deux heures avant le concert, pour l'échauffer. On fait quelques gammes, on chante quelques morceaux, ça le décontracte un peu. » A l'organiste aussi de rédiger avec Jagger la liste des morceaux qu'on jouera, parce qu'on tient chaque soir à modifier ceux qu'on revisite. Ça aide, disent-ils, à se déstabiliser, à se garder en dehors de la routine : ils ont gardé la capacité de convoquer, parmi le répertoire des Stones, des dizaines de morceaux à volonté et d'en changer. Puisque Mick et Keith ne s'adressent plus que rarement la parole, on imprime la liste depuis l'ordinateur portable de l'assistante personnelle de Jagger, et on la porte à Richards : il biffe, avec droit de veto, et remplit les deux lignes laissées en pointillé, avec les titres des deux morceaux qu'il chantera lui-même. La liste corrigée est remise au propre et distribuée aux autres du groupe, dont Wood et Wyman, qui n'ont pas eu voix au chapitre.

Charlie Watts, pendant ce temps, traîne sa peine comme on attend de commencer le travail : il est près du buffet et mange une pomme, il est avec Jagger et examine un projet de pochette ou le graphisme d'un montage scénique, et lui seul a droit d'entrer dans la loge de Richards et Wood. Il est là tout un moment, à moins de cinquante centimètres d'eux, presque à gêner le bras de Richards mais ça semble encore un de leurs rituels que ce presque frottement physique des deux hommes, Watts assis genoux dans les genoux avec les deux guitaristes et tapant du bout d'un stylo bille sur la table encombrée de cendriers, ou battant la mesure sur sa cuisse dans le pantalon luxe, ou rien, se faisant les ongles, mais planté là entre les deux pour finir sa manucure. Watts est invariable, comme invariablement il saisit ses baguettes Gretsch à l'envers et les tient par le premier quart pour taper ses tambours du gros bout comme il le fait avec eux depuis janvier 1963 qu'il condescend à les accompagner pour une musique qui ne lui plaît pas. Watts, qui continue soigneusement de dessiner chacune de ses chambres d'hôtels, conscient pourtant des changements apportés à l'organisation des Rolling Stones en tournée, maintenant que plus aucun scandale ne pourrait franchir les cloisons solidement gardées : *The only way to go to tour is to throw yourself into it. It's a very funny closed little world. The bottom line is if you don't do it properly, people who paid to see you get the rotten end of the wedge, and that's not fair. So the only way to do it, we've found, is to treat it like the army. It's strict like that* $_{16,\,128}$: « La seule manière de tenir, en tournée, c'est vraiment de se plonger dedans. Un tout petit monde fermé, très amusant. Le truc principal, c'est que si tu ne fais pas ça proprement, les gens qui ont payé pour te voir attrapent ça par le bout pourri, et ce n'est pas convenable. Alors la seule façon de faire, on a trouvé, c'est d'organiser ça comme à l'armée. Aussi strictement que ça. »

Alors on pousse le détail jusqu'à tout prévoir, des amuse-gueules aux marques d'eau minérale et d'alcools, du nombre de pilons de poulet froid (plus possible, Brian Jones qui entre en scène avec un œil au beurre noir à cause de Richards et d'un sandwich volé : *You eet me chick'n, you bast'd...*) : Chivas Regal, deux bouteilles, et pour ceux qui préfèrent, Dewars ou Teachers Scotch, et – réservé à Richards – deux bouteilles de Jack Daniel's Black Label. Tequila pour Jagger (on précise aussi la marque, mais abrégeons), avec sel et citron – mais pour qui trois bouteilles de Liebfraumilch fraîches ? On spécifie aussi du cognac Courvoisier, et liste complémentaire pour les fruits, le fromage, beurre et pain, poulet donc et rosbif, ainsi que de l'Alka-Seltzer par précaution : il y a tout ça maintenant sur l'ordinateur de Mick. Jusqu'au gâteau anglais traditionnel à la viande, le *shepherd's pie*, qu'on partage après le concert parce que cela leur rappelle Edith Grove, et dont leur rituel veut que Keith seul en coupe la croûte : *no one must break the crust before HE breaks the crust* [16, 131]... (commentaire d'Anita Pallenberg : *Whether he's in Berlin or Tokyo, if you look in the fridge there is always a shepherd's pie. He's always got shepherd's pie, miles of shepherd's pie everywhere* [17, 329] : « Qu'il soit à Berlin ou Tokyo, tu regardes dans le frigo il y a un shepherd's pie. Toujours du shepherd's pie, des kilomètres de shepherd's pie… »). Et la tablée d'après concert est assez longue pour que Jagger, à un bout de la table avec Watts, tandis que Richards est à l'autre bout avec Wood, Wyman dans le troisième coin avec les pianistes, soient chacun dans leur vin en faisant semblant que tout soit bien.

Pourtant, une fois sur scène, ils jouent plus de deux heures, lâchant la pression sur des reprises comme *Twenty Flight Rock* ou *Goin' To A Go-Go* qui font oublier leurs déclarations blasées d'il y a un an : contre toute attente, ils jouent bien mieux que ne le laissaient prévoir les albums en panne, et s'offrent des libertés dont leurs collègues sont incapables : qu'une averse surprenne le public, et ils viennent tous quatre en avant, Jagger, Wood, Richards et Wyman, hors de l'auvent qui les recouvre, ruisselants de pluie, continuant les accords et les solos sur les guitares raccordées par haute fréquence.

Dans le film qu'on commande sur la tournée, l'armée on la montre en préparation de bataille : on voit Mick avant l'entrée en scène faire ses élongations de sportif, des assouplissements, sur le dos jambes en l'air, sous la conduite de l'entraîneur payé pour qu'il tienne physiquement les deux heures de concert (on l'entend sur les disques pirates, essoufflé après les morceaux, reprendre respiration par quelques phrases qui gagnent un peu de temps, avant de repartir, tandis que sur l'enregistrement public officiel c'est soigneusement effacé). Il n'est pas de photos où Mick ne ruisselle pas de sueur, torse et visage en nage après des morceaux qui sont autant de performances dansées : *I've had two showers and one bath since the start of the tour and I still smell sweeter than Jagger* [16, 152] : « Même si je n'ai pris que deux douches et un bain depuis le début de la tournée, je sens meilleur que Jagger », dit le copain Richards. Si Mick est le plus réticent d'entre eux à repartir dans ces épuisantes tournées, son plaisir de scène semble intact : *At some point of the show, you just loose it… You should let yourself go. I mean, have those moments when you really are quite out of your brain* ₁₆, ₁₇₃ : « A un certain point du concert, tu perds tout. Tu te laisses aller. Je veux dire : tu as des moments avec l'impression d'être en dehors de ton cerveau. » Ce que confirme Keith Richards : *It's usually : Oh great, it's time to go on stage. Peace and quiet... At least nobody to tap you on the shoulder and say : Excuse me, could you just... That's the refuge, those two and half hours it's all yours, buddy, and you can do what you want. It's a matter of honour with us to deliver. And another thing is you want to cut it better than you did the night before. Sometimes you do, sometimes you don't. The aim is to top it, and if you get everybody in the right mood as the right energy level suddenly everything elevates in you like you're not touching the ground anymore. You're almost flying. What you see on stage is the tip of the iceberg* ₁₆, ₁₇₄ : « D'habitude, c'est : Chouette, on rentre en scène, calme et tranquille... Enfin plus personne pour te taper sur l'épaule et dire : Excuse-moi, tu pourrais pas... c'est le refuge, ces deux heures et demie, mec, tu peux en faire ce que tu veux. C'est une question d'honneur, pour nous, de se livrer. L'autre chose, c'est que tu veux toujours faire mieux que la nuit d'avant. Quelquefois tu y arrives, d'autres fois pas. Le but c'est d'y arriver, et si tu as tout le monde dans la même ambiance, et au bon niveau d'énergie, tout d'un coup tu as l'impression que tout se soulève, que tu ne touches plus le sol. Pour un peu, tu volerais. Ce que tu vois sur scène, c'est la partie émergée de l'iceberg. »

Et cette impression de voler, sur le grand plateau lisse, porté par la foule à perte de vue, paraît pour Mick presque réelle : il est torse nu et bondit à plus d'un mètre en l'air, jambes écartées, d'un bout à l'autre de l'immense podium où, discrètement posées sur l'estrade de la batterie, les boissons énergétiques des sportifs ont remplacé la vieille effigie de la flasque de whisky : *You seem to be split in various parts. And there's this other part of you, which is just your body doing things that isn't really commanded to do, which I found is the dangerous part. There's part of you which is saying to you : OK, don't forget this, don't forget that,* ₁₆, ₂₁₂ : « Tu te croirais éclaté en plein de morceaux. Et il y a ce morceau de toi, qui est ton corps, en train de faire des trucs que tu ne lui as jamais demandé de faire, et ça c'est le côté dangereux. Et un autre morceau de toi qui te dis : D'accord, mais n'oublie pas ceci, n'oublie pas cela... »

Les stades sont remplis, cent quarante-six mille personnes à San Francisco le dernier soir. Quand chacun rentre chez soi, Mick s'offre, entre deux bouderies d'avec Jerry qui font les délices des tabloïds, comme il a Fourchette pour l'été, la construction d'une maison dans l'île réservée de Moustique, havre tropical discret pour l'hiver des très riches. On fait les comptes : au total deux millions de spectateurs, gain net cinquante millions de dollars, plus dix millions encore d'à-côtés, promotion et publicité (on a été sponsorisé par une marque de parfums). A quoi il faut ajouter un million et demi de dollars de bénéfice sur les ventes de *Tattoo You*.

Début calme pour l'année 1982, où on surveille le montage du film et où on prépare l'album *Still Life* enregistré lors de la tournée américaine. Mais on annonce fin avril une tournée de deux mois en Europe, dont la moitié des concerts ici en Grande-Bretagne. Et on commence le 26 mai à Aberdeen, dans la rude Écosse. Keith Richards : *I need this to keep me young. When we started this band, we thought we had about two or three years. Now it's a habit, and it's absolutely vital that it works on the road. We need constant contact with a living audience. We're so excited at the prospect of doing Britain again after so long. Wherever we might make our home now, Britain is where our roots are* [6, 184] : « J'ai besoin de ça pour me garder jeune. Quand on a commencé ce groupe, on pensait en avoir pour deux ou trois ans. Maintenant il y a l'habitude, alors c'est absolument vital que ça marche en tournée. On a besoin du contact permanent avec un public. On est terriblement allumés à l'idée de tourner en Grande-Bretagne après si longtemps. Quels que soient désormais les lieux où on habite, la Grande-Bretagne c'est là que sont nos racines. » Il évite trop bien le mot *England*, Keith, pour que son vocabulaire soit vraiment spontané.

Et donc l'Écosse industrielle, où Glasgow la grise succède à Aberdeen, avant qu'on redescende à Londres, mieux chauffés. On a compris l'intérêt à jouer en petit comité pour un public sélectionné, et pour leur retour ils se produisent au 100 Club, dans Oxford Street, pour quatre cents personnes. Manière d'affirmer, eux qui vendent quarante mille billets d'entrée pour un stade, grâce à ces irruptions quasi clandestines, qu'ils préféreraient bien jouer pour chacun, en petit comité... A Berlin, parce qu'on en a les moyens, on est les premiers à installer la retransmission simultanée du concert sur écran vidéo géant. Mick torse nu fait la couverture de *L'Express* versions française et italienne comme du *Spiegel*. Et puis Paris, hippodrome d'Auteuil, deux concerts. La une aussi de *Libération*, à cause de la guerre aux Malouines entre l'Angleterre et l'Argentine, guerre qu'on dirait d'un autre temps s'il n'y avait pas quelques centaines de marins au fond de l'eau. Mick, l'ancien militant du Nicaragua, refuse de prendre position sur la guerre elle-même, mais annonce qu'ils ont envoyé aux soldats anglais un prémontage du film de leur tournée, *Let's Spend The Night Together*, avant sa sortie en salle dans un an : les Anglais parlent aux Anglais. Concert de Barcelone annulé, faute d'accord avec la puissante fédération de football qui leur fait le chantage aux tarifs. Ils jouent à Lyon (stade Gerland) puis vont à Göteborg où ils subissent une fouille au corps extensive, manière de leur souhaiter bon accueil et de lancer un avertissement discret (mais Wood est en pleine *addiction*). Retour en Angleterre, à Newcastle où il pleut huit heures d'affilée, et deux fois le Wembley Stadium. Déclarations lénifiantes de Richards sur le fait que l'héroïne ne doit pas être accessible aux adolescents, et on revient racler les fonds de tiroir allemands : Francfort trois fois, avant Vienne, Cologne, et Madrid, Turin, Bâle, Naples, Nice, Dublin avec en première partie le John Geils Band et un étonnant Américain brut, George Thorogood, que nous trouvions bon, à l'époque, d'écouter plutôt que les récentes prouesses des Stones, et voilà qu'ils avaient l'astuce de le récupérer...

Fin des deux mois de concerts à Leeds le 25 juillet 1982, anniversaire de Mick : pour ses trente-neuf ans, aurait-il trouvé l'accomplissement ? Et on se disperse : Mick à Paris, Keith à la Jamaïque puis à Redlands (une fois de plus un incendie, début septembre, mais limité). Watts a rejoint sa ferme, Bill Wyman, Grasse, et Ron Wood quitte New York pour s'installer à Londres. Brouille entre Jerry Hall et Mick, trop vu pendant la tournée avec des mannequins de moins de vingt ans, en particulier à Nice avec une Cornelia Guest : le démon de la quarantaine s'est saisi de Mick. Jerry convole provisoirement avec un marchand de chevaux, Sangster, dont elle affirme froidement : *Robert could buy Mick out ten times over* [22, 249] : « Robert pourrait en acheter dix, des comme Mick. » Lequel répond tout aussi élégamment en la traitant de *gold-digger*, ces aventurières chercheuses d'or, et les amabilités continuent tandis qu'elle s'affiche en Stetson aux courses où gagnent les chevaux de Robert : soi-disant qu'il ne lui était pas possible de rentrer chez elle, après ses déplacements de travail (aujourd'hui encore elle présente très royalement les collections de haute couture) sans trouver dans la salle de bains ou sous le lit de la maison que Jagger vient d'acheter West 81st Street une boucle d'oreille qui traîne, ou de lui téléphoner en tournée sans que ce soit une fille qui réponde, mais fin novembre ils se réconcilient et réapprendront à Fourchette la vie commune.

Deux filles, Elizabeth Scarlett et Giorgia May Ayeesha, et deux garçons, James Leroy Augustine et Gabriel Luke Beauregard, naîtront au couple sans que jamais ces brouilles et ces frasques ne cessent de défrayer régulièrement les magazines. La liste en serait monotone, les permanences en sont que les filles sont belles, qu'elles sont jeunes, et que le bras de fer pour le milliardaire jamais blasé est souvent de les séparer de leur amour du jour : *Sex, for an artist, it's another form of expression* [21, 206] : « Le sexe, pour un artiste, c'est une autre forme d'expression », assumera Mick. *You're not the only one*, écrira-t-il dans une de ses chansons programme, quand ce sera là, après *Lonely At The Top*, l'essentiel de son imaginaire, mais c'est peut-être un trait d'entre les quarante et les cinquante ans que ce désir brut et toujours si provisoire et éphémère qui vous mène. Anticipons pour nous en débarrasser, de cette liste longue de mannequins qui se ressemblent, mais dont les journaux pour salle d'attente de dentiste se repaîtront quoi qu'il fasse : Mick prendra Carla Bruni à Eric Clapton (si la belle n'avait pas été la petite amie de l'élégant mais dévasté Clapton, en seconde vie depuis qu'il fréquente, *clean*, les Alcooliques anonymes, est-ce qu'elle aurait intéressé Jagger ? Et qu'est-ce qui les attire, quand bien même elles sont, les Carla Bruni, des plus belles filles du monde, sinon ce passeport privé pour jeu de milliardaire dans les caches d'un monde qui n'en fournit plus tant ?), et voilà Mick qui jouit en connaisseur, au premier rang, d'une présentation de mode d'Yves Saint Laurent où Jerry Hall tient à écraser sa rivale, qui défile aussi, de son mépris public. C'est une galerie internationale que la suite des amours de Mick, américaine comme Lisa Barbuscia, australienne comme Elle MacPherson, anglaise comme Nicole Kruk – qui se plaindra en justice qu'il l'ait mordue pour s'exciter –, vénézuélienne comme Victoria Vicuna ou tchèque comme Jana Rajlich et d'autres combien et qu'importe (Christina Haack, Vanessa Neumann et récemment le mannequin brésilien Luciana Gimenez de qui il a son septième enfant, un petit Lucas). Ou telle belle qui, en ce début 2002, a fait filmer leurs ébats pour qu'on rançonne ensuite le milliardaire en quête éternelle de peau fraîche. Jagger est quelqu'un que cette gloire acquise sur des harmonies limitées ne peut satisfaire, comme s'il y avait quelque chose d'usurpé à cette fortune due aux projecteurs et à l'administration sans faille du succès des Rolling Stones. En tout cas, celui qui promenait ses vingt-cinq ans dans un coupé Bentley crème arrive au studio de Nassau pieds nus dans une vieille Jeep et à Manhattan, pour se rendre de la West 81st Street aux studios de mixage, il a une bicyclette, et quand on voit son visage labouré aux funérailles de sa mère Eva, le 26 mai 2001, alors que l'ont rejoint ses mousquetaires blanchis, Ron, Charlie et Keith (entre sa femme Patti et sa mère Doris, effondrée), que Jerry Hall est aussi à son côté, on ne se moque pas du *pensionable pop star*...

Qu'il se cherche encore et toujours, Mick ? Cette fin 82, il se porte candidat pour jouer rien de moins que Mozart dans le film de Milos Forman qui deviendra *Amadeus* : son seul vieux fantasme de cinéma, ou bien le personnage qu'il s'agit d'incarner ? Le réalisateur tchèque ne prendra pas le risque, Jagger a passé l'âge, dit-il.

1982, c'est aussi la parution de la biographie de Philip Norman, *The Stones*, suivie du premier album-biographie de David Dalton. Comme s'il fallait les déposer sur la paume de sa main et les examiner à la lumière. Un journaliste américain, David Pritchard, a l'idée de proposer aux radios (il vendra son émission à deux cent soixante-quinze chaînes locales américaines ou canadiennes) douze heures d'interviews sur l'histoire des Stones, à une époque où la plupart des témoins sont encore accessibles, et où beaucoup n'ont jamais encore été sollicités : *The Rolling Stones, Past And Present*, contribuera à mettre au pot commun les souvenirs de proches, d'Andrew Loog Oldham à Jack Nitzsche ou Ian Stewart, plus Dick Taylor ou Alexis Korner (j'ai pu acheter plus tard, dans cette boutique Helter Skelter de Londres qui est une mine, une cassette PAL reprenant partie de l'émission, illustrée d'archives photos : comme chaque fois qu'ils détectent ailleurs une idée intéressante, les Stones en reprendront le principe dans *25 x 5*, vidéo où ils commenteront eux-mêmes leurs images d'archives).

Depuis 1978, paraît à intervalles réguliers à New York le *Beggars Banquet* de Bill German, autre source d'archives, et il y a ces entretiens qu'on donne en confiance parce qu'on partage d'abord la technique, loin des magazines vautours, dans *Guitar Player* ou *Bass & Drums Magazine*.

Alors, parce que c'est dans l'air, il se trouve un de ces éditeurs, Weidenfeld & Nicholson, pour proposer à Mick un à-valoir comme jamais vu dans l'édition, du moins à l'époque : un million de livres, en ce début 1983, pour une autobiographie à signer avec un journaliste, John Ryle. Lequel ne touche dans l'affaire que cinquante mille livres (un vingtième, ce qui est encore confortable). On a beau s'appeler Mick Jagger, on ne se construit pas maison sur Moustique, qui en compte cinquante et pas plus, sans devoir compléter son budget par quelque superflu : ainsi peut-être lui apparaît la signature qu'il donne aux éditeurs, sans vraiment penser au travail qui lui reste à faire, et ce que cela supposerait de subversion des cloisons intérieures.

Jagger y croit. Il travaille avec Ryle, mais comment accepter d'ouvrir pour un type qu'on ne connaît pas la forteresse qui a été si rude à construire? La forteresse elle-même, bétonnée par quinze sociétés financières dans autant de places fiscales discrètes par Rupert von Loewenstein, la logistique des Stones rendue étanche par Alan Dunn, rescapé de l'époque Keylock, et la vie privée même de Mick, encadré sévèrement par Jerry et se ménageant pourtant ses continuelles équipées jeunesses d'un soir ou d'une semaine. *Once I led the typical dissipated life of a rock star, full of drugs, booze and chaos, but these days my health is my most treasured possession. When I'm on tour, I never touch hard liquor...* [21, 212] : « Autrefois oui, j'étais dans la vie dissipée typique des *rock stars*, pleine de drogue, d'alcool, de chaos, mais maintenant, la santé, c'est mon meilleur trésor. Quand je suis en tournée, jamais d'alcool fort. » Mick est dans une phase de blanchiment intensif : et il ouvrirait la trappe aux démons pour des Mémoires qui, de toute façon, n'ajouteront rien à la légende ? Quant aux efforts qu'il fait pour sa santé, deux semaines exactement après cette déclaration, on entend Jerry, qui sait facilement exciper de sa langue de fille de camionneur texan, sermonner un portier de boîte de nuit qui dépose le chanteur ivre mort sur le siège de sa Ferrari verte : *Be careful, don't drop him. You're carrying 40 million dollars worth of pop star like a sack of potatoes* [21, 208] : « Eh attention, le lâchez pas comme ça, on ne trimballe pas quarante millions de dollars au marché pop star comme un sac à patates... »

Notons aussi que le bulletin de santé autoproclamé de Mick reste évasif pour ce qui ne concerne pas l'alcool : pour tenir deux heures de concert, la cocaïne qu'on inhale reste un nécessaire viatique. Mick, l'homme aux personnalités superposables, est à la fois ce champion de jogging et de stretching, fier de se montrer en bon père de famille, Jade d'un côté, Karis de l'autre, et poussant poussette des deux blonds bébés de Jerry, et mille autres visages. Mais lord Weidenfeld, éditeur, n'avait pas bien mesuré tous les paramètres. Le nègre s'accroche : aussi bien, un autre plus rodé à ce genre de travaux (Ray Coleman, qui a travaillé avec Clapton, Dylan, Lennon, puis Bill Wyman) aurait peut-être su déstabiliser Mick en lui posant quelques questions comme de vrais défis, ou préparant assez le terrain pour qu'il n'ait pas à se confier, mais seulement à préciser une ambiance, un détail. Non pas vouloir le faire parler de Faithfull, mais se souvenir de quelle couleur était ce tricycle offert à Nicholas, son enfant de trois ans, alors qu'il partageait encore son appartement avec Chrissie Shrimpton. Partir de l'entretien réalisé avec Alexis Korner sur la pluie à travers le plafond du Ealing Jazz Club des mardis, ou des qualités de son micro Reslo, pour qu'il parle de ces allers-retours de l'époque, dans la voiture empruntée au papa et ce qu'il en disait, Joe Jagger...

John Ryle est invité à Moustique et partage la vie du couple sans jamais savoir qu'en même temps Jagger négocie avec CBS, via Loewenstein, un contrat de vingt-huit millions de dollars pour six disques à venir : Ahmet Ertegun, le directeur d'Atlantic Records, qui avait permis aux Stones de se déprendre d'Allen Klein et de fonder Rolling Stones Records, avait été abandonné par EMI, qu'on abandonne à leur tour. Jamais l'industrie musicale n'a connu un contrat de telle ampleur. L'à-valoir de lord Weidenfeld doit soudain sembler une broutille, et ce n'est pas forcément à Moustique qu'on a envie de s'étendre sur Edith Grove, ou parler de Chrissie Shrimpton tandis que Jerry passe sur la terrasse. Mick irait raconter comment, dans l'appartement sans douche, un matin de gueule de bois, il a sollicité Pat Andrews, la compagne de Brian ? Ou s'étendrait sur ce à quoi il pensait, devant la fenêtre, dans cette clinique de Sydney où il attend que Marianne sorte du coma après sa tentative de suicide au Tuinal ?

John Ryle récrimine. Le temps passe, les Mémoires n'avancent pas. Pas assez de rendez-vous, trop de réponses lénifiantes. Allez retenir Jagger dans une pièce close avec magnétophone : il est à Mexico pour tourner avec le groupe la vidéo qui accompagnera la sortie d'*Undercover*, il est à Londres pour le baptême d'Elizabeth Scarlett qui vient de naître, Shirley Watts comme marraine, et négociant la revente de Cheyne Walk pour l'achat à Richmond, tout près de ce Station Hotel où ils eurent leur début, de la bourgeoise maison forteresse qui l'abrite encore. Mick Jagger n'a pas forcément de mauvaise volonté : une autobiographie, dans son idée, c'est ce qui justifie ce qu'on est devenu en expliquant combien, à chaque époque, le regard public a pu être trompé ou dévoyé. Tout était si simple, si on y réfléchit... Mick veut tout expliquer, et chaque explication tombe à plat.

Mick donne une piste à son écrivain : Bill Wyman, depuis le début des Stones, a noté sur ses carnets la chronique détaillée du groupe, les dates de concerts, et accumulé tous les articles de presse un par un collationnés. Mick demande à Wyman la mise à disposition de ses carnets. *Get stuffed*, rétorque l'autre : débrouille-toi. Il en a trop avalé, Wyman. Trop mis de côté. Il a fini par les récupérer, les carnets imprudemment prêtés, fin 1969, à Stanley Booth, qui publiera enfin, en 1985, son compte rendu de la tournée qui s'était achevée à Altamont, une triste nuit *: The True Adventures With The Rolling Stones*. Comment Wyman ne serait pas au courant de l'à-valoir versé par Weidenfeld & Nicholson ? Que Mick partage, tout d'abord. Il s'en servira lui-même, de ses archives, pour entreprendre ce qui deviendra, en 1989, *Stone Alone*. Jagger n'a qu'à être patient, il lira tous les renseignements souhaités bientôt, dans son livre à lui, Wyman. Alors, au bout de deux ans, parce qu'il ne peut plus différer, John Ryle apporte à son commanditaire le manuscrit des Mémoires de Mick Jagger et l'éditeur, pour récupérer sa mise, commence le traditionnel démarchage pour en vendre les bonnes feuilles aux magazines, ceux qui se repaissent régulièrement des frasques du fringant quadragénaire, et il ne faut pas dix jours pour que l'affaire s'écroule, petit milieu où bat vite le tambour de brousse. Qu'un seul refuse, et tous les autres à la suite déclineront la proposition : *No sex, no* *rock'n'roll. Just boring stuff about his ordinary parents and ordinary upbringing,* 21, 219 : « Pas de sexe, pas de rock and roll, rien que des fadaises sur une enfance ordinaire avec des parents ordinaires », déclare le responsable anglais de Futura, qui vient de publier le *Keith Richards* de Barbara Charone, pourtant bien délayé du pire, alors que tant d'éléments d'archives restent encore dans les limbes.

It was a shambles. The problem seems to be a complete breakdown between Jagger and his ghost. The excerpts we saw weren't publishable 22, 252, dira l'éditeur : « Un désastre. Rupture complète entre Jagger et son fantôme, aucun extrait publiable. » John Ryle a signé une clause de confidentialité (comme chaque employé des Rolling Stones), et ne pourra exploiter les confidences. Commentaire plutôt résigné de Jagger pour le magazine *20/20* : *I scrapped it. I just got sick of talking about the past and thought I'd leave all that book-signing caper till later* 22, 252 : « J'ai fichu ça en l'air. Ras le bol de parler du passé, je crois que j'ai laissé toutes ces conneries de signer un livre pour un bon moment. »

Dont acte. Et si, pour lui, cette version épurée était sa mémoire même, qu'à trop faire, et sur trop longtemps, on n'a l'esprit qu'à la tâche du jour, et que pour la mener on s'accroche justement, comme si c'était la boussole, à l'idée simple qui vous mène, qu'elle vous permet de tenir et résister, et puis, l'orage passé, qu'on s'en va récupérer, à Bangkok, en Grèce, à la Barbade où au Pérou, et que tout cela sans doute se mêle comme une opposition de nuits et de ciels bleus ?

On n'est pas forcément soi-même le meilleur dépositaire en mémoire de ce qu'on représente.

Disques solos et frères ennemis

Version Keith Richards : *In the seventies, when I was on dope and I would do nothing but to put the songs together and turn up and not deal with any of the business of the Stones, Mick took all the work on his shoulders. When I cleaned up and* Emotional Rescue *time came around : Hey, I'm back, I'm clean, I'm ready, I'm back to help and take some of the weight off your shoulders, immediatly I got a sense of resentment. Wheras I felt that he would happy to unburden himself or some of that shit, he felt that I was homing in and trying to take control. And that's when I first sensed the feeling of discontent, shall we say* 29, 12 : « Les années 70, quand j'étais en pleine dope et que je ne faisais rien une fois les morceaux montés d'aplomb, rien du tout des affaires des Stones, Mick a pris tout le boulot sur ses épaules. Quand je m'en suis tiré, vers la période d'*Emotional Rescue* : Hé, j'ai dit, je suis là de retour, tout prêt, prêt à t'aider, prêt à faire mon boulot, tout de suite j'ai senti comme un ressentiment. Où j'aurais cru qu'il serait heureux de se décharger un peu ou ce genre de truc, il a pensé que je revenais pour essayer de prendre le contrôle. C'est là que j'ai senti les premiers froissements... »

Mais, après l'artillerie lourde de *Some Girls* et son équilibre de guitares, dans la tension d'échapper à Toronto, *Emotional Rescue* puis *Undercover*, qui sort en cette fin 1983, ressemblent à une voiture en panne d'essence et qui perd de la vitesse : on enregistre pour *Emotional Rescue* une chanson qui s'intitule *She's So Cold*, et voilà que dans *Undercover* on en intitule une autre *She Was Hot* : merci l'inspiration. *Tattoo You* a été une rémission, mais sur la base de morceaux enregistrés bien auparavant. Richards et Jagger n'ont plus rien à se dire, et l'ambiance aux studios Marconi a été lourde : les morceaux proposés par Jagger ne conviennent pas à Richards, et réciproquement. Jagger apporte des maquettes toutes prêtes, maintenant qu'il veut jouer tout le temps de la guitare, et Richards s'enfonce dans des improvisations reggae au piano. Jo, la compagne de Ron Wood, a fait déménager le couple et leurs enfants de New York à Londres, à l'écart de la ville, pour tenter de le couper de la cocaïne, mais ça prendra du temps : l'interface dont il se chargeait ne fonctionne plus, et le voisinage de Keith, qui leur permettait plus que le seul entretien de leur jeu de guitare, a cessé.

Pour *Undercover*, on a respecté l'horloge interne qui leur est familière, en introduisant une variante importante : prise en main du mixage par le tandem Jagger-Wood au lieu du tandem Jagger-Richards. Au point qu'on accordera à Woody la cosignature d'un morceau. Après une nouvelle série d'enregistrements à Paris fin 82, on mixe à la Hit Factory de New York en avril 1983, et Richards les rejoint seulement au mois de mai à la Jamaïque pour les *overdubs* de rythmes et de cuivres. Preuve discrète des tensions : parmi tous les musiciens loués, Robbie Shakespeare, Sly Dunbar, Moustapha Cisse, Chuck Leavell, l'introduction d'un troisième guitariste, Jim Barber, convoqué par Mick pour combler ce que Keith n'a pas fait. On tourne un clip en septembre, l'album à temps sortira pour les grosses ventes de Noël : il ne dépassera jamais la huitième position dans les ventes, à sa meilleure place, et ne restera que cinq semaines dans le top 30. Éloge de l'agressivité dans la ville, fétichisation de ceux qui la portent, la violence gratuite et misogyne du clip semble un réflexe de légitime défense pour compenser la baisse de tension du groupe : Jagger explique rétrospectivement qu'il s'agit de protester contre la répression et la dictature en Argentine, mais le lien reste bien vague. Juste avant la signature de l'énorme contrat de distribution

CBS, Jagger a l'imprudence de laisser filtrer l'état des relations internes du groupe : *It will desintegrate very slowly. Bill has been saying for years that he will retire from the group and one oh these years he's finally going to do it. The band has done what it set out to do* [6, 188] : « Ça finira tout doucement. Ça fait des années que Bill dit qu'il veut se retirer du groupe, il finira par le faire un de ces jours. Ce groupe a fait ce qu'il était fait pour faire. » Mick termine par la joie que sa mère aura de voir enfin cesser les Rolling Stones : *She has always been unhappy with what I do* [6, 188] : « Elle n'a jamais été heureuse de ce que je fabriquais. »

En janvier 1984 on maintient l'équilibre de façade : tournage de nouvelles vidéos au Mexique pour soutenir *Undercover*, et c'est à Mexico que Keith et Patti se marient, en présence de Mick, le seul invité du groupe. En mars, c'est Bill Wyman qui déclenche à nouveau le signal d'alerte : *I've lost touch with whoever Mick is now. I am sure he has as well. Seven or eight years ago I could talk with Mick about books, films or intelligent things, but now I just talk to him in asides. Mick is a very difficult person to know how. I'm not worried of saying what I think about Mick. He's not my boss. We are a band, you know, and Keith Richards runs the Rolling Stones really. Mick is a brilliant man but in the final count he just has his share of the five votes, no more. He has been a business associate for twenty years of working. Charlie is great. He knows what he wants to be and that's what he his. Woody is difficult because he is very shallow. Great for a good laugh, but you can't talk to him. I think Keith didn't understand where I was coming from for a long time because I didn't get drunk or take drugs like him* [6, 193] : « J'ai perdu contact avec ce qu'est Mick maintenant. Je crois que c'est pareil de son côté. Il y a sept ou huit ans, avec Mick, je pouvais parler de bouquins, de films, de choses intelligentes, mais maintenant à peine si on se parle par-ci par-là. Mick est quelqu'un de vraiment difficile à connaître. Et ça ne me fait rien de le dire : ce n'est pas mon patron. On est un groupe, et c'est Keith Richards qui le mène, en fait. Mick est un garçon très brillant, mais au final il a juste une voix parmi les cinq votes, pas plus. Il a été mon associé en affaires pendant vingt ans de travail. Charlie est grand : il sait ce qu'il veut être, et il l'est. Woody c'est plus difficile, parce qu'il est trop superficiel. Pour rigoler ça va, mais pas pour discuter. Je crois que Keith n'a pas compris d'où je provenais, pendant longtemps, parce que je ne me saoulais pas et que je ne prenais pas de la drogue comme lui. »

Watts, qui sait ce qu'il veut, achète avec l'argent de la tournée un domaine de dix hectares avec maison du XVIIe siècle, à Barnstables dans le Devon, et y déménage ses collections et ses chevaux. Bill Wyman s'engage avec Ronnie Lane, bassiste des Faces qui en est victime, dans une série de concerts au profit de la recherche contre la sclérose en plaque. Charlie et Bill, ces deux années, parce qu'on ne les convoque qu'aux sessions d'enregistrement et aux tournages des vidéos, se produisent dans des concerts comme *Live Aid*, et prennent en charge l'organisation d'une soirée d'hommage à Alexis Korner, disparu à cinquante-cinq ans.

Il est difficile de franchir avec certitude les murs de silence qu'ils ont dressés. On a de leur dispute des versions rétrospectives, une fois qu'ils auront compris qu'il est de leur intérêt de liquider leur contentieux. Version Keith Richards : *Hell, we needed a break. Mick needed to play on his own out there and see what it's like, to see if he could live without us, and I had to find out and do it myself too. We both grew up a lot doing and finding out certain realisms. It's easy to go a little crazy inside the Rolling Stones bubble if that's all you do* [14, 214] : « Merde, on avait besoin d'une pause. Mick avait besoin de jouer par lui-même hors du groupe pour voir à quoi ça ressemble, et savoir s'il pouvait vivre sans nous, et moi j'avais à faire la même chose de mon côté. On a tous les deux mûri beaucoup et on s'est forcés à un peu de réalisme. C'est facile de devenir un peu tapé à l'intérieur de la bulle Rolling Stones, si c'est tout ce que vous fabriquez. »

Mick Jagger utilise un vocabulaire similaire : *The difficulty in growing up, I think, is that you start with this gang of people, and, as anyone knows who's been in a gang, the gang simply can't last forever. It's very childish to think you can remain in the gang all the time* [14, 214] : « Je crois que la difficulté, pour mûrir, c'est que vous commencez avec un groupe de mecs et que ce groupe ne pourra durer éternellement : tous ceux qui sont dans une bande savent ça. C'est un peu enfantin, de croire qu'on peut rester tout le temps dans la même équipe. »

Mais cela c'est plus tard, bien plus tard. Tout ce début 1984, Jagger vit à Manhattan (Jerry Hall a donné naissance le 2 mars à leur première fille, Elizabeth Scarlett), passe ses soirées en club entre lords et marquis des Anglais à New York, et musique à la maison pour le reste de la nuit. S'il dort tout le matin, l'après-midi est consacré aux affaires. Négociations qui s'achèvent quant au règlement du dossier Allen Klein, et mise au point du contrat Stones-CBS.

L'homme clé de ces mois-ci s'appelle Walter Yetnikoff, le président de la compagnie CBS. Signer les Stones, c'est d'accord, mais l'avenir du groupe est toujours imprévisible et, pour les financiers, le trésor c'est Mick lui-même. En gros, on signe les Stones à condition de produire simultanément un disque solo. Mick signera un contrat à titre personnel, avec une avance confortable. Mais Jagger vient d'avoir quarante ans, il est prêt au virage. Il enregistre pour CBS un duo avec Michael Jackson, *State Of Shock*. Le benjamin des Jackson Five a décroché en 1982 avec *Thriller* « la plus grosse vente d'albums de tous les temps », encore un superlatif qui n'appartient plus aux Stones. Le courant passe mal entre Mick et le chanteur de vingt-trois ans, mais c'est pour Mick une nouvelle confirmation – le temps n'est plus aux groupes, mais aux vedettes qui s'affichent seules.

A partir d'avril il se rend à Nassau, où les Stones ont leurs habitudes, et les musiciens défilent. Ce que doit d'abord affronter Jagger pour un disque solo, c'est que rien n'est possible sans guitare électrique. Trouver un guitariste assez proche de lui pour que jouer soit possible, disposant d'assez de personnalité pour que la confusion avec Richards soit évitée, mais suffisamment discret pour que le disque reste celui de Jagger. On ne va pas chercher plus loin que les premières lignes du carnet d'adresses : Jeff Beck sera l'armature de la carrière solo de Jagger, première mouture. Retour à l'âge Yardbirds, à l'éternel postulant au titre de remplaçant, de Brian, puis de Mick Taylor. Et pour mieux mêler les cartes, on demande à un vieil ami, Pete Townshend, guitariste des Who, de venir aussi. Comment Richards ne serait-il pas au courant? Jagger, pour les Stones, doit noyer le poisson, parler du contrat CBS et de ce qu'il apporte au groupe, parler peut-être d'envies de musique personnelle, loin du rock. En fait, ce que Mick propose d'abord à ses nouveaux partenaires, c'est une chanson Jagger-Richards déjà enregistrée par les Stones, mais non retenue pour *Some Girls*, dans ce vivier des chansons accumulées en cas de prison à Toronto, dans lequel on a déjà puisé pour *Tattoo You*. La chanson s'appelle *Lonely At The Top* et Richards n'apprécie pas l'emprunt sans autorisation : l'arrangement est strictement identique, peut-être recopié piste sur piste, à la version encore inédite enregistrée par les Stones deux ans plus tôt.

Les mêmes musiciens loués qu'on a eus pour *Undercover*, Sly Dunbar et Robbie Shakespeare, assurent la couleur. Cela dans la discrétion maximale, lorsqu'en juillet tout débarque en place publique : Jeff Beck a un caractère ombrageux, c'est de notoriété publique. A un artiste de cette trempe, on pardonne un peu trop d'ego. Mais Jeff Beck, technicien hors pair, n'a pas eu le destin de Clapton ou de Jimmy Page : un accident de moto l'a tenu à l'écart au mauvais moment. Ce disque avec Jagger est un retour de chance. Il s'y donne complètement. Mais Jagger n'a pas envie d'un Richards bis. Lors d'un enregistrement, Jeff Beck demande à tout le monde de sortir du studio pour enregistrer, sur un morceau presque fini, un ultime solo. Il ne souhaite garder que le technicien derrière sa console, et qu'on éteigne les lumières. Jagger n'a pas compris que la demande vaut aussi pour lui : pourtant, lui aussi, Mick, c'est son habitude de procéder ainsi. Beck doit répéter à Jagger qu'il doit sortir : mais qui se prévaut de donner des ordres à Jagger ? Dix minutes plus tard, Jagger entre à nouveau dans la régie, on rallume, on écoute le solo de Jeff, et Mick commande froidement au technicien de l'effacer : *Wipe it*.

C'est son style : on est le patron, et on marque son territoire. Pousser les autres à bout en est à ses yeux un préalable nécessaire, il a toujours procédé ainsi, même avec Brian Jones.

Le temps pour le technicien d'appuyer sur la touche d'effacement, et Jeff Beck a claqué la porte. Il envoie chercher ses guitares une heure plus tard, son billet d'avion retour commandé. C'est le *Evening Standard* qui révèle l'incident et c'est ainsi qu'on saura ce que Mick prépare aux Bahamas : fin de l'enregistrement clandestin. Puisqu'il faut une mise au point, le groupe (Watts, Wyman, Richards et Jagger, Ron Wood n'a pas encore voix au chapitre) se contraint à une réunion le 26 juillet, à Chelsea (où sont leurs bureaux, à Munroe Terrace). La rencontre sera houleuse. Jagger les informe officiellement de sa décision de sortir son disque solo, mais pas question pour autant, prétend-il, de liquider les Stones. On en profite pour lancer sur le marché une anthologie des dix dernières années, *Rewind*, qui n'ira pas loin dans les classements : la descente continue, et les bruits autour d'une prochaine dissolution ne favorisent pas les ventes.

Pour justifier de sa propre démarche et qu'elle ne signifie pas la fin des Stones, Jagger semble s'apercevoir comme par miracle de l'existence des disques de Bill Wyman : *Rumours like this come up regularly and have done since the sixties. The truth is we're very much together as a band. In fact, we all met up three weeks ago in London to discuss future Stones projects. They include recording an album in december and the possibility of touring next year. I am doing a solo album, but that was part of a record deal we signed a year ago. But the deal with CBS also involves making at least five albums together, so we'll be around for some times. Beside, the Stones have all done solo projects before. Bill Wyman has recorded three albums* [6, 194] : « Des rumeurs comme ça on en a depuis les années 60. Ce qui est vrai, c'est qu'on marche très bien comme groupe. On s'est rencontrés il y a trois semaines à Londres pour discuter des projets futurs des Stones. Ça inclut d'enregistrer en décembre et peut-être de tourner l'an prochain. Je fais un album solo, mais ça fait partie du contrat qu'on a signé il y a un an. Le contrat avec CBS dit qu'on fera au moins cinq albums ensemble, alors on va être ensemble encore un moment. A côté de ça, les Stones ont déjà fait des projets solos : Bill Wyman a enregistré trois disques...»

Jagger n'a pas le droit de manquer son coup. Il y travaille tout l'été et l'automne, désormais sans Jeff Beck. Défilent à Nassau les meilleures pointures de la production variété et des arrangements de studio : Herbie Hancock, Nile Rodgers, Bill Laswell. De toute cette année, on n'a pas de nouvelles de Richards, sauf qu'il est pris en excès de vitesse, cent quarante kilomètres à l'heure, sur les berges de la Seine dans Paris. L'inactivité forcée ne lui convient pas, et il ne se prive pas de le dire.

En novembre, nouvelle réunion, cette fois en terrain neutre, à Amsterdam : les dates d'enregistrement sont repoussées, nouveau pas dans la dégradation. Keith Richards, à Victor Bockris : *I had taken Mick out for a drink, so at five in the morning he came back to my room. He's drunk by now. And Mick drunk is a sight to behold. Charlie was fast asleep. – Is that my drummer? Why don't you get your arse down here? Charlie got dressed, Savile Row suit, tie, shoes, shaved, came down, grabbed him and went boom. Charlie punched him into a plateful of smoked salmon... Mick was wearing my jacket at the time, it really pissed me off : my jacket, my favorite jacket, got ruined... – Don't ever call me YOUR drummer again, you're MY fuckin' singer. That was Charlie way of saying : It's over, man* [17, 341] : « Avec Mick on était sortis boire un coup, et à cinq heures du mat il rentre dans ma chambre. Il était bourré à ce moment-là, et Mick bourré c'est quelque chose à voir. Charlie était là à roupiller. – Eh, mais c'est mon batteur ? Tu peux pas pousser ton cul de là ? Charlie se relève, en costard, cravate et godasses Savile Row, rasé, l'attrape et boum... Il l'envoie balader d'un coup de poing dans une assiette de saumon fumé. Mick avait mis une veste à moi, ça m'a dégoûté : ma belle veste préférée, foutue. – M'appelle plus jamais TON batteur, t'es que MON putain de chanteur... C'était la façon de Charlie de dire : C'est fini, mec.»

Il faut compter avec l'habitude de Keith de tout arranger à sa sauce : Victor Bockris rédige un livre sur lui, on se raconte comme une bonne histoire – *He almost floated out the window into a canal in Amsterdam, I just grabbed his leg and saved him going out* [17, 361] : « Pour un peu on le retrouvait par la fenêtre, à flotter dans un canal d'Amsterdam, j'ai juste eu le temps de l'attraper par la jambe et de le retenir », on croirait Chateaubriand aux chutes du Niagara, mais on finit par s'habituer à l'art de marmonner de Keith, et l'histoire de la veste empruntée peut encore témoigner de leur vieille habitude de plus de vingt ans de vie commune, tout comme la chambre encore allumée à cinq heures et Watts à dormir sur un fauteuil tandis que Richards et Wood passent plein pot les maquettes de morceaux qu'on pourrait travailler sur le prochain album. Charlie Watts a sans aucun doute prévu de rentrer à Londres-Heathrow dès le premier avion de Schiphol à sept heures, alors pourquoi payer une chambre d'hôtel, si on sait qu'on va discuter jusqu'à deux heures du matin, autant rester habillé et, si on doit s'endormir une heure, profiter d'un divan de la confortable suite de Keith. Le coup de poing est bien réel, et le récit de Keith attesté par Jagger comme par Watts : après tout, c'est peut-être encore une preuve d'affection. Mais, pour faire ainsi déborder Charlie Watts, la réunion avait dû salement tourner vinaigre.

Les Stones entre eux ont des habitudes de travail bien définies. Voilà comment ça se passait avec Klein, interview de Keith par Victor Bockris : *I remember with Allen Klein renegotiating our record contract, we sat there in front of this board of directors and did not say a word. That's one of the greatest weapons the Stones have, the fear we inspire. If you're dealing with these people all the time, they get to know you too well. One of the Stones' greatest strengths in doing business was that we never said a word* $_{17,\,287}$: « Je me souviens de quand on renégociait notre contrat de disques avec Allen Klein, on s'est assis face à cette équipe de directeurs et on n'a pas dit un mot. C'est une des meilleures armes des Stones, la peur qu'on inspire. Si tu es en affaire tout le temps avec ces types, ils en viennent à trop te connaître. Une des plus grandes forces des Stones en affaire, c'est de ne pas dire un mot. »

Quant au partage des tâches, dont Wyman se plaindra toujours d'avoir été délibérément mis à l'écart, le point de vue de Richards : *Mick needs to do that. He's a workaholic. Me, I don't have that thing that makes me wake up in the morning and can't wait to make a phone call and say : Hey, what's has been happening since last night ?* $_{17,\,316}$: « Mick a besoin de ça. *Workaholic.* Moi, j'ai pas ce truc qui te fait te lever le matin et passer aussitôt un coup de fil en demandant : Eh, il s'est passé quoi depuis hier soir ? »

Réponse de Jagger, sur le partage des tâches : *I don't think Keith's interested in much else besides music. But he realizes that there are things to be taken care of, decisions to be made that involves a lot of money. The Rolling Stones is a huge business machine that has to be kept track of. I really don't mind doing it* $_{17,\,316}$: « Je ne crois pas que Keith ait d'autre intérêt à part la musique. Mais il pige qu'il y a des choses dont il faut s'occuper, des décisions à prendre qui impliquent un paquet de fric. Les Rolling Stones c'est une affaire gigantesque, qu'il faut garder en état de marche. Ça ne me dérange pas de m'en occuper. » Ou autre version du partage des tâches par Jagger encore : *I read these things always : Mick's the calculating one, Keith's passionnate. But, I mean,*

I'm really passionnate about getting things right. And if I'm not passionnate about the details, some slovenly person that's employed in this organization will just let everything go [17, 287] : « Je lis toujours ce genre de truc, sur Mick le calculateur et Keith le passionné. Mais moi, je me passionne vraiment à ce que les trucs marchent. Si je n'étais pas passionné pour tous ces détails, ce serait un brave employé de l'affaire qui laisserait tout ça aller dans tous les sens... »

Alors que s'est-il passé, à Amsterdam, sinon un genre de grève du passionné des détails, qui peut-être soudain aurait appliqué au reste du groupe sa meilleure arme, celle de se taire ? Alors on fait quoi ? Pas de réponse. On ira en studio bientôt ? Pas de réponse : moi je fais mon disque. Si vous voulez que le groupe marche, dites-le-moi, je reste votre chanteur. Pour Wyman, la fin est prévue depuis longtemps, et il a déjà d'autres relais. Wood n'est toujours que pigiste, mais pour Richards et Watts c'est l'effondrement.

En janvier, quand Ron Wood se marie avec Jo, dont il a deux enfants, il vient de terminer à son tour une cure de désintoxication, à Plympton, dans le Devon. On lui a proposé le sevrage d'alcool en parallèle du sevrage d'héroïne, il a refusé : la vie aurait été trop triste, prétend-il. Ce 2 janvier, à son mariage, Keith et Charlie Watts sont les témoins, Bill Wyman est invité, comme Rod Stewart, Ringo Starr et Eric Clapton : manque Mick Jagger. C'est la première fois qu'on ose, en vingt ans de Stones, bouder officiellement et collectivement Mick.

Quand on se retrouvera ensemble pour enregistrer, à Pathé Marconi, rien n'ira plus. La première déception n'est pas de leur fait : la grande salle où on aimait enregistrer, à cause de l'espace laissé à chaque musicien, de l'acoustique du bois d'après guerre, prévu pour les orchestres à musique de film qui vous donnait l'impression de les revivre, a été refaite de fond en comble, à la moderne. Ils y ont leurs habitudes depuis sept ans, et on a osé toucher à leurs habitudes... Les séances se traînent : Jagger est là ou n'est pas là. Keith Richards, qui n'entre peut-être pas souvent dans la librairie Smith tout auprès de chez lui mais passe suffisamment devant ses vitrines, y repère de grands panneaux vantant l'auteur à succès Brenda Jagger : pendant deux mois, horripilé par les absences de Mick et son non-engagement, il ne l'appelle que Brenda. Pour Mick, à quoi cela servirait d'être là si on ne s'entend pas, voire si, après Amsterdam, il souhaite faire la preuve que mieux vaut tout arrêter ?

Depuis longtemps, sous la signature Jagger-Richards, il y a des morceaux qui viennent de l'un ou de l'autre, mais qui ont été écrits séparément. Cette fois, Mick garde pour lui et sa carrière solo ce qu'il compose seul. Richards amène comme d'habitude ses riffs lourds. On enregistre

Winning Ugly ou bien *I Had It With You* sur les bonnes recettes des deux guitares entremêlées. Comme d'habitude, les enregistrements intermédiaires servent vite de base au commerce pirate : j'ai moi-même un double CD des sessions préalables de *Dirty Work*. Sur trois versions successives de *Winning Ugly*, on entend Jagger dicter la mesure avant ses reprises et le pont du milieu de morceau : *One two three, bridge...* Les Stones travaillent selon les mêmes recettes que n'importe quels apprentis. On enregistrera une trentaine de morceaux pour en sauver douze : c'est ainsi qu'ils ont toujours procédé. Mais l'absentéisme de Jagger est contagieux : Wyman s'autorise des absences du chanteur pour ne pas venir lui non plus. Du coup, le disque est enregistré à trois : Watts, Richards, Wood, et c'est ce qui fait paradoxalement sa qualité. Recette tellement élémentaire et rugueuse, par l'absence contrainte de tous artifices, qu'on pourrait frôler par moments l'élévation brute de *Beggars Banquet*. Il manque l'apport de Mick (sauf peut-être dans *Back To Zero*, qui ressemble étonnamment à ce qu'il inclut dans son propre album), alors on signera à trois, Jagger, Richards et Wood, les quatre morceaux qui ne doivent qu'à Richards et Wood. Rien que cela est aveu de l'échec. Mick absent, Richards enregistre provisoirement des parties de chant que Mick refait plus tard, ils ont souvent fait comme ça. Mais cette fois Mick n'y condescend même pas, et Richards chante deux titres sur les dix qui font les trente-neuf minutes que dure exactement le disque, autre aveu d'échec.

Pourraient-ils renouer avec le miracle ? Il y a ce vieux rituel des Rolling Stones, au début des séances de studio, de s'échauffer avec une reprise. Non seulement ça refait les doigts selon un exercice imposé, mais ça les met dans l'ambiance. Combien de fois on leur a reproché que leurs meilleurs succès commerciaux, de *Satisfaction* à *Miss You*, soient des reprises réimprovisées à leur sauce ? C'est là l'enracinement de leur légende de cyniques, quand Richards a toujours dégonflé le reproche à la source, ce qu'il explique ainsi ce même mois dans une longue interview au mensuel américain, notre bible régulière, *Guitar Player* : *You don't create songs. They're not all your creation. You just sort of pluck them out of the air, if you're around and receptive, and then you say : I kind of like this, and something about the songs says : I'm worth the time and the trouble to keep playing me and find out. And if you hang on to their tail long enough, suddenly you get : Ah, there I am, I'm ready. So you have to listen to the mechanics of the song all the time, and be very receptive to what it's trying to tell you while you're making it* [27, 38] : « Tu ne crées pas une chanson. Elles ne sont pas de ta création. Tu ne fais que les extirper de l'air autour, si tu es ouvert et réceptif, et tu dis : Ça j'aime pas mal, et quelque chose de la chanson dit : J'essaye tout le temps d'être jouée et de ressortir, et si tu t'accroches à sa queue assez longtemps, tout d'un coup c'est : Ah ça y est, je l'ai, je suis prêt. Alors c'est que tu as assez écouté la mécanique de cette chanson, tu es assez réceptif à ce qu'elle essaye de te raconter pendant que tu la fabriques. »

Leur chanson de mise en doigts, ce mois de janvier 1985, est un vieux *soul* qui convient bien à l'intrication des deux guitares. Ils jouent ça un jour à quatre, Richards, Wyman, Watts et Wood (qui fait aussi le chant), quand Jagger les rejoint et se met à chanter pour de vrai : *Harlem Shuffle*, discrètement placé en troisième position de la face A du disque, sera le seul succès à en émerger. La tension entre eux a pourtant été positive : Mick jamais n'a aussi bien chanté que pour prouver à ses copains qu'il fait très consciencieusement son travail avec eux. A réécouter *Dirty Work*, Jagger en avant sur la masse fondue et brute des cinq, six ou huit pistes de guitare superposées (Richards dans *Guitar Player* affirme qu'il en va de ces empilements de guitare comme de couches archéologiques. Il pense que même les premières couches inaudibles de guitare acoustique imposent une présence subliminale), jamais peut-être il ne chantera de façon aussi ambitieuse, rauque et nègre. On se sépare au bout de cinq semaines, toutes questions en suspens, et rien de terminé.

Parce que, en même temps qu'on enregistre, et cela explique en partie l'absentéisme de Mick, paraissent les premiers quarante-cinq-tours de sa carrière solo. Les questions qu'on lui pose dans les interviews portent cependant rarement sur sa musique, et toujours sur le groupe. Lui contourne chaque fois comme il peut. Au *Daily Mirror* : *The other Stones might think it's possible that if the album did really well it might be the end of the Stones. But I know it won't be. But it was still strange working without the others. It is rather like having a wife and a mistress. The Stones thing is like a long marriage. I know them very well. I know their strenghts and weaknesses. I almost have telepathy with them after all this years* [6, 196] : « Les autres Stones pensent que, si cet album se vend très bien, ce sera la fin du groupe. Moi je sais que non. Mais c'est bizarre de travailler sans les autres. C'est un peu comme d'avoir une femme et une maîtresse. Les Stones, c'est comme un vieux mariage. Je les connais tellement bien, leurs forces et leurs points faibles. C'est presque de la télépathie, avec eux, après toutes ces années. » Et au *Melody Maker*, c'est tout un schéma simplifié de l'histoire des Rolling Stones que nous propose Uncle Mick : *By 1965 the Stones were part of show business in a way. A successfull band, internationally known. And if I hadn't been for all the drug busts... That changed things an awful lot. It changed our attitude to everything. We were just a good-time band having a very good time on the road making the music we wanted and making records that*

I think were pretty good. Then we got into this whole thing of being busted and went to jail and everything that put us back to where we started so we had to spend our energy and time fighting that, rather than making music which was really boring. Boring and time consuming [6, 196] : « En 1965, les Stones sont entrés dans le show-business, en un sens. Un groupe à succès, connu partout. Si ça n'avait pas été de ces histoires de drogue... Ça a changé vraiment terriblement les choses. Ça a changé notre attitude en tout. On était juste un groupe qui prenait du bon temps, qui jouait en tournée la musique qu'il voulait et enregistrant des disques que je trouve plutôt bons. Et puis il y a eu toutes ces affaires de perquisition, de prison et ça nous a ramenés d'où on était partis, on devait dépenser notre énergie et notre temps à se battre pour ça au lieu de faire de la musique et c'était vraiment rasant. Rasant, et plein de temps perdu. »

Manière rapide de réécrire l'histoire, et qui explique sa difficulté à se lancer dans une autobiographie. Si le disque marche bien, dit Jagger : mais le disque ne marchera pas si bien. Pas à l'échelle du dernier Michael Jackson, et même pas à l'échelle du dernier Rolling Stones.

On l'écoute pourtant, pour comprendre, pour savoir. On compare la variété Jagger à nos vieux échantillons de Stones. J'avais commencé depuis deux ans à collationner ces articles, livres, entretiens, et quand j'écoute une fois, casque sur les oreilles dans un magasin de disque, l'album *She's The Boss*, je ne l'achète pas. Je vivais à Rome cette année-là, et, par vengeance, j'étais revenu à la villa Médicis avec un disque des Clash. Tout simplement, ou obscurément, comme un message, dire par ce seul petit refus qu'on ne souhaitait pas le divorce d'avec notre propre adolescence ? Encore aurait-il fallu le lui dire en face (j'y parviendrai, mais tellement plus tard...)

Chaque deux mois, CBS lance sur le marché un nouveau titre solo de Mick pour faire danser les boîtes de nuit. Richards est revenu à New York, et le groupe ne se retrouve qu'en avril à Paris pour enregistrer : on reprend les maquettes de janvier, il y a deux titres, *One Hit (To The Body)* et *Harlem Shuffle*, qui semblent au moins tenir la rampe, et on les pousse pour avoir quelque chose à vendre, mais ce n'est pas suffisant pour porter un album : on décale la sortie prévue de l'album de juin à septembre, c'est comme le constat d'une maladie grave.

En juin, c'est quasiment sans Mick qu'on revient à Pathé Marconi pour muscler comme on le peut la dizaine de morceaux sauvables dans la trentaine de maquettes ébauchées en janvier et en juillet. Nouvelle variante, c'est Richards et Wood sans Jagger qui s'occupent du mixage à New York, on repousse une nouvelle fois la date de sortie. On reprend la recette des mauvais jours : appeler du renfort. Pour le titre phare, *One*

Hit (To The Body), on fait venir au studio Jimmy Page : la couleur Led Zeppelin se substitue à la couleur Stones. On aura Patti Scialfa, la compagne de Bruce Springsteen, pour des chœurs, l'organiste noir Bobby Womack et Tom Waits pour un duo avec Keith sur une reprise de reggae. Les meilleurs souvenirs de *Dirty Work*, bien moins complaisant aux ambiances de saison que les disques qui le précèdent, c'est dans cette mixture rude qu'on l'entend, dans *Had It With You*, sur cette guitare presque *punk* et répétitive de Richards, Ron Wood osant pour la première fois sortir son saxophone pour les Stones, Richards s'offre le premier goût d'un disque solo, jouant du piano avec Tom Waits bombardé provisoirement Rolling Stone (et offrant par réciprocité une très belle intervention de guitare à ce drôle de bonhomme à la voix éraillée). Disque plutôt méprisé des Stones, *Dirty Work* est un de ceux qui aujourd'hui résistent le mieux.

Au printemps, on se réunit une nouvelle fois, pour décider des dates d'une tournée. On s'est habitué au rythme triennal, une année l'album, tournée américaine ensuite, puis tournée européenne et on recommence. Ça convient bien aussi aux rythmes bancaires, et ça laisse aux guerriers du temps de repos. Mais le guerrier principal annonce que pour l'instant il s'en tient à son propre projet de tournée, avec ses propres chansons. Jagger ne se voit pas enchaîner immédiatement avec les Rolling Stones, il le leur dit.

Pour l'en dissuader, Keith propose un compromis : la possibilité de reprendre avec le groupe certaines des chansons de Jagger, puisque aussi bien *Lonely At The Top* est signée Jagger-Richards. C'est une concession de poids, que de proposer à Jagger de jouer sur scène derrière lui *She's The Boss*, mais on achoppe sur un nouveau refus de Mick, et il semble bien que cette fois tout soit fini pour les Rolling Stones. Commentaire de Bill Wyman : *It' such a sad thing, to see a good love die... Un unwritten law of the band has always been that, whatever any player's other interests, private or professionnal, the Stones take priority. The rest of the band believed Mick broke that bond* [22, 262] : « C'est quelque chose de bien triste, comme un bel amour qui meurt... Une loi non écrite du groupe, ça a toujours été que les Stones avaient la priorité, quoi que ce soit qui intéresse l'un de nous, professionnellement ou dans la vie privée. Tout le groupe a considéré que Mick avait trahi ça. »

C'est par écrit (on n'en est pas encore au fax, mais chacun du groupe est relié aux bureaux des Stones par ce dont on se sert dans l'industrie, le Telex) que Mick confirme son refus d'envisager pour l'instant une tournée des Rolling Stones. Et ce qui est prévisible, mais que Richards refuse absolument, c'est que Mick meuble son spectacle solo des meilleures reprises des Stones, confiant à Pete Townshend ou quelque technicien de prestige ses propres parties de guitare. *If Mick tours without us, I'll slit his throat*, se complaît à déclarer Richards aux journaux : « S'il part en tournée sans nous, je lui tranche la gorge. » De fait, c'est la gorge des Stones qui est tranchée, et, même prévenu des dérapages oraux de Keith, c'est un point de non-retour. Mick Jagger passera outre à l'injonction.

En tout cas, c'est bien ce qu'ils semblent en retenir eux-mêmes. Dans le brouhaha de la fin, les meilleures qualités de *Dirty Work* passent totalement inaperçues et le disque fait un bide. Le traditionnel clip vidéo n'arrange rien à l'affaire, puisque Jagger et Richards simulent en playback une agression physique : Richards n'est pas acteur, et sa principale qualité est une grande naïveté d'artiste. Il ne simule pas la haine et simplement la démontre, tandis que Mick joue avec et l'oblige à renchérir.

L'éclatement est immédiat. Nouveau duo de Jagger avec Bowie, et il commence sa tournée de chanteur solo, incluant le Japon où les Stones n'ont jamais pu encore aller jouer. Ron Wood et Bill Wyman s'offriront un album solo de plus, et Charlie Watts se réfugie dans la vie de son Charlie Watts Orchestra, peut-être pas dupe que son succès n'est pas seulement dû au réel professionnalisme de ses musiciens.

Keith Richards, lui, n'a rien à faire. On le retrouve en duo, comme un vulgaire musicien de studio, pour des reprises de leur répertoire : *Jumpin' Jack Flash* avec Aretha Franklin, *Honky Tonk Women* avec Etta James, mais ça ne compense pas ce qu'il perd. Sa grande entreprise sera le concert d'anniversaire pour les soixante ans de Chuck Berry et le film qui va avec. Sa posture même, musicien impeccable, en costume, sans jamais une erreur d'accord et sans bouger d'un mètre de sa position assignée sur la scène, prend autre valeur dans ce contexte de la fin des Rolling Stones. Il a recruté, pour monter *Hail! Hail! Rock'n roll!*, un batteur, Steve Jordan, avec lequel il va à son tour franchir la frontière symbolique du disque solo. Il en avait le matériau : les enregistrements faits pendant la période Toronto auraient dû être le prétexte d'un disque, sous le titre *Bad Luck*, disque qui finalement est resté en suspens. Il a l'intuition de ne pas bousculer la possibilité d'une résurrection des Stones en choisissant comme nom de guerre une bizarrerie dynamitée d'avance : The X-Pensive Winos.

Évidemment que nous tous, les fidèles, accordons à Keith l'héritage de l'esprit Stones : si je n'achète pas le disque solo de Jagger, nous sommes quelques dizaines de milliers à acheter de confiance les deux albums successifs de Richards et à les écouter une dizaine de fois avant de les laisser remisés sur la pile des achats pour rien. J'écouterai peut-être un peu plus longtemps le double pirate (merci Doktor Stones) de leur prestation au Los Angeles Palladium : parce que en public ça ne triche pas. Que Richards grommelle au micro des ébauches de paroles, complètement hors du ton lorsqu'il reprend *I Wanna Be Your Man* que leur avaient écrit les deux Beatles (commentaire de l'ami Wyman : *He's not Pavarotti, isn't he?*), et finissant, comme au temps des New Barbarians, par écluser en karaoké les rengaines que tout le monde connaît, prises aux Stones des années de gloire. Traîne l'idée que Richards, trahi par son jumeau, défend seul la flamme éteinte : voilà le meilleur album des Rolling Stones en dix-sept ans, proclame *Guitar World*, et pareil pour *Guitar Player*, *Rolling Stone* et d'autres, comme si ça pouvait être vrai. La confiance dont il bénéficie nous vaut au moins le bénéfice de longues interviews : parce que les Rolling Stones sont une aventure qui semble désormais close, Richards multiplie les témoignages qui aident à composer enfin l'histoire du groupe.

L'étonnant, dans un monde où ils comptent désormais pour si peu, est que leur capacité de scandale semble intacte. Tout commence deux ans et demi plus tôt – au Mayfair Disco, une boîte de nuit du populaire Tottenham. Bill Wyman est en pleine séparation d'avec Astrid Lundström, sa compagne depuis dix-sept ans. Elle a mis longtemps à émerger, elle aussi, de l'héroïne, et personne n'en sort indemne. Wyman partage son temps entre sa maison de Vence et son domaine près de Londres. Il est toujours présent sur la scène musicale, en particulier dans sa longue entreprise de soutien à la recherche sur la sclérose en plaque, autour de Ronnie Lane, et comme producteur de groupes rétros. Il compose aussi de la musique de film. Ce soir-là, après un hommage à Alexis Korner au Lyceum, il se retrouve pour finir la soirée au Mayfair Disco, où jamais il n'était venu. Un Rolling Stone qui arrive quelque part, c'est comme une rumeur qui se propage, des regards qui par vagues vont chercher à voir, un cercle qui se fait et vous-même comme sous un microscope. Et même si on ne fait rien que commander un gin ou une bière, on se sait sous observation, on est sur la défensive, mais on reste quand même disponible. Sait-on d'où peut surgir l'aventure ? Bill Wyman approche des cinquante ans, il s'est assagi. Mais de la belle graine généreuse, sous chevelure blonde, qui danse sous les projecteurs, c'est presque comme un geste de vizir : Tu as vu la fille... *I've got to meet that girl, go to talk to her* [2, 30]. Alors forcément, on se débrouille pour le faire savoir à la fille. Oui, qu'elle vienne à la table du dieu descendu sur terre, on lui paye à boire : elle a bien entendu parler de Bill Wyman ? Les jeunes de cet âge-là n'écoutent plus forcément les Rolling Stones, et même en Angleterre, si on connaît le nom de Mick Jagger, on ne sait pas le nom des autres. Reste que, parce qu'il est là en personne, Wyman, on s'est fait un devoir de balancer dans les baffles *Miss You*, ou *Not Fade Away*, ou le dernier succès en titre (*Start Me Up*). La fille est belle, effectivement, et plantureuse. Elle est là avec sa sœur, Nicola : *Ma sœur a quinze ans...* – Quinze ans, mais tu as l'air encore plus jeune qu'elle... Bien sûr, puisqu'il apparaît que Mandy Smith n'a que treize ans. C'est la sœur qui répond : *I'm fifteen, and Mandy's thirteen. – What?* [2, 31].

Tout se passe en tout bien tout honneur. Et cela principalement parce que Mandy et sa sœur vivent avec leur mère, jeune divorcée. La mère a trente-cinq ans à peine. Elles se régalent, les gamines, du numéro qu'on leur fait. Bill, le bassiste immobile, condescend à se produire sur la piste de danse, et le voilà dans les bras de Mandy : Bill est amoureux, *totally besotted* [2, 31]. L'idée qu'elles ont à l'instinct, Mandy et sa sœur, est toute simple : et si on le ramenait à la maison, le richissime, est-ce que ce ne serait pas une chance pour remarier maman? Tout cela bien sûr est obscur. Bill Wyman est chez lui ici, parmi ces visages, dans ces voix : on n'est pas si loin de Penge, pas si loin de ce qu'il aurait pu devenir si le saxophoniste des Cliftons ne les avait pas laissés choir, si Tony Chapman avait mieux joué de la batterie, s'il était resté magasinier, si... Mais *si, si, je suis un rock star* : deux jours plus tard, la Mercedes aux vitres teintées vient prendre les deux sœurs pour une balade, et au retour on propose à Bill de descendre prendre un verre, pourquoi pas de manger à la fortune du pot... maman serait si contente. A la maman on a fait la leçon : maman aime les Rolling Stones, n'est-ce pas de sa génération? *I drove over with flowers and chocolate* [2, 31].

Bill Wyman en a trop traversé, et de toutes les couleurs (je parle d'événements, d'histoires, de scandales), pour ne pas tout organiser soigneusement en amont. On ne s'affiche pas en public avec une fille de treize ans et demi. La mère, provisoirement, est d'ailleurs une bonne couverture. Quelques cadeaux entretiennent l'amitié, et on a quelques repaires, un club nommé le Tramp, la maison de Vence, un discret hôtel de luxe à Marbella (celui où Anita Pallenberg, dix-sept ans plus tôt, a passé de Brian à Keith?), pour croire aux miracles : la Rolling Stones Limited, informée, le met en garde plusieurs fois, et même Mick se fend d'un coup de téléphone : *You're asking for trouble... treading on dangerous ground... this could explode in our face* [2, 31]. Bill Wyman est heureux, ça se voit sur les photos : son fils a vingt-trois ans, c'est comme une nouvelle jeunesse. Bill Wyman a un but dans la vie, et une vraie passion sans doute. Peut-être que la clandestinité, et cette aventure avec avions et ciel bleu, convient aussi parfaitement à Mandy, qui continue d'aller à l'école.

Mais voilà, en 1985, elle a seize ans, et il est temps de ramasser les cartes : elle demande le mariage. Et les Stones font à nouveau la une du *News Of The World*. Si Bill a réglé depuis longtemps ses comptes avec Astrid, il maintient des rendez-vous de deux jours à Paris ou New York avec d'autres, jamais une nuit d'hôtel seul (il a toujours détesté dormir seul, Bill), et Mandy est assez grande, a assez donné d'elle, pour entrer dans l'âge des scènes. *Bill is just an ordinary bloke really* $_{6,\,202}$: « Oh, Bill c'est juste un type comme les autres... » Mandy raconte tout en détail, et c'est repris à vitesse d'explosion par tous les tabloïds : trente ans de différence d'âge, et comment un vieux peut-il s'acheter ainsi de la chair fraîche ? On apprend qu'il règle même la note de l'école privée où il l'a fait entrer, dans le chic Kensington. Bill est coincé et fait savoir à distance que c'est de l'amour, et la preuve qu'ils sont sûrs d'eux, répond la belle, c'est que cela fait trois ans que ça dure, qu'ils vont se marier...

La police s'en mêle. Seulement, pour nourrir une attaque, il faudrait que la mère porte plainte pour détournement de mineure : la mère tient ferme la barre. Oui, on connaît bien Bill depuis longtemps, oui, Bill est maintenant un ami de la famille. Oui, on consent au mariage : *My mother approved my relationship with Bill, it was an unusual one...* $_{6,\,202}$: « Ma mère approuvait ma relation avec Bill, c'était tellement inhabituel... » Si inhabituel qu'on apprend aussi ces temps-ci que la jeune maman, trente-huit ans, partage provisoirement la vie de Stephen, le fils de Bill, vingt-sept ans, et pourquoi pas ?

Alors voilà la photo de famille, une vraie noce de campagne endimanchée : les quatre couples, Mick et Jerry, Charlie et Shirley, Keith et Patti, Ron et Jo, en grande tenue de chapeaux, costumes et sourires, démonstration officielle près de Wyman sanglé comme un époux 1920, et Mandy, la Mandy *long legs* aux formes généreuses, la Mandy de seize ans dans l'éclatement de sa blondeur anglaise, en robe de mariée blanche éblouissante. Il suffit de ce visage de seize ans pour qu'ils vous apparaissent, les quinquagénaires du groupe mort, comme autant de fantômes, de monstres squelettiques et ridés, provisoirement revenus blêmes d'un monde enfui. Les frasques de Mandy, chaque fois déployées dans les magazines avec quelques détails intimes, entretiendront quelque temps l'intérêt mais, à part quelques publicités pour les blue jeans, a-t-elle la vie si belle ? Le mariage dure trois ans et se distend, Wyman devient au début des années 90 l'époux d'une Suzanne Daccosta, designer californienne de trente-trois ans, tandis que Mandy se console avec un footballeur (ils peuvent être à succès comme les chanteurs, voire aujourd'hui bien plus). Plus de scandales depuis lors : Bill continue l'exploration de la musique qui fut la sienne au temps des Cliftons, accumulant des disques qui sont autant de reconstructions fidèlement refaites et consciencieusement jouée de la musique populaire des années 50. Parmi les Stones, quand on parle de lui, on lui donne un nouveau surnom : *Mister Formica*. Bill Wyman n'aura jamais eu de chance avec ses collègues.

On avait fini par trouver normal que ce soit fini. Les Rolling Stones : histoire close, histoire à écrire. Chacun continuait dans son coin, et par fidélité on s'apercevait qu'on continuait de suivre, parce que c'était devenu notre histoire commune, comme ces copains de lycée dont on suit la route, et dont on reçoit par intervalles une lettre ou un e-mail. On avait de la sympathie pour le Charlie Watts Orchestra, on avait plaisir à écouter Willie And The Poor Boys, la petite bande rassemblée par Bill Wyman, incluant Jimmy Page et Charlie Watts, pour ses reprises *fifties*. On laissait à Mick de nous représenter au pays des inatteignables, notant vaguement ses apparitions. On considérait que Richards, revenu de tout, et d'abord de la drogue, était ainsi l'image du passé clos. On l'écoutait en duo avec John Lee Hooker, ou rajouter une guitare chez Tom Waits, paraître en concert avec U2 : exhibé lui-même comme témoignage de l'aventure close.

Ian Stewart est mort. D'une crise cardiaque. Il est mort dans cette idée du groupe fini, au temps des bagarres de *Dirty Work*. On a exhumé des archives cinquante secondes de boogie-woogie, Stu quand il jouait seul, et on a ajouté ça à la fin de l'album, qui ainsi, quand il paraît enfin, lui est dédié : *Thanks, Stu, for 25 years of boogie woogie*. Il laisse un fils de quatorze ans, mais aucun droit, qu'on sache, sur les ventes de disques.

Stu est incinéré le 20 décembre 1985, le groupe est là au complet. Et se retrouvera à Londres le 23 février 1986 entre soi, à la vieille adresse du Club 100 d'Oxford Street. Les Stones seront rejoints sur scène par quelques compagnons de route, Eric Clapton, Jeff Beck, Jack Bruce, Pete Townshend, Kenny Jones : on est musiciens, on rend hommage à un musicien, alors on joue de la musique. On joue longtemps : peut-être que c'est la dernière fois que les cinq Rolling Stones jouent ensemble, et tout le monde l'interprète comme ça. Commentaire de Charlie Watts : *Who's going to boss us around now?* [14, 216] : « Qui c'est qui nous fera bosser, maintenant ? » En guise de remerciement, hommage plus distant de Jagger, avec retour obligé aux temps d'Edith Grove, comme si, une fois de plus, l'adolescence et ce qui la suit conditionnaient tout le devenir : *Stu was always different from us. He was part of the band musically, but he wasn't in some ways part because he had a real job, a real house. And he played piano rather than an electric instrument. And although he liked blues he wasn't really into all this stuff that we used to play, all the rock'n' roll music* [14, 216] : « Stu a toujours été différent de nous. Il a fait partie du groupe musicalement, mais ce n'était pas complètement vrai, parce qu'il avait un vrai travail, une vraie maison. Et il jouait du piano plutôt que d'un instrument électrique. Et même s'il aimait le blues, il ne baignait pas vraiment dans la musique qu'on jouait, tout le matériau rock. »

Une fois de plus, Mick réorganise inconsciemment leur histoire : quand Stu travaillait, lui-même continuait de percevoir la bourse de la London School of Economics, et aucun d'eux n'avait craché sur le van Volkswagen acheté par Stu pour les promener. Mick, qui ne s'est jamais investi que dans la voix et l'harmonica, joue-t-il d'un instrument électrique ? Et c'est lui-même qui refusait qu'on les prenne, à l'époque, pour un groupe de rock.

On n'a rien à dire de 1987. Jagger enregistre à la Barbade, en janvier, avec son groupe habituel de musiciens. Jerry Hall l'a accompagné, mais elle doit reprendre l'avion pour un défilé de Saint Laurent à Paris. Elle se fait envoyer des vêtements depuis leur maison de Moustique, et va les chercher à l'aéroport. Parmi les colis, une boîte n'est pas identifiée, est-ce à elle, voudrait-elle au moins voir ce qu'il y a à l'intérieur ? Elle ne sait pas comment leur gardien de Moustique s'y est pris avec les colis, elle dit oui. Dedans, c'est dix kilogrammes de marijuana. Elle restera dix-sept heures en garde à vue, sans même pouvoir téléphoner, et Jagger ne sera prévenu que six heures plus tard. Le doute sur l'origine du colis donne aux avocats l'axe de leur plaidoirie. Puis, évidemment, que ce n'est pas pour sa consommation à elle, et Jerry le prendra à l'ironie : addictive seulement au Chanel 5, déclare-t-elle aux journalistes, *my only vice is Chanel*. Mais, jusqu'à l'audience, elle est assignée à résidence et à l'humiliation de devoir se présenter deux fois par semaine, munie de son passeport, à la police locale. Tout cela parce que Mick voulait contribuer au bonheur de ses musiciens ?

Andy Warhol, peut-être le plus proche de Mick tout au long de la décennie 70, meurt à cinquante-huit ans, sans que Mick interrompe ses séances de studio tropical. Tournée de Ron Wood avec Bo Diddley, et le Charlie Watts Orchestra passe de vingt-neuf à trente et un musiciens. Rien à dire de 1988. Tournée solo de Jagger au Japon. Procès intenté par un artiste de reggae, Patrick Alley, accusant Jagger de lui avoir volé, pour *Just Another Night*, une de ses propres compositions et de s'être contenté d'en changer les paroles. Mick produit comme témoin au tribunal le batteur Sly Dunbar, et ils jouent devant les juges pour monter ce qui sépare les deux morceaux.

Non pas que *Primitive Cool* déroge à ce qu'annoncé dans *She's The Boss*, mais son deuxième disque solo n'arrive pas à pénétrer le camp de ses égaux, Bowie, Lou Reed, voire des chanteurs de variété mineurs comme Elton John ou Sting, et c'est une régression symbolique inacceptable pour Mick. Brève incursion au vingt-sixième rang des classements en Angleterre, au quarante et unième rang aux USA, alors que c'est le terrain qu'il a lui-même choisi : Richards rétorquera que Mick aurait mieux fait d'enregistrer un disque de ballades irlandaises a cappella, que ç'aurait pu être magnifique. Il a suffisamment l'occasion de multiplier ce genre de déclaration puisque c'est la sortie de son propre *Talk Is Cheap*. Le 18 mai, l'échec commercial de *Primitive Cool* avéré (il ne trouve que seize concerts pour la tournée), Mick téléphone personnellement aux autres Stones et leur propose une réunion.

On est le 18 mai au Savoy de Londres. Mick annonce la couleur : *sadness*, dit-il, « sa tristesse quant aux récents événements ». Version Wyman (interview pour la chaîne câblée *Music Box*) : *Mick is the guilty one. He had decided to do his own thing and be famous in his own right. It's a pity we didn't go out with a big band. Instead of that we went out with a whimper. I don't know if we will ever go back on the road. That depends on the glamour twins, Mick Jagger and Keith Richards, becoming friends again* [6, 206] : « C'est Mick le fautif. Il avait décidé de faire son propre truc et d'être célèbre tout seul. C'est une pitié que nous ne soyons pas en train de jouer en grande formation. Au lieu de ça, on est là à pleurnicher. Je ne sais pas du tout si un jour on sera de retour. Cela dépend des *glamour twins*, messieurs Mick et Keith, et s'ils refont copains un jour... »

Commentaire Jagger : *We sat down, rowed like crazy and stopped slagging each other* [22, 273] : « On s'est assis ensemble, on s'est engueulés comme des cinglés, puis finalement on a arrêté de se casser du sucre les uns sur les autres. »

Mais Jagger, fautif ou pas, a fait le premier pas : s'avouant incapable, ce qu'il refusait il y a un an, de faire seul ce qu'ils obtiendraient sous leur vieille bannière historiée, il leur propose la reformation des Stones et une tournée. Capable d'enchaîner toute une journée de rendez-vous de presse chacun limités à douze ou vingt minutes, et même s'il pourrait rentrer chez lui en dix minutes de voiture, Mick, pour les affaires et tout ce qui concerne la vie professionnelle, préfère louer une suite dans un hôtel – manière de mieux séparer le Jagger public de l'homme privé ? Le Savoy leur est familier, et l'hôtel préfère par expérience les rassembler au même étage. La petite histoire veut qu'en pleine nuit Richards ait pris à part Jagger au milieu du couloir : *You can't hire a band like us on the street-corner* [22, 273] : « Tu ne peux pas louer un groupe comme nous au coin de la rue. » Manière de dire qu'il faut, pour un éventuel retour des Stones à la vie, un peu plus d'ambition. On a évidemment glosé lourdement sur leur manque à gagner : les Rolling Stones ont la vie chère, entretien de maisons, pensions alimentaires et mode de vie, et l'armature du groupe, une véritable entreprise, qui coûte cher si on ne l'utilise pas. Trois ans au revenu d'une vedette show-business ordinaire, il n'y a pas besoin d'être fort en maths pour mesurer la différence. Sans doute que de cela ils ne parlent pas, ou bien, plus probablement, à cette réunion du Savoy, un moment ou l'autre, on a fait entrer Rupert von Loewenstein pour une présentation globale des comptes. On ne sait pas la réponse de Jagger à Richards, sinon qu'aucun des deux ne conteste qu'à trois heures du matin, dans un couloir du palace, Richards a alpagué Jagger par le col pour lui dire : *Darling, this thing is bigger than both of us* : « Chéri, cette affaire c'est plus grand que toi plus moi. »

On ne décide rien, mais le pas essentiel a été fait. Même si Jagger proclame qu'il continue avec les Rolling Stones jusqu'à ses cinquante ans, et s'arrête ensuite, ça leur laisse encore quatre ans. Tournée de Richards avec son X-Pensive Winos, tournée en Australie et aux USA de Jagger, exposition de peintures de Ron Wood, jazz pour Charlie Watts et production pour Bill Wyman : on peut attendre plus tranquillement.

Ils sont convoqués le 18 janvier 1989 à New York parce qu'on leur accorde les honneurs du Rock'n Roll Hall Of Fame, en présence de Mick Taylor à qui ils n'adressent pas la parole. Bill Wyman ne s'est pas déplacé. Trois ans que Mick et Keith n'ont pas été publiquement en présence. N'empêche qu'on voit les deux Glimmer Twins sourire aux lèvres, et Richards dans une nouvelle métamorphose, cheveux gris coupés courts, costume luxe et sobre. Et Richards et Jagger de se tenir l'un l'autre aux épaules et de rire. Pete Townshend retrace l'histoire du groupe. Mick répond, se fend d'un hommage à Brian Jones, mais s'étend plus longuement sur Ian Stewart. Et c'est le vieux requin de Keith qui l'annonce publiquement : *The Rolling Stones are on the road again.*

C'est ainsi qu'on apprend, devant tout le gratin du métier, que cinq jours plus tôt Richards et Jagger se sont donné rendez-vous en studio aux Bahamas (non plus à Nassau mais à Montserrat, Air Studios) et ont repris leurs guitares. N'empêche que le 12 janvier, avant de prendre l'avion, l'ultime parole de Keith à Patti Hansen, sa femme, c'était : *I'll be back in a fortnight, if not overnight* $_{22,\,276}$: « Je serai revenu dans une quinzaine, ou si ça se trouve demain matin. »

Se remettre au travail, et s'y remettre sans témoin, sans médiation extérieure de l'un à l'autre, c'est, disent-ils, comme reprendre un vieil habit, un habit de trente ans. On réamorce très patiemment le processus : ils travaillent d'abord seuls tous deux sur les chansons que chacun amène, en particulier une ébauche de Keith dont le titre est déjà tout un état des lieux psychologique : *Mixed Emotions*. Et quand on a les premières maquettes, une fois de plus, on demande à Charlie Watts de venir et on reprend tout pendant une dizaine de jours : le rythme est leur vocabulaire. Enfin on convoque Ron Wood, on joue à quatre, on met de la basse. Et quand tout est prêt, on appelle Bill Wyman (il doit apprécier, *old Bill*, l'empressement...) et l'organiste Chuck Leavell.

Les *Glamour Twins* n'ont sans doute plus grand-chose à partager, hormis le travail. Mais on a récupéré Tony King, un ancien de l'équipe d'Andrew Loog Oldham à qui Jagger avait demandé de s'occuper de la presse pour sa carrière solo, c'est lui qui prend en main ce qui pourrait s'appeler Rolling Stones III, le retour. Jagger : *Keith and I are very good friends. Not only friends but we work together as well. We may have arguments but our friendship always continues* [29, 92] : « Keith et moi on est de très bons amis. Pas seulement des amis, mais on travaille ensemble vraiment bien. On peut avoir des différends, mais notre amitié, ça dure toujours. »

Et Richards par symétrie : *The good thing is that once Mick and I actually set down in a room to work, everything else goes out the window* [17, 376] : « Le truc bien, c'est qu'une fois que Mick et moi on est dans une pièce pour bosser, tout le reste passe par la fenêtre. »

En tout cas, pour Keith, la joie très simple à réentendre jouer les Rolling Stones et être ensemble, puisque dans ce genre de déclaration il ne triche pas : *I was driving up to the rehearsal joint, and I heard Charlie in there and I just sat in the parking lot for five minutes – he was so crisp, so tight, I thought : We've got the songs, we've got the drummer... I was smiling, like : no problem* [17, 376] : « Je conduisais pour arriver au studio, et j'ai entendu Charlie qui jouait à l'intérieur, je suis resté assis dans la voiture sur le parking pendant cinq minutes : c'était si net, si précis... J'ai pensé : Bon, on a la musique, on a le batteur... Et il m'est venu un sourire, du genre : plus de problème... »

Keith revient avec une technique de guitare affinée, moins fondée sur les frustes accords ouverts du Delta, ajoutant même des parties de guitare à cordes nylon presque classiques (il avoue écouter, le matin, Bach et Vivaldi plutôt que du reggae : mais écoute-t-il souvent de la musique le matin?). Il a toujours pour ses guitares ce très ancien fétichisme qui la lui faisait, à Edith Grove, la garder près de son matelas ou carrément sur son lit : aux techniciens qui les lui règlent et les portent, il nomme sa guitare Micawber (la guitare dont il se sert pour enregistrer devient ainsi un nom générique, même s'il a pour préférée une Fender Telecaster Vintage de la fin des années 50). Souvenir d'enfance des lectures de Dickens dont il ne saurait plus remonter le fil? Il prétend ne pas savoir l'origine du nom : *There's no reason for my guitar being called Micaw-*

ber apart from the fact that's such an unlikely name. There's no-one around me called Micawber, so when I scream for Micawber everybody knows what I'm talking about ₂₉, ₅₉ : « Non, je n'ai aucune raison d'appeler ma guitare Micawber, à part le fait que c'est un nom si bizarre : il n'y a personne autour de moi qui s'appelle Micawber, alors quand je crie pour qu'on m'amène Micawber, tout le monde sait de quoi je parle. »

Une tournée suivra le disque *Steel Wheels*, alors on compose avec l'autre : pendant que Mick boucle chaque matin son jogging de six kilomètres, Richards compense l'absence d'héroïne par la vodka et la cocaïne. Et quand Jerry Hall, protectrice, demande à Patti Hansen s'il ne serait pas bon pour Keith, comme le fait Mick, de pratiquer un peu de gymnastique : *Don't you think he should maybe start doing some exercises to get ready for the show ? – He's doing his finger exercises...* ₂₉, ₃₇₈ : « Tu ne crois pas qu'il devrait essayer de commencer un peu d'entraînement pour tenir les concerts ? – Il s'entraîne les doigts. » Le dialogue est peut-être apocryphe, il donne l'ambiance.

Keith Richards passe quand même un bilan de santé d'avant tournée : ce sera le rituel, assurances obligent, avant chaque nouveau départ, y compris cette mi-mai 2002, puisque, si la tournée implique en tout trois cents personnes, elle dépend de deux. Autre occasion d'ironie pour Keith lors de la conférence de presse : *The bugger stuck electrodes all over my body, hooked up more monitors to me than the Stones use on stage, and told me I was... normal. I mean, can you imagine anyone telling Keith Richards he was normal* ₂₉, ₃₈₁ : « Ce connard m'a planté des électrodes sur tout le corps, et branché plus de moniteurs sur moi que les Stones en ont sur scène, et m'a dit que j'étais... normal. Non, vous imaginez, quelqu'un qui dit à Keith Richards qu'il est normal ? »

Passons sur un peu d'hypertrophie d'ego, le médecin a dû apprécier le mot *bugger*. Et quand les journalistes demandent comment ça se passe entre eux deux, Richards entoure le cou de Jagger des deux bras et déclare : *We both gave up masochism* ₂₉, ₃₈₁ : « On a tous deux laissé tomber le masochisme. »

Pour le reste, tout sera organisé soigneusement, y compris cette vidéo, *25 x 5*, où ils commentent eux-mêmes les extraits filmés de leur histoire depuis Dartford. Et Richards arbore fièrement un tee-shirt, son préféré précise-t-il, marqué *Obergruppen Führer*, en s'étonnant de rester « une des rares personnes au monde à n'avoir jamais vu les Rolling Stones sur scène. »

Enfin, pour cette rencontre avec la presse, le 11 juillet 1989, sur un wagon ouvert amené au milieu de la Grand Central Station de New York (comme on avait descendu la Cinquième Avenue en camion, pour la tournée de 1995 on arrivera en bateau au Brooklyn Bridge, et pour celle de 2002 on atterrira en dirigeable sur une pelouse au sud de Central Park – *a one-time experience*, un truc à ne faire qu'une fois, précisera Charlie), Richards prononce cette phrase admirable : *I don't think I'm anything special, just a regular rock'n'roll myth* $_{29,\,5}$: « Je ne crois pas que je sois quoi que ce soit de spécial, juste un mythe ordinaire du rock. »

Il est trop tôt pour que l'aventure qui a repris depuis lors laisse au biographe assez d'écart. La machine est en place : il n'est que de les voir en concert, et, pour les plus chanceux d'entre nous (il fallait se présenter la veille au matin, faire la queue huit heures, et seuls les quatre cents premiers eurent droit sur l'avant-bras gauche à un coup de tampon fluorescent et indélébile qui donnait droit d'entrée), d'assister à l'une des deux prestations privées de l'Olympia, comme ils avaient fait un peu plus tôt au Paradiso d'Amsterdam, pour constater qu'ils savent jouer, et que le plaisir en est d'abord pour eux-mêmes. *Stripped*, leur disque acoustique en petite formation (complété bien sûr par le pirate *Stripped Companion* fait des morceaux non retenus, en particulier quand ils s'enferment en studio à Osaka pour répéter en formation *unplugged*), est du grand, de l'éternel Rolling Stones. Il fallait les voir en formation de concert à Montpellier en 1995, accueillant Bob Dylan sur scène pour *Like A Rolling Stone* (et le regard mi-exaspéré mi-amusé de Jagger à Richards quand ils découvrent que Dylan ne sait plus ses propres paroles...), pour constater que le professionnalisme affiché n'est ni de routine ni de frime : et cette drôle d'impression, traversant les rangs du public, à constater combien on est à venir là, nous aussi avec les cheveux gris, pour chercher quoi ? Mais voilà, c'est un monde à l'intérieur du nôtre, et les mutations qui naissent ne se jouent plus ici. Ils continuent leurs prestations parallèles en solo (sur le dernier disque de Jagger, un morceau semble travailler sur les perceptions intérieures du chanteur face aux stades : la façon dont la batterie se pose, dont l'univers des guitares est un bruit hors distinction, et le bruit de la foule un grondement perceptible, une sorte de mise à distance du processus même qui vous pose sur la scène : et c'est peut-être parce que soudain Jagger solo devient intéressant que le disque n'est pas assimilable par le monde de la variété et que les ventes en restent relativement modestes, tout comme les recherches de Paul McCartney, revisitant en même temps, avec un ancien Pink Floyd, leurs sources musicales).

En formation élargie, la nouveauté des Stones ultime figure c'est, derrière Jagger, Bernard Fowler et deux autres choristes, mais chacun des deux leaders a importé de son travail solo un des éléments principaux. Pour Richards c'est Waddy Wachtel, un grand binoclard aux cheveux blonds qui lui tombent sur les épaules à la hippie, professionnel aguerri des studios de New York, mais capable de jouer façon Keith jusqu'au mimétisme : dans *Talk Is Cheap* et *Main Offender*, Wachtel est indispensable, nécessaire, mais pourquoi dans les Stones – pour compenser la faiblesse de Wood, ou assurer invisiblement contre un début de surdité, inavouable mais physiologique, le soubassement qu'il revient à Keith de fournir ? Mick, lui, a fait venir Matt Clifford, un jeune diplômé d'université (jeune en tout cas lors de *She's The Boss*, en 1985), spécialiste des arrangements électroniques, et qui fut, sur la recommandation de Chuck Leavell, bombardé un jour en avion privé à Moustique pour croiser le chemin du maître. Bill Wyman a rendu les armes en 93, et la parade fut d'abord d'officialiser enfin, au bout de vingt ans, Ron Wood comme membre officiel des Stones. On recommence les auditions, et les meilleures pointures mondiales ont dû ces jours-là ne pas trop s'éloigner de leur téléphone. Pour la première fois, c'est un non-Anglais qui les rejoint dans le cœur de la machine : Darryl Jones, lequel a joué jusqu'ici aussi bien avec le génial jazzman Miles Davis qu'avec une industrielle de la variété fade, Madonna. Darryl Jones se synchronise avec Watts, et c'est cela que Wyman depuis l'origine avait su maintenir, mais Madonna chez les Rolling Stones, pour nous, c'est dur à avaler.

Quand il n'y a pas de nouveau disque à l'horizon, ni la préparation d'une de ces tournées gigantesques, ni de nouvelles frasques amoureuses de Mick, on n'entend pas parler d'eux. Richards évoque ce que signifie de durer, dès sa résurrection de 1978 : *We know a lot of the old black boys have kept going forever. A lot of the old black boys, the blues players, as far as we're concerned they're virtually playing the same thing. They kept doing until the day they dropped* [29, 87] : « On en connaît un paquet, des vieux gus noirs, qui ont continué jusqu'au bout. Un paquet de ces vieux gars noirs, ceux du blues, et qui ont toujours joué la même chose. En continuant jusqu'au jour où c'est eux qui lâchent... » Ou en 1992, et depuis encore : *Nobody ever turned around to Muddy Waters, B. B. King or John Lee Hooker and said : Now you have got to stop. You're not allowed to play any longer. I played with Muddy just six months before he died and I'd never heard him play better* [29, 87] : « Personne ne s'est jamais permis de dire à Muddy Waters, B. B. King ou John Lee Hooker : Maintenant ça suffit, tu arrêtes. Plus question de jouer... J'ai encore joué avec Muddy six mois avant qu'il meure, et jamais je ne l'avais entendu jouer si bien. »

On n'a examiné tout ce détail d'eux-mêmes que parce qu'il nous enseignait sur nous-mêmes, qui traversions avec dix ans de moins le même âge. On n'a examiné ces affaires de hasard et de destin que pour le déplacement des langues qui s'est ensuivi, et les mutations en cours de notre vieux monde, à mesure que nous les revendiquions pour nous-mêmes. On a voulu si longuement en écrire que pour, finalement, une certaine tendresse, si c'était cela dont nous imaginions un partage fraternel, quand bien même il ne se serait agi, de notre côté, que d'illusion.

Keith Richards, à cette étape de sa route, semble ouvrir enfin les yeux à la lumière diurne, et aux parfums du monde, ceux de l'enfance : *I miss the smell of England, and because I know it so well it's the only place I go where I feel a bit of a tourist – it's all so familiar but you notice every little change, every one-way street and the way Nelson's column is now white rather than black. And you kind of resent feeling like that about your own place* [29, 81] : «C'est l'odeur de l'Angleterre, qui me manque. Je la connais si bien que c'est le seul endroit où je me sente un peu comme un touriste – tout est si familier que tu remarques le moindre changement, une nouvelle rue à sens unique et comment de noire la colonne Nelson est devenue blanche. Et c'est dommage de ressentir ça pour son propre pays.»

I miss the smell of England... Comme avec tendresse nous manque le parfum de notre propre adolescence, dont ils furent essentiellement la légende.

Où s'en vont les héros de nos adolescences ?

Une telle masse de musique, d'argent et de bruit, et l'impression de les trouver là, eux au milieu, entourés de vide et de silence. Comme presque muets et immobiles, dans terrible vacarme autour. Les avoir vus en rêve, tout au long d'écriture, pour d'interminables conversations, ou le seul échange d'une guitare, une leçon. Et ce bruit est nôtre, guitares qu'on porte dans la tête et le lancinant du tambour, martèlement d'une grosse caisse sous les cymbales entretenues, et comme nous dansions. Ou cette transe d'être à dix mille ensemble (Abattoirs, 1976) dans l'éblouissement des projecteurs et cette sueur qui, à dix mille transpirant ensemble, ne rejoignait pas ce qu'ils en dépensaient eux-mêmes, sur l'étroite scène qui les faisait paraître plus grands. Ou les apercevoir ensemble, arrivant pour leur concert au Zénith de Montpellier pour leur *sound check* en début d'après-midi, silhouettes fines et les yeux comme un peu effrayés quoi qu'ils en aient derrière les deux rangées de gardes du corps à tête rasée et comme cela n'a rien à voir avec le même homme qu'on a là, sous les arbres du Val de Loire et dans ce parfum du vent d'Atlantique, pour quelques dizaines de minutes face à face, sachant que l'énigme que vous cherchez à dire, parce qu'elle vous concerne, vaut bien sûr pour lui tout autant, mais qu'il en traite autrement. Et se repasser leurs disques comme, quand on perd confiance, en revenir à ceux du tout début, les mauvais enregistrements de leurs prestations en direct pour les radios d'avant 1964, ou bien la grande période du *Beggars Banquet* jamais remixé en numérique parce que les droits ne leur en appartiennent pas et qu'ils nous punissent, nous, de leur erreur, jusqu'aux coulées or et acoustique de Nellcôte-sur-Drogue et puis, à réécouter plein pot sur l'autoradio de la voiture lancée trop vite sur l'autoroute tel enregistrement pirate d'une de leurs prestations récentes dans ces miniclubs choisis pour les rodages d'avant tournée, comprendre qu'il en est aussi de même pour eux, répéter l'âge d'or des Rolling Stones et les cinq chansons inusables par quoi la légende s'est faite. On a voulu reparcourir du temps et en accumuler le détail pour quoi ? Juste peut-être revivre ces instants de vos quatorze ans, déballant de la pochette encore rigide et lisse, brillante, avec les images délibérément (mais la provocation, achetée avec le disque, vous servait à vous-même), le cercle noir de vinyle légèrement souple avec le microsillon en spirale si fin et serré à la surface, et tout doucement vous y déposiez l'aiguille du petit électrophone et voilà : surgissaient les guitares. Ou bien ces magazines bien épais pour lesquels vous contribuiez chaque mois de votre écot, *Rock & Folk* puis *Best*, préférence pour le premier, et le poster qu'on détachait soigneusement du milieu, en faisant attention de ne pas déchirer aux agrafes, pour le punaiser derrière la porte d'une de vos turnes, piaules, placards d'internat, et voilà que la suite des disques est aussi la suite des lieux où on s'en fournit, et puis que cette suite d'images, Jagger la bouche ouverte et en sueur sur la scène, ou l'arrogant Richards immobile sur la guitare tenue trop bas – quand vous aviez rajouté une fois, avec des mots découpés en photomontage : *le vrai visage de William Shakespeare*, le livre serait aussi de retraverser toute cette initiation de soi-même en passant par autant de petites hontes que d'autres fois on voulait tenir à distance, les méprisant un peu comme on méprisait les nouvelles amours des ados venus après vous, qu'on trouvait fades leurs musiques ou simplement – disiez-vous – *commerciales*, et puis d'autres fois pour revenir à soi-même découvrir qu'il suffisait, sur la machine nouvelle dont vous vous étiez équipé, de reposer tel vieux titre des Led Zeppelin ou bien l'éternel *Get Yer Ya-Ya's Out* que vous veniez de racheter mais comme ça, pour voir et ça y est, c'était comme relire le Meaulnes ou tel vieux Jules Verne, porte ouverte sur le temps : les accordéons dans la vitrine du coiffeur Barré, où une fois vous aviez vu surgir à Civray la première guitare électrique comme objet réel, et puis le chemin que ç'avait été, à la maison, au lycée, pour qu'on vous tolère les cheveux sur les oreilles et ceux qui dans chaque classe s'y illustraient avant vous-même. Puis combien cet autre temps même à distance paraît sombre : on est au lycée et le soir chacun joue de sa guitare et puis voilà celui ou celle, plus boutonneux que vous, et plus taiseux, qui pourtant vous lâche le solo de Clapton ou les trois accords de *Jumpin' Jack Flash* comme si cela lui tombait sous les doigts et maintenant vous voilà dans l'ombre et ceux-là, qui savent jouer, dans un peu plus de lumière. On se formait des groupes aux noms plus rutilants les uns que les autres et votre guitare était en ces périodes possession principale – presque un visage, autant sans doute que *L'Homme approximatif* de Tristan Tzara ou autre poème que vous étiez si fier d'arborer aussi dans la poche. Et tout cela affaire surtout de garçon? (Ou bien non : la projection dans nos fantasmes sur Mick Jagger et Keith Richards à proportion de notre propre isolement?) Elles n'étaient pas loin pourtant, les filles, et découpaient sans doute tout aussi bien leur *Rock & Folk*, même si les héros en étaient bien trop souvent masculins uniquement. Et de cela aussi, comme pour les cheveux ou nos blue-jeans à pattes d'eph', nous mesurions avec des dates très précises le chamboulement : le collège d'enseignement général filles et le collège d'enseignement général garçons qui devenaient un seul, c'était précisément pour votre année de quatrième en 1966, et la grande grève de trois semaines au lycée avec Jeanne, la prof de physique sourde, c'était 1968 et les après-midi alors passés au foyer des jeunes, vos discussions bien sûr sur le fond cuivreux des accords ouverts de *Street Fighting Man*, qu'est-ce qu'on s'y croyait. Démêler cela c'est aller vers les poisons et l'autorité qu'on a voulu leur conférer comme chemin obligé vers soi-même et tout ordre repoussé du bras à l'écart : et c'était cela, donc, le joint ou la poudre, que ces guitares qui vous faisaient parfois sur un sol lisse croire à l'impression qu'on vole, dansant comme on saute à pieds joints ou à pas glissé franchissant dix mètres sans rien penser ou secouant la tête jusqu'à plein d'étoiles et toujours après coup si longtemps ce martèlement de grosse caisse et le goût qu'on prenait des notes graves et basses résonnantes et comme religieusement vous aviez la première fois posé pied sur le sol d'Amérique ou senti en vous âme de contrebandier en y louant votre première voiture avant de partir vous y perdre (et s'y être finalement peu perdu). C'est affaire dans la tête de coupe de cheveux et puis de vieillissement du corps, les âges du corps et les marques au visage, et l'épaississement sur vous comme sur eux les rides ou ce déni de mémoire, et si finalement nos dix ans d'écart n'étaient que claquement de doigt dans une même appartenance, pas plus que le *Puis il voyagea* de Frédéric Moreau dans *L'Éducation senti-*

mentale si finalement celui-ci, Gustave Flaubert, c'est en lisant ses quarante ans de lettres que vous était venu un jour, pour un livre acheté d'occasion sur un trottoir à Marseille, d'entreprendre ce voyage : et quoi, cette année dans la ville du Sud, alors qu'un seul billet de deux cents francs vous faisait la semaine, vous avait autorisé à l'achat inutile, au caprice, quand vous n'écoutiez plus les Rolling Stones depuis dix ans presque ? Rien sans doute que la photo maigre du corps de Jagger en noir et blanc comme ces posters autrefois dégrafés, et puis au dos du même livre la mèche tombant sur le front de Richards : instant que tout devenait histoire, mais les marques de la leur, d'histoire, juste pour comprendre que, malgré ce que vous en aviez, ou l'illusion qu'on s'en donne pour vivre, on est devenu adulte et qu'il faut s'y résoudre. Et voilà que trois semaines plus tard vous rapportiez dans la chambre louée le vieil ampli noir des années lycée et y repassiez le son raide des vieux disques retrouvés en pile : vous les avez toujours. A Rome, villa Médicis, oser se racheter une guitare électrique d'occasion, et puis continuer tant d'années la longue accumulation des livres, journaux, brochures et ceux-là, vos frères (Jacques Muron d'abord), qui vous offrirent, parce qu'ils les avaient pour la même raison achetés, les livres qu'il n'était plus possible d'exhumer mais parce que, dans le silence des têtes et l'adolescence qu'on y garde, on a chacun de ces reliques qui en sont l'étape transitionnelle et preuve matérielle des rêves préalables contre tous abandons éventuels. On a voulu s'agrandir autrement : à Rome on croisait Balthus sans savoir que lui croisait l'histoire des Stones, on découvrait Giacinto Scelsi comme à Berlin, où vous étiez voisin d'Arvo Pärt, il était difficile de faire coexister *Exile On Main Street* dans vos écouteurs (pour moi période *Décor Ciment*, et lui dans la pièce dessous qui improvisait chaque matin dans l'intérieur du *Concerto italien* de Bach). On a tenté l'écart et puis non : cet objet mutilé, le monde dans ses effets de surface et ses abandons de langue, la pauvreté même de cela, qui s'y étalait vainqueur et de mêmes rythmes binaires ou sirupeuses rengaines comme leur *Angie* dans n'importe quel taxi de Montréal à Berlin c'était de cela qu'il fallait une bonne fois s'efforcer de traiter – on n'entend pas Giacinto Scelsi ni Arvo Pärt dans les taxis, les bureaux de poste et les supermarchés, et pourtant ces deux-là vous portiez mieux en vous leur regard. Mais parle-t-elle depuis moins lointain, Marianne Faithfull, quand elle accepte avec vous l'échange, et que pourtant nulle question ne vous vient autrement que sur ces questions vagues de destin : *Do you agree that music simply requires individual fates, decides for your individual fate ?* et comme on s'en est voulu de n'avoir eu que cela à lui demander, cette nuit dans ce bar enfumé et luxueux d'un Paris de vous jusque-là ignoré, et trop de bruit en fait pour comprendre ce qu'elle voulait bien vous répondre à part, oui, regarder ses mains qui désignaient ces lointains, et cette question que vous lui posiez, qui ne disait que cela, à quoi ses mains répondaient : que vous-même, qui prétendiez en écrire, n'aviez jamais été requis par la musique qui eux, ou elle, les laissait ainsi brûlés. Et c'est pour vous cependant chemin pris depuis quinze ans, en 1983 déjà, puis en 1988 autre plongée (carnets, dates, phrases, repères, fiches cartonnées), et voilà qu'en 1992 vous écrivez des fragments par dizaines et qu'ils s'assemblent, mais que tout cela vous étouffe, vous déborde : on croit qu'on n'y arrivera jamais. Et de quel droit parler ? Comment se prévaloir de ce qu'on fantasmait sur eux pour s'approprier ce qui est de leur vie privée, et de leur vie privée ne se prévaloir que de l'image toute de surface qu'en ramènent les journaux de papier glacé ? Et pourtant vous réécoutez une fois de plus *Let It Bleed*, vous découvriez l'univers des pirates par quoi surgissent intouchés vos propres moments de l'âge lycée, aux guitares qu'on accorde, aux plantages éraillés, aux accords quinze fois recommencés. Vous vous disiez que tout cela d'accumulé sur les étagères, qui invariablement vous suivait dans les déménagements, entassé dans deux sacs de sport (le seul sport en fait que vous ayez jamais fait), vous ne sauriez même plus y retrouver, dans la masse, ce détail qui vous avait semblé tellement révélateur, cette étape fragile ou provisoire par quoi, un instant, il vous semblait que leur carapace s'enlevait et que de cela on pouvait se saisir, sur cela on pouvait s'appuyer. Il y avait les problèmes de grossissement. On achète tous les bouquins qui passent à portée de main (et on a ses lieux fétiches : on sait qu'au premier étage de l'immense librairie du World Trade Center il y en a cinq mètres linéaires, et c'est là que vous retournez vérifier que votre collection est complète mais un jour, votre livre à vous aux trois quarts fait, voilà qu'il n'y a plus la librairie où vous vous êtes fourni de tous ces livres), livres qui traitent du rock, qui essayent de se saisir de ses figures : livres sur Elvis, biographies de Lennon, études sur Dylan mais quelque chose manque, on ne trouve pas le passage. Ou bien l'écriture singe les valeurs trop simples qui sont celles de la basse sur batterie, sous les trois accords principaux du rock : *Do you want one more with that all*, on a les phrases de Jagger entre les morceaux qui vous ramènent dans la tête toute l'excitation, *excitement*, des concerts mais ce qu'il y a de rock ne se traduit pas si simplement dans la phrase. Vous l'avez essayé dans vos livres : il y a du Keith Richards partout dans *Limite*, mais c'était votre crâne d'adolescent que vous cherchiez à redécouvrir, on a eu des audaces dans *Parking* ou *Impatience* y compris parce qu'on souhaitait pour soi d'écrire comme en coup de poing dans les formes urbaines et monochromes du monde, qu'on écoutait Bruce Springsteen ces jours-ci, ou bien Clash en ce temps-là, qu'on s'est fasciné quelques mois pour Tom Waits, qu'on a apprécié le chemin de Lou Reed dans son *New York* sur deux guitares nues, basse, batterie, qu'on n'a jamais perdu de vue Jeff Beck ni Ry Cooder, qu'on a pris confiance de croiser le regard de The Edge (U2) un jour à Beaubourg, ou aimé en concert Rage Against The Machine, et pour chaque livre qu'on a sur sa route on saurait remettre le disque que principalement on s'est repassé, écouteurs sur les oreilles ou plein pot sur l'autoradio de la voiture lancée vite, ce goût qu'on a eu et les mauvais prétextes pour s'en justifier, de voitures trop puissantes quand bien même on ne les payait pas si cher et qu'elles vous laissaient parfois en rade, c'était aussi ça le rock en nous ? Saint-Simon était petit comme Mick Jagger, arrogant comme Keith Richards, et vivait hors du monde comme eux cinq, isolé dans la cour du Roi-Soleil : dans ses pages on voit les hommes arpenter le livre et marcher en travers des pages, on a l'impression de cette fuite à reculons d'un temps condamné d'avance à mesure qu'il se forge. Dans l'étonnante phrase de Saint-Simon vous avez su, un jour, que si vous arriviez à écrire sur les Rolling Stones ce serait en empruntant ce chemin-là, lui qui disait, le petit duc, au terme de dix-neuf ans d'écriture continue, *n'avoir su se défaire d'écrire rapidement*. C'était en 1993, il vous a fallu trois ans pour le lire intégralement, et puis encore deux ans pour recommencer. Pourtant, une fois dans les phrases, comme on s'y sent maladroit : tout ce sable qui vous coule dans la main quand on la resserre. On repasse quarante fois dans les haut-parleurs branchés fort le cri d'Altamont, et la phrase déplie à l'infini sans plus rien du poing qui cogne, du fer qui s'abat, les détails matériels du temps qui s'y déploie : rien dans ce livre n'a été comme il était prévu. Effets d'optique qui déploient tout un instant sur vingt pages, et les zones principales qui défilent comme on regarde un train qui passe, débordé du bruit énorme et de la rupture d'échelle. Il fallait comprendre une affaire de hasard et de destin, ce qui chamboule à l'échelle d'un monde les ruptures et inconséquences de relation mûrie, voire surgie à trois ou cinq dans l'appartement minable d'Edith Grove. Et voilà qu'à Londres une fois de plus vous prenez le train de banlieue pour passer une heure sur les quais de Dartford et dans sa rue principale, et qu'au soir vous vous assiérez une heure sur le trottoir d'Edith Grove et que l'impression revient que justement c'est leur destin qui a fabriqué en eux les ressorts par quoi on parle et on pense, et si on ne pense pas c'est que d'autres processus ont pris le relais, ceux qui vous font provisoirement cesser d'être par le shoot d'héroïne ou accéder à la dépense plus fort que les muscles et plus fort que la tête par la cocaïne des décennies inhalée mais, sans ces conditions déjà créées autour, toute l'héroïne des banlieues et toute la cocaïne des riches ne sauraient rien extorquer de vous-même : et pourtant elle y est, dans nos villes, l'héroïne et son doucereux commerce, et sans cette mutation de symbole ou ce poids d'industrie des musiques de variété c'est tout un pan de notre histoire faible qui peut-être se serait joué autrement, et c'est cela quand même qui prend figure sur cette photographie que vous avez recueillie et découpée dans un cahier de plus, Keith Richards, 31 juillet 1973, incendie de Redlands (et vous voilà dormant à Redlands, allant en car jusqu'à la plage, respirant le ciel, photographiant le portail étanche avec dispositif de surveillance : mais ça sert à quoi ?). Qu'on joue pourtant dans ces piaules, ces trajets, ces filles, nos propres rapports avec nos parents et nos villes, notre goût pour ce qui déborde, ou le rêve qu'on met en avant de soi (Malraux, dans cette étrange conversation fictivement reconstituée, de son bureau de ministre donnant par le Palais-Royal sur l'arrière de la Comédie-Française qui s'allume, recevant sur plateau d'argent porté par huissier, quart d'heure par quart d'heure, nouvelles de la progression des barricades du 6 mai 1968, abordant Freud et les hallucinogènes, la sexualité et l'insurrection, les hippies et les mauvais garçons sous forme dialoguée parce qu'il cale, que lorsqu'on arrive à l'essentiel la pensée ne suffit pas : «L'avenir à long terme disparaît, et on ne s'en aperçoit pas...» et comme cette phrase – d'André Malraux donc – interfère avec tout ce livre, le peintre Balthus venant lui apporter un petit chat de bois porte-bonheur levant la patte gauche rapporté du Japon comme pour le souligner), et qu'on examine enfin tout cela qui vous a fait, mais prétendait rester discrètement dans les limbes : l'irruption des photographies couleur, la normalisation démultipliée par les amuseurs de télévision, les disques à date de sortie calculée, et tous ces gadgets qui furent les nôtres pour paraître en arme dans le monde, du transistor au magnétophone à cassettes une histoire avec repères tout aussi bien définis. Tout ce tumulte dans le monde, et si peu du plus profond tumulte du monde : on s'imaginait qu'on croiserait l'histoire, la politique, les grands flux ou reflux et puis non, quand bien même on a les avions, quelques événements, et que le bruit des guitares maintenant est partout. On a de toujours eu le goût des livres épais, des livres qui ressuscitent un monde. On s'est gobergé de Dickens, qui leur ressemblait tant physiquement, tout petit et osseux, et qui partait avec femme, belle-sœur et les douze gosses en diligence pour écrire à la va-vite, entre Milan et Nice, parce qu'on n'y arrive pas chez soi, dans l'immobilité fixe des fenêtres, ou Dostoïevski, l'homme des destins qui ne contrôlent pas ce qui leur arrive tout près, si près et les détruit. On a le goût des gros livres et la légende qui vous tirait dans votre initiation d'adolescence ne venait plus des livres mais d'images découpées dans *Rock & Folk*, avec des projecteurs sur des scènes de concert, des séances secrètes de studio, des histoires de filles incroyables et le fond mauvais des poisons : alors, simplement, on s'est dit qu'on ferait ce livre, qu'on ne le ferait pas sans estime.

Une bibliographie sélective

1   **The Stones**, Philip Norman, Londres, Elm Tree Books, 1984. Repris en 1989 sous le titre « Life and good times of the R.S. », réédition augmentée en 2001 chez Sidgwick & Jackson. Le premier vrai biographe du groupe, premier à en organiser la matière complexe, ce livre souffre du peu d'information encore disponible, et d'une absence quasi totale d'examen des techniques de réalisations musicales.

2   **Stone Alone**, Bill Wyman with Ray Coleman, Londres, Penguin Books, 1991. Limité aux sept premières années (62-69), mais par le bassiste archiviste aidé d'un bon journaliste. Livre incontournable pour la période 1963-1966 (du recrutement de Wyman jusqu'à l'érection autoritaire de la « non sainte trinité »), vision unique de l'intérieur du groupe : Wyman tenu ensuite à l'écart du principal, la rancune est moins bonne conseillère. Bill Wyman avait promis un tome II, mais c'est une histoire du blues : *A blues Odyssey*, qu'il vient de publier en 2001.

3   **Rolling Stones, An Unauthorized Biography In Words, Photographs, And Music**, David Dalton, Londres, Music Sales Ltd, 1972. Compilation d'articles, photos et interviews, il est la première collection iconographique à resituer la genèse du groupe dans son contexte. Acheté d'occasion à Marseille quelques années plus tard, le livre par quoi soudain tout me devenait histoire.

4   **The Rolling Stones, The First Twenty Years**, David Dalton, Munich, Rogner & Benard, 1981. Le même compilateur réitère avec un matériel beaucoup plus complet d'interviews, articles et photos, mêlant le meilleur à l'inutile (cette journaliste qui veut extorquer à Jagger et Richards un commentaire sur Freud), en tout cas le premier pas d'une histoire de la réception des Rolling Stones.

5   **The Rolling Stones Complete Recording Sessions**, 1963-1989, Martin Elliott, Londres, Blandford, 1990. Ce manuel recense chronologiquement de 1 à 534 (jusqu'à *Steel Wheels*) l'ensemble des titres et versions enregistrés, officiels ou pirates. Donne pour chaque titre la répartition des tâches, les musiciens associés et les circonstances de l'enregistrement. Le seul livre sur les Rolling Stones sans illustration (avant celui-ci !), on le prend rarement en défaut : peu cité dans ce livre, il en a été un outil permanent de vérification.

6   **The Rolling Stones Chronicle, The First Thirty Years**, Massimo Bonanno, Londres, Plexus Publishing, et Zurich, Édition Olms, 1990. Autre performance technique : ce livre recense sur trente ans, jour par jour, l'ensemble des faits publics du groupe ou de ses membres. Imprécis pour la première décennie, utile pour se repérer dans la longue suite, et très riche en extraits de presse.

7   **The Rolling Stones Chronicle, The First Forty Years**, Massimo Bonanno, Zurich, Édition Olms, 1998. Édition augmentée.

9   **Blown Away, A No-Holds Portrait Of The Rolling Stones And The Sixties**, A.E. Hotchner, New York, Simon & Schuster, 1990. Livre qui a l'intelligence de travailler sur le reflet, en interrogeant des dizaines de témoins directs, dont Anita Pallenberg, Ian Stewart, Richard Hattrell.

10 **Up And Down With The Rolling Stones**, Tony Sanchez with John Blake, Londres, Blake Paperbacks Ltd, 1991. On repère à peu près où le document est fiable, pour la vie hors musique de Richards et sur la période 67-71, par son homme à tout faire et pourvoyeur en héroïne. Le reste dans un brouillard compréhensible, mais qui restitue bien l'ambiance d'époque.

11 **The True Adventures Of The Rolling Stones**, Stanley Booth, Londres, Heynemann, 1985, repris par Sphere Books Ltd, 1989. Embarqué au culot dans la tournée américaine de 1969, le journaliste donne de première main l'environnement immédiat des Stones dans un moment clé de leur parcours. Il entremêle un compte rendu original de la tournée au sempiternel matériau compilé sans surprise, mais parfois commenté par Watts le silencieux et Stewart le grand témoin. Peut-être, à l'usage, le livre où l'impression d'approcher les monstres est la plus concrète. Une traduction française (*Dance with devil*) a été publiée en 2000 par les Éditions de l'Éclat.

12 **Stones Touring Party**, Robert Greenfield, New York, Michael Joseph, 1974. L'équivalent pour la tournée de 1972, mais le journaliste a plus

de mal à briser les remparts du premier cercle, alors même que l'image manipulée remplace la perception réelle. Livre trop fait pour plaire en choquant (STP est aussi l'initiale d'une amphétamine hallucinogène de l'époque, voir Jimi Hendrix : *The Stars That Played with Laughing Sam's Dice*). Par exception, bonne traduction française, par Philippe Paringaux, Paris, Les Humanoïdes associés, 1977.

14 **A Life On The Road, The Rolling Stones**, Jools Holland and Dora Loewenstein, Londres, Virgin Books, 1998. Magnifique livre-objet, photographies commentées au cours d'entretiens avec les Stones eux-mêmes. Les entretiens sont menés par la fille du financier des Stones, Dora Loewenstein. Manière intelligente d'avoir mené ces entretiens sur détails très concrets. C'est la biographie officielle du groupe.

15 **Keith, Standing In The Shadow**, par Stanley Booth, New York, St. Martin's Griffin Edition, 1996. Le livre le plus récent sur Keith Richards se présente comme raconté par lui-même, mais on y retrouve surtout une mosaïque d'emprunts et de citations. Très approximatif, même s'il témoigne aussi de la mémoire approximative de Richards.

16 **Keith Richards**, Barbara Charone, Londres, Futura Publications Ltd, 1979. Très précis pour la période Toronto, où l'auteur a suivi Richards pendant plusieurs mois. Tentative rétrospectivement comique de blanchir le héros, mais, à l'inverse, le quotidien heure par heure de Keith Richards hors tournée. Récit pris directement à Richards de la période de formation, avec plusieurs témoignages de proches, et les photographies prises par Ian Stewart.

17 **Keith Richards, The Biography**, Victor Bockris, New York, Simon and Schuster, 1992. Portrait journalistique du même, cette fois sans nier la drogue. Très vague, imprécis et schématique, parfois à une année près, et mélangeant sans barguigner matériaux collationnés, sans en citer les sources et mélangeant indistinctement les citations empruntées aux livres précédents à des entretiens directs avec des protagonistes bien satisfaits de ne pas avoir à le détromper. Mais de longues interviews de Richards, qui rendent ce livre nécessaire. Une traduction française *(Keith Richards, une guitare dans les veines)* a été publiée en 1994 par Albin Michel.

18 **Death Of A Rolling Stones**, Mandy Aftel, Londres, Sidgwick & Jackson, 1982. Le premier livre consacré à Brian ne trouve pas de vraies pistes inédites, pas plus que **Brian Jones : The Inside Story Of The Original Rolling Stones**, Nicholas Fitzgerald, Londres, Putman, 1985.

19   **Golden Stone, The Untold Life And Death Of Brian Jones**, Laura Jackson, Londres, Smith Gryphon Ltd, 1992. Comme les précédents, tentative assez naïve d'hagiographie de Brian, par élimination de ce qui gêne. Mais recueille les témoignages directs de proches, qui le font préférer à ceux qui suivront : **Joujouka Rolling Stone : A Fable Of Gods And Heroes**, Stephen Davis, Random House, 1993, **Who Killed Christopher Robin ?**, Terry Rawlings, 1994, **Paint It Black : The Murder Of Brian Jones**, Geoffrey Giuliano, Virgin, 1994, **Brian Jones, The Last Decadent**, Jeremy Reed, Creation Book, 1999, et **The Murder Of Brian Jones**, Anna Wohlin, Blake Publishing, 1999. Le nombre de titres indique bien la fascination presque mythologique pour la figure disparue de Brian. Mention pour le livre de Geoffrey Giuliano, le premier à s'accrocher vraiment à la piste Thorogood. Le livre d'Anna Wohlin, la jeune compagne suédoise des dernières semaines de Brian, témoigne surtout d'un doux aveuglement, auquel la distance ajoute encore son flou.

20   **Satisfaction, The Story Of Mick Jagger**, John Alridge, Londres, Proteus Books, 1984. A la gloire du mythe, mais il est beaucoup plus difficile de broder que pour Brian.

21   **Heart Of Stone, An Unauthorized Life Of Mick Jagger**, Laura Jackson, Londres, Blake Publishing, 1997. Après son livre sur Brian Jones, l'auteur se lance à l'assaut de Mick Jagger. Le même matériau émoussé sert de base, à quoi ici on rajoute quelques témoins directs du second cercle, parfois précieux, comme l'inépuisable Dick Taylor.

22   **Primitive Cool**, Christopher Sandford, New York, Cooper Square Press, 1993, édition revue et augmentée 1999. Jagger est une surface brillante, la plus anciennement protégée et contrôlée, mais ici le travail est solidement fait et documenté, avec témoignages de Stewart, Keylock et d'autres du premier cercle. Mais, pour compenser la rareté des témoignages directs, l'auteur leur accorde parfois trop de confiance. Un des rares livres à bénéficier d'une réflexion et d'une écriture, on le recommande. Une traduction française (*Mick Jagger : la voix des Stones*) en a été publiée chez Albin Michel en 1994.

23   **The Early Stones**, photographs by Michael Cooper, text and forewords by Terry Southern, foreword and commentary by Keith Richards, New York, Hyperion, 1992. Une mention spéciale à ce recueil d'un photographe compagnon privilégié du groupe pendant les deux années cruciales 67-69. Du Maroc à Stonehenge et aux photos de répétitions, on échappe enfin au préparé. Dommage que les commentaires extorqués à Richards n'aient pas porté sur des enjeux plus centraux.

UNE BIBLIOGRAPHIE SÉLECTIVE

23 **Ron Wood By Ron Wood**, Ron Wood with Bill German, New York, Harper & Row, 1987. Un journaliste enregistre avec sympathie les déclarations du nouveau guitariste des Stones, peintre amateur. Intéressant pour les détails de scène et vie en tournée par un témoin qui partage soudain la scène avec les monstres sacrés.

24 **Rock On Wood, The Origin Of A Rock'n' Roll Face**, Terry Rawlings, Londres, Boxtree, 1999. Dans la série des biographies officielles, sur la période pré-Rolling Stones surtout.

25 **The Rolling Stones**, Rolling Stone Press, New York, Straight Arrow Publishers, 1975. Compilation des articles et entretiens consacrés aux Stones par le magazine américain presque homonyme. Important en particulier pour les trente pages de l'entretien avec Richards en 1971, bien avant la parution d'aucun livre sur les Stones. Richards n'a aucune raison de censurer, et c'est une des très rares sources directes, régulièrement reproduite dans toutes les biographies à venir (Charone, Hotchner, Bockris... jusqu'à Wyman) sans indication de provenance.

26 **Guitar Player**, Interview with Keith Richards, novembre 1977. Parmi les différentes interviews des Stones pour le mensuel américain, celle-ci est particulièrement utile.

27 **In Their Own Words : The Rolling Stones**, Londes, Omnibus Press, 1980, édition augmentée, 1985. Compilation par David Dalton d'extraits d'interviews par thèmes, de tous les membres du groupe.

28 **In His Own Words : Mick Jagger**, Londres, Omnibus Press, 1992. Même principe pour Jagger seul.

29 **In His Own Words : Keith Richards**, Londres, Omnibus Press, 1994. Bonne anthologie d'interviews, Richards ne sachant pas parler d'autre chose que du groupe. En particulier ses commentaires techniques des titres et des albums.

30 **Phelge's Stones**, James Phelge, Kingswood, Buncha Asshole Books, 1998. Suite de détails précis de ce que les autres locataires d'Edith Grove ont préféré laisser à l'oubli, le livre donne bien le contexte pour 1963. Le nom de l'éditeur n'est pas une plaisanterie.

34 **Faithfull**, Marianne Faithfull with David Dalton, Londres, Michael Joseph, 1994. Brutalement au cœur du cyclone, Faithfull en est aussi vite rejetée dès lors qu'elle ne convient plus au maître. Malgré le ton

professionnel du journaliste qui lui tient la main, son livre reste une approche d'artiste, qui a fini par revenir et s'imposer.

35 **Exile On Main Street**, John Perry, New York, Schirmer Books, 1999, interviews et compilation pour toute la période Nellcôte.

36 **Rolling Stones, Images Of The World Tour 1989-1990**, Londres, BoxTree Ltd, 1990.

37 **The Rolling Stones, An Illustrated Record**, Roy Carr, Londres, New English Library Ltd, 1976.

38 **The Rolling Stones A-Z**, Stue Weiner and Lisa Howard, Londres, Omnibus Press, 1984.

39 **The Rolling Stones, A Visual Documentary**, Chris Charlesworth, Londres, Omnibus Press, 1994 : compilation assez solidement vérifiée pour les dates, iconographie bien choisie.

40 **The Beatles**, Allan Kozinn, Londres, Phaidon Press, 1995. A l'usage, le livre sur les Beatles qui m'a servi de référence, concis et net. A citer aussi : **Shout!** Philip Norman, Fireside, 1981, **The Beatles**, H. Davies, Mac-Graw Hill, 1968 et 1985 ; **John Lennon**, Ray Coleman, Mac Graw Hill, 1984. Parmi beaucoup d'autres évidemment, sans doute les approches les plus pertinentes et les mieux informées.

41 **Chuck Berry, Mr. Rock'n' Roll**, Krista Reese, Proteus Book, Londres et New York, 1982. Une des premières biographies du fondateur, moins complaisante que celle qu'il s'est dressée lui-même.

42 **Hickory Wind, The Life And Times Of Gram Parsons**, Ben Fong-Torres, New York, Simon & Schuster, 1991. Étroitement imbriqué dans l'histoire des Stones, parcours, figures et symboles. Richards y a accepté des entretiens. Consulté aussi, **Gram Parsons, A Musical Biography**, Sid Griffin, Pasadena, Sierra Records and Books, 1985 : très édulcoré, il vaut pour l'iconographie et des entretiens avec ceux qui ont croisé la route de Gram, dont Emmylou Harris ou Jim Stafford.

43 **Survivor, The Authorized Biography Of Eric Clapton**, Ray Coleman, Londres, Futura, 1985. Par le même journaliste qui a collaboré avec Wyman, dans la masse des livres de cet ordre, un livre important pour le parallélisme et la proximité de destin personnel et de carrière, drogue et alcool compris. Ray Coleman, journaliste à *Melody Maker*, a aussi publié une biographie de John Lennon.

44 **Jerry Hall Tall Tales**, Jerry Hall and C. Hemphill, New York, Simon & Schuster, 1985, parce qu'il faut bien que la documentation soit complète. Intéressant pour le calendrier 77-78.

45 **Mystery Train, Images Of America In Rock'n' Roll Music**, Greil Marcus, New York, Penguin Books, 1975, 3ᵉ édition, 1990. Premier livre qui a fait date, ses chapitres sur les fondateurs Robert Johnson et Elvis Presley en particulier. Dans la même lignée, mais moins intéressant : **Awopbopaloobop Alopbamboom, The Golden Age Of Rock**, de Nick Cohn, New York, Grove Press, 1969. Traduction française des deux livres chez Allia en 2001.

46 **Waiting For The man, The Story Of Drugs In Popular Music**, Harry Shapiro, Londres, Quartet Books Ltd, 1988. Sous le titre de la chanson de Lou Reed, une étude précise du phénomène drogue.

47 **Rock lives, profiles and interviews**, Timothy White, Londres, Omnibus Press, 1990. Pour un large tableau d'ensemble avec interviews (parmi lesquels Richards et Jagger bien sûr), des défricheurs aux successeurs, livre intelligent.

48 **Stoned, A memoir Of London In The 1960s**, Andrew Loog Oldham, Londres, Vintage Paperback, 2001. Arrivée tardive, mais il fallait bien qu'Andrew à son tour égrène ses souvenirs, sans révélation majeure.

49 **The Rolling Stones, Black And White Blues, 1963**, photographs by Gus Coral, Atlanta, Turner Publishing. On a tardivement retrouvé les photographies d'une des premières tournées des Stones, dans les provinces anglaises et en studio pour *I Wanna Be Your Man*, document émouvant et précieux.

50 **The Making Of *Exile Of Main Street***, Dominique Tarlé, Londres, Genesis, 2001. Un impressionnant livre d'artiste, trente ans après, par un photographe qui a partagé la vie du groupe à Nellcôte.

51 **The Rolling Stones It's Only Rock'n'Roll**, Steve Appleford, Londres, Carlton Books Ltd, 1997, recueil d'analyses et déclarations chanson par chanson.

52 **Stoned, vingt ans De conversation avec les Rolling Stones**, Philippe Manœuvre, Albin Michel, 1995. Pour terminer, sans doute le seul bon livre français sur les Stones, par un de nos critiques historiques. On aurait aimé la bande originale des entretiens...

Table des matières

INTRODUCTION 9

    Préalable : de la biographie et du roman considérés comme un   9
    Et première apparition de Keith Richards, Ruffec 1967 ...   18

ARCHÉOLOGIE MUSICALE : DU CÔTÉ DE DARTFORD ...   23

    Gare de Dartford, juin 1960.......................   23
    Où l'on présente Auguste Theodore Dupree...........   25
    De Bert et Doris Richards, Roy Rogers et les alléluias....   29
    Premier portrait partiel de Michael Philip Jagger........   33
    Little Boy Blue and the Blue Boys..................   42
    Histoire parallèle de William Perks, dit Bill Wyman   48

NÉCESSAIRE VARIATION SUR CHUCK BERRY   59

AUTRE VERSANT D'UNE MÊME HISTOIRE : BRIAN JONES   71

    Comment Elmo Lewis s'en vint un jour à Londres   71
    Blues incorporated.............................   80
    Cross at Zebra................................   87
    Baptême de scène : Mick et son micro................   93
    Quart d'heure d'attente au Bricklayer's Arms : Ian Stewart   98
    « I hope they don't think we're a rock'n'roll outfit »......   105

L'INVENTION DES ROLLING STONES 119

    102 Edith Grove 119
    Octobre 1962 : The Beatles, histoire très abrégée........ 139
    « On drums, Charlie Watts... ».................... 148
    Zoom maxi sur janvier 1963 158
    Où Nanker rencontre Phelge : Edith Grove phase trois.... 164

1963-1964 : LA VRAIE GLOIRE DES ROLLING STONES . 177

    Station Hotel Richmond 177
    Andrew Loog Oldham............................ 187
    I want to be loved 199
    Jagger-Richard, fabrique d'une signature 212
    Ébauche d'une mutation : les jupes, les cheveux, la musique. 233
    The Great Unwashed............................. 240
    Not Fade Away : de l'entrée officielle en rock and roll.... 250
    « Would you let your daughter marry a Rolling Stone ? » .. 257
    De New York à Chicago via LA : apprendre l'Amérique .. 266
    Post-scriptum à la première tournée américaine : Bobby Keyes 275

1965 : SATISFACTION 281

    1964, suite : questionnaire Marcel Proust.............. 281
    Turbulences marée haute 297
    D'une idiote histoire de station-service et de ce qui s'ensuit. 315
    Satisfaction, enfin 319
    Allen Klein : Rolling Stones à vendre 328
    Descends de mon nuage 338
    Longue tentation Hitler 342

1966-1968 : BRIAN JONES, CRÊTE ET DÉCLIN......... 351

    Broken English, Marianne Faithfull 351
    Flûte et violoncelle : *Ruby Tuesday* 369
    De Redlands et de ce qui s'ensuit 377
    Anita, Keith, Brian : le grand roque.................. 389

Who breaks a butterfly on the wheel?................	399
A deux mille années-lumière de chez soi..............	409
Unfit for children (interdit aux enfants)..............	420

Par l'eau, le fer et le feu : les morts 425

L'explosion : Jumpin' Jack cash....................	427
One + one.......................................	432
La distorsion *Performance*..........................	437
The Stones Mach II : du Rolling Stones Circus à Mick Taylor....................................	443
Juin 1969. L'eau : « I did Brian »	458
Septembre 1973. Le feu : Gram Parsons	474
A little cocaine sympathy (Los Angeles, octobre 1969) ...	485
Décembre 1969. Le fer : Meredith Hunter et Altamont (« Play it wild »).................................	506

1970-1975 : *Exile On Main Street* 519
(exil rue principale)

The lapping tongue : l'insolence emblème.............	519
Exil Côte d'Azur : drogue et vie française.............	530
1972, Stones Touring Party	539
De *Angie* à *It's Only Rock'n'Roll* : désintégration	550
De la renonciation de Mick Taylor aux Rolling Stones.....	557
.... et par conséquent du choix d'un remplaçant.........	566

Ultime spirale : Rolling Stones ad lib 577

Sexe, drogue, rock and roll : suite	577
Toronto, trente-deuxième étage, suite 32	588
More fast numbers : au bénéfice des aveugles	600
Âge industriel et vie de famille	608
Disques solos et frères ennemis......................	630
Où s'en vont les héros de nos adolescences?...........	655

Une bibliographie sélective........................... 663

Ouvrage réalisé en Times
par Dominique Guillaumin, Paris

Impression réalisée sur CAMERON par
BRODARD ET TAUPIN
La Flèche

pour le compte des Éditions Fayard
en septembre 2002

Imprimé en France
Dépôt légal : septembre 2002
N° d'édition : 27174 – N° d'impression : 14771
ISBN : 2-213-61308-7
35-33-1508-7/03

 Ville de Montréal

Feuillet de circulation

À rendre le

06.03.375-8 (05-93)